Erik Kraatz
Der Einfluss der Erfahrung auf die tatrichterliche Sachverhaltsfeststellung

Erik Kraatz

Der Einfluss der Erfahrung auf die tatrichterliche Sachverhaltsfeststellung

Zum „strafprozessualen“ Anscheinsbeweis

De Gruyter

Privatdozent Dr. iur. *Erik Kraatz*, Privatdozent für Straf-, Strafverfahrens- und Wirtschaftsstrafrecht an der Freien Universität Berlin und derzeit Gastprofessor für Sanktionsrecht und die rechtswissenschaftlichen Grundlagenfächer an der Hochschule für Wirtschaft und Recht Berlin

Gedruckt mit Unterstützung der Deutschen Forschungsgemeinschaft

ISBN 978-3-11-026003-8
e-ISBN 978-3-11-026004-5

Bibliografische Information der Deutschen Nationalbibliothek

Die Deutsche Nationalbibliothek verzeichnet diese Publikation in der Deutschen Nationalbibliografie; detaillierte bibliografische Daten sind im Internet über http://dnb.d-nb.de abrufbar.

Druck: Hubert & Co. GmbH & Co. KG, Göttingen
♾ Gedruckt auf säurefreiem Papier

Printed in Germany

www.degruyter.com

Vorwort

„Wer die Praxis der Gerichte kennt, weiß, dass 80 Prozent der Kraft des Richters in dem Kampf mit den Tatsachen verbraucht wird“ (*Drost*, Das Ermessen des Strafrichters, 1930, S. 33). Umso erstaunlicher ist, dass sich kaum etwas getan hat, seit *Döhring* (JZ 1968, 641) vor über vierzig Jahren beklagt hat, dass der Umgang des Richters mit „fachkundlichem Erfahrungswissen“ im Gegensatz zu den Bibliotheken an reinen Rechtsproblemen noch wenig erforscht sei. Die vorliegende Arbeit bemüht sich, hier anzusetzen, den in der richterlichen Ausbildung und Praxis nur selten ans Licht kommenden Ablauf der Tatsachenfeststellung (insbesondere in Abhängigkeit von der richterlichen Erfahrung als Grundlage) aufzuzeigen und so die seit langem von einer wachsenden Zahl kritischer Stimmen bemängelte „Omnipotenz des Gerichts in der Beweiswürdigung“ (*Arndt*, NJW 1962, 1194) zu beschränken, indem diese für den Bürger im Dienste von „Wahrheit, Gerechtigkeit und der rechtsstaatlichen Absicherung des Verfahrens“ (*Peters*, JR 1980, 169) transparenter gestaltet werden soll.

Die Arbeit wurde im Sommersemester 2010 vom Fachbereich Rechtswissenschaften der Freien Universität Berlin als Habilitationsschrift angenommen. Rechtsprechung und Literatur wurden zur Veröffentlichung auf den Stand vom Februar 2011 gebracht.

An dieser Stelle habe ich so manchen Dank abzuleisten: Er gilt insbesondere meinem „akademischen Lehrer“, ja „akademischen Vater“, Herrn Univ.-Prof. em. Dr. Klaus Geppert, der mir mit einer „Assistentenstelle“ an seinem Lehrstuhl und deren zeitlich begrenzter Weiterfinanzierung auch über seine Emeritierung hinaus erst den Rahmen für dieses Habilitationsprojekt geschaffen hat. Zu danken habe ich auch Herrn Univ.-Prof. Dr. Gereon Wolters, der das Wagnis eingegangen ist, mir bei noch laufendem Habilitationsverfahren die Vertretung des ehrwürdigen Herzberg-Lehrstuhls an der Ruhr-Universität Bochum anzuvertrauen und mich so finanziell über die letzten Monate gebracht hat. Natürlich bin ich auch Herrn Univ.-Prof. a.D. Dr. Axel Montenbruck zu besonderem Dank verpflichtet, nicht nur für die zeitnahe Erstattung des Zweitgutachtens, sondern auch für seine konstruktive Kritik bereits während des Schreibvorgangs, die erst dazu beigetragen hat, dass die Arbeit den „roten Faden“ bekommen hat, den sie nun auch im zweiten Hauptteil aufweist. Schließlich danke ich der Deutschen Forschungsgemeinschaft, die die Veröffentlichung dieser Arbeit großzügig gefördert hat.

Ganz herzlich möchte ich mich auch bei meiner Familie für die Unterstützung bedanken, ohne die die Verwirklichung eines Habilitationsverfahrens zeitlich wie nervlich nicht erfolgen kann. Insbesondere gilt der Dank meiner Lebensgefährtin

Yvonne Drohmann und unserem gemeinsamen Sohn Maurice für ihre Liebe, meiner Mutter für ihr stets offenes Ohr und ihre konstruktiven Anregungen sowie meiner Großmutter und meinem Vater für ihren Zuspruch.

Berlin, August 2011 *Erik Kraatz*

Inhaltsübersicht

Inhaltsverzeichnis

Abkürzungsverzeichnis

aA	andere Ansicht
AB	Archiv für Begriffsgeschichte
abl. Anm.	ablehnende Anmerkung
ABl. EG	Amtsblatt der Europäischen Gemeinschaften
Abs.	Absatz
Abschn.	Abschnitt
AcP	Archiv für die civilistische Praxis
ADHGB	Allgemeines Deutsches Handelsgesetzbuch
a.F.	alte Fassung
AG	Amtsgericht
All E.R.	The All-England law reports
Am. Law Reg.	The American Law Register
Angekl.	Angeklagte/r
Anh.	Anhang
Anm.	Anmerkung
AnwBl.	Anwaltsblatt
AöR	Archiv des öffentlichen Rechts
AP	Arbeitsrechtliche Praxis
ArbGG	Arbeitsgerichtsgesetz
ArchKrim	Archiv für Kriminologie
Ariz. App.	Arizona Appeals Reports
Ark	Arkansas Reporter
Art.	Artikel
AT	Allgemeiner Teil
Aufl.	Auflage
AuslG	Gesetz über die Einreise und den Aufenthalt von Ausländern im Bundesgebiet
BA	Blutalkohol
BAG	Bundesarbeitsgericht
BAK	Blutalkoholkonzentration
BAnz.	Bundesanzeiger
BayLSG	Bayerisches Landessozialgericht
BayObLG	Bayerisches Oberstes Landesgericht
BayObLGSt	Entscheidungen des Bayerischen Obersten Landsgerichts in Strafsachen
BayObLGZ	Entscheidungen des Bayerischen Obersten Landesgerichts in Zivilsachen
BayVBl.	Bayerische Verwaltungsblätter
BayVerfGH	Bayerischer Verfassungsgerichtshof
BayVGH	Bayerischer Verwaltungsgerichtshof
BB	Der Betriebsberater
Bd.	Band
BEG	Bundesentschädigungsgesetz

BerlVerfGH	Berliner Verfassungsgerichtshof
Beschl.	Beschluss
Betr.	Betroffene/r
BFH	Bundesfinanzhof
BFHE	Sammlung der Entscheidungen des Bundesfinanzhofs
BFH/NV	Sammlung der (amtlich nicht veröffentlichten) Entscheidungen des Bundesfinanzhofs
BGBl.	Bundesgesetzblatt
BGE	Amtliche Sammlung der Entscheidungen des schweizerischen Bundesgerichts
BGH	Bundesgerichtshof
BGHR	BGH-Rechtsprechung
BGHSt.	Amtliche Sammlung der Entscheidung des Bundesgerichtshofes in Strafsachen
BGHZ	Amtliche Sammlung der Entscheidungen des Bundesgerichtshofes in Zivilsachen
BKA	Bundeskriminalamt
BPatG	Bundespatentgericht
BPatGE	Entscheidungen des Bundespatentgerichts
BSG	Bundessozialgericht
BSGE	Entscheidungen des Bundessozialgerichts
BStBl.	Bundessteuerblatt
BT	Besonderer Teil
BT-Ds.	Bundestags-Drucksache
BVerfG	Bundesverfassungsgericht
BVerfGE	Amtliche Sammlung der Entscheidungen des Bundesverfassungsgerichts
BVerfGK	Kammerentscheidungen des Bundesverfassungsgerichts
BVerfGG	Gesetz über das Bundesverfassungsgericht
BVerwG	Bundesverwaltungsgericht
BVerwGE	Entscheidungen des Bundesverwaltungsgerichts
BZRG	Bundeszentralregistergesetz
bzw.	beziehungsweise
Cal. 2d	California Reports, Second Series
Cal. L. Rev.	California Law Review
Cal. Rptr	California Reporter
Can.	Canon
CCB	Constitutio Criminalis Bambergensis
CCC	Constitution Criminalis Carolina – Die Peinliche Gerichtsordnung Kaiser Karls V.
CIC	Codex Iuris Canonici
CR	Computer und Recht
D&R	Decisions and reports
DÄBl.	Deutsches Ärzteblatt
DAR	Deutsches Autorecht
DB	Der Betrieb
DDR	Deutsche Demokratische Republik
ders.	Derselbe
d.h.	das heißt
dies.	dieselbe
Dig.	Digesten
DJT	Deutscher Juristentag

DJZ	Deutsche Juristen-Zeitung
DNA	Desoxyribonukleinsäure
DÖV	Die Öffentliche Verwaltung
DR	Deutsches Recht
DRiG	Deutsches Richtergesetz
DRiZ	Deutsche Richterzeitung
DRZ	Deutsche Rechts-Zeitschrift
DSM	Diagnostisches und Statistisches Manual
DStR	Deutsches Steuerrecht
DStZ	Deutsche Steuerzeitung
DVBl.	Deutsches Verwaltungsblatt
EFG	Entscheidungen der Finanzgerichte
EGBGB	Einführungsgesetz zum Bürgerlichen Gesetzbuch
EGMR	Europäischer Gerichtshof für Menschenrechte
EGMR-E	Entscheidungen des Europäischen Gerichtshofs für Menschenrechte – deutschsprachige Sammlung
EGStGB	Einführungsgesetz zum Bürgerlichen Gesetzbuch
Einl.	Einleitung
Eng. Rep.	English Reports
etc.	et cetera
EuGRZ	Europäische Grundrechte-Zeitschrift
f.	folgende
F.2d	Federal Reporter, Second Series
FamFG	Gesetz über das Verfahren in Familiensachen und in den Angelegenheiten der freiwilligen Gerichtsbarkeit
FamRZ	Zeitschrift für das gesamte Familienrecht
ff.	die folgenden
FG	Festgabe
FGG	Gesetz über die Angelegenheiten der freiwilligen Gerichtsbarkeit
FGO	Finanzgerichtsordnung
Fn.	Fußnote
FS	Festschrift
GA	Goltdammers Archiv für Strafrecht und Strafprozess
GBl.	Gesetzblatt
GedS	Gedächtnisschrift
GG	Grundgesetz
GrS	Grosser Senat
GRUR	Gewerblicher Rechtsschutz und Urheberrecht
GS	Der Gerichtssaal
GVBl.	Gesetz- und Verordnungsblatt
GVBl. Hessen	Gesetz- und Verordnungsblatt für das Land Hessen
GVG	Gerichtsverfassungsgesetz
HansGZ	Hanseatische Gerichtszeitung
HansOLG	Hanseatisches Oberlandesgericht
Harv. L. Rev.	Harvard Law Review
H & C	Hurlstone & Coltman's Reports, Exchequer
HGB	Handelsgesetzbuch
h. M.	herrschende Meinung
Hous. L. Rev.	Houston Law Review
HRR	Höchstrichterliche Rechtsprechung
Hs.	Halbsatz
ICD	International Classification of Diseases

idF	in der Fassung
InfAuslR	Informationsbrief Ausländerrecht
IPBR	Internationaler Pakt über bürgerliche und politische Rechte
Iowa L. Rev.	Iowa Law Review
iSd	im Sinne der/des
iSv	im Sinne von
iVm	in Verbindung mit
JA	Juristische Arbeitsblätter
JASA	Journal of the American Statistical Association
JBl.	Juristische Blätter
JK	Jura-Kartei, Beilage der Juristischen Ausbildung
JMBl. NW	Justizministerialblatt für das Land Nordrhein-Westfalen
JR	Juristische Rundschau
Jura	Juristische Ausbildung
JuS	Juristische Schulung
JVA	Justizvollzugsanstalt
JW	Juristische Wochenschrift
JZ	Juristenzeitung
Kap.	Kapitel
KF	Karlsruher Forum
KG	Kammergericht
km/h	Kilometer pro Stunde
krit.	kritisch
KritJ	Kritische Justiz
KritV	Kritische Vierteljahresschrift für Gesetzgebung und Rechtswissenschaft
LAG	Landesarbeitsgericht
LFZG	Lohnfortzahlungsgesetz
LG	Landgericht
LM	Lindenmaier / Möhring, Nachschlagewerk des Bundesgerichtshofs
LPartG	Gesetz über die Eingetragene Lebenspartnerschaft
LSG	Landessozialgericht
LwVfG	Gesetz über das gerichtliche Verfahren in Landwirtschaftssachen
LZ	Leipziger Zeitschrift für Deutsches Recht
m	Meter
Mass.	Massachussetts Supreme Judicial Court Reports
m. a. W.	mit anderen Worten
MDR	Monatsschrift für Deutsches Recht
m. E.	meines Erachtens
MedR	Medizinrecht
MMR	Multimedia und Recht
MRK	Europäische Konvention zum Schutze der Menschenrechte und Grundfreiheiten
MschrKrim	Monatsschrift für Kriminologie und Strafrechtsreform
mwN	mit weiteren Nachweisen
NaCr	Neues Archiv des Criminalrechts
N. E.	North eastern Reporter
N. F.	Neue Folge
Nichtannahmebeschl.	Nichtannahmebeschluss
NJ	Neue Justiz
NJA	Nytt Juridiskt Arkiv (= Neues Juristisches Archiv)
NJW	Neue Juristische Wochenschrift
NJW-RR	Neue Juristische Wochenschrift – Rechtsprechungs-Report Zivilrecht

NJW-Spezial	Neue Juristische Wochenschrift – Spezial
N. M.	New Mexico Reports
Nr.	Nummer
NStE	Neue Entscheidungssammlung für Strafrecht
NStZ	Neue Zeitschrift für Strafrecht
NStZ-RR	Neue Zeitschrift für Strafrecht – Rechtsprechungs-Report
NuR	Natur und Recht
NVersZ	Neue Zeitschrift für Versicherung und Recht
NVwZ	Neue Zeitschrift für Verwaltungsrecht
NVwZ-RR	Neue Zeitschrift für Verwaltungsrecht – Rechtsprechungs-Report
N. Y.	New York Reports
NZV	Neue Zeitschrift für Verkehrsrecht
OEG	Opferentschädigungsgesetz
ÖJZ	Österreichische Juristen-Zeitung
öOGH	österreichischer Oberster Gerichtshof
OGHSt.	Entscheidungen des Obersten Gerichtshofes für die Britische Zone in Strafsachen
OLG	Oberlandesgericht
OVG	Oberverwaltungsgericht
OWiG	Gesetz über Ordnungswidrigkeiten
P. 2d	Pacific Reporter, Second Series
PatG	Patentgesetz
RAF	Rote Armee Fraktion
RB	Rättegångsbalken
Recht	Das Recht
RG	Reichsgericht
RGBl.	Reichsgesetzblatt
RGSt.	Entscheidungen des Reichsgerichts in Strafsachen
RGZ	Entscheidungen des Reichsgerichts in Zivilsachen
Rhein. Zeitschr.	Rheinische Zeitschrift für Zivil- und Prozessrecht des In- und Auslandes
RiStBV	Richtlinien für das Strafverfahren und das Bußgeldverfahren
Rn.	Randnummer
ROHGE	Entscheidungen des Reichsoberhandelsgerichts
r + s	Recht und Schaden
RStPO	Reichsstrafprozessordnung
s.	siehe
S.	Seite
s. a.	siehe auch
Série A	Publications de la cour européenne des droits de l'homme, Série A: Arrêts et décisions
SeuffArch	Seufferts Archiv für Entscheidungen der obersten Gerichte in den deutschen Staaten
SGb	Die Sozialgerichtsbarkeit
SGG	Sozialgerichtsgesetz
SJZ	Schweizerische Juristen-Zeitung
sog.	sogenannte/r
SozR	Sozialrechtssammlung
Sp.	Spalte
Stan. L. Rev.	Stanford Law Review
StGB	Strafgesetzbuch
StPO	Strafprozessordnung
StraFo	Strafverteidiger-Forum

StV	Strafverteidiger
StVG	Straßenverkehrsgesetz
StVO	Straßenverkehrs-Ordnung
StVZO	Straßenverkehrs-Zulassungs-Ordnung
Supp.	Supplement
S.W.2d	South Western Reporter, Second Series
TKG	Telekommunikationsgesetz
UA	Urteilsabdruck
UrhG	Gesetz über Urheberrecht und verwandte Schutzrechte
Urt.	Urteil
U.S.	United States Supreme Court
usw.	und so weiter
Vand. L. Rev.	Vanderbilt Law Review
Verf.	Verfasser
VerkMitt	Verkehrsrechtliche Mitteilungen
VersR	Versicherungsrecht
VG	Verwaltungsgericht
vgl.	vergleiche
VGT	Verkehrsgerichtstag
Vol.	Volume
Vorbem.	Vorbemerkungen
VRS	Verkehrsrechts-Sammlung
VuR	Verbraucher und Recht
VwGO	Verwaltungsgerichtsordnung
WarnR	Warneyer, Die Rechtsprechung des Reichsgerichts
wistra	Zeitschrift für Wirtschaft, Steuer, Strafrecht
WM	Zeitschrift für Wirtschafts- und Bankrecht, Wertpapiermitteilungen
WPflG	Wehrpflichtgesetz
WuM	Wohnungswirtschaft und Mietrecht
Z.	Ziffer
z.B.	zum Beispiel
ZDW	Zeitschrift für Deutsche Wortforschung
ZEvEthik	Zeitschrift für Evangelische Ethik
ZfBR	Zeitschrift für deutsches und internationales Baurecht
zfs	Zeitschrift für Schadensrecht
ZfSH	Zeitschrift für Sozialhilfe
ZfV	Zeitschrift für Versicherungswesen
ZHR	Zeitschrift für das gesamte Handelsrecht
ZIS	Zeitschrift für Internationale Strafrechtsdogmatik
zit.	zitiert
ZRG – Germ. Abt.	Zeitschrift der Savigny-Stiftung für Rechtsgeschichte, Germanische Abteilung
ZRG – Kan. Abt.	Zeitschrift der Savigny-Stiftung für Rechtsgeschichte, Kanonistische Abteilung
ZRG – Rom. Abt.	Zeitschrift der Savigny-Stiftung für Rechtsgeschichte, Romanische Abteilung
ZSR	Zeitschrift für Schweizerisches Recht
ZStW	Zeitschrift für die gesamte Strafrechtswissenschaft
ZUR	Zeitschrift für Umweltrecht
zust. Anm.	zustimmende Anmerkung
ZZP	Zeitschrift für Zivilprozeß

Einführung

„Auf keinem Rechtsgebiet ragt aber ein einzelnes Problem so hervor, wie auf dem Gebiet des Strafprozesses das Beweisproblem. Es ist schlechthin das Zentralproblem des Strafprozesses und als ein prozessuales Problem zugleich ein einzigartiges.“ Diese heute noch immer gültigen Worte *Alsbergs*[1] sind in einem doppelten Sinne bedeutsam:

Zum einen wird in den meisten Rechtsstreitigkeiten weniger um Rechtsfragen als vielmehr um Tatsachen gestritten.[2] Eine umfangreiche Auswertung von Gerichtsakten aus dem Jahre 1971 des Instituts für Rechtstatsachenforschung Stuttgart ergab etwa, dass Probleme der Tatsachenfeststellung im Strafprozess mit einem Anteil von fast 95% dominieren, im Zivilprozess immerhin mit einem Anteil von 70%.[3] Dass im Strafprozess nicht um das Recht, sondern primär um Tatsachen gestritten wird, mag den Außenstehenden verwundern, versteht sich für einen Praktiker aber von selbst. Der Grund hierfür liegt im Wesen des gerichtlichen Verfahrens: Der Richter soll über eine in der Vergangenheit liegende Tat urteilen, bei der er (in aller Regel[4]) nicht dabei war. Er kennt die Tat nicht aus eigener Wahrnehmung und muss sich erst mittelbar im Rahmen der Beweisaufnahme durch die Einlassung des Angeklagten, die Aussage von Zeugen und Sachverständigen, das Verlesen von Urkunden oder eine Augenscheinseinnahme (zumeist des Taterfolges) Kenntnis verschaffen. So gesehen ist im Grunde jede Tatsachenfeststellung eine mittelbare mit Hilfe bloßer Hilfstatsachen (sog. Indizien)[5] und den damit verbundenen Schwächen: Der sich einlassende Beschul-

---

[1] *Alsberg*, Der Beweisantrag im Strafprozess (Berlin 1930), S. III (Vorwort).

[2] Zutreffend *Sarstedt*, DAR 1964, 307, *Kunert*, GA 1979, 401, *Krekeler*, Beweiserhebungsanspruch, S. 24 und *Schatz*, Beweisantragsrecht, S. 17; für den Zivilprozess *Kollhosser*, ZZP 83 (1970), 240, *Rupert Schreiber*, Theorie, S. 1 sowie bildlich *Jauernig*, Zivilprozessrecht, S. 63: Im praktischen Prozess komme „ein Lot Rechtsfragen auf einen Zentner Tatsachen“.

[3] Vgl. *Nack*, MDR 1986, 366. Aus zivilprozessualer Sicht wird die Studie wiedergegeben und bewertet bei *Bender/Schumacher*, Erfolgsbarrieren, S. 1 ff.

[4] War der Richter dennoch bei der Tat anwesend und verfügt so über privates Wissen, so darf er dieses nach der Wertung des § 22 Nr. 5 StPO (Ein Richter ist ausgeschlossen, wenn er als Zeuge vernommen wurde) grundsätzlich nicht verwenden, vgl. nur BGH bei *Dallinger*, MDR 1952, 532, SK-StPO/*Ellen Schlüchter* (3. Aufl., 64. Lieferung: Stand November 2009, Köln 2009), § 261 Rn. 18 und 21 sowie *Meyer-Goßner*, § 261 Rn. 24.

[5] Vgl. nur *Nack*, MDR 1986, 366, *Frister*, FS Grünwald, S. 169, *Grünwald*, Beweisrecht, S. 87 und *Sabine Gleß*, Beweisgrundsätze, S. 383.

digte[6] kann zu seinen Gunsten lügen. Sachverständige können sich irren. Urkunden können unvollständig oder gar gefälscht sein. Und vor allem Zeugen, die zwar als „bequemes Beweismittel"[7] (Schilderung vermeintlich aus erster Hand) in der Praxis als wichtigstes Beweismittel gelten[8], sprechen aus psychologischen Gründen nicht immer die Wahrheit, ohne dass der Tatrichter (oder später der Revisionsrichter) dies mangels besseren Wissens aufzudecken imstande wäre[9]: Der Zeuge kann objektive Geschehnisse der Außenwelt sowie *eigen*psychologische Vorgänge (z.B. eigene Ziele und Absichten und gerade nicht *fremd*psychische Tatsachen wie Vorsatz und Absicht des beobachteten Täters!)[10] nur so wahrnehmen, wie er sie subjektiv sieht und interpretiert, geprägt durch seine Persönlichkeit und seine Beweggründe.[11] Hierbei können ihm Fehler unterlaufen sein, nicht nur bewusst (sog. Lüge), sondern vor allem unbewusst. Und selbst wenn ein Geschehen vom Zeugen zutreffend gedeutet wurde, treten in der Zeit bis zu der teilweise erst Monate oder Jahre später stattfindenden Hauptverhandlung Erinnerungslücken und -fehler auf (insbesondere beim Wiedererkennen bestimmter Personen[12]), die noch verstärkt werden bei der Erinnerung an miterlebte, für den Zeugen trau-

---

[6] Erfolgt die „Beweisaufnahme" nach dem eindeutigen Wortlaut des § 244 Abs. 1 StPO „nach der Vernehmung des Angeklagten" und ist der Beschuldigte daher kein Beweismittel im formellen Sinne, so ist man sich heutzutage dennoch einig, dass er zumindest ein „Beweismittel eigener Art" (so etwa *Friedrich-Wilhelm Krause*, Jura 1982, 226), ein „Beweismittel" (BGHSt. 2, 269 [270], *Peters*, Strafprozeß, S. 203 und *Krey*, Strafverfahrensrecht 2, Rn. 758) „im materiellen Sinne" (So etwa *Rogall*, Beschuldigte, S. 32f.; ähnlich *Beulke*, Strafprozessrecht, Rn. 179 und *Hellmann*, Strafprozessrecht, Rn. 709) sei. Der Unterschied zu einem Beweismittel im Sinne des § 244 Abs. 2 StPO ist rein terminologischer Art und erklärt sich aus der „Doppelrolle" (so *Müller-Dietz*, ZStW 93 [1981], 1217; ähnlich SK-StPO/*Rogall*, Vor § 133ff. Rn. 123 [„Doppelstellung"]) des Beschuldigten mit seiner Subjekts- wie Objektsstellung, derzufolge die Vernehmung vor der eigentlichen („formellen") Beweisaufnahme dem Angeklagten die Möglichkeit geben soll, „seine Verteidigung vorweg zusammenhängend zu führen und das Gericht zu veranlassen, dass bei der nachfolgenden Beweisaufnahme die von ihm geltend gemachten Gesichtspunkte berücksichtigt werden" (BGHSt. 19, 93 [97]; ebenso BGH, NStZ 1981, 111, BGH, NStZ 1986, 370 [371], LR/*Gollwitzer* [25. Aufl., Berlin 2001], § 244 Rn. 36, KK-StPO/*Fischer*, § 244 Rn. 2, *Kindhäuser*, Strafprozessrecht, § 21 Rn. 2 und *Gössel*, Strafverfahrensrecht, S. 179). De lege lata sollte es in § 244 Abs. 1 StPO also heißen (so bereits *Friedrich-Wilhelm Krause*, Jura 1982, 226 und SK-StPO/*Rogall*, Vor § 133ff. Rn. 126): „Nach der Vernehmung des Angeklagten folgt die *weitere* Beweisaufnahme."

[7] *Kühne*, Strafprozessrecht, Rn. 851.

[8] Siehe nur die empirische Untersuchung von *Schmitz*, Tatgeschehen, S. 550; vgl. auch BGHSt. (GrS) 32, 115 (127): „eines der wichtigsten Beweismittel [...] zur Wahrheitserforschung".

[9] Vgl. hierzu ausführlich *Eisenberg*, JZ 1984, 961ff., *ders.*, Beweisrecht, Rn. 1362ff., Kühne, NStZ 1985, 252ff., *ders.*, Strafprozessrecht, Rn. 852, *O. Berndt Scholz*, StV 2004, 104ff., *Hengesch*, ZStW 101 (1989), 623ff. und *Reinecke*, MDR 1986, 630ff. Die Folge hiervon auf der Revisionsebene ist, dass revisionsrechtliche Angriffe gegen eine fehlerhafte Glaubwürdigkeitsbeurteilung a priori regelmäßig aussichtslos sind, vgl. *Nack*, StV 1994, 555ff. und *Geipel*, Notwendigkeit, S. 20.

[10] Vgl. zu dieser Unterscheidung *Alsberg/Nüse/Meyer*, Beweisantrag, S. 191ff.

[11] Vgl. zu dieser Abhängigkeit BGHSt. (GrS) 32, 115 (127).

[12] Vgl. zu dieser Problematik *Sporer*, MschrKrim 1984, 339ff.

matische Tatgeschehnisse durch psychische Verdrängungs- und Schutzmechanismen und gar zur Verfälschung der Gedächtnisinhalte führen können. Schließlich muss der Zeuge seine Erinnerungen dem Gericht mit Worten beschreiben, wobei durch das unterschiedliche menschliche Verständnis einzelner Worte unentdeckt bleibende Kommunikationsfehler auftreten können. *Adolf Wach*[13] bezeichnete den Zeugenbeweis daher wohl zu Recht als „den nach Kenntnis jedes Erfahrenen schlechtesten Beweis“. In den Vereinigten Staaten von Amerika ergab etwa eine Untersuchung von 110 Inhaftierten, die mittlerweile ihre Unschuld per DNA-Test nachgewiesen haben, dass 2/3 von ihnen aufgrund falscher Zeugenaussagen des Opfers oder von Augenzeugen verurteilt worden waren; und dies ist nur die Spitze des Eisbergs[14]. Flankiert werden diese beweismittelspezifischen Erkenntnishindernisse durch allgemeine einzuhaltende rechtsstaatliche Prinzipien wie dem in §§ 261 und 264 Abs. 1 StPO Ausdruck gefundenen Grundsatz der Mündlichkeit (wonach nur der mündlich vorgetragene und erörterte Prozessstoff dem Urteil zugrunde gelegt werden darf[15]), dem in § 250 StPO verankerten materiellen Unmittelbarkeitsgrundsatz, dem Grundsatz der Öffentlichkeit (§§ 169 ff. GVG) sowie – am einschneidensten – der Beweisverbotslehre[16] als liberaler gesetzlicher Wertentscheidung, Verbrechern nicht auf gleicher Ebene zu begegnen und Wahrheit nicht um jeden Preis zu erforschen[17]. Zur tagtäglichen Arbeit eines Strafrichters gehört daher „die fast unlösbare Aufgabe [...], in dem ihm übermittelten Trugbild angeblicher Tatsachen die wahren Umrisse, den wirklichen Vorgang zu erkennen [...]. Dazu muss er Fehlerquellen möglichst ausscheiden und auf einer reichen Lebenserfahrung aufgebaute Schlüsse fast hellseherisch ziehen“[18]. Oder in den Worten des (auch) Juristen[19] *Goethe*[20]: „Das Wahre ist gottähnlich; es erscheint nicht unmittelbar, wir müssen es aus seinen Manifestationen erraten.“

Diese indirekte Erkenntnisgewinnung kann nie zu einem Wissen führen, einer absoluten – d.h. selbst erlebten – „Gewissheit“ des Richters. Sie ist als indirekte Methode stets relativ, gebunden an die vermittelnden Beweismittel und ihre Inter-

---

13 Zitiert nach *Kühne*, Strafprozessrecht, Rn. 851, der selbst keine Quelle dieser Aussage angibt.

14 *Peter Neufeld* (The Innocence Project at the Cardozo School of Law in New York), zitiert nach *Sharon Cohen/Deborah Hastings*, www.deathpenaltyinfo.org/node/529. „We're not talking about a handful of innocent people in prison [...], we're talking about thousands."

15 Vgl. nur BGH bei *Miebach*, NStZ 1990, 228f. und *Meyer-Goßner*, § 261 Rn. 7

16 Umfassend zu dieser *Eisenberg*, Beweisrecht, Rn. 329ff., *Kühne*, Strafprozessrecht, Rn. 880ff., *Beulke*, Strafprozessrecht, Rn. 454ff., *ders.*, Jura 2008, 653ff., *Peters*, Strafprozeß, S. 296ff., *Mitsch*, NJW 2008, 2295ff., *Volk*, Grundkurs, § 28 Rn. 1ff., *Cramer/Bürgle*, Beweisverwertungsverbote, S. 17ff., *Peres*, Beweisverbote, S. 3ff., *Störmer*, Grundlagen, S. 1ff. und *Effer-Uhe*, Jura 2008, 335ff.

17 So eindeutig BGHSt. 14, 358 (365).

18 Baumbach/Lauterbach/Albers/Hartmann, ZPO, Einf. § 284 Rn. 34.

19 *Goethe* schloss ein Studium der Rechte in Leipzig und Straßburg erfolgreich ab, hatte in Frankfurt vier Jahre lang eine Anwaltskanzlei und war Praktikant am Reichskammergericht, vgl. *Bruno Jahn*, Enzyklopädie, S. 140f.

20 *Goethe*, Goethes Werke 42. Band – Zweite Abtheilung: Aus Wilhelm Meisters Wanderjahren: Aus Makariens Archiv (S. 184).

pretationen und Bewertungen[21] und damit letztlich nicht mehr als eine Fiktion. Mag die Anknüpfung von massiv in die Freiheitsrechte des Angeklagten eingreifenden Sanktionen an fingierte Sachverhalte auf den ersten Blick auch als unerträglich erscheinen[22], so beruht die Strafjustiz bei einer Einsicht in die begrenzte menschliche Erkenntnisfähigkeit doch gerade „auf der Forderung der Gesellschaft, dass der Richter auch dort wissen muss, wo er nicht wissen kann"[23] und urteilen muss, als ob er wüsste. Alles andere käme einer Kapitulation des Strafprozessrechts und damit des von ihm durchzusetzenden Strafrechts mit seiner gesellschaftspolitischen Ordnungsfunktion gleich. Kann der Tatrichter aber stets nur einen von ihm subjektiv erschlossenen vermeintlichen Geschehensablauf seinem Urteil zugrunde legen und wird er hierbei nur selten vollständig die abgelaufene Realität in all ihren Einzelheiten und die subjektiv vom Angeklagten erlebte Wirklichkeit abbilden, so sind Streitigkeiten um den Sachverhalt in unserem Strafprozesssystem gesetzlich genauso vorprogrammiert wie eine beträchtliche Anzahl von Fehlurteilen. Dessen war sich der Gesetzgeber bewusst, wie die Vorschriften zur Wiederaufnahme (§§ 359ff. StPO) zeigen. Es ist jedoch so lange als kleineres Übel hinzunehmen, wie es rechtsstaatliche Regeln und Kontrollmechanismen dafür gibt, dass derartige Fehlurteile (möglichst) nicht zu Lasten des Angeklagten gehen.

Um so unverständlicher ist es, dass sich die deutsche[24] Rechtswissenschaft fast ausschließlich mit Rechtsanwendungsfragen[25] beschäftigt und feste Strukturen der Tatsachenfeststellung nicht einmal zu entwickeln sucht, pragmatisch darauf verweisend, die Tatsachenfeststellung könne am besten mit gesundem Menschenverstand gelöst werden[26]. Werke zur Tatsachenfeststellung sind Mangelware. Auch wenn sich die zivilprozessuale Lehre seit Beginn der 1970er Jahre um eine größere Bedeutung des Prozessrechts und der richterlichen Tatsachenarbeit bemüht[27], findet

---

21 *Helmut Weber*, Kausalitätsbeweis, S. 4f.

22 *Meurer*, Fiktion, S. 2.

23 *Meurer*, Fiktion, S. 1.

24 *Puttfarken*, JuS 1977, 499 und *Gilles*, JuS 1981, 402 bezeichnen dieses Phänomen (bezogen auf das Zivilprozessrecht) als „deutsche Eigenart".

25 Dies bemängeln für den Strafprozess bereits *Freund*, Probleme, S. 6ff., *Eschelbach*, FS Widmaier, S. 133, *Steinke*, FS Geerds, S. 385, *Döhring*, Erforschung, S. 1f. und *Reiwald*, Gesellschaft, S. 66 (Es sei die „Vorliebe der Strafrechtswissenschaft, an dem Wesen der Dinge [...] vorüberzugehen und die technisch-formalen Fragen voranzustellen") sowie für den Zivilprozess beispielhaft *Weitnauer*, KF 1966, S. 10f., *Kollhosser*, ZZP 83 (1970), 240 („Übelstand"), *Michael Huber*, Beweismaß, S. 1 und *Wildhagen*, ZZP 60 (1936/37), 218 („Höchste Achtung vor dem Tatsächlichen und volle Einräumung des Einflusses, der ihm auf die Rechtspflege gebührt, ist das, was den Rechtsgelehrten auszeichnen sollte. Niemand vernachlässigt die Tatsachen ungestraft. Sie wissen sich scharf dafür zu rächen").

26 Vgl. *Rupert Schreiber*, Theorie, S. 1.

27 Vgl. zu dieser Entwicklung sowie zum derzeitigen Stand des zivilprozessualen Beweisrechts nur *Musielak*, Grundlagen, S. 1ff., *Weitnauer*, KF 1966, S. 3ff., *Egon Schneider*, Beweis, S. 1ff., *ders.*, DRiZ 1966, 281ff., *Egon Schneider/Günter Lange*, Beweisrecht, Rn. 1ff., *Michael Huber*, Beweismaß, S. 1ff., *Gerhard Walter*, Beweiswürdigung, S. 88ff. sowie *Greger*, Beweis, S. 1ff. – jeweils mwN.

eine Diskussion auf strafprozessualer Ebene in weitaus geringerem Umfange statt.[28] Befürchtete *Schaper*[29] bereits vor über 140 Jahren eine „Verflachung" der Praxis „in der Beurteilung der Tatfrage", so beschrieb der Kriminalist *Hans Gross*[30] vor über hundert Jahren die Suche nach einer verlässlichen Tatsachenbasis viel vernichtender. Seine Worte haben nichts an ihrer kritischen Kraft eingebüßt:

> „Lange genug haben wir uns auf das Studium unserer Normen beschränkt, nun gehen wir an das exakte Studium des Materials; freilich bedeutet dies eine Umkehr und ein Beginnen mit dem, was zuerst hätte geschehen sollen, aber die Naturwissenschaften, die wir uns zum Muster nehmen, haben dies auch tun müssen und tun es jetzt ehrlich und offen. Die alte Medizin hat zuerst das Universalmittel gesucht und Theriak [eine ursprünglich als Antidot entwickelte opiumhaltige Arznei[31], die im Mittelalter als Universalheilmittel gegen alle möglichen Krankheiten und Gebrechen verwendet wurde] gekocht, die heutige Medizin seziert, mikroskopiert und experimentiert, sie kennt kein Universalmittel, kaum einige Spezifica – sie hat den Fehler eingesehen, aber wir – wir kochen noch heute unseren Theriak und sehen hochmütig auf das Wichtigste, das Studium der Realien, herab."

Dieses Ungleichgewicht zwischen Praxis und Theorie wirkt sich fatal auf die Juristenausbildung aus: Beigebracht wird im Studium wie in der Referendarzeit primär die Rechtsanwendung und nur sekundär und oberflächlich der Beweiswürdigungsvorgang. Fast hilflos[32] steht der junge Tatrichter daher am Anfang seines Berufslebens den Fragen der Tatsachenfeststellung gegenüber. Zwar mögen Richterkollegen mit Rat und Tat und ihrer Berufserfahrung hilfreich zur Seite stehen. Aber ob man das, was diese Richter anfangs selbst unsicher über Jahre hinweg vielleicht falsch gemacht haben, wirklich eine „helfende Erfahrung" nennen kann, bleibt zu bezweifeln[33]. Und so dreht sich die Spirale unzuverlässiger Tatsachenfeststellung immer weiter. Hierin liegt es (zweitens und) eigentlich begründet, dass die „Beweiswürdigung zu den trübsten Kapiteln der [deutschen] Rechtspre-

---

[28] Zu den wenigen umfassenderen Betrachtungen gehören *Eberhard Schmidt*, JZ 1970, 337 ff., *Peters*, Fehlerquellen Bd. 2, S. 1 ff., *ders.*, FS Olivecrona, S. 532 ff., *ders.*, Kriminologische Aktualität VIII (1974), 29 ff., *Döhring*, Erforschung, S. 1 ff., *Bender/Nack/Treuer*, Tatsachenfeststellung, Rn. 558 ff., *Nack*, MDR 1986, 366 ff., *Kindhäuser*, Jura 1988, 290 ff., *Freund*, Probleme, S. 1 ff., *Hanack*, JuS 1977, 727 ff., *Herdegen*, NStZ 1987, 193 ff., *Meurer*, GedS Hilde Kaufmann, S. 947 ff., *ders.*, FS Hildebert Kirchner, S. 249 ff., *ders.*, FS Tröndle, S. 533 ff., *Freund*, Probleme, S. 1 ff., *Käßer*, Wahrheitserforschung, S. 1 ff., *Lampe*, FS Pfeiffer, S. 353 ff., *Kasper*, Beweiswürdigung, S. 1 ff., *Frister*, FS Grünwald, S. 169 ff., *Albrecht*, NStZ 1983, 486 ff., *Friedrich-Wilhelm Krause*, FS Peters, S. 323 ff., *Heescher*, Untersuchungen, S. 1 ff., *Bertram Schmitt*, Beweiswürdigung, S. 1 ff., *Andrea Schmidt*, Grundsätze, S. 1 ff., *Joachim Schulz*, Sachverhaltsfeststellung, S. 1 ff., *Toepel*, Grundstrukturen, S. 137 ff., *Hans-Udo Bender*, Merkmalskombinationen, S. 1 ff., *Fincke*, GA 1973, 266 ff., *Baum*, Wesen, S. 1 ff., *Wolfgang Hetzer*, Wahrheitsfindung, S. 227 ff. und *Geipel*, Handbuch, S. 1 ff.

[29] GA 1866, 180.

[30] Kriminal-Psychologie, S. 15.

[31] Zu den weiteren Zutaten zählten spanischer Wein, Angelikawurzel, Wurzel der Virginenhohlwurzel, Baldrianwurzel, Meerzwiebel, Zitwerwurzel, Zimt, Kardamom, Myrrhe, Eisenvitrol und sehr viel Honig.

[32] Vgl. nur *Döhring*, Erforschung, S. 3 und *Betram Schmitt*, Beweiswürdigung, S. 78.

[33] So *Bender/Nack*, Tatsachenfeststellung vor Gericht, Bd. 1, 2. Aufl., München 1995, Seite XI.

chung“ gehört[34] und die Beweisfrage im Strafprozess noch immer[35] sein „Zentralproblem“ ist.

Jahrhundertelang war dem Richter durch positive Beweisregeln vorgegeben, wann er durch bestimmte Beweismittel kund getane Aussagen als erwiesen seinem Urteil zugrunde legen musste. Sagten etwa zwei oder drei glaubhafte Zeugen das Gleiche, so sollte dies nach Art. 67 der Constitutio Criminalis Carolina von 1532 als „bewiesen“ gelten – eine berühmte Regel, die sich bereits in der Bibel[36] findet und durch den Ausspruch von Mephisto in Goethes Faust[37] („Durch zweier Zeugen Mund wird allerwegs die Wahrheit kund“) fast geflügeltes Allgemeingut geworden ist. Zwei Frauen standen dabei als Zeugen einem männlichen Zeugen gleich, so dass vier Frauen mit gleicher Aussage nötig waren, um einen vollen Beweis bezüglich dieser Aussage zu führen.[38] Mit der Beseitigung derartiger fester „Beweisfesseln“ und der Einführung des Grundsatzes freier Beweiswürdigung in § 261 StPO sowie den übrigen Prozessordnungen (vgl. § 286 ZPO, § 30 Abs. 1 S. 1 BVerfGG, § 108 VwGO, § 128 SGG, § 96 FGO, §§ 46 Abs. 2 S. 1 und 84 S. 1 ArbGG, § 93 PatG sowie jüngst § 37 Abs. 1 FamFG[39] und § 9 LwVfG[40]) hat der Gesetzgeber die Richter in eine Freiheit der Tatsachenfeststellung entlassen, in der sie sich erst langsam zurechtfinden mussten. Anfangs versuchten die Tatrichter noch, der mit dieser Freiheit verbundenen enormen Verantwortung für das weitere Leben des Angeklagten gerecht zu werden, indem sie an ihre Überzeugungsbildung hohe, wenn nicht teilweise sogar unerreichbare Anforderungen stellten und so in vielen Fällen trotz starker Indizien wegen kleiner verbliebener Restzweifel in dubio pro reo zu einem Freispruch gelangten.[41] Hierfür konnten sie verständlicherweise aber nicht den Segen des Reichsgerichts erlangen, ergeht wegen

---

34 *Egon Schneider*, Praxis, Rn. 750.

35 Ebenso *Peters*, Fehlerquellen Bd. 2, S. 1: „Das Problem fehlerhafter und ungewisser Urteile auf Grund ungenügender Sachverhaltsfeststellung ist auch noch ein Problem unserer Tage.“

36 5. Buch Moses 17, 6 und 19, 15 („Es soll kein einzelner Zeuge wider jemand auftreten [...], sondern in dem Munde zweier oder dreier Zeugen soll die Sache bestehen“), Matthäus 18, 16 sowie Johannes 8, 17 („Auch stehe in eurem Gesetz geschrieben, dass zweier Menschen Zeugnis wahr sei“).

37 *Goethe*, Faust 1, Zeile 3013 f. (= S. 85).

38 Vgl. nur *Kunert*, GA 1979, 403.

39 Im Gesetz über das Verfahren in Familiensachen und in den Angelegenheiten der freiwilligen Gerichtsbarkeit (FamFG), das mit Wirkung zum 1. 9. 2009 das Gesetz über die Angelegenheiten der freiwilligen Gerichtsbarkeit (FGG) ersetzte (BGBl. 2008 I, S. 2586 (2743)), ist nunmehr auch endlich für diese Verfahrensart (im FGG fehlte noch eine entsprechende Bestimmung) der Grundsatz der freien Beweiswürdigung ausdrücklich verankert.

40 § 9 des Gesetzes über das gerichtliche Verfahren in Landwirtschaftssachen (LwVfG) verwies bislang auf das FGG, so dass auch hier eine ausdrückliche Vorschrift über die freie Beweiswürdigung fehlte. Mit der Ersetzung des FGG durch das FamFG verweist § 9 LwVfG nunmehr auf § 37 Abs. 1 FamFG und erhält so mit Wirkung zum 1. 9. 2009 auch ausdrücklich den Grundsatz freier Beweiswürdigung: Art. 43 des Gesetz zur Reform des Verfahrens in Familiensachen und in den Angelegenheiten der freiwilligen Gerichtsbarkeit (FGG-Reformgesetz), BGBl. 2008 I, S. 2586 (2707).

41 So auch die Einschätzung von *Heescher*, Untersuchungen, S. 49.

der Unmöglichkeit absoluter Wahrheitserkenntnis doch jedes Urteil unter dem „selbstverständlichen Vorbehalt“[42], dass kein Beweis so unumstößlich sicher ist, dass eine, wenn auch ganz entfernte Möglichkeit einer ihn widersprechenden anderen Gestaltung des Sachverhalts gedanklich völlig ausgeschlossen wäre. Das Reichsgericht[43] mahnte vielmehr einen hohen objektiven Wahrscheinlichkeitsgrad als Maßstab an, bevor der Bundesgerichtshof zu einer Entscheidungsfindung nach streng-subjektiver „freier“ Überzeugung des Richters im Rahmen einer alle Aspekte des Einzelfalles umspannenden Gesamtwürdigung zurückkehrte: „Freie Beweiswürdigung bedeutet, dass es für die Beantwortung der Schuldfrage allein darauf ankommt, ob der Tatrichter die Überzeugung von einem bestimmten Sachverhalt erlangt hat oder nicht; diese persönliche Gewissheit ist für die Verurteilung notwendig, aber auch genügend. [...] Es ist also die für die Schuldfrage entscheidende, ihm allein übertragene Aufgabe des Tatrichters, [...] ob er die an sich möglichen Zweifel überwinden und sich von einem bestimmten Sachverhalt überzeugen kann oder nicht.“[44]

Ein derart streng subjektiver Maßstab öffnet – schränkt man ihn nicht ein – „dem Irrationalen, der Beliebigkeit und dem Unkontrollierbaren Tür und Tor“[45] und befördert, was tatsächlich eingetreten zu sein scheint, die Entwicklung pragmatischer Verfahrensregeln contra legem[46]: So berichten Praktiker, dass der Grundsatz „in dubio pro reo“ in der Praxis kaum noch zur Anwendung gelange, bilde sich der Richter doch bereits bei der Eröffnung des Hauptverfahrens (§ 203 StPO) ein Tatbild aufgrund der Ermittlungsakten, von dem er aufgrund unbewusst einsetzender psychologischer Gesetzmäßigkeit (sog. bevorzugte Apperzeption und Speicherung redundanter [bereits bekannter] Informationen) zumeist erst dann abweiche, wenn nicht nur Zweifel geweckt würden, sondern vielmehr das Gegenteil bewiesen werde[47] (sog. „in dubio contra reo-Rechtsprechung“[48]). Und wegen der „Schwierigkeit, einem Zeugen nicht zu glauben“[49] gelte die „geheime Beweisregel“[50], dass einem Zeugen trotz der hiermit verbundenen Unsicherheit grundsätzlich zu glauben sei[51]. Allein die Ergebnisse dieser Beweiswürdigung und nicht die zugrunde liegenden Überlegungen selbst, finden sich dann in den vom Richter verfassten Urteilsgründen. Hierzu gibt der Richter die Beweismittelaussagen (insbesondere Zeugenaussagen) so wieder, „wie er sie verstanden hat. Oder noch schlimmer: So, wie er sie verstehen will.“[52] Ob er der so „verstandenen“ Zeugenaussage (weithin „intuitiv“) Glauben geschenkt habe, werde in den Urteilsgründen einzig – wegen fehlender

---

[42] *Hartung*, SJZ 1948, 580.
[43] Vgl. nur RGSt. 61, 202 (206), RGSt. 75, 324 (327) und RGSt. 75, 372 (374).
[44] So grundlegend BGHSt. 10, 208 (209 f.).
[45] *Peters*, Strafprozeß, S. 298.
[46] Ausführlich hierzu *Geipel*, Notwendigkeit, S. 40 und *ders.*, StV 2008, 271 ff.
[47] Vgl. *Schünemann*, StV 2000, 163; ähnlich bereits *ders.*, GA 1978, 171.
[48] So *Meyer-Mews*, NJW 2000, 916 ff.
[49] *Reinecke*, MDR 1986, 630.
[50] *Geipel*, Notwendigkeit, S. 40.
[51] Vgl. hierzu *Reinecke*, MDR 1986, 630 ff.
[52] *Bossi*, Hier stehe ich, S. 101.

Kenntnisse von aussagepsychologischen Grundsätzen in der Richterschaft – mit „Begründungsmustern" belegt, „die sich als wissenschaftlich überwiegend wertlos erwiesen haben"[53]. Das Resultat: Am Ende passe das Ergebnis der Beweisaufnahme fast immer genau zum gefällten Urteil, als wäre es „in Stein gemeißelt"[54]. Mit dieser „Macht" des Tatrichters[55] sei der „Willkür im Prinzip Tür und Tor geöffnet. Richter können Zeugenaussagen missverstehen, verdrehen und in einzelnen Fällen sogar bewusst verfälschen."[56] Dies lasse sich „später kaum noch feststellen, geschweige denn korrigieren"[57], sei nach der Rechtsprechung die Tatsachenfeststellung doch allein „Sache des Tatrichters"[58] und der Revision (selbst bei tatsächlicher Unrichtigkeit[59]) nur insoweit zugänglich, wie auf dem „gedanklichen Weg"[60] zur richterlichen Überzeugung (§ 261 StPO) gegen rechtliche Vorgaben verstoßen werde, insbesondere ein hierfür erforderliches „nach der Lebenserfahrung ausreichendes Maß an Sicherheit" nicht in den Urteilsgründen ausgewiesen werde[61]. Das Ergebnis sei ein „Freibrief der Neuzeit: Ein kluger Richter schreibe in sein Urteil, was er wolle [unabhängig davon, was er dachte], doch vermerke er weise, dass er nicht zweifele"[62].

Da braucht man sich weder darüber zu wundern, dass die Freispruchquote von noch 8% im Jahre 1958 inzwischen auf unter 4% gesunken ist[63], noch dass nach einer Studie zur Rechtsprechung des Bundesgerichtshofs aus den Jahren 1992 und 1993 gegen 41% aller landgerichtlichen Urteile Revision eingelegt wurde[64], hiervon in 94,6% aller Fälle durch den Angeklagten[65]. In den wenigen Fällen, in denen eine Angeklagtenrevision mit der Verfahrensrüge durchdrang, fiel in 67% der Fälle das neue Urteil besser aus, davon in erstaunlichen 27,78% aufgrund neuer Tatsachen-

---

53 *Fischer*, NStZ 1994, 5, der diesen Umstand damit erklärt, dass die Aussagepsychologie selbst „nach 90 Jahren Forschung noch immer nicht Einzug in die obligatorische Fortbildungsmaßnahmen des Richterpersonals gefunden" habe.

54 *Bossi*, Halbgötter, S. 45 und *ders.*, Hier stehe ich, S. 102.

55 So *Schlothauer*, StV 1992, 134.

56 *Bossi*, Hier stehe ich, S. 101, daher für ein Wortprotokoll plädierend (S. 103).

57 *Bossi*, Halbgötter, S. 21.

58 BGHSt. 21, 149 (151), BGHSt. 38, 14 (15), *Meyer-Goßner*, § 337 Rn. 13. Vgl. zur grundsätzlichen Bindung des Revisionsgerichts an die Tatsachenfeststellungen des Tatrichters auch BGHSt. 29, 18 (20), *Roxin/Schünemann*, Strafverfahrensrecht, § 55 Rn. 10 und 17ff., *Dahs/Dahs*, Revi-sion, Rn. 392, *Beulke*, Strafprozessrecht, Rn. 563, *Jähnke*, FS Hanack, S. 355ff. sowie *Dietmar Krause*, Revision, Rn. 7.

59 Vgl. *Dahs/Dahs*, Revision, Rn. 392.

60 *Jähnke*, FS Hanack, S. 356.

61 Vgl. nur BayObLG, JR 1972, 30 mit Anm. *Peters*, JR 1972, 31f.

62 *Tronje Döhmer*, Freie Beweiswürdigung oder Begründungsmangel?!, www.kanzlei-doehmer.de/Beweis16.htm.

63 Vgl. *Schünemann*, StV 2000, 163. 1996 betrug die Quote sogar nur 2,7%: vgl. *Schünemann*, StV 1998, 395 Fn. 29 (Freisprüche werden vom Statistischen Bundesamt inzwischen in der Strafverfolgungsstatistik nicht mehr gesondert ausgewiesen, sondern mit allen anderen Formen der Erledigung eines Verfahrens außer einer Verurteilung (insbesondere Einstellungen) zusammengefasst).

64 *Barton*, Revisionsrechtsprechung, S. 44.

65 *Barton*, Revisionsrechtsprechung, S. 45.

feststellungen, die gar keinen Bezug zum Aufhebungsgrund hatten[66]. Die allgemeine Fehleranfälligkeit der Tatsachenfeststellung (insbesondere bei nur einer Instanz) steigt genauso wie die „Unzufriedenheit der Verurteilten“[67]. Zugleich schwindet das Vertrauen der Gesellschaft in gerechte strafprozessuale Urteile. Von Rechtsfrieden durch den Urteilsspruch kann kaum noch eine Rede sein. Es wird gar ein historischer Rückschritt in die graue Vorzeit beklagt, hätten die irrationalen Beweismittel der germanischen Vorzeit (Eid, Zweikampf und Gottesurteil) trotz ihrer Irrationalität doch wenigstens brauchbare Ergebnisse aufgrund einer systemimmanenten Logik geliefert. Die Beweiswürdigung heutzutage könne dagegen so gut wie immer so oder anders ausgehen.[68]

Der Bundesgerichtshof erkannte diese Gefahr möglicher „Exzesse der freien Überzeugungsbildung“[69] zwar schon früh und verlangte den Tatrichtern eine „tragfähige, verstandesmäßig einsehbare Tatsachengrundlage“[70] bzw. „tatsächliche Anknüpfungspunkte“[71] für ihre subjektive Beweiswürdigung ab und band sie neben Denkgesetze[72] an „allgemeine Erfahrungssätze“[73], d.h. „empirisch aus der Beobachtung und Verallgemeinerung von Einzelfällen gewonnene [generalisierte] Einsichten“, die „in den maßgebenden Fachkreisen allgemein und zweifelsfrei als richtig und zuverlässig anerkannt“ sind[74] und so „unabhängig von den Umständen des jeweiligen Falles allgemein Gültigkeit beanspruchen können“[75] (andere Begrifflichkeiten wegen ihrer generell-zwingenden Geltung[76]: „zwingende Erfahrungssätze“[77], „deterministische Erfahrungssätzen“[78] oder „Erfahrungsgesetze“[79]). Wie die früheren gesetzlichen Beweisregeln vermittelten sie „schlechthin zwingende Folge-

---

66 *Barton*, Revisionsrechtsprechung, S. 58 f.

67 *Geipel*, Notwendigkeit, S. 25.

68 So die Kritik von *Geipel*, Notwendigkeit, S. 48.

69 Hoyer, ZStW 105 (1993), 532 mit anschaulichen Beispielen.

70 BGH, NStZ-RR 2005, 373.

71 BGH, NStZ 2009, 226 (227).

72 Vgl. nur BGHSt. 6, 70 (72), BGHSt. 19, 33 (34), BGH, StV 1984, 190, BGH, StV 1986, 467, BGH, StV 1996, 366 (367), BGH, StraFo 2003, 131, BGH bei *Becker*, NStZ-RR 2006, 258 und BGH, StV 2008, 238.

73 So die Begrifflichkeit der Rechtsprechung: vgl. beispielsweise RGSt. 61, 151 (154), OGHSt. 1, 67 (70), BGHSt. 31, 86 (89) und BGH, VRS 16 (1959), 432 (437).

74 BGHSt. 5, 34 (36).

75 BGHSt. 31, 86 (89 f.); ähnlich BGH, StV 2000, 69 und OLG Köln, VRS 48 (1975), 24. Vgl. auch die Definition von *Beulke*, Strafprozessrecht, Rn. 492, der wie BGH, StV 2000, 69 und *Albrecht Mayer*, NStZ 1991, 526 sogar nur solche Erfahrungssätze überhaupt als „Erfahrungssätze“ bezeichnen will: „auf Grund allgemeiner Lebenserfahrung oder wissenschaftlicher Erkenntnisse gewonnene Regeln, die keine Ausnahme zulassen“.

76 Wissenschaftstheoretisch spricht man davon, derartige Gesetzmäßigkeiten seien „nomologisch“, vgl. *Mummenhoff*, Erfahrungssätze, S. 13.

77 Vgl. nur LR/*Gollwitzer* (25. Aufl., Berlin 2001), § 261 Rn. 47 und *Rebmann*, Revisibilität, S. 19, 22 ff.

78 So *Eisenberg*, Beweisrecht, Rn. 7, AK-StPO/*Schöch*, § 244 Rn. 19, *Kindhäuser*, Strafprozessrecht, § 20 Rn. 13; ähnlich *Mummenhoff*, Erfahrungssätze, S. 13 und *Ulrike Unger*, Kausalität, S. 149: „deterministische Gesetzmäßigkeit“.

79 So etwa *Hainmüller*, Anscheinsbeweis, S. 28 und KK-StPO/*Fischer*, § 244 Rn. 7.

rungen“[80], von denen nicht abgewichen werden könne. Doch abgesehen von „naturgesetzlich festliegenden“ Vererbungsregeln[81], einer absoluten Fahruntüchtigkeit ab 1,1‰[82] oder „dass ein Kraftfahrer, bevor er am Steuer seines Fahrzeugs während der Fahrt einschläft (einnickt), stets deutliche Zeichen der Ermüdung (Übermüdung) an sich wahrnimmt oder wenigstens wahrnehmen kann“[83], existieren derart zwingende Erfahrungssätze nicht, leben wir doch nach den Erkenntnissen der modernen Quantenphysik in einer undeterminierten Welt, in der sich die Vorgänge in jedem Atom zufällig abspielen, nur statistisch beschreibbar[84]. Dies gilt auch und gerade für das vom Strafrecht sanktionierte menschliche Verhalten, das von individuellen Wünschen, Erfahrungen und Emotionen gelenkt wird. So gibt es beispielsweise keinen „allgemeinen Erfahrungssatz“, dass jeder Kfz-Führer auch einen leichten Wagen selbst bei heftigem Wind in einer geraden Linie halten kann, wenn er das Steuer fest in der Hand hält[85], dass „derjenige, der mehrfach und mit großer Wucht nach einem dreimonatigen Kleinkind tritt und dabei einen Tritt mit großer Wucht von oben auf den Kopf des Kindes ausführt, [...] angesichts der ihm bekannten massiven Gewalteinwirkung und des noch zarten Knochenbaus des Kindes zwangsläufig mit der Todesfolge seines Tuns rechnen und dies zumindest auch billigend in Kauf nehmen“ muss[86], „dass ein Kraftfahrer Bremsgeräusche oder Geräusche quietschender Reifen im Straßenverkehr auch im geschlossenen Fahrzeug wahrnimmt und als Geräusche eines Unfalls sofort identifiziert, selbst wenn diese Geräusche noch hinter dem Fahrzeug des betreffenden Kraftfahrers in einer größeren Entfernung auftreten“[87], dass bei Geldschulden „jedermann weiß, dass insoweit kein Anspruch auf dieses entwendete bzw. zu entwendende Geld besteht“[88] oder dass der Täter beim Vorliegen von bewiesenen Erinnerungslücken nach der Tat während der Tatbegehung unter einer tiefgreifenden Bewusstseinsstörung litt[89]. Stets vermitteln diese Sätze trotz ihrer sprachlichen Strenge inhaltlich allenfalls statistische Aussagen und ermöglichen nur einen Schluss mit gewisser Wahrscheinlichkeit auf das Tatgeschehen (sog. statistische[90] bzw. stochastische[91] Erfahrungssätze). Mit derart unsicheren Schlüssen muss der Tatrichter täglich umgehen. Die Hoffnung der Praxis ging daher dahin, dass der Bundesgerichtshof seiner grundsätzlichen Bindung an

---

80 BGHSt. 31, 86 (89).

81 BGHSt. 6, 70ff.

82 BGHSt. 37, 89ff.

83 BGHSt. 23, 156ff.

84 Vgl. hierzu *Roxin*, AT I, § 11 Rn. 3, *Stratenwerth*, FS Gallas, S. 233, *Ingeborg Puppe*, ZStW 95 (1983), 293ff. und NK-StGB/*dies.*, Vor §§ 13ff. Rn. 138.

85 OLG Hamm, NZV 1994, 117.

86 BGHR StPO § 261 Erfahrungssatz 1.

87 OLG Karlsruhe, StV 1995, 13.

88 BGH, StV 1991, 515.

89 *Lackner/Kühl*, § 20 Rn. 7.

90 So etwa die Bezeichnung von *Eisenberg*, Beweisrecht, Rn. 7, AK-StPO/*Schöch*, § 244 Rn. 19, *Hans-Udo Bender*, Merkmalskombinationen, S. 119 und *Helmut Weber*, Kausalitätsbeweis, S. 175 Fn. 183; ähnlich *Ulrike Unger*, Kausalität, S. 149: „statistische Gesetzmäßigkeiten“.

91 So etwa *Kindhäuser*, Strafprozessrecht, § 20 Rn. 13.

Denkgesetze und Erfahrungssätze nähere Konturen für eine Anwendung im Individualfall geben würde. Diese Hoffnung erfüllte sich bis heute nicht. Feste rationale Strukturen im Umgang vor allem mit statistischen Erfahrungssätzen sucht man in der Rechtsprechung vergebens.[92] Stattdessen hat der Bundesgerichtshof den Umgang mit statistischen Erfahrungssätzen bislang in die freie Entscheidungsmacht des Tatrichters gestellt, solange die hierdurch erschlossene Tatsache bei einer Gesamtwürdigung[93] „tragfähig"[94] sei. So bleibt die Bindung an wissenschaftliche, insbesondere „kriminalistische Erfahrungen und Erkenntnisse"[95] als Stabilisator einer nachvollziehbaren, einen Rechtsfrieden schaffenden Beweiswürdigung weitgehend wirkungslos. Feste Grundsätze dafür, wann mit Hilfe eines nicht allgemeinen Erfahrungssatzes auf eine Tatsache geschlossen und diese festgestellt werden könne und wann ein derartiger Schluss lediglich eine bloß abstrakte, auf der Intuition des Richters beruhende Vermutung sei, die letztlich nicht mehr als ein gegen das Willkürverbot des Art. 3 Abs. 1 GG verstoßender[96], in der Revision aufzuhebender Verdacht[97] sei, fehlen bis heute.

In anderen Rechtsgebieten ist man hier wenigstens einen Schritt weiter, insbesondere im Zivilprozessrecht. Hier hat der Richter nach § 286 ZPO „unter Berücksichtigung des gesamten Inhalts der Verhandlungen und des Ergebnisses einer etwaigen Beweisaufnahme nach freier Überzeugung zu entscheiden, ob eine tatsächliche Behauptung für wahr oder für nicht wahr zu erachten sei". Neben einer Bindung an „allgemeine Erfahrungssätze" sind in der zivilprozessualen Rechtsprechung für den Umgang mit bestimmten nicht allgemeinen Erfahrungssätzen feste Grundsätze entwickelt worden: Vermittelt ein nicht allgemeiner Erfahrungssatz wegen seines hohen Wahrscheinlichkeitsgrades dem Richter einen „typischen Geschehensablauf"[98], d.h. einen feststehenden Sachverhalt, „der nach der Erfahrung des täglichen Lebens das Gepräge des Regelmäßigen, Üblichen, Gewöhnlichen und Häufigen trägt"[99], so kann und muss grundsätzlich der Richter „prima facie" darauf schließen, dass sich auch im zu entscheidenden Einzelfall das Ge-

---

[92] So zutreffend *Sommer*, FS Rieß, S. 587.

[93] BGH, NJW 2008, 2792 (2793) (insoweit in BGHSt. 52, 314ff. nicht abgedruckt); ebenso BGH, NStZ 2002, 48, BGH, NStZ-RR 2004, 238 (239) und BGH, Urt. v. 29. 8. 2007 – 2 StR 284/07, juris.

[94] Vgl. nur BGH, NStZ-RR 2004, 238 (240).

[95] Eine derartige Bindung forderte der 52. Deutsche Juristentag im September 1978: Verhandlungen des 52. Deutschen Juristentages, Band II, L 222 Abschnitt B Nr. 6: „Über das Ergebnis der Beweisaufnahme entscheidet das Gericht nach seiner aufgrund kriminaltechnischer Erfahrungen und Erkenntnisse aus dem Inbegriff der Verhandlung gewonnenen Überzeugung."

[96] BVerfGE 18, 85 (96), BVerfGE 74, 102 (127) und BVerfG, StV 1994, 3.

[97] Vgl. etwa BGH, StV 1995, 453, BGH, NStZ-RR 1997, 42 (43) und BGH, StV 1997, 120.

[98] So der in Rechtsprechung und Schrifttum weithin anerkannte Fachausdruck: vgl. nur RGZ 130, 357 (359), BGHZ 2, 1 (5), BGHZ 6, 169, BGHZ 8, 239 (240), BGHZ 24, 308 (312), BGHZ 100, 31 (33), BGH, NJW 2005, 2395 (2398), BGH, NJW 2006, 300 (301), BGH, NJW 2006, 2262 (2263), *Rosenberg/Schwab/Gottwald*, Zivilprozessrecht, § 112 Rn. 20, Stein/Jonas/*Leipold*, ZPO, § 286 Rn. 129, *Musielak*, Grundkurs ZPO, Rn. 463, *Schellhammer*, Zivilprozess, Rn. 519, *Jauernig*, Zivilprozessrecht, S. 166 und *Rhona Fetzer*, MDR 2009, 603.

[99] *Metz*, NJW 2008, 2807; ähnlich BGH, NJW 1987, 1944.

schehen entsprechend (sprich: typisch) abgespielt hat, solange der Beweisgegner diesen „Anschein" nicht durch die Darlegung und im Bestreitensfalle den Beweis konkreter Tatsachen[100] zu entkräften vermag, aus denen sich die ernsthafte Möglichkeit eines vom typischen Geschehen im Einzelfall abweichenden Geschehensablaufs ergibt[101]. Kommt es etwa zu einem Auffahrunfall, so spricht ein „erster Anschein" dafür, dass der Hintermann entweder entgegen § 4 Abs. 1 StVO nicht den notwendigen Sicherheitsabstand eingehalten oder entgegen § 3 Abs. 1 S. 4 StVO seine Geschwindigkeit nicht so an die jeweiligen Straßen- und Verkehrsverhältnisse angepasst hat, „dass er innerhalb der übersehbaren Strecke halten" konnte, und er daher den Unfall verschuldet hat, wenn er nicht die typische Auffahrsituation (A fährt hinter B und fährt schließlich in ihn herein) erschüttern kann (z.B. durch den Beweis, der Vordermann B habe gerade vor dem Unfall die Fahrspur gewechselt[102]). Bis zu einem solchen Gegenbeweis kann das Gericht allein aus dem Indiz „A ist auf B aufgefahren, so dass es zu einer Teilüberdeckung von Heck und Front[103] kam" auf eine Schuld des Hintermannes B und damit seine Haftung für die entstandenen Schäden schließen.[104] Es gilt verkürzt gesagt in der Regel: Wer auffährt, hat schuld.

Es stellt sich daher die Frage, ob diese weithin unbestrittene *zivil*prozessuale Konstruktion auf den Straf- oder Ordnungswidrigkeitenprozess übertragbar ist: Kann dem auffahrenden A etwa neben der zivilprozessualen Haftung in einem Ordnungswidrigkeitenverfahren (§ 24 Abs. 1 S. 1 StVG iVm §§ 4 Abs. 1 S. 1 und 49 Abs. 1 Nr. 4 StVO) das Nichteinhalten des Sicherheitsabstandes alleine aus dem Umstand bewiesen werden, dass er auf das Fahrzeug des B aufgefahren ist und es ihm nicht gelungen ist, die typische Auffahrsituation zu erschüttern?[105] Oder um weitere Beispiele aus dem Bereich der Rechtsprechung zu bemühen: Kann allein aus der Haltereigenschaft des Angeklagten bei Fehlen weiterer Indizien gefolgert werden, dass dieser zum Zeitpunkt des Verkehrsverstoßes (wie es in der Regel der Fall sein wird) auch Fahrer des Wagens war?[106] Kann vom Indiz eines größeren Drogengeschäfts unter Freunden ohne weiteres auf eine Entgeltlichkeit geschlossen werden[107]? Oder kann davon, dass ein Kraftfahrer nicht re-

---

[100] BGHZ 6, 169, BGHZ 17, 191 (196), BGH, NJW-RR 1989, 670 (671), BGH, VersR 1995, 723, Stein/Jonas/*Leipold*, § 286 Rn. 139 sowie MüKo-ZPO/*Prütting*, § 286 Rn. 65.

[101] BGHZ 8, 239, BGH, NJW 1978, 2032f., OLG Köln, VersR 1991, 1195, OLG Hamm, VersR 2000, 55 (57) und *Rosenberg/Schwab/Gottwald*, Zivilprozessrecht, § 112 Rn. 36.

[102] Vgl. BGH, MDR 2011, 157, OLG Köln, VRS 92 (1997), 197, OLG Köln, NZV 2004, 29f., KG, VRS 108 (2005), 25, OLG Jena, NZV 2006, 147f., KG, NJW-RR 2011, 28 und KG, MDR 2011, 158f.

[103] Vgl. zu diesem Erfordernis für einen „typischen Auffahrunfall": KG, VRS 115 (2008), 275, KG, NZV 2010, 468 (469) und *Martis/Enslin*, MDR 2009, 489.

[104] Vgl. nur BGH, NZV 1989, 105, KG, NZV 2003, 41f., OLG Naumburg, VRS 100 (2001), 173, OLG Köln, NZV 2004, 29f. und OLG Saarbrücken, NZV 2009, 556ff. Umfassend zum Anscheinsbeweis im Verkehrsunfallprozess *Karl-Werner Dörr*, MDR 2010, 1163ff.

[105] Dagegen OLG Hamm, JMBl. NW 1976, 68f.

[106] Hierzu BVerfG, NJW 1994, 847, BGHSt. 25, 365 und OLG Oldenburg, StV 1994, 8 (9).

[107] Verneinend BGH, StV 1992, 469.

gelmäßig oder überhaupt nicht auf seinen Tachometer sieht, darauf geschlossen werden, dass er eine Geschwindigkeitsüberschreitung zumindest billigend in Kauf nimmt[108]?

Nach der Rechtsprechung könne es im Strafprozess einen derartigen Beweises des ersten Anscheins nicht geben, „der nicht auf Gewissheit des Richters, sondern auf der Wahrscheinlichkeit eines Geschehensablaufs beruht“[109], sich der Versuchung eines „Anscheinsbeweises“ wohl bewusst: Mit seiner Hilfe könnte schließlich „unter Berufung auf so schillernde Begriffe wie ‚Lebenserfahrung‘ oder ‚typischer Geschehensablauf‘“ dem Prozess eine erwünschte Richtung gegeben werden, „die derjenigen ohne eine Anwendung solcher oft gefährlich unkontrollierten Begriffe gerade entgegengesetzt verläuft“; „eine ‚Lebenserfahrung‘ ist rasch dahingeredet und dann nur mühsam als Leerformel widerlegbar“[110]. Und doch schließt die Rechtsprechung in den Fällen der strafrechtlichen Produkthaftung, wenn die genaue Wirkweise des angeblich die körperlichen Schäden der Verbraucher verursachenden Stoffe nicht ermittelt werden können, vom gehäuften Auftreten von Schadensfällen beim Gebrauch eines Produktes auf deren Schadensursächlichkeit, wenn zur Überzeugung des Richters „alle anderen in Betracht kommenden Schadensursachen aufgrund einer rechtsfehlerfreien Beweiswürdigung ausgeschlossen werden können“[111]. Und bei jeder Form des Schießens in Richtung auf einen Menschen mit scharfer Munition ohne weitere Anhaltspunkte wird grundsätzlich auf einen zumindest bedingten Tötungsvorsatz geschlossen[112] oder bei einer Tatblutalkoholkonzentration ab 3,0‰ (bei schweren Gewaltdelikten wie Tötungsdelikten wegen der erhöhten Hemmschwelle zuzüglich 10%: also 3,3‰[113]) ohne weitere Anhaltspunkte für körperliche Besonderheiten (wie z.B. eine Alkoholgewöhnung[114]) auf eine Schuldunfähigkeit zur Tatzeit (§ 20 StGB)[115]. Sind diese Schlüsse wirklich etwas anderes als strafprozessuale Anscheinsbeweise und sind die Anscheinsbeweis-Grundsätze nicht vielmehr jedem Erschließen von Tatsachen mittels Erfahrungssätzen mit bloßen Wahrscheinlichkeitsaussagen wesensimmanent (ja sogar – wie teils behauptet wird[116] – „der Normalfall der Beweisführung“) und gelangen daher allen gegenteiligen Beteuerungen der Rechtsprechung zum Trotz dennoch tagtäglich zur Anwendung, nach außen hin nur

[108] OLG Hamm, zfs 1994, 268.

[109] So schon fast formelhaft der 1. Strafsenat des Bundesgerichtshofs: BGH, Urt. v. 12. 8. 2003 – 1 StR 111/03, juris (bei *Sander*, NStZ-RR 2004, 2f. ist ledig ein Auszug abgedruckt), BGH, Urt. v. 19. 9. 2006 – 1 StR 247/06, juris und BGH, NStZ-RR 2007, 86 (87); ähnlich in der Formulierung BGH, Urt. v. 22. 5. 2007 – 1 StR 582/06, juris.

[110] Baumbach/Lauterbach/Albers/Hartmann, ZPO, Anh. § 286 Rn. 15.

[111] BGHSt. 37, 106 (112) – „Lederspray“; ebenso der Spanische Oberste Gerichtshof, NStZ 1994, 37ff. (deutsche Übersetzung des „Speiseöl“-Falles).

[112] BGH, Beschl. v. 7. 2. 2008 – 5 StR 453/07, juris.

[113] Vgl. nur BGH, NStZ 1991, 126 (127).

[114] Vgl. BGH, NStZ 1997, 591 f. und OLG Düsseldorf, NZV 1998, 418 (419).

[115] Vgl. BGH, StV 1987, 385f., BGH, NStZ 1991, 126f., OLG Düsseldorf, NStZ-RR 1998, 86f. und OLG Düsseldorf, NZV 1998, 418 (419).

[116] So etwa von *Christoph Markus Müller*, Anscheinsbeweis, S. 189.

verschleiert durch den Mantel einer alle Schlüsse umhüllenden Gesamtwürdigung?[117]

Mit der vorliegenden Arbeit soll daher nicht nur die schon immer bestandene grundsätzliche Abhängigkeit der deutschen[118] tatrichterlichen Tatsachenfeststellung von der Erfahrung aufgezeigt werden, die nach der Abschaffung gesetzlicher Präsumtionen im Zivilprozess als ungeschriebene Regeln in der Form eines Anscheinsbeweises überlebten (Kapitel 1), verbunden mit der Frage, ob diese Grundsätze als „sichere Basis" für den Umgang mit Wahrscheinlichkeits-Erfahrungssätzen nicht doch in den Strafprozess übertragbar sind und dort für mehr Sicherheit bei der Beweiswürdigung sorgen könnten (Kapitel 2). Vielmehr soll auch und gerade ausgehend von einer Bestimmung des (im Gegensatz zur Zivilprozessordnung) in der Strafprozessordnung nicht eindeutig geregelten Beweismaßes (Kapitel 3) das bis heute überfälliges Modell einer rationalen Tatsachenfeststellung (unter besonderer Berücksichtigung des praktischen Umgangs mit Erfahrungssätzen) entwickelt werden (Kapitel 4), das unser derzeitiges strafprozessuales Theriak einer allumfassenden subjektiven Gesamtwürdigung ablöst und mit deren Hilfe eine freie Beweiswürdigung erlangt werden soll, „welche die Bestimmtheit, Sicherheit, Transparenz und Nachprüfbarkeit der Strafjustiz dadurch wiedergewinnt, dass sie ihre Beweiswürdigung so objektiviert und argumentativ offen legt, wie dies in allen anderen Bereichen der Strafrechtspflege wohlbegründete Tradition ist, dass sie Tatsachenzweifel eingesteht und als solche behandelt: jedenfalls nicht zum Nachteil des Beschuldigten"[119].

---

117 *Volk*, NJW-Spezial 2009, 422 spricht daher (zu) provozierend vom „Strafrecht des scheinheiligen Reiches deutscher Nation".

118 Ist das Problem richterlicher Tatsachenfeststellung auch universell, so muss sich die vorliegende Arbeit angesichts des ansonsten zu ausufernden Umfangs auf den deutschen Strafprozess beschränken.

119 So die berechtigte Forderung von *Hassemer*, Produktverantwortung, S. 49 an einen Wandel der Strafrechtsprechung.

Erster Hauptteil:
Der derzeitige Umgang mit Erfahrungssätzen in Rechtsprechung und Lehre

Erstes Kapitel:
Ausgangslage: Die historische Entwicklung der Erfahrung als Mittel der (deutschen) strafprozessualen Beweiswürdigung und die Bildung der Anscheinsbeweisgrundsätze im Zivilprozess

Das „Kernproblem der richterlichen Tätigkeit, das Problem, von dem vor allem auch das Ansehen der Strafrechtspflege bedingt ist“[1], ist die Feststellung des in der Anklage bezeichneten Tatgeschehens (§ 264 Abs. 1 StPO). Denn wird die geschehene Wirklichkeit als „einzig sicherer Boden für die Rechtsprechung“[2] verfehlt, so kann die rechtliche Würdigung noch so brillant gelingen, das Urteil bleibt unausweichlich ein Fehlurteil.[3] Dabei kommt der Tatrichter, der das Tatgeschehen nicht mit eigenen Augen verfolgt hat[4], nicht umhin, aufgrund der nur fragmentarischen sowie subjektiv eingefärbten Wahrnehmungsfähigkeit[5] der ihm das Geschehen

---

1 *Alsberg*, 35. DJT I, S. 483; ähnlich *Döhring*, Erforschung, S. 1: „Kernstück der Prozeßtätigkeit“. Ebenso *Engisch*, Studien, S. 13, der den richterlichen Syllogismus zu Recht nicht im Sinne *Schopenhauers* (Die Welt als Wille und Vorstellung II, Kapitel 10 [= S. 120]: „Hingegen liefert den förmlichsten und großartigsten Syllogismus […] jeder gerichtliche Proceß. Die […] Kriminal-Übertretung, wegen welcher geklagt wird, ist die Minor […]. Das Gesetz für solchen Fall ist die Major. Das Urtheil ist die Konklusion, welche daher, als ein Nothwendiges, vom ichter bloß ‚erkannt‘ wird“) als „trivial“ (so aber *Wagner/Haag*, Logik, S. 17) ansieht, sondern im „Finden der Prämissen“ eine Hauptschwierigkeit erblickt, die die Anwendung von „Urteilsmaschinen“ verwehrt.

2 *Wildhagen*, ZZP 60 (1936/37), 218.

3 Vgl. *Käßer*, Wahrheitserforschung, S. 1.

4 War der Richter dennoch bei der Tat anwesend und verfügt so über privates Wissen, so darf er dieses nach der Wertung des § 22 Nr. 5 StPO (Ein Richter ist ausgeschlossen, wenn er als Richter vernommen wurde) grundsätzlich nicht verwenden, vgl. nur BGH bei *Dallinger*, MDR 1952, 532, SK-StPO/*Ellen Schlüchter* (3. Aufl., 64. Lieferung: Stand November 2009, Köln 2009), § 261 Rn. 18 und 21 sowie *Meyer-Goßner*, § 261 Rn. 24.

5 So bereits LR/*Kühne*, Einl. Abschn. B Rn. 14 und *ders.*, NStZ 1985, 252 ff.

schildernden Menschen gar nicht umhin, die erfolgte Realität in all ihrer Komplexität zu verfehlen; er kann das einmalige, nicht der Wiederholung im Experiment offen stehe[6] Tatgeschehen lediglich anhand der ihm vorliegenden begrenzten (verwertbaren) Informationen für sich subjektiv rekonstruieren und hierauf seine Entscheidung der Seinsfrage über Schuld und Unschuld des Angeklagten aufbauen, die Leben, Freiheit und Ehre und damit das weitere Schicksal des Angeklagten prägt. Und das tagtäglich, in jedem Fall. Hat der Angeklagte die Tat begangen, wenn das Opfer und ein Augenzeuge den Angeklagten als Täter ihrer Aussage nach wieder erkannt haben, dieser den Angriff aber bestreitet? Stimmt die Aussage des Ladendetektivs über einen vorsätzlich erfolgten Diebstahl, wenn der Angeklagte auf eine bloße Vergesslichkeit verweist, konnte doch der Zeuge zum Tatzeitpunkt nicht in den Kopf des Angeklagten blicken? Und ist der Vertrieb eines Medikaments kausal für die körperlichen Schäden, die bei mehreren Käufern nach Gebrauch entstanden sind, wenn selbst die Sachverständigen keinen genauen chemischen Zusammenhang zwischen den Inhaltsstoffen und den Schäden herstellen können? Stets muss er aus einigen wenigen Wahrnehmungen von Beweismittelaussagen in der gegenwärtigen Hauptverhandlung auf einmalige Vorgänge der Vergangenheit schließen.

A. Die Bedeutung der Erfahrung im historischen (deutschen) strafprozessualen Beweisverfahren

Für dieses Erkenntnisproblem haben „alle Völker und Generationen [...] Lösungen [...] gesucht und auf ihre Weise gefunden"[7] – ob Gottesurteil, feste Beweisregeln oder die „Errungenschaft"[8] der freien richterlichen Beweiswürdigung, das Bindeglied zwischen der Jetzt-Wahrnehmung der Beweismittelaussagen und dem Tatgeschehen war jedoch stets die Erfahrung[9], wenn auch – die jeweiligen zeitge-

---

[6] Vgl. zu diesem generellen Problem des juristischen Beweises gegenüber dem wissenschaftlichen Beweis *Helmut Weber*, Kausalitätsbeweis, S. 7. Einzig vergleichbare Situationen sind bezüglich einzelner Aspekte im Experiment nachprüfbar, so etwa die Untauglichkeit eines Versuchs, mit Pfefferminzbonbons abzutreiben.

[7] *Höcherl*, FG Peters, S. 18.

[8] *Höcherl*, FG Peters, S. 18.

[9] Kurz zu Begriff und Bedeutung der „Erfahrung": Erste präzise terminologische Bestimmungen finden sich bei *Aristoteles* in seiner „Metaphysik" (*Aristoteles*, Metaphysik, 980 b 25 ff.) und den „Analytica posteriora" (*Aristoteles*, Zweite Analytiken, 100 a 3 ff.). Er entwickelte hier den vorwissenschaftlichen Gebrauch des Wortes „ἐμπειρία" („Empeiria") durch *Sokrates* und *Platon* zu einem philosophischen Erfahrungsverständnis weiter, das unserem heutigen nicht vollständig fremd ist: „Aus der Wahrnehmung nun entsteht Erinnerung, wie wir sagen, und aus der wiederholten Erinnerung über dasselbe Objekt entsteht Erfahrung; denn die zahlenmäßig vielen Erinnerungen machen eine Erfahrung aus." Dieses Aristotelische Verständnis wurde im Mittelalter zumeist wie formelhaft wiederholt, sei es von *Albertus Magnus*, *Thomas von Aquin* oder *Hobbes* in dessen „Leviathan", vgl. hierzu die Zusammenstellung mit entsprechenden Nachweisen bei *Ritter*, Wörterbuch II, S. 610 f.. Begrifflich wandelte sich das mittelhochdeutsche Wort „ervarn" (althochdeutsch „irfaran") von seiner ursprünglichen Bedeutung „durchfahren", „durchreisen" und „ein Land kennen lernen" zu allgemein „kennen lernen, er-

nössischen gesellschaftlichen Verhältnisse und rechtspolitischen Zweckmäßigkeitsüberlegungen widerspiegelnd[10] – unterschiedlich ausgestaltet. Dies sei anhand eines kurzen rechtsgeschichtlichen Überblicks über das deutsche Strafverfahren und seine römischen und französischen Einflüsse aufgezeigt[11]:

I. Der römische Strafprozess

Das römische Recht (Der Stadtstaat Rom wurde gegründet um das 8. Jahrhundert v. Chr., der Sage nach von Romulus und Remus 753 v. Chr.) als einer der maßgebenden Einflüsse für das spätere deutsche Recht wurde aufgrund der Zwölftafelge-

---

forschen" und im 15. Jahrhundert zum Adjektiv „bewandert, klug", wozu „Erfahrenheit" gehöre (vgl. *Kluge*, Etymologisches Wörterbuch der deutschen Sprache [24. Aufl., Berlin 2002], S. 253 und *Duden*, Das Herkunftswörterbuch [4. Aufl., Mannheim 2007], S. 185). Hiervon wurde – wohl erstmals bei *Paracelsus* gebraucht – das mittelhochdeutsche Verbalsubstantiv „ervarunge" (sprich: „Erfahrung") als das deutsche Wort für das lateinische „experientia, experientis", also einen gedanklichen Versuch zum Zweck des Erfahrungsbeweises (ebenso *Sandkühler*, Enzyklopädie I, S. 766 und *Kluge*, Etymologisches Wörterbuch der deutschen Sprache [24. Aufl., Berlin 2002], S. 141). Die mit diesem Wort noch immer repräsentierte *Aristotelische* Bedeutung wandelte sich erst mit *Kant*, entspringe doch nicht alle Erkenntnis aus der Erfahrung, sondern bilde diese in Form von Wahrnehmungsergebnissen nur den Ursprung für ein „Produkt, welches unser Verstand hervorbringt, indem er den rohen Stoff sinnlicher Empfindungen bearbeitet" (*Kant*, Kants Werke IV: Kritik der reinen Vernunft, 1. Aufl., S. 17). Die Wahrnehmungen müssten also durch den Verstand interpretiert werden, um aus dem „Wahrnehmungsurteil" (als Summe aller beobachteten Vorgänge) oder dem „Erfahrungsurteil" (der „empirischen Erkenntnis" als allgemeingültiges Urteil) Erkenntnis zu schöpfen: „Wenn ich sage, Erfahrung lehrt mir etwas, so meine ich jederzeit nur die Wahrnehmung, die in ihr liegt, z. B. dass auf die Beleuchtung des Steins durch die Sonne jederzeit Wärme folge, und also ist der Erfahrungssatz [nochmals: im Sinne eines verallgemeinertes Ergebnis aller beobachteten Vorgänge] so fern allemal zufällig. Dass diese Erwärmung notwendig aus der Beleuchtung durch die Sonne erfolge, ist zwar in dem Erfahrungsurteile (vermöge des Begriffs der Ursache) enthalten, aber das lerne ich nicht durch Erfahrung, sondern umgekehrt, Erfahrung wird allererst durch diesen Zusatz des Verstandesbegriffs (der Ursache) zur Wahrnehmung erzeugt" (*Kant*, Kants Werke IV: Prolegomena, § 22 – Anmerkung I [= S. 305]). Dieses Zusammenspiel von individuell verarbeiteten Wahrnehmungen als Grundlage eigener Erkenntnisse ist trotz verschiedener philosophischer Strömungen mit unterschiedlichen Definitionsversuchen des Erfahrungsbegriffs (Vgl. zu diesen nur *Sandkühler*, Enzyklopädie I, S. 768 ff.) im Kern im wissenschaftstheoretischen wie allgemeinsprachlichen Verständnis erhalten geblieben. Als Erfahrung wird heutzutage daher (weiterhin) die durch Praxis erworbene Fähigkeit sicherer Orientierung in bestimmten Handlungs- und Sachzusammenhängen aufgrund unmittelbar selbst erlebter Ereignisse ohne Rekurs auf ein hiervon unabhängiges theoretisches Wissen verstanden (vgl. nur Brockhaus in zehn Bänden, Band 3: Els-Gn [Leipzig 2005], S. 1554 und *Sandkühler*, Enzyklopädie I, S. 766).

[10] Vgl. *Bertram Schmitt*, Beweiswürdigung, S. 81.

[11] Eine umfassende Darstellung der rechtsgeschichtlichen Entwicklung unseres gesamten Strafverfahrensrechts ist dagegen wegen des notwendigen Umfangs einer derartigen Abhandlung weder möglich noch erforderlich, geht es doch primär um das Aufzeigen des Einflusses der Erfahrung in den historischen Modellen richterlicher Beweiswürdigung.

setzgebung (das „Grundgesetz Roms“[12]) aus der Mitte des 5. Jahrhunderts v. Chr.[13] in weitem Umfang vom Gedanken der privaten Rache des Verletzten beherrscht[14] und überantwortete daher eine Vielzahl der heute zum materiellen Recht zählenden Delikte als Teil des Deliktsrechts über die „delicta privata“ dem Privatrechtsweg (als einschränkender Voraussetzung für Fehde und Blutrache, die ohne Urteilsspruch untersagt waren[15]), wie z. B. Diebstahl, Raub, Unterschlagung von Mündelvermögen, Körperverletzung und Beleidigung[16], ja sogar bei Mord[17]. Jeder beliebige Bürger (quivis ex populo)[18] konnte bei diesen Delikten mündlich (zu amtlichem Protokoll des Prätors: „inscriptio criminis“) oder schriftlich („libellus accusationis“)[19] mit vorgeschriebenen Wortformeln[20] („legis actio sacramento in personam“)(Zivil-)Klage gegen einen freien Mann[21] erheben mit dem Ziel einer Sühnezahlung oder einer Überstellung des Täters zu persönlicher Rache (z. B. durch Geißelung)[22].[23] In einem ersten Verfahrensabschnitt („in iure“[24] – das Vorverfahren) entschied dann der Prätor, ob die begehrte Anspruchsfolge in den Zwölftafeln bzw. der späteren Volksgesetzgebung überhaupt enthalten und ob das Klagevorbringen schlüssig war, und bestimmte dann für die Beweisaufnahme („in iudicio“ oder „apud iudicem“ – das „Hauptverfahren“) zumeist einen Magistrat als Rich-

---

12 *Kunkel/Schermaier*, Rechtsgeschichte, S. 35.

13 Vgl. zu dieser nur *Waldstein/Rainer*, Rechtsgeschichte, S. 44 ff., *Kübler*, Geschichte, S. 24 f. und *Wesel*, Geschichte, Rn. 23.

14 Vgl. nur *Kunkel/Schermaier*, Rechtsgeschichte, S. 41 ff.

15 Vgl. *Kübler*, Geschichte, S. 27.

16 Vgl. *Kaser*, Rechtsgeschichte, S. 121 f., *Kaser/Hackl*, Zivilprozessrecht, S. 2, *Kunkel/Schermaier*, Rechtsgeschichte, S. 36 f., *Zumpt*, Criminalrecht I/1, S. 359 ff., *Wenger*, Institutionen, S. 15 und *Bethmann-Hollweg*, Civilprozeß I, S. 94.

17 Vgl. *Kunkel*, Untersuchungen, S. 43, *Söllner*, Einführung, S. 54 f. sowie *Kunkel/Schermaier*, Rechtsgeschichte, S. 41. Ausgenommen waren offenbar nur wenige öffentlich verfolgte Verfehlungen gegen den Staat („crimina“) wie Hoch- und Landesverrat (perduellio) und Amtsvergehen. Diesbezüglich wurde der Prozeß vor der Zenturiatsversammlung geführt, vgl. *Söllner*, Einführung, S. 54 f. und *Manthe*, Geschichte, S. 54.

18 Nicht nur der Verletzte, sondern jeder Bürger (ausgeschlossen: Frauen, Minderjährige, Perigrinen und Sklaven) hatte das Recht und die Pflicht, Übeltäter vor Gericht zu bringen und durch ihre Bestrafung den göttlichen Zorn von der Gemeinde abzuwenden, vgl. *Zumpt*, Beamtengerichte I/1, S. 122 und *Geib*, Geschichte, S. 99 f.

19 Vgl. zu diesen Formen der Anklageerhebung im streng formellen Vorverfahren *Zumpt*, Beamtengerichte II, S. 169, *Birkmeyer*, Strafprozeßrecht, S. 808 f., *Geyer*, Strafproceßrecht, S. 28 ff. und *Geppert*, Unmittelbarkeit, S. 10 Fn. 16.

20 So *Hans-Udo Bender*, Merkmalskombinationen, S. 11.

21 Sklaven und Frauen waren dem Paterfamilias unterworfen, vgl. *Kübler*, Geschichte, S. 27.

22 Vgl. zu den zivilrechtlichen Ansprüchen nur *Kaser/Hackl*, Zivilprozessrecht, S. 131 f., *Bethmann-Hollweg*, Civilprozeß I, S. 94 sowie *Gerhard Walter*, Beweiswürdigung, S. 18.

23 Im Bereich dieser privatrechtlich zu verfolgenden Delikte galt damit das Prinzip „Wo kein Ankläger, da kein Richter“. So berichtet etwa *Mommsen*, Strafrecht, S. 345 f. vom Fall eines geständigen Mörders, den man mangels Ankläger laufen lassen musste.

24 Wobei „ius“ die Gerichtsstätte auf dem comitium im Nordosten des Forums bezeichnete, vgl. *Söllner*, Einführung, S. 59.

ter[25], dem jedoch grundsätzlich[26] nur die Rolle eines Leiters für die kontradiktorische Verhandlung zwischen (Privat-)Ankläger und Angeklagtem zukam. Das „Hauptverfahren" erfolgte mündlich sowie unter Aufbietung von Zeugen in einer (wegen langwieriger Verhöre) oft viele Tage dauernden öffentlichen Verhandlung[27] vor der organisierten Volksversammlung (den Zenturiats- oder Tributkomitien), die durch Abstimmung (wie bei Wahlen) mit einfacher Mehrheit[28] das Urteil fällten (daher sog. Volks- oder Comitialprozeß[29]).[30] Während hierbei einem Geständnis[31] grundsätzlich ohne weitere Prüfung Glauben geschenkt wurde[32] – vergleichbar vielleicht dem Anerkenntnis nach § 307 ZPO –, bestanden für die Würdigung einer (stets) beeideten Aussage einer zeugnisfähigen Person[33], auf die das Urteil alleine gestützt werden konnte[34], anfangs eine Vielzahl an aus früheren Verfahren abgeleiteten Beweisregeln (wie beispielsweise die Unzuverlässigkeit von Vorbestraften[35]), die gewohnheitsrechtlich fortentwickelt wurden. Mit der Zeit mutierten sie jedoch zum größten Teil zu bloßen, nicht bindenden Anhaltspunkten für eine weitgehend „freie" Entscheidung[36], bei der die Richter aus den Aussagen der Zeugen nach ihrer eigenen logischen Überlegung auf die Richtigkeit oder zumindest Wahrscheinlichkeit einer Tatsache des angeklagten Geschehens schließen

[25] Vgl. zur Zweiteilung des Verfahrens nur *Geppert*, Unmittelbarkeit, S. 10, *Söllner*, Einführung, S. 59, *Mommsen*, Strafrecht, S. 12, *Zumpt*, Beamtengerichte I/1, S. 360, *Birkmeyer*, Strafprozeßrecht, S. 808 f. und *Geyer*, Strafproceßrecht, S. 28 ff.

[26] Nur bei den wenigen öffentlich verfolgten Delikten („crimina") wurde dem Magistrat neben der Rolle des Verhandlungsleiters auch jene des Anklägers zugewiesen, vgl. hierzu *Kaser*, Rechtsgeschichte, S. 122 f.

[27] Vgl. *Kunkel*, Kleine Schriften, S. 26 f. und *Geib*, Geschichte, S. 97.

[28] Eine Stimmengleichheit galt als Freispruch, vgl. *Geib*, Geschichte, S. 147.

[29] Vgl. zu diesem Namen nur *Geppert*, Unmittelbarkeit, S. 9 f. und *Söllner*, Einführung, S. 77.

[30] Umfassend zu den Prinzipien des römischen Strafverfahrens *Kunkel*, Kleine Schriften, S. 11 ff.

[31] Die Folter des freien Mannes war ausgeschlossen, vgl. *Kübler*, Geschichte, S. 27 und *Geib*, Geschichte, S. 138 f.

[32] Nach *Geib*, Geschichte, S. 137 und 329 beruhte dies darauf, dass man sich keine Motive für ein falsches Geständnis vorstellen konnte. Dem Geständnis gleichgestellt war die Bestechung des Anklägers durch den Beschuldigten bei laufender Anklage, die Ergreifung auf frischer Tat (sog. offenkundige Tat) oder wenn ein Angeklagter sich das Leben nahm, vgl. *Mommsen*, Strafrecht, S. 438 f.

[33] Nur Verurteilte, Sklaven Angeklagte einer „Straftat", bestochene Zeugen sowie Huren und Lustknaben konnten nicht vernommen werden; ansonsten waren sowohl Frauen wie auch Kinder zeugnisfähig, vgl. nur *Mommsen*, Strafrecht, S. 402 f. mit Fn. 5 und 1 und *Kaser/Hackl*, Zivilprozessrecht, S. 367. Es bestand Zeugniszwang, vgl. *Wenger*, Institutionen, S. 188.

[34] So jedenfalls noch im Verfahren der vorklassischen Zeit: vgl. nur *Geib*, Geschichte, S. 140.

[35] Vgl. *Mommsen*, Strafrecht, S. 439 ff.

[36] Vgl. hierzu *Kaser/Hackl*, Zivilprozessrecht, S. 117 f. und *Bethmann-Hollweg*, Civilprozeß I, S. 182 und *Geib*, Geschichte, S. 137. Diese Entwicklung verkennt *Bertram Schmitt*, Beweiswürdigung, S. 112, der die vorklassische und die klassische römische Zeit zusammen abhandelt und hierbei – lediglich bezüglich der klassischen Phase zutreffend – davon spricht, dass zwar eine Vielzahl an Regeln zur Würdigung eines Zeugenbeweises vorhanden gewesen seien, diese aber „keine den Richter bindende Normen" waren, „sondern sollten ihm lediglich Anhaltspunkte für die Ausübung seines Ermessens geben".

konnten[37]. Diese „frühe Überwindung der Beweisregeln und damit der Übergang zur freien Beweiswürdigung ist eine der bedeutendsten rechtsethischen Leistungen der Römer“[38]. Lediglich in materiellen Vorschriften waren zum Ende der vorklassischen Zeit noch bindende Beweisregeln (Präsumtionen) vorhanden: z.B. wurde unwiderlegbar als Dieb vermutet, wer auf frischer Tat ergriffen oder wer bei einer feierlichen Haussuchung vor Zeugen im Besitz der gestohlenen Sache war[39].

Im klassischen römischen Prozess ab der umfassenden Staatsreform von *L. Cornelius Sulla*[40] (82–79 v.Chr.) fielen dann auch noch die letzten gesetzlichen Bindungen: Der Prätor konnte im „in iure“-Verfahrensabschnitt nach seinem Ermessen selbst dann eine Klage zulassen, wenn es in den Edikten für diesen Fall keine genau vorgeschriebene actio mit Klageformel (formulae) gab, z.B. mittels Analogie zu einer bestehenden actio (actio utiles) oder in freier Rechtsschöpfung.[41] Die bei der öffentlich auf dem Forum stattfindenden[42] mündlichen[43] Hauptverhandlung zur Entscheidung berufenen Geschworen der „quaestiones perpetetuae“[44] waren in ihrer Entscheidung, die sie noch nicht einmal zu begründen hatten[45], an keinerlei Beweisregeln gebunden – sie waren in ihrer Beweiswürdigung gänzlich frei[46]. Sie entschieden[47] ohne Beratung[48] nur nach ihrem Gewissen, ihren persönlichen Ansichten, Gefühlen und ihrer eigenen Lebenserfahrung, manifestiert in einzelnen Erfahrungssätzen („Klugheitsregeln“[49]), die als „allgemeines Merkmal jeder richterli-

---

37 Vgl. *Wenger*, Institutionen, S. 187 und 192.

38 *Kaser/Hackl*, Zivilprozessrecht, S. 118.

39 Vgl. *Kaser/Hackl*, Zivilprozessrecht, S. 118.

40 Vgl. hierzu nur *Kaser*, Rechtsgeschichte, S. 97f.

41 Vgl. *Kaser/Hackl*, Zivilprozessrecht, S. 238f. und 329ff.

42 Vgl. zur Öffentlichkeit des Verfahrens nur *Geppert*, Unmittelbarkeit, S. 10, *Kunkel/Schermaier*, Rechtsgeschichte, S. 39 und *Gerhard Walter*, Beweiswürdigung, S. 19f.

43 Wobei dem Beschuldigten, der sich durch einen Anwalt vertreten lassen konnte, die 1½-fache der für die Anklage festgesetzten Redezeit zustand: vgl. *Gerhard Walter*, Beweiswürdigung, S. 20.

44 Diese bestanden aus 50–75 Senatoren oder Rittern unter dem Vorsitz eines Prätors oder eines Magistrats geringeren Ranges, vgl. *Kaser*, Rechtsgeschichte, S. 126 und *Gerhard Walter*, Beweiswürdigung, S. 19. Einzig Straftaten von Sklaven und Freien wurden von den triumviri capitales abgeurteilt, der untersten Gruppe römischer Magistrate.

45 Vgl. *Mommsen*, Strafrecht, S. 435ff. und *Jürg Müller*, Grundsatz, S. 7.

46 Ebenso *Mommsen*, Strafrecht, S. 435f., *Wenger*, Institutionen, S. 192, *Kaser/Hackl*, Zivilprozessrecht, S. 362, *Endemann*, Beweislehre, S. 10, *Zachariae*, Handbuch II, S. 404, *Geppert*, Unmittelbarkeit, S. 10, *Birkmeyer*, Strafprozeßrecht, S. 809, *Gerhard Walter*, Beweiswürdigung, S. 12 und 21, *Bertram Schmitt*, Beweiswürdigung, S. 113 und *Jürg Müller*, Grundsatz, S. 6.

47 Dies erfolgte, indem an die Geschworenen Stimmtafeln mit Wachsüberzug ausgeteilt wurden, die auf der einen Seite den Buchstaben a (für absolvo) und auf der anderen Seite den Buchstaben c (für condemno) enthielten, von denen sie einen Buchstaben entfernten und den Stab dann unter Verdeckung des Buchstaben in eine Urne warfen. Es entschied die einfache Mehrheit der gültigen Stimmen, Stimmengleichheit führte zum Freispruch. Ungültige Stimmen galten als Enthaltung. Vgl. *Mommsen*, Strafrecht, S. 443f.

48 Dies war untersagt, um eine gegenseitige Beeinflussung zu verhindern, vgl. *Mommsen*, Strafrecht, S. 443.

49 *Steinwenter*, ZRG 65 (1947) – Rom. Abt., 88.

chen Tätigkeit zu jeder Zeit"[50] auch im römischen Quaestionenprozess als Element der richterlichen Entscheidungsbildung zur Anwendung kamen[51]:

> „[...] und es wird der Richter seine innere Überzeugung durch Schlüsse [ergänze: mit Hilfe von Erfahrungssätzen!], und Zeugnisse, und [durch das], was er als der Sache entsprechender und der Wahrheit gemäßer erfahren haben wird, bestätigen, denn man muss nicht auf die Menge [der Zeugen], sondern auf die lautere Glaubwürdigkeit der Zeugnisse, und auf die Zeugnisse sehen, denen das Licht der Wahrheit mehr zur Seite steht" (Dig. 22, 5, 21, 3).[52]

Als zumeist Rechtsunkundige waren die Richter so besonders den psychologischen Argumenten der rhetorisch versierten Fürsprecher zur Redlichkeit der eigenen und Unredlichkeit der anderen Partei oder bestimmter Zeugen ausgeliefert – der Beweis einzelner konkreter Tatsachen spielte oft nur eine untergeordnete Rolle.[53] Dieser Fehleranfälligkeit einer unbegrenzten freien Beweiswürdigung waren sich die Römer durchaus bewusst, wie die Fassung ihres Urteilsspruchs zeigte, wonach der Angeklagte die Tat begangen zu haben „scheine"[54]. Die hiermit verbundene Gefahr beschrieb *Aurelius Augustinus*, der Bischof von Hippo, in einem Brief an den römischen Richter *Macedonius* im Jahre 413 n. Chr.:

> „Wir Menschen alle oder doch fast alle lieben es, unsere Vermutungen Gewissheit zu nennen oder, wenn wir einige Wahrscheinlichkeitsgründe dafür haben, für sicher zu halten. Und doch sind manche wahrscheinliche Dinge unwahr, wie manche unwahrscheinliche wahr."[55]

In der Kaiserzeit übernahm zunehmend der beamtete Vorsitzende selbst die Beweisaufnahme und drängte die Geschworenen immer weiter zurück, bis er schließlich selbst entschied und ihm in Aufgabe der prozessualen Zweiteilung der gesamte Prozess zur Verhandlung und Entscheidung oblag.[56] Um seine subjektive Entscheidungsmacht zu disziplinieren und um die Wirklichkeit der rechtserheblichen Tatsachen wieder in den Mittelpunkt zu stellen[57], wurden mit einer „ungeheuren geistigen Leistung"[58] zahlreiche Erfahrungssätze[59] über die Zulässigkeit und den Beweiswert der Beweise herausgebildet und dem Richter in Form von wissenschaftlichen Ausführungen, Präjudizien und Erlassen[60] vorgeschrieben[61]: Geständnisse waren bei-

---

50 *Gerhard Walter*, Beweiswürdigung, S. 14.

51 Vgl. hierzu *Wenger*, Institutionen, S. 288 f., *Kaser*, Zivilprozessrecht, S. 278 Fn. 12 und *Gerhard Walter*, Beweiswürdigung, S. 14.

52 Deutsche Übersetzung nach *Otto/Schilling/Sintenis*, Corpus Iuris Civilis II, S. 638.

53 Vgl. *Kaser/Hackl*, Zivilprozessrecht, S. 362.

54 Vgl. *Mommsen*, Strafrecht, S. 448.

55 Zitiert nach *Peters*, FS Gmür, S. 312.

56 Vgl. hierzu *Glaser*, Handbuch I, S. 67 f. und *Geppert*, Unmittelbarkeit, S. 10.

57 Vgl. zu letzterem *Kaser/Hackl*, Zivilprozessrecht, S. 362.

58 *Ursula Westhoff*, Grundlagen, S. 77.

59 So ausdrücklich *Heescher*, Untersuchungen, S. 29.

60 Vgl. *Endemann*, Beweislehre, S. 17.

61 Vgl. hierzu *Kaser*, Rechtsgeschichte, S. 234 f., *Kaser/Hackl*, Zivilprozessrecht, S. 595 und *Wenger*, Institutionen, S. 282 und 288 f. *Endemann*, Beweislehre, S. 17 spricht davon, dass nicht nur zufällig der Verfall des rechtlichen und sittlichen Lebens mit der Störung der freien Beweiswürdigung verbunden gewesen sei.

spielsweise auf ihre Glaubwürdigkeit zu überprüfen und, wenn sie mit dem übrigen Beweisergebnis nicht in Einklang standen, für eine Verurteilung nicht mehr hinreichend[62], wurden sie doch vermehrt durch Folter erlangt[63], für deren Beendigung auch viele falsche Geständnisse abgegeben wurden. Wegen der grundsätzlichen Unzuverlässigkeit einer Zeugenaussage wurde dem unter hellenistischem Einfluss an Bedeutung gewonnenem[64] Urkundsbeweis der aus dem Orient stammende[65] grundsätzliche Vorrang vor dem Zeugenbeweis eingeräumt (Codex Iustinianus 4, 20, 1):

> „Gegen ein festgeschriebenes Zeugnis wird ein ungeschriebenes nicht zugelassen."[66]

Hierhinter stand die „Erfahrung, dass die Schrift als sichtbare und vom Urheber losgelöste Verkörperung eines Gedankeninhalts dauerhafter sei als die vergängliche, von der geistigen und sittlichen Zuverlässigkeit, namentlich vom Gedächtnis abhängige Aussage des Zeugen"[67]. Waren jedoch keine Urkunden vorhanden, so wurden dennoch bestimmte Personen nicht als Zeugen zugelassen, so beispielsweise unfreie Personen[68], Prostituierte[69], Personen unter 25 Jahren[70], „Familiengenossen"[71], Freigelassene (Sklaven) im Verhältnis zum Freilasser[72], Personen, die im gleichem Haus wohnten[73], Eltern[74] und Kinder gegeneinander[75], ein wegen Amtsmissbrauch Verurteilter[76] oder ein „wegen einer Schmähschrift Verurteilter"[77]: Einige waren „wegen der Ehrfurcht [... gegenüber einer bestimmten] Person, andere

---

[62] Vgl. *Glaser*, Beiträge, S. 278.

[63] Vgl. zum Aufkommen der Folter in der Kaiserzeit nur *Mommsen*, Strafrecht, S. 437f. und *Glaser*, Beiträge, S. 278f. Zwar war bereits von *Augustus* angeordnet worden, dass nur beim Vorliegen gewisser Indizien gefoltert werden durfte, hieran hielt sich die Praxis in den ersten Jahren der Monarchie jedoch nur in den allerwenigsten Fällen, vgl. *Geib*, Geschichte, S. 616.

[64] Vgl. *Wenger*, Institutionen, S. 191.

[65] *Wenger*, Institutionen, S. 283.

[66] Deutsche Übersetzung nach *Otto/Schilling/Sintenis*, Corpus Iuris Civilis V, S. 565.

[67] *Kaser/Hackl*, Zivilprozessrecht, S. 600.

[68] Codex Iustinianus (4, 20, 11).

[69] Dig. 22, 5, 3 § 5.

[70] Dig. 22, 5, 20.

[71] Codex Iustinianus (4, 20, 3), ergänzt durch Dig. 22, 5, 4: „Durch das Julische Gesetz [...] wird bestimmt, dass Niemand wider Willen genötigt werden soll, ein Zeugnis in einem Prozess gegen seinen Schwiegervater, Schwiegersohn, Stiefvater, Stiefsohn, die Andergeschwisterkinder und die Kinder von Andergeschwisterkindern, oder solche, welche noch auf einem früheren Grade stehen, abzulegen" (deutsche Übersetzung nach *Otto/Schilling/Sintenis*, Corpus Iuris Civilis II, S. 635).

[72] Dig. 22, 5, 3 § 5.

[73] Dig. 22, 5, 24.

[74] Wohl aber generell auch Frauen (Dig. 22, 5, 18): „Daraus, dass das Julische Gesetz von den Ehebrüchen eine verurteilte Frauensperson davon abhält, ein Zeugnis abzulegen, schliesst man, dass auch Frauenspersonen das Recht haben, ein Zeugnis vor Gericht abzulegen" (deutsche Übersetzung nach *Otto/Schilling/Sintenis*, Corpus Iuris Civilis II, S. 637f.).

[75] Codex Iustinianus (4, 20, 6).

[76] Dig. 22, 5, 15.

[77] Dig. 22, 5, 21.

wegen ihrer Unbedachtheit im Überlegen, noch andere wegen des Schandflecks und der Infamie ihrer Lebenswandels zum Zeugnis nicht zuzulassen“[78]. Für die Glaubwürdigkeitsprüfung der übrigen Personen wurden dem Richter bestimmte Kriterien an die Hand gegeben, die jedoch nicht erst die Beweiswürdigung, sondern bereits das Zulassen einer bestimmten Person als Zeugen wegen individueller Besonderheiten verhindern sollte (Dig. 22, 5, 3):

> „Die Glaubwürdigkeit der Zeugen ist genau zu prüfen. Und darum werden in Betreff der Person derselben vorzüglich die Verhältnisse eines jeden auszuforschen sein, ob er ein Decurio, oder ein Plebejer sei, und ob er von ehrbarem und tadellosem Lebenswandel, oder mit einem Schandfleck bezeichnet und tadelhaft, oder ob er reich oder arm sei, so das er sich leicht Etwas um eines Gewinnes willen zu Schulden kommen lässt, oder ob er ein Feind desjenigen sei, gegen den er das Zeugnis ablegt, oder ob er ein Freund desjenigen sei, für den er Zeugnis gibt, denn wenn das Zeugnis frei von Verdacht ist, sowohl in Betreff der Person, von welcher er abgelegt wird, indem sie ehrbar ist, als auch in Betreff des Grundes, weil weder zum Gewinn, noch zur Gunst, noch zur Feindschaft ein Grund vorhanden ist, so ist [der Zeuge] zuzulassen.“

Für den Beweiswert von Zeugenaussagen ordnete der Codex Iustinianus (4, 20, 9) seit 334 n. Chr. die Zwei-Zeugen-Regel[79] („unus-testis-Regel“) an, die heute noch immer als geflügeltes Allgemeingut bezeichnet werden kann:

> „Gleichermaßen haben Wir festgesetzt, dass kein Richter in irgendeiner Sache das Zeugnis eines Einzigen so leicht zulasse. Und jetzt verordnen Wir offenkundig, dass die Aussage Eines Zeugen schlechterdings nicht gehört werde [„unius omnino testis responsio non audiatur“], sollte auch dasselbe durch den Senatorstand glänzen.“[80]

Selbst zwei übereinstimmende Zeugenaussagen genügten jedoch dann nicht, wenn sie nicht durch weitere Beweismittelaussagen unterstützt wurden; die Zeugen sollten dann erst gar nicht gehört werden (Codex Iustinianus: 4, 20, 4):

> „Es ist ausgemacht, dass eine bloß durch Zeugnis geführte und mit andern gesetzlichen Beweismitteln nicht unterstützte Sache keine Wirkung hat.“[81]

Sämtliche Beweisregeln (einschließlich der „unus-testis-Regel“) sollten bestimmte Beweismittel bereits von vornherein ausschließen. Hinsichtlich der zugelassenen Beweismittelaussagen herrschte so (entgegen einigen Stimmen im heutigen Schrifttum[82]) faktisch weiterhin der Grundsatz freier Beweiswürdigung[83] (Dig. 22, 5, 3 § 2 – aus einem Rescript des Kaisers *Hadrianus*):

---

[78] Dig. 22, 5, 3 § 5 (deutsche Übersetzung nach *Otto/Schilling/Sintenis*, Corpus Iuris Civilis II, S. 635).

[79] Umfassend zu dieser, die einzelnen Epochen der Menschheitsgeschichte umspannend, *Wacke*, JA 1982, 346 ff.

[80] Deutsche Übersetzung nach *Otto/Schilling/Sintenis*, Corpus Iuris Civilis V, S. 566.

[81] Deutsche Übersetzung nach *Otto/Schilling/Sintenis*, Corpus Iuris Civilis V, S. 565.

[82] So beklagen ein Ende der freien Beweiswürdigung in der Kaiserzeit *Gerhard Walter*, Beweiswürdigung, S. 21 (wegen der Existenz der „unus-testis-Regel“) und *Geppert*, Unmittelbarkeit, S. 11.

[83] So im Ergebnis auch *Bethmann-Hollweg*, Civilprozeß II, S. 607 f., *Kaser/Hackl*, Zivilprozessrecht, S. 361 f., *Endemann*, Beweislehre, S. 18, *Glaser*, Handbuch I, S. 65 f., *Bertram Schmitt*, Beweiswürdigung, S. 115 und *Heescher*, Untersuchungen, S. 30.

„Es kann auf keine sichere Weise hinlänglich bestimmt werden, welche Beweisgründe und in welchem Maße sie zum Beweis irgend einer Sache hinreichen; dass man durchaus nicht die Untersuchung sogleich an eine einzige Art des Beweises binden müsse, sondern dass du nach deiner inneren Überzeugung abwägen musst, was du entweder glauben, oder für zu wenig bewiesen halten sollst."[84]

Es galt also weiterhin *Ciceros* Satz „Apud bonum iudicem argumenta plus quam testes valent"[85].

II. Der altgermanische Strafprozess

In frühester Zeit existierte dagegen noch kein einheitlicher altgermanischer Prozess[86], es herrschte vielmehr eine territoriale Zersplitterung[87] der einzelnen Stammes- und Volksrechte[88]. In ihrem Grundsatz übereinstimmend sahen sie das Recht als „heilige Ordnung der Lebensverhältnisse" an[89] und damit jede Rechtsverletzung als Friedensbruch[90], der sich – wenn er sich gegen Einzelpersonen richtete[91] – nicht nur gegen den unmittelbar Verletzten, sondern gegen dessen gesamte Sippe richtete.[92] Um eine sich hieraus ergebende, den öffentlichen Frieden bedrohende Fehde auszuschließen, wurde – kam es nicht bereits zu einem privaten Sühnevertrag[93] – auf private Ladung der betroffenen Partei[94] beim Erscheinen des Angeklagten[95] der „Kampf mit der Waffe" umgewandelt „in einen gerichtlichen Kampf ums

---

84 Deutsche Übersetzung nach *Otto/Schilling/Sintenis*, Corpus Iuris Civilis II, S. 634.

85 Cicero, Schriften, S. 76 mit deutscher Übersetzung (S. 77): „Bei einem guten Richter gelten Beweise mehr als Zeugen."

86 Vgl. nur *Conrad*, Rechtsgeschichte I, S. 25, *Brunner*, Rechtsgeschichte I, S. 252 und *Dahm*, Recht, S. 14..

87 *Conrad*, Rechtsgeschichte I, S. 25.

88 Ab 500 n. Chr. wurden diese auch niedergeschrieben: um 500 n. Chr. zuerst die Lex Salica, vgl. nur die Zusammenfassung bei *Bertram Schmitt*, Beweiswürdigung, S. 82 Fn. 16.

89 *Conrad*, Rechtsgeschichte I, S. 25.

90 Vgl. zu diesem Begriff und seinen Unterformen *Schröder/Künßberg*, Rechtsgeschichte, S. 79 f., *Schwerin/Thieme*, Grundzüge, S. 29, *Schwerin*, Rechtsgeschichte, S. 40 und *Brunner/Schwerin*, Grundzüge, S. 18. Wer den Frieden nicht hält, soll ihn seinerseits nicht genießen (so ausdrücklich in einem Landfriedensgesetz Kaiser Friedrichs I. von 1158), vgl. *Brunner*, Rechtsgeschichte I, S. 211.

91 Schwere Friedensbrüche (scelera, flagitia), die sich gegen das gemeine Wesen richteten, wurden von Amts Wegen verfolgt, vgl. *Schröder/Künßberg*, Rechtsgeschichte, S. 79.

92 Innerhalb einer Sippe übte diese die Strafgewalt selbst aus, innerhalb einer Hausgemeinschaft der Hausherr, vgl. *Conrad*, Rechtsgeschichte I, S. 29 und 46 sowie *Brunner/Schwerin*, Grundzüge, S. 18 f.

93 Vgl. hierzu *Brunner*, Rechtsgeschichte I, S. 253, *Conrad*, Rechtsgeschichte I, S. 47, *Schwerin*, Rechtsgeschichte, S. 44 und *Gmür/Roth*, Grundriss, Rn. 24.

94 Vgl. nur *Brunner*, Rechtsgeschichte I, S. 254, *Conrad*, Rechtsgeschichte I, S. 29 und *Brunner/Schwerin*, Grundzüge, S. 21.

95 Gegen einen abwesenden Beklagten konnte keine Verurteilung in der Sache selbst ergehen, vgl. *Zachariae*, Handbuch I, S. 125. Er verfiel aber in Buße, wenn er sein Ausbleiben nicht durch echte Not („sunnis") entschuldigen konnte: *Brunner/Schwerin*, Grundzüge, S. 24.

Recht"[96] als einen „zwischen zwei Parteien vor Gericht öffentlich und mündlich geführten, auf dem Anklage- und Verhandlungsgrundsatz beruhender, vom Parteibetrieb getragener [ergänze: streng formeller[97]] Rechtsstreit"[98] mit dem Ziel eines den Parteien gerichtlich aufgezwungenen Sühnevertrages[99]. Gestand der Kläger, wurde ihm die vom Kläger begehrte Sühne auferlegt.[100] Leugnete er die Klage Wort für Wort (jedes nicht negierte Wort galt als zugestanden)[101], so kam es zum Beweisverfahren.

In den streng gläubigen altgermanischen Stämmen herrschte die Erkenntnis der eigenen (menschlichen) Unvollkommenheit und der göttlichen Mitwirkung an der Findung des Urteils vor – nur Gott als oberster Richter kenne das Verborgene und vermöge es zu beurteilen[102]. Der Beweis wurde daher nicht dem nur mit der formellen Verhandlungsleitung betrauten Richter oder dem von ihm getrennten „Urteiler"-Kollegium der Schöffen („rachimburgi")[103] gegenüber erbracht, sondern gegenüber dem Prozessgegner[104] und damit letztlich gegenüber allen Stammesangehörigen[105]. Angelegt war er auf den Nachweis der eigenen Vertrauenswürdigkeit im streng auf Vertrauen angelegten, von magisch-religiösen Vorstellungen geprägten Stammesverband[106]. Das „Urteiler"-Kollegium bestimmte lediglich Beweisführer, Beweismittel, eine Frist zur Beweiserbringung sowie eine Buße im Falle des Scheiterns des Beweises – seine Entscheidung war zugleich Beweis- und Endurteil (sog. „zweizüngiges Urteil"[107] – „juret aut componat")[108]. Die Parteien erkannten dieses in ihrem „Urteilserfüllungsgelöbnis" als Teil des ihnen aufgezwungenen Sühnevertrages untereinander an (Ausdruck des Verhandlungsprinzips).[109]

---

96 *Bertram Schmitt*, Beweiswürdigung, S. 83. Vgl. auch *Brunner*, Rechtsgeschichte I, S. 253.

97 Selbst leichte Formfehler wie ein Stottern konnte den Prozessverlust zur Folge haben, vgl. *Eberhard Schmidt*, Einführung, S. 38 ff., *Glaser*, Handbuch I, S. 54 f. und *Bertram Schmitt*, Beweiswürdigung, S. 84.

98 *Henkel*, Strafverfahrensrecht, S. 26; vgl. auch *Schwerin/Thieme*, Grundzüge, S. 32.

99 Vgl. nur *Brunner*, Rechtsgeschichte I, S. 253 und 255.

100 Vgl. *Zachariae*, Handbuch I, S. 127, *Schwerin/Thieme*, Grundzüge, S. 32, *Conrad*, Rechtsgeschichte I, S. 29, *Geyer*, Strafproceßrecht, S. 43 und *Mitteis/Lieberich*, Rechtsgeschichte, S. 46.

101 Vgl. hierzu *Brunner/Schwerin*, Grundzüge, S. 22 und *Brunner*, Rechtsgeschichte I, S. 255.

102 Vgl. *Peters*, FS Gmür, S. 312 f.

103 Vgl. *Geppert*, Unmittelbarkeit, S. 8 und *Grimm*, Rechtsalterthümer II, S. 494: „die urtheilenden rachinburgen".

104 Vgl. *Conrad*, Rechtsgeschichte I, S. 30, *Schwerin/Thieme*, Grundzüge, S. 33, *Brunner*, Rechtsgeschichte I, S. 256 und *Kries*, Strafprozeßrecht, S. 12.

105 Vgl. *Michael Huber*, Beweismaß, S. 51: „für alle erkennbar".

106 Vgl. zu diesem Hintergrund des auf den ersten Blick irrational anmutenden Beweisverfahrens *Bertram Schmitt*, Beweiswürdigung, S. 89 f. und *Dilcher*, JuS 1989, 877.

107 *Kroeschell*, Rechtsgeschichte I, S. 36 und *Schwerin*, Rechtsgeschichte, S. 47.

108 Vgl. *Conrad*, Rechtsgeschichte I, S. 29, *Grimm*, Rechtsalterthümer II, S. 500, *Geyer*, Strafprozeßrecht, S. 44, *Mitteis/Lieberich*, Rechtsgeschichte, S. 46, *Kroeschell*, Rechtsgeschichte I, S. 36 sowie *Brunner*, Rechtsgeschichte I, S. 253 ff.

109 *Brunner*, Rechtsgeschichte I, S. 256, *Schwerin*, Rechtsgeschichte, S. 47 und *Brunner/Schwerin*, Grundzüge, S. 22.

Die Beweispflicht und damit – da die Führung eines Gegenbeweises ausgeschlossen war[110] – das Beweisrecht wurde aus sicherem Rechtsgefühl heraus der Partei auferlegt, „deren Vorbringen an sich schon wahrscheinlich war (der heute sogenannte prima-facie-Beweis)"[111]: Da die Erhebung der Klage an sich keine größere Wahrscheinlichkeit für die Richtigkeit der Behauptung des Klägers bot als das Leugnen des Beklagten für die Richtigkeit von dessen Behauptungen, solange dem Kläger keine besonderen Beweismittel zur Verfügung standen (der die eigene Wahrnehmung aussagende Zeuge war grundsätzlich ausgeschlossen![112]), wurde grundsätzlich dem Beklagten – der näher am Beweis sei[113], wisse doch er primär, ob er die Missetat begangen habe – das Beweisrecht eingeräumt, sich vom Klagevorwurf durch Beweis zu reinigen[114], vor allem durch Eid mit einer bedingten Selbstverfluchung[115] (bei der Vorstellung, dass den Göttern die Vergangenheit bekannt sei[116], so dass „der freie Mann den Reinigungseid [mittelhochdeutsch: „unschult"[117]] nur leisten würde, wenn er die ihm vorgeworfene Tat nicht begangen hätte"[118]). Zumeist wurde er hierbei verstärkt durch eine regional sowie nach der Schwere des Tatvorwurfs verschiedene Anzahl von Eideshelfern[119] (in der Regel Sippenangehörige[120]), die lediglich schworen, „der ayd, den erbenant [Beklagter] gesworen habe, der sey rain und nicht mayn"[121]. Bei einer Eidesunwürdigkeit des Beklagten (insbesondere bei einer Rechtlosigkeit) oder einem Mangel an Eideshelfern konnte – was jedoch nur selten vorkam[122] – hilfsweise ein Gottesurteil in Anspruch genommen werden, sei es eine Probe zum Beweis eines Friedens mit der Natur (wobei der Glaube vorherrschte, dass jemand, der sich in den Unfrieden gesetzt hatte, auch mit der Natur in Unfrieden leben musste)[123] oder der Zweikampf[124].

---

110 Vgl. nur *Hans-Udo Bender*, Merkmalskombinationen, S. 20.

111 *Schwerin*, Rechtsgeschichte, S. 47. Auf Wahrscheinlichkeitserwägungen bei der Verteilung der Beweisrolle verweisen auch *Brunner/Schwerin*, Rechtsgeschichte II, S. 498.

112 Vgl. *Schwerin*, Rechtsgeschichte, S. 49 und *Brunner/Schwerin*, Rechtsgeschichte II, S. 532.

113 *Brunner/Schwerin*, Rechtsgeschichte II, S. 501.

114 Vgl. zu diesem Grundsatz *Conrad*, Rechtsgeschichte I, S. 29f., *Schwerin*, Rechtsgeschichte, S. 48, *Brunner/Schwerin*, Rechtsgeschichte II, S. 499f., *Geyer*, Strafproceßrecht, S. 45, *Glaser*, Handbuch I, S. 55 und *Birkmeyer*, Strafprozeßrecht, S. 814.

115 *Mitteis/Lieberich*, Rechtsgeschichte, S. 47 und *Brunner*, Rechtsgeschichte I, S. 257. Das althochdeutsche Wort „swerjan" bedeutet daher ursprünglich „zauberisch singen": *Schwerin*, Rechtsgeschichte, S. 48 und *Brunner*, Rechtsgeschichte I, S. 257.

116 *Brunner*, Rechtsgeschichte I, S. 182.

117 *Schwerin*, Rechtsgeschichte, S. 48.

118 *Bertram Schmitt*, Beweiswürdigung, S. 87.

119 Zur Anzahl nach Schwere der Tat und Höhe der Buße: *Grimm*, Rechtsalterthümer II, S. 496f.

120 Vgl. *Eberhard Schmidt*, Einführung, S. 40, *Planck*, Gerichtsverfahren II, S. 129ff., *Kube*, Geschichte, S. 21ff. und *Cosack*, Eidhelfer, S. 27ff.

121 Vgl. *Schlosser*, Zivilprozeß, S. 346, *Brunner*, Rechtsgeschichte I, S. 260, *Schwerin/Thieme*, Grundzüge, S. 33, *Brunner/Schwerin*, Grundzüge, S. 22f. und *Schwerin*, Rechtsgeschichte, S. 40.

122 So *Rogge*, Gerichtswesen, S. 198.

123 Vgl. zu den einzelnen Proben nur *Brunner*, Rechtsgeschichte I, S. 262f., *Mitteis/Lieberich*, Rechtsgeschichte, S. 47 und *Schröder/Künßberg*, Rechtsgeschichte, S. 93.

124 Vgl. zu diesem nur *Mitteis/Lieberich*, Rechtsgeschichte, S. 48.

Wurde der Täter jedoch auf „handhafter Tat" betroffen[125], so konnte er nach lautem Hilferuf („Gerüft"[126]) gefangen und gefesselt mit den angebundenen Beweisstücken am Körper (insbesondere der geraubtem Habe auf dem Rücken oder am Hals[127]) und damit „mit der Tat selbst"[128] sofort (sprich: „ehe die Tat übernächtigt" war[129]) vor Gericht gebracht werden[130]. Dort sprach der „blickende Schein"[131] („die auf Augenschein gegründete Wahrscheinlichkeit"[132]) gegen ihn und damit die erfahrungsgesteuerte Vermutung, dass er tatsächlich der Täter war, so dass im Sinne einer „Beweisrechtsumkehr" der Kläger seinerseits den Angeklagten (der faktisch einem Friedlosen gleichgestellt wurde und daher weder antworten noch einen Eid schwören konnte[133]) durch einen Eid überführen konnte. Hierbei wurde der Kläger unterstützt durch „Schreimannen", die auf das „Gerüfte" des Verletzten die Rechtmäßigkeit der Ergreifung bezeugten.[134]

In *fränkischer Zeit* (Völkerwanderung – 888 n.Chr.)[135] wandelte sich durch das Aufkommen merowingischer und fränkischer königlicher Gewalt die Schutzpflicht den eigenen Sippenangehörigen gegenüber zu einer Treuepflicht gegenüber dem König und der Rechtsverstoß als Friedensbruch zu einem Delikt gegen den König, der für die Friedenswahrung verantwortlich war.[136] Um Rechtsverstöße zu bekämpfen, entsandten die merowingischen Könige daher Sendboten („missi dominici") aus[137], Rügegeschworene eidlich zu verpflichten, ihnen in ihrem Bezirk begangene Straftaten mitzuteilen, die dann von Amts wegen auch ohne private Klage (anfangs nur gegen Räuber und Diebe) verhandelt wurden[138] – es entstanden so „öffentliche Strafverfolgungsbehörden"[139], deren Befugnisse immer mehr erweitert wur-

[125] Laut der Definition des späteren Sachsenspiegels, Zweites Buch, Art. XXXV: „Die handhafte Tat iz daz, wor man einen man mit der Tat begrifet odir in der vlucht der tat [...]."

[126] Vgl. *Conrad*, Rechtsgeschichte I, S. 30ff., *Schwerin/Thieme*, Grundzüge, S. 33, *Brunner/Schwerin*, Grundzüge, S. 24 und *Schröder/Künßberg*, Rechtsgeschichte, S. 95.

[127] Vgl. *Planck*, Gerichtsverfahren I/2, S. 767, *Schwerin/Thieme*, Grundzüge, S. 30 und *Schröder/Künßberg*, Rechtsgeschichte, S. 95.

[128] *Planck*, Gerichtsverfahren I/2, S. 765.

[129] *Planck*, Gerichtsverfahren I/2, S. 769. Wurde hiergegen verstoßen, so konnte der Angeklagte dies rügen: vgl. *Planck*, Gerichtsverfahren I/2, S. 775.

[130] In der Frühzeit durfte er sogar erschlagen und die Klage dann gegen den Toten erhoben werden, vgl. *Sohm*, Lex Salica, S. 137ff.; ähnlich Planck, Gerichtsverfahren I/2, S. 766.

[131] *Bertram Schmitt*, Beweiswürdigung, S. 86; ähnlich *Conrad*, Rechtsgeschichte I, S. 30: die Tat sollte „scheinbar werden".

[132] *Conrad*, Rechtsgeschichte I, S. 30.

[133] Vgl. *Brunner/Schwerin*, Rechtsgeschichte II, S. 505 und *Planck*, Gerichtsverfahren I/2, S. 765 ff.

[134] Vgl. hierzu *Eberhard Schmidt*, Einführung, S. 40, *Conrad*, Rechtsgeschichte I, S. 30, *Glaser*, Handbuch I, S. 57, *Kries*, Strafprozeßrecht, S. 14 und *ders.*, Beweis, S. 11.

[135] Vgl. zu dieser Einteilung nur *Gmür/Roth*, Grundriss, Rn. 31.

[136] Vgl. zu dieser Entwicklung *Schwerin*, Rechtsgeschichte, S. 208 und *Eberhard Schmidt*, Einführung, S. 41.

[137] Vgl. hierzu etwa die Anweisungen Karls des Großen an seine Sendboten – Ein Capitula missorum (803), abgedruckt bei *Kroeschell*, Rechtsgeschichte I, S. 79ff.

[138] Vgl. nur *Gmür/Roth*, Grundriss, Rn. 221.

[139] *Geppert*, Unmittelbarkeit, S. 9.

den.[140] Der von einem Rügegeschworenen vor einem Gaugericht[141] Angeklagte konnte sich wie in germanischer Zeit durch einen Eid reinigen (bei Eidesunfähigkeit durch Gottesurteile, die christlich uminterpretiert wurden[142]), der durch den wachsenden Einfluss des Christentums auf die Reliquien oder die Evangelien zu leisten war[143], unterstützt durch Eideshelfer (freie männliche Stammes- und Standesgenossen)[144], auf deren Auswahl der Beweisgegner Einfluss hatte[145] (mit der Folge einer höheren Beweiskraft[146]). Im nunmehr eingeschränkten[147] Handhaftverfahren – für das es weder einer Klage noch einer Ladung bedurfte[148] – versicherte sich der Richter bei den „Schreimannen", ob sie von dem Vorfall überhaupt Kenntnis hatten – sie bestätigten dann aber nur das Beweisthema und lieferte nicht den Eid auf eigene Wahrnehmungen[149].[150] Bevor dem Angeklagten aber hierdurch die Möglichkeit des Reinigungseides genommen wurde, wurden vermehrt Sachverständige zum möglichen Tathergang (vor allem Ärzte zur möglichen Todesursache) beigezogen, die dem Gericht den bisherigen (wenngleich begrenzten[151]) wissenschaftlichen Stand vermittelten[152] und so die durch die Handhaft bestehende Vermutung der Täterschaft des Angeklagten bestätigen oder widerlegen sollten, bevor ein Handhaftfall angenommen wurde. Obgleich die streng formelle Beweislehre so nach und nach durch erfahrungstheoretische Elemente materieller Wahrheit aufgelockert wurde, blieb sie im Kern erhalten.

---

[140] Vgl. hierzu nur *Eberhard Schmidt*, Einführung, S. 45.

[141] Vgl. zum Begriff nur *Gmür/Roth*, Grundriss, Rn. 61. Zu den Besonderheiten vor dem Königsgericht siehe nur *Brunner/Schwerin*, Grundzüge, S. 83f., *Schwerin/Thieme*, Grundzüge, S. 102 und *Gmür/Roth*, Grundriss, Rn. 72.

[142] Dies sah ausdrücklich die zwischen 770–780 vorgenommene Reform des Gerichtswesens von Karl dem Großen vor, vgl. *Conrad*, Rechtsgeschichte I, S. 147f., *Mitteis/Lieberich*, Rechtsgeschichte, S. 102 und *Brunner/Schwerin*, Rechtsgeschichte II, S. 539.

[143] Vgl. nur *Brunner/Schwerin*, Grundzüge, S. 80 und *Schwerin*, Rechtsgeschichte, S. 217.

[144] Vgl. *Brunner/Schwerin*, Rechtsgeschichte II, S. 525.

[145] Vgl. hierzu *Conrad*, Rechtsgeschichte I, S. 148, *Mitteis/Lieberich*, Rechtsgeschichte, S. 101 und *Brunner/Schwerin*, Rechtsgeschichte II, S. 519, *Schwerin*, Rechtsgeschichte, S. 217, *Schwerin/Thieme*, Grundzüge, S. 99 und *Schröder/Künßberg*, Rechtsgeschichte, S. 391.

[146] *Brunner/Schwerin*, Rechtsgeschichte II, S. 519f.

[147] In Einschränkung der den öffentlichen Frieden störenden Selbsthilfe war eine Tötung des auf handhafter Tat erwischten Täters nur noch bei Diebstahl, Brandstiftung, Ehebruch und bei Widerstand und Fluchtversuch des Täters möglich: vgl. *Mitteis/Lieberich*, Rechtsgeschichte, S. 98 und *Schwerin*, Rechtsgeschichte, S. 221.

[148] Vgl. *Brunner/Schwerin*, Grundzüge, S. 81 und *Schröder/Künßberg*, Rechtsgeschichte, S. 406.

[149] Vgl. hierzu *Kries*, Beweis, S. 97f., *Planck*, Gerichtsverfahren II, S. 79f., *Rogge*, Gerichtswesen, S. 240 und *Kube*, Geschichte, S. 32.

[150] War der Richter bei der Festnahme sogar dabei, bedurfte es keiner Überführung: *Schröder/Künßberg*, Rechtsgeschichte, S. 406.

[151] *Kube*, Geschichte, S. 33 berichtet von einer Methode nach alamannischem Volksrecht, die Schwere einer Knochenverletzung nach dem Klang zu bestimmen, die die Knochen beim Werfen gegen einen Schild machten.

[152] Vgl. hierzu *Hans-Udo Bender*, Merkmalskombinationen, S. 24.

III. Der kanonisch-italienische Strafprozess

Am Ausgang des 5. Jahrhunderts war der gesamte Westen des römischen Reichs in den Händen germanischer Heerkönige, die nach ihrem germanischen Stammesrecht lebten. Parallel davon galt das römische Recht für die römische Bevölkerung („Personalität des Rechts"), auf die jedoch nach und nach auch das germanische und fränkische Recht angewandt wurde.[153] Zeitgleich hierzu entwickelte sich in der seit Theodosius I. (379–395) anerkannten katholischen Reichskirche[154] eine kirchliche Strafgewalt mittels von kirchlichen Organen erlassener Gesetze (sog. canones)[155] über Vergehen der Geistlichen, das mit der Ablösung des Kaisertums durch das Papstturm in der Führung des Abendlandes um 1100 mit *Urban II.* mehr und mehr in das bürgerliche Strafrecht Italiens übergriff.[156] Im Anschluss an den römischen Prozess der Kaiserzeit[157] war die Privatklage (mit der Möglichkeit der Gegenklage[158]) noch der Grundsatz des Verfahrens. Bei offenkundigen Delikten („per notorium") und auf Grund von Gerüchten („per infamationem"), die Gemeindemitglieder einem Bischof bei dessen Rundreisen auf Befragen („inquisio") mitzuteilen hatten, konnte der Richter jedoch von Amts wegen einschreiten und das Verfahren ohne privaten Ankläger gegen den Angeklagten führen.[159] Dieser Grundsatz griff auf den gesamten kanonischen Prozess über – der Parteienprozess war zum „Inquisitionsprozess ex officio"[160] geworden, deren Öffentlichkeit – die Verfehlungen Geistlicher sollten vor Laien geheim gehalten werden[161] – immer weiter eingeschränkt wurde, bis der Richter schließlich nur aufgrund des Akteninhalts entschied[162].

Ob der Angeklagte die ihm zu Last gelegte Tat begangen hatte, entschied der Richter wie im römischen Recht nach seiner Überzeugung von der materiellen Wahrheit.[163] Das Corpus Iuris Canonici (CIC) als Gesetzbuch der katholischen

---

[153] Vgl. zu dieser Entwicklung *Kunkel/Schermaier*, Rechtsgeschichte, S. 204.

[154] Vgl. *Feine*, Rechtsgeschichte, S. 65 ff.

[155] Vgl. hierzu *Hans-Udo Bender*, Merkmalskombinationen, S. 14.

[156] Anfangs galt es bereits als Sakrileg (mit der Anwendbarkeit der kirchlichen Strafgewalt), wenn aus einem 30 Schritte im Umkreis um eine Kirche gelegenen Haus etwas gestohlen wurde, vgl. *Burckhardt*, Präsumtionen, S. 21. Später fand es generell Anwendung bei Wucher, Meineid, Ehebruch und widernatürlicher Unzucht, vgl. *Bertram Schmitt*, Beweiswürdigung, S. 116 Fn. 272 mwN.

[157] Vgl. hierzu *Jacobi*, ZRG 34 (1913) – Kann. Abt., 223.

[158] Vgl. *Gerhard Walter*, Beweiswürdigung, S. 28.

[159] Der angeklagte Kleriker konnte sich hierbei (der Einfluss des germanischen Rechts wird deutlich) anfangs noch durch Eid mit Eideshelfern reinigen (umfassend hierzu *Endemann*, Beweislehre, S. 457 und *Gerhard Walter*, Beweiswürdigung, S. 35 f.). Erst unter Papst *Innocenz III.* mit seinem Vierten Lateranischen Konzil von 1215 wurde in diesen Fällen der Reinigungseid durch eine gerichtliche Untersuchung und damit einer Suche nach materieller Wahrheit ersetzt, vgl. *Geppert*, Unmittelbarkeit, S. 12 und *Geyer*, Strafproceßrecht, S. 32 f.

[160] *Geppert*, Unmittelbarkeit, S. 12.

[161] Ebenso *Henkel*, Strafverfahrensrecht, S. 36.

[162] Vgl. *Hippel*, Strafprozess, S. 22.

[163] Vgl. nur *Uhrmann*, Geständnis, S. 83.

Kirche sieht in seiner Fassung vom 25. Januar 1983 in Can. 1608 CIC noch immer vor:

> „§ 1. Zu jeder Urteilsfällung ist erforderlich, dass der Richter die moralische Gewißheit über die durch Urteil zu entscheidende Sache gewonnen hat.
>
> § 2. Die Gewißheit muss der Richter dem entnehmen, was aufgrund der Gerichtsakten bewiesen ist."

Aufgrund der fehlenden Unmittelbarkeit der Beweisaufnahme konnte der Richter keinen persönlichen Eindruck vom Angeklagten oder dem Zeugen erhalten. Damit der Richter aber nicht „ex sua conscientia" und damit willkürlich entschied, wurden ihm noch detailliertere Beweisregeln über Zulässigkeit und Beweiswert der einzelnen Beweise auferlegt[164], als sie im römischen Prozess galten:

Das Beweisrecht unterschied – soweit die Beweismittel zulässig waren – zwischen vollen („probatio plena") und halben Beweisen („probatio semiplena")[165]: Zeugen unter vierzehn Jahren, Frauen, Laien in Verfahren gegen Geistliche (um Anklagen gegen Bischöfe weitgehend unmöglich zu machen[166]), Sklaven, Exkommunizierte sowie Personen in einer Beziehung zu den Prozessparteien, die „ihrer Natur nach den zur Zeugenaussage erforderlichen Willen derselben zu beeinflussen geeignet" war, wie z.B. Ehegatten, Verwandten und Hausgenossen, waren zeugnisunfähig.[167] *Ein* zeugnisfähiger Zeuge reichte weiterhin nicht aus, er war grundsätzlich ein nur halber Beweis.[168] Wiedersprachen sich die Zeugen, so war mehr zu glauben „dem Älteren als dem Jüngeren, dem Höheren als dem Niedrigen, dem Adligen als dem Nichtadligen, dem Mann als der Frau, dem Wahrheitsliebenden als dem Lügenhaften, dem Reichen als der Armen"[169]. Widersprachen die Zeugenaussagen ihren in der Urkunde aufgenommenen Aussagen, so hatten die Zeugenaussagen Vorrang, da „den lebenden Stimmen mehr zu glauben ist als den toten"[170]. Widersprach die öffentliche Urkunde den Aussagen anderer Zeugen, so behielt die Urkunde ihren Vorrang, wobei eine öffentliche Urkunde bereits Vollbeweis erbrachte[171]. Bei privatrechtlichen Urkunden war das Verhältnis zu den Zeugenaussagen im Einzelfall geregelt. Lag mit einer hiernach ihren Beweiswert behaltenden Aussage nur ein halber Beweis vor, konnte dieser zum Vollbeweis „aufgefüllt" werden („Singula quae non prosunt, unita iuvant!"[172]) durch eine Eidesauflage[173], durch ein Geständnis (Dieses erbrachte als „probatio optima" be-

---

[164] Vgl. zur damaligen Diskussion um die Beschränkung der Beweiswürdigung nur *Nörr*, Stellung, S. 62ff. mwN.

[165] Grundlegend hierzu *Uhrmann*, Geständnis, S. 84f., *Gerhard Walter*, Beweiswürdigung, S. 29f. und *Bertram Schmitt*, Beweiswürdigung, S. 117.

[166] *Jacobi*, ZRG 34 (1913) – Kann. Abt., 300.

[167] Vgl. hierzu *Jacobi*, ZRG 34 (1913) – Kann. Abt., 300ff.

[168] Vgl. nur *Jacobi*, ZRG 34 (1913) – Kann. Abt., 306ff. Ein Bischof konnte anfangs nur durch 72, ein Pastor durch 64 und ein Diakon durch 27 Zeugen überführt werden.

[169] *Gerhard Walter*, Beweiswürdigung, S. 38.

[170] Vgl. *Gerard Walter*, Beweiswürdigung, S. 38.

[171] Vgl. *Gerhard Walter*, Beweiswürdigung, S. 31.

[172] *Uhrmann*, Geständnis, S. 86.

[173] Vgl. *Gerhard Walter*, Beweiswürdigung, S. 38.

reits für sich vollen Beweis![174]), das zumeist mittels Folter (zulässig durch bestimmte Anfangsindizien) erlangt wurde[175], oder durch einen Schluss mittels einer Präsumtion[176]. Präsumtionen waren materiell-rechtliche Vermutungen, „begründete Deutungen einer unsicheren Tatsache“[177] mit (praesumtiones iuris[178]) oder ohne der Möglichkeit eines Gegenbeweises (praesumtiones legis oder praesumtiones iuris et de iure[179]), die im Verhältnis zu den Vermutungen des römischen Kaiserrechts „in einer ganz willkürlichen und wirklich lächerlichen Weise vermehrt“[180] an die Stelle eines richterlichen Entscheidungsspielraums traten, der „nach Zweckmäßigkeit und Erfahrung“ gehandhabt wurde[181]: So wurde beispielsweise vermutet, dass derjenige, der dem Bischof nicht gehorchte, vom Teufel besessen sei[182], dass derjenige, der sich in der Jugend sittlich verhalten hatte, auch im Alter sittlich verhalte[183], dass wenn zwei Menschen zwar vom Vorwurf des Ehebruchs freigesprochen wurden, sie aber später die Ehe vollzogen, sie früher doch den Ehebruch begangen haben[184], dass von zwei gemeinsam Umkommenden der Schwächere zuerst gestorben sei[185] oder beim Vorliegen einer äußeren Gesetzesverletzung diese vorsätzlich geschehen sei[186]. War für einen Schluss von einem Indiz aus eine gesetzliche Beweisregel nicht vorhanden, so durfte der Richter nicht nach seiner Erfahrung einen Schluss ziehen, sondern er musste dies zwei Sachverständigen (Es galt die Zwei-Zeugen-Regelung auch für Sachverständige![187]) mit deren wissenschaftlichem Erfahrungswissen vorbehalten[188], die hieraus einfache tatsächliche Vermutungen für den Richter aufstellten (Praesumtiones hominis). So war der Richter im gesetzlichen Grundsatz zwar

---

174 Vgl. nur *Uhrmann*, Geständnis, S. 87.

175 Die Folter zur Erlangung eines Geständnisses wurde zwar vom 4. Lateranischen Konzil untersagt, später gegen der Ketzerinquisition aber trotzdem immer häufiger angewandt, ohne dass ausreichende Anfangsverdachtsmomente vorlagen, vgl. *Glaser*, Beiträge, S. 280.

176 Vgl. zu deren Entwicklung umfassend *Kiefner*, ZRG 78 (1961) – Rom. Abt., 308 ff.

177 So die Definition in Can. 1584 CIC.

178 *Kiefner*, ZRG 78 (1961) – Rom. Abt., 315.

179 *Burckhardt*, Präsumtionen, S. 12, *Kiefner*, ZRG 78 (1961) – Rom. Abt., 317 und *Nothdurft*, Entwicklung, S. 65.

180 *Burckhardt*, Präsumtionen, S. 20.

181 So ausdrücklich *Kiefner*, ZRG 78 (1961) – Rom. Abt., 345.

182 *Burckhardt*, Präsumtionen, S. 21.

183 *Gerhard Walter*, Beweiswürdigung, S. 35.

184 *Burckhardt*, Präsumtionen, S. 12.

185 *Gerhard Walter*, Beweiswürdigung, S. 35.

186 So auch Can. 1321 § 3 CIC 1983: „Ist die äußere Verletzung des Gesetzes oder des Verwaltungsbefehls erfolgt, so wird die Zurechenbarkeit [gemeint: wegen Vorsatzes oder Fahrlässigkeit zurechenbar, vgl. Can. 1321 § 1] vermutet, es sei denn, anderes ist offenkundig.“ Hierzu *Warder*, JuS 1972, 308: „Man wird dem Can. 2200 § 2 CIC 1917 [= Can. 1321 § 3 CIC 1983] nicht Konsequenz absprechen können. Ein Rechtssystem, das weder eine Gewalteinteilung noch einen unabhängigen Richter in unserem Sinne kennt, das aber auch nur dann schwer bestrafen will, wenn subjektiv schwere Sünde vorliegt, greift auch folgerichtig auf die praesumtio doli zurück.“

187 Vgl. nur *Gerhard Walter*, Beweiswürdigung, S. 31 und *Bertram Schmitt*, Beweiswürdigung, S. 118.

188 Vgl. *Gerhard Walter*, Beweiswürdigung, S. 31.

faktisch frei, tatsächlich aber bestimmten nicht mehr wie im klassischen römischen Prozess „Freiheit in Form und Würdigung […], sondern doktrinäre Starre" den Prozess[189]. Die Furcht vor der Subjektivität des Richters[190] hatte zu einer starren Bindung an gesetzlich formulierte Vermutungen oder tatsächliche wissenschaftliche Vermutungen geführt, jeweils basierend auf Erfahrungswissen.

Dieser kanonische Inquisitionsprozess drang nach und nach in die weltlichen Gerichte Italiens über und war dort um 1400 zur regelmäßigen Verfahrensform geworden, wo die Beweisregeln weiter modifiziert wurden[191], so dass man von einem „kanonisch-italienischen Strafverfahren" sprechen kann[192].

IV. Der deutsche Strafprozess im Mittelalter

Durch das Wachsen germanischer Städte kam es zu einer Auflösung der sich gegenseitig unterstützenden Sippengemeinschaften und damit zu einer „sozialen Entwurzelung"[193], die zur Etablierung eines schnell wachsenden Berufsverbrechertums aus entlassenen Söldnern, Raubrittern und unbeschäftigten Dienstpersonen führte[194], die den Handel ganzer Länder und Regionen bedrohte[195]. War diesem mit dem streng formalen fränkischen Prozess nicht Herr zu werden (Möglichkeit des Reinigungseides!), so wurde vor allem in Süddeutschland das Handhaftverfahren mit seiner Verweigerung des Reinigungseides[196] von auf handhafter Tat erwischte Personen auf „landschändliche" Schwerverbrecher („nocivus terrae", der Täter besonders schwerer, zum Tode ziehender unehrlicher Taten[197]) wegen deren „bösen Leumunds" ausgeweitet, der erfahrungsmäßig gegen sie sprach. Es genügte daher für den Ankläger, unterstützt durch sechs Schreimannen[198] (deswegen: „Übersiebnungsverfahren"), die Eigenschaft des Angeklagten als eines „schändlichen Mannes" (und nicht die Tatbegehung!) zu beschwören.[199] Standen für die Tat des „Land-

---

189 *Gerhard Walter*, Beweiswürdigung, S. 39.

190 Ebenso *Gerhard Walter*, Beweiswürdigung, S. 39.

191 Vgl. *Kries*, Strafprozeßrecht, S. 24f. und *Hippel*, Strafprozess, S. 23.

192 Ebenso *Geppert*, Unmittelbarkeit, S. 13.

193 *Bertram Schmitt*, Beweiswürdigung, S. 96.

194 Vgl. zu dieser Entwicklung *Eberhard Schmidt*, FS Siber I, S. 108 und *Andreas Roth*, Gewalt, S. 160ff.

195 So *Bertram Schmitt*, Beweiswürdigung, S. 97.

196 Siehe hierzu oben Erster Hauptteil, Erstes Kapitel, A, II.

197 *Schwerin/Thieme*, Grundzüge, S. 222f., *Eberhard Schmidt*, Einführung, S. 83 und *Kroeschell/Cordes/Nehlsen-von Stryk*, Rechtsgeschichte II, S. 220ff.

198 Vgl. hierzu auch Sachsenspiegel (von ca. 1220), Erstes Buch, Art. LXVI: „1. Wen man mit der hanthaften tat vehet, also alse her gevangen wirt, also sal man in vor gerichte brengen unde selbibende sal in der kleger verzugen. 2. Also tut man den vervesten man, ob man de tat gezuget, da her umme vervest wart. 3. Doch en sal (man) nimande verteilten sinen lip mit der vestunge noch mit der achte, da her nicht bi namen in komen ist."

199 Vgl. hierzu *Eberhard Schmidt*, Einführung, S. 82ff., *ders.*, FS Siber I, S. 142f., *Geppert*, Unmittelbarkeit, S. 9, *Schwerin/Thieme*, Grundzüge, S. 222, *Schröder/Künßberg*, Rechtsgeschichte, S. 855 und *Gerhard Walter*, Beweiswürdigung, S. 52ff.

schändlichen" keine eidesfähigen Schreimänner dem Kläger zur Verfügung, so griff in diesen Fällen die Obrigkeit auch ohne private Anklage ein[200] – in diesem Bereich war unter Trennung von bürgerlichen und „peinlichen Sachen"[201] die Offizialmaxime entstanden, die sich mehr und mehr im ganzen Prozess durchsetzte.

Konnte sich der Angeklagte anfangs noch grundsätzlich – von den Handhaftfällen abgesehen – durch Eid mittels Eidhelfern reinigen, so stellte dies ein Hindernis bei der Verfolgung des Berufsverbrechertums dar. „Dem Gefangenen Gelegenheit zum Reinigungseide zu geben, konnte nicht der Sinn der amtlichen Bemühungen und des ganzen Kraftaufwandes [amtlicher Verfolgung] sein."[202] Erhöhte Anforderungen wurden jedoch nicht an den Eid als vielmehr an die Eideshelfer gestellt, deren Überzeugung von der Persönlichkeit des Eidleistenden für ihre Zulassung nicht mehr ausreichte. Vielmehr mussten sie in einer Umstellung des auf Bestätigung gerichteten formellen Beweisverfahrens auf den römischen Gedanken einer objektiven Tatsachenfeststellung[203] aus eigener Wahrnehmung das Tatgeschehen selbst wahrgenommen haben, was in einem vorherigen Verhör geklärt wurde.[204] Gegen ihre Aussagen wurde der Gegenbeweis nun zugelassen[205], so dass es zu einem Widerspruch zwischen Beweis- und Gegenbeweiszeugen (oder zur Vorlage von Urkunden, die auch zugelassen wurden[206]) kommen konnte.[207] Wurde dieser anfangs noch durch Zweikampf entschieden[208], so wurde der Zweikampf mit der Zeit wegen der Zweifel an seiner Wirksamkeit in den Augen der vordringenden Kirche abgeschafft.[209] Nun mussten die Schöffen entscheiden, wenn die Parteien anfragten, ob denn nun (trotz der Gegenzeugen) „genug zu recht fürgebracht und geweist sei"[210]. So trafen die Schöffen trotz des vorherigen Beweis- und Endurteils (nochmals: bloße Vorgabe, wer etwas zu beweisen habe und was die Folgen ausbleibenden Beweises waren) letztlich – ohne an Beweisregeln gebunden zu sein – nach eigener Überzeugung die Entscheidung, wer den Prozess gewann. Hierbei ließen sie sich zwangsläufig davon leiten, was sich ihrer Meinung nach tatsächlich abgespielt habe, wessen Aussage sie also für wahrscheinlicher hielten[211], teilweise sogar bereits beraten durch Sachverständige,

---

[200] Vgl. hierzu das Beispiel bei *Eberhard Schmidt*, FS Siber I, S. 135 Fn. 134.

[201] Vgl. *Hippel*, Strafprozess, S. 28 und *Andrea Schmidt*, Grundsätze, S. 18.

[202] *Eberhard Schmidt*, Einführung, S. 89.

[203] Vgl. zu dieser Entwicklung nur *Jacobi*, ZRG 34 (1913) – Kan. Abt., 294, *Schwerin/Thieme*, Grundzüge, S. 218, *Schwerin*, Rechtsgeschichte, S. 216 und *Gmür/Roth*, Grundriss, Rn. 222.

[204] Vgl. *Schwerin/Thieme*, Grundzüge, S. 218, *Schwerin*, Rechtsgeschichte, S. 217, *Brunner/Schwerin*, Grundzüge, S. 178, *Kries*, Beweis, S. 134 ff., *Planck*, Gerichtsverfahren II, S. 62 ff., *Schlosser*, Zivilprozeß, S. 363 und *Hälschner*, Strafrecht 1, S. 60 ff.

[205] Vgl. nur *Brunner/Schwerin*, Rechtsgeschichte II, S. 509.

[206] Vgl. *Brunner/Schwerin*, Rechtsgeschichte II, S. 510, *Schwerin*, Rechtsgeschichte, S. 217, *Schwerin/Thieme*, Grundzüge, S. 99, *Schröder/Künßberg*, Rechtsgeschichte, S. 391 f. sowie *Bethmann-Hollweg*, Civilprozeß V, S. 100, 125 f. und 129.

[207] Vgl. hierzu *Schlosser*, Zivilprozeß, S. 385 f.

[208] Vgl. *Brunner/Schwerin*, Rechtsgeschichte II, S. 509.

[209] Vgl. *Schlosser*, Zivilprozeß, S. 339.

[210] Vgl. *Schlosser*, Zivilprozeß, S. 386.

[211] So insbesondere im westgotischen Recht: *Brunner/Schwerin*, Rechtsgeschichte II, S. 509.

insbesondere Wundärzte oder Münzmeister (in Geldfälschungssachen)[212]. Aus einem streng formellen Beweissystem war durch das Zulassen von Gegenbeweisen eine freie richterliche Beweiswürdigung (unter Einsatz der jeweiligen allgemeinen Lebenserfahrung) auf der Suche nach materieller Wahrheit entstanden, die ohne Kontrolle „Zufälligkeiten und Willkür in einem hohen Maße Tür und Tor" öffnete[213]:

Die Ermittlungen amtlicher Behörden wurden durch unzureichende Transportmittel und Verkehrsverbindungen sowie dem hiermit verbundenen hohen Kostenaufwand jedoch erschwert, so dass zumeist Zeugen für das Übersiebnungsverfahren fehlten und der Beweis gegen einen Verdächtigen nicht geführt werden konnte. Es lag nahe, auf den verhafteten Beschuldigten als Beweismittel zurückzugreifen, so dass seine Aussage mehr und mehr in den Mittelpunkt der Untersuchung rückte.[214] War ein Geständnis wegen der bei einer Verurteilung drohenden drakonischen Strafen dieser Zeit freiwillig nicht zu erlangen, so wurde etwa ab Ende des 12. Jahrhunderts immer verbreiteter die Folter eingesetzt[215], deren Anwendung der Obrigkeit ohne Voraussetzungen überlassen wurde[216]. Die Richtigkeit des Geständnisses sollte zwar grundsätzlich auf seine Glaubwürdigkeit geprüft werden, was aus Zweckmäßigkeitsgesichtspunkten aber kaum geschah.[217] Das Verfahren spielte sich nur noch in nicht öffentlichen Folterkammern ab. In dem öffentlichen „endlichen Rechtstag" war das Geständnis zwar zu wiederholen. Leugnete der Angeklagte aber, wurde er mit dem Zeugnis der die Folter leitenden Schöffen überführt.[218] Willkür und Missbrauch von Folter und Verurteilung waren an der Tagesordnung, so dass am 1495 neu gegründeten Reichskammergericht eine Flut an Klagen von Bürgern einging, dass die Obrigkeit „leute unverschuldet an recht und redlich ursach zum todt verurteilen und richten haben lassen sollen"[219], was auf dem Freiburger Reichstag von 1497/98 den Anstoß zur Einleitung einer allgemeinen Reform der Strafrechtspflege gab.[220]

---

212 So *Bertram Schmitt*, Beweiswürdigung, S. 99 mwN.

213 *Bertram Schmitt*, Beweiswürdigung, S. 103.

214 Vgl. zu dieser Entwicklung nur *Schwerin/Thieme*, Grundzüge, S. 218 und *Eberhard Schmidt*, Einführung, S. 90f.

215 Siehe zur Frage, ob dies durch eine Verbreitung des kanonischen Rechts in Deutschland gefördert wurde: *Conrad*, Rechtsgeschichte I, S. 391, *Schwerin/Thieme*, Grundzüge, S. 218, *Eberhard Schmidt*, Einführung, S. 92f. und *Gmür/Roth*, Grundriss, Rn. 223.

216 Vgl. *Kries*, Beweis, S. 149 und 154 sowie *Eberhard Schmidt*, Einführung, S. 102.

217 Vgl. *Eberhard Schmidt*, Einführung, S. 105, *Bertram Schmitt*, Beweiswürdigung, S. 107 und *Andrea Schmidt*, Grundsätze, S. 22.

218 Vgl. *Eberhard Schmidt*, FS Siber I, S. 37f. und *Gerhard Walter*, Beweiswürdigung, S. 55.

219 *Eberhard Schmidt*, Einführung, S. 107.

220 Vgl. *Conrad*, Rechtsgeschichte I, S. 392, *Eberhard Schmidt*, Einführung, S. 107, *ders.*, FS Siber I, S. 172f. und *Geppert*, Unmittelbarkeit, S. 15 Fn. 42.

V. Der Strafprozess der Constitutio Criminalis Carolina

In dieser schwierigen Zeit wurde dankbar auf das kanonisch-italienische Recht zurückgegriffen („wunderbare, welthistorische Tatsache der Renaissance des römischen Rechts“[221]), das deutsche Gelehrte durch Studien an italienischen Universitäten nach Deutschland trugen. Begünstigt wurde dies durch den starken Einfluss der dieses Recht bereits ausübenden Kirche sowie die Vorstellung vom „Heiligen Römischen Reich deutscher Nation“ als rechtmäßigem Erbe des römischen Reiches, von dem deutsche Kaiser ihren Anspruch als Nachfolger der römischen Caesaren ableiteten[222]. An die erfahrungsgeleiteten, rationalen Beweisregeln des kanonisch-italienischen Prozesses, die als „unumgänglich nothwenige Garantien“[223] und „unschätzbares Palladium der Sicherheit der Bürger gegen Einfluss von Willkür, Leichtsinn und Einsichtigkeit auf die Rechtsprechung“[224] angesehen wurden, wurde so die freie Entscheidungsmacht auch des deutschen Richters bei seiner Anordnung der Folter zur Erlangung eines Geständnisses gebunden und damit das alt-herkömmliche mit dem neuen Recht „homogen“ verbunden[225].

Nach ersten Ansätzen in der Wormser Reformation von 1498[226] schuf *Johann Freiherr von Schwarzenberg*, der Vorsitzende des bischöflichen Gerichts, in diesem Sinne nach der Constitutio Criminalis Bambergensis (CCB) von 1507 mit der 1532 auf dem Reichstag in Regensburg verabschiedeten Peinlichen Gerichtsordnung Kaiser Karls V. (Constitutio Criminalis Carolina – CCC)[227] ein Gesetz, das „im wahrsten Sinne hat Epoche machen können“[228] und über Jahrhunderte den deutschen Strafprozess bestimmte[229]. In deren durch eine private Anklage[230] oder von Amts wegen eingeleiteten, weitgehend heimlichen[231] Verfahren konnte der

---

221 *Wach*, Handbuch I, S. 131.

222 Vgl. zu den Gründen der Rezeption *Henkel*, Strafverfahrensrecht, S. 38f. und *Bertram Schmitt*, Beweiswürdigung, S. 122f.

223 *Zachariae*, Gebrechen, S. 197.

224 *Bauer*, Zeitschrift für deutsches Strafverfahren NF. 2 (1844), 109. *Beling*, Beweisverbote, S. 3 bezeichnete die Beweisregeln als „ausgeklügelte Sätze, die den Richter im Feststellen von Thatsachen am Gängelband hielten“.

225 *Geppert*, Unmittelbarkeit, S. 15.

226 Ausführlich hierzu *Eberhard Schmidt*, Einführung, S. 123ff.

227 Vgl. umfassend hierzu *Eberhard Schmidt*, ZRG 53 (1933) – Germ. Abt., 1ff. und *Hellmuth von Weber*, ZRG 77 (1960) – Germ. Abt., 288ff.

228 *Eberhard Schmidt*, ZRG 53 (1933) – Germ. Abt., 2.

229 Ebenso *Gerhard Walter*, Beweiswürdigung, S. 56.

230 Art. 6ff. CCC. Ein Privatankläger kam jedoch bei einem Freispruch in die Gefahr, dem Angeklagten Ersatz zu leisten, und musste dafür vor Beginn Kaution leisten (Art. 12 CCC) – konnte er dies nicht, kam er zusammen mit dem Angeklagten in Haft (Art. 14 CCC). Das Gesetz tat also alles, „dem privaten Kläger seine Rolle gründlichst zu verleiden“ (*Eberhard Schmidt*, Einführung, S. 126), so dass das „Annemen der angegeben übelthetter von der oberkeyt vnnd ampts wegen“ (Art. 6 CCC) zum Regelfall aufstieg.

231 Die Öffentlichkeit war nur noch im (aus „guter gewohnheyt willen“ – Art. 123 CCB) beibehaltenen endlichen Rechtstag (Art. 82ff. CCC) zugelassen. Die eigentliche Beweisaufnahme

Richter, „auff den grundt der warheyt“ (Art. 56 S. 1 CCC) gekommen, den Angeklagten zwar wie bislang nur zu „peinlicher straff“ verurteilen „auß eygen bekennen“ (Geständnis – Art. 22 CCC)[232], subsidiär[233] durch „zum wenigsten mit zweyen oder dreien glaubhafftigen guten zeugen, die von eynem waren wissen sagen“ (Art. 67 CCC). Das Geständnis blieb also im Mittelpunkt des Verfahrens. Um zu ihm zu gelangen, durfte aber nach der Constitutio Criminalis Carolina nur bei „redlich anzeygung“ (Art. 20) gefoltert werden, wenn also durch „eynen guten zeugen“ die „hauptsach der missethat“ oder mit „zweyen guten zeugen“ eine „gnugsame anzeygung“ bewiesen (!) wurde (Art. 23 CCC). Unbekannte Zeugen (Art. 63 CCC)[234], bestochene Zeugen (Art. 64 CCC) und Zeugen vom Hörensagen (Art. 65 S. 2 CCC) genügten jeweils für eine „gnugsame anzeygung“ nicht, sondern nach einer richterlichen Prüfung nur die Zeugen, „die vnbeleumdet, vnd sunst mit keyner rechtmessigen vrsach zuuerwerffen sein“ (Art. 66 CCC). Dafür, wann die Aussagen zweier solcher Zeugen eine „gnugsame anzeygung“ bildeten, stellte *Schwarzenberg* in Anlehnung an das kanonisch-italienische Recht als Herzstück der Constitutio Criminalis Carolina eine detaillierte Indizienlehre als „kodifizierte Sätze der Lebenserfahrung“[235] auf, die „von Hunderten von Richtern in Tausenden von Prozessen im Laufe der Zeiten“ gemacht wurden[236] („ein bedeutender Schatz an Erfahrung und Menschenkenntnis“[237]!) und von denen Teile selbst heute noch für eine Verurteilung ausreichen[238]. So genügte es insbesondere, wenn der Angeklagte einem Zeugen „vngenötter ding gesagt hett, daß er die beklagten oder verdachte missethat gethan, oder solche missethat vor der geschicht zuthun gedrohen hett, vnd die thatt auch darauff in kurtzer zeit eruolgt wer“ (Art. 32 CCC). Ferner sollte ein Zusammentreffen folgender „arkwonigen vmbstenden“ für eine „gnugsame anzeygung“ ausreichen, obwohl „man nit alle beschreiben kan“(Art. 25 CCC):

---

fand jedoch insbesondere bei der Erlangung eines Geständnis zuvor statt und wurde nur auf den endlichen Gerichtstag wiederholt.

232 Dieses war vom Richter sorgfältig zu überprüfen durch „fleissige mögliche erkundigung vnnd nachfrage“ über den Tathergang und Umstände, „die keyn vnschuldiger also sagen vnnd wissen kundt“; ansonsten wurde weitergefoltert: Art. 55 CCC. Wurde das Geständnis auf dem endlichen Rechtstag widerrufen, so konnten wie bisher die beiden Schöffen, die die Folter leiteten, über die Ablegung des Geständnisses als Zeugen vernommen werden (Art. 91 CCC).

233 Dies ergibt sich aus Art. 69 CCC, wonach der Zeugenbeweis dem Angeklagten vorgehalten wurde, um doch zu einem Geständnis zu gelangen, vgl. *Geppert*, Unmittelbarkeit, S. 18 Fn. 56 und *Glaser*, Beiträge, S. 285.

234 Es sei denn, „es würd dann durch den, so die zeugen stellet, stattlich fürbracht, daß sie redlich vnd vnuerleumbt weren“.

235 *Käßer*, Wahrheitserforschung, S. 33.

236 *Frauke Stamp*, Wahrheit, S. 78; ähnlich *Bauer*, Zeitschrift für deutsches Strafverfahren N.F. 2 (1844), 106 („Inbegriff der aus Vernunft und Erfahrung geschöpften Regeln“) und *Peters*, FS Gmür, S. 313: „Diese Beweisregeln knüpften an die menschliche Erfahrung an.“

237 *Sarstedt*, FS Ernst E. Hirsch, S. 171.

238 So die berechtigte Einschätzung von *Gerhard Walter*, Beweiswürdigung, S. 58; in diese Richtung auch *Bertram Schmitt*, Beweiswürdigung, S. 130 und *Hans-Udo Bender*, Merkmalskombinationen, S. 34, der sogar bedauert, dass Teile dieser Indizienlehre heute in Vergessenheit geraten seien.

„§ Erstlich ob der Verdact eyn solche verwegene oder leichtfertige person, von bösen leumund vnd gerücht sei, daß man sich der missethat zu jr versehen möge, oder ob die selbig person, dergleichen missethat vormals geübt, vnderstanden habe, oder beziegen worden sei. Doch soll solcher böser leumut nit von feinden oder leichtuertugen leuten, sondern von vnpartheilichen redlichen leuten kommen.

§ Zum andern, ob die verdacht person, an geuerlichen orten, zu der that verdechtlich gefunden, oder betretten würde.

§ Zum dritten, ob eyn thetter in der thatt, oder die weil er auff dem wegdarzu oder dauon gewest, gesehen worden, und imm fall so er nit erkant were, Soll man auffmerckung haben, ob die verdacht person eyn solche gestalt, kleyder, waffen, pferde, oder anders habe, als der thetter obbemelter massen, gesehen worden.

§ Zum vierdten, ob die verdacht person, bei solchen leuten wonung oder geselschaft habe, die der gleichen missethat üben.

§ Zum fünfften, soll man in beschedigungen, oder verletzungen, warnemen, ob die verdacht person auß neidt, feindtschaft, vor gender trawe, oder gewartung eynicher nutz zu der gedachten missethat vrsach nemen möcht.

§ Zum sechßten, so eyn verletzter oder beschedigter, auß etlichen vrsachen jemant der missethat selbs zeihet, darauff stirbt oder bei seinem eyde betewret.

§ Zum sibenden, so jemant, eyner missethat halb flüchtig würd."

Bezogen auf die wichtigsten Delikte gaben die Art. 33 – 44 CCC konkrete ausreichende Indizien als Leitlinien vor, wie beispielsweise

„Art. 33 [bezüglich Mord]. Item so der verdacht vnnd beklagt des mordts halber vmb die selbig zeit, als der mordt geschehen verdechtlicher weiß, mit blutigen kleydern, oder waffen gesehen worden, Oder ob er des ermordten habe, genommen, verkaufft, vergeben, oder noch pei jm hett, das ist für eyn redlich anzeygung anzunemen vnd peinlich frage zugebrauchen, er kündte dann solchen verdacht mit glaublicher anzeyge oder beweisung ableynen, daß soll vor aller peinlicher frag gehort werden.

Art. 36 [Kindstötung]. Item wo aber das kindtlein, so kürtzlich ertödt worden ist, daß der mutter die milch inn den prüsten noch nit vergangen, die mag an jren prüsten gemolcken werden, welcher dann inn den prüsten recht vollkommene milch funden wirdet, die hat deßhalb eyn starck vermutung peinlicher frag halber wider sich, Nach dem aber etliche leibärtzt sagen, daß auß etlichen natürlichen vrsachen etwann eyne, die keyn kindt getragen, milch in prüsten haben möge, darumb so sich eyn dirnn inn disen fellen also entschuldigt, soll deßhalb durch die hebammen oder sunst weither erfarung geschehen.

Art. 43 [Diebstahl]. Item so der diebstal, bei dem verdachten gefunden oder erfarn wirdet, daß er den gar, oder zum theyl gehabt, verkaufft, vergebe, oder onworden habe, vnnd seinen verkauffer vnd wermann nit anzeygen wolt, So hatt der selbig eyn redlich anzeygen der missethat wider sich, dieweil er nit außfürt, daß er solche gütter, vngeheuerlicher vnstrefflicher weiß mit eynem guten glauben an sich bracht habe. [...]

Item so eyn mercklicher grosser diebstal geschicht, vnd jemant des verdacht wirdet, der nach der thatt, mit seinem außgeben, reichlicher erfunden wirdet, dann sunst ausserhalb des diebstals sein vermügen sein kan, vnd der verdacht nit ander gut vrsachen anzeygen kan, wo jm das angezeygt arkwonig gut herkommen, Ist es dann eyn solche person zu der man sich der missethat versicht, so ist redlich anzeygung der missethat wider sie vorhanden."

Dennoch verblieb beim Richter, der die vor einer Folter vorgebrachten Einwendungen des Angeklagten gegen die Indizien zu prüfen (Art. 29 und 47 CCC) hatte (notfalls unterstützt durch die „gelerten vnd verstendigen", also Sachverständige –

insbesondere durch Ärzte: Art. 36, 134, 147, 149 CCC), ein beträchtlicher Ermessensspielraum[239]. Das Gesetz gab dem Gericht also nur Mindesterfordernisse vor, von deren Vorliegen sich die Richter und Schöffen subjektiv überzeugen mussten – man spricht insoweit von einer „negativen Beweistheorie“[240]. Hatte das Gericht bei seiner Würdigung jedoch Zweifel, so hatte es den Rat eines auswärtigen rechtsgelehrten Kollegiums – der „oberhofen“ („Oberhöfe“) – die Akten zu schicken (Art. 219 CCC)[241], die dann nach dieser Aktenlage eine für das Tatgericht bindende Entscheidung fällten (vgl. Art. 81 und 94 CCC). Die *eigene* Beweiswürdigungsfreiheit war daher in einer Weise eingeschränkt, die sich faktisch einer positiven Beweistheorie annäherte[242].

Diesem Beweissystem der Constitutio Criminalis Carolina folgten sämtliche deutschen Partikulargesetze[243], wenngleich die Landesfürsten die Beweislehre der Weiterentwicklung in Italien[244] sowie an ihre jeweiligen territorialen Besonderheiten anpassten und hierdurch die strengen Beweisregeln für die Folter als Hemmnisse ihrer absolutistischen (Polizei-)Staatsgewalt auflockerten. Dies zeigte sich maßgeblich in *Benedict Carpzovs* wegweisendem Werk „Practica nova Imperialis Saxonica rerum criminalicum“ von 1635, das als Zusammenfassung der Spruchpraxis des Leipziger Schöffenstuhls und der Leipziger Rechtsfakultät[245] dem Strafverfahren Deutschlands seiner Zeit den „Stempel seines Geistes“ aufdrückte[246] und praktisch „ein Jahrhundert lang gesetzliches Ansehen genoss“[247]: Schloss er zwar die Folter bereits für Geisteskranke und Unmündige sowie bei leichteren Delikte aus und erlaubte sie nur für die (wenngleich breite Gruppe der) durch Todes- oder Körperstrafen zu sühnenden Verbrechen, so bemerkte er ausdrücklich, dass die strenge, von ihm weiterentwickelte Indizienlehre (unter anderem zum Beweiswert von Zeugenaussagen: zwei weibliche Zeugen entsprachen einem männlichen Zeugen, so dass es für eine ausreichende Anzeige vier weibliche Zeu-

---

239 So *Bertram Schmitt*, Beweiswürdigung, S. 133.

240 So *Andrea Schmidt*, Grundsätze, S. 32 und *Jürg Müller*, Grundsatz, S. 10.

241 Dies führte zu einer vollständigen Schriftlichkeit des Verfahrens.

242 So im Ergebnis auch *Andrea Schmidt*, Grundsätze, S. 32f., wenngleich sie darauf abstellt, dass ein Richter ein nicht erlangtes Geständnis als eigene persönliche Niederlage begriff und daher kaum eine weitere Prüfung vornahm. Hierbei verkennt sie aber, dass die maßgebliche Beweiswürdigung bereits die Frage betrifft, ob aufgrund „gnugsamer anzeygung“ überhaupt gefoltert werden durfte.

243 Ausführlich zu den einzelnen Partikulargesetzen der deutschen Staaten *Zachariae*, Handbuch I, S. 5ff. und *Krieter*, Entwicklung, S. 12ff.

244 Übernommen wurde etwa eine Zweiteilung des Verfahrens in eine Generalinquisition zur Aufklärung eines Sachverhalts, ohne schon gegen eine bestimmte Person zu ermitteln, und, wenn die Generalinquisition einen hinreichenden Tatverdacht ergab, in eine Spezialinquisition zur Überführung des Täters. Nach und nach wurde die Trennung als im Widerspruch zur staatlichen Strafpflicht im absolutistischen Staat stehend aber wieder aufgelockert, bis sie im 18. Jahrhundert wieder verschwand, vgl. hierzu *Eberhard Schmidt*, Einführung, S. 195ff. und 205, *Glaser*, Handbuch I, S. 97f. und *Kries*, Strafprozeßrecht, S. 38.

245 Vgl. *Kries*, Strafprozeßrecht, S. 37 und *Geppert*, Unmittelbarkeit, S. 20.

246 So *Liszt/Schmidt*, Lehrbuch, S. 29 und *Baum*, Wesen, S. 52.

247 *Geppert*, Unmittelbarkeit, S. 20.

gen bedurfte[248]) für die Anwendung der Folter bei „crimen exzepta" (insbesondere Majestätsverbrechen) nicht streng beobachtet zu werden bräuchte.[249] Der Richter wurde so an immer detailliertere Beweiswertregeln mit halben, viertel und achtel Beweisen, die nur addiert zu werden brauchten[250], als Ausdruck „grober Durchschnittswerte der Erfahrung"[251] gebunden, könnte er bei einer richterlichen Freiheit doch nur ein von seiner Persönlichkeit abhängendes Wahrscheinlichkeitsurteil fällen und damit eine subjektive Wertung vornehmen, die nach dem Gedanken des Absolutismus der Gesetzgeber selbst vorzunehmen hatte.[252] Die Regeln der Constitutio Criminalis Carolina verkamen immer mehr zu einer positiven (weil den Richter bei Vorliegen bestimmter Umstände zu einem Urteil zwingenden) Beweistheorie[253], bei dem der Richter nicht viel mehr war „als ein ‚Mund, der die Worte des Gesetzes verkündet', ein willenloses Wesen, das seine Urteile nicht mit Gefühl, Gewissen oder Willen fällt, sondern lediglich in einem verstandesmäßigen, streng logischen Akt den Sachverhalt schematisch unter den wörtlich anzuwendenden Gesetzeswortlaut subsumiert"[254].

In den Hexenprozessen des 16., 17. und 18. Jahrhunderts (die letzten Hexen auf deutschen Boden wurden 1775 in Kempten gerichtet[255]) sah man Hexerei als eines der schwersten Religionsverbrechen an und stufte sie als „crimen exzepta" ein[256], was die letzten, den Beschuldigten schützenden Beweisregeln außer Kraft setzte und auf den geringsten Verdacht[257] eine richterlich-willkürliche Folterung zur Erlangung eines Geständnisses (und damit der Verurteilung zum Feuertod[258]) nach sich zog – die Angst, dass „magi et venefici naturaliter cum Daemonibus, puta viri cum succubis, mulieres vero cum incubis concumbant", hatte die festen Beweisregeln eingerissen. Dies führte theoretisch in den Hexenprozessen zu einer freien Beweiswürdigung. Praktisch blieb es durch den enormen Einfluss religiöser Vorurteile dieser Zeit bei einer „positiven Beweistheorie"[259].

---

[248] Umfassend hierzu *Kunert*, GA 1979, 403; vgl. auch die Darstellung bei *Heescher*, Untersuchungen, S. 31.

[249] Vgl. zu Lebenslauf und Werk *Carpzovs* nur *Eberhard Schmidt*, Einführung, S. 153 ff. und *Bertram Schmitt*, Beweiswürdigung, S. 135 ff.

[250] Vgl. nur *Kunert*, GA 1979, 403 und *Andrea Schmidt*, Grundsätze, S. 46.

[251] *Maassen*, Beweismaßprobleme, S. 21.

[252] Vgl. hierzu *Andrea Schmidt*, Grundsätze, S. 43.

[253] Diese war in den Zeiten des Absolutismus herrschend: vgl. nur *Eberhard Schmidt*, Einführung, S. 270, *Geyer*, Strafproceßrecht, S. 81 f. und 699, *Glaser*, Handbuch I, S. 122 f. und *Krieter*, Entwicklung, S. 6 f.

[254] *Andrea Schmidt*, Grundsätze, S. 43.

[255] *Eberhard Schmidt*, Einführung, S. 211.

[256] Vgl. *Bertram Schmitt*, Beweiswürdigung, S. 138.

[257] Vgl. *Kries*, Strafprozeßrecht, S. 43.

[258] So bereits Art. 109 S. 1 CCC: „Item so jemandt den leuten durch zauberey schaden oder nachtheyl zufügt, soll man straffen vom leben zum todt, vnnd man soll solche straff mit dem fewer thun."

[259] So im Ergebnis auch die Einschätzung von *Andrea Schmidt*, Grundsätze, S. 39.

VI. Der reformierte deutsche Strafprozess

Im Geiste der Aufklärung schaffte *Friedrich der Große* am vierten Tag seiner Regierung „mit herzhaftem Entschluss – nie ist der Einsatz absolutistischer Herrschaftsmacht für die Menschlichkeit so wohltätig gewesen“[260] – durch Kabinettsorder vom 3. Juni 1740 die Folter grundsätzlich (mit Ausnahme von Majestätsverbrechen und Landesverrat) und mit Kabinettordern vom 27. Juni 1740 und 4. August 1740 schließlich gänzlich ab.[261] Dies stürzte den im übrigen unberührt bleibenden Inquisitionsprozess der Constitutio Criminalis Carolina mit ihrer Forderung nach einem Geständnis oder zweier Zeugen für eine Verurteilung in eine schwere Krise[262]: Das „Kronjuwel“ der gesetzlichen Beweisregelung[263], das Geständnis, war nur noch auf „freiwilliger Basis“ zu erlangen und damit kaum. Diese „empfindliche Lücke im Beweisrecht“[264], die zu einer weitgehenden Straflosigkeit auch schuldiger Personen führen musste, wurde nicht mit einer nahe liegenden Preisgabe der legalen Beweistheorie und der Einführung einer – nach damaliger Ansicht mit Willkür verbundenen – freien richterlichen Beweiswürdigung begegnet, für die die Zeit noch nicht reif war[265]. Vielmehr klammerte man sich weiter an die Constitutio Criminalis Carolina, entwickelte geschickte Verhörtechniken[266] („Mittel einer geistigen Tortur“[267]) sowie „Lügen- und Ungehorsamsstrafen“ (Prügel, Nahrungsentzug, strenger Arrest[268]) zur Erlangung eines „freiwilligen“ Geständnisses und schuf als „Ventil“ der Beweisnot[269] entsprechend eines Recripts von *Friedrich dem Großen* vom 27. Juni 1754[270] für das Vorliegen bestimmter Umstände, die eine Verbrechensbegehung „durch klare Indicia“ zum höchsten wahrscheinlich machen (nochmals: ohne dass nach Art. 22, 67 CCC ein voller Beweis geführt werden konnte!), mit der gegenüber der ordentlichen Strafe milderen „poena extraordinaria“ eine bloße Verdachtsstrafe – gestützt auf die jeweils hinter den Indizien stehenden Erfahrungssätze mit Wahrscheinlichkeitsaussage! –, bei der dem Richter ein schrankenloses Ermessen zukam[271]. Zugleich entwickelte man im materiellen Strafrecht aus tat-

---

260 *Eberhard Schmidt*, Einführung, S. 269.

261 Vgl. hierzu *Jarke*, NaCr 8 (1826), 124 und *Eberhard Schmidt*, Einführung, S. 269f. Dem folgten die deutschen Staaten: Baden schuf z. B. die Folter 1767 ab, Bayern und Württemberg 1806, Hannover 1822, vgl. *Bertram Schmitt*, Beweiswürdigung, S. 143 Fn. 522.

262 Vgl. *Glaser*, Beweis, S. 6ff., *Hans-Udo Bender*, Merkmalskombinationen, S. 35 sowie *Hillenkamp*, FS Wassermann, S. 861, der von einer „völligen Ratlosigkeit“ der deutschen Strafjustiz spricht.

263 *Gerhard Walter*, Beweiswürdigung, S. 61.

264 *Nothdurft*, Entwicklung, S. 8.

265 Vgl. hierzu umfassend *Küper*, Richteridee, S. 132ff.

266 Vgl. hierzu *Kries*, Strafprozeßrecht, S. 50 und *Glaser*, Beiträge, S. 8f.

267 *Gerhard Walter*, Beweiswürdigung, S. 61.

268 Vgl. hierzu mit Nachweisen aus den einzelnen Criminalordnungen *Bertram Schmitt*, Beweiswürdigung, S. 144 mit Fn. 526.

269 *Hillenkamp*, FS Wassermann, S. 862.

270 Dieser ist abgedruckt bei *Jarke*, NACr 8 (1826), 125.

271 Vgl. *Jarke*, NACr 8 (1826), 127, *Eberhard Schmidt*, Einführung, S. 168, *Gerhard Walter*, Beweiswürdigung, S. 62ff. und *Bertram Schmitt*, Beweiswürdigung, S. 141f. mwN. Die To-

sächlichen, auf Erfahrungssätzen mit Wahrscheinlichkeitsaussagen beruhenden Vermutungen Rechtsvermutungen, die den Beweis schwer beweisbarer Umstände erleichtern sollten. So enthielt etwa § 27 II 20[272] des Allgemeinen Landrechts für die Preußischen Staaten von 1794[273] eine Vorsatzvermutung (praesumtio doli):

> „§ 27. Ist die Handlung so beschaffen, daß der gesetzwidrige Erfolg nach der allgemein oder dem Handelnden besonders bekannten natürlichen Ordnung der Dinge, nothwendig daraus entstehen mußte: so wird vermuthet, daß das Verbrechen vorsätzlich sey unternommen worden."

Zeitgleich führte der Gedanke der Aufklärung in Frankreich zur Revolution und zur Beseitigung des „ancien regime" sowie des dort geltenden, an starre Beweisregeln gebundenen, heimlichen, schriftlichen und nicht-kontradiktorischen Inquisitionsverfahrens[274]. In einer sich überstürzenden Vielzahl von Gesetzen schuf sich die Revolution einen völlig neuen Strafprozess[275], eng angelehnt an das englische Recht, in dem als Nachfolger der Ortskomitees der Eingesessenen bei den Normannen[276] eine aus Volksvertretern bestehende Jury das Urteil fällt, garantiert bereits in Art. 39 der Magna Charta von 1215[277] und seither geachtet als „the lamp that shows that freedom lives"[278], als „Bollwerk bürgerlicher Freiheit gegen Tyrannenwillkür"[279]. Nur mit diesen Geschworenengerichten könne die bürgerliche Freiheit der Angeklagten wirksam geschützt und die „schreckliche richterliche Gewalt"[280] beseitigt werden, gehe deren einfacher gesunder Menschenverstand beim gerichtlichen Urteilen doch – wie bereits 1764 *Cesare Beccaria* in seinem Werk „Dei delitti e delle pene" feststellte – „seltener fehl als der Intellekt eines Richters, der daran gewöhnt ist, Schuldige finden zu wollen und alles unter ein künstliches, durch seine

---

desstrafe durfte die poena extraordinaria nicht aussprechen, vgl. *Eberhard Schmidt*, Einführung, S. 178. Zu einer (vorläufigen: nur Entbindung von der Instanz [sog. absolutio ab instantia!]) Einstellung des Verfahrens („Freispruch") kam es so nur noch, wenn die Unschuld des Angeklagten bewiesen wurde, vgl. *Eberhard Schmidt*, Einführung, S. 178, *Henkel*, Strafverfahrensrecht, S. 50 sowie *Kries*, Strafprozeßrecht, S. 40.

272 Lese: § 27 des Zweiten Buches und 20. Abschnitts des Allgemeinen Landrechts für die Preußischen Staaten.

273 *Hattenhauer/Bernert*, Landrecht, S. 673.

274 Umfassend zur Entwicklung des Strafverfahrens in Frankreich *Geppert*, Unmittelbarkeit, S. 41 ff.

275 Vgl. *Geppert*, Unmittelbarkeit, S. 42 f.

276 Vgl. zur Geschichte der Geschworenenjury nur *Kunert*, GA 1979, 407 f.

277 Dieser lautet: „Nullus liber homo capiatur, vel imprisonetur, aut disseisiatur, aut utlagetur, aut exuletur, aut aliquo modo destruatur, nec super eum ibimus, nec super mittemus, nisi per *legale judicium parium* suorum vel per legem terre", bzw. in seiner englischen Übersetzung: „No free man shall be seized or imprisoned, or stripped of his rights or possessions, or outlawed or exiled, or deprived of his standing in any other way, nor will be proceed with force against him, or send others to do so, except by *the lawful judgement of his equals* or by the law of the land" (Hervorhebungen durch Verf.).

278 *Kirstin McGoldrick*, ÖJZ 2006, 526, dort auch zu den heute vorhandenen Einzelheiten des Geschworenenverfahrens.

279 *Kunert*, GA 1979, 408.

280 *Geipel*, Notwendigkeit, S. 10.

Studien gewonnenes System zu bringen“[281]. So wurde nach der Wiedereinführung von Mündlichkeit, Öffentlichkeit und umfassenden Verteidigungsrechten noch im Jahre 1789 mit Dekret von 1791 (später übernommen in Art. 342 von Napoleons Code d'instruction criminelle vom 17. 11. 1808[282]) auch in Frankreich das Geschworenengericht eingeführt[283]. Deren Geschworene waren vor ihrer Beratung umfassend vom Richter zu instruieren, schließend mit der Frage „avez-vous une intime conviction?“[284]. Auf dieses „Wahrheitsgefühl“ der Geschworenen kam es an.[285] Feste gesetzliche Beweisregeln, die man im englischen Recht nicht kannte, wurden auch in Frankreich als mit der freien Beweiswürdigung unvereinbar angesehen und vollständig aufgegeben.

Hierbei wurde jedoch übersehen, dass im englischen case-law zwar keine Beweisregeln gesetzlich festgelegt, dort aber dennoch ein „ein auf generationslanger richterlicher Erfahrung beruhendes, in Präjudizien versammeltes, von der Wissenschaft geläutertes System von ‚Beweisregeln'“ existierte und noch immer existiert, „das Richter und Geschworene bei der Urteilsfindung nicht mit unbedingter Verbindlichkeit band, ihnen jedoch kraft der inneren Autorität anerkannter Beweissätze kritische Gewissheit vermittelte und die richterliche Überzeugung aus der Sphäre des Gefühlsmäßig-Subjektiven heraushob“[286]. Derartiges blieb der „conviction intime“ verwehrt, die im Subjektiv-Irrationalen verhaftet blieb, mit „einem verstandesmäßiger Analyse nicht zugänglichen bloßen dunklen Fühlen und Meinen“[287]. Trotz der Geltung des französischen Rechts in den Rheinlanden[288] und dem damit verbundenen enormen Einfluss auf das deutsche Recht hielten sich wegen der notwendigen Suche nach der materiellen Wahrheit die Zweifel, das wirklich immer dort, „wo eine Überzeugung vorhanden ist, auch immer die Wahrheit zu finden“[289] sei, unabhängig davon, ob sich das Tatgeschehen auch tatsächlich so zugetragen hatte, so dass der „conviction intime“ selbst eine Übernahme in die Partikulargesetze der deutschen Staaten verwehrt blieb[290]. Immerhin sah man nun auch in Deutschland ein[291], dass die Anwendung starrer Beweisregeln häu-

---

[281] Zitiert nach *Küper*, FG Peters, S. 28.

[282] Vgl. hierzu *Sarstedt*, FS Ernst E. Hirsch, S. 172.

[283] Vgl. hierzu *Geppert*, Unmittelbarkeit, S. 42 ff. und *Gerhard Walter*, Beweiswürdigung, S. 68.

[284] Die umfassende Instruktion findet sich bei *Gerhard Walter*, Beweiswürdigung, S. 68.

[285] So bereits die Interpretation von *Küper*, FG Peters, S. 28 und *Frauke Stamp*, Wahrheit, S. 80.

[286] *Küper*, FG Peters, S. 29.

[287] Friedrich-Wilhelm Krause, FS Peters, S. 324.

[288] Dies erfolgte 1798 und auch nach dem Ende der französischen Fremdherrschaft behielt man das französische Verfahrensrecht bei. Vgl. zu dieser rechtlichen Entwicklung in den Rheinlanden, die sogar zu einer Spaltung des preußischen Justizministeriums führte, *Waider*, JuS 1972, 306 ff.

[289] *Jarke*, NACr 8 (1826), 99.

[290] Anhänger der conviction intime in Deutschland war einzig *Köstlin*, Wendepunkt, S. 107 ff. und 122.

[291] Auf einen Widerspruch zwischen positiver Beweistheorie und materieller Wahrheit hatte bereits *Justus Möser* 1780 mit seiner Arbeit „Von dem wichtigen Unterschied des wirklichen und formellen Rechts“ (abgedruckt in *Möser*, Phantasien IV, Kap. XXX [= S. 113 ff.]) hingewiesen, ohne dass dies viel Beachtung fand.

fig zu einer Abweichung von der angestrebten materiellen Wahrheit führte, da die Regeln zwar auf empirischer menschlicher Erfahrung beruhten, einzelne Geschehen aber anders abliefen, als es erfahrungsgemäß normalerweise der Fall war[292]. Die Beweisregeln galten kraft ihrer für den Einzelfall unveränderlichen Normierung und konnten so auf Abweichungen der geschehenen Wirklichkeit gerade nicht reagieren. Sie konnten lediglich „die ‚Übereinstimmung' der gegenwärtig beobachteten Wirklichkeit mit den tatsächlichen Voraussetzungen der Beweisregel konstatieren, um daraus den – normativen – Schluss auf die normativ vermutete Wirklichkeit ziehen zu können"[293]. Der Gesetzgeber konnte daher nicht guten Gewissens spezielle Beweisregeln aufstellen „ohne das Bewusstsein, dass in vielen Fällen durch deren Befolgung die Wahrheit verfehlt werden wird, in welchen sie nicht verfehlt sein würde, wenn die Regel nicht bestanden hätte"[294].

Wollte man auf Beweisregeln daher nicht zugunsten einer zu subjektiven „conviction intime" gänzlich verzichten, widersprach deren Anwendung auf der anderen Seite aber der materiellen Wahrheit, so verknüpfte man Beweisregeln und freie Beweiswürdigung zu einer Einheit, zur negativen Beweistheorie[295]: Eine Verurteilung sollte nur erfolgen, wenn zur Erfüllung der gesetzlichen Beweisregeln als „Beweisminimum" die Überzeugung des Richters von der Wahrheit des so rekonstruierten Geschehens hinzukam. Die subjektive Entscheidung des Richters stellte so die Anwendbarkeit der starren Regeln im Einzelfall sicher und die Beweisregeln schützten den Angeklagten vor einer willkürlichen Verurteilung durch den die Beweise frei würdigenden Richter.[296] In den 1840er Jahren hatte diese negative Beweistheorie Einzug in die Strafprozessordnungen der deutschen Staaten gefunden[297]. Dennoch konnte der „bequeme Kompromiss" der negativen Beweistheorie die Problematik gesetzlicher Beweisregeln nicht beseitigen: Einerseits band der Gesetzgeber den Richter an gesetzliche Regeln als „Ausdruck unfehlbarer Wahrheiten" und riet ihm durch Einräumung einer freien Beweiswürdigung daneben zugleich, diesen „ewigen Wahrheiten" zu misstrauen und im Ein-

---

[292] Ebenso *Ortloff*, GA 1860, 463 und *Peters*, FS Gmür, S. 313.

[293] *Käßer*, Wahrheitserforschung, S. 33f., der Beweisregeln daher auch als „geschlossen, fortschrittsfeindlich, wissenschaftsfremd" bezeichnet.

[294] *Savigny*, GA 1858, 485f.

[295] Der Name geht auf *Feuerbach*, Geschworenengericht, S. 132 zurück.

[296] Vgl. zum Wesen der negativen Beweistheorie nur *Gerhard Walter*, Beweiswürdigung, S. 64ff. und *Bertram Schmitt*, Beweiswürdigung, S. 152ff. – jeweils mwN.

[297] So fanden sich entsprechende Regelungen in der Strafprozessordnung Württembergs vom 22. 6. 1843, in § 270 der Strafprozessordnung von Baden vom 6. 3. 1845 („Auch bei dem Dasein der Voraussetzungen der §§ 248–269 sollen die Richter eine Anschuldigungstatsache nur dann als wahr annehmen, wenn sie nach der Glaubwürdigkeit, welche den unmittelbaren Beweisen nach den Umständen des einzelnen Falles zukommt, und nach der Stärke der ineinandergreifenden, sich gegenseitig unterstützenden auf keine nur irgend wahrscheinliche Weise anders erklärbaren Anzeigungen die vollkommene Überzeugung von der Wahrheit der Tatsache erlangt haben.") sowie in Entwürfen der anderen Staaten, die jedoch durch die Revolution von 1848 politisch überholt wurden, vgl. *Krieter*, Entwicklung, S. 15, 21, 30, 40f. und 47.

zelfall doch eine eigene Entscheidung zu treffen.[298] Zugleich forderten die Beweisregeln (zurückgehend auf die Constitutio Criminalis Carolina) mit einem Geständnis und zweier Tatzeugen weiterhin Beweismittel, die nur schwer zu beschaffen waren und so entgegen der subjektiven Überzeugung zu keinem Schuldspruch (sondern einer vorläufigen Einstellung als Instanzentbindung) führen konnten.[299]

Die Forderungen nach einer Abschaffung der Beweisregeln und damit nach einer gänzlich subjektiven Beweistheorie wurden immer lauter[300], zumal die irrationale conviction intime durch die Forderung nach der Darlegung der die Überzeugung leitenden Gründe sowohl des Richters wie der Geschworenen[301] im deutschen Schrifttum inzwischen rationalisiert wurde und man in den Beweisregeln allgemeine Erfahrungen zur Unterstützung der richterlichen Überzeugungsbildung ansah: „Wenn aber Überzeugung mehr ist als ‚dunkles, instinktartiges Gefühl', nämlich Ergebnis rationaler Forschung und logischer Schlussfolgerungen, wenn anders die Beweisregeln mehr sind als lediglich positive Rechtsnormen, nämlich das Aussprechen von ‚logischen Gesetzen', von ‚sich selbst Verstehendem', von ‚Grundsätzen der Erfahrung', dann haben sich die beiden ursprünglich so feindlich gegenüberstehenden Beweistheorien, die gesetzliche und die freie, angenähert, gegenseitig befruchtet und in der Synthese der ‚conviction raisonnée'[302] aufgehoben."[303] Einen prominenten Fürsprecher fand diese Entwicklung im Schrifttum im preußischen Justizminister *Friedrich Carl von Savigny*, der nicht nur plante, sondern auch handelte. So schuf er im „Gesetz betreffend das gerichtliche und Disziplinarverfahren gegen Beamte" vom 29. 3. 1844 folgenden § 28 Abs. 2[304]:

> „Bei der Entscheidung hat die Behörde, ohne an positive Beweisregeln gebunden zu sein, nach ihrer aus dem ganzen Inbegriff der Verhandlungen und Beweise geschöpften Überzeugung zu beurteilen, in wie weit die Beschuldigungen für begründet zu achten sind."

In einer Denkschrift über „Die Prinzipien in Beziehung auf eine neue Strafprozessordnung"[305] von 1846, einem „bleibenden Denkmal unserer Rechtsgeschichte"[306], bezog *Savigny* grundlegend Stellung zwar gegen die Geschworenengerichte, aber dennoch für eine freie individuelle richterliche Überzeugung, bei der sich der Richter an den „Sätzen der Erfahrung", „die Kenntnisse der sittlichen und sinnlichen Natur des Menschen" und die Ergebnisse der Wissenschaften zu orien-

---

298 So *Gerhard Walter*, Beweiswürdigung, S. 66f., *Heescher*, Untersuchungen, S. 41f., *Bertram Schmitt*, Beweiswürdigung, S. 154, *Paulus*, FS Ulrich Weber, S. 495 und *Andrea Schmidt*, Grundsätze, S. 52.

299 Vgl. *Schwarze*, GA 1858, 729, *Gerhard Walter*, Beweiswürdigung, S. 67 und *Bertram Schmitt*, Beweiswürdigung, S. 154.

300 So etwa *Mittermaier*, Strafverfahren I, S. 529ff., *Möhl*, Zeitschrift für deutsches Strafverfahren 1842, 286f., 293, 297 und 309 sowie *Wächter*, Beiträge, S. 80.

301 So insbesondere durch *Jarke*, NACr 8 (1826), 98ff.; zu dieser Entwicklung *Küper*, FG Peters, S. 33ff.

302 *Endemann*, Beweislehre, S. 634 spricht von „logischer Überzeugung".

303 *Käßer*, Wahrheitserforschung, S. 40.

304 Gesetz-Sammlung für die Königlichen Preußischen Staaten 1844, S. 77 (83).

305 Veröffentlicht erst in GA 1858, 471ff.

306 Herausgeber des Goltdammers Archivs, GA 1858, 469.

tieren habe[307], die er in den Entscheidungsgründen als „Elemente ihrer Überzeugung“ für eine Prüfung durch den Appellationsrichter darzulegen habe.[308] Verwendet wurden diese Gedanken, die zunächst in der Schublade verblieben und erst 1858 veröffentlicht wurden, bei § 19 des „Gesetzes, betreffend das Verfahren in den bei dem Kammergericht und dem Kriminalgericht zu Berlin zu führenden Untersuchungen“ vom 17. 7. 1846[309]:

„Die bestehenden gesetzlichen Vorschriften über das Verfahren bei Aufnahme der Beweise, insbesondere auch darüber, welche Personen als Zeugen vernommen und vereidet werden dürfen, bleiben ferner maßgebend.

Dagegen treten die bisherigen positiven Regeln über die Wirkungen der Beweise außer Anwendung. Der erkennende Richter hat fortan nach genauer Prüfung aller Beweise, für die Anklage und Verteidigung, nach seiner freien, aus dem Inbegriff der vor ihm erfolgten Verhandlungen geschöpften Überzeugung zu entscheiden: ob der Angeklagte schuldig, oder nicht schuldig, oder ob derselbe von der Anklage zu entbinden sei. Er ist aber verpflichtet, die Gründe, welche ihn dabei geleitet haben, in dem Urteil anzugeben.

Auf vorläufige Lossprechung (Freisprechung von der Instanz) soll nicht mehr erkannt werden.“

Damit fielen alle gesetzlichen Beweiswert- und Beweismaßregeln[310], ohne dass es Geschworenengerichte in Berlin gab.[311] Im Frühjahr 1848 kam mit der Märzrevolution der Sieg des bürgerlichen Liberalismus, dessen politisches Ideal in der französischen Verfassung verankert war[312]. Auf der Frankfurter Nationalversammlung wurden die „Grundrechte des deutschen Volkes“ proklamiert, in denen es unter anderem hieß[313]:

„§ 45. Das Gerichtsverfahren soll öffentlich und mündlich sein.

§ 46. In Strafsachen gilt der Anklageprozess.

Schwurgerichte sollen jedenfalls in schwereren Strafsachen und bei allen politischen Vergehen urtheilen.“

Unter dem Druck der politischen Ereignisse schufen fast alle[314] deutschen Staaten auf dieser Grundlage durch neue Strafprozessordnungen oder Änderungsgesetze einen Strafprozess nach französischem Vorbild unter Abschaffung aller Beweisregeln, der Verdachtsstrafe und der Instanzentbindung. Stattdessen wurde ein öffentliches und mündliches Anklageverfahren eingeführt, eine Staatsanwaltschaft, die

---

307 *Savigny*, GA 1858, 485.

308 *Savigny*, GA 1858, 485.

309 Gesetz-Sammlung für die Königlichen Preußischen Staaten 1846, S. 267 (271).

310 Dazu, dass nicht sämtliche Beweisregeln abgeschafft wurden, zu Recht *Meurer*, FS Oehler, S. 371.

311 Ähnlich die kurze Einschätzung von *Waider*, JuS 1972, 307.

312 Vgl. zu letzterem *Glaser*, Handbuch I, S. 129 und *Andrea Schmidt*, Grundsätze, S. 54.

313 Gesetz, betreffend die Grundrechte des deutschen Volkes – RGBl. 1848, S. 49 (57). Vgl. hierzu auch Art. 92f. der Verfassungsurkunde für den Preußischen Staat vom 5. 12. 1848, Gesetz-Sammlung für die Königlichen Preußischen Staaten 1848, S. 375 (387).

314 Weiter am Inquisitionsprozess hielten Sachsen, Mecklenburg-Schwerin, Mecklenburg-Strelitz, Schaumburg-Lippe und Lippe-Detmold fest, vgl. *Geppert*, Unmittelbarkeit, S. 84 und *Gerhard Walter*, Beweiswürdigung, S. 74.

Schwurgerichte und die Geltung der freien Beweiswürdigung[315]. Aufgrund des „politischen Einigungswerkes“ [316] *Bismarcks* forderte der unter Preußens politischer Führung stehende Reichstag des Norddeutschen Bundes am 18. 4. 1868 den Reichskanzler auf, den Entwurf eines gemeinsamen Strafprozesses („Deutsche Strafprozessordnung“) vorzulegen, der nach einiger Diskussion am 29. 10. 1874 in den Reichstag eingebracht, am 1. 2. 1877 verkündet und am 1. 10. 1879 als Reichs-Strafprozessordnung Gesetz wurde[317]. Dessen § 260 RStPO gilt als § 261 StPO[318] (nur leicht sprachlich begradigt) noch heute:

> „Über das Ergebnis der Beweisaufnahme entscheidet das Gericht nach seiner freien, aus dem Inbegriffe der Verhandlung geschöpften Überzeugung.“

Und dies sogar frei von der Begründungspflicht der preußischen Gesetzgebung, die nur unvollständig ihren Weg in § 266 RStPO und letztlich in § 267 StPO (nur Angabe der für erwiesen erachteten Tatsachen) fand, entschieden doch weitgehend Geschworenengerichte mit einem einfachen „Ja“ oder „Nein“ und war diese Entscheidung der Überprüfung durch die Revisionsgerichte entzogen.[319] Selbst nachdem im Zuge der Reform *Emmingers* (des damaligen Reichsministers der Justiz) von 1924[320] die Geschworenengerichte abgeschafft wurden und damit die Grundlage, an die schriftlichen Urteilsgründe nur geringe Anforderungen zu stellen, blieb diese „großzügige Gesetzesregelung“[321] zugunsten der nach dem Grundsatz freier Beweiswürdigung entscheidenden (Berufs-)Richter bestehen.

VII. Zwischenergebnis

Als „Spätfrucht der Französischen Revolution“[322] wurde die Beweiswürdigung in Deutschland damit wieder „der richterlichen Verantwortung, seiner Urteilsfähigkeit und seiner Lebenserfahrung anvertraut“[323] und ihm abverlangt, dass er die Umstände der ihm berichteten Tat wie die Umstände des Berichtens selbst

---

[315] Vgl. zu den einzelnen Landesgesetzgebungen nur *Krieter*, Entwicklung, S. 12ff. In Preußen wurden die Änderungen beispielsweise mit der „Verordnung über die Einführung des mündlichen und öffentlichen Verfahrens mit Geschworenen in Untersuchungssachen“ vom 3. 1. 1849 (Gesetz-Sammlung für die Königlichen Preußischen Staaten 1849, S. 14ff.) vorgenommen, dessen § 22 mit § 19 des „Gesetzes, betreffend das Verfahren in den bei dem Kammergericht und dem Kriminalgericht zu Berlin zu führenden Untersuchungen“ wortlautidentisch ist.

[316] *Geppert*, Unmittelbarkeit, S. 100.

[317] RGBl. 1877, S. 253ff.

[318] (Neu-)Bekanntmachung der Texte des Gerichtsverfassungsgesetzes und der Strafprozessordnung – RGBl. 1924 I, S. 299 (348).

[319] Vgl. zu diesem Zusammenhang *Schledorn*, Darlegungspflicht, S. 18.

[320] Verordnung über Gerichtsverfassungen und Strafrechtspflege vom 4. 1. 1924 – RGBl. 1924 I, S. 15ff.

[321] *Salditt*, NStZ 1999, 421.

[322] *Jürgen Baumann*, Grundbegriffe, S. 36, hiermit die gesamte Strafprozessordnung von 1877 bezeichnend.

[323] *Peters*, FS Gmür, S. 313.

„mit den durch die Erfahrung nachgewiesenen vergleicht, und kunstreich nach diesen Gesetzen einen Zusammenhang zwischen diesen Tatsachen und dem Verbrechen sich vorstellt und daraus Schlüsse ableitet. Es ist immer nur die Erwartung, dass Ähnliches geschehen sei, wie es die lange Erfahrung nachgewiesen hat; wir denken uns zuerst alle, wenn auch entfernten Möglichkeiten und versuchen dann einen Ruhepunkt zu gewinnen, indem wir die erwiesenen Tatsachen mit den [nach der Erfahrung denkbaren] Möglichkeiten vergleichen und prüfen, ob nicht im einzelnen Falle eine dieser Möglichkeiten an Wahrscheinlichkeit gewinnt. Wir wenden unsere Erfahrungen über Zusammenhang von Ursache und Wirkung und ähnliche Gesetze auf einzelne Fälle an, und verweilen bei Tatsachen, auf welche wir durch solche Schlüsse geführt werden.“[324]

Die Erfahrung als solche vermochte zwar alleine keine Brücke von der Wahrnehmung einer Beweismittelaussage auf das Tatgeschehen zu schlagen[325]; notwendig ist vielmehr ein „Wenn-dann-Satz“, der durch eine Generalisierung *mehrerer* früherer Beobachtungen eines Phänomens gebildet wurde[326] (sog. Erfahrungssatz). So besannen sich die Tatrichter in ihrer ungewohnten Freiheit gerne dem „tiefen, bleibenden Gehalt“ vieler hinter früheren gesetzlichen Beweisregeln stehender Erfahrungssätze als „unentbehrliche Richtschnur für die richterliche Überzeugungsbildung“[327], „sind doch die meisten von der Beschaffenheit, dass jeder gesunde Menschenverstand bei dem Geschäft der Prüfung historischer Gewissheit sich ihrer bedienen muss. Denn in der Tat sind sie weiter nichts als das Resultat einer durch Jahrhunderte gesammelten Erfahrung, welche sich fast auf alle Gebiete menschlicher Begegnisse erstreckt.“[328] So galt etwa (und gilt noch immer) als eine unverbindliche Richtschnur der freien Beweiswürdigung, dass auf Grund „gesi-

---

[324] *Mittermaier*, Lehre, S. 422; vgl. auch *ders.*, GA 1866, 323 („Eine zweite Quelle der Erkenntnis ist aber eine rationelle, insofern wir durch Anwendung der geistigen Kraft eigene und fremde Erfahrungen, wissenschaftliche oder technische Lehrsätze benutzen, um daraus Schlußfolgerungen für einen vorliegenden Fall abzuleiten, und nach dem Ergebnis dieser Schlüsse uns zu einer gewissen Überzeugung [...] zu bestimmen“ [Anm. des Verf.: an die aktuelle Rechtschreibung angepasst]), *Feuerbach*, Lehrbuch, S. 807f. und 812 (der der Beweis mit „einzelnen concurrenten Indicien“ sei wegen ihrer Mannigfaltigkeit nur „mit Beihülfe der Erfahrung“ möglich, sei maßgeblich für die Indizienwürdigung doch, „je genauer nach der Erfahrung das [jeweilige] Indicium mit dem Verbrechen oder dem Verbrecher“ verbunden sei) und *Schaper*, GA 1866, 183f. („Von weit größerem Gewicht für den Schluss auf die Schuld aber sind allgemein bekannte Regeln [...] Die Regeln sind entweder Naturgesetze oder psychologische Sätze oder Erfahrungen aus Verkehr und Sitte. [...] Bei der Beurteilung des einzelnen Falles geht jedermann von dem Maßstabe aus, den die Natur ihm selbst in seinem Körper und das Verkehrsleben in den ihm zunächst liegenden Erfahrungen dargeboten hat“).

[325] Folgerichtig KK-StPO/*Schoreit*, § 261 Rn. 48: „Die ‚allgemeine Lebenserfahrung‘ als solche ist kein Maßstab für die revisionsrechtliche Nachprüfung.“ Sie dient jedoch als Argumentationshilfe: vgl. zu diversen Beispielen *Sommer*, FS Rieß, S. 588ff.

[326] *Hainmüller*, Anscheinsbeweis, S. 14 spricht in diesem Zusammenhang von „abstrahiert“; hiergegen sowie zu den Unterschieden von Abstraktion und Induktion *Rommé*, Anscheinsbeweis, S. 8 Fn. 24.

[327] *Kasper*, Beweiswürdigung, S. 27; *Nack*, Kriminalistik 1999, 36 bezeichnet den Erfahrungssatz als „Schlüssel zur Beantwortung der Frage nach der Beweiskraft eines Indizes“.

[328] *Planck*, Darstellung, S. 383f., der heutigen Rechtschreibung angepasst.

cherter Erfahrung" „durch zweier Zeugen Mund [...] allerwegs die Wahrheit kund" getan wird.[329]

B. Die historische Entwicklung des Anscheinsbeweises im Zivilprozess

Im Zivilprozess führte die (Wieder-)Einführung der freien Beweiswürdigung – wie im Strafprozess – zwar ebenso lediglich zu einer Bindung des Tatrichters an die Gesetze der Logik und an Erfahrungssätze.[330] Ein umfassendes Konzept zum Einfluss statistischer Erfahrungssätze (mit lediglich einer Wahrscheinlichkeitsaussage) als – weil sie mit Abstand den größten Bereich der Erfahrungssätze ausmachen – wichtigstes „Bindeglied zwischen den Beobachtungen und Schlussfolgerungen"[331] sucht man auch hier vergeblich. Einzig für einige bestimmte statistische Erfahrungssätze, die mit ihrer hohen Wahrscheinlichkeit dem Richter einen typischen Geschehensablauf vermitteln[332], haben sich die einst gesetzlichen Präsumtionen (insbesondere zur Haftung bei Schiffskollisionen[333]) nicht nur wie im Strafprozess zu unverbindlichen Richtlinien entwickelt, sondern wurden gewohnheitsrechtlich zur eigenständigen Rechtsfigur des „aus der gerichtlichen Praxis nicht [mehr] wegzudenkenden"[334] sog. Anscheinsbeweises mit seinen verschiedenen Fallgruppen verdichtet. Als solcher bieten diese (in den Worten *Rabels*[335]) „schillernden Erscheinungen" „zwischen Beweiswürdigung und Beweislastnorm" als derzeit einzig gesicherter Bereich im Umgang mit statistischen Erfahrungssätzen eine Grundbasis für das Schließen erkenntnistheoretisch bedingter Beweislücken mittels statistischer Erfahrungssätze, die als Ausgangspunkt für den generellen Umgang mit statistischen Er-

---

[329] Ebenso *Meurer*, FS Oehler, S. 376; vgl. auch *Peters*, JR 1977, 84: „Es muss Verwunderung erregen, wenn Gerichte im Zeitalter des Grundgesetzes und der Menschenrechtskonvention weniger Vorsicht walten lassen als die früheren Prozessordnungen vom 16. bis 19. Jahrhundert, wenn Gerichte [...] allein auf Grund der Aussage des angeblich Geschädigten verurteilen, obwohl dieser im Zivilprozess nicht zur Parteivernehmung gelangen würde. Die rechtsstaatlich erforderliche Sicherheit ist im Rahmen des § 261 StPO in einer durchaus gefährlichen Weise in Frage gestellt."

[330] Vgl. zum Strafprozess nur BGHSt. 6, 70 (72), BGHSt. 17, 382 (385), BGHSt. 29, 18 (20), BGHSt. 31, 86 (89), *Meyer-Goßner*, § 337 Rn. 30ff. und KK-StPO/*Schoreit*, § 261 Rn. 46ff., zum Zivilprozess BGH, NJW 1987, 1557 (1558), BGH, NJW 1993, 935 (937), Stein/Jonas/*Leipold*, ZPO, § 286 Rn. 7, Thomas/Putzo/*Reichold*, ZPO, § 286 Rn. 2a und Musielak/*Foerste*, ZPO, § 286 Rn. 10 sowie zum Verwaltungsprozess *Dawin* in Schoch/Schmidt-Aßmann/Pietzner, VwGO, § 108 Rn. 44 und Eyermann/*Jörg Schmidt*, VwGO, § 108 Rn. 6.

[331] *Fezer*, StV 1995, 97.

[332] *Blomeyer*, Zivilprozessrecht – Erkenntnisverfahren, S. 385.

[333] Auf das Schiffskollisionsrecht als Ursprung des Anscheinsbeweises verweisen *Smid*, Prima-facie Beweis, S. 12, *Kollhosser*, Anscheinsbeweis, S. 23, *Ehrlicher*, Prima-facie-Beweis, S. 1 und 3, *Höfer*, Prima-facie-Beweis, S. 16, *Hole*, Prima facie-Beweis, S. 5, *Clara Marum*, Prima-facie-Beweis, S. 8 und *Stück*, JuS 1996, 153.

[334] *Hees/Braitmayer*, Verfahrensrecht, Rn. 922.

[335] *Rabel*, Rhein. Zeitschr. 1923, S. 442.

fahrungssätzen auch im Strafprozess einen vertieften Blick verdient. Es kann und darf mit den Worten von *Bosch*[336] und *Niese*[337] nämlich einfach nicht sein, dass sich Straf- und Zivilprozessualisten sowie Vertreter anderer Prozessrechtsmaterien lange Zeit „um dasselbe Grundproblem bemühen, ohne voneinander Notiz zu nehmen“.

I. Die Entwicklung des zivilprozessualen Beweisrechts bis zur Märzrevolution

Mit dem Aufkommen öffentlicher Strafverfolgung durch Sendboten merowingischer Könige trennten sich die bis dahin noch auf eine privatrechtliche Buße gerichteten, vom Verletzten angestrengten Strafverfahren von den Zivilverfahren.[338] Das streng formelle Beweisrecht des alt-germanischen Prozesses wurde durch Zurückdrängung von Gottesurteil und Zweikampf, der Ersetzung der Eideshelfer durch Zeugen des streitgegenständlichen Geschehens sowie der Zulassung des Gegenbeweises (so dass im Streitfalle das Gericht über den Erfolg eines Beweises zu entscheiden hatte) zunächst „aus eigener Kraft“[339] zu einem auf die Überzeugung der Richter abzielenden materiellen Beweisrecht.[340] Unter dem Einfluss des kanonisch-italienischen Rechts[341], das sich Ende des 15. Jahrhunderts endgültig in den Partikulargesetzen der deutschen Staaten durchsetzte (z.B. § 3 der Kammergerichtsordnung vom 7. 8. 1495 verpflichtete die Richter zur Anwendung des römisch-kanonischen Rechts[342]) und die germanischen Regelungen weitgehend verdrängte, schlug das Pendel des Beweisrechts im Zivilverfahren wieder zugunsten eines streng formellen Beweisverfahrens um. Es galt (wieder) „ein feinsinniger Mechanismus, in Form und Inhalt durchdrungen von dem Gedanken der die Parteiherrschaft über Beginn, Inhalt, Fortführung des Prozesses bedingenden privatrechtlichen Natur der Streitsache (Dispositions-, Verhandlungsmaxime) und dem Bestreben der Sicherheit und Ordnung der Rechtspflege, welche in dem Prinzipe der Schriftlichkeit (Prozessinhalt gleich Akteninhalt) die immutable Urteilsgrundlage, in der formalen Beweistheorie den Ausschluss der Richterwillkür, in der strengen Gliederung des Ganzen in stofflich geschiedene, unter dem Eventualprinzip stehende präklusivische Abschnitte (Prinzip der Beweistrennung, rechtskräftiges Beweisinterlokut) die Zusammenfassung und Ordnung des Stoffes suchte“[343]:

---

[336] Grundsatzfragen, S. 15.

[337] JZ 1957, 76.

[338] Siehe hierzu bereits oben Erster Hauptteil, Erstes Kapitel, A, II.

[339] *Gerhard Walter*, Beweiswürdigung, S. 51.

[340] Siehe zur Parallelentwicklung im Strafverfahren oben Erster Hauptteil, Erstes Kapitel, B, III, 4; vgl. zur Entwicklung des Zivilrechts im Mittelalter nur *Schlosser*, Zivilprozeß, S. 384 ff. und *Gerhard Walter*, Beweiswürdigung, S. 47 ff.

[341] Siehe hierzu oben Erster Hauptteil, Erstes Kapitel, A, V.

[342] Vgl. hierzu *Gerhard Walter*, Beweiswürdigung, S. 75.

[343] *Wach*, Handbuch I, S. 132.

Die Parteien hatten vorab durch umfangreiche schriftliche Anspruchsbehauptungen durch den Kläger (positiones) und Erwiderungen durch den Beklagten (responsiones) – dem schriftlichen Vorverfahren des heutigen Rechts (§ 276 ZPO) entsprechend – den streitgegenständlichen Prozessstoff festzulegen, wobei (wie heute noch immer nach § 138 Abs. 3 ZPO) nicht bestrittenes Vorbringen als zugestanden und damit als unstreitig galt.[344] Blieb ein tatsächlicher Umstand streitig, der für die Rechtsanwendung notwendig war, so hatte das Gericht in einem Beweisurteil haarscharf zu bestimmen, welche Partei welches Beweisthema zu beweisen habe und, für den Fall des gelungenen Beweises, welchen Umstand zur Widerlegung dann die andere Partei zu beweisen hätte.[345] Der Beweis war mit Urkunden, Zeugen und Sachverständigen zu führen, wobei strenge Beweisregeln nicht nur die Zulässigkeit einzelner Beweismittel regelte (z.B. die Zeugnisfähigkeit bestimmter Personengruppen), sondern auch den Beweiswert (gesetzliches „Beweiszulassungs- und Beweisbewertungssystem"[346]): So waren wie im spätmittelalterlichen Strafprozess nach der Zwei-Zeugen-Regelung grundsätzlich die übereinstimmenden Aussagen zweier glaubhafter (insoweit existierten Beweisregeln für Personen mit verschiedenem persönlichem Interesse am Prozessausgang) männlicher Zeugen zum Vollbeweis notwendig oder einer öffentlichen Urkunde. Einzelne männliche Zeugen brachten nur halben, einzelne weibliche Zeuginnen einen Viertelbeweis.[347] Beweisen hieß also, „die Erfordernisse, welche das Gesetz für die juridische Wahrheit aufstellt, [zu] erfüllen"[348]. War ein Vollbeweis (Aussage zweier glaubhafter Zeugen) aber nur schwer zu führen, so wurde zumeist streitentscheidend, wer überhaupt einen bestimmten Umstand zu beweisen hatte, sprich: die Beweislast entschied. Galt im altrömischen Recht noch der Grundsatz „Der Kläger hat die Entstehung seines Rechtes, der Beklagte die Tilgung und die Exzeptionen zu beweisen"[349], so wurde

---

[344] Hiervon wich soweit ersichtlich nur Preussen ab, wo der Untersuchungsgrundsatz auch im Zivilprozess galt: So verlangte die Einleitung der Allgemeinen Gerichtsordnung für die Preussischen Staaten vom 6. 7. 1793 vom Richter, in jedem Prozess „selbst und unmittelbar zu untersuchen" (§ 7), „was für Thatsachen dabei zu Grunde liegen und wie sich dieselben nach der Wahrheit verhalten"(§ 5). Hierzu habe er, ohne auf das Parteivorbringen beschränkt zu sein (§ 17.20), die erheblichen Tatsachen „auf dem sichersten und zugleich nächsten Wege zu erforschen und auszuermitteln" (§ 10). Hierbei wurde er jedoch durch entsprechende Beweismittel wieder beschränkt, vgl. zum Ganzen *Wach*, Handbuch I, S. 133f. Mit der Verordnung über den Mandats-, den summarischen und den Bagatellprozess vom 1. 6. 1833 (Gesetz-Sammlung für die Königlichen Preußischen Staaten 1833, S. 37ff.) und der Verordnung über das Verfahren in Zivilprozessen vom 21. 7. 1846 (Gesetz-Sammlung für die Königlichen Preußischen Staaten 1846, S. 291ff.), deren § 1 die Grundsätze der Verordnung vom 1. 6. 1833 auf den allgemeinen Zivilprozess übertrug und in § 8 ein Anerkenntnis für den Fall eines nicht vollständigen Bestreitens anordnete, wurde die Untersuchungsmaxime im preußischen Zivilprozess wieder abgeschafft und dem Parteibeibringungssatz der üblichen deutschen Staaten wieder angeglichen.

[345] Vgl. hierzu nur *Bar*, Recht, S. 21.

[346] *Hans-Udo Bender*, Merkmalskombinationen, S. 17.

[347] Siehe hierzu bereits umfassend oben Erster Hauptteil, Erstes Kapitel, A, III.

[348] *Endemann*, Beweislehre, S. 36.

[349] Vgl. *Ehrlicher*, Prima-facie-Beweis, S. 24 und *Leonhard*, Beweislast, S. 9f.

dieser bereits in der römischen Kaiserzeit durch eine unendliche Fülle an Einzelfall-Beweisregeln des materiellen Rechts ersetzt, die die Beweislast in den einzelnen Streitigkeiten verteilten[350]. In diesen Erfahrungsschatz der römischen Prozesse, modifiziert durch Entwicklungen des kanonischen und italienischen Rechts, hatte die Billigkeit bereits insoweit Einzug gehalten, als in den Fällen einer erfahrungsgemäß schwierigen Beweissituation für den Beweis eines typischen Geschehensablaufs oder weil ein Umstand typischerweise nur im Kenntnisbereich einer Partei liegen kann[351] mit einem System gesetzlicher Präsumtionen („Praesumptiones") Abhilfe geschaffen wurde. Diese gaben dem Richter vor, welcher streitige Umstand bereits fiktiv als bewiesen zu gelten habe, so dass dem Prozessgegner die Beweislast aufzubürden war und der durch die Präsumtion bevorteilten Partei lediglich der Gegenbeweis.[352] Ein gutes Beispiel hierfür ist die gesetzliche Regelung der in der damaligen Zeit praktisch häufigen Fälle der Schiffskollisionen:

Im altrömischen Recht galt unter dem Institut der freien Beweiswürdigung noch der allgemeine Grundsatz der Schadensersatzhaftung bei vom Kläger nachgewiesener schuldhafter Schadensverursachung:

> „Man hat die Frage erhoben, was für eine Klage mir zustehe, wenn dein Schiff wider mein Boot gestossen ist, und mir Schaden verursacht hat? Proculus sagt: wenn es in der Gewalt der Schiffsmannschaft gestanden habe, das Zusammenstossen abzuwenden und es durch deren Schuld entstanden sei, so könne die Aquilische Klage [sprich: Schadensersatz-Klage[353]] wider die Schiffsleute erhoben werden" (Digesten 9, 2, 29, § 2).[354]

War die Schuld und deren Ursächlichkeit für einen Zusammenstoß allein auf hoher See unter Einfluss von Sturm, Wind und anderen Naturgewalten aber objektiv schwer zu beurteilen sowie – insbesondere wenn seine Mannschaft als Zeugen hierbei ums Leben kam – vom Geschädigten nur schwer zu führen[355], so hätte eine generelle Beweislast des Geschädigten in Schiffskollisionsfällen und hierbei besonders in den Auffahrunfällen (ein fahrendes Schiff fährt auf ein vor Anker liegendes Schiff auf und beschädigt dies) unter der streng formellen Beweislehre eine weitgehende „Entrechtung" bedeutet. Dabei leuchtet es jedem Laien ein, dass bei einem Zusammenstoß zwischen einem fahrenden und einem vor Anker liegenden oder sonst still liegenden Schiff die Schuld grundsätzlich auf der Seite des fahrenden Schiffes zu suchen ist, das den Zusammenstoß durch ein sorgfaltsge-

---

350 Vgl. nur *Endemann*, Beweislehre, S. 86. *Bar*, Recht, S. 22 behauptet daher, die gesamte Lehre von der Beweislast sei in der Theorie rechtlicher (gemeint wohl: vom Recht aufgestellter tatsächlicher) Vermutungen aufgegangen.

351 Dieser Grundsatz galt bereits im alt-germanischen Prozess: vgl. *Ehrlicher*, Prima-facie-Beweis, S. 57.

352 Vgl. zu dieser Bedeutung der Präsumtionen *Bar*, Recht, S. 22.

353 Das Aquilische Gesetz war ein Beschluss der Gemeinde auf Vorschlag des Volkstribuns Aquilius – Dig. 9, 2, 1, § 1.

354 Deutsche Übersetzung nach *Otto/Schilling/Sintenis*, Corpus Iuris Civilis 1, S. 804; vgl. zu dieser reinen Verschuldenshaftung *Scheurer*, Neuerung, S. 2ff. und *Hermanns*, Schiffszusammenstoß, S. 5f.

355 Vgl. *Ehrlicher*, Prima-facie-Beweis, S. 3, *Höfer*, Prima-facie-Beweis, S. 16, *Clara Marum*, Prima-facie-Beweis, S. 8 und *Stück*, JuS 1996, 153.

mäßes Steuern hätte verhindern können, während für den festliegenden Schiffer ein sofortiges Ausweichen kaum durchführbar ist.[356] Dem entsprechend hieß es in den §§ 1911 ff. II 8[357] des Allgemeinen Landrechts für die Preußischen Staaten von 1794[358]:

> „§ 1911. Wenn zwey unter Segel sich befindende Schiffe, ohne grobes Verschulden des einen oder des andern Schiffers, auf einander ansegeln, oder stoßen; dergestalt, daß eines oder das andere, oder beyde Schaden leiden: so muß der beyderseitige Verlust und Schade berechnet, und zusammengeschlagen werden.
>
> § 1912. Von der ganzen Summe trägt jedes Schiff die Hälfte.
>
> § 1913. Ist das An- oder Uebersegeln von einem der Schiffer vorsätzlich, oder durch grobe Schuld verursacht worden: so muß derselbe seinen Schaden allein tragen, und dem andern Schiffe den ganzen erlittenen Schaden vergüten.
>
> [...]
>
> § 1916. Wird ein vor Anker liegendes, oder am Lande festgemachtes Schiff, von einem segelnden Schiffe beschädigt: so muß des letztern Schiffer allen verursachten Schaden erstatten; er könnte denn nachweisen, daß er durch einen ganz unvermeidlichen Zufall zum An- oder Uebersegeln genöthigt worden; in welchem Falle die Vorschrift § 1911, 1912 Anwendung findet.
>
> § 1917. Hat in diesem Falle der festliegende Schiffer der Gefahr ausweichen können, und es vorsätzlich, oder aus grober Schuld unterlassen: so ist derselbe zum Schadensersatze nach § 1913 verhaftet."

Behauptete der Kläger also, sein Schiff habe vor Anker gelegen und er sei vom Beklagten angefahren worden, woraufhin es zu einem Schaden kam, so hatte er nur diese Umstände zu beweisen, nicht aber auch die Schuld des Beklagten. Der Beklagte hatte vielmehr im Rahmen eines Gegenbeweises zu beweisen, dass er durch einen „unvermeidbaren Zufall" den Kläger angesegelt hatte bzw. der Kläger ausnahmsweise doch hätte ausweichen können und es vorsätzlich nicht getan habe.[359]

Konnte der Beweisführer nur (aber immerhin[360]) einen halben Beweis erbringen (sog. „unvollständiger Beweis"[361]: ein [nach den Beweisregeln] glaubhafter[362] männlicher Zeuge oder zwei glaubhafte Zeuginnen), so sprach bereits eine gewisse Wahrscheinlichkeit für seine Darstellung und es oblag dann dem Ermessen des Richters, ob er dem Beweisführer erlaubte, durch Eidesleistung den Beweis

---

[356] Ebenso *Ehrlicher*, Prima-facie-Beweis, S. 5.

[357] Zu lesen: §§ 1911 ff. des Zweiten Buches und 8. Abschnitts des Allgemeinen Landrechts für die Preußischen Staaten.

[358] *Hattenhauer/Bernert*, Landrecht, S. 522.

[359] Dieses Beispiel verdeutlicht, dass die Präsumtionen nur die Beweislast verteilten, sie jedoch selbst nicht „Beweissurrogate" waren, wie *Endemann*, Beweislehre, S. 90 behauptet, mit ihnen alleine also ein Beweis nicht zu führen war.

[360] Blieben seine Bemühungen selbst unter dieser Marke, galt der Beweis in jedem Fall als nicht geführt und er verlor insoweit den Prozess.

[361] *Endemann*, Beweislehre, S. 60.

[362] Vgl. zu den Bemühungen *Hommels* in seiner grundlegenden Schrift „Rhapsodia questionum" von 1782, den Beweiswert der Aussagen von Zeugen aller Berufsschichten a priori festzulegen: *Hoffmann*, Anscheinsbeweis, S. 25 ff.

„voll zu machen", oder ob er der anderen Partei erlaubte, sich durch Eid zu reinigen.[363] Hierbei mag, ohne dass dies ausdrücklich normiert war, der in den Präsumtionen (wie jener über das Ansegeln eines still liegenden Schiffes) zugrunde gelegte typische Sachverhaltsverlauf als Ausdruck epochenlanger menschlicher Erfahrung eine gewisse Rolle gespielt haben.

Im Zuge der Französischen Revolution wurden die Grundsätze der Öffentlichkeit, Mündlichkeit und Verfahrenseinheit neben der Strafprozessordnung auch in die procédure civil von 1806 aufgenommen, deren Grundsätze nicht nur in den Rheinlanden galten, sondern als „fortschrittlich" auch Einzug in Zivilprozessordnungen verschiedener deutscher Staaten fanden[364] und nach der Märzrevolution von 1848 schließlich in § 45 der auf der Frankfurter Nationalversammlung verkündeten „Grundrechte des deutschen Volkes"[365]. Die Einführung einer freien Beweiswürdigung (einschließlich der selbsttätigen Wahrung der Rechte der Parteien mangels formeller Beweisregeln) wie im Strafprozess hielt man dagegen für mit der Verhandlungsmaxime (die Parteien bestimmen den Prozessstoff und können Umstände bei fehlendem Bestreiten zugestehen) für unvereinbar[366] und wegen der generell ablehnenden Haltung für ein Geschworenengericht auch im Zivilprozess für nicht erforderlich[367]. Als Preußen etwa durch Gesetz vom 3. 4. 1847[368] Handelsgerichte schuf, galt für diese (anders als für die Gerichte in Ehesachen[369]) nach § 25 dieses Gesetzes weiterhin die Allgemeine Gerichtsordnung für die Preußischen Staaten vom 6. 7. 1793 mit seinem Beweisregelsystem, ergänzt nur durch den mit Verordnung über das Verfahren in Zivilprozessen vom 21. 7.

---

363 Vgl. hierzu *Endemann*, Beweislehre, S. 58 f. (der vom „halben Beweis" als Fixierung der „für den Ergänzungseid erforderlichen Präsumtion" spricht), *Hans-Udo Bender*, Merkmalskombina-tionen, S. 17 und *Geipel*, Notwendigkeit, S. 8.

364 Vgl. zu einigen Partikulargesetzen ausführlich *Wach*, Handbuch I, S. 135 ff.

365 Siehe hierzu oben Erster Hauptteil, Erstes Kapitel, A, VI.

366 So ausdrücklich *Gerhard Simon*, AcP 39 (1856), 267 f. Fn. 47.

367 So *Gerhard Walter*, Beweiswürdigung, S. 81 f.

368 Gesetz-Sammlung für die Königlichen Preußischen Staaten 1847, S. 182 ff.

369 § 39 der preußischen Verordnung über das Verfahren in Ehesachen vom 28. 6. 1844 (Gesetz-Sammlung für die Königlichen Preußischen Staaten 1844, S. 184 [189]) lautete: „In Ermangelung eines nach positiven Beweisregeln vollständig geführten Beweises hat das Ehegericht nach seiner, aus dem ganzen Inbegriff der Verhandlung und Beweise geschöpften Ueberzeugung zu beurtheilen, ob und in wieweit der für die Scheidung, Ungültigkeit oder Richtigkeit der Ehe angegebene Grund bewiesen ist." Vergleichbar war in § 17 Abs. 1 des preußischen Gesetzes vom 9. 5. 1853, betreffend die Befugnis der Gläubiger zur Anfechtung der Rechtshandlungen zahlungsunfähiger Schuldner außerhalb des Konkurses, für die Landestheile, in welchen das Allgemeine Landrecht und die Allgemeine Gerichts-Ordnung Gesetzeskraft hatten, geregelt (Gesetz-Sammlung für die Königlichen Preußischen Staaten 1855, S. 429): „Bei der Entscheidung über die Zulässigkeit einer Anfechtung bleiben die positiven Regeln über die Wirkungen der Beweise außer Anwendung. Der erkennende Richter hat, unter Erwägung aller vorliegenden Umstände und unter genauer Prüfung aller beigebrachten Beweise, nach seiner freien, aus dem Inbegriff der stattgehabten Verhandlungen geschöpften Ueberzeugung zu entscheiden, ob ein angetretener Beweis als geführt anzusehen sei oder nicht, oder ob es noch der Auferlegung eines nothwendigen Eides bedürfe. […] Der Richter muß die Gründe, auf welchen seine Ueberzeugung beruht, in dem Urtheil vollständig anführen."

1846[370] eingeführten Verhandlungsgrundsatz sowie die Grundsätze der Öffentlichkeit und Mündlichkeit.

II. Die Entscheidung des Ober-Appellations-Gerichts zu Lübeck vom 30. 12. 1856

Und dennoch gewannen neben den gesetzlich normierten Erfahrungssätzen wissenschaftliche Erkenntnisse über den nicht im Detail geregelten Kausalzusammenhang an Bedeutung, für den unabhängig vom Beweis-Gegenbeweis-System lediglich die eingeholten Gutachten sachverständiger Personen entschieden. Ein gutes Beispiel hierfür ist die Entscheidung des Ober-Appellations-Gerichts der vier freien Städte[371] zu Lübeck in der Rechtssache „Carl Joachim Christian Bracker gegen Dr. Albrecht" vom 30. 12. 1856[372]:

> „Der Beklagte hatte eine schwangere Person ärztlich behandelt, welche an primairer und secundairer Syphilis litt. Dieselbe gebar ein Kind, welches demnächst unter dem Beirathe des Beklagten einer Ehefrau F. zum Säugen übergeben wurde. Damals war an dem Kinde noch Nichts bemerkt worden, was auf Mittheilung der syphilistischen Krankheit seitens der Mutter hingeführt hätte. Indessen ertheilte der Beklagte der Frau F. die Weisung, sobald sie Ausschlag an dem Kinde wahrnehmen würde, das Kind zu ihm zu bringen. Nach wenigen Wochen stellte sich der Ausschlag ein. Der Beklagte, hiervon benachrichtigt, besichtigte das Kind und fand, daß es an Syphilis leide. Nunmehr wurde Veranstaltung getroffen, dem Kinde anderweitig eine Amme zu verschaffen, und zwar, unter dem Beirathe des Beklagten, dasselbe der Ehefrau B. zum Säugen übergeben. Der Letzteren theilte der Beklagte mit, daß das Kind an einer bösen, ansteckenden Krankheit leide, ohne jedoch ihr zu sagen, daß es ein syphilistisches Übel sei, woran das Kind laborire. Er empfahl der Ehefrau B. gewisse Verhaltensmaßregeln. Nach Verlauf einiger Zeit zeigten sich in dem Schlunde des Kindes syphilistische Geschwüre, und bald darauf manifestirte sich an der Frau B., zuerst an den Brustwarzen, dann allgemein, später auch an dem Ehemann der Frau B., so wie an drei ihrer Kinder syphilistische Ansteckung. Ein später von der Ehefrau B. geborenes, kurz darauf verstorbenes Kind kam mit derselben Krankheit verhaftet zur Welt."

Herr Bracker (B.) erhob gegen den beklagten Arzt eine Schadensersatzklage wegen eigener Verletzung sowie wegen der Verletzung der Ehefrau und der Kinder nach den Grundsätzen der lex Aquilia (Digesten 9, 2, 1), wonach er ein (vom Arzt bestrittenes) Verschulden des Arztes sowie die Kausalität dieses Verschuldens für die eingetretenen Körperschäden zu beweisen hatte:

> „Der Beklagte versuchte insonderheit den Causalzusammenhang zwischen de Thatsache des Hingebens des syphilistisch-inficirten Kindes und der Erkrankung der B'schen Familienmitglieder zu bestreiten, da es nicht ausgemacht sei, und sich auch nicht mehr ausmachen lasse, ob das Kind primair oder secundair syphilistisch gewesen sei, und da ein großer Theil der medicinischen Autoritäten der Meinung sei, daß secundaire Syphilis nicht durch Ansteckung fortgepflangt werden könne."

---

[370] Gesetz-Sammlung für die Königlichen Preußischen Staaten 1846, S. 291 ff.
[371] Gemeint: Lübeck, Hamburg, Bremen und Frankfurt.
[372] Entscheidungen des Ober-Appellations-Gerichts zu Lübeck in hamburgischen Rechtssachen, Bd. 3, S. 172 ff.

Das Niedergericht[373] erkannte – wie bereits der Kläger in seiner Klageschrift – an, dass der Nachweis der Kausalität des unterlassenen Hinweis, das Kind habe Syphilis und nicht eine andere „böse Krankheit“, für die Ansteckung der Frau B. und ihrer Familienangehörigen nicht nach dem üblichen Beweis-Gegenbeweis-System gelöst werden könne, sondern einzig durch die Einholung von Gutachten aus der „medicinischen Wissenschaft“. Auf deren Grundlage gab das Gericht der Argumentation des Beklagten Recht, die es nicht zu widerlegen vermochte. Das Obergericht und schließlich das Ober-Appellations-Gericht folgten dieser rechtlichen Bewertung der medizinischen Gutachten über die generelle Art und den Ablauf der Syphilisansteckung dagegen nicht[374]:

> Hierzu „ist vor allen Dingen ins Auge zu fassen, daß es für den Causalzusammenhang nicht nothwendig eines directen (in den meisten Fällen ganz unmöglichen) Beweises bedarf, derselbe vielmehr regelmäßig im Wege der Schlußfolgerung juristisch constatirt werden muß, und zu einer solchen es genügt, wenn die betreffenden Thatsachen in einem solchen nahen äußeren Zusammenhange zu einander stehen, daß – dem natürlichen und gewöhnlichen Laufe der Dinge zufolge – angenommen werden kann, die eine sei aus der andern hervorgegangen, – ein Grundsatz, der nicht nur der Natur der Sache entspricht, sondern auch unverkennbar der Beurtheilung vieler Quellen vorkommenden Rechtsfälle unterliegt[375] [...]. Geht man von diesem Grundsatze aus, so ist dem Obergerichte darin beizutreten, daß, so lange nicht eine anderweitige Ursache nachgewiesen werden wird, die Krankheit des S'schen Kindes als Quelle der in der Familie des Klägers eingetretenen Erkrankungen juristisch angesehen werden muss.“ Trete Syphilis nach den eingeholten medizinischen Gutachten nicht von alleine auf, so streite für die generelle Freiheit eines Menschen von der Syphilis eine „Vermuthung“, die im konkreten Falle nicht widerlegt worden sei, habe doch „keinerlei Anzeige für irgend eine specielle andre Ursache, als die Berührung mit dem kranken S'schen Kinde“ vorgelegen, „auf welche die Erkrankungen zunächst der Ehefrau und dann auch der übrigen Familienmitglieder des Klägers zurückgeführt werden könnten“, und habe der Beklagte derartiges auch nicht mit Bestimmtheit zu behaupten vermocht.

Das Ober-Appellations-Gericht verurteilte daher den Beklagten, für die Schädigung der Ehefrau B. sowie der Schäden der übrigen Familienmitglieder als mittelbare Schäden einzustehen, da der Beklagte durch die Hingabe des Kindes deren

---

373 Deren Entscheidung ist abgedruckt bei: Entscheidungen des Ober-Appellations-Gerichts zu Lübeck in hamburgischen Rechtssachen, Bd. 3, S. 174ff.

374 Entscheidungen des Ober-Appellations-Gerichts zu Lübeck in hamburgischen Rechtssachen, Bd. 3, S. 179ff.

375 So hatte das Ober-Appellations-Gericht zu Lübeck in der Rechtssache „Gebrüder Behrens gegen Dr. J.C. Knauth mand. Nom. Franz Lambrecht“ mit Entscheidung vom 20. 10. 1856 (Entscheidungen des Ober-Appellations-Gerichts zu Lübeck in hamburgischen Rechtssachen, Bd. 3, S. 119ff. [141f.]) ausgeführt: „Daß es nicht näher nachgewiesen worden ist, und auch überhaupt nicht nachgewiesen werden kann, daß die Kläger, wenn die erforderlichen Verkündigungen und Warnungen erlassen worden wären, das Billet nicht erworben haben würden, kann dem Beklagten, dessen culpa vorliegt, den Klägern gegenüber, nicht in Betracht kommen. Es genügt hier, daß der Zweck der unterlassenen Verkündigung auch dann bestanden hätte, vor dem Erwerbe des betreffenden Papiers zu warnen, und daß ein Erwerbe (im guten Glauben) statt gefunden hat. – Hierbei ist der dem natürlichen Laufe der Dinge entsprechende Causalzusammenhang vorauszusetzen.“

Aufnahme in die Familie gebilligt habe und daher um die Gefahr auch der übrigen Familienangehörigen gewusst habe.[376] Bereits unter Geltung des formellen Beweisrechts hat das Ober-Appellations-Gericht der vier freien Städte zu Lübeck die Kausalität also rechtlich (!) so verstanden, dass sie entsprechend dem erfahrungsgestützt gewöhnlichen Verlaufe der Dinge (Ansteckung mit Syphilis durch ein mit Syphilis infiziertes Kind) gegeben sei, solange für alle denkbaren Alternativen keine konkreten Anzeichen vom Beschuldigten behauptet werden oder sonst ersichtlich seien. Diese von Rechtsprechung und Lehre weitgehend unbeachtet gebliebene Entscheidung[377] enthielt mit ihrem modernen Alternativenausschlussmodell[378] bereits eine Form des Anscheinsbeweises, der sich aber erst durch die Aufhebung gesetzlicher Präsumtion zu einer gefestigten Rechtsfigur entwickelte.

III. Das Schiffskollisionsrecht unter der formellen Beweistheorie

Unabhängig von dieser richterlichen Freiheit bei der wissenschaftsgestützten Feststellung eines Kausalzusammenhangs in einem Teilbereich der lex Aquilia, die durch das Allgemeine Landrecht nicht besonders geregelt war, bestanden vor allem für ein kausales Verschulden in bestimmten Fallkonstellationen Beweisregeln, die nach und nach abgeschafft wurden. Dies gilt namentlich für die Verschuldensregelungen im Schiffskollisionsrecht durch das an internationale Vergleichsregelungen angepasste Seerecht der Art. 736ff. des zu den römischen Wurzeln zurückkehrenden[379] Allgemeinen Deutschen Handelsgesetzbuchs für den Norddeutschen Bund (ADHGB) vom 5. 6. 1869[380], deren Entwurf (wie in allen anderen Landesgesetzen auf Vorschlag der Bundesversammlung auch[381]) in Preußen bereits ab dem 1. 3. 1862 unter Aufhebung der §§ 1911 ff. II 8 des Allgemeinen Landrechts für die Preußischen Staaten mit Gesetzeskraft Anwendung fand[382]:

> „Art. 736. Wenn zwei Schiffe zusammenstoßen und entweder auf einer oder auf beiden Seiten durch den Stoß Schiff oder Ladung allein, oder Schiff und Ladung beschädigt werden oder ganz verloren gehen, so ist, falls eine Person der Besatzung des einen Schiffs durch ihr Verschulden den Zusammenstoß herbeigeführt hat, der Rheder dieses Schiffs nach Maßgabe der Artikel 451 und 452 verpflichtet, den durch den Zusammenstoß dem anderen Schiff und dessen Ladung zugefügten Schaden zu ersetzen.
>
> Die Eigenthümer der Ladung beider Schiffer sind zum Ersatze des Schadens beizutragen nicht verpflichtet.

---

[376] Entscheidungen des Ober-Appellations-Gerichts zu Lübeck in hamburgischen Rechtssachen, Bd. 3, S. 186f.

[377] Einzig *Pappenheim*, JW 1928, 1733 rühmt sie als aus allgemeinen Rechtsgrundsätzen ohne englischen Einfluss entstanden Ursprung des Anscheinsbeweises.

[378] Vgl. zu diesem später noch ausführlicher: Erster Hauptteil, Drittes Kapitel, A, II, 4, c) und Zweiter Hauptteil, Fünftes Kapitel, E, II, 4.

[379] So ausdrücklich *Scheurer*, Neuerung, S. 6.

[380] Bundes-Gesetzblatt des Norddeutschen Bundes 1869, S. 404 (559).

[381] Vgl. hierzu *Hermanns*, Schiffszusammenstoß, S. 8.

[382] Einführungsgesetz zum Allgemeinen Deutschen Handelsgesetzbuch vom 24. 6. 1861, Gesetz-Sammlung für die Königlichen Preußischen Staaten 1861, S. 449 (473).

Die persönliche Verpflichtung der zur Schiffsbesatzung gehörigen Personen, für die Folgen ihres Verschuldens aufzukommen, wird durch diesen Artikel nicht berührt.

Art. 737. Fällt keiner Person der Besatzung des einen oder des anderen Schiffs ein Verschulden zur Last, oder ist der Zusammenstoß durch beiderseitiges Verschulden herbeigeführt, so findet ein Anspruch auf Ersatz des dem einen oder anderen oder beide Schiffen zugefügten Schadens nicht statt.

Art. 738. Die beiden vorstehenden Artikel kommen zur Anwendung ohne Unterschied, ob beide Schiffe, oder das eine oder das andere sich in der Fahrt oder im treiben befinden, oder vor Anker oder am Lande befestigt liegen.

Art. 739. Ist ein durch den Zusammenstoß beschädigtes Schiff gesunken, bevor es einen Hafen erreichen konnte, so wird vermuthet, daß der Untergang des Schiffs eine Folge des Zusammenstoßes war."

Enthielt das Allgemeine Deutsche Handelsgesetzbuch nun zwar in Art. 739 eine Kausalitätsvermutung (bis 1913[383]), so war doch der sehr praxisrelevante § 1916 II 8 des Allgemeinen Landrechts für die Preußischen Staaten mit der Klarstellung in Art. 738 ADHGB aufgehoben.[384] Der Kläger hatte ein Verschulden der anderen Schiffsbesatzung für den Zusammenstoß beim Aufsegeln auf sein stehendes Schiff (mit zwei glaubhaften Zeugen) nun zu beweisen, ohne dass ihm eine gesetzliche Präsumtion half. Obgleich als gesetzlich verbindliche Regel abgeschafft, kam das Ober-Appellations-Gericht zu Lübeck in der auf die lex Aquilia gestützten Rechtssache „Neumann gegen Hartleb" mit Entscheidung vom 29. 12. 1870 zum gleichen Ergebnis aufgrund allgemeiner Grundsätze[385]:

„Zwar kann es keinem Zweifel unterliegen, daß demjenigen, welcher aus dem Aquilischen Gesetze klagt, der Beweis der Verschuldung des Beklagten obliegt. Auch läßt sich so wenig im allgemeinen eine rechtliche Vermutung des Verschuldens, sobald nur durch eine positive Handlung des Beklagten ein Schaden gestiftet worden ist, rechtfertigen[386], also insbesondere für den Fall der Kollision eines segelnden Schiffes mit einem vor Anker liegenden oder am Lande befestigten Fahrzeug eine solche Vermutung gegen das erstere begründet ist, indem bekanntlich bei Beratung des [Allgemeinen] deutschen Handelsgesetzbuchs die hierauf gerichtete Proposition in § 592 des preußischen Entwurfs abgelehnt worden ist. [...]

Jeder Kläger hat nur die Entstehung des von ihm verfolgten Rechts nachzuweisen und zu diesem Behufe nur diejenigen Thatsachen in Gewißheit zu setzen, welche vermöge ihrer

---

[383] Nach Art. 6 des Brüssler „Übereinkommens zur einheitlichen Feststellung von Regeln über den Zusammenstoß von Schiffen" vom 23. 9. 1910, dem Deutschland am 9. 2. 1913 beitrat (RGBl. 1913, S. 49ff.), dürfen in Bezug auf die Haftung für den Zusammenstoß von Schiffen keine gesetzlichen Vermutungen bestehen. Die entsprechende Vermutung des § 739 ADHGB = § 737 HGB wurde daher durch Gesetz vom 7. 1. 1913 abgeschafft und wie die §§ 734ff. ADHGB neu gefasst (RGBl. 1913, S. 90ff.); vgl. zu dieser Entwicklung *Hermanns*, Schiffszusammenstoß, S. 9ff.

[384] Vgl. zu den Gründen, warum diese Vermutung in das Allgemeine Deutsche Handelsgesetzbuch nicht übernommen wurde, ausführlich *Hermanns*, Schiffszusammenstoß, S. 27f. und *Ehrlicher*, Prima-facie-Beweis, S. 6.

[385] SeuffArch 25 (1872), Nr. 186, Hervorhebung durch Verfasser.

[386] Vgl. zu diesem Verursachungsprinzip des germanischen Rechts *Busch*, AcP 45 (1862), 149ff. und *Smid*, Prima-facie Beweis, S. 6, der den Anscheinsbeweis auf diesen Grundsatz zurückführen möchte.

äußern Erscheinung die Überzeugung begründen, es müsse das Recht *nach dem gewöhnlichen Lauf der Dinge* zur Entstehung gekommen sein. Die Möglichkeit, daß daneben noch andere Umstände vorhanden sein konnten, wodurch jene Thatsachen eine andere Bedeutung erhielten oder ihnen die regelmäßige Wirkung von Anfang an entzogen blieb, braucht der Kläger nicht in den Kreis seiner Beweisführung zu ziehen, nicht die Abwesenheit derselben darzuthun. [...] Daß wegen Minderjährigkeit oder sonstiger persönlicher Unfähigkeit [...] [beispielsweise ein] Kontrakt dennoch nicht zu stande gekommen sei, ist Sache des Einredebeweises [des Beklagten]. Ganz ebenso verhält es sich aber in Beziehung auf die aus einem Verschulden hergeleitete Klage. Wird vom Kläger ein Sachverhalt konstatiert, wonach das schadensstiftende Verhalten des Beklagten sich in seiner äußern Erscheinung als eine freie Handlung und als eine objektive Widerrechtlichkeit darstellt, so hat er seiner prozessualischen Beweispflicht genügt, den Beweis der Verschuldung, soweit es von ihm verlangt werden kann, wirklich geführt. [...]

Wendet man diese Grundsätze [...] auf den vorliegenden Fall an, so kann es keinen Zweifel leiden, daß die Klage als an sich liquid anerkannt werden muß und dem Beklagten der Exkulpationsbeweis obliegt. Der klägerische Kahn lag getauet an den Pfählen. Daß er irgend eine Bewegung gemacht, wodurch er seinerseits zum Zusammenstoß beigetragen, ist nicht indiziert. Dagegen ist klar, daß das vom Beklagten geführte Dampfschiff an eine Stelle gekommen ist, wohin es nicht fahren durfte, indem es auch die Pfähle, an welcher der Kahn des Klägers lag und welche zu den Hafenanstalten gehören, beschädigt hat."

Noch weiter ging das mit Gesetz vom 12. 6. 1869 geschaffene[387] und seit dem 5. 8. 1870 in Leipzig tagende Oberhandelsgericht des Deutschen Reiches als erster gemeinsamer deutscher Gerichtshof nach der Aufhebung des Reichskammergerichts in einem Urteil vom 8. 6. 1871[388] unter ausdrücklicher Zugrundelegung der Art. 736–738 ADHGB:

„Der Beklagte beruft sich zur Rechtfertigung seines Verlangens [Änderung des Hauptbeweissatzes des Beweisurteils] auf den in Ansegelungssachen nicht selten zur Anwendung kommenden Satz, daß, wenn ein befestigt liegendes Schiff von einem andern fahrenden oder treibenden Schiffe angerannt wird, eine Präsumtion für die Schuld auf Seiten des letzteren spreche (falls nicht etwa in dem Liegeplatze oder in dem sonstigen Verhalten des befestigt liegenden Schiffes, z.B. wegen fehlenden Lichtes bei Nacht, eine Ordnungswidrigkeit zu finden sein sollte). Ohne Zweifel ist, wenn ein solches Schiff angesegelt wird, das ansegelnde Schiff, weil es einer der äußeren Erscheinung nach ordnungswidrige, beschädigende Handlung ausgeführt hat, in der Lage sich exkulpieren zu müssen. Daß von dieser Auffassung keine Anwendung in einem Falle gemacht werden kann, in welchem – wie unter der Voraussetzung der Führung eines der beiden in Frage stehenden Alternativbeweise hier anzunehmen sein würde – eine im vermutheten Causalzusammenhange mit der Collision stehende Schuld des liegenden Schiffes in Gewißheit gebracht wird, ist von selbst einleuchtend."

Das höchste deutsche Handelsgericht erkannte wie das Ober-Appellations-Gericht zu Lübeck im Grundsatz hiermit eine Beweislastumkehr beim Beweis des Verschuldens der Schiffsbesatzung des aufsegelnden Schiffes auf ein liegendes Schiff an. Lag dem früher noch die *gesetzliche* Präsumtion des § 1916 II 8 des Allgemeinen Landrechts für die Preußischen Staaten zugrunde, so wurde diese aufgrund des dahinter stehenden anerkannten Erfahrungssatzes (einschließlich seiner früher

---

387 Bundes-Gesetzblatt des Norddeutschen Bundes 1869, S. 201 ff.
388 ROHGE 3, 30 (39).

normierten Ausnahmen) faktisch zu einer *tatsächlichen* Präsumtion für den „gewöhnlichen Lauf der Dinge", den der Kläger mit seiner Beweispflicht für das Verschulden des Beklagten nur darzutun habe, so dass dem Beklagten der Beweis der Schuldlosigkeit oblag.

IV. Die freie Beweiswürdigung und der Anscheinsbeweis im Seerecht

Nachdem das Thema der freien Beweiswürdigung auf drei aufeinanderfolgenden Deutschen Juristentagen (2.–4.) diskutiert wurde, fand sich auf dem 4. Deutschen Juristentag 1863 in Mainz schließlich eine Mehrheit für den Antrag

> „Der Juristentag spricht sich – ohne damit bestimmten Vorschriften über die Zulässigkeit einzelner Beweismittel und über die Art ihrer Erhebung vorzugreifen, sowie mit Vorbehalt nöthiger Bestimmungen über den Beweis durch Urkunden und den Eid – für den Grundsatz aus, daß der Richter die Wahrheit der Thatsachen, soweit sie unter den Parteien streitig ist, nach freier Überzeugung zu prüfen habe."[389]

Die Bedeutung der früheren starren Beweisregeln in diesem System beschrieb *Bar*[390] – im Sinne der Urteile des Ober-Appellations-Gerichts zu Lübeck und des Reichsoberhandelsgerichts – wie folgt:

> „So sehr auch die Befreiung der Richter im Civilprozesse von einer bindenden starren Beweistheorie nothwendig geworden ist, und so wenig auch anempfohlen werden kann, die Beibehaltung einzelner Reste dieser Theorie hinter denen nur die Scheu vor moralischer Verantwortung gerechter Urtheilsfällung gefunden werden könnte, so ist dennoch die Benutzung des Indicienbeweises, die völlig freie Behandlung des Zeugenbeweises im Civilprozeß nicht ohne alle Bedenken, vielmehr eine Beurtheilung des Beweismaterials wünschenswerth, welche es ermöglicht, gewisse Regeln der Erfahrung als Regeln, nicht als unbedingt bindende Norm festzuhalten, von ihnen aber, wenn die Individualität des Falles es fordert, Ausnahmen zu machen."

Der preußische Justizminister *Leonhardt* legte 1871 den ersten „Entwurf einer Deutschen Civilprozessordnung mit Begründung" vor, dessen § 235 unverändert als § 249 des 1874 dem Reichstag zur Beschlussfassung vorgelegten Entwurfs wurde[391], schließlich als § 259 der neuen Civilprozessordnung am 21. 12. 1876 vom Reichstag beschlossen wurde[392], am 1. 10. 1879 zusammen mit dem Gerichtsverfassungsgesetz in Kraft trat (§ 1 EGZPO und § 1 EGGVG) und lediglich sprachlich bereinigt heute als § 286 ZPO[393] gilt:

---

389 Verhandlungen des Vierten Deutschen Juristentages, Zweiter Band, S. 278.

390 *Bar*, 9. DJT II, S. 320f.

391 Vgl. zum preußischen Entwurf sowie zum hannoverschen und norddeutschen Entwurf umfassend *Wach*, Handbuch I, S. 144ff. sowie zur weiteren Entwicklung der Gesetzgebung *Gerhard Walter*, Beweiswürdigung, S. 83f.; der Wortlaut des Entwurfs ist abgedruckt bei *Hahn*, Materialien ZPO 1, S. 34.

392 RGBl. 1877, S. 83 (129), vgl. *Hahn*, Materialien ZPO 2, S. 1309ff.

393 BGBl. 1950 I, S. 537 (560).

„§ 286 Freie Beweiswürdigung. (1) Das Gericht hat unter Berücksichtigung des gesamten Inhalts der Verhandlungen und des Ergebnisses einer etwaigen Beweisaufnahme nach freier Überzeugung zu entscheiden, ob eine tatsächliche Behauptung für wahr oder für nicht wahr zu erachten sei. In dem Urteil sind die Gründe anzugeben, welche für die richterliche Überzeugung leitend gewesen sind.

(2) An gesetzliche Beweisregeln ist das Gericht nur in den durch dieses Gesetz bezeichneten Fällen gebunden."

In der Gesetzesbegründung des Gesetzesentwurfs heißt es hierzu[394]:

„Seit in dem deutschen Strafverfahren der Grundsatz, daß die Thatfrage der freien Würdigung des Richters unterliege, praktische Geltung erlangt hat, ist in Doktrin, Praxis und Gesetzgebung das Streben, auch in dem Civilprozeßverfahren den Richter bei Beurtheilung der Thatfrage von den gesetzlichen Fesseln zu befreien, mit einer solchen Entschiedenheit hervorgetreten, daß eine für das deutsche Reich bestimmte Prozeßordnung, wenn sie sich nicht dem Vorwurfe des Rückschritts aussetzen will, genöthigt ist, sich der Beseitigung der gesetzlichen Beweisregeln gerichteten Bewegung anzuschließen. [...] Diese sehr freie Stellung kann dem deutschen Richter im Vertrauen auf dessen Bildung, Integrität und unabhängige Stellung unbedenklich gewährt werden. Um eine sorgfältige Abwägung der Gründe, welche für die Ueberzeugung des Richters leitend sind, zu sichern, ist angeordnet, daß in dem Urtheil diese Gründe anzugeben seien. [...] Uebrigens darf bei Anwendung des § 249 nicht übersehen werden, daß mit der Verwerfung einer *gesetzlichen* Beweisregel die Regel selbst noch nicht beseitigt, sondern nur in ihrer rechtlichen Bedeutung verändert wird, indem die gesetzlichen Vorschriften den Charakter goldener Erfahrungssätze annehmen. ‚Die Regeln über Zulässigkeit und Werth des Beweises', bemerkt Planck[395] [...] zutreffend, ‚sollen aus dem Gesetzbuch verschwinden und der *Rechtsschule wie dem Gerichtsgebrauch* überlassen bleiben, damit sie die classische Gestalt bewahren, die für ihren heilsamen Gebrauch unentbehrlich ist.'"

Die Befreiung von gesetzlichen Beweiswertregelungen und die Übertragung einer insoweit freien Beweiswürdigung (eines „völlig freien Ermessens"[396]) auf die integren deutschen Richter empfanden diese als große Verantwortung und stellten nicht – wie befürchtet – zu geringe Anführungen an ihre Überzeugung, sondern vielmehr sehr hohe, so dass viele Beweisführungen der Parteien unter den strengen Richteraugen erfolglos blieben und der Richter nach der Beweislast zu verurteilen hatte.[397] Befreit von vielen materiellen Präsumtionen über die Beweislastverteilung nahmen die Richter hierbei den Hinweis in der Entwurfsbegründung als dankbare Richtschnur auf und verschafften den hinter den früheren gesetzlichen Präsumtionen stehenden Erfahrungssätzen als „tatsächliche Vermutungen"[398] für den „gewöhnlichen Verlauf der Dinge" so Geltung, wie ihre eigenen Erfahrungen im Umgang mit diesen Präsumtionen es sie gelehrt hatten.[399]

---

394 Vgl. *Hahn*, Materialien ZPO 1, S. 275 f., Hervorhebungen bereits in der Entwurfsbegründung.
395 *Planck*, KritV 4 (1862), 251.
396 RGZ 10, 74 (78).
397 Ebenso *Heescher*, Untersuchungen, S. 49 und *Hoffmann*, Anscheinsbeweis, S. 27.
398 So *Leonhard*, Beweislast, S. 181 f. und *Hoffmann*, Anscheinsbeweis, S. 29.
399 In der Weiterwirkung abgeschaffter gesetzlicher Präsumtion in der Gerichtspraxis sehen den Ursprung des Anscheinsbeweises auch *Hainmüller*, Anscheinsbeweis, S. 1, *Greger*, Beweis, S. 169, *ders.*, VersR 1980, 1097 f. und *Hoffmann*, Anscheinsbeweis, S. 29.

Gefördert wurde dieser Rekurs durch ein Urteil des Reichsgerichts vom 14. 1. 1885[400], die überzogenen Anforderungen an die Überzeugung durch die Tatsacheninstanzen zu verhindern: In einer Klage auf Auszahlung der Lebensversicherung hatte sich die beklagte Versicherungsgesellschaft mit dem Einwand verteidigt, der Versicherte habe Selbstmord begangen, und zum Beweis dieser „Einredetatsache" verschiedene Umstände vorgebracht. Im Urteil des Berufungsgerichts, das dem Kläger Recht gab, hieß es:

„Was den der Beklagten obliegenden Beweis anlangt, so erscheint zwar nach der Lage der Sache der Selbstmord des Versicherten wahrscheinlich, zu einer zweifellosen Überzeugung hiervon hat jedoch das Gericht nicht gelangen können."[401]

Das Reichsgericht hob das Urteil auf[402] und stellte grundsätzlich fest:

„Vermöge der Beschränkung der Mittel menschlichen Erkennens kann niemand (selbst im Falle eigener unmittelbarer Anschauung eines Vorganges) zu einem absolut sicheren Wissen von der Existenz eines Thatbestandes gelangen. Abstrakte Möglichkeiten der Nichtexistenz sind immer denkbar. Wer die Schranken des menschlichen Erkennens erfaßt hat, wird nie annehmen, daß er in dem Sinne zweifellos von der Existenz eines Vorganges überzeugt sein dürfe, daß ein Irrtum absolut ausgeschlossen wäre. Deswegen gilt im praktischen Leben der hohe Grad von Wahrscheinlichkeit, welcher bei möglichst erschöpfender und gewissenhafter Anwendung der vorhandenen Mittel der Erkenntnis entsteht, als Wahrheit, und das Bewußtsein des Erkennenden von dem Vorliegen einer so ermittelten hohen Wahrscheinlichkeit, als die Überzeugung von der Wahrheit."[403]

Dieses Überzeugungsverständnis, das die weitere Rechtsprechung des Reichsgerichts[404] prägte, führte dazu, dass der Beweis einer schuldhaften und kausalen Verursachung eines Schadens (und nicht nur einer nur hoch wahrscheinlichen schuldhaften und kausalen Verursachung, da sich die hohe Wahrscheinlichkeit nur auf das prozessuale Feststellungsmodell auswirkt, nicht aber sogar auf das materielle Recht![405]) zwar weiterhin dem Kläger oblag, es hierbei wegen der begrenzten

---

400 RGZ 15, 338ff.

401 Wiedergabe bei RGZ 15, 338 (339).

402 Dies beruhte nicht – wie *Greger*, Beweis, S. 68 fälschlich annimmt – allein auf den Bedenken des Reichsgerichts, das Berufungsgericht habe die Bedeutung des § 259 ZPO a.F. verkannt, sondern weil verschiedene Indizien ungeprüft blieben sowie weil in Fällen eines unvollständigen Beweises § 397 ZPO a.F. entsprechend des historischen Zivilprozesses vorsah, dass es nach seinem Ermessen dem Kläger die Leistung eines Überzeugungseides auferlegen konnte und das Berufungsgericht diese Möglichkeit noch nicht einmal in Betracht gezogen hatte, vgl. RGZ 15, 338 (340).

403 RGZ 15, 338 (339).

404 Vgl. nur die Folgeentscheidungen RGZ 29, 139 (140), RGZ 95, 248 (249), RGZ 162, 223 (229f.), RGZ 163, 321 (324), RG, JW 1903, 384.

405 So sogar ausdrücklich RGZ 98, 58 (60): „Sachlich bedenklich ist sodann, wenn das Berufungsgericht sagt, zur Annahme des ursächlichen Zusammenhangs zwischen dem Schusse und der Verletzung genüge eine hohe Wahrscheinlichkeit, daß die Verletzung des Klägers durch den Schuß des Beklagten verursacht worden sei. Denn die Feststellung einer bloßen, wenn auch hohen Wahrscheinlichkeit für einen ursächlichen Zusammenhang zwischen einer Handlung und einem schädlichen Erfolge kann nicht die richterliche Feststellung dieses Ursachenzusammenhangs selbst darstellen oder ersetzen, und niemals kann materiellrecht-

menschlichen Erkenntnismittel aber genügte, wenn er einen „hohen Grad von Wahrscheinlichkeit“ für ein derartiges Beklagtenverhalten darlegte, „der die Entstehung des Schadens zu erklären geeignet“ war, und andere gleich starke Möglichkeiten „außerhalb einer jeden Erfahrung“ lagen.[406] Dies war vom Tatgericht „auf Grundlage der menschlichen Erfahrung mit Rücksicht auf die Sachlage, insbesondere den Grad der Gefährlichkeit der in Betracht kommenden Handlung, zu prüfen“[407]. Basierend auf dieser objektiv hohen Wahrscheinlichkeit (als „prozeßrechtliches Hilfsmittel“[408]) konnte der Tatrichter dann – unter subjektiver Abwägung, ob der Wahrscheinlichkeitsgrad ausreichte[409] – seine subjektive Überzeugung davon stützen, dass die Entstehung des Schadens auf die vom Kläger dargelegte Art nicht nur wahrscheinlich[410], sondern auch tatsächlich so erfolgte. Der Kläger brauchte also nur indirekte Umstände beweisen, die mittels eines statistischen Erfahrungssatzes mit hoher Wahrscheinlichkeit dem Gericht den Schluss auf eine schuldhafte und kausale Schadensverursachung durch den Beklagten nahe legte, ohne dass konkrete Anzeichen für eine Ausnahme von diesem „gewöhnlichen Lauf der Dinge“ erkennbar waren.

Für die Schiffskollisionsfälle bedeutet dies seither, dass zwar auch das Handelsgesetzbuch vom 10. 5. 1897[411] die Vorschriften der Art. 736–739 ADHGB als §§ 734–737 HGB übernahm und damit auch die ausdrückliche Aufgabe einer Schuldvermutung für den auf ein stehendes Schiff auffahrenden Schiffer (nun § 736 HGB), da generell die Entscheidung über die Anwendung gewohnheitsrechtlicher Sätze der Rechtsprechung und Lehre überlassen bleiben sollte[412]. Es genügt jedoch bis heute weiterhin für den Erfolg einer Schadensersatzklage, wenn der Kläger behauptet und im Bestreitensfalle beweist, dass sein Schiff still lag (z.B. vor Anker oder vertäut[413], am Grund festsitzend[414] oder im Eis festsitzend[415] lag) und der Beklagte mit seinem fahrenden Schiff[416] auf das klägerische Schiff auffuhr; substantiierte Behauptungen über die konkreten, schuldhaften Manöver des schädigenden Schiffes braucht der Kläger dagegen nicht aufzustellen und zu beweisen.[417] Die Lücke zwischen den bewiesenen Umständen des Auffahrens auf

---

lich eine bloß wahrscheinliche Schadenszufügung schon eine Schadensersatzpflicht begründen.“

406 So RGZ 29, 139 (140), RGZ 95, 248 (249) und RGZ 102, 316 (321).

407 RG, JW 1903, 384.

408 RGZ 95, 248 (249).

409 *Heinsheimer*, JW 1919, 572.

410 Vgl. hierzu RGZ 95, 249 (250) und RGZ 98, 58 (60).

411 RGBl. 1897, S. 219ff.

412 Denkschrift zum Entwurf eines Handelsgesetzbuchs und eines Einführungsgesetzes, S. 3, abgedruckt in: *Hahn*, Materialien HGB, S. 191.

413 Vgl. nur *Schaps/Abraham*, Seerecht, § 735 Rn. 81 und *Rabe*, Seehandelsrecht, § 735 Rn. 32.

414 So bereits Handelsgericht Hamburg, HansGZ 1879 Nr. 64.

415 Handelsgericht Hamburg, HansGZ 1876 Nr. 11 und Handelsgericht Hamburg, HansGZ 1878 Nr. 146.

416 Keine Anwendung erlangte der Erfahrungssatz daher, wenn beide Schiffe vertäut liegend kollidierten: Handelsgericht Hamburg, HansGZ 1892 Nr. 65.

417 *Rabe*, Seehandelsrecht, § 735 Rn. 33.

ein stillliegendes Schiff und der an sich zu beweisenden schuldhaften und kausalen Verursachung des Schiffszusammenstoßes schloss statt einer gesetzlichen Präsumtion nun der hinter der früheren Präsumtion stehende statistische Erfahrungssatz, dass ein Schiffer in der Regel schuldhaft nicht aufpasst, wenn er ein still liegendes Schiff übersegelt[418]. Dieser Erfahrungssatz generiert – wie das Reichsgericht erstmals 1900[419] ausdrücklich aussprach – „den äußeren Anschein eines Verschuldens des Beschädigers“, eine „Vermuthung für ein schuldhaftes Verhalten“ und damit einen „prima facie-Beweis“ des Klägers für die Schuld des Beklagten. Dogmatisch rechtfertigte bereits das Reichsgericht dies im Urteil vom 28. 11. 1908[420] mit allgemeinen Beweislasterwägungen:

> „Die Praxis hat aber gewohnheitsrechtlich Beweislastregeln ausgebildet, wonach bei Vorliegen eines Tatbestandes, der ein kausales Verschulden auf seiten eines Beteiligten wahrscheinlich macht, einen sogenannten prima facie Beweis für dieses Verschulden erbringt, dem betreffenden Beteiligten die Verpflichtung obliegt, sich zu exkulpieren. Diese Praxis beruht teils auf Berücksichtigung der Schwierigkeit, mit der überhaupt bei Schiffszusammenstößen der strikte Nachweis eines der Gegenseite zur Last fallenden kausalen Verstoßes verbunden zu sein pflegt, teils auf der Erwägung, daß jeder Teil über seine eigenen Handlungen und die sein eigenes Schiff betreffenden Umstände am besten Auskunft zu geben und einen Nachweis zu erbringen vermag. Von beiden Gesichtspunkten aus erschien es geboten, von derjenigen Partei, gegen welche ein begründeter Verdacht des Verschuldens vorlag, weitere Aufklärung des Sachverhaltes zu erfordern. Diese Exkulpationspflicht besteht aber nicht, wie gegenüber einer gesetzlichen Vermutung, darin, daß der volle Gegenbeweis zu erbringen wäre, sondern es wird ihr auch schon durch Beseitigung oder *Entkräftung des an sich begründeten Verdachtes* genügt.[421] Eine der anerkannten *Beweislastregeln*, die für den vorliegenden Fall in Betracht kommt, besagt nun, da ein segelndes oder treibendes Schiff, welches ein ordnungsgemäß vor Anker liegendes anrennt, sich zu exkulpieren hat.“

Der „äußere Anschein“ ist etwa widerlegt, wenn unstreitig ist oder im Bestreitensfalle vom Beklagten bewiesen[422] wird, dass aufgrund des starken Soges ein mangelfreies Schiffsteil gebrochen und den Zusammenstoß verursacht hat[423], das klägerische Schiff an einem unerlaubten Ort[424] gelegen hat oder nachts nicht be-

---

418 So etwa RG, LZ 1913, 607 (Nr. 3), BGHZ 65, 304 (307f.), BGH, VersR 1966, 466 (467), BGH LM § 735 HGB Nr. 4, BGH, VersR 1982, 491, OLG Hamburg, VersR 1974, 1200 (1201) und KG, VersR 1976, 463.

419 RG, JW 1900, 665 (666). Taucht der Begriff „prima facie Beweis“ erstmals 1900 auf, so hatte das Reichsgericht bereits 1883 einen Schaden „prima facie“ als Folge der unerlaubten Handlung des Beklagten (RGZ 10, 75 [80]) sowie 1888 das Vorliegen des Verschuldens eines Schiffers als nach dem objektiven Sachverhalt „prima facie“ bezeichnet (RGZ 21, 104 [110]), da er eine Schutzvorschrift zur Vermeidung von Schiffskollisionen missachtet habe.

420 RG, JW 1909, 79f.

421 Ebenso RG, Arch 71 (1916), Nr. 236.

422 Nach RGZ 69, 432 (434) soll es ausreichen, wenn der Beklagte „die Wahrscheinlichkeit eines Gesamtherganges darthut, in dem kein Verschulden auf seiner Seite zu erblicken ist“.

423 RG, SeuffArch 71 (1916), Nr. 236.

424 So etwa RG, HansGZ 1904 Nr. 102, OLG Köln, VersR 1971, 904 (905), OLG Hamburg, VersR 1974, 880 (881), Handelsgericht Hamburg, HansGZ 1870 Nr. 295, Handelsgericht Hamburg, HansGZ 1877 Nr. 34 und Handelsgericht Hamburg, HansGZ 1890 Nr. 11.

leuchtet war[425], so dass der beklagte Schiffer mit dem still liegenden Schiff des Klägers an dieser Stelle nicht zu rechnen brauchte und es erst so spät gesehen hat, dass er seinen Kurs und seine Geschwindigkeit nicht darauf einrichten und die Kollision vermeiden konnte. Der für den Verschuldensbeweis beweisbelastete Kläger hat in diesen Fällen ein schuldhaftes Manöver des Beklagten und deren Ursächlichkeit für die Kollision zu beweisen, wenn nicht sogar der äußere Anschein für eine schuldhafte Herbeiführung durch den Kläger selbst spricht (so etwa bei fehlender eigener Beleuchtung[426]).

Über den Sonderfall des Ansegelns eines still liegenden Schiffes hinaus enthielt § 26 I 6 des Allgemeinen Landrechts für die Preußischen Staaten von 1794[427] allgemeine Vermutungen der kausalen und schuldhaften Herbeiführung eines Schadensfalles bei Verletzung eines Schutzgesetzes:

> „§ 26. Insonderheit muß der, welcher ein auf Schadensverhütungen abzielendes Polizeygesetz vernachläßigt, für allen Schaden, welcher durch die Beobachtung des Gesetzes hätte vermieden werden können, eben so haften, als wenn derselbe aus seiner Handlung unmittelbar entstanden wäre."

Hierhinter stand die allgemeine Erwägung, dass bestimmte Polizeigesetze eingefügt wurden im Interesse desjenigen, der bei Ausführung des verbotenen, unvorsichtigen Verhaltens in seinen Rechtsgütern gefährdet oder sogar verletzt worden wäre:

> „Hat nun objektiv ein solches stattgefunden, und ist daraufhin ein Schaden entstanden, der nach dem regelmäßigen Verlauf der Dinge aus jenem Verhalten erklärt werden kann, so bedarf es seitens des Beschuldigten keines Eingehens auf die spezielle Art, wie der schädliche Erfolg bewirkt worden ist. Die Schutzvorschriften sind gerade zur Verhinderung derartiger Gefahren erlassen. Die Erfahrung lehrt auch, daß im Regelablauf des täglichen Lebens durch das Innehalten der Vorschriften ihr Schutzzweck erreicht wird. Nur selten tritt eine Verletzung der gefährdeten Güter ein, und dies zwar regelmäßig gerade dann, wenn auch die Schutzgesetze selbst übertreten sind. Ist daher mit einer an Sicherheit grenzenden Wahrscheinlichkeit Causalität zwischen einer [...] objektiv festgestellten Ordnungswidrigkeit und dem schädlichen Erfolg anzunehmen, so erübrigt es sich, von dem Kläger noch überdies den speziellen Nachweis des ursächlichen Zusammenhangs zu verlangen."[428]

Diesem statistischen Erfahrungssatz, der als Gesetzesvorschrift nicht in die entsprechende Vorschrift des § 823 Abs. 2 BGB übernommen wurde[429], hatte bereits das Reichsoberhandelsgesetz mit Urteil vom 20. 2. 1873 als „allgemeine Rechtserwägung" bei Schiffskollisionsfällen unabhängig von einer gesetzlichen Normierung weiterhin Geltung verschafft, insoweit das „äußere Vorkommen einer Ordnungswidrigkeit bei der Leitung eines Schiffes" zwar nicht schlechthin die Verantwortlichkeit des Reeders für den Schiffszusammenstoß begründe, „jedoch

---

425 BGH, VersR 1961, 77 ff. sowie BGH, VersR 1966, 466 f. und 484 f.
426 BGH, VersR 1966, 466 (467) und *Rabe*, Seehandelsrecht, § 735 Rn. 34.
427 *Hattenhauer/Bernert*, Landrecht, S. 90.
428 *Leverenz*, Prima-facie-Beweis, S. 24 für das Beispiel eines Zusammenstoßes zwischen Dampfer und Segelschiff.
429 RGBl. 1896, S. 195 (336).

die Wirkung in Betreff des auf Grund derselben in Anspruch genommenen Schiffes, dass es in der Lage ist, erweisen zu müssen, daß die vorgekommene zum Schaden führende Ungehörigkeit ohne subjectives, auf Seiten der Schiffsmannschaft vorgekommenes Verschulden stattgefunden habe“[430]. Habe etwa eines der beiden kollidierten Schiffe objektiv keine ordnungsgemäßen Lichter gehabt, so müsse deren Schiffer beweisen, dass dies schuldlos erfolgte, andererseits seine Schiffsmannschaft die Kollision hierdurch schuldhaft verursacht habe. Unter Verweis auf parallele Vorschriften des englischen und französischen Seerechts hat das Reichsoberhandelsgericht dies mit Urteil vom 3. 9. 1875 fortgeführt, jedoch stillschweigend dahin eingeengt, dass nicht der Verstoß gegen eine beliebige Ordnungsvorschrift genüge, sondern – wie dies auch schon bei fehlenden Lichtzeichen der Fall war – ein Verstoß gegen solche Vorschriften notwendig sei, die „zum Schutze gewisser Interessen“ des Geschädigten geschaffen wurden. Die Entschädigungsklage des Verletzten bedürfe dann keiner weiteren Begründung als die Berufung auf die erfolgte Beschädigung und das äußerliche Zuwiderhandeln des Beklagten gegen die Schutzvorschrift[431], die eine „Vermutung“[432] für die schuldhafte und kausale Herbeiführung des Zusammenstoßes begründe und durch unstreitige oder vom Beklagten zu beweisende Umstände widerlegt werden müsste. Dies gelte maßgeblich bei Verstößen gegen das Schiffsstraßenreglement wie das Ausweichgebot eines Dampfschiffes gegenüber einem Segelschiff[433] (vgl. Art. 15 der Verordnung zur Verhütung des Zusammenstoßes der Schiffe auf See vom 23. 12. 1871[434] und Art. 20 der Seestraßenordnung vom 5. 2. 1906[435]), die Vorschriften über das Überholen eines anderen Schiffes oder die Vorschriften über das Signalwesen und die Lichterführung bei Nacht sowie bei Verstößen gegen schiffspolizeiliche Vorschriften[436] wie beim Führen eines Schiffes durch eine hier-

---

430 ROHGE 9, 169 (171).

431 ROHGE 18, 290 (292f.); ebenso ROHGE 23, 186 (187), RGZ 21, 104 (109) und RGZ 31, 62 (64).

432 So ausdrücklich ROHGE 23, 186 (187), wenngleich fälschlich von einer „rechtlichen Vermutung“ statt von einer „tatsächlichen Vermutung“ sprechend. Zutreffend demgegenüber RG, LZ 1910, 397: „Die Regel will aber nicht eine Rechtsvermutung für das Verschulden aufstellen, der gegenüber ein strenger Gegenbeweis erforderlich wäre.“

433 ROHGE 18, 290ff. und ROHGE 23, 186ff.

434 „Wenn ein Dampfschiff und ein Segelschiff in solchen Richtungen fahren, daß für sie Gefahr des Zusammenstoßens entsteht, so muß das Dampfschiff dem Segelschiffe aus dem Wege gehen“ (RGBl. 1871, S. 475 [478]). Ebenso § 15 des preußischen Gesetzes wegen Verhütung des Zusammenstoßes bei Schiffen auf See vom 22. 2. 1864 (Gesetz-Sammlung für die Königlichen Preußischen Staaten 1864, S. 97 [100]), Art. 17 der Verordnung zur Verhütung des Zusammenstoßens der Schiffe auf See vom 7. 1. 1880 (RGBl. 1880, S. 1 [6]) und Art. 20 der Verordnung zur Verhütung des Zusammenstoßens der Schiffe auf See vom 9. 5. 1897 (RGBl. 1897, S. 203 [211]).

435 Dieser lautet: „Sobald ein Dampffahrzeug und ein Segelfahrzeug in solchen Richtungen fahren, daß die Beibehaltung derselben Gefahr des Zusammenstoßens mit sich bringt, muß das Dampffahrzeug dem Segelfahrzeug aus dem Wege gehen“ (RGBl. 1906, S. 115 [132]).

436 Vgl. *Höfer*, Prima-facie-Beweis, S. 18.

zu nicht patentierte Person[437].[438] Diese Grundsätze der Seeschifffahrt sind später auf die Binnenschifffahrt übertragen worden[439].

V. Parallele Entwicklungen im englischen Recht

Die Entwicklung des Anscheinsbeweises gerade aus den seerechtlichen Präsumtionen wird im Schrifttum zumeist weniger als historischer Zufall betrachtet, sondern vielmehr als Folge der frühen seerechtlichen Internationalisierung, über die die Grundsätze des prima facie-Beweises aus dem englischen Recht in das deutsche Seerecht gekommen seien.[440] Der Merchant Shipping Act des Parliament of United Kingdom vom 10. 8. 1854, leicht angepasst durch die Novelle aus dem Jahre 1862, enthielt für den Zusammenstoß von Schiffen folgende Norm[441]:

> „Wenn es sich in den Fällen eines Zusammenstoßes von Schiffen bei der gerichtlichen Verhandlung herausstellt, dass der Unfall durch Nichtbeobachtung einer derjenigen Vorschriften verursacht ist, die in Gemäßheit dieses Gesetzes erlassen worden sind, so soll eine Schuld auf Seiten des Schiffes, welches solche Vorschrift vernachlässigt hat, angenommen werden, wenn nicht bewiesen wird, dass die Umstände eine solche Abweichung von der Regel notwenig machten [sog. ‚unvermeidlicher Zufall‘[442]].“

In einer Entscheidung des Privy Council aus dem Jahre 1872, die wegweisenden Charakter für weitere Kollisionsfälle hatte, interpretierte Richter *Dr. Lushington* diese Vorschrift als erster wie folgt:

> „Was den unabwendbaren Zufall anlangt, so trifft die Beweislast diejenigen, welche gegen ein Schiff klagen und Entschädigung verlangen. Diese haben zu beweisen, dass ein Fehler auf Seiten des Schiffes, gegen welches der Prozess geführt wird, vorliegt. Das Schiff hat nicht immer einen unabwendbaren Zufall zu beweisen; solches ist nur dann erforderlich, wenn die Kläger einen *prima facie-Beweis* für ein Vergehen oder einen Mangel der seemännischen Geschicklichkeit erbringen.“[443]

Anders als in Deutschland enthielt das englische Recht damit weiterhin eine gesetzliche Vermutung für eine schuldhafte Herbeiführung der Kollision bei Verletzung einer Schutznorm, so dass sich auf diesem Gebiet gewohnheitsrechtlich eine eigenständige Rechtsfigur vergleichbar des deutschen Anscheinsbeweises gar nicht entwickeln konnte; es brauchte lediglich das Gesetz angewandt zu werden. Wieso dennoch hierfür der Terminus „prima facie“ verwendet wurde, erklärt sich

---

437 HansOLG, HansGZ 1910, 216 (Nr. 92).

438 Vgl. hierzu auch die umfangreichen Beispiele bei *Haekel*, ZHR 52 (1902), 200ff. und *Smid*, Prima-facie Beweis, S. 13ff.

439 Vgl. RGZ 76, 295ff.

440 So OLG Bamberg, JW 1931, 1500, *Hainmüller*, Anscheinsbeweis, S. 1, *Smid*, Prima-facie Beweis, S. 7, *Ehrlicher*, Prima-facie-Beweis, S. 3, *Höfer*, Prima-facie-Beweis, S. 16, *Clara Marum*, Prima-facie-Beweis, S. 7f. und *Kann*, JW 1919, 505.

441 Zitiert nach *Wittmaack*, ZHR 47 (1898), 326.

442 *Wittmaack*, ZHR 47 (1898), 323.

443 Zitiert nach *Wittmaack*, ZHR 47 (1898), 324, Hervorhebung durch Verf.

aus deren abweichendem Grundverständnis, beruhend auf einem anderen Verfahrensaufbau: Das englische Recht kennt seit Mitte des 12. Jahrhunderts im Zivilverfahren die Einrichtung „Jurata“ oder „Große Assise“, bestehend aus zumeist zwölf Personen der Gegend, die von Amts wegen aufgerufen waren, ihr Wissen über Wahrnehmungen von dem Vorfall zu bekunden – quasi amtlich bestellte Zeugen. In der weiteren Entwicklung wurden aus diesen Zeugen Laienrichter, die Jury der heutigen Zeit[444], denen ein juristisch gebildeter Berufsrichter zur Seite gestellt wurde, der ihnen damals wie heute vor ihrer Beratung auf der Grundlage des Parteivorbringens („evidence“ als „the foundation of proof“) rechtliche Fragen vorlegt (faktisch das Beweisurteil des altgermanischen Rechts), die die Geschworenen durch ihre freie Entscheidung beantworten und so zum endgültigen Beweis („proof“) bringen.[445] Als Fortentwicklung der Eideshelfer und Schreimannen erbringen die Jurymitglieder durch ihr Urteil faktisch den Beweis. Durch sie wird (wie im altgermanischen Recht durch den Eid der Eideshelfer) „evidence“ zu „proof“.[446] Um rechtsstaatliche Grundsätze trotz der Entscheidung durch rechtsunkundige Jurymitglieder zu gewährleisten, hat der Berufsrichter darauf zu achten, dass die gewohnheitsrechtlich entwickelten Beweisregeln („rules“) eingehalten werden. Neben Ausschlussregeln für bestimmte Beweismittel, die der Jury erst gar nicht präsentiert werden dürfen[447], zählt hierzu – wie im deutschen Zivilprozessrecht – der Grundsatz, dass der Kläger all solche Umstände darlegen (Darlegungslast) und im Bestreitensfalle beweisen (Beweislast) muss, die – unterstellt man sie als wahr – den begehrten Anspruch vollständig tragen.[448] Nur wenn er seinem „burden of producing evidence“ nachkommt, spricht sein Sachvortrag „auf den ersten Blick“ für eine Stattgabe der Klage und nur dann braucht – unabhängig vom Sachvortrag und Beweis des Beklagten – eine Jury über den Fall entscheiden (ansonsten ergeht vom Richter ein „adverse verdict“ oder die bindende Anweisung des Richters an die Jury, im Sinne des Beklagten zu befinden[449]). Angelehnt an einen Begriff, der sich bereits in der Logik der alten Griechen[450] sowie in den römischen Digesten[451] findet („prima facie“), wurde dies erstmals von Richter *Story* in der Entscheidung Crane vs. Morris von 1832 als „prima facie case“, hinsichtlich eines einzelnen Umstandes als „prima facie evidence“ (Prima-facie-Beweis) be-

---

[444] Vgl. hierzu nur *Geppert*, Unmittelbarkeit, S. 31.

[445] Vgl. zu den unterschiedlichen Begriffen von „evidence“ und „proof“: Phipson on Evidence, Rn. 1-01 und 1-03 ff.

[446] Vgl. hierzu *Ehrlicher*, Prima-facie-Beweis, S. 59 ff.

[447] Vgl. zu den „rules“ im Strafprozess *Geppert*, Unmittelbarkeit, S. 30 f.

[448] Vgl. *Ulrike Böhm*, Zivilprozessrecht, Rn. 562 f.

[449] Vgl. Halsbury's laws of England, Vol. 17: Evidence, Rn. 23.

[450] Vgl. zur Historie dieses Begriffs nur *Herlitz*, 55 Louisiana Law Review (1994), 391 f.

[451] Dig. 16, 1, 13: „Aliquando, licet alienam obligationem suscipiat mulier, non adiuvatur hoc senatus consulto: quod tum accidit, cim prima facie quidem alienam, re vera autem suam obligationem suscipiat.“ Auf deutsch (nach *Otto/Schilling/Sintenis*, Corpus Iuris Civilis II, S. 239): „Zuweilen wird eine Frau, wenn gleich sie eine fremde Verbindlichkeit übernimmt, doch durch diesen Senatsschluss nicht unterstützt; und dies geschieht dann, wenn sie auf den ersten Anblick zwar eine fremde, in der That aber ihre [eigene] Verbindlichkeit übernehmen sollte.“

zeichnet und ist seither mit dieser Bedeutung im anglo-amerikanischen Rechtskreis fest verankert[452]:

> „Whenever evidence is offered to the jury, which is in its nature prima facie proof [...] the law has submitted it to them to decide for themselves; and any interference with this right would be an invasion of their privilege to respond to matters of fact."[453]

In anderen Worten: Nur wenn der Kläger hinsichtlich jedes Umstandes, den er zur Erlangung des begehrten Anspruchs beweisen muss, Beweis angetreten und die Beweismittel entsprechendes ausgesagt haben (sog. „prima facie"-Beweis hinsichtlich jedes einzelnen Umstandes), hat eine Jury über den Fall überhaupt zu entscheiden, wobei diese in ihrer Beweiswürdigung frei ist und den Beweisen des Klägers folgen kann oder nicht.[454] Mit der Einstufung als „prima facie evidence" ist im anglo-amerikanischen Recht also – anders als im deutschen Recht – keine auf einem statistischen Erfahrungssatz beruhende Vermutung verbunden. Derartiges ergab sich rechtlich erst anlässlich des Falles Byrne vs. Boadle aus dem Jahre 1863[455], in dem ein Liverpooler Mehlhändler von einem Fußgänger auf Schadensersatz (£ 700) verklagt wurde, der von einem aus dem Fenster im zweiten Stock des Lagerhauses des Händlers fallenden Fasses Mehl getroffen und schwer verletzt worden war. Nachdem die Klage in erster Instanz vom Richter des Court of Passage in Liverpool abgewiesen worden war, da der Kläger ungenügende Beweise für eine Fahrlässigkeit des Beklagten vorgebracht habe, um den Fall vor eine Jury zu bringen, gelangte der Fall zum Court of Exchequer, der unter Vorsitz des Barons *Jonathan Frederick Pollock* das erstinstanzliche Urteil aufhob. Während der Verhandlung darüber, ob ein Angestellter des Beklagten schuld habe und ob dies dem Beklagten zugerechnet werden könne, meinte *Charles Russell*, der junge Anwalt des Beklagten, eine Fahrlässigkeit seines Mandanten könne durch das Gericht nur angenommen werden, wenn festgestellt würde, „that the occurence is of itself evidence of negligence". Durch diese kluge Äußerung fühlte sich Baron *Pollock* herausgefordert und er konterte mit einer Aussage, die in die Geschichte einging: „There are certain cases of which it may be said res ipsa loquitur, and this seems one of them."[456] Denn, wie es im späteren Urteil heißt: „a barrel could not roll out of a warehouse without some negligence" und „such a case would, beyond all doubt, afford prima facie evidence of negligence. [...] If a person passing along the road is injured by something falling upon him, [...] the accident alone would be prima facie evidence of negligence"[457]. Ohne dogmatische Begründung verwies Baron *Pollock* hiermit „more a gilded bau-

---

452 Vgl. nur Halsbury's laws of England, Vol. 17: Evidence, Rn. 23, *Murphy*, Evidence, S. 80 und Phipson on Evidence, Rn. 4–10.

453 31 U.S. (6 Pet.) 598 (1832).

454 Ebenso *Herlitz*, 55 Louisiana Law Review (1994), 396: "a prima facie case must go to the jury and the jury is free to decide either way [...]; there is no presumption in favor of the party who has established the prima facie case."

455 159 Eng. Rep. (1863), 299ff. Vgl. ausführlich zum Fall sowie zum Folgenden *Webb*, 59 Stan. L. Rev. (2007), 1070ff. und *Hoffmann*, Anscheinsbeweis, S. 37ff.

456 159 Eng. Rep. (1863), 299 (300).

457 159 Eng. Rep. (1863), 299 (301).

ble of his classical education at Cambridge than a conscious attempt to generate a new legalism“[458] auf eine „doctrine of presumptive negligence” (Theorie vermuteter Fahrlässigkeit), die sich bereits in den römischen Digesten findet:

> Dig. 9, 3, 1[459]: „Wider denjenigen, welcher da wohnt, von wo auf einen Ort, über welchen gewöhnlich die Strasse geht, oder wo Leute zu stehen pflegen, Etwas geworfen oder gegossen worden ist, werde ich eine Klage auf den doppelten Betrag des dadurch angerichteten und entstandenen Schadens ertheilen. [...] § 4. Diese Klage auf das Geschehene kommt gegen Denjenigen zur Anwendung, welcher in dem Hause wohnt, während Etwas herausgeworfen oder gegossen worden ist, nicht gegen den Eigenthümer des Gebäudes; denn die Schuld ist auf Seiten Jenes. Es geschieht auch der Schuld oder des Leugnens keiner Erwähnung [in dem Edikt][...]“

Den Grund für diese Schuldvermutung lieferte *Gaius* mittelbar in seiner Erklärung, wieso sich diese Schadensersatzklage, wenn mehrere in demselben Stockwerk wohnten, gegen jeden richtete (Dig. 9, 3, 1, § 10):

> „– indem es unmöglich ist, zu wissen, wer herausgeworfen, oder herausgegossen habe“ (Dig. 9, 3, 2)[460].

Wenn wie im Falle des Herauswerfens einer Sache aus einem Haus der gewöhnliche Verlauf der Dinge dafür spricht, dass eine Handlung regelmäßig mit einer (zumindest) Nachlässigkeit des Beklagten verbunden ist, so genügt der Kläger seiner Darlegungs- und Beweislast mit dem bloßen Darlegen dieser äußeren Umstände (mit der Folge eines „prima facie case“) und begründet zugleich eine tatsächliche Vermutung für die Schuld des Beklagten, so dass dieser nach einer Belehrung der Jury durch den Richter den Prozess verlieren muss, wenn es ihm nicht gelingt, den Exkulpationsbeweis zu führen. Diese dem deutschen Anscheinsbeweis entsprechende Rechtsfigur hat sich im anglo-amerikanischen Rechtskreis zunächst mit der passenger carrier-rule vermischt, wonach der Kutscher sich zu exkulpieren hatte, wenn der Passagier bei einem Unfall zu Schaden gekommen ist[461]. Erst in der Entscheidung „Scott vs. The London and St. Katherine Docks Co.“ aus dem Jahre 1865 hat der Court of Exchequer unter Vorsitz des Richter *C. J. Erle* die „res ipsa loquitur“ als eigenständige Rechtsfigur in einer Weise definiert, die bis heute in England[462] und den Vereinigten Staaten von Amerika[463] als maßgeblicher „legal classic“[464] gilt:

---

458 *Webb*, 59 Stan. L. Rev. (2007), 1067.

459 Deutsche Übersetzung nach *Otto/Schilling/Sintenis*, Corpus Iuris Civilis 1, S. 817 f.

460 Deutsche Übersetzung nach *Otto/Schilling/Sintenis*, Corpus Iuris Civilis 1, S. 819.

461 Vgl. *Hoffmann*, Anscheinsbeweis, S. 38 f.

462 Vgl. Halsbury's laws of England, Vol. 34: Negligence, Rn. 57 ff. und Phipson on Evidence, Rn. 4–29 ff. – jeweils mwN.

463 Vgl. nur United States Court of Appeals (Donald W. Berry vs. American Cyanamid Company), 341 F.2d 14 (19), Supreme Court of Texas (Gulf, Colorado & Santa Fe RY. Co. vs. Mary I. Dunman), 27 S.W.2d 116 (118), Supreme Court of Tennessee (Coca-Cola Bottling Works vs. Sullivan), 158 S.W.2d 721 (726) sowie Corpus Iuris Secundum, Vol. 65A: Negligence, § 744 ff. (S. 743 ff.) mit weiteren umfangreichen Nachweisen aus der US-amerikanischen Rechtsprechung.

464 So United States Court f Appeals (Donald W. Berry vs. American Cyanamid Company), 341 F.2d 14 (19), Supreme Court of Texas (Gulf, Colorado & Santa Fe RY. Co. vs. Mary I. Dun-

„When the thing is shown to be under the management of the defendant or his servants, and the accident is such as in the ordinary course of things does not happen if those who have the management use proper care, it affords reasonable evidence, in the absence of explanation by the defendant, that the accident arose from want of care.“[465]

Die Rechtsfigur der „res ipsa loquitur“ ist jedoch bis heute auf den vermuteten Nachweis von Fahrlässigkeit beschränkt geblieben[466] und hat auch durch ihre längere Entwicklungsphase keinen Einfluss auf das englische Seerecht genommen.

Entspricht der deutschen Rechtsfigur des Anscheinsbeweises alleine die „res ipsa loquitur“, die in England einen viel geringeren Anwendungsbereich besitzt und sich auch zeitlich erst nach der deutschen Rechtsfigur als eigenständiges Rechtsinstitut herausgebildet hat, so kann hierin nicht der Ursprung des deutschen Anscheinsbeweises liegen. Für diesen mag es eine Rolle gespielt haben, dass im englischen Seerecht auch nach Abschaffung aller Präsumtionen im deutschen Seerecht weiterhin Schuldpräsumtionen bei einem ordnungswidrigen Verhalten vorhanden waren, um zu verdeutlichen, dass die hinter den Präsumtionen stehenden statistischen Erfahrungssätze in der Praxis sehr wohl weiterhin Gültigkeit beanspruchen konnten[467]; auf diese Erfahrungssätze die Rechtsfigur des Anscheinsbeweises zu entwickeln war jedoch ein nationaler Entwicklungsschritt, unabhängig von den aufgezeigten englischen Parallelen[468].

Wieso das Reichsgericht für den Anscheinsbeweis ausgerechnet den englischen Begriff des „prima facie evidence“ übernommen hat, der zur Fehlannahme eines englischen Ursprungs mitursächlich war, erklärt sich durch einen kleinen Fauxpas eines englischen Reporters. So hatte der Richter im Fall Muschamp vs. Lancaster & Preston Junction Railway Co. der Jury gegenüber mitgeteilt, dass aus seiner Sicht und nach seiner Bewertung der Beweise ein „prima facie case“ vorliege, der Kläger also zur Stützung seines Anspruchs ausreichend Beweismaterial vorgebracht habe, so dass die Jury nach ihrer freien Überzeugung hierüber entscheiden konnte, was sie schließlich zugunsten des Klägers tat. Der Court of Exchequer hat dieses Statement des Richters gebilligt. Obwohl es nur um die Frage ausreichenden Beweismaterials ging, über das die Jury frei (also zugunsten des Klägers wie zugunsten des Beklagten) entscheiden konnte, wählten Reporter für ihren Bericht die unglückliche Überschrift „Held, that [the defendants] were liable for the loss“, was zur weit verbreiteten Misinterpretation des Urteils führte, der Court of Exchequer habe den Grundsatz gebilligt, „when a court determines that a prima facie

---

man), 27 S.W.2d 116 (118), Supreme Court of Tennessee (Coca-Cola Bottling Works vs. Sullivan), 158 S.W.2d 721 (726) und *Buciek*, Beweislast, S. 164.

465 3 H & C 596 (601).

466 Corpus Iuris Secundum, Vol. 65A: Negligence, § 746 (S. 521): „Res ipsa loquitur is a rule peculiar to the law of negligence".

467 So auch *Leverenz*, Prima-facie-Beweis, S. 2.

468 Ebenso *Pappenheim*, JW 1928, 1733, *Ehrlicher*, Prima-facie-Beweis, S. 59, *Leverenz*, Prima-facie-Beweis, S. 1: „Die Tatsache, daß die Rechtsprechung eines Kulturvolkes zwangsläufig angewiesen ist auf die Berücksichtigung der Erfahrung des täglichen Lebens, ist so ursprünglich und so fundamental, daß der deutsche Richter sicher nicht erst genötigt war, diese dem englischen Recht zu entlehnen."

case has been made, the defendant is liable as a matter of law, and the jury may not find otherwise“[469]. Dieser falsche Grundsatz führte zu einem falschen Verständnis der Einschätzung als „prima facie case“ selbst in einigen englischen wie amerikanischen Urteilen.[470] Zu den Fällen der fehlerhaften Verwendung dieses Ausdrucks zählt – wie es der Zufall so wollte – auch eine grundsätzliche Zusammenfassung der Grundsätze für das Ansegeln eines vor Anker liegenden Schiffes in einem Urteil des Court of Appeal bezüglich des Schiffes „The Merchant Prince“ aus dem Jahre 1892 durch den Richter Lord *Esther*[471]:

> „Es ist vor diesem Gerichtshof der Grundsatz aufgestellt, dass, wenn ein Schiff auf seiner Fahrt auf ein anderes vor Anker liegendes auffährt, ein *prima facie-Beweis* für eine Nachlässigkeit auf seiner Seite vorliegt. Das vor Anker liegende Schiff hat nur diese Tatsache darzutun, und dass es bei Tageslicht geschehen ist, oder, wenn es während der Nacht war, dass bei ihm genügendes Licht brannte; mehr hat es nicht auszuführen. Die bloße Tatsache der Kollision ergibt den Beweis der Nachlässigkeit gegen das andere Schiff. Was ist der Grund hiervon? Er liegt darin, dass die Gerichtshöfe nach einer langen Erfahrung zu dem Resultate gekommen sind, dass tatsächlich das eine Schiff vollständig unter Kommando und daher im Stande sein muss, dem anderen, welches sich in einer hilflosen Lage befindet und nichts tun kann, aus dem Wege zu gehen. Die große Aufgabe der Richter in Admiralitätssachen war, eine klare Regel für die Handlungen der Seeleute aufzustellen und sich nicht in Spitzfindigkeiten darüber zu ergehen, was sie zu tun haben. Die klare Regel, die sie niedergelegt haben, ist folgende: Wenn Du Dich nicht entschuldigen kannst, so ist eine Nachlässigkeit gegen Dich erwiesen, weil Du auf ein vor Anker liegendes Schiff aufgefahren bist [...] Der einzige Weg, sich in einem solchen Falle frei zu machen, besteht darin, dass nachgewiesen wird, der Unfall sei durch einen Zufall herbeigeführt, welcher nicht vermieden werden konnte.“

VI. Die Übertragung des Anscheinsbeweises in das allgemeine Zivilrecht

Bedenkt man, dass es sich bei den §§ 734ff. HGB lediglich um Vorschriften über die Haftung für eine ganz spezielle unerlaubte Handlung handelt, so lag es nahe, die „gewohnheitsrechtlich ausgebildeten Regeln über den Prima-facie-Beweis in Kollisionssachen“[472] auf das allgemeine Deliktsrecht zu übertragen. Unter Einfluss der am 1. 10. 1879 in Kraft getretenen zivilprozessualen „freien Beweiswürdigung“ bestritt das Reichsgericht jedoch in einem Urteil vom 17. 2. 1883[473] einen allgemeinen Grundsatz dahin, „dass bei feststehender culpa der einen Partei diese zu beweisen habe, dass die culpa sine effectu gewesen, dass mithin die Beklagte [generell] die Wirkungslosigkeit der Verschuldung“ zu behaupten und zu beweisen habe. Der Richter könne jedoch im Rahmen seines freien Ermessens – ohne dass es zu einer

[469] Vgl. hierzu *Herlitz*, 55 Louisiana Law Review (1994), 398.
[470] Vgl. die Nachweise bei *Herlitz*, 55 Louisiana Law Review (1994), 398f. zu Fehlurteilen im Jahre 1895 sowie vor allem in den 1930er und 1940er Jahren.
[471] Zitiert nach *Wittmaack*, ZHR 47 (1898), 325 (Hervorhebung durch Verf.).
[472] RGZ 69, 432 (434).
[473] RGZ 8, 167 (168).

Beweislastumkehr komme[474]! – aus den konkreten Umständen im Einzelfall einen derartigen Schluss durchaus ziehen, wofür es – wie das Reichsgericht in anderen Entscheidungen[475] konkretisierte – nicht des Nachweises des konkreten Kausalzusammenhangs in allen Einzelheiten bedürfe, die zumeist durch den Geschädigten nicht mehr aufklärbar seien. Die hiermit verbundene generelle Beweislast des Klägers für eine kausale und schuldhafte Schadensherbeiführung durch den Beklagten fand Einzug in das am 1. 1. 1900 (gemäß Art. 1 Abs. 1 EGBGB) in Kraft getretene Bürgerliche Gesetzbuch, deren bis heute anwendbarem deliktischem Grundtatbestand des § 823 BGB eine Schuld- oder Kausalitätspräsumtion fremd ist:

> „§ 823. Schadensersatzpflicht. (1) Wer vorsätzlich oder fahrlässig das Leben, den Körper, die Gesundheit, die Freiheit, das Eigentum oder ein sonstiges Recht eines anderen widerrechtlich verletzt, ist dem anderen zum Ersatz des daraus entstandenen Schadens verpflichtet.
>
> (2) Die gleiche Verpflichtung trifft denjenigen, welcher gegen ein den Schutz eines anderen bezweckendes Gesetz verstößt. Ist nach dem Inhalt des Gesetzes ein Verstoß gegen dieses auch ohne Verschulden möglich, so tritt die Ersatzpflicht nur im Falle des Verschuldens ein."

Lediglich für einzelne Sonderfälle statuierte das Bürgerliche Gesetzbuch eine bloße Gefährdungshaftung, bei der der Kläger lediglich die kausale Verletzung etwa durch ein Tier (§ 833 BGB) oder ein von einem Gebäude sich ablösendes Teil (§ 836 BGB) zu beweisen braucht, damit der Tierhalter bzw. der Grundstücksbesitzer für den Schaden haftet; des Nachweises einer konkreten Nachlässigkeit des Tierhalters im Umgang mit seinem Tier oder des Grundstücksbesitzers bei der Wartung seines Hauses bedarf es hier nicht.

In seinem grundlegenden Aufsatz „Die Verwendung der Causalbegriffe in Straf- und Civilrecht" von 1900[476] bezeichnete *Rümelin* die für das Seerecht von der Rechtsprechung entwickelte „Präsumtion", „dass bei Einhaltung der Schutzvorschrift der Schaden vermieden worden wäre" und der Übertreter daher den Gegenbeweis zu führen habe, dass der Schaden auch bei Beachtung der Schutzvorschrift eingetreten wäre, „wobei der bloße Nachweis einer Möglichkeit sonstigen Eintritts nicht ausreichen" solle, als einem „dringenden praktischen Bedürfnis" entsprechend, „da bei relativ wirkenden Schutzmaßregeln (Und welche wirken nicht bloß relativ?) niemals der strikte Beweis zu erbringen wäre, der Schaden wäre durch die Schutzmaßregel vermieden worden"[477]. Er forderte daher, sie auch bei der künftigen Auslegung des § 823 Abs. 2 BGB anzuwenden:

---

[474] So ausdrücklich RGZ 29, 139 (140).

[475] RGZ 10, 141 (143f.) und RG, SeuffArch 46 (1891), Nr. 255. Soweit das Reichsgericht in RGZ 10, 141 (144) ausführte „Man wird vielmehr davon ausgehen müssen, dass es der Verantwortlichkeit für die große Gefahr, in welche ein solches Verschulden (fehlende Vorsichtsmaßregeln in Pulverfabrik, so dass es zur Explosion mit Beschädigungen umliegender Gebäude) weite Kreise verletzt hat, entspricht, wenn die bis zum Beweise des Gegenteiles angenommen wird, dass die eingetretene Explosion mit dem Verschulden in ursachlichem Zusammenhange stehe", so hat das Reichsgericht eine derartige Beweislastumkehr zehn Jahre später wieder ausdrücklich aufgehoben (RGZ 29, 139 [140]).

[476] AcP 90 (1900), 171ff.

[477] *Rümelin*, AcP 90 (1900), 293.

„Dabei wird es indessen kaum angehen, den Grundsatz auf die Uebertretung ausdrücklicher Vorschriften zu beschränken, wie denn auch schon die bisherige Praxis in einzelnen Anwendungsfällen weiter gegangen ist. Man wird wohl zu dem allgemeinen Satz gelangen, daß, wenn bei einem in seinem feststehenden Causalverlauf das in Bezug auf eine bestimmte Gefahr schuldhafte Verhalten bei Verwirklichung der Gefahr erwiesen ist, eine Präsumtion für den Causalzusammenhang spricht."[478]

Eine derartig allgemein durchgreifende Auslegung lehnte das Reichsgericht jedoch mit Urteil vom 16. 5. 1904[479] ausdrücklich ab, sei die Beweislastumkehr bei Schiffskollisionen doch speziell den „Bedürfnissen der Schifffahrt" geschuldet. Hierbei interpretierte das Reichsgericht diese wie den von *Rümelin* vorgeschlagenen Grundsatz nicht als tatsächliche Vermutung (im Rahmen der Beweiswürdigung), sondern als quasi ungeschriebene, verbindliche Rechtsvermutung – als eine gesetzesgleiche praesumtio iuris[480]. Seine Überzeugung vom Vorliegen eines Kausalverlaufs habe der Tatrichter vielmehr in jedem Einzelfall zu bilden. So habe – wie das Reichsgericht mit Urteil vom 4. 7. 1904[481] ausführte – der Kläger zwar „überall" den „Beweis für ein schuldhaftes Verhalten des Beklagten" zu führen, es sei aber rechtlich nicht zu beanstanden, wenn das Berufungsgericht vom Hergang des Unfalls (im dortigen Fall: Sturz in eine Bodenluke des Gasthauses, das der Beklagte gepachtet hat) einen Rückschluss auf ein Verschulden des Beklagten zieht (unzureichende Sicherungsmaßnahmen entsprechend der Polizeivorschriften), ohne dass eine konkrete schuldhafte Handlung bzw. ein schuldhaftes Unterlassen positiv festgestellt sei. In einem Urteil vom 28. 11. 1904[482] genügte für den Nachweis der Kausalität der Verletzung eines Minderjährigen durch die Räder einer Hackmaschine infolge der Nichtbestellung einer nach einer Polizeiverordnung erforderlichen zuverlässigen und erfahrenen Aufsichtsperson die Darlegung dieser Umstände, da sich der ursächliche Zusammenhang zur Überzeugung des Gerichts – für die eine hohe Wahrscheinlichkeit ausreiche! – „aus dem nach der Erfahrung regelmäßigen Verlauf" ergebe. Weiter ging ein Urteil des Reichsgerichts vom 11. 1. 1909[483] bezüglich eines Unfalls mit dem Fuhrwerk des Beklagten, das – wie zuvor bereits mehrfach – entgegen ortspolizeilicher Bestimmungen unbeleuchtet auf einem öffentlichen Platz stand:

„Dieser wiederholte Verstoß gegen die verkehrspolizeilichen Bestimmungen weist an sich schon darauf hin, daß in dem Gewerbebetriebe der Beklagten etwas, sei es in den Einrichtungen, sei es in der Beaufsichtigung des Betriebes, nicht in Ordnung war. Für die Befolgung der Polizeiverordnungen, die in ihren Gewerbebetrieb einschlagen, müssen vor allem die Gewerbeunternehmer und Betriebsleiter Sorge tragen, und werden jene Vorschriften,

---

478 *Rümelin*, AcP 90 (1900), 293 f.

479 RG, JW 1904, 407 (408).

480 *Ehrlicher*, Prima-facie-Beweis, S. 14. Siehe zum Begriff bereits oben Erster Hauptteil, Erstes Kapitel, A, III.

481 RG, JW 1904, 486.

482 RG, JW 1905, 44; vgl. auch RG, JW 1909, 196 f.: hohe Wahrscheinlichkeit und damit Überzeugung des Gerichts von der Kausalität der Entgleisung eines Zugs mit Verletzung der Passagiere aufgrund mangelhafter Wartung der Schienen entgegen der Bahnordnung.

483 RG, JW 1909, 134.

wie hier festgestellt, mehrfach außer acht gelassen, so trifft die Genannten die Beweislast, daß dies trotz gehöriger Unterweisungen und geeigneter Aufsichtseinrichtungen der Fall gewesen ist, daß sie also ein Verschulden bei der Übertretung der Schutzgesetze nicht trifft."[484]

Mit Urteil vom 18. 3. 1911[485] wiederholte das Reichsgericht zwar den Grundsatz, dass der Kläger im Rahmen des § 823 BGB neben dem objektiven Tatbestand auch das subjektive Verschulden des Beklagten zu beweisen habe, bezeichnete es dann aber als „materiellrechtliche Beweisregelung", „dass der Kläger diesen Beweis zunächst genügend erbringt, wenn der festgestellte Sachverhalt nach dem regelmäßigen Zusammenhange der Dinge die Folgerung rechtfertigt, der Unfall sei durch ein Verschulden der Beklagten verursacht". Dies sei bei der Darlegung eines Sturzes in einen Schacht der Beklagten im Bürgersteig gegeben, selbst wenn die Beklagte behauptet, der Schacht sei (entsprechend polizeilicher Verordnung) mit Brettern abgesperrt und genügend beleuchtet gewesen:

„Dieser Sturz erscheint aber nach Lage der Sache dadurch verursacht, daß die Beklagte auf dem Bürgersteige ein verkehrsgefährdendes Wegehindernis geschaffen hat, indem sie den Schacht offen ließ. Auch weist dieser unter so gefährlichen Verhältnissen erlittene Unfall des Klägers nach aller Wahrscheinlichkeit zunächst auf ein ursächliches Verschulden der Beklagten hin; denn hätte die Beklagte den offenen Schacht mit der verkehrserforderlichen Sorgfalt ausreichend abgesperrt und beleuchtet, so wäre der Unfall voraussichtlich vermieden worden. Hat der Kläger hiernach den sogenannten *Primafacie-Beweis* für ein die Klage aus § 823 […] BGB begründendes ursächliches Verschulden der Beklagten erbracht, so war es Sache der Beklagten, diejenigen besonderen Maßnahmen darzulegen, die geeignet waren, die von ihr auf dem Bürgersteige geschaffene Verkehrsgefahr abzuwenden."[486]

Mit dieser Entscheidung war der Bann gebrochen und hatte sich bei Übertretung eines Schutzgesetzes endgültig die allgemeine „tatsächliche Folgerung"[487] durchgesetzt, der eingetretene Schaden beruhe kausal und schuldhaft auf der Übertretung, solange sich der Beklagte nicht exkulpieren könne; der prima-facie-Beweis war nach ersten vorsichtigen Entscheidungen endgültig im allgemeinen Zivilrecht im Rahmen des § 823 Abs. 2 BGB angekommen und fand schnell eine weitgehende Verbreitung, insbesondere für die schuldhafte Verletzung der Streupflicht bei Eisglätte[488] oder bei einem Verstoß gegen baupolizeiliche Vorschriften[489]. Jede „Verletzung eines öffentlichrechtlichen Schutzgesetzes" erscheine „an und für sich schuldhaft" und lege „dem Beklagten den Widerlegungsbeweis auf, dass er dasjenige getan habe, was geeignet war, die Ausführung des Gesetzes zu sichern"; er müsse also „die Umstände darlegen, die ihn von dem Verschulden zu entlasten geeignet sind"[490]. Der Grundsatz *Rümelins* hatte sich trotz ausdrücklicher Ablehnung in der Rechtsprechung verwirklicht.

---

484 RG, JW 1909, 134.
485 RG, JW 1912, 348 (349); in diese Richtung bereits RG, JW 1909, 687.
486 RG, JW 1912, 348 (349), Hervorhebung durch Verf.
487 *Höfer*, Prima-facie-Beweis, S. 29.
488 Vgl. hierzu nur RG, JW 1909, 135f. und RG, JW 1911, 487f.
489 Vgl. nur RG, JW 1919, 505f.
490 RGZ 91, 72 (76) (aus dem Jahre 1917).

Die gleichen Grundsätze fanden Anwendung im Bereich des § 823 Abs. 1 BGB für die Schaffung eines gefährlichen Zustandes ohne Verletzung eines konkreten Schutzgesetzes, so bei Unfällen aufgrund unsachgemäßer Beschaffenheit von Straßen[491], Bürgersteigen[492], Bahnsteigen[493], Straßenbahnbepflasterungen[494], Treppen[495] und Fernsprechdrähten[496]. Allgemein galt:

> „Hat eine Einrichtung Mängel, die nach dem natürlichen Verlauf der Dinge und nach der Erfahrung des Lebens besonders geeignet sind, einen bestimmten schädlichen Erfolg zu begünstigen, und tritt dieser Erfolg ein, so ist, wenn keine andere Ursache des Schadens feststellbar ist, bis zum Beweis des Gegenteils anzunehmen, daß sie zu dem schädlichen Erfolg mindestens als eine der Ursachen beigetragen haben. Den Beweis des Gegenteils hat derjenige zu führen, der die Mängel vertreten muß."[497]

Hatte jemand objektiv einen ordnungswidrigen Zustand wie durch das Überreichen einer Flasche ätzender Lauge[498] oder von Salmiakgeist[499] statt einer Wasserflasche in einer Gaststätte oder durch die Verwendung von Torf bei der Feuerung einer Lokomotive mit der Folge der Inbrandsetzung eines Scheunendaches[500] herbeigeführt, so wurde vom Gericht im Rahmen der freien Beweiswürdigung nach dem regelmäßigen Verlauf der Dinge die Folgerung angestellt, dass im Bereich des unsachgemäß Handelnden zumindest eine fahrlässige Handlung erfolgt sei, ohne die die Verletzung vermieden worden wäre[501]. Das Reichsgericht konnte daher im Jahre 1923[502] allgemein für das Deliktsrecht – wenngleich das konkrete Urteil sich nur auf § 823 Abs. 2 BGB bezog – statuieren:

> „Soweit der Kläger dieses Verschulden nachzuweisen hat, kommen ihm hierbei die Regeln über den sog. Prima facie Beweis zustatten. Ist der äußere Tatbestand der Schadenszufügung durch eine an sich unerlaubte Handlung […] erwiesen, dann hat sich der Verkäufer dahin zu entlasten, dass er gleichwohl die im Verkehr erforderliche Sorgfalt (§ 276 BGB) nicht außer acht gelassen habe."[503]

Nachdem bereits das Hanseatische Oberlandesgericht[504] und das Reichsgericht[505] die Grundsätze des Anscheinsbeweises bei Schiffskollisionen bereits auf Schiffs-

---

491 RGZ 89, 136ff., RG, JW 1909, 135 und RG, WarnR 1912 Nr. 383.
492 RG, LZ 1919, 245f. Nr. 9.
493 RG, JW 1907, 315ff. und RG, WarnR 1917 Nr. 242.
494 RG, JW 1911, 95f.
495 RG, JW 1910, 583.
496 RG, JW 1913, 923f.
497 RG, SeuffArch 74 (1919), Nr. 210.
498 RG, SeuffArch 63 (1908), Nr. 201.
499 RGZ 97, 116ff.
500 RGZ 95, 249f.
501 Ebenso *Höfer*, Prima-facie-Beweis, S. 39, mit umfassenden Nachweisen aus der Rechtsprechung (S. 35ff.).
502 RG, Das Recht – Sonderbeilage Deutschlands oberstgerichtliche Rechtsprechung 1924, 15.
503 RG, Das Recht – Sonderbeilage Deutschlands oberstgerichtliche Rechtsprechung 1924, 15 (17).
504 HansOLG, HansGZ 1894, 176 und HansOLG, HansGZ 1903, 189ff.
505 RG, SeuffArch 58 (1903), Nr. 52.

unglücke während des Abschleppens und damit auf eine schuldhafte Verletzung des Schleppvertrages übertragen hatten, war bereits früh ein „Einfallstor" bereitet, in den Fällen an sich deliktsrechtlicher Schädigungen im Rahmen eines Vertragsverhältnisses auch für die Schadensersatzhaftung aus Vertrag die Grundsätze des Prima-facie-Beweises (äußerer Anschein und damit tatsächliche Vermutung für eine kausale und schuldhafte Schadensherbeiführung nach dem gewöhnlichen Verlauf der Dinge nach menschlicher Erfahrung) anzuwenden, so vor allem bei der Verletzung eines im Rahmen eines Beförderungsvertrages transportierten Passagiers[506] oder wenn ein Krankenhauspatient sich durch eine unsachgemäße Beschaffenheit des Krankenhauses[507] oder ein Angestellter durch eine unsachgemäße Beschaffenheit des Arbeitsplatzes[508] verletzt. Der Anscheinsbeweis hat sich so nach und nach im gesamten (deliktischen wie vertraglichen) Schadensersatzrecht zu einer festen Größe entwickelt.

C. Die Grundsätze des zivilprozessualen Anscheinsbeweises

Diese Verdichtung gleichartiger Gerichtsentscheidungen (richterrechtliche Rechtsfortbildung[509]) zur kausalen und schuldhaften deliktischen Schadensverursachung in vergleichbaren Fallkonstellationen hat dazu geführt, dass der Anscheinsbeweis (auch als „Beweis nach dem ersten Anschein" oder „prima-facie-Beweis" bezeichnet[510]) im Zivilprozess – obgleich gesetzlich nicht geregelt und von § 371 a Abs. 1 S. 2 ZPO[511] lediglich in Bezug genommen – in Deutschland (wie auch in Österreich[512], Schweiz[513], Frankreich und Italien[514]) inzwischen gewohnheitsrechtlich[515]

---

506 RG, JW 1908, 196 und RG, Recht 1914 Nr. 2066.

507 RG, LZ 1922, 618 Nr. 3 (Eisglätte des Weges zum Kurhaus).

508 RGZ 95, 103ff., RG, WarnR 1916 Nr. 103, RG, SeuffArch 73 (1918), Nr. 211 und RG, JW 1922, 485.

509 Stein/Jonas/*Leipold*, ZPO, § 286 Rn. 135.

510 Stein/Jonas/*Leipold*, ZPO, § 286 Rn. 129. Vgl. zu den unterschiedlichen Namen nur *Schilken*, Zivilprozessrecht, Rn. 494, Musielak/*Foerste*, ZPO, § 286 Rn. 23, Thomas/Putzo/*Reichold*, ZPO, § 286 Rn. 12 und *Hainmüller*, Anscheinsbeweis, S. 1

511 Dieser lautet: „Der Anschein der Echtheit einer in elektronischer Form vorliegenden Erklärung, der sich auf Grund der Prüfung nach dem Signaturgesetz ergibt, kann nur durch Tatsachen erschüttert werden, die ernstliche Zweifel daran begründen, dass die Erklärung vom Signaturschlüssel-Inhaber abgegeben worden ist." Vgl. hierzu die Gesetzesbegründung (BT-Ds. 15/4067, S. 34), wonach der Gesetzgeber bewusst einen Fall des Anscheinsbeweises gesetzlich regeln wollte, sowie ausführlich *Musielak*, FG Vollkommer, S. 248 ff.

512 Vgl. nur öOGH, JBl. 1997, 392ff., öOGH, JBl. 2001, 522 (524), *Rechberger*, ZPO, Vor § 266 Rn. 22, *Stohanzl*, ZPO, Anm. zu § 272 und *Dolinar*, ÖJZ 1968, 431 ff.

513 Vgl. etwa BGE 57 II, 196 (207 ff.) und *Berger/Güngerich*, Zivilprozessrecht, Rn. 759 f. („natürliche Vermutungen").

514 Vgl. hierzu die umfassenden Nachweise zur Rechtssituation in Frankreich, Italien und Dänemark bei *Hainmüller*, Anscheinsbeweis, S. 4 f. mit Fn. 16 ff.

515 So RGZ 69, 432 (434), RGZ 130, 357 (359), RG, LZ 1909, 142 (Nr. 12), OLG Düsseldorf, VersR 1997, 337, OLG Celle, MDR 1996, 1248, Stein/Jonas/*Leipold*, ZPO, § 286 Rn. 135,

„aus dem instinktiven Rechtsgefühl des Richters“[516] zu einer weithin[517] anerkannten selbstständigen Beweisrechtsfigur[518] mit erheblicher praktischer Bedeutung[519] entstanden ist.

I. Wesen

So anerkannt diese Rechtsfigur in der Rechtsprechung und herrschenden Lehre auch im Grundsatz ist, so wenig hinreichend ist sie dogmatisch untermauert[520]. Dies liegt weniger an ihrer scheinbaren „Mischung aus Vollbeweis, Beweismaßherabsetzung und ganzer oder mindestens teilweiser Beweislastumkehr“[521] als vielmehr an einer teils konzeptionslosen und widersprüchlichen Handhabung dieser Rechtsfigur durch die Rechtsprechung[522]: Zwar hatte das Reichsgericht mit seinem wegweisenden Urteil vom 7. 11. 1931[523] klargestellt, dass derAnscheinsbeweis entgegen früherer Ansicht[524] keine Beweislastumkehr begründe, sondern „lediglich dem Gebiet der richterlichen Beweiswürdigung“ angehöre[525], was der Bundesgerichtshof[526] in Zivilsachen als feststehendes grundsätzliches Rechtsinstitut übernahm. Dennoch hat der Bundesgerichtshof jedoch bei zahlreichen Fallgruppen wie etwa beim Kausalitätsnachweis bei groben ärztlichen Behandlungsfehlern[527] oder bei der Ver-

---

Baumbach/Lauterbach/Albers/Hartmann, ZPO, Anh. § 286 Rn. 15, *Schilken*, Zivilprozessrecht, Rn. 494, *Wassermeyer*, Prima facie Beweis, S. 22, *Smid*, Prima-facie Beweis, S. 6, *Metz*, NJW 2008, 2807 und *Stück*, JuS 1996, 153.

516 *Wassermeyer*, Prima facie Beweis, S. 22.

517 Zu vereinzelten Stimmen, die dies für überflüssig halten, siehe unten Zweiter Hauptteil, Drittes Kapitel, B, II, 4, b).

518 Anders *Kollhosser*, AcP 165 (1965), 79f., der in den Einzelsätzen der einzelnen Fallgruppen selbst (und nicht im Anscheinsbeweis als solchen) gewohnheitsrechtliche Beweiswürdigungsregeln erblickt.

519 *Baumbach/Lauterbach/Albers/Hartmann*, ZPO, Anh. § 286 Rn. 15; vgl. auch MüKo-ZPO/*Prütting*, § 286 Rn. 48 und Musielak/*Foerste*, ZPO, § 286 Rn. 23.

520 Ebenso etwa OLG Düsseldorf, VersR 1997, 337, *Baumbach/Lauterbach/Albers/Hartmann*, ZPO, Anh. § 286 Rn. 15, *Wassermeyer*, Prima facie Beweis, S. 1, *Greger*, VersR 1980, 1098 ff., *Mummenhoff*, Erfahrungssätze, S. 120 und *Metz*, NJW 2008, 2807.

521 *Hainmüller*, ZZP 90 (1977), 328, wenngleich wohl irrtümlich von „Beweislastherabsetzung“ sprechend.

522 So ausdrücklich *Greger*, VersR 1980, 1099.

523 RGZ 134, 237 ff.

524 So beispielsweise RGZ 95, 68 (69f.), RGZ 97, 116 (117), RGZ 120, 154 (161), RGZ 130, 357 (359), RG, JW 1921, 748 und RG, JW 1932, 2025 (2026).

525 RGZ 134, 237 (241f.); ebenso RGZ 157, 83 (87f.), RGZ 159, 235 (239), RGZ 159, 283 (289f.) und RG, DR 1942, 1515f. sowie bereits zuvor RGZ 84,362, RG, JW 1918, 814 (815) und RG, SeuffArch 79 (1925), Nr. 191.

526 Erstmals BGH, NJW 1951, 360.

527 Diese führen, wenn sie geeignet sind, den tatsächlich eingetretenen Schaden herbeizuführen, zu einer Umkehr der objektiv-materiellen Beweislast für den Ursachenzusammenhang zwischen dem Behandlungsfehler und dem Gesundheitsschaden: vgl. nur BGH, NJW 2001, 2792 (2794f.), BGH, NJW 2004, 2011 ff. und BGH, NJW 2005, 427 ff.

letzung von vertraglichen Beratungs- und Aufklärungspflichten[528] sowie für das Verschulden bei der deliktischen Produzentenhaftung[529], die nach der bisherigen Rechtsprechung an sich den Grundsätzen den Anscheinsbeweises zu unterstellen wären, eine Beweislastumkehr angenommen. Bei anderen Fallgruppen wie der Kausalität zwischen ärztlichem Fehlverhalten und dem Tod oder der Gesundheitsschädigung des Patienten[530] oder der Kausalität zwischen dem Fehlen des vorgeschriebenen Handläufers und dem Sturz von der Treppe[531] hat er dagegen statt eines Anscheinsbeweises (voller Beweis, der vom Beweisgegner aber erschüttert werden kann) dem Kläger eine bloße Beweiserleichterung nach § 287 Abs. 1 S. 1 ZPO[532] zugestanden.[533] Entstanden ist so eine konturlose Einzelfallkasuistik[534] *für* wie *gegen* einen Anscheinsbeweis, so dass letzteres etwa für ein schuldhaftes Verhalten eines Lastkraftfahrers angenommen wurde, wenn er in einer seitlich überhöhten Kurve bei Glatteis mit ca. 20 km/h ins Schleudern kam[535], nicht aber, wenn er auf einer seitlich überhöhten Kurve bei Schneematsch ins Rutschen kam[536], da dies auch einem vorsichtigen Fahrer passieren könne. Eine für den Bürger vorhersehbare Anwendung fester Rechtsgrundsätze sieht anders aus. Der Anscheinsbeweis ist in der Rechtsprechung so mit der Zeit zu einer zusammenhangslosen Menge von Einzelfallregeln verkommen, oder wie *Peters* es bereits 1949 treffend bemerkte, zu einem „merkwürdigen Gebilde", „das alle möglichen Mängel des [besser: seines] Systems mit einem Schlagwort zudeckt"[537].

1. Ausgangspunkt: Das subjektive Beweismaß

Wer den Anscheinsbeweis jedoch auch in der Zukunft als ein grundsätzliches Konzept im Umgang mit statistischen Erfahrungssätzen etablieren möchte, das dem Richter ein Bild vom gewöhnlichen und üblichen, beim Fehlen besonderer individueller Gegenumstände grundsätzlich anzunehmenden Verlauf der Dinge

---

[528] Hierzu umfassend *Reinhardt*, NJW 1994, 94 und *Reinelt*, NJW 2009, 6.

[529] Steht ein Produktfehler und seine Ursächlichkeit für den entstandenen Schaden fest, so muss der Hersteller beweisen, dass ihn im Hinblick auf den Fehler kein Verschulden trifft: siehe nur BGHZ 51, 91.

[530] Vgl. etwa BGHZ 7, 198 (206) und BGH, VersR 1959, 811 (812); aA BGHZ 106, 391 (396ff.), BGHZ 114, 284 (290f.) und BGH, NJW 1968, 2291 (2292), wonach ein Anscheinsbeweis eingreife.

[531] BGH, VersR 1957, 198.

[532] Dieser lautet: „Ist unter den Parteien streitig, ob ein Schaden entstanden sei und wie hoch sich der Schaden oder ein zu ersetzendes Interesse belaufe, so entscheidet hierüber das Gericht unter Würdigung aller Umstände nach freier Überzeugung."

[533] Weitere umfangreiche Nachweise für diese im schlechten Sinne „bunte" Rechtsprechung finden sich bei *Greger*, Beweis, S. 152ff. und 185ff. sowie *ders.*, VersR 1980, 1099ff.

[534] Vgl. hierzu die umfassenden Überblicke über diese Kasuistik bei *Rosenberg/Schwab/Gottwald*, Zivilprozessrecht, § 112 Rn. 19ff., Musielak/*Foerste*, ZPO, § 286 Rn. 26ff., MüKo-ZPO/*Prütting*, § 286 Rn. 56ff. und *Schneider/Thiel*, Beweisrecht, Rn. 164ff.

[535] BGH, VersR 1971, 842.

[536] BGH, VersR 1958, 646 (647).

[537] *Casjen Peters*, MDR 1949, 67.

liefert[538], der muss den Anscheinsbeweis mit festen dogmatischen Mauern auf dem Fix- und „Angelpunkt eines jeden Beweisrechtssystems“[539] errichten, dem „Beweismaß“[540] (gelegentlich auch als „Beweiskriterium“[541], „Beweisquantum“[542] oder „Beweisstärke“[543] bezeichnet).

Hat der Richter nach § 286 Abs. 1 S. 1 ZPO „unter Berücksichtigung des gesamten Inhalts der Verhandlungen und des Ergebnisses einer etwaigen Beweisaufnahme nach freier Überzeugung“ in jedem Einzelfall zu entscheiden, „ob eine tatsächliche Behauptung“ bewiesen sei oder nicht, so bestimmt das Beweismaß „rechtssatzmäßig“[544] den generellen Maßstab, wann der Richter eine Aussage als bewiesen anzunehmen hat. Nach § 286 Abs. 1 S. 1 ZPO ist dies der Fall, wenn der Richter die Behauptung nach seiner Überzeugung „für wahr erachtet“, wenn er also von der Wahrheit einer Aussage überzeugt ist. Hatte das Reichsgericht dies wegen der Erkenntnismängel des Menschen noch reduziert auf das „Bewusstsein des Erkennenden von dem Vorliegen einer [...] hohen Wahrscheinlichkeit“ und der Bundesgerichtshof dies anfangs noch geteilt[545], so erfolgte die Kehrtwende zurück zum eindeutigen Gesetzeswortlaut mit dem viel beachteten „Anastasia“-Urteil vom 17. 2. 1970[546]: Die Klägerin behauptete, die 1901 geborene Großfürstin Anastasia Nikolajewna Romanow und damit jüngste Tochter des letzten Zaren Nikolaus II. und seiner Ehefrau Alexandra Feodorowna geb. Prinzessin Alice von Hessen und bei Rhein zu sein und die Ermordung der Zarenfamilie 1918 durch sowjetische Truppen in Jekaterinburg überlebt zu haben. Hiermit machte sie Erbansprüche auf das vom Zaren 1905/1906 für seine Kinder nach Deutschland gebrachte Vermögen geltend. Das Landgericht und das Oberlandesgericht[547] hielten nach ihrer Überzeugung die ihnen von der Großfürstin vorgelegten Nachweise für nicht ausreichend. Mit ihrer Revision rügte die Klägerin unter anderem eine Überspannung der ihr ab-

---

538 Vgl. zu dieser Bedeutung des Anscheinsbeweises nur Stein/Jonas/*Leipold*, ZPO, § 286 Rn. 129, Musielak/*Foerste*, ZPO, § 286 Rn. 23, MüKo-ZPO/*Prütting*, § 286 Rn. 48.

539 *Maassen*, Beweismaßprobleme, S. 11.

540 Dieser Begriff scheint erstmals bei *Döhring*, Erforschung, S. 445 (Anklänge bereits bei *Heinsheimer*, JW 1919, 572) aufzutauchen; vgl. zu diesem Begriff aus zivilprozessualer Sicht auch Musielak/*Foerste*, ZPO, § 286 Rn. 17, MüKo-ZPO/*Prütting*, § 286 Rn. 28 ff., *Rosenberg/Schwab/Gottwald*, Zivilprozessrecht, § 112 Rn. 13 f., *Helmut Weber*, Kausalitätsbeweis, S. 13, *Katzenmeier*, ZZP 117 (2004), 190, *Maassen*, Beweismaßprobleme, S. 1 f., *Rommé*, Anscheinsbeweis, S. 53 ff. und *Koussoulis*, FS Karl Heinz Schwab, S. 277.

541 So etwa *Greger*, Beweis, S. 2 Fn. 2 (um nicht die Vorstellung vom Vorhandensein eines objektiven Maßstabs zu erwecken) und *Koussoulis*, FS Karl Heinz Schwab, S. 277.

542 So *Döhring*, Erforschung, S. 448, *Gottwald*, Schadenszurechnung, S. 201 und *Koussoulis*, FS Karl Heinz Schwab, S. 277.

543 *Rudolf Bruns*, ZZP 91 (1978), 66.

544 MüKo-ZPO/*Prütting*, § 286 Rn. 28, und *Rommé*, Anscheinsbeweis, S. 53; aA *Hainmüller*. ZZP 90 (1977), 335, der eine Fixierung des Beweismaßes für „eine Maßregelung des Tatrichters“ und einen glatten „Verstoß gegen Wortlaut und Sinn des § 286 Abs. 1 ZPO“ hält.

545 Vgl. nur BGHZ 7, 116 (120), BGHZ 18, 311 (318), BGH, NJW 1951, 70 (71), BGH, VersR 1956, 194 (195) und 696 (697), BGH, VersR 1959, 632 sowie BGH, DRiZ 1969, 53.

546 BGHZ 53, 245 ff.

547 OLG Hamburg, DRiZ 1970, 82 ff.

verlangten Beweisanforderungen. Der Bundesgerichtshof wies dies mit klaren Worten zurück[548]:

„Der Revision ist zuzugeben, daß ein Gericht keine ‚unerfüllbaren Beweisanforderungen' stellen darf [...], und daß es keine unumstößliche Gewißheit bei der Prüfung verlangen darf, ob eine Behauptung wahr und erwiesen ist. Irrig ist jedoch der Vortrag, der Zivilprozeßrichter dürfe sich in Fällen dieser Art mit einer bloßen Wahrscheinlichkeit begnügen. Denn nach § 286 ZPO muß der Richter auf Grund der Beweisaufnahme entscheiden, ob er eine Behauptung für wahr oder nicht für wahr hält, er darf sich also gerade nicht mit einer bloßen Wahrscheinlichkeit beruhigen. Im übrigen stellt § 286 ZPO nur darauf ab, ob der Richter selbst die Überzeugung von der Wahrheit einer Behauptung gewonnen hat. Diese *persönliche Gewißheit* ist für die Entscheidung notwendig, und allein der Tatrichter hat ohne Bindung an gesetzliche Beweisregeln und nur seinem Gewissen unterworfen die Entscheidung zu treffen, ob er die an sich möglichen Zweifel überwinden und sich von einem bestimmten Sachverhalt als wahr überzeugen kann."

Mit diesem streng subjektiven Beweismaß (gelegentlich auch als „Wahrheitsüberzeugungstheorie" bezeichnet[549]), das sich bis heute in Rechtsprechung[550] und überwiegendem Schrifttum[551] durchgesetzt hat, sei der Bundesgerichtshof nicht nur zum Gesetzeswortlaut des § 286 Abs. 1 S. 1 ZPO (Entscheidung des Richters nach seiner freien Überzeugung, „ob eine tatsächliche Behauptung für wahr oder für nicht wahr" und nicht nur für hoch wahrscheinlich oder nicht wahrscheinlich zu erachten sei!) und den Vorstellungen des Gesetzgebers[552] zurückkehrt, sondern habe auch der gesetzlichen Beweismaßabstufung aus Regelbeweis (§ 286 ZPO: Überzeugung von der Wahrheit), Schätzung (§ 287 ZPO: Überzeugung von Existenz und Höhe des Schadens ohne Bezug auf die Wahrheit), bloßer Glaubhaftmachung (§ 294 ZPO: Überzeugung von der „überwiegenden Wahrscheinlichkeit"[553]) und Beweismaßabsenkungen im materiellen Recht (z. B. § 119 Abs. 1 BGB: es braucht bei der Anfechtung wegen Irrtums nur „anzunehmen" sei, dass eine Willenserklärung vom Getäuschten bei Kenntnis der Sachlage nicht abgegeben worden wäre)[554] wieder

---

[548] BGHZ 53, 245 (255 f.), Hervorhebung bereits durch das Gericht.

[549] So von *Baumgärtel*, FS Universität Köln, S. 166, *Gudrun Engels*, Anscheinsbeweis, S. 24 und *Ina Berg-Winters*, Anscheinsbeweis, S. 98.

[550] Vgl. nur BGHZ 61, 165 (168 f.), BGH, NJW 1978, 1919 f., BGH, NJW 1989, 2948 (2949), BGH, NJW 1991, 3284 (3285), BGH, NJW 1993, 935 (937), BGH, NJW-RR 1994, 567 f., BGH, NJW 1998, 2969 (2971) und BGH, NJW 2000, 953 (954).

[551] So etwa Stein/Jonas/*Leipold*, ZPO, § 286 Rn. 3 f., *Prütting*, Gegenwartsprobleme, S. 59 ff., MüKo-ZPO/*ders.*, § 286 Rn. 35 ff., Musielak/*Foerste*, ZPO, § 286 Rn. 17, *Baumbach/Lauterbach/Albers/Hartmann*, ZPO, § 286 Rn. 16, *Baumgärtel*, FS Universität Köln, S. 170 f., Zöller/*Greger*, ZPO, § 286 Rn. 18 ff., Thomas/Putzo/*Reichold*, ZPO, § 286 Rn. 2, *Blomeyer*, Zivilprozessrecht – Erkenntnisverfahren, S. 382 f. und *Schneider/Thiel*, Beweisrecht, Rn. 2.

[552] Siehe hierzu oben Erster Hauptteil, Erstes Kapitel, B, IV.

[553] So etwa BGH, VersR 1976, 928 (929).

[554] Weitere Beispiele sind § 1 Abs. 2 Nr. 2 ProdHaftG (die Ersatzpflicht des Herstellers für durch fehlerhafte Produkte verursachte Schäden ist ausgeschlossen, wenn „nach den Umständen davon auszugehen ist", dass das Produkt den Fehler bei Schadensverursachung noch nicht hatte) und § 252 S. 2 BGB (als entgangener Gewinn kann derjenige geltend gemacht werden, der „mit Wahrscheinlichkeit erwartet werden konnte"). Vgl. zu diesen wie weiteren Beweismaßabsenkungen nur Musielak/*Foerste*, ZPO, § 286 Rn. 21 f.

Geltung verschafft[555]. Eine absolute Gewißheit von der Wahrheit sei entgegen dem Gesetzeswortlaut wegen den begrenzten menschlichen Erkenntnismitteln zwar nicht möglich und damit nicht jede Möglichkeit des Gegenteils absolut auszuschließen, statt einem bloßen Für-wahrscheinlich-Halten sei aber „ein für das praktische Leben brauchbarer Grad von [subjektiver] Gewißheit" zu fordern, „der dem Zweifel Schweigen gebietet, ohne ihn völlig auszuschließen"[556]. Selbst eine noch so hohe objektive Wahrscheinlichkeit wie etwa von 99,99% bei Vaterschaftsgutachten (verbal: „Vaterschaft praktisch erwiesen") soll daher für einen direkten Vaterschaftsbeweis nicht ausreichen, wenn der Richter nicht seine dennoch bestehenden Zweifel ausräumen und subjektiv zu einer vollen Überzeugung gelangen könne[557].

Legt man dies zugrunde, so ist der Richter an eine von einem statistischen Erfahrungssatz vermittelte objektive Wahrscheinlichkeit für einen bestimmten (gewöhnlichen) Geschehensverlauf nicht gebunden, wenn er subjektiv dennoch zweifelt. Er hätte dann, wenn er sich weder von der Wahrheit noch von der Unwahrheit voll überzeugen kann (sog. „non liquet"), zu Lasten dessen zu entscheiden, der hinsichtlich der konkreten Tatsache die objektive Beweislast[558] (auch Feststellungslast genannt[559]) trägt[560]. Diese obliegt nach der vom Gesetzgeber dem materiellen Recht zugrunde gelegten[561], die Rechtsprechung bindenden[562] Grundregel dem Anspruchsteller hinsichtlich der rechtsbegründenden und dem Anspruchsgegner für die rechtsvernichtenden und rechtshemmenden Tatbestandsmerkmale[563], solange nicht das materielle Recht eine Beweislastumkehr vorsieht[564], indem es eine bestimmte Tatsache als existent oder nicht existent fingiert[565]. An sich hat ein deliktisch Geschädigter daher das Verschulden des Schädigers sowie die Kau-

---

555 Vgl. zu dieser Argumentation nur MüKo-ZPO/*Prütting*, § 286 Rn. 36.

556 BGHZ 53, 245 (256); ebenso BVerfG, NJW 2001, 1639 (1640), BGH, NJW 1993, 935 (937), BGH, NJW-RR 1994, 567 (568), BGH, NJW 2000, 953 (954ff.), OLG Koblenz, NVersZ 2002, 185, OLG München, Urt. v. 11. 6. 2010 – 10 U 2282/10, juris, Thomas/Putzo/*Reichold*, ZPO, § 286 Rn. 2, MüKo-ZPO/*Prütting*, § 286 Rn. 4, *Baumbach/Lauterbach/Albers/Hartmann*, ZPO, § 286 Rn. 18 und *Schneider/Thiel*, Beweisrecht, Rn. 2.

557 So etwa BGH, NJW 1987, 2296.

558 Hiervon zu trennen ist die subjektive Beweislast (auch Beweisführungslast genannt), die einer Partei die „echte Last" auferlegt, durch eigenes Tätigwerden wie das Stellen von Beweisanträgen den Beweis der streitigen Tatsache zu führen, vgl. hierzu nur MüKo-ZPO/*Prütting*, § 286 Rn. 98 und Musielak/*Foerste*, ZPO, § 286 Rn. 33.

559 So etwa von MüKo-ZPO/*Prütting*, § 286 Rn. 100 und Musielak/*Foerste*, ZPO, § 286 Rn. 32.

560 So ausdrücklich Stein/Jonas/*Leipold*, ZPO, § 286 Rn. 9.

561 Ausführlich hierzu *Christian Heinrich*, Beweislast, S. 54ff.

562 So BGHZ 113, 222 (224f.).

563 Vgl. hierzu mit Ausnahmen nur Musielak/*Foerste*, ZPO, § 286 Rn. 35.

564 Z.B. in § 280 Abs. 1 S. 2 BGB, wonach nicht der Geschädigte ein Vertretenmüssen des Schädigers zu beweisen hat, sondern der Schädiger sein Nicht-Vertretenmüssen. Dies kommt zum Ausdruck durch die doppelte Verneinung des Gesetzgebers in § 280 Abs. 1 BGB: „Verletzt der Schuldner eine Pflicht aus dem Schuldverhältnis, so kann der Gläubiger Ersatz des hierdurch entstehenden Schadens verlangen. Dies gilt nicht, wenn der Schuldner die Pflichtverletzung nicht zu vertreten hat."

565 So *Ina Berg-Winters*, Anscheinsbeweis, S. 77.

salität von deren Verhalten für den Schadenseintritt zu beweisen[566], so dass hiernach trotz von einem statistischen Erfahrungssatz vermittelter sogar hoher Wahrscheinlichkeit in den Fällen, in denen der Richter subjektiv nicht zu einer vollen Überzeugung gelangen kann, ein schuldhaftes Verhalten bzw. eine tatsächliche Kausalbeziehung zum Schaden verneint und damit die Klage abgewiesen werden müsste. Wie der Anscheinsbeweis in diesem Beweissystem dogmatisch dennoch dem Geschädigten zu einer für diesen positiven Tatsachenfeststellung verhilft, ist bis heute nicht endgültig geklärt:

2. Der Anscheinsbeweis als Beweislastumkehr

Nach früherer Ansicht des Reichsgerichts sollte vor allem bei der unmittelbaren Wahrnehmung verschlossenen Umständen (z.B. Kausalverlauf, innerer Vorsatz oder Vorhersehbarkeit des Schädigers) eine Beweislastentscheidung zu Lasten des Geschädigten aus Gründen der Gerechtigkeit verhindert werden, indem den früheren Präsumtionen durch eine gewohnheitsrechtliche[567] „gesetzesfreie"[568] Beweislastumkehr weiterhin Geltung verschafft werden.[569] Seit der Grundsatzentscheidung des Reichsgerichts vom 7. 11. 1931[570] und die daran anschließende Rechtsprechung (nochmals: der Anscheinsbeweis sei Teil der Beweiswürdigung und kehre die Beweislast nicht um) wird diese Ansicht aber nur noch teilweise im Schrifttum[571] vertreten. Sie würde zwar die Diskussion um eine Revisibilität einer fehlerhaften Anwendung eines Erfahrungssatzes erleichtern (es läge eine Gesetzesverletzung wegen Verstoßes gegen eine materiell-rechtliche Norm vor[572])[573], wäre aber auch mit erheblichen Einschränkung der Rechtssicherheit (ungeschriebene Beweislastumkehr!) verbunden, die rechtsstaatlich der Rechtfertigung bedürfen, was bislang nicht überzeugend gelungen ist.[574] Darüber hinaus greift eine

[566] Vgl. nur BGHZ 100, 190 (195), Palandt/*Sprau*, BGB, § 823 Rn. 80 und MüKo-BGB/*Wagner*, § 823 Rn. 354.

[567] So etwa *Rabel*, Rhein. Zeitschr. 1923, 441 und *Smid*, Prima-facie Beweis, S. 40.

[568] *Wassermeyer*, Prima facie Beweis, S. 3.

[569] So RGZ 95, 68 (69f.), RGZ 97, 116 (117), RGZ 120, 154 (161), RGZ 130, 357 (359), R, JW 1921, 748 und RG, JW 1932, 2025 (2026).

[570] RGZ 134, 237ff.; ausführlich hierzu oben Erster Hauptteil, Erstes Kapitel, C, I.

[571] Zu den Vertretern einer Beweislastumkehr zählen *Rabel*, Rhein. Zeitschr. 1923, 428ff., *Heinsheimer*, Rhein. Zeitschr. 1924, 1ff. und *ders.*, JW 1922, 485 (diese Ansicht hat er aber in *ders.*, JW 1928, 1747 wieder aufgegeben), *Smid*, Prima-facie Beweis, S. 40, *Levis*, JW 1932, 107 (108) und *Casjen Peters*, MDR 1949, 66ff., *Wassermeyer*, Prima facie Beweis, S. 2ff. und *Diederichsen*, VersR 1966, 214f.; jedenfalls für eine Beweislastmilderung *Jauernig*, Zivilprozessrecht, S. 166, *Kollhosser*, AcP 165 (1965), 71f. und *Uhlenbruck*, NJW 1965, 1060.

[572] Vgl. hierzu nur BGHZ 18, 311ff. und MüKo-ZPO/*Prütting*, § 286 Rn. 66.

[573] So *Heescher*, Untersuchungen, S. 121.

[574] *Heinsheimer*, Rhein. Zeitschr. 1924, 6ff. als einer der „Vorkämpfer der Idee" der Beweislastumkehr (*Leverenz*, Prima-facie-Beweis, S. 15) hat diese auf den Gesetzeszweck der übertretenen Polizei- und Schutzgesetze gestützt, die eine Beweislastumkehr bei einer Verletzung als gerecht implizierten. Nach der Klarstellung des § 823 Abs. 2 S. 2 BGB haftet der Schädi-

Beweislastumkehr dogmatisch zu spät ein. Der Anscheinsbeweis beruht auf einer erfahrungsbasierten Vermittlung eines unter gewöhnlichen Bedingungen regelmäßig ablaufenden Geschehensablaufs, der beim Mangel von Gegenindizien vom Richter auch im zu entscheidenden Fall angenommen werden kann – er vermittelt dem Richter den Anschein des Vorliegens einer Tatsache des Tatgeschehens und trägt so grundsätzlich das Urteil, solange dieser Anschein nicht beseitigt wird und damit die objektive Beweislast des Geschädigten wieder auflebt[575]. Misslingt die Beseitigung des Anscheins, urteilt der Richter nicht im Sinne des Geschädigten nur deshalb, weil der Schädiger das Gegenteil nicht bewiesen hat, sondern weil weiterhin der Anschein für das Vorliegen der streitigen Tatsache im Sinne des regelmäßigen Verlaufs spricht, der Beweis der kausalen und schuldhaften Verursachung also als geführt anzusehen ist. Zu einem non liquet und damit einer Beweislastentscheidung kommt es erst gar nicht.[576] Faktisch besteht für den Schädiger zwar kein Unterschied zwischen einem geführten Beweis durch den Geschädigten und einer Beweislastumkehr zu dessen Gunsten[577], streng dogmatisch hat der zivilprozessuale Anscheinsbeweis mit einer Beweislastumkehr aber nichts zu tun[578].

---

ger bei einer Schutzgesetzverletzung aber nur, wenn er im Zeitpunkt der Verletzungshandlung die geforderte Schuldform bezüglich der Schutzgesetzverletzung verwirklicht hat und der Geschädigte dieses Verschulden sowie den Ursachenzusammenhang zwischen Schutzgesetzverletzung und Schaden bewiesen hat (BGH, MDR 2002, 515 (516) und Palandt/*Sprau*, BGB, § 823 Rn. 81). Lediglich bei einigen ausgewählten Schutzgesetzen, die „das geforderte Verhalten bereits so konkret" umschreiben, „dass mit der Verwirklichung des objektiven Tatbestandes der Schluss auf einen subjektiven Schuldvorwurf naheliegt" (BGHZ 116, 104 [115]), lässt sich aus Gründen der Rechtssicherheit eine Beweislastumkehr vertreten und ist sie von der Rechtsprechung auch angenommen worden, vgl. BGHZ 51, 91 (103f.), BGH, VersR 1977, 136 (137) und BGH, VersR 1985, 452 (453).

Rabel, Rhein. Zeitschr. 1923, 441 hat eine Beweislastumkehr durch den Anscheinsbeweis neben dem Gewohnheitsrecht mit einer generellen Analogie zu § 827 S. 2 BGB gestützt. Dieser bildet jedoch für den Bereich der Zurechnungsunfähigkeit eine Sonderregelung, die als solche entgegen *Rabel* nicht analogiefähig ist und daher nicht auf die Verursachung eines beliebigen rechtswidrigen Zustandes übertragen werden kann – hier bliebe einzig die Möglichkeit einer Billigkeitshaftung (Haftung für einen verursachten Schaden, für den man nicht verantwortlich ist) nach § 829 BGB, in diese Richtung auch MüKo-BGB/*Wagner*, § 827 Rn. 4.

575 Vgl. *Schellhammer*, Zivilprozess, Rn. 404.

576 Ebenso MüKo-ZPO/*Prütting*, § 286 Rn. 51, *Rosenberg/Schwab/Gottwald*, Zivilprozessrecht, § 112 Rn. 33, *Karl Heinz Schwab*, JZ 1955, 256, *Greger*, VersR 1980, 1102, *Heescher*, Untersuchungen, S. 122, *Ina Berg-Winters*, Anscheinsbeweis, S. 81f., *Rommé*, Anscheinsbeweis, S. 164 und *Stück*, JuS 1996, 154.

577 *Schellhammer*, Zivilprozess, Rn. 404 (kommt praktisch einer Beweislastumkehr „gefährlich nahe"); auf die teilweise praktische Verschmelzung von Anscheinsbeweis und Beweislastumkehr weist auch *Buciek*, Beweislast, S. 179ff. hin.

578 Ebenso die ganz überwiegende Ansicht: Vgl. nur BGHZ 100, 31 (34), BGH, NJW 1952, 217, MüKo-ZPO/*Prütting*, § 286 Rn. 51, *Baumbach/Lauterbach/Albers/Hartmann*, ZPO, Anh. § 286 Rn. 15, *Hainmüller*, Anscheinsbeweis, S. 84, *Greger*, VersR 1980, 1102, *Heescher*, Untersuchungen, S. 122, *Höfer*, Prima-facie-Beweis, S. 67f., *Ehrlicher*, Prima-facie-Beweis, S. 44ff., *Leverenz*, Prima-facie-Beweis, S. 13ff., *Clara Marum*, Prima-facie-Beweis, S. 18, *Ina Berg-Winters*, Anscheinsbeweis, S. 81f., *Taupitz*, ZZP 100 (1987), 295 und *Stück*, JuS 1996, 154.

3. Der Anscheinsbeweis als Teil des materiellen Rechts

In eine ähnliche Richtung wie die Beweislasttheorie gehen jene Autoren im Schrifttum[579], die in den Grundsätzen des Anscheinsbeweises keine weiteren materiellrechtlichen (Beweislast-)Normen erblicken, sondern aufgrund der hinter den einzelnen Fallgruppen des Anscheinsbeweises stehenden Wertungen der materiellen Risikozuordnung[580] eine Modifizierung der bereits vorhandenen materiellen Normen. Der „Anscheinsbeweis“ sei nur eine „materielle Konstruktion mit einem prozessualen Begriff“[581]: Habe z.B. jemand durch die schuldhafte Vernachlässigung einer Verkehrssicherungspflicht einen gefährlichen Zustand geschaffen, so entspräche es der Gerechtigkeit, das „Haftungsrisiko zu Lasten des wahrscheinlichen Schädigers zu verschieben“[582] und diesen auch dann mit der Schadensersatzpflicht zu belasten, wenn lediglich ein hoher Wahrscheinlichkeitsgrad für die ursächliche Verknüpfung zwischen der Gefahrenquelle und dem Schadenseintritt spreche.[583] Gehaftet werde hiernach in den Fällen des Anscheinsbeweises nicht für ein kausales und schuldhaftes Verhalten, sondern bereits für eine wahrscheinliche, „mögliche Kausalität“[584] und für ein wahrscheinliches schuldhaftes Verhalten, die der Geschädigte nur zu beweisen habe. In diesem Sinne möchte *Greger*[585] als Hauptvertreter dieser Ansicht für den Auffahrunfall folgende richterrechtlich geschaffene, den Wortlaut des § 823 Abs. 1 BGB modifizierende Haftungsnorm aufstellen:

> „Wer mit einem Kraftfahrzeug auf das Fahrzeug eines anderen auffährt, ist dem anderen zu Ersatz des daraus entstehenden Schadens verpflichtet, sofern sich nicht aus bestimmten Tatsachen die Möglichkeit eines schuldlosen Auffahrens ergibt.“[586]

Das Merkmal der Fahrlässigkeit sei hier ersetzt durch den typischen Geschehensablauf des Auffahrens, der sie „indiziere“ und mit dem letzten Halbsatz dem Schädiger die objektive Beweislast auferlegt. Um sich nicht in einer der Rechtssicherheit zuwider laufenden Unzahl spezieller ungeschriebener Haftungsnormen zu

---

579 Hierzu zählen *Greger*, Beweis, S. 177ff., Zöller/*ders.*, ZPO, Vor § 284 Rn. 29, *ders.*, VersR 1980, 1102ff., *Enka Pawlowski*, Prima-facie-Beweis, S. 17, 42ff. und 81 sowie aus dem österreichischen Schrifttum *Dolinar*, ÖJZ 1968, 434.

580 So insbesondere *Hauss*, KF 1966, 38 (Diskussionsbeitrag) und *ders.*, NJW 1967, 970.

581 *Enka Pawlowski*, Prima-facie-Beweis, S. 46.

582 *Greger*, VersR 1980, 1102.

583 *Greger*, Beweis, S. 174.

584 So *Bydlinski*, Schadensverursachung, S. 83; vgl. auch *Wilburg*, Elemente, S. 74 („Eine Haftung, die sich für den ursächlichen Zusammenhang mit bloßer Möglichkeit begnügt“) unter Verweis auf § 830 Abs. 1 S. 2 BGB, wonach bei der Schadensverursachung durch mehrere Personen beide auch dann für den Schaden verantwortlich sind, „wenn sich nicht ermitteln lässt, wer von mehreren Beteiligten den Schaden durch seine Handlung verursacht hat“. Gegen eine extensive Anwendung zu Recht BGHZ 60, 181ff. und *Prölss*, ZZP 82 (1969), 475. Vgl. zur auf § 830 Abs. 1 S. 2 BGB gegründeten Möglichkeit einer gemeinsamen Haftung für fahrlässiges Verhalten (quasi einer „fahrlässigen Mittäterschaft“ im Zivilrecht) ausführlich *Kraatz*, Fahrlässige Mittäterschaft, S. 71ff.

585 *Greger*, Beweis, S. 77ff., Zöller/*ders.*, ZPO, Vor § 284 Rn. 29 und *ders.*, VersR 1980, 1102ff.

586 *Greger*, VersR 1980, 1103.

verlieren, schlägt er schließlich für den Verschuldens-Anscheinsbeweis folgende, eine „Quasi-Gefährdungshaftung“[587] statuierende „allgemeine Norm“ vor:

> „Wer (am Straßen- oder Schiffsverkehr teilnimmt oder sonst) eine Tätigkeit ausübt, welche allgemein mit einer besonderen Gefahr eines schadensstiftenden Fehlverhaltens behaftet ist, ist zum Ersatz des einem anderen entstehenden Schadens verpflichtet, wenn dieser nach dem typischen Geschehensablauf auf ein fahrlässiges Verhalten des Schädigers zurückzuführen ist, es sei denn, daß sich aus bestimmten Tatsachen die Möglichkeit eines fehlenden Verschuldens ergibt.“[588]

Die Möglichkeit einer richterrechtlichen Rechtsfortbildung ist inzwischen als Pflicht des Richters zwar anerkannt[589], da jedes Gesetz wegen der Vielgestaltigkeit der Lebensverhältnisse und ihres ständigen Wandels notwendig lückenhaft sei, vom Richter in jedem konkreten Einzelfall aber dennoch eine gerechte Entscheidung erwartet wird. Soll eine richterliche Rechtsfortbildung aber gerechtfertigt werden durch die Verfehlung einer Norm, die täglichen soziologischen Gegebenheiten und Lebensverhältnisse der Menschen angemessen zu regeln, so muss dies unter Beachtung verfassungsrechtlicher Grundsätze in eine modifizierte Norm münden, die ihrerseits der Realität besser gerecht wird.[590] Dies ist hinsichtlich der von *Greger* vorgeschlagenen Normen grundsätzlich zu verneinen, würden diese doch für eine bloß wahrscheinliche Schadenszufügung eine Haftung aussprechen, was bereits das Reichsgericht[591] als grundsätzlich dem Gerechtigkeitsempfinden zuwiderlaufend ablehnte. Wie zudem angesichts des in letzter Zeit gewachsenen Anwendungsbereichs des Anscheinsbeweises in der Praxis aufgrund sich ständig weiterentwickelnder Wissenschaften und damit ständig neuer Erfahrungssätze die sich ständig ändernden Besonderheiten stetig in materielles Recht (quasi in immer neue „Schattennormen“) ohne Verlust an Rechtssicherheit gegossen werden können, ist zu bezweifeln. Vielmehr steht zu befürchten, dass selbst während eines Prozesses durch das Aufstellen einer neuen „Schattennorm“ durch das Gericht (weil dieser Fall mit diesen Besonderheiten bislang noch nie entschieden wurde) sich für den Schädiger eine materielle Haftung für ein Verhalten ergibt, das bis dahin noch nicht sanktioniert war (z.B. wahrscheinliche Fahrlässigkeit statt Fahrlässigkeit), so dass er sein Verhalten hierauf nicht einstellen konnte. Würde man deswegen aber eine Beschränkung der materiellen Theorie auf bereits gesicherte Erfahrungssätze vornehmen, würde man dem Anscheinsbeweis seine eigene Anpassungsfähigkeit an veränderte soziologische Verhältnisse nehmen und damit seine Funktion zur Überwindung der erkenntnistheoretisch bedingten Beweislücken zugunsten des Geschädigten. Die aus Gerechtigkeitsempfinden notwendige Weiterentwicklung des materiellen Rechts, das in seinem starren Bestand prozessual zu teils unmöglichen Beweisanforderungen – niemand kann zu 100% eine Kausalität oder

---

587 *Greger*, VersR 1980, 1103.

588 *Greger*, VersR 1980, 1103.

589 Vgl. nur BVerfGE 34, 269 (287), BVerfGE 82, 6 (12), BVerfGE 95, 48 (62), BGH, NJW 2003, 1588 (1592) sowie umfassend *Hassemer*, ZRP 2007, 213ff.

590 So *Zippelius*, Methodenlehre, S. 65f.

591 RGZ 95, 249 und RGZ 98, 58 (60).

die Fahrlässigkeit eines anderen beweisen – und damit häufig ins Leere führen würde[592], kann somit nur mittelbar mit rein prozessrechtlichen Mitteln erfolgen[593], mit dem „Prozeßrecht als Vehikel zur Durchsetzung des materiellen Rechts"[594].[595]

4. Der Anscheinsbeweis als Beweismaßreduzierung

Eine mit dem Anscheinsbeweis erfolgende „Haftungsverlagerung durch beweisrechtliche Mittel"[596] wird von einigen Autoren im Schrifttum[597] derart vorgenommen, dass sie ausnahmsweise aus Gründen der Billigkeit für die Fallgruppen des Anscheinsbeweises eine Absenkung des Regelbeweismaßes der vollen richterlichen Überzeugung auf einen gewissen Grad bloß objektiver Wahrscheinlichkeit proklamieren, der von den hinter den jeweiligen Fallgruppen stehenden statistischen Erfahrungssätzen mit ihrer Wahrscheinlichkeitsaussage vermittelt werde. Das den Begriff kennzeichnende Element des „ersten Anscheins" zeige nämlich, dass das Beweisergebnis nicht mit dem Resultat eines gewöhnlichen Beweises übereinstimme: Es handle „sich um einen zunächst zulässigen Schluss auf die zu beweisende Tatsache, der aber die Möglichkeit einer andern Tatsachenlage keineswegs" ausschließe, „sondern umgekehrt in allgemeiner Form geradezu" einkalkuliere, „und daher nicht mit der beim gewöhnlichen Beweis erforderlichen, dem Zweifel Schweigen gebietenden Beweisstärke gleichgestellt werden" könne.[598] Dem Tatrichter werde erlaubt, das Typische an die Stelle der Überzeugung zu setzen.[599] Dies verdeutliche auch die Rechtsprechung des Bundesgerichtshofs, der in zahlreichen Urteilen den Anscheinsbeweis einem „vollen Beweis" gegenüberstelle[600], wenn er formuliere „Für [...] gibt es keinen prima facie-Beweis. Es bedarf da-

---

592 *Ina Berg-Winters*, Anscheinsbeweis, S. 115.

593 So bereits *Schmidt-Salzer*, FS Steffen, S. 443 f.

594 *Gerhard Walter*, ZZP 93 (1980), 100.

595 MüKo-ZPO/*Prütting*, § 286 Rn. 54 und *Stück*, JuS 1996, 154 argumentieren zudem, dass die materiell-rechtliche Auffassung der „engen methodischen Verwandtschaft zwischen Anscheinsbeweis und Indizienbeweis" zuwiderlaufen würde. Auf dieses Verhältnis wird insbesondere aus strafrechtlicher Sicht noch genauer einzugehen sein, siehe unten Erster Hauptteil, Zweites Kapitel, A, II, 4, a) und b).

596 *Stoll*, AcP 176 (1976), 145.

597 *Musielak*, Grundlagen, S. 120 ff., *Musielak/Stadler*, JuS 1980, 587, *Leipold*, Beweismaß, S. 11 ff., Stein/Jonas/*ders.*, ZPO, § 286 Rn. 92, *ders.*, FS Nakamura, S. 315 f., *Grunsky*, Grundlagen, S. 453, *Gerhard Walter*, Beweiswürdigung, S. 206 ff., *ders.*, ZZP 90 (1977), 283 f., *Rolf Bender*, FS Baur, S. 259 ff., *Nell*, Wahrscheinlichkeitsurteile, S. 98, *Ina Berg-Winters*, Anscheinsbeweis, S. 117 ff., *Jochen Schröder*, FamRZ 1969, 349 und *Lepa*, DRiZ 1966, 114; ähnlich *Rommé*, Anscheinsbeweis, S. 134 ff. und *Baumgärtel*, Beweislastpraxis, Rn. 246: „Relativität des Beweismaßes": Absenkung nur bei zugrunde liegenden einfachen Erfahrungssätzen, nicht bei Erfahrungsgrundsätzen.

598 Stein/Jonas/*Leipold*, ZPO, § 286 Rn. 92.

599 So *Lepa*, DRiZ 1966, 114.

600 So die Argumentation von *Musielak*, Grundlagen, S. 120 ff., Stein/Jonas/*Leipold*, ZPO, § 286 Rn. 134 und *Gerhard Walter*, Beweiswürdigung, S. 206.

für des vollen Beweises“[601] und damit selbst dem Anscheinsbeweis ein „weniger an Beweisstärke“ zubillige[602]. Wenn der Bundesgerichtshof zudem in ständiger Praxis Urteile der Tatgerichte aufhebe, in denen der Tatrichter mangels voller Überzeugung eine Beweislastentscheidung getroffen habe, mit der Begründung, der Tatrichter habe fehlerhaft für die fragliche Feststellung keinen Anscheinsbeweis angenommen (was dann zur fraglichen Feststellung geführt hätte), so bedeute dies, dass aufgrund des Anscheinsbeweises eine Feststellung getroffen werden müsste, obwohl der Tatrichter nicht zu einer vollen Überzeugung gelangt und das Regelbeweismaß daher nicht erreicht sei.[603]

Das Ziel des Zivilverfahrens ist es jedoch, bei Scheitern einer gütlichen Beilegung eines Rechtsstreits unter Mitwirkung des Gerichts bürgerlich-rechtliche Rechte oder Rechtsverhältnisse festzustellen oder zu gestalten, festgestellte Ansprüche zu verwirklichen und so zur Bewährung der objektiven Rechtsordnung, der Wiederherstellung des gestörten Rechtsfriedens und letztlich der Konfliktlösung beizutragen.[604] Dies verlangt (trotz Dispositionsmaxime) nach dem Ziel des zivilprozessualen Beweisrechts, „die größtmögliche Übereinstimmung zwischen dem vom Gericht beurteilten und dem wahren Sachverhalt zu gewährleisten“[605]; ohne diese tatsächliche Basis würde die Rechtsanwendung am tatsächlichen Streitverhältnis vorbeigehen. Auch wenn eine absolute Wahrheit vom Richter kaum ermittelt werden kann, so müssen an die Sachverhaltsfeststellung doch grundsätzlich die strengsten menschenmöglichen Anforderungen gestellt werden[606]. Dies erfolgt mit § 286 ZPO, indem dieser „nur“ einen für das praktische Leben brauchbaren Grad subjektiver Gewissheit des Richters verlangt, der dem Zweifel Schweigen gebietet, ohne ihn völlig auszuschließen.[607] Beweismaßsenkungen für alle Fallgruppen des Anscheinsbeweises sieht das Gesetz nicht vor und sie lassen sich auch nicht durch richterrechtliches Gewohnheitsrecht rechtfertigen, nachdem der Bundesgerichtshof in ständiger Rechtsprechung[608] betont, der Anscheinsbeweis müsse zur vollen Überzeugung des Richters führen. Würde man dennoch dem Gericht in Ausübung seiner Pflicht zur Rechtsfortbildung zugestehen, in allen Fallgruppen des Anscheinsbeweises – die durch die voranschreitenden Wissenschaften stetig ausgebaut und durch neue Fallgruppen (mit neuen statistischen Erfahrungssätzen) erweitert werden können – generell eine Beweismaßabsenkung vorzunehmen und sich damit mit einem nur unvollständigen Sachverhaltsaufklärungsbemühen zufrieden zu geben (eine gewisse Wahrscheinlichkeit reiche ja, es bräuchten nicht alle Zweifel des Richters ausge-

---

601 So etwa BGH, VersR 1967, 269; Nachweise weiterer Entscheidungen bei *Musielak*, Grundlagen, S. 120ff., insbesondere S. 123 Fn. 412.

602 Stein/Jonas/*Leipold*, ZPO, § 286 Rn. 134.

603 *Gerhard Walter*, Beweiswürdigung, S. 206f.

604 Vgl. nur Zöller/*Vollkommer*, ZPO, Einleitung Rn. 39.

605 Zöller/*Greger*, ZPO, § 286 Rn. 18; so zuvor bereits *ders.*, VersR 1980, 1102.

606 Ebenso *Greger*, VersR 1980, 1102.

607 Siehe oben Erster Hauptteil, Erstes Kapitel, C, I, 1.

608 Vgl. nur RGZ 134, 237 (242), BGHZ 100, 31 (33f.), BGH, NJW 1951, 360, BGH, NJW 1966, 1263 (1264), BGH, NJW 1982, 2668, BGH, NJW 1998, 79 (81) und OLG Düsseldorf, NJW-RR 1995, 1086 (1087).

räumt werden!), so wäre dies eine „Preisgabe jeden Maßstabes für die Aufklärung von Sachverhalten", die sich „jeder Kontrolle entzöge und damit als Auflösungserscheinung einem Beteiligten am Schadensersatzprozess lediglich Zufallsnutzen, allen Interessierten auf weitere Sicht betrachtet aber nur Schaden bringen könnte"[609]. Vom Konstrukt der Beweisabsenkung kann daher höchstens in ganz eng umgrenzten Ausnahmefällen Gebrauch gemacht werden, die das Konstrukt des Anscheinsbeweises mit seiner unübersichtlichen Kasuistik nicht bietet. Zur Eindämmung einer derartigen Rechtsunsicherheit hat *Gerhard Walter*[610] als Anhänger der Beweismaßreduzierungstheorie zwar ein Konzept eng umrissener Fallgruppen nach abstrakt bestimmbaren Merkmalen vorgeschlagen. Wegen der Besonderheiten des jeweiligen Einzelfalles müssten diese Fallgruppen jedoch immer weiter ausdifferenziert werden, wodurch sie ihre Struktur und Überschaubarkeit verlieren unweigerlich würden.[611] Hinzu kommt, dass selbst bei engen Fallgruppen die bloße Feststellung einer wahrscheinlichen Schadensverursachung faktisch zu einer Haftung führen würde, obgleich materiell-rechtlich eine tatsächlich kausale und schuldhafte Schadensverursachung gefordert wird – das Beweisrecht bekäme also eine haftungsbegründende Funktion[612]! Es entstünde also das untragbare Ergebnis, dass im Prozess ein anderes Recht gelten würde als außerhalb des Prozesses, dass der in Anspruch genommene Schädiger also einem außergerichtlichen Zahlungsbegehren des Geschädigten mit Recht widersprechen könnte, einen Prozess aber verlieren würde[613].

5. Der Anscheinsbeweis als Beweiswürdigungsregel

Diese Widersprüche umgeht man, wenn der Anscheinsbeweis mit der Rechtsprechung[614] und der überwiegenden Ansicht im Schrifttum[615] als bloße Beweiswürdigungsregel anerkannt wird, „wonach eine zu beweisende Tatsache auf Grund eines allgemeinen [statistischen] Erfahrungssatzes bis zur Widerlegung durch [einen] Gegenbeweis für nachgewiesen angesehen werden kann, wenn eine andere Tatsache feststeht [unstreitig oder bewiesen][616], von welcher aus im Wege der Induktion

---

609 *Hainmüller*, Anscheinsbeweis, S. 25.

610 Beweiswürdigung, S. 215 ff.

611 So auch die Kritik von *Ina Berg-Winters*, Anscheinsbeweis, S. 116.

612 Ebenso *Greger*, VersR 1980, 1102 und *Stück*, JuS 1996, 154.

613 So *Greger*, VersR 1980, 1102.

614 Vgl. nur RGZ 130, 357 (359), RGZ 134, 237 ff., RGZ 159, 235 (239), RGZ 159, 283 (289 f.), BGHZ 2, 82 (85), BGHZ 7, 198 (200 f.), BGHZ 39, 103 (107) und BGHZ 100, 31 (34).

615 So etwa MüKo-ZPO/*Prütting*, § 286 Rn. 50, *ders.*, Gegenwartsprobleme, S. 107, *Baumbach/Lauterbach/Albers/Hartmann*, ZPO, Anh. § 286 Rn. 15, Thomas/Putzo/*Reichold*, ZPO, § 286 Rn. 13, *Hainmüller*, Anscheinsbeweis, S. 44 ff., *Kollhosser*, Anscheinsbeweis, S. 127 ff., *Prölss*, Beweiserleichterungen, S. 23 f., *Lepa*, Verteilung, S. 41, *Wahrendorf*, Prinzipien, S. 40, *Reinecke*, Beweislastverteilung, S. 93 ff., *Heescher*, Untersuchungen, S. 127, *Höfer*, Prima-facie-Beweis, S. 13 und 58, *Ehrlicher*, Prima-facie-Beweis, S. 47, *Clara Marum*, Prima-facie-Beweis, S. 13, *Schilken*, Zivilprozessrecht, Rn. 494, *Egon Schneider*, Beweis, Rn. 331, *ders.*, MDR 1966, 28 ff., *Metz*, NJW 2008, 2807 und *Weyreuther*, DRiZ 1957, 56 f.

616 Vgl. zu dieser Voraussetzung des Anscheinsbeweises nur BGH, VersR 1965, 520, BGH, VersR 1996, 513 (514), LG Berlin, VRS 114 (2008), 1 (3) und *Nugel*, DAR 2008, 550.

auf die zu beweisende geschlossen werden kann“[617]. So werde mit Hilfe der allgemeinen Lebenserfahrung die erkenntnistheoretisch bedingte Beweislücke beim Nachweis des Kausalzusammenhangs sowie Vorsatzes oder Fahrlässigkeit überbrückt[618], so dass der Tatrichter statt einer nicht möglichen Aufklärung der detaillierten Geschehensumstände bei richterlicher Überzeugung von den tatsächlichen Voraussetzungen des Schlusses[619] diese Brücke eines nur typischen Geschehensablaufs hin zur vollen Überzeugung beschreiten könne, sofern die Brücke aus den besonderen Umständen des konkreten Einzelfalles nicht bereits erschüttert und zum Einsturz gebracht worden sei. Der Anscheinsbeweis erlaube so den Rückschluss von einer bestimmten Folge auf ein Handeln, ohne den genauen detaillierten Ablauf der Verursachung feststellen zu müssen[620]. Dieser werde teilweise konkret über den hinter dem Anscheinsbeweis stehenden Erfahrungssatz vermittelt, wenn die schädigende Handlung nur auf eine bestimmte Art und Weise begangen worden sein könne. Ansonsten gebe sich der Anscheinsbeweis mit dem Schluss auf eine Menge an möglichen Abläufen zufrieden, die alle die Annahme der zu erschließenden Tatsache (z.B. Unachtsamkeit des Schädigers, egal auf welche Weise, oder Annahme eines Kausalverhältnisses, wie sich dieser im Detail chemisch und physikalisch auch zugetragen haben möge) tragen würden; es werde dann von einer zulässigen „Irgendwie-Feststellung“[621] („irgendwie“ war das Verhalten des Schädigers kausal oder fahrlässig) gesprochen. Als Beispiel für eine solche mag der oben[622] dargelegte Fall „Byrne v. Boadle“ als Geburtsstunde der im anglo-amerikanischen Recht parallelen Rechtsfigur der „res ipsa loquitur“ dienen, die dort ebenfalls gemeinhin als „nothing more than a rule of circumstantial evidence“[623] angesehen wird:

> „Denn wenn dort Baron Pollock dem Beklagten entgegenhielt, in einem Fall wie diesem [fallendes Mehlfass aus dem Fenster des Beklagten, das einen Fußgänger verletzt] sei schon der Unfall selbst für sich – ‚res ipsa loquitur‘ –, wenn er ihn deshalb trotz Unaufklärbarkeit des genauen Hergangs wegen schuldhafter Schädigung zum Ersatz verurteilte, dann folgte er hiermit letztlich genau demjenigen gedanklich Weg [...]: Er liess alle [durch statistische Erfahrungssätze vermittelten] vernünftigerweise vorstellbaren Unfallursachen und -abläufe gewissermaßen zunächst einmal Revue passieren, bewertete sie alsdann in einem zweiten – rechtlichen – Schritt sämtlich gleichermaßen als vom Beklagten zu vertreten und kam so letztendlich zu dem Schluss, dass der Schaden eigentlich nur durch irgendein fahrlässiges Verhalten des Beklagten verursacht worden sein konnte. Und schon dieser

---

617 *Dänzer*, Vermutung, S. 1 (zur „tatsächlichen Vermutung“); ebenso *Grunsky*, Zivilprozessrecht, Rn. 167.

618 So auch die Metapher bei *Rosenberg/Schwab/Gottwald*, Zivilprozessrecht, § 112 Rn. 17.

619 *Egon Schneider*, VersR 1977, 687 und *ders.*, Beweis, Rn. 337 vergleicht den Anscheinsbeweis mit einer Rechtsnorm, bestehend aus einem Tatbestand, aus dem eine bestimmte Beweisfolge abgeleitet werde; zustimmend *Metz*, NJW 2008, 2807.

620 *Metz*, NJW 2008, 2807.

621 Vgl. nur *Rosenberg/Schwab/Gottwald*, Zivilprozessrecht, § 112 Rn. 17, *Lepa*, Verteilung, S. 41 und *Ina Berg-Winters*, Anscheinsbeweis, S. 17; ähnlich *Prütting*, Gegenwartsprobleme, S. 110 („‚Irgendwie‘-Beweis“).

622 Siehe oben Erster Hauptteil, Erstes Kapitel, B, V.

623 Court of Appeals of Arizona (Schneider vs. City of Phoenix), 9 Ariz. App. 356 (359).

Schluß reichte ihm, auch ohne detaillierte Aufklärung des Sachverhalts, zur Überzeugungsbildung und damit zur Beweisführung des geschädigten Klägers aus [...]"[624]

Ein Verstoß gegen § 286 Abs. 2 ZPO („An gesetzliche Beweisregeln ist das Gericht nur in den durch dieses Gesetz bezeichneten Fällen gebunden.") wird in dieser „Beweiswürdigungsregel" des Anscheinsbeweises nicht erblickt[625], da der Richter angesichts der menschlichen Unvollkommenheit zur absoluten Wahrheitserkenntnis zwingend auf die allgemeine Lebenserfahrung als „Erkenntnismittel"[626] angewiesen sei, in die die freie Beweiswürdigung erst eingebettet sei[627]. Damit ein statistischer Erfahrungssatz dem Richter aber nicht nur als tatsächliche Vermutung[628] den umfassend abzuwägenden Weg auf einen möglichen Geschehensablauf weise, sondern als eigenständiges Rechtsinstitut die Brücke in die volle Beweiswürdigung allein wegen des typisierten Geschehensablaufs weise, müsse die Wahrscheinlichkeit des hinter der jeweiligen Fallgruppe des Anscheinsbeweises stehenden statistischen Erfahrungssatzes als „Grundgerüst" (die Billigkeit alleine genüge hierfür nicht[629]) derart stark sein, dass die Brücke über die Beweislücke vom Richter bei Fehlen konkreter Gegenindizien (von der Nichtgeltung des Erfahrungssatzes im Einzelfall) auch beschritten werden könne[630] und – soll der Erfahrungssatz und damit letztlich § 286 Abs. 1 ZPO mit der Folge einer Aufhebung des Urteils in der Revisionsinstanz nicht verletzt werden[631] – dann auch beschritten werden müsse[632]. Erst wenn es sogar an gesichertem Erfahrungsmaterial zur Überbrückung der Beweislücke fehle, könne ausnahmsweise in engen Grenzen an eine Beweismaßabsenkung gedacht werden.[633]

---

[624] *Buciek*, Beweislast, S. 211.

[625] Vgl. nur *Rosenberg/Schwab/Gottwald*, Zivilprozessrecht, § 112 Rn. 32, *Hainmüller*, Anscheinsbeweis, S. 46, *Gottwald*, Schadenszurechnung, S. 201 und *Stück*, JuS 1996, 154; aA *Greger*, VersR 1980, 1101 f. sowie *Kollhosser*, Anscheinsbeweis, S. 105 ff. und *ders.*, AcP 165 (1965), 55 ff. für allenfalls gewohnheitsrechtlich anerkannte, contra legem entwickelte Beweiswürdigungsregeln; umfassend zu diesem Streit *Heescher*, Untersuchungen, S. 135 ff.

[626] BGHZ 39, 103 (107).

[627] So etwa *Rosenberg/Schwab/Gottwald*, Zivilprozessrecht, § 112 Rn. 16 und 32, *Musielak*, Grundkurs ZPO, Rn. 464, *Schilken*, Zivilprozessrecht, Rn. 494, *Höfer*, Prima-facie-Beweis, S. 13, *Kollhosser*, Anscheinsbeweis, S. 1 und *Hoffmann*, Anscheinsbeweis, S. 44.

[628] Vgl. zur Abgrenzung zwischen bloßer tatsächlicher Vermutung und Anscheinsbeweis *Ehrlicher*, Prima-facie-Beweis, S. 48 f.

[629] So zutreffend BGH, VRS 14 (1958), 92 (93), *Diederichsen*, VersR 1966, 217, *Hoffmann*, Anscheinsbeweis, S. 64 und *Kollhosser*, Anscheinsbeweis, S. 51 f.; für ein Zusammenspiel aus Billigkeit und Wahrscheinlichkeit *Clara Marum*, Prima-facie-Beweis, S. 15 ff.

[630] Vgl. nur BGHZ 100, 31 (33), BGH, NJW 1998, 79 (81), *Rosenberg/Schwab/Gottwald*, Zivilprozessrecht, § 112 Rn. 16 und *Heescher*, Untersuchungen, S. 144.

[631] Vgl. hierzu nur BGHZ 18, 311 (318), *Rosenberg/Schwab/Gottwald*, Zivilprozessrecht, § 112 Rn. 37, *Gottwald*, Jura 1980, 312 und MüKo-ZPO/*Prütting*, § 286 Rn. 66.

[632] So ausdrücklich *Greger*, Beweis, S. 172 f., *ders.*, VersR 1980, 1098 und *Stück*, JuS 1996, 154.

[633] *Mummenhoff*, Erfahrungssätze, S. 125.

II. Voraussetzungen

1. Der typische Geschehensablauf

„Rückgrat“ jedes Anscheinsbeweises[634] ist daher ein sog. „typischer Geschehensablauf“[635], d.h. ein feststehender (sprich: nicht selbst streitiger) Sachverhalt, „der nach der Erfahrung des täglichen Lebens“ so „das Gepräge des Regelmäßigen, Üblichen, Gewöhnlichen und Häufigen trägt“[636] und auf eine bestimmte Ursache oder einen bestimmten Ablauf als maßgeblich für den Eintritt eines bestimmten Erfolges hinweist und in diese Richtung zu verlaufen pflegt[637], dass der Richter prima facie auf diese bestimmte Ursache oder Wirkung schließen darf. Nur dieser Sachverhalt braucht vom Beweispflichtigen schlüssig und widerspruchsfrei zur Überzeugung des Richters dargelegt und im Zweifelsfall bewiesen zu werden.[638] Vermittelt wird der typische Geschehensablauf (und damit letztlich die Brücke über die Beweislücke) durch einen hinter ihm stehenden Wahrscheinlichkeits-Erfahrungssatz, der nach dem neuesten Stand des anerkannten Erfahrungswissens nicht nur (mit geringer Wahrscheinlichkeit) einen Ablauf von vielen als möglich ausweist (sog. „einfacher [statistischer] Erfahrungssatz“[639]), sondern der einen ganz bestimmten „gewöhnlichen Verlauf der Dinge“ mit derart „ausreichender“[640], „hinreichender“[641], „hoher“[642] bzw. „sehr großer“[643] Wahrscheinlichkeit (als „An-

---

[634] *Hainmüller*, Anscheinsbeweis, S. 13.

[635] So der in Rechtsprechung und Schrifttum weithin anerkannte Fachausdruck: RGZ 130, 357 (359), RGZ 159, 235 (239), RG, DR 1942, 1515 (1516), BGHZ 2, 1 (5), BGHZ 24, 308 (312), BGHZ 100, 31 (33), BGH, NJW 1951, 360, BGH, NJW 1987, 2876 (2877), BGH, NJW 1996, 1828, BGH, NJW 2002, 1643 (1645), BGH, NJW 2004, 3623, BGH, NJW 2005, 2395 (2398), BGH, NJW 2006, 300 (301), BGH, NJW 2006, 2262 (2263), OLG Saarbrücken, NZV 2010, 466 (467), *Rosenberg/Schwab/Gottwald*, Zivilprozessrecht, § 112 Rn. 20, Stein/Jonas/*Leipold*, ZPO, § 286 Rn. 135, *Musielak*, Grundkurs ZPO, Rn. 463, *Schellhammer*, Zivilprozess, Rn. 519, *Jauernig*, Zivilprozessrecht, S. 166, *Baumbach/Lauterbach/Albers/Hartmann*, ZPO, Anh. § 286 Rn. 16, *Wassermeyer*, Prima facie Beweis, S. 37, Zöller/*Greger*, ZPO, Vor § 284 Rn. 29, Thomas/Putzo/*Reichold*, ZPO, § 286 Rn. 12, *Martin Schwab*, Zivilprozessrecht, Rn. 489, *Schneider/Thiel*, Beweisrecht, Rn. 164, *Nell*, Wahrscheinlichkeitsurteile, S. 70, *Ina Berg-Winters*, Anscheinsbeweis, S. 17, *Heescher*, Untersuchungen, S. 117, *Metz*, NJW 2008, 2817 sowie *Rhona Fetzer*, MDR 2009, 603.

[636] *Metz*, NJW 2008, 2817; vgl. auch BGH, NJW 2002, 1643 (1645) (das Gepräge des Gewöhnlichen und Üblichen) und *Ina Berg-Winters*, Anscheinsbeweis, S. 18 („wenn er dem Üblichen und Gewöhnlichen entspricht“).

[637] Vgl. zu diesem Gegenstand des Geschehensablaufes etwa BGHZ 100, 31 (33), *Schellhammer*, Zivilprozess, Rn. 519, *Jauernig*, Zivilprozessrecht, S. 166 und *Baumbach/Lauterbach/Albers/Hartmann*, ZPO, Anh. § 286 Rn. 16.

[638] Vgl. nur BGH, NJW 1982, 2447 (2448), *Klimke*, ZfV 1990, 126 und *Metz*, NJW 2008, 2817.

[639] So die Bezeichnung von MüKo-ZPO/*Prütting*, § 286 Rn. 60.

[640] *Musielak*, Grundkurs ZPO, Rn. 467.

[641] *Egon Schneider*, Beweis, Rn. 324.

[642] *Nell*, Wahrscheinlichkeitsurteile, S. 71.

[643] BGH, NJW 2006, 2262 (2263) und *Baumbach/Lauterbach/Albers/Hartmann*, ZPO, Anh. § 286 Rn. 16.

scheinsstärke“[644]) dem Richter nahe legt, dass er bei Fehlen entsprechender Gegengründe eine richterliche Überzeugung zu begründen vermag[645] (sog. „Erfahrungs*grund*satz“[646], „qualifizierter Erfahrungssatz“[647] oder „goldener Erfahrungssatz“[648]). Wie hoch dieser „über der Schwelle der [bloßen] Schadenseignung“[649] liegende Wahrscheinlichkeitsmaßstab (z.B. 90%) sein muss, lässt sich hierbei nicht abstrakt festlegen[650], würde er zum einen doch die Vielzahl nicht genau mit einem Wert quantifizierbarer Erfahrungssätze von der Begründung eines Anscheinsbeweises ausschließen. Zum anderen kann im Einzelfall der vom statistischen Erfahrungssatz vermittelte Wahrscheinlichkeitsgrad durch konkrete Umstände, die auf einen derartigen tatsächlichen Geschehensablauf auch im Einzelfall hindeuten, verstärkt oder durch die Begründung von Zweifeln abgeschwächt oder gar ausgeschlossen werden. Der Tatrichter hat daher in jedem Einzelfall nach der Gesamtwürdigung aller feststehenden konkreten Umstände subjektiv zu entscheiden, ob angesichts oder trotz dieser Umstände der vom statistischen Erfahrungssatz (noch immer) vermittelte Wahrscheinlichkeitsgrad ausreicht, um auf seiner Basis im konkreten Fall zu einer vollen richterlichen Überzeugung zu gelangen[651], ohne sämtliche Details des Tatgeschehens aufgeklärt zu haben[652]. Lediglich als Richtschnur kann somit die stetig wachsende[653] Kasuistik an typischen Geschehensabläufen in der Rechtsprechung dienen, bei denen bei Fehlen aussagekräftiger Gegenindizien der zugrunde liegende statistische Erfahrungssatz alleine eine richterliche Überzeugungskraft herbeizuführen geeignet sei:

---

644 *Mummenhoff*, Erfahrungssätze, S. 138f.

645 Umfassend zu diesen Voraussetzungen MüKo-ZPO/*Prütting*, § 286 Rn. 58f. und *Stück*, JuS 1996, 155; enger *Gerhard Walter*, ZZP 90 (1977), 280, der verlangt, dass die Erfahrungssätze wissenschaftlich verifizierbar sein müssten. Ein derartiger Nachweis ist angesichts des begrenzten menschlichen Wissens unmöglich, sind doch selbst zwingende Erfahrungssätze allenfalls falsifizierbar, aber niemals verifizierbar, siehe hierzu ausführlich: Zweiter Hauptteil, Fünftes Kapitel, C, II, 2.

646 MüKo-ZPO/*Prütting*, § 286 Rn. 58, *Gottwald*, Jura 1980, 311 und *Stück*, JuS 1996, 155.

647 *Martin Schwab*, Zivilprozessrecht, Rn. 489.

648 *Wassermeyer*, Prima facie Beweis, S. 38.

649 *Mummenhoff*, Erfahrungssätze, S. 139.

650 So klar bereits *Wassermeyer*, Prima facie Beweis, S. 38. Stein/Jonas/*Leipold*, ZPO, § 286 Rn. 135 spricht daher von einer „unbestimmten“ Voraussetzung; kritisch zum Merkmal des „typischen Geschehensablaufs“ auch *Nell*, Wahrscheinlichkeitsurteile, S. 73.

651 In diese Richtung bereits BGH, NJW 2001, 1140 (1141), *Baumbach/Lauterbach/Albers/Hartmann*, ZPO, Anh. § 286 Rn. 16, Zöller/*Greger*, ZPO, Vorbem. § 284 Rn. 29, *Egon Schneider*, Beweis, Rn. 325, *Klimke*, ZfV 1990, 126, *Lepa*, NZV 1992, 130, *Clara Marum*, Prima-facie-Beweis, S. 14 und *Metz*, NJW 2008, 2817.

652 In diesem Sinne ist die Formulierung der Rechtsprechung zu verstehen, angesichts des typischen Geschehensablaufs seien „die konkreten Umstände des Einzelfalles für die tatsächliche Beurteilung ohne Belang“ (BGH, NJW 1951, 360; ähnlich BGH, NJW 1987, 1944 („[…] dass die besonderen individuellen Umstände in ihrer Bedeutung zurücktreten“).

653 So auch die Einschätzung von *Ina Berg-Winters*, Anscheinsbeweis, S. 18 und *Gudrun Engels*, Anscheinsbeweis, S. 57.

a) Der Nachweis des Kausalzusammenhangs

Entsprechend seiner historischen Fundierung im Schiffskollisionsrecht[654] ist noch immer ein „Kernbereich des Anscheinsbeweises"[655] der Nachweis eines Kausalzusammenhangs zwischen einem eingetretenen Schaden (Erfolg) und einem dem vorgelagerten Verstoß gegen Schutzgesetze oder Verkehrssicherungspflichten mit genauen Verhaltensanweisungen (Unfallverhütungsvorschriften), wenn mit diesen sich nach dem gewöhnlichen Verlauf der Dinge ergebende typische Folgen der Art vorgebeugt werden sollen, die konkret tatsächlich eingetreten sind.[656] Ein Anscheinsbeweis spricht so für die Kausalität zwischen der Durchführung von Lötarbeiten bei Verstoß gegen Unfallverhütungsvorschriften und einem Brand in dieser Gefahrenzone[657], zwischen offenem Feuer und einem Dachstuhlbrand in der Nähe[658], zwischen der Abfüllung feuergefährlicher Abfälle in einem Plastikeimer und einem Brand[659], zwischen dem Spielen mit Feuer und einem Brand[660], zwischen der Montage eines Heizgeräts ohne Bodenplatte und einem Brand[661], zwischen der Schadhaftigkeit einer Leiter, die die nach den DIN-Vorschriften erforderliche Last nicht tragen kann, und deren Bruch bei Besteigen eines Mannes, der hierdurch verletzt wird[662], zwischen der Ablösung des Geländerholms mit dem Sturz eines Handwerkers und der mangelhaften Errichtung des Gerüsts[663], zwischen einer Gefahrenstelle im Bordstein (lose Pflastersteine) und dem Sturz eines Fußgängers[664], zwischen einem Verstoß gegen die Streupflicht und einem Sturz auf Glatteis[665], zwischen extrem glatten Treppenstufen und einem Sturz auf der Treppe[666] sowie zwischen einem Erdaushub unter Verstoß gegen DIN-Normen und Schäden auf dem Nachbargrundstück[667]. *Medizinisch* spricht ein typischer Geschehensablauf für die Kausalität zwischen Operationen und nachfolgenden Gesundheitsschäden[668]

---

654 Siehe ausführlich oben Erster Hauptteil, Erstes Kapitel, B, III und IV.

655 *Stück*, JuS 1996, 155.

656 So grundsätzlich BGH, VersR 1986, 916 (917), BGH, NJW 1994, 945 (946), BayObLGZ 1994, 276 (285), OLG München, NZV 2001, 510, Stein/Jonas/*Leipold*, ZPO, § 286 Rn. 167, Musielak/*Foerste*, ZPO, § 286 Rn. 27, MüKo-ZPO/*Prütting*, § 286 Rn. 75, *Greger*, VersR 1980, 1092, *Bayerlein*, Praxishandbuch, § 16 Rn. 6 und *Stück*, JuS 1996, 155.

657 OLG Brandenburg, NJW-RR 2004, 97 (99).

658 BGH, VersR 1975, 379f.

659 BGH, NJW 1978, 2032 (2033).

660 OLG Köln, VersR 1994, 1420 (1421).

661 BGH, NJW 1997, 528 (529).

662 OLG Koblenz, NJW-RR 1988, 1486.

663 OLG Stuttgart, NJW-RR 2010, 451 (452f.); ebenso OLG Rostock, Urt. v. 3. 3. 2009 – 5 U 113/08, juris.

664 BGH, JR 2006, 73f.

665 BGH, NJW 1984, 432 (433), OLG Frankfurt a. M., VersR 1980, 50 (51) und OLG Koblenz, Urt. v. 27. 10. 2010 – 1 U 170/10, juris. Allerdings spricht kein Anscheinsbeweis auch für die Verletzung der Streupflicht, die also feststehen oder vom Kläger bewiesen werden muss: vgl. nur BGH, WuM 2009, 241 und LG Mannheim, VersR 1980, 1152.

666 BGH, NJW 1994, 945 (946).

667 BGHZ 114, 273 (276).

668 OLG Köln, NJW 1987, 2302.

(wie etwa zwischen verseuchtem Blut und einer HIV-Infektion eines Patienten, der keiner Risikogruppe angehört[669]), genauso wie zwischen einer nicht gehörig heizbaren und feuchten Wohnung und der Erkrankung an Gelenkrheumatismus[670], zwischen einem lauten Rockkonzert und einem Hörsturz[671] oder zwischen einem Verstoß gegen die Viehseuchenverordnung und dem Ausbruch der Hühnerpest[672]. Im *Straßenverkehr* ist dem ersten Anschein nach Unfallursache eine alkoholbedingte Fahruntüchtigkeit[673], die fehlende Beleuchtung eines Fahrzeugs bei Dunkelheit[674], die fehlende Absicherung eines liegen gebliebenen Fahrzeugs[675], das Aufziehen falscher Reifen für ein Unfall mit Platzen der Reifen[676], eine fehlerhafte Bremsvorrichtung am Fahrzeug[677], das Fehlen eines vorgeschriebenen Pfeifsignals vor einem Bahnübergang für den Zusammenstoß zwischen Zug und Kraftfahrzeug[678], das Fahren eines Motorradfahrers ohne Sturzhelm für erlittene Kopfverletzungen[679] oder das Fahren ohne Sicherheitsgurt für Kopfverletzungen der Autoinsassen[680].

b) Der Schuldnachweis

Der zweite große Bereich des Anscheinsbeweises ist das für eine deliktische wie vertragliche Schadensersatzhaftung vom Geschädigten zu beweisende Verschulden. Nach § 276 Abs. 1 S. 1 BGB hat der Vertragsschuldner wie nach § 823 Abs. 1 BGB der deliktische Schuldner hierbei Vorsatz und Fahrlässigkeit zu vertreten, wobei nach der für das gesamte Zivilrecht[681] (aber nicht das Strafrecht!) geltenden Legaldefinition des § 276 Abs. 2 BGB „fahrlässig handelt, wer die im Verkehr erforderliche Sorgfalt außer Acht lässt“. Abweichend vom Strafrecht liegt hierbei im Zivilrecht aus Gründen des Vertrauensschutzes kein individueller, sondern ein auf die allgemeinen Verkehrsbedürfnisse ausgerichteter objektiv-abstrakter Sorgfaltsmaßstab zugrunde[682]; jeder Teilnehmer am Rechtsverkehr muss sich darauf verlassen können, dass der andere die zur Erfüllung seiner vertraglichen wie allgemeinen rechtlichen Pflichten erforderlichen Fähigkeiten und Kenntnisse besitzt[683]. Weiter konkretisiert wird dieser vom Rechtsverkehr erwartete Sorgfaltsmaßstab, den der einzelne

---

[669] BGHZ 114, 284 (290) und BGHZ 163, 209 (212f.); aA OLG Frankfurt a. M., JR 2000, 375f.
[670] RGZ 95, 103 (104).
[671] BGH, VersR 2001, 1040 (1041); aA OLG Karlsruhe, JZ 2000, 789f.
[672] BGH, VersR 1961, 828 (829).
[673] BGH, NJW 1956, 21, BGH, NJW 1988, 1846, BGH, NJW 1992, 119 (120) und OLG Hamm, VersR 2002, 76 (77).
[674] BGH, VersR 1964, 296.
[675] BGH, VersR 1956, 409 (410).
[676] OLG Hamburg, DAR 1972, 16f.
[677] BGH, VersR 1971, 80ff.
[678] BGH, VersR 1957, 800 (801).
[679] BGH, NJW 1983, 1380.
[680] BGH, NJW 1980, 2125 (2126); einschränkend OLG Karlsruhe, MDR 1979, 845f.
[681] Palandt/*Grüneberg*, BGB, § 276 Rn. 12.
[682] Vgl. nur BGHZ 39, 281 (283), BGHZ 80, 186 (193), BGHZ 106, 323 (330) und BGH, NJW 2000, 2812 (2813).
[683] Palandt/*Grüneberg*, BGB, § 276 Rn. 15.

unabhängig von seinen individuellen Fähigkeiten und geistigen oder körperlichen Mängeln (wie z. B. fehlenden Verstandeskräften[684], fehlender Sehkraft[685] oder mangelhafter Ausbildung[686]) einzuhalten hat, durch Rechtsvorschriften wie Unfallverhütungsvorschriften[687], DIN-Normen[688] oder einer tatsächlichen Übung des entsprechenden Berufs- und Verkehrskreises[689]. Fahrlässig handelt jemand bei Verstoß gegen derartige Rechtsvorschriften zwar nur, wenn er den schädigenden Erfolg (wenn auch nicht notwendigerweise in all seinen Einzelheiten[690]) vorhersehen und ihn durch ein sachgerechtes Verhalten vermeiden[691] konnte. Bestehen im Einzelfall jedoch keine Anhaltspunkte für eine fehlende Vorhersehbarkeit oder eine fehlende Vermeidbarkeit, so kann bei einem Verstoß gegen eine Schutzvorschrift, die das dem Bürger abverlangte normgerechte Verhalten hinreichend konkretisiert, von einer zumindest fahrlässigen Verursachung des tatsächlichen Schadens, den die verletzte Schutzvorschrift vermeiden möchte, ausgegangen werden. Wenn es also in einer bestimmten Situation zu einem bestimmten Schaden kommt, der typischerweise durch die Verletzung einer entsprechenden Schutzvorschrift herbeigeführt worden ist, so kann alleine aus dem Erfolgseintritt prima facie auf deren zumindest fahrlässige und damit schuldhafte Verursachung durch den Schädiger geschlossen werden. Die beste Anschauung hierfür bietet der Hauptanwendungsfall des Auffahrunfalls: Fahren zwei Fahrzeuge hintereinander, so hat der hintere Fahrzeuglenker (dem allgemeinen Gebot des § 1 Abs. 2 StVO zur Verhinderung der Schädigung anderer entsprechend) nach § 4 Abs. 1 StVO zum Vordermann einen derart großen (Sicherheits-) Abstand zu halten, dass er auch dann noch hinter diesem anhalten kann, wenn der Vordermann plötzlich bremst. Fehlt es an einem direkt vor ihm fahrenden Fahrzeug, so hat er nach § 3 Abs. 1 S. 4 StVO seine Geschwindigkeit an die jeweiligen Straßen- und Verkehrsverhältnisse so anzupassen, „dass er innerhalb der übersehbaren Strecke halten kann“. Kommt es dennoch zum Auffahrunfall mit einer Teilüberdeckung von Heck und Front[692], so kann grundsätzlich vermutet werden, dass der Hintermann Straßenverkehrsnormen zuwider entweder den notwendigen Abstand nicht eingehalten oder zu schnell gefahren ist. Oder in den Worten von *Metz*[693]:

---

684 Vgl. etwa zur erheblichen seelischen Erregung BGHZ 17, 69 (72).
685 BGH, JZ 1968, 103.
686 BGH, VersR 1958, 268 (269 f.) und BGH, VersR 1968, 395 (396).
687 So etwa BGH, NJW 1957, 499 (500) und BGH, VersR 1962, 358 (359).
688 Vgl. BGHZ 103, 338 (341 f.) und BGHZ 139, 16 (17).
689 Vgl. nur BGH, NJW 1972, 150 (151) und OLG Köln, NJW-RR 1990, 793.
690 So BGHZ 57, 25 (33), BGHZ 59, 30 (39) und OLG Düsseldorf, NJW-RR 1995, 1482 (1483).
691 Vgl. zu diesem Erfordernis etwa BGHZ 39, 281 (285 f.) und Palandt/*Grüneberg*, BGB, § 276 Rn. 21.
692 Vgl. zu diesem Erfordernis für einen „typischen Auffahrunfall“: KG, VRS 115 (2008), 275, KG, NZV 2010, 468 (469) und *Martis/Enslin*, MDR 2009, 489.
693 NJW 2008, 2808. Er verweist zwar seinerseits auf *Egon Schneider*, VersR 1977, 687, der jedoch ein anderes Beispiel bringt: „Wenn ein nachmittags am Straßenrand geparkter Tiefbauschlepper gegen Mitternacht fahrerlos rückwärts auf einen parkenden Pkw auffährt (Beweistatbestand), dann spricht der erste Anschein dafür, daß das Fahrzeug nicht hinreichend gesichert oder nicht verkehrssicher war (Beweisfolge).“

„Vom Tatbestand eines typischen heckseitigen Auffahrens gelangt man durch Anwendung des Erfahrungssatzes zum Nachweis eines Verstoßes gegen §§ 4, 3 und 1 Abs. 2 StVO.“ Mit diesem hat der Auffahrende gegen die erforderliche Sorgfalt verstoßen und bei Fehlen von Gegenanzeichen für eine fehlende Vorhersehbarkeit, eine fehlende Vermeidbarkeit oder fehlende konkrete Anzeichen, die den typischen Hergang des Auffahrens erschüttern (z.B. bei plötzlichem Versagen der Bremsen[694], wenn der Vordermann kurz vor dem Unfall die Spur gewechselt hat[695] oder wenn der Vordermann plötzlich ohne Grund abgebremst hat, womit wegen dem Verbot des § 4 Abs. 1 S. 2 StVO grundsätzlich nicht zu rechnen ist[696]), den Unfall fahrlässig verschuldet. Welcher der beiden Verstöße konkret begangen wurde, braucht hierbei nicht geklärt zu werden, da der Hintermann in beiden Fällen fahrlässig gehandelt hätte – man kann sich also mit der bekannten „Irgendwie“-Feststellung begnügen: „Wer auffährt, hat [in der Regel] schuld.“[697]

In diesem Sinne wird ein Anscheinsbeweis für ein Verschulden (im Sinne eines zumindest fahrlässigen Verhaltens) neben dem *Zusammenstoß von Schiffen* bei Verstoß gegen Rechtsvorschriften oder die Regeln seemännischer Praxis[698] vor allem angenommen bei *Verkehrsunfällen* bei einem Verstoß gegen die Verkehrsregeln, insbesondere bei der Missachtung von Verkehrsschildern[699], bei einer Vorfahrtverletzung[700], beim Einfädeln im Reißschlussverfahren[701], beim Überholen ohne hinreichendem Seitenabstand[702], bei der Verletzung eines Verkehrsteilnehmers durch das Öffnen einer Tür beim Ein- oder Aussteigen[703], beim Anfahren vom

[694] BGH, VersR 1963, 95.

[695] Vgl. BGH, MDR 2011, 157, KG, MDR 1997, 1123, OLG Köln, VRS 92 (1997), 197, OLG Köln, NZV 2004, 29f., KG, VRS 108 (2005), 25, OLG Jena, NZV 2006, 147f., KG, NJW-RR 2011, 28 (29), KG, MDR 2011, 158 und KG, Beschl. v. 13. 9. 2010 – 12 U 208/09, juris.

[696] OLG Köln, VersR 1974, 761, OLG Köln, DAR 1995, 485 und OLG Frankfurt a.M., NJW 2007, 87.

[697] So im Ergebnis die ständige Rechtsprechung: BGH, MDR 1964, 314f., BGH, VersR 1969, 859 (860), BGH, NJW-RR 1987, 1235 (1236), BGH, NJW-RR 1989, 670 (671), OLG Hamburg, DAR 1965, 301f., OLG Köln, VersR 1970, 91 (92), OLG Celle, VersR 1974, 496, OLG Karlsruhe, VersR 1982, 1150, OLG Düsseldorf, VersR 1983, 40, KG, VRS 65 (1983), 189 (190f.), OLG Düsseldorf, NZV 2003, 289 (290), KG, NZV 2003, 97f., OLG Düsseldorf, NJW 2006, 1073, OLG Frankfurt a.M., NJW 2007, 87f., OLG Saarbrücken, NZV 2009, 556ff. und KG, Beschl. v. 13. 9. 2010 – 12 U 208/09, juris; ausführlich hierzu *Karl-Werner Dörr*, MDR 2010, 1163ff., *Metz*, NJW 2008, 2808ff. und *Martis/Enslin*, MDR 2009, 489ff.

[698] Vgl. BGH, VersR 1957, 194f., BGH, MDR 1971, 562, BGH, VersR 1974, 158f., BGH, VRS 71 (1986), 133 (134) und BGH, NJW 2001, 1140f.

[699] BGH, VersR 1955, 183.

[700] OLG München, NZV 1989, 438 und OLG Nürnberg, VRS 87 (1994), 22 (23); ebenso für die Kollision eines Linksabbiegers mit einem entgegenkommenden Fahrzeug in dessen Fahrbahn BGH, NZV 2005, 249 (250), KG, NZV 2003, 182, Brandenburgisches Oberlandesgericht, NZV 2009, 554 (555), KG, NZV 2010, 156 und OLG Frankfurt a.M., NZV 2010, 508; anders bei nicht beweisbarer Sichtmöglichkeit: OLG Hamm, NZV 2010, 28f.

[701] AG Dortmund, NZV 2010, 509.

[702] BGH LM § 286 (C) ZPO Nr. 10.

[703] KG, VRS 115 (2008), 263ff.

Straßenrand[704], beim Einfahren in die Fahrbahn mit folgendem Unfall[705], beim Abkommen von der Fahrbahn auf einwandfreier Straße und guter Sicht[706], beim Überfahren des Bürgersteigs[707], beim Geraten ins Schleudern infolge von Aquaplaning[708], beim Fahren ohne Licht in der Dunkelheit[709] oder bei alkoholbedingter Fahruntüchtigkeit in einer Verkehrssituation, die ein nüchterner Fahrer gemeistert hätte[710]. Vergleichbares gilt für Ski-Unfälle, bei dem der erste Anschein für ein Verschulden des von hinten Kommenden an einem Zusammenstoß spricht.[711] Wegen der *Missachtung von Unfallverhütungsvorschriften* kann prima facie zudem auf ein Verschulden geschlossen werden beim Einsturz eines Bauwerks[712], beim Bruch eines Baugerüstbretts[713] oder einer Leitersprosse[714] (für fehlerhafte Errichtung), beim Ausrutschen auf (nicht beseitigtem) Gemüseabfall[715], beim Zurücklassen größerer Fremdkörper durch den Arzt in der Operationswunde[716], beim Eintritt einer Lähmung nach einer Injektion[717] oder wenn giftiges Öl als Speiseöl in den Verkehr kommt (für fehlerhafte Überprüfung der Produktion)[718].

c) Sonstige Fälle des Anscheinsbeweises

Neben diesen beiden klassischen Fallgruppen, die zur Etablierung der Rechtsfigur des Anscheinsbeweises erst geführt haben, werden die Grundsätze des Anscheinsbeweises inzwischen vereinzelt auch in ganz anderen Bereichen des Zivilrechts angewandt, bei denen ebenfalls eine Beweislücke mit einem typischen Geschehensablauf überbrückt werden soll. So ist teilweise (wenn auch im Einzelfall zum Teil heftig umstritten) ein Anscheinsbeweis angenommen worden für die richtige und vollständige Wiedergabe einer Vereinbarung durch die Vertragsurkunde[719], für den Zugang eines Einwurf-Einschreibens bei Reproduktion des elektronisch archivierten Auslieferungsbelegs[720], für den Zugang eines Telefaxes beim Empfänger, wenn

---

704 OLG Düsseldorf, VersR 1977, 60f.

705 KG, VersR 1975, 664f., OLG Frankfurt a.M., VersR 1982, 1079, OLG Celle, NJW-RR 2003, 1536 (1537).

706 BGH, VersR 1966, 693, BGH, VersR 1984, 44 (45), BGH, NJW 1989, 3273 (3274), BGH, NJW 1996, 1828, OLG Stuttgart, VersR 1974, 502 und OLG Karlsruhe, VersR 1994, 698.

707 BGH, NJW 1951, 195.

708 OLG Düsseldorf, VersR 1975, 160.

709 KG, VersR 1983, 839.

710 BGHZ 18, 311, OLG Köln, VersR 1983, 293f., OLG München, VersR 1988, 265 (266) und OLG Koblenz, NZV 2002, 122.

711 Vgl. nur OLG Düsseldorf, MDR 1966, 504f.

712 BGH LM § 286 (C) ZPO Nr. 31.

713 BGH, NJW 1997, 1853 (1854).

714 OLG Köln, VersR 1996, 510.

715 OLG Köln, VersR 1999, 861.

716 BGHZ 4, 138 (144ff.) und BGH LM § 286 (C) ZPO Nr. 15.

717 BGH, VersR 1957, 336ff.

718 BGH LM § 286 (C) ZPO Nr. 12.

719 RGZ 52, 23 (25), RGZ 68, 15 und BGH, DB 1976, 1328f.

720 AG Paderborn, NJW 2000, 3722 (3723), Musielak/*Foerste*, ZPO, § 286 Rn. 29, *Reichert*, NJW 2001, 2523 (2524) und *Putz*, NJW 2007, 2450ff.; aA LG Potsdam, NJW 2000, 3722,

auf dem Sendeprotokoll ein OK-Vermerk enthalten ist[721], für die Bezahlung ordnungsgemäß ausgehändigter Nachnahmesendungen[722], für eine sofortige Barzahlung bei einem Kauf, der erfahrungsgemäß nicht als Kreditgeschäft ausgestaltet ist, für die Richtigkeit einer Telefonrechnung bei Nachweis der Einzelverbindungen, sofern Hinweise auf technische Fehler bei der Gebührenerfassung auch bei vollständiger und konkreter interner Prüfung der Telefongesellschaft nicht zu finden sind[723], sowie bei Abhebung am Geldautomaten mit vermeintlich gestohlener Maestro-Karte (früher: EC-Karte) und richtiger Persönlicher Identifikationsnummer (PIN) dafür, dass der Inhaber der Karte entweder selbst abgehoben oder einen Missbrauch grob fahrlässig erleichtert hat[724].

d) Anscheinsbeweis und individuelle Umstände

aa) „Individualanscheinsbeweis“

Der Anscheinsbeweis mit dem typischen Geschehensablauf als maßgeblichem Strukturelement verlangt mit diesem zwar einen statistischen Erfahrungssatz mit hohem Bestätigungsgrad bezogen auf das von ihm beschriebene Beobachtungsmaterial (Angabe der Wahrscheinlichkeit, wie häufig sich in der Situation X das Element Y gezeigt hat), Voraussetzungen darüber, wie abstrakt oder konkret formuliert der Erfahrungssatz sein kann, werden jedoch nicht aufgestellt. Der Richter kann daher genauso einen in vielen Fällen verwendbaren abstrakten Erfahrungssatz wie „Wer auffährt, hat schuld“ verwenden wie einen Erfahrungssatz, der die hohe Wahrscheinlichkeit für einen Erfolg nur bei ganz engen Voraussetzungen

---

AG Kempen, NJW 2007, 1215 und MüKo-ZPO/*Prütting*, § 286 Rn. 71. Für den Zugang eines einfachen Briefes könne dagegen nie der erste Anschein sprechen, da ansonsten die Zugangserfordernisse des § 130 BGB ausgehöhlt würden: BVerfG, NJW 1995, 2095, BGH, VersR 1978, 671, BGH, NJW 1995, 665 (666) und Musielak/*Foerste*, ZPO, § 286 Rn. 29; aA AG Offenburg, MDR 1989, 992 und *Egon Schneider*, MDR 1984, 281 ff.

721 OLG München, NJW 1994, 527, OLG München, MDR 1999, 286, OLG Zweibrücken, NJW-RR 2002, 355 f., AG Rudolstadt, NJW-RR 2004, 1151 (1152), Musielak/*Foerste*, ZPO, § 286 Rn. 29, *Martin Schwab*, Zivilprozessrecht, Rn. 491a, *Riesenkampff*, NJW 2004, 3296 (3298); aA BGH, NJW 1995, 665 (666 f.), BGH, NJW-RR 2002, 999 (1000), Stein/Jonas/*Leipold*, ZPO, § 286 Rn. 182 und *Mankowski*, NJW 2004, 1901 (1904).

722 BGH, NJW 2006, 300 (301) und LG Hannover, NJW-RR 1999, 1225 f.

723 LG Essen, NJW 1994, 2365 ff., LG Weisen, NJW-RR 1995, 1278, LG Wuppertal, NJW-RR 1997, 701 f. und Musielak/*Foerste*, ZPO, § 286 Rn. 31; aA OLG Celle, NJW-RR 1997, 568 ff., OLG Köln, NJW-RR 1998, 1363 f., LG Berlin, NJW-RR 1996, 895 f. und MüKo-ZPO/*Prütting*, § 286 Rn. 76.

724 So grundsätzlich BGHZ 160, 308 (313 ff.), zustimmend BGH, VuR 2010, 386, OLG Frankfurt a.M., WM 2009, 1602 ff. und jüngst LG Berlin, MDR 2010, 1206 f., wonach dies auch nach der Umsetzung der Zahlungsdiensterichtlinie (und der Einführung der §§ 675 c–676 c BGB zum 31. 10. 2009) fortgelte. Kein Anscheinsbeweis besteht dagegen, wenn die Bank dem Kunden die Möglichkeit beschneidet, den Anscheinsbeweis zu erschüttern (z.B. durch die Vernichtung der eingezogenen ec-Karte und die Nichtherausgabe der Videoaufzeichnung des Täters, so AG Frankfurt, VuR 2009, 472 f.); vgl. zum Streitstand nur *Kind/Werner*, CR 2006, 359 f.

ausweist und so nur äußerst selten Anwendung finden kann. Ein gutes Beispiel hierfür ist der „Nichtschwimmer"-Fall[725]:

> In einem Freibad ertrank ein Nichtschwimmer S. Gefunden wurde seine Leiche in dem Bereich, in dem das Wasser bis zu 2 Meter tief ist; dieser Schwimmer-Bereich war vom Nichtschwimmerbereich nicht hinreichend abgetrennt. Niemand sah, wie der Vorfall sich ereignete.

Die Haftung des Badeanstaltsbesitzers stützte der Bundesgerichtshof auf einen Anscheinsbeweis mit folgendem engen Erfahrungssatz:

> „Versinkt aber ein Nichtschwimmer oder ein Badender, der fast nicht schwimmen kann, in einem enger begrenzten Bereich eines Bades, der für den Badenden an mehreren Stellen gefährliche Wassertiefen von 1,75 m und mehr aufweist, so ist bei einer so engen Begrenzung der Unfallstelle wie hier nach dem Beweise des ersten Anscheins davon auszugehen, dass das Versinken auf eine solche für ihn gefährliche Tiefe zurückzuführen ist."[726]

Im „klassischen und wohl auch meistdiskutierten[727]"[728] Fall eines Anscheinbeweises mit scheinbar „individuellem Erfahrungssatz", dem berühmt gewordenen Lues I-Fall[729], wurde

> „am 25. Juni 1942 [...] bei der Ehefrau des Klägers in der Medizinischen Klinik der Universität K. eine Bluttransfusion vorgenommen. Blutspender war nach der Behauptung des Klägers der Steinträger L. Bei L. wurde auf Grund einer am 11. Juni 1942 angeordneten Untersuchung eine positive Wassermannreaktion festgestellt und am 1. Juli 1942 in sein Krankenblatt eingetragen. Eine Blutspende ist in dem Krankenblatt des L. nicht eingetragen. Im Mai 1947 stellte sich die Ehefrau des Klägers als Blutspenderin zur Verfügung. Eine dieserhalb vorgenommene Wassermannreaktion fiel positiv aus. Die bei dem Kläger und seinen beiden Söhnen vorgenommenen Wassermannreaktionen verliefen negativ. Der Kläger nimmt das Land wegen des seiner Ehefrau durch die Bluttransfusion vom 25. Juni 1942 entstandenen Schadens in Anspruch, weil diese dadurch mit Lues infiziert worden sei. Das beklagte Land bestreitet, dass L. der Blutspender gewesen sei. Aber auch wenn dies der Fall gewesen sein sollte, so sei es unwahrscheinlich, dass die Infektion der Ehefrau des Klägers darauf zurückzuführen sei; denn eine Transfusionslues durch einen Blutspender, der an Lues III. Stadium leide, sei äußerst selten und unwahrscheinlich, auch hätten sich bei der Ehefrau des Klägers nicht die typischen Merkmale einer Transfusionslues gezeigt."

Nachdem das Landgericht der Klage zum großen Teil stattgegeben und das Oberlandesgericht die Klage abgewiesen hatte, hat der Bundesgerichtshof letzteres aufgehoben. Ein Sachverständigengutachten habe zwar gezeigt, dass zu dieser Frage noch verhältnismäßig wenig Erfahrungsmaterial vorliege. Solange aber konkrete Anhaltspunkte für eine Bluttransfusion von einem Luetiker III. Grades vorlägen,

> „spricht der Beweis des ersten Anscheins auch dafür, dass die Ehefrau des Klägers eine Lues gehabt hat, solange für das Vorhandensein anderer Ursachen des festgestellten Krankheitsbildes keine tatsächlichen Anhaltspunkte vorhanden und auch seitens des be-

---

[725] BGH, NJW 1954, 1119.

[726] BGH, NJW 1954, 1119f.

[727] Vgl. etwa die Besprechung bei *Kegel*, FG Kronstein, S. 329f., *Prölss*, Beweiserleichterungen, S. 20ff., *Hoffmann*, Anscheinsbeweis, S. 50f. und *Buciek*, Beweislast, S. 191ff.

[728] *Buciek*, Beweislast, S. 190.

[729] BGHZ 11, 227ff.

klagten Landes in dieser Richtung keine Tatsachen vorgebracht worden sind. Dabei kann es auf den Grad der Wahrscheinlichkeit einer Infektion durch eine Bluttransfusion von einem Luetiker III. Grades nicht entscheidend ankommen."[730]

Der Bundesgerichtshof geht hier vom engen, in seiner Lues II-Entscheidung[731] nochmals bestätigten (jenem in der Entscheidung des Ober-Appellations-Gerichts zu Lübeck vom 30. 12. 1856[732] [dort: Ansteckung mit Syphilis] ähnelnden) statistischen Erfahrungssatz mit hoher Wahrscheinlichkeit (sprich: Erfahrungsgrundsatz) aus, dass eine Person, die zunächst nicht an Lues leidet, dann nach einer Bluttransfusion aber doch an Lues erkrankt, für deren Ursache eine andere Ansteckungsursache (Verwandte und Freunde) nicht ersichtlich ist, sich durch die Bluttransfusion mit Lues infiziert haben muss: Im Schrifttum[733] ist vielfach kritisiert worden, dass der Bundesgerichtshof hiermit im „Vorliegen eines seltenen und damit abstrakt (das heißt bezogen auf die Gesamtzahl der Erkrankungen) unwahrscheinlichen Ansteckungsweges"[734] einen „typischen Geschehensablauf" erblickt habe, genauso wie er im Nichtschwimmer-Fall eine Ursache als typisch angenommen habe, die bezogen auf alle Ertrinkungsfälle atypisch sei.

Ein Erfahrungsgrundsatz bezieht sich jedoch nur darauf, dass für die von ihm nach den Voraussetzungen umfassten Fällen für eine bestimmte Ursache eine hohe Wahrscheinlichkeit besteht. Die Typizität eines Geschehensablaufes kann daher keine absolute Häufigkeit meinen (also bezogen auf alle Ansteckungen mit Lues oder alle Ertrinkungsfälle), sondern lediglich die relative Häufigkeit bestimmter Ursachen im erfassten Anwendungsbereich[735] (Lues-Erkrankung nach Bluttransfusion ohne weitere erkennbare Ansteckungsursache bzw. Ertrinken eines Nichtschwimmers in abgeschlossener Badeanstalt, deren Leiche im Wasser mit einer Tiefe von mindestens 1,75 m aufgefunden wird). In diesem Bereich spricht für die jeweils angenommene Ursache durchaus eine zur Erlangung der richterlichen Überzeugung erforderliche Wahrscheinlichkeit, so dass auch auf derart engen Erfahrungsgrundsätzen, die auf wenige individuelle Fälle begrenzt sind, ein Anscheinsbeweis gestützt werden kann. Um die Besonderheit derartiger „individueller" Erfahrungsgrundsätze herauszuheben, wird seit *Kegel*[736] von einem „Individualanscheinsbeweis" gesprochen.

---

[730] BGHZ 11, 227 (231).

[731] BGH, VersR 1957, 252.

[732] Siehe hierzu ausführlich oben Erster Hauptteil, Erstes Kapitel, B, II.

[733] So Stein/Jonas/*Leipold*, ZPO, § 286 Rn. 129 Fn. 287 und 135, *Gerhard Walter*, Beweiswürdigung, S. 157, *Wassermeyer*, NJW 1954, 1119, *Henke*, JR 1961, 51, *Lepa*, FS Merz, 390 und 398 f., *Wahrendorf*, Prinzipien, S. 33 ff. und *Weyreuther*, DRiZ 1957, 57 f. *Musielak*, Grundkurs ZPO, Rn. 466 bezweifelt darüber hinaus im Nichtschwimmer-Fall, dass die nach der Lebenserfahrung gewählte Schadensursache eine für die richterliche Überzeugung notwendige Wahrscheinlichkeit aufweise, und er nimmt an, der Bundesgerichtshof habe sich mit einer überwiegenden Wahrscheinlichkeit zufrieden gegeben und so das Beweismaß gesenkt habe.

[734] *Ina Berg-Winters*, Anscheinsbeweis, S. 19.

[735] So *Kegel*, FG Kronstein, S. 330; zustimmend *Gottwald*, Revisionsinstanz, S. 230.

[736] FG Kronstein, S. 328 ff. Die Bezeichnung wurde inzwischen übernommen etwa von *Gerhard Walter*, Beweiswürdigung, S. 156, *Gottwald*, Revisionsinstanz, S. 229, *Wahrendorf*, Prinzi-

bb) Kein Anscheinsbeweis für individuelles Geschehen

Von diesem streng zu trennen sind jene Fälle, bei denen die Individualität nicht den Anwendungsbereich des Erfahrungssatzes einschränkt, sondern versucht wird, ein individuell-einmaliges Geschehen zum Gegenstand eines Erfahrungssatzes zu machen. Dies muss zwangsläufig misslingen, da dort statt mehreren (wenn wie beim Individualanscheinsbeweis auch wenigen) Beobachtungsfällen, deren Ursachen statistisch beschrieben werden können, nur ein Fall vorliegt, der nur die Ursache A oder non-A haben kann, nicht aber A in x% aller Fälle. Ohne Möglichkeit eines beschreibenden Erfahrungsgrundsatzes muss ein Anscheinsbeweis hier ausscheiden, wie beispielsweise dafür, wie sich eine ganz individuelle Person (z.B. Herr K. aus B. an der H.) in einer ganz konkreten Situation verhalten hätte[737] (z.B. Einnicken einer bestimmten Person in einer bestimmten Situation am Steuer[738]) oder wie er von einem bestimmten historischen Ereignis betroffen worden wäre.

Gleiches gilt für die Würdigung individuell menschlichen Verhaltens, das sich nur begrenzt in feste Strukturen zwängen lässt, da jeder Mensch aufgrund seiner bisherigen Erfahrung, seinem Wissen und seinen Emotionen individuelle Entscheidungen trifft, die den Entscheidungen anderer Menschen in der vergleichbaren Situation entsprechen kann, es aber gerade nicht muss. Der Richter hat in derartigen Fällen zwar im Rahmen einer Gesamtwürdigung aller Umstände zu berücksichtigen, ob ein bestimmter Geschehensablauf erfahrungsgemäß auf eine bestimmte Willensrichtung schließen lässt und wie sich eine andere verständige Person in einer vergleichbaren Situation üblicherweise verhält.[739] Selbst wenn man ein derartiges Verhalten verschiedener Menschen in gleicher Situation statistisch erfassen und so für eine bestimmte Verhaltensweise eine (im Einzelfall sogar hohe) Wahrscheinlichkeit angeben könnte, so gäbe diese aber wegen des deutlichen Überwiegens individueller Bezüge meist nichts Entscheidendes dafür her, ob sich das vor dem Richter stehende Individuum in einer entsprechenden Situation auch so „typisch" verhalten hätte[740] oder wegen seiner individuellen persönlichen, möglicherweise irrationalen Momente etwa einzigartig[741]. Ein Erfahrungsgrundsatz und damit ein Anscheinsbeweis kann also – von einigen besonderen Fällen, in denen sich selbst für individuelle Willensentschlüsse Erfahrungssätze bilden lassen[742] – nie für ein bestimmtes menschliches Verhalten sprechen[743] und so nicht für konkrete Willens-

---

pien, S. 32, *Jochen Schröder*, FamRZ 1969, 349, *Ina Berg-Winters*, Anscheinsbeweis, S. 21 und *Buciek*, Beweislast, S. 189f.

737 BGH, VersR 1975, 540.

738 BGH, NZV 2007, 566.

739 *Hagenloch*, DRiZ 1990, 395.

740 Ebenso *Hagenloch*, DRiZ 1990 395.

741 Vgl. auch *Hansen*, JuS 1992, 417.

742 Hier ist ein Anscheinsbeweis möglich: vgl. nur *Prölss*, Beweiserleichterungen, S. 32, *Gerhard Walter*, ZZP 90 (1977), 278f. und *Gottwald*, Jura 1980, 312.

743 Ebenso BGH, NJW 1983, 1548 (1551), BGH, NJW 1987, 1944, BGH, NJW 1988, 2040 (2041), OLG Düsseldorf, VersR 1997, 337, Musielak/*Foerste*, ZPO, § 286 Rn. 30, *Baumbach/Lauterbach/Albers/Hartmann*, ZPO, Anh. § 286 Rn. 25, Thomas/Putzo/*Reichold*, ZPO,

entschlüsse, etwa zur Scheidung[744], zur arglistigen Täuschung[745], zum Kirchenaustritt[746], für eine vorsätzliche Selbsttötung[747] oder für die Annahme grober Fahrlässigkeit[748] als „eine besonders grobe und auch (wie im Strafrecht!) subjektiv schlechthin unentschuldbare Pflichtverletzung, die das gewöhnliche Maß an Fahrlässigkeit erheblich überschreitet", wobei „das Maß der Fahrlässigkeit insbesondere nach der persönlichen Urteils- und Kritikfähigkeit, dem Einsichtsvermögen des Beteiligten wie den besonderen Umständen des Falles zu beurteilen" ist[749].

2. Keine Entkräftung des Anscheines

Hat der Tatrichter nach einer Würdigung der Umstände des Einzelfalles subjektiv die Wahrscheinlichkeit eines anerkannten Erfahrungsgrundsatzes für derart hoch eingeschätzt, dass er auf dieser Basis zu einer richterlichen Überzeugung gelangen kann, so genügt dieser erste Anschein, um zur vollen Überzeugung des Richters eine bestimmte Tatsache (in der Regel durch den Kläger) zu beweisen. Offenkundige wie unstreitige Umstände, die im konkreten Einzelfall gegen den Erfahrungsgrundsatz sprechen, dass er die volle Überzeugung nicht zu begründen vermag, sind so – was in der Praxis häufig übersehen wird – vom Richter schon bei der Annahme des Anscheinsbeweises zu berücksichtigen. Es mangelt dann „bereits unstreitig an der Typizität" des durch den Erfahrungssatz vermittelten Geschehensablaufs[750]. So können etwa die Grundsätze des Anscheinsbeweises für ein Verschulden dann nicht herangezogen werden, wenn andere, nicht in den Verantwortungsbereich des Beweisgegners fallende Schadensursachen ernstlich in Betracht kommen.[751]

Sind derartige Umstände aber aus dem bisherigen unstreitigen Feststellungen wie offenkundigen Tatsachen nicht ersichtlich, so obliegt es dem Beweisgegner, wenn er den so prima facie festgestellten (weil typischen) Geschehensablauf bestreitet, diese Typizität zu erschüttern. Einen Gegenteilsbeweis, also den Beweis eines abweichenden Geschehensablaufs zur vollen Überzeugung des Gerichts, braucht er hierbei nicht zu führen[752], da der Anscheinsbeweis wie dargelegt zu keiner Beweis-

---

§ 286 Rn. 15, *Blomeyer*, Zivilprozessrecht – Erkenntnisverfahren, S. 386, *Heescher*, Untersuchungen, S. 118 Fn. 1 und *Hansen*, JuS 1992, 417.

744 BGH LM § 286 (C) ZPO Nr. 11.

745 BGH, MDR 1960, 660.

746 BGH, NJW-RR 2006, 1645.

747 BGHZ 100, 214, BGH, NJW 1987, 1944 und OLG München, VersR 1984, 576.

748 BGH, VersR 1968, 668, BGH, VersR 1972, 171 und BGH, NJW-RR 2007, 1630 (1632).

749 BSG, DB 1978, 307 (308) und Staudinger/*Löwisch*, BGB, § 276 Rn. 94; ähnlich BGH, NJW 1992, 316 (317), BGH, NJW 2001, 2092 (2093) und BGH, NJW 2003, 1118 (1119).

750 So ausdrücklich OLG Frankfurt a. M., NJW 2007, 87 (88).

751 OLG Düsseldorf, NJW-RR 1995, 1086.

752 Ebenso BGHZ 100, 31 (34), *Rosenberg/Schwab/Gottwald*, Zivilprozessrecht, § 112 Rn. 36, Stein/Jonas/*Leipold*, ZPO, § 286 Rn. 97, MüKo-ZPO/*Prütting*, § 286 Rn. 65, *Bayerlein*, Praxishandbuch, § 16 Rn. 7, *Hoffmann*, Anscheinsbeweis, S. 73, *Ina Berg-Winters*, Anscheinsbeweis, S. 70 und *Clara Marum*, Prima-facie-Beweis, S. 17.

lastumkehr führt.[753] Er erleichtert lediglich quasi als Beweiswürdigungsregel den Beweis durch die weiterhin beweisbelastete Person. Als Gegenstück hierzu braucht der Beweisgegner lediglich einen „vereinfachten“[754] Gegenbeweis[755] zu führen.[756] Dafür reicht es jedoch nicht aus, dass der Beweisgegner lediglich behauptet, dass der dem Anscheinsbeweis zugrunde liegende Erfahrungsgrundsatz wie jeder statistische Erfahrungssatz kaum jemals absolute Sicherheit vermitteln könne und deshalb immer mit der Möglichkeit einer Ausnahme gerechnet werden müsse, da es gerade zum Wesen des Anscheinsbeweises gehört, dass andere abstrakte Möglichkeiten zwar theoretisch denkbar sind, wegen der Typizität des angenommenen Geschehensablaufs aber zurücktreten.[757] Vielmehr hat er konkrete Tatsachen[758] darzulegen und im Bestreitensfalle zur vollen Überzeugung des Gerichts (voll) zu beweisen[759], aus denen sich die ernsthafte Möglichkeit eines abweichenden (nicht notwendigerweise auch wahrscheinlicheren[760]) Geschehensablaufs ergibt[761]. Dies

---

[753] Siehe hierzu oben Erster Hauptteil, Erstes Kapitel, C, I, 2.

[754] *Metz*, NJW 2008, 2807.

[755] Dieser Begriff hat sich durchgesetzt: BGHZ 100, 31 (34), *Rosenberg/Schwab/Gottwald*, Zivilprozessrecht, § 112 Rn. 36, Stein/Jonas/*Leipold*, ZPO, § 286 Rn. 97, MüKo-ZPO/*Prütting*, § 286 Rn. 65, *Jauernig*, Zivilprozessrecht, S. 167, *Blomeyer*, Zivilprozessrecht – Erkenntnisverfahren, S. 389, *Lepa*, Verteilung, S. 39, *Reinecke*, Beweislastverteilung, S. 92, *Clara Marum*, Prima-facie -Beweis, S. 17, *Hoffmann*, Anscheinsbeweis, S. 73, *Metz*, NJW 2008, 2807 und *Stück*, JuS 1996, 157.

[756] Wird die Führung dieses Gegenbeweises von der beweisbelasteten Partei vereitelt, so kann sich diese nicht auf den Anscheinsbeweis berufen: BGH, NJW 1998, 79 (81) und MüKo-ZPO/*Prütting*, § 286 Rn. 65.

[757] BGH, NJW 1978, 2032 (2033), *Musielak*, Grundkurs ZPO, Rn. 468, *Prölss*, Beweiserleichterungen, S. 33, *Hoffmann*, Anscheinsbeweis, S. 74 und *Stück*, JuS 1996, 157.

[758] BGHZ 17, 191 (196), BGH, VersR 1995, 723 (724), Stein/Jonas/*Leipold*, ZPO, § 286 Rn. 98, MüKo-ZPO/*Prütting*, § 286 Rn. 65 sowie *Gottwald*, Jura 1980, 312.

[759] RG, JW 1928, 1732 (1733), RG, JW 1936, 3187, BGHZ 2, 1 (5), BGHZ 6, 169 (171 f.), BGHZ 8, 239 (240), BGHZ 17, 191 (196), BGH, NJW-RR 1989, 670 (671), BGH, NJW 1991, 230 (231), BGH, VersR 1995, 723 (724), OLG Celle, Urt. v. 27. 5. 2009 – 14 U 2/09, juris, *Musielak/Stadler*, JuS 1980, 739, *Rosenberg/Schwab/Gottwald*, Zivilprozessrecht, § 112 Rn. 36, *Prölss*, Beweiserleichterungen, S. 33 f., Stein/Jonas/*Leipold*, ZPO, § 286 Rn. 139, *Baumbach/Lauterbach/Albers/Hartmann*, ZPO, Anh. § 286 Rn. 20, *Blomeyer*, Zivilprozessrecht – Erkenntnisverfahren, S. 389, *Metz*, NJW 2008, 2807, *Gudrun Engels*, Anscheinsbeweis, S. 52, *Klimke*, ZfV 1990, 127 und *Ina Berg-Winters*, Anscheinsbeweis, S. 70; aA *Grunsky*, ArbGG, § 58 Rn. 28.

[760] BGHZ 2, 1 (5), BGHZ 6, 169 (171), BGHZ 17, 191 (196), BGH, VersR 1995, 723 (724), Stein/Jonas/*Leipold*, ZPO, § 286 Rn. 138, *Gottwald*, Jura 1980, 312, *Reinecke*, Beweislastverteilung, S. 92 und *Ina Berg-Winters*, Anscheinsbeweis, S. 71 f.; aA *Ehrenzweig*, VersR 1954, 337.

[761] BGHZ 8, 239 (240), BGHZ 39, 103 (107 f.), BGH, NJW 1978, 2032, BGH, VersR 1995, 723 (724), OLG Köln, VersR 1991, 1195, OLG Hamm, VersR 2000, 55 (57), *Rosenberg/Schwab/Gottwald*, Zivilprozessrecht, § 112 Rn. 36, Stein/Jonas/*Leipold*, ZPO, § 286 Rn. 138, MüKo-ZPO/*Prütting*, § 286 Rn. 65, Thomas/Putzo/*Reichold*, ZPO, § 286 Rn. 13, *Jauernig*, Zivilprozessrecht, S. 167, *Blomeyer*, Zivilprozessrecht – Erkenntnisverfahren, S. 389, *Lepa*, Verteilung, S. 39, *Gudrun Engels*, Anscheinsbeweis, S. 52, *Metz*, NJW 2008, 2807 und *Nugel*, DAR 2008, 550; aA *Kollhosser*, Anscheinsbeweis, S. 112 und *ders.*, AcP 165 (1965), 60 f., der in diesen

kann zum einen erfolgen durch das Bestreiten der tatsächlichen Merkmale, an die der Erfahrungssatz anknüpft (z.B. durch die Vorlage weiterer wissenschaftlicher Beobachtungen).[762] Zumeist wird der Anscheinsbeweis aber erschüttert, indem der Beweisgegner mit Tatsachen die Beweislücke teilweise zumindest so auffüllt, dass der Richter bei Berücksichtigung auch dieser Tatsache zum Ergebnis gelangt, dass sich im konkreten Fall statt des typischen ein anderer (typischer oder atypischer[763]) Geschehensverlauf abgespielt hat.[764] War bislang etwa nur bekannt, dass der Beklagte aus unerklärlichen Gründen von der Fahrbahn bei günstigen Sicht- und Fahrbahnverhältnissen abgekommen und einen Unfall verursacht hat, so begründet dies grundsätzlich den Anschein eines Fahrfehlers und damit eines Verschuldens am Unfall[765]. Behauptet und (wenn der Kläger dies substantiiert bestreitet) beweist der Beklagte nun aber einen technischen Defekt an seinem Fahrzeug, so „verschwindet der Anschein“[766]. Erlaubt der Anscheinsbeweis den Schluss (zur Überzeugung des Richters) auf mehrere denkbare und erfahrungsgemäß mögliche Geschehensabläufe, bei denen der Beweisgegner jeweils haften würde (sog. „Irgendwie-Feststellung“: z.B. beim Auffahrunfall der Schluss auf zu geringen Sicherheitsabstand oder zu hohe Geschwindigkeit[767]), so ist der Gegenbeweis erst geführt, wenn alle diese prima facie-Schlüsse erschüttert wurden[768].

Wird dem ersten Anschein durch den Gegenbeweis die Grundlage für die Übertragung des generell typischen Geschehensablaufs auf den konkreten Fall entzogen, so hat die (trotz Anscheinsbeweises weiterhin) beweisbelastete Partei für die zunächst prima facie bewiesene Tatsache den vollen Beweis zu erbringen.[769]

Anforderungen des Gegenbeweises einen Verstoß gegen die freie Beweiswürdigung erblickt, da der Richter auch nur behauptete Umstände im Rahmen seines freien Ermessens berücksichtigen müsse (kritisch hierzu *Hoffmann*, Anscheinsbeweis, S. 75f.).

762 Ebenso *Musielak/Stadler*, JuS 1980, 739, *Schilken*, Zivilprozessrecht, Rn. 498 und *Stück*, JuS 1996, 157.

763 Vgl. nur BGH, NJW 2004, 3623 (3624) und OLG Frankfurt a.M., NJW 2007, 87 (88).

764 Vgl. dazu, dass es für jene Umstände, die im konkreten Fall zum Erschüttern des Anscheinsbeweises ausreichen, auf die tatrichterliche Beweiswürdigung ankommet BGH, NJW 1969, 277, *Prölss*, Beweiserleichterungen, S. 33, Stein/Jonas/*Leipold*, ZPO, § 286 Rn. 138, *Baumbach/Lauterbach/Albers/Hartmann*, ZPO, Anh. § 286 Rn. 21, Thomas/Putzo/*Reichold*, ZPO, § 286 Rn. 13 und *Ina Berg-Winters*, Anscheinsbeweis, S. 70.

765 Vgl. nur BGH, VersR 1984, 44 (45), BGH, NJW 1989, 3273 (3274) und BGH, NJW 1996, 1828.

766 Beispiel nach *Mummenhoff*, Erfahrungssätze, S. 127.

767 Siehe hierzu oben Erster Hauptteil, Erstes Kapitel, C, II, 1, b).

768 Vgl. BGH, VersR 1956, 53f., *Baumbach/Lauterbach/Albers/Hartmann*, ZPO, Anh. § 286 Rn. 20, *Hoffmann*, Anscheinsbeweis, S. 76 und *Fleck*, VersR 1956, 331.

769 Ebenso RGZ 159, 235 (239), BGHZ 6, 169, BGHZ 39, 107 (108), BGH, NJW 1952, 1137, KG, VersR 1978, 155, OLG Zweibrücken, NJW-RR 2002, 749, *Baumbach/Lauterbach/Albers/Hartmann*, ZPO, Anh. § 286 Rn. 21, *Jauernig*, Zivilprozessrecht, S. 167, *Blomeyer*, Zivilprozessrecht – Erkenntnisverfahren, S. 390, *Bayerlein*, Praxishandbuch, § 16 Rn. 8, *Lepa*, Verteilung, S. 39 und *Nugel*, DAR 2008, 550.

III. Richterliche Überzeugung ohne Anscheinsbeweis

Fehlt es wie zumeist an Erfahrungssätzen mit derart hoher Wahrscheinlichkeit, dass sie einen typischen Geschehensverlauf vermitteln, so kann (und muss) der Tatrichter in der täglichen Praxis dennoch auf der Grundlage derart einfacher Erfahrungssätze nach einer Gesamtwürdigung aller Umstände zur Überzeugung gelangen, wie sich das streitgegenständliche Geschehen konkret abgespielt hat und so rein subjektiv die Beweislücke ausfüllen.[770] Wie dieses Zusammenspiel konkret abläuft, ist bislang noch nicht hinreichend geklärt.

D. Die Übertragung des Anscheinsbeweises auf sonstige Rechtsgebiete

Die Grundsätze des Anscheinsbeweises, die bei Annahme eines subjektiven Beweismaßes ein allgemeines erfahrungsgestütztes Grundkonzept zur Überbrückung vor allem erkenntnistheoretisch bedingter Beweislücken wie jener bezüglich eines Kausalzusammenhangs oder eines fahrlässigen menschlichen Verhaltens bilden, haben sich als solches ausgehend vom Zivilprozess auch in den anderen Rechtsgebieten trotz teilweise anderer Verfahrensstrukturen durchgesetzt:

I. Der Anscheinsbeweis im Arbeitsgerichtsprozess

Über die Verweisnorm des § 46 Abs. 2 S. 1 ArbGG findet § 286 Abs. 1 S. 1 ZPO auch im Arbeitsgerichtsverfahren Anwendung, so dass auch dort eine Tatsache erst festgestellt werden darf, wenn der Richter nach seiner freien Überzeugung „eine tatsächliche Behauptung für wahr oder für nicht wahr" erachtet, er also nach dem auch hier vertretenen subjektiven Beweismaß von der Wahrheit der Tatsachenaussage voll überzeugt ist[771]. Da eine absolute und unumstößliche Gewissheit nicht möglich sei, genüge für die Überzeugung ein „für das praktische Leben brauchbarer Grad von Gewissheit, der den Zweifeln Schweigen gebietet, ohne sie völlig auszuschließen"[772]. Eine bloße objektive Wahrscheinlichkeit oder Plausibilität für das Vorliegen einer Tatsache genüge (wie im Zivilverfahren) nicht.[773] Vermittle jedoch ein statistischer Erfahrungssatz mit ausreichender Wahrscheinlichkeit den Schluss von einem feststehenden (notfalls bewiesenen) Sachverhalt auf die entscheidungserheb-

---

[770] Vgl. hierzu etwa Stein/Jonas/*Leipold*, ZPO, § 286 Rn. 12 und 15 sowie Musielak/*Foerste*, ZPO, § 286 Rn. 10.

[771] Vgl. hierzu nur *Prütting* in Germelmann/Matthes/Müller-Glöge/Prütting, ArbGG, § 58 Rn. 58, *Grunsky*, ArbGG, § 58 Rn. 27, Düwell/Lipke/*Kloppenburg/Ziemann*, ArbGG, § 58 Rn. 73 und Hauck/*Helml*, ArbGG, § 58 Rn. 28.

[772] So für das arbeitsgerichtliche Verfahren Düwell/Lipke/*Kloppenburg/Ziemann*, ArbGG, § 58 Rn. 73.

[773] Hauck/*Helml*, ArbGG, § 58 Rn. 28.

liche Tatsache, so kann der Richter nach den Grundsätzen des Anscheinsbeweises sich beim Fehlen von konkreten Gegenumständen – die vom Beweisgegner zu beweisen wären, wenn sie nicht bereits feststünden – davon überzeugen, dass sich der typische Geschehensablauf auch konkret so zugetragen habe.[774] So wurde ein prima facie-Beweis etwa angenommen für die Selbstverschuldung einer Alkoholsucht[775], für die Selbstverschuldung einer Arbeitsunfähigkeit nach einer Schlägerei unter Alkoholeinfluss[776], für eine Arbeitsunfähigkeit bei vorgelegtem ärztlichen Attest[777], für die leichte Fahrlässigkeit eines Arbeitnehmers beim Abkommen mit dem Fahrzeug des Arbeitgebers von übersichtlicher und gut ausgebauter Fahrbahn[778] sowie für den Nachweis einer Kündigung wegen Arbeitsunfähigkeit bei einer Kündigung in zeitlichem Zusammenhang mit der Krankmeldung[779]. Wegen der Individualität des Handelnden könne es dagegen keinen Anscheinsbeweis für eine vorsätzliche Vertragsverletzung geben.[780]

II. Der Anscheinsbeweis im Verwaltungsprozess

Der Verwaltungsrichter hat gemäß § 108 Abs. 1 S. 1 VwGO „nach seiner freien, aus dem Gesamtergebnis des Verfahrens gewonnenen Überzeugung" zu urteilen. Diese „unvollkommene"[781] Norm, die den Bezugspunkt der notwendigen Überzeugung nicht nennt, ist über die Verweisnorm des § 173 S. 1 VwGO (entsprechende Anwendung der Zivilprozessordnung, wenn die Verwaltungsgerichtsordnung keine Bestimmung trifft und die Strukturunterschiede beider Verfahrensarten nicht dagegen sprechen) mit § 286 Abs. 1 S. 1 ZPO zu ergänzen[782], so dass als Beweismaß auch im Verwaltungsprozess die freie Überzeugung von der Wahrheit einer tatsächlichen Behauptung angenommen wird[783]. Selbst bei besonderen Gründen wie einem unverschuldeten Beweisnotstand oder Gründen der Unzumutbarkeit eines bestimmten Beweises (z.B. im Vertriebenenrecht oder Asylrecht) genüge ein bloß

---

774 Vgl. zur Übertragung der Grundsätze des Anscheinsbeweises nur *Grunsky*, ArbGG, § 58 Rn. 27ff. und Düwell/Lipke/*Kloppenburg/Ziemann*, ArbGG, § 58 Rn. 80ff.

775 BAG AP LFZG § 1 Nr. 26.

776 LAG Hamm, DB 1971, 873 und LAG Düsseldorf, DB 1978, 215.

777 LAG Schleswig-Holstein, Urt. v. 21. 4. 2009 – 5 Sa 412/08, juris.

778 BAG AP BGB § 611 Haftung des Arbeitnehmers Nr. 31 und 42.

779 BAG AP LFZG § 6 Nr. 11.

780 LAG Rheinland-Pfalz, Urt. v. 15. 1. 2009 – 10 Sa 615/08, juris.

781 Sodan/Ziekow/*Höfling*, VwGO, § 108 Rn. 66.

782 Ebenso *Dawin* in Schoch/Schmidt-Aßmann/Pietzner, VwGO, § 108 Rn. 38 und Sodan/Ziekow/*Höfling*, VwGO, § 108 Rn. 66f. (wenn auch mit dem Argument, der Gesetzgeber habe eine dem § 286 Abs. 1 ZPO entsprechende Regelung treffen wollen).

783 Vgl. nur BVerwGE 55, 82 (83), BVerwG, NVwZ 1985, 658 (660), BVerwG, NVwZ 1987, 217 (218), BVerwG, NVwZ 2003, 224 (225), BayVGH, Beschl. v. 21. 12. 2006 – 22 ZB 06.2682 und 22 ZB 06.2683, juris, *Kopp/Schenke*, VwGO, § 108 Rn. 5, Eyermann/*Jörg Schmidt*, VwGO, § 108 Rn. 3 und *Nierhaus*, Beweismaß, S. 48ff.; vgl. zum Beweismaß bei Entscheidungen des Europäischen Gerichtshofs für Menschenrechte *Beate Rudolf*, EuGRZ 1996, 498.

objektiv hoher Grad an Wahrscheinlichkeit nicht[784], die besonderen Umständen seien lediglich bei der Beweiswürdigung (und nicht beim Beweismaß) zu berücksichtigen. So könne der Verwaltungsrichter auf der Grundlage der bisherigen Feststellungen in konsequenter Anwendung der Sätze der Lebenserfahrung „andere – aus der Lebenserfahrung gewonnene – Sachverhalte, die in vielen ihrer einzelnen Merkmale mit dem konkret zu entscheidenden Fall übereinstimmen, zu einer ‚statistischen Menge‘[785]“ zusammenfassen und dann fragen, „ob aus diesen die Erfahrung eines stets gleichmäßigen Verlaufs der Dinge“ hervorgehe[786], „das Bild eines typischen Geschehensablaufs“[787], das ohne Aufklärung aller Details des zu beurteilenden Sachverhalts dem Richter die volle Überzeugung[788] vermitteln könne, das konkrete Geschehen habe sich quasi als „eine Stichprobe eines erfahrungsgemäßen typischen Ablaufs“[789] entsprechend abgespielt (sog. verwaltungsprozessualer Anscheinsbeweis).[790] Entsprechend der ratio legis des materiellen Rechts könne sich der Verwaltungsrichter hierbei mit einer „Irgendwie“-Feststellung begnügen[791]: Werde etwa „eine Folge wiederholter, den Dienstherrn unmittelbar schädigender Pflichtverletzungen durch unerlaubte Zugriffe auf das Geld des Dienstherrn innerhalb eines bestimmten Zeitraumes [...] geltend gemacht“, so bedürfe „es für den Haftungsgrund nicht konkreter Feststellungen, an welchen einzelnen Tagen der Beamte jeweils welche Beträge an sich gebracht habe“[792]. Angenommen wurde der Anscheinsbeweis im Verwaltungsprozess insbesondere für den Nachweis einer bestimmten (typischen) Ursache[793], so beispielsweise dafür, dass eine Wasseruhr, bei der ein Defekt nicht festgestellt werde, einwandfrei funktioniert habe[794] oder dass der Mieter eines Geländes für die dortige Abfalllagerung verantwortlich sei[795]. Vergleichbares wird auch für Prognoseentscheidungen verwandt, so dass jemand, der mehrmals mit ungeklärter Ursache Bewusstseinsstörungen unterlegen ist, nach den

---

784 *Kopp/Schenke*, VwGO, § 108 Rn. 5.
785 *Dawin* in Schoch/Schmidt-Aßmann/Pietzner, VwGO, § 108 Rn. 67.
786 Sodan/Ziekow/*Höfling*, VwGO, § 108 Rn. 160.
787 BGH, NJW 1956, 709 (710).
788 So BVerwGE 14, 181 (184), BVerwG, NJW 1997, 476 und Sodan/Ziekow/*Höfling*, VwGO, § 108 Rn. 162.
789 *Berg*, Entscheidung, S. 106.
790 Vgl. hierzu nur BVerwGE 14, 181 (184), BVerwGE 20, 229 (231 f.), BVerwG, NJW 1965, 1098, BVerwG, NJW 1980, 252, BVerwG, NJW 1982, 1893, BVerwG, NJW 1997, 476f., BVerwG, NVwZ-RR 2000, 256f., BVerwG, NVwZ 2001, 1431 (1432), BVerwG, ZfBR 2008, 594, OVG Niedersachsen, Beschl. v. 20.2. 2009 – 5 LA 155/07, juris, OVG Sachsen-Anhalt, Urt. v. 4.6. 2009 – 1 L 194/07, juris, *Dawin* in Schoch/Schmidt-Aßmann/Pietzner, VwGO, § 108 Rn. 66ff., *Kopp/Schenke*, VwGO, § 108 Rn. 18, Sodan/Ziekow/*Höfling*, VwGO, § 108 Rn. 158ff., *Redeker/Oertzen*, VwGO, § 108 Rn. 14, Eyermann/*Geiger*, VwGO, § 86 Rn. 2 c, *Geiger*, BayVBl. 1999, 331, *Nierhaus*, Beweismaß, S. 12f. sowie umfassend *Anzinger*, Anscheinsbeweis, S. 118ff.
791 Vgl. dazu Sodan/Ziekow/*Höfling*, VwGO, § 108 Rn. 164.
792 BVerwG, NVwZ 1999, 77 (78).
793 Vgl. BVerwGE 14, 181 (184) und BVerwG, NJW 1982, 1893.
794 OVG Saarlouis, NJW 1994, 2243 (2244) und VG Frankfurt, NVwZ-RR 2004, 897f.
795 BayVGH, Beschl. v. 29. 10. 2008 – 20 C 08.1877, juris.

„Regeln über den Beweis des ersten Anscheins" auch in der Zukunft Bewusstseinsstörungen erlegen sein kann (und daher rechtlich zum Führen eines Kraftfahrzeugs nicht geeignet sei)[796]. Hierneben wird der Anscheinsbeweis im Verwaltungsrecht aufgrund des technisierten und automatisierten Vorgangs angenommen für den Zugang eines mit einer Rechtsbehelfsbelehrung ausgefertigten Bescheids bei Vorliegen eines Postausgangsnachweises[797] oder für die ununterbrochene Anwesenheit und Wahrnehmbarkeit von Verkehrszeichen vor Ort[798].

Aus Rücksicht vor den zivilprozessualen Grundsätzen, wonach der Anscheinsbeweis nicht bei der Beurteilung jeder individueller, vom menschlichen Willen abhängender Verhaltensweisen gelte[799], haben auch die Verwaltungsgerichte einen Anscheinsbeweis zunächst nicht für diesen Bereich angenommen.[800] Stattdessen haben sie jedoch vielfach eine bei der Beweiswürdigung zu berücksichtigende „tatsächliche Vermutung"[801] oder „Regelvermutung"[802] für einen typischen Ablauf auch in diesen Fällen angenommen, verbunden mit einer Beweislastumkehr[803], sofern es sich nicht um den engen Bereich „komplexer Vorgänge seelischer Art" handelt[804], sondern um willensgesteuertes menschliches Verhalten, das mit einer Vielzahl übereinstimmender Merkmale immer wiederkehre, so dass genügend aussage- und beweiskräftiges Erfahrungswissen vorhanden sei[805]. Inzwischen hat das Bundesverwaltungsgericht beide Rechtsfiguren aber wieder ausdrücklich gleichgesetzt[806] und klargestellt, dass für einen bestimmten willensgestützten Handlungsablauf durchaus „eine nach den Grundsätzen des Anscheinsbeweises zu erschütternde Vermutung"[807] sprechen könne, so etwa dafür, dass jemand bei positivem Drogentest die Drogen willentlich eingenommen habe[808], dass politische Beweggründe einer früheren beamtenrechtlichen Ernennung auch bei einer hierauf fußenden nach-

---

[796] BVerwGE 20, 229 (231).

[797] So VG Frankfurt (Oder), Urt. v. 22. 1. 2008 – 3 K 2179/06.A, juris und VG München, Beschl. v. 6. 8. 2008 – M 6a E 08.3022, juris. Umgekehrt wird ein Anscheinsbeweis aber nicht angenommen für den Zugangs eines vom Bürger abgesandten Briefes bzw. Widerspruchs: OVG Hamburg, NJW 2006, 2505 (2506); für einen Prima facie-Beweis für eine ordnungsgemäße Übertragung eines Faxes bei einem dies ausweisenden Absendebeleg aber VG Berlin, Beschl. v. 8. 1. 2008 – 12 A 840.07, juris; aA *Kopp/Schenke*, VwGO, § 108 Rn. 18 mwN.

[798] VG Köln, Urt. v. 20. 12. 2010 – 20 K 4677/10, juris.

[799] Siehe oben Erster Hauptteil, Erstes Kapitel, C, II, 1, d).

[800] Vgl. nur BVerwG, DÖV 1979, 601 und BVerwG, NJW 1980, 252.

[801] BVerwGE 8, 305 ff. und BVerwGE 14, 11 (16).

[802] BVerwGE 67, 314 (315).

[803] Vgl. nur BVerwGE 8, 305 (307), BVerwGE 74, 336 (339 f.), BVerwGE 78, 147 und BVerwGE 91, 140 (144); vgl. zu derartigen Vermutungen im Asylverfahren ausführlich *Bertrams*, DVBl. 1987, 1181 ff.

[804] Vgl. zu dieser Einschränkung *Dawin* in Schoch/Schmidt-Aßmann/Pietzner, VwGO, § 108 Rn. 68.

[805] *Dawin* in Schoch/Schmidt-Aßmann/Pietzner, VwGO, § 108 Rn. 68.

[806] So ausdrücklich BVerwG, NJW 1996, 1909 (1910) und BVerwG, NJW 1997, 476 (477).

[807] BVerwG, NJW 1996, 1909 (1910).

[808] VG Augsburg, Beschl. v. 10. 11. 2005 – Au 3 S 05.01637, juris.

folgenden Ernennung fortgewirkt hätten[809], dass Sachen wie Weine, die ihrer Natur nach für den Verbrauch bestimmt seien, auch nach dem Willen des Eigentümers im Einzelfall dem Verbrauch dienen sollten[810], dass in einer eheähnlichen Gemeinschaft der Partner, der über höhere Einkünfte verfüge, den anderen daran beteilige[811], dass wenn sich eine politische Verfolgung gegen eine Gruppe von Menschen richte, die durch gemeinsame Merkmale verbunden seien, jeder einzelne Angehörige der Gruppe von deren Verfolgungsschicksal auch tatsächlich persönlich mitbetroffen sei[812] oder dass in der ehemaligen Deutschen Demokratischen Republik (DDR) ausreisebedingte Veräußerungen von Grundstücken und Gebäuden auf einer staatlichen Nötigung und damit auf Machtmissbrauch zurückzuführen waren[813]. Anders als im Zivilprozess ist beim verwaltungsgerichtlichen Anscheinsbeweis so nicht zwischen Geschehensabläufen, die „gleichsam mechanisch ablaufen" und solchen, die „durch menschliche Willensentscheidung geprägt" sind, zu unterscheiden[814].

Da der Verwaltungsrichter nach § 86 Abs. 1 VwGO den Sachverhalt jedoch von Amts wegen zu erforschen hat (Amtsermittlungsgrundsatz) und sich somit anders als der Zivilrichter nicht mit den von den Parteien beigebrachten Umständen begnügen kann, kann er die Erschütterung des Anscheines nicht einer Prozesspartei überantworten. Er muss vielmehr selbst den Sachverhalt umfassend mit allen zur Verfügung stehenden Beweismitteln dahingehend überprüfen, ob im konkreten Fall besondere Umstände „aufgrund feststehender Tatsachen die ernstliche und nahe liegende Möglichkeit eines vom typischen Geschehensablaufs abweichenden Geschehens- oder Ursachenverlaufs besteht"[815]. Erst wenn der Richter dieser Pflicht umfassend nachgekommen ist, darf er für den zu entscheidenden Fall einen typischen Geschehensablauf annehmen und seine Überzeugungsbildung auf den so vermittelten Anschein stützen.[816]

Fehle es an einem typischen Geschehensablauf, so könne der Verwaltungsrichter nach den konkreten Umständen des Einzelfalles doch zu einer vollen Überzeugung gelangen mit Hilfe von (einfachen) Erfahrungssätzen, die ihm vage (weil nur mögliche und nicht zwingende) Schlüsse auf eine historische Tatsache ermöglichten.[817]

---

[809] BVerwGE 8, 305.

[810] BVerwGE 14, 11 (16).

[811] BVerwG, ZfSH 1980, 374 (375).

[812] BVerwGE 67, 314.

[813] BVerwG, NJW 1996, 1909 (1910).

[814] So *Dawin* in Schoch/Schmidt-Aßmann/Pietzner, VwGO, § 108 Rn. 68 und Sodan/Ziekow/*Höfling*, VwGO, § 108 Rn. 167; aA BayVGH, Beschl. v. 21. 12. 2006 – 22 ZB 06.2682 und 22 ZB 06.2683, juris und *Geiger*, BayVBl. 1999. 331.

[815] BVerwG, NJW 1997, 476 (477); vgl. auch OVG Sachsen-Anhalt, Urt. v. 4. 6. 2009 – 1 L 194/07, juris.

[816] So BVerwG, NJW 1997, 476 (477), BVerwG, NVwZ-RR 2000, 256f., *Dawin* in Schoch/Schmidt-Aßmann/Pietzner, VwGO, § 108 Rn. 74, *Kopp/Schenke*, VwGO, § 108 Rn. 18, Sodan/Ziekow/*Höfling*, VwGO, § 108 Rn. 166 und *Geiger*, BayVBl. 1999, 331.

[817] Vgl. hierzu *Dawin* in Schoch/Schmidt-Aßmann/Pietzner, VwGO, § 108 Rn. 44.

III. Der verfassungsprozessuale Anscheinsbeweis

Das Bundesverfassungsgericht, das an festgestellte Tatsachen von Fachgerichten nicht gebunden ist[818], entscheidet über diese gemäß § 30 Abs. 1 S. 1 BVerfGG „in geheimer Beratung nach seiner freien, aus dem Inhalt der Verhandlung und dem Ergebnis der Beweisaufnahme geschöpften Überzeugung". Als verfassungsprozessuales Beweismaß wird daher die volle Überzeugung der Richter von der Wahrheit einer Tatsachenaussage angenommen, wenn auch ein für das praktische Leben ausreichender Grad von Gewissheit genüge.[819] Um diesen zu erreichen wird auch der Beweis des ersten Anscheins für zulässig erachtet[820], wenn eine Anwendung wegen der umfassenden Amtsermittlungspflicht des Gerichts nach § 26 Abs. 1 S. 1 BVerfGG auch in der Modifikation des verwaltungsprozessualen Anscheinsbeweises (das Gericht hat selbst Umstände zur Erschütterung zu ermitteln) erfolgen müsste. Ausdrücklich vorgekommen ist der Anscheinsbeweis in seiner verfassungsprozessualen Ausprägung bislang aber noch nicht.

IV. Der Anscheinsbeweis im Sozialverfahren

Das Sozialgericht entscheidet gemäß § 128 Abs. 1 S. 1 SGG „nach seiner freien, aus dem Gesamtergebnis des Verfahrens gewonnenen Überzeugung", so dass eine Tatsache mangels Erlangung absoluter Gewissheit bewiesen sei, „wenn sie in hohem Grade wahrscheinlich ist, dass alle Umstände des Falles nach vernünftiger Abwägung des Gesamtergebnisses des Verfahrens und nach der allgemeinen Lebenserfahrung geeignet sind, die volle richterliche Überzeugung [von der Wahrheit einer Aussage] zu begründen"[821]. Hierbei genüge es in wenigen Fällen, wenn Tatsachen bewiesen seien, die als Ausdruck von Erfahrungsgrundsätzen typischerweise auf das Vorliegen der Haupttatsache entsprechend dem regelmäßigen und üblichen „Muster"[822] schließen ließen.[823] Ein derartiger Anscheinsbeweis wurde etwa angenommen für den Kausalzusammenhang zwischen einer Fahruntüchtigkeit durch Alkoholeinfluss und einem Unfall[824] oder zwischen einem Unfall und einem Ge-

---

[818] Vgl. nur *Ulsamer* in Maunz/Schmidt-Bleibtreu/Klein/Bethge, BVerfGG, § 30 Rn. 10.

[819] Vgl. nur *Ulsamer* in Maunz/Schmidt-Bleibtreu/Klein/Bethge, BVerfGG, § 30 Rn. 10 und *Lechner/Zuck*, BVerfGG, § 30 Rn. 5.

[820] So *Ulsamer* in Maunz/Schmidt-Bleibtreu/Klein/Bethge, BVerfGG, § 30 Rn. 10.1.

[821] BSGE 45, 1 (9), BSGE 45, 285 (287), Meyer-Ladewig/*Wolfgang Keller*, SGG, § 128 Rn. 3 b, Lüdtke/*Roller*, SGG, § 103 Rn. 5, Lüdtke/*Bolay*, SGG, § 128 Rn. 13 und Jansen/*Humpert*, SGG, § 128 Rn. 4

[822] Meyer-Ladewig/*Wolfgang Keller*, SGG, § 128 Rn. 9 a.

[823] Vgl. zur Anwendbarkeit des Anscheinsbeweises im sozialgerichtlichen Verfahren nur BSGE 81, 288 (293), BSG SozR 4-2500 § 106 (SGB V) Nr. 11, BSG SozR 4-2500 § 109 (SGB V) Nr. 1 und BSG SozR 4-2600 § 115 (SGB VI) Nr. 2, Meyer-Ladewig/*Wolfgang Keller*, SGG, § 128 Rn. 9ff., Lüdtke/*Bolay*, SGG, § 128 Rn. 12, Jansen/*Humpert*, SGG, § 128 Rn. 7 und *Bienert*, SGb 2004, 160.

[824] BSGE 45, 285 (286).

sundheitsschaden[825], für die Unwirtschaftlichkeit einer Vertragsarztpraxis, wenn der Fallwert des Arztes erheblich über dem Vergleichsgruppendurchschnitt liegt[826], sowie für den tatsächlichen Zugang[827] wie die Wirksamkeit[828] von Beitragserstattungsleistungen. Zur Feststellung individueller Willensmomente wie dem Vorsatz wurde ein Anscheinsbeweis teilweise bejaht[829], teilweise aber auch verneint[830]. Da das Gericht wie im Verwaltungsprozess nach § 103 S. 1 SGG den Sachverhalt von Amts wegen zu erforschen hat, obliege die Erschütterung des Anscheines auch im Sozialverfahren dem Richter, so dass der Anscheinsbeweis nicht angewandt werden dürfe, wenn Anhaltspunkte dafür vorlägen, dass im konkreten Fall entgegen dem normalen Lauf der Dinge ein atypischer Geschehensablauf ernsthaft möglich sei.[831]

Neben dem Anscheinsbeweis müsse der Sozialrichter einer besonderen Beweisnot wie beim Tod eines Seemanns auf hoher See aus unklarer Ursache ohne Obduktionsmöglichkeit[832] oder bei einer unfallbedingten Erinnerungslücke des Verletzten[833] bei der Beweiswürdigung im Einzelfall berücksichtigen[834] und so bereits bestimmte Einzelumstände für die Überzeugungsbildung ausreichen lassen. Unter Einfluss der vom Sozialrichter bei der Beweiswürdigung zu beachtenden Erfahrungssätze[835] könne dieser so im Einzelfall auch in allen anderen Fällen einer erkenntnistheoretisch bedingten Beweislücke, bei denen ein Anscheinsbeweis mangels typischem Geschehensablauf nicht anwendbar oder aber im Einzelfall erschüttert sei, zu einer zur Tatsachenfeststellung ausreichenden Überzeugung eines konkreten Geschehensablaufs gelangen.

V. Der Anscheinsbeweis im finanzgerichtlichen Verfahren

Das Finanzgericht entscheidet gemäß § 96 Abs. 1 S. 1 FGO „nach seiner freien, aus dem Gesamtergebnis des Verfahrens gewonnenen Überzeugung", so dass Beweismaß die richterliche Überzeugung vom Vorliegen oder Nichtvorliegen bestimmter Tatsachen sei[836]. Dies sei weniger als eine kaum erreichbare absolute Gewissheit, aber mehr als nur ein überwiegender Grad von Wahrscheinlichkeit, so dass ein

---

825 SG Ulm, Urt. v. 26. 3. 2009 – S 10 U 4096/07, juris.
826 BSG SozR 3-2500 § 106 (SGB V) Nr. 11, SG Düsseldorf, Urt. v. 14. 1. 2009 – S 2 (14) KA 153/07, juris und SG Marburg, Urt. v. 29. 4. 2009 – S 12 KA 98/08, juris.
827 BayLSG, Urt. v. 22. 4. 2010 – L 14 R 876/09, juris.
828 BayLSG, Urt. v. 19. 5. 2010 – L 19 R 173/10, juris.
829 BSGE 81, 288 (293).
830 Meyer-Ladewig/*Wolfgang Keller*, SGG, § 128 Rn. 9d und Lüdtke/*Bolay*, SGG, § 128 Rn. 12.
831 Vgl. BayLSG, Urt. v. 19. 5. 2010 – L 19 R 173/10, juris und Lüdtke/*Humpert*, SGG, § 128 Rn. 7.
832 BSGE 19, 52 (56).
833 BSG, Urt. v. 12. 6. 1990 – 2 RU 58/89, juris.
834 BSGE 24, 25 (27f.) und Jansen/*Humpert*, SGG, § 128 Rn. 8; umfassend hierzu *Wolfgang Keller*, SGb 1995, 474f.
835 Grundlegend Meyer-Ladewig/*Wolfgang Keller*, SGG, § 128 Rn. 11.
836 So nur BFHE 149, 437 (440), BFHE 149, 536 (537), BFHE 155, 232 (237), BFHE 208, 531 (535) und Gräber/*Stapperfend*, FGO, § 96 Rn. 28.

Sachverhalt als erwiesen anzusehen sei, wenn er sich nach einer Gesamtwürdigung aller entscheidungserheblichen Umstände[837] mit hinreichender (an Sicherheit grenzender) Wahrscheinlichkeit nach der Überzeugung des Richters feststellen lasse[838]. Eine derartige „Meinungsbildung" könne im Rahmen der Beweiswürdigung auch auf der Grundlage eines die volle Überzeugung des Richters vermittelnden Erfahrungssatz erfolgen, wenn sichergestellt sei, dass diesem ein gleichmäßiger, sich stets wiederholenden Hergang (typischer Geschehensablauf) zugrunde liege, der Maßstab dem neuesten Erfahrungsstand entspreche und er sich eindeutig, in einer jeder Zeit überprüfbaren Weise formulieren lasse.[839] Das Tatsachengericht subsumiere dann „bei der Anwendung der Regeln dieses Beweises [des ersten Anscheins][840] den Sachverhalt ebenso unter die anerkannten Erfahrungssätze [mit ausreichender Wahrscheinlichkeit], wie es unter andere Rechtsnormen"[841] subsumiere, weil es der Erfahrung entspreche, „dass gewisse typische Sachverhalte bestimmte Folgen auslösen oder dass umgekehrt bestimmte Folgen auf einen typischen Geschehensablauf hindeuten"[842]. Ein derartiger Anscheinsbeweis (als „Mittel zur Herbeiführung von Rechtsanwendungsgleichheit"[843]) wurde bislang dafür angenommen, dass dann, wenn mit dem Abbruch eines Gebäudes innerhalb von drei Jahren nach dem Erwerb begonnen wurde, der Erwerber das Gebäude in der Absicht erworben habe, es abzureißen[844], dafür, dass der zum Betriebsvermögen gehörige Personenkraftwagen[845] oder die betriebliche Telefonanlage[846] (nicht nur vereinzelt und gelegentlich) privat genutzt werde, sowie insbesondere zur Abgrenzung, ob ein verlustträchtiger Betrieb mit Gewinnerzielungsabsicht betrieben wird (dann absetzbare Verluste aus Gewerbebetrieb) oder aus bloßer Liebhaberei: so spreche z. B. der Beweis des ersten Anscheins dafür, dass ein Großhandelsunternehmen[847], ein Spezialitätenrestau-

---

837 BFHE 189, 428 (431).

838 BFH/NV 1997, 734 (735), BFH/NV 1999, 1075 (1076) und Gräber/*Stapperfend*, FGO, § 96 Rn. 28.

839 Gräber/*Stapperfend*, FGO, § 96 Rn. 35.

840 Vgl. zum finanzgerichtlichen Anscheinsbeweis nur BFHE 129, 53 ff., BFHE 136, 334 (338), BFHE 145, 375, BFHE 156, 66, BFHE 186, 491 (493 ff.), BFHE 229, 228, BFH/NV 1987, 728 (731), BFH/NV 1995, 221, BFH/NV 2004, 1498 (1500), BFH, Urt. v. 30. 11. 2010 – VIII R 19/07, juris, BFH, Beschl. v. 27. 12. 2010 – XI B 7/10, juris, Gräber/*Stapperfend*, FGO, § 96 Rn. 35, *Monika Völlmeke*, DStR 1996, 1073 ff. sowie ausführlich *Anzinger*, Anscheinsbeweis, S. 148 ff.

841 BFHE 156, 66 (69).

842 BFHE 156, 66 (70).

843 *Monika Völlmeke*, DStR 1996, 1077.

844 BFH (GrS), BStBl. II 1978, 620 (625), BFH, BStBl. II 1980, 69 und BFH/NV 1986, 217.

845 BFHE 229, 228, BFH/NV 1987, 27, BFH, Beschl. v. 11. 2. 2009 – VI B 93/08, juris, BFH, Beschl. v. 25. 3. 2009 – VIII B 209/08, juris, BFH, BFH/NV 2009, 1434 f. und BFH, Beschl. v. 27. 12. 2010-XI B 7/10, juris. Der Anscheinsbeweis streitet aber nicht dafür, dass der Arbeitgeber dem Arbeitnehmer tatsächlich den Dienstwagen zur privaten Nutzung überlassen hat: dies muss zur Überzeugung des Gerichts nach allgemeinen Grundsätzen zunächst feststehen, bevor der aufgezeigte Anscheinsbeweis anwendbar ist: so grundsätzlich BFHE 229, 228 ff.

846 Finanzgericht München, Urt. v. 26. 3. 2009 – 14 K 740/08, juris.

847 BFHE 145, 375.

rant[848] oder die Aufstellung von Glücksspielautomaten[849] mit Gewinnerzielungsabsicht betrieben würden, die Beteiligung an bestimmten Mietkaufmodellen dagegen nicht[850]. Dagegen bestehe kein Anscheinsbeweis dafür, dass bei der Gründung einer Vielzahl gleichartiger Gesellschaften mit nur einem oder wenigen Kommanditisten die Investition (nur) zur Erlangung steuerlicher Vorteile getätigt worden sei.[851]

Die Erschütterung des durch diesen typischen Geschehensablauf vermittelten Anscheins obliege dann wie im Zivilprozess dem Beweisgegner[852]. Nach § 76 Abs. 1 S. 1 FGO erforsche das Gericht zwar grundsätzlich von Amts wegen den Sachverhalt und sei nach § 76 Abs. 1 S. 3 FGO an das Vorbringen der Beteiligten nicht gebunden. Weil die Grundlagen der Besteuerung aber maßgeblich im Einfluss- und Wissensbereich des Steuerpflichtigen lägen[853], trage diesen eine Verpflichtung zur rückhaltlosen Offenbarung der persönlichen Verhältnisse[854], die in § 76 Abs. 1 S. 2 FGO verankert und mit einer Präklusion nach § 76 Abs. 3 FGO bei verspätetem Vorbringen versehen sei. Dem entspreche es, dass eine Entkräftung auch nur mit Informationen aus der Sphäre des Steuerpflichtigen bzw. aufgrund der Ermittlungen der Finanzbehörde möglich sei, so dass der jeweilige Beweisgegner konkrete Umstände vorzutragen habe, die dem typischen Geschehensablauf seine empirische Grundlage entzögen oder konkret für einen atypischen Fall sprächen.

Fehle es an einem typischen Geschehensablauf, so könne der Finanzrichter gleichwohl in einer Gesamtwürdigung unter Abwägung der für und gegen eine bestimmte Tatsache sprechenden Umstände unter Berücksichtigung der Lebenserfahrung zur eigenen inneren Überzeugung eines konkreten Geschehensablaufs gelangen[855]. Dies gelte maßgeblich zur Feststellung von subjektiven Tatbestandsmerkmalen anhand festgestellter objektiver Umstände[856].

VI. Der Anscheinsbeweis im Patentverfahren

In Patentsachen entscheidet das Gericht gemäß § 93 Abs. 1 S. 1 PatG, „der § 286 Abs. 1 ZPO nachgebildet ist"[857], „nach seiner freien, aus dem Gesamtergebnis des Verfahrens gewonnenen Überzeugung". Beweismaß sei hiernach die volle richterliche Überzeugung von der Wahrheit einer Tatsache. Da die objektive Wahrheit aber nie mit absoluter Wahrheit feststellbar sei, dürfe das Gericht die zu beweisenden Tatsachen bereits dann für wahr halten, wenn es einen für das praktische Leben

848 Finanzgericht Berlin, EFG 1994, 927.
849 BFH/NV 2009, 1115 (1116).
850 BFH/NV 1988, 292.
851 FG Münster, Urt. v. 8. 11. 2010-5 K 4566/08 F, juris.
852 Vgl. nur *Monika Völlmeke*, DStR 1996, 1074f.
853 Gräber/*Stapperfend*, FGO, § 76 Rn. 2.
854 BVerfGE 67, 100 (143).
855 Vgl. etwa BFHE 156, 66 (72).
856 Finanzgericht Saarland, EFG 2003, 328 (329).
857 *Hees/Braitmayer*, Verfahrensrecht, Rn. 921.

brauchbaren Grad von Gewissheit erlange.[858] Hierbei könne den Grundsätzen des Anscheinsbeweises im Zivilprozess entsprechend von einem feststehenden Erfolg auf einen typischen Geschehensablauf geschlossen werden, sich das Gericht also davon überzeuge, dass sich auch der konkrete Geschehensablauf so abgespielt habe und auf der typischen Ursache beruhe.[859] Dies ist etwa angenommen worden für die öffentliche Zugänglichkeit von Druckschriften, weil diese unmittelbar nach der Herstellung verteilt zu werden pflegen[860] und dass ein unbestimmter Interessentenkreis von ihr Kenntnis genommen habe[861] sowie für den Kausalverlauf zwischen einer Erfindung und einer (neuheitsschädlichen) Vorbenutzung oder Vorveröffentlichung[862]. Obwohl das Patentgericht nach § 87 Abs. 1 PatG den Sachverhalt von Amts wegen zu erforschen habe und hierbei nicht das Vorbringen der Beteiligten gebunden sei, hätten die Beteiligten auch im Patentrecht maßgeblich bei der Aufklärung mitzuwirken und nach § 124 PatG „ihre Erklärungen über tatsächliche Umstände vollständig und der Wahrheit gemäß abzugeben". Auch wenn hierfür eine Präklusion wie im Steuerrecht nicht vorgesehen sei und vom Gericht wegen Art. 103 Abs. 1 GG auch nicht vorgenommen werden dürfe[863], wird hieraus für die Entkräftung des Anscheinsbeweises abgeleitet, dass wenn ein atypischer Fall alleine nicht von Amts wegen feststellbar sei, es wie im Zivilprozess den Parteien obliege, die ernsthafte Möglichkeit eines Verlaufs darzulegen und zu beweisen, der vom Gewöhnlichen abweiche und dem Anscheinsbeweis so die Grundlage entziehe[864].

Selbst bei fehlendem typischem Geschehensablauf könne das Gericht auf Grund der allgemeinen Lebenserfahrung (sprich: aufgrund eines nur einfachen Erfahrungssatzes) vor allem zur Ermittlung komplexer Vorbenutzungshandlungen[865] zu einer richterlichen Überzeugung gelangen.

---

[858] Vgl. zum Beweismaß nur *Hees/Braitmayer*, Verfahrensrecht, Rn. 921, *Mes*, PatG, § 93 Rn. 7 und Benkard/*Schäfers*, PatG, § 93 Rn. 2.

[859] Vgl. zur Anwendung des Anscheinsbeweises im Patentrecht nur BPatGE 21, 62, BPatGE 32, 109 (114), BPatGE 38, 206, *Hees/Braitmayer*, Verfahrensrecht, Rn. 922 und *Busse*, PatG, § 93 Rn. 2.

[860] BPatGE 38, 206 (209), BPatG, Urt. v. 10. 3. 2009 – 3 Ni 73/06, juris und BPatG, Beschl. v. 23. 6. 2009 – 8 W (pat) 335/06, juris.

[861] BPatGE 32, 109 (113) für Werbeprospekte.

[862] Vgl. nur BPatG, GRUR 1978, 637.

[863] Vgl. nur BVerfGE 5, 22 (24), BVerfGE 11, 218 (220) und Benkard/*Schäfers*, PatG, § 87 Rn. 6.

[864] BPatGE 32, 109 (114), BGH, NJW 1978, 2032 (2033) sowie *Hees/Braitmayer*, Verfahrensrecht, Rn. 922.

[865] Vgl. *Busse*, PatG, § 93 Rn. 3.

Zweites Kapitel:
Die Übertragbarkeit der Anscheinsbeweis-Grundsätze auf den Strafprozess

Bestehen in den anderen deutschen Prozessrechtsgebieten zwar auch keine festen Regeln zum generellen Umgang mit statistischen Erfahrungssätzen im Rahmen einer subjektiven Gesamtwürdigung aller Einzelumstände, so haben sich dort doch wenigstens für den kleinen Bereich von Erfahrungsgrundsätzen (also Erfahrungssätzen mit hoher, einen typischen Geschehensablauf vermittelnder Wahrscheinlichkeit) die Grundsätze des Anscheinsbeweises als eine „sozusagen abstrakte Beweisführung mittels allgemeiner [statistischer] Erfahrungssätze“[1] durchgesetzt, um wenigstens zum Teil Beweislücken vor allem auf den Gebieten der Kausalität und der Fahrlässigkeit mit Hilfe eines typischen Geschehensablaufs (und eventuell einer „Irgendwie“-Feststellung[2]) zu überbrücken. Da sich die gleichen Beweisprobleme beim strafrechtlichen Tatrichter mit dem für eine Verurteilung notwendigen Nachweis eines kausalen (oder zumindest quasi-kausalen) und vorsätzlichen oder fahrlässigen Verhalten (§ 15 StGB) noch viel häufiger stellen, liegt es nahe, die dort zwangsläufig ebenfalls entstehenden Beweislücken wenigstens zum Teil auch mit einem Anscheinsbeweis zu überwinden. So schrieb bereits *Rümelin*[3] im Jahre 1900, dass von der Aufstellung von Präsumtionen für die Kausalität bei der Verletzung eines Schutzgesetzes auf dem Gebiet des Strafrecht zwar keine Rede sein könne, die freie Beweiswürdigung aber auch dort dazu führen könne, „sich mit solchen Wahrscheinlichkeiten, bei denen praktisch auch die Möglichkeit anderer Gestaltung keine Rücksicht mehr genommen zu werden pflegt, zu begnügen“. Inwieweit diese Überlegungen tatsächlich Einzug in die Rechtsprechung und die Lehre gefunden haben oder zumindest Einzug finden sollten, verdient daher eingehender Untersuchung:

A. Die Anwendung von Erfahrungssätzen in der Rechtsprechung

Mit der Einführung der freien richterlichen Beweiswürdigung durch § 260 a.F. (heute § 261 StPO) der am 1. 2. 1877 verkündeten und am 1. 10. 1879 in Kraft ge-

---

[1] *Höfer*, Prima-facie-Beweis, S. 13.

[2] Siehe zu dieser oben Erster Hauptteil, Erstes Kapitel, C, I, 5 sowie beispielhaft anhand der typischen Auffahrunfall-Konstellation Erster Hauptteil, Erstes Kapitel, C, II, 1, b).

[3] AcP 90 (1900), 294.

tretenen Reichs-Strafprozessordnung[4] wurden die Geschworenen wie die Berufsrichter von sämtlichen gesetzlichen Beweismaß- und Beweiswert-Fesseln befreit[5]. Einzelstaatliche gesetzliche Präsumtionen wie beispielsweise die Vorsatzvermutung in § 20 Abs. 2 des preußischen Gesetzes vom 8. Mai 1837 über das Mobiliar-Feuer-Versicherungswesen[6] verloren ihre Wirkung[7]. Mit dieser neuen Freiheit mussten und müssen noch immer die Strafrichter mit großer, sich aus ihrer Entscheidungsmacht ergebenen Verantwortung der Rechtsordnung aber auch dem Schicksal des Angeklagten gegenüber umgehen. Hierfür bietet die menschliche Erfahrung für die Rekonstruktion des nach den physikalischen wie psychologischen Gesetzen ablaufenden Tatgeschehensverlaufs eine nicht zu unterschätzende Leitlinie.

I. Die Rechtsprechung bis 1950

1. Das Beweismaß

Zu Beginn der neuen subjektiven Entscheidungsfreiheit versuchten die Richter dieser Verantwortung gerecht zu werden, indem sie an ihre Überzeugungsbildung hohe, wenn nicht teilweise sogar unerreichbare Anforderungen stellten und so in vielen Fällen trotz starker Indizien wegen kleiner verbliebener Restzweifel aufgrund eines nur theoretisch denkbaren alternativen Geschehensablaufs „in dubio pro reo“ zu einem Freispruch gelangten.[8] Das menschliche Wissen ist aber generell nur „Stückwerk“ und eine „objektive, absolute Wahrheit nur gedanklich vorstellbar“ [9]. Denn „der Richter schöpft sein Wissen um den konkreten Fall nicht aus naturwissenschaftlichen Gesetzen, sondern er legt an das Tatsachenmaterial, das ihm in der Hauptverhandlung entgegentritt, die psychologische Sonde an, also einen Maßstab, der, aus der allgemeinen Erfahrung gewonnen, im Einzelfalle gleichwohl versagen kann“[10]. Jedes Urteil ergeht daher unter dem „selbstverständlichen Vorbehalt“[11], dass kein Beweis „so unumstößlich sicher“ ist, „dass eine wenn auch ganz entfernte Möglichkeit einer ihn widersprechenden anderen Gestaltung des Sachver-

---

4 RGBl. 1877, S. 253 ff.

5 Vgl. hierzu sowie dazu, dass Beweiszulassungsregeln erhalten blieben, umfassend *Meurer*, FS Oehler, S. 369 und 371 sowie KMR/*Stuckenberg*, § 261 Rn. 18.

6 Gesetzes-Sammlung für die Königlichen Preußischen Staaten 1837, S. 102 (105): „Eine wissentliche Überversicherung wird vermutet, wenn, ohne dass eine amtliche Abschätzung vorausgegangen, bei Warenlagern usw. (§ 5) der Wert um dreißig Prozent oder bei anderem beweglichen Vermögen um fünfzig Prozent überschritten ist“, der neuen Rechtschreibung angepasst.

7 Vgl. zur zitierten Norm RGSt. 20, 321 ff.

8 So auch die Einschätzung von *Heescher*, Untersuchungen, S. 49.

9 *Hartung*, SJZ 1948, 580.

10 *Alsberg*, JW 1929, 863.

11 *Hartung*, SJZ 1948, 580.

halts gedanklich völlig ausgeschlossen wäre“[12]. Dennoch eine absolute richterliche Überzeugung unter absolutem Ausschluss aller entfernten Möglichkeiten zu fordern, würde so die richterliche Tatsachenfeststellung unmöglich machen, die Durchsetzung des materiellen Strafrechts außer Kraft setzen und damit deren Schutz- und Ordnungsfunktion erschüttern. Oder in den Worten des Bundesgerichtshofs[13]:

> „Der erkennende Richter kann seine wichtige Aufgabe im Gemeinschaftsleben nur dann sachgemäß erfüllen, wenn er die ihm unterbreiteten Sachverhalte nicht mit abstrakt-theoretischen, sondern mit den Maßstäben des menschlichen Vermögens beurteilt. Angesichts der durchgängigen Mehrheit dieser Sachverhalte und der beschränkten Mittel menschlichen Erkennens ist ein absolut sicheres Wissen über sie kaum je erlangbar und die abstrakte Möglichkeit des Irrtums so gut wie immer vorhanden. So wenig aber ein Mensch überhaupt sich durch diese abstrakte Irrtumsmöglichkeit vom praktischen Handeln abhalten lassen kann, wenn er nicht untergehen will, so wenig darf sich auch der Richter, wenn nicht die Gerechtigkeit Schaden leiden soll, auf die Unmöglichkeit einer absoluten Wahrheitserkenntnis zurückziehen.“

Diesen sich dennoch abzeichnenden Tendenzen der Tatgerichte vor allem auf dem Bereich der Feststellung des erforderlichen Kausalverlaufs versuchte das Reichsgericht daher bereits mit einer Entscheidung vom 20. 12. 1886[14] entgegenzusteuern. Anstatt jedoch einzusehen, dass eine absolute menschliche Gewissheit im Hinblick auf den nicht wahrnehmbaren Umstand des Kausalverlaufs nicht möglich ist, lockerte das Reichsgericht nicht die Anforderungen der vollen richterlichen Überzeugung und damit des Beweismaßes[15], sondern vielmehr durch Auslegung des materiellen Rechts den Gegenstand der notwendigen Überzeugung von einem feststehenden Kausalzusammenhang auf ein mit „an Sicherheit grenzender Wahrscheinlichkeit“ vorliegendes Kausalverhältnis:

> „Andererseits liegt es aber in dem Begriffe des Verursachens, und somit auch des Mitverursachens, dass eine Handlung dann nicht als kausal wirkend angesehen werden kann, wenn der konkrete Erfolg auch ohne dieselbe eingetreten wäre. Ist dies der Fall, so hat eben die Handlung nicht eine der verursachenden Bedingungen gesetzt, sondern der Erfolg ist auf eine andere Ursache als die Handlung zurückzuführen. Allerdings ist dies nicht dahin zu verstehen, dass, wenn im konkreten Falle der Nachweis vorliegt, dass das schädigende Ereignis tatsächlich als Wirkung eines menschlichen Handelns eingetreten ist, zur Beseitigung des damit hergestellten Kausalzusammenhanges schon die bloße, schwer oder gar nicht zu berechnende Möglichkeit einer Ursache genüge, welche die gleiche Wirkung hätte haben können, wenn jene, tatsächlich wirksam gewordene Ursache nicht vorhanden gewesen wäre. Liegt dagegen Gewissheit, oder, was auf dem hier fraglichen Gebiete in der Regel als gleichwertig zu erachten sein wird, *ein an Gewissheit grenzender Grad von Wahrscheinlichkeit vor, dass der vom Gesetze bezeichnete Erfolg auch eingetreten sein würde, wenn das*

---

[12] RG, DRiZ 1928, Teil II – Rechtsprechung, Nr. 236 (= Sp. 113f.).

[13] BGH, NJW 1951, 83.

[14] RGSt. 15, 151ff.

[15] Dieser Begriff scheint erstmals bei *Döhring*, Erforschung, S. 445 aufzutauchen. (Anklänge bei *Heinsheimer*, JW 1919, 572). Vgl. aus strafprozessualer Sicht auch BGHSt. 37, 106 (127), KMR/*Stuckenberg*, § 261 Rn. 16, *Kindhäuser*, Strafprozessrecht, § 23 Rn. 53 und *ders.*, Jura 1988, 291.

schuldhafte Handeln nicht vorausgegangen wäre, so ist damit zugleich der Beweis geliefert, dass dieses Handeln den auch ohne dasselbe eingetretenen Erfolg nicht verursacht habe."[16]

Es genügte also etwa, wie das Reichsgericht später bei der Kausalität einer fahrlässigen Tötung verdeutlichte, die bei voller richterlicher Überzeugung zu treffende „Feststellung, dass bei sachgemäßer und rechtzeitiger Behandlung eine an Sicherheit grenzende Wahrscheinlichkeit für die Rettung oder doch Verlängerung des Lebens bestanden hätte"[17]. Dies verhinderte zwar zu überzogene Anforderungen speziell bei der Feststellung des Kausalverkaufs, vermochte aber das generelle Problem bedingter menschlicher Erkenntnisfähigkeit bei Tatsachenfeststellungen nicht zu lösen, wie die Grundsatzentscheidung des 1. Strafsenats des Reichsgerichts vom 15. Februar 1927[18] hierzu zeigte, dem folgender Sachverhalt zugrunde lag:

„Nach dem Eröffnungsbeschlusse soll der Angeklagte [als Beamter] amtliches Geld im Betrage von insgesamt 2732,40 Reichsmark unbefugt der Kasse entnommen und sich angeeignet sowie zur Verdeckung die von ihm zu führenden Rechnungen und Bücher unrichtig geführt haben. Das Schöffengericht hat die Unterschlagung als bewiesen angesehen und den Angeklagten nach §§ 350, 351 StGB a. F.[19] [qualifizierte Amtsunterschlagung] verurteilt. Die Strafkammer dagegen hielt zwar auch für nachgewiesen, dass der Angeklagte wissentlich die Bücher unrichtig geführt sowie dass er, um einen in der Kasse entstandenen Fehlbetrag zu verdecken, einen Einbruchsdiebstahl vorgetäuscht hat, erachtete aber den Beweis nicht für geführt, dass er die Gelder unterschlagen habe." Der Kammer habe zwar „der dringende Verdacht" eigener Unterschlagungen vorgelegen, das Gericht habe aber „nicht die volle Überzeugung hiervon zu gewinnen" vermocht, sondern die „allerdings sehr fernliegende Möglichkeit nicht für absolut ausgeschlossen" gehalten, „dass der Angeklagte Fehlbeträge, die durch seine durchaus mangelhafte Geschäftsführung entstanden sein könnten, habe verdecken und sich dadurch habe im Amt erhalten und eine Heranziehung zum Schadensersatz verhüten" wollen.

Hätte sich das Tatgeschehen entsprechend dieser von der Strafkammer nicht ausschließbaren Möglichkeit abgespielt, so hätte der Angeklagte sich statt einer Amtsunterschlagung (§§ 350 und 351 StGB a. F.) eines Betrugsversuchs (§§ 263 I, II, 22 StGB) strafbar gemacht. Eine wahlweise Verurteilung war nach damaligen Rechtsprechungsgrundsätzen nur möglich, „wenn es sich lediglich um die eine oder andere Art und Weise der Ausführung des nämlichen Delikts" handel-

---

[16] RGSt. 15, 151 (153), der neuen Rechtschreibung angepasst, Hervorhebung durch Verfasser.

[17] RGSt. 51, 127.

[18] RGSt. 61, 202 ff.

[19] Die Normen lauteten (der heutigen Rechtschreibung angepasst): „§ 350. (1) Ein Beamter, welcher Gelder oder andere Sachen, die er in amtlicher Eigenschaft empfangen oder in Gewahrsam hat, unterschlägt, wird mit Gefängnis nicht unter drei Monaten bestraft; auch kann auf Verlust der bürgerlichen Ehrenrechte erkannt werden. (2) Der Versuch ist strafbar.
§ 351. (1) Hat der Beamte in Beziehung auf die Unterschlagung die zur Eintragung oder Kontrolle der Einnahmen oder Ausgaben bestimmten Rechnungen, Register oder Bücher unrichtig geführt, verfälscht oder unterdrückt, oder unrichtige Abschlüsse oder Auszüge aus diesen Rechnungen, Registern oder Büchern, oder unrichtige Belege zu denselben vorgelegt, oder ist in Beziehung auf die Unterschlagung auf Fässern, Beuteln oder Paketen der Geldinhalt fälschlich bezeichnet, so ist auf Zuchthaus bis zu zehn Jahren zu erkennen. (2) Sind mildernde Umstände vorhanden, so tritt Gefängnisstrafe nicht unter sechs Monaten ein."

te[20], „wo verschiedene Tatbestände in Frage stehen, die in tatsächlicher oder rechtlicher Hinsicht dergestalt voneinander abweichen, dass der eine den anderen ausschließt und zugleich rechtlich abweichend von ihm zu beurteilen ist"[21]. Erst die Vereinigten Strafsenate des Reichsgerichts[22] erkannten 1934 die Möglichkeit einer wahldeutigen Verurteilung unter bestimmten Voraussetzungen an, insbesondere für Diebstahl oder Hehlerei. Anstatt schon 1927 zu versuchen, auf diesem rechtlichen Wege die Zweifel der Strafkammer zu beseitigen, machte das Reichsgericht zur Vermeidung eines Freispruchs trotz dringendem Verdacht aus der Sicht *Alsbergs*[23] den „verhängnisvollen Fehler, das, was sich in concreto vertreten ließ (mildere Anforderungen an das Maß der Gewissheit der festgestellten Begehung in einem Fall, in dem so oder so ein strafbarer Tatbestand verwirklicht ist), als generellen Grundsatz auszusprechend und allgemein über Art und Qualität der für die Verurteilung erforderlichen Gewissheit Grundsätze von geradezu umstürzlerischem Charakter zu proklamieren". Hierzu stellte das Reichsgericht die These auf, dass das, was materiell-rechtlich für die Frage des Ursachenzusammenhangs gelte, im Ergebnis „ebenso für andere Fragen tatsächlicher Art gelten" müsse, „von deren Beantwortung die Bestrafung des Angeklagten" abhänge[24]. Aus einem materiell-rechtlichen Wahrscheinlichkeitsmaßstab bei der Kausalität, von der der Richter voll überzeugt sein muss, wurde so in Anlehnung an die Grundsatzentscheidung des Reichsgerichts in Zivilsachen vom 14. 1. 1885[25] eine Wahrscheinlichkeits-Überzeugung bezüglich aller tatsächlichen (und nicht nur mit Wahrscheinlichkeit feststehenden) Umstände:

> „Ein ‚absolut sicheres' Wissen – demgegenüber das Vorliegen eines gegenteiligen Tatbestandes ‚absolut ausgeschlossen' wäre – ist der menschlichen Erkenntnis bei ihrer Unvollkommenheit überhaupt verschlossen. Wollte man eine Sicherheit so hohen Grades verlangen, so wäre eine Rechtsprechung so gut wie unmöglich. Wie es allgemein im Verkehr ist, so muss auch der Richter sich mit einem so hohen Grade von Wahrscheinlichkeit begnügen, wie er bei möglichst erschöpfender und gewissenhafter Anwendung der vorhandenen Mittel der Erkenntnis entsteht. Ein solcher Grad von Wahrscheinlichkeit gilt als Wahrheit [wird als ‚Wahrheit' im Sinne der Strafprozessordnung ‚fingiert'[26]], und das Bewusstsein des Erkennenden von dem Vorliegen einer so ermittelten hohen Wahrscheinlichkeit als die Überzeugung von der Wahrheit"[27].

Dieses Verständnis vom Bewusstsein des Vorliegens einer hohen Wahrscheinlichkeit als Beweismaß[28] hat nicht nur im Schrifttum teils heftige Kritik hervorgeru-

---

[20] RGSt. 11, 103 (104); ebenso RGSt. 56, 61. Vgl. dazu, dass wenn zweifelhaft ist, ob der Täter eine Tat vorsätzlich oder fahrlässig begangen hat, wegen Fahrlässigkeit zu bestrafen ist: RG, JW 1925, 2138.

[21] RGSt. 53, 231 (232).

[22] RGSt. 68, 257 ff.

[23] *Alsberg*, JW 1929, 863.

[24] RGSt. 61, 202 (207).

[25] RGZ 15, 338 ff.; siehe hierzu oben Erster Hauptteil, Erstes Kapitel, B, IV.

[26] *Herdegen*, NStZ 1987, 196.

[27] RGSt. 61, 202 (206).

[28] Teilweise wird vertreten, das Reichsgericht habe auch in RGSt. 61, 202 ff. die volle Überzeugung als (subjektives) Beweismaß vertreten und mit der Formulierung einer hohen Wahr-

fen[29], sondern ist als „begrifflich schief und ungenau“[30] vom 2.[31] und 3. Strafsenat[32] des Reichsgerichts abgelehnt worden, sei doch die Erkenntnis „von Natur subjektiv“ und könne der Richter nur so „auf Grund der Abwägung des Für und Wider zu einer für sein richterliches Gewissen gültigen [...] Wahrheit, zur richterlichen Überzeugung“[33] durchdringen. Dennoch blieb der 1. Strafsenat bei seiner Ansicht[34] und der 4. Strafsenat des Reichsgerichts betonte 1941 im Geiste der politischen Verhältnisse[35] gar, man müsse sich wegen „den Bedürfnissen einer wirksamen Strafrechtspflege“ mit einer nur „der allgemeinen Lebenserfahrung entsprechenden hohen Wahrscheinlichkeit begnügen“[36], bevor das Reichsgericht am Ende seiner Rechtsprechung (durch den 1. Strafsenat) doch wieder zum Bewusstsein von der „an Gewissheit grenzenden Wahrscheinlichkeit“[37] als Beweismaß zurückkehrte.

2. Die Anwendung von Erfahrungssätzen

Bei diesem Beweismaßverständnis konnten mehrere frühere ins Bewusstsein gehobene und generalisierte[38] Beobachtungen eines Phänomens mit einer „Wenn-so“-Struktur mit Voraussetzungen und Folge[39] (sog. Erfahrungssätze), sofern sie – sollen sie nicht als bloße Vermutungen in der Luft hängen – ausgehend von feststehenden Tatsachen als Schlussgrundlage[40] mit der erforderlichen „hohen Wahrscheinlichkeit“ auf ein tatsächliches Merkmal des Tatbestandes schließen ließen, dem Strafrichter das erforderliche Bewusstsein von dieser hohen Wahrscheinlichkeit vermitteln:

scheinlichkeit lediglich deutlich machen wollen, dass ein absolut sicheres Wissen nicht möglich sei: so etwa *Andrea Schmidt*, Grundsätze, S. 89 sowie zur zivilprozessualen Wahrscheinlichkeitsrechtsprechung nach RGZ 15, 338 ff. etwa *Greger*, Beweis, S. 60 f. und *Egon Schneider*, Beweis, § 4 Rn. 67. Dagegen bereits *Kindhäuser*, Jura 1988, 292: es gehe „ersichtlich nicht um einen Streit um Worte“, sondern um sachliche Differenzen.

[29] Vgl. nur *Scanzoni*, JW 1928, 2183, *ders.*, NJW 1951, 222, *Ehrenzweig*, JW 1929, 85 ff. und *Niethammer*, DRiZ 1934, 6 f.

[30] RGSt. 66, 163 (165).

[31] RG, DRiZ 1927, Teil II – Rechtsprechung. Nr. 964 (= Sp. 336).

[32] RGSt. 66, 163 ff. und RGSt. 72, 155 (156): „Danach muss der Tatrichter voll überzeugt sein, um zu einem Schuldspruch zu kommen.“

[33] RGSt. 66, 163 (164).

[34] RG, JW 1933, 454.

[35] So die Vermutung von *Bohne*, NJW 1953, 1377.

[36] RGSt. 75, 324 (327).

[37] RGSt. 75, 372 (374).

[38] *Hainmüller*, Anscheinsbeweis, S. 14 spricht in diesem Zusammenhang von „abstrahiert“; hiergegen sowie zu den Unterschieden von Abstraktion und Induktion *Rommé*, Anscheinsbeweis, S. 8 Fn. 24.

[39] Vgl. zu dieser Struktur *Egon Schneider*, Beweis, Rn. 337.

[40] So grundsätzlich OGHSt. 1, 290 (291).

a) Zwingende Erfahrungssätze

Dies galt maßgeblich für zwingende Erfahrungssätze als „empirisch aus der Beobachtung und Verallgemeinerung von Einzelfällen gewonnenen Einsichten [...], die, auf ihren Anwendungsbereich bezogen, schlechthin zwingende Erfahrungen enthalten“[41], die „nach dem Stand des [derzeitigen] Wissens ausnahmslos gelten“[42] und denen das Attribut „unverbrüchlich“[43] zukommt. Es handelt sich hierbei sprachlich um Sätze der Art „Wann immer ein Zustand von der Art S_i realisiert wurde, so wird stets als unmittelbarer Nachfolger ein Zustand von der Art S_j realisiert sein“[44], oder kurz: „Immer wenn a ist, tritt b ein“ bzw. „Immer wenn a, dann b“[45]. Wegen ihrer generell-zwingenden Geltung[46] spricht man von „zwingenden Erfahrungssätzen“[47], „deterministischen Erfahrungssätzen“[48], „Erfahrungsgesetzen“[49] oder „allgemeingültigen Erfahrungssätzen“[50]. Wegen ihrer ausnahmslosen Geltung lässt sich mit Hilfe zwingender Erfahrungssätze aus festgestellten Beweismittelaussagen logisch auf die Tatsachen des Tatgeschehens schließen[51] – die Wahrheit des zwingenden Erfahrungssatzes als Obersatz und der Beweismittelaussage als Untersatz schlägt auf die Konklusion durch. Diese ist „deduktiv-nomologisch“[52] zwingend, mit einer unbedingten, „jeden Gegenbeweis mit anderen Mitteln ausschließenden Beweiskraft“[53], so dass zwingende Erfahrungssätze wie Rechtsnormen angewendet wurden.[54] Bedurfte etwa die Fälschung einer Unterschrift unter einen Wechsel des Beweises und war der Fälschungsvorgang selbst mangels Zeugen nicht nachweisbar, so konnte der Richter diese Beweislücke überbrücken mit dem „allgemein bekannten“ wissenschaftlichen zwingenden Erfahrungssatz, dass kein Mensch seinen Namen zweimal vollkommen deckungsgleich schreibt[55], so dass,

---

41 BGHSt. 31, 86 (87); ähnlich BGH, NJW 1982, 2455 (2456), *Herberger/Simon*, Wissenschaftstheorie, S. 344, *Albrecht*, NStZ 1983, 489 und *Albrecht Mayer*, NStZ 1991, 526.

42 KK-StPO/*Fischer*, § 244 Rn. 7.

43 *Sarstedt*, NJW 1968, 925.

44 *Stegmüller*, Probleme I, S. 249; ähnlich *Mummenhoff*, Erfahrungssätze, S. 13.

45 Vgl. *Ulrike Unger*, Kausalität, S. 149.

46 Wissenschaftstheoretisch spricht man davon, derartige Gesetzmäßigkeiten seien „nomologisch“, vgl. *Mummenhoff*, Erfahrungssätze, S. 13.

47 Vgl. nur LR/*Gollwitzer* (25. Aufl., Berlin 2001), § 261 Rn. 47 und *Rebmann*, Revisibilität, S. 19, 22ff.

48 So *Eisenberg*, Beweisrecht, Rn. 7, AK-StPO/*Schöch*, § 244 Rn. 19, *Kindhäuser*, Strafprozessrecht, § 20 Rn. 13; ähnlich *Mummenhoff*, Erfahrungssätze, S. 13 und *Ulrike Unger*, Kausalität, S. 149: „deterministische Gesetzmäßigkeit“.

49 So etwa *Hainmüller*, Anscheinsbeweis, S. 28 und KK-StPO/*Fischer*, § 244 Rn. 7.

50 Vgl. etwa BGHSt. 33, 133 (135) und *Beulke*, Strafprozessrecht, Rn. 492; ähnlich *Geerds*, FS Peters, S. 270: „anerkannter Erfahrungssatz“.

51 Vgl. hierzu *Stegmüller*, FS Kraft, S. 179, *Koch/Rüßmann*, Begründungslehre, S. 285f., *Kindhäuser*, Strafprozessrecht, § 20 Rn. 13 sowie *Mummenhoff*, Erfahrungssätze, S. 13.

52 *Stegmüller*, Probleme I, S. 121 und *Mummenhoff*, Erfahrungssätze, S. 13.

53 BGH, NJW 1979, 2318 (2319) und HK-StPO/*Julius*, § 261 Rn. 9.

54 Vgl. RGSt. 61, 151 (154).

55 Vgl. hierzu nur *Michel*, Kriminalistik 1992, 476: jede Handschrift weist auch unter gleichbleibenden Bedingungen eine „mehr oder minder große Variabilität“ auf.

falls trotzdem zwei Unterschriften deckungsgleich waren, die eine Unterschrift mittels Durchpausung entstanden sein musste.[56]

b) Statistische Erfahrungssätze

Die meisten Erfahrungssätze vermitteln ihrer Natur nach zwar keinen derart feststehenden Zusammenhang zwischen zwei Merkmalen (wie bei zwingenden Erfahrungssätzen), sondern beschreiben auf der Grundlage einer (möglichst) Vielzahl früherer Beobachtungen der gleichen Situation in der Vergangenheit (sog. statistisches Ausgangsmaterial) lediglich einen mehr oder weniger sicheren Wahrscheinlichkeitszusammenhang im Sinne von „Wenn A, dann B zu x%" oder – wenn mangels hinreichendem Zahlenmaterial keine genaue zahlenmäßige Wahrscheinlichkeitsangabe möglich ist – „Wenn A, dann tritt fast sicher/sehr wahrscheinlich/überwiegend wahrscheinlich/wahrscheinlich/vermutlich bzw. möglicherweise[57] B ein" (sog. statistische[58] bzw. stochastische[59] Erfahrungssätze). Solange die statistischen Erfahrungssätze aber dem Tatrichter (wie beim Anscheinsbeweis) die notwendige hohe Wahrscheinlichkeit vermitteln, reichten auch Schlüsse mit ihnen zur Tatsachenfeststellung nach Sicht des Reichsgerichts aus:

aa) Urteil des Reichsgerichts vom 16. 11. 1899 – JW 1900, 206

In diese Richtung ging erstmals eine Entscheidung des Reichsgerichts vom 16. November 1899[60], der folgender Sachverhalt zugrunde lag:

> Die Anklage legte dem Angeklagten zur Last, in einem wider Drechsler R. eingeleiteten Strafverfahren als Zeuge fahrlässig eidlich bekräftigt zu haben, dass er beim Zwist gegen R die Worte „Lump, bezahle erst einmal deine Schulden" nicht gesagt habe. Der Tatrichter hat es hierbei als erwiesen erachtet, dass diese Aussage objektiv falsch war.

Auf dieser Grundlage schloss der Tatrichter auf die erforderliche Fahrlässigkeit des Angeklagten:

> Der Angeklagte „hätte sich bei einiger Überlegung klar machen müssen, dass es etwas anderes sei, ob er sich nicht erinnere, die in Rede stehenden Worte gesprochen zu haben, oder ob er positiv überzeugt gewesen sei, sie nicht gesprochen zu haben. Habe ihm nur jene Erinnerung gemangelt, so habe er, wolle er sich nicht dem Vorwurfe fahrlässigen Verhaltens aussetzen, sein Zeugnis nur in diesem Sinne abzugeben, nicht aber bezeugen dürfen, dass er die Worte nicht gesprochen habe." Sei er aufgrund besonderer Umstände unverschuldet doch positiv überzeugt gewesen, die Worte nicht gesprochen zu haben, so könne er „in der Regel" diese besonderen Umstände angeben. „Der Angeklagte habe nun [aber] nicht das

---

[56] RGSt. 45, 403.

[57] Vgl. zu den einzelnen sprachlichen Beschreibungen der Wahrscheinlichkeitszusammenhänge nur *Stegmüller*, Probleme I, S. 803, *Koch/Rüßmann*, Begründungslehre, S. 288, *Rommé*, Anscheinsbeweis, S. 17 und KK-StPO/*Herdegen* (5. Aufl., München 2003), § 244 Rn. 5.

[58] So etwa die Bezeichnung von *Eisenberg*, Beweisrecht, Rn. 7, AK-StPO/*Schöch*, § 244 Rn. 19, *Hans-Udo Bender*, Merkmalskombinationen, S. 119 und *Helmut Weber*, Kausalitätsbeweis, S. 175 Fn. 183; ähnlich *Ulrike Unger*, Kausalität, S. 149: „statistische Gesetzmäßigkeiten".

[59] So etwa *Kindhäuser*, Strafprozessrecht, § 20 Rn. 13.

[60] RG, JW 1900, 206f.

Geringste angeführt, wie er zu der Überzeugung habe gelangt sein können, dass er die Worte nicht gesprochen habe."[61]

Diese Ausführungen legen es nahe, der Tatrichter sei praktisch von den Grundsätzen eines zivilprozessualen Anscheinsbeweises[62] ausgegangen: Erkläre ein Zeuge, bestimmte Worte nicht gesprochen zu haben und nicht, dass er sich nicht sicher sei oder sich nicht genau erinnern könne, und habe er diese Worte tatsächlich aber gesprochen, so folge hieraus, dass er die objektiv falsche Aussage (dem typischen Geschehensablauf entsprechend in Kenntnis der Falschheit oder aufgrund nicht hinreichender Überlegung) zumindest fahrlässig getätigt habe. Diesen Anschein einer individuellen Fahrlässigkeitsschuld könne der Angeklagte aber durch einen „Entlastungsbeweis"[63] entkräften, indem er konkrete Umstände angebe, aus denen sich ergebe, wieso er trotz sorgfaltsgemäßem Verhalten zur Überzeugung gelangen konnte, die Worte nicht gesprochen zu haben. Ein derartiges Verständnis teilte das Reichsgericht aber nicht, da „entsprechend den allgemeinen im Strafverfahren geltenden Grundsätzen dem Angeklagten gegenüber [der] Mangel an der erforderlichen Sorgfalt und Überlegung nachzuweisen war, dass es aber nicht dem Angeklagten zugemutet werden durfte, die geschehene Anwendung der nötigen Sorgfalt und Überlegung nachzuweisen, und zwar dies mit der Folge, dass, wenn er es unterließ, jenen Beweis anzutreten, seine subjektive Verschuldung als erwiesen gelten müsse"[64].

Hätte der Tatrichter dem Angeklagten jedoch nicht den Gegenbeweis[65] aufgebürdet, sondern entsprechend des Amtsermittlungsgrundsatzes in § 244 Abs. 2 StPO die konkreten Umstände des Falles selbst (erfolglos) nach besonderen Umständen für eine unverschuldete Überzeugungsbildung beim Angeklagten untersucht, bevor er den obigen Wahrscheinlichkeitsschluss zog, also quasi die Grundsätze des verwaltungsprozessualen Anscheinsbeweises[66] angewandt, so hätte das Reichsgericht vermutlich keine Einwände erhoben.

bb) Urteil des Reichsgerichts vom 1. 12. 1931 – RGSt. 67, 12

Dies verdeutlicht eine reichsgerichtliche Fahrlässigkeitsentscheidung vom 1. Dezember 1931[67] mit folgendem Sachverhalt:

„Die Landwirtsehefrau B. fühlte am Morgen des 11. Mai 1930 Schmerzen im Leib; sie legte sich zu Bett und musste sich abends erbrechen. Am Morgen des 13. Mai wurde der Angeklagte, der seit 5 Jahren als Homöopath und ‚Iridologe' in A. tätig ist und schon etwa 5000 Personen – auch solche mit Blinddarmentzündung – mit Erfolg behandelt zu haben behauptet, herbeigerufen. Er stellte Blinddarmentzündung mit 38,7°C Fieber fest, verordnete ho-

[61] Wiedergegeben bei RG, JW 1900, 206 f.

[62] Ausführlich zu diesen oben Erster Hauptteil, Erstes Kapitel, C, II.

[63] So die Wortwahl des Reichsgerichts: RG, JW 1900, 206 (207).

[64] RG, JW 1900, 206.

[65] Siehe zur Klassifizierung des Entkräftungsbeweises als Gegen- und nicht Gegenteilsbeweis oben Erster Hauptteil, Erstes Kapitel, C, II, 2.

[66] Siehe zu diesem oben Erster Hauptteil, Erstes Kapitel, D, II.

[67] RGSt. 67, 12 ff.

möopathische Mittel und kalte, später heiße Umschläge. Auf eine Frage des Ehemanns der Kranken, ob eine Operation erforderlich sei, antwortete er, das sei nicht nötig, er bringe es auch so weg. Am 14. Mai besuchte er die Kranke wieder und stellte 38,5°C Fieber fest. Am 15. Mai ließ er sich den Fieberstand fernmündlich mitteilen. Welcher Fieberstand ihm mitgeteilt wurde und ob eine Sicherheit für richtige Messung bestand, ist nicht festgestellt. In der Nacht vom 15. zum 16. Mai bekam die Kranke plötzlich furchtbare Schmerzen. Der auf Anruf um 6 Uhr erschienene Angeklagte untersuchte die Kranke, meinte, die Blinddarmentzündung sei vorbei, es handle sich nur noch um eine schwere Darmkolik, und ordnete an, dass der Leib mit warmer Butter massiert werde, und zwar zunächst unter Schonung des Blinddarms, später über diesen hinweg, dass ferner die Kranke ab und zu im Zimmer herumgeführt werde. Bei den folgenden Besuchen am 17., 19. und 20. Mai glaubte der Angeklagte eine Besserung des Allgemeinbefindens feststellen zu können. Da sich aber nach Ansicht ihres Mannes und ihrer Tochter, die früher als Pflegerin tätig war, der Zustand nicht besserte, rief der Ehemann am 23. Mai den praktischen Arzt Dr. S in A. herbei. Dieser gab der Meinung Ausdruck, dass die Kranke an einer im Anschluss an die Wurmfortsatzentzündung entstandenen Bauchfellentzündung leide, und ordnete ihre Überführung in das Krankenhaus in A. an. Die noch am selben Tag vorgenommene Operation bestätigte die Diagnose Dr. S's. Bei der Operation wurden nach Abstopfung der oberen Bauchhälfte durch Kompressen schätzungsweise zwei Liter Eiter entleert, der Wurmfortsatz entfernt, der Stumpf versorgt und die Eiterhöhle drainiert. Am 1. Juni 1930 starb Frau B."

Für eine fahrlässige Tötung hat das sachverständig beratene Berufungsgericht das Verhalten des Angeklagten nach dem Durchbruch des Wurmfortsatzes in der Nacht vom 15. auf den 16. Mai – und dabei insbesondere die falsche Diagnose auf Darmkolik und die Anordnung von Massage und Bewegung – außer Betracht gelassen, weil das Gericht es für zweifelhaft erachtete, ob ab diesem Zeitpunkt Frau B. noch zu retten gewesen wäre, also ob zwischen diesem Verhalten und dem Tode der Frau B. noch ein Ursachenzusammenhang bestanden hätte.[68] Als tatbestandsmäßig kam so nur das vorausgegangene Verhalten in Betracht, also die Verabreichung homöopathischer Mittel und Wickel statt der sofortigen Anordnung einer Operation. Nach der dargelegten reichsgerichtlichen Rechtsprechung bedurfte es zur Feststellung der Kausalität der richterlichen Überzeugung davon, dass mit an Gewissheit grenzender Wahrscheinlichkeit der Tod der Frau B. nicht eingetreten wäre, wenn der Angeklagte nach seiner ersten Diagnose einer Blinddarmentzündung sofort eine Operation angeordnet hätte. Dieser wahrscheinliche hypothetische Geschehensablauf, der der menschlichen Wahrnehmung verschlossen und daher mit Beweismitteln nicht unmittelbar beweisbar war und ist, lässt sich nur mit Hilfe der Erfahrung erschließen. So ist noch immer in der Medizin als zwingend anerkannt, dass eine in den ersten beiden Tagen ab dem Auftreten der ersten Symptome vorgenommene Blinddarmoperation mit Sicherheit Erfolg hat und der Patient nicht unmittelbar an der Blinddarmentzündung verstirbt (zwingender Erfahrungssatz). Da diese Frist bereits verstrichen war, als der Angeklagte die Frau B. erstmals untersuchte, konnte mit diesem zwingenden Erfahrungssatz nicht mit Sicherheit auf eine Kausalität der zurückhaltenden Behandlungsmethode des Angeklagten für den Tod der Frau B. geschlossen werden. Hierfür stand vielmehr nur der statistische Erfahrungssatz zur Verfügung, dass jede Operation, die bis zum Durchbruch

[68] RGSt. 67, 12 (13 f.).

des Wurmfortsatzes aber nach den ersten beiden Tagen vorgenommen werde, zumindest mit einer an Sicherheit grenzenden Wahrscheinlichkeit Erfolg habe, der Patient also nicht an der Blinddarmentzündung versterbe.[69] Hiermit wurde auf der Grundlage des festgestellten Beginns der Krankheit und der Blinddarmentzündung als Todesursache als Tatsachengrundlagen mit der für die Sachverhaltsfeststellung nach der reichsgerichtlichen Rechtsprechung notwendigen an Sicherheit grenzenden Wahrscheinlichkeit die Kausalität des Verhaltens des Angeklagten für den Tod der Frau B. erschlossen; das Reichsgericht billigte die Feststellung der Kausalität auf dieser Basis als „ohne Rechtsverstoß nachgewiesen“[70].

Hierneben stellte sich das Problem des Fahrlässigkeitsnachweises, also ob „der Angeklagte eine aus der Rechtsordnung sich ergebende Sorgfaltspflicht verletzt hat, obwohl ihm ihre Erfüllung zugemutet werden konnte, dass er ferner den eingetretenen Erfolg als mögliche Folge seines pflichtwidrigen Verhaltens hätte voraussehen können“[71]. Im Zivilrecht ist der Fahrlässigkeitsnachweis einfacher, bedarf es dort doch lediglich des objektiven Verstoßes gegen den dem ordentlichen Berufsgenossen entnommenen Durchschnittsmaßstab sowie dass der Schadensverursacher den Schaden vorhersehen und ihn durch ein sachgerechtes Verhalten ver-. meiden konnte. Bestehen im Einzelfall keine Anhaltspunkte für eine fehlende Vorhersehbarkeit oder eine fehlende Vermeidbarkeit, so kann bei einem Verstoß gegen eine Schutzvorschrift, die das dem Bürger abverlangte normgerechte Verhalten hinreichend konkretisiert, im Rahmen eines Anscheinsbeweises auf eine zumindest fahrlässige Verursachung des Schadens geschlossen werden, den die verletzte Schutzvorschrift vermeiden möchte.[72] Im Strafrecht hat der Richter demgegenüber noch die persönlichen Fähigkeiten und Kenntnisse des Angeklagten für eine individuelle Erfüllbarkeit der Sorgfaltspflicht (subjektive Sorgfaltspflichtverletzung als Teil des Schuldvorwurfs) wie eine subjektive Vorhersehbarkeit zu berücksichtigen. Da der Richter in den Kopf eines Menschen jedoch nicht hereinschauen kann, um dies konkret beurteilen zu können, kann er sich die subjektive Sorgfaltspflichtverletzung und Vorhersehbarkeit sowie Vermeidbarkeit des Erfolgseintritts nur mittelbar über die Existenz gesetzlicher Bestimmungen, Dienstverordnungen etc. erschließen, was einem Anscheinsbeweis letztlich nahe-, wenn nicht sogar gleichkommt:

> „Wenn aber die [durch die Sorgfaltspflichtverletzung] übertretenen Vorschriften gerade zur Verhütung solcher Erfolge bestimmt sind und dies dem Täter bekannt war oder bekannt sein musste, wenn also der Täter durch sie gewarnt wurde, so kann aus ihrem Bestehen und aus der Kenntnis oder Erkennbarkeit ihrer Bedeutung meist ein zuverlässiger Schluss auf die Voraussehbarkeit jenes Erfolges gezogen werden.“[73]

Wie der mit der Verletzung einer dem Täter bekannten Schutznorm verbundene Wahrscheinlichkeitsschluss auf eine sogar subjektive Sorgfaltspflichtwidrigkeit

---

[69] Vgl. RGSt. 67, 12 (15).
[70] RGSt. 67, 12 (18).
[71] RGSt. 67, 12 (19).
[72] Siehe hierzu ausführlich oben Erster Hauptteil, Erstes Kapitel, C, II, 1, b).
[73] RGSt. 67, 12 (20f.).

und Vorhersehbarkeit (weil die Norm gerade den eingetretenen Erfolg verhindern will) erschüttert werden kann, dazu konnte das Reichsgericht indes noch keine Ausführungen machen, fehlt es bei Heilbehandlungen doch gerade an derartigen verbindlichen Normen über die Art ihrer Ausführungen und sind in der Wissenschaft wie wissenschaftlichen Arbeiten neben der klassischen schulmedizinischen Behandlung auch alternative Heilmethoden wie die Homöopathie anerkannt[74], mit der der Angeklagte auch schon Blinddarmentzündungen kurieren konnte. Aus diesem Grunde war der Schluss mittels statistischem Erfahrungssatz mangels Vorliegen von deren Voraussetzungen nicht möglich und ein Fahrlässigkeitsvorwurf zweifelhaft.

cc) Urteil des Reichsgerichts vom 21. 2. 1938 – RGSt. 72, 89

Die Bedeutung der Berücksichtigung der besonderen Umstände des Einzelfalles bei bloß statistischen Erfahrungssätzen betonte das Reichsgericht dann in einem Urteil vom 21. Februar 1938[75], ohne jedoch deren Verhältnis zum Wahrscheinlichkeitsschluss darzulegen. Zugrunde lag folgender Sachverhalt:

> Beim angeklagten Juden wurde eine Tripperansteckung festgestellt, so dass der behandelnde Arzt ihm auf den Kopf zusagte, „dass er sich aller Wahrscheinlichkeit nach die Krankheit bei einem Geschlechtsverkehr mit einer Deutschblütigen geholt und sich somit der Rassenschande schuldig gemacht habe. Der Angeklagte trat diesem Vorwurfe nicht entgegen, sondern wandte sich an das menschliche Mitgefühl des Arztes mit der Bitte, nichts gegen ihn zu unternehmen, da er sonst ins Zuchthaus komme."

Die Strafkammer hatte alleine aus diesem Verhalten des Angeklagten dem Arzt gegenüber geschlossen, „dass der Angeklagte, wie er auch gewusst habe, mit einer Staatsangehörigen deutschen Blutes außerehelichen Geschlechtsverkehr gehabt habe, da sein Benehmen gegenüber dem Arzte sonst unverständlich sei"[76]. Ein derartiger Schluss aus „dem bloßen Schuldgefühle des Angeklagten" sei nach Ansicht des Reichsgerichts[77] entsprechend seinem Beweismaßverständnis zwar grundsätzlich möglich, wenn eine an Sicherheit grenzende Wahrscheinlichkeit dafür spreche, dass der Täter selbst das äußere Geschehen zutreffend beurteilt habe, „in diesem Fall also die weibliche Beteiligte als deutschblütige Staatsangehörige" gekannt habe; der Sachverhalt bedürfe daher „weiterer Aufklärung".

Aus den Urteilsgründen ergibt sich hierbei leider nicht, ob das Reichsgericht bereits eine hohe Wahrscheinlichkeit des Schlusses mittels des statistischen Erfahrungssatzes „Wer dem Vorwurf einer Straftat gegenüber an das menschliche Mitgefühl appelliert, statt dem Vorwurf selbst entgegen zu treten, hat wahrscheinlich die vorgeworfene Tat wirklich begangen" verneinte, so dass alleine mit Hilfe dieses Erfahrungssatzes eine vorsätzliche Tatbegehung nicht erschlossen werden konnte und es daher allein auf die Umstände des unzureichend ermittelten Einzelfal-

---

74 Vgl. hierzu RGSt. 67, 12 (21ff.).
75 RGSt. 72, 89f.
76 Wiedergabe bei RGSt. 72, 89 (90).
77 RGSt. 72, 89 (90).

les ankam, oder ob das Reichsgericht durchaus eine hinreichend hohe Wahrscheinlichkeit zur Überzeugungsbildung annahm, das Gericht es aber entsprechend den Grundsätzen des verwaltungsgerichtlichen Anscheinsbeweises[78] versäumt hätte, zu versuchen, den so vermittelten Anschein mit Umständen des Einzelfalles zu erschüttern.

dd) Urteil des OLG Stuttgart vom 26. 5. 1948 – SJZ 1948, 615

Klarer wurden die Ausführungen zur Überbrückung einer Beweislücke mittels statistischem, eine Vielzahl individueller Voraussetzungen aufweisenden[79] Erfahrungssatz im Urteil des Oberlandesgerichts Stuttgart vom 26. 5. 1948[80], das auf folgendem Sachverhalt beruhte:

> „Der Angeklagte verblieb nach dem Zusammenbruch 1945 als einer der wenigen Polizeibeamten, die nicht der NSDAP angehört hatten, im Polizeidienst“ und wurde 1946 Kriminalinspektor und Kriminaloberinspektor. In dieser Eigenschaft oblag ihm „als Inspektionsleiter in erster Linie die Dienstaufsicht über die ihm unterstehenden Dienststellen 3 und 4 der Kriminalabteilung des Polizeipräsidiums“. Eine Übernahme der Bearbeitung von Einzelfällen durch den Angeklagten selbst war die Ausnahme. „Ein Disziplinarverfahren, das 1947 gegen ihn geführt wurde und das bedenkliche Annäherungsversuche des Angeklagten gegenüber weiblichen Angestellten der Kriminalpolizei zum Gegenstand hatte, förderte eine Anzahl von Fällen zutage, in denen der Angeklagte Frauen, gegen die er ein Ermittlungsverfahren zu führen hatte oder die als Anzeigeerstatter mit ihm in dienstliche Berührung gekommen waren, teilweise unter Gewaltanwendung zur Unzucht missbraucht hat.“ In all diesen Fällen, die die Strafkammer aufgrund des Geständnisses des Angeklagten für erwiesen hielt und den Angeklagten des sexuellen Missbrauchs unter Ausnutzung seiner Amtsstellung (§§ 174 Nr. 2 und 176 Nr. 1 StGB a.F., heute: § 174b StGB) für schuldig befand, erfolgte die Bearbeitung der Akten durch den Angeklagten selbst. In fast allen Fällen kamen die Akten oder der wesentliche Teil derselben abhanden. In einigen Fällen fehlten die Akten vollständig, teilweise die Strafanzeigen. Teile der Akten wurden nachträglich im Dienstzimmer des Angeklagten gefunden oder der Staatsanwaltschaft erst ein halbes Jahr später vorgelegt.

Für die dem Angeklagten ebenfalls zur Last gelegte vorsätzliche Strafvereitelung im Amt (§ 346 StGB a.F., heute: § 258a StGB) und Aktenvernichtung im Amt (§ 348 Abs. 2 StGB a.F., heute: lediglich § 274 StGB) gab es keine unmittelbaren Tatzeugen, lediglich die unstreitig desolate Aktenführung gerade jener Fälle, denen er der Unzucht angeklagt ist. Der Angeklagte bestritt diese Vorwürfe: Er sei zu dieser Zeit wie andere Kriminalbeamte auch dienstlich sehr überlastet gewesen und es sei daher häufig vorgekommen, dass Akten auch aufgrund der ungenügenden Räumlichkeiten auf kürzere oder längere Zeit nicht mehr aufgefunden werden konnten. Dennoch meint das Oberlandesgericht Stuttgart, eine vorsätzliche Aktenunterdrückung und Strafvereitelung zur richterlichen Überzeugung (nochmals: einer hohen Wahrscheinlichkeit der vorsätzlich begangenen Taten) erschließen zu können:

---

[78] Siehe hierzu oben Erster Hauptteil, Erstes Kapitel, D, II.
[79] Siehe zum Individualanscheinsbeweis oben Erster Hauptteil, Erstes Kapitel, C, II, 1, d).
[80] OLG Stuttgart, SJZ 1948, 615ff. mit krit. Anm. *Hartung*, SJZ 1948, 579ff.

„Wenn nun der Angeklagte entgegen seiner nach dem Geschäftsverteilungsplan nicht vorgesehenen unmittelbaren Bearbeitung von Einzelfällen sich mit der Bearbeitung von solchen befasste und zwar gerade solcher, die sich gegen Frauen richteten, bzw. in denen Frauen zu vernehmen waren, wenn er dann unter Ausnutzung seiner Amtsstellung bei Wahrnehmung dieser Amtsgeschäfte sich schwerer sittlicher Verfehlungen gegenüber diesen Frauen schuldig machte, wenn sodann eine auf Verfolgung der Frauen gerichtete weitere Bearbeitung der Verfahren unterblieb, die Akten entweder verschwanden oder sich nur lückenhaft und unvollständig in der Wohnung des Angeklagten oder nachträglich in seinem Dienstzimmer vorfanden, dann zwingt die *Erfahrung des Lebens* zu dem Schluss, dass der Angeklagte diese Akten vorsätzlich vernichtet oder beiseite geschafft hat, um die weiblichen Personen, an denen er sich vergangen hatte, ihrer Bestrafung zu entziehen und die Aufdeckung der eigenen Verbrechen zu verhindern."[81]

Dieses Ergebnis könnte zwar aufgrund der Berücksichtigung sämtlicher Umstände des Einzelfalles auch das bloß missverständlich formulierte Ergebnis einer umfassenden richterlichen Gesamtwürdigung aller Umstände statt der Anwendung eines generell formuliertem statistischen Erfahrungssatzes im Einzelfall sein. Dieser Gedanke verschwindet aber, wenn das Oberlandesgericht Stuttgart angelehnt an die Grundsätze des Anscheinsbeweis weiter formuliert:

„Nur dann wäre dieser auf die allgemeine Lebenserfahrung sich gründende Schluss nicht gerechtfertigt, wenn für den Einzelfall das Vorliegen *ganz besonderer Umstände* dargetan wäre, die die unterbliebene Sachbehandlung und das Verschwinden der Akten aus einem anderen Grunde erklärlich erscheinen ließen." Die vom Angeklagten vorgebrachten allgemeinen Gründe einer Arbeitsüberlastung könnten jedoch „nicht als geeignet erachtet werden, den *auf allgemeiner Lebenserfahrung beruhenden Beweis* zu *entkräften*".[82]

Nachdem der Angeklagte selbst Gründe für eine schlampige Aktenführung angebracht und weitere Gründe nur aus der Sphäre des Angeklagten hätten stammen können, die für das Gericht ohne Mitwirkung des Angeklagten nicht ermittelbar waren, konnte sich das Gericht bei der Frage der Entkräftung des Anscheins auf eine Bewertung der bereits vorgebrachten Umstände begrenzen.

ee) Urteil des Obersten Gerichtshofs für die Britische Zone vom 17. 8. 1948 – OGHSt. 1, 67

Die Entwicklung eines Wahrscheinlichkeitsschlusses auf der Grundlage eines nicht-individuellen statistischen Erfahrungssatzes mit Erschütterungsmöglichkeit und damit letztlich einen strafprozessualen Anscheinsbeweis führte der Oberste Gerichtshof für die Britische Zone in einem Urteil vom 17. August 1948[83] zu Ende:

Dort waren die Angeklagten A. und E. wegen Verbrechens gegen die Menschlichkeit angeklagt, da sie ihren Hauswirt bewusst wegen recht harmloser und zum Teil auch zutreffender politischer Äußerungen über die Kriegslage im Jahre 1943 und die Bolschewisten bei den nationalsozialistischen Stellen angezeigt haben sollten, so dass der Hauswirt wegen Verdacht eines Verstoßes gegen das Gesetz gegen heimtückische Angriffe auf Staat und

---

[81] OLG Stuttgart, SJZ 1948, 615 (617), Hervorhebung durch Verf.
[82] OLG Stuttgart, SJZ 1948, 615 (617), Hervorhebungen teilweise durch den Verf.
[83] OGHSt. 1, 67.

Partei und zum Schutz der Parteiuniformen vom 20. 12. 1934[84] in Haft genommen, sechs Monate mit allen damit verbundenen seelischen Folgen der Freiheit beraubt und einem ungewissen, unter den damaligen Verhältnissen nicht rechtsstaatlich bestimmten Schicksal ausgeliefert war.

Wurden die objektiven Umstände des Unmenschlichkeitsverbrechens bewiesen, so konnte der Vorsatz hierfür als Wissen und Wollen um die Umstände des objektiven Tatbestandes und dabei insbesondere das Wissen um die unmenschlichen Haftbedingungen zur Tatzeit nur mittelbar erschlossen werden. Die Strafkammer ging hierbei unter Billigung des Obersten Gerichtshofs davon aus, dass „in der Regel" – sprich: mit hoher Wahrscheinlichkeit – jeder Bürger 1943 die Kenntnis besessen habe, „dass man durch die Anprangerung staatsfeindlicher Einstellungen den Betreffenden mittelbar oder unmittelbar dem Terror der Gestapo überantwortete und damit zum Opfer unmenschlicher Behandlungen machte"[85]. Da dieser Erfahrungssatz Ausnahmen zulässt, hatte die Strafkammer – wie der Oberste Gerichtshof meint: zutreffend – die Vorsatzfeststellungen „zwar auf der Grundlage der erwähnten allgemeinen Erfahrungstatsache getroffen, jedoch ersichtlich unter Berücksichtigung der besonderen Umstände des Falles. Erst in Verbindung damit hat sie aus dem Erfahrungssatz ihre Schlussfolgerungen gezogen"[86].

Verallgemeinert bedeutete dies unter dem reichsgerichtlichen Beweismaßverständnis der Wahrscheinlichkeitsüberzeugung: Die richterliche Überzeugung kann auf den Schluss mittels nur statistischem Erfahrungssatz, der eine (für eine richterliche Überzeugung ausreichende) hohe Wahrscheinlichkeit vermittelt, gestützt werden, wenn die vom Richter (wie beim verwaltungsgerichtlichen Anscheinsbeweis) zu erforschenden besonderen Umstände des Einzelfalles diesen Wahrscheinlichkeitsschluss zulassen, den aufgrund des statistischen Erfahrungssatz mit seiner hohen Wahrscheinlichkeit hervorgerufenen Anschein also nicht erschüttern.

II. Die Rechtsprechung ab 1950

Während das Reichsgericht also unter Betonung der Unmöglichkeit absoluter Wahrheitserkenntnis Schlüsse mit bloß statistischen Erfahrungssätzen mit entsprechend hoher Wahrscheinlichkeit durchaus für ausreichend erachtete, ohne hierbei jedoch das im Strafprozess im Hinblick auf die Unschuldsvermutung generell negativ besetzte Wort eines „Anscheinsbeweis" zu erwähnen, bezeichnete der Bundesgerichtshof fast von Anfang an bloße Wahrscheinlichkeitsschlüsse für generell nicht ausreichend:

---

[84] RGBl. 1934 I, S. 1269ff.
[85] OGHSt. 1, 67 (70).
[86] OGHSt. 1, 67 (70).

1. Das Beweismaß

Ausgangspunkt für diesen Wandel im Umgang mit Erfahrungssätzen ist die Kehrtwende des am 1. Oktober 1950 „als Institution zur Wiederherstellung der Rechtseinheit“ nach dem Zweiten Weltkrieg im Angesicht eines Rechts, „das noch die Spuren der nationalsozialistischen Zeit und seiner Folgen“ in sich trug[87], errichteten Bundesgerichtshofs bei der Festlegung des strafprozessualen Beweismaßes. Anfangs hatte der Bundesgerichtshof zwar noch versucht, die zum Ende hin „inkonsistente Rechtsprechung“ des Reichsgerichts auf einen „gemeinsamen Nenner“ zu bringen[88], zugleich aber auch fortzuentwickeln: Für die richterliche Überzeugung sei es

> „erforderlich, aber auch genügend, dass ein nach der Lebenserfahrung ausreichendes Maß an Sicherheit besteht, dem gegenüber vernünftige Zweifel nicht mehr laut werden. Die bloß ‚theoretische‘ oder ‚abstrakte‘ Möglichkeit, dass der Angekl. nicht der Täter war, kann seine Verurteilung nicht hindern. Da eine solche Möglichkeit bei der Unzulänglichkeit menschlicher Erkenntnis nie ganz auszuschließen ist, wäre jede richterliche Wahrheitsfindung unmöglich. Diese Auffassung vom Wesen freier richterlicher Überzeugung ist in der höchstrichterlichen Rechtsprechung stets vertreten worden (RGSt. 61, 202; 66, 164).“[89]

Die Formulierung des Bewusstseins von einer an Gewissheit grenzenden Wahrscheinlichkeit vermied der Bundesgerichtshof trotz Verweises auf RGSt. 61, 202 wohl bewusst, sollte der Begriff der „Überzeugung“ doch die Abkehr von der Verdachtsstrafe ausdrücken[90] und barg die „begriffliche Provokation“[91] des Reichsgerichts nun wieder die Gefahr, der Tatrichter könne sich statt mit seiner eigenen Gewissheit bewusst mit einem zu geringen Wahrscheinlichkeitsgrad von der Täterschaft des Angeklagten – einem bloßen Verdacht – zufrieden stellen[92]. Das OLG Hamburg[93] verstand jedoch den Klammerverweis auf die reichsgerichtliche Rechtsprechung einschließlich RGSt. 61, 202 als eine Zustimmung auch zur „Formel“ von der Wahrscheinlichkeitsüberzeugung und hielt sie für weiterhin maßgebend. Dies mag ausschlaggebend dafür gewesen sein, dass der Bundesgerichtshof mit Urteil vom 21. Mai 1953[94] Klarheit „in gedanklicher Tiefe und [mit] beeindruckenden Formulierungen“[95] schaffte, wenn der Ruhm hierfür auch der späteren, durch Veröffentlichung in der Amtlichen Sammlung deutlich bekannter gewordenen Entscheidung vom 9. Februar 1957[96] zugesprochen wird[97], die die Formulierungen fast

---

[87] *Geiß*, FS BGH, S. V.

[88] Ebenso die Einschätzung von *Kindhäuser*, Jura 1988, 291.

[89] BGH, NJW 1951, 122; vgl. auch BGH, NJW 1951, 83: für den „vernünftigen“ Zweifel müsse ein „greifbarer Befund“ sprechen.

[90] Vgl. nur *Rieß*, GA 1978, 264 f.

[91] *Fincke*, GA 1973, 270.

[92] In diese Richtung auch *Kasper*, Beweiswürdigung, S. 25.

[93] DAR 1952, 148 (149).

[94] GA 1954, 152 f. = LM § 261 StPO Nr. 14.

[95] *Herdegen*, NStZ 1987, 196.

[96] BGHSt. 10, 208 ff.

[97] So beispielsweise *Eberhard Schmidt*, JZ 1970, 337 („BGHSt. 10, 208 ist diejenige Entscheidung, die sich wohl am eingehendsten mit dem Inhalt des § 261 [StPO], mit Sinn und Trag-

wortwörtlich übernahm. Hier wie dort werden grundsätzliche, bis heute fast ausschließlich gültige „deklarative Sätze" niedergelegt, „Sätze einer Magna Charta des Richtertums in einer freiheitlichen, das Recht und seine Hüter achtenden Gesellschaft"[98]:

> „Freie Beweiswürdigung bedeutet, dass es für die Beantwortung der Schuldfrage allein darauf ankommt, ob der Tatrichter die Überzeugung von einem bestimmten Sachverhalt erlangt hat oder nicht; diese *persönliche* Gewissheit ist für die Verurteilung notwendig, aber auch genügend. Der Begriff der Überzeugung schließt die Möglichkeit eines anderen, auch gegenteiligen Sachverhaltes nicht aus; vielmehr gehört es gerade zu ihrem Wesen, dass sie sehr häufig dem *objektiv* möglichen Zweifel ausgesetzt bleibt. Denn im Bereich der vom Tatrichter zu würdigenden Tatsachen ist der menschlichen Erkenntnis bei ihrer Unvollkommenheit ein absolut sicheres Wissen über den Tathergang, demgegenüber andere Möglichkeiten seines Ablaufs unter allen Umständen ausscheiden müssten, verschlossen. Es ist also die für die Schuldfrage entscheidende, ihm allein übertragene Aufgabe des Tatrichters, ohne Bindung an gesetzliche Beweisregeln [besser: Beweismaßregeln] und nur seinem Gewissen verantwortlich zu prüfen, ob er die an sich möglichen Zweifel überwinden und sich von einem bestimmten Sachverhalt überzeugen kann oder nicht. Der Grundsatz der freien Beweiswürdigung hat allerdings in der Rechtsprechung des Reichsgerichts wiederholt eine bedenkliche und missverständliche Fassung erhalten (vgl. vor allem RGSt. 61, 202 [206]). [...] Eine solche Fassung gibt den Grundsatz des § 261 StPO nicht zutreffend wieder. Ebenso wenig wie der Tatrichter gehindert werden kann, an sich mögliche, wenn auch nicht zwingende Folgerungen aus bestimmten Tatsachen zu ziehen, ebensowenig kann ihm vorgeschrieben werden, unter welchen Voraussetzungen er zu einer bestimmten Schlussfolgerung und einer bestimmten Überzeugung kommen muss. [...] Schließlich kann eine Überzeugung auch bei höchstmöglicher Wahrscheinlichkeit ihrer Richtigkeit ‚nicht gefordert' werden[99]."[100]

Eine ausdrückliche Begründung für diese „neue Linie"[101] der Rechtsprechung reichte das Oberlandesgericht Celle Jahre später nach[102]:

> „Es geht bei der Überzeugungsbildung i.S.des § 261 StPO aber weder um Wahrscheinlichkeitsaussagen oder um Wahrscheinlichkeitsrechnungen noch um mathematische Berechnungen. Darum kann auch – wie der BGH in BGHSt. 10, 208 zutreffend ausgesprochen hat – dem RG nicht gefolgt werden, [...] weil das Fürwahrscheinlichhalten dem Fürwahrerachten nicht gleichkommt. Die Vermengung von Wahrscheinlichkeitsurteil und Gewissheitsurteil beruht auf einer Vermengung von naturwissenschaftlichen und geisteswissenschaftlichen Methoden. Deshalb ist es eher verwirrend als hilfreich, wenn der BGH

Tragweite seiner Aussage befasst hat"), *Meurer*, FS Tröndle, S. 537, KK-StPO/*Schoreit*, § 261 Rn. 4a und *Bender/Nack/Treuer*, Tatsachenfeststellung, Rn. 562.

98 *Herdegen*, NStZ 1987, 196.

99 Mit Auswirkungen auf die Revisionskontrolle: Entscheidet allein die innersubjektive Überzeugung des Tatrichters, kann das Revisionsgericht ihm diese nicht vorschreiben: „Insbesondere ist es dem Revisionsgericht grundsätzlich verwehrt, auf diesem Wege die Beweiswürdigung des Tatrichters durch seine eigene zu ersetzen" (BGHSt. 10, 208 [210]); vgl. hierzu nur *Eberhard Schmidt*, JZ 1970, 337.

100 BGHSt. 10, 208 (209f.).

101 *Gerhard Walter*, Beweiswürdigung, S. 100.

102 OLG Celle, NJW 1976, 2030 (2031) mit krit. Anm. *Karl Peters*, JR 1977, 83f. (Notwendigkeit einer rechtsstaatlichen Kontrolle der subjektiven Überzeugung) und *Hanack*, JuS 1977, 727ff.

– der Sache nach zu Recht – immer wieder betont, dass der Richter den Sachverhalt nicht mit mathematischer Sicherheit feststellen könne. Mathematisches Denken ist etwas ganz anderes als die bei der Feststellung des Sachverhalts notwendige wertende und beurteilende Überzeugungsbildung des Richters. Gerade weil es hier keine mathematische Sicherheit geben kann, ist es aber andererseits notwendig, bei dem subjektiven Gewissheitsurteil, das § 261 StPO verlangt, an der Unverbrüchlichkeit der Überzeugung festzuhalten. Der Richter darf nur verurteilen, wenn er einen bestimmten Sachverhalt ohne Zweifel für wahr hält."

Auf dieser Grundlage ist bis zur Gegenwart die sichere persönliche Gewissheit des Tatrichters, seine „freie Überzeugung" als Methode und Ziel der Beweiswürdigung[103] das entscheidende Kriterium, eine Beweismittelaussage als wahr oder falsch festzustellen[104]. Dies kann und darf jedoch keine grenzenlose richterliche Willkür bedeuten, die über das Schicksal des Angeklagten und dessen weiteres Leben entscheidet[105]. Immer sind es vom Richter zwar subjektiv wahrgenommene, sich aber doch in der realen Außenwelt abspielende und damit objektiv in der Hauptverhandlung („Inbegriff der Verhandlung") erfolgende Zeugenaussagen, Urkundsinhalte und Sachverständigenbekundungen als „Gegebenes"[106], das dem Richter ein Beweismaterial liefert, aus denen dieser sich sein Bild vom Tatgeschehen zu „schöpfen" hat. Dies hat der Bundesgerichtshof bereits früh erkannt und seinem nach außen streng subjektiv erscheinenden Beweismaß von Anfang an mehrere revisionsrechtlich überprüfbare objektive Fesseln angelegt: So dürfe der Tatrichter zum einen keine zu geringen Anforderungen an seine Überzeugungsbildung stellen. Bloß abstrakte Vermutungen oder die Intuition des Richters, für die die Aussagen der erhobenen Beweise keine „tragfähige, verstandesmäßig einsehbare Tatsachengrundlage"[107] bzw. „tatsächliche Anknüpfungspunkte"[108] bieten[109], vermögen letztlich „nicht mehr als einen Verdacht"[110] oder „bloße Vermutungen"[111] zu tragen, „aus Rechtsgründen"[112] (und damit revisibel) nicht aber die zur Verurteilung erfor-

---

[103] KMR/*Stuckenberg*, § 261 Rn. 16.

[104] Vgl. etwa BGHSt. 10, 208 (209), BGHSt. 29, 18 (20), BGH, GA 1954, 152f., BGH, VRS 24 (1963), 207 (210f.), BGH, NStZ 1983, 277 (278), BGH, NStZ 1988, 236 (237), BGH, VRS 62 (1982), 120 (121), BGH, StV 1993, 510 (511) und OLG Celle, NJW 1976, 2030 (2031).

[105] Vgl. nur *Hanack*, JuS 1977, 727 und *Hellmann*, Strafprozessrecht, Rn. 800.

[106] *Herdegen*, NStZ 1987, 198.

[107] BGH, NStZ-RR 2005, 373; vgl. auch BGH, StraFo 2010, 385 (386): keine „ausreichende Tatsachengrundlage".

[108] BGH, NStZ 2009, 226 (227).

[109] Vgl. BGHSt. 29, 18 (20f.), BGH, JR 1981, 304 (305), BGH, NStZ 1987, 473f., BGH, NStZ 1988, 236 (237), BGH, NStZ 1990, 501, BGH, NStZ 1990, 603, BGH, StV 1993, 510 (511), BGH, NStZ-RR 1997, 42f., BGH, NStZ-RR 1999, 139, BGH, NStZ-RR 2005, 373, BGH, NStZ-RR 2008, 273 (274), BGH, Urt. v. 18. 6. 2008 – 2 StR 225/08, juris, BGH, Urt. v. 1. 7. 2008 – 1 StR 654/07, juris, BGH, NStZ 2009, 106f., BGH, NStZ-RR 2009, 173 (175) sowie BGH, NStZ 2009, 468 (469).

[110] BGH, StV 1993, 510 (511), BGH, StV 1995, 453 und BGH, StV 1997, 120.

[111] BGH bei *Pfeiffer/Miebach*, NStZ 1986, 208 (Nr. 13), BGH, NStZ 1986, 373, BGH, StV 1993, 510 (511), BGH, StV 1995, 453, BGH, NStZ-RR 1997, 42 (43), BGH, StV 1997, 120 und OLG Düsseldorf, NZV 1992, 328.

[112] BGHR StPO § 261 Beweiswürdigung 8.

derliche Überzeugung von der Täterschaft[113]. Eine dennoch allein hierauf fußende Verurteilung wäre wegen Verstoßes gegen das Willkürverbot des Art. 3 Abs. 1 GG nach dem Bundesverfassungsgericht[114] sogar verfassungswidrig.

Auf der anderen Seite dürfe der Tatrichter an seine Überzeugung aber auch keine „überspannten Anforderungen" stellen[115] und eine absolute, über jeden Zweifel erhabene richterliche Gewissheit fordern, der jede Möglichkeit eines anderen, selbst gegenteiligen Sachverhalts ausschließe und so bereits durch den leisesten Zweifel erschüttert werde[116]. Sonst würden Prämisse (Unvollkommenheit der menschlichen Erkenntnisfähigkeit) und Conclusio (die absolute Gewissheit des Richters sei das entscheidende Kriterium) der Rechtsprechungsänderung nicht übereinstimmen[117]: „Absolut sicheres Wissen [...], dem gegenüber das Vorliegen eines gegenteiligen Geschehens mit Sicherheit auszuschließen wäre, gibt es nicht."[118] Bloß abstrakt-theoretische, rein gedankliche Zweifel hinderten eine Überzeugung daher nicht.[119]

---

[113] Vgl. nur BGH, NStZ 1982, 478, BGH, StV 1986, 61, BGH bei *Pfeiffer/Miebach*, NStZ 1986, 208 (Nr. 13), BGH, NStZ 1986, 373, BGH, NStZ 1987, 473 (474), BGH, NStZ 1990, 501, BGH, StV 1992, 261 (262), BGH, StV 1993, 116 (117), BGH, StV 1994, 175, BGH, NStZ-RR 1996, 202, BGH, NStZ-RR 1999, 139, BGH, NStZ-RR 2008, 273 (274), BGH, NStZ-RR 2009, 121, BGH, NStZ 2009, 226 (227) und OLG Düsseldorf, VRS 95 (1999), 433 (435). Ein sehr anschauliches Beispiel hierfür findet sich bei *Otto*, NJW 1978, 9f.: Der Angeklagte wurde verurteilt, seine Ehefrau ermordet zu haben. Die Ehe war glücklich und harmonisch; der Angeklagte war anderen gegenüber leicht aufgebracht, seiner Ehefrau gegenüber aber bewahrte er stets Ruhe. Der Angeklagte bestritt die Tat, Zeugen gab es nicht. Dennoch meinte der Bundesgerichtshof: „Nicht eindeutig geklärt ist, welches Motiv letztlich den Angekl. bei dieser Tat leitete. Zu seinen Gunsten wird davon ausgegangen, dass es zwischen ihm und seiner Ehefrau aus letztlich nicht klärbarem Grunde zu einer wörtlichen Auseinandersetzung kam, in deren Verlauf der Angekl. in einen heftigen Erregungszustand geriet und sich in einem Affektausbruch zu seinem Vorgehen hinreißen ließ. Nicht ausgeschlossen ist, dass F bei dieser Auseinandersetzung den Angekl. in irgendeiner Weise beleidigte oder kränkte und dass der Angekl. hierdurch in Wut geriet und die Tat aus diesem Grunde beging. Jedoch steht fest, dass der Angekl. in diesem Falle die Beleidigungen oder Kränkungen durch eigenes Verhalten in vorwerfbarer Weise mit herbeigeführt und heraufbeschworen hat", so dass § 213 StGB ausschied. *Otto* kann nur beigeflochten werden, dass das Gericht hier „geradezu hellseherische Fähigkeiten" bewiesen hat.

[114] BVerfG, StV 1994, 3.

[115] BGH, GA 1969, 181, BGH, NStZ 1984, 180, BGH, NStZ-RR 1998, 275, BGH, NStZ 1999, 205, BGH, NStZ-RR 1999, 301 (302), BGH, NStZ-RR 1999, 332 (333), BGH, NStZ-RR 2003, 240, BGH, NStZ-RR 2004, 238, BGH, NJW 2005, 149, BGH, Urt. v. 8. 5. 2008 – 3 StR 53/08, juris (insoweit in NStZ 2008, 646 nicht abgedruckt), BGH, Urt. v. 1. 7. 2008 – 1 StR 654/07, juris, BGH, Urt. v. 15. 7. 2008 – 1 StR 231/08, juris, BGH, NStZ-RR 2009, 90 (91) und BGH, NStZ 2009, 401 (402).

[116] BGHSt. 11, 1 (4), BGHSt. 25, 365 (367), BGH, NJW 1951, 83, BGH, NJW 1967, 359 (360), BGH, GA 1969, 181, BGH, VRS 39 (1970), 103 (104), BGH, VRS 53 (1977), 109 (110), BGH, VRS 55 (1978), 186 (188), BGH, VRS 62 (1982), 120 (121), BGH bei *Pfeiffer/Miebach*, NStZ 1985, 15, BGH, NStZ 1999, 205 f., BGH, NStZ-RR 1999, 301 (302), BGH, NStZ-RR 2008, 350 (351), BGH, Urt. v. 1. 7. 2008 – 1 StR 654/07, juris und OLG Köln, MDR 1978, 338.

[117] *Herdegen*, StV 1992, 530.

[118] BGHSt. 41, 206 (214).

[119] Vgl. nur BGHSt. 11, 1 (4), BGHSt. 25, 365 (367), BGH, VRS 24 (1963), 207 (210), BGH, NStZ 1983, 277 (278), BGH bei *Pfeiffer/Miebach*, NStZ 1985,15, BGH, NJW 1988, 236 (237),

Nur bei solchen konkreten Zweifeln, für die es Anhaltspunkte im erhobenen Tatsachenmaterial gebe (sog. „vernünftige Zweifel"), dürfe der Richter zweifeln[120]; ob er dann auch tatsächlich zweifle oder diese Zweifel subjektiv überwinde, sei dann wieder eine Frage seiner subjektiven Entscheidungsfreiheit[121]; es spiele daher keine Rolle, ob andere Richter diese konkreten Zweifel zu überwinden in der Lage wären[122], springe der Funken vom Rationalen zum Irrationalen doch bei jedem Menschen anders über[123].

Ob also nach oben oder nach unten, der Schluss auf die Schuld des Angeklagten oder auf persönliche Zweifel hieran und damit letztlich auf die Unschuld des Angeklagten müsse stets auf einem objektiven Unterbau basieren: Der Schluss brauche nach dem bisherigen Beweisergebnis zwar nicht zwingend zu sein, müsse aber denkgesetzlich und nach der Lebenserfahrung zumindest „möglich"[124] (nicht auch überwiegend wahrscheinlich[125]) sein, die richterliche Überzeugung zu stützen[126], so dass der Richter sich unter diesem Gesichtspunkt im Verlaufe des Überzeugungsbildungsprozesses mit allen für das Urteil wesentlichen Gesichtspunkten auseinandersetzen müsse, die geeignet seien, das Beweisergebnis zu beeinflussen[127]. Erst ob sich der Tatrichter dann von dem möglichen wahrscheinlichen oder dem möglichen unwahrscheinlichen Tatgeschehen überzeuge, sei nach überwiegender Rechtsprechung[128] mangels einer den Richter bindenden Norm[129] Teil der subjektiven Über-

---

BGH bei *Miebach*, NStZ 1990, 28, BGH, NStZ-RR 1998, 275, BGH, NStZ-RR 1999, 332 (333), BGH, NStZ-RR 2004, 238 (240), BGH, NStZ-RR 2005, 149, BayObLG, GA 1970, 186 und OLG Celle, NJW 1976, 2030 (2031).

120 Vgl. nur BGHSt. 5, 34 (37), BGHSt. 25, 365 (367), BGHSt. 29, 18 (20), BGH, GA 1954, 152f., BGH, VRS 16 (1959), 432 (438), BGH, VRS 24 (1963), 207 (210), BGH, GA 1969, 181, BGH, VRS 39 (1970), 103 (104), BGH, VRS 49 (1975), 429 (430) und BGH bei *Pfeiffer/Miebach*, NStZ 1985, 15.

121 In diese Richtung bereits BGH, GA 1969, 181 („Zum Inhalt der freien richterlichen Entscheidung (§ 261 StPO) gehört auch die Freiheit der Entschließung gegenüber an sich möglichen Zweifeln").

122 BGH, NJW 1967, 359 (360); vgl. auch BGH, GA 1954, 152f., BGH, Urt. v. 1. 7. 2008 – 1 StR 654/07, juris, BGH, Urt. v. 15. 7. 2008 – 1 StR 231/08, juris und BGH, Urt. v. 16. 10. 2008 – 5 StR 206/08, juris.

123 *Höcherl*, FG Peters, S. 20.

124 Vgl. nur BGHSt. 10, 208 (209), BGHSt. 26, 56 (63), BGHSt. 36, 1 (14), BGH, GA 1969, 181, BGH bei *Pfeiffer/Miebach*, NStZ 1983, 212, BGH, NStZ-RR 1997, 42 (43), BGH, Urt. v. 28. 10. 2010 – 4 StR 285/10, juris und KG, Urt. v. 12. 11. 1998 – (4) 1 Ss 279/97 (128/97), juris.

125 So ausdrücklich BGHSt. 11, 1 (5); zur materiell-rechtlichen Problematik dieses Radfahrer-Falles siehe bereits *Kraatz*, Fahrlässige Mittäterschaft, S. 341 ff.

126 BGHSt. 26, 56 (63), BGH, NJW 1951, 325, BGH, NStZ 1982, 478, BGH, NStZ 1987, 473 (474), BGH, NStZ 1988, 236 (237) und OLG Düsseldorf, NZV 1992, 328.

127 Vgl. RGSt. 77, 157 (161), BGHSt. 25, 365 (367), BGH, StV 1981, 114, BGH, NStZ-RR 1999, 139, BGH, NStZ-RR 2002, 338, BGH, NStZ-RR 2004, 204 (205), BGH, NStZ-RR 2007, 199 (200) und BGH, Urt. v. 22. 5. 2007 – 1 StR 582/06, juris.

128 Vgl. nur BGHSt. 10, 208 (210), BGH, NJW 1979, 2318f., BGH, NStZ 2001, 491 (492), OLG Celle, NJW 1976, 2030 (2031) und BayObLG, NJW 1994, 3177 (3178).

129 BGH, NJW 1951, 325: „[…] es gibt keine Norm dafür, welche Überzeugung der Richter bei einem bestimmten objektiven Beweisergebnis haben müsse oder dürfe oder nicht haben dürfe."

zeugungskomponente, die dem Richter nicht vorgeschrieben werden könne und vom Revisionsgericht zu respektieren sei. Der 2. Strafsenat des Bundesgerichtshof[130] ist unter dem maßgeblichen Einfluss seines Vorsitzenden Richters *Gerhard Herdegen*, dessen wissenschaftliches Werken auf dem Gebiet der Beweiswürdigung (etwa in maßgeblichen Aufsätzen von 1986[131] und 1987[132]) sich in der Spruchpraxis niederschlug[133], seit Beginn des Jahres 1988 in der objektiven Einschränkung sogar noch einen Schritt weiter gegangen und verlangt, dass der auf der Basis der Tatsachengrundlagen in Verbindung mit rationalen Gründen erfolgende tatrichterliche Schluss und damit das festgestellte Geschehen nicht nur möglich, sondern sogar hoch wahrscheinlich mit der Wirklichkeit übereinstimmen müsse; ansonsten könne eine sichere Überzeugung von der Täterschaft nicht gewonnen werden.[134] Ob dieser Wahrscheinlichkeitsmaßstab, der bislang noch nicht quantifiziert worden und so im Dunkeln geblieben ist, im Einzelfall erreicht sei, sei dem Revisionsgericht zugänglich[135]. Diese Spruchpraxis fand neben der Billigung durch das Bundesverfassungsgericht[136] kurzfristig Anklang beim 5. Strafsenat[137] wie auch beim 1. Strafsenat des Bundesgerichtshofes[138], bevor diese Senate dahin zurückkehrten, dass es genüge, dass die Schlüsse des Tatrichters „möglich und nachvollziehbar [nicht notwendigerweise zwingend] sind sowie dem Gebot rational begründeter und tatsachengestützter Beweisführung entsprechen“[139]; selbst wenn ein tatrichterlicher Schluss „lebensfremd“ (und damit nicht hoch wahrscheinlich) sei, müsse der Revisionsrichter ihn hinnehmen[140]. Wie die einzelnen Senate des Reichsgerichts sind damit letztlich auch die Senate des Bundesgerichtshofs in der heiklen Frage der Beweismaßanforderungen dogmatisch auseinander gedriftet. Eine aus Gründen der Rechtssicherheit notwendige Klärung dieser Differenzen – der 2. Strafsenat hat seine Rechtsprechung noch nicht aufgegeben – steht noch aus.

So oder so ergänzen sich in der Rechtsprechung des Bundesgerichtshofs aber der „unerlässliche objektiv-rationale Unterbau“[141] (deren genaue Ausbildung bislang von der Rechtsprechung noch nicht hinreichend klar herausgearbeitet wurde[142]) mit

---

[130] BGH, NStZ 1988, 236 (237), BGH, NStZ 1990, 402 und 603 sowie BGH, NJW 1990, 2073 (2074).

[131] *Herdegen*, Rechtsprechung, S. 106ff.

[132] *Herdegen*, NStZ 1987, 193 (198), wird von BGH, NStZ 1988, 236 (237) ausdrücklich zitiert!

[133] So auch *Jungfer*, Rechtssicherheit, S. 91.

[134] *Andrea Schmidt*, Grundsätze, S. 93 spricht von einem „Grundstock für eine neue Objektivierung des erforderlichen Beweismaßes“.

[135] So ausdrücklich der 5. Strafsenat: BGH, StV 1993, 510 und BGH, StV 1995, 453.

[136] BVerfG, NStZ-RR 2003, 299 (301).

[137] BGH, StV 1993, 510 (511) und BGH, StV 1995, 453.

[138] BGH, NJW 1999, 1562 (1564) – ausführlich zu diesem Pistazieneisfall unten Zweiter Hauptteil, Drittes Kapitel, B, II, 3, c).

[139] BGH, NStZ-RR 2008, 370.

[140] So der 1. Strafsenat in ständiger Rechtsprechung: vgl. nur BGH, Urt. v. 1. 7. 2008 – 1 StR 654/07, juris, BGH, Urt. v. 15. 7. 2008 – 1 StR 231/08, juris und BGH, NStZ-RR 2009, 90f.

[141] So *Albrecht*, NStZ 1983, 489; ähnlich *Karl Peters*, Strafprozeß, S. 298: „Der Unterbau der objektiven Maßstäblichkeit wird durch die subjektive Wertung überhöht.“

[142] So auch die Kritik von *Herdegen*, StV 1992, 532.

einem zumindest möglichen oder sogar hoch wahrscheinlichen Schluss auf das festzustellende Tatgeschehen und die hierauf aufbauende persönliche Überzeugung zu einem einheitlich objektiv-subjektiven Beweismaß.[143]

2. Die Anwendung von Erfahrungssätzen

Beruht die richterliche Überzeugung auf möglichen (oder im Sinne des 2. Strafsenat des Bundesgerichtshofs: sogar hoch wahrscheinlichen) Schlüssen vom festgestellten Tatsachenmaterial, so bilden Erfahrungssätze das „Bindeglied“[144], in dem sie dem Tatrichter vermitteln, welche verschiedenen Geschehensabläufe ausgehend von den bislang festgestellten Beweismittelaussagen möglich oder sogar hoch wahrscheinlich sind, unter denen der Richter dann nach seiner subjektiven Überzeugung wählen kann. Die Beachtung der Erfahrungssätze ist längst zum festen Bestandteil jeder richterlichen Beweiswürdigung (sowie als objektiver Maßstab von deren Überprüfung in der Revisionsinstanz) geworden[145] – etabliert wurde der Begriff „Erfahrungssatz“ als Rechtsschlagwort mit der BGHR Strafrecht-Lieferung März/April 1988, die BGH, Urt. v. 3. 7. 1986 – 4 StR 258/86 mit dem Titel „BGHR StPO § 261 Erfahrungssatz 1“ versah – und nach Ansicht des Bundesverfassungsgerichts[146] zur Beurteilung problematischer Beweissituation wie der Beurteilung der Aussage eines Zeugen vom Hörensagen[147], der Abwägung von Aussage gegen Aussage[148] oder dem Wiedererkennen des Angeklagten[149] zur Sicherstellung eines fairen, rechtsstaatlichen Verfahrens sogar unentbehrlich:

---

143 Da selbst der 2. Strafsenat des Bundesgerichtshofs eine zur objektiv hohen Wahrscheinlichkeit hinzukommende subjektive Überzeugung verlangt, kann seine eigene Bestimmung, Beweismaß sei allein die „hohe Wahrscheinlichkeit“ (BGH, NJW 1990, 2073 [1074]) und damit ein rein objektiver Maßstab, nicht geteilt werden.

144 *Fezer*, StV 1995, 97.

145 Vgl. hierzu nur BGHSt. 6, 70 (72 ff.), BGHSt. 25, 246 (248), BGHSt. 37, 89 (91), BGHSt. 39, 291 (295 f.), BGH, NStZ 1984, 180, BGH, NJW 2005, 1727, BGH, wistra 2007, 18 (19), BGH, wistra 2008, 22 (24), BGH, NJW 2008, 2792 (2793) (insoweit in BGHSt. 52, 314 ff. nicht abgedruckt), BGH, Urt. v. 18. 6. 2008 – 2 StR 225/08, juris, BGH, Urt. v. 1. 7. 2008 – 1 StR 654/07, juris, BGH, Urt. v. 15. 7. 2008 – 1 StR 231/08, juris, BGH, NStZ-RR 2009, 90 (91), BGH, NStZ 2009, 401 (402), BGH, NJW 2009, 2834, BGH, StV 2010, 172 (173), BGH, Urt. v. 28. 10. 2010 – 4 StR 285/10, juris sowie KG, Urt. v. 12. 11. 1998 – (4) 1 Ss 279/97 (128/97), juris. Vgl. zudem zur „allgemeinen Lebenserfahrung“ als rechtlichem Argument in diversen Fallgestaltungen *Sommer*, FS Rieß, S. 588.

146 BVerfG, NStZ-RR 2003, 299 (301), das die Verwendung der auf den Erfahrungssätzen von der Rechtsprechung entwickelten Grundsätze der Beweiswürdigung sogar als Verdeutlichung der besonderen „Verantwortung der Tatgerichte bei der Sachaufklärung und Beweiswürdigung“ ansieht.

147 Vgl. hierzu ausführlich *Geppert*, Unmittelbarkeit, S. 216 ff.

148 Vgl. nur BGHSt. 44, 153 (158 f.), BGHSt. 44, 256 (257), BGH, StV 1995, 115 f., BGH, NStZ 2001, 161 (162), BGH, NStZ 2002, 494 (495), BGH, NStZ 2003, 164 (165) sowie BGH, StraFo 2010, 202.

149 Vgl. zu diesen Fällen etwa BGHSt. 40, 66 f., BGH, StV 1993, 234 und *Eisenberg*, Beweisrecht, Rn. 1383 ff.

a) „Allgemeine Erfahrungssätze"

„Allgemeine"[150] oder „allgemein gültige"[151] Erfahrungssätze (auch „absolute Erfahrungssätze"[152] genannt; nach hiesigem Verständnis: zwingende Erfahrungssätze), d.h. „empirisch aus der Beobachtung und Verallgemeinerung von Einzelfällen gewonnen Einsichten", die „in den maßgebenden Fachkreisen allgemein und zweifelsfrei als richtig und zuverlässig anerkannt" sind[153] und so „unabhängig von den Umständen des jeweiligen Falles allgemein Gültigkeit beanspruchen können"[154], vermitteln dem Tatrichter sogar „wie gesetzliche Beweisregeln"[155] „schlechthin zwingende Folgerungen"[156] und damit nur einen einzigen möglichen (und damit hoch wahrscheinlichen) historischen Geschehensablauf. Zweifel des Richters hieran wären mangels Stützung im bisherigen Beweisergebnis eine bloß abstrakte, nicht zu beachtende „Besserwisserei"[157].[158] Der Tatrichter kann sich von dem ihm von allgemeinen Erfahrungssätzen vermittelten Schlüssen nicht „emanzipieren"[159], will er „die in ihn gesetzten Erwartungen als rationalen Adressaten der Sanktionsnorm" nicht verletzen[160]. Er hat in Anwendung der Grundsätze über die richterliche Überzeugungsbildung iSd § 261 StPO (und nicht, weil es sich bei diesem Erfahrungssatz um eine „Quasi-Norm" handelt, eine „Norm des ungeschriebenen Rechts"[161], die in den Kompetenzbereich des Gesetzgebers eingreifen würde[162]) in zwingender Anwendung des allgemeinen Erfahrungssatzes[163] den einzig möglichen Schluss zwingend zu ziehen und sich von seinem Ergebnis zu über-

---

[150] So die Begrifflichkeit der Rechtsprechung: vgl. beispielsweise RGSt. 61, 151 (154), OGHSt. 1, 67 (70), BGHSt. 31, 86 (89) und BGH, VRS 16 (1959), 432 (437).

[151] BGH, VRS 33 (1967), 431.

[152] OLG Düsseldorf, StV 199, 572.

[153] BGHSt. 5, 34 (36).

[154] BGHSt. 31, 86 (89f.); ähnlich BGH, StV 2000, 69 und OLG Köln, VRS 48 (1975), 24. Vgl. auch die Definition von *Beulke*, Strafprozessrecht, Rn. 492, der wie BGH, StV 2000, 69 und *Albrecht Mayer*, NStZ 1991, 526 sogar nur solche Erfahrungssätze überhaupt als „Erfahrungssätze" bezeichnen will: „auf Grund allgemeiner Lebenserfahrung oder wissenschaftlicher Erkenntnisse gewonnene Regeln, die keine Ausnahme zulassen".

[155] *Hellmann*, Strafprozessrecht, Rn. 805.

[156] BGHSt. 31, 86 (89).

[157] *Kindhäuser*, Jura 1988, 296; vgl. auch BGHSt. 6, 70 (75): rein „allgemein geäußerte Zweifel".

[158] Vgl. zur fehlerhaften Beweiswürdigung durch die Nichtberücksichtigung anerkannter Erfahrungssätze nur BGH, JR 1983, 83f.

[159] *Eberhard Schmidt*, JZ 1970, 338.

[160] *Kindhäuser*, Jura 1988, 296.

[161] So aber noch BGHSt. 6, 70 (72).

[162] BVerfG, NJW 1995, 125 (126).

[163] Die Nichtberücksichtigung eines allgemeinen Erfahrungssatzes stehe nach der Rechtsprechung der Nichtanwendung einer Rechtsnorm gleich und sei deshalb eine Rechtsverletzung iSd § 337 StPO: vgl. nur BGHSt. 19, 82 (83) und BGHSt. 31, 86 (89); aA *Sarstedt*, FS Ernst E. Hirsch, S. 180: systemwidrige Berücksichtigung von Beweisregeln ohne Verfahrensrüge, hiergegen: *Heinz Wagner*, ZStW 106 (1994), 291.

zeugen. Für eine „subjektive Beurteilungsfreiheit“[164] ist hier „naturgemäß kein Raum“[165].[166]

So ist in der Rechtsprechung eine Bindung des Tatrichter bislang angenommen worden an die unverbrüchlichen Naturgesetze wie die physikalischen Fallgesetze oder an den „naturgesetzlich festliegenden Vererbungsgang“[167], an die „in den maßgebenden Fachkreisen allgemein und zweifelsfrei als richtig und zuverlässig“[168] anerkannte Festlegung, dass ab einer bestimmten Blutalkoholkonzentration zum Tatzeitpunkt (seit der Grundsatzentscheidung des Bundesgerichtshofs vom 28. Juni 1990[169]: 1,1‰: Grundwert von 1,0‰ und Sicherheitszuschlag von 0,1‰)[170] „ohne weitere Prüfung des Fahrverhaltens im Einzelfall für jeden Kraftfahrer Fahruntüchtigkeit [iSd §§ 315c Abs. 1 Nr. 1a und 316 StGB] als gegeben anzusehen ist“[171], an die Gleichheit von zwei Fingerabdrücken, wenn sie in 12 Minutien (maßgeblichen Merkmalen) übereinstimmen[172], und an das Ergebnis von Radarmessgeräten zur Geschwindigkeitsbestimmung, wenn das zur Messung verwendete Gerät „nach seiner Art als zuverlässig anerkannt, d.h. von der Physikalisch-Technischen Bundesanstalt zur eichamtlichen Beglaubigung zugelassen und durch das zuständige Eichamt geprüft und beglaubt worden“ sei, das Gerät „innerhalb des letzten Jahres vor dem Tage der Messung von der zuständigen Eichbehörde erneut geprüft und beglaubigt, d.h. in Ordnung befunden“ sei und das Gerät „nach der dem Gerät beigegebenen Gebrauchsanweisung aufgestellt und bedient worden“ sei[173]. Lediglich diese Voraussetzungen habe das Tatgericht festzustellen und in den Urteilsgründen darzulegen, vergleichbar dem Ausschluss von Untersuchungsfehlern bei der Blutalkoholbestimmung.[174] Ausgenommen vom seltenen Fall der Narkolepsie bestehe

164 *Karl Peters*, Strafprozeß, S. 303.

165 So grundlegend bereits BGHSt. 10, 208 (211); ebenso zur Bindung an allgemeine Erfahrungssätze BVerfG, NJW 1995, 125 (126), BGHSt. 6, 70 (72), BGHSt. 17, 382 (385), BGHSt. 21, 157 (159), BGHSt. 25, 246 (248), BGHSt. 29, 18 (20f.), BGHSt. 31, 86 (89), BGHSt. 34, 133 (134), BGHSt. 37, 89 (91), BGHSt. 39, 291 (295f.), BGH, NJW 1979, 2318 (2319) und BGH, NStZ 1982, 478.

166 Umgekehrt ist es revisibel, wenn das Gericht einen Erfahrungssatz als zwingend behandelt, obwohl es sich nicht um einen allgemeinen Erfahrungssatz handelt: vgl. nur BGHSt. 25, 365 (367), OLG Saarbrücken, VRS 47 (1974), 438f. und OLG Düsseldorf, StV 1993, 572.

167 BGHSt. 6, 70ff., wenngleich deren wissenschaftliche Grundsätze nicht mehr zutreffen: vgl. umfassend *Meurer*, FS Schewe, S. 116f. sowie unten Zweiter Hauptteil, Viertes Kapitel, C, II, 3, a).

168 BGHSt. 21, 157 (159).

169 BGHSt. 37, 89ff., gebilligt durch BVerfG, NJW 1995, 125f. Der früher anerkannte Wert von 1,3‰ (bestehend aus einem Grundwert von 1,1‰ und einem Sicherheitszuschlag für Messfehler von 0,2‰: BGHSt. 21, 157ff. und BGHSt. 25, 246ff.) wurde wegen wesentlich gestiegener Leistungsanforderungen an den einzelnen Kraftfahrer und genauerer Messmethoden auf den nun geltenden Wert von 1,1‰ reduziert.

170 Vgl. zur Entwicklung dieses Grenzwertes mit umfassenden Nachweisen *Bönke*, BA 41 (2004), Supp. I-5f.

171 BGHSt. 21, 157 (161).

172 Hierzu etwa *Herlan*, JR 1952, 469f. und *Hainmüller*, Anscheinsbeweis, S. 27 Fn. 114.

173 OLG Braunschweig, NJW 1963, 1120; vgl. auch BGHSt. 39, 291ff., OLG Hamburg, NJW 1963, 504 und OLG Hamm, NJW 1963, 602f.

174 Vgl. zu letzterem BGHSt. 39, 291 (298ff.).

zudem nach dem derzeitigen Stand der ärztlichen Wissenschaft der allgemeine Erfahrungssatz, „dass ein Kraftfahrer, bevor er am Steuer seines Fahrzeugs während der Fahrt einschläft (einnickt), stets deutliche Zeichen der Ermüdung (Übermüdung) an sich wahrnimmt oder wenigstens wahrnehmen kann“, so dass ein Einnicken am Steuer mit der Folge eines tödlichen Unfalls zumindest eine Fahrlässigkeit zu begründen vermag[175].

Demgegenüber gibt es (beispielhaft aus der Fülle der Revisionsrechtsprechung) *keinen* allgemeinen Erfahrungssatz,

- dass *Benzindämpfe* stets durch eine glimmende Zigarette entzündet werden[176].
- dass sich der berechtigte Verkäufer eines Fahrrades – im Gegensatz zur Veräußerung durch einen *Dieb* – nicht ohne längere Diskussion im Preis herunterhandeln lässt[177] oder dass derjenige, der die jeweilige Abteilung eines Kaufhauses mit einer dort entnommenen Sache verlässt, ohne zuvor die Kasse der Abteilung passiert zu haben, selbst wenn er noch im Kaufhaus verbleibt, die Sache wegnehmen will[178].
- dass bei *Drogenabhängigen* stets mit der Begehung weiterer Straftaten zu rechnen ist.[179]
- dass bei *Drogengeschäften* auch unter Freunden keine Unentgeltlichkeit zu erwarten ist[180] oder dass sich in einem von einem Rauschgifthändler unter konspirativen Umständen an einen Dritten übergebenen Paket Drogen befinden[181].
- dass *Drogenhandel* stets mit Gewinnerzielungsabsicht verbunden ist[182] oder dass mit einem Kilogramm Heroin in einschlägigen Kreisen nur bewaffnet Handel getrieben wird[183].
- dass *Drogenkuriere* „für den Transport von 3 kg Kokain nicht mehr als 3.000 US-$ erhalten und dass diese Übung in den in Betracht kommenden südamerikanischen Ländern allgemein bekannt ist“[184] oder dass das bei einem Grenzübertritt aus Holland in der Unterhose versteckte Pulver zwingend Rauschgift ist[185].
- dass niemand mit einer Strafanzeige *droht*, deren Erstattung ihn selbst der Strafverfolgung aussetzt.[186]
- dass Ehebrecher auch Diebstähle begehen.[187]

---

175 BGHSt. 23, 156ff.

176 BGHR StPO § 261 Erfahrungssatz 3.

177 KG, Beschl. v. 15. 9. 1997 – (4) 1 Ss 143/97 (101/97), juris.

178 OLG Köln, StV 1989, 156f. mit Anm. *Freund*, StV 1991, 23ff.

179 BGH, StV 1994, 313.

180 BGH, StV 1992, 469.

181 OLG Karlsruhe, Beschl. v. 5. 2. 2001 – 3 Ss 178/00, juris.

182 BGH, StV 1993, 570.

183 BGHR StPO § 261 Erfahrungssatz 6.

184 BGH, StV 1993, 116, der jedoch trotz der klaren Formulierung als zwingend von einem „allgemeinen Erfahrungssatz mit Wahrscheinlichkeitsaussage“ spricht.

185 OLG Düsseldorf, JMBl. NW 1996, 57.

186 OGHSt. 1, 146.

187 Vgl. OLG Hamm, GA 1969, 26.

- dass *Eltern* ein 6-jähriges Kind zu Weihnachten nicht bei Angehörigen (etwa den Großeltern) zurücklassen.[188]
- dass der Täter beim Vorliegen von bewiesenen *Erinnerungslücken* nach der Tat während der Tatbegehung unter einer tiefgreifenden Bewusstseinsstörung litt.[189]
- dass der Täter bei einer hohen Blutalkoholkonzentration zur Tatzeit bei Antritt der Fahrt seine *Fahruntüchtigkeit* erkannt hat[190].
- dass jeder *Führer eines Kraftfahrzeugs* auch einen leichten Wagen selbst bei heftigem Wind in einer geraden Linie halten kann, wenn er das Steuer fest in der Hand hält[191], dass ein Kraftfahrzeug bei falschem und blockierendem Abbremsen nicht auch auf trockener Straße ins Schleudern kommt[192], dass der Fahrzeugführer „Bremsgeräusche oder Geräusche quietschender Reifen im Straßenverkehr auch im geschlossenen Fahrzeug wahrnimmt und als Geräusche eines Unfalls sofort identifiziert, selbst wenn diese Geräusche noch hinter dem Fahrzeug des betreffenden Kraftfahrers in einer größeren Entfernung auftreten“[193], „dass ein Kraftfahrer, der nicht regelmäßig oder überhaupt nicht auf seinen Tachometer sieht, eine Geschwindigkeitsüberschreitung zumindest billigend in Kauf nimmt“[194], dass, wenn der Führer eines Kraftfahrzeugs bei einer Kontrolle die Polizeibeamten nicht auf einen Defekt seines Tachometer hinweist, „tatsächlich ein Defekt nicht vorgelegen hat“[195] oder dass ein sonst rechtstreuer Verkehrsteilnehmer stets vorsätzlich handelt, wenn er ausnahmsweise den Verkehrsvorschriften zuwider handelt[196].
- dass bei *Geldschulden* „jedermann weiß, dass insoweit kein Anspruch auf dieses entwendete bzw. zu entwendende Geld besteht“[197].
- dass der *Halter eines Fahrzeugs* dieses zum Zeitpunkt des Verkehrsverstoßes auch selbst geführt hat.[198]
- „dass ein Kraftfahrer, der schuldhaft nicht dafür sorgt, dass die Reifen seines Fahrzeugs in einem vorschriftsmäßigen Zustand sind, auch in jedem Falle schuldhaft handelt, wenn sein Fahrzeug in einen Verkehrsunfall verwickelt wird“.[199]
- dass in einem Selbstbedienungsladen an einer Kasse die *Kundenrechnungen* im gleichen zeitlichen Rhythmus erstellt werden.[200]

---

[188] BGH, StV 1993, 116 (117).
[189] Vgl. *Lackner/Kühl*, § 20 Rn. 7 mwN.
[190] Vgl. OLG Celle, StV 1990, 400, BayObLGSt. 1996, 5 (7), OLG Köln, DAR 1999, 88, OLG Saarbrücken, BA 38 (2001), 458, OLG Koblenz, VRS 102 (2002), 282 (285) und OLG Hamm, NZV 2005, 161 (162).
[191] BGH, NZV 1994, 117.
[192] BGH, VRS 33 (1967), 431.
[193] OLG Karlsruhe, StV 1995, 13.
[194] OLG Hamm, zfs 1994, 268.
[195] Schleswig-Holsteinisches Oberlandesgericht, Beschl. v. 30. 4. 1981 – 1 Ss OWi 174/81, juris.
[196] KG, VRS 107 (2005), 214 (215).
[197] BGH, StV 1991, 515.
[198] BVerfG, NJW 1994, 847, BGHSt. 25, 365 und OLG Oldenburg, StV 1994, 8 (9).
[199] OLG Braunschweig, DAR 1966, 247.
[200] Schleswig-Holsteinisches Oberlandesgericht, Beschl. v. 2. 12. 1980 – 1 Ss 689/80, juris.

- dass ein Mensch aus Bequemlichkeit auch für *kurze Strecken* sein Auto benutzt und nicht zu Fuß geht.[201]
- dass in einer Kolonne von *Lastkraftwagen* nicht stets mit der zulässigen Höchstgeschwindigkeit gefahren wird.[202]
- dass jeder, der eine Straftat *leugnet*, einen Mangel an Reue und Einsicht hat.[203]
- dass *Messer* unabhängig von ihrer konkreten Beschaffenheit zur Beibringung erheblicher Verletzungen geeignet sind.[204]
- dass *Polizeibeamte* nur solche Verkehrssünder zur Anzeige bringen, die tatsächlich gegen die Verkehrsvorschrift (z.B. das Überholverbot) verstoßen haben.[205]
- dass *Rache* „keine taugliche Hypothese für eine Falschaussage" ist.[206]
- dass derjenige, der bei einem Rechtsanwalt einen *rechtlichen Rat* einholt, rechtsunsicher ist.[207]
- dass ein *rechtskräftig Verurteilter* einen anderen Tatbeteiligten nicht zu Unrecht belastet.[208]
- „dass *richterliche Tätigkeit* Hochintelligenten mit einem überdurchschnittlichen Intelligenzquotienten vorbehalten" ist.[209]
- dass *Steuerhehlerei* stets in den Strukturen des § 129 StGB abläuft.[210]
- dass derjenige, „der einen *Strafbefehl* nicht akzeptiert, eine größere Gefahr für die Sicherheit des Straßenverkehrs darstellt als derjenige, der einen Strafbefehl hinnimmt"[211].
- dass von *Strafverteidigern* täglich „unfassbare Beweisanträge gestellt" werden, „die nur dem Kopfe des Strafverteidigers, nicht dem Kopf eines normalen Angeklagten erwachsen" sind und „in denen Beweistatsachen bewusst wahrheitswidrig behauptet" und Zeugen benannt werden, von denen jeder weiß, sie werden falsch aussagen.[212]
- dass ein „im Münchener Stadtverkehr erfahrene" *Taxifahrer* nicht „gegen ein stehendes Kraftfahrzeug" fahre.[213]
- dass „derjenige, der mehrfach und mit großer Wucht nach einem dreimonatigen Kleinkind tritt und dabei einen Tritt mit großer Wucht von oben auf den Kopf des Kindes ausführt, [...] angesichts der ihm bekannten massiven Gewalteinwirkung und des noch zarten Knochenbaus des Kindes zwangsläufig mit der

---

[201] OLG Düsseldorf, StV 1993, 572.
[202] OLG Hamm, VRS 50, 68 (69).
[203] OLG Bremen, NJW 1951, 286.
[204] OLG Köln, Beschl. v. 16. 10. 2007 – 82 Ss 154/07, juris.
[205] OLG Köln, NJW 1969, 443.
[206] BGHR StPO § 261 Erfahrungssatz 9.
[207] OLG Dresden, JW 1922, 1053.
[208] BGH, 4. 11. 1952 – 1 StR 377/52, zitiert nach KK-StPO/*Schoreit*, § 261 Rn. 48 und SK-StPO/*Ellen Schlüchter* (3. Aufl., 64. Lieferung: Stand November 2009, Köln 2009), § 261 Rn. 62.
[209] LG Cottbus, Urt. v. 27. 1. 2009 – 25 Ns 278/08, juris.
[210] LG Magdeburg Wirtschaftskammer, Urt. v. 19. 9. 2007 – 24 KLs 2/05, juris.
[211] LG Berlin, zfs 2007, 228.
[212] OLG Oldenburg, StV 1987, 523.
[213] AG München, Urt. v. 27. 6. 1979 – 28 C 248/79, zitiert nach *Greger*, VersR 1980, 1099 Fn. 218.

Todesfolge seines Tuns rechnen und dies zumindest auch billigend in Kauf nehmen" muss[214], also *Tötungsvorsatz* hat.

– dass ein Ehegatte des Angeklagten[215], ein Wilddieb[216] oder ein Türke[217] als *Zeuge* stets vor Gericht die Unwahrheit sagt oder die Aussagen von Fußgängern und Radfahrern über die Geschwindigkeit eines Kraftfahrzeugs nie zutreffen[218].

b) Nicht allgemeine Erfahrungssätze

Derart inhaltlich nicht allgemeine Erfahrungssätze, die als Gegenstand eines wissenschaftlichen Meinungsstreits nicht allgemein anerkannt[219] sind oder die auf erfahrungsgestützten Einsichten beruhen, „welche nur Wahrscheinlichkeitsaussagen" enthalten"[220] (sog. „relative Erfahrungssätze"[221] bzw. Erfahrungssätze „mit Wahrscheinlichkeitsaussage"[222] oder nach der hier vertretenen Diktion: statistische Erfahrungssätze), zeigen dem Tatrichter zwar mögliche (oder vielleicht sogar wahrscheinliche) Geschehensabläufe als Schlussfolgen auf, aber keine zwingenden. Nach dem Beweismaßverständnis der Rechtsprechung müsse der Tatrichter zwar auch diese Erfahrungssätze anwenden und sich der möglichen Geschehensabläufe (und damit dem eingeschränkten Beweiswert derartiger Schlussfolgerungen[223]) als „begrenzende und kontrollierende Funktion gegenüber zu frühzeitiger subjektiver Überzeugung"[224] bewusst sein[225], er könne zwischen den so verschieden möglichen Gesche-

---

[214] BGHR StPO § 261 Erfahrungssatz 1.

[215] OLG Neustadt, VRS 28 (1965), 30.

[216] RG, HRR 1934, Nr. 615.

[217] OLG Karlsruhe, VRS 56 (1979), 359f.

[218] OLG Hamm, VRS 4 (1952), 293 (294) und KG, VRS 8 (1955), 298 (300).

[219] Vgl. hierzu etwa BGHSt. 37, 106ff., BGHSt. 41, 206ff., BGH, NStZ 1994, 250 und LG Aachen, JZ 1971, 507ff.

[220] BGHSt. 31, 86 (89).

[221] OLG Düsseldorf, StV 1993, 572.

[222] BGHR StPO § 261 Erfahrungssatz 2 und BGH, StV 1993, 116.

[223] Vgl. nur BGH, StV 1995, 58 zu „Alkomat"-Testergebnissen.

[224] *Albrecht*, NStZ 1983, 490.

[225] Vgl. hierzu etwa BGH, NStZ-RR 2002, 39f.: Eine 16-jährige Zeugin hatte behauptet, die beiden die Tat bestreitenden Angeklagten hätten mit ihr nach einem Spaziergang, während dem sie „blind" eine SMS an ihren Freund über die beiden Männer geschrieben habe, im Bett nacheinander ungeschützt gegen ihren Willen den Geschlechtsverkehr durchgeführt. Der Vaginalabstrich am nächsten Tag zeigte jedoch keinerlei Samenspuren. Das Landgericht maß dem „keinerlei Beweiswert" zu, glaubte der Zeugin und verurteilte die Angeklagten zu mehrjährigen Freiheitsstrafen. Zu Recht bemängelte der Bundesgerichtshof, das Landgericht habe den nicht allgemeinen Erfahrungssatz unberücksichtigt gelassen, dass ein Nachweis von Spermazoten bis zu 24 Stunden nach dem Verkehr zu erwarten ist, nach anderen Reihenuntersuchungen sogar bis zu 48 Stunden. Die Nachweissicherheit sei zwar von einer Vielzahl variabler Faktoren abhängig und daher kein zwingender Beleg dafür, dass es einen Geschlechtsverkehr nicht gegeben habe, aber dem Schluss komme eine „indizielle Bedeutung zugunsten der Darstellung der Angeklagten" zu, zeige also einen möglichen Geschehensablauf auf, der „bei der Gesamtbewertung aller Beweise zu berücksichtigen" sei. Gleiches gelte dafür, dass es selbst einer in hohem Maße mit dem Versenden von SMS-Nachrichten geübter Person nur sehr schwer möglich sei, „blind" eine Nachricht zu schreiben.

hensabläufen aber „nach Ausschöpfung aller erreichbaren Erkenntnisquellen“[226] des Einzelfalles frei entscheiden, wenn alle „tragfähig“ seien[227], je nach dem Vorhandensein persönlicher, vernünftiger Zweifel: „Unter welchen Voraussetzungen er zu welcher Schlussfolgerung und Überzeugung kommen muss, kann ihm nicht vorgeschrieben werden.“[228] Selbst wenn der Erfahrungssatz eine hohe Wahrscheinlichkeit von einem bestimmten Geschehensablauf vermittle, was nach Ansicht des 2. Strafsenats des Bundesgerichtshofs ja an sich ausreichen würde[229], verlangt dieser doch wie die anderen Strafsenaten selbst für diese Fälle, dass „die einzelnen Beweisergebnisse nicht isoliert gewertet, sondern in eine umfassende Gesamtwürdigung eingestellt“[230] werden und damit, dass sich die abstrakte hohe Wahrscheinlichkeit auch unter Berücksichtigung der übrigen Beweisergebnisse im konkreten Einzelfall ergebe und so anhand weiterer Beweisanzeichen zur Gewissheit werde[231].

3. Grundsatz: Kein strafprozessualer Anscheinsbeweis

Alleine aufgrund des Schlusses mit einem statistischen Erfahrungssatz – vermittle er auch eine hohe Wahrscheinlichkeit – könne das Urteil nach der Rechtsprechung daher nicht gestützt werden, so dass es einen Anscheinsbeweis im zivilprozessualen Sinne im Strafprozess nicht geben könne. So ist die generelle Ablehnung eines strafprozessualen Anscheinsbeweises durch die Rechtsprechung zu verstehen, die der 1. Strafsenat des Bundesgerichtshofs[232] sogar formelhaft als generellen Beweiswürdigungsgrundsatz vertritt:

> „Die Beweiswürdigung ist Sache des Tatrichters. Es kommt nicht darauf an, ob das Revisionsgericht angefallene Erkenntnisse anders gewürdigt oder Zweifel überwunden hätte. Daran ändert sich nicht einmal dann etwas, wenn eine vom Tatrichter getroffene Feststellung ‚lebensfremd erscheinen‘ mag. Es gibt nämlich im Strafprozess keinen Beweis des ersten Anscheins, der nicht auf Gewissheit des Richters, sondern auf der Wahrscheinlichkeit eines Geschehensablaufs beruht.“

a) Entscheidungen der Strafgerichte

Genauer auseinandergesetzt haben sich die Strafgerichte mit der Tragfähigkeit eines alleinigen Schlusses mittels statistischem Erfahrungssatz daher lediglich in einigen wenigen Entscheidungen:

---

[226] BGHSt. 5, 34 (36).
[227] Vgl. nur BGH, NStZ-RR 2004, 238 (240).
[228] OLG Koblenz, VRS 102 (2002), 282.
[229] Siehe oben Erster Hauptteil, Zweites Kapitel, A, II, 1.
[230] BGH, NJW 2008, 2792 (2793) (insoweit in BGHSt. 52, 314ff. nicht abgedruckt); ähnlich BGH, NStZ 2002, 48 (2. Senat) und BGH, Urt. v. 29. 8. 2007 – 2 StR 284/07, juris.
[231] Vgl. grundsätzlich BGHSt. 31, 86 (89f.) (wenn auch 4. Strafsenat).
[232] So etwa BGH, NStZ 2004, 35 (36), BGH, Urt. v. 12. 8. 2003 – 1 StR 111/03, juris, BGH, Urt. v. 19. 9. 2006 – 1 StR 247/06, juris und BGH, NStZ-RR 2007, 86 (87); ähnlich in der Formulierung BGH, Urt. v. 22. 5. 2007 – 1 StR 582/06, juris, BGH, NJW 2009, 2834, BGH, StV 2010, 172 (173) und jüngst auch der 4. Strafsenat (BGH, Urt. v. 28. 10. 2010 – 4 StR 285/10, juris [insoweit in NStZ-RR 2011, 50 nicht abgedruckt]).

aa) Urteil des Bundesgerichtshofs vom 23. 4. 1953 – BGHSt. 4, 182

Im Rahmen eines Urteils des Bundesgerichtshofs aus dem Jahre 1953[233] konnte der Bundesgerichtshof erstmals grundlegend zur Übertragbarkeit des klassischen zivilprozessualen Anscheinsbeweisschlusses von einer Schutznormverletzung auf ein fahrlässiges Verhalten des Schadensverursachers auf den Strafprozess Stellung beziehen. Zugrunde lag folgender Sachverhalt:

> „Der Angeklagte fuhr am Mittag des 7. November 1951 mit seinem Personenkraftwagen auf der 9 m breiten Bundesstraße 57 und näherte sich bei der Ortschaft H. mit einer Geschwindigkeit von 70 km/h einer voll übersichtlichen, 140 m vorher durch ein Warnzeichen angekündigten Kreuzung. Vor ihm in derselben Richtung fuhren scharf rechts nebeneinander H. und van B. auf ihren Fahrrädern. Van B., der unter Alkoholeinfluss stand (1,31‰ Blutalkohol), befand sich rechts von H. Dieser wusste, dass van B. nach links in die kreuzende Straße einbiegen wollte; er verabschiedete sich von ihm etwa 5 m vor der Kreuzung, indem er ihm mit der Hand auf die Schulter klopfte. Als der Angeklagte, der sich inzwischen genähert und seine Geschwindigkeit etwas ermäßigt hatte, dies sah, gab er Signal und fuhr, da die Radfahrer zunächst ihre Richtung beibehielten, etwas nach links, um zu überholen. Unmittelbar darauf bog van B. vor H., der etwas zurückblieb, scharf nach links ab, ohne seine Absicht vorher durch ein Zeichen anzukündigen. Mitten auf der Kreuzung wurde er vom Kraftwagen des Angeklagten erfasst und getötet."
>
> Das Landgericht hat den Angeklagten vom Vorwurf der fahrlässigen Tötung freigesprochen, da der Angeklagte „mit der plötzlichen Richtungsänderung des van B." nicht habe rechnen können, „zumal die Radfahrer bis zuletzt scharf rechts gefahren seien und van B. seine Absicht in keiner Weise angekündigt habe. Selbst wenn man aber das Klopfen auf die Schulter als Zeichen für die beabsichtigte Richtungsänderung ansehen wolle, sei es zu spät gegeben worden; denn bis zum Zusammenstoß seien nur noch 3–5 Sekunden vergangen. In dieser kurzen Zeit habe der Angeklagte den Unfall nicht mehr verhüten können."[234]

Auf die Revision der Staatsanwaltschaft, die eine Verkennung des Fahrlässigkeitsbegriffs gerügt hatte, weil der Angeklagte die Verabschiedung der Radfahrer gesehen habe und so mit dem nicht unwahrscheinlichen Verhalten des Getöteten habe rechnen müssen, verwies der Bundesgerichtshof zunächst auf die fehlerfreie Hilfserwägung des Landgerichts, dass der Angeklagte zu diesem Zeitpunkt nach der Feststellung des Landgerichts wegen der geringen Zeitspanne zum Zusammenstoß nicht mehr in der Lage gewesen sei, sich hierauf einzustellen. Ein vorwerfbares Verhalten könne daher einzig in der Fahrweise des Angeklagten *vor* der Verabschiedung der Radfahrer gesehen werden[235] und damit im Überholen der Radfahrer vor einer Kreuzung. Dies wurde grundsätzlich vom damaligen § 10 Abs. 1 S. 3 StVO 1937[236] („An unübersichtlichen Straßenstellen ist das Überholen verboten") verboten. Führe die Verletzung einer gesetzlichen Schutznorm im Zivilrecht über einen Anscheinsbeweis zur Annahme von Fahrlässigkeit, so liege ein derartiger Schluss auch im Strafrecht durchaus nahe:

---

[233] BGHSt. 4, 182 ff.

[234] BGHSt. 4, 182 (182 f.).

[235] BGHSt. 4, 182 (183 f.).

[236] Straßenverkehrs-Ordnung vom 13. 11. 1937 (RGBl. 1937 I, S. 1179 ff.). Heutzutage verbietet § 5 Abs. 3 StVO das Überholen nur noch „1. bei unklarer Verkehrslage oder 2. wo es durch Verkehrszeichen (Zeichen 276, 277) verboten ist".

„Freilich geben die Verkehrsvorschriften durch die Erfahrungen, die in ihnen niedergelegt sind, im Einzelfall einen wichtigen Anhalt für die Beurteilung der Vorehrsehbarkeit. Denn sie sind das Ergebnis einer auf Erfahrung und Überlegung beruhenden umfassenden Voraussicht möglicher Gefahren; sie besagen schon durch ihr Dasein, dass durch ihre Übertretung die Gefahr eines Unfalls im Bereiche der Möglichkeit liegt. Die Übertretung gestattet deshalb häufig den Schluss auf die Voraussehbarkeit des Erfolges, selbst wenn die Verkehrslage einen bestimmten Anhalt für die Gefahr eines Unfalls nicht enthielt."[237]

Letztlich komme dem objektiven Schutznormverstoß im Strafrecht aber lediglich eine bloße „Bedeutung als Beweisanzeichen für die Voraussehbarkeit" zu:

„Für den strafrechtlichen Begriff der Fahrlässigkeit im Sinne des § 222 StGB ist nicht allein entscheidend, ob die polizeilichen Verkehrsvorschriften befolgt worden sind oder nicht. Die Voraussehbarkeit hängt stets von den Umständen des Einzelfalls ab und ist unabhängig davon zu prüfen, ob eine strafbare Verkehrsübertretung vorliegt. Weder begründet eine solche Übertretung für sich allein und notwendig den Vorwurf der Fahrlässigkeit, noch wird dieser Vorwurf durch die Einhaltung der Verkehrsvorschriften unbedingt ausgeschlossen."[238]

Im Einzelfall könne der Tatrichter nach diesen Grundsätzen, die der Bundesgerichtshof später wiederholte[239], aus dem objektiven Schutznormverstoß zwar den möglichen Schluss einer objektiven wie subjektiven Voraussehbarkeit ziehen. Er dürfe sich hiervon aber erst überzeugen, wenn er sämtliche Umstände des Einzelfalles mit einbezogen habe, die diesen Schluss erschüttern könnten. Letztlich vertrat der Bundesgerichtshof also (wie das Reichsgericht zuvor[240]) bei der Fahrlässigkeit Grundsätze, die einem verwaltungsprozessualen Anscheinsbeweis[241] gleichkommen.

Im vorliegenden Fall kam es auf die Gesamtwürdigung zur Entkräftung dieses Wahrscheinlichkeitsschlusses jedoch gar nicht mehr an, da der Schluss auf die Vorhersehbarkeit entsprechend der zivilrechtlichen Rechtsprechung nur beim Verstoß gegen solche Schutznormen möglich sei, die gerade den letztlich eingetretenen Schaden zu verhindern suchten.[242] Das Verbot, an Straßenkreuzungen zu überholen, diene jedoch der Hauptaufgabe, „in einem Raum, der wegen der Kreuzung oder Einmündung von Straßen vermehrte Gefahren birgt, für möglichst übersichtlichen rechtsgeordneten Verkehr zu sorgen. [...] Vor allem sollen Verkehrsunfälle vermieden werden, die an Kreuzungen daraus entstehen können, dass das überholte Fahrzeug dem überholenden die Sicht auf den von rechts kommenden

---

237 BGHSt. 4, 182 (185).

238 BGHSt. 4, 182 (185).

239 Vgl. nur BGH, VRS 10 (1956), 282 (285) zu einem Verstoß gegen das Verbot, den Bürgersteig zu befahren (§ 2 Abs. 1 StVO), und den von dieser Norm nicht umfassten Schadensverlauf, dass es hiernach wegen eines Bremsdefekts zu einem tödlichen Unfall kommt, wenn keine Feststellungen dazu getroffen wurden, dass gerade die hiermit verbundene Erschütterung zum Bremsversagen führte.

240 RG, JW 1900, 206 (siehe hierzu umfassend oben Erster Hauptteil, Zweites Kapitel, A, I, 2, b), aa)) und RGSt. 67, 12 (20f.) (siehe hierzu bereits oben Erster Hauptteil, Zweites Kapitel, A, I, 2, b), bb)).

241 Siehe zu deren Grundsätzen oben Erster Hauptteil, Erstes Kapitel, D, II.

242 BGHSt. 4, 182 (185).

Verkehr nimmt, so dass sich der überholende Kraftfahrer wegen der Sichtbehinderung nicht rechtzeitig auf diesen Verkehr einstellen kann"[243]. Um derartige Gefahren ging es bei der Kollision mit dem Radfahrer jedoch nicht. Eine subjektive Vorhersehbarkeit hätte daher (unabhängig vom nicht anwendbaren Schluss vom Rechtsnormverstoß) konkrete Umstände des Einzelfalles vorausgesetzt, aus denen sich bereits vor der Verabschiedung der Radfahrer die Gefahr eines Unfalls für den Angeklagten erkennbar hätte ergeben müssen. Hieran fehlte es, zumal das Verhalten des Getöteten „in besonders hohem Maße leichtfertig und unvernünftig [und damit eben nicht vorhersehbar] war"[244].

bb) Urteil des Kammergerichts vom 25. 4. 1957 – VRS 13 (1957), 53

Diese Möglichkeit eines Schlusses mit Hilfe eines nicht allgemeinen Erfahrungssatzes auf das Tatgeschehen einzig bei umfassender Gesamtwürdigung hat das Kammergericht mit seinem Urteil vom 25. April 1957[245] auf den damaligen „Übertretungsvorwurf" einer Vorfahrtsverletzung als damals einfachste Form einer Straftat (neben Vergehen und Verbrechen) übertragen, der wie die anderen Verkehrsübertretungen erst mit dem im Jahre 1968 neu gefassten § 24 StVG und dem 1970 neu normierten § 49 StVO zu einer Ordnungswidrigkeiten wurde[246] und für den somit 1957 noch die Strafprozessordnung galt. Zur Beurteilung stand folgender Sachverhalt:

> „Der Angeklagte [heute im Ordnungswidrigkeitenverfahren: Betroffene (§ 67 Abs. 1 OWiG[247])] befuhr [...] mit seinem PKW die G-Straße in nordwestlicher Richtung. Er wollte nach dem Überqueren der W-Straße in die M-Straße einbiegen. Hierbei stieß der durch die (bevorrechtigte) W-Straße in südlicher Richtung" auf einem Motorroller „fahrende Zeuge T gegen den hinteren Teil des PKW des Angekl., kam zu Fall und wurde leicht verletzt"[248]. In der Hauptverhandlung hatte sich der Angekl. dahingehend eingelassen, „er habe, als er sich anschickte, die (bevorrechtigte) W-Straße zu überqueren, den (von rechts kommenden) Zeugen T ‚ganz weit hinten – etwa in 100 bis 150 m Entfernung – ankommen sehen'; der Zeuge müsse ‚ungewöhnlich' schnell gefahren sein, er habe seine Geschwindigkeit ‚keinesfalls der regennassen Fahrbahn angepasst'"[249]. Zwar habe er – der Angeklagte (wie er bei seiner polizeilichen Vernehmung äußerte) – kurz vor der Einfahrt in die M-Straße und damit kurz vor der Kollision seine Geschwindigkeit verringert, dies aber „mit Rücksicht auf Fußgänger, die zwischen den dort haltenden Fahrzeugen hervorkamen"[250].

---

243 BGHSt. 4, 182 (186).

244 BGHSt. 4, 182 (187).

245 KG, VRS 13 (1957), 53 ff.

246 Art. 3 des Einführungsgesetzes zum Gesetz über Ordnungswidrigkeiten (EGOWiG) vom 24. 5. 1968 (BGBl. 1968 I, S. 503 [513]) und Straßenverkehrsordnung vom 16. 11. 1970 (BGBl. 1970 I, S. 1565). Mit Art. 19 Nr. 206 des Einführungsgesetzes zum Strafgesetzbuch (EGStGB) vom 2. 3. 1974 (BGBl. 1974 I, S. 469) wurden die Übertretungen schließlich gänzlich abgeschafft.

247 Vgl. zu dieser Begrifflichkeit nur *Bohnert*, Ordnungswidrigkeitenrecht, Rn. 301.

248 KG, VRS 13 (1957), 53.

249 Wiedergabe bei KG, VRS 13 (1957), 53 (54).

250 Wiedergabe bei KG, VRS 13 (1957), 53 (56).

> Dennoch verurteilte das Amtsgericht den Angekl. wegen einer „Übertretung nach §§ 1, 13, 49 StVO“ a. F. [heute: Ordnungswidrigkeiten nach §§ 1 Abs. 2[251], 8 Abs. 1 S. 1[252], 49 Abs. 1 Nr. 1 und 8 StVO sowie § 24 StVG] zu einer Geldstrafe. Die Einlassung könne den Angekl. nicht entlasten: „Wenn er den Zeugen T kommen sah, hätte er diesem als dem vorfahrtsberechtigten Verkehrsteilnehmer jedenfalls die ungehinderte Vorfahrt einräumen müssen. Offensichtlich hat sich der Angekl. in der Fahrgeschwindigkeit des Zeugen T und in der Entfernung ganz erheblich verschätzt. Dies folgt insbesondere aus der Aussage des Zeugen M, der das Unfallgeschehen aus seiner Taxe beobachtete. Der Zeuge hat bekundet, dass der Angekl. kurz vor dem Anstoß des Motorrollers noch einmal scharf bremste; sonst wäre er nach Ansicht dieses Zeugen noch glatt vor dem Motorrollerfahrer vorbeigekommen. Allein dieses Bremsen zeigt, dass der Angekl. sich erheblich verschätzt haben muss.“[253]

Der Angeklagte war an einer Straßenkreuzung mit dem Motorroller des Zeugen T zusammengestoßen, obwohl sich dieser auf einer vorfahrtsberechtigten Straße befand. Im Zivilprozess würde dies einen Anscheinsbeweis auf eine zumindest fahrlässige Verletzung des Vorfahrtsrechts begründen[254]. Einen entsprechend zwingenden Schluss unter dem Vorbehalt der Erschütterung lehnt das Kammergericht (erstmals unter Geltung des neuen subjektiv dominierten Beweismaßverständnisses des Bundesgerichtshofs vom 9. Februar 1957[255]) ab:

> „Dem im Zivilrecht anerkannten Grundsatz, dass ein Zusammenstoß auf einer Kreuzung regelmäßig den Beweis des ersten Anscheins für eine schuldhafte Verletzung des Vorfahrtsrechts durch den Wartepflichtigen erbringt, kommt, wie das AG offenbar verkannt hat, im Strafprozess nicht die Bedeutung zu, die er im Zivilprozess hat; vielmehr kann der angekl. Kraftfahrer, der wartepflichtig gewesen ist, auch in diesem Falle (selbstverständlich) nur verurteilt werden, wenn sich seine Schuld zweifelsfrei nachweisen lässt [...]. Gewiss ist es dem Strafrichter an sich nicht verwehrt, aus Umständen, die im Zivilprozess den ‚Beweis des ersten Anscheins‘ ausmachen, auf das Vorliegen der Tatsachen zu schließen, die die äußeren und inneren Tatbestandsmerkmale der in Betracht kommenden Strafrechtsnorm erfüllen.“[256]

Wie es bereits der Bundesgerichtshof[257] ausgeführt hatte, spreche auch im Strafrecht allein die Tatsache des Zusammenstoßes auf einer Kreuzung mit einem auf einer bevorrechtigten Straße fahrenden Fahrzeug „bis zu einem gewissen Grad dafür“, dass der Angeklagte „sich einer Vorfahrtsverletzung schuldig gemacht [...] und damit zugleich der Generalregel des § 1 StVO zuwidergehandelt hat“[258]. Ein entsprechender Schluss sei also denkgesetzlich wie erfahrungsgemäß möglich. Der Richter müsse dann aber

---

251 Dieser lautet: „Jeder Verkehrsteilnehmer hat sich so zu verhalten, dass kein anderer geschädigt, gefährdet oder mehr, als nach den Umständen unvermeidbar, behindert oder belästigt wird.“

252 Dieser lautet: „An Kreuzungen und Einmündungen hat die Vorfahrt, wer von rechts kommt.“

253 Wiedergabe bei KG, VRS 13 (1957), 53 (54).

254 Vgl. hierzu oben Erster Hauptteil, Erstes Kapitel, C, II, 1, b).

255 BGHSt. 10, 208 ff., hierzu ausführlich oben Erster Hauptteil, Zweites Kapitel, A, II, 1.

256 KG, VRS 13 (1957), 53 (54).

257 BGH, VRS 5 (1953), 393: „Die Tatsache des Zusammenstoßes spricht im allgemeinen bereits für eine Verletzung des Vorfahrtsrechts, es sei denn, dass besondere Umstände vorliegen, die erhebliche Bedenken gegen diese Annahme rechtfertigen.“

258 KG, VRS 13 (1957), 53 (54).

> „diese – nach seiner aus dem Inbegriff der Verhandlung geschöpften Überzeugung (vgl. § 261 StPO) – ‚für erwiesen erachteten Tatsachen' in den Urteilsgründen angeben (§ 267 Abs. 1 S. 1 StPO), m. a. W. sie feststellen; daran fehlt es hier"[259].

Mit dieser leicht missverständlichen Formulierung wollte das Kammergericht nicht lediglich die selbstverständliche Aufnahme der Tatsache, dass der Angeklagte fahrlässig die Vorfahrt verletzt habe, in die Urteilsgründe (beim Tatbestand) begründen. Vielmehr ergibt sich aus dem Zusammenhang der übrigen Ausführungen, dass das Kammergericht wie zuvor der Bundesgerichtshof[260] eine Berücksichtigung der übrigen Umstände des konkreten Einzelfalles forderte, bevor dem möglichen Schluss gefolgt werden könne. So bestünden gegen den Schluss

> „Bedenken, wenn – was den bisherigen Feststellungen zufolge der Fall gewesen sein kann [...] – besondere, die Vorwerfbarkeit ausschließende Umstände vorgelegen haben"[261], insbesondere durch die Einlassung des Angeklagten. Nach dieser könne es an einem Sorgfaltspflichtverstoß fehlen, wenn der Angeklagte sich bei „sorgfältiger Prüfung mit Sicherheit darauf verlassen durfte, dass er, bevor der Motorrollerfahrer den Schnittpunkt der die Kreuzung bildenden Straßen erreichte, den Fahrdamm der bevorrechtigten W-Straße überquert haben würde"[262],

es dann aber wegen eines Fahrens mit überhöhter Geschwindigkeit durch den Zeugen T. dennoch zur Kollision gekommen wäre. Zudem würde der Wartepflichtige im großstädtischen Verkehr „in der Regel überfordert werden, wollte man ihm unter Umständen, wie sie hier vorliegen, ernstlich verlangen, dass er einem noch 100–150m von der Kreuzung entfernten – an sich vorfahrtsberechtigten – Kraftfahrer die Vorfahrt einräumt. Derart strenge Grundsätze würden zu untragbaren Verkehrsstockungen, nämlich praktisch dazu führen, dass der Wartepflichtige so stark befahrene Großstadtstraßen wie die W-Straße kaum noch überqueren könnte, jedenfalls vor solchen Kreuzungen endlos warten müsste" mit der Folge, dass der „Grundsatz der Flüssigkeit des Verkehrs" leiden würde[263]. Mit all diesen Möglichkeiten eines nicht schuldhaften Vorfahrtsverstoßes hätte sich das Amtsgericht auseinandersetzen und Feststellungen „über die örtliche Beschaffenheit der Kreuzung, insbesondere über die Breite der sich kreuzenden Straßen, ferner über die genaue Stelle des Zusammenstoßes sowie über die von den beiden Unfallbeteiligten eingehaltenen Geschwindigkeiten"[264] treffen müssen. Dies meinte das Kammergericht mit den notwendigen Ausführungen in den Urteilsgründen, an denen es fehle.

Allein die Ausführungen, der Angeklagte müsse sich „erheblich verschätzt" haben, genügten nicht. Fehleinschätzungen über die Entfernung des vorfahrtsberechtigten Fahrzeugs gingen zwar zu Lasten des Wartepflichtigen[265]. Dies schloss das Amtsgericht aus dem plötzlichen Bremsen des Angeklagten kurz vor der Kollision.

---

[259] KG, VRS 13 (1957), 53 (54).
[260] Siehe oben Erster Hauptteil, Zweites Kapitel, A, II, 3, a), aa).
[261] KG, VRS 13 (1957), 53 (54).
[262] KG, VRS 13 (1957), 53 (55).
[263] KG, VRS 13 (1957), 53 (55).
[264] KG, VRS 13 (1957), 53 (54f.).
[265] So bereits BGH, VRS 6 (1954), 158.

Bei diesem weiteren Wahrscheinlichkeitsschluss hätte das Amtsgericht aber mitberücksichtigen müssen, dass der Angeklagte aus Schrecken falsch reagiert haben könnte oder entsprechend seiner ersten polizeilichen Vernehmung Rücksicht auf Fußgänger genommen habe, die zwischen den dort haltenden Fahrzeugen hervorkamen. Allein die Schlusskombination „Der Angeklagte hat kurz vor dem Anstoss des Motorrollers noch einmal scharf gebremst", also merkte er, „dass er sich beim Einfahren in die Kreuzung hinsichtlich der Entfernung des vorfahrsberechtigten Zeugen T. erheblich verschätzt hat", so dass er „wegen dieser falschen Einschätzung auf die Kreuzung gefahren ist" und so „fahrlässig einen Vorfahrtsverstoß begangen hat", vermöge daher „die erforderlichen objektiven Feststellungen"[266] zu den genauen Umständen des Vorfalls und deren Berücksichtigung bei den Wahrscheinlichkeitsschlüssen nicht zu ersetzen.

cc) Urteil des Oberlandesgerichts Braunschweig vom 17. 12. 1965 – DAR 1966, 247

Vergleichbares hat ein wenig klarer das Oberlandesgericht Braunschweig in einem Urteil vom 17. Dezember 1965[267] ausgesprochen, bei dem es ebenfalls um Verkehrsübertretungen ging:

> „Der Angekl. durchfuhr am Morgen [...] mit seinem Pkw (VW 1500) auf der Bundesautobahn [...]. Die Autobahn war nass, da es stark regnete. Mit einer Stundengeschwindigkeit von etwa 100 km wollte der Angekl. den Zeugen V überholen, der mit einem Pkw in gleicher Richtung fuhr und eine Geschwindigkeit von etwa 60–70 km/h hatte. Hierbei geriet er ins Schleudern. Dadurch stieß er gegen den Kraftwagen des Zeugen V und anschließend gegen die Leitplanke. Beide Fahrzeuge sowie die Leitplanke wurden beschädigt. Nach dem Unfall wurde festgestellt, dass am rechten Hinterreifen des Volkswagens ‚nur noch etwa 3 Profilrillen sichtbar waren' und die Mitte des linken Hinterreifens ‚zum Teil ohne Profilrille' war."
> Das Amtsgericht hat den Angeklagten „wegen Übertretung der §§ 1 und 7 StVO a. F. [heute: Ordnungswidrigkeiten nach § 1 Abs. 2, 2 Abs. 3 a[268] sowie 49 Abs. 1 Nr. 1 und 2 StVO iVm § 24 StVG] in Tateinheit mit einer Übertretung des [§ 31 Abs. 1 S. 2 iVm] § 36 Abs. 2 StVZO a. F. [heute: Ordnungswidrigkeit nach §§ 36 Abs. 2 S. 4[269] und 69a Abs. 3 Nr. 8 StVZO] nach § 21 StVG a. F. zu einer Geldstrafe verurteilt"[270].

Das Amtsgericht hatte für seinen Schuldspruch geschlossen von einer festgestellten zu geringen Reifenprofiltiefe (entgegen § 36 Abs. 2 StVZO) wegen der ständigen Überprüfungspflicht des Fahrzeugführers, ob sich sein Fahrzeug im verkehrssicheren Zustand befindet, auf eine zumindest fahrlässige Benutzung seines Fahrzeugs mit nicht vorschriftsgemäßer Bereifung. Da der Angeklagte auf hindernisfreier Stra-

---

[266] KG, VRS 13 (1957), 53 (56); die Schlusskombination stammt jedoch vom Verf.

[267] OLG Braunschweig, DAR 1966, 247 f.

[268] Deren erste beide Sätze heißen: „Bei Kraftfahrzeugen ist die Ausrüstung an die Wetterverhältnisse anzupassen. Hierzu gehören insbesondere eine geeignete Bereifung und Frostschutzmittel in der Scheibenwaschanlage."

[269] Dieser lautet: „Das Hauptprofil muss am ganzen Umfang eine Profiltiefe von mindestens 1,6 mm aufweisen; als Hauptprofil gelten dabei die breiten Profilrillen im mittleren Bereich der Lauffläche, der etwa 3/4 der Laufflächenbreite einnimmt."

[270] OLG Braunschweig, DAR 1966, 247 f.

ße bei Regen mit Reifen mit nicht ordnungsgemäßer Profiltiefe ins Schleudern gekommen war, hätte er wegen des fahrlässigen Verstoßes gegen die Bereifungspflicht zumindest fahrlässig auch den Unfall herbeigeführt und einen anderen Verkehrsteilnehmer gefährdet und damit auch gegen § 1 Abs. 2 StVG fahrlässig verstoßen.

Den ersten Wahrscheinlichkeitsschluss von objektiv zu geringer Profiltiefe auf eine subjektive Vorwerfbarkeit teilte das Oberlandesgericht Braunschweig noch, hierbei jedoch nicht entsprechend eines Anscheinsbeweises vorläufig zwingend, sondern bezugnehmend auf die konkreten Umstände des Einzelfalles, die nicht gegen das Schlussergebnis sprachen:

> „[...] denn es ist in der Rechtsprechung anerkannt, dass der Führer eines Kraftfahrzeuges den Zustand der Reifen vor Antritt einer jeden Fahrt selbstständig prüfen muss und dass er von der sich hieraus ergebenden Verantwortung im allgemeinen auch dann nicht entbunden wird, wenn er annehmen kann, dass die Beschaffenheit der Reifen auch von anderer Seite kontrolliert worden ist [...][271]. Dass der Angekl. diese Prüfungspflicht vernachlässigt hat, obwohl er ihr mühelos hätte nachkommen können, lässt sich dem Urteil mit hinreichender Deutlichkeit entnehmen, da ihn schon ein flüchtiger Blick auf die Räder darüber aufgeklärt hätte, dass sich die Hinterreifen nicht in dem von § 36 Abs. 2 StVZO vorgeschriebenen Zustand befanden."[272]

Den zweiten Schluss von den mangelhaften Reifen auf ein Verschulden am Unfall [entsprechend der zivilprozessualen Anscheinsbeweis-Grundsätze] wollte das Oberlandesgericht dagegen wegen der vielfachen Möglichkeiten des Entstehens eines Unfalls nicht ziehen und verwies vielmehr auf die im Strafprozess bei bloßen Wahrscheinlichkeitsschlüssen mitzuberücksichtigenden Umstände des Einzelfalles:

> „Einen Erfahrungssatz des Inhaltes, dass ein Kraftfahrer, der schuldhaft nicht dafür sorgt, dass die Reifen seines Fahrzeugs in einem vorschriftsmäßigen Zustand sind, auch in jedem Fall schuldhaft handelt, wenn sei Fahrzeug in einen Verkehrsunfall verwickelt wird, gibt es nicht. Vielmehr ist es jeweils Tatfrage des Einzelfalles, ob und in welchem Umfange der Fahrer durch die Beschaffenheit der Reifen daran gehindert war, den Anforderungen des Straßenverkehrs noch Genüge zu tun[273]."[274]

Die fehlende Auseinandersetzung des Amtsgerichts mit diesen Einzelaspekten führte zur Urteilsaufhebung, zumal der Angeklagte sich dahingehend eingelassen hatte, „auf der Überholfahrbahn einen Gegenstand, vielleicht in Größe eines Ziegelsteines, gesehen zu haben"[275].

dd) Beschluss des Bundesgerichtshofs vom 29. 8. 1974 – BGHSt. 25, 365

Mit seinem Beschluss vom 29. August 1974 hat der Bundesgerichtshof[276] diese Grundsätze (Möglichkeit eines Schlusses mit statistischem Erfahrungssatz, aber

[271] Unter Verweis auf unter anderem BGH, NJW 1952, 233 und BGH, VRS 23 (1962), 228.
[272] OLG Braunschweig, DAR 1966, 247 (248).
[273] So bereits BGH, VRS 12 (1957), 231 (232).
[274] OLG Braunschweig, DAR 1966, 247 (248).
[275] Wiedergabe bei OLG Braunschweig, DAR 1966, 247 (248).
[276] BGHSt. 25, 365 ff.

nur bei umfassender Gesamtwürdigung) hinsichtlich der erforderlichen Gesamtwürdigung verfeinert. Zugrunde lag das „Massenproblem des Verkehrsstraf- und Verkehrsordnungswidrigkeitenrechts, von dem 60–85% aller Verfahren betroffen ist“[277]: der Fall, dass bei einem Verkehrsverstoß nur das Kennzeichen des Tatfahrzeugs bekannt ist, nicht aber, wer das Fahrzeug tatsächlich zum Tatzeitpunkt gefahren hat (sog. „Kennzeichenanzeige“[278]):

> „Das Amtsgericht hat gegen R. wegen Geschwindigkeitsüberschreitung innerhalb einer geschlossenen Ortschaft (Ordnungswidrigkeit nach §§ 3 und 49 Abs. 1 Nr. 3 StVO sowie § 24 StVG) ein Bußgeld festgesetzt. Die Feststellungen über das Fahrzeug, das amtliche Kennzeichen und den äußeren Tatbestand der Ordnungswidrigkeit beruhen auf der Zeugenaussage eines Polizeibeamten und einem Radarmessfoto. Die Person des Fahrers hat der Zeuge nicht erkannt. Der beschuldigte Fahrzeughalter R. hat sich zur Sache nicht eingelassen. Das Amtsgericht begründet seine Überzeugung, dass er das Fahrzeug zur Tatzeit gefahren habe, damit, dass es ein privat genutztes Kraftfahrzeug sei, dass der erheblich größere Teil der Privatwagen ausschließlich oder so gut wie ausschließlich von den Haltern benutzt werde und dass keine Anhaltspunkte dafür hervorgetreten seien, dass ein Dritter das Fahrzeug geführt habe.“[279]

Das zur Entscheidung über die Rechtsbeschwerde (§ 79 Abs. 1 OWiG) berufene Oberlandesgericht Celle hielt die Beweiswürdigung in Übereinstimmung mit anderen Oberlandesgerichten[280] für rechtsfehlerhaft, sah sich in der Entscheidung aber durch die entgegenstehende Rechtsprechung des 3. und 5. Strafsenats des Oberlandesgerichts Hamm[281] gehindert, so dass es nach §§ 79 Abs. 3 OWiG und 121 Abs. 2 GVG dem Bundesgerichtshof die (von diesem leicht umformulierte) Rechtfrage vorlegte, „ob der Richter allein aus der Haltereigenschaft eines Betroffenen, der jede Einlassung zur Sache verweigert, schließen darf“, dass er sein privat genutztes[282] „Fahrzeug zur Tatzeit geführt hat“. Diese „für die Praxis wichtige Streitfrage“[283] beantwortete der Bundesgerichtshof mit Blick auf das von ihm vertretene Beweismaß:

> „Tatsächliche Schlüsse, die [der Richter] aus Beweisanzeichen zieht, müssen möglich, brauchen aber nicht zwingend zu sein. Damit ist jedoch nicht gesagt, dass sich der Richter dann, wenn eine Tatsache oder ein Tatsachenkomplex mehrere verschiedene Deutungen zulässt, für eine von ihnen entscheiden darf, ohne die übrigen in seine Überlegungen einzubeziehen und sich mit ihnen auseinanderzusetzen. Er braucht zwar nicht jede theoretisch denkbare, den Umständen nach jedoch fernliegende Möglichkeit der Fallgestaltung zu be-

---

[277] *Geppert*, JK, StPO § 261/1. *Hauser*, 19. VGT, S. 130 berichtet davon, dass im Jahre 1979 im Bereich des Polizeipräsidiums München 99% aller Parkverstoßanzeigen Kennzeichenanzeigen waren.

[278] *Geppert*, JK, StPO § 261/1.

[279] BGHSt. 25, 365.

[280] BayObLG bei *Rüth*, DAR 1973, 215, OLG Hamm, VRS 43 (1972), 364f., OLG Hamm, NJW 1974, 249, KG, VRS 45 (1973), 287 (288) (unter Aufgabe von KG, VRS 42 [1972], 217 [218]), OLG Celle, NJW 1974, 202 und OLG Düsseldorf, DAR 1974, 246f.

[281] OLG Hamm, DAR 1972, 190f. (3. Senat) und OLG Hamm, NJW 1973, 159f. (5. Senat).

[282] Hierin lag die Änderung durch den Bundesgerichtshof, da sich der Streit nur auf derartige Fahrzeuge bezog: BGHSt. 25, 365 (366).

[283] *Gollwitzer*, JR 1975, 382.

rücksichtigen. Er erfüllt aber nicht seine Aufgabe, die Beweise nicht nur denkgesetzlich richtig und widerspruchsfrei, sondern auch erschöpfend zu würdigen, wenn er von mehreren naheliegenden tatsächlichen Möglichkeiten nur eine in Betracht zieht und die anderen außer acht lässt."[284]

Die umfassende Amtsaufklärungspflicht des § 244 Abs. 2 StPO als „ein wichtiges Regulativ des unumgänglichen, aber gefährlichen Grundsatzes der freien richterlichen Beweiswürdigung"[285] gebiete bei Schlüssen mit nicht allgemeinen (sprich: statistischen) Erfahrungssätzen eine erschöpfende Erforschung aller denkgesetzlich und erfahrungstechnisch konkret (also nicht nur denktheoretisch abstrakt) möglichen Geschehensabläufen, so dass der Tatrichter sich vom Ergebnis des Schlusses erst im Rahmen einer solchen Gesamtwürdigung im Einzelfall überzeugen dürfe:

„Es kann zwar davon ausgegangen werden, dass sogenannte Privatfahrzeuge überwiegend von ihren Haltern selbst gefahren werden. [...] Nicht selten werden aber Privatfahrzeuge auch von anderen Personen als von ihren Haltern geführt, z.B. von Familienangehörigen oder Angestellten oder auch von Freunden oder Bekannten des Halters. Diese Möglichkeit liegt jedenfalls nicht so fern, dass sie der Richter bei der Bildung seiner Überzeugung völlig außer acht lassen dürfte. Wie groß im Einzelfall die Wahrscheinlichkeit ist, dass der Halter das Fahrzeug nicht selbst geführt hat, hängt von zahlreichen Umständen ab [...] Je nach der Art des Fahrzeugs und seiner Verwendungsmöglichkeiten sowie den Bedürfnissen und den Lebensumständen des Fahrzeughalters liegt eine gelegentliche Fremdbenutzung seines Fahrzeugs mehr oder weniger nahe. Die Haltereigenschaft *allein* jedenfalls ist beim Fehlen irgendwelcher sonstiger Anhaltspunkte kein ausreichendes Indiz für die Täterschaft einer Verkehrsordnungswidrigkeit."[286]

Die Haltereigenschaft stelle also lediglich „*ein* Beweisanzeichen" dar[287], zu dem weitere, in den Urteilsgründen darzulegende[288] Umstände hinzukommen müssten, um im Einzelfall auf die Fahrereigenschaft schließen zu könnten. Aus dem zulässigen Schweigen des Angeklagten (§§ 136 Abs. 1 S. 2 und 243 Abs. 4 S. 1 StPO) können hierbei zwar keine nachteiligen Schlüsse gezogen werden[289]. Zulässige weitere Indizien seien aber etwa, dass der Verkehrsverstoß auf dem üblichen Weg des Halters zu seinem Arbeitsarbeitsplatz erfolge[290], dass er auf dem Weg zwischen einer Gaststätte, in der sich der Halter regelmäßig aufzuhalten pflege, und seiner Wohnung[291] erfolge oder dass der Halter sein Fahrzeug bislang aus versicherungstechnischen Gründen noch nie verliehen habe. Auf der anderen Seite spreche etwa gegen eine Fahrereigenschaft, dass der Halter nach Aussage der Nachbarn regelmäßig sein Fahrzeug an Familienangehörige verleihe[292].

---

284 BGHSt. 25, 365 (367).
285 *Gollwitzer*, JR 1975, 382.
286 BGHSt. 25, 365 (367f.).
287 So ausdrücklich OLG Düsseldorf, DAR 1974, 246.
288 So ausdrücklich OLG Köln, VRS 79 (1990), 29.
289 Vgl. nur BGHSt. 20, 298 (299f.) und BGHSt. 25, 365 (367ff.).
290 BGHSt. 25, 365 (369) und OLG Hamm, VRS 46 (1974), 293 (295).
291 BGHSt. 25, 365 (369) und OLG Hamm, VRS 46 (1974), 143f.
292 BGHSt. 25, 65 (369). Der Umstand, dass der Halter sich während der Zeit nachweislich in einer anderen Stadt befindet, zählt nicht hierzu, da der Schluss dann bereits denkgesetzlich

Um die mit dieser verfassungsrechtlich bestätigten[293] und bis heute gültigen[294] Rechtsansicht verbundene tagtäglich auftretende Verfolgungsschwierigkeit[295] kostentechnisch ein wenig zu entschärfen, hat der Gesetzgeber, da die Einführung einer gesetzlichen Schuldvermutungsvorschrift im Schrifttum wegen Verstoßes gegen den Grundsatz „Nulla poena sine culpa" für verfassungswidrig gehalten wurde[296], entsprechend des „dringenden Appells"[297] des 19. Deutschen Verkehrsgerichtstags von 1981[298] mit Gesetz vom 7. Juli 1986[299] den neuen (mit dem Grundgesetz[300] wie der Europäischen Konvention zum Schutze der Menschenrechte und Grundfreiheiten konformen[301]) § 25a StVG[302] geschaffen, der für den Halter wenigstens eine auf dem Veranlasserprinzip beruhende subsidiäre[303] Kostentragungspflicht für die Kosten des erfolglosen (weil der Fahrer nicht ermittelt werden kann!) Bußgeldverfahrens vorsieht.[304]

---

ausgeschlossen ist (Niemand kann an zwei Orten gleichzeitig sein!) und es einer Gesamtwürdigung nicht bedarf.

[293] BVerfG, StV 1994, 3f.

[294] Vgl. nur BayObLG, NJW 1981, 1385 mit Anm. *Geppert*, JK, StPO § 261/1, OLG Köln, VRS 79 (1990), 29f. und *Janiszewski*, Verkehrsstrafrecht, Rn. 147.

[295] Vgl. zu dieser nur *Janiszewski*, Verkehrsstrafrecht, Rn. 146ff., *ders.*, AnwBl. 1981, 350ff., *Hauser*, 19. VGT, S. 127ff. und *Mößinger*, DAR 1985, 267ff.

[296] So etwa *Stümpfler*, DAR 1973, 9 und *Geppert*, JK, StPO § 261/1; umfänglich zur verfassungsrechtlichen Problematik *Gallwas*, 19. VGT, S. 152ff.

[297] *Geppert*, JK, StPO § 261/1.

[298] Dieser hat unter anderem vorgeschlagen (19. Deutscher Verkehrsgerichtstag 1981, S. 9): „Ist bei einem Verstoß im ruhenden Verkehr der Fahrer nicht feststellbar oder sonst aus tatsächlichen Gründen nicht verfolgbar, so soll grundsätzlich der Rückgriff auf den Fahrzeughalter als Kostengaranten eröffnet werden."

[299] BGBl. 1986 I, S. 977 (982).

[300] BVerfGE 80, 109ff.

[301] EGMR, JR 2005, 423ff. hat (mit 4:3 Stimmen) sogar § 103 Abs. 2 des österreichischen Kraftfahrgesetzes, der eine unzureichende Aufklärung des Halters über den Fahrer zum Zeitpunkt der Ordnungswidrigkeit bußgeldbewehrt, für mit Art. 6 MRK vereinbar erklärt, jedenfalls für den Fall, dass der Halter einen angeblichen Dritten nur unzureichend bezeichnet, sei der Halter dann doch wegen der eigentlichen Ordnungswidrigkeit nicht selbst im Sinne des Art. 6 Abs. 1 MRK „substantially affected".

[302] Deren Absatz 1 Satz 1 lautet: „Kann in einem Bußgeldverfahren wegen eines Halt- oder Parkverstoßes der Führer des Kraftfahrzeugs, der den Verstoß begangen hat, nicht vor Eintritt der Verfolgungsverjährung ermittelt werden oder würde seine Ermittlung einen unangemessenen Aufwand erfordern, so werden dem Halter des Kraftfahrzeugs oder seinem Beauftragten die Kosten des Verfahrens auferlegt; er hat dann auch seine Auslagen zu tragen." Vgl. hierzu umfassend *Janiszewski*, DAR 1986, 257ff.

[303] Vgl. nur *Janker* in Burmann/Heß/Jahnke/Janker, Straßenverkehrsrecht, § 25a StVG Rn. 1.

[304] In Frankreich und den Niederlanden haftet der Halter für jeden Verkehrsverstoß des Fahrers. In Österreich und Spanien wird der Halter bestraft, wenn er den Fahrer nicht benennt. Trotz grenzüberschreitender Vollstreckung von Bußgeldbescheiden aus anderen EU-Ländern hält Bundesjustizministerin *Zypries* (in: ADACmotorwelt 7/2009, S. 10) an der deutschen Fahrerhaftung fest: „Strafe ohne Schuld gibt es nicht und dabei bleibt es. Wir werden die Halterhaftung auch nicht über den Umweg Brüssel einführen."

ee) Beschluss des Oberlandesgerichts Hamm vom 7. 10. 1975 – JMBl. NW 1976, 68

Nach den aufgezeigten Beweiswürdigungsgrundsätzen kann bei einem Auffahrunfall ein ordnungswidrigkeitenrechtsrelevantes Verschulden des Auffahrenden (anders als ein haftungsrelevantes Verhalten nach den Grundsätzen de zivilprozessualen Anscheinsbeweises) nicht alleine durch das Ergebnis des Auffahrunfalls festgestellt werden, wie ein Beschluss des OLG Hamm vom 7. Oktober 1975[305] es verdeutlicht. Zugrunde lag folgender Sachverhalt:

> „Am 20. 12. 1974 befuhr der Betroffene gegen 7.40 Uhr mit seinem Pkw den linken der beiden 3,50 m breiten Fahrstreifen der Z.-Straße in D. Dabei befand er sich in einer Fahrzeugschlange. Vor ihm fuhr der Zeuge M. mit seinem Pkw, hinter ihm der Zeuge W. Etwa 100 m vor der Einmündung der S.-Straße musste der Zeuge M., der zunächst eine Geschwindigkeit von ca. 50 km/h eingehalten hatte, sein Fahrzeug abbremsen, da die vor ihm befindliche Kolonne zum Stehen gekommen war. Er hielt etwa 1 m hinter seinem Vordermann an. Der Betroffene bremste seinen zuvor mit ca. 70 km/h gefahrenen Wagen zwar ebenfalls ab, konnte jedoch nicht mehr verhindern, dass er etwa 2 Sekunden nach dem Anhalten M.'s auf dessen Fahrzeug auffuhr. Entsprechend erging es dem Zeugen W., der wiederum auf den durch den Aufprall zum Stillstand gekommenen Pkw des Betroffenen stieß. An allen drei Fahrzeugen entstand nicht unbeträchtlicher Sachschaden. Der Betroffene hat sich damit verteidigt, dass sein Fahrzeug durch den Wagen des Zeugen W. gegen den Pkw des Zeugen M. geschoben worden sei. Dies hat das Amtsgericht als widerlegt angesehen" und „gegen den Betroffenen wegen Verstoßes gegen §§ 1, 4 StVO gemäß § 49 [Abs. 1 Nr. 4] StVO, § 24 StVG eine Geldbuße von 80 DM festgesetzt"[306].

Seinen Schuldspruch hatte das Amtsgericht wie folgt begründet:

> „Auffahren beruht schon in der Regel darauf, dass der Hintermann nicht genügend Abstand gehalten hat oder unaufmerksam gewesen ist (was der Betroffene ja nicht gewesen sein will). Prallt ein Fahrzeug auf ein vorausfahrendes auf, so spricht der erste Anschein dafür, dass den nachfolgenden Fahrer das alleinige Verschulden trifft. Gerade wer in einer Fahrzeugkolonne fährt, muss mit plötzlichem Anhalten der oder des Vorausfahrenden rechnen und Abstand und Geschwindigkeit dementsprechend einrichten. Wer zudem auf einer Schnellstraße in dicht geschlossener Kolonne fährt, muss mit gesteigerter Aufmerksamkeit und erhöhter Bremsbereitschaft fahren und die Fahrweise der Vorausfahrenden ganz besonders sorgfältig beobachten. Der Anscheinsbeweis spricht daher bereits für alleiniges Verschulden des Betroffenen bezüglich des Auffahrens auf den Pkw des Zeugen M., da er auf diesen Vordermann auffuhr, weil dieser innerhalb einer Kolonne plötzlich bremsen musste. Diesen Beweis durch den Nachweis auszuräumen, dass er noch rechtzeitig zum Stehen gekommen und nur durch das Auffahren des ihm folgenden Pkw des Zeugen W. auf den Pkw des Zeugen M. aufgefahren sei, ist dem Betroffenen nicht gelungen."[307]

Auf die Rechtsbeschwerde hob das Oberlandesgericht Hamm dieses Urteil wegen fehlerhafter Beweiswürdigung (§§ 46 und 71 OWiG iVm § 261 StPO) auf:

> „Beweisregeln oder -vermutungen, welche die Pflicht des Richters zu umfassender Beweiswürdigung einzuschränken oder gar die Beweislast dem Betroffenen aufzubürden ver-

---

[305] OLG Hamm, JMBl. NW 1976, 68f.

[306] OLG Hamm, JMBl. NW 1976, 68.

[307] Wiedergegeben bei OLG Hamm, JMBl. NW1976, 68.

möchten, sind dem Ordnungswidrigkeitenrecht ebenso fremd wie dem Straf- und Strafverfahrensrecht. Hiergegen verstößt das angefochtene Urteil, wenn es in den oben wörtlich wiedergegebenen Passagen auf die durch die Rechtsprechung ausschließlich für den Bereich des Zivil- und Zivilprozessrechts herausgebildeten Grundsätze über den Beweis des ersten Anscheins [...] zurückgreift, wobei es dem Betroffenen nicht gelungen sei, diesen Beweis durch den Nachweis eines anderen Geschehensablaufs zu entkräften."[308]

ff) Beschluss des Bayerischen Oberlandesgerichts vom 9. 7. 1982 – VRS 63 (1983), 277

Diesen Grundsatz für das Ordnungswidrigkeitenrecht hat das Bayerische Oberlandesgericht mit einem Beschluss vom 9. Juli 1982[309] bestätigt und hierbei in einem Satzeinschub auch auf das Strafprozessrecht ausgedehnt. Zur Beurteilung stand folgender Sachverhalt:

„Das Amtsgericht hat gegen den Betroffenen wegen einer fahrlässigen Ordnungswidrigkeit der Schädigung eines anderen (§§ 1 Abs. 2, 49 Abs. 1 Nr. 1 StVO, § 24 StVG) eine Geldbuße von 40 DM verhängt, weil sich beim Überqueren eines Bahngleises der Anhänger von dem vom Betroffenen geführten Lastkraftwagen gelöst und einen Gartenzaun durchbrochen hatte, wobei Anhänger und Gartenzaun beschädigt worden waren. Den Schuldspruch hat es damit begründet, der Beweis ersten Anscheins spreche dafür, dass der Betroffene beim Befestigen des Anhängers am Zugfahrzeug nicht die notwendige Vorsicht habe walten lassen oder dass ein Mangel vorgelegen habe, den er bei sorgfältiger Überprüfung des Fahrzeugs hätte erkennen müssen."[310]

Bei diesem vom Amtsgericht auch im Ordnungswidrigkeitenrecht verwendeten zivilprozessualen Anscheinsbeweis von einem Schaden (Lösen des Anhängers, der einen Schaden verursacht) im Sinne einer „Irgendwie"-Feststellung auf die beiden einzig denkbaren Ursachen (Fehler beim Befestigen oder Mangel der Befestigung), bei denen dem Betroffenen jeweils ein objektiver Sorgfaltspflichtverstoß zur Last gelegt würde, verkennt das Amtsgericht das Erfordernis einer subjektiven Sorgfaltspflichtverletzung und vor allem einer objektiven wie subjektiven Vorhersehbarkeit, fehlt es doch an Feststellungen, ob die konkrete Ursache für einen sorgfältigen und insbesondere den konkreten Betroffenen überhaupt erkennbar und der Schaden damit vermeidbar gewesen wäre (unerkannter Materialfehler schon beim Kauf, der selbst bei der TÜV-Untersuchung nicht aufgefallen ist?). Alleine auf diesen Wahrscheinlichkeitsschluss ohne weitere Aufklärung der näheren Umstände lässt sich die Verhängung der Geldbuße gegen den Betroffenen daher nicht rechtfertigen, selbst wenn die Amtsaufklärung mit erheblichen Kosten verbunden wäre, wie es das Bayerische Oberlandesgericht auf die Rechtsbeschwerde mit erfreulich deutlichen Worten klargestellt und damit die Notwendigkeit einer weiteren Amtsaufklärung nicht fernliegender Möglichkeit weiter gestärkt hat:

„Eine Verurteilung des Betroffenen im Bußgeldverfahren setzt ebenso wie die eines Angekl. im Strafverfahren voraus, dass dessen Schuld voll erwiesen ist. Dass dies hier der Fall war,

---

308 OLG Hamm, JMBl. NW 1976, 68 (69).
309 BayObLG, VRS 63 (1982), 277.
310 BayObLG, VRS 63 (1982), 277.

ist aber dem angefochtenen Urteil nicht zu entnehmen. Es enthält weder eine Feststellung darüber, wie es zu dem Lösen des Anhängers vom Zugfahrzeug gekommen ist, noch eine solche, inwiefern dieser Umstand dem Betroffenen angelastet werden könnte. Statt einer Schuldfeststellung bringen die Urteilsgründe lediglich den Hinweis, dass der – dem Bußgeldverfahren ebenso wie dem Strafverfahren unbekannte – ‚Beweis des ersten Anscheins' für ein schuldhaftes Verhalten des Betroffenen spreche und dass die Kosten eines Sachverständigengutachtens, das möglicherweise ergeben hätte, wie es zum Unfall kam, außer Verhältnis zur Höhe des verhängten Bußgeldes stünde. Hohe Verfahrenskosten können es jedoch zumindest in aller Regel nicht rechtfertigen, dass ein Gericht von der gebotenen und möglichen Aufklärung des Sachverhalts (§ 244 Abs. 2 StPO iVm § 71 OWiG) Abstand nimmt. In keinem Fall geht es an, dass es allein deshalb, weil eine vollständige Aufklärung des Sachverhalts mit erheblichen Kosten verbunden wäre, sich statt mit dem Nachweis mit dem bloßen ersten Anschein eines schuldhaften Verhaltens des Betroffenen begnügt und diesen zur Grundlage einer Verurteilung macht. Ein solches Vorgehen ist unvereinbar mit dem Grundsatz, dass ein Angekl. oder Betroffener bis zum Beweis des Gegenteils als unschuldig zu betrachten ist, und enthält zugleich eine Verletzung des sachlichen Rechts."[311]

gg) Beschluss des Bundesgerichtshofs vom 13. 2. 1998 – NStZ-RR 1998, 267

Mit dem alleinigen Schluss einer erfahrungsgestützen Regel besonderer Art hatte sich der Bundesgerichtshof in einem Beschluss vom 13. Februar 1998[312] auseinanderzusetzen. Zugrunde lag – auf den hier interessierenden Teil begrenzt – folgende Konstellation:

Das Oberlandegericht Frankfurt a. M. als Tatgericht (§ 120 GVG) hat die Angeklagte als Mitglied der Roten Armee Fraktion (RAF) wegen mehrerer Sprengstoffexplosionen und Morde zu einer lebenslangen Freiheitsstrafe als Gesamtstrafe verurteilt und die besondere Schwere der Schuld festgestellt. Ihre mittäterschaftliche Beteiligung an diesen Taten stützte das Oberlandesgericht zumeist auf eine Reihe belastender Zeugenaussagen und sonstiger Indizien. Einzig im Fall der Sprengstoffexplosion auf die JVA Weiterstadt standen nur familiäre Briefe und ein Leserbrief der Angeklagten zur Verfügung, aus denen sich die Beteiligung der RAF („unsere Aktion") ergab. Das Oberlandesgericht hat seine Überzeugung davon, dass die Angeklagte die so belegten Tatkenntnisse durch eine eigene mittäterschaftliche Beteiligung an diesem Anschlag gewonnen habe und nicht durch Erzählungen ihres ebenfalls in der RAF aktiv mitwirkenden Lebensgefährten G., darauf gestützt, dass G andernfalls „durch die Preisgabe von Einzelheiten an einen nicht zum Kommando gehörenden Dritten gegen die ‚need-to-know-Regel' verstoßen hätte". Diese Regel besage, „dass die Führungsmitglieder der RAF zwar beschließen, ob und welche Aktionen durchgeführt werden, dass aber ‚möglichst' nur den Mitgliedern des jeweiligen Kommandos die Einzelheiten der Tatausführung (Tatvorbereitung und –durchführung) bekannt sein sollen. Daraus folge, dass Mittäter sei, wer Einzelheiten der Tatausführung kenne" [313].

Ohne weitere Sachaufklärung dieses Sprengstoffattentats hat das Oberlandesgericht also aus dem festgestellten Täterwissen des Angeklagten allein mit Hilfe der ‚need-to-know-Regel' auf eine mittäterschaftliche Begehung geschlossen, obwohl die „need-to-know-Regel" über ihre Einschränkung, „möglichst" nur den Kommandomitgliedern die notwendigen Informationen zu verschaffen, eine reine Wahr-

---

311 BayObLG, VRS 63 (192), 277.
312 BGH, NStZ-RR 1998, 267.
313 Wiedergabe bei BGH, NStZ-RR 1998, 267.

scheinlichkeitsaussage trifft und es konkret nicht gänzlich ausschließt, dass die Angeklagte über ihren Lebensgefährten konkretes Täterwissen (etwa im Rahmen eines „Bettgesprächs"?) erlangt hat. Insoweit hat der Bundesgerichtshof das Urteil entsprechend seiner ständigen Beweiswürdigungsgrundsätze im Schuld- und Strafausspruch zu Recht aufgehoben:

> „Denn Beweisregeln dieser Art kennt die Strafprozessordnung nicht. Vielmehr muss die Schuld eines Angekl. individuell aufgrund der gegen ihn erhobenen Beweise gegebenenfalls in Verbindung mit offenkundigen Tatsachen festgestellt werden." Hieran habe es gefehlt, zumal ein Abweichen von der „need-to-know-Regel" wegen der starken persönlichen Bindungen zwischen der Angeklagten und G im konkreten Fall „nicht fern" liege.[314]

hh) Beschluss des Kammergerichts vom 31. 8. 2001 – StV 2002, 412

Mit der Tragfähigkeit eines bloßen Wahrscheinlichkeitsschluss auf den Tätervorsatz im „Massengeschäft" des Erschleichens von Leistungen eines öffentlichen Verkehrsmittels („Schwarzfahren") beschäftigte sich das Kammergericht in seinem Beschluss vom 31. August 2001[315]:

> „Das Amtsgericht hat den Angekl. wegen Erschleichens von Leistungen zu einer Geldstrafe verurteilt." Es ist dabei „der Einlassung des Angekl., er habe es wegen einer Verabredung eilig gehabt und wegen des gerade einfahrenden Zuges ‚vergessen', den Fahrschein zu lösen, nicht gefolgt, weil es bei Delikten der ‚Art' des § 265 a StGB[316], eine Vermutung dafür, dass sie auch vorsätzlich begangen worden sind' gebe und daher der Angekl., das Gegenteil belegen' müsse"[317].

Aus der Kenntnis der Entgeltpflichtigkeit einer Beförderung mag zwar beim Schwarzfahren ein Erfahrungssatz mit einer gewissen Wahrscheinlichkeit dafür sprechend, dass dies typischerweise vorsätzlich begangen wird. Zwingend (und damit ein allgemeiner Erfahrungssatz) ist dies aber nicht. Irrtümer des Fahrgastes sind immer denkbar. Meinte der Angeklagte etwa im Zeitpunkt des Einsteigens in das Verkehrsmittel, er habe einen gültigen Fahrausweis, obwohl er diesen tatsächlich zu Hause vergessen hatte, oder dass der zeitlich begrenzte Fahrschein inzwischen noch nicht abgelaufen sei, so fehlt es am erforderlichen Tatvorsatz[318]. Aufgrund der Einlassung des Angeklagten hätte das Tatgericht nach den bislang aufgezeigten Rechtsprechungsgrundsätzen die genauen Umständen des „Vergessens" daher nach § 244 Abs. 2 StPO umfassend aufklären müssen, bevor es sich seine Überzeugung davon hätte bilden können, welche konkreten Vorstellungen sich

---

[314] BGH, NStZ-RR 1998, 267.
[315] KG, StV 2002, 412 f.
[316] Auf Vorlage des OLG Naumburg hat der Bundesgerichtshof jüngst die Ansicht mehrerer Oberlandesgerichte (BayObLG, NJW 1969, 1042 [1043], OLG Stuttgart, NJW 1990, 924, OLG Hamburg, NStZ 1991, 587 [588] und OLG Düsseldorf, NJW 2000, 2120 [2121]) bestätigt, bloßes Schwarzfahren erfülle den Tatbestand des § 265 a StGB, da es für ein „Erschleichen" ausreiche, wenn der Täter sich (wie beim Schwarzfahren) mit dem Anschein der Ordnungsmäßigkeit umgebe: BGHSt. 53, 122 ff.
[317] KG, StV 2002, 412 f.
[318] Vgl. nur OLG Koblenz, NJW 2000, 86 (87).

der Angeklagte „bei Begehung der Tat“ (§ 16 Abs. 1 StGB) gebildet hatte. Insbesondere hätte es – woran sich bereits das Reichsgericht gestört hatte[319] – dem Angeklagten nicht die Beweislast für die Entkräftung eines derartigen Wahrscheinlichkeitsschlusses aufbürden dürfen:

„Diese Erwägungen halten rechtlicher Nachprüfung nicht stand. Sie lassen besorgen, dass das AG sich nicht streng daran gehalten hat, dass es nicht Sache des Angekl. ist, seine Unschuld darzutun [...]. Zu Lasten des Angekl. darf das Gericht nur Tatsachen verwerten, die es für voll erwiesen hält. Es gibt keine Umkehr de Beweislast [...] und auf eine bloße ‚Vermutung‘, die letztlich nur einen Verdacht begründet, darf eine Verurteilung nicht gestützt werden [...]. Zu Recht weist die Revision darauf hin, dass nicht der Angekl. dem Gericht das Vorliegen der subjektiven Tatbestandsmerkmale nachweisen muss, sondern dass das Gericht dem Angekl. das Vorliegen der Voraussetzungen darzulegen hat. Die Ansicht des AG, es bestehe hier eine Vermutung für vorsätzliches Handeln, ist daher rechtlich unhaltbar und verstößt gegen den Grundsatz in dubio pro reo und die Unschuldsvermutung nach Art. 6 Abs. 2 MRK.“[320]

ii) Beschluss des Landgerichts München I vom 12. 3. 2008 – MMR 2008, 561

Das Landgericht München I hatte jüngst mit seinem Beschluss vom 12. März 2008[321] über die Versagung einer Akteneinsicht durch die Staatsanwaltschaft in einem der sich in letzter Zeit häufenden Fälle behaupteter Urheberrechtsverstöße durch Tauschbörsen zu entscheiden (§ 406e Abs. 2 S. 2 iVm § 161a Abs. 3 S. 2–4 StPO), bei der sich die Verletzte für ihr notwendiges „berechtigtes“ (§ 406e Abs. 1 S. 1 StPO) Interesse auf einen zivilprozessualen Anscheinsbeweis berufen hatte:

„Am 17. 1. 2008 hat die Antragstellerin Strafanzeige bei der Staatsanwaltschaft München I gestellt und vorgetragen, sie sei Rechteinhaberin an von ihr hergestellten erotischen/pornographischen Filmen. Ihr Urheberrecht sei durch die Nutzer sogenannter ‚Tauschbörsen‘ im Internet verletzt worden. Diesbezügliche Verbindungsdaten legte die Antragstellerin vor.“ Zugleich beantragte die Antragstellerin eine Akteneinsicht und berief sich dabei auf zivilrechtliche Ansprüche nach § 97 UrhG[322] gegen die Anschlussinhaber, die verpflichtet seien, ihren Anschluss so zu überwachen, dass Familienangehörige ihn nicht zu Urheberrechtsverletzungen nutzen. Komme es dennoch zu einer Urheberrechtsverletzung, so hafte für diese der Inhaber. „Das gegen Unbekannt eingeleitete Ermittlungsverfahren hat die Staatsanwaltschaft nach der Durchführung von Ermittlungen [wohl insbesondere der Ermittlung der Internetanschluss-Inhaber nach § 113 TKG] mit Verfügung vom 25. 2. 2008 gemäß § 170 Abs. 2 StPO eingestellt. Der Antragstellerin hat die Staatsanwaltschaft mit

---

[319] Siehe oben Erster Hauptteil, Zweites Kapitel, A, I, 2, b), aa).

[320] KG, StV 2002, 412 (413); entfernt wurden aus dem Zitat („[...]“) lediglich Fundstellen für die einzelnen grundsätzlichen Sätze.

[321] LG München I, MMR 2008, 561.

[322] Diese Norm lautet: „(1) Wer das Urheberrecht oder ein anderes nach diesem Gesetz geschütztes Recht widerrechtlich verletzt, kann von dem Verletzten auf Beseitigung der Beeinträchtigung, bei Wiederholungsgefahr auf Unterlassung in Anspruch genommen werden. Der Anspruch auf Unterlassung besteht auch dann, wenn eine Zuwiderhandlung erstmalig droht. (2) Wer die Handlung vorsätzlich oder fahrlässig vornimmt, ist dem Verletzten zum Ersatz des daraus entstehenden Schadens verpflichtet. [...]“

> Bescheid vom 25. 2. 2008 die [...] beantragte Akteneinsicht verweigert. Hiergegen richtet sich der Antrag auf gerichtliche Entscheidung"[323],

bei dem das Landgericht München I bereits das „berechtigte Interesse" eines zivilrechtlichen Anspruchs auf der Grundlage eines behaupteten[324] zivilprozessualen Anscheinsbeweis (der Anschlussinhaber ist typischerweise auch „Störer" iSd § 97 UrhG) für fraglich hält:

> „Wie aus einer Vielzahl von Verfahren bekannt ist, und wie sich auch aus der Antragsbegründung erschließen lässt, richtet sich das Interesse der Antragstellerin nicht auf die Verfolgung von konkreten Urheberrechtsverletzern, sondern auf die Geltendmachung von zivilrechtlichen Ansprüchen gegen Inhaber von Netzzugängen, gleich ob diese selbst einen Urheberrechtsverstoß begangen haben oder nicht. Sie sollen nämlich zivilrechtlich als sog. ‚Störer' gem. § 97 Abs. 1 UrhG in Anspruch genommen werden [...]. Es ist jedoch nicht Aufgabe der Strafverfolgungsbehörden, die Geltendmachung bloßer zivilrechtlicher Ansprüche, ohne dass eine Straftat nachweisbar wäre, zu ermöglichen. Einen Anscheinsbeweis, wie ihn die Antragstellerin zivilrechtlich für sich reklamieren will, kennt das Strafprozessrecht nämlich nicht. Die ‚Auslieferung' der Anschlussinhaber, für die im übrigen die Unschuldsvermutung des Art. 6 Abs. 2 MRK spricht, an die Antragstellerin liefe daher auf eine nach dem Zivilprozessrecht fremde ‚Ausforschung' hinaus. [...] Die Gewährung von Akteneinsicht würde damit die Gefahr begründen, dass die Ermittlungsbehörden die Inanspruchnahme zivilrechtlich nicht Verpflichteter durch die Anspruchstellerin begünstigen würde – dies untermauert mit dem Hinweis auf geführte staatsanwaltschaftliche Ermittlungen."[325]

Letztlich scheitere ein Akteneinsichtsrecht auch an der Interessenabwägung gemäß § 406e Abs. 2 StPO, da „schutzwürdige Interessen des Beschuldigten" durch den Besitz pornographischer Werke in Form ihres informationellen Selbstbestimmungsrechts, Fernmeldegeheimnisses und der Persönlichkeitsrechts gegenüber das Interesse der Antragstellerin an möglichen zivilrechtlichen Ansprüchen überwiegten.[326]

b) Entscheidungen anderer Gerichte

Der Grundsatz, dass es keinen Anscheinsbeweis im Strafprozess geben könne, ist so tief in der Rechtsprechung verankert, dass auch die Gerichte anderer Rechtsgebiete bei der Feststellung strafrechtlicher Vorfragen oder der Tatsachenfeststellung für strafrechtsähnliche Normen auf diesen Grundsatz rekurrieren:

---

323 LG München I, MMR 2008, 561.

324 Bereits zivilprozessual dürfte jedoch ein derartiger Anscheinsbeweis nicht bestehen: Vgl. nur OLG Frankfurt a. M., MMR 2008, 169 (170): keine Aufsichtspflicht des Anschlussinhabers, da er davon ausgehen kann, dass erwachsene Familienmitglieder keine Rechtsverletzungen begehen; ebenso bereits LG Mannheim, MMR 2007, 267 f.

325 LG München I, MMR 2008, 561. Vgl. auch OLG Oldenburg, StraFo 2009, 297: „Die bloße Nutzung einer Internet-Tauschbörse allein lässt keinen tragfähigen Schluss darauf zu, dass der Nutzer weiß oder damit rechnet, dass auch die von ihm auf seinen Personalcomputer heruntergeladenen und in einem Ordner ‚incoming' gespeicherten (hier: gewaltpornographischen) Dateien ohne sein weiteres Zutun sofort der Tauschgemeinschaft zugänglich sind."

326 LG München I, MMR 2008, 561 f.

aa) Beschluss des Bundesverfassungsgerichts vom 23. 4. 1991 – BVerfGE 84, 82

In seinem Beschluss vom 23. April 1991[327] hatte sich das Bundesverfassungsgericht mit einer Verfassungsbeschwerde bezüglich den zivilprozessualen Anforderungen zu beschäftigen, die an die Feststellung des Verschuldens bei der Verhängung eines Ordnungsgeldes gemäß § 890 Abs. 1 ZPO[328] zu stellen sind. Die Verfassungsbeschwerde betraf zusammengefasst folgenden Sachverhalt:

> „Der Beschwerdeführer ist Heilpraktiker." Im Rahmen ihrer Serie „Hamburgs große Heilpraktiker" berichtete die „Bild-Zeitung" ausführlich über den Beschwerdeführer, seinen Werdegang und seine Handlungsmethoden. Insbesondere wegen dieses Artikels wurde dem Beschwerdeführer (wegen des ärztlichen Werbeverbots[329]) mit rechtskräftigem Urteil des Landgerichts unter Androhung von Ordnungsmitteln verboten „in der Presse, soweit es sich nicht um Veröffentlichungen in Fachzeitschriften handelt, unter Nennung seines vollen Namens", seiner Praxis, seiner Tätigkeit und seinen Behandlungsmethoden „zu berichten und/oder durch die Erteilung von Informationen an derartigen Berichterstattungen mitzuwirken, insbesondere wenn er dabei im Arztkittel und/oder versehen mit einem Stethoskop abgebildet wird". „Wegen eines in der Folgezeit erschienenen Artikels in der Illustrierten ‚Quick' […] hat das Landgericht […] ein Ordnungsgeld von 1000 DM gegen den Beschwerdeführer festgesetzt." Im „Hamburger Abendblatt" und in der „Bild-Zeitung" erschienen „abermals zwei großformatige Artikel" über den Beschwerdeführer, seine Therapiemethoden und einzelne Behandlungserfolge, wobei der Beschwerdeführer mit „zum Teil längeren Ausführungen in wörtlicher Rede zitiert" und jeweils mit zwei Fotos abgebildet wurde, „im weißen Kittel bei der Irisdiagnose sowie bei der Verabreichung einer Injektion". Das Landgericht verhängte daraufhin gegen den Beschwerdeführer wegen Zuwiderhandlung gegen das rechtskräftige Urteil ein Ordnungsgeld von 5000 DM. Der Beschwerdeführer verteidigte sich damit, an diesen Artikeln nicht mitgewirkt zu haben. Die hiergegen eingelegte Beschwerde wies das Oberlandesgericht zurück, da der Beweis des ersten Anscheins für eine Mitwirkung des Beschwerdeführers spreche, müssten die Redaktionen der Zeitungen doch sonst nahezu den gesamten Textteil einschließlich der wörtlichen Zitate gefälscht und die Fotografien rechtswidrig gegen seinen Willen veröffentlicht oder auf Archivmaterial zurückgegriffen haben. Derartiges habe der Beschwerdeführer nicht im Einzelnen dargelegt und bewiesen.[330]

Auf die Verfassungsbeschwerde, die unter anderem einen Verstoß der allgemeinen Handlungsfreiheit nach Art. 2 Abs. 1 GG rügte, weil § 890 Abs. 1 ZPO „strafrecht-

---

[327] BVerfGE 84, 82 ff.

[328] Dieser lautet: „Handelt der Schuldner der Verpflichtung zuwider, eine Handlung zu unterlassen oder die Vornahme einer Handlung zu dulden, so ist er wegen einer jeden Zuwiderhandlung auf Antrag des Gläubigers von dem Prozessgericht des ersten Rechtszugs zu einem Ordnungsgeld und für den Fall, dass dieses nicht beigetrieben werden kann, zur Ordnungshaft oder zur Ordnungshaft bis zu sechs Monaten zu verurteilen. Das einzelne Ordnungsgeld darf den Betrag von zweihundertfünfzigtausend Euro, die Ordnungshaft insgesamt zwei Jahre nicht übersteigen."

[329] Vgl. etwa § 27 Abs. 3 der Musterberufsordnung für die deutschen Ärztinnen und Ärzte (Stand 2006): „Berufswidrige Werbung ist Ärztinnen und Ärzten untersagt. Berufswidrig ist insbesondere eine anpreisende, irreführende oder vergleichende Werbung. Ärztinnen und Ärzte dürfen eine solche Werbung durch andere weder veranlassen noch dulden."

[330] BVerfGE 84, 82 ff.

liche Elemente" enthalte und daher seine Anwendung ein Verschulden voraussetze, hat das Bundesverfassungsgericht dem Beschwerdeführer zwar zugestanden, dass „eine strafrechtliche oder strafrechtsähnliche Ahndung einer Tat ohne Schuld des Täters rechtsstaatswidrig" sei und „den Betroffenen in seinem Grundrecht aus Art. 2 Abs. 1 GG" verletze[331] sowie dass § 890 Abs. 1 ZPO eine „strafähnliche Wirkung" entfalte[332]. Für die Tatsachenfeststellung dieser zivilprozessualen Norm durch die Zivilgerichte hielt es dann aber dennoch die Grundsätze des zivilprozessualen Anscheinsbeweises für anwendbar:

> „Zwar können sich aus dem Schuldprinzip auch Anforderungen an das Verfahren zur Feststellung des Sachverhalts ergeben. So muss das Strafverfahren, dem von Verfassungs wegen die Aufgabe gestellt ist, das Schuldprinzip zu sichern, wegen der einschneidenden Folgen für den Betroffenen entsprechende verfahrensrechtliche Vorkehrungen zur Ermittlung des Sachverhalts bereitstellen (BVerfGE 57, 250 [275]; 74, 358 [370f.]). Dabei gilt der Grundsatz, dass die Tatsachen, die den Tatbestand erfüllen und den Schuldvorwurf begründen, dem Angeklagten nachgewiesen werden müssen; verbleibende Zweifel wirken grundsätzlich zu seinen Gunsten (vgl. BVerfGE 9, 167 [170]). Ein Beweis des ersten Anscheins reicht für eine Verurteilung im Strafverfahren grundsätzlich nicht aus.
>
> Aus dem strafähnlichen Charakter des in § 890 Abs. 1 ZPO vorgesehenen Ordnungsgeldes ergibt sich aber keine Verpflichtung der Zivilgerichte, bei der Anwendung dieser Norm die strafprozessualen Beweisanforderungen zugrunde zu legen. Der strafähnliche Charakter des Ordnungsgeldes ändert nichts daran, dass es sich um die Durchsetzung privatrechtlicher Verpflichtungen in einem Verfahren zwischen privaten Parteien handelt. Während im Strafverfahren der Grundsatz der Amtsermittlung herrscht und die staatlichen Ermittlungsbehörden zur Durchsetzung des öffentlichen Strafanspruchs befugt sind, Zwangsmittel einzusetzen, kann sich der Gläubiger des Vollstreckungsverfahrens zur Erhebung von Beweisen dieser Mittel nicht bedienen."[333]

Das Bundesverfassungsgericht erblickt also neben dem Schuldprinzip im Amtsermittlungsgrundsatz mit seinen Zwangsmitteln den maßgeblichen Grund dafür, wieso im Gegensatz zum Zivilprozess im Strafprozess die Tatsachen zum Schutz des Angeklagten genauer und umfassender ausermittelt und festgestellt werden müssten und es einen Beweis des ersten Anscheins hier „grundsätzlich" nicht geben könne.

bb) Urteil des Bundesgerichtshofs (6. Zivilsenates) vom 5. 3. 2002 – NJW 2002, 1643

Nicht grundsätzlich, wohl aber in Bezug auf die wichtige erkenntnistheoretisch bedingte Beweislücke des Vorsatznachweises bei einer Straftat verneint der 6. Zivilsenat des Bundesgerichtshofs in seinem Urteil vom 5. März 2002[334] einen Anscheinsbeweis. Zugrunde lag folgender Sachverhalt:

> „Die Beklagten und M waren (in einer Gesellschaft bürgerlichen Rechts) Eigentümer eines mit einem Mehrfamilienhaus bebauten Grundstücks." Am 16. 6. 1994 gaben sie eine notariell beurkundete Teilungserklärung (Teilung in Miteigentumsanteile) ab, die dem Grund-

---

[331] BVerfGE 84, 82 (87); so zuvor bereits BVerfGE 20, 323 (331) und BVerfGE 80, 244 (255).
[332] BVerfGE 84, 82 (87) unter Verweis auf BVerfGE 20, 323 (332) und BVerfGE 58, 159 (162f.).
[333] BVerfGE 84, 82 (87f.).
[334] BGH, NJW 2002, 1643ff.

buch vorgelegt wurde. „Am 13. und 19. 12. 1994 gaben die Beklagten eine weitere notariell beurkundete Teilungserklärung ab", die sich von jener vom 16. 6. 1994 unterschied. Auf der Grundlage der Teilungserklärungen vom 13. und 19. 12. 1994 schlossen die Beklagten und M mit dem Kläger einen notariellen Kaufvertrag über einen der neuen Miteigentumsanteile. In § 12 des Vertrages erklärten die Beklagten und M, dass der vorgelegte Grundbuchauszug, der die Teilungserklärung vom 16. 6. 1994 nicht wiedergab, den aktuellen Stand ausweise und unerledigte, das Kaufobjekt betreffende Anträge auf Eintragung in das Grundbuch nicht gestellt wurden. Nach einer Aufforderung leistete der Kläger zur Abwicklung des Kaufvertrages auf das Konto der S-Bauträger GmbH, deren alleinige Gesellschafter und Geschäftsführer die Beklagten und M waren, eine erste Zahlung von 69.500 DM. „Im Juni 1995 lehnte das zuständige Grundbuchamt den grundbuchrechtlichen Vollzug der Teilungserklärung vom 13. und 19. 12. 1994 sowie des Kaufvertrages unter Hinweis auf die Teilungserklärung vom 16. 6. 1994 ab. Über das Vermögen der S-GmbH wurde in der Folgezeit das Gesamtvollsteckungsverfahren eröffnet."

Der Kläger hat die Beklagten im Wege des Schadensersatzes nach § 823 Abs. 2 BGB iVm § 263 StGB auf Rückzahlung des an die S-GmbH gezahlten Betrages verklagt, da die Beklagten ihn betrogen hätten, hätten diese doch im Notartermin am 19. 12. 1994 gewusst, dass zuvor eine abweichende Teilungserklärung abgegeben worden sei. Das Berufungsgericht gab dem Kläger Recht, insbesondere mit der Erwägung, für den subjektiven Tatbestand des Betruges spreche ein Beweis des ersten Anscheins, der von den Beklagten nicht erschüttert worden sei.[335]

Der Bundesgerichtshof bestätigte zwar, dass der objektive Tatbestand des Betruges fehlerfrei festgestellt worden sei, hielt die Bejahung des subjektiven Betrugstatbestandes aber für verfahrensfehlerhaft:

„Von Rechtsirrtum beeinflusst ist zunächst die Auffassung des Berufungsgerichts, für den erforderlichen Vorsatz der Beklagten spreche der Beweis des ersten Anscheins. Ein derartiger Anscheinsbeweis kommt nur in Betracht, wenn im Einzelfall ein typischer Geschehensablauf vorliegt, der nach der Lebenserfahrung auf eine bestimmte Ursache oder Folge hinweist und so sehr das Gepräge des Gewöhnlichen und Üblichen trägt, dass die besonderen individuellen Umstände in ihrer Bedeutung zurücktreten [...]. Er scheidet demgegenüber aus, wenn es um die Feststellung eines individuellen menschlichen Willensentschlusses geht, wie etwa bei der Frage, ob jemand vorsätzliche einen Straftatbestand verwirklicht hat. Ob einem Menschen ein kriminelles Verhalten dieser Art zuzutrauen ist, hängt so stark von seiner Persönlichkeit, seinen besonderen Lebensumständen und seinen Wert- und Moralvorstellungen ab, dass die Annahme einer Typizität eines solchen Verhaltens nicht in Betracht kommt [...]. Da es vorliegend um einen Betrugsvorsatz der Beklagten geht, hätte das Berufungsgericht für den Nachweis dieser ‚inneren' Tatsache [...] nicht die Beweiserleichterung des Anscheinsbeweises zugute kommen lassen dürfen."[336] Konkrete Feststellungen, die den Schluss auf den Vorsatz ermöglicht hätten, wurden nicht getroffen.

cc) Urteil des Bundessozialgerichts vom 10. 12. 2003 – SozR 4-3800 § 1 Nr. 5

In die gleiche Richtung ging ein Urteil des Bundessozialgerichts vom 10. Dezember 2003[337] zur vorsätzlichen Begehung einer Straftat im Rahmen einer Opfer-

---

[335] BGH, NJW 2002, 1643 (1643 f.).
[336] BGH, NJW 2002, 1643 (1645).
[337] BSG, SozR 4-3800 (OEG) § 1 Nr. 5.

entschädigungsklage nach § 1 Abs. 1 und 2 OEG[338]. Zu beurteilen war folgender Fall:

> Als die Klägerin auf dem Nachhauseweg von einer Feier gegen 1.30 Uhr nachts die Berliner Straße überqueren wollte, „trat sie völlig unerwartet mit dem linken Fuß in ein unmittelbar am Straßenrand gelegenes Loch. Infolge der Dunkelheit hatte sie nicht erkannt, dass der 46 cm mal 46 cm große Gullydeckel eines Wasserabflusses entfernt worden war. Bei dem Sturz erlitt die Klägerin einen komplizierten Trümmerbruch des linken Unterschenkels. [...] Die herbeigerufenen Polizeibeamten konnten den Gullydeckel ca. fünf Meter von seinem Bestimmungsort entfernt im hohen Gras neben der Fahrbahn auffinden. [...] Das eingeleitete Ermittlungsverfahren wegen gefährlichen Eingriffs in den Straßenverkehr gemäß § 315b StGB wurde gemäß § 170 Abs. 2 StPO eingestellt, da Täter nicht ermittelt werden konnten."[339] Die Klägerin stellte einen Antrag auf Gewährung von Beschädigten-Versorgung nach dem Opferentschädigungsgesetz (OEG), den die zuständige Behörde wie das Sozialgericht und Landessozialgericht ihr verwehrten.

Für eine Entschädigung nach § 1 Abs. 1 S. 1 OEG müsste ein tätlicher Angriff gegen die Klägerin erfolgt sein, also „eine in feindseliger Willensrichtung *unmittelbar* gegen den Körper [...] zielende Einwirkung"[340], die im Entfernen des Gullys, das nur *mittelbar* gegen den Körper eines anderen Menschen wirkt, nicht erblickt werden kann.[341] Für mittelbare Angriffe schuf der Gesetzgeber § 1 Abs. 2 Nr. 2 OEG, stellte dabei jedoch mit der Herbeiführung eines „Verbrechens" eine hohe Hürde auf. Ein gefährlicher Eingriff in den Straßenverkehr nach § 315b Abs. 1 StGB stellt mit seiner Strafandrohung von Freiheitsstrafe bis zu fünf Jahren lediglich ein Vergehen dar (§ 12 Abs. 2 StGB). Einzig ein nach § 315b Abs. 3, 315 Abs. 3 StGB qualifiziertes Delikt wäre ein Verbrechen. Reicht der Begriff der „schweren Körperverletzung" des § 315 Abs. 3 Nr. 2 StGB auch weiter als jener des § 226 StGB und erfasst insbesondere auch langwierige ernsthafte Erkrankungen sowie den Verlust oder die erhebliche Einschränkung im Gebrauch der Sinne, des Körpers und der Arbeitsfähigkeit[342], so konnte derartiges bei der Klägerin nicht festgestellt werden. Es kam daher maßgeblich darauf an, ob der unbekannt gebliebene Täter auch mit der Absicht (dolus directus ersten Grades[343]) handelte,

---

338 Dieser lautet:
„§ 1 Anspruch auf Versorgung
(1) Wer im Geltungsbereich dieses Gesetzes oder auf einem deutschen Schiff oder Luftfahrzeug infolge eines vorsätzlichen, rechtswidrigen tätlichen Angriffs gegen seine oder eine andere Person oder durch dessen rechtmäßige Abwehr eine gesundheitliche Schädigung erlitten hat, erhält wegen der gesundheitlichen und wirtschaftlichen Folgen auf Antrag Versorgung in entsprechender Anwendung der Vorschriften des Bundesversorgungsgesetzes. [...]
(2) Einem tätlichen Angriff im Sinne des Absatzes 1 stehen gleich [...]
2. die wenigstens fahrlässige Herbeiführung einer Gefahr für Leib und Leben eines anderen durch ein mit gemeingefährlichen Mitten begangenes Verbrechen."

339 Nach der Vorinstanz des Landessozialgerichts Rheinland-Pfalz, Urt. v. 23. 1. 2002 – L 4 VG 5/01, juris, deren Sachverhalt plastischer formuliert ist.

340 BSG, SozR 4-3800 (OEG) § 1 Nr. 5, Rn. 6.

341 BSG, SozR 4-3800 (OEG) § 1 Nr. 5, Rn. 7.

342 *Fischer*, § 306b Rn. 4.

343 So OLG München, NJW 2006, 457.

einen Unglücksfall herbeizuführen (§ 315 Abs. 3 Nr. 1a StGB). Die Klägerin versuchte, da über die Motive des unbekannten Täters keine Informationen gesammelt werden konnten, diese Absicht über einen Anscheinsbeweis herzuleiten. Das Bundessozialgericht lehnte einen solchen ab:

> „Ein den streitigen Sachverhalt erfassendes [typisches] Erfahrungswissen lässt sich nicht feststellen. [...] Wer nachts Gullydeckel entfernt, muss zwar damit rechnen, dass Dritte durch die so geschaffene Gefahrenlage geschädigt werden können." Statt auf einer beabsichtigten Gesundheitsschädigung „kann die Handlung z. B. auch auf trunkenheitsbedingtem Übermut beruhen. Gerade in der Zeit der Nachtruhe ist es möglich, dass auch tatsächlich niemand in Gefahr gerät und die Gefahrenlage bei Tagesanbruch erkannt wird"[344].

Auch wenn trotz strafrechtlicher Vorfrage der Anscheinsbeweis im sozialgerichtlichen Verfahren[345] bei der Entschädigung nach § 1 OEG grundsätzlich für anwendbar gehalten wird, führt der Vorbehalt gegenüber willensgesteuerter Verhaltensweisen zu deutlichen Einschränkungen im Bereich der wichtigen Beweislücken von strafrechtsrelevantem Vorsatz oder Fahrlässigkeit.

dd) Beschluss des Verwaltungsgerichts Berlin vom 14. 10. 2003

In der verwaltungsgerichtlichen Rechtsprechung ist es anerkannt, dass es im strafrechtsähnlichen Disziplinarverfahren keinen Beweis des ersten Anscheins wie sonst im Verwaltungsverfahren[346] geben könne. Stellvertretend sei aus einem Beschluss des Verwaltungsgerichts Berlin vom 14. 10. 2003[347] zitiert:

> „Für einen Beweis des ersten Anscheins ist im Disziplinarverfahren, in dem wie im Strafprozess der volle Schuldnachweis geführt werden muss, kein Raum. Dem steht die Unschuldsvermutung (in dubio pro reo) entgegen."[348]

c) Zwischenergebnis: Gesamtwürdigungslösung zur Wahrung des Schuldgrundsatzes

Der bisherige Streifzug durch die Rechtsprechung hat verdeutlicht, dass die Rechtsprechung die im Zivilprozess mit auf dem Parteibeibringungsgrundsatz und der Anerkennungsfiktion des § 138 Abs. 3 ZPO[349] beruhende Erleichterung der Tatsachenfeststellung des zivilprozessualen Anscheinsbeweises, also eines zwingenden

---

[344] BSG, SozR 4-3800 (OEG) § 1 Nr. 5, Rn. 24. Oder bereitszuvor in den klareren Worten des Landessozialgerichts Rheinland-Pfalz, Urt. v. 23. 1. 2002 – L 4 VG 5/01, juris als Berufungsgericht: „Ein Erfahrungssatz mit dem Inhalt: Wer nachts auf einer Anliegerstraße einen am Straßenrand eingelassenen Gullydeckel entfernt, tut dies stets in der Absicht, einen Unfall herbeizuführen, existiert nicht."

[345] Siehe hierzu oben Erster Hauptteil, Erstes Kapitel, D, IV.

[346] Siehe hierzu oben Erster Hauptteil, Erstes Kapitel, D, II.

[347] VG Berlin, Beschl. v. 14. 10. 2003 – 85 A 10.03, juris.

[348] VG Berlin, Beschl. v. 14. 10. 2003 – 85 A 10.03, juris; ebenso etwa VG Berlin, Urt. v. 28. 8. 2003 – 80 A 28.01, juris.

[349] Dieser besagt: „Tatsachen, die nicht ausdrücklich bestritten werden, sind als zugestanden anzusehen, wenn nicht die Absicht, sie bestreiten zu wollen, aus den übrigen Erklärungen der Partei hervorgeht."

Schlusses mit einen typischen Geschehensablauf vermittelnden statistischen Erfahrungssätzen mit hoher Wahrscheinlichkeit unter dem Vorbehalt der Entkräftung durch den Beweisgegner, nicht auf den Strafprozess überträgt. In einem „modernen Strafrecht" (ergänze: der westlichen Welt) sei es nämlich „selbstverständlich"[350], dass die mit einer Verurteilung verbundene Rechtseinbuße (Vermögenseinbuße, Verlust der persönlichen Freiheit) sowie vor allem die Beeinträchtigung des Wert- und Achtungsanspruchs des Angeklagten durch das mit dem Urteil über den Täter gefällte sozialethische Unwerturteil[351] nach Art. 1 Abs. 1 und 2 Abs. 1 GG iVm dem Rechtsstaatsprinzip des Art. 20 Abs. 3 GG[352] (bzw. ausdrücklich nach Art. 22 Abs. 2[353] der Verfassung des Landes Hessen[354]) (Tat-) Schuld[355] voraussetze (sog. Schuldgrundsatz mit seiner straflegitimierenden Wirkung: nulla poena sine culpa)[356] (und – wie es § 46 Abs. 1 StGB einfachgesetzlich „in einer nicht ganz eindeutigen Formel"[357] ausdrückt ist – die Strafe in einem gerechten Verhältnis zur Schwere der Tat und dem Verschulden des Täters stehe[358]). Als ihr „Pendant"[359] zwingt die innerstaatlich in Art. 1 Abs. 1[360], 2 Abs. 1 GG sowie dem Rechtsstaatsprinzip des Art. 20 Abs. 3 GG verankerte sowie ausdrücklich in Art. 6 Abs. 2[361] MRK[362] (als Teilelement des „fairen Verfahrens" iSd Art. 6 Abs. 1 MRK[363]), Art. 48

---

350 BVerfGE 9, 167 (169).

351 Vgl. zu dieser Herleitung des Schuldgrundsatzes nur BVerfGE 96, 245 (249).

352 Hierauf alleine stützte BVerfGE 20, 323 (331) noch das Schuldprinzip.

353 Dieser lautet: „Niemand darf für Handlungen oder Unterlassungen leiden oder strafrechtlich verantwortlich gemacht werden, die ihm nicht persönlich zur Last fallen."

354 GVBl. Hessen 1946, S. 229 (231).

355 Vgl. dazu, dass es auf die Tatschuld und nicht die Charakter- und Lebensführungsschuld ankommt, nur BGHSt. 2, 194 (200: „Strafe setzt Schuld voraus. Schuld ist Vorwerfbarkeit. Mit dem Unwerturteil der Schuld wird dem Täter vorgeworfen, dass er sich nicht rechtmäßig verhalten, dass er sich für das Unrecht entschieden hat, obwohl er sich rechtmäßig verhalten, sich für das Recht hätte entscheiden können"), *Hans-Jürgen Bruns*, Strafzumessungsrecht, S. 538 ff., *Arthur Kaufmann*, Schuldprinzip, S. 187 ff. und *Stratenwerth*, Tatschuld, S. 7.

356 So etwa BVerfGE 20, 323 (331), BVerfGE 57, 250 (275), BVerfGE 58, 159 (163), BVerfGE 80, 244 (255), BVerfGE 86, 288 (313), BVerfGE 95, 96 (140), BVerfG, NVwZ 2003, 1504 und BVerfG, NVwZ 2008, 669. Vgl. umfassend zum Schuldprinzip *Arthur Kaufmann*, Schuldprinzip, S. 15 ff. sowie rechtsvergleichend *Jescheck*, FS Miyazawa, S. 363 ff.

357 Jescheck/Weigend, AT, S. 24.

358 Bezüglich dieser „straflimitierenden Funktion der Schuld" (MüKo-StGB/*Radtke*, Vor §§ 38 ff. Rn. 14) decke sich der Schuldgrundsatz mit dem Übermaßverbot: BVerfGE 50, 205 (215), BVerfGE 73, 206 (253), BVerfGE 86, 288 (313), BVerfG, NVwZ 2003, 1504 und BVerfG, NVwZ 2008, 669.

359 *Lorenz Schulz*, Misstrauen, S. 477.

360 Teilweise wird die Unschuldsvermutung auch ausschließlich auf Art. 1 GG gestützt: so *Montenbruck*, In dubio pro reo, S. 73 f. sowie *Stürner*, JZ 1980, 3.

361 Dieser lautet: „Jede Person, die einer Straftat angeklagt ist, gilt bis zum gesetzlichen Beweis ihrer Schuld als unschuldig."

362 Die Europäische Menschenrechtskonvention (MRK) hat aufgrund des Zustimmungsgesetzes vom 7. 8. 1952 (BGBl. 1952 II, S. 685) den Rang eines einfachen Bundesgesetzes.

363 EGMR (Phillips gegen Vereinigtes Königreich), Urt. v. 5. 7. 2001 – 41087/98, Z. 40; zustimmend *Meyer-Ladewig*, Art. 6 Rn. 85 a.

Abs. 1[364] der Charta der Grundrechte der Europäischen Union[365] und Art. 14 Abs. 2[366] IPBPR[367] normierte Unschuldsvermutung zum vollen Schuldnachweis (mit dem Maßstab des § 261 StPO: „richterliche Überzeugung“[368]) in einem justizförmig geordneten Verfahren[369]. Konkretisiert[370] wird dies durch den Zweifelssatz („in dubio pro reo“), wonach der Richter bei verbleibenden Zweifeln nicht voll überzeugt, der Schuldnachweis also nicht geführt sei und der Angeklagte daher (wegen Art. 103 Abs. 2 GG) nicht wegen der entsprechenden Strafnorm bestraft werden könne, diesbezüglich der Schuldnachweis nicht gelungen sei.[371] Gegen diese Grundsätze[372] werde verstoßen, wenn der Tatrichter aufgrund eines Schlusses mittels statistischem Erfahrungssatz (unter dem Vorbehalt eines Gegenbeweises) auch dann verurteilen müsse, wenn er von der Schuld des Angeklagten, deren willensgesteuertes Verhalten sich sowieso nicht verallgemeinerten Grundsätzen unterwerfen lasse[373], im konkreten Fall nicht iSd § 261 StPO voll überzeugt wäre, ihm also nach der Beweiswürdigung zumindest Zweifel verblieben; die Tatsachenfeststellung wäre dann eine bloße Vermutung mit der Aufbürdung einer Beweislast auf den Angeklagten[374].

Stattdessen versucht die Rechtsprechung daher, den begrenzten Erkenntnismöglichkeiten des Menschen bereits auf der Beweismaßebene zu begegnen, indem sie trotz nicht eindeutigem Wortlaut des § 261 StPO statt auf eine objektive Wahrheit – so etwa der Bezugspunkt für eine „falsche“ Aussage im Sinne der Aussagedelikte

---

[364] Dieser lautet: „Jeder Angeklagte gilt bis zum rechtsförmlich erbrachten Beweis seiner Schuld als unschuldig.“

[365] ABl. EG 2007, C 303/12.

[366] Dieser lautet: „Jeder wegen einer strafbaren Handlung Angeklagte hat Anspruch darauf, bis zu dem im gesetzlichen Verfahren erbrachten Nachweis seiner Schuld als unschuldig zu gelten.“

[367] Internationaler Pakts über bürgerliche und politische Rechte vom 19. 12. 1966, BGBl. 1973 II, S. 1533 ff.

[368] Siehe hierzu oben Erster Hauptteil, Zweites Kapitel, A, II, 1.

[369] Vgl. nur BVerfGE 9, 167 (169) und BVerfGE 74, 358 (370).

[370] So jedenfalls die herrschende Meinung: vgl. nur *Roxin/Schünemann*, Strafverfahrensrecht, § 11 Rn. 1 und § 45 Rn. 56, *Beulke*, Strafprozessrecht, Rn. 25, *Kühne*, Strafprozessrecht, Rn. 955, LR/*Gollwitzer* (25. Aufl., Berlin 2001), § 261 Rn. 103 und AK-StPO/*Maiwald*, § 261 Rn. 28.

[371] Ausführlich zum Zweifelssatz unten Zweiter Hauptteil, Zweites Kapitel, B, II, 2, a), bb).

[372] Auf einen Verstoß gegen den Schuldgrundsatz verweist etwa BVerfGE 84, 82 (87) (siehe zu dieser Entscheidung ausführlich oben Erster Hauptteil, Zweites Kapitel, A, II, 3, b), aa), auf einen Verstoß gegen den individuellen (zur Widerlegung der Unschuldsvermutung) prozessordnungsgemäßen Schuldnachweis nach § 261 StPO verweist beispielsweise BGH, NStZ-RR 1998, 267 (siehe hierzu bereits oben Erster Hauptteil, Zweites Kapitel, A, II, 3, a), gg)), auf einen Verstoß gegen die Unschuldsvermutung verweisen etwa KG, StV 2002, 412 (413) und LG München I, MMR 2008, 561 (siehe zu beiden Entscheidungen ausführlich oben Erster Hauptteil, Zweites Kapitel, A, II, 3, a) hh) und ii).

[373] Vgl. nur BGHZ 100, 214 (216), BGHZ 104, 256 (261) und BGH, NJW 2002, 1643 (1645) (hierzu umfassend oben Erster Hauptteil, Erstes Kapitel, C, II, 1, d)); anders für die Täuschungsabsicht bei Zugabe von Frostschutzmittel in Wein: AG Kreuznach, NJW-RR 1987, 242 f.; kritisch gegen einen allgemeinen Grundsatz auch Musielak/*Foerste*, ZPO, § 286 Rn. 30.

[374] So der Vorwurf von OLG Hamm, JMBl. NW 1976, 68 (69) – siehe zu diesem Urteil umfassend oben Erster Hauptteil, Zweites Kapitel, A, II, 3, a), ee).

(§§ 153 ff. StGB) – auf ein bloß subjektives und damit menschlich erreichbares Maß an Wahrheitsgewissheit abstellt, das objektiv nicht alle anderen denkgesetzlich wie erfahrungsmäßig möglichen Geschehensabläufe mit Sicherheit ausschließt. Zu ihrer Erlangung seien Schlüsse mit nicht allgemeinen (also statistischen) Erfahrungssätzen zwar heranzuziehen, um dem Gericht ein Bild von den möglichen Geschehensabläufen zu ermitteln, so dass auch im Strafprozess durchaus „aus Umständen, die im Zivilprozess den ‚Beweis des ersten Anscheins' ausmachen, auf das Vorliegen der Tatsachen" geschlossen werden könne, „die die äußeren und inneren Tatbestandsmerkmale der in Betracht kommenden Strafrechtsnorm erfüllen"[375]. Die Schlussergebnisse bildeten jedoch jeweils nur „ein Beweisanzeichen"[376] von vielen, die es mit anderen Umständen des Einzelfalles in eine Gesamtwürdigung einzustellen gelte, bei der alle „naheliegenden tatsächlichen Möglichkeiten" umfassend ausermittelt einbezogen werden müssten[377], selbst wenn deren „vollständige Aufklärung [...] mit erheblichen Kosten verbunden wäre"[378]. Erst auf der Grundlage einer derartigen Gesamtwürdigung[379] könne der Richter dann zu einer persönlichen Gewissheit eines bestimmten Geschehensablaufs gelangen.

Die „Gesamtwürdigungs-Lösung" vermag in Fällen, in denen wegen der begrenzten Erkenntnisfähigkeit des Menschen eine zutreffende Tatsachenfeststellung mit absoluter Sicherheit nicht getroffen werden kann (z.B. bei der Kausalitätsfeststellung, beim Vorsatz- oder Fahrlässigketisnachweis oder bei der Feststellung der Schuldfähigkeit), in vielen Fällen durchaus zu einer hinreichend sicheren Geschehensfeststellung gelangen: Bei typischen, sich täglich abspielenden Kausalverläufen sind die äußeren Grundbedingungen des Ablaufs genauso hinreichend ausermittelt wie klassische Nebenfolgen, von denen jeweils als Beweisanzeichen auf den Kausalverlauf geschlossen werden kann. Für die Vorsatzfeststellung etwa sind für klassische Fallkonstellationen aussagekräftige Indizien als Leitlinien festgestellt worden, mit deren Feststellung im Einzelfall bei fehlenden konkreten Gegenumständen – die von der Rechtsprechung zumeist auch schon abstrakt festgelegt wurden – für den Tatrichter ein Vorsatznachweis erleichtert wird. So sollen beispielsweise die bewusste Eingehung eines hohen oder unbeherrschbaren Risikos einen zumindest bedingten Vorsatz auf Herbeiführung eines Schadens im Rahmen des Untreuetatbestandes indizieren[380] oder besonders gefährliche Gewalthandlungen für einen zumindest bedingten Tötungsvorsatz sprechen[381], insbesondere beim Schuss mit einer

[375] KG, VRS 13 (1957), 53 (54).

[376] So ausdrücklich OLG Düsseldorf, DAR 1974, 246.

[377] Vgl. etwa BGHSt. 25, 365 (367) – hierzu umfassend oben Erster Hauptteil, Zweites Kapitel, A, II, 3, a), dd) – sowie BGHSt. 31, 86 (90).

[378] BayObLG, VRS 63 (192), 277.

[379] Vgl. zu diesem Erfordernis nur BGHSt. 20, 298 (299 f.), BGHSt. 20, 333 (341 f.), BGHSt. 25, 365 (367), BGH, NStZ 1983, 133 (134), BGH bei *Pfeiffer/Miebach*, NStZ 1988, 19 (Nr. 11), BGH, NStZ 2002, 48, BGH, NStZ-RR 2004, 238 (239) und BGH, StV 2007, 284 (285).

[380] Vgl. nur BGHSt. 47, 148 (157), wenngleich zum Gefährdungsschaden.

[381] Vgl. nur BGHSt. 39, 180 f., BGH, NStZ-RR 2001, 369, BGH, NStZ 2003, 603 (604), BGH, NStZ-RR 2007, 43 (44) und BGH, NStZ-RR 2007, 45. Ausführlich zu dieser Problematik unten Zweiter Hauptteil, Viertes Kapitel, F, II, 1, a).

scharfen Waffe auf den menschlichen Körper, bei dem wegen der außergewöhnlichen Lebensgefahr eine weitergehende Gesamtwürdigung sogar überflüssig sein soll[382]. Der Fahrlässigkeitsvorwurf knüpft sich an objektive, in Normen verankerte Sorgfaltsmaßstäbe an (was die objektive Sorgfaltspflichtverletzung bedingt[383]), deren Kenntnis und generelle Fähigkeiten zur Einhaltung vom Täter in der Regel verlangt werden kann, so dass sich die tatrichterliche Amtsermittlung zumeist darauf konzentrieren kann, den konkreten Fall auf Anzeichen für abstrakt in bestimmten Konstellationen durch frühere Fälle bekannte Ausnahmeumstände zu untersuchen. Das Ergebnis ähnelt so besonders im Bereich der Fahrlässigkeitsfeststellung häufig sehr einem Anscheinsbeweis, wie die Ausführungen des Bundesgerichtshofs in einem Urteil vom 23. Februar 1966 über den fahrlässigen Anschluss von Gas an ein „totes“ Rohr mit der Folge einer Hausexplosion zeigen:

> Vernachlässigt der Täter eine auf „in Jahrzehnten gewonnene Erfahrungen und Überlegungen“ beruhende „Vorschrift, statt die aus ihr sprechende allgemeine Warnung zu beherzigen und sich an die gebotenen Vorkehrungen zu halten, so kann aus dem Bestehen der Vorschrift in Verbindung mit der Kenntnis oder Erkennbarkeit ihrer allgemeinen Bedeutung u.U. selbst dann schon ein zuverlässiger Schluss auf die Voraussehbarkeit des schädlichen Erfolges gezogen werden, wenn die dem Täter unmittelbar bekannten Tatsachen für sich genommen nach seiner Vorstellung eine Gefahr als ausgeschlossen erscheinen lassen und die Beachtung der sichernden Vorschrift deshalb im gegebenen Fall geradezu als übertriebene, an Pedanterie grenzende Sorgfalt eingeschätzt werden könnte. Ein solch strenger Maßstab wird jedenfalls dort angebracht sein, wo es sich wie Explosivstoffen, leicht entzündlichen Gasen und spaltbarem Material um Gefahrenquellen handelt, bei denen zur Verhütung schwerster Schäden Sicherungsvorkehrungen gelten müssen, die nicht nur auf den mit einer gewissen Wahrscheinlichkeit zu erwartenden Eintritt von Schadenswirkungen berechnet sind, sondern gerade mit Rücksicht auf die möglichen besonders schwerwiegenden Folgen auch der Ausschaltung von Zufällen dienen sollen“[384].

4. Alternative Lösungswege

Sind jedoch möglicherweise bislang noch wissenschaftlich nicht erforschte Kausalverläufe abgelaufen, wie vor allem in Fällen der Schädigung durch die Verwendung neuer Produkte, hat der Täter in atypischen Geschehensabläufen möglicherweise vorsätzlich, fahrlässig oder gar schuldlos gehandelt oder fehlen für eine umfassende Gesamtwürdigung in bestimmten Situationen hinreichende konkrete Umstände zur

---

382 BGH, Beschl. v. 7. 2. 2008 – 5 StR 453/07, juris.

383 So etwa Thüringer OLG, VRS 107 (2004), 200 (202): Bei einem Rotlichtverstoß von mehr als drei Sekunden Rotlicht seien zwar die Schätzungen der beobachtenden Polizeibeamten nicht verlässlich, aber auch entbehrlich, „weil von einer innerorts allgemein geltenden Höchstgeschwindigkeit von höchstens 50 km/h ausgegangen werden kann bzw. davon, dass es sich insoweit um eine innerorts übliche und damit allgemeinkundige Gelbphase von 3 s handelte [...] und der Betr. bei dieser Sachlage bei zulässiger Geschwindigkeit und mittlerer Bremsverzögerung in jedem Fall in der Lage gewesen wäre, dem von dem Gelblicht ausgehenden Haltegebot zu folgen“.

384 BGH, GA 1966, 374 (375); ähnlich BGHSt. 12, 75 (77f.) und BGH, VRS 24 (1963), 207 (212).

Beurteilung des Vorsatzes oder (aus Kostengründen in Massenverfahren) für bestimmte Fähigkeiten zum Tatzeitpunkt wie der Verkehrstüchtigkeit, so haben Rechtsprechung und Gesetzgeber[385] (wenn auch mit bescheidenem Erfolg) für strafwürdige Konstellationen andere dogmatische Lösungswege zu entwickeln versucht, um auch ohne eine Übertragung der Anscheinsbeweis-Grundsätze auf den Strafprozess zu einer Tatsachenfeststellung gelangen zu können:

a) Umgestaltung des materiellen Rechts durch den Gesetzgeber

Ein erster setzt bei der Erkenntnis an, dass materielles Strafrecht und Strafprozessrecht als Teilbereiche ein- und derselben Gesamtmaterie[386] in enger Symbiose miteinander verschlungen sind[387] und einander beeinflussen: So darf das materielle Recht nicht derart konzipiert sein, dass seine Durchsetzbarkeit wegen zu hoher Tatsachenanforderungen an seiner faktischen Nichtbeweisbarkeit im Prozess scheitert, umgekehrt aber auch das prozessuale Recht nicht, dass es die Durchsetzbarkeit des materiellen Rechts trotz an sich faktischer Beweisbarkeit durch zu hohe prozessuale Hürden verhindert.[388] Deshalb geht vom materiellen Recht immer wieder der Druck aus, die Anforderungen an den Beweis im Prozessrecht zu erleichtern, und vom Prozessrecht, die zu beweisenden materiellen Anforderungen herabzusetzen.[389] Letzteres besteht auch und gerade für jene Fälle, die nach der Rechtsprechung nicht über einen strafprozessualen Anscheinsbeweis aufzulösen seien.

aa) Gesetzliche Verdachtsstrafen im materiellen Gewand

Eine derartige Beweiserleichterung durch Herabsetzung der zu beweisenden Umstände ließe sich zunächst dadurch realisieren, dass der Gesetzgeber bereits für das Vorliegen einer hohen Wahrscheinlichkeit einer Gefahrverursachung oder gar einer Rechtsgutsverletzung (also eines bloßen Verdachts) ein bereits mit den Mitteln des Strafrechts schützenswertes neues Rechtsgut benennt und so die prozessualen Beweisnöte im Bereich der Kausalität oder des Vorsatzes durch einen umfassenden materiell-rechtlichen Vorfeldschutz abfängt[390]. Prozessual müssten die verbliebenen Tatbestandsvoraussetzungen zwar anders als noch bei der „poena extraordinaria“ zur vollen Überzeugung des Gerichts (§ 261 StPO) bewiesen werden, faktisch wird aber ein bloßer Verdacht bestraft. Das Ergebnis wären legale Verdachtsstrafen im materiellen Gewande[391]:

---

[385] Zu den Ansichten des Schrifttums siehe unten Erster Hauptteil, Zweites Kapitel, B.

[386] Vgl. hierzu nur *Volk*, Prozessvoraussetzungen, S. 9ff. und *Vest*, ZStW 103 (1991), 584.

[387] Vgl. hierzu nur *Geppert*, GedS Schlüchter, S. 43ff., *Karl Peters*, Strafprozeß, S. 7, *Freund*, GA 1995, 12, *Hillenkamp*, FS Wassermann, S. 861, *Lüderssen*, ZStW 85 (1973), 314f., *Arzt*, Probleme, S. 77ff., *Frisch*, FS Stree/Wessels, S. 101 und *Heine*, JZ 1995, 652.

[388] So ausdrücklich bereits *Hillenkamp*, FS Wassermann, S. 861.

[389] So grundlegend *Arzt*, Probleme, S. 78; zustimmend *Hillenkamp*, FS Wassermann, S. 861; aA *Dreher*, MDR 1970, 370: „Die Rücksicht auf Beweissituationen ist dem materiellen Recht grundsätzlich fremd und muß ihm fremd sein.“

[390] Vgl. hierzu bereits *Volk*, Wahrheit, S. 29f.

[391] Diese Begrifflichkeit findet sich bereits bei *Hillenkamp*, FS Wassermann, S. 863.

(1) § 248b StGB

Als ab den 1920er Jahren etwa die Zahl der Entwendungen von Kraftfahrzeugen (im Jahre 1932 bereits 200 pro Jahr[392]!) und die hiermit verursachten Verkehrsunfällen stark zunahmen, der für eine Bestrafung wegen Diebstahls erforderliche Nachweis der innersubjektiven Zueignungsabsicht aber häufig misslang[393], wurde mit § 1 der „Verordnung des Reichspräsidenten gegen unbefugten Gebrauch von Kraftfahrzeugen und Fahrrädern" vom 20. Oktober 1932 (der wortlautidentisch mit dem Dritten Strafrechtsänderungsgesetz vom 4. August 1953 als § 248b in das Strafgesetzbuch integriert wurde) bereits derjenige bestraft, der „ein Kraftfahrzeug oder ein Fahrrad gegen den Willen des Berechtigten in Gebrauch" nahm. Auf der subjektiven Tatbestandsseite genügt hierbei und genügt noch immer der bedingte Vorsatz des Gebrauchens des Fahrzeugs als Fortbewegungsmittel sowie dass der Berechtigte (gemeint: der Gebrauchsberechtigte, in der Regel der Eigentümer oder Halter) hiermit nicht einverstanden ist. Die Absicht, sich das Fahrzeug auch zuzueignen und nicht nach dem Gebrauchen wieder dem Eigentümer zuzuführen – worauf sich zumeist unwiderleglich Täter berufen, die während der Fahrt bereits von der Polizei gestellt werden –, braucht für eine Strafbarkeit seither gerade nicht mehr bewiesen zu werden.

(2) Eignungsdelikte im Umweltstrafrecht

Der Problematik schwieriger wissenschaftlicher Kausalitätsnachweise bei der Schädigung der Umwelt ist der Gesetzgeber teilweise mit bloßen Eignungsdelikten begegnet, indem er es beispielsweise bei der Luftverunreinigung (§ 325 Abs. 1 StGB) ausreichen lässt, wenn jemand „unter Verletzung verwaltungsrechtlicher Pflichten Veränderungen der Luft" verursacht, „die geeignet sind, außerhalb des zur Anlage gehörenden Bereichs die Gesundheit eines anderen, Tiere, Pflanzen oder andere Sachen von bedeutendem Wert zu schädigen", oder beim Verursachen von Lärm beim Betrieb einer Anlage nach § 325a Abs. 1 StGB, wenn der Lärm „geeignet ist, außerhalb des zur Anlage gehörenden Bereichs die Gesundheit eines anderen zu schädigen". Eine tatsächlich durch den Täter kausal verursachte Schädigung braucht also nicht bewiesen zu werden.

(3) Unechte objektive Bedingungen der Strafbarkeit

In einigen Delikten hat der Gesetzgeber Unrecht und Schuld tatbestandlich nur zu weit erfassen können, so dass der Bereich des Strafwürdigen[394] erst eingeengt wird durch das rein objektive Hinzutreten weiterer Umstände, auf die sich der Vorsatz nicht zu erstrecken braucht – diese sind objektive Bedingungen der Strafbarkeit[395]. So werden Straftaten gegen ausländische Staaten (§§ 102ff. StGB) nach § 104a

---

392 *Otto Wagner*, JR 1932, 253.

393 Vgl. zum Gesetzeszweck BGHSt. 11, 47 (49) und *Otto Wagner*, JR 1932, 253.

394 Vgl. hierzu *Dreher*, JZ 1953, 426.

395 Vgl. hierzu nur *Jescheck/Weigend*, AT, S. 555ff., *Roxin*, AT I, § 23 Rn. 1ff., *Wessels/Beulke*, AT, Rn. 148ff. und *Friedrich-Wilhelm Krause*, Jura 1980, 449ff.

StGB nur verfolgt, wenn die doppelte objektive Bedingung der Strafbarkeit[396] gegeben ist, dass die Bundesrepublik Deutschland zu dem anderen Staat diplomatische Beziehungen unterhält und ein gegenseitiger politisch-völkerrechtlicher Kontakt verbürgt ist – eine Strafe wäre ansonsten mangels von der Bundesrepublik Deutschland verbürgten Rechtsschutzes dem Opfer gegenüber sinnlos. Hierneben hat der Gesetzgeber die Möglichkeit rein objektiver Strafbarkeitsbedingungen teilweise auch genutzt, um Beweisschwierigkeiten im Bereich des Vorsatzes oder auch der Kausalität zu überbrücken: Kommt es im Rahmen einer Schlägerei zum Tod eines Menschen oder einer schweren Körperverletzung, so lässt sich später nur schwer beweisen, welcher Teilnehmer wie kausal diesen Erfolg herbeigeführt und ob er angesichts des konkreten Verlaufs der Schlägerei den Todes- oder Verletzungserfolg in seinen Vorsatz mit aufgenommen hat. Um diesen Nachweis zu umgehen, hat der Gesetzgeber es mit dem abstrakten Gefährdungsdelikt[397] des § 231 StGB als Nachfolgevorschrift zum alten Raufhandel bereits die Beteiligung an der Schlägerei unter Strafe gestellt, solange es rein objektiv zum Tod eines Menschen oder einer schweren Körperverletzung gekommen ist, die auf die Schlägerei zurückzuführen ist[398]. Kausalität und Vorsatz sind dem Tatbestand entzogen und in verkappter Form derart mit dem Charakter eines „Risikomerkmals“[399] als objektive Bedingung der Strafbarkeit ausgestaltet, dass derjenige bestraft wird, der das für jedermann erkennbare Risiko des Eintritts der schweren Folge auf sich nimmt und sich an der Schlägerei überhaupt beteiligt[400]. Ähnlich begründet derjenige, der sich in einen die Schuldfähigkeit ausschließenden Rausch versetzt, die Gefahr, in diesem Zustand Straftaten zu begehen, so dass sich der teils schwer nachweisbare Vorsatz auf die objektive Bedingung der Strafbarkeit des Erfolgens einer konkreten Rauschtat (sondern lediglich darauf, „irgendwelche Ausschreitungen strafbarer Art“ zu begehen)[401] beim abstrakten Gefährdungsdelikt[402] des § 323a StGB (Vollrausch) gerade nicht zu beziehen braucht. Oder wer eine ehrenrührige Tatsache behauptet, muss bei der Ausgestaltung der üblen Nachrede (§ 186 StGB) als abstraktem Gefährdungsdelikt[403] unabhängig von einem schwer nachweisbaren Vorsatz bezüglich der objektiven Bedin-

---

396 Entgegen dem missverständlichen Wortlaut des § 104a StGB, der eine bloße Prozessvoraussetzung nahe legt, werden hierin nach überwiegender Ansicht objektive Bedingungen der Strafbarkeit erblickt: *Jescheck/Weigend*, AT, S. 556, Sch/Schr/*Eser*, § 104a Rn. 2, *Lackner/Kühl*, § 104a Rn. 1 und *Fischer*, § 104a Rn. 1; aA MüKo-StGB/*Kreß*, § 104a Rn. 6 und *Geisler*, Vereinbarkeit, S. 558.

397 BGHSt. 33, 100 (103).

398 Vgl. BGH, NJW 1984, 621f. mit Anm. *Geppert*, JK, § 226 a.F./2.

399 *Wessels/Beulke*, AT, Rn. 149.

400 Vgl. *Wessels/Beulke*, AT, Rn. 149, *Geisler*, GA 2000, 176ff. und *Zopfs*, Jura 1999, 177ff.; aA *Roxin*, AT I, § 23 Rn. 12, der zusätzlich eine Vorhersehbarkeit des Todes- oder Verletzungserfolgs verlangt.

401 Während BGHSt. 1, 124ff. und BGHSt. 2, 14 (18) früher noch auf subjektive Beziehungen des Täters zur Rauschtat verzichtet hat, hat der Grosse Strafsenat mit BGHSt. 10, 247ff. aus Gründen des Schuldprinzips die oben dargelegte Einschränkung vorgenommen; vgl. hierzu *Geppert*, Jura 2009, 43.

402 BGHSt. 16, 124ff.

403 Vgl. nur *Fischer*, § 186 Rn. 1.

gung[404] der Nichterweislich der Wahrheit dafür einstehen, dass sich die Wahrheit im Prozess durch das Gericht von Amts wegen (§ 244 Abs. 2 StPO)[405] nicht beweisen lässt[406].

(4) Vorfelddelikte im Wirtschaftsstrafrecht

Im Bereich des Wirtschaftsstrafrechts zählt es zu den größten Herausforderungen, der Beweisschwierigkeiten aufgrund des inzwischen weitgehend anonymisierten und überindividuell organisierten komplizierten Wirtschaftsgeflechts[407] Herr zu werden. Bei Täuschungen im Rahmen von Kapitalanlagen, Unternehmenskrediten oder Subventionsverfahren etwa wird der einfache Betrugstatbestand (§ 263 Abs. 1 StGB) häufig an Beweisschwierigkeiten[408] des Kausalzusammenhangs zwischen Täuschung und Irrtum sowie des Vorsatzes des Täters auf die Verursachung eines Vermögensschadens sowie auf die Rechtswidrigkeit des beabsichtigten Vermögensvorteils (spricht: das Bewusstsein des Täters bei einer jedenfalls laienhaften Bewertung, dass er einen Anspruch auf den Vermögensvorteil für nicht gegeben oder zumindest für zweifelhaft hielt[409]) scheitern[410]. Der Gesetzgeber ist diesen Beweisnöten der Gerichte im Umgang mit entsprechenden Ausflüchten und Entschuldigungen der Täter, die durchaus mit bloßen Schlüssen mit statistischen Erfahrungssätzen vom Verstoß gegen bestimmte Subventions- oder Börsenbestimmungen auf einen Betrugsvorsatz geschlossen werden könnten, mit abstrakten Gefährdungsdelikten[411]

---

[404] Vgl. nur BGHSt. 11, 273 (274ff.), BayObLG, NJW 1965, 58 (59), OLG Hamm, NJW 1987, 1034 (1035), *Geppert*, Jura 1983, 583, *Lackner/Kühl*, § 186 Rn. 7 und *Fischer*, § 186 Rn. 13; aA KMR/*Paulus*, § 244 Rn. 286.

[405] Daher liegt keine Umkehrung der Beweislast vor: so ausdrücklich *Eberhard Schmidt*, LK I, Rn. 371 Fn. 76.

[406] Dass die Nichterweislichkeit der Wahrheit zu Lasten des Angeklagten geht, erfolgt aus dem Charakter des Tatbestandes als Risikodelikt und stellt keine die Unschuldsvermutung oder den Grundsatz in dubio pro reo verletzende Schuldvermutung dar: ebenso *Roxin*, Strafverfahrensrecht (25. Aufl., München 1998), § 15 Rn. 37, *Eberhard Schmidt*, LK I, Rn. 371 Fn. 76 und KMR/*Paulus*, § 244 Rn. 286; kritisch dagegen *Wessels/Hettinger*, BT I, Rn. 501 und *Tonio Walter*, JZ 2006, 346 („Beweislastumkehr").

[407] Vgl. hierzu *Tiedemann*, 49. DJT I, S. C 51ff. und *ders.*, ZStW 87 (1975), 275f.

[408] Vgl. umfassend zu Beweisproblemen bei Wirtschaftsdelikten *Madeleine Detzner*, Rückkehr, S. 39ff.

[409] Vgl. BGHSt. 48, 322 (328f.). Meint der Täter dagegen irrig, ihm stünde ein Anspruch zu, führt dies zu einem Tatbestandsirrtum nach § 16 Abs. 1 StGB, der einen Vorsatzausschluss und damit eine fehlende Strafbarkeit nach § 263 Abs. 1 StGB bedeutet: vgl. etwa BGHSt. 4, 105 (106f.) und BGHSt. 42, 268 (272f.) sowie zum Parallelproblem bei § 253 StGB: BGHSt. 48, 322 (328f.) und BGH, NStZ 2008, 626.

[410] Vgl. *Tiedemann*, ZStW 87 (1975), 276, *Weigend*, FS Triffterer, S. 711f., *Hillenkamp*, FS Wassermann, S. 869, *Müller-Emmert/Maier*, NJW 1976, 1661 sowie *Berz*, BB 1976, 1438.

[411] Vgl. zur Rechtsnatur des § 264 StGB als abstrakten Gefährdungsdelikt nur Sch/Schr/*Perron*, § 264 Rn. 5 und *Fischer*, § 264 Rn. 4 (aA LK/*Tiedemann* [11. Aufl., Berlin 2005], § 264 Rn. 17), zur Rechtsnatur des § 264a StGB als abstrakten Gefährdungsdelikt etwa *Achenbach*, NJW 1986, 1839, *Lackner/Kühl*, § 264a Rn. 2 und Sch/Schr/*Cramer/Perron*, § 264a Rn. 1 sowie zur

begegnet[412], die zugunsten eines umfassenden Vermögensschutzes im Vorfeld des § 263 StGB bereits die vorsätzliche Täuschungshandlung selbst (als jeweils zu selbstständigem Tatbestand erhobenem Versuchsdelikt[413]) unter Strafe stellen: So wird seit dem Ersten Gesetz zur Bekämpfung der Wirtschaftskriminalität vom 29. Juli 1976[414] nach § 264 Abs. 1 Nr. 1 StGB bereits bestraft, wer vorsätzlich „einer für die Bewilligung einer Subvention [Legaldefinition in Absatz 7] zuständigen Behörde [...] über subventionserhebliche Tatsachen [Legaldefinition in Absatz 8] für sich oder einen anderen unrichtige oder unvollständige Angaben macht, die für ihn oder den anderen vorteilhaft sind". Gleiches gilt nach dem zugleich geschaffenen § 265b Abs. 1 Nr. 1 StGB etwa für das vorsätzliche Vorlegen unrichtiger oder unvollständiger Unterlagen im Zusammenhang mit einem Kreditantrag, „die für den Kreditnehmer vorteilhaft und für die Entscheidung über einen solchen Antrag erheblich sind". Nach dem mit dem Zweiten Gesetz zur Bekämpfung der Wirtschaftskriminalität vom 15. Mai 1986[415] eingeführten § 264a Abs. 1 Nr. 1 StGB wird etwa derjenige bestraft, der im Zusammenhang mit dem Vertrieb von Wertpapieren in Prospekten vorsätzlich „hinsichtlich der für die Entscheidung über den Erwerb [...] gegenüber einem größeren Kreis an Personen unrichtige vorteilhafte Angaben macht". Jeweils wird der Tatbestand also bereits durch die Tätigung falscher Angaben vollendet[416], auf einen hierauf beruhenden Irrtum des Opfers kommt es ebenso wenig an wie auf die weiteren, teils schwer nachzuweisenden Tatbestandsmerkmale des Betruges. Darüber hinaus genügt beim Subventionsbetrug nach § 264 Abs. 4 StGB als „wirksamste Waffe im Kampf gegen die Subventionskriminalität"[417] gar Leichtfertigkeit (sprich: grobe Fahrlässigkeit), wodurch wie bei der Geldwäsche (§ 261 Abs. 5 StGB) mit dem Grundsatz gebrochen wurde, die Fahrlässigkeit im Bereich der Vermögensdelikte im Interesse eines freien Wirtschaftsverkehrs nicht mit krimineller Strafe zu bedrohen[418]. Zur Umgehung der Beweisschwierigkeiten beim Vorsatz über die Unrichtigkeit der gemachten Angaben wird so die Strafbarkeit in einer kaum noch zu überblickenden Weise ausgedehnt etwa auf denjenigen, der sich über die Vollständigkeit der eingereichten Unterlagen keine Gedanken gemacht hat oder der die von einem unerprobten Mitarbeiter erstellten Unterlagen ungeprüft übernimmt[419].

Rechtsnatur des § 265b StGB als abstrakten Gefährdungsdelikt nur BayObLG, NJW 1990, 1677 (1678) und *Fischer*, § 265b Rn. 2 (aA LK/*Tiedemann* [11. Aufl., Berlin 2005], § 265b Rn. 12.

412 Vgl. hierzu umfassend *Madeleine Detzner*, Rückkehr, S. 242 ff.

413 BGH, wistra 2001, 57 (58) und *Fischer*, § 264 Rn. 4, § 264a Rn. 3 sowie § 265b Rn. 2.

414 BGBl. 1976 I, S. 2034.

415 BGBl. 1986 I, S. 721 (722).

416 Vgl. etwa BGHSt. 30, 291 und BayObLG, NJW 1990, 1677 (1678).

417 *Hillenkamp*, FS Wassermann, S. 869.

418 *Fischer*, § 264 Rn. 36.

419 Vgl. OLG Hamburg, NStZ 1984, 218 (219) und *Fischer*, § 264 Rn. 37.

(5) Fazit

Letzteres verdeutlicht zugleich, dass die in der Gesetzgebung zu verzeichnende „beständige Reduzierung der Strafbarkeitsvoraussetzungen“[420] durch Eignungsdelikte und abstrakte Gefährdungsdelikte als Teil eines sich langsam entwickelnden präventiv dominierten Steuerungsmodell[421] Gefahr läuft, als bloß „symbolisches Strafrecht“[422] auch nicht strafwürdiges Verhalten weitgehend zu inkriminieren, so dass der Strafprozess seine kriminalpolitische Funktion der Herstellung von Einzelfallgerechtigkeit kaum mehr zu erfüllen vermag, „sondern nur noch die Überperfektion von Strafbestimmungen dokumentieren kann“[423]. Dem Gesetzgeber kann nur angeraten werden, vergleichbaren Beweisschwierigkeiten in anderen Strafrechtsgebieten wie den Tötungsdelikten (Nachweis des Vorsatzes), bei der Hehlerei (Vorsatznachweis) oder beim Vollrauschtatbestand (Vorsatznachweis) nicht durch eine flächendeckende Ausbreitung der Vorfelddelikte zu begegnen.

bb) Tatsächliche Vermutungen

Statt einer generellen Vorverlagerung der Strafbarkeit kann sich der Gesetzgeber auch der „subjektiven Bedingtheit gerade des Indizienbeweises“ bewusst sein und sich daher „veranlasst sehen, dem Richter bei der Führung des Indizienbeweises eine gewisse Hilfestellung durch gesetzliche Normen zu leisten, indem er hier Wegweiser für die Auswahl der die Verwirklichung des Tatbestandes indizierenden Tatsachen errichtet und Belehrungen für die daraus zu ziehende Conclusio erteilt“[424] oder gar – wenn er „die Zügel der Beweisführung [...] fester in die Hand nehmen“ möchte[425] – statt den allgemeinen Grundsätzen des zivilprozessualen Anscheinsbeweises jedenfalls für einzelne schwer beweisbare Teilprobleme wieder Präsumtionen installieren, seien es praesumtiones iuris (also mit der Möglichkeit des Gegenbeweises) oder praesumtiones iuris et de iure (ohne Möglichkeit des Gegenbeweises)[426]. Diese vom Gesetzgeber im materiellen Recht des im Haupt- wie im Nebenstrafrecht[427] verankerten generalisierten tatsächlichen Vermutungen ver-

---

420 *Heine*, JZ 1995, 652.

421 *Albrecht*, KritV 1988, 182ff. spricht von „Entwicklungstendenzen des materiellen Strafrechts“ vom liberalen Rechtsstaat mit seiner repressiven Strafrechtssteuerung zu einem sozialen Interventionsstaat mit einem strafrechtlichen „präventiv-gestaltenden Steuerungsmodell“.

422 So die Bezeichnung von *Hassemer*, NStZ 1989, 553.

423 *Volk*, Wahrheit, S. 29.

424 *Henkel*, FS Eberhard Schmidt, S. 580.

425 *Henkel*, FS Eberhard Schmidt, S. 580.

426 Siehe zu den Begrifflichkeiten bereits oben Erster Hauptteil, Erstes Kapitel, A, III.

427 So lauteten etwa §§ 8 und 9 des Gesetzes gegen den verbrecherischen und gemeingefährlichen Gebrauch von Sprengstoffen v. 9. Juni 1884 (RGBl. 1884, S. 61 [62f.]): § 8. Wer Sprengstoffe herstellt, anschafft, bestellt, wissentlich in seinem Besitz hat oder andere Personen überlässt unter Umständen, welche nicht erweisen, daß dies zu einem erlaubten Zweck geschieht, wird [...] bestraft. [...] § 9. (1) Wer [...] oder wer im Besitz derartiger Stoffe betroffen wird, ohne polizeiliche Erlaubnis hierzu nachweisen zu können, ist [...] zu bestrafen. Vgl. zu diesen Vermutungen ausführlich RGSt. 56, 222ff. § 8 dieses Gesetzes wurde bereits mit Art. 2 des Siebenten Strafrechtsänderungsgesetzes vom 1. Juni 1964 aufgehoben (BGBl. 1964 I, S. 337 [338]), § 9

pflichten den Tatrichter dann prozessual[428] kraft dem „Befehl des Gesetzes“[429], beim Beweis bestimmter gesetzlich fixierter Umstände in Ausnahme des Grundsatzes freier Beweiswürdigung[430] zwingend (wegen gesetzlicher Anordnung der Beweiskraft dieser festgestellten Tatsachen[431]) einen Schluss auf die indizierte Haupttatsache zu ziehen (sofern eine „Entkräftung durch einen Gegenbeweis“ nicht zugelassen oder erfolgreich ist[432]), selbst wenn er hierbei persönlich konkrete Zweifel hegt.[433] Das Ergebnis ist ein „von der Rechtsgemeinschaft legitimierter Machtspruch und nicht Wahrspruch“[434]. Erlaubt das Gesetz einen Gegenbeweis, so ist dieser mangels formeller Beweislast des Angeklagten[435] durch den Tatrichter

---

nicht mehr in das „neue“ Gesetz über explosionsgefährdete Stoffe vom 25. August 1969 (BGBl. 1969 I, S. 1358 ff.) aufgenommen. – Eine ähnliche Vermutung fand sich in § 20 Abs. 2 des Gesetzes über die Presse vom 7. Mai 1874 (RGBl. 1874, S. 65 [69]), der lautete: „Ist die Druckschrift eine periodische, so ist der verantwortliche Redakteur als Thäter zu bestrafen, wenn nicht durch besondere Umstände die Annahme seiner Thäterschaft ausgeschlossen wird.“ Vgl. hierzu RGSt. 65, 338 ff. Seit BVerfGE 7, 29 ff. gilt, dass dieses Pressegesetz nicht als Bundesrecht fortgilt. Eine entsprechende Vermutung findet sich etwa in Art. 11 Abs. 2 des Bayerischen Pressegesetzes (GVBl. 2000, S. 340 [342]): „Zu Lasten des verantwortlichen Redakteurs eines periodischen Druckwerks wird vermutet, dass er den Inhalt eines unter seiner Verantwortung erschienenen Textes gekannt und den Abdruck gebilligt hat.“ Eine Vermutung für fahrlässiges Verhalten findet sich dann gar in Art. 11 Abs. 3 S. 1 des Bayerischen Pressegesetzes: „Wer als verantwortlicher Redakteur, Verleger, Drucker oder Verbreiter am Erscheinen eines Druckwerks strafbaren Inhalts mitgewirkt hat, wird, wenn er nicht schon nach Absatz 1 [also ‚nach den allgemeinen Strafgesetzen‘] als Täter oder Teilnehmer zu bestrafen ist, wegen fahrlässiger Veröffentlichung mit [...] bestraft, sofern er nicht die pflichtgemäße Sorgfalt angewandt hat.“ Es wird nach diesem Absatz 3 also „vermutet, dass die mangelnde Sorgfalt des Redakteurs zur Veröffentlichung des Druckwerks geführt hat“ (*Joachim Bock*, Begriff, S. 126). Nach BayVerfG, NJW 1983, 1600 ist diese Norm „verfassungskonform dahin auszulegen, dass eine Bestrafung wegen fahrlässiger Veröffentlichung nur zulässig ist, wenn das Gericht von der Schuld des Täters überzeugt ist“.

428 Ebenso *Binding*, Grundriss, § 77 (= S. 115 f.), *Bennecke/Beling*, Reichs-Strafprozessrecht, S. 324, *Henkel*, FS Eberhard Schmidt, S. 585 und *Nothdurft*, Entwicklung, S. 68. Die Gegenansicht von *Kries*, Strafprozeßrecht, S. 10 f., die Vermutungen seien materiell-rechtliche Natur, liefe bei den Vorsatzvermutungen nach heutiger Rechtslage darauf hinaus, der Gesetzgeber wolle mit ihnen auch fahrlässige Begehungsweisen erfassen, obwohl es jeweils an einer ausdrücklichen Fahrlässigkeitsstrafbarkeit iSd § 15 StGB fehlt.

429 *Nothdurft*, Entwicklung, S. 67.

430 So *Binding*, Grundriss, § 76 (= S. 115), *Henkel*, FS Eberhard Schmidt, S. 581, *Geyer*, Strafproceßrecht, S. 707, *Bennecke/Beling*, Reichs-Strafprozessrecht, S. 378, *Friedrich Stein*, Wissen, S. 50 und *Nothdurft*, Entwicklung, S. 69.

431 Vgl. dazu, dass Vermutungen die Beweiskraft von Tatsachen und nicht eines Beweismittels betreffen: *Bockelmann*, NJW 1954, 1748 und *Eberhard Schmidt*, LK II, Vorbem. §§ 244–256 Rn. 15.

432 *Geyer*, Strafproceßrecht, S. 707.

433 Vgl. nur *Henkel*, FS Eberhard Schmidt, S. 581, *Bockelmann*, NJW 1954, 1748 und *Nothdurft*, Entwicklung, S. 69.

434 *Sabine Gleß*, Beweisrechtsgrundsätze, S. 219.

435 Vgl. nur Vgl. OLG Hamburg, MDR 1953, 121, *Eberhard Schmidt*, LK I, Rn. 367 ff., *Karl Peters*, Strafprozeß, S. 305, *Montenbruck*, In dubio pro reo, S. 71 f., KMR/*Paulus*, § 244 Rn. 285, *Hedemann*, Vermutung, S. 187 f. und *Nothdurft*, Entwicklung, S. 68 f.

selbst[436] zu seiner vollen Überzeugung (Beweismaß) zu führen. Wird dieser Gegenbeweis nicht erbracht, so wirkt sich dies als Folge einer „materiellen Beweislast" zuungunsten des Beschuldigten aus („in dubio contra reum")[437], d.h. der Richter hat aufgrund der nicht widerlegten Vermutung den dort ihm vorgeschriebenen Schluss zu ziehen und die Tatsachen entsprechend (zumeist mit der Folge einer Verurteilung) festzustellen. Im Hauptstrafrecht hat es bislang einige tatsächliche Vermutungen gegeben. Diese wurden inzwischen zwar allesamt wieder aufgehoben. Die Auseinandersetzung mit diesen historischen Normen verdeutlicht aber verallgemeinert deren dogmatische Brisanz, die den Gesetzgeber davon abhalten sollte, weitere derartige Normen zu schaffen:

(1) § 259 StGB a.F.

Mit der bis zum 1. 1. 1975 geltenden Fassung des Hehlerei-Tatbestandes hatte der Gesetzgeber versucht, dem Tatrichter eine Hilfestellung zum schwer zu führenden Nachweis des Hehlereivorsatzes zu geben, der damals wie heute das Wissen des Täters mitumfassen muss, dass die erlangte oder abgesetzte Sache aus einer rechtswidrigen Vortat stammt[438] und dem Täter so die nahe liegende Verteidigungsstrategie ermöglicht, trotz objektiver, für eine rechtswidrige Erlangung sprechender Umstände (z.B. Erwerb auf dem Schwarzmarkt, besonders niedriger Preis) subjektiv dennoch (z.B. Annahme einer Ramsch-Ware, besonderes Schnäppchen wegen vermutetem Unverstand des Verkäufers) von einem rechtstreuen Verhalten des Vortäters ausgegangen zu sein. Dem Hehler diese gängigen Irrtumsausrede abzuschneiden[439], fasste der Gesetzgeber § 259 Abs. 1 StGB a.F. „aus praktischen Gründen"[440] ursprünglich wie folgt:

> „§ 259
> (1) Wer seines Vorteils wegen Sachen, von denen er weiß oder den Umständen nach annehmen muss, dass sie mittels einer strafbaren Handlung erlangt sind, verheimlicht, ankauft, zum Pfande nimmt oder sonst an sich bringt oder zu deren Absatze bei anderen mitwirkt, wird als Hehler mit Gefängnis bestraft."

Die vom Gesetzgeber an sich als Wohltat an den Tatrichter gedachten „rätselhaften Worte"[441] „oder den Umständen nach annehmen muss" bereiteten jedoch, wie später selbst der Gesetzgeber einräumen musste, „den unteren Gerichten immer wieder Schwierigkeiten"[442] und haben rückblickend mehr Schaden angerichtet als Nutzen

---

436 Vgl. RGSt. 36, 242 (243).

437 So *Beling*, Reichsstrafprozeßrecht, S. 321, *Bennecke/Beling*, Reichs-Strafprozessrecht, S. 379, *Henkel*, FS Eberhard Schmidt, S. 581 und *Nothdurft*, Entwicklung, S. 68.

438 Vgl. hierzu BGH, NStZ-RR 2000, 106f., OLG Hamm, NStZ-RR 2003, 237f. und LG Karlsruhe, StV 2008, 362ff.

439 So die Formulierung des gesetzgeberischen Zieles durch BGHSt. 2, 146 (147); zustimmend *Binding*, BT 1, S. 302.

440 *Heimann-Trosien*, NJW 1952, 367.

441 *Bockelmann*, NJW 1954, 1745.

442 BT-Ds. IV/650, S. 457, BT-Ds. VI/3250, S. 242 und BT-Ds. 7/550, S. 253.

gestiftet[443]. Hatte das Reichsgericht anfangs dieser Formel nämlich nur den klarstellenden Hinweis des Gesetzgebers entnommen, „dass der Richter ganz nach freiem Ermessen zu beurteilen hat, ob im Hinblicke auf die gesamten vorliegenden Umstände anzunehmen sei, dass der Angeklagte das Bewusstsein von dem strafbaren Erwerbe habt habe“[444], so orientierten sich die Tatgerichte bei der Abfassung ihrer Urteilsgründe in Fällen zweifelhaften bedingten Hehlereivorsatzes an der gesetzlichen Formulierung, um ihre Gesamtwürdigung beim Vorsatznachweis kundzutun. Hierdurch gerieten sie aber wegen der Formulierung „annehmen müssen“ immer wieder in den Verdacht, selbst dann wegen Hehlerei zu bestrafen, wenn der Täter objektiv die kriminelle Herkunft der Sache zwar erkennen konnte, dies aber subjektiv gar nicht tat, also faktisch wegen fahrlässiger Hehlerei zu bestrafen.[445] In diesem Sinne konnte der Gesetzgeber die Formulierung aber ersichtlich nicht gemeint haben, da er ansonsten für die vorsätzliche wie fahrlässige Begehungsweise der Hehlerei unterschiedlich abgestufte Strafrahmen vorgesehen hätte (wie er dies hinsichtlich der fahrlässigen Hehlerei in den Metallverkehrsgesetzen tat[446]) und nicht wie bei § 259 Abs. 1 StGB a. F. einen einheitlichen[447]. Mit seinem Grundsatzurteil vom 22. 12. 1920[448] lehnte das Reichsgericht dann auch ausdrücklich eine nur fahrlässige Begehungsweise des § 259 StGB ab[449] und bestimmte in einer fortan die Rechtsprechung[450] und das überwiegende Schrifttum[451] prägenden Weise die rätselhaften Worte des Gesetzes entsprechend der gesetzgeberischen Intention als „eine Erleich-

---

443 Ebenso die Einschätzung von *Henkel*, FS Eberhard Schmidt, S. 592.

444 RGSt. 25, 221 (222).

445 Im Sinne einer materiell-rechtlichen Fahrlässigkeitsanordnung verstand die Formel lediglich *Liszt/Schmidt*, Lehrbuch, S. 702 f.

446 Zu diesen Formen der fahrlässigen Hehlerei *Welzel*, JR 1953, 187. Heute ist dies in § 148 b GewO (Fahrlässige Hehlerei von Edelmetallen und Edelsteinen) geregelt: „Wer gewerbsmäßig mit den in § 147 a Abs. 1 bezeichneten Gegenständen Handel treibt oder gewerbsmäßig Edelmetalle und edelmetallhaltige Legierungen und Rückstände hiervon schmilzt, probiert oder schneidet oder aus den Gemengen und Verbindungen von Edelmetallabfällen mit Stoffen anderer Art Edelmetalle wiedergewinnt und beim Betrieb eines derartigen Gewerbes einen der in § 147 a Abs. 1 bezeichneten Gegenstände, von dem er fahrlässig nicht erkannt hat, dass ihn ein anderer gestohlen oder sonst durch eine gegen ein fremdes Vermögen gerichtete rechtswidrige Tat erlangt hat, ankauft oder sich oder einem Dritten verschafft, ihn absetzt oder absetzen hilft, um sich oder einen anderen zu bereichern, wird mit Freiheitsstrafe bis zu einem Jahr oder mit Geldstrafe bestraft.“

447 Ebenso sowie mit weiteren Argumenten gegen eine fahrlässige Hehlerei im Rahmen des § 259 StGB *Binding*, BT 1, S. 392 f. und *Bockelmann*, NJW 1954, 1745 mit Fn. 8 und 9.

448 RGSt. 55, 204 ff.

449 RGSt. 55, 204.

450 Vgl. nur RGSt. 56, 160, RGSt. 64, 4 ff., RG, JW 1934, 170 f., RG, DR 1942, 217, BGHSt. 2, 146 ff. (die Wissensvermutung auf den Hehlereigehilfen ausdehnend), BGHSt. 5, 47 (51), BGH, NJW 1953, 552, OLG Braunschweig, NJW 1947, 110 f., OLG Hamburg, JR 1951, 88 f. und AG Hamburg, MDR 1949, 574 f.

451 Vgl. etwa *Kohlrausch/Lange*, StGB, § 259 Anm. VI, *Maurach*, BT, S. 374 („durch den Angeklagten entkräftbare Beweisvermutung (praesumtio juris) für bestehenden Vorsatz“), LK/*Jagusch* (8. Aufl., Berlin 1958), § 259 Anm. 5 b („widerlegbare Beweisregel“) und *Heimann-Trosien*, NJW 1952, 366 f.

terung der Beweisführung“[452] in der Form einer gesetzlichen Beweisregel mit einer Vermutung für das positive Wissen des Täters von der kriminellen Herkunft des Hehlereigutes:

> „Sind Umstände vorhanden, die dem Täter die Überzeugung von der strafbaren Herkunft der Sachen aufdrängen mussten, so erspart das Gesetz dem Richter den mitunter schwierigen Schluss von diesen äußeren Umständen auf das Wissen des Täters und bestimmt, dass es alsdann vermöge gesetzlicher Beweisregel so angesehen werden solle, als ob dem Täter diese Überzeugung tatsächlich nachgewiesen sei. Wer annehmen musste, von dem wird kraft Gesetzes vermutet, dass er auch angenommen hat. Ein in Beziehung auf den Vorsatz unvollständiges Beweisergebnis wird also durch eine gesetzliche Beweisregel bis zur vollen Schuld ergänzt. Schon hieraus ergibt sich, dass diese Bestimmung, wennschon sie den Vorsatz betrifft, doch mit den Erfordernissen des bedingten Vorsatzes nichts zu tun, sondern auf ganz anderer Grundlage eine Vermutung für das [‚positive‘[453]] ‚Wissen‘ des Täters schlechthin schafft.“[454]

Diese sollte eingreifen, wenn der Richter von dem Vorhandensein des „gesetzlichen Merkmals“ äußerlicher „Umstände“ und „darüber, dass diese geeignet waren, dem Täter die Überzeugung von dem strafbaren Erwerbe aufzunötigen“, überzeugt gewesen sei und entsprechende Feststellungen in den Urteilsgründen getroffen habe[455], wobei eigene Handlungen des Täters [456] wie auch Umstände nach der Tat[457] nicht hierunter fielen. Genauso wenig sollte es für das Eingreifen der gesetzlich verankerten tatsächlichen „Vermutung“ ausreichen, dass eine Sache von einer Besatzungszone in die andere geschafft wurde[458], dass eine Sache auf dem Schwarzmarkt (auch auf offener Straße) verkauft wurde, da dort „auch solche Gegenstände zu Überpreisen verkauft werden, die nicht gestohlen, veruntreut oder sonstwie durch strafbaren Eingriff in fremdes Vermögen erworben sind“[459], oder dass sich in einem gestohlenen teuren Buch ein wenig sichtbarer Stempel der Stadtbibliothek als Eigentümerin befand[460].

Dieser kurze Rechtsprechungsüberblick verdeutlicht, dass dem Tatrichter ein weites Ermessen zukam, was er als (für die Erfüllung der objektiven Vermutungsanforderungen) ausreichende äußere Umstände bewertete, so dass der Gesetzgeber anders als bei üblichen gesetzlichen Vermutungen die Ausgangsprämisse, von der aus der Schluss gezogen werden soll, selbst gar nicht angab.[461] Dies führte dazu, dass einige Teile des Schrifttums sich wieder zurückbesannen auf einen bloßen

---

452 So ausdrücklich dann der Bundesgerichtshof: BGHSt. 2, 146 (147).
453 BGHSt. 2, 146 (148).
454 RGSt. 55, 204 (206); für einen bloßen Anwendungsfall des § 261 StPO dagegen KMR/*Paulus*, § 244 Rn. 283.
455 RGSt. 7, 85 (86), RGSt. 55, 204 (206f.) und RGSt. 64, 4 (5).
456 RGSt. 55, 204 (206), RGSt. 64, 4 (5) und BGH, NJW 1953, 552.
457 Hierzu RGSt. 55, 204 (206f.) und RGSt. 64, 4 (5).
458 *Kohlrausch/Lange*, StGB, § 259 Anm. VI.
459 OLG Braunschweig, NJW 1947, 110 (111).
460 AG Hamburg, MDR 1949, 574 (575) mit abl. Anm. *Figge*, MDR 1949, 575.
461 So das Argument gegen eine Vorsatzvermutung von *Bockelmann*, NJW 1954, 1748 und *Henkel*, FS Eberhard Schmidt, S. 591.

„gesetzlichen Hinweis und eine Anleitung […] für einen besonderen Weg des Indizienbeweises mit freier richterlicher Beweiswürdigung“[462] und andere Teile (*Maurach*[463], *Bockelmann*[464], *Eberhard Schmidt*[465] und *Welzel*[466]) weitergehend die Formel gar als einen ausnahmsweise gesetzlich angeordneten Fall eines zulässigen Anscheinsbeweises im Strafprozess interpretierten:

> „Zu solchem Beweis des ersten Anscheins ist im Strafprozess nur selten Gelegenheit. Denn ungeachtet der Gleichförmigkeit vieler Taten, etwa der zahllosen Diebstähle, ist doch der Einzelfall zumeist so sehr ein besonderer, dass, was den einen Täter überführt, nicht auch den anderen zu überführen braucht. Bei der Hehlerei aber wird, wenn der Angeklagte, trotz nachgewiesener Kenntnis verdächtigster Umstände, seine Unwissenheit behauptet, eine stereotype Ausflucht gebraucht, auf die das Gericht deshalb auch eine stereotype Antwort geben mag: ‚Das kennen wir!‘“[467]

Sprich: „Die nachgewiesenen Begleitumstände der Tat (Heimlichkeit, Hehlerpreis) widerlegen [wegen der dahinter stehenden statistischen Erfahrungssätzen mit hoher Wahrscheinlichkeit] die Ausrede des Täters.“[468]

Mit dem Entwurf eines Strafgesetzbuchs (StGB) von 1962[469] und schließlich der Neufassung des § 259 StGB zum 1. 1. 1975 durch Art. 19 Nr. 132 des Einführungsgesetzes zum Strafgesetzbuch[470] verzichtete der Gesetzgeber bewusst auf diese Vorsatzvermutung zugunsten der heute geltenden Fassung, weil die Beweisregel dem Grundsatz widerspreche, dass dem Täter die Schuld voll nachgewiesen werden müsse. Zudem bedürfe es der Beweisregel kriminalpolitisch nicht, weil vielfach bedingter Vorsatz nachgewiesen werden könne.[471]

(2) § 245 a StGB a. F.

Da nach der polizeilichen Fahndungstätigkeit bei Einbrechern nach Verbüßung längerer Freiheitsstrafen Einbruchswerkzeuge gefunden wurden oder auch bei Dritten wie Kaschemmenwirten und ähnlichen Personen, die die Einbruchswerkzeuge für die wegen Diebstahls oder Raubes verurteilten Straftäter bewusst verwahrten, die Ermittlungsbehörden hiergegen vor Begehung der späteren Diebstähle aber nicht

---

462 *Henkel*, FS Eberhard Schmidt, S. 591 f.; ebenso *Hälschner*, Strafrecht II/2, S. 893, *Binding*, Normen II/2, S. 1218 f. und *August Wimmer*, NJW 1955, 323.

463 BT, S. 374.

464 NJW 1954, 1748.

465 LK II, Vorbem. §§ 244–256 Rn. 15.

466 Strafrecht, S. 398.

467 *Bockelmann*, NJW 1954, 1748; kritisch hierzu *Hole*, Prima facie-Beweis, S. 110 f. und *Henkel*, FS Eberhard Schmidt, S. 589 f., da der Gesetzeswortlaut dann „von denen er weiß oder *man* nach den Umständen nach annehmen muss“ hätte lauten müssen und der zivilprozessuale Anscheinsbeweis selbst bei inneren Vorgängen wie dem Vorsatz versage, siehe zu letzterem oben Erster Hauptteil, Erstes Kapitel, C, II, 1, d).

468 *Welzel*, Strafrecht, S. 398.

469 BT-Ds. IV/650, S. 457.

470 BGBl. 1974 I, S. 469 (491).

471 Vgl. BT-Ds. VI/3250, S. 242 sowie BT-Ds. 7/550, S. 253.

vorgehen konnten[472], schuf der Gesetzgeber zur Schließung dieser Gesetzeslücke mit dem „Gesetz gegen gefährliche Gewohnheitsverbrecher und über Maßregeln der Sicherung und Besserung" vom 24. November 1933[473] mit § 245a StGB a.F. nach englischem und italienischem Vorbild[474] ein diesbezügliches abstraktes Gefährdungsdelikt[475], das sich gegen die allgemeine öffentliche Sicherheit richtete[476]:

> „§ 245 a
> (1) Wer Diebeswerkzeug in Besitz oder Gewahrsam hat oder von einem anderen für sich verwahren lässt, nachdem er wegen schweren Diebstahls, Diebstahls im Rückfall, Raubes, gewerbs- oder gewohnheitsmäßiger Hehlerei oder Hehlerei im Rückfall (§§ 243 bis 245, 249 bis 252, 260, 261) rechtskräftig verurteilt worden ist, wird mit Gefängnis nicht unter drei Monaten bestraft, sofern sich nicht aus den Umständen ergibt, dass das Werkzeug nicht zur Verwendung bei strafbaren Handlungen bestimmt ist.
> (2) Wer Diebeswerkzeug für einen anderen in Verwahrung nimmt oder einem anderen überläßt, obwohl er weiß oder den Umständen nach annehmen muss, dass das Werkzeug zur Verwendung bei strafbaren Handlungen bestimmt ist, wird, sofern die Tat nicht nach anderen Vorschriften mit schwererer Strafe bedroht ist, mit Gefängnis bestraft.
> (3) Das Diebeswerkzeug ist einzuziehen, auch wenn es dem Täter nicht gehört.
> (4) In den Fällen des Abs. 1 kommt eine frühere Verurteilung nicht in Betracht, wenn zwischen dem Eintritt ihrer Rechtskraft und der Tat des Abs. 1 mehr als fünf Jahre verstrichen sind. In die Frist wird die Zeit nicht eingerechnet, in der der Täter eine Freiheitsstrafe verbüßt oder auf behördliche Anordnung in einer Anstalt verwahrt wird. Eine ausländische Verurteilung steht einer inländischen gleich, wenn die geahndete Tat nach deutschem Recht ein Verbrechen der im Abs. 1 genannten Art wäre."

An sich kann jedes Handwerkszeug für einen Diebstahl oder Raub verwendet werden, so dass im Vorfeld rein objektiv aus der Beschaffenheit keine verlässliche Einordnung erfolgen kann und sich heutzutage selbst der Bundesgerichtshof nicht in der Lage sieht, ein gefährliches Werkzeug iSd §§ 244 Abs. 1 Nr. 1a und 250 Abs. 1 Nr. 1a StGB, bei dem das bloße Beisichführen unter Strafe steht, nach der von ihm hierfür aus systematischen Gründen favorisierten objektiven Sichtweise zu definieren[477]. Ein strafrechtliches Verbot, Gegenstände im Besitz zu haben, die unter irgendwelchen Umständen vielleicht zur Verwendung bei Diebstählen geeignet wären (z.B. der Täter hat in seinem Schrank einen Schal, mit dem ja vielleicht jemand gewürgt werden und so beraubt werden könnte, und einen Kugelschreiber, mit dem er ja jemanden drohen könnte, das Auge auszustechen), würde daher ohne strafrechtspolischen Sinn so gut wie jeden Gegenstand erfassen.[478] Vernünftige Grenzen der Strafbarkeit lassen es daher als unentbehrlich erscheinen, wenn man sie auf sol-

---

[472] Deutscher Reichsanzeiger und Preußischer Staatsanzeiger 1933 Nr. 277, S. 3.
[473] RGBl. 1933 I, S. 995.
[474] BGHSt. 8, 110 (111).
[475] BGHSt. 21, 306 (307) und BGH, GA 1963, 49.
[476] RGSt. 69, 91 f.
[477] BGHSt. 52, 257 (269f.), wenngleich wohl zum Kriterium der Waffenähnlichkeit tendierend: „Die von ihnen [Messer] ausgehende hohe abstrakte Gefahr, die Grund für die Strafschärfung durch den Qualifikationstatbestand des § 244 I Nr. 1a StGB ist, ist evident und kommt derjenigen von Waffen im technischen Sinne zumindest nahe (514)."
[478] Vgl. hierzu *Horst Schröder*, NJW 1959, 1905.

che Gegenstände beschränkt, „die nach ihrer Beschaffenheit objektiv geeignet“ sind, die diebische oder räuberische Wegnahme von Sachen zu ermöglichen oder zu erleichtern“ und die „nach dem Willen der dafür maßgeblichen Person zur Verwendung bei Diebstahl oder Raub bestimmt“[479] sind (z. B. Dietriche[480], Waffen[481] aber auch Handschuhe zur Vermeidung von Fingerabdrücken[482]). Kann sich diese subjektive Zweckbestimmung von Seiten des vorbestraften potentiellen Täters auch deutlich aus objektiven Umständen ergeben[483], grundsätzlich werden sich hier Beweisschwierigkeiten ergeben. Dies ist der Hintergrund, wieso der Gesetzgeber neben der § 259 StGB a. F. entnommenen Beweisregel in Absatz 2 für das Wissen der verwahrenden Person über die Verwendungsbestimmung des verwahrten Gegenstandes („oder den Umständen nach annehmen muss“), die nach Ansicht des Gesetzgebers eine widerlegbare Vorsatzvermutung aufstellte[484], durch den letzten Halbsatz in Absatz 1 auch noch auf der Grundlage statistischer Erfahrungssätze der Kriminalistik eine Vermutung für die Zweckbestimmung des aufgefundenen Gegenstandes selbst aufstellte[485], solange „nicht Umstände vorliegen, aus denen sich zu voller Überzeugung des Richters ergibt, dass im Zeitpunkt des Besitzes oder Gewahrsams sein maßgebender Wille [...] vorhanden gewesen ist, der eine diebische Verwendung des Gegenstandes geplant hat“[486]. Oder in den gefährlichen Worten des Gesetzgebers:

> „Demgegenüber bleibt der Entlastungsbeweis möglich, dass das Werkzeug nicht zur Verwendung bei strafbaren Handlungen bestimmt ist; es wird meist Sache des Beschuldigten sein, die Umstände namhaft zu machen, die einen solchen Entlastungsbeweis darstellen. Überzeugt sich das Gericht nicht von der Harmlosigkeit des Werkzeugs, so muss der vorbestrafte Besitzer des Diebeswerkzeugs verurteilt werden.“[487]

Selbst wenn man mit der Rechtsprechung[488] dem Gesetzgeber unterstellt, dass der Begriff „Entlastungsbeweis“ unglücklich gewählt war und der Beschuldigte zwar derart entlastende Umstände zu seiner Verteidigung durchaus vorbringen konnte, der Richter aber unabhängig hiervon entsprechende Umstände nach § 244 Abs. 2 StPO von Amts wegen umfassend zu ermitteln hatte, so spricht die Gesetzesbegrün-

---

479 BGHSt. 8, 110 (112); in diese Richtung zuvor bereits RGSt. 68, 323 (324) und RGSt. 69, 80 f.

480 RGSt. 68, 323 (324).

481 BGHSt. 8, 110 ff.

482 RGSt. 69, 91.

483 Die Gesetzesbegründung (Deutscher Reichsanzeiger und Preußischer Staatsanzeiger 1933 Nr. 277, S. 3) nennt etwa „dass der Verbrecher eine bestimmte Sammlung von Werkzeugen mit sich führt, die in ihrer charakteristische Zusammensetzung auf die verbrecherische Zweckbestimmung hinweisen“, oder dass die Werkzeuge „sich in der Hand eines der Polizei bekannten Verbrechers befinden, der keinerlei redliche Tätigkeit ausübt, für die das Werkzeug verwendet werden könnte“.

484 Deutscher Reichsanzeiger und Preußischer Staatsanzeiger 1933 Nr. 277, S. 3.

485 So ausdrücklich *Kohlrausch/Lange*, StGB, § 245 a Anm. II und V.

486 RGSt. 69, 80 (81); anders *Eberhard Schmidt*, LK I, Rn. 371 Fn. 76: objektive Bedingung der Strafbarkeit.

487 Deutscher Reichsanzeiger und Preußischer Staatsanzeiger 1933 Nr. 277, S. 3.

488 RGSt. 69, 80 (81) und BGHSt. 21, 306 (307 f.).

dung dafür, dass bei verbleibenden Zweifeln über die tatsächliche Zweckbestimmung der Tatrichter zu verurteilen hätte, obwohl der aufgefundene Gegenstand dann nur möglicherweise ein Diebeswerkzeug war und daher nur möglicherweise überhaupt eine abstrakte Gefahr für die öffentliche Sicherheit als Schutzgut des § 245 a StGB vorlag. Aus diesem Grunde wurde in der Norm vom Bundesjustizministerium in der Begründung zum Entwurf eines Strafgesetzbuches von 1962[489] eine „vermutete Vorbereitungshandlung" und eine „vermutete Beihilfe zu einer Vorbereitungshandlung" erblickt und dies als „rechtsstaatlich nicht unbedenklich" erklärt.[490] Folglich[491] wurde § 245 a StGB mit dem Ersten Gesetz zur Reform des Strafrechts vom 25. Juni 1969[492] zum 1. September 1969 aufgehoben.

(3) § 361 Nr. 8 StGB a.F.

Eine gesetzlich aufgestellte tatsächliche Vermutung enthielt auch der frühere Übertretungstatbestand des § 361 Nr. 8 StGB a.F.:

> „§ 361
> Mit Haft wird bestraft
> […]
> 8. wer nach Verlust seines bisherigen Unterkommens binnen der ihm von der zuständigen Behörde bestimmten Frist sich kein anderweitiges Unterkommen verschafft hat und auch nicht nachweisen kann, dass er solches der von ihm angewandten Bemühungen ungeachtet nicht vermocht habe;
> […]"

Bestraft wurde also jemand, der sich nicht innerhalb der ihm von der Behörde individuell gesetzten Frist[493] ein Obdach (ob ehrlich erworben oder nicht[494] und wegen des Verbots einer Analogie zu Ungunsten des Täters unabhängig von den zum

---

489 BT-Ds. IV/650, S. 400.

490 Zuvor hielt bereits das Landgericht Heidelberg, NJW 1959, 1932 mit Anm. *Horst Schröder*, NJW 1959, 1903 ff. mit seinem Urteil vom 3. Oktober 1958 die Norm für verfassungswidrig: „Eine nur den Verdacht der beim Täter bestehenden verbrecherischen Absicht aussprechende Vermutung ist jedoch nicht geeignet, beim Richter die Überzeugung dieser Absicht zu begründen. Besteht beim Richter nicht die Überzeugung von der Schuld des Angekl., so steht dem Staat auch kein Strafanspruch zu, und der Angekl. darf deshalb nicht verurteilt werden. Geschieht es dennoch, so verstößt die Verurteilung gegen die tragenden Prinzipien des Rechtsstaates. Demgegenüber verstand BGHSt. 21, 306 ff. den letzten Halbsatz des ersten Absatzes als zulässige objektive Bedingung der Strafbarkeit und die Norm als verfassungsgemäß. Hierbei verkannte der Bundesgerichtshof jedoch gerade, dass anders als bei den übrigen Tatbeständen mit objektiver Bedingung der Strafbarkeit wie §§ 113, 186, 231 oder 323 a StGB im Rahmen des § 245 a StGB die angebliche objektive Bedingung der Strafbarkeit (keine Nichtbestimmtheit zur Verwendung bei strafbaren Handlungen) zugleich selbst nach der Rechtsprechung ein Definitionsmerkmal eines Tatbestandsmerkmals (Diebeswerkzeug) war und so zugleich die Erfüllung des Tatbestandes begründen würde.

491 *Waider*, JuS 1972, 306 meint demgegenüber, die Entscheidung sei kriminalpolitisch-rationaler Natur gewesen.

492 BGBl. 1969 I, S. 645 (655).

493 *Olshausen*, StGB, § 361 Anm. a zu Nr. 8.

494 *Kohlrausch/Lange*, StGB, § 361 Anm. VIII.

Lebensunterhalt notwendigen Mitteln[495]) besorgte, was vielfach schwer zu beweisen war. Das Gesetz stellte daher eine widerlegbare tatsächliche Vermutung auf[496], dass es grundsätzlich und damit auch für den Angeklagten möglich war, sich mit den ausreichenden Bemühungen ein passendes Obdach in angemessener Zeit zu besorgen. Die Gesetzesfassung lief dabei Gefahr, dem Angeklagten eine formelle Beweislast für eine fehlende Schuld und damit einen Unschuldsbeweis aufzuerlegen, wie man bei *Olshausen*[497] nachlesen konnte:

> „Ausnahmsweise hat jedoch das Gesetz dem Angeklagten die Beweislast [...] auferlegt; denn nach dem Wortlaut des Gesetzes [...] hat er den Nachweis zu führen, d.h. die Beweismittel zu benennen und derart zu bezeichnen, dass der Beweiserhebung nicht entgegensteht. Es ist somit im Gesetze eine Schuldvermutung aufgestellt, die nur durch den vom Angeklagten zu erbringenden Beweis widerlegt werden kann; bei der Natur des Strafprozesses werden dazu allerdings unter Umständen auch die eigenen Auslassungen des Angekl. ausreichen können; auch ist [der] Angekl. bei dem von ihm zu führenden Nachweis ‚von Amtswegen' zu unterstützen."

Ungeachtet der gleichen rechtsstaatlichen Bedenken gegen diese Norm wie bei § 259 StGB a.F. oder § 245a StGB a.F. hat der Gesetzgeber sie zum 1. 1. 1975 aufgehoben[498], weil sie „kein strafwürdiges Unrecht" enthalte[499].

Es hat sich anhand dieser wenigen Beispiele gezeigt, dass die tatsächlichen Vermutungen aus Sicht der Rechtsprechung die gleichen dogmatischen Einwände wie ein strafprozessualer Anscheinsbeweis treffen, ungeachtet der Tatsache, dass der Gesetzgeber mit seiner Autorität die Vermutungen angeordnet hat. Über sie kann ein dogmatischer Ausweg daher nicht erfolgen.

b) Umgestaltung des materiellen Rechts durch die Rechtsprechung

In die gleiche Richtung wie die Gesetzgebung gehen Anstrengungen der Rechtsprechung, trotz Untätigbleiben des Gesetzgebers durch eine Umgestaltung des materiellen Rechts erkenntnistheoretisch bedingten prozessualen Beweisnöten zu begegnen:

---

[495] *Olshausen*, StGB, § 361 Anm. b zu Nr. 8.

[496] Anders *Joachim Bock*, Begriff, S. 134: „widerlegliche gesetzliche Beweisvermutung" und nicht nur „tatsächliche Vermutung". Teilweise wurde hierin auch eine objektive Bedingung der Strafbarkeit erblickt (so etwa *Eberhard Schmidt*, LK I, Rn. 371 Fn. 76 und *Kohlrausch/Lange*, StGB, § 361 Anm. VIII), dabei wurde aber verkannt, dass objektive Bedingungen der Strafbarkeit außerhalb von Unrecht und Schuld liegende Umstände sind, mit denen der Gesetzgeber in bestimmten Fällen trotz an sich gegebenem Unrecht und Schuld das Strafbedürfnis ohne das objektive Hinzutreten des weiteren Umstandes der objektiven Bedingung der Strafbarkeit verneint (so etwa *Jescheck/Weigend*, AT, S. 556). Bei § 361 Nr. 8 StGB konnte dem Täter aber tatbestandlich ohne Hinzutreten der Möglichkeit einer Obdachbeschaffung noch nicht einmal ein Schuldvorwurf gemacht werden.

[497] *Olshausen*, StGB, § 361 Anm. c zu Nr. 8.

[498] BGBl. 1974 I, S. 469 (500).

[499] BT-Ds. IV/650, S. 543.

aa) Absenkung materieller Anforderungen durch Auslegung

So hat sich das Reichsgericht am Anfang seiner Rechtsprechung bemüht, prozessuale Beweisnöte vor allem im Bereich der Kausalität durch eine Auslegung in den Griff zu bekommen, die zu einer Absenkung der festzustellenden Umstände führt[500]. Angesichts des teils klaren Wortlauts, der verlangt, dass der Täter „einen Menschen tötet" (§ 212 Abs. 1 StGB), „eine andere Person [...] an der Gesundheit schädigt" (§ 223 Abs. 1 StGB) oder „Lärm verursacht" (§ 325a Abs. 1 StGB), verbietet zwar Art. 103 Abs. 2 GG eine Auslegung dieser Normen dahin, dass der Täter bereits bei bloß nachgewiesener Lebens- oder Gesundheitsgefährdung oder möglicher Lärmhervorrufung bestraft würde, ohne dass die gesetzlich verlangte konkrete Verletzung oder Rechtsgutsverursachung bewiesen ist. Eine wertende Auslegung war daher auf jene Bereiche beschränkt, bei denen der Ursachenzusammenhang von der Natur des Unrechtsvorwurfs her nur hypothetische beurteilt werden kann, das materielle Recht also selbst eine subjektive Wertung des Richters verlangt: bei Unterlassungs- und Fahrlässigkeitsdelikten:

Bei einem nach § 13 Abs. 1 StGB sanktionierten begehungsgleichen *Unterlassen* (unechtes Unterlassungsdelikt[501]) für die Nichtabwendung eines strafge-. setzlich relevanten Erfolges trotz physisch-realer Möglichkeit[502] und der Pflicht „rechtlich dafür einzustehen [...], dass der Erfolg nicht eintritt" (sog. Garantenstellung), fehlt es an der ontologischen Realität[503] eines Wirkzusammenhangs zwischen Unterlassen und Erfolg wie beim Begehungsdelikt: Der Erfolg (z.B. ein Kind ertrinkt im See) tritt selbst dann ein, wenn man die ganze Person des Täters (z.B. den am Strand liegenden Vater, der sein Kind nicht rettet) aus dem Geschehen eliminiert.[504] Der Erfolg kann erst durch eine positive Leistung vermieden werden. Der strafrechtliche Unterlassungsvorwurf setzt daher voraus, dass der Unterlassende durch Vornahme der gebotenen Handlung den konkreten Erfolg hätte abwenden können[505] und abgewendet hätte. Abverlangt wird dem Richter so ein hypothetisches[506] „Was wäre gewesen, wenn"[507]-„Kausalitätsur-

---

[500] Siehe hierzu bereits oben Erster Hauptteil, Zweites Kapitel, A, I, 1.

[501] Die echten Unterlassungsdelikte, bei denen der Gesetzgeber selbst das Unterlassen einer Handlung im Tatbestand nennt (z.B. §§ 138, 323c StGB), zeichnen sich durch das Unterlassen einer rechtlich verlangten Handlung bis zu einem bestimmten Zeitpunkt aus (z.B. bei § 138 StGB muss die Anzeige der geplanten Straftat iSd aufgeführten Katalogs bis zu dem Zeitpunkt erfolgen, zu dem die Ausführung oder der Erfolg der Katalogtat noch abgewendet werden können (BGHSt. 42, 86 [88]), so dass sich das Problem der Verursachung eines bestimmten tatbestandlichen Erfolges primär bei den unechten Unterlassungsdelikten stellt.

[502] Impossibilium nulla est obligatio: vgl. nur BGHSt. 4, 20 (22) und BGHSt. 6, 46 (57).

[503] Vgl. *Arthur Kaufmann*, FS Eberhard Schmidt, S. 214 („dass die Kausalität nichts Reales, sondern nur etwas im Denkenden Existierendes sei").

[504] Vgl. nur MüKo-StGB/*Freund*, § 13 Rn. 200 sowie Sch/Schr/*Stree/Bosch*, § 13 Rn. 61.

[505] Vgl. etwa BGHSt. 6, 1 (2), BGHSt. 37, 106 (126), BGHSt. 48, 77 (93) und BGH, NStZ 2000, 583.

[506] *Welzel*, Strafrecht, S. 212f. spricht vom „Phantom einer Kausalität der Unterlassung".

[507] LK/*Weigend*, § 13 Rn. 72.

teil"[508], bei dem eine absolut sichere richterliche Überzeugung unmöglich ist. Das Reichsgericht[509] hatte sich daher für die „Annahme des ursächlichen Zusammenhangs" mit der Feststellung zufrieden gegeben, „dass bei sachgemäßer und rechtzeitiger [Handlung] eine an Sicherheit grenzende Wahrscheinlichkeit" bestanden hätte, dass der Erfolg dann nicht eingetreten wäre – eine Formel, die sich bis heute in Rechtsprechung[510] und überwiegendem Schrifttum[511] gehalten hat.

Bei einem *fahrlässigen* Verhalten als Verletzung der im Verkehr durch Sorgfaltsnormen vorgegebenen erforderlichen Sorgfalt (und damit Überschreitung des erlaubten Risikos[512]) trotz Vorhersehbarkeit der Tatbestandsverwirklichung wird dem Täter strafrechtlich vorgeworfen, dass bei Anwendung der pflichtgemäßen Sorgfalt durch ihn der konkrete Erfolg vermieden (und nicht gleichfalls eingetreten[513]) wäre[514]. Deswegen verlangt das Gesetz bei den Fahrlässigkeitsdelikten zumeist (z.B. in §§ 222, 229, 306d Abs. 1 und 2, 307 Abs. 4, 315 Abs. 6, 315a Abs. 3 Nr. 2, 315b Abs. 5, 315c Abs. 3 Nr. 2, 318 Abs. 6 Nr. 2 und 319 Abs. 4 StGB) ausdrücklich, dass der Täter gerade durch seine pflichtwidrige Handlung den jeweiligen Erfolg „verursacht" haben muss. Insoweit zeigt sich, dass in der Fahrlässigkeit als Missachtung der gebotenen sorgfaltsgemäßen Handlung ontologisch „ein Stück Unterlassung"[515] steckt und sich hinsichtlich der „Kausalität der Sorgfaltspflichtverletzung"[516] (sog. Pflichtwidrigkeitszusammenhang) für den Richter auch hier die hypothetische Frage stellt: „Was wäre geschehen, wenn der Täter sich in der konkreten Situation pflichtgemäß verhalten hätte?"[517] Wäre dann der Erfolg vermieden worden? Bei der hier notwendigen „wertenden Betrachtungsweise [...] nach rechtlichen Bewertungsmaßstäben"[518] hatte die Rechtsprechung früher noch gefordert,

---

[508] Man spricht daher auch von einer „hypothetischen Kausalität" (vgl. nur *Welzel*, Strafrecht, S. 212 und LK/*Weigend*, § 13 Rn. 70) oder „Quasi-Kausalität" (so etwa MüKo-StGB/*Freund*, § 13 Rn. 201).

[509] RGSt. 51, 127; ebenso RGSt. 75, 49 (50), RGSt.75, 324 (326) und RGSt. 75, 372 (374).

[510] Vgl. BGHSt. 37, 106 (127), BGHSt. 43, 381 (397), BGH, NStZ 1985, 26 (27), BGH, NJW 2000, 2754 (2757), BGH, NStZ-RR 2002, 303, OLG Stuttgart, NStZ-RR 2001, 199 (201) und BayObLG, NStZ-RR 2004, 45; ebenso die Rechtsprechung in der Schweiz (BGE 101 IV, 149 (152f.)) und in Österreich (OGH, JBl. 1996, 191).

[511] So *Jescheck/Weigend*, AT, S. 619f., LK/*Weigend*, § 13 Rn. 72, *Herzberg*, MDR 1971, 881f., *Jakobs*, AT, 29/19 und Sch/Schr/*Stree/Bosch*, § 13 Rn. 61.

[512] *Michael Köhler*, AT, S. 186 bezeichnet den vom Gesetzgeber unsanktioniert vorgegebenen Bereich erlaubter Gefährdungen der Rechtsgüter anderer als „normativen Konsens".

[513] Deren Erfolgsverhinderung wird von den einschlägigen Verkehrskreisen vom Täter nicht erwartet, so dass derartige Erfolge auch nicht geeignet sind, „generalpräventiv die Notwendigkeit zu verdeutlichen, dass der vom Handelnden übertretenen Verhaltensanforderung zwecks Rechtsgüterschutzes nachzukommen ist" (Sch/Schr/*Sternberg-Lieben*, § 15 Rn. 174); MüKo-StGB/*Duttge*, § 15 Rn. 160 spricht hier von „Gründen der Gerechtigkeit".

[514] Vgl. nur BGHSt. 11, 1 (7), BGH, VRS 16 (1959), 128, BGH, NStZ 2004, 151f., MüKo-StGB/*Duttge*, § 15 Rn. 156 und Sch/Schr/*Sternberg-Lieben*, § 15 Rn. 174.

[515] *Jähnke*, GedS Schlüchter, S. 101; zustimmend *Kraatz*, Fahrlässige Mittäterschaft, S. 271; ablehnend *Hans Joachim Hirsch*, FS Lampe, S. 525.

[516] *Kristian Kühl*, AT, § 17 Rn. 47.

[517] Sch/Schr/*Sternberg-Lieben*, § 15 Rn. 175.

[518] BGHSt. 11, 1 (7).

dass der Erfolg „mit an Sicherheit grenzender"[519] oder zumindest „hohen Wahrscheinlichkeitsgrad"[520] bei sorgfältigem Verhalten nicht eingetreten wäre. Nach Aufgabe des rein objektiven Beweismaßes mit Urteilen vom 21. Mai 1953[521] und 9. Februar 1957[522] betonte der Bundesgerichtshof bereits mit Urteil vom 25. September 1957[523], dass es für die Annahme des ursächlichen Zusammenhangs „im strafrechtlichen Sinne" ausreiche, wenn sich Zweifel hieran nicht im Sinne des subjektiven Beweismaßes „zu einem für eine vernünftige lebensnahe Betrachtung beachten Grad verdichtet haben"[524], sich also – wie der Bundesgerichtshof[525] kürzlich nochmals klarstellte – „aufgrund erheblicher Tatsachen nach der Überzeugung des Tatrichters nicht ausschließen" lassen. Die sich dennoch noch immer in Rechtsprechung wie Schrifttum findende Formulierung, dass der Erfolg mit an Sicherheit grenzender Wahrscheinlichkeit bei verkehrsgerechtem Verhalten nicht eingetreten sein dürfte[526], kombiniert so bei der Fahrlässigkeit bewusst materiell-rechtliche Zurechnungselemente mit dem zu fordernden „Beweismaß, d. h. mit welcher Zuverlässigkeit das gedachte Alternativverhalten tatsächlich zum Ausbleiben des tatbestandlichen Erfolges geführt haben muss"[527].

bb) Tatsächliche Vermutungen

Den gleichen Einwänden wie die gesetzlichen (tatsächlichen) Vermutungen sind erst recht entsprechende Vermutungen der Gerichte selbst ausgesetzt und ist es ihnen versagt, ungeachtet der Umstände des Einzelfalles mit lediglich generalisierten Vermutungen einen Schuldspruch zu fällen. Ausdrücklich verwendet wurde eine als solche tatsächliche Vermutung vom Bundesgerichtshof seit 1. 1. 1975 soweit er-

---

[519] RGSt. 15, 151 (153), RGSt. 63, 211 (214), BGH bei *Dallinger*, MDR 1953, 20 und OLG Hamm, VRS 7 (1954), 204 (205).

[520] KG, VRS 8 (1955), 64 (68).

[521] GA 1954, 152f.

[522] BGHSt. 10, 208ff., hierzu umfassend oben Erster Hauptteil, Zweites Kapitel, A, II, 1.

[523] BGHSt. 11, 1ff.

[524] BGHSt. 11, 1 (5).

[525] BGHSt. 49, 1 (4); ähnlich bereits BGHSt. 24, 31 (34) und BGHSt. 33, 61 (63).

[526] So etwa BGHSt. 24, 31 (34), BGHSt. 37, 106 (127), *Jescheck/Weigend*, AT. S. 584f., *Kindhäuser*, AT, § 33 Rn. 38 und *Bernd Heinrich*, AT II, Rn. 1045. Nach einigen gewichtigen Stimmen im Schrifttum soll der Täter demgegenüber bereits dann für den eingetretenen Erfolg haften, wenn er das Risiko für den Eintritt dieses Erfolges erhöht hat, ohne dass feststeht, dass der Erfolg bei einem pflichtgemäßen Verhalten des Täters mit Sicherheit ausgeblieben wäre, sog. Risikoerhöhungslehre: *Roxin*, ZStW 74 (1962), 430ff., *ders.*, AT I, § 11 Rn. 88ff., *Otto*, FS Maurach, S. 102f., *Ingeborg Puppe*, FS Roxin, S. 301ff., SK-StGB/*Rudolphi*, Vor § 1 Rn. 66, *Schünemann*, GedS Meurer, S. 46 und *Kahlo*, GA 1987, 75. Dies würde jedoch (wie bei der Risikoverringerungstheorie) contra legem Erfolgs- in bloße Gefährdungsdelikte umdeuten (ebenso *Ulrich Weber* in Baumann/Weber/Mitsch, AT, § 22 Rn. 50, *Ebert/Kühl*, Jura 1979, 573, Sch/Schr/*Sternberg-Lieben*, § 15 Rn. 179/179a und MüKo-StGB/*Duttge*, § 15 Rn. 178) und den Grundsatz „in dubio pro reo" verletzen (so auch OLG Koblenz, VRS 63 (1982), 354 (356), *Gropp*, AT, § 12 Rn. 54 und MüKo-StGB/*Duttge*, § 15 Rn. 178; aA Sch/Schr/*Sternberg-Lieben*, § 15 Rn. 179/179a und *Küper*, FS Lackner, S. 268f.

[527] MüKo-StGB/*Duttge*, § 15 Rn. 161.

sichtlich auch nur einmal, und zwar im Urteil vom 30. Juni 1992[528], dort jedoch einzig hinsichtlich des zeitlichen Umfangs eines Vorsatzes mit konkurrenzrechtlichen wie verjährungsrechtlichen Konsequenzen *zugunsten des Angeklagten*: Dem Angeklagten wurde vorgeworfen, als Geschäftsführer zweier Gesellschaften zwischen 1982 und Ende 1985 mit teilweise mehrmonatigen Unterbrechungen unter Vortäuschung geschäftlicher Verwendungszwecke Schecks auf verschiedene Firmenkonten ausgestellt und das Geld für sich selbst verbraucht zu haben; die Kriminalpolizei teilte erst mit Schreiben vom 31. Juli 1989 dem Angeklagten mit, gegen ihn zu ermitteln und lud ihn zu einer Beschuldigtenvernehmung. Das Landgericht nahm jeweils eine (inzwischen terminologisch aufgegebene[529]) fortgesetzte Handlung an, wonach ein auf Wiederholung angelegtes, von einem Gesamtvorsatz umfasstes Geschehen zu einer einheitlichen Handlung zusammengefasst wurde[530]. Die Folge war, dass das einheitliche Täterverhalten erst Ende 1985 beendet war und somit die nach § 78a StGB erst dann beginnende fünfjährige Verjährungsfrist (§ 78 Abs. 3 Nr. 4 StGB) für das gesamte Geschehen noch nicht verstrichen war, als sie durch die polizeiliche Mitteilung von Ermittlungen mit der Ladung zur Beschuldigtenvernehmung vom 31. Juli 1989 nach § 78c Abs. 1 Nr. 1 StGB unterbrochen wurde. Demgegenüber hielt der Bundesgerichtshof die Taten vor dem 1. August 1984 mangels Gesamtvorsatzes für eine fortgesetzte Handlung für verjährt:

> „Zwar schließen größere zeitliche Unterbrechungen das Fortbestehen eines Gesamtvorsatzes ebensowenig zwingend aus wie ein naher zeitlicher Zusammenhang einen solchen stets nahelegt. Findet aber innerhalb einer längeren Handlungskette eine nach der Deliktsart und dem bisherigen Vorgehen des Täters ungewöhnliche Unterbrechung statt, so spricht eine *tatsächliche Vermutung* dafür, dass damit auch im Rahmen des Gesamtvorsatzes eine Zäsur eintritt. Im vorliegenden Fall gab es eine Handlungspause von mehr als vier Monaten, ohne dass das angefochtene Urteil ersehen lässt, welcher Grund hierfür bestand."[531]

c) Alternativenausschlussmodell

Können prozessuale Beweisnöte somit nur in wenigen aufgezeigten Bereichen durch gesetzliche Vorfeld- und Eignungsdelikte materiell-rechtlich überbrückt werden, so bleibt der Rechtsprechung für parallele Schwierigkeiten beim Kausalitäts- und Vorsatznachweis nur die strikte Anwendung der umfassende Gesamtwürdigung aller Umstände des Einzelfalles, die zur persönlichen Überzeugung aus dem Gesamtzusammenhang des Geschehens unter Berücksichtigung der Grundsätze der Logik bestimmte historische Tatsachen zu beweisen vermag. Für die Bereiche fraglicher Kausalzusammenhänge in den Produkthaftungsfällen zwischen dem Vertrieb eines Produkts und dem Eintritt von Körperverletzungserfolgen bei mehreren Kunden hat dies im berühmen Lederspray-Urteil[532] zur Entwicklung eines Alternativen-

---

528 BGH, wistra 1992, 340f.

529 BGHSt. 40, 138ff.; vgl. zu den dogmatischen Folgen aus dieser Aufgabe umfassend *Geppert*, NStZ 1996, 59ff. und LK/*Ruth Rissing-van-Saan*, Vor § 52 Rn. 62ff.

530 Vgl. zu den Grundlagen der fortgesetzten Handlung *Geppert*, Jura 1982, 363ff. und *Fischer*, Vor § 52 Rn. 47ff.

531 BGH, wistra 1992, 340 (341); Hervorhebung durch Verf.

532 BGHSt. 37, 106ff.

ausschlussmodells geführt. Der komplexe Sachverhalt lässt sich etwa wie folgt zusammenfassen:

Die W-GmbH befasste sich unter anderem mit der Herstellung von Schuh- und Lederpflegeartikeln. Dazu gehörten auch Ledersprays, die – abgefüllt in Treibgasdosen – zum Versprühen bestimmt waren und der Pflege dienten. Vertrieben wurden diese Produkte unter anderem durch die Tochterfirmen E-GmbH und S-GmbH, wobei das Produkt „E" über den Lebensmittelhandel und das Produkt „S" über den Schuh- und Lederfachhandel vertrieben wurden. „Ab dem Spätherbst 1980 gingen bei der Firmengruppe Schadensmeldungen ein, in denen berichtet wurde, dass Personen nach dem Gebrauch von Ledersprays der bezeichneten Marken gesundheitliche Beeinträchtigungen erlitten hatten. Diese Beeinträchtigungen äußerten sich zumeist in Atembeschwerden, Husten, Übelkeit, Schüttelfrost und Fieber. Die Betroffenen mussten vielfach ärztliche Hilfe in Anspruch nehmen, bedurften oftmals stationärer Krankenhausbehandlung und kamen in nicht seltenen Fällen wegen ihres lebensbedrohlichen Zustands zunächst auf die Intensivstation. Die Befunde ergaben regelmäßig Flüssigkeitsansammlungen in den Lungen (Lungenödem)." Erste interne Firmenuntersuchungen ergaben eine Rezepturänderung des Wirkstoffteils Silikonöl, die rückgängig gemacht wurde, sowie eine Änderung des Fluorharzherstellers, der wieder gewechselt wurde – ohne Erfolg; die Schadensmeldungen gingen weiter. So kam es am 12. 5. 1981 zu einer Sondersitzung der Geschäftsführung, bei der der angeklagte „Chefchemiker" Dr. B meinte, nach den bisherigen Untersuchungen keine toxische Eigenschaft der Produkte feststellen zu können, weshalb kein Anlass für eine Rückrufaktion bestünde. Vielmehr sollten Warnhinweise angebracht und externe Untersuchungen in Auftrag gegeben werden. Diesem Vorschlag schloss sich die Geschäftsführung an. In der Folgezeit kam es zu weiteren Gesundheitsschäden nach der Verwendung von Ledersprays der bezeichneten Marken. Auch bei den neuerlichen Untersuchungen gelang es nicht, eine bestimmte Substanz als schadensauslösend zu identifizieren. Erst nach Interventionen vom Bundesgesundheitsamt und vom Gesundheitsministerium kam es zu einem Verkaufsstopp sowie zu einer Rückrufaktion, „ohne allerdings völlig auf die Weiterverwendung der in den zurückgerufenen Produkten enthaltenen Rezepturen zu verzichten".

Den angeklagten Geschäftsführern der W-GmbH, S, Dr. Sch, R und O, und der der S-GmbH, W und D, sowie dem Chefchemiker Dr. B wurde zum Vorwurf gemacht, in 42 Fällen Benutzern des Sprays teils durch Unterlassung einer Rückrufaktion, teils durch Weiterproduktion und -vertrieb körperliche Schäden (gefährliche Körperverletzung in der Form der lebensgefährdenden Behandlung in) zugefügt zu haben, teils bedingt vorsätzlich, teils fahrlässig.

Hinsichtlich des Nachweises der Kausalität des Ledersprays für die Verletzungen einer Vielzahl an Verbraucher konnten Sachverständige einen genauen Wirkzusammenhang zwischen einem oder mehreren Stoffen des Sprays und den aufgetretenen Verletzungen nicht exakt identifizieren. Einige Gutachter lehnten einen Ursachenzusammenhang gar ab.[533] Der Bundesgerichtshof hielt dem entgegen, dass es nicht erforderlich sei, die jeweiligen physikalischen oder chemischen Abläufe und damit die einzelnen toxischen Wirkweisen der gefährlichen Produkte im Detail auszuermitteln und aufzudecken.[534] Für den Nachweis der Kausalität sei nämlich wie für alle anderen Elemente des Tatgeschehens eine „absolute, von niemanden anzweifelbare Gewissheit", ein „absolut sicheres Wissen" vom genauen bei der Tat erfolgten naturwissenschaftlichen Ablauf nicht möglich, „demgegenüber das Vorlie-

[533] Nachweis bei LG Mainz in *Schmidt-Salzer*, Entscheidungssammlung Produkthaftung, S. IV.3.22 (17ff.).

[534] Vgl. nur BGHSt. 37, 106 (112) und BGHSt. 41, 206 (214).

gen eines gegenteiligen Geschehens mit Sicherheit auszuschließen wäre". Vielmehr genüge auch hier „ein mit den Mitteln des Strafverfahrens gewonnenes, nach der Lebenserfahrung ausreichendes Maß an Sicherheit, das keinen vernünftigen Zweifel bestehen lässt"[535]. Könne die Überzeugung im Einzelfall aber nicht direkt durch den Nachweis der genauen Wirkweise des Produkts bei den geschädigten Kunden geführt werden, so sei nur ein mittelbarer Beweis möglich, indem zur Überzeugung des Richters „alle anderen in Betracht kommenden Schadensursachen aufgrund einer rechtsfehlerfreien Beweiswürdigung ausgeschlossen werden können"[536], bei der der Richter an wissenschaftliche Standards gebunden sei[537].

Letztlich kehrt dieses Alternativenausschlussmodell mangels direkter Nachweismöglichkeit des Ursachenzusammenhangs nur den Gegenstand der Gesamtwürdigung ins Negative: Anstatt sich nach den Umständen des Einzelfalles im Rahmen einer an Logik und Erfahrungssätze gebundenen Gesamtwürdigung vom Vorliegen eines bestimmten Kausalverlaufs zu überzeugen, hat der Richter sich im Rahmen der Gesamtwürdigung vom Nichtvorliegen aller anderen logisch wie erfahrungsmäßig denkbaren Alternativverläufe zu überzeugen, so dass sich nach den Gesetzen der Logik ergibt, dass dann der einzig nicht ausschließbare Kausalzusammenhang bejaht werden muss, obwohl deren konkreter Ablauf unklar bleibt. Diese Sichtweise hat der Bundesgerichtshof im vergleichbaren Holzschutzmittel-Fall[538] bestätigt und auch der Spanische Oberste Gerichtshof[539] hat diese Sichtweise für die Verursachung schwerster Gesundheitsschädigungen bei 15.000 Menschen durch mit Anilin vergälltes Rapsöl übernommen.

d) Zwischenergebnis

Der Rechtsprechung bleibt also nur die Hoffnung auf die Allmacht der umfassenden Indiziengesamtwürdigung, um sich einige Beweislücken aus dem Gesamtzusammenhang der übrigen Tatsachen mit Hilfe der Sätze der Logik zu erschließen. Die Gesamtwürdigung bedarf jedoch eines Mindestmaßes an Informationen, um mit diesem Material Beweislücken überbrücken zu können. Gerade hieran wird es in erkenntnistheoretisch bedingten Beweisnöten wie dem rein subjektiv-internen Vorsatz oder bestimmten Kausalverläufen ohne aussagekräftige äußere Umstände fehlen. Darüber kann weder das Alternativenausschlussmodell als bloße Anwendung der Gesamtwürdigung zum mittelbaren Beweis noch ein zum Erreichen des Beweismaßes nicht ausreichender rein subjektiver Glaube des Richters ohne objektive Grundlagen hinweghelfen. Ohne Schlüsse mit statistischen Erfahrungssätzen lassen sich typische Beweislücken daher kaum schließen. Dies ist der Rechtsprechung durch die von ihr eingeräumte ausdrückliche Bindung an Erfahrungssätze durchaus bewusst,

---

[535] BGHSt. 41, 206 (214); siehe hierzu mit umfangreichen Nachweisen oben Erster Hauptteil, Zweites Kapitel, A, II, 1.

[536] BGHSt. 37, 106 (112).

[537] BGHSt. 41, 206 (215).

[538] BGHSt. 41, 206 ff.; ebenso für einen medizinischen Zusammenhang für die Todesursächlichkeit eines Lungenödems BGH, NStZ 2008, 150.

[539] In deutscher Übersetzung in NStZ 1994, 37 ff.

sie verschleiert durch das allumfassende Konstrukt der Gesamtwürdigung jedoch den Einfluss, den die menschliche Erfahrung in der Beurteilung eines jedes Einzelfalls spielt und macht es so dem Revisionsgericht aber auch den Prozessbeteiligten teilweise schwer, die jeweils gezogene Sachverhaltsrekonstruktion nachzuvollziehen, mit der Folge, dass eine Rechtsbefriedung kaum erreicht werden kann. Dies ändert sich erst, wenn die Gerichte sich trauen würden, in den Urteilsgründen die zugrunde gelegten Erfahrungssätze und ihre Bedeutung bei jeder Beweiswürdigung klar zu benennen.

B. Der Anscheinsbeweis im strafprozessualen Schrifttum

I. Das Beweismaß

Das Schrifttum trug den zwischenzeitlichen Wandel der Rechtsprechung zwischen dem gesetzlichen subjektiven („freie […] Überzeugung“), objektiv dominierten (Bewusstsein von der hohen Wahrscheinlichkeit als Wahrheit seit RGSt. 61, 202 ff.[540]), subjektiven (seit BGH, GA 1954, 152[541]) und schließlich subjektiv-objektivem Beweismaß überwiegend nicht mit, sondern blieb unter teils harscher Kritik am Reichsgericht[542] auch während der objektiv dominierten Beweismaßphase einer streng subjektiven Ansicht verbunden:

> „Der Strafrichter dreht nicht mechanisch den Zeiger an der Urteils-Uhr. Er richtet nicht – wie in den Sportkämpfen oft ‚nach Punkten‘ entschieden wird – nach den ‚Graden der Wahrscheinlichkeit‘. Er ist Mensch aus Fleisch und Blut. Er ist Mensch, der sich sein Urteil ‚bildet‘, der aus den von Staatsanwaltschaft und Verteidiger geführten Beweisen, aus tausend kleinen Zügen all der agierenden Menschlein, die vor ihm auftreten, die stammeln, beteuern, bezichtigen, die weinend gestehen, die zittern oder wüten, schreien und schwören, mehr und mehr eine bestimmte ‚Vorstellung‘ sich zusammenbaut.“[543]

Solange Menschen in Prozessen entscheiden, täten sie dies notwendigerweise subjektiv[544], bis das innersubjektive Abwägen, das Hin und Her, „wie es bei einem heftigen Kampf der Argumente“ entstehe, zum Schweigen letzter aktueller Zweifel geführt habe[545] und einem „tiefen Gefühl der inneren Beruhigung, der Zufriedenheit

[540] Siehe hierzu oben Erster Hauptteil, Zweites Kapitel, A, I, 1.

[541] Siehe hierzu sowie zur bekannteren Entscheidung des BGHSt. 10, 208 ff. ausführlich oben Erster Hauptteil, Zweites Kapitel, A, II, 1.

[542] Vgl. nur *Scanzoni*, JW 1928, 2183, *ders.*, NJW 1951, 222, *Ehrenzweig*, JW 1929, 85 ff. und *Niethammer*, DRiZ 1934, 6 f.

[543] *Scanzoni*, JW 1928, 2183.

[544] *Heinsheimer*, FS Franz Klein, S. 136.

[545] Vgl. *Eberhard Schmidt*, LK I, Rn. 373, *Wessels*, JuS 1969, 6, *Ehrenzweig*, JW 1929, 85, *August Wimmer*, DRZ 1950, 392, *Niese*, GA 1954, 149 f. und *Mösl*, DRiZ 1970, 110; im neueren Schrifttum wird im Sinne der Rechtsprechung betont, dass lediglich „vernünftige Zweifel“ nicht mehr vorhanden sein dürften: so etwa *Roxin*, Strafverfahrensrecht (25. Aufl., München 1998), § 15 Rn. 13, *Eisenberg*, Beweisrecht, Rn. 90, *Kindhäuser*, Strafprozessrecht, § 23 Rn. 53 und SK-StPO/*Ellen Schlüchter* (3. Aufl., 64. Lieferung: Stand November 2009, Köln 2009), § 261 Rn. 53.

und vorbehaltlosen Zustimmung gewichen" sei[546], sich beim Richter also ein Zustand subjektiver Gewissheit über das Vorhandensein jener Tatsachen eingestellt habe, die die Entscheidung trügen[547]. Ein derartiger Entscheidungsbildungsprozess sei zwar beeinflusst durch die Persönlichkeit, die Intelligenz, die Emotionen und das Temperament des Urteilenden[548], so dass ein Richter in bestimmten Situationen überzeugt sein möge, wo ein anderer noch zweifle[549]. Das sei aber unvermeidbar, komme hierin doch die gesetzlich garantierte Freiheit der Überzeugungsbildung des Richters und dessen hiermit verbundene Verantwortung[550] zum Ausdruck, Urteile über Menschen zu fällen mit der ständigen Möglichkeit, die Wahrheit hierbei zu verfehlen. Nur so lasse sich zugleich ein Vertrauen zwischen dem Volk und den in ihrem Namen entscheidenden Richtern etablieren, das arg in Mitleidenschaft gezogen würde, wenn der Richter statt auf selbst zu verantwortender subjektiver Gewissheit auf die bloße, objektive Wahrscheinlichkeit einer Schuld hin einen Angeklagten schuldig sprechen würde[551]. Ohne „Glaube des Richters an die Wahrheit"[552] könne ein noch so hoher Grad an Wahrscheinlichkeit daher nicht ausreichen, um ein Urteil zu fällen.

Dennoch würde es zu weit gehen, wie *Zoebe*[553] von unserer Zeit als einer „Epoche der ‚conviction-intime'[554]" zu sprechen, könne die über das Schicksal des Angeklagten[555] und sein weiteres Leben getroffene Entscheidung doch auch nicht aus „subjektivem Gutdünken" entschieden werden. Richterliche Gewissheit sei mehr als Vermuten, Meinen und Glauben[556] und reiche dort nicht aus, wo das objektive Ergebnis der Beweisaufnahme einen rational einleuchtenden Schluss auf die Täterschaft des Angeklagten nicht zulasse[557], sich die subjektive Entscheidung also zu weit von der tragfähigen, verstandesmäßig einsichtigen Tatsachengrundlage[558] ent-

---

546 *Kasper*, Beweiswürdigung, S. 24; ähnlich zuvor bereits *Döhring*, Erforschung, S. 469.

547 Vgl. *Ehrenzweig*, JW 1929, 85 ff., *Kleinknecht*, GA 1961, 51 f., *Henkel*, Strafverfahrensrecht, S. 351, *Niese*, GA 1954, 148 ff., *Heinsheimer*, FS Franz Klein, S. 136 und 142, *August Wimmer*, DRZ 1950, 390 ff., *Marmann*, GA 1953, 142, *Mattil*, GA 1954, 338, *Mösl*, DRiZ 1970, 110, *Janetzke*, DRiZ 1951, 160 f., *Oellrich*, NJW 1954, 532 ff., *Zeiler*, DRiZ 1929, 133 ff. und *Böhme*, DRiZ 1960, 20; aus jüngerer Zeit zur subjektiven Beweismaßkomponente etwa *Gössel*, Strafverfahrensrecht, S. 263, *Roxin/Schünemann*, Strafverfahrensrecht, § 45 Rn. 43, *Karl Peters*, Strafprozeß, S. 298, *ders.*, FS Olivecrona, S. 546, *Beulke*, Strafprozessrecht, Rn. 490, *Kindhäuser*, Strafprozessrecht, § 23 Rn. 53, AK-StPO/*Maiwald*, § 261 Rn. 10, *Pfeiffer*, StPO, § 261 Rn. 1 und *Hellmann*, Strafprozessrecht, Rn. 799.

548 Vgl. *Heinsheimer*, FS Franz Klein, S. 136.

549 KMR/*Stuckenberg*, § 261 Rn. 19 bezeichnet dies als „unvermeidliche Kehrseite" der subjektiven Entscheidungsfindung.

550 Vgl. *Herdegen*, NStZ 1987, 197.

551 *Scanzoni*, JW 1928, 2183.

552 *Mösl*, DRiZ 1970, 110.

553 *Zoebe*, FS Schmidt-Leichner, S. 230 f.

554 Siehe zu dieser bereits oben Erster Hauptteil, Erstes Kapitel, A, VI.

555 Hierauf als Grund für die Notwendigkeit einer Objektivierung der Überzeugungsbildung verweist *Hellmann*, Strafprozessrecht, Rn. 799.

556 *Karl Peters*, Strafprozeß, S. 300.

557 *Roxin/Schünemann*, Strafverfahrensrecht, § 45 Rn. 43 und *Karl Peters*, JR 1977, 84.

558 *Albrecht*, NStZ 1983, 489 und *Hellmann*, Strafprozessrecht, Rn. 799.

ferne. Parallel zur Entwicklung in der Rechtsprechung setzte sich so langsam auch im überwiegendem[559] Schrifttum die Ansicht durch, dass die richterliche Tatsachenfeststellung ein Zusammenspiel subjektiver mit objektiven Kriterien erfordere: So verlangen einige gewichtige Stimmen im Schrifttum, dass der Urteilsbildungsprozess von anderen (insbesondere Richtern[560]) objektiv nachvollzogen werden könne[561], so dass der Richter nicht einfach sagen könne „Es ist so, weil ich überzeugt bin“, sondern sagen müsse: „Es ist so aus den und den Gründen, welche mich auch persönlich überzeugt haben“[562] und welche von anderen dann auf ihre Tragfähigkeit und Lückenlosigkeit objektiv überprüft werden könnten. Nach *Bender/Nack/Treuer* in ihrem Grundsatzwerk zur Tatsachenfeststellung beschreibe zwar „der für das praktische Leben brauchbare Grad an Gewissheit“ den „Grad von subjektiver Wahrscheinlichkeit, das geforderte (subjektive) Beweismaß“[563]. Dieser Grad ergebe sich aber durch die (teils vage) Abschätzung objektiver Wahrscheinlichkeiten der einzelnen Beweismittelaussagen auf der Grundlage von Erfahrungssätzen und Alltagstheorien[564] nach folgendem Schema, das dann ein Rechnen mit diesen Wahrscheinlichkeitswerten mit Hilfe des Bayes -Theorems[565] ermögliche[566], um so in den Urteilsgründen zu einem objektiven Gesamtwahrscheinlichkeitswert als Grundlage der subjektiven Gewissheit zu führen:

	(das entspräche in Werten der Wahrscheinlichkeitstheorie ewa:)
„(so gut wie) deterministisch	(0,98–1)
hoch wahrscheinlich	(0,95–0,97)
sehr wahrscheinlich	(0,90–0,94)
wahrscheinlich	(0,80–0,89)
ziemlich wahrscheinlich	(0,66–0,79).“[567]

Demgegenüber verlangen andere Autoren, dass *neben* das persönliche Gewissheitserlebnis als notwendige Bedingung der richterlichen Überzeugung (wenngleich in Abhängigkeit und mit gegenseitiger Wechselwirkung[568]) als zweite notwendige Komponente ein gewisser objektiver Wahrscheinlichkeitsgrad trete, der teilweise als eine „an Sicherheit grenzende Wahrscheinlichkeit“[569] bezeichnet wird und teil-

---

[559] Ausgenommen sind jene Autoren, die sich zur Vermeidung subjektiver Willkürlichkeiten von der subjektiven Entscheidungsmacht des Richters lösen und die Tatsachenfeststellung normativieren wollen: siehe hierzu ausführlich unten Zweiter Hauptteil, Drittes Kapitel, B, II, 4, a).

[560] So etwa *Roxin/Schünemann*, Strafverfahrensrecht, § 45 Rn. 43 und *Karl Peters*, JR 1977, 84.

[561] So etwa *Roxin/Schünemann*, Strafverfahrensrecht, § 45 Rn. 43, *Karl Peters*, JR 1977, 84, *Volk*, Grundkurs, § 29 Rn. 4, *Kindhäuser*, Strafprozessrecht, § 23 Rn. 53, *Fezer*, StV 1995, 99, *Hellmann*, Strafprozessrecht, Rn. 799 und *Stree*, In dubio pro reo, S. 40.

[562] *Fezer*, StV 1995, 99

[563] *Bender/Nack/Treuer*, Tatsachenfeststellung, Rn. 571.

[564] *Bender/Nack/Treuer*, Tatsachenfeststellung, Rn. 559ff.

[565] Siehe hierzu ausführlich unten Zweiter Hauptteil, Viertes Kapitel, E, II, 2, b).

[566] *Bender/Nack/Treuer*, Tatsachenfeststellung, Rn. 668ff.

[567] So bereits zuvor *Bender/Nack*, DRiZ 1980, 124.

[568] *Albrecht*, NStZ 1983, 488.

[569] *Meurer*, FS Tröndle, S. 540f., *Kühne*, Strafprozessrecht, Rn. 947, *Gerhard Walter*, Beweiswürdigung, S. 190, *Fincke*, GA 1973, 272 und *Heescher*, Untersuchungen, S. 65ff.

weise als (nur) „hohe Wahrscheinlichkeit“[570]. Selbst *Herdegen*, der sich mit vielen Beiträgen[571] verdienstvoll um eine Objektivierung der richterlichen Überzeugungsbildung bemüht hat und die „hohe (hochgradige) Wahrscheinlichkeit“ als bestimmten „Grad der Rationalität“[572] „einer intersubjektiv akzeptablen, d.h. für jedermann, sofern er nur den erforderlichen Sachverstand besitzt, kritische diskutierbaren, in hohem Maße plausiblen, rationalen Argumentation“[573] als „objektives Beweismaß“[574] bezeichnet, will hierdurch „die persönliche Gewissheit des Richters“ als „notwendige Bedingung des Schuldspruchs“ nicht verdrängen[575]. Auch er geht wie das gesamte Schrifttum somit von einem gemischt objektiv-subjektiven Beweismaß[576] aus, wenn deren genaue Ausgestaltung in Rechtsprechung und Schrifttum aber noch nicht hinreichend geklärt ist.[577]

II. Die Anwendung von Erfahrungssätzen

Basiere nach dem Schrifttum unabhängig von der Ausgestaltung im Einzelfall die freie richterliche Überzeugung auf einem objektiven „Fundament“[578] bzw. stehe sie neben einer objektiven Komponente der tragfähigen Tatsachengrundlage, so könne sie nicht über das objektiv Mögliche hinausgehen und sei daher an die Regeln der Logik[579] wie an die Erfahrungssätze[580] der Menschheit gebunden:

---

[570] LR/*Gollwitzer* (25. Aufl., Berlin 2001), § 261 Rn. 13, KMR/*Stuckenberg*, § 261 Rn. 19, SK-StPO/*Ellen Schlüchter* (3. Aufl., 64. Lieferung: Stand November 2009, Köln 2009), § 261 Rn. 53, KK-StPO/*Schoreit*, § 261 Rn. 4 f, *Rieß*, GA 1978, 265 und *Nack*, Grundlagen, S. 283.

[571] So etwa *Herdegen*, FS Kleinknecht, S. 179, *ders.*, NStZ 1987, 193 ff., *ders.*, StV 1992, 532 f., *ders.*, JZ 1998, 56, *ders.*, FS Hanack, S. 311 ff., *ders.*, NJW 2003, 3513 ff. und *ders.*, FS AG Strafrecht, S. 553 ff.

[572] *Herdegen*, NStZ 1987, 198.

[573] *Herdegen*, StV 1992, 533; ähnlich *Herdegen*, FS AG Strafrecht, S. 569.

[574] *Herdegen*, StV 1992, 533.

[575] *Herdegen*, NStZ 1987, 197; vgl. auch *Herdegen*, StV 1992, 534 und *ders.*, JZ 1998, 56.

[576] Ausdrücklich von einer „objekt-subjektiven Beweiswürdigung“ spricht *Karl Peters*, Strafprozeß, S. 298.

[577] Siehe ausführlich oben Erster Hauptteil, Zweites Kapitel, A, II, 1.

[578] *Karl Peters*, JR 1977, 84 und KMR/*Stuckenberg*, § 261 Rn. 19.

[579] Vgl. nur *Beulke*, Strafprozessrecht, Rn. 491, *Eisenberg*, Beweisrecht, Rn. 102, KK-StPO/*Schoreit*, § 261 Rn. 4a, *Meyer-Goßner*, § 337 Rn. 30 f., *Andrea Schmidt*, Grundsätze, S. 6 und *Fezer*, StV 1995, 97.

[580] Vgl. etwa *Karl Peters*, Kriminologische Aktualität VIII (1974), 32, *Roxin/Schünemann*, Strafverfahrensrecht, § 45 Rn. 50, *Beulke*, Strafprozessrecht, Rn. 492, *Volk*, NStZ 1996, 106, *ders.*, Grundkurs, § 29 Rn. 6 f., *Eisenberg*, Beweisrecht, Rn. 103 ff., *Herdegen*, FS Kleinknecht, S. 180, *Mezger*, Sachverständige, S. 26 ff., *Meurer*, FS Tröndle, S. 544, SK-StPO/*Ellen Schlüchter* (3. Aufl., 64. Lieferung: Stand November 2009, Köln 2009), § 261 Rn. 59 f., *Bertram Schmitt*, Beweiswürdigung, S. 229 ff., KK-StPO/*Schoreit*, § 261 Rn. 4a und 46 ff., AK-StPO/*Maiwald*, § 261 Rn. 15, *Meyer-Goßner*, § 337 Rn. 31, *Hamm*, FS Fezer, S. 403, *Pfeiffer*, StPO, § 261 Rn. 13, *Andrea Schmidt*, Grundsätze, S. 68, *Hellmann*, Strafprozessrecht, Rn. 806, *August Wimmer*, DRZ 1950, 393, *Fezer*, StV 1995, 97 f., *Schweling*, ZStW 83 (1971), 436 ff. und *Stree*, In dubio pro reo, S. 40: „Es würde eine lebensfremde und utopische Überspannung bedeuten, wollte man dem Angeklagten den Anspruch zubilligen, in allem ausschließlich nach auf seine

1. Zwingende Erfahrungssätze

Zwingende allgemeingültige Erfahrungssätze als „auf Grund allgemeiner Lebenserfahrung oder wissenschaftlicher Erkenntnisse gewonnene Regeln, die keine Ausnahme zulassen und eine an Sicherheit grenzende Wahrscheinlichkeit zum Inhalt haben“[581], erlaubten dem Tatrichter „wie gesetzliche Beweisregeln“[582] nur einen einzigen denkgesetzlich möglichen Schluss vom Ergebnis der Beweisaufnahme auf eine Tatsache des Tatgeschehens, so dass nur diese Tatsache unter der Voraussetzung einer ordnungsgemäßen Ermittlung des Beweisergebnisses mit „an Sicherheit grenzender Wahrscheinlichkeit“, „hoher Wahrscheinlichkeit“ bzw. für andere rational „nachvollziehbar“ festgestellt werden könne.[583] Die subjektive Komponente einer persönlichen Gewissheit vom so erschlossenen Geschehen enthalte dann keinen Spielraum mehr.[584] Sie müsse gebildet werden, selbst wenn der tatsächliche Ablauf des Geschehens auf diese Weise für den Richter unüberprüfbar oder zweifelhaft erscheine.[585] Er müsse das Geschehen hinnehmen, wie er es vorfinde[586] und dürfe nicht zweifeln.[587]

2. Statistische Erfahrungssätze

Die meisten wissenschaftlich anerkannten Erfahrungssätze wie die vielen im Anwendungsbereich des Beweises im Hinblick auf ein menschliches Verhalten (z. B. „Es ist wahrscheinlich, dass ein Zeuge sich durch seine Aussage nicht selbst belasten will“[588]) beinhalten jedoch keine „unumstößlichen wissenschaftlichen Erkenntnisse“[589], sondern vermittelten lediglich Wahrscheinlichkeiten und damit mehrere objektiv mögliche Tatsachenfeststellungen mit unterschiedlichen Wahrscheinlichkeitsgraden. Bei der Ermittlung der objektiven Komponente einer „hohen Wahrscheinlichkeit“, „mit an Sicherheit grenzenden Wahrscheinlichkeit“ bzw. einer rationalen Nachvollziehbarkeit müsse der Richter auch diese statistischen Erfahrungssätze beachten[590], indem er sie auf den konkreten Einzelfalles anwen-

---

Person zugeschnittenen Maßstäben beurteilt und vor Erkenntnissen bewahrt zu werden, die aus der Erfahrung gewonnen sind.“

581 *Beulke*, Strafprozessrecht, Rn. 492.

582 *Hellmann*, Strafprozessrecht, Rn. 806; ähnlich *Hamm*, FS Fezer, S. 408: „Was ist das anderes als eine Beweisregel?“

583 So etwa *Roxin/Schünemann*, Strafverfahrensrecht, § 45 Rn. 43, *Beulke*, Strafprozessrecht, Rn. 492, *Eisenberg*, Beweisrecht, Rn. 103, *Volk*, NStZ 1996, 105, SK-StPO/*Ellen Schlüchter* (3. Aufl., 64. Lieferung: Stand November 2009, Köln 2009), § 261 Rn. 59f. sowie KK-StPO/*Schoreit*, § 261 Rn. 46 und 48.

584 Ähnlich *Roxin*, Strafverfahrensrecht (25. Aufl., München 1998), § 15 Rn. 22, *Beulke*, Strafprozessrecht, Rn. 492, *Eisenberg*, Beweisrecht, Rn. 103 und KK-StPO/*Schoreit*, § 261 Rn. 46.

585 *Roxin*, Strafverfahrensrecht (25. Aufl., München 1998), § 15 Rn. 22.

586 *Hellmann*, Strafprozessrecht, Rn. 806.

587 *Volk*, NStZ 1996, 105.

588 AK-StPO/*Maiwald*, § 261 Rn. 15.

589 *Fezer*, StV 1995, 97.

590 Vgl. *Eisenberg*, Beweisrecht, Rn. 103, SK-StPO/*Ellen Schlüchter* (3. Aufl., 64. Lieferung: Stand November 2009, Köln 2009), § 261 Rn. 60 und *Fezer*, StV 1995, 97.

den und so überprüfen müsse, ob der durch den Erfahrungssatz generell vermittelte abstrakte Wahrscheinlichkeitsgrad durch die Umstände des Einzelfalles verändert werde, etwa wenn konkrete Anzeichen für eine der Ausnahmekonstellationen des Erfahrungssatzes vorlägen[591]. Genüge nach seiner Überzeugung[592] diese vom statistischen Erfahrungssatz auch im Einzelfall vermittelte Wahrscheinlichkeit nach der jeweils vertretenen objektiven Beweismaßkomponente und hege der Tatrichter am Schlussergebnis auch keine auf gesicherte Gegenindizien beruhende vernünftige Zweifel mehr, sei er also von ihm überzeugt, so könne er diesen Wahrscheinlichkeitsschluss ziehen[593], müsse dann aber die Gründe hierfür im Urteil darlegen[594]. Der Richter könne aber umgekehrt nicht gezwungen werden, bei einer bestimmten, durch einen statistischen Erfahrungssatz vermittelten (selbst hohen) Wahrscheinlichkeit seine persönliche Gewissheit zu bilden[595], würde so doch die Schuld nur noch nach in Erfahrungssätzen generalisierten Maßstäben beurteilt und somit entgegen dem objektiv-subjektiven Beweismaß „praktisch objektiviert“[596].

a) Negierung eines strafprozessualen Anscheinsbeweises

Hieraus ergebe sich für die überwiegende Ansicht in der Literatur[597] (wie für die Rechtsprechung[598]), dass es einen „Beweis des ersten Anscheins“ (prima facie-Beweis), der nicht auf der Gewissheit, sondern auf der Wahrscheinlichkeit eines

---

[591] Vgl. hierzu *Fezer*, StV 1995, 97: Der Tatrichter „darf nicht ohne Grund von ihnen abweichen, darf ihnen aber auch nicht (die Ausnahmekonstellation des konkreten Falles missachtend) vorschnell folgen“.

[592] Vgl. dazu, dass der Tatrichter objektive Wahrscheinlichkeit zwingend selbst ein „persönliches Urteil“ beinhalte und damit subjektiv erfolge, bereits *Frister*, FS Grünwald, S. 181.

[593] Vgl. etwa *Roxin*, Strafverfahrensrecht (25. Aufl., München 1998), § 15 Rn. 22, SK-StPO/*Ellen Schlüchter* (3. Aufl., 64. Lieferung: Stand November 2009, Köln 2009), § 261 Rn. 60 und KK-StPO/*Schoreit*, § 261 Rn. 48.

[594] Vgl. LR/*Gollwitzer* (25. Aufl., Berlin 2001), § 261 Rn. 47 und AK-StPO/*Maiwald*, § 261 Rn. 15.

[595] So etwa *Nack*, Kriminalistik 1999, 33 und KK-StPO/*Schoreit*, § 261 Rn. 48.

[596] Vgl. *Stree*, In dubio pro reo, S. 41.

[597] *Roxin*, Strafverfahrensrecht (25. Aufl., München 1998), § 15 Rn. 16, *Henkel*, FS Eberhard Schmidt, S. 589, *Eisenberg*, Beweisrecht, Rn. 104, *Herzberg*, NJW 1987, 1461, *Beulke/Bachmann*, JuS 1992, 738 Fn. 8, *Stree*, In dubio pro reo, S. 41, LR/*Gollwitzer* (25. Aufl., Berlin 2001), § 261 Rn. 107, *Tiedemann*, NJW 1990, 2052, *Klaus und Inge Tiedemann*, FS Rudolf Schmitt, S. 148, *Hassemer*, Produktverantwortung, S. 47, *Hillenkamp*, Recht und Wirtschaft, S. 221, *Meyer-Goßner*, § 261 Rn. 23, *Pfeiffer*, StPO, § 261 Rn. 2, *Rüping*, Strafverfahren, Rn. 511, KMR/*Paulus*, § 244 Rn. 287, *Dannecker/Biermann* in Immenga/Mestmäcker, GWB, Vor § 81 Rn. 257, *Egon Schneider*, Beweis, Rn. 366 f., *Brehmeier-Metz* in Dölling/Duttge/Rössner, Gesamtes Strafrecht, § 261 StPO Rn. 8, *Heescher*, Untersuchungen, S. 148, *Barbara Bock*, Produktkriminalität, S. 71, *Joachim Bock*, Begriff, S. 171 f., *Hainmüller*, Anscheinsbeweis, S. 42 Fn. 229, *Hole*, Prima facie-Beweis, S. 100, *Erb*, Alternativverhalten, S. 97 Fn. 104, *Louven*, MDR 1970, 296, *Bach*, MDR 1976, 19 f., *Löffeler*, JA 1987, 79, *Weyreuther*, DRiZ 1957, 59, *Bayerlein*, Praxishandbuch, § 16 Rn. 10, *Ledig*, DJZ 1934, 978 und *Sieg*, NJW 1976, 1163; vgl. zur Unzulässigkeit des Anscheinsbeweises im Ordnungswidrigkeitenrecht etwa *Dannecker/Biermann* in Immenga/Mestmäcker, GWB, Vor § 81 Rn. 257, *Lübbert*, Verbot, S. 119 ff. und *Belke*, ZHR 139 (1975), 130 ff.

[598] Siehe hierzu ausführlich oben Erster Hauptteil, Zweites Kapitel, A, II, 3.

typischen Geschehensablaufs beruhe, im Strafprozess nicht geben könne. Dem so geführten Beweis hafte sonst mangels fester Überzeugung von der individuellen Schuld des Angeklagten „der Makel des Unvollständigen an, das den Anforderungen der Gerechtigkeit und der Rechtssicherheit nicht" genüge[599]. Aus rechtsstaatlichen Gründen sei es daher hinzunehmen, dass beispielsweise ein Kraftfahrer im Strafprozess wegen fahrlässiger Körperverletzung mangels erfolgreichen Indizienbeweises[600] freigesprochen werde, im anschließenden Zivilprozess auf Grund eines nicht entkräfteten Anscheinsbeweises jedoch zum Schadensersatz aus schuldhaft verursachtem Verkehrsunfall verurteilt werden könne[601].

Während wie dargelegt[602] in den anderen Rechtsgebieten der prima facie-Beweis anerkannt ist, scheint der Strafprozess so das letzte Bollwerk gegen diese Rechtsfigur zu bilden. Doch dieser Schein trügt. Die teils vehement mit der mächtigen Keule des Art. 20 Abs. 3 GG (Rechtsstaatsprinzip) oder des noch mächtigeren Art. 1 GG (Schuldprinzip) vertretene Ablehnung eines strafprozessualen Anscheinsbeweises beruht auf einem weit verbreiteten Missverständnis vom Wesen des Anscheinsbeweises und seiner Einpassung in unterschiedliche Verfahrensstrukturen, wie ein vertiefter Blick auf die zur Ablehnung vom Schrifttum vorgebrachten Argumente – die sich weitgehend mit denen der Rechtsprechung decken[603] – verdeutlicht:

aa) Verstoß gegen die Unschuldsvermutung

Ein erster Vorwurf[604] geht dahin, dass das Überbrücken bestehender Beweislücken und damit eine Verurteilung auf der Basis lediglich eines „ersten Anscheins" eine gegen die Unschuldsvermutung verstoßende Verurteilung auf bloßer Vermutungsbasis[605] bedeuten würde. Aus Art. 1 und 2 Abs. 1 GG sowie dem Rechtsstaatsprinzip des Art. 20 Abs. 3 GG ergibt sich nämlich der materielle Schuldgrundsatz, wonach keine Strafe ohne Schuld verhängt werden darf[606], verbunden mit der notwendigen prozessualen Pflicht, dem Täter seine Schuld in einem justizförmig geordneten Verfahren nachzuweisen.[607] Bis zum gesetzlichen Nachweis der Schuld

---

[599] *Stree*, In dubio pro reo, S. 43.

[600] Zu Recht verweist *Hainmüller*, Anscheinsbeweis, S. 42 Fn. 229 darauf, dass die Strafgerichte daher in Fällen, wo die Zivilgerichte einen Anscheinsbeweis angenommen haben, nur von „Beweisanzeichen" gesprochen hätten.

[601] So das Beispiel von *Bayerlein*, Praxishandbuch, § 16 Rn. 10.

[602] Siehe oben Erster Hauptteil, Erstes Kapitel, C und D.

[603] Siehe hierzu oben Erster Hauptteil, Zweites Kapitel, A, II, 3, zusammenfassend c).

[604] Vgl. nur *Rüping*, Strafverfahren, Rn. 511, *Heescher*, Untersuchungen, S. 148 und *Bayerlein*, Praxishandbuch, § 16 Rn. 10 („Niemand darf ‚prima facie' schuldig verurteilt werden").

[605] Gegen Verurteilungen auf bloßer Vermutungsbasis allgemein BGHR StPO § 261 Vermutung 1, 4, 6, 8 und 11, BGH, NStZ-RR 2000, 312, BGH, StV 2002, 235 und BGH, wistra 2005, 106f.

[606] Vgl. BVerfE 19, 167 (169), BVerfGE 20, 323 (331), BVerfGE 57, 250 (275), BVerfGE 58, 159 (163), BVerfGE 80, 244 (255), BVerfGE 86, 288 (313) sowie BGHSt. 2, 194 (200).

[607] Vgl. nur BVerfGE 9, 167 (169) und BVerfGE 74, 358 (370).

hat der Angeklagte als unschuldig zu gelten (sog. Unschuldsvermutung). Der Gesetzgeber hat auf dieser Grundlage das Prozessrecht so auszugestalten[608], dass ohne gesetzlichen, prozessordnungsgemäßen – wenngleich nicht notwendigerweise rechtskräftigen – Schuldnachweis keine Maßnahmen gegen den Beschuldigten verhängt werden, die in ihrer Wirkung einer Strafe zumindest gleichkommen und den Beschuldigten verfahrensbezogen als schuldig behandeln.[609] Wie der prozessrechtliche Schuldnachweis konkret geführt werden soll, gibt die Unschuldsvermutung allein jedoch nicht vor. Sie verlangt nur, dass jenes Beweismodell, das der Gesetzgeber für den Schuldnachweis vorgesehen hat, eingehalten wird[610]. Insoweit ist die Unschuldsvermutung streng akzessorisch an die jeweilige Verfahrensgestaltung gebunden, so dass sich – wie *Stuckenberg*[611] überspitzt formuliert hat – mit der Unschuldsvermutung sogar ein Verfahren sichern lasse, „das im Wege des Orakels oder des Gottesurteils über Erfolgs- oder Sippenhaftung" befinde. Die Entscheidung über die Einhaltung der Unschuldsvermutung hängt daher maßgeblich davon ab, ob bei der Anwendung des Anscheinsbeweises das strafprozessuale Beweismaß eingehalten würde.

bb) Verstoß gegen den Grundsatz „in dubio pro reo"

Gleiches gilt letztlich für den verwandten Einwand, dass der Tatrichter, wenn er nicht die volle subjektive Gewissheit von den individuellen Tatsachen des Tatgeschehens erlangt habe, er „in dubio pro reo" zugunsten des Angeklagten urteilen und die Tatsache nicht feststellen dürfe; diese individuelle Beweis- weil Gewissheitslücke über einen Anscheinsbeweis mit generalisierten Erfahrungen zu überbrücken, bedeute daher eine Verletzung des „rechtsstaatlichen Fundamentalsatzes"[612] „in dubio pro reo".[613]

---

[608] Vgl. dazu, dass die Unschuldsvermutung sich als Verfahrensdirektive an den Gesetzgeber richtet, BVerfGE 74, 358 (372), *Karlheinz Meyer*, FS Tröndle, S. 64 sowie *Krauß*, Strafrechtsdogmatik, S. 160ff.

[609] Vgl. zu dieser unstreitigen Folge der Unschuldsvermutung nur BVerfGE 74, 358 (371), *Geppert*, Jura 1993, 161, *Bohnert*, Abschlussentscheidung, S. 247ff., *Stuckenberg*, ZStW 111 (1999), 456 und *Frister*, Jura 1988, 359ff.

[610] Ebenso BGHSt. 21, 306 (308): „Im übrigen will die sogenannte Unschuldsvermutung dieser Vorschrift in erster Linie verhindern, dass jemand ohne den Nachweis einer Schuld in einem gesetzlich geregelten Verfahren als schuldig behandelt wird. Dem innerstaatlichen Recht bleibt es jedoch überlassen zu bestimmen, was zum gesetzlichen Nachweis der Schuld gehört und auf welche Weise der Schuldnachweis zu führen ist."

[611] ZStW 111 (1999), 456.

[612] So die einprägsame Formulierung von *Eisenberg*, Beweisrecht, Rn. 116, LR/*Gollwitzer* (25. Aufl., Berlin 2001), § 261 Rn. 103 und KK-StPO/*Schoreit*, § 261 Rn. 56; ähnlich *Reinicke*, NJW 1949, 557 („in einem Rechtsstaat fundamentalen Grundsatzes"). Ob dem „In dubio pro reo"-Grundsatz Verfassungsrang zukommt, hat BVerfG, NJW 1988, 477 noch offen gelassen, bejaht hingegen von BayVerfGH, NJW 1983, 1600 (1602) und KMR/*Stuckenberg*, § 261 Rn. 74.

[613] So etwa *Stree*, In dubio pro reo, S. 42, *Barbara Bock*, Produktkriminalität, S. 71 und *Bayerlein*, Praxishandbuch, § 16 Rn. 10.

Dieser inzwischen gewohnheitsrechtlich anerkannte[614] „Grundsatz“[615] ist gesetzlich nicht ausdrücklich geregelt. Er ergibt sich seinem Inhalt nach aus dem Schuldprinzip[616] in Verbindung mit Art. 103 Abs. 2 GG bzw. § 1 StGB, wie es grundlegend *Montenbruck*[617] herausgearbeitet hat: Staatliche Eingriffe in Freiheit (Art. 2 Abs. 2 S. 2 GG), Eigentum (Art. 14 Abs. 1 S. 1 GG) und persönliche Lebensgestaltung des Beschuldigten (Art. 2 Abs. 1 GG) als strafrechtliche Sanktion bedürfen nach Art. 2 Abs. 1 und Abs. 2 S. 3 sowie Art. 14 Abs. 1 S. 2 GG eines Gesetzes, das nach Art. 103 Abs. 2 GG ein konkretes Verhalten des Beschuldigten als Grund der Sanktionierung gesetzlich hinreichend bestimmt hat, bevor die Tat begangen wurde, und dessen sanktioniertes Verhalten nach Art. 1, 2 Abs. 1 und 20 Abs. 3 GG dem Beschuldigten zu Recht vorgeworfen werden kann, er also an der Straftat schuld ist.[618] Diesem materiellen Schuldprinzip entspricht als prozessuale „Kehrseite“[619] die Pflicht des Staates, dem Beschuldigten die tatsächliche Verwirklichung eines Straftatbestandes in einem justizförmig geordneten Verfahren prozessordnungsgemäß nachzuweisen[620]. Kann der Tatrichter daher eine für eine derartige Strafnorm tatbestandsrelevante Tatsache trotz aller ihm zur Verfügung stehenden wie zulässigen Aufklärungsbemühungen (§ 244 Abs. 2 StPO)[621] nicht nach seiner Überzeugung (§ 261 StPO) – und damit in dem Sinne, wie es die Strafprozessordnung verlangt – feststellen, verbleiben bei ihm also „endgültige Zweifel“[622], so kann er

---

[614] So OLG Hamm, NJW 1951, 286, *Volk*, Grundkurs, § 18 Rn. 17, *Ulrich Weber* in Baumann/Weber/Mitsch, AT, § 9 Rn. 109 und *Zopfs*, Grundsatz, S. 328 ff. Vgl. zu der rechtsgeschichtlichen Entwicklung des in dubio pro reo-Satzes nur *Holtappels*, Entwicklungsgeschichte, S. 1 ff., *Moser*, In dubio pro reo, S. 16 ff. und *Sax*, FS Stock, S. 143 ff. Seine wohl älteste Begründung stammt von *Trajan*, den *Ulpian* zitiert: Dig. 48, 19, 5: „Dass auch Niemand auf Verdacht hin verurtheilt werden dürfe, hat Divus Trajanus an Assiduus Severus rescribirt, denn es ist besser, die That eines Schuldigen ungestraft zu lassen, als einen Unschuldigen zu verurtheilen“ (deutsche Übersetzung nach *Otto/Schilling/Sintenis*, Corpus Iuris Civilis IV, S. 1019).

[615] Vgl. nur BGHSt. 22, 154 (156), BGHSt. 47, 311 (313), BayVerfGH, MDR 1966, 477, *Beulke*, Strafprozessrecht, Rn. 25 und *Meyer-Goßner*, § 261 Rn. 26.

[616] Siehe hierzu bereits oben Erster Hauptteil, Zweites Kapitel, A, II, 3, c).

[617] *Montenbruck*, In dubio pro reo, S. 43 ff.

[618] Vgl. nur BVerfGE 19, 167 (169), BVerfGE 20, 323 (331), BVerfGE 57, 250 (275), BVerfGE 80, 244 (255), BVerfGE 86, 288 (313), BVerfG, NStZ 1987, 419 sowie BGHSt. 2, 194 (200).

[619] *Stree*, In dubio pro reo, S. 16.

[620] Vgl. nur BVerfGE 9, 167 (169) und BVerfGE 74, 358 (370).

[621] Vgl. zu diesem Erfordernis für „Zweifel“ im Sinne des in dubio pro reo-Satzes: BGH bei *Spiegel*, DAR 1978, 159, BGH bei *Rüth*, DAR 1978, 210, BGH, NStZ 2005, 85 (86), OLG Hamm, VRS 41 (1971), 37 (38), *Eisenberg*, Beweisrecht, Rn. 116, *Montenbruck*, In dubio pro reo, S. 75, *Beulke*, Strafprozessrecht, Rn. 406, *Jescheck/Weigend*, AT, S. 144, *Zopfs*, Grundsatz, S. 273, *Wessels*, JuS 1969, 6, LR/*Jörg-Peter Becker*, § 244 Rn. 46, AK-StPO/*Schöch*, § 244 Rn. 27 und *Löffeler*, JA 1987, 77 f.

[622] *Zopfs*, Grundsatz, S. 274. Dem entspricht es historisch, dass bei der Entscheidung über die Folter nach Art. 28 CCC („Item mer ist zu bedencken, wann jemant eyner missethat mit etlichen argkwonigen theylen oder stücken [als vorsteht] verdacht wirdet, das alweg zweyerley gar eben war genommen werden soll. Erstlich der erfunden argkwonigkeyt, Zum andern, was die verdacht person, gutter vermuttung, die sie von der missethat entschuldigen mögen, für sich hab. Vnd so dann darauß ermessen mag werden, daß die vrsachen des argkwons grösser

allenfalls feststellen, der Täter habe z. B. „möglicherweise jemanden getötet" oder „möglicherweise vorsätzlich" gehandelt. Knüpft das entsprechende Strafgesetz an die reine Möglichkeit und damit den reinen Verdacht einer bestimmten Handlung aber noch keine strafrechtliche Sanktion (§ 212 StGB lautet nicht: „Wer im Verdacht steht, einen Menschen getötet zu haben, ohne Mörder zu sein, wird als Totschläger [...] bestraft"), so verbietet Art. 103 Abs. 2 GG eine Bestrafung nach dieser Norm: „Wer nur vielleicht jemanden getötet hat", ist bezogen auf § 212 StGB straflos.[623] Für diese normtheoretische Fundierung des in dubio pro reo-Satzes bezüglich der den Beschuldigten belastenden Tatsachenfeststellungen besteht weitgehend Einigkeit.[624] Den konsequenten Schluss, dass sich das Ergebnis unmittelbar aus Art. 103 Abs. 2 GG ergebe und der in dubio pro reo-Satz daher keinen weiteren Erkenntnisgewinn leiste und daher überflüssig sei, ziehen soweit ersichtlich nur *Montenbruck*[625] und *Paulus*[626].

Rechtsprechung und herrschende Lehre möchten auf diese Rechtsformel nicht verzichten, wohl aus Gründen der einfacheren Rechtfertigung eines Freispruchs gegenüber der Allgemeinheit (der Satz „im Zweifel für den Angeklagten" ist einfach plastischer als „Es verblieben Zweifel an der tatsächlichen Tatbegehung durch den Angeklagten. Für einen derart festgestellten reinen Tatverdacht fehlt es aber an einer Strafnorm")[627]. Das Ergebnis ist eine „Zauberformel"[628] ohne normativen Unterbau, so dass der Rechtsprechung die Ausgestaltung dogmatischer Einzelfragen überantwortet wird. Wozu dies führen kann, zeigt die selbst innerhalb der Rechtsprechung umstrittene Frage, ob der in dubio pro reo-Grundsatz auch für das Vorliegen entlastender Tatsachen Geltung beansprucht.[629] Hierneben legt der

---

seind dann die vrsach der entschuldigung so mag alßdann peinlich frag gebraucht werden. Wo aber die vrsachen der entschuldigung eyn merer ansehen vnd achtung haben, dann etliche geringe argwonigkeyt, so erfunden sein, So soll die peinlich frag nit gebraucht werden. Vnd so inn disen dingen gezweifelt würde, sollen die jhenen so peinlicher frag halber zuerkennen vnd zu handeln gebürt, bei den rechtuerstendigen vnnd an enden vnd orten wie zu ende diser vnser ordnung angezeygt, radts pflegen") der Zweifelssatz erst zur Anwendung kommen sollte, wenn kein Übergewicht der belastenden oder entlastenden Indizien festgestellt werden konnte: so *Zopfs*, Grundsatz, S. 273.

623 So das Beispiel bei *Montenbruck*, In dubio pro reo, S.

624 Vgl. nur *Roxin/Schünemann*, Strafverfahrensrecht, § 45 Rn 56, *Eisenberg*, Beweisrecht, Rn. 116f., *Beulke*, Strafprozessrecht, Rn. 25, SK-StPO/*Ellen Schlüchter* (3. Aufl., 64. Lieferung: Stand November 2009, Köln 2009), § 261 Rn. 69, LR/*Gollwitzer* (25. Aufl., Berlin 2001), § 261 Rn. 103, *Rüping*, Strafverfahren, Rn. 513, *Hellmann*, Strafprozessrecht, Rn. 808, *Wasserburg*, ZStW 94 (1982), 922ff., *Noack*, Jura 2004, 539 und *Löffeler*, JA 1987, 77.

625 *Montenbruck*, In dubio pro reo, S. 51 und 62.

626 KMR/*Paulus*, § 244 Rn. 290.

627 *Montenbruck*, In dubio pro reo, S. 65 spricht daher von einer „vulgärrechtlichen" Funktion des in dubio pro reo-Satzes.

628 *Montenbruck*, In dubio pro reo, S. 64.

629 Dafür: BGH, NJW 1989, 1043 (1044), *Herdegen*, NStZ 1984, 342 und KK-StPO/*Schoreit*, § 261 Rn. 65; dagegen: BVerfG, MDR 1975, 468 (469), BGHSt. 25, 285 (286), BGHSt. 36, 286 (290f.), BGH, NStZ-RR 2009, 90 (91), SK-StPO/*Ellen Schlüchter* (3. Aufl., 64. Lieferung: Stand November 2009, Köln 2009), § 261 Rn. 75, *Grünwald*, FS Honig, S. 65 und *Stree*, JZ 1974, 299). Wer dagegen wie *Montenbruck*, In dubio pro reo, S. 52ff. streng

bloße Grundsatz in dubio „pro reo“ als Folge verbleibender Zweifel nahe, der Richter habe – wie es vor allem die Rechtsprechung ausdrücklich annimmt – einer Beweismittelaussage, bei der er sowohl hinsichtlich ihrer Wahrheit wie ihrer Unwahrheit verbleibende Zweifel habe, zugunsten des Angeklagten festzustellen – er habe also zugunsten des Angeklagten „günstige Feststellungen“[630] zu treffen (z. B. „Es war nicht der Angeklagte, der [...]“) und so „von einem bestimmten Sachverhalt auszugehen“, der bei der rechtlichen Würdigung die gleiche Bedeutung habe „wie ein zur Überzeugung des Gerichts festgestellter“[631].[632] Hiergegen spricht

---

Art. 103 Abs. 2 GG anwendet, wonach die „Strafbarkeit“ und nicht bloß die Tatbestandsmäßigkeit „gesetzlich bestimmt“ sein, der kommt hier normentheoretisch zu einer einheitlichen Anwendung be- wie entlastender Umstände, indem die begünstigenden Regelungen spiegelbildlich in „negative Strafbarkeitsvoraussetzungen“ (S. 53) umformuliert werden: Die Strafverfolgungsorgane, die faktisch „das Gesetz auf die Frage hin [zuschneiden], wie und wann zu strafen ist“ (S. 52), lesen die Schuldfähigkeit, Rechtfertigungs- und Entschuldigungsgründe wie Strafmilderungsgründe als „Merkmale des Tatbestandes im rechtstheoretischen Sinne“ (S. 56): § 211 StGB lautet hiernach – nach *Engisch*, Studien, S. 14 (die Normen der heutigen Nummerierung angepasst) – etwa: „Der zurechnungsfähige Mensch (§§ 19, 20 StGB und § 3 JGG), der ohne Rechtfertigungsgrund (wie z. B. Notwehr, § 32 StGB) und daher ohne Entschuldigungsgrund (wie z. B. [entschuldigender] Notstand, § 35 StGB) tötet und dabei aus Mordlust etc. handelt, wird mit lebenslanger Freiheitsstrafe bestraft.“ Das Fehlen z. B. der tatsächlichen Notwehrvoraussetzungen wird so zur Voraussetzung einer Verurteilung wegen Mordes. Habe der Täter sich bei seiner Handlung nur möglicherweise nicht in Notwehr befunden, so kann er aufgrund eines „Gegenschlusses“ „unter dem Aspekt des Art. 103 Abs. 2 GG“ (S. 50) nicht wegen Mordes werden (S. 55). Gleiches gilt für die zusätzlichen Tatbestandsmerkmale von Privilegierungstatbeständen, die als Abgrenzungskriterien (S. 58) negative Strafbarkeitsvoraussetzungen des Grundtatbestandes sind (S. 57): Z. B. wird wegen Totschlags bestraft, „wer einen Menschen tötet, ohne Mörder zu sein und ohne durch das ausdrückliche und ernstliche Verlangen des Getöteten zur Tötung bestimmt worden ist“ (S. 57). Alleine wegen der Allgemeinheit als Mitadressaten der Strafnormen habe der Gesetzgeber die typischen Sachverhalte als Strafnormen und abweichend hiervon Rechtsfertigungs- und Entschuldigungsgründe wie minder schwere Fälle geregelt. „Hieraus die eigentlichen Strafbarkeitsvoraussetzungen herauszulesen, hat er den Strafverfolgungsbehörden überlassen“ (S. 58). Nach Rechtsprechung und überwiegendem Schrifttum soll der in dubio pro reo-Satz wenigstens Anwendung finden, wenn die tatsächlichen Voraussetzungen der Notwehr nicht eindeutig auszuschließensind, weil nach dem Ergebnis der Beweisaufnahme begründete Zweifel bleiben, ob die Tat gerechtfertigt ist oder nicht: BGHSt. 10, 373 (374), BGH, StV 1986, 6 (allerdings zur Putativnotwehr), BGH, NJW 1991, 503 (504), BGH, NJW 1995, 973, BGH, NStZ 2005, 85 (86), LK/*Rönnau/Hohn*, § 32 Rn. 290, MüKo-StGB/Erb, § 32 Rn. 226 und SSW-StGB/*Rosenau*, § 32 Rn. 50.

[630] BGHR StPO § 261 In dubio pro reo 8 und 11.

[631] BGHR StPO § 261 In dubio pro reo 1.

[632] So BGHR StPO § 261 Überzeugungsbildung 18 („Unterstellungen zu Gunsten des Angeklagten“), BGHR StGB § 32 Abs. 2 Angriff 4, BGHR StPO § 261 In dubio pro reo 1–4, 6–8 und 11, BGH, NStZ 1982, 433, BGH, StV 1995, 509, BGH, StV 2001, 666 und HK-StPO/*Julius*, § 261 Rn. 18. Stelle das Gericht dagegen dennoch trotz Zweifeln die für den Angeklagten negative Tatsache fest und damit ohne, dass das Beweismaß des § 261 StPO (im Verständnis der Rechtsprechung wie überwiegenden Literatur) erreicht sei, so werde unabhängig vom „In dubio pro reo“-Grundsatz gegen § 261 StPO verstoßen, indem auf eine bloßen Vermutung ein Urteil gestützt wird (vgl. nur OLG Hamm, NJW 1951, 286), und zugleich gegen die an-

aber, dass auch Tatsachen, aus denen die Unschuld des Angeklagten folgen würde, nach § 261 StPO vom Richter nur festgestellt werden können, „wenn er an ihnen keinen Zweifel hat. Zweifelt er endgültig zwischen Wirklichkeit und Nichtwirklichkeit hinsichtlich einer Tatsache, die eine Verurteilung begründen würde, so kann er im Urteil als seine Überzeugung nur die Nichterweisbarkeit der Wirklichkeit feststellen“[633], also allenfalls, dass der Täter möglicherweise die Tat begangen habe. Art. 103 Abs. 2 GG, auf dem der in dubio pro reo-Satz normentheoretisch fundiert, zeigt in diesem Sinne deutlich, dass bei derartigen Feststellungen alleine an diese nicht die rechtlichen „Folgerungen“[634] geknüpft werden können wie an die (zur vollen richterlichen Überzeugung iSd § 261 StPO feststehende) tatsächliche Tatbegehung und damit die Verwirklichung des Straftatbestandes; kurz: „in dubio non contra reum“.[635] An den tatsächlichen Feststellungen ändert dies nichts: Der Angeklagte bleibt (zumindest) Verdächtiger der Straftat[636]. Erfüllt daher das tatsächlich festgestellte (Verdachts-) Verhalten des Angeklagten trotzdem einen anderen Tatbestand (insbesondere einen bloßen Gefährdungstatbestand oder bei einer sicheren Feststellung fahrlässiger Tötung und nur möglicherweise sogar vorsätzlicher Tötung den Tatbestand des § 222 StGB)[637], so ist der Angeklagte nach dieser Norm zu verurteilen. Erst wenn der Beschuldigte nach den tatsächlichen Feststellungen (eines bloßen Verdachts) gar keinen Tatbestand erfüllt, bleibt er straflos.

Einig ist man sich – und alleine hierauf für die vorliegende Arbeit an – wenigstens im Verhältnis zu § 261 StPO: Der Grundsatz in dubio pro reo bzw. unmittelbar Art. 103 Abs. 2 GG greift erst subsidiär nach vollständig abgeschlossener Beweiswürdigung (bei einem Indizienbeweis also erst nach der umfassenden Gesamtwürdigung[638]) ein[639]: Ist der Tatrichter voll davon überzeugt, dass sich das

---

gewendete materiell-rechtliche Norm durch eine fehlerhafte Subsumtion mit der Folge, dass bereits eine Sachrüge zum Erfolg führen würde: vgl. OGHSt. 1, 165, LR/*Gollwitzer* (25. Aufl., Berlin 2001), § 261 Rn. 103 sowie KK-StPO/*Schoreit*, § 261 Rn. 56.

633 *Wimmer*, DRZ 1950, 395.

634 *Beling*, JW 1931, 1579.

635 So zutreffend *Beling*, JW 1931, 1579 („Regel des Rechtsanwendungsrechts“), *Wimmer*, DRZ 1950, 395, *Montenbruck*, In dubio pro reo, S. 62, *Zopfs*, Grundsatz, S. 308, *Frisch*, FS Henkel, S. 283 und *Tenckhoff*, Wahrunterstellung, S. 113.

636 Vgl. nur *Montenbruck*, In dubio pro reo, S. 64 und *Zopfs*, Grundsatz, S. 309 (der Angeklagte verbleibe in seinem Status).

637 Hierfür existierte zu Beginn des reformierten Strafprozesses mit der „poena extraordinaria“ eine bloße Verdachtsstrafe: siehe hierzu oben Erster Hauptteil, Erstes Kapitel, A, VI.

638 BGHSt. 35, 308 (316), BGHSt. 36, 286 (290), BGHSt. 49, 112 (122f.), BGH, NStZ 1999, 205, BGH, NStZ 2001, 609, BGH, NStZ-RR 2003, 369 (370), BGH, NJW 2005, 2322 (2324), BGH, StV 2008, 239, BGH, NStZ-RR 2009, 90 (91), BGHR StPO § 261 Beweiswürdigung 20, *Eisenberg*, Beweisrecht, Rn. 124, SK-StPO/*Ellen Schlüchter* (3. Aufl., 64. Lieferung: Stand November 2009, Köln 2009), § 261 Rn. 76, *Hellmann*, Strafprozessrecht, Rn. 810, *Meyer-Goßner*, § 261 Rn. 26 sowie *Foth*, NStZ 1996, 424; aA BGH, NJW 1989, 1043 (1044) und BGH, NStZ 1995, 539 (540).

639 BGH, NStZ-RR 2005, 209, OLG Jena, VRS 107 (2005), 200, *Roxin/Schünemann*, Strafverfahrensrecht, § 45 Rn. 56, *Eberhard Schmidt*, LK I, Rn. 373, *Eisenberg*, Beweisrecht,

Tatgeschehen auf eine bestimmte Art und Weise, die für den Angeklagten bei rechtlicher Würdigung nachteilhaft wäre, abgespielt hat, hegt er also keine Zweifel, ist – das Vorliegen der objektiven Beweismaßkomponente einmal unterstellt – das erforderliche Beweismaß erfüllt. Der gesetzliche Schuldnachweis der gesetzlich bestimmten Tatbestandsmerkmale ist dann geführt, dem Schuldgrundsatz also genüge getan. Für den in dubio pro reo-Grundsatz bzw. einen Verstoß gegen Art. 103 Abs. 2 GG ist dann kein Raum, mag die festgestellte Tatsachen auch zu Lasten des Angeklagten gehen.[640] Ist der Tatrichter umgekehrt voll überzeugt, dass sich eine für den Angeklagten nachteilhafte Tatsache nicht ereignet hat, sondern vielmehr deren Gegenteil, so erreicht dieses das Beweismaß und ist vom Tatrichter dem Urteil zugrunde zu legen. Erst wenn nach Ausschöpfung aller Beweismittel und umfangreicher Beweiswürdigung wegen Zweifeln weder bezüglich des Vorliegens einer für den Angeklagten nachteilhaften entscheidungserheblichen Tatsache (nochmals: wenigstens insoweit besteht Einigkeit) für die Schuld- oder Straffrage das Beweismaß richterlicher Gewissheit auf objektiver Basis erreicht ist, noch wegen anderer Zweifel deren Gegenteil, der Richter also mangels Erreichen des Beweismaßes weder die Tatsache noch ihr Gegenteil feststellen kann, sondern allenfalls, dass sich das Tatgeschehen möglicherweise auf eine bestimmte Art und Weise zugetragen hat, greift der in dubio pro reo-Satz als „Entscheidungsregel"[641] bzw. Art. 103 Abs. 2 GG ein. Der „in dubio pro reo"-Grundsatz bzw. Art. 103 Abs. 2 GG sagen also nicht bereits als Beweis-[642] oder Beweiswürdigungsregeln[643], ob der Richter vom Vorliegen einer bestimmten Tatsache überzeugt sein darf oder nicht. Sie sind daher noch nicht verletzt, wenn der Richter hätte zweifeln müssen, jedoch für sich zu einer subjektiv völligen Gewissheit (auf entsprechend objektiver Basis) gelangt ist und damit das Beweismaß er-

---

Rn. 118 und 124, LR/*Gollwitzer* (25. Aufl., Berlin 2001), § 261 Rn. 104, SK-StPO/*Ellen Schlüchter* (3. Aufl., 64. Lieferung: Stand November 2009, Köln 2009), § 261 Rn. 69 und 75, *Kindhäuser*, Strafprozessrecht, § 23 Rn. 67, *Bertram Schmitt*, Beweiswürdigung, S. 208 und *Löffeler*, JA 1987, 77.

[640] Vgl. nur BGH, VRS 27 (1964), 105 (106), SK-StPO/*Ellen Schlüchter* (3. Aufl., 64. Lieferung: Stand November 2009, Köln 2009), § 261 Rn. 69, KMR/*Stuckenberg*, § 261 Rn. 76 und KK-StPO/*Schoreit*, § 261 Rn. 56.

[641] BVerfG, NJW 1988, 477, BVerfG, NStZ-RR 2007, 381 (382), BVerfG, Nichtannahmebeschl. v. 26. 8. 2008 – 2 BvR 553/08, juris, BGHSt. 49, 112 (122), BGH, NJW 2005, 2322 (2324), BGH, StV 2008, 239, BGH, NStZ-RR 2009, 90 (91), OLG Jena, VRS 107 (2005), 200, *Eberhard Schmidt*, LK I, Rn. 373, *Beling*, JW 1931, 1579, *Eisenberg*, Beweisrecht, Rn. 124, *Alsberg/Nüse/Meyer*, Beweisantrag, S. 664, LR/*Gollwitzer* (25. Aufl., Berlin 2001), § 261 Rn. 104, SK-StPO/*Ellen Schlüchter* (3. Aufl., 64. Lieferung: Stand November 2009, Köln 2009), § 261 Rn. 69 f., *Kindhäuser*, Strafprozessrecht, § 23 Rn. 67 und 69, *Meyer-Goßner*, § 261 Rn. 26 und *Brehmeier-Metz* in Dölling/Duttge/Rössner, Gesamtes Strafrecht, § 261 StPO Rn. 10; aA *Frisch*, FS Henkel, S. 283, der von einer „Entscheidungsregel des Rechtsanwendungsrechts" ausgeht, argumentativ gegen ihn zu Recht SK-StPO/*Ellen Schlüchter* (3. Aufl., 64. Lieferung: Stand November 2009, Köln 2009), § 261 Rn. 69.

[642] So aber RGSt. 52, 319, RG, JW 1924, 1784, RG, JW 1931, 1578 f., BGHSt. 23, 203 (207) und wohl auch *Dreher*, MDR 1970, 371.

[643] So aber *Stree*, In dubio pro reo, S. 56.

reicht hat, sondern erst dann, wenn er trotz vorhandener Zweifel verurteilt hat[644]. Der Anscheinsbeweis, der es bereits auf der Beweiswürdigungsebene dem Richter ermöglicht, eine volle Überzeugung von einer Tatsache (die sich im konkreten Einzelfall genauso abgespielt haben soll wie typischerweise) zu erlangen, würde den Grundsatz „in dubio pro reo" (wenn man einen solchen akzeptiert) bzw. Art. 103 Abs. 2 GG daher nicht tangieren.

cc) Unzulässige Beweismaßabsenkung

Komme es daher maßgeblich darauf an, ob das gesetzliche Beweismaß mittels Schlusses mit einem statistischen Erfahrungssatz erreicht werde (nochmals: dann liegt weder ein Verstoß gegen die Unschuldsvermutung noch gegen den „In dubio pro reo"-Grundsatz vor), so wird vertreten, ein Anscheinsbeweis würde bedeuten, bei Beweisproblemen im Bereich von Kausalität, Vorsatz und Fahrlässigkeit aus Gründen des geschützten Rechtsguts oder des „gegenreformatorischen Argumentationstopos"[645] der Funktionstüchtigkeit der Strafrechtspflege „an die Stelle der Gewissheit die durch einen typischen Geschehensablauf verbürgte Wahrscheinlichkeit" treten zu lassen.[646] Entgegen dem objektiv-subjektiven Beweismaß der persönlichen Gewissheit (bei Fehlen vernünftiger Zweifel) aufgrund oder neben einem gewissen objektiven Wahrscheinlichkeitsgrad bzw. aufgrund einer rational nachvollziehbaren Argumentation würde der Richter verpflichtet, bereits bei einem hohen objektiven Wahrscheinlichkeitsgrad trotz eventueller subjektiver Zweifel und damit ohne subjektive Gewissheit die Tatsache festzustellen.[647] „Bezweifeltes" dürfe aber niemals „als feststehend behandelt werden"[648] und das Beweismaß auf einen objektiven Wahrscheinlichkeitsgrad abgesenkt werden, soll nicht zugunsten einer Wahrscheinlichkeits- und damit („horrible dictu"[649]) einer gegen die Unschuldsvermutung verstoßenden Verdachtsstrafe[650] auf den Nachweis einer individuellen und nicht einer typischen Täterschuld verzichtet werden[651] und etwa – von

---

[644] Vgl. BVerfG, NJW 1988, 477, BVerfG, NStZ-RR 2007, 381 (382), BVerfG, Nichtannahmebeschl. v. 26. 8. 2008 – 2 BvR 553/08, juris, *Beulke*, Strafprozessrecht, Rn. 25, LR/*Gollwitzer* (25. Aufl., Berlin 2001), § 261 Rn. 103, *Meyer-Goßner*, § 261 Rn. 26 und *Brehmer-Metz* in Dölling/Duttge/Rössner, Gesamtes Strafrecht, § 261 StPO Rn. 10.

[645] *Hassemer*, StV 1982, 275 ff. und *Bottke*, Jura 1987, 363.

[646] *Volk*, GA 1973, 163.

[647] Kritisch in diese Richtung etwa *Eberhard Schmidt*, LK I, Rn. 373, *Stree*, In dubio pro reo, S. 41 ff., *Tiedemann* in Immenga/Mestmäcker, GWB (2. Aufl., München 1992), § 81 Rn. 63, *Heine*, JZ 1995, 652, KMR/*Paulus*, § 244 Rn. 287, *Gerhard Walter*, Beweiswürdigung, S. 203 f. und *Ledig*, DJZ 1934, 978; vgl. auch OLG Hamburg, MDR 1953, 121: Der Tatrichter „muss sich jedoch stets gegenüber den einzelnen Angekl. eine selbstständige Schuldüberzeugung bilden und kann hiervon nicht unter Berufung auf einen Erfahrungssatz Abstand nehmen, solange dieser – wie es in der Regel der Fall sein wird – Ausnahmen für den besonderen Fall zulässt".

[648] *August Wimmer*, DRZ 1950, 395.

[649] *Gerhard Walter*, Beweiswürdigung, S. 204.

[650] So *Gerhard Walter*, Beweiswürdigung, S. 204.

[651] So der Vorwurf von *Stree*, In dubio pro reo, S. 41 f. und *Heine*, JZ 1995, 652.

Ledig passend polemisiert – „ehrliche deutsche Arbeiter auf Grund einer Beweisvermutung […] ins Gefängnis gesetzt werden“. Das Ergebnis wäre eine „unerträgliche Normdestabilisierung“[652] und damit ein „Fehlfunktionieren des Rechtsmechanismus“[653], hätte jeder aus Selbstschutz doch die „sinnlose, aberwitzige“ Norm „Hüte Dich in Verdacht zu geraten“[654] zu beachten.

Und in der Tat lässt sich eine ungeschriebene Beweismaßreduzierung für bestimmte Fallgruppen wie den Kausalitäts-, Vorsatz- oder Fahrlässigkeitsnachweis[655] rechtsstaatlich nicht halten: Zwar steht einer Beweismaßreduzierung der Bestimmtheitsgrundsatz des Art. 103 Abs. 2 GG nicht entgegen, da dieser wegen seines eindeutigen Wortlauts („Eine Tat kann nur bestraft werden, wenn die *Strafbarkeit* gesetzlich bestimmt war, bevor die Tat begangen wurde“) im Strafprozessrecht – wo es nur um die Ahndung strafbaren Verhaltens geht – für nicht anwendbar gehalten wird[656]. Wie der allgemeine Grundsatz „keine Analogie zu Lasten des Grundrechtsträgers“[657] kann aber auch das Bestimmtheitsgebot bereits aus den mit einer Verurteilung betroffenen Grundrechten der Freiheit (Art. 2 Abs. 2 S. 2 GG), des Eigentums (Art. 14 GG) und der Ehre (Art. 1 Abs. 1 iVm Art. 2 Abs. 1 GG) in Verbindung mit dem Rechtsstaatsgebot (Art. 20 Abs. 3 GG) hergeleitet werden: Danach bedürfen Eingriffe in ein Grundrecht einer gesetzlichen Grundlage, die dem rechtsstaatlichen Gebot der Normenbestimmtheit und der Normenklarheit entsprechen. Anlass, Zweck und Grenzen des Eingriffs müssen in der Ermächtigung bereichsspezifisch, präzise und normenklar festgelegt werden. „Dies soll sicherstellen, dass der betroffene Bürger sich darauf einstellen kann, dass die gesetzesausführende Verwaltung für ihr Verwalten steuernde und begrenzende Handlungsmaßstäbe vorfindet und dass die Gerichte die Rechtskontrolle durchführen können.“[658] Dies muss neben den Eingriffsbefugnissen wie der Beschlagnahme oder der Durchsuchung gerade auch für die Beweisvorschriften gelten[659], die eine unmittelbar strafrechtsdienende und damit rechtsgüterschützende Funktion haben, anderseits aber zugleich den Beweis der Tat und damit die Verurteilung ermöglichen, die dann in die Grundrechte des Angeklagten eingreift. Die Frage, wann diese Verurteilung erfolgen kann und damit welches Beweismaß hierfür erforderlich ist, betrifft also unmittelbar den Grundrechtseingriff und muss daher gesetzlich hinreichend bestimmt sein und kann nicht deliktsspezifisch richterrechtlich zu Lasten des Angeklagten herabgesetzt werden.

---

652 *Christoph Markus Müller*, Anscheinsbeweis, S. 126.
653 *Ledig*, DJZ 1934, 978.
654 *Volk*, JZ 1982, 91.
655 So zivilprozessual vor allem *Gerhard Walter*, Beweiswürdigung, S. 215ff.; siehe hierzu bereits oben Erster Hauptteil, Erstes Kapitel, C, I, 2.
656 Vgl. nur BVerfGE 25, 269 (286f.), BVerfGE 63, 343 (359), BVerfGE 112, 304 (315), BGHSt. 46, 310 (318) und KG, NJW 1979, 1668 (1669).
657 So etwa *Amelung*, NJW 1977, 835.
658 BVerfG, NJW 2004, 2213 (2215); ähnlich BVerfGE 112, 304 (315).
659 Ebenso *Jäger*, GA 2006, 621.

Eine derartige Beweismaßreduzierung wird trotz einiger missverständlicher Formulierungen der Rechtsprechung[660] aber (wie oben aufgezeigt[661]) selbst für den Paradefall des zivilprozessualen Anscheinsbeweises nicht angenommen, sondern ist es inzwischen anerkannt, dass er „die Überzeugung des Richters in vollem Umfang" begründe[662]. Die Angst vor dem Schreckensgespenst der Verdachtsstrafe ist also unbegründet. Ein strafprozessualer Anscheinsbeweis würde unter Wahrung der Unschuldsvermutung vollen Beweis erbringen.[663]

dd) Kein Vollbeweis

Wird dies im Schrifttum durchaus zu Recht anerkannt, so wird doch kritisiert, dass dies kein für den strafrechtlichen Schuldnachweis erforderlicher Vollbeweis wäre[664]. Dieser erfordere nämlich, dass das Tatgeschehen in all seinen Einzelheiten festgestellt würde[665], während der Anscheinsbeweis nur aufgrund eines typisierten Erklärungsmodells zum Schluss gelange, der Täter habe „irgendwie" kausal oder vorsätzlich oder fahrlässig gehandelt (sog. „Irgendwie"-Feststellung[666]), beim Auffahrunfall etwa durch Nichteinhaltung des erforderlichen Sicherheitsabstandes oder durch die Überschreitung der Höchstgeschwindigkeit[667]. Der Richter könne auf dieser Basis also trotz Einhaltung des Beweismaßes die materielle Wahrheit verfehlen.[668]

Dieses Risiko besteht aber bei jeder Tatsachenfeststellung, lässt sich das Tatgeschehen doch wegen der begrenzten Erkenntnisfähigkeit des Menschen nie in all seinen Einzelheiten rekonstruieren[669]; eine „Fotografie des Tatgeschehens" ist nie erreichbar[670]. Realistisch betrachtet ist also jede gerichtlich verhängte Strafe eine bloße „(höchstgradige) Verdachtsstrafe"[671]. Die Forderung nach einem die materielle Wahrheit auch nachweislich erreichenden Vollbeweis würde daher praktisch

---

660 So etwa BGH, VersR 1967, 269; umfangreiche weitere Nachweise bei *Musielak*, Grundlagen, S. 120ff.

661 Siehe hierzu bereits oben Erster Hauptteil, Erstes Kapitel, C, I, 4.

662 BGH, NJW 1951, 360; ebenso BGHZ 100, 31 (33f.), BGH, NJW 1998, 79 (81), OLG Düsseldorf, NJW-RR 1995, 1086, MüKo-ZPO/*Prütting*, § 286 Rn. 50, *Hainmüller*, Anscheinsbeweis, S. 46, *Heescher*, Untersuchungen, S. 127 und *Metz*, NJW 2008, 2807; siehe hierzu bereits oben Erster Hauptteil, Erstes Kapitel, C, I, 4.

663 Ebenso *Volk*, GA 1973, 163, *Kuhlen*, Fragen, S. 44 (Der Anscheinsbeweis soll die „volle Überzeugung nicht ersetzen", sondern nur dazu dienen, „sie dem Richter zu vermitteln") und *Hole*, Prima facie-Beweis, S. 101.

664 Vgl. *Stree*, In dubio pro reo, S. 42.

665 Vgl. zum Begriff des vom Anscheinsbeweis nicht erreichten Vollbeweises als einem Beweis, der jede (!) erdenkliche Möglichkeit eines anderen Beweises ausschließe, nur BGH, VersR 1964, 263 (264).

666 Siehe zu dieser bereits oben Erster Hauptteil, Erstes Kapitel, B, I, 5.

667 Siehe hierzu oben Erster Hauptteil, Erstes Kapitel, C, II, 1, b).

668 So *Volk*, GA 1973, 165.

669 Ebenso etwa *Karl Peters*, JR 1981, 305 (dies sei „ganz selbstverständlich").

670 So die schöne Metapher von *Jakobs*, GA 1971, 259 Fn. 13, der von einer „Photographie der Tatsache" spricht.

671 So bereits *Christoph Markus Müller*, Anscheinsbeweis, S. 125 Fn. 77.

jeden Beweis im Strafprozess unmöglich machen[672] und die „Strafrechtspflege ad absurdum" führen[673]. Dem trägt die Praxis dadurch Rechnung, dass einerseits die Individualisierung der dem Beschuldigten zur Last gelegten Tat (§§ 200 Abs. 1 S. 1 und 267 Abs. 1 S. 1 StPO) nur insoweit zu erfolgen habe, dass die Identität des geschichtlichen Vorgangs klargestellt und erkennbar wird, welche bestimmte Tat in Abgrenzung von möglichen anderen gleichartigen Handlungen des Täters gemeint sei[674]. Lasse sich nach der Ausschöpfung aller verfügbaren Erkenntnismittel[675] nicht klären, durch welche mehrerer möglicher Handlungen der Angeklagte ein- und denselben Straftatbestand verwirklicht habe, so verlange andererseits das Prinzip der Einzelfallgerechtigkeit (den Straftatbestand hat der Angeklagte dann so oder so begangen: „verdiente Strafe"[676]!), den Angeklagten auf dieser wahldeutigen Sachverhaltsgrundlage trotzdem zu verurteilen (sog. „unechte Wahlfeststellung", „gleichartige Wahlfeststellung" oder „Tat- oder Tatsachenalternativität ohne Rechtsnormenungewissheit")[677]. Erforderlich aber auch ausreichend für eine Verurteilung sei dabei, dass bei sämtlichen Sachverhaltsalternativen, welche der Tatrichter nach Ausschöpfung aller Beweismittel unter Ausschluss anderweitiger Geschehensabläufe nach seiner Überzeugung für möglich erachte, der betreffende Tatbestand erfüllt sei[678] und der Tatrichter all dies in seinen Urteilsgründen klarstelle[679] – ein „Vollbeweis" (sprich: Beweis der vollen materiellen Wahrheit) ist also im Strafrecht gerade nicht erforderlich[680]! So könne wegen Meineids verurteilt werden, auch wenn sich nicht aufklären lasse, welche von zwei sich widersprechenden eidlichen Aussagen falsch sei[681], oder wegen fahrlässiger Tötung, selbst wenn nicht festgestellt werden könne, ob ein unter Alkoholeinfluss stehender Kraftfahrer selbst das Fahrzeug gelenkt oder als für das Fahrzeug Verantwortlicher einer anderen alkoholbedingt fahruntüchtigen Person die Lenkung überlassen habe[682]. Ein Kraftfahrer sei auch wegen fahrlässiger Tötung zu verurteilen, wenn er bei regennasser Fahrbahn ins Schleudern und auf die Gegenfahrbahn geraten und mit einem anderen Fahrzeug zusammenstoßen und deren Fah-

---

672 Ebenso *Kuhlen*, Fragen, S. 45 und *Christoph Markus Müller*, Anscheinsbeweis, S. 128.

673 *Christoph Markus Müller*, Anscheinsbeweis, S. 127.

674 Vgl. nur BGHSt. 40, 44 (45), BGHSt. 40, 390 (391), BGH, NStZ 1994, 352 (353), BGH, StV 2007, 171, BGH, NStZ 2008, 351, KK-StPO/*Hartmut Schneider*, § 200 Rn. 3 und KK-StPO/*Engelhardt*, § 267 Rn. 9.

675 Vgl. zu diesem Erfordernis einer Wahlfeststellung nur BGHSt. 12, 386 (388).

676 BGHSt. 2, 351 (353).

677 Vgl. nur BGHSt. 2, 351 (353), BGHSt. 46, 85 (86), *Montenbruck*, Wahlfeststellung, S. 289 ff., *Wolter*, Verurteilung, S. 24 ff., *ders.*, Wahlfeststellung, S. 46 f., SK-StGB/*Rudolphi/Wolter*, Anh. zu § 55 Rn. 16, *Jescheck/Weigend*, AT, S. 149, *Wessels/Beulke*, AT, Rn. 808, *Maurach/Zipf*, AT 1, § 10 Rn. 35, Sch/Schr/*Eser/Hecker*, § 1 Rn. 61, *Endruweit*, Wahlfeststellung, S. 304 f. und *Norouzi*, JuS 2008, 19 Fn. 17.

678 *Wessels/Beulke*, AT, Rn. 808.

679 Vgl. zu den Anforderungen KK-StPO/*Engelhardt*, § 267 Rn. 11.

680 Ebenso ausdrücklich bislang wohl nur *Kuhlen*, Fragen, S. 45, wenngleich er den Begründungsstrang über die Wahlfeststellung übersieht.

681 BGHSt. 2, 351 ff.

682 OLG Karlsruhe, NJW 1980, 1859 f.

rer dabei ums Leben gekommen sei, wenn das Tatgericht sich davon überzeugt habe, dass der Angeklagte entweder nach einem Überholvorgang ins Schleudern geraten sei, weil er unter starkem Bremsen zu scharf nach rechts gelenkt habe oder weil er seinen Überholvorgang wegen des Gegenverkehrs abbrechen und scharf bremsen musste, um sich hinter dem zu überholenden Fahrzeug wieder einzuordnen.[683]

Man merkt, dass es dogmatisch im Ergebnis keinen Unterschied macht, ob die fahrlässige Tötung im letzten Beispiel aufgrund der für zulässig gehaltenen unechten Wahlfeststellung bewiesen wird oder durch einen entsprechenden Anscheinsbeweis, dass derjenige, der beim Überholvorgang ins Schleudern komme und einen Schaden verursache, dies fahrlässig tue. Der Unterschied liegt einzig im Beweisablauf und -umfang: Während beim Anscheinsbeweis im zivilprozessualen Gewande „vorläufig" eine „Irgendwie"-Feststellung zur Erfolgszurechnung für eine Schadensersatzpflicht genüge, müssen im Strafprozess alle zulässigen wie zugänglichen Beweismittel ausgeschöpft und die einzelnen möglichen Tatvarianten hinter der „Irgendwie"-Feststellung vom Gericht aufgedeckt und durch eine jeweilige Subsumtion sichergestellt werden, dass in sämtlichen Sachverhaltsvarianten die gleiche Strafbarkeit eintreten würde. Wenn in einem Falle Freispruch erfolgen müsste oder nach einem geringeren Delikt zu bestrafen wäre, ist nach dem Grundsatz „in dubio pro reo" zu verfahren.[684] Solange also die statistischen Erfahrungssätze, auf denen die „Irgendwie"-Feststellung eines Anscheinsbeweises beruht, ausschließlich Schlüsse auf solche Handlungsvarianten zulassen, bei denen sich der Angeklagte nach der gleichen Norm strafbar machen würde, kann eine „Irgendwie"-Feststellung nach Ausschöpfung aller Beweismittel daher auch im Strafprozess nicht beanstandet werden.

ee) Aufbürden einer objektiv-materiellen Beweislast auf den Angeklagten

Die Strukturverschiedenheit von Zivil- und Strafprozess bedingt lediglich eine unterschiedliche Ermittlung der tatsächlichen Umstände, die einen derartigen Anscheinsbeweis-Schluss entkräften und so beim Tatrichter vernünftige Zweifel am sich durch den statistischen Erfahrungssatz des Anscheinsbeweises erschlossenen Ablauf des konkreten Einzelgeschehens hegen können, so dass er von diesem nicht mehr persönlich überzeugt ist. Sind derartige Umstände nicht bereits offenkundig und daher vom Richter von Amts wegen zu berücksichtigen, so obliegt es im Zivilprozess dem Beweisgegner, entkräftende Umstände darzulegen und im Bestreitensfalle zu beweisen[685]. Gelingt ihm dies nicht, so verliert er den Prozess. Dies hat im strafprozessualen Schrifttum zum Vorwurf geführt, die Annahme eines Anscheinsbeweises im Strafprozess würde dem Angeklagten unzulässigerweise eine Beweislast für sein Verteidigungsvorbringen auferlegen, obwohl den An-

683 OLG Neustadt, VRS 23 (1962), 447 f.

684 Vgl. nur *Ulrich Weber* in Baumann/Weber/Mitsch, AT, Rn. 21 ff. und *Wessels/Beulke*, AT, Rn. 806.

685 Siehe hierzu umfassend oben Erster Hauptteil, Erstes Kapitel, C, II, 2.

geklagten wegen der Unschuldsvermutung gerade nicht die Last treffen könne, seine Unschuld beweisen zu müssen[686].

Kann in einem Prozess weder das Vorliegen einer entscheidungserheblichen Tatsache noch deren Nichtvorliegen bewiesen werden, liegt beweisrechtlich also ein „non liquet" vor, so muss es eine Prozessregel geben, die das non liquet zwar nicht beseitigt, dem Richter unter Verwerfung einer der beiden möglichen Tatsachen aber eine bestimmte Entscheidung vorgibt, also „welcher Partei die Lückenhaftigkeit der tatsächlichen Feststellungen zum Nachteil gereicht"[687] (sog. „Entscheidungsnorm"[688]). Im Strafprozess übernimmt der „In dubio pro reo"-Grundsatz bzw. deren normtheoretische Grundlage Art. 103 Abs. 2 GG[689] diese Aufgabe. Mag man dies als generell einseitige „Beweislastregel" verstehen[690] oder (wegen einer Assoziation des Wortes „Last" als nachteilhaft[691]) mit der überwiegenden Ansicht[692] die Existenz einer materiell-objektiven Beweislast des Angeklagten wie der Staatsanwaltschaft (die nach § 160 Abs. 2 StPO als „ein zu Gerechtigkeit und Objektivität verpflichtetes Rechtspflege- und Justizorgan"[693] zur Ermittlung von Belastendem wie Entlastendem verpflichtet wird: „Die wahre Aufgabe der Staatsanwaltschaft […] besteht darin, zusammen mit dem Gericht ein auf Wahrheit beruhendes gerechtes Urteil zu erstreben!"[694]) oder des Privatklägers[695] (der bei den die Allgemeinheit weniger berührenden Privatklagedelikten des § 374 Abs. 1 StPO den staatlichen Strafanspruch verfolgt[696]) generell leugnen. Den Angeklagten kann (unbestritten[697]) niemals eine materiell-objektive Beweis-

[686] So etwa KMR/*Paulus*, § 244 Rn. 287, *Rüping*, Strafverfahren, Rn. 511, *Egon Schneider*, Beweis, Rn. 366, *Heescher*, Untersuchungen, S. 148, *Joachim Bock*, Begriff, S. 172, *Löffeler*, JA 1987, 79, *Bach*, MDR 1976, 19f., *Ledig*, DJZ 1934, 978 („Keinesfalls aber ist in dieser rechtspolitisch bedeutungsvollen Frage die Anwendung des schablonenhaft anmutenden, dem Inventar römisch-rechtlich orientierter Begriffsjurisprudenz entnommenen Instruments der Umkehr der Beweislast zu billigen") und *Bayerlein*, Praxishandbuch, § 16 Rn. 10.

[687] *Nikisch*, Zivilprozeßrecht, S. 318.

[688] Vgl. nur *Musielak*, Grundlagen, S. 23 und *Leipold*, Beweislastregeln, S. 64; ähnlich *Stuckenberg*, Unschuldsvermutung, S. 470: „Entscheidungsregel".

[689] Siehe zu diesem bereits oben Erster Hauptteil, Zweites Kapitel, B, II, 2, a), bb).

[690] So vor allem *Volk*, NStZ 1996, 106, *ders.*, JuS 1975, 26f., *Moser*, In dubio pro reo, S. 65ff., *Stuckenberg*, Unschuldsvermutung, S. 471, *Deubner*, NJW 1969, 147 und *Joachim Bock*, Begriff, S. 46 und 85.

[691] So die Begründung von *Volk*, NStZ 1996, 106 („Phobie gegen ein Wort") und *Stuckenberg*, Unschuldsvermutung, S. 471 für die Ansicht der überwiegenden Meinung.

[692] Vgl. OLG Hamburg, MDR 1953, 121, *Eberhard Schmidt*, LK I, Rn. 367ff., *Karl Peters*, Strafprozeß, S. 305, *Montenbruck*, In dubio pro reo, S. 71f., KMR/*Paulus*, § 244 Rn. 285 sowie *Hedemann*, Vermutung, S. 187f.

[693] *Meyer-Goßner*, § 160 Rn. 14; ähnlich BGH, NStZ 2008, 231: ein „Organ, das […] der Objektivität verpflichtet ist".

[694] *Eberhard Schmidt*, LK I, Rn. 369.

[695] Mag dieser, wenn seine Klage nicht durchdringt, wegen der ihn treffenden Kostenlast des § 471 Abs. 2 StPO die Entscheidung auch als Niederlage empfinden.

[696] Vgl. *Meyer-Goßner*, Vor § 374 Rn. 5.

[697] Vgl. nur BGH, StV 1983, 186, BGH, StV 1986, 421 (422), *Eberhard Schmidt*, LK I, 366ff., *Karl Peters*, Strafprozeß, S. 305, *Geppert*, GedS Schlüchter, S. 61, *Volk*, Grundkurs, § 24

last treffen. Es ist Aufgabe des Staates, ihm seine Schuld nachzuweisen. Während die materiell-objektive Beweislastverteilung im Zivilprozess „flexibel und offen für interessenorientierte Abwägungen“[698] ist und damit Beweislastverschiebungen aus Gründen der Gerechtigkeit und Billigkeit in einigen Fallgruppen zulässt (z.B. bei der deliktischen Produzentenhaftung[699], bei groben ärztlichen Behandlungsfehlern[700] oder bei der Verletzung vertraglicher Beratungspflichten[701]), ist der rechtsstaatlich verbürgte „In dubio pro reo“-Satz bzw. deren normtheoretische Grundlage Art. 103 Abs. 2 GG „starr und einer Durchbrechung aufgrund einer besonderen Interessenlage nicht zugänglich“[702]. Ausnahmen hiervon (sog. „Beweislastumkehr“) kann es nicht geben.[703] Würde der Anscheinsbeweis dem Angeklagten eine

---

Rn. 5, *ders.*, NStZ 1996, 106, *Marxen*, Straftatsystem, S. 260, LR/*Gollwitzer* (25. Aufl., Berlin 2001), § 261 Rn. 107, *Perron*, JZ 1993, 925, *Heine*, JZ 1995, 651, *Meyer-Goßner*, § 155 Rn. 3, KMR/*Paulus*, § 244 Rn. 285 und *Kuhlen*, Fragen, S. 39.

698 *Kuhlen*, Fragen, S. 39.

699 Steht ein Produktfehler und seine Ursächlichkeit für den entstandenen Schaden fest, so muss der Hersteller beweisen, dass ihn im Hinblick auf den Fehler kein Verschulden trifft: siehe nur BGHZ 51, 91.

700 Diese führen, wenn sie geeignet sind, den tatsächlich eingetretenen Schaden herbeizuführen, zu einer Umkehr der objektiv-materiellen Beweislast für den Ursachenzusammenhang zwischen dem Behandlungsfehler und dem Gesundheitsschaden: vgl. nur BGH, NJW 2001, 2792 (2794f.), BGH, NJW 2004, 2011ff. und BGH, NJW 2005, 427ff.

701 Dienen diese dazu, dem Vertragspartner ein bestimmtes Risiko bewusst zu machen und ihm Klarheit über die ins Auge gefassten Maßnahmen zu verschaffen, so trägt der Auskunftsgeber die materiell-objektive Beweislast dafür, dass der Geschädigte sich bei vertragsgerechter Berater nicht beratungsgemäß verhalten hätte: vgl. hierzu nur *Reinelt*, NJW 2009, 6 sowie *Reinhardt*, NJW 1994, 94 mit weiteren Fallgruppen.

702 *Kuhlen*, Fragen, S. 39.

703 Beim Nachweis persönlicher Schuld haben einzig (zumindest teilweise) ein Aufbürden einer Beweislast vertreten: *Reinhardt*, NJW 1994, 99, wenn andernfalls „schwerwiegende und sozial unerträgliche Ergebnisse“ drohten, und *Arzt*, Probleme, S. 94f. mit einer Spaltung des „In dubio pro reo“-Satzes in der Weise, dass dieser nur hinsichtlich des Nachweises objektiver Tatbestandsmerkmale gelte, dem Angeklagten also hinsichtlich des Nichtvorliegens der subjektiven Merkmale (Vorsatz, Fahrlässigkeit) wegen der generellen Beweisschwierigkeiten in diesem Bereich eine Beweislast aufgebürdet werden könne. Zu Lasten von Unternehmen wird im Ordnungswidrigkeitenrecht vertreten, dass dort die „Holschuld des Staates“ zur „Bringschuld des Unternehmens“ werde, das in Bereichen mit hohem Gefährdungspotential kontinuierlich informationspflichtig sei und die internen Abläufe besser kenne: so *Heine*, JZ 1995, 656. Vgl. zu Tendenzen einer Beweislastumkehr im Bereich der Wirtschafts- und Umweltkriminalität auch *Tiedemann/Kindhäuser*, NStZ 1988, 340, *Volk*, NJW-Spezial 2009, 422 (faktisch bestehe für Unternehmen bereits eine Pflicht zum „Informationsaustausch“, sprich: eine „Bringschuld“, mag diese „offiziell“ auch als bloße „Obliegenheit“ bezeichnet werden), *Arzt*, FS Volk, S. 28 („Wer als Bankier seine Unschuld mangelhaft dokumentiert, wird heute so bestraft, wie man früher wegen Landstreicherei den bestraft hat, der ‚umherzieht und nicht nachzuweisen vermag, dass er die Mittel zu seinem Unterhalt besitze oder sie redlich zu erwerben suche‘“) und *Madeleine Detzner*, Rückkehr, S. 312ff., die wegen der besonderen Beweisprobleme bei Wirtschaftsdelikten (S. 39ff.), insbesondere beim Subventionsbetrug (§ 264 StGB) de lege ferenda die Einfügung folgendes Paragraphen in die Strafprozessordnung vorschlägt (S. 319): „Bezieht sich im Rahmen des § 263 StGB ein Schaden auf eine staatliche Sonderunterstützung an ein de-

materiell-objektive Beweislastumkehr aufbürden, wäre seine Anwendung im Strafprozess in der Tat verfassungswidrig.

Ein Anscheinsbeweis würde jedoch wie die Untersuchungen zum Wesen des zivilprozessualen Anscheinsbeweises gezeigt haben[704], bereits auf der Beweiswürdigungsebene ansetzen, indem er dem Richter den „Anschein“ des Vorliegens einer Tatsache im konkreten Einzelfall durch einen Bezug auf generalisierte Geschehensabläufe vermitteln würde. Solange dieser Anschein nicht durch konkrete Umstände des Einzelfalles entkräftet wird, kann der Richter sich davon voll überzeugen, dass sich das Geschehen in diesem Sinne abgespielt hat, wie es typischerweise abzuspielen pflegt. So würde der Anscheinsbeweis ein non liquet auf der Beweisebene verhindern, so dass der Anwendungsbereich der Entscheidungsregel des „In dubio pro reo“-Satzes nicht tangiert und ein Schuldspruch auf voller richterlicher Überzeugung und nicht einer Beweislastentscheidung zu Ungunsten des Angeklagten erfolgen würde. Eine Umkehr der materiell-objektiven Beweislast wäre nicht zu befürchten.[705]

ff) Aufbürden einer Beweisführungslast auf den Angeklagten

Spricht beim zivilprozessualen Anscheinsbeweis der „erste Anschein“ gegen eine Partei, so geht auf diese zwar nicht die materiell-objektive Beweislast zur Führung eines Gegenteilsbeweises über, also des Beweises eines abweichenden Geschehensablaufs. Er hat jedoch Umstände darzutun, die den Anschein erschüttern (sog. Gegenbeweis), trägt also im von der Dispositionsmaxime beherrschten Zivilprozess die Darlegungs- wie formell-subjektive Beweisführungslast[706]. Diese Pflicht, „für die beweisbedürftigen Tatsachen Beweis anzutreten, widrigenfalls ein solcher nicht erhoben wird und die betreffenden Tatsachen als nicht festgestellt gelten“[707], ist dem Strafprozess fremd[708], in dem nach § 244 Abs. 2 StPO der Tatrichter „die

zentralistisch organisiertes Unternehmen, so ist der Tatbestand, wenn der Schaden festgestellt wurde, in der Regel als erfüllt anzusehen“; ablehnend gegenüber derartigen Vorschlägen *Joachim Bock*, Begriff, S. 263 f. und *Kiethe*, WM 2003, 868.

[704] Siehe oben Erster Hauptteil, Erstes Kapitel, C, I.

[705] Ebenso *Volk*, GA 1973, 162 f., *ders.*, NStZ 1996, 106, *Kuhlen*, Fragen, S. 44 und *Christoph Markus Müller*, Anscheinsbeweis, S. 116.

[706] Als Ausdruck der Dispositionsmaxime darf sich ein Beweisgegner im Zivilprozess nicht mit einem bloß einfachen Bestreiten begnügen, da er dann gegen seine Pflicht zur umfassenden und wahrheitsgemäßen Erklärung (§ 138 Abs. 1 ZPO) verstoßen und der Vortrag des Beweisführers nach § 138 Abs. 3 ZPO als zugestanden gelten würde. Er hat vielmehr substantiiert zu bestreiten, d.h. neben einem Zurückweisen des Tatsachenvortrags des Beweisführers ausführlich zu schildern, wie es stattdessen abgelaufen sei, wobei der notwendige Grad der Substantiierung sich nach der Detailtreue des Vortrags des Beweisführers richtet. Ihn trifft nach dem Vortrag des Beweisführers zu den Voraussetzungen des Anscheinsbeweises daher eine Darlegungslast hinsichtlich der Umstände, die den Anscheinsbeweis entkräften würden. Diese wird durch die formell-subjektive Beweislast ergänzt, vgl. hierzu Zöller/*Greger*, ZPO, Vor § 284 Rn. 18.

[707] *Hippel*, Strafprozess, S. 384.

[708] Ebenso BGH, StV 1986, 421 (422), *Eberhard Schmidt*, LK I, Rn. 366, *Karl Peters*, Strafprozeß, S. 305, *Volk*, Grundkurs, § 24 Rn. 5, *ders.*, NStZ 1996, 106, *Wessels*, JuS 1969, 2 und

Beweisaufnahme von Amts wegen auf alle Tatsachen und Beweismittel zu erstrecken" hat, und zwar nach § 155 Abs. 2 StPO als selbstständige Tätigkeit, ohne an gestellte Anträge der Prozessparteien gebunden zu sein. Mit diesem Amtsermittlungsgrundsatz würde eine 1:1-Übertragung der zivilprozessualen Grundsätze des Anscheinsbeweises auf den Strafprozess kollidieren.[709] Dies liegt jedoch weniger am System des Anscheinsbeweises, bestehende Beweislücken im Einzelfall durch statistische Erfahrungssätze mit entsprechendem Wahrscheinlichkeitsgrad zu überbrücken, wegen dem bloßen Wahrscheinlichkeitsschluss im Einzelfall eine Entkräftungsmöglichkeit offen lassend. Dies ist in allen Prozesssystemen anwendbar und möglich. Wie die entkräftenden Umstände ermittelt werden, richtet sich nach dem Informationsermittlungsmechanismus der jeweiligen Prozessart. Dies ist im Zivilprozess mit seiner Dispositionsmaxime nun einmal die Beibringung durch den Beweisgegner. Im Strafverfahren dagegen, wo nach § 244 Abs. 2 StPO der Amtsermittlungsgrundsatz gilt, werden in der Person des Richters „die Rollen des Beweis- und des Gegenbeweisführers [...] zusammenfallen" würden[710]. Danach müsste der Tatrichter (wie im Verwaltungsprozess) „entsprechend seiner Aufklärungspflicht allen konkreten Anhaltspunkten für einen anderen Geschehensablauf nachgehen" und dürfte „nur verurteilen, wenn er die volle Überzeugung von der Schuld des Angeklagten erlangt" hätte[711].

gg) Kein Anscheinsbeweis bei willensgesteuertem menschlichen Verhalten

Eine für den Nachweis einer Strafrechtsschuld immanente Grenze würde hierbei jedoch gezogen, wenn man wie beim zivilprozessualen Anscheinsbeweis[712] deren Grundsätze für den Nachweis von inneren Vorgängen, Bewusstseins- und Willensabläufen grundsätzlich nicht anwenden (und von einem bloßen Beweisanzeichen ausgehen[713]) würde, weil im Bereich der geistigen und seelischen Reaktionen

---

KMR/*Paulus*, § 244 Rn. 285. Hieran ändert auch nichts, dass den Angeklagten Obliegenheiten im Rahmen einer eigenen Beweisführung treffen, dem Richter konkrete Anhaltspunke für eine weitere Amtsermittlung zu liefern, da der Richter ansonsten gegen § 244 StPO nicht verstößt und eine Aufklärungsrüge erfolglos wäre, vgl. zu dieser faktischen Beweisführungslast *Volk*, GA 1973, 163, *ders.*, NStZ 1996, 106 und *Tonio Walter*, JZ 2006, 340.

709 Aus diesem Grunde gegen einen strafprozessualen Anscheinsbeweis etwa *Henkel*, FS Eberhard Schmidt, S. 589, LR/*Gollwitzer* (25. Aufl., Berlin 2001), § 261 Rn. 107f., *Rüping*, Strafverfahren, Rn. 511, *Egon Schneider*, Beweis, Rn. 366, *Hainmüller*, Anscheinsbeweis, S. 42 Fn. 229, *Weyreuther*, DRiZ 1957, 59 und *Bayerlein*, Praxishandbuch, § 16 Rn. 10; vgl. auch OLG Hamburg, MDR 1953, 121: „Die Heranziehung der zivilrechtlichen Grundsätze über die Beweislastverteilung hierbei widerspricht dem Wesen des Strafprozesses, insbesondere der Verpflichtung des Richters zur Aufklärung der Tatumstände von Amts wegen (§ 244 Abs. 2 StPO)."

710 *Volk*, GA 1973, 162f.; vgl. auch *Kuhlen*, Fragen, S. 46 („indem man das Wechselspiel der Beweisführung durch die Parteien in die Person des Richters projiziert").

711 LR/*Gollwitzer* (25. Aufl., Berlin 2001), § 261 Rn. 108.

712 Siehe hierzu ausführlich oben Erster Hauptteil, Erstes Kapitel, C, II, 1, d).

713 Vgl. grundsätzlich BGH, NJW 1961, 777: „Erfahrungssätze, die für einen Anscheinsbeweis nicht ausreichen, können als Beweisanzeichen bei der Beweiswürdigung berücksichtigt werden."

des Menschen in der Regel nicht mit einer hinreichend gesicherten Typik der Geschehensabläufe gerechnet werden könne[714]. Sobald jedoch für ein bestimmtes menschliches Verhalten in einer häufig wiederkehrenden Situation hinreichendes Erfahrungsmaterial vorhanden ist, lässt sich für ein typisches menschliches Verhalten in dieser Situation durchaus ein Erfahrungssatz und bei hinreichender Typizität ein Anscheinsbeweis bilden. Der Bundesgerichtshof gibt daher in Zivilsachen selbst zu, dass in einzelnen Fällen ein Anscheinsbeweis auch für persönliche Willensmomente durchaus bejaht werden könne[715].[716]

hh) Einschränkung der Freiheit der Beweiswürdigung

Ist der Richter im Zivilprozess bei unstreitigem Vorliegen (oder gelungenem Beweis) der Voraussetzungen des Anscheinsbeweises ohne hinreichendem Gegenbeweis gezwungen, den Anscheinsbeweis anzuwenden[717] und eine bestimmte Tatsache festzustellen, so könnte man hierin bereits zivilprozessual einen Verstoß gegen die Freiheit der richterlichen Beweiswürdigung iSd § 286 Abs. 2 ZPO[718] oder zumindest eine nur durch Gewohnheitsrecht gerechtfertigte „contra legem entwickelte Beweiswürdigungsregel"[719] erblicken, so dass eine Übertragung dieser Grundsätze auf den Strafprozess gleichfalls zu einer Einschränkung des § 261 StPO (das Gericht entscheidet nach seiner „freien" Überzeugung) führen könnte[720]. Abgesehen davon, dass eine derartige gesetzeswidrige Einschränkung der Freiheit der richterlichen Beweiswürdigung bereits für den Zivilprozess abgelehnt wird, da der Richter angesichts der menschlichen Unvollkommenheit zur absoluten Wahrheitserkenntnis auf die allgemeine Lebenserfahrung als Erkenntnismittel angewiesen und die Beweiswürdigung mit dem Anscheinsbeweis hierin eingebettet sei[721], zeigt sich

---

714 Mit diesem Argument lehnte *Henkel*, FS Eberhard Schmidt, S. 590 eine Interpretation der Beweisregel des § 259 StGB a.F. (siehe zu dieser oben Erster Hauptteil, Zweites Kapitel, A, II, 4, a), bb), (1)) als „prima-facie-Beweis" im Sinne von *Bockelmann*, NJW 1954, 1748 ab.

715 So ausdrücklich BGHZ 123, 311 (316f.); auf den Einzelfall abstellend auch Musielak/*Foerste*, ZPO, § 286 Rn. 30 und MüKo-ZPO/*Prütting*, § 286 Rn. 79.

716 Erfolgt ist dies etwa dafür, dass jemand „nach der Lebenserfahrung" den ihm von einem Berater nahe gelegten „eindeutig vorteilhaftesten Weg" gewählt und sich daher bei richtiger Aufklärung in einer bestimmten Weise eine Entscheidung getroffen hätte (BGHZ 123, 311 [316]), für die Kausalität einer arglistigen Täuschung für die Willenserklärung des Getäuschten, wenn „die arglistige Täuschung nach der Lebenserfahrung bei der Art des zu beurteilenden Rechtsgeschäfts einen Einfluss auf die Entschließung auszuüben pflegt" (BGH, NJW 1958, 177), oder dafür, dass bei einer Zugabe von Diäthylenglykol zu Weinen von mehr als einem Gramm pro Liter Wein dies regelmäßig in der Absicht erfolgte, eine höhere Weinqualität vorzutäuschen (AG Bad-Kreuznach, NJW-RR 1987, 242f.).

717 So etwa RGZ 8, 167 (168f.), *Greger*, Beweis, S. 172f. und *Stück*, JuS 1996, 154.

718 So *Greger*, VersR 1980, 1101f.

719 *Kollhosser*, Anscheinsbeweis, S. 105ff. und *ders.*, AcP 165 (1965), 55ff.

720 Dies wird strafprozessual einzig problematisiert von *Volk*, GA 1973, 175f. und *Christoph Markus Müller*, Anscheinsbeweis, S. 133ff.

721 So etwa *Rosenberg/Schwab/Gottwald*, Zivilprozessrecht, § 112 Rn. 16 und 32, *Musielak*, Grundkurs ZPO, Rn. 464, *Hoffmann*, Anscheinsbeweis, S. 44 und *Höfer*, Prima-facie-Beweis, S. 13; siehe hierzu bereits oben Erster Hauptteil, Erstes Kapitel, C, I, 5.

letzteres noch deutlicher im Strafprozess, in dem der Tatrichter auf der Grundlage der von ihm ermittelten Umstände des Einzelfalles nach seiner freien Überzeugung zu entscheiden hat, ob das zu entscheidende Tatgeschehen sich entsprechend der vom Anscheinsbeweis nahe gelegten Typizität zugetragen hat oder nicht. Die Grundsätze des Anscheinsbeweises (Schluss mittels statistischem Erfahrungssatz, der eine Typizität vermittelt) liefern also nur ein Mittel, um im Rahmen der freien Beweiswürdigung zu einer richterlichen Überzeugung zu gelangen. Eine Einschränkung der freien Beweiswürdigung findet hier nicht statt.

ii) Verstoß gegen den Grundsatz materieller Unmittelbarkeit

Einen Einwand besonderer Art hat *Hole* in seiner nur wenig beachteten Dissertation „Der prima facie-Beweis und seine Übertragbarkeit in das Strafverfahrensrecht" von 1963 gegen einen Anscheinsbeweis im Strafprozess erhoben: Dieser verstoße als stets mittelbarer Beweis, der im Zivilprozess selbst bei der Möglichkeit einer unmittelbaren Beweisführung anwendbar sei, grundsätzlich gegen den Grundsatz der Unmittelbarkeit der Beweisaufnahme, der gerade die Verwertung des tatnächsten Beweismittels gebiete. Im Strafprozess könne ihm daher allenfalls eine „subsidiäre Geltungskraft" zukommen.[722]

In diesem Sinne trifft es zwar durchaus zu, dass der Anscheinsbeweis-Schluss im Zivilprozess vom Generellen auf das Konkrete zunächst nur vorläufig und unabhängig von den konkreten Umständen des Einzelfalles gezogen wird, die lediglich der Beweisgegner zur Entkräftung darlegen und beweisen kann.[723] Genauso wie der Amtsermittlungsgrundsatz den Grundsatz materieller Unmittelbarkeit im Strafprozess gebietet[724], gebietet er aber zugleich ein Zusammenfallen von „vorläufigem Anscheinsbeweis" und Gegenbeweis, d.h. der Tatrichter kann nur bei Fehlen von Gegenumständen die Brücke des statistischen Erfahrungssatzes über die Beweislücke betreten, muss also zunächst erfolglos die tatnäheren Beweismittel ausschöpfen, um dann eine Tatsachenfeststellung mittelbar über die Grundsätze des Anscheinsbeweises vorzunehmen. Der Grundsatz materieller Unmittelbarkeit würde durch einen Anscheinsbeweis im Strafprozess damit nicht verletzt.

---

[722] *Hole*, Prima facie-Beweis, S. 100.

[723] Dieser vorläufig bewusst tatfernere Beweis ist im Zivilprozess auch möglich, da die Zivilprozessordnung mit § 355 Abs. 1 ZPO zwar anordnet, dass die Beweisaufnahme unmittelbar vor dem Prozessgericht stattfinden muss, um dem Richter einen persönlichen Eindruck vom Ergebnis der Beweisaufnahme zu verschaffen (sog. formelle Unmittelbarkeit: vgl. MüKo-ZPO/*Heinrichs*, § 355 Rn. 1 und Stein/Jonas/*Berger*, § 355 Rn. 3), einen Grundsatz materieller Unmittelbarkeit kennt sie dagegen nicht, so dass den unmittelbaren Beweisen hier kein Vorrang vor den mittelbaren zukommt, vgl. nur BAG, NJW 1993, 612 (614) und *Weth*, JuS 1991, 35.

[724] Zur Verwirklichung einer umfassenden „Erforschung der Wahrheit" iSd § 244 Abs. 2 StPO hat der Richter seine Erkenntnisse möglichst „aus der Quelle" zu schöpfen und daher grundsätzlich das jeweils tatnächste der verfügbaren (vgl. § 251 StPO) Beweismittel zu verwerten, vgl. grundlegend *Geppert*, Unmittelbarkeit, S. 162ff., *ders.*, FS Rudolphi, S. 738 und *ders.*, Jura 2004, 106 Fn. 7.

jj) Zwischenergebnis

Eine Auseinandersetzung mit den in Rechtsprechung und Lehre vertretenen Argumenten hat somit verdeutlicht, dass diese vielfach nicht nur das Wesen des Anscheinsbeweises als Instrument zur Erlangung einer vollen richterlichen Überzeugung verkennen, sondern zumeist von der Fehlvorstellung ausgehen, ein strafprozessualer Anscheinsbeweis müsste genauso ausgestaltet sein wie der zivilprozessuale als seine bekannteste Form. Dabei besagen die Grundsätze des Anscheinsbeweises lediglich, dass von einem Beweisanzeichen mittels eines statistischen Erfahrungssatzes mit gewissem Wahrscheinlichkeitsgrad, der dem Richter einen bestimmten typischen Geschehensablauf als Leitlinie vermittelt, darauf geschlossen werden kann, dass sich im konkreten Einzelfall das Geschehen auch so typisch und damit auf die dort festgelegte Art und Weise zugetragen habe. Der verwendete statistische Erfahrungssatz vermittelt hierbei lediglich einen Wahrscheinlichkeitsschluss, ohne andere Möglichkeiten (wie beim zwingenden Erfahrungssatz) auszuschließen, so dass diese in jedem Fall gesondert ausgeschlossen werden müssen, um dem statistischen Erfahrungssatz tatsächlich folgen zu können. Dies erfolgt entsprechend des in allen Rechtsgebieten subjektiv geprägten Beweismaßes, wonach eine Tatsache bei hinreichend gesicherter Tatsachengrundlage zur Gewissheit des Richters vorliegen muss, dieser also keine Anhaltspunkte zu vernünftigen Zweifeln[725] haben darf. Diese Anhaltspunkte können bereits offenkundig sein, so dass in jedem Rechtsgebiet eine Anwendung des statistischen Erfahrungssatzes ausscheidet. Sind sie nicht offenkundig, kommt es darauf an, ob sie in der Beweisaufnahme zu Tage treten und damit, ob sie von der beweisführungsbelasteten Person vorgetragen worden sind. Dies ist in Prozessarten, die auf der Dispositionsmaxime konstruiert sind (wie vor allem im Zivilprozess) der Prozessgegner, dem dort die Entkräftung des Anscheines (nochmals: aber nicht notwendigerweise ein Gegenteilsbeweis, da der Anscheinsbeweis an der Beweislastverteilung nichts ändert!) obliegt. In Prozessarten, bei denen der Amtsermittlungsgrundsatz gilt wie im Verwaltungs- oder Strafprozess, obliegt dem Richter selbst die Ermittlung derartiger Umstände, die bei ihm selbst vernünftige Zweifel am Schluss mit dem statistischen Erfahrungssatz zu begründen vermögen.

b) Anerkennung der Grundsätze eines strafprozessualen Anscheinsbeweises

Mit diesem Verständnis der Grundsätze des Anscheinsbeweises, der sich hinsichtlich der Entkräftung des Wahrscheinlichkeitsschlusses an die Struktur der jeweiligen Prozessform anpasst, in der er verwendet werden soll, kann nur jenen wenigen Autoren im Schrifttum[726] zugestimmt werden, die die Grundsätze des Anscheins-

---

[725] Vorweg: dies bildet die Grenze der Risikoverteilung bei – vielfach eindeutig nachzuweisender – Unsicherheit, siehe hierzu ausführlich unten Zweiter Hauptteil, Drittes Kapitel, B, II, 4, e), cc).

[726] Hierzu zählen *Bockelmann*, NJW 1954, 1748 f., *ders.*, NJW 1960, 1284, *Volk*, GA 1973, 176 f., *ders.*, NStZ 1996, 106 f., *Dencker*, ZStW 102 (1990), 70 ff., *ders.*, StV 1994, 504, *Kühne*, Strafprozessrecht, Rn. 757 ff., *Hamm*, StV 1997, 162, *Kuhlen*, Fragen, S. 46 ff., *August Wimmer*,

beweises auch im Strafprozess zur Anwendung bringen möchten und dies zu Recht als „weder systemfremd noch aufsehenerregend“[727] bezeichnen.

aa) Verhältnis zum Indizienbeweis

Das hier vertretene Verständnis eines strafprozessualen Anscheinsbeweises ebnet nämlich die im Zivilprozess noch bestehenden Grenzen zwischen Anscheinsbeweis und Indizienbeweis weitgehend ein:

Im Zivilprozess ermöglicht der Anscheinsbeweis mit Hilfe eines besonders gesicherten Erfahrungssatzes den Schluss auf die Hauptsache mit einer derartigen Wahrscheinlichkeit, dass der Richter davon überzeugt wird, dass sich die Tatsache im konkreten Fall auf zumindest eine typische Weise abgespielt hat, für die der Beweisgegner verantwortlich sei („Irgendwie“-Feststellung). Indizien für den genauen Ablauf im Einzelfall braucht der Beweisführer grundsätzlich nicht vorzutragen; derartiges kommt höchstens bei einem möglichen, aber nicht immer vom Beweisgegner geführten Entkräftungsbeweis zur Sprache.[728] So genügt beim klassischen Anscheinsbeweis „Wer auffährt, hat Schuld“ (beim Fehlen offenkundiger Umstände, die für sich den „Anschein“ entkräften) der Beweis, dass es zu einem Auffahrunfall mit einem Schaden für den Kläger gekommen ist, um den Schluss zu ziehen, dass der Auffahrende (wie typischerweise) wegen Nichteinhaltung des notwendigen Sicherheitsabstandes oder wegen zu hoher Geschwindigkeit (also „irgendwie“) den Unfall schuldhaft herbeigeführt hat. Wie sich der Unfall im Einzelfall abgespielt hat, findet allenfalls bei der Beweisführung des Auffahrenden zur Entkräftung des gegen ihn sprechenden Anscheins deliktischen Verhaltens Erwähnung. Beim („normalen“) Indizienbeweis dagegen muss der Richter zwar auch mit Erfahrungssätzen arbeiten, die ihm einen Schluss auf die Tatsache des abzuurteilenden Geschehens ermöglichen, der Erfahrungssatz reicht wegen zu geringer Wahrscheinlichkeit aber nicht aus, um allein wegen diesem Schluss zu einer richterlichen Überzeugung zu führen[729]. So genügt etwa allein die Freundschaft zwischen dem Zeugen und einer Partei nicht, um hieraus den Schluss auf eine Unglaubwürdigkeit des Zeugen zu schließen. Es müssen vielmehr weitere Umstände hinzutreten, die ihrerseits (bei Indizienketten: „lückenlos“[730]) mit Erfahrungssätzen auch auf eine Un-

NJW 1959, 1756f. (hiergegen *Jürgen Baumann*, NJW 1959, 2293f. und *Hole*, Prima facie-Beweis, S. 111f.), *ders.*, DAR 1960, 247f. und *Christoph Markus Müller*, Anscheinsbeweis, S. 161ff.; jedenfalls für den Fahrlässigkeitsnachweis einen Anscheinsbeweis annehmend *Jescheck/Weigend*, AT, S. 595, *Burgstaller*, Fahrlässigkeitsdelikt, S. 194f., jedenfalls für Fahrlässigkeitsdelikte im Straßenverkehr auch *Lackner*, DAR 1958, 289 (wenngleich auf gesetzlicher Grundlage) und *Booß*, NJW 1960, 373 (gegen ihn *Schmidt-Leichner*, NJW 1960, 996f.).

[727] *Volk*, NStZ 1996, 106.

[728] Siehe zum Ablauf des zivilprozessualen Anscheinsbeweises oben Erster Hauptteil, Erstes Kapitel, C, I, 5 sowie Erster Hauptteil, Erstes Kapitel, C, II, 2.

[729] Vgl. zu diesem Unterschied zwischen zivilprozessualem Anscheins- und Indizienbeweis etwa *Hansen*, JuS 1992, 330 und auf den Strafprozess bezogen *Volk*, GA 1973, 170 und *ders.*, NStZ 1996, 107.

[730] *Hamm*, StV 1997, 163 für den Strafprozess.

glaubwürdigkeit hindeuten[731] Dies verlangt, dass der Beweisführer beim Indizienbeweis gerade Umstände darlegt, die sich auf den detaillierten Ablauf des konkreten Geschehens beziehen.[732]

Demgegenüber fallen im Strafprozess die Rolle des Beweisführers und des Beweisgegners in der Person des Richters zusammen, so dass Anscheinsbeweis und Entkräftungsbeweis quasi zusammen erfolgen, der Richter also zunächst vernünftige Gründe auszuschließen hat, die gegen den mittels statistischem Erfahrungssatz geführten Schluss auf die entscheidungserhebliche Tatsache sprechen, um diesen Schluss wirklich ziehen zu können. Er muss daher wie beim „normalen" Indizienbeweis immer alle Umstände des konkreten Einzelfalles und deren mögliche Schlüsse mit Erfahrungssätzen auf das Vorliegen oder Nichtvorliegen des typischen Geschehensablaufs im Einzelfall in die Beweisaufnahme wie Beweiswürdigung mit einbeziehen. Ein struktureller Unterschied zwischen einem Indizienbeweis und einem strafprozessualem Anscheinsbeweis verbleibt nicht[733].

bb) Verzicht auf die Bezeichnung „Anscheinsbeweis"

Ist der Anscheinsbeweis aber ein klassischer Indizienbeweis unter Verwendung statistischer Erfahrungssätze, so finden seine Grundsätze auch ohne ihre ausdrückliche Kennzeichnung als „Anscheinsbeweis" Anwendung. Einer gesonderten Rechtsfigur des Anscheinsbeweises bedarf es dann nicht. Der Begriff „strafprozessualer Anscheinsbeweis" mag zwar „den Blick für die in der Praxis vorfindlichen und rechtlich grundsätzlich zulässigen generalisierenden Züge auch der strafrichterlichen Informationsverarbeitung" schärfen[734], zugleich würde er aber – wie die Argumente gegen einen Anscheinsbeweis im Strafprozess klar verdeutlicht haben – eine Zurücknahme der strengen Beweisanforderungen im Strafprozess suggerieren[735] (für eine Verurteilung genüge der Beweis des ersten Anscheins von Tat und Schuld und der Angeklagte müsse sich entlasten) und damit die Gefahr begründen, „zur Aufbesserung von Erfahrungssätzen mit zu geringem Wahrscheinlichkeitsinhalt" und damit als „Vehikel zur Minderung von Beweisführungspflichten"

---

731 In diese Richtung geht die Aufgabe der sog. „Beifahrerrechtsprechung" der Untergerichte durch den Bundesgerichtshof mit BGH, NJW 1988, 566f.

732 Auf diesen Unterschied verweisen etwa *Hainmüller*, Anscheinsbeweis, S. 179 und *Hansen*, JuS 1992, 330.

733 Ebenso *Bockelmann*, NJW 1954, 1748 und *Christoph Markus Müller*, Anscheinsbeweis, S. 160, der von einem „Scheingegensatz" spricht. Vgl. auch *Lorenz Schulz*, Kausalität, S. 65: „Dann wäre dieser Beweis aber nur eine Form der freien Beweiswürdigung, die durch den Ausschluss konkreter Zweifel definiert wird." Nicht haltbar ist demgegenüber die Differenzierung, der Anscheinsbeweis werde mit einem Erfahrungssatz geführt, der Indizienbeweis dagegen mit mehreren Erfahrungssätzen: so aber *Volk*, GA 1973, 170, *ders.*, NStZ 1996, 107, *Kuhlen*, Fragen, S. 41 und *Weyreuther*, DRiZ 1957, 57; hiergegen zu Recht *Gerhard Walter*, Beweiswürdigung, S. 208, *Christoph Markus Müller*, Anscheinsbeweis, S. 155f. und Ulrike Unger, Kausalität, S. 170f. sowie zum Zivilprozess *Musielak/Stadler*, JuS 1980, 588.

734 So *Kuhlen*, Fragen, S. 49, der hiermit für eine Verwendung des Begriffs „Anscheinsbeweis" auch im Strafprozess wirbt.

735 Ebenso *Lorenz Schulz*, Kausalität, S. 66.

benutzt zu werden[736]. Auf den Begriff „Anscheinsbeweis“ sollte daher verzichtet werden.[737]

c) Alternativenausschlussmodell für den generellen Umgang mit statistischen Erfahrungssätzen

Statt über eine eigene Rechtsfigur Beweislücken in einzelnen Fallgruppen zu schließen, sollten somit besser einheitliche Regeln für den tagtäglichen tatrichterlichen Umgang mit nur statistischen Erfahrungssätzen entwickelt werden, der bislang noch wenig problematisiert wurde. Nur gelegentlich finden sich bislang im Schrifttum hierzu verschiedene Tendenzen, das Alternativenausschlussmodell der Rechtsprechung für zweifelhafte Kausalzusammenhänge für den Umgang mit statistischen Erfahrungssätzen schlechthin zu generalisieren:

aa) Marxens Regelannahme-Modell in einer verfassungsrechtlichen Straftatlehre

Erste Ansätze hierzu finden sich bereits in der Habilitationsschrift von *Marxen* zur Harmonisierung von „Straftatsystem und Strafprozess“ von 1982. „Grundlage für Vermittlungsbemühungen“ zwischen diesen beiden „juristischen Welten“ und damit für den Entwurf einer einheitlichen Straftatlehre sei die Verfassung[738], deren Grundelemente des Gesetzlichkeitsprinzips (Art. 103 Abs. 2 GG) und des Schuldgrundsatzes (Art. 1 und 20 Abs. 3 GG) nicht nur den Gesetzgeber zur genauen Festlegung des Tatbestandes wie sonstiger Umstände zwinge, mit deren Hilfe über die Strafwürdigkeit eines Verhaltens befunden werde.[739] Es sei zugleich auch „Leitprinzip“ für die prozessuale Annahme von Straftaten[740], indem der gesetzliche Schuldnachweis zur Widerlegung der Unschuldsvermutung „sich durchgängig und deutlich an einer gesetzlich umschriebenen Strafbarkeit ausrichten“ müsse[741]. Hierbei verpflichte die Unschuldsvermutung die Strafverfolgungsbehörden, für jedes einzelne Tatbestandsmerkmal zu vermuten, dass es fehle, sowie für jeden Rechtfertigungs- und Entschuldigungsgrund, dass diese jeweils vorlägen.[742] Dann wäre aber angesichts der großen, letztlich unabgeschlossenen Zahl von Rechtfertigungs- und Entschuldigungsgründen, „der Schwierigkeit einer beweiskräftigen Widerlegung und der praktischen Unvereinbarkeit der Untersuchungsziele [...] die Strafjustiz zur Handlungsunfähigkeit verurteilt“[743]. Da es jedoch weder das Ziel der Unschuldsvermutung sein könne, die Strafverfolgung zu verhindern, noch die Bildung eines Verdachts auszuschließen, bei deren Bildung „allzu skrupulöse Annahmen über Gegengründe“ beiseite gelassen werden müssen, müsse es der Strafjustiz erlaubt

---

736 So auch die Bedenken von *Kühne*, Strafprozessrecht, Rn. 759.

737 Ebenso *Volk*, GA 1973, 176, *Kühne*, Strafprozessrecht, Rn. 759 und *Hamm*, StV 1997, 162 (der den Begriff „Evidenzbeweis“ vorschlägt); aA *Kuhlen*, Fragen, S. 49.

738 *Marxen*, Straftatsystem, S. 424.

739 *Marxen*, Straftatsystem, S. 347 f.

740 *Marxen*, Straftatsystem, S. 348.

741 *Marxen*, Straftatsystem, S. 348.

742 *Marxen*, Straftatsystem, S. 350 f. und 425.

743 *Marxen*, Straftatsystem, S. 351.

sein, „sich auf die regelmäßig ausreichenden Bestrafungsvoraussetzungen zu konzentrieren und Ausnahmegründe zurückzustellen, solange sie nicht mehr als eine bloß theoretische Möglichkeit darstellen“[744]. Neben dem vollen gesetzlichen Nachweis der Tatbestandsmerkmale greife daher die „unvermeidliche Regelannahme“[745] vom Fehlen von Rechtfertigungs- und Entschuldigungsgründen, wenn sich derartige nicht vom bekannten Sachverhalt her aufdrängten oder sich aus „Erfahrungsregeln“ (z.B. häufig läge bei Tötungsdelikten Notwehr vor) oder durch die Einlassung des Angeklagten als Ausdruck des rechtlichen Gehörs (Art. 103 Abs. 1 GG) ergäben[746].

Marxens Regel-Ausnahme-Modell bezieht sich so lediglich auf die Regelannahme „keine tatsächlichen Anhaltspunkte für eine Rechtfertigung oder eine Entschuldigung“ und die Ausnahme „Vorliegen tatsächlicher Rechtfertigungs- oder Entschuldigungsumstände“, während der gerade schwer zu führende gesetzliche Nachweis der Tatbestandsmerkmale voll geführt werden müsse. Zur unabdingbaren Führung dieses Nachweises mittels statistischen Erfahrungssätzen schweigt *Marxens* Modell gerade.

bb) Freunds normatives Alternativenausschlussmodell

Freund hat in seiner Dissertationsschrift über „Normative Probleme der ‚Tatsachenfeststellung‘“ von 1985/86 dagegen ein allumfassendes Alternativenausschlussmodell der Tatsachenfeststellung entwickelt, bei dem bestimmte Zweifel am angeklagten Geschehen in Form möglicher alternativer Geschehensabläufe trotz nicht erweiterbarer ontologischer Urteilsbasis (sprich: obgleich alle möglichen Beweismittel ausgeschöpft sind!) ausgeschlossen werden müssten, um zu einer Verurteilung gelangen zu können[747]. Ob dabei trotz Zweifeln eine Tatsache festgestellt werden könne oder nicht, sei aber nicht (entsprechend dem Beweismaß von Rechtsprechung und überwiegendem Schrifttum) in die subjektive Entscheidungsmacht des Richters gestellt[748], sondern müsste grundsätzlich durch normative Entscheidungsnormen geregelt werden[749]. Hinter diesen müsse der materielle Schuldgrundsatz stehen, der wegen der prozessualen Einschränkungen wie den Beweisverwertungsverboten prozessual letztlich nichts mehr als eine Zuschreibung der „Verantwortlichkeit des Angeklagten für die eben nur möglicherweise wirklich begangene Tat“ bedeute[750] und damit, ob der Angeklagte wegen nicht genutzter zumutbarer[751] Verteidigungsmöglichkeiten die Folgen einer möglichen Fehlverurteilung selbst tragen müsste (sog. Fehlverurteilungsrisiko)[752]. Diesen Anforderungen

[744] *Marxen*, Straftatsystem, S. 351.
[745] *Marxen*, Straftatsystem, S. 425.
[746] *Marxen*, Straftatsystem, S. 352.
[747] *Freund*, Probleme, S. 77ff.
[748] Vgl. zur generellen Kritik *Freunds* am subjektiven Beweismaß: *Freund*, Probleme, S. 46ff.
[749] *Freund*, Probleme, S. 152.
[750] *Freund*, Probleme, S. 70.
[751] Vgl. zur Einschränkung der Zumutbarkeit (Vorliegen „triftiger Gründe“) in seinem Modell nur *Freund*, Probleme, S. 128f.
[752] *Freund*, Probleme, S. 70.

würden die anerkannten Erfahrungssätze als allenfalls „rudimentäre Entscheidungsnormen“ jedoch nicht gerecht werden[753], so dass *Freund* statt der hier interessierenden Verarbeitung von Wahrnehmungen mittels statistischen Erfahrungssätzen auf normativ fundierte Abwägungen im Einzelfall abstellen möchte[754].

cc) Denckers Normalfallannahmen

Erst *Dencker* bezog das Alternativenausschlussmodell der strafrechtlichen Produkthaftungsfälle unter ausdrücklicher Zitierung[755] auf den generellen Umgang mit bestimmten Erfahrungssätzen, die als „Basisdaten“[756] oder Informations-„Sockel“[757] (quasi als „Vor-Urteile genereller Art“[758]) jeder Verknüpfung von Wahrnehmungen und Erfahrungsregeln notwendigerweise bereits vorhanden seien und so dem Richter den „Normallfall“ vermittelten (daher: sog. „Normalfallannahmen“), von dem dieser beim Fehlen hiergegen sprechender Umstände grundsätzlich ausgehen dürfe[759]:

> „So geht z. B. jedes Gericht im Prozess über den Vorwurf einer Straftat gemäß § 316 StGB von der Ordnungsgemäßheit der Blutalkoholanalyse und von der Identität von entnommener und analysierter Blutprobe aus, solange keine Gegenindizien gegen diese Normalfallannahme sprechen. Das ist – und hierauf kommt es an – auch keineswegs eine nachlässige Handhabung des § 244 Abs. 2 StPO, sondern es ist – im Prinzip jedenfalls – unumgänglich. Man könnte zwar daran denken, den Gerichten in solchen Fällen jedes Mal die Überprüfung der Blutprobenidentität und der Einhaltung der Richtlinien des Bundesgesundheitsamtes aufzugeben. Damit würde man jedoch am Prinzip nichts ändern; denn dahinter ergäben sich weitere mögliche Ausdehnungen der Pflicht zur Überprüfung von Amts wegen. Um es am Beispiel zu verdeutlichen: Das Problem (der Grenzen der Pflicht gemäß § 244 Abs. 2 StPO) würde sich dann nur dahin verlagern, ob beispielsweise die Analysegeräte des untersuchenden Instituts ordnungsgemäß funktionieren – und allein hinter dem Wort ‚ordnungsgemäß‘ lassen sich unschwer weitere Untersuchungsgegenstände beliebiger Vielfalt auftun. Letztlich müssten auch die ‚Richtlinien des Bundesgesundheitsamtes‘, obgleich Verkörperung ‚gesicherter Erkenntnisse der Naturwissenschaft‘[760], nach dem eigenen Methodenverständnis der Naturwissenschaften grundsätzlich immer wieder auf den Prüfstand gestellt werden können. Entsprechende Beobachtungen lassen sich, schaut man nur genau genug hin, bei jedem Beweisvorgang treffen.“[761]

Jedem Richter werde diese Notwendigkeit, mit Normalfallannahmen in der Struktur eines prima-facie-Beweises zu arbeiten, „praktisch vertraut sein“[762]. Erst wenn

---

[753] *Freund*, FS Meyer-Goßner, S. 427 f.

[754] Auf dieses wird daher erst im Rahmen der Neubestimmung des strafprozessualen Regelbeweismaßes unter dem Aspekt einer normativen Beweismaßtheorie als Objektivierung der subjektiven richterlichen Entscheidungsfindung umfassend einzugehen sein: siehe unten Zweiter Hauptteil, Drittes Kapitel, B, II, 4, a), aa).

[755] *Dencker*, ZStW 102 (1990), 70 Fn. 62.

[756] *Dencker*, ZStW 102 (1990), 71.

[757] *Dencker*, StV 1994, 504.

[758] *Dencker*, ZStW 102 (1990), 71.

[759] *Dencker*, ZStW 102 (1990), 70 ff. und *ders.*, StV 1994, 504.

[760] BGHSt. 21, 157 (159).

[761] *Dencker*, ZStW 102 (1990), 71 f.

[762] *Dencker*, ZStW 102 (1990), 72.

Indizien existierten, die gegen die Ordnungsgemässheit z.B. der Blutprobenanalyse sprächen, oder der Angeklagten von seinem reichhaltigen Repertoire von prozessualen Angriffsmitteln gegen die Normalfallannahmen Gebrauch mache[763] und diese in Zweifel ziehe, fordere § 244 Abs. 2 StPO die Überprüfung der Gültigkeit der Normalfallannahmen im Einzelfall[764] (sog. „tiefere" Erstreckung der Beweisaufnahme[765]). Wie sich derartige Normalfallannahmen von „normalen" statistischen Erfahrungssätzen unterscheiden und wie stark die vorgebrachten wie offenkundigen Zusatzinformationen sein müssen, um die Normalfallannahme in Zweifel zu ziehen (Genügt ein generelles Leugnen? Wie qualifiziert muss das Leugnen sein?) und wie dann bei nicht erweiterbarer Beweisaufnahme trotz Zweifeln zu entscheiden ist, dazu schweigt *Dencker* jedoch.

dd) Christoph Markus Müllers normativ fundiertes Regelannahmemodell

Über *Denckers* Modell geht *Christoph Markus Müller* mit seiner Dissertationsschrift zum „Anscheinsbeweis im Strafprozess am Beispiel der Feststellung von Kausalität und von Dispositionsprädikaten" von 1997/98 noch hinaus, indem er es mit dem normativem Verständnis *Freunds* zu präzisieren sucht: Die Kriterien, die an die Normallfallannahmen *Denckers* (die *Christoph Markus Müller* als „Regelannahmen" bezeichnet[766]) sowie an den konkreten Alternativausschluss zu stellen seien, müssten am „Leittopos der Normstabiliserung" ausgerichtet werden und

[763] Dies sei notwendig, da einige Umstände, die gegen eine Normalfallannahme sprechen würden, nur dem Angeklagten bekannt seien, der über seine Erlebnisse zur Tatzeit teils als Einziger Bescheid wüsste. *Dencker*, ZStW 102 (1990), 78f. schlägt daher folgende Belehrung über das Schweigerecht iSd § 243 Abs. 4 S. 1 StPO vor: „Sie haben das Recht, frei zu entscheiden, ob Sie etwas zu dem Anklagevorwurf sagen wollen oder ob Sie schweigen wollen. Wenn Sie schweigen, wird das auch nicht zu Ihren Lasten verwertet. Sie allein wissen bisher, ob Sie die vorgeworfene Tat begangen haben oder nicht. Das Gericht wird darüber erst nach der Beweisaufnahme zu entscheiden haben. Sollte es dann allerdings zu der Überzeugung gelangen, dass Sie schuldig sind, so hat es Sie zu verurteilen, und zwar zu einer Strafe nach dem Maß der festgestellten Schuld. Auch wenn Sie diese bis dahin abstreiten oder zu dem Vorwurf schweigen, wird das Gericht alles in seinen Kräften Stehende tun, um alle Umstände festzustellen, die für ein geringeres Maß dieser Schuld sprechen, und es wird auch bei Zweifeln über das Vorliegen solcher Umstände zu Ihren Gunsten entscheiden. Wenn Sie die Tat begangen haben, wird es aber möglicherweise Umstände geben, die zu Ihren Gunsten sprechen könnten und die nur Sie dem Gericht zugänglich machen können – Umstände, die das Gericht daher zu Ihren Gunsten gar nicht einmal bedenken kann, wenn Sie ihm keinen Hinweis darauf geben. Das sollten Sie bei Ihrer freien Entscheidung darüber bedenken, ob und was gegebenenfalls Sie zur Sache aussagen wollen." Eine derartige Belehrung könnte jedoch zu Teileinlassungen führen, bei denen das Teilschweigen des Angeklagten zu einem Tatkomplex gerade doch gegen ihn verwertet werden könnte (vgl. zum verwertbaren Teilschweigen nur BGHSt. 20, 298ff., BGHSt. 32, 140 (145), BGH, StV 1981, 56 und *Meyer-Goßner*, § 261 Rn. 17; aA *Rogall*, Beschuldigte, S. 250ff. und *Rüping*, JR 1974, 138). Auf diese für ihn nachteilhafte Folge müsste der Angeklagte daher vorsorglich hingewiesen werden.

[764] *Dencker*, ZStW 102 (1990), 72f. und *ders.*, StV 1994, 504 mit Beispielen.

[765] *Dencker*, StV 1994, 504.

[766] *Christoph Markus Müller*, Anscheinsbeweis, S. 182ff.

damit an der Frage, „unter welchen Voraussetzungen das Risiko einer Fehlverurteilung zu legitimieren“ sei[767]. Dies verlange, dass Grundlage eines „Anscheinsbeweises“ im Strafprozess lediglich „spezifische normativ fundierte sog. Regelannahmen“ sein könnten, die entweder bereits rechtlich (durch den Gesetzgeber oder die gesamte Rechtsgemeinschaft) festgelegt worden seien[768] (so z.B. die in § 20 StGB verankerte Regelannahme genereller Schuldfähigkeit[769], die in § 17 StGB verankerte Nachvollziehung der Wertungen des Strafrechts zumindest in einer Parallelwertung durch Angehörige der Rechtsgemeinschaft[770], die Annahme einer (hypothetischen) Fahrlässigkeitskausalität beim Verstoß gegen eine Norm, die zur Vermeidung der Erfolge der eingetretenen Art aufgestellt wurden[771] oder die Festlegung absoluter Fahruntüchtigkeit auf 1,0‰ wegen einer „Wertung der Rechtsgemeinschaft“[772]) oder aber empirisch[773], wenn sie explizit formuliert[774], für den Schluss auf die gesuchten Tatsachen relevant[775] und erheblich gestützt, also „in der Rechtsprechung wie auch von den spezialwissenschaftlichen Sachverständigen“ und den Prozessbeteiligten „akzeptiert“ würden[776]. Letzteres müsse der Richter (letztverbindlich der Revisionsrichter[777]) bei sachverständiger Beratung entscheiden. Bestünden gegen die Regelannahme aufgrund offenkundiger oder vom Angeklagten vorgebrachter Gegenindizien mögliche Zweifel, müsse in einer „Interessenabwägung [...] zwischen dem Interesse des Angeklagten und dem der Allgemeinheit“ über eine Ausdehnung der Beweisaufnahme entschieden werden[778]. Ergebe diese dann allerdings nichts Weiteres für die Gegenindizien, sei „im Sinne der Regelannahme der Anscheinsbeweis anzuwenden“[779].

Christoph Markus Müller entfernt sich insoweit von *Freunds* Modell, als er deren Abwägung nach dem jeweiligen Fehlverurteilungsrisiko nur auf die Möglichkeit einer Erweiterung der Beweisaufnahme bezieht. Erbringt diese nichts weiteres, so meint *Christoph Markus Müller* (entgegen *Freund*), auf eine Abwägung nach dem Fehlverurteilungsrisiko gerade verzichten zu können. Ob ein nur empirisch fundierter Erfahrungssatz, der also vom Gesetzgeber nicht vorgegeben wird, tatsächlich aber als „Regelfall“ und eben nicht nur als einfacher statistischer Erfahrungssatz gilt, würde nach dem Kriterium der Akzeptanz jedoch der Tatrichter selbst entscheiden, der dies durchaus emotional mit dem Opfer verbunden frei tun könne. Dieser Bereich ist also vom Gedanken des Fehlverurteilungsrisiko gerade

[767] *Christoph Markus Müller*, Anscheinsbeweis, S. 239.
[768] *Christoph Markus Müller*, Anscheinsbeweis, S. 201 ff.
[769] *Christoph Markus Müller*, Anscheinsbeweis, S. 208 ff.
[770] *Christoph Markus Müller*, Anscheinsbeweis, S. 210 f.
[771] *Christoph Markus Müller*, Anscheinsbeweis, S. 211 ff.
[772] *Christoph Markus Müller*, Anscheinsbeweis, S. 202 ff.
[773] *Christoph Markus Müller*, Anscheinsbeweis, S. 188 ff.
[774] *Christoph Markus Müller*, Anscheinsbeweis, S. 190 ff.
[775] *Christoph Markus Müller*, Anscheinsbeweis, S. 192.
[776] *Christoph Markus Müller*, Anscheinsbeweis, S. 196.
[777] *Christoph Markus Müller*, Anscheinsbeweis, S. 240.
[778] *Christoph Markus Müller*, Anscheinsbeweis, S. 240.
[779] *Christoph Markus Müller*, Anscheinsbeweis, S. 240.

abgekoppelt und ins freie „Ermessen“ des Richters gestellt, dem *Christoph Markus Müller* sogar zubilligt, eine wissenschaftliche Frage anders als die beratenden Sachverständigen zu entscheiden[780] und damit dem Tatrichter einen weiten, nur durch den Revisionsrichter kontrollierbaren subjektiven Bereich bei notwendigen Schlüssen mit statistischen Erfahrungssätzen (seien es Regelannahmen oder einfache statistische Erfahrungssätze, zu denen er weitgehend schweigt und diesen Regelfall der Beweiswürdigung aus seinem Beweissystem herausnimmt) belässt. *Christoph Markus Müller* gerät so in das Beweismaß der freien subjektiven Überzeugung, obgleich er doch eigentlich die Legitimierbarkeit eines Urteils als Beweismaß propagiert. Diese Janusköpfigkeit war aber unvermeidlich, ist *Christoph Markus Müllers* Arbeit doch gerade geprägt vom faktischen Bemühen, *Denckers* Beweiswürdigungssystem mit Regelannahmen auf der Grundlage eines subjektiv-objektiven Beweismaßes mit *Freunds* rein normativem Modell des Fehlverurteilungskriteriums, das gerade einen Gegenentwurf zum subjektiv-objektiven Beweismaß darstellt, in Einklang zu bringen, also quasi Wasser und Öl zu vermischen, indem ein Messbecher von hier (*Denckers* Modell) und ein Spritzer von dort (*Freunds* Modell als normative Basis) genommen wird. Das Gemisch wird mal so und mal so reagieren, mal dem subjektiv-objektiven Beweismaß folgend (bei der Annahme nur empirisch gestützter Regelfallannahmen), mal normativ (bei der Bewertung der Zweifel). *Christoph Markus Müller* hätte daher gut daran getan, beide Ansätze zunächst zu einem einheitlichen Beweismaß verschmelzen zu lassen, bevor er hierauf ein Beweismodell entwickelt. Hierbei hätte er gemerkt, dass ein rein normativer Beweismaßansatz zwingend zu einer faktischen Ersetzung menschlicher Richter durch „Entscheidungsmaschinen“ geführt hätte, indem den Richtern ein flächendeckendes Entscheidungsnormensystem (sprich: Beweisregelsystem) vorgegeben würde, was angesichts der Vielgestaltigkeit des menschlichen Lebens wie des Strafprozesses jedoch nicht möglich ist. So werden immer Menschen über Rechtsfälle entscheiden. Und diese werden es zwangsläufig unter dem Einfluss ihrer Emotionen, Gefühle, persönlichen Vorurteile aber auch persönlich-fachlichen Erfahrung tun (anders als jeder andere Mensch), sodass diese richterpsychologischen Aspekte ihren Platz im Beweismaß wie im Feststellungsmodell haben müssen, soll die Realität nicht verfehlt werden. Und nur auf diese richterpsychologische Ansätze bezogen kann bereits auf der Beweismaßebene durch gewisse Regeln eine zu freie richterliche Willkür zum verfassungsrechtlich (Art. 1, 2 Abs. 1 und Abs. 2 S. 2 sowie Art. 14 GG) garantierten Schutze des Angeklagten eingeschränkt werden. Die von *Christoph Markus Müller* beabsichtigte Normativierung als Objektivierung der Beweiswürdigung zum Schutze des Angeklagten verkommt demgegenüber zu einem bloßen Lippenbekenntnis und lässt den Angeklagten faktisch schutzlos dem (Revisions-)Gericht ausgeliefert, das frei von bestimmten Regelannahmen ausgehen und diese als nicht widerlegt ansehen kann.

---

[780] *Christoph Markus Müller*, Anscheinsbeweis, S. 199.

C. Ergebnis

Eine absolute Erkenntnis des das Tatgeschehen rekonstruierenden Tatrichter ist unmöglich, ein völliges Abbild der vergangenen Realität unmöglich.[781] Der Tatrichter kann lediglich ausgehend von den Aussagen der prozessual zulässigen, in ihrer Verfügbarkeit begrenzten und häufig subjektiv eingefärbten Beweismittelaussagen – sprich: ausgehend von rudimentären Informationen – mit Hilfe seiner persönlichen wie beruflichen Erfahrung dem Tatgeschehen so nahe wie möglich kommen, um einerseits den Rechtsfrieden wiederherzustellen, andererseits aber auch das Freiheitsrecht des Angeklagten wie sein Ansehen nicht unnötig zu beschneiden. Hierbei ist er auf die Vielzahl bloß statistischer Erfahrungssätze angewiesen, deren Verwendung beim Erschließen von Tatsachen gar den Normalfall der Beweisführung darstellt. Legt der statistische Erfahrungssatz dem Tatrichter mit hohem Wahrscheinlichkeitswert ein typisches Geschehen nahe, so wird er hierauf den Erfahrungsschluss aufbauen, dass sich das konkrete Tatgeschehen auch derart typisch und damit auf eine bestimmte Art und Weise zugetragen habe, wenn er trotz umfangreicher Beweisaufnahme unter Erschöpfung aller zugänglichen wie zulässigen Beweismittel keine konkreten Umstände feststellen konnte, die vernünftige Zweifel hieran hätten begründen können. Man kann dies als einen „Anscheinsbeweis im Strafprozess“ bezeichnen, der hier wie in jeder anderen Prozessart konstruierbar ist. Der Begriff „Anscheinsbeweis“ verdeckt durch seine schlagwortartige Verwendung jedoch seine unterschiedliche Ausgestaltung in unterschiedlichen Rechtsgebieten und begründet die aufgezeigten Missverständnisse, die über die praktische Notwendigkeit der Anscheinsbeweis-Grundsätze auch im Strafprozess wie seine tagtägliche Praktizierung in deutschen Gerichtssälen hinwegtäuschen. Das Für und Wider eines strafprozessualen Anscheinsbeweises ist ein einziger „Scheinstreit“, bei dem es tatsächlich um das Für einer Übertragung der verwaltungsrechtliche Konstruktion eines Anscheinsbeweises unter Geltung des Amtsermittlungsgrundsatzes und das Wider einer 1:1-Übertragung seiner vom Verhandlungsgrundsatz geprägten zivilprozessualen Ausgestaltung geht. Der Begriff „Anscheinsbeweis“ sollte daher besser beiseite gewischt werden, mehr aus Gründen der Klarheit denn aus dogmatischer Konsequenz.

Übrig bleibt die allgemeine Notwendigkeit der Beweisführung mittels statistischer Erfahrungssätze, die zumeist nicht derart hohe Wahrscheinlichkeitswerte vermitteln, dass von einem nahe gelegten „typischen Geschehensablauf“ gesprochen und nach den hier zum strafprozessualen Anscheinsbeweis entwickelten Grundsätzen vorgegangen werden könnte. Dies ist das tägliche Brot eines Tatrichters und liegt doch mit ihren Anforderungen wie Begrenzungen heutzutage noch wie in den übrigen Rechtsgebieten weitgehend im Dunkeln. Die aufgezeigten Modelle in der Literatur bieten hierfür höchstens rudimentäre Ansätze. Und in der Rechtsprechung werden derartige Schlüsse mit statistischen Erfahrungssätzen umhüllt und verschleiert durch den in der Praxis allumfassenden Mantel der richterli-

781 Zum Wahrheitsbegriff der Strafprozessordnung sowie deren Einschränkungen ausführlich noch unten Zweiter Hauptteil, Drittes Kapitel, B, II, 2–4.

chen Gesamtwürdigung. Den genauen Einfluss statistischer Erfahrungssätze sowie unter welchen Voraussetzungen der Tatrichter mit seiner Hilfe eine Tatsachenfeststellung vornehmen kann oder gar muss, kann daher nur aufdecken, wer den Mantel lüftet und der richterlichen Entscheidungsfindung in ihr vollständiges Antlitz blickt.

Zweiter Hauptteil: Das eigene beweisrechtliche System

Wenn der 1. Hauptteil eines verdeutlicht hat, dann ist es das Zusammenspiel von Beweismaß und Beweiswürdigungsvorgang: Die menschlichen Erkenntnisfähigkeiten sind begrenzt und der Richter kann nie absolut sicher sein, den Sachverhalt zutreffend festgestellt zu haben. Um dennoch nicht mangels Tatsachenfeststellung das Strafprozessrecht und damit letztlich das materielle Strafrecht mit seiner Ordnungsfunktion für das gesellschaftliche Leben leer laufen zu lassen, müssen die Beweisanforderungen auf das Menschenmögliche, wenn auch – zum Schutz des Angeklagten und seines weiteren Lebens – auf das maximale Menschenmögliche zurückgeschraubt werden. Dies kann bereits auf der Ebene des Beweismaßes erfolgen, indem man einen Grad objektiver hoher Wahrscheinlichkeit im Sinne des in der früheren Rechtsprechung vertretenen objektiven Beweismaßes als zur Tatsachenfeststellung maßgebend ausreichen lässt – weiterer Erleichterungen auf der Ebene der Beweiswürdigung bedarf es dann nicht. Verlangt man auf der Beweismaßebene dagegen objektiv oder subjektiv die Wahrheit statt der Wahrscheinlichkeit als Bezugspunkt, müssen auf der Beweiswürdigungsebene unter bestimmten, den Angeklagten schützenden Umständen auch bloße Wahrscheinlichkeitsschlüsse mit statistischen Erfahrungssätzen (sei es mit typischen Geschehensabläufen vermittelnden hohen Wahrscheinlichkeitswerten im Sinne eines „strafprozessualen Anscheinsbeweises" oder lediglich geringer Wahrscheinlichkeit zum Aufzeigen einer Möglichkeit neben vielen gleichwahrscheinlich möglichen) ausreichen. Dieses „vielschichtige Beziehungsgeflecht"[1] aus Wahrheit und Wahrscheinlichkeit, Beweismaß und Beweiswürdigung, das in Rechtsprechung und Schrifttum in den verschiedensten Spielarten noch ohne abschließende Klärung zu finden ist, ist zu entwirren, indem unmittelbar aus dem Gesetz methodisch das strafprozessuale Regelbeweismaß mit seinen Anforderungen wie immanenten Beschränkungen für die Tatsachenfeststellung abgeleitet werden soll (Kapitel 3). Erst auf dieser Basis kann dann das bislang überfällige allgemeine Konzept der Tatsachenfeststellung entworfen werden (Kapitel 4), das die (insbesondere statistischen) Erfahrungssätze der Menschheit als Brückenpfeiler über das Dunkel der Unwissenheit tragen.

---

[1] *Wolfgang Hetzer*, Wahrheitsfindung, S. 35.

Drittes Kapitel:
Das strafprozessuale Beweismaß

Mit der Beseitigung der positiven Beweisregeln führte der Gesetzgeber in die Strafprozessordnung wie in fast allen anderen Verfahrensordnungen (vgl. § 286 ZPO, § 30 Abs. 1 S. 1 BVerfGG, § 108 VwGO, § 128 SGG, § 96 FGO, §§ 46 Abs. 2 S. 1 und 84 S. 1 ArbGG, § 93 PatG sowie jüngst § 37 Abs. 1 FamFG[1] und § 9 LwVfG[2]) den Grundsatz der freien Beweiswürdigung ein.[3] Dieser für moderne Prozessordnungen elementare Verfahrensgrundsatz ist ausdrücklich in der Strafprozessordnung zwar weder benannt noch definiert, er wird aber entsprechend der nichtamtlichen Überschrift aus dem die letzten 130 Jahre inhaltlich unverändert gebliebenen § 261 StPO[4] abgeleitet.[5] Mit dieser Grundsatznorm[6] hat der Gesetzgeber dem (Einzel- wie Kollegial[7]-)Richter in „knapper Här-

---

[1] Im Gesetz über das Verfahren in Familiensachen und in den Angelegenheiten der freiwilligen Gerichtsbarkeit (FamFG), das mit Wirkung zum 1. 9. 2009 das Gesetz über die Angelegenheiten der freiwilligen Gerichtsbarkeit (FGG) ersetzte (BGBl. 2008 I, S. 2586 (2743)), ist nunmehr auch endlich für diese Verfahrensart (im FGG fehlte noch eine entsprechende Bestimmung) der Grundsatz der freien Beweiswürdigung ausdrücklich verankert: „Das Gericht entscheidet nach seiner freien, aus dem gesamten Inhalt des Verfahrens gewonnenen Überzeugung."

[2] § 9 des Gesetzes über das gerichtliche Verfahren in Landwirtschaftssachen (LwVfG) verwies bislang auf das FGG, so dass auch hier eine ausdrückliche Vorschrift über die freie Beweiswürdigung fehlte. Mit der Ersetzung des FGG durch das FamFG verweist § 9 LwVfG nunmehr auf § 37 Abs. 1 FamFG und erhält so mit Wirkung zum 1. 9. 2009 auch ausdrücklich den Grundsatz freier Beweiswürdigung: Art. 43 des Gesetz zur Reform des Verfahrens in Familiensachen und in den Angelegenheiten der freiwilligen Gerichtsbarkeit (FGG-Reformgesetz), BGBl. 2008 I, S. 2586 (2707).

[3] Siehe zu den historischen Grundlagen oben Erster Hauptteil, Erstes Kapitel, A, VI.

[4] Bei diesem ursprünglich als § 260 RStPO eingeführten Paragraphen (RGBl. 1877, S. 253 [300]) wurde einzig 1924 die Nummerierung geändert (RGBl. 1924 I, S. 299 [348]).

[5] Vgl. nur LR/*Gollwitzer* (25. Aufl., Berlin 2001), § 261 Rn. 1, KMR/*Paulus*, § 261 Rn. 1, *Meyer-Goßner*, § 261 Rn. 6, KK-StPO/*Schoreit*, § 261 Rn. 1, *Kindhäuser*, Strafprozessrecht, § 23 Rn. 52 sowie *Meurer*, FS Tröndle, 533.

[6] LR/*Gollwitzer* (25. Aufl., Berlin 2001), § 261 Rn. 1; ähnlich *Alwart*, GA 1992, 552: „Zentralnorm für das gesamte Strafrecht".

[7] Trotz der notwendigen Mehrheitsentscheidung nach § 263 StPO iVm §§ 196, 197 GVG und damit der zusätzlich zur individuellen Entscheidung erfolgenden „sozialen Interaktion zwischen den Mitgliedern" (*Eisenberg*, Beweisrecht, Rn. 94; vgl. zum besonderen Einfluss des Berichterstatters hierbei *Hans-Ludwig Schreiber*, ZStW 88 [1976], 159 f. und *Berkemann*, JZ

te"[8] die mit seiner neuen „Freiheit" verbundene Verantwortung vor Augen geführt: „Über das Ergebnis der Beweisaufnahme entscheidet das Gericht nach seiner freien, aus dem Inbegriff der Verhandlung geschöpften Überzeugung."

Hatte der Richter nach Art. 67 der Constitutio Criminalis Carolina etwa zwingend zu verurteilen, „item so eyn missethat zum wenigsten mit zweyen oder dreien glaubhafftigen zeugen, die von eynem waren wissen sagen, bewiesen wirdt", so ist er nunmehr in der Beurteilung frei, ob er den Zeugen glaubt oder nicht. Er kann der Einlassung des Angeklagten gegen die Aussagen einer Vielzahl von Belastungszeugen Glauben schenken.[9] Wann er dem Angeklagten oder dem Zeugen zu glauben hat, obliegt seiner „freien Beweiswürdigung". Eine absolute Gewissheit, wer die Wahrheit spricht und wessen Aussage er daher seinem Urteil zugrunde legt, kann er nicht erreichen, da er die Tat nicht selbst mit eigenen Sinnen verfolgt hat. Er kann immer nur (relativ) dem einen mehr glauben als dem anderen. Gewisse Zweifel verbleiben stets. Würde man nun mit dem Grundsatz in dubio pro reo derart ernst machen, dass bei jedem auch nur erdenklichen Zweifel eine Schuldfeststellung nicht möglich wäre, müsste der Richter stets zum Ergebnis gelangen, dass es nicht ausgeschlossen sei, dass der Angeklagte die Tat nicht begangen hat. Eine tatrichterliche Schuldfeststellung (um die es in dieser Arbeit ausschließlich geht, insbesondere das Ermittlungsverfahren als praktischen Zentralpunkt der Wahrheitssuche ausgeblendet) wäre unmöglich. Dies wäre das Ende jeden richterlichen Verfahrens und damit des Strafrechts, das nicht mehr durchsetzbar wäre.

Um eine im Rechtsstaatsprinzip des Art. 20 Abs. 3 GG abgesicherte Funktionstüchtigkeit der Strafrechtspflege[10] zu gewährleisten, ohne die Gerechtigkeit nicht zu verwirklichen ist, muss sich der Strafrichter daher zwangsweise mit einem geringeren Grad an Gewissheit zufrieden geben, um einen Umstand als „bewiesen" anzusehen; es darf nicht mehr jeder erdenkliche Zweifel einer für die Schuld- und Straffrage des Angeklagten nachteiligen Tatsachenfeststellung im Wege stehen.[11] Dieser (gegenüber der absoluten Gewissheit geringere) Maßstab ist das Beweismaß, mit dem im Strafprozess zugunsten einer funktionsfähigen Strafverfolgung ein gewisses Fehlverurteilungsrisiko zu Lasten des Angeklagten in Kauf genommen wird.[12]

1971, 539f.) übt jeder Kollegialrichter für sich eine freie Beweiswürdigung iSd § 261 StPO aus und stimmt dann entsprechend ab. Die Ansicht der Mehrheit der Stimmen fingiert § 196 Abs. 1 GVG dann als „Entscheidung des Gerichts", ohne dass ein Minderheitenvotum möglich ist (vgl. zu dieser Fiktion *Höcherl*, FG Peters, S. 21). Im Folgenden wird zur Vereinfachung der von jedem Kollegial- wie Einzelrichter für sich durchzuführenden Sachverhaltsfeststellung primär der Einzelrichter zugrunde gelegt.

8 *Hanack*, JuS 1977, 727.

9 Vgl. nur *Meyer-Goßner*, § 261 Rn. 11f. und *Roxin/Schünemann*, Strafverfahrensrecht, § 45 Rn. 46.

10 Vgl. nur BVerfGE 33, 367 (383), BVerfGE 41, 246 (250), BVerfGE 46, 214 (222) und BVerfGE 74, 257 (262).

11 Vgl. hierzu bereits *Mezger*, Sachverständige, S. 159.

12 Vgl. in diese Richtung auch BGH, LM § 15 BEG 1956 Nr. 3, der von „Fehlerquellen der menschlichen Erkenntnis" spricht, die durch eine Verringerung des zivilprozessualen Be-

Wann in diesem Sinne der Beweis geführt ist und damit welchen Inhalt das Beweismaß hat, ist eine von der (konkreten) Beweiswürdigung strikt zu trennende (reine Rechts-)Frage[13] genereller und abstrakter Wertung.[14] Bei dieser ist das durch eine Verurteilung betroffene Grundrecht des Beschuldigten auf allgemeine Entfaltung der Persönlichkeit bzw. der Freiheit gegen den rechtsstaatlichen Grundsatz funktionstüchtiger Rechtspflege – und damit der Möglichkeit der Aburteilung eines Sachverhalts, obwohl der Richter davon, dass sich dieser in der Vergangenheit tatsächlich so abgespielt hat, keine absolute Gewissheit hat! – abzuwägen. Eine derartige grundrechtsrelevante Abwägung hat der Gesetzgeber aufgrund seiner demokratischen Legitimierung selbst vorab vorzunehmen[15] und mit § 261 StPO auch vorgenommen.

A. Übertragbarkeit der zivilprozessualen Regelung

Und doch wird man beim Lesen des § 261 StPO auf den ersten Blick nicht viel schlauer. Klarer ist demgegenüber § 286 Abs. 1 S. 1 ZPO: „Das Gericht hat unter Berücksichtigung des gesamten Inhalts der Verhandlungen und des Ergebnisses einer etwaigen Beweisaufnahme nach freier Überzeugung zu entscheiden, ob eine tatsächliche Behauptung für wahr oder für nicht wahr zu erachten sei." Hiernach hat der Richter „nach freier Überzeugung" (= freie Beweiswürdigung) zu entscheiden, ob im Einzelfall eine tatsächliche Behauptung „für wahr [...] zu erachten sei" (= abstraktes Beweismaß). Als der Gesetzgeber diese zivilprozessuale Norm schuf, hatte er angesichts der historischen Entwicklung des Grundsatzes freier Beweiswürdigung[16] den Strafprozess vor Augen, wie ein Blick in die Gesetzesmaterialien

---

weismaßes in Kauf genommen würde. Zur freien Beweiswürdigung als Fehlerquelle im Strafprozess ausführlich *Karl Peters*, Kriminologische Aktualität VIII (1974), 29ff.

[13] Vgl. *Freund*, FS Meyer-Goßner, S. 415.

[14] Vgl. zu dieser Trennung *Döhring*, Erforschung, S. 446, *Mezger*, Sachverständige, S. 159ff., KMR/*Stuckenberg*, § 261 Rn. 16f., *Moser*, In dubio pro reo, S. 43 sowie aus dem zivilprozessualen Schrifttum zu § 286 ZPO: *Rosenberg*, Beweislast, 1965, S. 186f., *Maassen*, Beweismaßprobleme, S. 19 und 23, *Greger*, Beweis, S. 8f., *Nierhaus*, Beweismaß, S. 48, *Baumgärtel*, FS Universität Köln, S. 177 und *Rupert Schreiber*, Theorie, S. 11. Soweit *Maassen*, Beweismaßprobleme, S. 20 Fn. 37 behauptet, *Joachim Schmidt* (Teilbarkeit, S. 176f. sowie JuS 1975, 435), *Mosbacher* (Beweislastlehre, S. 108f.) sowie *Egon Schneider* (DRiZ 1966, 284) würden Beweismaß und Beweiswürdigung (aus zivilprozessualer Sicht) nicht sauber trennen, so verwechselt er Beweismaß und Beweislast. Die genannten Autoren weisen lediglich daraufhin, dass Beweiswürdigung und Beweislast eng beieinander liegen und letztlich im Ergebnis austauschbar seien.

[15] Ebenso *Zippelius*, Methodenlehre, S. 93 und *Mezger*, Sachverständige, S. 161 (das positive Recht entscheide); für den Zivilprozess: MüKo-ZPO/*Prütting*, § 286 Rn. 28, *ders.* in Germelmann/Matthes/Glöge/Prütting, ArbGG, § 58 Rn. 57, Musielak/*Foerste*, ZPO, § 286 Rn. 18 (sonst Gefährdung der Rechtssicherheit), *Maassen*, Beweismaßprobleme, S. 1 und *Greger*, Beweis, S. 9; aA *Gottwald*, Schadenszurechnung, S. 202f. (Freistellung des Richters, was er als Beweismaß ansehe) und *Rommé*, Anscheinsbeweis, S. 88ff. (Beweismaß für jeden Einzelfall).

[16] Siehe hierzu oben Erster Hauptteil, Erstes Kapitel, A, VI.

zu § 249 des Entwurfs einer Zivilprozessordnung (der heutige § 286 ZPO) zeigt[17]. Es liegt daher nahe, der Gesetzgeber habe „aus der Natur der Sache“[18] das „Erachten der Wahrheit“ dem Postulat der „Einheit der Rechtsordnung“[19] entsprechend auch in der Strafprozessordnung als Beweismaß angesehen und damit wie selbstverständlich[20] „als stillschweigendes Anhängsel zur Freiheit der Beweiswürdigung“[21] mitgeregelt. Hierfür sprechen auch die vielen Berührungspunkte, die zwischen der Zivilprozessordnung und der Strafprozessordnung bestehen: So verweist etwa § 37 Abs. 1 StPO für das Zustellungsverfahren auf die §§ 166 ff. ZPO mit parallelen Zustellungsproblemen wie z. B. der Wirksamkeit der Ersatzzustellung durch Einlegen in den Briefkasten nach § 180 ZPO bei längerfristiger Inhaftierung des Adressaten[22]. Die §§ 379 Abs. 3 und 397 a Abs. 2 StPO verweisen für die Prozesskostenhilfe des Privatklägers und des Nebenklägers auf die §§ 114 ff. ZPO und § 111 d Abs. 2 StPO verweist für das Arrestverfahren wegen Verfall und Einziehung von Wertersatz auf die §§ 917 ff. ZPO.[23]

So sehr es die Rechtssicherheit und Einfachheit der Rechtsanwendung aber auch nahe legen, neben reinen Begrifflichkeiten auch das jeweilige Beweismaß in allen Rechtsordnungen einheitlich zu verstehen (sprich: ohne Berücksichtigung der Besonderheiten einer jeden Rechtsdisziplin), so muss dieses Postulat bei gewichtigen dogmatischen Gründen für eine bereichsspezifische Differenzierung scheitern, wie vorliegend an der grundsätzlich anderen Verfahrensausgestaltung der Zivilprozess- und Strafprozessordnung: Der Zivilprozess dient der Feststellung und Verwirklichung individueller bürgerlich-rechtlicher Rechte und Rechtsverhältnisse, deren Tatsachenstoff im Prozess von den gleichberechtigten Parteien des Prozesses als beste „Vertreter ihrer eigenen Sache“[24] herbeigeschafft werden (Verhandlungsgrundsatz, vgl. nur § 282 Abs. 1 ZPO)[25]: Bestreitet eine Partei eine von der anderen

---

[17] *Hahn*, Materialien ZPO 1, S. 275; eine ausführliche Wiedergabe findet sich oben Erster Hauptteil, Erstes Kapitel, B, IV.

[18] Vgl. *Maassen*, Beweismaßprobleme, S. 54 und *Gerhard Walter*, Beweiswürdigung, S. 159 f.

[19] So der Titel der Heidelberger Antrittsvorlesung von *Karl Engisch*, Einheit der Rechtsordnung (Neudruck der Ausgabe Heidelberg 1935, Darmstadt 1987); vgl. zu seiner Herleitung umfassend *Hilgendorf*, Tatsachenaussagen, S. 231 ff.

[20] Vgl. hierzu die Gesetzesbegründung zu § 109 des Entwurfs einer Verwaltungsgerichtsordnung (VwGO) vom 5. 12. 1957, BT-Ds. 1957 Nr. 55, S. 42: Es würden „selbstverständliche Verfahrensgrundsätze wiedergegeben“.

[21] *Gerhard Walter*, Beweiswürdigung, S. 160.

[22] Vgl. für die Zivilprozeßordnung BGH, NJW 1978, 1858 und Thomas/Putzo/*Hüßtege*, ZPO, § 178 Rn. 9 sowie für die Strafprozeßordnung einerseits OLG Dresden, NStZ 2005, 398 f. [Zustellung wirksam] und andererseits OLG Jena, NStZ-RR 2006, 277 [Zustellung unwirksam].

[23] Auf eine parallele (wenn auch unabhängige) Entwicklung des jeweiligen Beweisantragsrechts im Zivil- und Strafprozessrecht verweist *Niese*, JZ 1957, 75.

[24] *Karl Peters*, Strafprozeß, S. 16.

[25] Sie stellen die entsprechenden Anträge (§§ 137 Abs. 1 und 297 ZPO), können auf seinen Anspruch gänzlich verzichten (§ 306 ZPO) oder den Anspruch des anderen anerkennen (§ 307 S. 1 ZPO – ohne Schlüssigkeitsprüfung erfolgt dann ein Anerkenntnisurteil: vgl. nur OLG München, NJW 1969, 1815 f., OLG Schleswig, NJW-RR 1993, 930 (932), Thomas/Putzo/

Partei vorgebrachte Tatsache nicht, so gilt die Tatsache nach § 138 Abs. 3 ZPO als zugestanden, d.h. sie ist nicht mehr beweisbedürftig und daher vom Gericht ungeprüft als wahr zu berücksichtigen[26]. Gleiches gilt wegen der Pflicht einer jeden Partei, ihre Erklärungen über tatsächliche Umstände vollständig und der Wahrheit gemäß abzugeben (§ 138 Abs. 1 ZPO), für eine nicht hinreichend substantiiert – d.h. nicht ausführlich genug – bestrittene Tatsache.[27] Die Parteien können die von der anderen Partei vorgebrachten Tatsachen auch ausdrücklich in der mündlichen Verhandlung zugestehen (sog. gerichtliches Geständnis gemäß § 288 ZPO mit nur eingeschränkter Widerrufsmöglichkeit, § 290 ZPO), so dass das Gericht die Tatsachen als wahr seiner Entscheidung zugrunde zu legen hat. Gesteht also beispielsweise die Frau A, die Pelzjacke aus dem Modegeschäft des B geklaut und doch nicht bei einem Kauf übereignet bekommen zu haben, so hat das Zivilgericht dieses Geständnis ungeprüft als wahr anzusehen und die A auf Antrag des B zu verurteilen, die Pelzjacke an B nach § 985 BGB herauszugeben.

Ein derartiger Einfluss der Prozessbeteiligten auf die Feststellung der „Wahrheit" erscheint im Strafprozess nach derzeitiger Struktur als unbefriedigend: Das Strafverfahren dient der Feststellung, ob jemand ein Verbrechen oder Vergehen begangen hat und ob eine angemessene Strafe auszusprechen ist. Folglich ist der Strafprozess als ein obrigkeitliches Verfahren mit richterlicher Aufklärungspflicht (§ 244 Abs. 2 StPO) ausgestaltet, bei dem dem Staat besondere Eingriffsbefugnisse gegenüber dem Beschuldigten im Ermittlungsverfahren (z.B. §§ 81 a, 94, 100 a, 100 c, 102 sowie 112ff. StPO) wie während des Hauptverfahrens (§§ 230 Abs. 2 und 247 StPO) zustehen. Das schuldsprechende Urteil als Verfahrensabschluss greift hoheitlich in Freiheit oder Eigentum, Ehre und die freie Lebensgestaltung des Beschuldigten ein. Bereits aus Verfassungsgründen ist daher an den Nachweis von Umständen, die für die Schuld- und Straffrage von Bedeutung sind, ein so strenger Maßstab anzulegen, wie er sich mit der Rechtspflegeaufgabe der Gerichte gerade noch vereinbaren lässt[28]: Im obigen Beispiel der stehlenden Frau A müsste ein Strafgericht, vor dem A ebenfalls ein gerichtliches Geständnis ablegt, sie nicht zwingend wegen Diebstahls (§ 242 StGB) verurteilen. Es könnte vielmehr weitere Beweise erheben, den Inhalt des Geständnisses umfassend prüfen und dem Geständnis schließlich keinen Glauben schenken und in der Annahme, Frau A decke etwa nur ihren Ehemann, die A durchaus auch freisprechen.

Reichold, ZPO, § 307 Rn. 10 und Zöller/*Vollkommer*, ZPO, § 307 Rn. 4). Anders ist dies nur bei Ehe-, Kindschafts- und Entmündigungsprozessen, wo auch im zivilrechtlichen Bereich zum Zwecke der Ermittlung der Wirklichkeit der Untersuchungsgrundsatz gilt (vgl. §§ 616 Abs. 1, 640 Abs. 1, 640d ZPO). Soweit im Übrigen das Familiengericht nach § 23b GVG zuständig ist, gilt statt der Zivilprozessordnung § 26 FamFG, nach dem ebenfalls der Untersuchungsgrundsatz gilt: „Das Gericht hat von Amts wegen die zur Feststellung der entscheidungserheblichen Tatsachen erforderlichen Ermittlungen durchzuführen."

[26] Vgl. nur Thomas/Putzo/*Reichold*, ZPO, § 138 Rn. 13 und Zöller/*Greger*, ZPO, § 138 Rn. 9.

[27] Vgl. hierzu nur BGHZ 12, 49 (50), Thomas/Putzo/*Reichold*, ZPO, § 138 Rn. 16 sowie Zöller/*Greger*, ZPO, § 138 Rn. 10a. Hinsichtlich des Substantiierungsumfangs gilt: Je detaillierter der Vortrag des Behauptenden ist, umso detaillierter muss auch das Bestreiten ausfallen.

[28] Vgl. hierzu *Döhring*, Erforschung, S. 450.

Das in § 286 ZPO normierte Beweismaß kann daher nicht ohne weiteres in § 261 StPO hereingelesen werden. Es bedarf vielmehr eigener strafprozessualer Untersuchungen, ob der Gesetzgeber den unterschiedlichen Prozessordnungen nicht nur ein einheitliches Beweismaß zugrunde legen wollte, sondern dies durch die Prozessgesetze auch tatsächlich getan hat.

B. Die Auslegung des § 261 StPO

Rechtsprechung und Literatur haben sich hierbei unter Anleihen auch in ausländischen Verfahrensordnungen vielfältig bemüht, das „richtige" Beweismaß zu finden. Inzwischen ist der Streit zwischen objektiver und subjektiver Ansicht, zwischen Wahrscheinlichkeitsmodellen und der Wahrheitsüberzeugung mit den verschiedensten Ansichten einer Verobjektivierung kaum noch faßbar. Gestritten wird um das gerechteste, aber auch um das für den jeweiligen Tatrichter praktischste Beweismaß. Dabei haben sich die einzelnen Argumente schon verselbstständigt. Mit dem Gesetz wird kaum noch argumentiert. Dabei ist das Denken des modernen Juristen doch in erster Linie am Gesetz ausgerichtet und auszurichten.[29] Der Jurist hat es nämlich – wie *Luhmann*[30] einst treffend formulierte – immer mit Texten zu tun, nicht nur, weil vor allem Strafrechtler Positivisten sein müssen, sondern auch, weil Juristen Philosophen sind[31], die die Wirklichkeit „durch das versprachlichte Wirklichkeitsverständnis des Gesetzgebers"[32] erfahren. Dieser hat – entsprechend der heutzutage vorherrschenden methodischen Strömung der Wertungsjurisprudenz[33] – die wesentlichen (also: grundrechtsrelevanten) rechtlichen Konflikte bereits abstrakt entschieden und seine Wertungen in den einzelnen Normen fixiert. Aus diesen muss der Jurist sie bei der Rechtsanwendung nur extrahieren. Dies soll mittels der gängigen Auslegungsmethoden[34] bezüglich § 261 StPO vollführt werden, um das strafprozessuale (Regl-)Beweismaß herauszufiltern:

---

29 Vgl. *Fikentscher*, Methoden IV, S. 129 und *Engisch*, Einführung, S. 43 ff. und 178 f.

30 Vgl. *Luhmann*, 20 Juridical Review (1975), 117: „Now it appears to be one of the main features of specifically juridical communication that it is always related to texts – to laws, decisions of courts, authoritative doctrine in faculties or formulated contracts or forms of contracts – by which a legally significant content is laid down or so to be laid down."

31 Die philosophische Herkunft haben Juristen nie geleugnet, vgl. nur *Haverkate*, Normtext, S. 3: „Die ‚juristische Methode' ist eine Erfindung, ein Postulat der Philosophen; sie sollte dazu dienen, unvoreingenommen und unbeeinflusst von sachfremden politischen und religiösen Zwängen die Frage nach der Vernünftigkeit des Rechtsstellen zu können."

32 *Hegenbarth*, Hermeneutik, S. 11.

33 Vgl. hierzu nur *Hans-Martin Pawlowski*, Methodenlehre, Rn. 130 sowie ausführlich *Bydlinski*, Methodenlehre, S. 123 ff.

34 Vgl. zu den geläufigen vier Auslegungscanons nur *Larenz*, Methodenlehre, S. 320 ff., *Bydlinski*, Methodenlehre, S. 436 ff., *Zippelius*, Methodenlehre, S. 42 ff. und *Engisch*, Einführung, S. 63 ff.

I. Die normtextorientierte Auslegung

Es zählt zu den anerkannten Auslegungsregeln, dass die juristische Begriffsbestimmung mit dem Wortsinn beginnt, mit der Feststellung, wie ein Begriff im Sprachgebrauch verstanden wird.[35] Wörter sind jedoch, indem sie eine Realität beschreiben, regelmäßig mehrdeutig, da sie Erfahrungsbegriffe bezeichnen und so in unterschiedlichen Zusammenhängen unterschiedliche Sinninhalte haben.

1. Der Beweisbegriff der Strafprozessordnung

Das Wort „Beweis" als nach § 261 StPO zu würdigender Gegenstand und erster Teil des zu suchenden Beweismaßes ist hierfür ein gutes Beispiel: Das aus dem 15./16. Jahrhundert stammende Wort „weisen" bildete sich ursprünglich vom Wort „weid" („erscheinen, sehen, zeigen, wissen")[36] ab. Mit der Vorsilbe „be-", die die „Einwirkung auf eine Person oder Sache"[37] kennzeichnete, wurde hieraus das Wort „beweisen", das mit persönlichem Objekt „anweisen, zurechtweisen, belehren" bedeutete, mit einer Sache als Bezugsobjekt „nachweisen, zeigen"[38]. In diesem Sinne wurde es lange Zeit in der Umgangssprache verwendet, wie etwa ein kurzer Blick in die Bibel zeigt: „und will meine Strafe beweisen" [39] oder „Du hast heute bewiesen, wie du Gutes an mir getan hast"[40].[41] Auch heute noch wird das Wort im Sinne von „zum Beweis meiner Theorie", „als Beweis meiner Hochachtung" oder „meine Fähigkeiten unter Beweis stellen" verwendet. Ausgehend vom Vorzeigen von Beweismitteln im Rahmen eines Prozesses gelangte das Wort unter Einfluss der Wörter „wizan" („anrechnen")[42] und „weise" („wissend")[43] mit den Bedeutungen „nachweisen"[44] und „wissend machen"[45] in die Rechtswissenschaft und von dort in die gesamte Wissenschaftssprache, wo zurückbildend aus dem eher schwachen Verb „beweisen" das Substantiv „Beweis" entstand.

---

35 Vgl. nur *Larenz*, Methodenlehre, S. 320 und *Wank*, Begriffsbildung, S. 19.

36 *Kluge*, Etymologisches Wörterbuch der deutschen Sprache (24. Aufl., Berlin 2002), S. 981.

37 Vgl. *Jacob Grimm/Wilhelm Grimm*, Deutsches Wörterbuch, Erster Band: A-Biermolke (Leipzig 1854), Spalte 1203.

38 *Kluge*, Etymologisches Wörterbuch der deutschen Sprache (24. Aufl., Berlin 2002), S. 118.

39 2. Buch Moses 12, 12.

40 1. Buch Samuel 24, 19.

41 Weitere Beispiele aus der Literatur finden sich bei *Jacob Grimm/Wilhelm Grimm*, Deutsches Wörterbuch, Erster Band: A-Biermolke (Leipzig 1854), Spalte 1778f.

42 *Kluge*, Etymologisches Wörterbuch der deutschen Sprache (24. Aufl., Berlin 2002), S. 981.

43 Vgl. *Wolfgang Pfeiffer*, Etymologisches Wörterbuch des Deutschen, Band 2: M-Z (2. Aufl., Berlin 1993), S. 1552.

44 *Kluge*, Etymologisches Wörterbuch der deutschen Sprache (24. Aufl., Berlin 2002), S. 118.

45 Vgl. Duden, Das große Wörterbuch der deutschen Sprache in sechs Bänden, herausgegeben und bearbeitet vom Wissenschaftlichen Rat und den Mitarbeitern der Dudenredaktion unter Leitung von Günther Drosdowski, Band 6: Sp-Z (Mannheim 1981), S. 2859, *Wolfgang Pfeiffer*, Etymologisches Wörterbuch des Deutschen, Band 2: M-Z (2. Aufl., Berlin 1993), S. 1552.

In der Strafprozessordnung[46] wird der Beweisbegriff in verschiedenen Zusammenhängen mit verschiedenem Bedeutungsinhalt verwendet: Nach § 166 Abs. 1 StPO kann der Beschuldigte im Ermittlungsverfahren zu seiner Entlastung Beweiserhebungen beantragen, die der Richter unter anderem dann vorzunehmen hat, „wenn der Verlust der Beweise zu besorgen ist". Insoweit Beweisanträge ausweislich etwa § 219 Abs. 1 S. 1 StPO der Angabe der zu beweisenden Tatsache und der diese belegenden „Beweismittel" bedürfen, kann mit „Beweis" im Sinne des § 166 Abs. 1 StPO nur die Information selbst gemeint sein, die vom Beschuldigten behauptet und mit Beweismittels dargelegt werden soll. Diese Informationen werden dem Gericht präsentiert und von diesem daher in den Prozess aufgenommen und mittels der sie belegenden Darlegungsmittel (Beweismittel) den Richtern zum Verstehen gebracht, von ihnen also erhoben (das Wort „heben" stammt vom Wort „kap" = „fassen, packen" ab und ist mit dem lateinischen Ausdruck „capere" = „begreifen" verwandt[47]) im Rahmen der Beweisaufnahme (vgl. §§ 163a Abs. 2, 166, 201 Abs. 1, 202, 244 Abs. 1, 245 Abs. 1, 246 Abs. 1, 359 Nr. 5, 369 sowie 420 StPO).

Bei einer Verurteilung hat das Gericht in den Urteilsgründen nach § 267 Abs. 1 StPO nicht nur die „für erwiesen erachteten Tatsachen" anzugeben, „in denen die gesetzlichen Merkmale der Straftat gefunden werden", sondern genauso die anderen Tatsachen, wenn der „Beweis" aus ihnen gefolgert wird. Der Begriff „Beweis" wird hier im Sinne eines Beleges verwendet für die Annahme des Gerichts, eine Tatsache habe sich in der Vergangenheit tatsächlich so abgespielt. Das Gericht verwendet als „Ergebnis der Beweisaufnahme" (§ 261 StPO) das, was das die behauptete Information belegende Beweismittel nach Überzeugung des Gerichts an tatsächlichem Beurteilungsstoff für die Entscheidung ergibt[48]. Für „erwiesen" erachtet das Gericht damit dann eine Tatsache, wenn es von der ursprünglichen Tatsachenbehauptung überzeugt ist, dass diese richtig ist. Aus der behaupteten Information bezüglich einer Tatsache (im Rahmen der Beweisaufnahme) ist die Information geworden, von der das Gericht überzeugt ist. Oder in den Worten der etymologischen Betrachtungen: Aus einer wissend machenden Information ist eine wissend gemachte Information geworden.

Und dennoch wird beides als „Beweis" bezeichnet. Die englische Sprache ist hier differenzierter: In ihr werden als „evidence" alle Arten von Informationen genannt, die dem Gericht präsentiert werden oder in einem künftigen Verfahren noch verwendet werden könnten.[49] Mit „proof" werden demgegenüber die die Richter (im anglo-amerikanischen Rechtskreis: die Geschworenen) überzeugenden „evidences"[50] bezeichnet. Oder kurz: „Evidence becomes proof when the jury accept it as being

---

[46] Vgl. hierzu *Kleinknecht*, NJW 1966, 1538 und *Meyer-Goßner*, Einl. Rn. 48. Zur unterschiedlichen Verwendung des Beweisbegriffs allgemein im Recht siehe *Helmut Weber*, Kausalitätsbeweis, S. 9f.

[47] Vgl. Duden, Das Herkunftswörterbuch (4. Aufl., Mannheim 2007), S. 321.

[48] Vgl. *Meyer-Goßner*, Einl. Rn. 48.

[49] Vgl. nur *Oran*, Dictionary, S. 177.

[50] Vgl. nur *Oran*, Dictionary, S. 388.

sufficient for proof."[51] Im deutschen Rechtskreis könnte man parallel von „Darlegungsbeweis" (für „evidence")[52] und „Wirkbeweis"[53] (statt „proof") sprechen.

Solange in der Strafprozessordnung aber einheitlich von „Beweis" die Rede ist, kann eine Auslegung nicht beim bloßen Begriff haltmachen, sondern muss der Sinn des Wortes in seinem jeweiligen Satzgefüge sowie dem Kontext der normativen Regelung ermittelt werden. Durch diese normtextorientierte Auslegung[54] wird die Auslegung nach dem reinen Wortlaut (im Sinne der früheren Begriffsjurisprudenz[55]) sinnvoll mit der herkömmlich als systematisch bezeichneten Auslegungsmethode verschmolzen.

2. Das Verhältnis zu § 244 StPO

Das Gericht entscheidet nach § 261 StPO im Rahmen der Beweiswürdigung „über das Ergebnis der Beweisaufnahme" und damit den prozessual zulässig festgestellten Tatsachenstoff. Korrekt festgestellte Tatsachen sind eine wesentliche Bedingung für eine umfassende Aufklärung und damit ein von Fehlern freies Urteil[56] – die Qualität der Würdigung hängt naturgemäß von der Qualität des Objekts der Wertung ab.[57] Der Grundsatz der freien Beweiswürdigung setzt daher zwingend eine umfangreiche Tatsachenaufklärung im Rahmen der im Gesetzeswortlaut des § 261 StPO Bezug genommenen Beweisaufnahme voraus.[58]

Diese ist als „Kernstück der Hauptverhandlung"[59] nach § 244 Abs. 2 StPO „von Amts wegen auf alle Tatsachen und Beweismittel zu erstrecken, die für die Entscheidung von Bedeutung sind", nach § 155 Abs. 2 StPO unabhängig davon, ob der Angeklagte oder die Staatsanwaltschaft die konkrete Tatsachenermittlung beantragt oder auch nur für erforderlich hält.[60] Der Richter setzt sich also – anders

---

51 Vgl. nur *Curzon/Richards*, Dictionary of Law, S. 469.

52 Anders *Helmut Weber*, Kausalitätsbeweis, S. 11, der stattdessen von „Pro-Beweis" spricht. Auch wenn er für diese Begriffsschöpfung keine Erklärung liefert, wird mit „pro" gemeint sein, dass der „Beweis" nur „für etwas spricht". Dies erscheint jedoch als zu ungenau, da eine Information tatsächlich erst für einen bestimmten Sachverhalt spricht, wenn das Gericht die Information auch seinem Urteil zugrunde legt, die Information also zum „Wirk-Beweis" geworden ist. Bis dahin ist sie lediglich eine dargelegte Behauptung.

53 Ebenso *Helmut Weber*, Kausalitätsbeweis, S. 11.

54 Vgl. zu dieser Bezeichnung bereits *Kraatz*, Fahrlässige Mittäterschaft, S. 155 f.; in diese Richtung auch *Mittenzwei*, Rechtsverständnis, S. 241.

55 Vgl. umfassend zur Begriffsjurisprudenz *Bydlinski*, Methodenlehre, S. 109.

56 Vgl. nur *Eisenberg*, Beweisrecht, Rn. 2, AK-StPO/*Schöch*, § 244 Rn. 27 und *Bertram Schmitt*, Beweiswürdigung, S. 391.

57 *Kunert*, GA 1979, 401.

58 So ausdrücklich *Hellmuth Mayer*, FS Mezger, S. 469 und *Bertram Schmitt*, Beweiswürdigung, S. 180.

59 *Kühne*, Strafprozessrecht, Rn. 751, *Kindhäuser*, Strafprozessrecht, § 20 Rn. 2 und *Friedrich-Christian Schroeder*, Strafprozessrecht, Rn. 243; ähnlich *Hellmann*, Strafprozessrecht, Rn. 701: „Schwerpunkt der Hauptverhandlung".

60 Vgl. hierzu BGH, NJW 1966, 1524, BGH, NJW 1967, 299, BGH, NStZ 1990, 384, BGH, NStZ 1991, 399, BGHR § 244 Abs. 2 Aufdrängen 5, KK-StPO/*Fischer*, § 244 Rn. 34, LR/

als im Zivilprozess – selbst in Kenntnis, so dass zu Recht von § 244 Abs. 2 StPO als dem „Instruktionsprinzip“[61], der „Amtsaufklärungspflicht“[62], dem „Amtsermittlungsgrundsatz“[63], dem „Untersuchungsgrundsatz“[64] oder dem „Inquisitionsprinzip“[65] gesprochen wird. Unterlässt der Tatrichter eine hinreichende Beweiserhebung und verletzt damit § 244 Abs. 2 StPO, so kann er bei seiner Beweiswürdigung nicht alle notwendigen Erkenntnismittel ausschöpfen, was die Wahrscheinlichkeit eines fehlerhaft festgestellten Sachverhalts und somit eines Fehlurteils erheblich erhöht.[66]

a) Eine sozialpsychologische Einheit

Das Gesetz geht bei der Sachverhaltsfeststellung zwar von der zeitlichen Trennung dieser beiden Phasen aus: Das Gericht sammelt zunächst im Rahmen der Beweisaufnahme als Teil der Hauptverhandlung – § 244 StPO steht systematisch im sechsten Abschnitt der Strafprozessordnung, jenem über die Hauptverhandlung – die einzelnen Beweistatsachen, um sie dann anschließend im Rahmen der Urteilsfindung in geheimer Beratung (§ 193 Abs. 1 GVG) gemäß § 261 StPO nach seiner „freien Überzeugung“ zu würdigen. Das Gericht, das nach § 244 Abs. 2 StPO alle erforderlichen Beweise erhebt, ist jedoch auch das gleiche Gericht, das die so erhobenen Beweise nach § 261 StPO würdigt. Kurz gesagt: Der Hersteller des (mittels Beweises) rekonstruierten Sachverhalts würdigt ihn selbst.[67] Diese „Personalunion“ führt dazu, dass sich eine scharfe Trennung zwischen Beweisaufnahme und Beweiswürdigung psychologisch nur schwer durchhalten lässt und auch nicht dem Alltag in deutschen Strafgerichten entspricht. Beweiserhebung und Beweiswürdigung sind vielmehr in einer ständigen gegenseitigen Wechselbeziehung „ineinander verschränkt“[68]:

Gollwitzer (25. Aufl., Berlin 2001), § 244 Rn. 48 und *Meyer-Goßner*, § 244 Rn. 11. Durch die Anklage ist eine psychisch belastende Ausnahmesituation für den Angeklagten gegeben, die leicht zu einer Nachlässigkeit in der Wahrnehmung einer eigenen Verteidigung führen kann. Insoweit dient die Instruktionsmaxime auch dem Schutz des Angeklagten, vgl. hierzu auch *Perron*, Beweisantragsrecht, S. 42.

[61] So *Geppert*, Jura 2003, 256, *Roxin/Schünemann*, Strafverfahrensrecht, § 15 Rn. 3, *Gössel*, Strafverfahrensrecht, S. 38 und *Hellmann*, Strafprozessrecht, Rn. 684.

[62] Vgl. nur *Meyer-Goßner*, § 244 Rn. 10.

[63] Vgl. nur *Frister*, ZStW 105 (1993), 340 und *Johanna Schulenburg*, Verbot, S. 53.

[64] Vgl. nur *Geppert*, Jura 2003, 256, KK-StPO/*Fischer*, § 244 Rn. 27 sowie *Kindhäuser*, Strafprozessrecht, § 20 Rn. 20.

[65] So etwa *Roxin/Schünemann*, Strafverfahrensrecht, § 15 Rn. 3, *Veen*, Beweisumfang, S 38 und *Johanna Schulenburg*, Verbot, S. 53 Fn. 42; hiergegen zu Recht kritisch wegen der nahe liegenden Assoziation mit dem Inquisitionsprozess früherer Jahrhunderte *Geppert*, Jura 2003, 256.

[66] Vgl. zur unzureichenden Tatsachenfeststellung als Ursache für Fehlurteile nur *Karl Peters*, FS Olivecrona, S. 532 ff.

[67] Hierzu *Kunert*, GA 1979, 401, der vom rekonstruierten Sachverhalt als „Kopie“ des „Originals“ in Form des tatsächlich erfolgten Sachverhalts spricht.

[68] *Johanna Schulenburg*, Verbot, S. 59; im Ergebnis ebenso *Döhring*, Erforschung, S. 16 ff., *Schünemann*, GA 1978, 170 ff., *Herdegen*, GedS Karlheinz Meyer, S. 188 f., *Fezer*, StV 1995, 97, *ders.*, FG BGH IV, S. 856, LR/*Gollwitzer* (25. Aufl., Berlin 2001), § 244 Rn. 46 a, *Ellen*

Nach § 199 Abs. 1 StPO entscheidet das für die Hauptverhandlung zuständige Gericht bereits über die Eröffnung des Hauptverfahrens. Hierzu hat es nach einem Studium der Ermittlungsakte gemäß § 203 StPO eine Prognose dahingehend abzugeben, ob der Angeschuldigte der in der Anklage bezeichneten Tat hinreichend tatverdächtig erscheint. Durch diese Vorbefassung, die neben der Aktenkenntnis auch eine rechtliche Würdigung des in der Akte dokumentierten Beweismaterials verlangt, wird der Richter bereits früh für die Hypothesen der Anklage eingenommen. Es zählt nämlich zu den gesicherten sozialpsychologischen Erkenntnissen, dass jeder Mensch geneigt ist, zumindest nach einer einmal getroffenen Entscheidung auch künftige Informationen im Sinne dieser Entscheidung zu interpretieren und alle diese in Frage stellenden Umstände abzuwerten (sog. Theorie der kognitiven Dissonanz)[69] oder gar derart falsch einzuschätzen, dass sich trotz an sich widersprechender Aussagen subjektiv eine (scheinbare) Bestätigung ergibt (sog. inertia-Effekt)[70]. Speziell für den Strafprozess wurde diese menschliche Verhaltensweise experimentell von *Bandilla* und *Hassemer*[71] bestätigt: Hierzu präsentierten sie 35 Strafrichtern mit zum Teil langjähriger Berufserfahrung eine simulierte Hauptverhandlung, wenn auch in unterschiedlicher Form: 18 Richtern (sog. Kontrollgruppe) wurde der gesamte Ablauf der Hauptverhandlung einschließlich aller Aussagen des Angeklagten und der Zeugen im Wege einer Computer-Simulation zur Kenntnis gebracht, wobei die Richter zwar ihre eigene Lesegeschwindigkeit bestimmen konnten, sich aber – wie bei einer „normalen" Hauptverhandlung – nicht frühere Seiten noch einmal ansehen konnten. 17 Richtern (der sog. Experimentalgruppe) gaben sie einige Tage vor der ebenso mittels Computersimulation ablaufenden Hauptverhandlung die gesamte Ermittlungsakte in schriftlicher Form zur Kenntnis. Die Hauptverhandlung wies hierbei die Besonderheit auf, dass neben der für den Angeklagten günstigen Aussage, die sich bereits in der Ermittlungsakte befand, auf Antrag der Verteidigung ein weiterer „neuer" Zeuge geladen und am Ende der Beweisaufnahme vernommen wurde, der den Angeklagten massiv entlastete. Dieser Zeuge war daher insbesondere für die Mitglieder der Experimentalgruppe deshalb überraschend, weil seine Aussage in der ihnen zugänglich gemachten Ermittlungsakte fehlte. Für die Richter der Kontrollgruppe war diese Aussage dagegen (mangels Aktenkenntnis) genauso neu wie

---

Schlüchter, Aspekte, S. 45, *Paulus*, FS Fezer, S. 249 und 258, *Frister*, ZStW 105 (1993), 351, *Hamm*, FS Fezer, S. 396, *Käßer*, Wahrheitserforschung, S. 74f., *Veen*, Beweisumfang, S. 41, *Bertram Schmitt*, Beweiswürdigung, S. 393f., *Dedes*, Beweisverfahren, S. 29 und *Wolfgang Hetzer*, Wahrheitsfindung, S. 114f. Nicht bezweifelt wird die gesetzliche Trennbarkeit dagegen von *Dieter Engels*, GA 1981, 21ff. und *Meurer*, GedS Hilde Kaufmann, S. 960.

69 Vgl. hierzu umfassend *Irle*, Macht, S. 145ff., *ders.*, Sozialpsychologie, S. 310ff. und Graumann in Handbuch der Psychologie II, S. 298, *Festinger*, Theorie, S. 15ff. sowie für prozessualen Bereich: *Schünemann*, GA 1978, 172 und *Lautmann*, Justiz, S. 162ff.

70 Vgl. zu dieser Ableitung von der Theorie der kognitiven Dissonanz nur *Schünemann*, GA 1978, 170 Fn. 51a, *Bandilla/Hassemer*, StV 1989, 552, *Haisch*, Informationsbewertung, S. 10ff. und *Johanna Schulenburg*, Verbot, S. 63.

71 *Bandilla/Hassemer*, StV 1989, 553f., wo sich auch die Wiedergabe eines weiteren, ähnlichen Experiments befindet, das jedoch von seinen Ergebnissen her nicht so anschaulich ist.

alle anderen (auch die Akte bestätigenden) Zeugenaussagen. Die Richter dieser Kontrollgruppe (nochmals: nur mit der Kenntnis der Hauptverhandlung) sprachen mehrheitlich frei (10 von 18 Richtern = 56%), während die Richter der Experimentalgruppe (mit dem Kenntnis der Ermittlungsakte ohne der Aussage des neuen Entlastungszeugen) zu 100% (!) verurteilten.

Zur Ergänzung dieses Endergebnisses wurde allen 35 Strafrichtern am Ende ein Fragebogen zu den insgesamt elf in der Hauptverhandlung erstatteten Aussagen gestellt, wobei zu jeder Aussage auch zwei Varianten formuliert wurden, die der tatsächlichen Aussage sprachlich zwar ähnelten, von ihrem Bedeutungsinhalt von der tatsächlich erfolgten Aussage aber erheblich abwichen. Von den Mitgliedern der Experimentalgruppe, für die nur die Aussage des überraschenden Entlastungszeugen neu war, erinnerte sich nur ein Minderzahl von 4 Richtern (von insgesamt 17 Richtern = 24%) an die richtige Aussage des Entlastungszeugen; an den Inhalt der Aussage des ihnen aufgrund des vorherigen Aktenstudiums bereits bekanten Entlastungszeugen erinnerten sich die Richter dagegen in der Mehrzahl (13 von 17 Richtern = 76%). Demgegenüber lagen die Erinnerungsleistungen der Richter der Kontrollgruppe bezüglich des „neuen" Entlastungszeugen bei 100% und bezüglich des bereits zuvor aufgetretenen Entlastungszeugen bei 83%. Dies zeigt, dass die Mitglieder der Experimentalgruppe aufgrund des vorherigen Aktenstudium und ihrer hiermit vorgefassten Meinung die Aussage des letzten „neuen" Entlastungszeugen nur mit geringer Aufmerksamkeit verfolgten, während die Richter der Kontrollgruppe, für die sämtliche Aussagen neu waren, sich nicht bis zum Abschluss der Beweisaufnahme auf ein Ergebnis festlegten und so auch dem letzten Zeugen noch genügend Aufmerksamkeit schenkten.[72]

Informationspsychologisch steckt hierhinter das bekannte Selektionsprinzip. Dieses besagt, dass der einzelne Mensch von der Fülle der auf seine Sinnesorgane einwirkenden Reize aufgrund der nur begrenzten Informationsverarbeitungskapazität stets nur einen relativ geringen Teil in bewusster Wahrnehmung verarbeiten und speichern kann.[73] Jeder hat vielleicht einmal auf einer Party erlebt, wie er aus dem Stimmengewirr um sich herum mal dem Gespräch direkt neben sich folgte und dann, als in einem anderen Gespräch einige Meter weiter ein bestimmtes Wort fiel, plötzlich bewusst nur noch diesem Gespräch folgte. Man fühlt sich wie in einem Tunnel, bei dem man dem einen Gespräch zuhören kann, bei dem die anderen Stimmen aber – obwohl vielleicht viel näher an einem dran und daher lauter – nur unkonkrete Hintergrundgeräusche bilden. Während das Unterbewusstsein allen aufgefangenen Reizen und damit allen hörbaren Gesprächen folgt, konzentriert sich das Bewusstsein mit dem „erlebten Zuhören" immer nur auf einen geringen Ausschnitt, der dann auch nur verarbeitet und gespeichert wird, an den man sich also auch nur erinnern kann. Gegenüber einer derartigen Selektion nach der für das Gehirn „wichtigeren" Information nimmt die Bequemlichkeit einen großen Raum ein: Der wirksamste Selektionsmechanismus besteht darin, dass bei zwei

[72] Ebenso die Auswertung von *Bandilla/Hassemer*, StV 1989, 554.

[73] Vgl. hierzu *Graumann* im Handbuch der Psychologie I/1, S. 1074f., *Hans-Ludwig Schreiber*, ZStW 88 (1976), 151f. und *Schünemann*, GA 1978, 170.

Nachrichten mit objektiv gleichem Informationsgehalt die redundantere, d.h. subjektiv informationsärmere und damit leichter zu verstehende Nachricht verarbeitet und gespeichert wird, während die zugleich schwerer verstehbare Nachricht blockiert wird (sog. Redundanzprinzip)[74]. Dies führt im oben beschriebenen Experiment dazu, dass die aufgrund des Aktenstudiums bekannten Aussagen verstärkt und gespeichert werden, während die neue, in der Akte noch nicht befindliche Aussage in ihrem Einfluss auf den Richter gehemmt wurde.

Aus diesem Grunde sieht *Roxin*[75] den Eröffnungsbeschluss auch als das Haupthindernis für eine Unbefangenheit des erkennenden Gerichts an und plädiert für deren Abschaffung. An einem der Unschuldsvermutung elementar widersprechenden „Vor-Urteil" aufgrund einer Vorbefassung würde es aber kaum etwas ändern, wenn man wie im anglo-amerikanischen Rechtskreis[76] zwischen dem (dort: berufsrichterlich besetzten) Eröffnungsgericht und dem in der Hauptverhandlung entscheidenden Gericht (dort: mit Laien besetzte Jury) ganz oder entsprechend § 23 Abs. 3 der ursprünglichen Fassung der Reichsstrafprozessordnung[77] derart teilweise unterscheiden würde, dass zumindest der beim Eröffnungsbeschluss als Berichterstatter agierende Richter nicht auch in der Hauptverhandlung mitwirken darf. Denn spätestens beim Festlegen des Prozessablaufs ist ein gewisses „Vorverständnis" des Prozesses[78] und damit eine Kenntnis des Akteninhalts notwendig. Denn „kein Beweis beginnt bei Null"[79]. Es ist selbstverständlich, dass das Gericht nicht sämtliche Menschen dieser Welt in den Zeugenstand rufen und dort befragen kann, ob sie zur Feststellung der angeklagten Tat erhebliche Tatsachen beitragen können.[80] Vielmehr muss das Gericht bereits bei der Vorbereitung der Hauptverhandlung überlegen, welche Zeugen es lädt. Dies hängt maßgeblich von einer vorläufigen Bewertung aufgrund des bisherigen Aktenstandes ab, welcher potentielle Zeuge etwas zur Aufklärung des Sachverhalts beitragen könnte, so dass sich eine

---

[74] Vgl. nur *Cube*, Kybernetik, S. 214ff., *Reimann*, Kommunikations-Systeme, S. 100ff., *Seiffert*, Information, S. 65ff., *Hermann* im Handbuch der Psychologie I/2, S. 653f. und *Schünemann*, GA 1978, 170.

[75] *Roxin*, FS Schmidt-Leichner, S. 153f. Kritisch zur Möglichkeit, durch Kenntnis der Anklageschrift und Akte eine voreilige Überzeugungsbildung zu vermeiden, auch *Arzt*, FS Peters, S. 223f. und *Schünemann*, GA 1978, 172 und 175, der die gesetzlich selbstverständliche Unbefangenheit trotz Aktenkenntnis als „Fiktion" bezeichnet.

[76] Vgl. *Liebehentze*, Opportunitätsprinzip, S. 8ff.

[77] Dieser lautete (RGBl. 1877, S. 253 (257)): „An dem Hauptverfahren vor der Strafkammer dürfen mehr als zwei von denjenigen Richtern, welche bei der Entscheidung über die Eröffnung des Hauptverfahrens mitgewirkt haben, und namentlich der Richter, welcher Bericht über den Antrag der Staatsanwaltschaft erstattet hatte, nicht theilnehmen." Mit § 21 Abs. 1 der Verordnung über Gerichtsverfassung und Strafrechtspflege vom 4. Januar 1924 (RGBl. 1924 I, S. 15 [21]) wurde diese Bestimmung aufgehoben („Die Mitwirkung bei der Eröffnung des Hauptverfahrens bildet keinen Ausschließungsgrund für die Teilnahme am Hauptverfahren.") und tauchte in der Neubekanntmachung der Strafprozessordnung vom 22. März 1924 (RGBl. 1924 I, S. 299 [324]) daher nicht mehr auf.

[78] Vgl zu diesem Begriff *Larenz*, Methodenlehre, S. 206ff. und *Frister*, ZStW 105 (1993), 351.

[79] *Dencker*, ZStW 102 (1990), 71.

[80] *Frister*, ZStW 105 (1993), 350.

derartige Beweiserhebung lohnen würde.[81] Zudem bereitet sich zumindest der vorsitzende Richter, der nach § 238 Abs. 1 StPO die Vernehmung des Angeklagten und die Aufnahme des Beweises leitet, mittels des Inhalts der Ermittlungsakte auf die Vernehmung vor und notiert sich Fragen, die er noch geklärt bekommen möchte.[82]

Während des dynamischen Prozessgeschehens[83] in der Beweisaufnahme muss der Richter seine vorläufige „Vorbewertung" ständig überprüfen, um entscheiden zu können, wie die Beweisaufnahme weiter gestaltet werden soll, insbesondere ob noch weitere Zeugen geladen werden sollen.[84] Auch im Stadium der Beweisaufnahme lässt sich dies ohne eine rechtliche Würdigung bezüglich der Erheblichkeit der zu erwartenden Zeugenaussage nicht beurteilen. Zugleich muss das Gericht ständig im Rahmen einer vorläufigen Gesamtwürdigung („Beweisprognose"[85]) sehen, ob und wann Entscheidungsreife eingetreten ist.[86] Erstreckt der Richter die Beweisaufnahme dagegen ohne jeweils aktualisierte Zwischenbewertung auf alle sich aus der Ermittlungsakte ergebenden möglichen Beweismittel sowie die zulässigen Beweise aufgrund von Beweisanträgen der Prozessbeteiligten und nimmt er erst im Rahmen der Urteilsberatung eine endgültige Bewertung vor, so hat er die Beweisaufnahme bereits geschlossen und kann nun auftretende Lücken der Beweisaufnahme nicht mehr ohne weiteres füllen. Nur wenn er flexibel auf neue Erkenntnisse reagiert und seine vorläufige Bewertung der jeweiligen Prozesssituation anpasst, kann er nicht nur den Umfang der Beweisaufnahme sachgerecht begrenzen, sondern auch jegliche Zweifel und Unbestimmtheiten bis zum Ende der Beweisaufnahme klären und so seiner Justizgewährleistungspflicht sachgerecht nachkommen.[87]

---

[81] Hierauf weisen *Döhring*, Erforschung, S. 16, *Perron*, Beweisantragsrecht, S. 127, *Frister*, ZStW 105 (1993), 350, *Hamm*, FG Peters, S. 170, *Bertram Schmitt*, Beweiswürdigung, S. 393, *Veen*, Beweisumfang, S. 39, 44 und 49 sowie *Johanna Schulenburg*, Verbot, S. 60f. hin.

[82] Soweit *Roxin*, FS Schmidt-Leichner, S. 154 diese „vorgefasste Marschroute" für die Befragung unterbinden möchte (wie soll dies praktisch durchsetzbar sein?), so ändert dies an der Aktenkenntnis zwecks Vorbereitung der Hauptverhandlung (wie der Zeugenladung) und der damit verbundenen Beeinflussung nichts. Ebenso kritisch zu *Roxins* Vorschlag *Schünemann*, GA 1978, 173.

[83] Das Verdienst, herausgearbeitet zu haben, dass ein jedes Prozessgeschehen dynamisch ist, gebührt *Goldschmidt*, Prozess, S. 227ff. und 255. Speziell für den Strafprozess wurde diese Sichtweise fortentwickelt von *Eberhard Schmidt*, LK I, Rn. 43ff., insbesondere 50ff.

[84] Vgl. hierzu *Döhring*, Erforschung, S. 18f., *Bockelmann*, ZStW 60 (1940), 610, *Dedes*, GedS Hilde Kaufmann, S. 937, *ders.*, Beweisverfahren, S. 29 und *Bertram Schmitt*, Beweiswürdigung, S. 393.

[85] *Pfeiffer*, StPO, § 244 Rn. 11; ähnlich *Herdegen*, NStZ 1984, 98, *Fezer*, FG BGH IV, S. 858f., *Maul*, FG Peters, S. 50 und *Dedes*, Beweisverfahren, S. 29; dagegen KMR/*Paulus*, § 244 R. 125 mit der nach obigen Erkenntnissen psychologisch nicht durchführbaren Forderung, die Relevanzfrage weiterer Beweismittel ohne jede Rücksicht auf die bisherigen Verfahrensergebnisse zu beantworten.

[86] Vgl. *Ellen Schlüchter*, Aspekte, S. 45.

[87] Vgl. *Dedes*, Beweisverfahren, S. 30.

Eine gewisse ständige „Zwischen-Beweiswürdigung" ist somit als elementarer Bestandteil der Instruktionsmaxime des § 244 Abs. 2 StPO wesensimmanent.[88] Erst wenn der Richter, der die Beweiswürdigung nach § 261 StPO vornimmt, nicht zugleich den Eröffnungsbeschluss erlässt und die Beweisaufnahme vorbereitet und leitet und die Ermittlungsakte nicht vorher kennt, ließe sich eine strikte Trennung zwischen Beweiserhebung und Beweiswürdigung erreichen. Solange ein derartiges System[89] gesetzlich nicht verwirklicht ist, bedingen sich Beweissammlung und Beweiswürdigung in jeder Lage des Verfahrens und müssen daher trotz deutlich gesetzgeberischer Trennung als Einheit verstanden werden.

b) Spannungsverhältnis

Der Umfang der Amtsaufklärungspflicht ist in § 244 Abs. 2 StPO nicht geregelt. Zwar wird mit der Erstreckung auf „alle Tatsachen und Beweismittel [...], die für die Entscheidung von Bedeutung sind", der Gegenstand der Beweisaufnahme festgelegt, nicht aber auch, wann es der Erhebung weiterer Beweise bedarf und wann hierauf verzichtet werden kann. Hier hilft die systematische Erkenntnis, dass das gesamte verflochtene Beweisverfahren (bestehend aus Beweissammlung und Beweiswürdigung) dem Ziel dient, hinsichtlich der beweiserheblichen Tatsachen das Beweismaß zu erreichen oder deren Annahme zu widerlegen und so die beweisbezogene Tatsache festzustellen oder eben nicht. Dies ist der Sinn und damit zugleich „Kern und Ausgangspunkt des Aufklärungsgebotes"[90]:

Hat das Gericht alle der sich aus der Ermittlungsakte[91], nach dem bisherigen Ergebnis der Beweisaufnahme sowie der sich aus den Antragen oder Anregungen der Prozessbeteiligten ergebenden (selbstverständlich nur gesetzlich zulässigen[92]) Beweismittel vollständig ausgeschöpft und ist hiernach im Rahmen der vorläufigen Zwischenwürdigung zum Ergebnis gelangt, dass das Beweismaß erreicht sei

---

88 Vgl. auch *Widmaier*, NStZ 1994, 250: „Es kennzeichnet die Aufklärungspflicht, dass der Richter zu einer Beweisantizipation als Element einer verständigen Würdigung der Sachlage ermächtigt ist"; ähnlich *Anders*, Beweiserhebungskontrollen, S. 127 (eine Beweisantizipation sei „neben der Gefahr auch Voraussetzung der Wahrheitsfindung") sowie *Julius*, NStZ 1986, 63.

89 Vgl. zu den richterlichen Aufgaben in der Beweisaufnahme und -würdigung in ausländischen strafverfahrensrechtlichen Regelungen nur *Perron*, Beweisaufnahme, S. 607 ff.

90 BGH, NStZ 1994, 247 (248) – insoweit in BGHSt. 40, 3 ff. nicht abgedruckt.

91 Vgl. nur BGH, StV 2002, 350 ff.

92 Neben der Erhebung gesetzwidriger Beweise ergibt sich aus der Systematik des § 244 StPO, dass wenn Beweisstoff vorhanden ist, der die Stellung eines Beweisantrags erlauben würde, von einer Beweiserhebung bei Vorliegen eines der Gründe des § 244 Abs. 3 und 4 StPO abgesehen werden kann (*Herdegen*, GedS Karlheinz Meyer, S. 194, *Maul*, FG Peters, S. 50, *Wessels*, JuS 1969, 4 f., *Fezer*, Strafprozessrecht, Fall 12 Rn. 96, *Dieter Engels*, GA 1981, 22 und *Johanna Schulenburg*, Verbot, S. 57). Eine Beweisaufnahme braucht sich daher nicht auf Beweismittel zu erstrecken, die von ihrem Beweisthema her sachlich ohne geringste Berührung für die angeklagten Tat und damit „für die Entscheidung völlig ohne Bedeutung" (§ 244 Abs. 3 S. 2 StPO) sind oder wenn das Beweismittel selbst bei isolierter Betrachtung „völlig ungeeignet" (§ 244 Abs. 3 S. 2 StPO) ist (z. B. der Zeuge, der zur Tatzeit eine Blutalkoholkonzentration von 4,5‰ hatte, soll das Tatgeschehen schildern).

oder die angeklagte Tat dem Angeklagten nicht nachgewiesen werden kann, so hat es der Amtsaufklärungspflicht unstreitig genüge getan.

„Wie aber soll für das Gericht noch Anlaß bestehen können, den Sachverhalt weiter aufzuklären, wenn es bereits die volle Überzeugung von der Schuld des Angeklagten erlangt hat?" fragte sich *Schneidewin*[93] schon im Jahre 1929 und erfasste mit seiner generellen Frage den praktisch wichtigsten Fall, dass das Gericht im Rahmen seiner Zwischenwertung bereits davon überzeugt ist, dass das Beweismaß überschritten und die Tat nachgewiesen sei, es aber noch nicht alle zulässigen Beweismittel ausgeschöpft hat. Bereits der 1. Strafsenat des Reichsgerichts hatte 1880 in seinem Grundsatzurteil[94] geurteilt, dass das Tatgericht über den Umfang der Beweisaufnahme selbst bestimmen und hierbei von aus eigener Sicht zwecklose – weil ohne Einfluss auf die eigene Beweiswürdigung – Beweiserhebungen absehen könne, ohne dass dies vom Revisionsgericht überprüfbar sei. Veranschaulicht sei dies durch die zustimmende Entscheidung des 4. Strafsenats des Reichsgerichts[95]: Der Beschuldigte wurde angeklagt, einen Hund erschossen zu haben. Die Dienstmagd S vernahm das Gericht nicht, obwohl sie entsprechend des Beweisantrags des Angeklagten (zu einer Zeit, als das Beweisantragsrecht im Gesetz noch nicht geregelt war) bekundet hätte, „dass der Hund schnurstracks auf den Angeklagten zugelaufen sei und dieser erst dann, als derselbe nur noch wenige Schritte von ihm entfernt gewesen, geschossen habe" – ein Umstand, dem selbst nach Ansicht des Reichsgerichts „für die Beurteilung seiner Strafbarkeit und des Maßes der verwirkten Strafe möglicherweise ein entscheidender Einfluss zuzugestehen wäre"[96]. Doch: „Über die Ergebnisse der Beweisaufnahme entscheidet das Gericht nach seiner freien aus dem Inbegriff der Verhandlung geschöpften Überzeugung und wenn es auf der Grundlage einer solchergestalt gewonnenen Überzeugung, das Zeugnis der S. über den vom Angeklagten bezeichneten Punkt deshalb für thatsächlich unerheblich erklärt, weil für die Anklage ein derart überzeugender Beweis geliefert sei, dass derselbe durch das Zeugnis der S nicht entkräftet werden könne, so hat es den deshalbigen Beweisantrag nicht unzulässig, sondern aus innerhalb seiner richterlichen Befugnisse belegenen Gründen, also berechtigter- und zulässigerweise abgelehnt."[97]

§ 244 StPO und § 261 StPO geraten so scheinbar in ein „Spannungsverhältnis"[98]: Durch die Annahme des Tatnachweises bereits vor der Ausschöpfung aller sich

---

[93] *Schneidewin*, 50 Jahre Reichsgericht, S. 331.

[94] RGSt. 1, 61 (62).

[95] RGSt. 1, 138 ff.

[96] RGSt. 1, 138 (139).

[97] RGSt. 1, 138 (140); im Ergebnis ebenso RGSt. 1, 297 (298), RGSt. 1, 315 (316), RGSt. 6, 135 (136), RGSt. 13, 158 (159 ff.), BayObLG, JW 1929, 2751, KG, DJZ 1932, 616 sowie *Oetker*, JW 1930, 1106. Vgl. zu den einzelnen Konstellationen des Verbots der Beweisantizipation ausführlich *Herdegen*, FS Boujong, S. 778 ff.

[98] So *Arzt*, FS Peters, S. 224 ff., KK-StPO/*Fischer*, § 244 Rn. 29, *Maul*, FG Peters, S. 49 und *Wenner*, Aufklärungspflicht, S. 38; ähnlich *Herdegen*, NStZ 1984, 97 („Wechselspiel"), *Veen*, Beweisumfang, S. 49 („Spannungsfeld"), AK-StPO/*Schöch*, § 244 Rn. 27 („Komplementärverhältnis") und *Heescher*, Untersuchungen, S. 78; kritisch zu dieser Formulierung *Alsberg/Nüse/Meyer*, Beweisantrag, S. 22 und *Johanna Schulenburg*, Verbot, S. 58 Fn. 71.

nach dem Ermittlungsstand möglichen (und zulässigen) Beweismittel erreicht das Gericht zwar das Ziel des Beweisverfahrens, erstreckt die Beweisaufnahme aber nicht auf alle Beweismittel, um dem Beweiswürdigungsvorgang eine sichere Tatsachengrundlage zu verschaffen. Das Ziel des Beweisverfahrens (lückenlose Tatsachenfeststellung) wird erreicht und doch – wegen der großen Gefahr falscher Feststellungen aufgrund ungenügender Würdigungsbasis – verfehlt.[99]

In Widerstreit geraten § 244 StPO und § 261 StPO aber eben nur „scheinbar". Nach § 261 StPO entscheidet das Gericht über das Ergebnis der Beweisaufnahme nach seiner freien, „aus dem Inbegriff der Verhandlung" geschöpften Überzeugung. Im Gegensatz zum Inquisitionsprozess früherer Jahrhunderte, bei dem der Richter meist nur aufgrund schriftlich aufgezeichneter Aussagen urteilte[100], statuiert § 261 StPO nunmehr die Pflicht, Beweise in eigener Person und unmittelbar in der Hauptverhandlung zu erheben.[101] Diese „formelle Unmittelbarkeit"[102] bedingt eine Verarbeitung des persönlichen Eindrucks des Richters in der Hauptverhandlung, der Gesten, Verhaltensweisen und Gefühlregungen auffangen und vor allem bei seiner Glaubwürdigkeitsbewertung verwenden und damit in seine Beweiswürdigung einfließen lassen kann und soll. So gesehen bildet die „formelle Unmittelbarkeit" als „notwendiges Korrelat" die „zwangsläufige Voraussetzung für die dem Richter zugestandene freie Beweiswürdigung"[103]. Diesem Grundsatz widerspricht es, wenn der Richter wie im obigen Beispiel des Reichsgerichts aufgrund vorgefasster Zwischenwürdigung die Aussage der Dienstmagd und damit „ein beantragtes Beweismittel ohne Hinzunahme des dem Gesetz sonst so wichtig erscheinenden persönlichen Eindrucks mitwürdigt"[104]. Denn erst wenn die Beweisaufnahme vollständig durchgeführt wurde, „stehen dem Gericht alle Gesichtspunkte des Für und Wider zur Verfügung, die bei einer Beweiswürdigung bezüglich des Wertes eines Beweismittels zur Wahrheitsforschung überhaupt und des Wertes des mit einem Beweismittel erzielten Ergebnisses beachtet werden müssen"[105]. Dem liegt letztlich der Erfahrungssatz zugrunde, dass die Erforschung weiterer Tatsachen und der Gebrauch weiterer Beweismittel die Vorstellung des Gerichts vom festzustellenden Sachverhalt ändern kann.[106] Besonders plastisch wird dieser Verstoß gegen die Würdigungsbeschränkung des „Inbegriffs der Verhandlung", wenn das Gericht wegen einer anderen Zeugenaussage bereits vom Gegenteil überzeugt ist: Obwohl

[99] *Frister*, ZStW 105 (1993), 351 spricht von einem Paradoxon in der Struktur des hermeneutischen Zirkels.

[100] Siehe hierzu oben Erster Hauptteil, Erstes Kapitel, A, IV.

[101] *Geppert*, Jura 2004, 106.

[102] Als „materielle Unmittelbarkeit" bezeichnet man demgegenüber die aus dem Amtsaufklärungsprinzip des § 244 Abs. 2 StPO folgende Pflicht, Erkenntnisse aus erster Hand zu gewinnen, die etwa in § 250 S. 2 StPO (keine Ersetzung einer Vernehmung durch die Verlesung des Vernehmungsprotokolls) einen gesetzlichen Ausdruck gefunden hat. Vgl. hierzu nur *Geppert*, Unmittelbarkeit, S. 162 ff.

[103] *Geppert*, Jura 2004, 106.

[104] *Alsberg*, JW 1922, 258.

[105] *Eberhard Schmidt*, LK II, § 261 Rn. 18.

[106] *Gutmann*, JuS 1962, 374.

das Gericht erst bei einem persönlichen Eindruck beurteilen kann, welchen von zwei sich widersprechenden Zeugen es Glauben schenkt, würde es dies bezüglich der nichterhobenen Aussage des zweiten Zeugen einzig anhand des behaupteten Inhalts seiner Aussage tun.

Der Gesetzgeber hat in § 261 StPO also mit dem Grundsatz „formeller Unmittelbarkeit“ abgesichert, dass die im Beweisrechtssystem angelegte, ständig erfolgende (wegen der Beurteilung des weiteren Fortgangs der Verhandlung notwendige) Zwischenwürdigung nicht zur endgültigen (weil erst in der Urteilsberatung erfolgenden) Beweiswürdigung im Sinne des § 261 StPO wird, solange nicht der Aufklärungspflicht des § 244 Abs. 2 StGB (durch die historische Entwicklung der §§ 244 Abs. 3–5 sowie § 245 Abs. 2 StPO beschränkbar nur durch deren enumerativ aufgeführte Gründe [„darf [...] *nur* abgelehnt werden“], die den Ablehnungsgrund der Erwiesenheit des Gegenteils nicht kennen) genüge getan ist. Eine derartige vorweggenommene Beweiswürdigung, auch Beweisantizipation genannt, kann den Umfang der Beweisaufnahme also nicht beschränken.[107] Selbst wenn das Gericht daher meint, aufgrund der Zwischenwürdigung nach derzeitiger Datenlage sei bereits ein bestimmter Umstand erwiesen, hat es die Beweisaufnahme von Amts wegen auch auf Möglichkeiten seines Gegenteils zu beziehen. Dies verhindert das aufgezeigte Spannungsverhältnis.

Hieraus kann aber nicht zwingend der Schluss gezogen werden, dass die Beweisaufnahme auf alle beweiserheblichen Tatsachen und Beweismittel zu erstrecken ist, solange auch nur – wie so häufig in der Rechtsprechung zu lesen ist – die „entfernte Möglichkeit einer Änderung der durch die vollzogene Beweisaufnahme begründeten Vorstellung von dem zu beurteilenden Sachverhalt in Betracht kommt“[108]. Man nehme nur folgenden Fall[109]: In einem Parteispendenprozess gegen Unternehmer U hat das Gericht nach dem bisherigen Stand der Beweisaufnahme alle relevanten Tatsachen für einen Schuldspruch bezüglich der angeklagten Tat (Steuerhinterziehung) erhoben. Aus den Akten ergeben sich aber weitere Hintergründe für das ganze Geflecht von Parteispenden, die auch weitere Beschuldigte betrifft. Ist das Gericht verpflichtet (oder auch nur berechtigt), als Hintergrund der Tat die gesamte

---

[107] So erstmals der 2. Strafsenate des Reichsgericht im Jahre 1880 (RGSt. 1, 189 [190] – *Alsberg*, Der Beweisantrag im Strafprozess [1. Aufl., Berlin 1930], S. 59 feierte diese Entscheidung als „Geburtsstunde des Beweiserhebungsanspruchs“ der Prozesssubjekte, zustimmend *Foth*, FS Widmaier, S. 224, der bemängelt, dass man zu wenig über den Hintergrund dieser Entscheidung weiß) in Bezug auf zwei sich widersprechende Zeugenaussagen. Die übrigen Senate (RGSt. 39, 258 [260], RGSt. 39, 363 [364] und RGSt. 61, 273f.) übernahmen diese Rechtsprechung (auch für den Urkunds- und Sachverständigenbeweis). Vgl. ausführlich zur Geschichte des Beweisantragsrechts *Schatz*, Beweisantragsrecht, S. 25ff. und *Monika Spiekermann*, Mißbrauch, S. 49ff.).

[108] BGHSt. 23, 176 (188); nachfolgend ebenso BGHSt. 30, 131 (142f.), BGH, NJW 1978, 113 (114), BGH, StV 1981, 164f., BGH, NStZ 1985, 324 (325), BGH, StV 1989, 518 (519), BGH, NStZ 1990, 384 sowie BGH, NStZ 1991, 399; ebenso *Maul*, FG Peters, S. 50, *Alsberg/Nüse/Meyer*, Beweisantrag, S. 20f. und AK-StPO/*Schöch*, § 244 Rn. 27; einschränkend *Johanna Schulenburg*, Verbot, S. 56 Fn. 57.

[109] Beispiel nach *Volk*, Grundkurs, § 24 Rn. 2.

Parteispendenaffäre der Bundesrepublik Deutschland aufzuarbeiten? Es besteht ja die Möglichkeit, dass deren Ausmaß zu einer geringeren Ansicht der Individualschuld des Angeklagten und damit zu einer geringeren Strafe führt. Oder[110]: A als Mitglied der Familie F schlug einem Mitglied der Familie G mit der Eisenstange auf den Kopf. Dies führte zu Spannungen zwischen den Familien. Nach einer gescheiterten Vereinbarung über eine Wiedergutmachungszahlung schlug der Angeklagte als Mitglied der Familie F mit Tötungsvorsatz auf A ein; schwer verletzt überlebte A. Ist das Gericht verpflichtet, alle Einzelheiten der gescheiterten Wiedergutmachungszahlung (Höhe? Schuld des Scheiterns?) aufzuklären? Hierdurch könnten ja Umstände zutage treten, aus denen sich ergeben könnte, dass ein Zeuge vielleicht in diesem Punkt nicht die Wahrheit gesagt hatte, so dass vielleicht gefolgert werden könnte, er habe auch bei der Schilderung des Tathergangs (hieran bestehen derzeit bei niemandem ernstliche Zweifel) die Unwahrheit gesagt. Würde man auf diese Weise wirklich jeder auch nur gedanklich „entfernte Möglichkeit" nachgehen, würde kein Tatgericht mit der Verhandlung auch nur eines Strafverfahrens jemals fertig geworden.[111] Nicht alles gedanklich nicht Ausschließbare muss daher zum Gegenstand einer Verhandlung gemacht werden. Immerhin hat das Gericht kein allumfassendes Rechtsgutachten zu einem Tatkomplex zu schreiben, sondern ein konkretes Strafverfahren abzuschließen.[112] Es ist daher nicht seine Aufgabe, „jedes Detail der Vorgeschichte oder des Randgeschehens oder etwa Teile der Lebensgeschichte von Zeugen wegen deren Glaubwürdigkeit zu ermitteln. Der Tatrichter ist nicht zu ausufernder Aufklärung verpflichtet"[113]. So weitgehend hat die Rechtsprechung ihr Kriterium von der „entfernten Möglichkeit" auch nie verstanden. In der Entscheidung BGHSt. 23, 176ff., in der es begründet wurde, fehlten gesicherte wissenschaftliche Erfahrungssätze, so dass die nahe Möglichkeit bestand, dass der Sachverständige die Schuldfähigkeit des Angeklagten fehlerhaft eingeschätzt hat. Aus Gründen des Schutzes des Angeklagten war es hier angebracht, bezüglich auch nur entfernt liegender Möglichkeiten einer geänderten Beurteilung der Schuldfähigkeit eine Beweiserhebung durchzuführen. In diesen Fällen – und nicht nur als genereller „moralischer Appell an die Verantwortung des Tatrichters"[114] – hat die Formel von der „entfernten Möglichkeit" ihre Daseinsberechtigung.[115]

Die höchstrichterliche Rechtsprechung (der Revisionsgerichte) agiert daher in den meisten Fällen mit der Formel, dass § 244 Abs. 2 StPO nur verletzt sei, „wenn der Tatrichter die Pflicht zur Wahrheitsforschung verkannt oder ihr zuwidergehandelt hat, obwohl der ihm bekannte Sachverhalt zur Benutzung weiterer Beweismit-

---

110 Beispiel nach BGHSt. 40, 3ff.

111 Ebenso *Strate*, StV 1994, 172.

112 *Volk*, Grundkurs, § 24 Rn. 2f.

113 BGH, NStZ 1994, 247 (248) in einem obiter dictum – insoweit in BGHSt. 40, 3ff. nicht abgedruckt; ebenso BGHR StPO § 244 Abs. 2 Sachverständiger 16.

114 So aber *Strate*, StV 1994, 172.

115 Ebenso *Widmaier*, NStZ 1994, 249f. und *Meyer-Goßner*, § 244 Rn. 12; generell gegen dieses Kriterium dagegen KK-StPO/*Fischer*, § 244 Rn. 33.

tel *drängte oder diese zumindest nahelegte*“[116]. Diese Formulierung schließt jedoch nicht nur die rein abstrakten Möglichkeiten aus[117], sondern sie schränkt die Aufklärungspflicht auch insoweit ein, als das Gericht nicht dazu gezwungen wird, alle aufgrund der Umstände des bekannten Sachverhalts objektiv möglichen Beweiserhebungen durchzuführen, sondern nur jene, die eine Beweiserhebung auch nahe legen (oder gar drängen). Damit wird eine gewisse Qualität der eine Beweiserhebung verursachenden Umstände verlangt, die nicht nur objektiv vorhanden sein müssen, sondern einen derartigen Grad an Erheblichkeit für das Verfahren haben müssen, dass hierauf bezogen eine Beweisaufnahme erfolgt.

Bleibt die genaue Bestimmung der Erheblichkeitsschwelle in den einzelnen Urteilen auch im Dunkeln[118], so kann sich diese nur auf den Sinn des Beweisverfahrens beziehen, das Beweismaß bezüglich der beweiserheblichen Tatsachen zu erreichen oder in Frage zu stellen.[119] Nichts anderes kann es auch bedeuten, wenn die Rechtsprechung jüngst davon spricht, das Gericht müsse nur allen erkennbaren und sinnvollen Möglichkeiten zur Aufklärung des Sachverhalts nachgehen[120]. Nur wenn nach „verständiger Würdigung der Sachlage“[121] im Wege einer Zwischenwürdigung die nicht nur abstrakte Möglichkeit besteht, dass ein Umstand Einfluss auf die Annahme oder Widerlegung des Beweismaßes haben kann, ist der Umstand derart erheblich, dass über ihn nach § 244 Abs. 2 StPO zwingend Beweis zu erheben ist. So bestimmt das Beweismaß des § 261 StPO zugleich den Umfang der Beweisaufnahme des § 244 Abs. 2 StPO und liefert so – mathematisch gesprochen – die „Gegenprobe“ für das aus dem Gesetz zu extrahierende Beweismaß: Es muss nicht nur dogmatisch in § 261 StPO stecken, sondern zugleich in der praktischen Anwendung den Umfang der Beweisaufnahme mitbestimmen können. Zugleich wird so rückwirkend der Anwendungsbereich des Beweismaßes beschränkt: Was nicht Gegenstand der „Beweisaufnahme“ sein kann, kann auch nicht dahingehend gewürdigt werden, ob es das Beweismaß des § 261 StPO erreicht.[122] § 244 Abs. 2

---

[116] BGHSt. 3, 169 (175); ebenso BGHSt. 23, 176 (187f.), BGHSt. 46, 73 (79), BGH, NStZ 1990, 384 und BGH, NStZ 1992, 450; strenger noch BGHSt. 1, 94 (98), wonach sich die Beweiserhebung aufdrängen müsse. Wann dies der Fall war, blieb genauso im Dunkeln wie der normative Grund, wieso nur eine sich aufdrängende Beweiserhebung durchzuführen ist, nicht jedoch jede sich ergebende. Dies mag der Grund sein, wieso der Bundesgerichtshof in BGHSt. 3, 169 (175) stillschweigend – zum Beleg wird auf BGHSt. 1, 94 verwiesen! – seine Formel änderte.

[117] Auf den Widerspruch zwischen der Formel von der „entfernten Möglichkeit“ und dieser Formel weist zutreffend *Widmaier*, NStZ 1994, 249 hin.

[118] Vgl. *Kollhosser*, FS Stree/Wessels, S. 1040: „ein recht vages Kriterium“.

[119] Ebenso *Veen*, Beweisumfang, S. 40f., der in seine Formulierung bereits die „subjektive Überzeugung von der Wahrheit“ als Beweismaß einfügt.

[120] BGH, NStZ 2005, 44f. und BGHR § 244 Abs. 6 Beweisantrag 23; zustimmend *Meyer-Goßner*, § 244 Rn. 12.

[121] BGH, NJW 1951, 283, BGH, NStZ-RR 1996, 299, BGH, NStZ 1998, 50 (51), OLG Hamm, NStZ 1984, 462, *Herdegen*, NStZ 1984, 97f., *ders.*, GedS Karlheinz Meyer, S. 193, *Gössel*, JR 2005, 392 und *Meyer-Goßner*, § 244 Rn. 12.

[122] Ähnlich *Hellmuth Mayer*, FS Mezger, S. 469, *Herdegen*, NStZ 1984, 97 und *Bertram Schmitt*, Beweiswürdigung, S. 180: § 244 Abs. 2 StPO sei die Voraussetzung für § 261 StPO.

StPO bildet so Kontrollinstanz und Anwendungsbereich zugleich und verdeutlicht so die dargelegte enge Verbundenheit von Beweissammlung und Beweiswürdigung.

3. Beweisadressat und Folgerungen für das Beweismaß

Erst unter Berücksichtigung dieser „Einheit des Beweisverfahrens" und damit sämtlicher strafprozessualer Beweisrechtsbestimmungen lässt sich aufzeigen, wer eigentlich Beweisadressat ist, *wer* also im Sinne der obigen Diktion „wissend gemacht" wird.

Im Zivilprozess besteht hierbei eine klare Aufgabenzuweisung: Das Beweisverfahren unterliegt dort entsprechend des Grundsatzes der Parteiherrschaft dem Beibringungsgrundsatz – die beweisbelastete Partei „hat in der mündlichen Verhandlung ihre Angriffs- und Verteidigungsmittel [...] vorzubringen" (§ 282 Abs. 1 ZPO) – es bedarf eines entsprechenden Beweisantrags („Beweisantritt"[123]) durch vorbereitenden Schriftsatz (§ 130 ZPO) und Vortrag in der mündlichen Verhandlung (§ 137 Abs. 1 und 2 ZPO).[124] Die Beweisaufnahme erfolgt nach der Anordnung des Beweises durch das Gericht nach den in der Zivilprozessordnung geregelten Beweismittel-Vorschriften: Bei der Augenscheinnahme (§§ 371 ff. ZPO) hat die Partei, die den Antrag gestellt hat, den in Augenschein zu nehmenden Gegenstand vorzulegen. § 371 Abs. 2 ZPO spricht hier von dieser Partei als „Beweisführer". Beim Beweis durch Zeugen, die zwar vom Gericht geladen (§ 377 ZPO) und vernommen werden (§ 396 ZPO), kann für die Zeugenladung ein Auslagenvorschuss vom „Beweisführer" (§ 379 S. 1 ZPO) verlangt werden. Der Urkundenbeweis (§§ 415 ff. ZPO) wird grundsätzlich nach § 420 ZPO „durch die Vorlegung der Urkunde angetreten" – die amtliche Überschrift dieser Norm lautet „Vorlegung durch Beweisführer; Beweisantritt". § 421 ZPO regelt dann den Fall, wenn sich „die Urkunde nach der Behauptung des Beweisführers in den Händen des Gegners" befindet.[125] Die Zivilprozessordnung weist also den beweisbelasteten Prozessparteien selbst die Rolle der Beweisführer auf. Über deren Ergebnis verhandeln die Parteien zwar nach § 285 Abs. 1 ZPO. Gemäß § 286 Abs. 1 S. 1 ZPO hat dann aber „das Gericht [...] unter Berücksichtigung des gesamten Inhalts der Verhandlungen und des Ergebnisses einer etwaigen Beweisaufnahme nach freier Überzeugung zu entscheiden, ob eine tatsächliche Behauptung für wahr oder für nicht wahr zu erachten sei". Im Zivilprozess machen also die Parteien als Beweisführer das Gericht als Beweisadressaten wissend.

---

[123] Vgl. zu dieser synonymen Verwendung des Wortes „Beweisantrag" im Zivilprozess nur Zöller/*Greger*, ZPO, Vor § 284 Rn. 2.

[124] Eine konkludente Bezugnahme auf den Schriftsatz entsprechend § 137 Abs. 3 ZPO genügt – vgl. nur BGH, NJW-RR 1996, 1459 (1460) und OLG Hamm, NJW-RR 1997, 764.

[125] Der Beweis wird dann geführt durch den Antrag, dem Gegner die Vorlegung der Urkunde aufzugeben (§ 421 ZPO), was vom Gericht dann nach § 425 ZPO angeordnet wird. Legt der Gegner die Urkunde nicht vor, gilt eine vom Beweisführer vorgelegte Abschrift oder seine Behauptung vom Inhalt als bewiesen (§ 427 ZPO).

Im Strafprozess dagegen hat das Gericht nach § 244 Abs. 2 StPO selbst (ausgehend von den Ergebnissen des Ermittlungsverfahrens in seinen Akten als Datenbasis) als Ausdruck der Amtsaufklärungspflicht die Beweisaufnahme von Amts wegen auf alle entscheidungsrelevanten beweisbedürftigen Tatsachen und Beweismittel zu erstrecken. Die Beweisaufnahme wird nach § 238 Abs. 1 StPO vom Vorsitzenden nicht nur geleitet, sondern auch durchgeführt: Beim richterlichen Augenschein (§§ 86ff. StPO) sowie der Verlesung von Urkunden (§ 249 StPO) hat neben der Staatsanwaltschaft auch das Gericht die Pflicht, die in Augenschein zu nehmenden oder zu verlesenden Beweismittel selbst zu beschaffen (§§ 214 Abs. 4 S. 2, 221 sowie 245 Abs. 1 StPO). Zeugen lädt das Gericht grundsätzlich selbst (§ 214 Abs. 1 StPO) und befragt sie selbst (§ 238 Abs. 1 StPO) – nach § 239 StPO wird der Staatsanwaltschaft und Verteidigung lediglich die Möglichkeit eingeräumt, danach eigene Fragen zu stellen, sofern das Gericht die Fragen nicht nach § 241 StPO zurückweist. Staatsanwaltschaft und Angeklagter mit Verteidiger erhalten so bei der Beweisaufnahme zwar Mitwirkungsrechte, durchgeführt werden die Beweisaufnahmen aber vom Gericht selbst. Anders als im Zivilverfahren ist im Strafprozess also das Gericht selbst Beweisführer. Zugleich entscheidet nach § 261 StPO das Gericht über das Ergebnis der Beweisaufnahme selbst und legt dann in den Urteilsgründen „die für erwiesen erachteten Tatsachen" dar (§ 267 Abs. 1 S. 1 StPO). Das Gericht ist also Beweisführer und Beweisadressat in einer Person (Form eines „intransitiven Beweisbegriffs"[126]) – „das Gericht muss sich selbst wissend machen"[127].[128] *Beweismaß wäre hiernach die freie richterliche Überzeugung.*

---

[126] *Joachim Schulz*, Sachverhaltsfeststellung, S. 101.

[127] *Gössel*, Strafverfahrensrecht, S. 178. Im Ergebnis ebenso, wenngleich nicht mit dieser Deutlichkeit: *Roxin/Schünemann*, Strafverfahrensrecht, § 15 Rn. 3 („Der Ermittlungsgrundsatz bedeutet, dass das Gericht den Sachverhalt selber ermittelt (sich selbst ‚instruiert')") und § 24 Rn. 1: „Beweisen heißt, *dem Richter* die Überzeugung von dem Vorliegen einer Tatsache verschaffen") sowie *Eberhard Schmidt*, LK II, Vorbem. §§ 244–256 Rn. 9 („Ziel des Beweises: […] Das Gericht hat *sich* die volle Überzeugung davon zu verschaffen, ob die unter Anklage gestellte Tat des Angeklagten eine tatbestandsmäßig rechtswidrige und schuldhafte Handlung ist; es müssen also die Tatsachen nachgewiesen werden", Hervorhebungen jeweils durch Verf.).

[128] Das in § 261 StPO verwandte Wort der „Überzeugung" für „wissend gemacht" ist von Hause aus ein Rechtswort: Es bedeutete (seit seiner nachweislichen Existenz im 13. Jahrhundert) ursprünglich „jemand mit Zeugen einer Schuld überführen" (*Jacob Grimm/Wilhelm Grimm*, Deutsches Wörterbuch, Elfter Band, Abteilung 2: U-umzwingen (Leipzig 1956), Spalte 674, *Kluge*, Etymologisches Wörterbuch der deutschen Sprache (24. Aufl., Berlin 2002), S. 939, Duden, Das große Wörterbuch der deutschen Sprache in sechs Bänden, herausgegeben und bearbeitet vom Wissenschaftlichen Rat und den Mitarbeitern der Dudenredaktion unter Leitung von Günther Drosdowski, Band 6: Sp-Z (Mannheim 1981), S. 2664, *Herdegen*, FS Kleinknecht, S. 177, SK-StPO/*Ellen Schlüchter* (3. Aufl., 64. Lieferung: Stand November 2009, Köln 2009), § 261 Rn. 53, *Alwart*, GA 1992, 559 und *Heescher*, Untersuchungen, S. 34) (testibus convincere oder testibus coarguere: vgl. *Herdegen*, FS Kleinknecht, S. 177) und „durch Beweisgründe zu einer Meinung bringen" (*Jacob Grimm/Wilhelm Grimm*, Deutsches Wörterbuch, Elfter Band, Abteilung 2: U-umzwingen (Leipzig 1956), Spalte 674). Der Beschuldigte wurde also mit Zeugen widerlegt, er wurde „überzeugt" (ebenso *Heinsheimer*, FS Franz Klein,

4. Begriff der freien richterlichen Überzeugung

a) Überzeugung

Damit rückt der Begriff der „Überzeugung“ in den Mittelpunkt des Beweismaßes: Dieses Wort vollzog erst im 18. Jahrhundert einen Bedeutungswandel vom objektiven „überzeugen einer Person“ (sprich: widerlegen mittels Zeugen) ins innersubjektive „sich überzeugen“ (mit Gründen) und wurde bereits 1794 gebraucht im Sinne von: „Die wahre überzeugung entsteht blos aus dem würklichen Gefühle, dasz die sache nicht anders seyn könne, als so, wie wir sie erkennen.“[129] Bei diesem subjektiven Fürwahrhalten eines Umstandes unterschied *Kant*[130] drei Modi: das Meinen, das Glauben und das Wissen:

> „Das Meinen ist ein problematisches, das Glauben ein assertorisches und das Wissen ein apodiktisches Urteilen. Denn was ich bloß meine, das halte ich, im Urteilen, mit Bewußtsein nur für problematisch [also: objektiv und subjektiv unzureichend]; was ich glaube, für assertorisch, aber nicht als objektiv, sondern nur als subjektiv notwendig (nur für mich geltend); was ich endlich weiß, für apodiktisch gewiß, d.i. für allgemein und objektiv notwendig (für alle geltend); gesetzt auch, dass der Gegenstand selbst, auf den sich dieses gewisse Fürwahrhalten bezieht, eine bloß empirische Wahrheit wäre.“

Das Abstellen auf ein bloßes *Meinen* als „Überzeugung“ liefe auf eine Verurteilung hinaus, obwohl der Richter selbst subjektiv Zweifel hegt. Dann hätte er nach dem Grundsatz in dubio pro reo[131] aber gerade freizusprechen und wäre gerade nicht von der Schuld des Angeklagten und damit einem bestimmten Tatgeschehen „überzeugt“. Im Sinne einer *„glaubensmäßigen* Überzeugung“ ist der Fromme etwa von der Wahrheit religiöser Dogmen oder der Liebende von der Treue der Geliebten

---

S. 133 Fn. 1 und *Heescher*, Untersuchungen, S. 34). In diesem Sinne lautete etwa Art. 51 des Bayerischen Landrechts von 1346 (Zitiert nach *Heinsheimer*, FS Franz Klein, S. 133 Fn. 1): „[...] ist [...] er [der Beschuldigte] überzeugt [...], so ist er dem Gericht verfallen“. Und in den oberschwäbischen Stadtrechten hieß es (Zitiert nach *Jacob Grimm/Wilhelm Grimm*, Deutsches Wörterbuch, Elfter Band, Abteilung 2: U-umzwingen (Leipzig 1956), Spalte 674): „wer ouch umb unzuht vor geriht beclegt wirt, den mag man überziugen mit zwain erberen mannen“. In diesem Sinne – wenngleich ohne auf die etymologische Bedeutung einzugehen – sieht *Joachim Schulz*, Sachverhaltsfeststellung, S. 101 ff., *ders.*, GA 1981, 304 ff. und *ders.*, AnwBl. 1983, 493 (in diese Richtung wohl auch KMR/Paulus, § 244 Rn. 44 f.) als Beweisadressaten die Allgemeinheit bzw. als deren Repräsentanten den Angeklagten an; diesem werde erst durch das Urteil und seine Begründung die Tat bewiesen. Gegen ihn spricht nicht nur der klare Gesetzeswortlaut (so auch *Alsberg/Nüse/Meyer*, Beweisantrag, S. 20 Fn. 5), sondern der hinter seiner Ansicht stehende Transferakt von der ermittelnden zur beweisenden Tätigkeit findet nicht erst in den Urteilsgründen statt, sondern bereits im konkreten Anklagesatz der Anklageschrift (ebenso *Rödig*, Theorie, S. 4), in dem jedes gesetzliche Merkmal des Tatbestandes mit dem entsprechenden nach Ort und Zeit konkretisierten Vorgang oder Zustand der Außenwelt belegt wird (*Meyer-Goßner*, § 200 Rn. 7 f.) und so Tatsachenaussagen behauptet werden, die das Gericht zu beweisen hat.

129 *Sulzer*, Theorie IV, S. 621.

130 *Kant*, Kants Werke III (Kritik der reinen Vernunft, 2. Aufl.), A 822 (= S. 516) und 848 ff. (= S. 531 ff.).

131 Vgl. zu diesem Grundsatz ausführlich oben Erster Hauptteil, Zweites Kapitel, B, II, 2, a), bb).

„überzeugt“[132] – der Richter aber muss nicht nur subjektiv glauben, er muss nach § 267 Abs. 1 S. 1 StPO die für erwiesen erachteten Tatsachen (den Sachverhalt) angeben und sich nach § 267 Abs. 2 StPO mit entlastenden Umständen (Tatsachenbehauptungen) auseinandersetzen, sein Urteil also auch objektiv darlegen können. Hiermit sollen die Anfechtungsberechtigten in die Lage versetzt werden, eine sachgemäße Entscheidung über ihr weiteres prozessuales Vorgehen, insbesondere über die Einlegung eines Rechtsmittels zu treffen, sowie dem Rechtsmittelgericht die Prüfung der Entscheidung ermöglicht werden.[133] Nur wenn die Entscheidung auch derart objektiv als „für jedermann gültig ist, so fern er nur Vernunft hat, so ist der Grund desselben objektiv hinreichend, und das Fürwahrhalten [ergänze: in der Form des ‚*Wissens*‘[134]] heißt alsdann Überzeugung“.[135]

b) „Seine“ Überzeugung

Nach § 261 StPO entscheidet das Gericht über das Ergebnis der Beweisaufnahme „nach *seiner* […] Überzeugung“. Es hat den Prozessstoff selbst zu würdigen und darf dem Urteil daher weder eine von ihm selbst nicht geteilte Meinung anderer Personen zugrunde legen[136] noch Tatsachenbehauptungen Dritter gänzlich ohne Prüfung übernehmen[137]. Dies gilt für die Aussage von Zeugen (z.B. dass der Angeklagte „als Schläger allgemein bekannt ist“, ohne dass das Gericht die Schlägereigenschaft selbst prüft[138]) wie für tatsächliche Feststellungen aus früheren Strafurteilen anderer Gerichte[139].

c) „Freie“ Überzeugung

War der Richter unter der positiven Beweistheorie[140] bei der Tatsachenfeststellung noch so gebunden, dass er „von dem dürren Buchstaben des Gesetzes auch nicht

---

132 Beispiele nach *Ehrenzweig*, JW 1929, 85.

133 Vgl. nur KG, StV 1986, 142, OLG Düsseldorf, StV 1991, 521 f. und *Meyer-Goßner*, § 34 Rn. 1.

134 Vgl. auch BayObLGSt. 1971, 128 (130), *Karl Peters*, JR 1977, 84 („Gewißheit und nicht nur Glauben oder Meinen“), *ders.*, Strafprozess, S. 300 („Überzeugung ist mehr als ein Vermuten, Meinen und Glauben“) und *Herdegen*, FS Kleinknecht, S. 177 („Das Überzeugtsein im Sinne von § 261 StPO kann weder Glauben noch Meinen, es muss Wissen sein“).

135 *Kant*, Kants Werke III (Kritik der reinen Vernunft, 2. Aufl.), B 848 (= S. 531). Derart aus dem strafprozessualen Schrifttum auch *Hellmuth Mayer*, FS Mezger, S. 458 f. sowie aus dem zivilprozessualen Schrifttum *Endemann*, Beweislehre, S. 634 f., *Ude*, ZZP 6 (1883), 438 und *Greger*, Beweis, S. 16

136 Vgl. BGHSt. 29, 109 (110 f.), BGHSt. 34, 15 (17), BGH, NStZ 2009, 284 (bezogen auf eine polizeiliche „Täteranalyse“, die nicht ungeprüft dem Urteil zugrunde gelegt werden darf), OLG Saarbrücken, VRS 30 (1966), 52 (55), LR/*Gollwitzer* (25. Aufl., Berlin 2001), § 261 Rn. 4 und SK-StPO/*Ellen Schlüchter* (3. Aufl., 64. Lieferung: Stand November 2009, Köln 2009), § 261 Rn. 5.

137 Vgl. nur BGHSt. 43, 360 (363), LR/*Gollwitzer* (25. Aufl., Berlin 2001), § 261 Rn. 29 und KMR/*Stuckenberg*, § 261 Rn. 12.

138 BGH bei *Dallinger*, MDR 1973, 190.

139 Vgl. BGH, NStZ 1995, 246 f., BGH, StV 1998, 16, OLG Zweibrücken, StV 1992, 565 (566) und KMR/*Stuckenberg*, § 261 Rn. 12.

140 Siehe hierzu oben Erster Hauptteil, Erstes Kapitel, A, V.

um ein Haar abweichen konnte"[141], so ist an diese Stelle mit dem heutigen § 261 StPO die „freie Überzeugung" des Gerichts getreten. Diese gesetzliche Formulierung erweckt auf den ersten Blick den Anschein eines Pleonasmus, erschiene eine „unfreie Überzeugung" (eine erzwungene eigene Gewissheit aufgrund objektiver Umstände?) doch als Widerspruch in sich.[142] Sie stellt jedoch eine gesetzliche Klarstellung der aufgezeigten subjektiven Bedeutung des Wortes „Überzeugung" angesichts des Bedeutungswandels erst im 18. Jahrhundert dar[143] und betont zugleich die richterliche Freiheit von gesetzlichen Beweismaßregeln.[144]

5. Gegenstand der Überzeugung: Wahrheit

Eine Überzeugung als feste (objektiv wie subjektiv zureichende) Gewißheit ist mit ontologischer Notwendigkeit immer auf ein Objekt bezogen, von dem jemand überzeugt ist. Dieser Gegenstand der richterlichen Überzeugung ergibt sich aus der Verbundenheit von Beweiserhebung und Beweiswürdigung: Zu würdigen ist nach § 261 StPO das Ergebnis der Beweisaufnahme, die sich *zur Erforschung der Wahrheit* im Sinne des § 244 Abs. 2 StPO vom Wortlaut her auf alle Tatsachen (nochmals: in der Innen- wie Außenwelt bestehende Umstände der Gegenwart oder Vergangenheit bezeichnet, die einem Beweis standhalten) und Beweismittel zu beziehen hat, die für die Entscheidung von Bedeutung sind. Wahre Tatsachenaussagen zutage zu fördern ist das Ziel der Beweisaufnahme, der Sortiervorgang, ob der Maßstab „Wahrheit" auch erreicht wurde, Aufgabe der Beweiswürdigung und zugleich Bezugspunkt der Überzeugung. Aber was ist „die Wahrheit"? Kann ein Richter von ihr subjektiv überzeugt sein, sie also erkennen, oder ist ihm dies wegen der nur geringen Erkenntnisfähigkeit des Menschen – wir wissen ja noch nicht einmal, wie das Universum entstanden ist oder wie unser Bewusstsein funktioniert – verschlossen?

Sollte dies der Fall sein, müsste man das gefundene Beweismaß einschränken und etwa statt der Überzeugung von der Wahrheit die Überzeugung von der überwiegenden Wahrscheinlichkeit eines Ereignisses ausreichen lassen. Dies ist der Grund, wieso – wie *Geppert*[145] zu Recht betont – „über den Sinngehalt der Wahrheit und den Begriff der ‚Überzeugung' nicht nur philosophisch, sondern auch strafverfahrensrechtlich heftig gestritten" wird. Antwort kann nur eine genaue Analyse des Wahrheitsbegriffs unter der teleologischen Berücksichtigung des

---

141 *Justus Möser*, zitiert nach *Savigny*, GA 1858, 488.

142 So *Heinsheimer*, FS Franz Klein, S. 133.

143 Ebenso *Heescher*, Untersuchungen, S. 34.

144 *Meurer*, FS Oehler, S. 369 und 371 sowie KMR/*Stuckenberg*, § 261 Rn. 18. Rechtsprechung und Teile der Literatur bezeichnen die Freiheit der Beweiswürdigung dagegen zu ungenau als Freiheit von (sämtlichen) gesetzlichen Beweisregeln: BGHSt. 39, 291 (295), BGHSt. 41, 376 (380), BGH, StV 1988, 239 (240), *Eisenberg*, Beweisrecht, Rn. 88, *Karl Peters*, Strafprozeß, S. 300, *Rieß*, GA 1978, 264, *Fezer*, StV 1995, 95f., *Gerhard Walter*, Beweiswürdigung, S. 318 und *Meyer-Goßner*, § 261 Rn. 2a.

145 Jura 2004, 106.

Zwecks der tatrichterlichen Sachverhaltsfeststellung und damit letztlich des Strafverfahrens überhaupt liefern.

6. Zwischenergebnis

Nach der bloßen normtheoretischen Auslegung ist „Beweis" ein „wissend machen" und wird im Strafprozess (anders als im Zivilprozess) der Richter durch sich selbst als Beweisführer und Beweisadressat wissend gemacht – ist das zu erreichende Beweismaß also das richterliche Wissend-gemacht-sein, seine „Überzeugung". Gegenstand der Überzeugung ist die Wahrheit der entscheidugnserheblichen Tatsachenaussagen. *Strafprozessuales Beweismaß ist also die richterliche Überzeugung von der Wahrheit der einzelnen entscheidungserheblichen Tatsachenbehauptungen.*

Das strafprozessuale Beweismaß entspricht daher nach der normtheoretischen Aussage dem zivilprozessualen Beweismaß, wie der Gesetzgeber es ausweislich der Begründung zu § 286 ZPO (früher: § 249 des ZPO-Entwurfs) auch gesehen hat.[146] Wieso er es im Rahmen der Strafprozessordnung nicht genauso klar hereingeschrieben hat, beruht auf zweierlei: Fügt man das normtheoretisch gefundene Beweismaß sprachlich in § 261 StPO ein, so ergäbe sich: „Das Gericht entscheidet über das Ergebnis der Beweisaufnahme nach seiner freien, aus dem Inbegriff der Verhandlung geschöpften Überzeugung, ob er von der Wahrheit einer tatsächlichen Behauptung überzeugt ist." Es mutet seltsam an, dass der Richter nach seiner Überzeugung zu entscheiden hat, ob er überzeugt ist. Dies liegt daran, dass zwischen der Überzeugung als Zustand (Ergebnis der Beweiswürdigung) und der Überzeugung als Mittel zur Erreichung dieses Zustands nicht unterschieden werden kann: „Es handelt sich nicht um unterschiedliche Gegebenheiten, sondern nur um verschiedene Aspekte ein und desselben Vorgangs: der Überzeugungsbildung."[147] Es genügte daher die einmalige Nennung der „Überzeugung" im Gesetzeswortlaut. Zum anderen ergibt sich die eigene richterliche Überzeugung von der Wahrheit der Tatsachenaussagen als Beweismaß aus dem Zusammenspiel von § 261 StPO (freie richterliche Überzeugung) und § 244 Abs. 2 StPO (Ziel: Erforschung der Wahrheit), auf den § 261 StPO mit der Formulierung „aus dem Inbegriff der Verhandlung" als Bezugspunkt verweist. Im Zivilprozess dagegen, wo das Gericht als Beweisadressat vom Beweisführer unabhängig ist, bedurfte es neben den das Gericht nicht betreffenden Vorschriften über die Beweisführung einer ausdrücklichen Bestimmung des Beweismaßes.

---

[146] *Hahn*, Materialien ZPO 1, S. 275; eine ausführliche Wiedergabe findet sich oben Erster Hauptteil, Erstes Kapitel, B, IV.

[147] *Greger*, Beweis, S. 9.

II. Die teleologische Auslegung

Vermag die historische Auslegungsmethode wenig zu helfen, ist die gesetzgeberische Begründung des § 261 StPO doch mehr als dürftig und nichts sagend

> („Der Grundsatz der freien Beweiswürdigung bedarf gegenwärtig nicht mehr der Rechtfertigung; er liegt allen in neuerer Zeit ergangenen deutschen Strafprozessordnungen zu Grunde“[148]),

so hat man sich darauf zu besinnen, dass Rechtswissenschaft Zweckwissenschaft ist. Der Gesetzgeber setzt mit seinen Normen eigene politische Zielvorstellungen zur normgemäßen „Gestaltung des sozialen Lebens in Richtung auf Gerechtigkeit und Gemeinwohl“[149] um.[150] Seine abstrakten Anweisungen für die ihm vorgegebene Lebenswirklichkeit[151] erfolgt zwingend über das Medium der Sprache. Mit dem Wandel des Zeitgeistes ändert sich aber auch der so versprachlichte Sinn der Gesetze. An Ebay-Versteigerungen („Versteigerung“ iSd § 156 BGB?[152]), Schreckschusspistolen[153] oder den Einsatz eines „Global Positioning Systems“ zur Ortung eines Handys[154] hatte der Gesetzgeber des 19. Jahrhunderts noch nicht gedacht. Damit das Recht wandelbar bleiben und auch auf moderne Entwicklungen eine sachgerechte Antwort zur Bewältigung zwischenmenschlicher Konflikte geben kann, genügt ein einseitiges Abstellen auf die historischen Motive wenig[155] (die vorliegend eh nicht weiterhelfen). Vielmehr sind die aus jeweils zeitlich aktueller Sicht sprachlich zum Ausdruck kommenden Ziel- und Zweckmäßigkeitserwägungen heranzuziehen, so wie sie sich aus der Sicht der Allgemeinheit der Bürger darstellen.[156] Bei dieser auch zeitlich verobjektivierten Sichtweise darf der Gesetzesanwender zur Vermeidung von Zuständigkeitskonflikten (Gewaltenteilung zwischen Rechtsetzung und die Normen anwendender Rechtsprechung!) freilich nur nach jenem Gesetzesverständnis suchen, das „der Gesetzgeber als Repräsentant der Gemeinschaft und der in ihr konsensfähigen Vorstellungen denken musste oder wenigstens [ergänze: im Hinblick auf die konkrete Auslegungsfrage] denken durfte, als er die Norm erließ“[157].

---

[148] Motive zu § 220 des Entwurfs einer Strafprozessordnung vom 29. Oktober 1874, S. 144, abgedruckt bei *Hahn*, Materialien StPO 1, S. 198.

[149] *Wilhelm Sauer*, Methodenlehre, S. 336.

[150] Vgl. zur Finalität allen menschlichen Handelns ausführlich *Kraatz*, Fahrlässige Mittäterschaft, S. 179 ff., speziell zur Finalität der Gesetzgebung *Mittenzwei*, Rechtsverständnis, S. 47 und *Zippelius*, Methodenlehre, S. 49 f.

[151] Vgl. dazu, dass nicht die Rechtsordnung sondern das Leben das Vorgegebene ist: *Wilhelm Sauer*, Methodenlehre, S. 335 f.

[152] Vgl. hierzu BGH, NJW 2002, 363 ff., BGH, NJW 2005, 53 ff. und Palandt/*Ellenberger*, BGB, § 156 Rn. 3.

[153] Vgl. nur BGHSt. 48, 197 (201 ff.).

[154] Hierzu BVerfGE 112, 304 ff., BGHSt. 46, 266 ff. und OLG Düsseldorf, NStZ 1998, 268 ff.

[155] In diesem Sinne die sog. subjektive Auslegungstheorie: vgl. nur *Heck*, AcP 112 (1914), 138 und *Naucke*, FS Engisch, S. 274.

[156] BVerfGE 71, 108 (115), BVerfGE 73, 206 (236), BVerfGE 79 106 (121) und BGHSt. 29, 198.

[157] *Zippelius*, Methodenlehre, S. 50.

1. Wahrheit als ein Ziel des Strafverfahrens

Anders als in den meisten neueren öffentlich-rechtlichen (Schutz-)Gesetzen (z.B. § 1 Atomgesetz, § 1 Abs. 1 Bundes-Immissionsschutzgesetz, § 1 S. 1 Tierschutzgesetz oder § 1 Abs. 1 Waffengesetz) oder in den §§ 1 und 2 der Strafprozessordnung der Deutschen Demokratischen Republik[158] sind ausdrückliche Gesetzeszwecke und -ziele der bundesdeutschen Strafprozessordnung fremd und daher in ihrer Ausgestaltung noch immer umstritten.[159] Einig ist man sich jedoch darin, dass rechtsstaatliche Teilelemente wie die Herstellung von Rechtsfrieden, die Gewährleistung einer effektiven Strafrechtspflege und die Ermittlung der Wahrheit und die Verwirklichung der Gerechtigkeit mit einer verfahrensbeendenden, den mit dem materiellen Strafrecht bezweckten Rechtsgüterschutz durchsetzenden und den Rechten der Verfahrensbeteiligten (insbesondere den Schutz des Beschuldigten) wahrenden Entscheidung teils eng miteinander verschlungen sind und eine strafprozessuale Zielbestimmung daher nur „multifaktoriell“[160] erfolgen können, wobei lediglich die einzelnen Schwerpunktbildungen voneinander divergieren. Hierbei wird insbesondere jüngst – wenn auch mit unterschiedlichen Akzentuierungen – die (Wieder-)Herstellung des Rechtsfriedens als „oberstes Ziel des Strafverfahrens“[161] angesehen[162], der nicht erst – wie im altgermanischen Verfah-

---

[158] Diese §§ 1 und 2 der Strafprozessordnung der Deutschen Demokratischen Republik vom 12. Januar 1968 (GBl. 1968 I, S. 49 [50]) in der Neufassung vom 19. Dezember 1974 (GBl. 1975 I, S. 62 [63]) lauteten:
„Aufgaben des Strafverfahrens
§ 1
(1) Das Strafverfahren dient der gerechten Anwendung des sozialistischen Strafrechts und damit dem Schutz der sozialistischen Staats- und Gesellschaftsordnung und jedes Bürgers. Es sichert, dass jeder Schuldige, aber kein Unschuldiger strafrechtlich zur Verantwortung gezogen wird. Mit Maßnahmen zur Durchsetzung der strafrechtlichen Verantwortlichkeit und zur Verhütung weiterer Straftaten trägt das Strafverfahren zur Bekämpfung der Kriminalität bei.[...]
§ 2
(1) Durch das Strafverfahren ist zu gewährleisten, dass im gemeinsamen Interesse der sozialistischen Gesellschaft und jedes Bürgers jede Straftat, ihre Ursachen und Bedingungen und die Persönlichkeit des Beschuldigten und des Angeklagten unter unmittelbarer Mitwirkung der Bürger zur Feststellung der strafrechtlichen Verantwortlichkeit allseitig und beschleunigt aufgeklärt und jeder Schuldige unter genauer Beachtung des gesetzlichen Straftatbestandes durch das Gericht oder ein gesellschaftliches Organ der Rechtspflege zur Verantwortung gezogen wird. [...]“

[159] Vgl. hierzu nur die Darstellungen bei *Volk*, Prozessvoraussetzungen, S. 169ff., *Rieß*, FS Karl Schäfer, S. 168ff., *ders.*, JR 2006, 270f., *Weigend*, Deliktsopfer, S. 173ff., *Paeffgen*, Vorüberlegungen, S. 13ff., *Krack*, Rehabilitierung, S. 30ff., *Sternberg-Lieben*, ZStW 108 (1996), 725ff. und *Popp*, Grundlagen, S. 113ff.

[160] *Löffelmann*, Grenzen, S. 101 Fn. 16.

[161] *Rieß*, JR 2006, 270.

[162] So erstmals *Schmidhäuser*, FS Eberhard Schmidt, S. 511ff. sowie jüngst *Volk*, Prozessvoraussetzungen, S. 183ff., *Geppert*, GedS Schlüchter, S. 47, *Rieß*, FS Karl Schäfer, S. 168ff., *ders.*, JR 2006, 270, *Meyer-Goßner*, Einl. Rn. 4, *Ranft*, Strafprozeßrecht, Rn. 2 und *Sieber*, FS Spen-

ren[163] – durch die tatsächlich begangene Missetat, sondern bereits durch den bloßen Verdacht gestört wird, jemand habe gegen eine strafrechtliche Verhaltensnorm (und damit das friedliche menschliche Zusammenleben der Gesellschaft) verstoßen (sog. „strafrechtlicher Konflikt") [164]. Dieser Konflikt bliebe offen und das Strafrecht „nichts als eine Ansammlung moralischer Betrachtungen ohne Gültigkeitsanspruch"[165], wenn dem Strafmonopol des Staates nicht die (etwa mit dem Klageerzwingungsverfahren des § 172 StPO sichergestellte) Pflicht gegenüber stehen würde, zum Schutz seiner Bürger neben dem Schaffen von schützenden Strafvorschriften diese auch wirksam durchzusetzen (Justizgewährleistungsanspruch)[166] und so für eine fehlerfreie Anwendung des materiellen Rechts und damit eine materielle Richtigkeit des Urteils zu sorgen (sog. materielle Gerechtigkeit)[167]. Wurde dies in archaischen Rechtsordnungen nach deren kultureller und religiöser Einbettung beispielsweise durch eine bloße Eidleistung oder die An-

---

del, S. 767. Vgl. zur Herstellung des Rechtsfriedens als ein Ziel des Strafverfahrens auch BGHSt. 18, 274 (278), *Roxin/Schünemann*, Strafverfahrensrecht, § 1 Rn. 3, *Volk*, Grundkurs, § 3 Rn. 1, *Beulke*, Strafprozessrecht, Rn. 6, *Schmidhäuser*, FS Eberhard Schmidt, S. 516 ff., *Kindhäuser*, Strafprozessrecht, § 1 Rn. 11, *Gusy*, StV 2002, 154 f., KMR/*Eschelbach*, Einl. Rn. 24 ff. und *Schatz*, Beweisantragsrecht, S. 202.

163 Siehe hierzu oben Erster Hauptteil, Erstes Kapitel, A, II.

164 Vgl. nur *Kindhäuser*, Strafprozessrecht, § 1 Rn. 5, KMR/*Eschelbach*, Einl. Rn. 25 und *Ranft*, Strafprozeßrecht, Rn. 4.

165 LR/*Kühne*, Einl. Abschn. B Rn. 8.

166 Vgl. nur BVerfG, NStZ 1987, 419, *Eberhard Schmidt*, LK I, Rn. 5 f., *Roxin/Schünemann*, Strafverfahrensrecht, § 1 Rn. 2, *Beulke*, Strafprozessrecht, Rn. 3, KK-StPO/*Pfeiffer/Hannich*, Einl. Rn. 1 und *Schatz*, Beweisantragsrecht, S. 190 f. Über diese „dienende Funktion" des Prozessrechts (vgl. zu dieser BVerfGE 20, 45 (49), BerlVerfGH, NJW 1993, 515 (517), BGHSt. 47, 62 (65), *Eisenberg*, Beweisrecht, Rn. 2, *Kühne*, Strafprozessrecht, Rn. 1, LR/*ders.*, Einl. B Rn. 8 ff., KMR/*Eschelbach*, Einl. Rn. 9, *Veen*, Beweisumfang, S. 209 und *Schatz*, Beweisantragsrecht, S. 190) – die zugleich die Rechtfertigung für die Eingriffsbefugnisse der Strafprozessordnung gibt und dieser damit (im Gegensatz zum früheren Verständnis [vgl. *Beling*, Reichsstrafprozeßrecht, S. 268 Fn. 4; ähnlich *Goldschmidt*, Prozess, S. 150, *Zipf*, Kriminalpolitik, S. 144 ff., *Grunsky*, Grundlagen, S. 11 sowie zum parallelen Wesen des Zivilprozesses *Jauernig*, JuS 1971, 329; in diese Richtung heute noch KMR/*Eschelbach*, Einl. Rn. 9]: „mehr Technik als Recht" [*Eberhard Schmidt*, ZStW 65 (1953), 162, der selbst aber für eine eigenständige Bedeutung des Prozessrechts war]) eine eigenständige Bedeutung verleiht (vgl. nur BerlVerfGH, NJW 1993, 515 (517: „Das Strafverfahren wird damit zum Selbstzweck"), LR/*Kühne*, 26. A., Einl. Abschn. B Rn. 8, *Murmann*, GA 2004, 70, *Bloy*, Bedeutung, S. 23, *Paeffgen*, NJ 1993, 154, *Sax*, ZZP 67 (1954), 27 und *Schatz*, Beweisantragsrecht, S. 193 und *Wilhelm Sauer*, Prozessrechtslehre, S. 1 ff.; parallel für den Zivilprozess: *Hans-Martin Pawlowski*, ZZP 80 (1967), 367 ff.) – garantiert das Strafprozessrecht also den Rechtsgüterschutz Einzelner und der Allgemeinheit, vgl. nur BVerfGE 57, 250 (275), BVerfGE 63, 45 (61) und BGHSt. 47, 62 (65).

167 Vgl. hierzu BGHSt. 12, 1 (6), *Roxin/Schünemann*, Strafverfahrensrecht, § 1 Rn. 3, *Volk*, Grundkurs, § 3 Rn. 1, *Beulke*, Strafprozessrecht, Rn. 3, LR/*Kühne*, Einl. Abschn. B Rn. 43 ff., *Kindhäuser*, Strafprozessrecht, § 1 Rn. 10, *Schmidhäuser*, FS Eberhard Schmidt, S. 512, *Eser*, ZStW 104 (1992), 363, *Ven*, FS Peters, S. 467, *Ulfrid Neumann*, ZStW 101 (1989), 52 ff. sowie *Dreier*, JuS 1996, 580 ff. Dies sogar als „das zentrale Ziel" des Strafverfahrens annehmend LR/*Kühne*, Einl. Abschn. B Rn. 43.

wendung von Gottesurteilen wie dem Zweikampf erreicht[168], so ist unser moderne Strafprozess den Wertentscheidungen unserer Verfassung und dessen Menschenbild verhaftet.[169] Dieses verlangt grundrechtlich abgesichert, dass ein staatlicher Eingriff in Freiheit, Eigentum und persönliche Lebensgestaltung des Beschuldigten als Sanktion für eine dem Beschuldigten vorgeworfene Straftat nur dann gerechtfertigt ist, wenn diesem die Straftat zu Recht vorgeworfen wird, er also an ihr schuld ist (sog. materielles Schuldprinzip)[170] und ihm dies wegen der innerstaatlich bereits aus Art. 1, 2 Abs. 1 und 20 Abs. 3 GG ableitbaren Unschuldsvermutung (verankert in Art. 6 Abs. 2 MRK[171] und Art. 48 Abs. 1 der Charta der Grundrechte der Europäischen Union[172]) in einem justizförmig geordneten Verfahren prozessordnungsgemäß nachgewiesen wurde[173] (sog. prozedurale Gerechtigkeit[174] oder „Verfahrensgerechtigkeit"[175]). Auf reinen Verdacht hin darf niemand bestraft

---

[168] Siehe hierzu oben Erster Hauptteil, Erstes Kapitel, A, II.

[169] Zutreffend zur Zeitgebundenheit der Herstellung von Rechtsfrieden *Rieß*, JR 2006, 271.

[170] Vgl. nur BVerfGE 19, 167 (169), BVerfGE 20, 323 (331), BVerfGE 57, 250 (275), BVerfGE 80, 244 (255), BVerfGE 86, 288 (313), BVerfG, NStZ 1987, 419 sowie BGHSt. 2, 194 (200). Siehe hierzu sowie zum Folgenden umfassend oben Erster Hauptteil, Zweites Kapitel, A, II, 3, c).

[171] Dieser (innerstaatlich aufgrund des Zustimmungsgesetzes vom 7. 8. 1952 [BGBl. 1952 II, S. 685] einzig den Rang eines einfachen Bundesgesetzes innehabend) lautet: „Jede Person, die einer Straftat angeklagt ist, gilt bis zum gesetzlichen Beweis ihrer Schuld als unschuldig." Vgl. hierzu auch Art. 14 Abs. 2 des Internationalen Pakts über bürgerliche und politische Rechte vom 19. 12. 1966 (IPBPR)(BGBl. 1973 II, S. 1533ff.): „Jeder wegen einer strafbaren Handlung Angeklagte hat Anspruch darauf, bis zu dem im gesetzlichen Verfahren erbrachten Nachweis seiner Schuld als unschuldig zu gelten."

[172] Dieser lautet (ABl. EG 2007, C 303/12): „Jeder Angeklagte gilt bis zum rechtsförmlich erbrachten Beweis seiner Schuld als unschuldig."

[173] Vgl. nur BVerfGE 9, 167 (169) und BVerfGE 74, 358 (370).

[174] So auch die Begrifflichkeit bei *Volk*, Grundkurs, § 3 Rn. 5 und *Kindhäuser*, Strafprozessrecht, § 1 Rn. 12.

[175] Auf diesen nicht zu unterschätzenden Aspekt als Teil der Legitimation der gerichtlichen Entscheidung verweisen auch *Erb*, FS Rieß, S. 78, *Ulfrid Neumann*, ZStW 101 (1989), 67ff., *Perron*, Beweisantragsrecht, S. 52ff. und insbesondere *Luhmann* in seiner grundlegenden Arbeit „Legitimation durch Verfahren": der Strafprozess orientiere sich zwar an der historischen Wahrheit, er sei aber maßgeblich geprägt durch spezifische Instrumente der Reduktion von Komplexität, gewinne eine eigene prozedurale Realität und legitimiere in einem strikten „Regel-Skeptizismus" (*Ulfrid Neumann*, ZStW 101 [1989], 70) faktisch sich selbst und die Anerkennung des Urteilsspruchs (*Luhmann*, Legitimation, S. 253). Vgl. umfassend zu *Luhmanns* Verfahrenslehre: *Hans-Ludwig Schreiber*, ZStW 88 (1976), 136ff., *Röhl*, Rechtssoziologie, S. 409ff. und *Frauke Stamp*, Wahrheit, S. 196ff. Soziologische Studien aus England und den USA (vgl. nur *Casper*, 12 Law & Society Review (1978), 237ff., *Landis/Goodstein*, 11 American Bar Foundation Research Journal (1986), 675ff. und *Casper/Tyler/Fisher*, 22 Law & Society Review (1988), 483ff., bestätigen zwar, dass rechtsunkundige Bürger die Einhaltung der Verfahrensvorschriften als maßgebliches Kriterium eines gerechten Urteils heranziehen, dennoch wird man das Strafverfahren kaum als gänzlich zweckfrei ansehen können, droht eine „vollkommene Verfahrensgerechtigkeit" („pure procedural justice": *Rawls*, Theorie, S. 106f.) ohne „hinreichenden Sinnbezug zur materiellen Gerechtigkeit" doch „zur leeren Hülle zu verkommen" (*Erb*, FS Rieß, S. 79; ähnlich *Duttge*, ZStW 115 [2003], 548).

werden.[176] Ehe das materielle Strafrecht zur Anwendung kommen kann, ist daher notwendigerweise das wahre Tatgeschehen zu ermitteln[177], wie es § 244 Abs. 2 StPO für den Kernbereich des Beweisverfahrens als „Orientierungslinie“[178] vorgibt.

Die Wahrheitsfindung wird so zur denknotwendigen Vorstufe materieller Gerechtigkeit[179] („Gerechtigkeit durch Wahrheit“[180]) und zugleich der Wiederherstellung des Rechtsfriedens: Eine befriedigende Funktion kann dem Strafverfahren bei einer Zugrundelegung „falscher“ Tatsachenfeststellungen kaum zukommen; „käme die Wahrheit ‚ans Licht‘, so dürfte es auch mit dem Frieden vorbei sein“[181] und der strafrechtliche Konflikt in den Grenzen[182] der §§ 359ff. StPO (Wiederaufnahmeverfahren) wieder aufleben[183]. Im klassischen Zieldreiklang Wahrheit-Gerechtigkeit-Rechtsfrieden (in den Worten von *Volk*[184]: „Ein Urteil, das auf Wahrheit beruht, gerecht ist und Rechtsfrieden schafft, ist das Ziel des Strafverfahrens“) bildet die Erforschung der Wahrheit bezüglich der in der Anklage bezeichneten Tat (§ 264 Abs. 1 StPO) somit den „Kristallationspunkt“[185], normativ begrenzt lediglich durch die Einhaltung des „justizförmigen Weges“[186] und damit durch einschränkende Verfahrensvorschriften (unter Einfluss des Verfassungsrechts und der MRK) zum Schutz der Prozessbeteiligten und – wie jedes hoheitliche Handeln – durch höherrangige Allgemein- wie Individualinteressen[187].

---

[176] Vgl. nur BGHSt. 18, 274 (275ff.).

[177] Ebenso *Krauß*, FS Schaffstein, S. 411, *Schmidhäuser*, FS Eberhard Schmidt, S. 512 und *Kindhäuser*, Strafprozessrecht, § 1 Rn. 9.

[178] *Schatz*, Beweisantragsrecht, S. 189 Fn. 6.

[179] Ebenso LR/*Kühne*, Einl. Abschn. B Rn. 43 und *Kindhäuser*, Strafprozessrecht, § 1 Rn. 15.

[180] *Wolfgang Hetzer*, Wahrheitsfindung, S. 25.

[181] *Löffelmann*, Grenzen, S. 101.

[182] Die Grenzen sind notwendig, damit die mit der rechtskräftigen Entscheidung bezweckte Konfliktbeilegung nicht wieder allzu leicht wieder in Frage gestellt werden.

[183] Ebenso *Kindhäuser*, Strafprozessrecht, § 1 Rn. 16.

[184] Grundkurs, § 24 Rn. 1.

[185] *Löffelmann*, Grenzen, S. 100f. Die Wahrheitserforschung wird daher zumeist als das beherrschende Prinzip des deutschen Strafprozesses bezeichnet: BVerfGE 33, 367 (383), BVerfGE 57, 250 (275), BVerfGE 63, 45 (61), BVerfGE 77, 65 (77), BVerfG, NStZ 1987, 419, BVerfG, NJW 1997, 999 (1000), BGHSt. 10, 116 (118), BGHSt. 12, 1 (6), BGHSt. 23, 176 (187), BGHSt. 28, 122 (128), BGHSt. 47, 62 (65), BGHSt. 49, 112 (120), BGHSt. 50, 40 (48) (Grosser Senat), *Eberhard Schmidt*, LK I, Rn. 363f., *Eisenberg*, Beweisrecht, Rn. 1, *Beulke*, Strafprozessrecht, Rn. 3, *Herdegen*, NJW 1996, 27, LR/*Jörg-Peter Becker*, § 244 Rn. 39, *Kindhäuser*, Strafprozessrecht, § 1 Rn. 9, *Gössel*, Ermittlung, S. 8, *Schmidhäuser*, FS Eberhard Schmidt, S. 512, *Wolfgang Hetzer*, Wahrheitsfindung, S. 19, *Krauß*, FS Schaffstein, S. 411, AK-StPO/*Schöch*, § 244 Rn. 26, KMR/*Eschelbach*, Einl. Rn. 5, *Maul*, FG Peters, S. 47 und *Kahlo*, KritV 1997, 203.

[186] *Wolfgang Hetzer*, Wahrheitsfindung, S. 25.

[187] Vgl. zu den Grundrechten als Korrektiv umfassender strafprozessualer Eingriffsbefugnisse nur BVerfGE 34, 238 (249) und BVerfGE 80, 367 (375); vgl. zuvor bereits BVerfGE 19, 342 (347) und BVerfGE 20, 45 (49), BGHSt. 14, 358 (365), BGHSt. 38, 214 (220f.), BGHSt. 38, 372 (374) und LR/*Kühne*, Einl. Abschn. B Rn. 36.

2. Der Wahrheitsbegriff der Strafprozessordnung

Was aber ist Wahrheit? Diese Frage ist „so alt wie die Menschheit“[188] und erkenntnistheoretisch noch immer im Fluss: „Kaum ein anderer Grundbegriff der philosophischen Tradition beansprucht eine so zentrale Relevanz und ist gleichzeitig einer so großen Bedeutungsschwankung und -unbestimmtheit unterworfen wie der Begriff der Wahrheit.“[189] Die hohe Anzahl der verschiedenen Strömungen führt hierbei dazu, dass selbst in einem 500 Seiten starken philosophischen Sammelband verschiedener Aufsätze zum Wahrheitsbegriff nicht alle Ansichten dargelegt werden können.[190] Dies kann und will auch die vorliegende Arbeit nicht leisten, genügt als Bezugspunkt des strafprozessualen (Regel-) Beweismaßes doch die Bestimmung des Wahrheitsbegriffs der Strafprozessordnung.

Diese beruht – wie die herkömmliche Definition der Wahrheit – auf *Aristoteles* und seinem Buch „Gamma“ in seiner „Metaphysik“: „Zu sagen, dass das, was ist, nicht ist, oder dass das, was nicht ist, ist, ist falsch, hingegen zu sagen, dass das, was ist, ist und das, was nicht ist, nicht ist, ist wahr, so dass auch jeder, der sagt, dass [etwas] ist oder nicht ist, Wahres oder Falsches sagen wird.“[191] Auf ihn (wenn auch in lateinischer Übersetzung[192]) bezog sich *Thomas von Aquin* in der ers-

---

[188] *Horst Schröder*, Eid, S. 11. Diese richtete bereits *Pontius Pilatus* an *Jesus* (Johannes, 18, 38) – ohne eine Antwort zu bekommen. Diese lieferte erst die Gesamtschau einzelner Bibelstellen: Jesus sprach, er sei „der Weg, die *Wahrheit* und das Leben“ (Johannes, 14, 6, Hervorhebung durch Verf.) – die Wahrheit sei in ihm (Epheser, 4, 21). Nach seinem Tode sollte der „Geist der Wahrheit“ (der „Heilige Geist“) sein Heilswerk fortsetzen: „Wenn aber der Sachwalter gekommen ist, den ich euch von dem Vater senden werde, der Geist der Wahrheit, der von dem Vater ausgeht, so wird er von mir zeugen“ (Johannes, 15, 26; vgl. zum „Geist der Wahrheit“ auch Johannes, 14, 17 und 16, 13 sowie 1. Johannes, 5, 6). Dieses Wahrheitsverständnis des Neuen Testaments ist für die juristische (nicht kirchenrechtliche) Praxis selbstverständlich untauglich.

[189] *Puntel* in Krings/Baumgartner/Wild, Handbuch, S. 1649.

[190] Dies gesteht *Skirbekk* in *Skirbekk*, Wahrheitstheorien, S. 10 ein; ähnlich *Puntel*, Wahrheitsbegriff, S. 15f. Weiter geht noch *Gössel*, Ermittlung, S. 5, nach dem eine Antwort auf die Frage „was ist Wahrheit“ „niemand geben [kann] auf dieser Welt“.

[191] *Aristoteles*, Metaphysik, 1011b. Auch wenn *Aristoteles* hier vom „Seienden“ („was ist“) sprach, war damit nicht das ontologische Sein, das Vorhandensein eines Umstandes in der realen Außenwelt gemeint. Vielmehr verstand die allein vom inneren Willen ausgehende und die äußere Realität ignorierende griechische Philosophie (wie *Aristoteles*) unter dem „Seienden“ schlicht „das, was der Fall ist“ (*Franzen*, Bedeutung, S. 41; ebenso *Kirwan*, Aristotle, S. 199f.). Richtig ergibt sich aus *Aristoteles*' Zitat somit: „Zu sagen nämlich von etwas, das der Fall ist, es sei nicht der Fall oder von dem, das nicht der Fall ist, es sei der Fall, ist falsch, dagegen zu sagen, dass das, was der Fall ist, der Fall sei und dass das, das nicht der Fall ist, nicht sei, ist wahr.“ Ähnlich die Wahrheitsdefinition bei *Platon*, Dialoge II (Kratylos), 385 (= S. 39): „Ist nun nicht diejenige [Rede], welche das Seiende in seiner wahren Beschaffenheit ausdrückt, wahr, diejenige dagegen, die ihm eine andere (nicht seiende) Beschaffenheit beilegt, falsch? Ja.“ Oder kurz in den Worten von *Augustinus* (zitiert nach *Gudrun Schulz*, Veritas, S. 10): „Das, was ist, ist [ergänze: wenn vom Verstand als solches erkannt] wahr.“

[192] In dieser Übersetzung wurden die der Gerichtssprache entlehnten Begriffe „affirmatio“ (Beteuerung) und „negatio“ (Leugnen) verwendet und der der Unverborgenheit dem Geiste gegenüber gemeinte Sinn in den Bereich eines Urteils verfälscht, vgl. hierzu *Puntel* in Krings/Baumgartner/Wild, Handbuch, S. 1652.

ten „quaestio“ seiner „Quaestiones disputatae de veritate“ und verknüpfte es mit der von ihm vertretenen Transzendentialienlehre[193] und schuf die sowohl in der Vergangenheit als auch in der Gegenwart verbreiteste Theorie der Wahrheit“[194], der die meisten Philosophen folgen[195]: „Wahrheit ist die Übereinstimmung der Sache und der Erkenntnis.[196] [...] Dies Entsprechen aber wird als Übereinstimmung[197] der Sache und der Erkenntnis (*adaequatio rei et intellectus*) bezeichnet; und darin bestimmt sich formaliter die Idee des Wahren“[198] (sog. „correspondence theory of truth“[199], auf Deutsch: die „Korrespondenztheorie“ bzw. „Adäquationstheorie“ oder „ontologische Wahrheitstheorie“[200])[201]. Ist diese Theorie erkenntnistheoretisch als bloßer Bezugspunkt[202] positiver wie negativer Ausgangspunkt jeder Definition der Wahrheit vielfach modifiziert[203] und mit umfassenden Gegenentwür-

---

[193] Vgl. zu dieser Grundlage der Lehre *Thomas von Aquins* nur *Gudrun Schulz*, Veritas, S. 10ff.

[194] *Puntel*, Wahrheitstheorien, S. 26.

[195] So die Einschätzung von *Hilary Putnam*, Vernunft, S. 9. Bezeichnend hierfür ist eine Äußerung von *Kant*, Kants Werke III (Kritik der reinen Vernunft, 2. Aufl.), B 82 (= S. 79): „Die Namenserklärung der Wahrheit, dass sie nämlich die Übereinstimmung der Erkenntnis mit ihrem Gegenstande sei, wird hier geschenkt und vorausgesetzt.“

[196] Diese zentrale Aussage schrieb *Thomas* dem um 900 n.Chr. in Ägypten lebenden jüdischen Philosophen *Isaac Israel* und dessen Werk „Liber de Definitionibus“ – wohl fälschlich – zu (*Thomas von Aquin*, Untersuchungen I, S. 11). Zwar ist dessen Gesamtwerk leider der Nachwelt nicht erhalten geblieben. In den erhaltenen Handschriften finden sich die von *Thomas von Aquin* zitierte Textstelle jedoch nicht, wie *Muckle*, Archives d'histoire doctrinale er littéraire du Moyen age 8 (1933), 5ff. es nachwies. Vielmehr wird die Formulierung auf *Avicenna* und seine „Metaphysik, Buch I“ zurückgehen: ebenso *Franzen*, Bedeutung, S. 43.

[197] In der weiteren Philosophiegeschichte wurde vor allem der Ausdruck „conformitas“ gebräuchlich; in englischen und französischen Texten bürgerte sich der Begriff „correspondence“ (vgl. mit umfangreichen Nachweisen bei *Eisler*, Wörterbuch, S. 1705. Zudem finden sich in der englischen Philosophie auch die Begriffe „formity“, „agreement“ oder „according“: *Franzen*, Bedeutung, S. 35) ein; im Deutschen „Übereinstimmung“: vgl. nur *Lehmen*, Lehrbuch I, S. 295: „Die logische Wahrheit besteht in der Übereinstimmung des erkennenden Verstandes mit seinem Gegenstande.“ Weitere Nachweise bei *Eisler*, Wörterbuch, S. 1703ff.

[198] *Thomas von Aquin*, Untersuchungen I, S. 11.

[199] So erstmals *Bertrand Russell* in seinem Standardwerk „An Inquiry to Meaning and Truth“: *Russell*, Über die Natur von Wahrheit und Falschheit; in: *Russell*, Aufsätze, 99ff.; ebenso *Prior* in Edwards, Encyclopedia II, S. 223ff. („Correspondence theory of truth“), *Franzen*, Bedeutung, S. 47 und *Sandkühler*, Enzyklopädie IV, S. 748.

[200] Vgl. *Jürgen Schmidt*, JuS 1973, 205.

[201] Zu den Vertretern der Korrespondenztheorie in der Philosophie zählen etwa *Coreth*, Metaphysik, S. 350 als Vertreter des Neuthomismus („Übereinstimmung zwischen dem Wissen und dem Seienden“), *Wittgenstein*, Tractatus, 4.014 und 4.021ff. mit einer Abbildtheorie der Wirklichkeit, *Austin*, Aufsätze, S. 153ff., *Popper*, Erkenntnis, S. 44ff. und *Mackie*, Truth, S. 50.

[202] So *Puntel* in Krings/Baumgartner/Wild, Handbuch, S. 1651 und *ders.*, Wahrheitstheorien, S. 8f.

[203] Neben dem Wahrheitsträger (truthbearer) in Form von Aussagen, Behauptungen, Feststellungen oder Überzeugungen (vgl. hierzu aber *Mackie*, Truth, S. 18: „[...] it seems to me perverse to aim at any exclusive choice between the rival candidates for this role.“) wurde und wird vorwiegend um die Ausgestaltung der Relation gestritten, sei es als „Korrespondenz“, „Übereinstimmung“ (*Russell*, Probleme, S. 109), „Adäquation“, „Kongruenz“, „Ab-

fen[204] angegriffen worden, so ist sie im Alltagsleben wie die Existenz einer äußeren

---

bildung", „Widerspiegelung", „Isomorphie" (*Jürgen Schmidt*, JuS 1973, 205), „Entsprechung" (*Müller-Dietz*, ZEvEthik 15 [1971], 258) oder „Analogizität" (*Käßer*, Wahrheitserforschung, S. 10).

[204] Explizit zu nennen sind hier insbesondere die Kohärenztheorie und die pragmatische Wahrheitstheorie von *James*: Nach der im Neoliberalismus des 19. Jahrhunderts im angelsächsischen Raum aufgekommenen und auch im Wiener Kreis vertretenen Kohärenztheorie (zu den Vertretern gehören *Neurath*, Erkenntnis 2 [1931], 403 sowie *Rescher*, Wahrheitsbegriff, S. 284 ff. und *ders.*, Wahrheitstheorien, S. 337 ff.; auf dieser Linie für den Strafprozess auch *Ellen Schlüchter*, FS Spendel, S. 737 f.) sei Begriff der Wahrheit mit einer Widerspruchslosigkeit im gesamten Aussagensystem gleichzusetzen: „Jede neue Aussage wird mit der Gesamtheit der vorhandenen, bereits miteinander in Einklang gebrachten Aussagen konfrontiert. Richtig heißt eine Aussage dann, wenn man sie eingliedern kann. Was man nicht eingliedern kann, wird als unrichtig abgelehnt" (*Neurath*, Erkenntnis 2 [1931], 403). In der modernen Wissenschaftstheorie spielt dieser Systemgedanke zwar eine wichtige Rolle und auch für das strafprozessuale Beweisverfahren ist der Gedanke von Bedeutung, ob sich ein Beweisergebnis widerspruchsfrei in die übrigen Beweisergebnisse einfügt. Als alleinigem Wahrheitskriterium ist hiermit jedoch wenig gewonnen, kann sich doch eine Tatsache widerspruchslos in zwei verschiedene Systeme eingliedern, die sich untereinander widersprechen (so zu Recht die Kritik von *Weinberger*, Rechtslogik, S. 82, *Holländer*, Rechtsnorm, S. 59 und *Toepel*, Grundstrukturen, S. 81) und gibt es keine kohärenten „freischwebenden Chiffren im Nichts" (Ausdruck von *Toepel*, Grundstrukturen, S. 84), sondern sind die einzelnen Merkmale der Datensammlung, in die sich die neue Tatsache einfügen soll, selbst das Ergebnis eines Vergleichs mit der Wirklichkeit. Oder anders ausgedrückt: Während die Korrespondenztheorie einen Aussageninhalt (über Kontrollsätze) über einen Vergleich mit Wahrnehmungen der Realität verifiziert, stellt die Kohärenztheorie eine Datensammlung mittels Wahrnehmungen der Realität zusammen und schaut dann, ob der Inhalt der neuen Aussage sich widerspruchsfrei in die Datensammlung (sprich: die Wirklichkeitswahrnehmungen) einfügen lässt. Die Kohärenztheorie bildet also letztlich nur ein „wichtiges Kriterium" (*Russell*, Probleme, S. 109), wann im Sinne der Korrespondenztheorie der Inhalt einer Aussage mit den Wirklichkeitswahrnehmungen „übereinstimmen": wenn sie zu deren Gesamtheit nicht in Widerspruch stehen. – Nach der pragmatischen Theorie von *William James* sei Wahrheit sei nichts anderes als „der Vorgang des Sich-Geltend-Machens" (*William James*, Wahrheitstheorien, S. 37) durch eine menschliche Handlung, besitze der Mensch wahre Gedanken bezüglich von Umständen gegenwärtiger oder zukünftiger Realität doch zur Befriedigung eines Lebensbedürfnisses, als wichtigen Handlungsantrieb. Wahre Erkenntnis mag dem menschlichen Handeln zwar durchaus nützlich sein und uns in verschiedenen Situationen in erwünschter Weise motivieren, deswegen braucht sie aber nicht zwingend auch wahr zu sein (vgl. zu dieser Kritik auch *Weinberger*, Rechtslogik, S. 83). Dies zeigt deutlich das von *Russell*, Wahrheitstheorien, S. 61 verwendete Gegenbeispiel: Als Kind kann man sagen, dass die Hypothese von der Existenz des Weihnachtsmannes „im weitesten Sinne befriedigt" und sich zu bravem Verhalten motiviert – für Kinder wäre nach der pragmatischen Wahrheitstheorie von *William James* die Behauptung „es gibt den Weihnachtsmann" damit wahr, obwohl es nachweislich keinen Weihnachtsmann gibt. Vor allem die Rechtswissenschaft braucht jedoch einen Wahrheitsbegriff, der sich von bloß motivierender Nützlichkeit freihält. Die Verurteilung eines als Serientäter bekannten Angeklagten wegen einer neuen Tat mag nützlich sein, um die Gesellschaft vor ihm zu schützen. Dennoch kann man nicht mit gutem Gewissen unabhängig von den Umständen der neuen Tat auch sagen, es sei wahr, dass er die neue Tat begangen habe. Dies würde das Strafrecht mit seinen enormen Machtinstrumenten dem einzelnen Angeklagten gegenüber in unzulässiger Weise vom Schuldprinzip abkapseln.

Realität[205] als „Objektivität, auf die sich jeder verlassen kann“[206], nahezu als still-

---

[205] Philosophisch ist diese Annahme bestritten: Während die Anhänger der verschiedenen Strömungen des Realismus (*Kant*, Kants Werke III [Kritik der reinen Vernunft, 2. Aufl.], B 274f. [= S. 190] [schwacher Realismus], *Nicolai Hartmann*, Metaphysik, S. 1 [kritischer Realismus], *Searle*, Construction, S. 149ff. [externer Realismus], *George Edward Moore*, Verteidigung, S. 153ff. [naiver Realismus], *Russell*, Wissen, S. 94ff. [repräsentationaler Realismus], *Hilary Putnam*, Vernunft, S. 10ff. [interner Realismus], *Popper*, Erkenntnis, S. 44ff. [kritischer Realismus], *Peirce*, Naturordnung, S. 378ff. [Pragmatismus], *Heidegger*, Wahrheitstheorien, S. 427f., *Lehmen*, Lehrbuch I, S. 268ff. und *Ulrich Blau*, Wahrheitsbegriff, S. 298ff.) eine vom menschlichen Denken unabhängige Realität anerkennen, begreifen Idealisten (so etwa *Hempel*, Wahrheitstheorien, S. 97f., *Habermas*, Vorstudien, S. 127ff. [der später aber der realistischen Strömung folgte: *Habermas*, Wahrheit, S. 40ff.], *Niethammer*, FS Sauer, S. 27, *Rickert*, Gegenstand, S. 6 und *Tennant*, Anti-Realism, S. 128ff. [kritisch hierzu *Puntel*, Grundlagen, S. 130ff.]) jede Wirklichkeit als bloße Vorstellung des Subjekts und nehmen an, allein in deren Geiste existiere eine innere (nur subjektiv erfahrbare) Realität. Erst der menschliche Verstand erzeuge aus Sinnesdaten wie Geräuschen oder Lichtwellen die Gegenstände unserer Erkenntnis. Den logischen Schluss dieser Sichtweise zog bereits der sophistische Philosoph Protagoras mit seinem berühmten „Homo-Mensura-Satz“: „Der Mensch ist das Maß aller Dinge, der seienden, dass sie sind, der nicht seienden, dass sie nicht sind“ (zitiert nach *Ritter*, Wörterbuch III, S. 1175). Werden beispielsweise zwei Geographen, ein Realist und ein Idealist, ausgeschickt, um die Frage zu entscheiden, ob ein an einer bestimmten Stelle in Afrika vermuteter Berg nur legendär sei oder wirklich existierte, und finden sie diesen Berg (Beispiel nach *Carnap*, Aufbau [2. Aufl., Hamburg 1961], S. 325; kritisch zu diesem Beispiel *Lampe*, Rechtsanthropologie I, S. 140f., wiederum gegen ihn *Käßer*, Wahrheitserforschung, S. 13), so wird der Realist berichten: „Der Berg ist real, er existiert.“ Der Idealist wird dem widersprechen: „Der Berg ist nicht real, aber unsere Wahrnehmungen von dem Gebilde als Berg an der angegebenen Stelle sind real.“ Stellt man ihnen jedoch Fragen über die Höhe des Berges, seine genauen Koordinaten oder die Arten der Bäume auf ihm, wird man von beiden Geographen die gleichen Antworten erhalten. Denn ob nun tatsächlich in der Realität oder nur im Kopf des Idealisten, gesprochen wird stets über das Ergebnis eigener Wahrnehmungen und diese sind von der philosophischen Grundeinstellung unabhängig: „Wir können Realisten bleiben, kritische Realisten, Idealisten, Empiristen oder Metaphysiker – was immer wir vorher gewesen sein mögen. Die semantische Konzeption ist hinsichtlich all dieser Standpunkte völlig neutral“ (*Tarski*, Wahrheitstheorien, S. 169).
Relevant ist hierauf aufbauend lediglich, ob eine richtige Wahrheitserkenntnis durch den Menschen auch möglich ist (so die Dogmatiker) oder nicht (so die Anhänger des Skeptizismus [von altgriechisch „sképthesthai“ = schauen, spähen, betrachten“: Duden, Das Herkunftswörterbuch (4. Aufl., Mannheim 2007), S. 773]: Begründet wurde der klassische Skeptizismus von *Pyrrhon von Elis* [360–270 v. Chr.], *Agrippa* [1. vorchristliche Jahrhundert] und fortentwickelt von *Sextus Empiricus* [vgl. *Sextus Empiricus*, Grundriß, S. 9ff. (= Einleitung von *Hossenfelder*) sowie umfassend zur Geschichte der Skepsis *Lampe*, FS Pfeiffer, S. 354ff.]. Zu den weiteren Vertretern zählen vor allem *Hume*, Untersuchung, S. 1ff. und *Kant*, Kants Werke IV [Kritik der reinen Vernunft, 1. Aufl.], A 375f. [= S. 235f.]). Beweisen lässt sich dies nicht, da man an der neurowissenschaftlichen Wirklichkeit nicht vorbeikommt: Der Mensch kann die wahrgenommenen Signale lediglich verarbeiten. Ob bei der menschlichen Wahrnehmung selbst (etwa jeder Mensch trägt eine unsichtbare Brille, die die Realität umdreht) eine Verzerrung erfolgt, wird der Mensch nie sagen können. Er wird daher nie wissen, ob die von allen Menschen wahrgenommene äußere Realität auch die objektiv „wirkliche Realität“ ist. *Heidegger*, Sein, § 43 (= S. 205f.): „Der ‚Skandal der Philosophie‘ besteht nicht darin, dass dieser Beweis [der Existenz einer Außenwelt] bislang noch aussteht, sondern darin, dass solche Beweise immer wieder erwartet und versucht werden.“ Zu „beweisen ist nicht, dass und wie eine ‚Außenwelt‘ vorhanden ist, son-

schweigender Grundkonsens aller Menschen unbestritten und gar selbstverständlich, wie ein kurzer Blick in ein beliebiges Konversationslexikon zeigt, z.B. ins Bertelsmann Universal-Lexikon[207]: „Wahrheit: die Übereinstimmung der Erkenntnis mit ihrem Gegenstand." Es liegt daher nahe, dass das Strafrecht „als Instrument der Sozialkontrolle" dieses Wahrheitsverständnis übernimmt[208]. Bereits 1834 konnte man daher bei *Mittermaier*[209] nachlesen: „Wir nennen Wahrheit die Übereinstimmung der Vorstellung von einem Gegenstande mit dem wirklichen Wesen desselben." Und so überrascht es kaum, dass auch heutzutage – entsprechend der zutreffenden Einschätzung *Grasnicks*[210] – „nahezu alle Praktiker des Strafrechts und eine große Anzahl seiner Theoretiker (zu denken ist hier natürlich primär an die Prozessualisten) eine Korrespondenztheorie der Wahrheit vertreten".[211]

---

dern aufzuweisen ist, warum das Dasein als In-der-Welt-sein die Tendenz hat, die ‚Außenwelt' zunächst ‚erkenntnistheoretisch' in Nichtigkeit zu begraben, um sie dann erst durch Beweise auferstehen zu lassen." Möglich ist nur ein Grundkonsens aller Menschen, der in Bezug auf das Strafverfahren unumgänglich ist. Denn Ausgangspunkt einer Sozialordnung kann nur eine (externe) Wirklichkeit sein, die das handelnde Individuum selbst und die übrigen Mitmenschen beinhaltet. Können die Menschen aber Realität nur subjektiv wahrnehmen und eine externe Realität niemals direkt beweisen, so muss die zu regelnde externe Realität über die Wahrnehmungen erfasst werden und deren Wahrnehmungen generell der externen Realität entsprechen. Diese Wahrnehmungs-Wirklichkeit wird zum Spiegel der externen Realität, zutreffende Aussagen über ihre Umstände zu wahren und diese Wahrheit zur Grundlage der Gerechtigkeit.

206 *Bitzilekis*, FS Hans Joachim Hirsch, S. 40, wenngleich in anderem Zusammenhang: Akzeptanz von Tatsachenaussagen als Grundlage unseres menschlichen Zusammenlebens mit der strafrechtlichen Folge, dass auch im Rahmen des Betrugstatbestandes (§ 263 StGB) nur dieses Vertrauen geschützt sei, nicht aber jeder Glaube an eine unrichtige Tatsachenaussage.

207 Bertelsmann, Das neue Universal Lexikon (Gütersloh 2008), S. 1009.

208 *Volk*, Wahrheit, S. 7.

209 Lehre, S. 63f.

210 *Grasnick*, FS 140 Jahre GA, S. 56

211 So findet sich eine Korrespondenztheorie bei BGH, NJW 2007, 2419 (2422) (Grosser Senat: „der wahre Sachverhalt, wie er sich zugetragen hat"), *Volk*, Grundkurs, § 29 Rn. 1 („Unter Wahrheit versteht man […] die Übereinstimmung mit der Wirklichkeit"), *ders.*, Wahrheit, S. 10 („wahre Wirklichkeit"), *Kühne*, Strafprozessrecht, Rn. 1 („historische Realität"), *Engisch*, Wahrheit, S. 6 („Übereinstimmen eines Aussageinhalts mit dem Sachverhalt, der sich in der Aussahe ausgesagt wird"), *Spendel*, JuS 1964, 465 („als ‚wahr' bezeichnen wir demnach ein Urteil oder eine Aussage, die inhaltlich ihrem Objekt entspricht"), *Karl Peters*, Strafprozeß, S. 287 („Nur ein Sachverhalt kann dem wirklichen Geschehen entsprechen"), *Müller-Dietz*, ZEvEthik 15 (1971), 257f., *Hilgendorf*, GA 1993, 554, *Andrea Schmidt*, Grundsätze, S. 125 („Wahrheit ist die Übereinstimmung der Wirklichkeit mit dem Bewußtsein des Erkenntnissubjekts von dieser Wirklichkeit"), *Ven*, FS Peters, S. 463 („Erkenntnis der Wirklichkeit"), *Käßer*, Wahrheitserforschung, S. 9 („Übereinstimmung der Wirklichkeit mit dem bewusstsein des Erkenntnissubjekts von dieser Wirklichkeit"), *Wenner*, Aufklärungspflicht, S. 24 („absolute Gewissheit im objektiven Übereinstimmen des rekonstruierten Sachverhalts mit dem tatsächlichen Geschehen") sowie *Greger*, Beweis, S. 28: „Wahrheit [ist] die Relation zwischen dem Ergebnis der Erkenntnis und ihrem Objekt"; aus dem sonstigen juristischen Bereich wird die Korrespondenztheorie etwa vertreten von *Adomeit*, JuS 1972, 629, *Weinberger*, Rechtslogik, S. 73 („Ein Aussagesatz ist wahr, wenn der in ihm geschilderte Sachverhalt besteht, d.h. wenn das, was von den im Aussagesatz bezeichneten Gegenständen ausgesagt wird, mit den wirkli-

Möchte man dieses Grundverständnis der Wahrheit der Strafprozessordnung und damit dem Wahrheitsbegriff des Beweisverfahrens zugrunde legen, bedarf es noch einer kleinen, aber wesentlichen Klarstellung: „Dem Erkennen an sich kann Wahrheit oder Falschheit nicht zukommen; entweder der Gegenstand ist erkannt oder die Erkenntnis geht fehl – der gegenstand ist nicht getroffen: ‚Falsches Erkennen' gibt es nicht."[212] Nur der in der Aussage über das Erkennen steckende Behauptung, einen Gegenstand der äußeren Realität erkannt zu haben, kann die Qualität „wahr" oder „falsch" zukommen. Beweis erhoben wird daher auch nicht über rein innersubjektive menschliche Vorstellungen, sondern über deren sprachliche Fassung, über Tatsachen*aussagen*. Das Gericht erhält im Rahmen des Aktenstudiums zur Verfahrensvorbereitung Kenntnis von in Protokollen und Berichten gefassten Zeugenaussagen und Sachverständigenfeststellungen. Nach einer ersten psychologisch-zwingenden Vorwertung erhält der Richter so bereits eine grobe Vorstellung des Tatgeschehens. Im Rahmen der Beweisaufnahme nutzt er diese Vorstellung, um bestimmte Tatsachenaussagen zu fassen, zu deren Beleg er Zeugen hört, Sachverständige befragt oder Urkunden verliest. Möchten Staatsanwaltschaft oder Verteidigung Einfluss auf die Beweisaufnahme erlangen, haben sie dies mittels Beweisanträgen zu tun, in denen sie konkrete Tatsachenaussagen zu formulieren haben, die für den Prozessgegenstand relevant sind (also für den Schuldspruchs oder für die Sanktionsbemessung) und mit einem bestimmten Beweismittel belegt werden sollen (oder mittels bloßer Beweisanregung). Immer geht es um die Wahrheit von Aussagen: Etwa „die Aussage ‚Schnee ist weiß' ist wahr genau dann, wenn Schnee weiß ist"[213].

---

chen Eigenschaften und Verhaltensweisen dieser Gegenstände übereinstimmt") und *Frauke Stamp*, Wahrheit, S. 49 („Wahrheitsermittlung" als „die Erzielung einer Übereinstimmung zwischen der Erkenntnis des Subjektes und der objektiven Wirklichkeit").

212 *Käßer*, Wahrheitserforschung, S. 9.

213 *Tarski*, Wahrheitstheorien, S. 143. So der „nicht gerade umwerfende Satz" (*Adomeit*, JuS 1972, 629) des polnischen Mathematikers und Logikers *Alfred Tarski* in seiner semantischen Korrespondenztheorie als der „für die moderne Logik relevantesten Konzeption der Wahrheit" (*Weinberger*, Rechtslogik, 2. A., S. 74, vgl. auch *Puntel*, Wahrheitsbegriff, S. 21: „Tarskis Arbeiten über die Wahrheitsthematik haben in der Geschichte der Wahrheitstheorien eine Rolle gespielt, die ihresgleichen sucht"). In diesem Sinne ist das Wort „wahr" auch nicht überflüssig, wie von den Vertretern der Redundanztheorie (hierzu zählen *Ramsey*, Wahrheitstheorien, S. 224f., *Strawson*, Wahrheitstheorien, S. 246ff., *Ayer*, Wahrheitstheorien, S. 276ff. und *Franzen*, Bedeutung, S. 172ff. mit seiner „resentialen Theorie der Wahrheit" als Unterart der Redundanztheorie) angenommen. Es mag zwar zutreffen, dass der Satz „Der Gedanke, dass 5 eine Primzahl ist, ist wahr" inhaltlich das Gleiche aussagt wie „5 ist eine Primzahl" (Beispiel nach *Frege*, Funktion, S. 49) oder „Es ist wahr, dass Caesar ermordet wurde" so viel bedeutet wie „Caesar wurde ermordet" (Beispiel nach *Ramsey*, Wahrheitstheorien, S. 224). Deswegen hat aber noch nicht von einer „Sprachverwirrung" (*Ramsey*, Wahrheitstheorien, S. 224) sprechen. Vielmehr kann das Wort „wahr" auch eine nicht redendante Bedeutung haben, wie etwa der Satz „Alles, was der Papst sagt, ist wahr" zeigt. Inwieweit der Satz zutrifft und das Wort wahr daher wie von der Redundanztheorie gefordert das Gleiche bedeutet wie ihr Name, ist die Theorie letztlich wieder auf die Korrespondenztheorie angewiesen (ebenso *Jürgen Schmidt*, JuS 1973, 205 und *Toepel*, Grundstrukturen, S. 73f.). Kritisch zu *Tarskis* Wahrheitstheorie *Jürgen Schmidt*, JuS 1973, 205 und *Anzenbacher*, Einführung, S. 188ff., zur Notwendigkeit

Selbst der Gesetzgeber ist dem so verstandenen naiven[214] Selbstverständnis der Korrespondenztheorie verfallen: Wären Tatsachenaussagen nicht mit ihren Gegenständen selbst vergleichbar, würde es keinen Sinn machen, zum Beweis dieser Aussagen etwa die Gegenstände selbst in Augenschein zu nehmen (§§ 86ff. StPO) und anhand dieser Wahrnehmungen den Beweis als geführt oder nicht geführt anzusehen. Und aus der nach § 59 StPO möglichen Vereidigung eines Zeugen nach § 64 Abs. 1 StPO in der Weise, dass der Richter an den Zeugen die Worte richtet „Sie schwören (bei Gott dem Allmächtigen und Allwissenden), dass Sie nach bestem Wissen die reine Wahrheit gesagt und nichts verschwiegen haben“ und der Zeuge antwortet „Ich schwöre es (so wahr mir Gott helfe)“[215], ergibt sich, dass die Wahrheit (als Vergleich zur Wirklichkeit) vom Gesetz als Inhalt oder Eigenschaft einer Aussage verstanden wird. Ein noch besserer Beleg des Selbstverständnisses zeigt sich im materiellen Strafrecht im Bereich der Aussagedelikte: Nach § 153 Abs. 1 StGB macht sich strafbar, wer etwa vor Gericht uneidlich „falsch aussagt“. „Falsch“ kann eine Aussage (gemeint: sprachliche Wiedergabe von Tatsachen, also Tatsachenbehauptungen[216] genauso wie im Rahmen des § 244 Abs. 2 StPO) sein, wenn sie „unrichtig“ (nicht konsistent), „unwirklich“ (nicht existent) oder „unwahr“ ist.[217] Ausgehend vom Schutzgut der §§ 153ff. StGB als Sicherung einer wahrheitsgemäßen Tatsachenfeststellung im gerichtlichen oder sonst staatlich geordneten Beweisverfahren[218] stellt nur die „unwahre“ Aussage Unrecht dar. Wann eine Tatsachenaussage unwahr ist, darüber gehen die Meinungen in Rechtsprechung und Literatur noch auseinander: Nach der objektiven Theorie der Rechtsprechung ist eine Aussage falsch, wenn sie objektiv nicht mit der Wirklichkeit übereinstimmt.[219] Anhänger der subjektiven Theorie verneinen mit den Skeptikern die Möglichkeit absoluter Wahrheitserkennung und sehen eine Aussage erst dann als falsch an, wenn die vom Zeugen vorgestellte subjektive Wirklichkeit – nicht die objektiv tatsächliche! – mit seiner Aussage nicht übereinstimmt.[220] Von dieser Sichtweise aus wäre ein fahrlässiger Falscheid nicht strafbar, da es sich bei

---

von „Kontrollsätzen“ bzw. „Protokollsätzen“ (die zu dem zu beweisenden Satz in einer logischen Beziehung stehen) als notwendigem logischen Zwischenschritt: *Carnap*, Wahrheitstheorien, S. 91 und 94.

[214] So *Volk*, Wahrheit, S. 7: es sei der „beklagenswert naive Versuch“ der Bestimmung des Wahrheitsbegriffs.

[215] Der Gottesbezug wurde in Klammern gesetzt, da er nach § 64 Abs. 2 StPO auch weggelassen werden kann.

[216] *Fischer*, § 153 Rn. 3.

[217] Vgl. hierzu NK-StGB/*Vormbaum*, § 153 Rn. 57f.

[218] Vgl. nur *Geppert*, Jura 2002, 173, Sch/Schr/*Lenckner/Bosch*, Vorbem. §§ 153ff. Rn. 2 und MüKo-StGB/*Henning Ernst Müller*, Vor §§ 153ff. Rn. 7.

[219] RGSt. 10, 338 (339), BGHSt. 7, 147 (148f.), OLG Koblenz, NStZ 1984, 551 (552), BGH, wistra 1999, 222 (223), *Geppert*, Jura 2002, 175, *Hilgendorf* in Arzt/Weber/Heinrich/Hilgendorf, BT, § 47 Rn. 40ff., LK/*Ruß*, Vor § 153 Rn. 13, *Maurach/Schroeder/Maiwald*, BT 2, § 75 Rn. 16ff., Sch/Schr/*Lenckner/Bosch*, Vorbem. §§ 153ff. Rn. 4ff., *Fischer*, § 153 Rn. 4 und *Kargl*, GA 2003, 803.

[220] So noch RGSt. 65, 22 (27), RGSt. 68, 278 (281ff.), OLG Bremen, NJW 1960, 1827f. und *Gallas*, GA 1957, 315ff.

der subjektiv als richtig empfundenen Aussage nicht um eine „falsche" handeln würde, unabhängig vom nicht genügenden Bemühen um eine Übereinstimmung mit der objektiven Wirklichkeit. Die Existenz des § 163 Abs. 1 StGB können die Anhänger daher nicht erklären. Gleiches gilt für § 160 Abs. 1 StGB: Obwohl eine Form der mittelbaren Täterschaft bei den §§ 153ff. StGB wegen deren Eigenhändigkeit an sich ausgeschlossen ist, ordnet die Sonderregelung des § 160 Abs. 1 StGB dennoch eine Strafbarkeit wegen „Verleitens" des gutgläubigen Zeugen zu einem „falschen Eid" an.[221] Würde es auf die subjektive Wirklichkeitserkenntnis ankommen, würde das „gutgläubige Werkzeug" nicht im Sinne der Norm einen „falschen Eid" schwören können. Die gleichen Einwände haben die Anhänger jener Modifizierung der subjektiven Theorie gegen sich, wonach die Übereinstimmung des Aussageinhalts nicht mit dem tatsächlichen subjektiven Wirklichkeitswissen bestehen müsse (für eine wahre Aussage), sondern mit jenem subjektivem Wissen, das der Zeuge bei pflichtgemäßem Verhalten (z.B. bei vorheriger Konsultation eigener Aufzeichnungen) hätte haben können (sog. Pflichttheorie[222]). Einig ist man sich jedoch weitgehend[223] im Ausgangspunkt. Es geht um einen Vergleich zwischen dem Inhalt der Tatsachenaussage des Zeugen und der Wirklichkeit[224] – gestritten wird lediglich um den Wirklichkeitsmaßstab: tatsächliche (objektive) oder nur vorgestellte (subjektive) Wirklichkeit. So oder so: wie selbstverständlich wird beim Merkmal „falsch" (und damit: „unwahr") auf einen „Widerspruch zwischen Wort und Wirklichkeit" abgestellt und so die Korrespondenztheorie zugrunde gelegt, nach der (zu folgenden) überwiegend vertretenen objektiven Theorie gar in ihrer Reinform. Geht es hierbei bei den §§ 153ff. StGB wie bei den §§ 244 Abs. 2 und 261 StPO um die Wahrheit einer Tatsachenaussage zwecks Erreichung einer zutreffenden Tatsachenfeststellung durch das Tatgericht, so kann für den strafverfahrensrechtlichen Wahrheitsbegriff nichts anderes gelten.

Dies wird bestätigt vor allem durch § 359 Nr. 5 StPO, wonach eine Wiederaufnahme zugunsten des Verurteilten unter anderem möglich ist, „wenn neue Tatsachen oder Beweismittel beigebracht sind, die allein oder in Verbindung mit den früher erhobenen Beweisen die Freisprechung des Angeklagten [...] zu begründen geeignet sind". Das Wiederaufnahmegericht hat also zu prüfen, ob das Tatgericht sich ein anderes Bild von der Wahrheit gemacht hätte, wären ihm die jetzt bekannt gewordenen neuen Tatsachen bekannt gewesen.[225] Eine Änderung des vom Tatrichter als wahr angenommenen Sachverhalts kann aber nur eintreten, wenn deren subjektive Vorstellungen mit einem „tatsächlichen Sachverhalt" verglichen wer-

---

[221] So die überwiegende Ansicht: vgl. statt vieler *Geppert*, Jura 2002, 179, *Fischer*, § 160 Rn. 2, NK-StGB/*Vormbaum*, § 160 Rn. 14 und *Gallas*, FS Engisch, S. 613ff.

[222] Zu den Anhängern zählen etwa *Otto*, Jura 1985, 389f., SK-StGB/*Rudolphi*, Vor § 153 Rn. 40ff., MüKo-StGB/*Henning Ernst Müller*, § 153 Rn. 50 („Wahrnehmungstheorie") und NK-StGB/*Vormbaum*, § 153 Rn. 79ff.

[223] Lediglich *Kargl*, GA 2003, 797 erblickt das Wahrheitsproblem in der Trennung von Aussageinhalt und Aussagemittel.

[224] Vgl. nur BGHSt. 7, 147 (148f.), *Geppert*, Jura 2002, 175, *Badura*, GA 1957, 399, *Fischer*, § 153 Rn. 4 und *Henning Ernst Müller*, Zeugenaussage, S. 74ff.

[225] LR/*Gössel* (25. Aufl., Berlin 2003), § 359 Rn. 133 und 157ff.

den können, sich das Tatgeschehen also nicht nur in den subjektiven Köpfen der Zeugen oder des den Sacherhalt rekonstruierenden Richters abspielt, sondern die externe Realität als objektiv feststehender Vergleichsmaßstab existiert. Nur auf diese bezogen ist es möglich, dass der Tatrichter sich eine andere Vorstellung vom Tatgeschehen gebildet hätte.[226] Ohne diese Annahme der Korrespondenztheorie im strafprozessualen Bereich würde es „an einem Maßstab für die inhaltliche Richtigkeit des richterlichen Wahrheitsbildes fehlen“[227] und jede Wiederaufnahme nach § 359 Nr. 5 StPO entgegen der gesetzlichen Anordnung unmöglich sein.

3. Die Entscheidungsmacht des Richters und seine Bindungen

Das Strafverfahren ist damit in erster Linie ein „Erkenntnisprozeß“[228], bei dem der Richter (in Kollegialgerichten: jeder Richter für sich) nach seinen Wahrnehmungen in der Hauptverhandlung versucht, den vernommenen einzelnen Beweismittelaussagen über das Tatgeschehen durch innersubjektiven Korrespondenzvergleich zu eigenen subjektiven Aussagen über das Geschehen (z.B. Kenntnisse vom Tatort nach einer Augenscheinseinnahme) oder zu anderen Tatsachenbehauptungen die Wertungen „wahr“ oder „falsch“ zuzuordnen und so in einer notwendigen Gesamtwürdigung das erfolgte Tatgeschehen in seinen für die Entscheidung erforderlichen Einzelheiten zu rekonstruieren – so, wie er sie „physisch begriffen“[229] hat. Trifft aber jeder Richter subjektiv für sich diese Vergleichsentscheidung bezüglich der einzelnen Tatsachenbehauptungen, so rückt dies den Richter als Erkenntnissubjekt (und nicht wie im mittelalterlichen Inquisitionsprozess das Erkenntnisobjekt[230]) in den Mittelpunkt der Wahrheitssuche[231] – seine (subjektive) Entscheidungsmacht wie seine Bindungen hierbei.

a) Gesetzesbindung

Der Richter ist nach Art. 97 Hs. 2 GG (wie nach dem Rechtsstaatsprinzip des Art. 20 Abs. 3 GG) bei seiner gesamten Tätigkeit und damit auch bei seiner Wahrheitssuche „dem Gesetze unterworfen“, also – wie bei der Bestimmung des Wahrheitsbegriffes bereits angedeutet – den den Erkenntnisprozess äußerlich leitenden Verfahrensregeln wie jenen zur Beweisaufnahme und Beweiswürdigung, in denen der Gesetzgeber einen Ausgleich des „vorprogrammierten Konfliktes“[232] zwischen einer funktionstüchtigen Rechtspflege[233] und des Schutzes der Prozessbeteiligten und ihrer verfassungsrechtlich verbürgten Rechte gesucht hat. Der

[226] Vgl. zu diesem Argument bereits *Gössel*, Ermittlung, S. 17f.
[227] *Gössel*, Ermittlung, S. 18.
[228] Ebenso *Löffelmann*, Grenzen, S. 100f. und AnwKomm-StPO/*Krekeler/Löffelmann*, Einl. Rn. 7.
[229] *Käßer*, Wahrheitserforschung, S. 10.
[230] Siehe hierzu oben Erster Hauptteil, Erstes Kapitel, A, IV.
[231] Ebenso *Löffelmann*, Grenzen, S. 103 und *Käßer*, Wahrheitsrforschung, S. 31.
[232] *Beulke*, Strafprozessrecht, Rn. 5.
[233] Vgl. nur BVerfGE 33, 367 (383); kritisch zu diesem Prinzip *Grünwald*, JZ 1976, 772, *Rieß*, StraFo 2000, 364 und *Korinna Weichbrodt*, Konsensprinzip, S. 169ff.

Richter befindet sich anders als der von vielen Autoren[234] zum Vergleich herangezogene Historiker halt nicht in der glücklichen Lage, „frei und nicht ex vinculis forschen zu dürfen“[235]. Er hat feste Regelungen eines bemüht prozedural gerechten, fairen Verfahrens[236] einzuhalten und darf sich nicht zum Zwecke einer umfassenden Wahrheitsermittlung willkürlich über sie hinwegsetzen. Es gilt, was der Bundesgerichtshof einst mit „alttestamentarischer Klarheit“[237] wie folgt zusammenfasste: „Es ist […] kein Grundsatz der Strafprozessordnung, dass die Wahrheit um jeden Preis erforscht werden müsste.“[238]

aa) Bindungen bei der Informationssammlung und „prozessuale Wahrheit“

Diese limitierende Funktion der Verfahrensgerechtigkeit ergibt sich bereits aus dem Prozessgegenstand, der in der Anklage bezeichneten Tat bezüglich der durch die Anklage beschuldigten Personen (§ 155 Abs. 1 StPO). Diese prozessuale Tat bildet nur einen engen Ausschnitt der komplexen Wirklichkeit, „eine Momentaufnahme“ aus dem Leben – der Film als Ganzes bleibt unterbelichtet[239]. Solange ein Umstand nach der bisherigen Zwischenbewertung des Gerichts für dieses keine (auch nur mittelbare) Rolle spielt, bleibt dieser Umstand unbeleuchtet, auch wenn er objektiv zur Aufklärung des Geschehens hätte beitragen können.[240]

Zweitens ist das Gericht in der Hauptverhandlung auf die enumerative aufgeführten Beweismittel (Beschuldigte, Zeuge, Sachverständige, Augenschein und Urkunde) und die strengen Regeln wie Prozessgrundsätze zu ihrer Einführung in den Prozess (Öffentlichkeitsgrundsatz des § 169 S. 1 GVG, Mündlichkeitsprinzip des § 261 StPO und Unmittelbarkeitsgrundsatz des § 250 StPO) beschränkt (sog.

---

[234] Vgl. etwa *Mezger*, Sachverständige, S. 46, *Jarke*, NACr 8 (1826), 104, *Spendel*, JuS 1964, 466f., *Engisch*, Einführung, S. 57, ders., Logische Studien zur Gesetzesanwendung, S. 60f. Fn. 2, *Käßer*, Wahrheitserforschung, S. 68ff., *Gutmann*, JuS 1962, 370, *Bolding*, Scandinavian Studies in Law 4 (1960), 13 und *Rödig*, Theorie, S. 123. Vgl. auch *Motsch*, Beweis, S. 81, der auf eine höhere Vergleichbarkeit zwischen der Tätigkeit eines Richters und der eines Arztes hinweist.

[235] *Beling*, Beweisverbote, S. 1.

[236] Eine Verletzung der Verfahrensvorschriften bedeutet nach BVerfG, NJW 2003, 2444 (2445) einen Verstoß gegen den Grundsatz des fairen Verfahrens. Vgl. umfassend zu diesem Grundsatz *Steiner*, Fairneßgebot, S. 29ff.

[237] LR/*Kühne*, Einl. Abschn. B Rn. 35.

[238] BGHSt. 14, 358 (365).

[239] Vgl. zu dieser Allegorie *Müller-Dietz*, ZEvEthik 15 (1971), 266.

[240] Diese zwingende „Entfremdung“ zwischen der Welt der Wirklichkeit und der reduzierten Welt der juristischen Relevanz (so *Ven*, FS Peters, S. 465) hat *Radbruch*, Rechtsphilosophie, S. 198 in Worte gefasst, „die nicht vergessen werden sollten“ (*Herdegen*, FS Kleinknecht, S. 179): „Es ist vielleicht die tiefste Qual jener Menschen, die von der Maschine des Rechts ergriffen werden, dass sie ohnmächtig die Verzerrung erleben müssen, welche das Bild einer Tat und das Gesamtbild eines Lebens, aus dem sie gewaltsam herausgerissen wird, schon dadurch erfährt, dass sie eben in ihrer Vereinzelung und das Leben, dem sie entsprang, unter dem Aspekt dieser zufälligen Einzelheit ins Auge gefasst wird. Es gehört aber zum unaufgebbaren Wesen der Rechtswissenschaft, nur die einzelnen Bäume sehen zu wollen und nicht den Wald.“

Strengbeweisverfahren[241]). So ist es dem Richter verwehrt, die Aufklärung des materiellen Tatvorwurfs voranzutreiben, indem er in der Sitzungspause bei vermeintlichen Zeugen anruft[242] oder sich in der Freizeit informell über Erfahrungssätze bei Sachverständigen erkundigt, ohne diese in der Hauptverhandlung formell zu vernehmen[243].

Ähnlich sieht es mit Einschränkungen aus reinen Praktikabilitätserwägungen heraus aus, seien es Begrenzungen der Rügemöglichkeit von Fehlern des Tatgerichts[244] in der Berufung z.B. nach § 329 StPO (Verwerfung der Berufung bei Abwesenheit des Angeklagten als Berufungsführer) oder in der Revision etwa nach § 338 Nr. 1b StPO (Beruhen eines Urteils auf falscher Gerichtsbesetzung nur nach rechtzeitiger Besetzungsrüge vor dem Tatgericht), seien es Beschränkungen aufgrund von Verfahrensvereinfachungen zum „legitimen Formalziel“[245] der Beschleunigung des Verfahrens (vgl. Art. 6 Abs. 1 S. 1 MRK)[246]: So sehen die §§ 407 ff. StPO für Vergehen mit einer Straferwartung von maximal einem Jahr Freiheitsstrafe (wenn der Beschuldigte einen Verteidiger hat – § 407 Abs. 2 S. 2 StPO) die Möglichkeit des Erlasses eines Strafbefehls vor, ohne dass dem Beschuldigten die Tat und damit die Wahrheit der von der Staatsanwaltschaft behaupteten Tatsachenaussagen in einem Hauptverfahren nachgewiesen wird[247]. Nach den §§ 417 ff. StPO besteht in den Fällen eines „einfachen (überschaubaren[248]) Sachverhalts“ oder einer „klaren Beweislage“[249] (vor allem bei einem Geständnis) die Möglichkeit eines beschleunigten Verfahrens mit vereinfachten Beweisvorschriften wie der Ersetzung von Zeugenvernehmungen durch schriftliche Vernehmungsprotokolle (§ 420 Abs. 1 StPO).

Angesichts der bei gleichbleibenden Fallzahlen[250] sinkenden sachlichen und personellen Ressourcen der Gerichte besteht zudem ein richterliches Interesse an einem „Handel mit der Gerechtigkeit“[251], dem nun der Gesetzgeber nachgekommen ist und entsprechend der Vorgaben des Grossen Strafsenats mit dem „Ge-

---

241 Vgl. hierzu etwa *Eberhard Schmidt*, LK II, Vorbem. §§ 244–256 Rn. 18, *Roxin/Schünemann*, Strafverfahrensrecht, § 24 Rn. 2, LR/*Jörg-Peter Becker*, § 244 Rn. 17ff., *Pfeiffer*, StPO, § 244 Rn. 4ff., *Arzt*, FS Peters, S. 223ff. und *Günther Willms*, Ehrengabe Heusinger, S. 393ff.

242 Hierzu zuletzt Thüringer OLG, StraFo 2007, 65.

243 Vgl. zu letzterem nur OLG Hamm, NJW 1978, 1210 und BGH, StV 1995, 339.

244 So bereits LR/*Kühne*, Einl. B Rn. 37.

245 *Veen*, Beweisumfang, S. 211; ähnlich zuvor bereits *Wolter*, GA 1985, 55.

246 Vgl. zum Beschleunigungsgebot und den Rechtsfolgen seiner Verletzung durch den Staat BGHSt. 52, 124ff. mit Anmerkung *Kraatz*, JR 2008, 189ff. (in diese Richtung zuvor bereits *ders.*, JR 2006, 403ff.).

247 Dies kann der Beschuldigte durch einen rechtzeitigen Einspruch nach § 410 Abs. 1 StPO aber erzwingen.

248 *Meyer-Goßner*, § 417 Rn. 15.

249 *Meyer-Goßner*, § 417 Rn. 16.

250 Die Zahl der neuen erstinstanzlichen Fälle vor den Landgerichten in Deutschland sind seit Jahren auf einem gleichbleitenden Niveau: 13.836 im Jahre 2000, 13.463 im Jahre 2001, 14.417 im Jahre 2002, 14.636 im Jahre 2003, 14.338 im Jahre 2004, 14.288 im Jahre 2006, 14.120 im Jahre 2007, 13.725 im Jahre 2008 und 14.204 im Jahre 2009. Quelle: Statistisches Bundesamt, Fachserie 10 Reihe 2.3 – 2009.

251 *Schmidt-Hieber*, Verständigung, Vorwort.

setz zur Regelung der Verständigung im Strafverfahren“[252] eine „Choreographie“[253] möglicher Verfahrensabsprachen in § 257 c StPO verankert hat:

§ 257 c StPO

(1) Das Gericht kann sich in geeigneten Fällen mit den Verfahrensbeteiligten nach Maßgabe der folgenden Absätze über den weiteren Fortgang und das Ergebnis des Verfahrens verständigen. § 244 Absatz 2 bleibt unberührt.

(2) Gegenstand dieser Verständigung dürfen nur die Rechtsfolgen sein, die Inhalt des Urteils und der dazugehörigen Beschlüsse sein können, sonstige verfahrensbezogene Maßnahmen im zugrundeliegenden Erkenntnisverfahren sowie das Prozessverhalten der Verfahrensbeteiligten. Bestandteil jeder Verständigung soll ein Geständnis sein. Der Schuldspruch sowie Maßregeln der Besserung und Sicherung dürfen nicht Gegenstand einer Verständigung sein.

(3) Das Gericht gibt bekannt, welchen Inhalt die Verständigung haben könnte. Es kann dabei unter freier Würdigung aller Umstände des Falles sowie der allgemeinen Strafzumessungserwägungen auch eine Ober- und Untergrenze der Strafe angeben. Die Verfahrensbeteiligten erhalten Gelegenheit zur Stellungnahme. Die Verständigung kommt zustande, wenn Angeklagter und Staatsanwaltschaft dem Vorschlag des Gerichtes zustimmen.

[…]

Eine „neue – dem deutschen Strafprozess bislang unbekannte – Form einer konsensualen Verfahrenserledigung“[254] sollte ausweislich § 257c Abs. 1 S. 2 StPO („§ 244 Absatz 2 bleibt unberührt“) zwar hiermit nicht eingeführt werden, sondern die bisherigen (mit der epochalen Überwindung des gemeinrechtlichen Inquisitionsverfahrens erkämpften) Grundsätze des Strafprozesses weiter gelten,

> „namentlich, dass eine Verständigung unter Beachtung aller maßgeblichen Verfahrensregeln einschließlich der Überzeugung des Gerichtes vom festgestellten Sachverhalt und der Glaubhaftigkeit eines Ge-ständnisses stattfinden muss, die Grundsätze des fairen Verfahrens und des rechtlichen gehörs, nicht zuletzt auch die Transparenz der Hauptverhandlung und der Unterrichtung der Öffentlichkeit in der Hauptverhandlung, gewahrt sein müssen, und dass insbesondere das Prinzip des schuldangemessenen Strafens nicht verlassen werden darf“[255].

Eine Verständigung und damit ein womöglich unter Druck abgegebenes Geständnis des Angeklagten[256] kann daher alleine „niemals die Grundlage eines Urteils bilden. Es ist weiterhin die Überzeugung des Gerichts von dem von ihm festzustellenden Sachverhalt erforderlich.“[257] Ist dies auch eine wichtige Absicherung,

---

[252] BGBl. 2009 I, 2353. Kritisch hierzu *Schünemann*, ZRP 2009, 104 (dieses Gesetz bedeute „die Zerstörung der rechtsstaatlich-liberalen Struktur des deutschen Strafverfahrens“ und werfe „Deutschland international in die Provinzialität“ zurück) und *Meyer-Goßner*, ZRP 2009, 107 ff.

[253] *Schünemann*, ZRP 2009, 106.

[254] BT-Ds. 16/12310, S. 8.

[255] BT-Ds. 16/12310, S. 8; ebenso BGH, NStZ 2009, 467: Der Amtsermittlungsgrundsatz (§ 244 Abs. 2 StPO) „darf – schon wegen der Gesetzesbindung des Richters (Art. 20 Abs. 3 GG) – nicht dem Interesse an einer einfachen und schnellstmöglichen Erledigung des Verfahrens geopfert werden“.

[256] Hierauf legte die FDP-Fraktion wert: BT-Ds. 16/13095, S. 13.

[257] BT-Ds. 16/12310, S. 13.

dass mittels einer Verständigung – jedenfalls nach dem Willen des Gesetzgebers – nicht aus prozesstaktischen Erwägungen vorschnelle der den Angeklagten schützende Grundsatz schuldangemessenen Strafens (Sanktionierung der tatsächlich verwirklichten und eben nicht nur ausgehandelten Schuld) preisgegeben wird, so wird das generelle Prinzip „Wahrheit trotz Verkürzung“[258] in den meisten Fällen kaum mehr als ein „bloßes Lippenbekenntnis“[259] bilden und einen „Kauf von vorteilhaften Ergebnissen um den Preis einer Verfahrenserleichterung“[260] durch einen Abgleich der jeweils vertretenen erfolgten Wirklichkeit und eine „Mediation der Wahrheit“[261] auf einen „imaginären Mittelwert“[262] nicht wirklich verhindern können und damit, dass durch die Einschränkungen bei der Beweiserhebung die Datenbasis des Gerichts möglicherweise unzureichend oder sogar falsch ist und damit auch die auf dieser Basis festgestellten Tatsachenaussagen nicht entsprechend der Korrespondenztheorie mit dem erfolgten Tatgeschehen übereinstimmen. Gleiches gilt für das Strafbefehlsverfahren und das beschleunigten Verfahren[263].

Die elementarste Einschränkung der Wahrheitsfindung bilden schließlich die gesetzlichen wie von der Rechtsprechung in richterlicher Rechtsfortbildung entwickelten Beweisverbote[264], seien es Beweiserhebungsverbote in Form von Beweis-

---

258 LR/*Kühne*, Einl. Abschn. B Rn. 39.

259 So ausdrücklich *Meyer-Goßner*, § 257c Rn. 3: „[…] denn wenn z.B. die Verfahrensbeteiligten sich mit dem Gericht einigen, dass weitere Beweise nicht mehr erhoben werden sollen, obwohl der Sachverhalt noch nicht vollständig aufgeklärt ist, oder wenn der Angeklagte lediglich ein sog. ‚schlankes Geständnis‘ ablegt, ohne auf – zuvor strittige – Einzelheiten einzugehen, so bleibt natürlich der Grundsatz des § 244 Abs. 2 StPO auf der Strecke“. *Hassemer*, FS Hamm, S. 182 bezeichnet einen Eingriff in die Grundsätze der Wahrheitsermittlung, Unschuldsvermutung und Verfahrensöffentlichkeit durch einen Deal als deren „Pointe“, die bei Einhaltung der Grundsätze aufgegeben und die Ziele des Deals aufgegeben würden: „Reduktion überkomplexer Verfahrenspflichten, Abkürzung komplexer Prozesse, Bewältigung der Verfahrensflut“; ähnlich auch *Jahn/Müller*, NJW 2009, 2631 („Der in der Begründung gewählte ‚Integrationsansatz‘ ist jedoch angesichts der Zielrichtung beinahe jeder Urteilsabsprache [„Abmilderung der Amtsaufklärungspflicht“] nichts weniger als unrealistisch und in sich widersprüchlich“).

260 LR/*Kühne*, Einl. Abschn. B Rn. 39.

261 *Kühne*, GA 2008, 365.

262 LR/*Kühne*, Einl. Abschn. B Rn. 39.

263 Gerechtfertigt wird diese praktische Verkürzung der Wahrheitserforschung durch einen „augenscheinlich einfachen Fall“. Gerade wegen der scheinbaren Einfachheit wird das „evidente“ Geschehen jedoch nicht genauer hinterfragt, so dass das Tatgeschehen in Wirklichkeit auch hochkomplex sein kann, dies vom Richter bloß mangels Ausschöpfung aller Erkenntnisquellen nicht erkannt wird: ebenso *Kühne*, GA 2008, 366.

264 Ausdrücklich diese Einschränkung betonend BGHSt. 44, 243 (249); nach *Jescheck*, 46. DJT I, S. 17 ist jedoch gerade die Gefahr unzuverlässiger Sachverhaltsfeststellung (und damit unwahrer Sachverhalte) „die geschichtlich älteste Begründung für die Einführung von Beweisverboten“. Vgl. umfassend zur Beweisverbotslehre *Eisenberg*, Beweisrecht, Rn. 329ff., *Kühne*, Strafprozessrecht, Rn. 880ff., *Beulke*, Strafprozessrecht, Rn. 454ff., *ders.*, Jura 2008, 653ff., *Peters*, Strafprozeß, S. 296ff., *Mitsch*, NJW 2008, 2295ff., *Volk*, Grundkurs, § 28 Rn. 1ff., *Cramer/Bürgle*, Beweisverwertungsverbote, S. 17ff., *Peres*, Beweisverbote, S. 3ff., *Störmer*, Grundlagen, S. 1ff. und *Effer-Uhe*, Jura 2008, 335ff.

thema-, Beweismittel- oder Beweismethodenverbote oder Beweisverwertungsverbote[265]. So wäre es für die Wahrheitsfindung mehr als förderlich, wenn der Beschuldigte nicht schweigen dürfte und entgegen dem Nemo-tenetur-Grundsatz zu einer wahrheitsgemäßen Aussage verpflichtet wäre, die notfalls (entgegen § 136a Abs. 1 StPO) mit Folter-Verhörmethoden wie dem von der Central Intelligence Agency (dem us-amerikanischen Geheimdienst) praktizierten Waterboarding (simuliertes Ertrinken)[266] durchgesetzt werden könnten oder heimlich (ohne eine Ermächtigungsgrundlage in der StPO) die Festplatte seines Computers überwacht werden könnte[267]. Gleiches gilt, wenn der Strafverteidiger entgegen § 53 Abs. 1 S. 1 Nr. 2 StPO zur Zeugenaussage über ihm vom Beschuldigten anvertrauten Informationen verpflichtet wäre oder telefonische Gespräche zwischen dem Beschuldigten und dem Verteidiger entgegen (dem zum 1. 1. 2008 eingeführten[268]) § 160a Abs. 1 StPO abgehört werden könnten[269].

Nehmen wir nur einen typischen Fall: Bei der Polizei geht ein anonymer Anruf ein, der A habe eine Körperverletzung begangen. A, der die Tat wirklich begangen hat, leugnet die Tat und gibt als Alibi an, bei seinem Bruder B gewesen zu sein. Dieser sagt zunächst aus, A sei zur Tatzeit nicht bei ihm gewesen, vielmehr habe er ihm später die Tatbegehung eingestanden; danach erklärt B, von seinem Zeugnisverweigerungsrecht Gebrauch zu machen. Die Tatbegehung kann A so nicht nachgewiesen werden: Die frühere Aussage des B kann wegen § 252 StPO nicht verwertet werden (etwa durch Zeugenvernahme des Vernehmungsbeamten) und die Verwertung des anonymen Anrufs durch den diensthabenden Polizeibeamten als Zeugen vom Hörensagen genügt nicht, da die Aussage eines Zeugen vom Hörensagen durch andere wichtige Beweisanzeichen bestätigt werden muss.[270] Obwohl nach der früheren Aussage des B von der Tatbegehung auszugehen ist, kann ein Gericht den A nicht verurteilen. Es hat sogar im Tatbestand festzustellen, dass die Verdachtsmomente gegen den Beschuldigten A nicht ausreichten, letztlich also, dass A die Tat nicht begangen habe. Dieses Ergebnis entspricht den Prozessvorschriften, deckt sich aber nicht mit der externen Realität und scheint so der absoluten Wahrheit der Tatbestandsaussagen zu widersprechen, und dies sogar bewusst.

Aus dieser „juristisch überfärbten"[271] (wenn nicht gar verfärbten) Wahrheit der tatbestandlichen Tatsachenaussagen ziehen einige Autoren die Konsequenz, dass es im Rahmen des Strafprozesses nicht um die Findung einer materiellen (absolu-

---

[265] Vgl. zu dieser Terminologie nur *Meyer-Goßner*, Einl. Rn. 51 ff., *Hassemer*, Einführung, S. 152 und *Strate*, JZ 1989, 176. Umfassende Beispiele hierzu etwa bei *Spendel*, JuS 1964, 468 ff.

[266] Vgl. hierzu F.A.Z.net vom 12. 3. 2008 und Tagesspiegel vom 13. 3. 2008.

[267] Vgl. hierzu BGH, NJW 2007, 930 mit Anm. *Geppert*, JK 7/07, StPO § 102/3 sowie BVerfG, NJW 2008, 822 ff.

[268] Art. 1 Nr. 13a und Art. 16 Abs. 1 des Gesetzes vom 21. 12. 2007, BGBl. 2007 I, S. 3198 ff.

[269] Vgl. zu letzterem nur BGH, NJW 2007, 2749 mit Anm. *Geppert*, JK 2/08, StPO § 100 a/12.

[270] Vgl. nur BVerfG, NStZ 1995, 600, BGHSt. 17, 382 (386), BGHSt. 33, 83 (88) und BGHSt. 42, 15 (25).

[271] Van der *Ven*, FS Peters, S. 464.

ten) Wahrheit gehe, sondern lediglich um eine „rechtlich gefilterte“[272] Wahrheit und damit einen rein „systemfunktionalen Wahrheitsbegriff“, den man als „forensischen“[273], „gerichtlichen“[274] oder „prozessualen“[275] Wahrheitsbegriff bezeichnen kann. Das Strafverfahrensrecht mit seiner dienenden Funktion erforsche nur die für das materielle Strafrecht, seine Rechtsfolgen und seine Strafzwecke relevante und damit in ihrer Komplexität reduzierte Wirklichkeit.[276] Festgestellt werde nicht eine mit der historischen Wirklichkeit übereinstimmende Wahrheit, sondern das Gericht „entscheide“ sich für eine juristisch rekonstruierte Wirklichkeit, wie es die Urteilsformel „für Recht erkannt“ als „elegante Fiktionsformel“[277] zeige. Der Rechtssatz des § 212 Abs. 1 StGB laute also nicht „Wer einen Menschen tötet, ohne Mörder zu sein, wird als Totschläger mit Freiheitsstrafe nicht unter fünf Jahren bestraft“, sondern im Sinne *Kelsens*[278]: „Wenn das zuständige Gericht in einem durch die Rechtsordnung bestimmten Verfahren festgestellt hat, dass jemand einen Menschen getötet hat, ohne Mörder zu sein, so soll das Gericht diesen Menschen mit Freiheitsstrafe nicht unter fünf Jahren bestrafen.“

Wenn man Wahrheit entsprechend dieser „prozessualen Rechtserzeugungstheorie“[279] für nicht erkennbar sondern nur herstellbar hält, muss man entweder eine bloße Objektstellung des Angeklagten im Verfahren eines von oben eine Wahrheit aufoktroyierenden Gerichts akzeptieren, das „als Machthaber […] mit symbolischen Mitteln (Berufung auf Fakten und Normen) seinen Willen“ durchsetzt[280]. Oder man muss dem Menschenbild des Grundgesetzes entsprechend die Herstellung der Wahrheit im Verfahren durch einen gemeinsamen Diskurs unter Einschluss des Beschuldigten annehmen, der im Idealfall im Konsens endet. Das Mündlichkeitsprinzip (§§ 261, 264 StPO[281]) verdeutlicht die hierfür notwendige „kommunikative Struktur“[282] der Hauptverhandlung als eine „handlungsartige Aus-

---

[272] So *Schatz*, Beweisantragsrecht, S. 200 Fn. 86.

[273] So *Meyer-Goßner*, § 261 Rn. 1, *Kleinknecht*, GA 1961, 51, *Veen*, Beweisumfang, S. 216 und *Höcherl*, FG Peters, S. 20.

[274] *Fischer*, NStZ 1994, 4.

[275] So *Wilhelm Sauer*, Methodenlehre, S. 210 f., *ders.*, System, S. 200, *Kühne*, GA 2008, 361, *Rödig*, Theorie, S. 158 ff., *Käßer*, Wahrheitserforschung, S. 6 ff., und *Sabine Gleß*, Beweisgrundsätze, S. 87. Vgl. für den Zivilprozess (umfassend zur Wahrheitssuche dort: *Michael Huber*, Beweismaß, S. 91 ff.) auch *Rommé*, Anscheinsbeweis, S. 72 ff., der den Wahrheitsbegriff auf das Prozessgeschehen und die Person des Richters relativieren will.

[276] Vgl. zu dieser Funktionalität *Krauß*, FS Schaffstein, S. 422 ff., *Volk*, Prozessvoraussetzungen, S. 194 f., *Müller-Dietz*, ZEvEthik 15 (1971), 264, *Perron*, Beweisantragsrecht, S. 45, *Ven*, FS Peters, S. 464 und *Veen*, Beweisumfang, S. 209.

[277] *Adomeit*, JuS 1972, 632. Ähnlich *Bendix*, Recht und Wirtschaft 1918, 188 („Die tatsächliche Feststellung des Strafurteils wird als ausschließlich richtige Wiedergabe der mehrdeutigen Wirklichkeit […] fingiert“) und *Freund*, Probleme, S. 47 („blanke Fiktion“) und 151 („immer eine Fiktion“).

[278] *Kelsen*, Rechtslehre, S. 246, wenngleich im Hinblick auf § 211 StGB.

[279] *Käßer*, Wahrheitserforschung, S. 7.

[280] So *Lautmann*, Justiz, S. 165.

[281] Vgl. zu dieser gesetzlichen Fundierung nur *Meyer-Goßner*, § 261 Rn. 7.

[282] *Kühne*, Kommunikationsproblem, S. 62 ff. und LR/*ders.*, Einl. Abschn. B Rn. 13.

einandersetzung verschiedener Verfahrensbeteiligter“[283] über das Medium der Sprache mit gegenseitigem (szenischen) Verstehen und Beeinflussen[284]. So können Verteidigung und Staatsanwaltschaft ihre eigenen (interessengesteuerten) Vorstellungen vom erfolgten Tatgeschehen dem Richter mittels ihres Fragerechts (§ 240 StPO), ihr Recht auf das Stellen von Beweisanträgen (§§ 244 Abs. 3–6 und 245 StPO) oder spätestens über ihre Schlussvorträge (§ 258 Abs. 1 und 2 Hs. 1 StPO) oder das letzte Wort des Angeklagten (§ 258 Abs. 2 Hs. 2 StPO) vermitteln und ihm so verschiedene Blickwinkel für die eigene Annäherung an die historische Realität bieten.[285] Bestenfalls gelangt man so „durch [gemeinsame argumentative] Interaktion“[286] zu einem Konsens der Prozessbeteiligten, etwa indem der Richter oder der Beschuldigte – entsprechend dem früheren Verständnis dieses Begriffs[287] – „überzeugt“ würden.[288] Als alleiniges maßgebliches Bewährungskriterium einer wahren Aussage, wie es teils vertreten wird[289] (sog. „Konsensustheorie der Wahrheit“[290] bzw. „Theorie vom herrschaftsfreien Diskurs“[291]), taugt der Konsens jedoch erst, wenn sichergestellt wird, dass die Verfahrensbeteiligten sich auf „Augenhöhe“ begegnen und gleichberechtigt über das historische Tatgeschehen verhandeln können. Hierzu hat *Habermas* Regeln einer „idealen Sprechsituation“[292] aufgestellt, deren Einhaltung als Minimalethik des Argumentierens erst die Richtigkeit des gefundenen Konsenses garantiere[293]:

> „1. Alle potentiellen Teilnehmer eines Diskurses müssen die gleiche Chance haben, kommunikative Sprechakte zu verwenden, so dass sie jederzeit Diskurse eröffnen sowie durch Rede und Gegenrede, Frage und Antwort perpetuieren können.
>
> 2. Alle Diskursteilnehmer müssen die gleiche Chance haben, Deutungen, Behauptungen, Empfehlungen, Erklärungen und Rechtfertigungen aufzustellen und deren Geltungsan-

---

[283] *Krauß*, ZStW 85 (1973), 344.

[284] Vgl. hierzu nur *Korinna Weichbrodt*, Konsensprinzip, S. 96ff.

[285] Vgl. hierzu *Kühne*, GA 2008, 362 und *Wolfgang Hetzer*, Wahrheitsfindung, S. 46.

[286] *Schünemann*, FS Pfeiffer, S. 481. Vgl. zur Kritik am Modell *Schünemanns* umfassend *Gössel*, FS Meyer-Goßner, S. 191ff.

[287] Vgl. zu diesem oben Zweiter Hauptteil, Drittes Kapitel, B, I, 4, a).

[288] So vertreten von *Grasnick*, FS 140 Jahre GA, S. 67 (vgl. gegen *Grasnicks* Verständnis des Prozesses als einer Art prozessualem „Spiel“ auch *Müller-Dietz*, ZStW 93 [1981], 1208ff.); ähnlich *Matthias Jahn*, ZStW 118 (2006), 427ff. mit dem Versuch, de lege lata über eine entsprechende Auslegung des Begriffs „Bedeutung“ in § 244 Abs. 2 StPO eine Dispositionsbefugnis der Verfahrensbeteiligten über den Umfang der Beweisaufnahme zu begründen (kritisch hierzu *Edda Weßlau*, StraFo 2007, 4 Fn. 26 sowie SK-StPO/*Frister*, § 244 Rn. 31).

[289] Zu den Vertretern zählen *Habermas*, FS Walter Schulz, S. 211ff., *ders.*, Theorie, S. 101ff., *ders.*, Theorie-Diskussion, S. 142ff., *Rottleuthner*, KritJ 1971, 60ff., *Kamlah/Lorenzen*, Wahrheitstheorien, S. 483ff., *Grasnick*, FS 140 Jahre GA, S. 55ff., *Jürgen Schmidt*, JuS 1973, 207, *Pawlik*, NStZ 1995, 310 und *Jörn Kühl*, Prozeßgegenstand, S. 223ff.

[290] So *Habermas*, FS Walter Schulz, S. 218 und *ders.*, Theorie, S. 124.

[291] Vgl. zu dieser Bezeichnung *Hassemer*, Einführung, S. 130ff. und LR/*Kühne*, Einl. Abschn. B Rn. 28, die dieser Ansicht nicht folgen.

[292] *Habermas*, FS Walter Schultz, S. 252ff.; ähnlich *Rawls*, Theorie, S. 34ff., 111ff. und 159ff.; andere Begrifflichkeiten: die notwendige „Durchführung der Diskursprozedur“ (*Alexy*, Recht, S. 119) oder von einem „informellen Programm“ (*Hassemer*, FS Hamm, S. 178).

[293] Dies wird auch von *Habermas*, Theorie, S. 134 eingesehen.

spruch zu problematisieren, zu begründen oder zu widerlegen, so dass keine Vormeinung auf Dauer der Thematisierung und der Kritik entzogen bleibt.

3. Zum Diskurs sind nur Sprecher zugelassen, die als Handelnde gleiche Chancen haben, repräsentative Sprechakte zu verwenden, d.h. ihre Einstellungen, Gefühle und Intentionen zum Ausdruck zu bringen. Denn nur das reziproke Zusammenstimmen der Spielräume individueller Äußerungen und das komplementäre Einpendeln von Nähe und Distanz in Handlungszusammenhängen bieten die Garantie dafür, dass die Handelnden auch als Diskursteilnehmer sich selbst gegenüber wahrhaftig sind und ihre innere Natur transparent machen.

4. Zum Diskurs sind nur Sprecher zugelassen, die als Handelnde die gleiche Chance haben, regulative Sprechakte zu verwenden, d.h. zu befehlen und sich zu widersetzen, zu erlauben und zu verbieten, Versprechen zu geben und abzunehmen, Rechenschaft abzulegen und zu verlangen usf. Denn nur die vollständige Reziprozität der Verhaltenserwartungen, die Privilegierung im Sinne einseitig verpflichtender Handlungs- und Bewertungsnormen ausschließen, bieten die Gewähr dafür, dass die formale Gleichverteilung der Chancen, eine Rede zu eröffnen und fortzusetzen, auch faktisch genutzt werden kann, Realitätszwänge zu suspendieren und in den erfahrungsfreien und handlungsentlasteten Kommunikationsbereich des Diskurses überzutreten."[294]

Derartige Bedingungen eines „herrschaftsfreien Diskurses" sind aber „utopisch"[295] und werden „unübersehbar"[296] weder im Alltagsleben noch im Rahmen eines Gerichtsverfahrens jemals eintreten[297], handelt doch alleine der Beschuldigte regelmäßig unter dem Druck einer ihm ohne Konsens mittels eines (Teil-)Geständnisses drohenden höheren Strafe.[298] Aus Eigeninteresse zur Erzielung eines günstigen Ergebnisses wird zudem jede Prozesspartei bestimmte Informationen preisgeben, andere jedoch verbergen, je nach eigener Prozesstaktik: „Die Parteien wollen wie in einem strategischen Spiel Gewinne erzielen und Verluste vermeiden. Ihr Ziel ist nicht die Wahrheitsfindung, sondern eine für sie jeweils günstige Entscheidung des Streitfalls."[299] Ist ein „reiner" Konsens kaum zu erzielen[300], so bleibt die im Konsens hervorgebrachte lediglich (aber immerhin) einen nicht zu unterschätzenden Anteil der immer mehr unter dem „Paradigma der Verfahrenseffizienz"[301] ablaufenden prozessualen Bewältigung des strafrechtlichen Konflikts.[302]

Eine reine „prozessuale Rechtserzeugungstheorie" ist daher nicht zu verwirklichen. Im Sinne einer vollkommenen Abtrennung eines „prozessualen Wahrheitsbegriffs" von der historischen Wirklichkeit (und damit letztlich von zwei verschiedenen Wahrheitsbegriffen[303]) ist der prozessuale Wahrheitsbegriff von seinen

---

294 *Habermas*, FS Walter Schulz, S. 255.

295 *Volk*, Wahrheit, S. 15; ebenso *Rieß*, FS Karl Schäfer, S. 169.

296 LR/*Kühne*, Einl. Abschn. B Rn. 28.

297 Ebenso *Hassemer*, FS Hamm, S. 187f.

298 *Korinna Weichbrodt*, Konsensprinzip, S. 159f. und 173 sieht in einem unter solchem Druck zustande gekommenen Geständnis im Hinblick auf eine Verfahrensabsprache sogar einen Verstoß gegen den Nemo-tenetur-Grundsatz.

299 *Habermas*, Theorie-Diskussion, S. 200f.

300 So selbst *Habermas*, Wahrheit, S. 247 und 249.

301 *Kühne*, GA 2008, 364.

302 Ebenso *Sabine Gleß*, Beweisgrundsätze, S. 83.

303 So ausdrücklich *Wilhelm Sauer*, System, S. 202.

Anhängern daher zumeist auch nie verstanden worden: Der Begriff der „prozessualen Wahrheit" kennzeichne nur die aufgezeigten prozessualen Beschränkungen der Wahrheitsermittlung und damit Wahrheit als nur (trotz Einschränkungen) „möglichste Übereinstimung" eines Tatsachenurteils mit der historischen Wirklichkeit, während eine materielle (absolute) Wahrheit bei vollkommener Übereinstimmung bestünde.[304] An dem aus § 244 Abs. 2 StPO (trotz rechtlicher Bindungen bei der Informationsgewinnung) folgenden Streben nach absoluter Wahrheit[305] und damit danach, mit seiner Tatsachenfeststellung (wie ein Maler) eine naturgetreue Zeichnung zu erstellen und Widersprüche mit der Wirklichkeit zu vermeiden[306], sollte mit dem Verweis auf eine rein „prozessuale Wahrheit" daher nicht gerüttelt werden. Dogmatisch verwirrt der Begriff „prozessuale Wahrheit" damit mehr, als dass er nutzt, so dass auf ihn verzichtet werden sollte.

bb) Bindungen bei der Informationsbewertung

Bei der Bewertung der Beweismittelaussagen im Rahmen der Urteilsberatung setzt sich die kommunikative Struktur des Strafprozesses fort: In seiner Urteilsberatung (§§ 192ff. GVG) setzt sich der Tatrichter endgültig mit den Argumenten der Prozessparteien innerlich auseinander – die „Dialektik der Diskussion" findet „ihre Krönung [...] in einer Dialektik des Denkens"[307] mit einer eigenen innersubjektiven Abwägung der Argumente und Gegenargumente. Entscheiden von den wenigen Fällen einer amtsgerichtlichen Strafrichterzuständigkeit (§§ 24 und 25 GVG) abgesehen zumeist Kollegialgerichte (zumeist unter Beteiligung von Laienrichtern: Schöffen), so kommt es in der Urteilsberatung – da jeder Richter für sich innersubjektiv die Argumente der Prozessbeteiligten abwiegt – zu einer „Verbreiterung des Spektrums der vertretenen Fallauffassungen"[308] und damit den gegenseitigen Versuch, mittels Argumenten die eigene Position den anderen verständlich zu machen und sie so zu „überzeugen". Mit diesen Argumenten setzen sich die anderen Richter auseinander und bestätigen ihren bisherigen Standpunkt dennoch oder geben ihn auf, wobei jeder Richter darauf achten sollte, dass die seine Entscheidung tragenden Argumente einen verfahrensrechtlich zulässigen Inhalt aufweisen.

---

304 *Wilhelm Sauer*, Methodenlehre, S. 210f., *ders.*, System, S. 202 und *Rödig*, Theorie, S. 159.

305 Vgl. hierzu *Duttge*, ZStW 115 (2003), 552: „Das Streben nach zutreffender Rekonstruktion des ‚wahren' Geschehens gehört zu den unverfügbaren Essentialia eines jeden Strafprozesses." Vgl. zur Pflicht nach der Suche einer „materiellen" Wahrheit nur BVerfGE 63, 45 (61), RGSt. 15, 337 (338), BGHSt. 17, 388 (390), BGH, NStZ 1992, 48, BGH, NJW 2007, 2419 (2422), *Eberhard Schmidt*, LK I, Rn. 363, *Volk*, Grundkurs, § 29 Rn. 1, *Gössel*, Ermittlung, S. 19f., LR/*Kühne*, Einl. B Rn. 31, *Eisenberg*, Beweisrecht, Rn. 2, *Fischer*, FS Widmaier, S. 194, SK-StPO/*Ellen Schlüchter* (3. Aufl., 64. Lieferung: Stand November 2009, Köln 2009), § 261 Rn. 53, KMR/*Eschelbach*, Einl. Rn. 19, *Schünemann*, StV 1998, 396, *Paulus*, FS Fezer, S. 244, *Albrecht*, NStZ 1983, 486f., *Käßer*, Wahrheitserforschung, S. 8 und *Kasper*, Beweiswürdigung, S. 16, *Greger*, Beweis, S. 31 und *Ulrike Unger*, Kausalität, S. 117f.

306 Dieser schöne Vergleich stammt von *Ellen Schlüchter*, FS Spendel, S. 738.

307 *Käßer*, Wahrheitserforschung, S. 28.

308 *Renning*, Brennpunkte, S. 325.

Denn ist der Urteilsspruch mit der erforderlichen Mehrheit (§ 263 StPO und § 196 GVG) gefällt worden, so muss der das Urteil verkündende (§ 260 Abs. 1 StPO) wie der die Urteilsgründe (§ 267 StPO) verfassende Richter über das Ergebnis seiner bzw. der im Kollegialgericht überwiegenden Dialektik der Argumente und Gegenargumente „im Kommunikationsmittel der Sprache Rechenschaft“ ablegen[309] und die Entscheidung so für die an der geheimen Urteilsberatung (§§ 43 und 45 Abs. 1 S. 2 DRiG sowie § 193 GVG) nicht teilnehmenden Verfahrensbeteiligte wie die Öffentlichkeit nachvollziehbar machen und zugleich die Einhaltung der Verfahrensvorschriften (der Verfahrensgerechtigkeit) aufzeigen, um eine endgültige Befriedung des strafrechtlichen Konflikts zu erreichen.

b) Soziologische und psychologische Bindungen

Ist der Richter nach § 97 Abs. 1 Hs. 2 GG verfassungsrechtlich auch „nur“ dem Gesetz unterworfen, so reichen seine Bindungen faktisch doch viel weiter. Er entscheidet nicht im Rahmen der rechtlichen Begrenzungen der materiellen Wahrheitssuche autonom und streng logisch wie ein Automat (ein Objekt), sondern als Subjekt und trägt so seine ganze Subjektivität in die Erkenntnis hinein. Bereits *Bohne* erkannte in seiner grundsätzlichen Arbeit „Zur Psychologie der richterlichen Überzeugungsbildung“ aus dem Jahre 1948: Die Beschreibung der Überzeugungsbildung als eines intellektuellen, rationalen Bewusstseins- und Denkvorgangs sei fiktiv, solange „der Anteil des emotionalen, d.h. durch Temperament und unter- oder unbewusste Willensvorgänge beeinflussten Elements gänzlich unbeachtet bleibt“[310]. Diese von *Bohne* eher erahnte als wissenschaftlich begründete These[311] folgt daraus, dass der Mensch Zeit seines Lebens in die Gesellschaft integriert war und ist. Sie hat ihn geprägt und mitgestaltet:

> „Verstand, Gefühl, Auffassungs- und Beurteilungsgabe, Kenntnisse, Befähigungen und Interesse bestimmen die Persönlichkeitshaltung. Bildung, Herkunft, Weltanschauung, politische Sicht und sittliche Auffassungen und Haltungen formen ihn. Lebenserfahrungen, Beruf, kollegiale Zusammenarbeit wirken auf ihn ein. Wie seine Lebensentwicklung vor sich gegangen ist und was er aus sich selbst gemacht hat, prägt sich ein.“[312]

Verarbeitet er Wahrnehmungen aus der Hauptverhandlung in einem innersubjektiven Korrespondenzvergleich, so schwingen in einem Konglomerat aus emotionaler Neigung, rationaler Faktenverarbeitung, früherer Erfahrungen und richterlichem Verantwortungsbewusstsein unendlich viele soziologische wie psychologische Faktoren mit, die sich einer detaillierten Deutung verschließen.[313]

Und so stellt er die Tatsachen fest und spricht Recht, psychologisch und soziologisch noch weiter begrenzt dadurch, dass er auf die Wiedergabe von Wahrneh-

309 *Sommer*, FS Rieß (2000), S. 600f.

310 *Bohne*, Psychologie, S. 22.

311 Ebenso die Einschätzung von *Käßer*, Wahrheitserforschung, S. 77.

312 *Karl Peters*, Fehlerquellen Bd. 2, S. 239.

313 Zu den bislang vereinzelten richtersoziologischen wie richterpsychologische Untersuchungen zählen *Bohne*, Psychologie, S. 1ff., *Kühne*, Kommunikationsproblem, S. 35ff., *Graßberger*, Psychologie, S. 318ff., *Bendix*, Psychologie, S. 71ff., *Opp*, Soziologie, S. 122ff. oder *Lautmann*, Soziologie, S. 72ff.

mungen des Tatgeschehens durch andere Menschen angewiesen ist. Diese können nicht nur das gesamte Tatgeschehen in ihrer hohen Komplexität unter Einschluss der Handlungen aller anderen Mitmenschen niemals vollständig begreifen, sondern von der Fülle der auf ihre Sinnesorgane einwirkenden Reize aufgrund ihrer nur begrenzten Informationsverarbeitungskapazität stets nur einen relativ geringen Teil in bewusster Wahrnehmung verarbeiten und speichern (sog. Selektionsprinzip).[314] Diese begrenzten Sinnesreize vom Tatgeschehen werden vom Gehirn des Wahrnehmenden auch noch wie aufgezeigt unter Wirkung einer Vielzahl soziologischer wie psychologischer Faktoren subjektiv gedeutet und verbunden mit früheren (zumeist emotionalen) Erfahrungen im „episodischen Gedächtnis" gespeichert.[315] Und nur diese subjektiv selektierten und bearbeiteten Informationen kann der Mensch als Beschuldigter, Zeuge oder Sachverständiger dem Richter mitteilen oder schriftlich in einer Urkunde festhalten. Der Richter nimmt diese (mündlichen wie schriftlichen) Aussagen (genauso wie Augenscheinsobjekte) geistig-sinnlich wahr und würdigt diese seinerseits, wobei er bestehende Zweifel an einzelnen Tatsachenaussagen im Vergleich zwischen der Einlassung des Beschuldigten, einzelnen Zeugenaussagen, Urkundsinhalten und Sachverständigenaussage für sich zu überwinden sucht, will er subjektiv diese Aussage als „wahr" feststellen. Wegen dieses doppelten subjektiven Filters[316] kann die Sachverhaltsfeststellung als aus einer Vielzahl an Einzelinformationen zu einem Gesamtgeschehen (konzentriert auf rechtlich bedeutsame Fakten[317]) rekonstruierte „Beweisprognose" des Richters[318] mit der tatsächlich erfolgten komplexen Realität decken, muss es aber nicht und der Richter kann dies mangels eigener aktueller Wahrnehmung der Tat noch nicht einmal beurteilen.[319] Kaum ein Urteil beruht also auf der „wahren Wirklichkeit", wie *Volk*[320] zutreffend feststellte. Der Richter kann objektiv lediglich mit gewisser Wahrscheinlichkeit die erfolgte historische Realität feststellen – jedes

---

[314] Siehe hierzu nur *Hans-Ludwig Schreiber*, ZStW 88 (1976), 151f. und *Schünemann*, GA 1978, 170 sowie oben Zweiter Hauptteil, Drittes Kapitel, B, I, 2, a).

[315] Das Lernen „über die Welt" (*Kandel/Schwartz/Jessell*, Neurowissenschaften, S. 671) wird aufgeteilt in ein „episodisches Gedächtnis" für das Erinnern einzelner bestimmter Situation sowie ein (kontextabhängiges) „Wissens-" und (kontextunabhängiges) „Faktengedächtnis", vgl. nur *Gerhard Roth*, Fühlen, S. 152.

[316] Zutreffend daher RGSt. 66, 163 (164): „Objektive Wahrheit ist nur gedanklich vorstellbar. Ihr Nachweis durch menschliche Erforschung und Erkenntnis ist begrifflich unmöglich, weil diese als an die erkennende Person gebunden von Natur subjektiv, also relativ sind."

[317] *Larenz/Canaris*, Methodenlehre, S. 99.

[318] *Ellen Schlüchter*, FS Spendel, S. 741.

[319] Vgl. hierzu RGSt. 61, 202 (206), RGSt. 66, 163 (164), BGHSt. 10, 208 (209), *Herdegen*, NStZ 1987, 198, *ders.*, FS Hanack, S. 312, *Kindhäuser*, Jura 1988, 290f., *Schünemann*, FS Pfeiffer, S. 475ff., *Duttge*, ZStW 115 (2003), 552f., *Grünwald*, Beweisrecht, S. 89, *Erb*, FS Rieß, S. 77, *Frister*, FS Grünwald, S. 169f., *Hans-Ludwig Schreiber*, ZStW 88 (1976), 123, *Albrecht*, NStZ 1983, 486, *Schatz*, Beweisantragsrecht, S. 199f. Fn. 85, *Andrea Schmidt*, Grundsätze, S. 126f. und *Ulrike Unger*, Kausalität, S. 177 („Die Wahrheit kann nicht sicher gefunden werden, ihre Verifizierung ist nicht möglich").

[320] *Volk*, Wahrheit, S. 10.

Urteil ist objektiv ein bloßes Wahrscheinlichkeitsurteil![321] Gelangt der Richter durch das unergründliche subjektive Zusammenspiel aus rationalen wie emotionalen Aspekten aber zu einer Entscheidung (einer eigenen „Stellungnahme [...] zum Leben“[322]), hat sich die objektive Wahrscheinlichkeit subjektiv zur Überzeugung verdichtet, die er den Prozessbeteiligten in nachvollziehbarerweise verkündet und (in den Urteilsgründen) belegt, indem er faktisch sagt „Ich glaube [den Tatsachenbehauptungen] und werde diese so behandeln, als ob das Behauptete wahr wäre“ [323]. Nicht ein bloßes Fürwahrscheinlichhalten[324] macht also die Überzeugung aus, sondern ein gesamtpsychisches Fürwahrhalten[325] durch Überwindung von Zweifeln[326], soweit dies im gesetzlichen Rahmen rechtlich zulässig den

---

321 Vgl. nur *Scanzoni*, JW 1928, 2183, *August Wimmer*, DRZ 1950, 392, *Heescher*, Untersuchungen, S. 7, *Evers*, Begriff, S. 55 sowie bereits für den Zivilprozess *Wendt*, AcP 63 (1880), 256 f.

322 *Niethammer*, DRiZ 1934, 6.

323 *Ditzen*, Beweis, S. 7.

324 So aber *Schöneborn*, Wiederaufnahmeproblematik, S. 109, *Musielak*, Grundlagen, S. 107 ff., *ders.*, FS Kegel, S. 460 und *Musielak/Stadler*, JuS 1980, 428 f.; ähnlich *Bydlinski*, Schadensverursachung, S. 83, *Ehrenzweig*, JW 1929, 87, *Zeiler*, DRiZ 1929, 133 ff., *ders.*, LZ 1933, 273 ff. sowie *Michael Huber*, Beweismaß, S. 117 („richterliche Überzeugung als Wahrscheinlichkeitsüberzeugung“). Dagegen zu Recht OLG Celle, NJW 1976, 2030 (2031), *Ehrenzweig*, JW 1929, 86 (es könne dem Gesetzgeber nicht untergeschoben werden, nur die Wahrscheinlichkeitsüberzeugung vor Augen gehabt zu haben), *Karl Peters*, Strafprozeß, S. 30, KMR/*Paulus*, § 244 Rn. 151, *Hans-Joachim Schneider*, JuS 1970, 721, *Andrea Schmidt*, Grundsätze, S. 128, *Helmut Weber*, Kausalitätsbeweis, S. 139 und *Erb*, FS Rieß, S. 90, da bei einer Überzeugung keine graduellen Abstufungen möglich sind.

325 Ebenso etwa LR/*Gollwitzer* (25. Aufl., Berlin 2001), § 261 Rn. 7, KMR/*Paulus*, § 244 Rn. 151, *Heinsheimer*, FS Franz Klein, S. 142 und *Mösl*, DRiZ 1970, 110.

326 In diese Richtung bereits *Roxin/Schünemann*, Strafverfahrensrecht, § 45 Rn. 43 („dass der Richter einen bestimmten Sachverhalt ohne Zweifel für wahr halten muss“), *August Wimmer*, DRZ 1950, 392 („die Beseitigung des potentiellen oder des aktuellen Zweifels“) und *Hans-Joachim Schneider*, JuS 1970, 271 („subjektives Fürwahrhalten ohne Zweifel“). Durch die Unergründbarkeit des emotional-irrationalen Aspekts kann man hierbei ganz im Sinne der Bibel sagen: maßgebend ist der richterliche „Glaube an die Wahrheit“ (so *Mösl*, DRiZ 1970, 110; ebenso *Scanzoni*, JW 1928, 2182 und *Marmann*, GA 1953, 142). Es irritiert daher und führt zu Missverständnissen, wenn es in einer „fast lyrischen“ (*Bender/Nack/Treuer*, Tatsachenfeststellung, Rn. 564) Passage des grundlegenden zivilprozessualen Anastasia-Urteils, die sich in der strafprozessualen Rechtsprechung durchgesetzt hat, heißt: „Der Richter darf und muss sich aber in tatsächlich zweifelhaften Fällen mit einem für das praktische Leben brauchbaren Grad von Gewissheit begnügen, der den Zweifeln Schweigen gebiete, ohne sie völlig auszuschließen“ (BGHZ 53, 245 [256]). Abgesehen vom Begriff der Gewissheit, die nie tatsächlich wird erreicht werden, wird die subjektive Überzeugung ohne Zweifel und damit mehr als ein bloßes Wahrscheinlichkeitsurteil einerseits und das objektive Wesen dieser subjektiven Entscheidung als bloßes Wahrscheinlichkeitsurteil in einem Atemzug genannt, als sei beides – der früheren Rechtsprechung entsprechend (siehe hierzu ausführlich oben Erster Hauptteil, Zweites Kapitel, A, I, 1) – miteinander verbunden. Dabei liegt beides auf verschiedenen Ebenen. Der Richter könnte aus rein statistischen Erfahrungssätze, für deren Eingreifen im konkreten Fall nur eine hohe Wahrscheinlichkeit spricht, nur dann den Schluss auf einen historischen Umstand ziehen und diesen dem Urteil zugrunde legen, wenn der Richter diese objektive Wahrscheinlichkeit subjektiv überschätzt und daraus seine Überzeugung schöpft; ebenso *Hoyer*, ZStW 105 (1993), 533.

Prozessbeteiligten gegenüber begründet werden kann. Folgerichtig wird bereits seit der Einführung der freien richterlichen Beweiswürdigung die Überzeugungsbildung als „freier schöpferischer Vorgang"[327], als „freie Ermessensentscheidung"[328], geistiger Schöpfungsakt[329], als „personale (subjektive) Leistung"[330] oder schlicht als „gesamt-psychische Leistung"[331] verstanden, bei der irrationale, deszisionistische, verstandesmäßig nicht voll begründbare Elemente wie Emotionen, Sympathien und Antipathien, Vorurteile oder eigene Wünsche des Richters als im Begriff der „Überzeugung" (§ 261 StPO) verankert akzeptiert werden[332].

c) Kritik am reinen Subjektivismus

Bleibt man bei einem derartigen „schrankenlosen Subjektivismus"[333] in den Grenzen der rechtlichen Bindungen als Ausgangspunkt der verschiedenen subjektiven Beweismaßströmungen (sog. „Wahrheitsüberzeugungstheorie"[334] der Rechtsprechung[335] und des überwiegenden Schrifttums[336]) stehen, so wären alleine ohne

---

[327] *Egon Schneider*, DRiZ 1966, 283.

[328] So RGSt. 14, 276 (277), RGSt. 47, 100 (108), BGH, LM StPO § 261 Nr. 6, BGH, VRS 7 (1954), 54 (56), *Karl Peters*, Strafprozeß, S. 299, *Henkel*, Strafverfahrensrecht, S. 349, *Lienen*, NJW 1958, 981 und umfassend *Brigitte Heilbron*, Ermessen, S. 1 ff. Der aus dem Verwaltungsrecht stammende Begriff des Ermessens bedeutet dort jedoch ein volitives Verhaltensermessen, das es im Strafverfahren nicht geben, geht es doch nicht um ein Wollen des Richters als vielmehr um ein Gewissheitserlebnis: das Ermessen gehört zur „Welt als Wille", die Überzeugung aber zur „Welt als Vorstellung" (ähnlich: *Fezer*, StV 1995, 100 und *Gerhard Walter*, Beweiswürdigung, S. 170 f.). Zutreffend daher *Kasper*, Beweiswürdigung, S. 25: „Vom Vorhandensein einer Tatsache – z. B. ob der Angeklagte die Tat begangen hat – kann der Richter zwar überzeugt sein oder nicht; ihr Vorliegen steht aber gewiß nicht in seinem Ermessen." Folgerichtig stellt auch der Gesetzgeber der richterlichen Überzeugung des § 261 StPO das freie „Ermessen" iSd § 246 Abs. 4 StPO bewusst als etwas anderes entgegen.

[329] Vgl. *Bendix*, Psychologie, S. 88 („geistige Schöpfung seines Urhebers"); ähnlich *Scanzoni*, JW 1928, 2183 („schöpferischer Akt des Strafrichters").

[330] *Mattil*, GA 1954, 337.

[331] *Henkel*, Strafverfahrensrecht, S. 351.

[332] Vgl. nur *Rupp*, Beweis, S. 27 ff., *Bohne*, Psychologie, S. 30 ff., *Meißner*, FS Liszt, S. 176 ff., *Rumpf*, Strafrichter I, S. 191, *Kade*, Richter, S. 51 f., *Bendix*, JW 1932, 3627 f., *Hellwig*, GS 82 (1914), 426 ff., *Beling*, Rechtswissenschaft, S. 43, *Mezger*, Sachverständige, S. 159 ff., *Hellmuth Mayer*, FS Mezger, S. 458, *Karl Peters*, FS Olivecrona, S. 535, *Rieß*, GA 1978, 265, LR/*Gollwitzer* (25. Aufl., Berlin 2001), § 261 Rn. 7, *Herdegen*, FS Kleinknecht, S. 174, *Arthur Kaufmann*, JZ 1985, 1067, AK-StPO/*Maiwald*, § 261 Rn. 12, KMR/*Stuckenberg*, § 261 Rn. 21, *Frister*, FS Grünwald, S. 176, *Mösl*, DRiZ 1970, 110, *August Wimmer*, DRZ 1950, 390 ff., *Höcherl*, FG Peters, S. 20 und *Hans-Joachim Schneider*, JuS 1970, 271 ff.

[333] *Rieß*, GA 1978, 264.

[334] Der Begriff stammt von *Michael Huber*, Beweismaß, S. 89.

[335] Ständige Rechtsprechung seit RGSt. 66, 163 ff.: RG, DRiZ – Beilage Rechtsprechung 1927, Nr. 964, BGHSt. 10, 208 ff., BGHSt 11, 1 (4), BGHSt 18, 311 (312), BGHSt. 21, 62 f., BGHSt. 21, 285 (287), BGHSt. 23, 213 (218), BGHSt. 25, 365 (367), BGH, NJW 1951, 83 und 122, BGH, GA 1954, 152 und BGH LM § 261 StPO Nr. 14.

[336] Vgl. etwa *Alsberg*, JW 1929, 863, *Scanzoni*, JW 1928, 2182 f., *Ehrenzweig* JW 1929, 85 f., *Niethammer*, DRiZ 1934, 6 ff., *Eberhard Schmidt*, LK I, Rn. 373 und LK II, § 261 Rn. 11, *ders.*, JZ

jede Kontrolle durch sachliche Kriterien geistige Bedingtheiten des konkret entscheidenden Richters maßgeblich, sein subjektives Meinen und Glauben, seine Moralvorstellungen, sein „seelisches Lusterlebnis der Widerspruchslosigkeit und Harmonie"[337], sein Mitgefühl mit dem vermeintlichen Opfer und seine Vorurteile. „Einfalt hätte dabei gleiches Gewicht wie Intelligenz und empfähle sich darüber hinaus durch die Geschwindigkeit der Überzeugungsbildung."[338] Der Richter wäre so nicht gehindert, ausländische Beschuldigte unabhängig vom Tatvorwurf stets zu verurteilen, da er bei diesen seinen Vorurteilen folgend immer „überzeugt" sei, dass sie Straftaten wie die angeklagte Tat begehen würden.[339] Die Konsequenz einer streng subjektiven Beweismaßtheorie wäre also reine richterlich Willkür[340] (mit einem Verstoß gegen das Gleichheitsgebot des Art. 3 Abs. 1 GG) im Sinne einer „intime conviction" des französischen Strafprozessrechts (Art. 342 Code d'instruction criminelle)[341], eine aus einem Rechtsstaat[342] an sich „zu verbannende Monstrosität"[343].

Dies veranschaulicht am besten der „Pistazieneis"-Fall, der über die bloße Rechtswissenschaft hinaus für Aufsehen erregt hat:

„Die Angeklagte kam am 20. 1. 1993 gegen 16.20 Uhr zur Familie ihres Bruders Dr. B zu Besuch. Sie brachte eine 750 ml-Packung Pistazieneis mit, das sie ihrer [7-jährigen] Nichte [A.B.] versprochen hatte. Von 17.30 Uhr bis 18.30 Uhr besuchte das Kind den Ballettunterricht, dann aß es ein Stück Leberkäse und ein Laugenbrötchen zu Abend. Gegen 19.30 Uhr kam der Vater nach Hause, verließ aber schon gegen 19.45 Uhr zusammen mit seiner Ehefrau wieder das Haus, um eine Veranstaltung zu besuchen. Die Angeklagte war dann bis

---

1970, 337 ff., *Peters*, Strafprozess, S. 298 ff., *Kleinknecht*, GA 1961, 51 f., *Beulke*, Strafprozessrecht, Rn. 490, SK-StPO/*Ellen Schlüchter* (3. Aufl., 64. Lieferung: Stand November 2009, Köln 2009), § 261 Rn. 53, *Henkel*, Strafverfahrensrecht, S. 351, *Friedrich-Christian Schroeder*, Strafprozessrecht, Rn. 280, *Volk*, Grundkurs, § 29 Rn. 1 ff., AK-StPO/*Maiwald*, § 261 Rn. 10 ff., *Stree*, In dubio pro reo, S. 37 ff., KK-StPO/*Schoreit*, § 261 Rn. 2, LR/*Gollwitzer* (25. Aufl., Berlin 2001), § 261 Rn. 7, *Hanack*, JuS 1977, 728 f., *Krey*, Strafverfahrensrecht 2, Rn. 1027 f., *Hellmann*, Strafprozessrecht, Rn. 799 ff., *Rieß*, GA 1978, 265, KMR/*Stuckenberg*, § 261 Rn. 20, *Fezer*, StV 1995, 99, *Bohne*, NJW 1953, 1377 ff., *Francke*, DRiZ 1960, 434 ff., *Hartung*, SJZ 1948, 579 ff., *Meißner*, FS Liszt, S. 179 ff., *Heinsheimer*, FS Franz Klein, S. 136, *Marmann*, GA 1953, 141 f., *Niese*, GA 1954, 149 f., *August Wimmer*, DRZ 1950, 391 ff., *Mösl*, DRiZ 1970, 110 und *Hans-Joachim Schneider*, JuS 1970, 271 ff.

337 *Bohne*, Psychologie, S. 86. Das „seelische Lusterlebnis" als abschreckendes Beispiel einer rein subjektiven Theorie bemüht auch *Bolding*, Freiheit, S. 59.

338 *Rudolf Bruns*, ZZP 91 (1978), 66.

339 Vgl. auch *Freund*, StV 1991, 24: Für die „persönliche Überzeugung kann dem Tatrichter etwa bereits die Art der Artikulation der Angeklagten oder deren äußeres Erscheinungsbild (man denke hier z. B. an eine zitternde Stimme oder ein Erröten) bei ihrer harmlosen Erklärung [..] ausgereicht haben".

340 Ebenso *Hanack*, JuS 1977, 727, *Küper*, FG Peters, S. 23 ff., *Freund*, FS Meyer-Goßner, 415, *Frister*, FS Grünwald, S. 172, *Ling*, JZ 1999, 341, *Michael Huber*, Beweismaß, S. 69 und *Frauke Stamp*, Wahrheit, S. 177; vorsichtiger dagegen *Ulrike Unger*, Kausalität, S. 121: behaftet mit dem „Anschein von Willkür".

341 Siehe hierzu oben Erster Hauptteil, Erstes Kapitel, A, VI.

342 Vgl. zum Verstoß gegen das Rechtsstaatsprinzip nur KMR/*Stuckenberg*, § 261 Rn. 27.

343 *Paulus*, FS Ulrich Weber, S. 503.

22 Uhr mit dem Kind allein zu Haus. Das Kind führte zunächst die Hunde der Angeklagten aus. Dann gab ihm die Angeklagte zwei Portionen des Pistazieneises mit einer Schokoladensauce, die im Hause B in einer angebrochenen Flasche vorhanden war, zu essen. Sie selbst aß eine Portion des Eises ohne Sauce. Gegen 21 Uhr brachte die Angeklagte das Kind zu Bett. Eine Stunde später musste es sich erstmals erbrechen. Um diese Zeit brachte Dr. B seine Ehefrau nach Hause, holte in einem Restaurant Pizza und kehrte seinerseits gegen 22.15 Uhr zurück. Dann rief ihn das Kind in sein Zimmer und berichtete ihm vom Erbrechen, weil es ‚zuviel Eis' gegessen habe. Bis 23.15 Uhr saß A deshalb bei den Erwachsenen im Wohnzimmer und trank Tee. Dann wurde sie erneut zu Bett gebracht. Gegen Mitternacht erbrach sich das Kind erneut, diesmal wiederholt im Abstand von 15 Minuten, und hatte Durchfall. Der Vater gab ihm dagegen Medikamente, worauf die Brechdurchfälle langsam nachließen. Gegen 6 Uhr am folgenden Morgen kam es jedoch erneut zu heftigem Erbrechen und schließlich zum Zusammenbruch des Kindes. Der Vater brachte es daraufhin in Begleitung seiner Ehefrau und der Angeklagten ins Krankenhaus. Dort wurde das Kind intensivmedizinisch behandelt, verstarb aber um 11.23 Uhr. Als Todesursache wurde eine Vergiftung mit Arsenik festgestellt."[344]

Das Landgericht Stuttgart sah es als überzeugt an, die Angeklagte habe das Arsenik in der Absicht, das Kind zu töten, dem Pistazieneis beigefügt, obgleich der Sachverständige das Pistazieneis nicht als Träger des Giftes festlegen konnte. Die Möglichkeit, dass das Kind Opfer vom Hersteller vergifteter Lebensmittel geworden sei oder von einem Dritten auf dem Nachhauseweg vergiftetes Essen bekam, schloss das Landgericht Stuttgart ohne Anhaltspunkte aus. Hinsichtlich der Eltern der A.B. erwog das Landgericht Stuttgart, dass diese die Tat nicht gerade während des Besuchs der Angeklagten begangen hätten, da sie „nach dem Auftreten der ersten Krankheitszeichen alles [hätten] tun müssen, um das Leben des Kindes zu retten, weil ein Untätigbleiben sie als Täter überführt hätte. Zudem hätten sie kein Motiv gehabt, genauso wie die Reinemachefrau der Familie.[345] Obgleich also weder der konkrete Nachweis der Ursächlichkeit der Angeklagten noch sonstige auf sie als Täterin hinweisende Beweisanzeichen oder auch nur ein Motiv festgestellt wurde, verurteilte das Landgericht Stuttgart sie wegen Mordes zu einer lebenslangen Freiheitsstrafe und stellte die besondere Schwere der Schuld fest.

Die Willkür, aus dem Kreis möglicher Verdächtiger sich die Angeklagte herauszusuchen, für und gegen die genauso viel spricht wie für und gegen alle anderen Verdächtigen (ein Motiv etwa hat niemand), ist mit Händen zu greifen.[346] Zu Recht wurde die Entscheidung vom Bundesgerichtshof aufgehoben und zurückverwiesen:

Zwar müssten die Schlussfolgerungen des Tatgerichts nur möglich, nicht aber zwingend sein. Seine Feststellungen dürfen sich aber nicht so sehr von einer festen Tatsachengrundlage entfernen, dass sie letztlich bloße Vermutungen sind, die nicht mehr als einen, sei es auch schwerwiegenden Verdacht begründen. Das ist hier der Fall. Die Täterschaft der Angeklagten, bei der ein Motiv nicht festzustellen ist, kann nicht damit bewiesen werden, dass andere mögliche Täter eben deswegen auszuschließen sind, weil diese kein Tatmotiv haben."[347]

In erneuter Verhandlung kam diesmal das Landgericht Heilbronn ebenfalls zu einem Schuldspruch wegen Mordes:

---

[344] BGH, NJW 1999, 1562.

[345] Wiedergabe bei BGH, StV 1997, 62f.

[346] *Frister*, FS Grünwald, S. 173 Fn. 24 bezeichnet die Entscheidung als „krasses Beispiel" für die Willkür eines rein subjektiven Beweismaßes.

[347] BGH, StV 1997, 62 (63).

Obgleich das Landgericht Heilbronn sachverständig beraten selbst davon ausging, dass eine Tatbegehung der zur Tatzeit psychisch und physisch gesunden Angeklagten „kaum verständlich" sei, in der erneuten Verhandlung der Sachverständige meinte, das Gift sei erst nach 22 Uhr verabreicht worden, und erstmals Briefe eines Produkterpressers auftauchten, blieb das Gericht bei einer tödlichen Verabreichung mittels Pistazieneis durch die Angeklagte: Eine Tatbegehung durch die Eltern sei „absurd", sodass der Tee als Vehikel des Giftes ausscheide. Und einem Erpresser gehe es primär um Geld, Schädigungen oder gar Tötungen von Menschen wolle er vermeiden, „weshalb folgerichtig keine Fälle in Deutschland bekannt sind, bei denen jemand durch ein von einem Erpresser vergiftetes Produkt zu Schaden kam". Hinzu komme die Reinigung der Eisschale durch die Angeklagte am Morgen danach.[348]

Der Bundesgerichtshof[349] hob auch diese Entscheidung auf und sprach – als „erwartetes Echo" auf den erneuten Schuldspruch[350] – die Angeklagte selbst mangels tatbezogener Indizien oder auch nur eines Motivs nach § 354 Abs. 1 StPO frei. Hierbei führte er zur Begründung des Landgerichts Heilbronn treffend aus:

„Dabei handelt es sich jedoch nur um zahlreiche Spekulationen über innere Vorgänge oder Vermutungen zu allenfalls möglichen (oder auch näher liegenden) Sachverhalten, ohne dass dies durch (wesentlich) mehr als die ‚Überzeugung' des Landgerichts gestützt wird."[351]

Mit dieser Formulierung nahm der Bundesgerichtshof für sich in Anspruch, Vermutungen zu erkennen, die vom Tatgericht als Überzeugung „verkleidet" werden. Hätte das Revisionsgericht stattdessen die Beweiswürdigung des Landgerichts akzeptiert, hätte deren subjektive Überzeugung ohne auch nur das geringste objektive tatbezogene Indiz einen Schuldspruch getragen. Staatsanwaltschaft und Gericht hätten genauso gut würfeln können, wen sie anklagen und zu lebenslanger Freiheitsstrafe verurteilen und sich dann im Sinne des Würfelergebnisses subjektiv überzeugt fühlen können. *Stein*[352] sprach gar davon, dass der entscheidende Richter „wie ein Zufallsgenerator" benutzt würde, *Peters*[353] davon, dass das Verfahren für den Angeklagten zu einem „Lotteriespiel" würde.

Möglich sind auch anders herum Freisprüche trotz einem Geständnis, DNA-Spuren des Angeklagten an der Tatwaffe und der vom Täter getragenen Handschuhe und einem späteren Brief „Wenn sie sagt [das überlebende Opfer], ‚ja, er war's', bin ich für Jahre im Knast".[354] So oder so, unrichtige materielle Entscheidungen sind die große Gefahr der Möglichkeit unkontrollierter Willkürentscheidungen des Tatgerichts.

4. Weitere Einschränkungen subjektiver Entscheidungsfindung

Dieses enorme Fehlverurteilungsrisiko kann nicht als notwendige Folge menschlicher und damit subjektiver Entscheidungen innerhalb des rechtlich zulässigen Rah-

348 Wiedergabe bei BGH, NJW 1999, 1562ff.
349 BGH, NJW 1999, 1562.
350 *Salditt*, StraFo 1999, 162.
351 BGH, NJW 1999, 1562.
352 Theorie, S. 257.
353 JR 1977, 84; ebenso *Andrea Schmidt*, Grundsätze, S. 132.
354 Wiedergabe bei BGH, NJW 2007, 92ff., der das Urteil aufhob.

mens der prozeduralen Gerechtigkeit (wenngleich mit schlechtem Gewissen[355]) hingenommen[356] und allenfalls an das Verantwortungsbewusstsein eines jeden Richters und seine kritische Selbsteinsicht appelliert werden[357]. Eine derartige Entscheidungsfreiheit des Richters würde die (dogmatisch hart erkämpfte) Pflicht zur Ermittlung der materiellen Wahrheit[358] wieder aushöhlen.[359] Vielmehr sollte dies zum Anlass genommen werden, die Fehlermöglichkeiten durch weitere Einschränkungen der tatrichterlichen Überzeugung möglichst zu minimieren[360]:

a) Normative Beweistheorien

Am weitesten gehen jene Ansätze im Schrifttum, die das durch die nicht gänzlich auszuschließenden Zweifel am Ablauf eines historischen Geschehens bestehende Fehlverurteilungsrisiko Unschuldiger präzise herausarbeiten und es an den verfassungsrechtlich vorgezeichneten normativen Leitlinien auf seine Legitimierbarkeit hin überprüfen[361]. Hieraus leiten sie für den Tatrichter verbindliche Normen ab, die darüber entscheiden sollen, unter welchen Voraussetzungen die Rechtsfolge einer Sanktionsnorm angeordnet werden dürfe[362] – Normen des Rechtsanwendungsrechts, sprich: Entscheidungsnormen. Diese sollen dem Richter einen zwingenden normativen Maßstab vorgeben, wann er „hinter dem Ideal des verbürgten Erfassens der materiellen Wahrheit" zurückbleiben[363] und trotz an sich bestehender Zweifel „ruhigen Gewissens" verurteilen könne. Auf die persönliche Überzeugung des Gerichts käme es – wie von den Anhängern der „normativen Beweistheorie"[364] beabsichtigt[365] – dann gänzlich nicht mehr an.[366] Bei der Frage, wie diese die persönliche Überzeugung ausschaltenden Entscheidungsnormen aber auszusehen haben, gehen die einzelnen Ansichten auseinander:

aa) Das Entscheidungsnormensystem von Freund

Freund geht in seiner Dissertationsschrift „Normative Probleme der ‚Tatsachenfeststellung'" (ihm umfassend folgend *Frisch*[367]) von der Frage aus, ob „eine bestimmte konkrete Verurteilung trotz des [...] Fehlverurteilungsrisikos ein sinnvolles Teilstück einer überzeugend konzipierten Gesamtstrategie strafrechtlicher

---

[355] So die Prognose von *Erb*, FS Rieß, S. 77.
[356] So aber wohl *Perron*, Beweisantragsrecht, S. 51 ff.
[357] So aber *Hans-Joachim Schneider*, JuS 1970, 271.
[358] Siehe oben Zweiter Hauptteil, Drittes Kapitel, B, II, 3, a), aa).
[359] Vgl. *Frauke Stamp*, Wahrheit, S. 180.
[360] LR/*Kühne*, Einl. Abschn. B Rn. 23 bezeichnet derartige Einschränkungen gar als „die eigentliche Kulturleistung menschlichen Strebens".
[361] Vgl. hierzu *Freund*, Probleme, S. 71.
[362] Zu dieser Definition *Freund*, Probleme, S. 59.
[363] *Freund*, Probleme, S. 58.
[364] So ausdrücklich *Freund*, JuS 1995, 398.
[365] Siehe ausdrücklich *Freund*, Probleme, S. 46 ff. und 103 f. sowie *Ulrich Stein*, Theorie, S. 256 ff.
[366] Vgl. zu dieser Konsequenz *Erb*, FS Rieß, S. 82.
[367] GedS Karlheinz Meyer, S. 562; grundsätzliche Sympathie auch bei *Toepel*, Grundstrukturen, S. 164.

Sozialkontrolle" darstelle[368]. Seien alle Möglichkeiten einer Sachaufklärung ausgeschöpft, müsse nach der in diesem Sinne rechtlichen Relevanz der verbliebenen Zweifel gefragt werden. Hierbei würden nicht alle denkbaren verbleibenden Zweifel nach dem Grundsatz „in dubio pro reo" einer Verurteilung entgegenstehen, greife dieser Satz doch nur bei einem „non liquet" bezüglich des Nachweises des Tatgeschehens ein, das nicht vorliege, wenn trotz Zweifeln der rechtsgenügende Beweis erbracht sei, also: „wenn eine Verurteilung trotz verbleibenden Zweifels gerade auch dem Angeklagten gegenüber [bezogen auf den mit einer Verurteilung verbundenen massiven Eingriff in seine verfassungsrechtlich geschützten Rechte[369]] legitimiert werden"[370] könne. Der bei jeder Tatsachenfeststellung auftretende rein „philosophische Zweifel"[371] („Ich weiß, dass ich nichts weiß"[372]) vermöge dabei einer Verurteilung generell nicht entgegenzustehen, da der Tatrichter sonst stets freisprechend und das Strafrecht so unter Verzicht auf seine Schutzaufgabe resignieren und seine „Existenz als Recht" aufgeben müsste.[373] Gleiches gelte für die ebenfalls bei jeder Entscheidung mitschwingenden „fortschrittsbedingten Zweifel", unsere wissenschaftlichen Kenntnisse, unser gesamtes Erfahrungswissen könne schon morgen einer Revision unterliegen.[374]

Anders sei es dagegen, wenn die Beweislage aufgrund sonstiger Zweifel trotz nicht erweiterbarer ontologischer Urteilsbasis[375] allenfalls „bedingt eindeutig" sei, so dass unter Berücksichtigung des bisherigen Beweismaterials die Möglichkeit eines anderen Geschehens nicht ausgeschlossen werden könne.[376] Hier sei an sich eine konkrete Verhältnismäßigkeitsprüfung hinsichtlich der Inkaufnahme des Fehlverurteilungsrisikos durchzuführen, die jedoch eine generelle Konkretisierung durch den materiellen Schuldgrundsatz (sog. „Rückwirkung des Schuldprinzips"[377]) erhalte[378]: Da eine Tatsachenfeststellung stets mit Zweifeln behaftet und wegen der prozessualen Einschränkungen (wie z. B. durch Beweisverwertungsverbote) nur ein „Konstrukt" sei, „das eine bestimmte Funktion im strafgerichtlichen Prozess zu erfüllen"[379] habe, könne es für den Schuldgrundsatz nur auf eine Verantwortlichkeitszuschreibung[380] ankommen, „auf die Verantwortlichkeit des Angeklagten für die eben nur möglicherweise wirklich begangene Tat"[381]. Verantwortlich für eine nur

---

[368] *Freund*, Probleme, S. 85.
[369] Vgl. *Freund*, Probleme, S. 64 und 66 sowie *ders.*, FS Meyer-Goßner, S. 424.
[370] *Freund*, JuS 1995, 398; vgl. auch bereits *Freund*, Probleme, S. 60.
[371] Hierzu *Freund*, Probleme, S. 71 ff.
[372] *Freund*, Probleme, S. 72.
[373] *Freund*, Probleme, S. 73 f.
[374] *Freund*, Probleme, S. 75 ff.
[375] Sonst sei das Geschehen nicht vollständig ausermittelt und das Fehlverurteilungsrisiko nie tolerierbar, da von Seiten des Gerichts vermeidbar – vgl. *Freund*, Probleme, S. 78 ff. und 96 f.
[376] Hierzu *Freund*, Probleme, S. 77 ff.
[377] *Freund*, Probleme, S. 68 Fn. 41.
[378] *Freund*, Probleme, S. 67 ff.
[379] *Freund*, Probleme, S. 69.
[380] So bereits *Volk*, Wahrheit, S. 12.
[381] *Freund*, Probleme, S. 70.

möglicherweise wirklich begangene Tat sei der Angeklagte aber nur, wenn er die Verwirklichung eines Fehlverurteilungsrisikos zu verantworten habe – nur dann habe er (quasi an dem Fehlurteil selbst) „Schuld".[382] So befinde sich der zum Rechtsgüterschutz verpflichtete Staat etwa bezüglich des Nachweises der subjektiven Tatseite in Bezug auf eine allumfassende Beweisaufnahme regelmäßig in Beweisnot. Dem Angeklagte sei es jedoch „in aller Regel ein leichtes, Gesichtspunkte vorzubringen, die als Anhalt für Gegenmöglichkeiten (Alternativhypothesen) bezüglich der Annahme des Vorliegens des subjektiven Tatbestandes dienen könnten"[383]. Der Angeklagte habe es daher regelmäßig in der Hand, durch seine Einlassung mögliche Alternativerklärungen aufzuzeigen. Seien diese in substantiierter Form vorgebracht worden und könne das Gericht sie nicht nach gesicherter empirischer Erkenntnis als Lüge entlarven, so habe es diese als möglich zu akzeptieren und dürfe sie nicht als bloße Schutzbehauptung werten. Denn ansonsten würde als eklatanter Verstoß gegen das Schuldprinzip in Kauf genommen, dass ein wirklich Unschuldiger verurteilt würde, ohne dass diesem eine zumutbare Möglichkeit der Vermeidung einer solchen materaliter unberechtigten Verurteilung zur Verfügung gestanden hätte.[384] Es ließe sich daher folgende Beweisregel aufstellen: „Der Angeklagte darf nicht wegen [einer] Vorsatztat verurteilt werden, wenn er z. B. nach der Beweislage zwar höchstwahrscheinlich vorsätzlich getötet hat, aber zu seiner Entlastung eine mögliche Alternativerklärung fehlenden Vorsatzes in einer von ihm allenfalls erwartbaren substantiierten Form gibt."[385]

Bringe der Angeklagte dagegen keine mögliche Alternativerklärung vor, obwohl dies von einem unschuldigen Angeklagten in der Regel zu erwarten sei, etwa durch die Darlegung eines Alibis, so habe er es sich letztlich selbst zuzuschreiben, wenn er unschuldig verurteilt würde – das entsprechende Fehlverurteilungsrisiko erscheine daher tolerabel.[386] Dies gelte nur dann nicht, wenn der Angeklagte „triftige Gründe" dafür habe, bestimmte entlastende Umstände nicht geltend zu machen, so dass ihm dieses unzumutbar sei. Bloße Affektionsinteressen etwa wie die „Wahrung der Ganovenehre" genügten aber genauso wenig wie rein materielle Interessenbeeinträchtigungen, beispielsweise wenn der angeklagte Arzt durch die Geltendmachung einer bestimmten Fehleinschätzung seine Karriere gefährden würde, weil bestimmte Eignungsmängel zutage träten.[387] Dies ergebe sich aus der Wertung des § 55 StPO, wo diese Interessen für ein Auskunftsverweigerungsrecht eines Zeugen nicht ausreichten[388] – Interesenbeeinträchtigungen, die einem Zeugen nach der Vorwertung des Gesetzes zumutbar seien, seien es auch einem Angeklagten.[389] Es müssten daher Rechtsnormen aufgestellt werden, wann entsprechend unseres empirischen Wissens

---

[382] *Freund*, Probleme, S. 70.
[383] *Freund*, Probleme, S. 86.
[384] *Freund*, StV 1991, 25 und *ders.*, FS Meyer-Goßner, S. 426 mit Fn. 53.
[385] *Freund*, FS Meyer-Goßner, S. 426.
[386] *Freund*, Probleme, S. 86 und 88, *ders.*, JuS 1995, 398 und *ders.*, JR 1988, 118.
[387] *Freund*, Probleme, S. 128 f.
[388] Vgl. *Meyer-Goßner*, § 55 Rn. 5.
[389] *Freund*, Probleme, S. 130.

ein eindeutiges Beweisergebnis bestehe, wann bei uneindeutigem Beweisergebnis eine tatsächliche Vermeidemöglichkeit einer Verurteilung für den Fall der Unschuld bestehe und wann die Wahrnehmung dieser tatsächlichen Vermeidemöglichkeit für den Angeklagten zumutbar sei.[390] Die bereits vorhandenen anerkannten Erfahrungssätze würden als „rudimentäre Entscheidungsnormen" lediglich „Trivialitäten" benennen, die dem normativen Problemgehalt noch nicht einmal annähernd gerecht würden; es seien vielmehr viel detailliertere Entscheidungsnormen vergleichbar der tatsächlichen Vermutung einer absoluten Fahuntüchtigkeit ab einer Blutalkoholkonzentration von 1,1 Promille[391] oder dem bereits vorgeschlagenen regelhaften Umgang mit der Konstellation der „Aussage gegen Aussage"[392] aufzustellen.[393]

bb) Das Verhaltensnormensystem von Stein

Ulrich Stein folgt in seinen Überlegungen zur „‚Gewißheit' und ‚Wahrscheinlichkeit' im Strafverfahren"[394] zwar dem Ansatz von *Freund*, dass die mit einer Verurteilung verbundenen Rechtseinbußen beim Angeklagten einschließlich einer Betroffenheit der Menschenwürdegarantie (Art. 1 GG) durch den Schuldvorwurf gegen die von Art. 74 Abs. 1, 103 Abs. 2 und 3 sowie 104 Abs. 3 GG vorausgesetzte Effektivität der Strafrechtspflege abzuwägen und ein Fehlverurteilungsrisiko daher nicht generell auszuschließen sei. Der Anteil der Fehlverurteilungen an der Gesamtzahl der Verurteilungen müsse nur der Tendenz nach sehr klein gehalten werden[395] (sog. „Prinzip der größtmöglichen Richtigkeitsgewähr der Tatsachenfeststellungen"[396]). Hierzu seien die verschiedenen Arten denkbarer Fehlverurteilungsrisiken daran zu messen, welche Bedeutung ihre Eingehung und Nichteingehung für die Effektivität der Strafrechtspflege hätte: „Haben die Zweifel, die an der Richtigkeit der zutreffenden Tatsachenfeststellung verbleiben, eine prinzipiell-erkenntnistheoretische Natur, d.h. beziehen sie sich auf die menschliche (Un-)Fähigkeit zur Erkenntnis der Wirklichkeit überhaupt oder darauf, dass ein heute als gesicherte wissenschaftliche Erkenntnis geltender Erfahrungssatz morgen aufgrund wissenschaftlichen Fortschritts widerlegt werden könnte, dann sind sie irrelevant, das aus ihnen resultierende Fehlverurteilungsrisiko ist also einzugehen; sonst wäre nie eine Verurteilung möglich."[397] Dies könne jedoch nur den Grundsatz bilden, da die Zweifel an der Gültigkeit eines Erfahrungssatzes etwa auch nur die Besonderheiten eines Teils der Erkenntnisse betreffen und so bereits einen „konkreten Zweifel" darstellen könne.[398]

---

390 Vgl. *Freund*, Probleme, S. 152.
391 Vgl. BGHSt. 37, 89ff., BGHSt. 45, 140ff. sowie ausführlich unten Zweiter Hauptteil, Viertes Kapitel, F, IV.
392 So *Sander*, StV 2000, 46ff. und *Meyer-Mews*, NJW 2000, 916ff.
393 *Freund*, FS Meyer-Goßner, S. 427f.
394 Theorie, S. 233ff.
395 *Ulrich Stein*, Theorie, S. 248ff.
396 *Ulrich Stein*, Theorie, S. 250.
397 *Ulrich Stein*, Theorie, S. 251.
398 *Ulrich Stein*, Theorie, S. 252f.

Zur notwendigen Konkretisierung der verfassungsimmanenten Schranken des Tatschuldgedankens[399] stellt *Ulrich Stein* jedoch – anders als *Freund*[400] – auf die Lehre von der objektiven Zurechnung als „Fundament einer Theorie der prozessualen Tatsachenfeststellung"[401] ab, speziell auf das Kriterium der unerlaubten Riskantheit des Verhaltens, also auf das „Erfordernis der Verhaltenspflichtwidrigkeit". Für jede denkbare Willensbetätigung des Bürgers habe die Rechtsordnung mittels Verhaltensnormen normativ vorgewertet, ob sie diese Willensbetätigung wegen ihrer Gefährlichkeit für ein Rechtsgutsobjekt verbiete (Unterlassungspflicht), wegen ihrer Nützlichkeit gebiete (Handlungspflicht) oder ob sie sie dem Bereich der Verhaltensfreiheit zuordne.[402] Halte sich der Bürger im Rahmen dieser Normen, so sei die Handlung selbst bei sich verwirklichender Gefahr nicht verhaltenspflichtwidrig, da der Bürger nur ein „erlaubtes Risiko" eingegangen sei.[403] Genauso wie dem Bürger vorgegeben werden könne, wie er sich in den einzelnen Situationen zu entscheiden habe, um sich nicht zumindest eines Fahrlässigkeitsdelikts strafbar zu machen[404], könnten dem Richter vergleichbare Entscheidungsnormen an die Hand gegeben werden, die bestimmen, ob er nach der vollständigen Ermittlung des Tatgeschehens und der Bildung eines eigenen Vorstellungsbildes hiervon zu verurteilen oder freizusprechen habe. Obgleich es sich hierbei stets um Einzelfallentscheidungen handeln werde, sei wie bei den Verhaltensnormen für den Bürger auch für den Richter ein „flächendeckendes", d.h. ein für jedes denkbare richterliche Vorstellungsbild eine Verhaltensanweisung bereithaltendes Entscheidungsnormensystem denkbar.[405] Es genüge nämlich die Formulierung des Grundgedankens in Form des Ergebnisses der Abwägung zwischen den Erfordernissen effektiver Strafrechtspflege und dem Tatschuldgedanken, damit der Richter für seinen Einzelfall sich eine Handlungsanweisung ableiten und das so normativ als richtig empfundene Fehlverurteilungsrisiko besser verantworten könne.[406]

cc) Kritik

Es kann zu den Verdiensten von *Freund* und *Ulrich Stein* gezählt werden, zutreffende normative Bedingtheiten richterlicher Entscheidungsfindung trotz Unmög-

---

[399] Ebenso die Einschätzung der Dogmatik *Steins* von *Erb*, FS Rieß, S. 81.

[400] Dessen Abstellen auf den Schuldgrundsatz hält er für untauglich: Eine „Haftung für mögliche Schuld" sei ein „wertungsmäßiges Paradoxon" – ein generelles „Anders-handeln-Können", auf das *Freund* abstelle, gebe es wegen des von ihm angenommenen Determinismus nicht, nur eine Em-pfindung „freier" Entscheidungen (*Ulrich Stein*, Theorie, S. 249). Vgl. zum Schuldverständnis nach den neuesten neurologischen Erkenntnis einer fehlenden Willensfreiheit bereits *Kraatz*, Fahrlässige Mittäterschaft, S. 185 Fn. 208.

[401] *Ulrich Stein*, Theorie, S. 233.

[402] *Ulrich Stein*, Theorie, S. 234.

[403] *Ulrich Stein*, Theorie, S. 258.

[404] Vgl. *Ulrich Stein*, Theorie, S. 258 f; auf die Nähe zur Fahrlässigkeit weist bereits *Freund*, FS Meyer-Goßner, S. 418 und 423 hin.

[405] *Ulrich Stein*, Theorie, S. 244f.

[406] *Ulrich Stein*, Theorie, S. 258 und 262f.

lichkeit genauer Erschließbarkeit des Sachverhalts und daher bloßer Wahrscheinlichkeitsurteile aufgezeigt zu haben. Der Richter muss sich bei seiner Tatsachenfeststellung stets bewusst sein, dass trotz vermeintlich eindeutiger Beweislage er sich hinsichtlich des historisch tatsächlich erfolgten Geschehens nie sicher sein kann und immer ein Fehlverurteilungsrisiko verbleibt, das er einzig mit dem umfassenden Rechtsgüterschutz des Strafrechts und seinen Strafzwecken zu legitimieren und zu tolerieren vermag. Gänzlich auszuschließen lässt sich die innersubjektive Überzeugungsbildung des Richters jedoch nicht durch ein Entscheidungsnormen- oder Verhaltensnormensystem. Dies liegt im Wesen der nach der Abschaffung der gesetzlichen Beweisregeln mit dem Prinzip der freien Beweiswürdigung an den Richter überantworteten Entscheidungsmacht, an einen Menschen, der das Tatgeschehen nur innersubjektiv rekonstruieren kann. Selbst, wenn ihm hierfür konkrete Normen vorgegeben wären, würde der Richter zumindest subjektiv darüber entscheiden, ob die Voraussetzungen der Entscheidungsnorm vorlägen, so dass letztlich diese subjektive Entscheidung den Ausschlag geben würde:

Im Entscheidungsnormensystem von *Freund* etwa wären philosophische wie fortschrittsbedingte Zweifel generell (von unzureichender Tatsachenermittlung abgesehen) nicht geeignet, einer Verurteilung entgegenzustehen; dies könnten nur sonstige Zweifel in einer nur bedingt eindeutigen Beweissituation. Hatte der Richter nun Zweifel an einer bestimmten Tatsachenhypothese, so müsste er diesem Modell zufolge zunächst ganz individuell entscheiden, welcher Art seine Zweifel seien. Dies erfolgt zwingend innersubjektiv unter Berücksichtigung emotionaler Belange.[407] Nehme er so etwa „sonstige Zweifel" an, so müsste er subjektiv noch die Vermeidbarkeit eines Schweigens des Angeklagten zu dieser Hypothese bewerten. Vergleichbar hätte der Richter nach dem Verhaltensnormenmodell von *Ulrich Stein* innersubjektiv die Effektivität der Strafverfolgung von der durch ein Fehlurteil erfolgenden Rechtseinbuße beim Angeklagten abzuwägen. Gibt man dem Richter keine konkreteren Anweisungen vor, könnte diese Abwägung neben rationalen (verfassungsrechtlichen) Überlegungen auch emotionalen Bedingtheiten folgen. Durch die dargelegten Modelle wird die subjektive Überzeugung also nur vom Beweismaß auf den Tatbestand der das Beweismaß bildenden Entscheidungsnormen vorverlagert.

Vollständig verbannen ließe sich die subjektive Überzeugung, wie ja im Ziel von den Anhängern der normativen Beweistheorie gewollt, nur, indem man dem Richter auch konkrete Handlungsanweisungen vorgäbe, wann er die Voraussetzungen der Entscheidungsnormen anzunehmen hätte. Für die Annahme der Voraussetzungen dieser Handlungsanweisungen müssten weitere Handlungsanweisungen bestehen etc. So bleibt nur ein endloser Entscheidungsnormenregress oder das Anknüpfen an umfassende gesetzliche Beweisregeln. Abgesehen davon, dass dieser beweisrechtliche Rückschritt weder von *Freund*[408] („keine holzschnittartige Form" der Ent-

---

[407] Auf die Schwäche von *Freunds* Modell weist bereits *Erb*, FS Rieß, S. 84 hin.

[408] FS Meyer-Goßner, S. 426, wenngleich er die Beweisregel des „Zweizeugenbeweises" oder eines Getändnisses übernehmen möchte, da dann jeweils das Restrisiko einer Fehlverurteilung tolerabel sei.

scheidungsnormen) noch von *Ulrich Stein*[409] gewollt ist, müssten starre Beweisregeln zum Erfassen aller denkbaren Beweissituationen streng abstrahieren, was (wie historisch gezeigt) mit erheblichen Fehlverurteilungsrisiken verbunden wäre. Deren Wiedereinführung dürfte daher nicht mehr ernstlich zur Disposition stehen. Es bleibt also beweismaßrechtlich nur die Wahl zwischen überholten starren Beweisregeln mit einem bloßen richterlichen „Abhaken bestimmter [objektiver] Umstände"[410] und dem Einfluss subjektiv-irrationaler Elemente.

Selbst wenn man diesen subjektiven Einfluss hinnehmen und die normative Theorie als zumindest subjektiv gefärbt anerkennen würde, wäre sie in derzeitiger Form kaum praktikabel, existiert doch kein Geflecht „flächendeckender" Entscheidungs- oder Verhaltensnormen. *Freund* selbst ruft zu einer Diskussion zur Einführung von bislang noch nicht existierenden (sein Schema ausfüllender) Entscheidungsnormen[411] auf. *Ulrich Steins* grundsätzliche Handlungsanweisung, zu verurteilen, „wenn eine Beweislage vorliegt, die nach dem Inhalt des Entscheidungsnormensystems einen Nachweis der Tatschuldverwirklichung darstellt", ist kaum konkreter. Einem Richter wird es schwer fallen, dies als neuen Maßstab seiner Entscheidungen zu akzeptieren[412] und erst nach seiner Überzeugung eine Entscheidungsnorm abzuleiten, nach der er dann seiner Überzeugung entsprechend über die Tatsachen entscheidet, anstatt sogleich nach seiner Überzeugung die Tatsachen festzustellen. Nachvollziehbar werden sich Verhaltensnormen auch schwer bilden lassen. Denn eine bewusste, an normativen Kriterien orientierte Entscheidung setzt begrifflich voraus, dass sich ihr Gegenstand erfassen lässt, was beim im konkreten Einzelfall bestehenden Fehlverurteilungsrisiko nicht der Fall ist.[413] Hierfür ist die Vielfalt der Wirklichkeit viel zu groß, als dass sie sich logisch einfangen und systematisieren lasse. Eine rein an normativen Kriterien ausgerichtete Entscheidung wird daher immer eine bloße „Illusion"[414] verbleiben, ein (im Hinblick auf die Gerechtigkeit: schöner) Wunschtraum. In der Realität sollte man sich mit der subjektiv-individuellen Bedingtheit des Beweismaßes abfinden.

b) Eine überzeugungersetzende Wahrscheinlichkeit

Dennoch hält sich wie im zivilprozessualen so auch im strafprozessualen Schrifttum beständig eine kleine Zahl von Stimmen im Schrifttum, die für einen objektiven Wahrscheinlichkeitsgrad als Beweismaß plädieren. Denn „who are we that we should insist on certainties in a world of no more at best than probabilities?"[415] Dieser Realität stellend müsse man sich „mit dem zufrieden zu geben, was unter normalen Bedingungen erreichbar" sei: „mit einem bestimmten Grad

---

409 Theorie, S. 250.
410 *Erb*, FS Rieß, S. 83.
411 FS Meyer-Goßner, S. 427.
412 Ebenso *Frauke Stamp*, Wahrheit, S. 242.
413 *Frister*, FS Grünwald, S. 180.
414 *Frister*, FS Grünwald, S. 181.
415 *Variable Verbalisties*, 11 Vand. L. Rev. (1958), 1413.

von Wahrscheinlichkeit“[416]. Denn wie lautet bereits *Rudolf Bruns* „vielzitierter Ausspruch“[417]: „Eine Überzeugung kann man kaum einer anderen entgegensetzen, die Überzeugungsbildung schwer angreifen. Über den Grad einer Wahrscheinlichkeit aber könnte man sich verständigen – oder mit Gründen streiten.“[418]

aa) Das schwedische Modell

Ausgangspunkt ist hier die schwedische Beweistheorie[419], die sich nicht nur in ganz Skandinavien[420] durchgesetzt hat, sondern die über den Schwedisch sprechenden deutschen Zivilrechtslehrer *Rudolf Bruns* und seinen Gedankenaustausch[421] mit dem einflussreichsten Vertreter des schwedischen Modells, dem Uppsaler Prozessrechtsprofessor *Ekelöf*, auch in der deutschen (zunächst) zivilprozessualen Diskussion[422] einen besonderen Stellenwert eingenommen hat.

Gesetzliche Grundlage ist in Schweden der „neue“ „Rättegångsbalken“[423] (kurz: RB) von 1942[424], der den gleichnamigen Prozessrechtsabschnitt („rättegång“ = Prozess, „balk“ = altschwedisch für Abschnitt) im Sveriges Rikes Lag (Gesetzbuch des schwedischen Reiches) von 1734 ersetzte und entsprechend der schwedischen Rechtstradition als einheitliches Zivil- und Strafprozessgesetz[425] (!) die als „kostbarer Schatz“[426] gehütete legale Beweistheorie einschließlich der Zwei-Zeugen-

---

416 *Musielak*, Grundlagen, S. 114.

417 *Michael Huber*, Beweismaß, S. 84.

418 *Rudolf Bruns*, Zivilprozessrecht, S. 245.

419 Vgl. zu dieser *Ekelöf/Borman*, Rättegång IV, S. 56, *Ekelöf*, ZZP 75 (1962), 289 ff., *ders.*, Scandinavian Studies in Law 8 (1964), 45 ff., *ders.*, FS Segni, S. 91 ff., *ders.*, FS Baur, S. 343 ff., *Bolding*, Scandinavian Studies in Law 4 (1960), 9 ff., *ders.*, Freiheit, S. 57 ff., *Stening*, Bevisvärde, S. 32 ff. (vgl. auch seine Kurzzusammenfassung in englischer Sprache auf S. 156 ff.) sowie *Lindell* in Nagel/Bajons, Beweis, S. 531 f.

420 Vgl. zu *Dänemark Waaben*, Scandinavian Studies in Law 9 (1965), S. 243 ff. (insbes. S. 247: „points of a scale of probabilities“) und *Smith* in Nagel/Bajons, Beweis, S. 76, zu *Norwegen Michelsen* in Nagel/Bajons, Beweis, S. 424 und zu *Finnland Möller* in Nagel/Bajons, Beweis, S. 139 ff. Bemerkenswert ist, dass in Finnland, das im zwölften und dreizehnten Jahrhundert von Schweden kolonisiert wurde und so einen Bestandteil des Schwedischen Reichs darstellte, das schwedische Recht galt und bis heute – wenngleich mit Aktualisierungen im schwedischen Geiste – gilt (vgl. zu dieser gemeinsamen Geschichte und Rechtsverbundenheit *Wrede*, Zivilprozessrecht, S. 4 ff., *Simson*, Zivil- und Strafprozeßgesetz, S. 2 und *ders.*, ZSR 63 [1944], 123 f.). Obwohl Vorpommern und Rügen von 1648 – 1814 zu Schweden gehörten, hat das schwedische Prozessrecht für das Recht des Deutschen Reiches keinen derartigen Stellenwert erreicht.

421 Von diesem berichtet *Ekelöf*, FS Baur, S. 343.

422 Vgl. nur *Rudolf Bruns*, Zivilprozessrecht, S. 243 ff., *ders.*, ZZP 91 (1978), 64 ff., *Musielak*, FS Kegel, S. 451 f., *Greger*, Beweis, S. 94 ff., *Evers*, Begriff, S. 81 ff. sowie *Michael Huber*, Beweismaß, S. 22 ff.

423 Sprich: „Rättegongsbalk“, vgl. *Simson*, ZSR 63 (1944), 122 Fn. 2.

424 Gesetz vom 17. Juli 1942, Svensk författningssamling 1942 Nr. 740, in Kraft getreten erst am 1. Januar 1948, da noch Ausführungsverordnungen erlassen werden mussten (vgl. *Simson*, Zivil- und Strafprozessgesetz, S. 3 und 26).

425 Vgl. *Simson*, Zivil- und Strafprozessgesetz, S. 25 und *ders.*, ZSR 63 (1944), 122.

426 *Simson*, Zivil- und Strafprozessgesetz, S. 6 und *ders.*, ZSR 63 (1944), 128.

Regel[427] nach 200 Jahren der freien Beweiswürdigung opferte. Wörtlich heißt es in RB 35:1[428]:

> „Das Gericht hat nach gewissenhafter Prüfung von allem, was sich ergeben hat, darüber zu entscheiden, was in dem Verfahren bewiesen worden ist."

Anders als in § 286 ZPO und § 261 StPO taucht hierin bewusst der Begriff der „Überzeugung" nicht auf, da der schwedische Gesetzgeber entsprechend den Motiven betonen wollte, dass der rein subjektive „Totaleindruck" des Richters vom Beweismaterial gerade nicht entscheiden dürfe.[429] Da eine absolute Gewißheit des Richters, wie sich das angeklagte Geschehen abgespielt habe, nicht möglich sei, könne er der Wahrheit nur nahe kommen – die Wahrheit werde so zu einem „Grenzwert, mit dem höchsten Grad von Wahrscheinlichkeit identisch"[430]:

> "Thus it would be true that by evidence in court we can never obtain wholly reliable knowledge about relevant facts. On the other hand, it is evident that in actual practice we make a distinction between statements which are certain and statements which are only probable. It would be ridiculous to state that the mortality of man is only a probability! It may well be that the truth founded upon induction is no more than a marginal value, and that strictly speaking truth, in this connection, means only the highest degree of probability!"[431]

Eine eigenständige Bedeutung könne der Überzeugung dann aber nicht mehr zukommen: Man nehme nur das zivilrechtliche Beispiel des Vaterschaftsprozesses, in dem der Sachverständige feststellt, die Wahrscheinlichkeit einer Vaterschaft des Beklagten betrage nur 1%; solle sich der Richter dann davon überzeugt fühlen, eine Vaterschaft liege nicht vor? Dies erscheine sonderbar, da die Überzeugung die durch die statistische Angabe gewonnene Kenntnis der Wahrscheinlichkeitswerte durch keinen einzigen Beitrag erweitern könne. Nichts anderes gelte, wenn die Aussage mehrerer Zeugen übereinstimme – auch hier spreche nur eine gewisse Wahrscheinlichkeit für die Wahrheit der Zeugenaussagen.[432] Diese alleine rechtfertige es, einen bestimmten Umstand als gegeben oder nicht gegeben anzusehen. Aufgabe der freien Beweiswürdigung könne es daher nicht sein, zur Überzeugung davon zu führen, was die Wahrheit sei; sie sei vielmehr als objektive (und damit kontrollierbare) Wahrscheinlichkeitsrechnung zu betrachten, mit der das Vorliegen von relevanten Fakten beurteilt werde.[433]

---

[427] Im alten Rättegångsbalken lautete diese übersetzt (durch *Simson*, ZSR 63 [1944], 141): „Zwei Zeugen, die miteinander übereinstimmen, sind voller Beweis. Ein Zeuge in der Sache selbst bildet nur einen halben Beweis, und dann muss sich der Beklagte durch einen Eid reinigen."

[428] Der neue Rättegångsbalken ist in 7 Abschnitte und 58 Kapitel eingeteilt. Da innerhalb der Kapitel die Paragraphennummerierungen stets erneut mit „§ 1" beginnen, muss man stets Kapitel und Paragraph nennen. Man schreibt dabei dem schwedischen Brauch folgend statt „Kapitel 35 § 1" nur „35:1" (vgl. zu dieser Zitierweise *Simson*, ZSR 63 [1944], 143 Fn. 35).

[429] Vgl. hierzu *Simson*, ZSR 63 (1944), 157 und *Michael Huber*, Beweismaß, S. 25.

[430] *Ekelöf*, ZZP 75 (1962), 292.

[431] *Ekelöf*, Scandinavian Studies in Law 8 (1964), 51.

[432] So die Kritik von *Bolding*, Freiheit, S. 59; vgl. zum Beispiel des Vaterschaftstests auch *Ekelöf*, ZZP 75 (1962), 292 und *Rudolf Bruns*, ZZP 91 (1978), 67.

[433] *Bolding*, Freiheit, S. 57.

Von diesem Ausgangspunkt her entwickelten drei Juristen, zwei Philosophen, ein Statistiker und ein Psychologe in Teamarbeit[434] eine komplexe Beweistheorie: Gegenstand war hierbei zunächst der Wahrscheinlichkeitsbegriff: „Was bedeutet es eigentlich, dass eine konkrete Tatsache mit einer Wahrscheinlichkeit von z.B. 75% vorliegt? […] Kehren wir die Fragestellung doch um und fragen wir stattdessen nach dem Beweiswert des Beweises!“[435] Dieser „Schlüsselbegriff“[436] (des Beweiswerts) bezeichne die Fähigkeit des Beweismittels, das Beweismaß zu erreichen. Ein Beweiswert von „1“ bedeute, dass das Beweisthema existiere, ein Wert von „0“ stehe dagegen dafür, dass ein Beweismittel keinerlei Aussage über die angeklagte Tat treffe, etwa dass die Aussage eines Zeugen falsch sei. Letzteres bedeute jedoch nicht, dass das Beweisthema nicht existiere (und etwa der Angeklagte nicht doch der Täter sei), sondern lediglich, dass das Beweisthema sich aus den konkreten Beweismittelaussagen nicht erschließen lasse.[437] Habe ein Beweismittel etwa einen Beweiswert von ¾, so sei die Existenz des Beweisthemas mit einer Wahrscheinlichkeit von 75% erwiesen; diese impliziere aber nicht, dass die Unwahrscheinlichkeit des Beweisthemas 25% sei, sondern mit dieser Wahrscheinlichkeit könne das Beweismittel nur keinerlei Aussage für oder gegen das Beweisthema liefern – die Wahrscheinlichkeit des Beweisthemas betrage also mindestens 75%.[438] Der Wert des Beweises ($^3/_4$) korrespondiere so mit dem Grad der Wahrscheinlichkeit seines Beweisthemas[439], also etwa des angeblich erfolgten Geschehens, von dem ein Zeuge berichte.

Nur in wenigen Fällen (wie etwa dem Vaterschaftsgutachten) würden dem Richter aber derartige genaue numerische Werte sachverständig vermittelt. Bei Zeugenaussagen sei dies unmöglich[440]. Es gebe eben „kein Thermometer, mit dem man die Stärke eines Beweiswertes messen kann“[441], „die Wirklichkeit lässt sich doch nicht in Grade einteilen“[442]. Denkbar seien stets nur Wahrscheinlichkeitsbezeichnungen wie „glaubhaft“, „vermutlich“, „erwiesen“ oder „offenbar“ über ein Beweismittel. Bei Beweisketten wie dem Zeugenbeweis (von der Aussage eines Zeugen wird auf seine Beobachtung des entscheidungserheblichen Geschehens und dann auf das Geschehen selbst geschlossen)[443] müssten die Wahrscheinlichkeiten der einzelnen Glieder multipliziert werden mit der Folge, dass mit der Zahl der Beweiskettenglieder der Beweis für das Schließglied der Kette schwächer werde[444] und damit auch die Einschätzung in den einzelnen Wahrscheinlichkeitskategorien. Bei unabhängigen Beweismittelaussagen für das gleiche Geschehen käme es zu einer Verstärkung

---

[434] Nachweise der Arbeiten aus den 1960er und 1970er Jahren bei *Ekelöf*, FS Baur, S. 343 Fn. 4.
[435] *Ekelöf*, FS Baur, S. 344.
[436] *Rudolf Bruns*, ZZP 91 (1978), 65.
[437] *Ekelöf*, FS Baur, S. 347f.
[438] *Ekelöf*, FS Baur, S. 349.
[439] *Ekelöf*, FS Baur, S. 349.
[440] *Ekelöf*, ZZP 75 (1962), 295 und *Bolding*, Scandinavian Studies in Law 4 (1960), 16.
[441] *Ekelöf*, FS Baur, S. 347.
[442] *Ekelöf*, FS Baur, S. 348.
[443] Hierzu *Ekelöf*, ZZP 75 (1962), 292f.
[444] *Ekelöf*, ZZP 75 (1962), 293 und *ders.*, FS Baur, S. 352f.

des Beweismittels, bei Gegenindizien (die der Feststellung eines Umstandes konträr gegenüber stehen wie z.B. beim Alibi-Beweis, dass der Beklagte sich an einem anderen Ort befunden habe) zu einer Abschwächung je nach dem Beweiswert des Gegenindizes.[445] Für jede einzelne Beweissituation lasse sich so zumindest eine grobe Angabe des Beweiswertes geben.

Da die Wahrscheinlichkeit des Beweisthemas des Beweismittels hiermit korrespondiere, sei diese Wahrscheinlichkeitseinteilung auch auf die Wahrscheinlichkeit des Themas zu beziehen[446]: Sei ein Zeuge „glaubhaft“[447], so sei auch das von ihm geschilderte historische Geschehen mit dem Grad „glaubhaft“ so geschehen. So entstehe eine Wahrscheinlichkeitsskala[448]:

Rättsfaktum existerar ej (Nichtexistenz des Tatbestandes)
1 = uppenbart (offenbar)
|
styrkt/visat (erwiesen)
|
sannolikt (vermutlich)
|
antagligt (glaubhaft)
|
0
|
antagligt (glaubhaft)
|
sannolikt (vermutlich)
|
styrkt/visat (erwiesen)
|
1 = uppenbart (offenbar)
Rättsfaktum existerar (Existenz des Tatbestandes)

Erwiesen sei der Umstand nun nicht immer erst, wenn der Wert „offenbar“ erreicht sei, sondern der schwedische Gesetzgeber habe in seltenen Fällen sogar konkrete Anweisungen über das ausreichende Beweismaß getroffen[449] im Sinne von „Wenn A ist, so gilt B, es sei denn, dass C gewiss, resp. vermutlich, wahrscheinlich oder offenbar sei“[450]. Die Vorschrift sage mit seiner einschränkenden Formulierung „es sei denn“ nicht nur, dass „B“ die Regel sei und der Beklagte da-

---

[445] Vgl. zu den Phänomenen der Zusammenwirkung und Gegenwirkung umfassend *Ekelöf*, FS Baur, S. 353ff. Für den Fall numerischer Bezifferungen hat *Ekelöfs* Schüler *Stening*, Bevisvärde, S. 80 und 109 konkrete mathematische Formeln aufgestellt.

[446] *Ekelöf*, FS Baur, S. 349.

[447] Dieser ins Deutsche übertragene Ausdruck der schwedischen Wahrscheinlichkeitsskala ist im sonstigen deutschen Verständnis freilich unzutreffend, da nur Aussagen *glaubhaft* sein können, Personen können nur *glaubwürdig* sein.

[448] Nach *Ekelöf*, FS Baur, S. 352 und *Ekelöf/Borman*, Rättegång IV., S. 56 und 140. Ähnlich sieht das Modell von *Bolding*, Freiheit, S. 16 aus: „JA – offenbar – wahrscheinlich – vermutlich – + – vermutlich – wahrscheinlich – offenbar – NEIN“.

[449] *Lindell* in Nagel/Bajons, Beweis, S. 531.

[450] *Ekelöf*, ZZP 75 (1962), 298.

her den Ausnahmefall „C" zu beweisen habe, sondern gibt zugleich an, mit welcher Stärke dieses Merkmal bewiesen werden müsse.[451] In der Regel werde dieser Wert unter dem Grad „offenbar" liegen, wie die Positionierung des Grades „erwiesen" auf der Skala verdeutliche, aber schon deutlich jenseits des Beweismittelpunktes[452].

Enthalte das materielle Recht wie in den meisten Fällen dagegen keine derartige Beweismaßvorgabe, so sei diese durch (insbesondere teleologische) Auslegung der anwendbaren materiellen Vorschrift zu ermitteln[453], im Strafrecht also unter Berücksichtigung des geschützten Rechtsguts. Eine Anklage wegen leichter körperlicher Misshandlung bräuchte daher nur auf schwächeren Beweisen beruhen als eine Anklage wegen Mordes. Bei den leichtesten Vergehen begnüge man sich gar mit einer derart mäßigen Beweisstärke, dass jede Art des Geständnisses bereits für den Schuldspruch ausreiche und das Gericht deren Richtigkeit noch nicht einmal überprüfen bräuchte.[454] Faktisch entspreche das (variable) Beweismaß bei leichteren Vergehen so dem für den schwedischen Zivilprozeß grundsätzlich geltenden „Överviktsprincip"[455], zu deutsch: Überwiegensprinzip: Lege die betroffene materielle Norm keine besonderen Anforderungen an eine besonders hohe Wahrscheinlichkeit an, so sei zugunsten jener Partei (der schwedische Strafprozess ist als Parteienprozess mit gemischter Beibringungs- und Amtsaufklärungsmaxime ausgestaltet: Ankläger bzw. Privatkläger gegen Angeklagten[456], die für ihre Beweiserhe-

451 Vgl. *Ekelöf*, ZZP 75 (1962), 298.

452 *Ekelöf*, ZZP 75 (1962), 296.

453 *Ekelöf*, ZZP 75 (1962), 297.

454 *Ekelöf*, ZZP 75 (1962), 296f.

455 Hierzu *Lindell* in Nagel/Bajons, Beweis, S. 532, *Ekelöf*, ZZP (1962), 298, *Bolding*, Freiheit, S. 61 und *ders.*, Scandinavian Studies in Law 4 (1960), 19. Beispiel: „In einem schwedischen Rechtsstreit hatten zwei Bauern ihre Pferde zur selben Zeit an eine dritte Person übergeben, damit sie auf die Sommerweide kämen. Als die Pferde abgeholt werden sollten, zeigten beide Bauern auf dasselbe Pferd und riefen: ‚Dieses schöne Pferd ist eines von meinen Pferden!' Das Gericht hatte dann zur Frage des Eigentums Stellung zu nehmen: Welcher der beiden Bauern sollte die Beweislast haben? Die Antwort muss lauten, dass keiner von ihnen auf Kosten des anderen begünstigt werden und deshalb allein das Wahrscheinlichkeitsübergewicht entscheiden dürfe. Was die Beweislast betraf, musste man die Grenze also mitten auf der Wahrscheinlichkeitsskala ziehen" (*Bolding*, Freiheit, S. 62). Dies macht trotz der generellen Wahrscheinlichkeitskonzeption einen Anscheinsbeweis überflüssig (so ausdrücklich *Ekelöf*, ZZP 75 [1962], 299ff., *Bolding*, Freiheit, S. 60 und *ders.*, Scandinavian Studies in Law 4 [1960], 24), der von *Ekelöf*, FS Baur, S. 351 gar als „ein Überbleibsel der legalen Beweistheorie" bezeichnet wird. Sein Wesen ist bereits im schwedischen Konzept integriert und dort etwas „so selbstverständliches, dass man dafür kaum einen besonderen juristischen Begriff" (*Bolding*, Freiheit, S. 60.) brauche: Beim variablen schwedischen Beweismaß je nach der in Rede stehenden materiell-rechtlichen kann man bei bestimmten Normen von vornherein eine geringere Beweisstärke ausreichen lassen als bei anderen, vgl. zu diesem dogmatischen Unterschied *Ekelöf*, ZZP 75 (1962), 300.

456 Diese Angleichung im Grundsatz (Parteienprozess im Zivil- wie Strafprozess) ermöglicht aufgrund langer schwedischer Rechtstradition die gemeinsame Kodifizierung von Zivil- und Strafprozess – vgl. hierzu *Simson*, Zivil- und Strafprozessgesetz, S. 25. Eine noch konsequentere Ausgestaltung des Strafprozesses als Parteienprozesses forderte gar *Ekelöf*, Un-

bung selbst zu sorgen haben, lediglich ergänzt durch Beweiserhebungen von Amts wegen[457]) zu entscheiden, deren entscheidungserheblicher Tatsachenvortrag sich als wahrscheinlicher erweise, wobei schon ein geringes Überwiegen ausreiche[458]. Von Fall zu Fall sei so zu entscheiden, ob der Wahrscheinlichkeitsgrad eines statistischen Erfahrungssatzes ausreiche, um mit seiner Hilfe die Beweislücke von der Beweismittelaussage hin zur zu beweisenden Tatsache zu überbrücken.

bb) Übertragung ins deutsche Recht

Ab Mitte der 1960er Jahre hat es vermehrt Bestrebungen gegeben, diese schwedische Wahrscheinlichkeitslehre auf das deutsche (zunächst Zivil-, dann Straf-) Recht zu übertragen. So solle der Richter zwar nach seiner subjektiven Überzeugung von der *Wahrheit* (und eben nicht im Sinne der früheren Rechtsprechung von einer Wahrscheinlichkeit) entscheiden. Er sei aber gezwungen, beim Vorliegen eines bestimmten objektiven Wahrscheinlichkeitsgrades subjektiv überzeugt zu sein. Oder in den Worten von *Blomeyer*[459]: „Liegt ein solcher [gemeint: ein jeden vernünftigen Zweifel ausschließender] Grad von Wahrscheinlichkeit für die Behauptung vor, so ist der Richter verpflichtet, die Feststellung zu treffend, auch wenn ihm die volle Überzeugung fehlen sollte“, denn zweifeln dürfe er wegen der Bindung an allgemein anerkannte objektive Aussagen dann nicht mehr[460].

Innerhalb eines derartigen objektiven Beweismaßansatzes wird im *Zivilrecht* – teilweise berechnet nach mathematischen Formeln[461] – mal eine überwiegende Wahrscheinlichkeit entsprechend des schwedischen Überwiegensprinzips als zivilprozessuales Regelbeweismaß vertreten[462], mal sogar eine hohe Wahrscheinlichkeit bzw. eine an Sicherheit grenzende Wahrscheinlichkeit als Beweismaß gefor-

---

tergerichtsverfahren, S. 15 wegen der „radikalen Unmittelbarkeit für die freie Beweiswürdigung“.

457 Vgl. RB 35:6:„Den Parteien obliegt es, für die Beweisführung Sorge zu tragen. Das Gericht darf auch von Amts wegen Beweise erheben, wenn es dies für erforderlich hält. [...]“

458 *Bolding*, Scandinavian Studies in Law 4 (1960), 19; so auch das Verständnis des Prinzips durch *Musielak*, FS Kegel, S. 452.

459 *Blomeyer*, 46. DJT, S. 16.

460 *Hainmüller*, Anscheinsbeweis, S. 39f. und *Michael Huber*, Beweismaß, S. 120. Ähnlich eine Bindung bejahend *Tietgen*, 46. DJT, S. 80.

461 Hierum hat sich maßgeblich *Rupert Schreiber* in seiner „Theorie des Beweiswertes für Beweismittel im Zivilprozeß“ (1968), S. 20ff. bemüht; ähnliche Ansätze finden sich bereits bei *Ball*, 14 Vand. L. Rev. (1961), 827. Vgl. zur berechtigten Kritik an diesem Ansatz *Eleonora Bourmistrov-Jüttner*, Subjektive Wahrscheinlichkeitstheorie, S. 104 und *Koch/Rüßmann*, Begründungslehre, S. 311f.

462 Zu den Vertretern zählen etwa *Kegel*, FG Kronstein, S. 343, *Rudolf Bruns*, Zivilprozessrecht, S. 246f., *ders.*, ZZP 91 (1978), 70f., *Maassen*, Beweismaßprobleme, S. 9, *Motsch*, NJW 1976, 1389, *Jochen Schröder*, FamRZ 1969, 349f., *Heescher*, Untersuchungen, S. 61 sowie *Wiese*, ZRP 1998, 27ff. (ein Konzept, das „dem deutschen Recht zu einem Teil fremd“ sei). Dieses Beweismaß entspreche nach *Kegel*, FG Kronstein, S. 344, dem ersten Vertreter dieser Ansicht, dem Gerechtigkeitsprinzip: „Wenn wir schon nicht sicher oder fast sicher sein können, geben wir immer noch besser dem recht, der wahrscheinlich recht hat, als dem, der wahrscheinlich unrecht hat.“

dert[463]. Für den *Strafprozess* sind sich die Anhänger einer objektiven Beweismaßtheorie aber einig, dass dort jedenfalls ein erhöhter Wahrscheinlichkeitsmaßstab zu verlangen sei. Denn die Interessen des Beschuldigten an der Unversehrtheit seiner Freiheit, seines Eigentums und seiner Ehre überwiege dem Interesse der Gesellschaft an einer Bestrafung wesentlich, was sich im Beweismaß für einen Schuldspruch widerspiegeln müsste. „Wiegen die Folgen eines Fehlurteils nach der einen Seite – im Strafprozess beispielsweise die Verurteilung eines Unschuldigen – [nämlich] schwerer als nach der anderen Seite, so wird darin ein rechtfertigender Grund gesehen, durch höhere Wahrscheinlichkeitsanforderungen die Entscheidung zum Vorteil einer bestimmten Sachverhaltsgestaltung zu begünstigen, um den folgenschweren Fehler möglichst zu vereiden."[464] Ansonsten würde man dem Richter zugestehen, bewusst und ausdrücklich von 100 Beschuldigten, deren Täterschaft mit 51% Wahrscheinlichkeit feststünde, 49 Unschuldige zu verurteilen.[465] Gefordert wird daher auch hier eine „hohe Wahrscheinlichkeit"[466], von anderen gar eine „nahe an dem Grenzwert 1" (also nahe 100%) liegende Wahrscheinlichkeit[467], eine „so hohe Wahrscheinlichkeit [...], dass es unvernünftig wäre, der entgegengesetzten Annahme zu folgen"[468], ein „an Gewissheit angrenzender Grad von Wahr-

[463] So etwa *Musielak*, Grundkurs ZPO, Rn. 461, *Musielak/Stadler*, JuS 1980, 428f., *Michael Huber*, JR 1985, 178 und *ders.*, Beweismaß, S. 115:

	1	
„sicher		.... Beweismaßerhöhung
hoch wahrscheinlich		.... Regelbeweismaß
sehr wahrscheinlich		.... Beweismaßreduzierung
überwiegend wahrscheinlich		.... Beweismaßreduzierung
	0,5	
	0."	

Nur so ließen sich Beweiserleichterungen wie die bloße Glaubhaftmachung (§ 294 ZPO) für einzelne Prozesssituationen (so etwa für die Geltendmachung des Zeugnisverweigerungsrechts nach § 386 Abs. 1 ZPO, für den Grund zur Ablehnung eines Richters nach § 44 Abs. 2 S. 1 ZPO und eines Sachverständigen nach § 406 Abs. 3 ZPO oder für den Grund zur Vorlegung der Urkunde durch den Gegner gemäß § 424 Nr. 5 ZPO) erklären, die unterhalb des Regelbeweismaßes liegen müsste, um nicht selbst in diesem aufzugehen und so als eigenständige Gesetzesanweisung überflüssig wäre (in diese Richtung *Michael Huber*, Beweismaß, S. 122). Wegen des reinen Wahrscheinlichkeitsbeweismaßes wären Schlüsse mit Hilfe statistischer Erfahrungssätze, die einen (den Grundsätzen des Anscheinsbeweises entsprechend) notwendigen hohen Wahrscheinlichkeitsgrad vermitteln, generell ausreichend – der Anscheinsbeweis als eigenständige Rechtsfigur wäre dagegen entbehrlich.

[464] *Musielak*, FS Kegel, S. 451 f.

[465] *Greger*, Beweis, S. 113.

[466] *Herdegen*, NStZ 1987, 197ff., *ders.*, FS Boujong, S. 782 und *ders.*, JZ 1998, 56, wenngleich er nicht auf die subjektive Überzeugung verzichten will und nur verlangt, dass das Überzeugungsergebnis objektiv nachvollziehbar mit einer hoher objektiven Wahrscheinlichkeit begründe werde (*Herdegen*, NStZ 1987, 198 und *ders.*, FS Boujong, S. 782) – Überzeugung sei eine „hochgradige Wahrscheinlichkeit überkreuzt mit subjektiver Nichtbezweiflung" (*Herdegen*, FS Kleinknecht, S. 179; so zuvor bereits *Rieß*, GA 1978, 277).

[467] *Schöneborn*, Wiederaufnahmeproblematik, S. 108.

[468] *Geyer*, Strafproceßrecht, S. 693.

scheinlichkeit"[469] oder eine – in der Rechtsprechung seit 1917 vertretene – „an Sicherheit grenzende Wahrscheinlichkeit"[470].

cc) Hoyers Wahrscheinlichkeitsmodell

Einen festen zahlenmäßigen Wahrscheinlichkeitsgrad für alle angeklagten Delikte hat bislang einzig *Hoyer*[471] entwickelt: Dieser ergebe sich bei ihm aus einer „Güter-(bzw. Prinzipien-)abwägung" zwischen dem Erfordernis einer wirkungsvollen Strafrechtspflege im Interesse des Rechtsgüterschutzes und dem Freiheitsinteresse des unschuldig Verurteilten[472] im Sinne einer Art „Umrechnungskurs": „Wie viele Unschuldige dürfen um der Effektuierung des Strafrechtswillens geopfert werden bzw. wieviel Wirksamkeitsverlust muss das Strafrecht hinnehmen, um ja keinen Unschuldigen zu behelligen?"[473] Dieses Verhältnis sei – insoweit anders als beim schwedischen Modell – bei allen Delikten gleich: Das Freiheitsinteresse des (unschuldig) Verdächtigten sei zwar bei Mord etwa schwerer betroffen als bei unterlassener Hilfeleistung, dafür sei auf der anderen Seite der Waagschale aber auch das gesellschaftliche Interesse am Rechtsgüterschutz beim Mord stärker.[474]

Ausgangspunkt einer zahlenmäßigen Bestimmung sei eine Sentenz von *Friedrich II.*: „Il vaudrait mieux pardonner à vingt coupables que de sacrifier un innocent."[475] Diesen Umrechnungskurs von 20:1 für das Freiheitsinteresse des Verdächtigten sieht *Hoyer* auch im heutigen Strafrecht als normiert an: Beim Freiheitsinteresse gehe es um den status negativus, nicht unschuldig mit Sanktionen überzogen zu werden, d. h. nicht „Opfer" eines Rechtsgutseingriffs zu werden. Dies schütze der Staat, indem er bestimmte Begehungsdelikte unter Strafe stelle. Beim Rechtsgüterschutz gehe es dagegen um den Erhalt positiver Rechte, dem Schutz des status positivus, der strafrechtlich durch die Bestrafung bestimmter Unterlassungsdelikte sichergestellt werde. Gehe man vom Lebensschutz aus, so betrage die Maximalstrafe für Mord (§ 211 StGB) als Eingriff in den status negativus lebenslang, mit der Möglichkeit einer Reststrafenaussetzung nach frühestens 15 Jahren (§ 57a Abs. 1 StGB). Eine entsprechende Unterlassungstat bei fehlender Garantenstellung habe nach § 323c StGB eine Strafandrohung von bis zu 1 Jahr Freiheitsstrafe. Unter Berücksichtigung einer Reststrafenaussetzung (§ 57 Abs. 1 StGB) nach Verbüßung von 2/3 der Strafe verblieben 8 Monate Freiheitsstrafe. Daraus ergebe sich das heutige Verhältnis zwischen dem Schutz des status negativus und des

---

469 RGSt. 15, 151 (153).

470 RGSt. 51, 127, RGSt. 58, 130 (131), BGHSt. 10, 208 (210), BGH, NJW 1955, 1487 und BGH, MDR 1956, 144; ähnlich RGSt. 61, 202 (206). Ebenso im Schrifttum: *Karl Peters*, ZStW 94 (1982), 1006, *Fincke*, GA 1973, 266ff., *Bohne*, NJW 1953, 1377, *Gerhard Walter*, Beweiswürdigung, S. 190, *Heescher*, Untersuchungen, S. 65ff. und *Maassen*, Beweismaßprobleme, S. 9; ähnlich *Kegel*, FG Kronstein, S. 342.

471 ZStW 105 (1993), 523ff.

472 *Hoyer*, ZStW 105 (1993), 537f.

473 *Hoyer*, ZStW 105 (1993), 538.

474 *Hoyer*, ZStW 105 (1993), 539.

475 Zitiert nach *Hoyer*, ZStW 105 (1993), 539.

status positivus von 15 Jahren (§ 211 StGB mit § 57a StGB) zu 8 Monaten (§ 323c StGB mit § 57 StGB) = 22,5:1[476]: „Das Schutzinteresse (FI) potentieller Täter überwiegt das Schutzinteresse (SI) potentieller Opfer damit ebenfalls im Verhältnis 22,5:1."[477] Um einen Verdächtigen dennoch verurteilen zu dürfen, müsse der Verdachtsgrad (P) damit so hoch sein, dass er das abstrakte Überwiegen des Freiheitsinteresses überwiege:

$$„P = \frac{FI}{(FI + SI)} = \frac{22,5}{23,5} = 0,9574, \text{ d.h. ca. 96 Prozent"}^{478}.$$

Liege diese Wahrscheinlichkeit vor, so verbliebe für eine subjektive richterliche Beweiswürdigung kein Spielraum mehr[479] und auch der Grundsatz in dubio pro reo verliere hiermit seine Bedeutung; beide Grundsätze seien vielmehr mit ihrer rechtlichen Wertigkeit in den zu fordernden Wahrscheinlichkeitsmaßstab von 96% eingeflossen[480].

Bezugspunkt dieser Wahrscheinlichkeit sei jedoch nicht nur die Schuldwahrscheinlichkeit, sondern auch der zum Erschließen des Geschehens mittels Erfahrungssätzen objektiv bestehende Anerkennungsgrad eines jeden Erfahrungssatzes unter den Fachwissenschaftlern. Liege etwa das Indiz I vor und werde der Erfahrungssatz „Wenn Indiz I vorliegt, hat der Angeklagte die Tat in 100 Prozent aller Fälle begangen" von 96% aller Fachwissenschaftler anerkannt, so betrage die Schuldwahrscheinlichkeit (in ausreichendem Maße) 96 Prozent.[481] Enthalte der Erfahrungssatz dagegen selbst nur eine Wahrscheinlichkeitsaussage (wie bei den statistischen Erfahrungssätzen), so betrage die Schuldwahrscheinlichkeit das Produkt aus „Anerkennungsquote" und „anerkanntem Wahrscheinlichkeitsgrad" des Erfahrungssatzes.[482] Liege etwa das Indiz I vor und werde der Erfahrungssatz „Wenn Indiz I vorliegt, hat der Angeklagte die Tat in 90 Prozent aller Fälle begangen" von 97 Prozent aller Fachwissenschaftler anerkannt, so betrage die Schuldwahrscheinlichkeit nur 0,9 x 0,97 = 0,873 = 87,3 Prozent und damit weniger als die zu fordernde Schuldwahrscheinlichkeit von 96 Prozent. Ein derartiger Erfahrungssatz dürfte daher vom Tatrichter nicht angewandt werden.[483] Augenfällig begrenzt dieser hohe Wahrscheinlichkeitsmaßstab die Möglichkeit eines Schlusses auf historische Tatsachen mittels statistischer Erfahrungssätze auf eine geringe Zahl.

---

476 *Hoyer*, ZStW 105 (1993), 540f.
477 *Hoyer*, ZStW 105 (1993), 541.
478 *Hoyer*, ZStW 105 (1993), 541.
479 *Hoyer*, ZStW 105 (1993), 544ff.
480 *Hoyer*, ZStW 105 (1993), 553.
481 *Hoyer*, ZStW 105 (1993), 547.
482 *Hoyer*, ZStW 105 (1993), 548.
483 Ein ausdrückliches Beispiel nennt *Hoyer* hier nicht, so dass zur Anschauung ein eigenes Beispiel entwickelt wurde.

dd) Kritik

Bei einer kritischen Betrachtung der dargelegten objektiven Wahrscheinlichkeitstheorien sollte man den Einfluss von Wahrscheinlichkeiten auf die tatrichterliche Sachverhaltsfeststellung nicht von vornherein verteufeln.[484] Die Verwendung von Wahrscheinlichkeiten zur Rationalisierung der richterlichen Sachverhaltsfeststellung liegt vielmehr sogar nahe, bringen rein objektiv wahrscheinliche Geschehensabläufe des Einzelfalles doch eine Nachvollziehbarkeit des Urteilsspruchs unter den Verfahrensbeteiligten und Prozessbeobachtern mit sich, die das Urteil aus dem Bereich des Irrational-Willkürlichen herausheben könnten. Hiermit wäre auch nicht – wie teilweise befürchtet[485] – zwingend eine Veränderung der materiellen Normen (im Sinne etwa von „wer mit hoher Wahrscheinlichkeit einen Menschen getötet hat, wird mit Freiheitsstrafe nicht unter 5 Jahren bestraft") entgegen dem klaren Wortlaut verbunden. Zwar ordnet beispielsweise § 212 Abs. 1 StGB an, dass bestraft wird, wer tatsächlich einen Menschen tötet. Wie jede andere materiell-rechtliche Norm ist diese aber stets im Verbund mit den ihnen dienenden Prozessvorschriften zu sehen, die sie erst durchsetzen. Genauso wie für einen Haftbefehl der Beschuldigte nicht der wahre Täter des Delikts sein muss, sondern ein dringender Tatverdacht (§ 112 Abs. 1 StPO) im Sinne einer „hohen Wahrscheinlichkeit"[486] für die Deliktsbegehung ausreicht, könnte man die Pflicht zum richterlichen Überzeugtsein beim Vorliegen eines bestimmten objektiven Wahrscheinlichkeitsgrad als den für eine Verurteilung notwendigen Verdachtsgrad ansehen: Verurteilt und bestraft würde – da eine absolute Gewissheit unmöglich sei – wegen Totschlags nicht, wer tatsächlich die Tat begangen habe (Dies könnte ein Richter nie mit 100%-iger Sicherheit feststellen, was die Strafverfolgung lahm legen würde!), sondern bereits wenn für die Tatbegehung durch den Beschuldigten ein bestimmter objektiver Wahrscheinlichkeitsgrad vorläge und der Richter daher zwingend von der Tatbegehung iSd § 261 StPO überzeugt wäre.

Ein derartiges Wahrscheinlichkeitsmodell steht und fällt aber mit seiner praktischen Durchführbarkeit. Da jeder grobe Maßstab wie eine „hohe Wahrscheinlichkeit" dem zur Entscheidung berufenen Richter einen weiten subjektiven Spielraum lassen würde, was für ihn generell wie im konkreten Einzelfall gerade „hoch wahrscheinlich" sei (jeder Richter würde das anders sehen), bedarf es für ein rein objektives Beweismaßmodell schon eines numerischen Maßwertes und der Mög-

[484] Dies könnte man, indem man als Folge der Wahrscheinlichkeitstheorie behaupten würde: Die meisten Beschuldigten werden schuldig gesprochen, also ist es wahrscheinlich, dass auch der Beschuldigte des vorliegenden Falles schuldig ist; ohne weitere Beweisaufnahme können wir daher den Beschuldigten verurteilen; eine vergleichbare Formulierung findet sich bei *Diederichsen*, KF 1966, 46.

[485] So *Ulrike Unger*, Kausalität, S. 141 für den Strafprozess und für den Bereich des Zivilrechts *Greger*, Beweis, S. 111ff. (112: „Nach ihm [BGB] haftet derjenige, der das Rechtsgut eines anderen verletzt hat, nicht der, der es wahrscheinlich verletzt hat") sowie *Arens*, ZZP 88 (1975), 32 (schon der Verdacht einer unerlaubten Handlung würde die Gefahr der Verurteilung mit sich bringen, weil es vom Verdacht zu 51% Wahrscheinlichkeit kein weiter Weg sei).

[486] *Beulke*, Strafprozessrecht, Rn. 210.

lichkeit einer objektiv numerischen Berechnung der Wahrscheinlichkeit der einzelnen Indizien sowie ihrer gegenseitigen Verstärkung oder Abschwächung. Hinsichtlich des zu fordernden konkreten Wahrscheinlichkeitswertes kann *Hoyer* zwar zunächst darin zugestimmt werden, dass dieser entgegen dem schwedischen Modell für jedes Delikt gleich sein müsste, da im Rahmen der Abwägung zwischen der Effektivität der Strafverfolgung und dem Freiheitsinteresse des Beschuldigten mit der Bedeutung des Delikts (z.B. aus Körperverletzung wird Mord) neben der Schwere der Rechtseinbuße beim Beschuldigten (durch eine Fehlverurteilung) auf der anderen Seite auch das staatliche Strafverfolgungs- und Bestrafungsinteresse wächst. Die einzelnen Waagschalen werden so in ihrem Verhältnis nicht verändert. Würde man demgegenüber den Wahrscheinlichkeitsmaßstab nämlich entsprechend des vom jeweiligen Delikt geschützten Rechtsguts bestimmen, bestünde die rechtsstaatliche Gefahr, dass bei Delikten mit geringer Strafandrohung aber hochrangigem Rechtsgut eine derart geringe Nachweiswahrscheinlichkeit ausreichen würde, die faktisch zu einer (unzulässigen) Beweislastumkehr führen würde. Realisiert hat sich dies etwa in einem Urteil des Obersten Gerichtshof Schwedens vom 1. November 1948 (Staatsanwaltschaft v. Alerstam)[487]:

> Ein Elch wurde vom Beschuldigten geschossen und tot auf einem Gebiet gefunden, auf dem der Beschuldigte kein Jagdrecht besitzt. Der Beschuldigte plädierte auf „unschuldig", da er den Elch bereits auf seinem Jagdgebiet geschossen und tödlich verwundet hätte und der Elch sich nur noch verwundet auf das fremde Territorium geschleppt hätte. Wegen des Schutzes wildlebender Tiere bürdete der Oberste Gerichtshof dem Beschuldigten die Beweislast dafür auf, dass seine Einlassung wahr sei. Da der Beschuldigte dem schuldig blieb, wurde er wegen Jagdwilderei verurteilt.[488]

Ob man den zu fordernden, festen numerischen Wert aber wie *Hoyer* bei 95,74%, bzw. bei ca. 96% ansetzt, erscheint mehr als fraglich. Die Herleitung *Hoyers* wirkt doch ziemlich gekünstelt und „reichlich willkürlich", so dass sie „dem besonderen verfassungsrechtlichen Stellenwert einer Vermeidung von Fehlverurteilungsrisiken kaum gerecht werden"[489] kann. So könnte man genauso gut dem Gesetz entnehmen, dass der Totschlag (§ 212 Abs. 1 StGB) eine Höchststrafenandrohung von 15 Jahren Freiheitsstrafe hat und die unterlassene Hilfeleistung (§ 323c StGB) von einem Jahr Freiheitsstrafe, so dass das Verhältnis zwischen dem Schutz des status negativus und des status positivus 15:1 betrage mit der Folge einer zu fordernden Wahrscheinlichkeit von 93,75%. Oder man könnte die Strafandrohung für die Geldfälschung (§ 146 Abs. 1 StGB) von bis zu 15 Jahren Freiheitsstrafe (§ 38 Abs. 2 StGB) mit der Höchststrafe der Nichtanzeige geplanter Geldfälschung (§ 138 Abs. 1 Nr. 4 StGB) von 5 Jahren vergleichen und so zu einem Verhältnis zwischen dem Schutz

---

[487] NJA 1948, 675ff. Eine englische Darstellung des Sachverhalts findet sich bei *Bolding*, Scandinavian Studies in Law 4 (1960), 26 Fn. 2.

[488] Bereits *Bolding*, Scandinavian Studies in Law 4 (1960), 26 Fn. 2 als Verfechter des schwedischen Beweismodells bezweifelt, dass die Tierschutzinteressen „are so strong that they can justify moving the point of proof all the way from one part of the scale of probability to the other".

[489] *Erb*, ZStW 113 (2001), 24; ähnlich *Sybil Denicke*, Kausalitätsfeststellungen, S. 68: die Bestimmung eines „Umrechnungskurses" sei „geradezu absurd".

des status negativus und des status positivus von 15:5 gelangen und so zu einem Wahrscheinlichkeitsgrad von 75% gelangen. Dies zeigt, dass sich aus den Strafandrohungen des materiellen Rechts alles herauslesen lässt, was man will. Einen genauen Maßstab, wann man prozessrechtlich nach § 261 StPO überzeugt sein muss und damit wann der notwendige prozessrechtliche Verdachtsgrad vorliegt, kann jedoch einzig das Prozessrecht selbst liefern. Diesem kann ein entsprechender genauer Maßstab aber nicht entnommen werden. Aus der Abstufung zwischen Untersuchungshaft als nur kurzfristiger Freiheitsentziehung zur Sicherung der Anwesenheit des Beschuldigten während der Verfahrensdauer und der Verurteilung mit der Folge einer möglicherweise bis zu lebenslangen Freiheitsentziehung kann allenfalls entnommen werden, dass für eine Verurteilung ein Wahrscheinlichkeitsgrad zu fordern ist, der über den dringenden Tatverdacht in Form „hoher Wahrscheinlichkeit" hinausgeht.

Letztlich lässt sich *Hoyers* Herleitung damit nur erklären vor dem Hintergrund, dass er wie auch immer das Verhältnis in der Sentenz von *Friedrich II.* von 20:1 für das Freiheitsinteresse des Verdächtigten trotz fehlender gesetzlicher Anordnung auch im heutigen deutschen Recht verankern will. Würde man deren Maßstab praeter legem zugrunde legen, käme man zu einem erforderlichen Wahrscheinlichkeitsgrad von 95,24%. Solange ein derartiger numerischer Maßstab aber noch nicht vom Gesetzgeber verankert wurde, ist die derzeitige gesetzliche Regelung für das rein objektive Beweismaßmodell noch nicht bereit und will wohl auch nicht bereit sein. Deutlich wird dies in der Formulierung, dass der Richter nach seiner „freien" Überzeugung zu entscheiden habe (§ 261 StPO), womit der Gesetzgeber bewusst den Richter von gesetzlichen Beweismaßregeln befreien wollte. Würde man den Richter nun daran binden, dass er subjektiv beim Vorliegen eines objektiven Beweismaßes überzeugt sein müsste, so wäre dies nichts weiter als die Beweisregel, dass bei einem bestimmten objektiven Wahrscheinlichkeitsgrad eine Tatsache festgestellt sei. Jede Festlegung eines konkreten Wahrscheinlichkeitsgrades durch den Gesetzgeber oder mittels Auslegung würde das Prinzip der freien Beweiswürdigung (nochmals: im Sinne einer Freiheit von legalen Beweismaßbestimmungen) aufgeben[490] und damit einen Rückschritt zur positiven Beweistheorie bedeuten. Und selbst wenn er es täte, würde ein Wahrscheinlichkeitsmodell wie jenes von *Hoyer* erfordern, dass sich für jedes Indiz ein konkreter Belastungs- oder Entastungswahrscheinlichkeitswert angeben lässt. Vor allem im Bereich der Glaubwürdigkeitsbeurteilung von Zeugen ist eine objektive numerische Wahrscheinlichkeitsangabe aber nicht möglich.[491] Sie verlangt vielmehr eine subjektive Bewertung, die jeder Mensch für sich allein trifft und hierbei durchaus zu unterschiedlichen Ergebnissen gelangt. Bei den diskutierten objektiven Beweismaßgrößen handelt es sich also letztlich nur um subjektive Feststellungen einer sol-

---

490 Den Verstoß gegen den Grundsatz freier Beweiswürdigung beklagen auch *Roxin*, Strafverfahrensrecht (25. Aufl., München 1998), § 15 Rn. 13, *Stree*, In dubio pro reo, S. 39 sowie für den Bereich des Zivilprozesses *Prölss*, Beweiserleichterungen, S. 23 f. und *Greger*, Beweis, S. 104 f.

491 Ebenso *Gerhard Walter*, Beweiswürdigung, S. 175 f., *Rudolf Bruns*, JZ 1957, 491 und *Stürner*, Aufklärungspflicht, S. 244 Fn. 33.

chen[492]. Die Beweiswürdigung als Wahrscheinlichkeitsbetrachtung erledigt das Problem willkürlicher subjektiver richterlicher Entscheidungen somit nicht, sondern vermittelt nur den „Schein einer Lösung“[493], verlagert es unter der Vorgabe „einer gedachten Objektivität“[494] mit „scheinbar rationaler Aussage“[495] lediglich[496]. Wahrscheinlichkeitsüberlegungen können daher der subjektiven Entscheidung lediglich als Hilfsmittel dienen[497]: „Die Kunst des Richters, des Juristen, besteht darin, aus den vielen möglichen Kollektiven die juristisch relevanten herauszufinden und die richtigen Schlüsse daraus zu ziehen. Das ist kein Problem, das die Naturwissenschaftler uns abnehmen können oder bei dem sie uns helfen können; sie vermögen uns nur gewisse Methoden zu vermitteln, mit deren Hilfe wir gegebenenfalls unsere eigenen Überlegungen kontrollieren können.“[498]

c) Ein Drittkontrollmodell

Kann man auf ein subjektiv-irrationales Entscheidungsmoment des Richters nicht verzichten, da es zum Wesen menschlicher Entscheidungsfindung zwingend dazu gehört, so liegt es nahe, eine Einschränkung *intersubjektiv* vorzunehmen und so die (möglicherweise willkürlich handelnde) Individualität des einzelnen Richters auszuschalten: Einen bestimmten Sachverhalt soll der Richter nicht bereits dann feststellen können, wenn er als Individuum zur innersubjektiven Überzeugung von der so-geschehenen Wirklichkeit erlangt sei, sondern erst, wenn er sich hierbei in die Rolle eines objektiven Beurteilers einer idealen Entscheidungssituation[499] begebe und „so objektiv wie möglich“[500] urteile, gebunden an eine „verfestigte generalisierte Durchschnittserfahrung“[501]. Diese Pflicht zur Objektivität soll den Richter davon abhalten, sich subjektiv zu einer Überzeugung hinreißen zu lassen und unter allen Umständen einen Schuldspruch zu erzielen.[502] Sie soll vielmehr dazu führen, dass er bei der Tatsachenfeststellung möglichst weit von seiner eigenen persönlichen Einstellung und einem bloß intuitiven Wahrheitsgefühl absehe und vielmehr mit der „Stimme der Vernunft“ einen Standpunkt zu gewinnen trachte, den „jeder Mensch, der ‚dazu gehört‘ und über die erforderlichen Einsichten verfügt, nachzuvollziehen

---

492 *Greger*, Beweis, S. 103.
493 *Erb*, ZStW 113 (2001), 25.
494 *Andrea Schmidt*, Grundsätze, S. 121. Ähnlich KMR/*Stuckenberg*, § 261 Rn. 21 (Wahrscheinlichkeitsformeln „täuschen Objektivität nur vor“).
495 Vgl. *Ulrike Unger*, Kausalität, S. 130.
496 Vgl. *Evers*, Begriff, S. 82.
497 Ebenso *Heinsheimer*, FS Franz Klein, S. 142, *Wolfgang Hetzer*, Wahrheitsfindung, S. 234 ff., *Egon Schneider*, Beweis, § 4 Rn. 73 und *Michael Huber*, Beweismaß, S. 70. In diese Richtung auch *Grunsky*, Grundlagen, S. 450, der der Wahrscheinlichkeit nur Indizfunktion und der richterlichen Überzeugung die ausschlaggebende Bedeutung beimisst.
498 *Weitnauer*, KF 1966, S. 45, der damit zeigt, wie er seine eigenen Wahrscheinlichkeitsüberlegungen verstanden wissen will.
499 Vgl. *Maassen*, Beweismaßprobleme, S. 37.
500 *Stree*, In dubio pro reo, S. 40.
501 LR/*Gollwitzer* (25. Aufl., Berlin 2001), § 261 Rn. 2.
502 *Stree*, In dubio pro reo, S. 40.

vermag"[503] (daher: „Drittkontrollmodell"[504] oder „idealtypische Beweismaßtheorie"[505]). In diesem Sinne stellte bereits die frühere zivil- wie strafprozessuale Rechtsprechung als vom Tatrichter einzuhaltenden Vergleichsmaßstab auf einen „verständigen"[506], „besonnenen, gewissenhaften und lebenserfahrenen Beurteiler"[507] ab, einen „vernünftigen, die Lebensverhältnisse überschauenden Mann"[508]. Der Richter habe „so zu entscheiden, wie an seiner Stelle jeder verständige und unbefangene Beurteiler die Dinge sehen würde"[509], sprich: wie ein „Durchschnittsbürger"[510] als Substitut der Allgemeinheit.

Festzustellen ist jedoch nicht das gesamte historische Geschehen mit all seinen Verästelungen, sondern nur jene juristisch relevanten Faktoren, die unter die im Wege der Auslegung der einzelnen Tatbestandsmerkmale erlangten Definitionen zu subsumieren sind (sog. „Auslegungstatbestand"[511]), deren Kenntnis zum „Königtum des Richters"[512] zählt, sein „Privileg"[513] ist, das er bei Kollegialgerichten ungebildeten Schöffen als Vorverständnis erst zu vermitteln hat. Ein „Durchschnittsbürger", mag er auch noch so „lebenserfahren" und „vernünftig" sein, wird hierzu nie in der Lage sein und kann daher auch nie Maßstab einer speziellen Richtertätigkeit sein.

Dies ist mit der Grund dafür, dass die Anhänger dieses Drittkontrollmodells überwiegend auf einen „sachkundigen Dritten"[514] abstellen: „Der Richter darf und muss Tatsachen dann feststellen, wenn jeder andere verständige lebenserfahrene Richter die Tatsachen als bewiesen ansähe."[515] Er habe die Beweiswürdigung also „stellvertretend für die Rechtspflege schlechthin"[516] vorzunehmen und damit wie ein „Ideal-" oder „Normalrichter"[517], wie „jeder andere verständige lebenserfahrene Richter"[518], wie ein „einsichtiger Richter"[519], ein „lebenserfahrener und sorgfältig abwägender

---

503 *Stree*, In dubio pro reo, S. 40.

504 So bezeichnet von *Gerhard Walter*, Beweiswürdigung, S. 166ff. und *Karl Peters*, ZStW 94 (1982), 1005.

505 So der Name von *Greger*, Beweis, S. 116, *Maassen*, Beweismaßprobleme, S. 36ff. und *Ulrike Unger*, Kausalität, S. 137.

506 BGHZ 7, 116 (121).

507 BGH, NJW 1951, 83 und BGH, VRS 39 (1970), 104f.; ebenso *Döhring*, Erforschung, S. 449.

508 BGH, LM § 15 BEG Nr. 3, S. 2; ebenso *Rosenberg*, Beweislast, S. 181 und *ders.*, ZZP 67 (1954), 479 (der „vernünftige, die Lebensverhältnisse klar überschauende Mensch"), *Wilhelm Sauer*, Methodenlehre, S. 258ff. („normaler vernünftiger Mensch"), *Blomeyer*, 46. DJT, S. E 15 und *Egon Schneider*, MDR 1965, 881.

509 RGZ 158, 362 (370); ähnlich zuvor RG, JW 1932, 1200 (1201) („ein verständiger und unbefangener Beurteiler", wenn auch in anderem Zusammenhang genannt).

510 So zusammenfassend *Käßer*, Wahrheitserforschung, S. 57.

511 *Schmidhäuser*, Lb AT, 2/4.

512 Jescheck/Weigend, AT, S. 151.

513 *Käßer*, Wahrheitserforschung, S. 58 („Privileg des Juristen").

514 *Otto*, NJW 1978, 7.

515 *Heescher*, Untersuchungen, S. 65.

516 *Karl Peters*, FS Olivecrona, S. 546f.

517 *Wilhelm Sauer*, Grundlagen, S. 76f. und 85; ihm folgend *Moser*, In dubio pro reo, S. 44.

518 *Heescher*, Untersuchungen, S. 65.

519 *Käßer*, Wahrheitserforschung, S. 63ff.

Richter"[520], ein quantitativ-durchschnittlicher Typus des rechtsgelehrten Richters[521] oder schlicht ein „guter Durchschnittsrichter"[522]. Dieses Modell weist insoweit „Rudimente einer Beweistheorie"[523] auf, als der Richter des konkreten Straffalles ein bestimmtes Geschehen feststellen müsste, wenn er zwar selbst nicht überzeugt sei, ein „Durchschnittsrichter" die Feststellung aber treffen würde. *Gerhard Walter*[524] spricht folgerichtig von einer „neo-positiven Beweistheorie"[525].

Soll der Vergleichsmaßstab des vernünftigen Durchschnittsrichters aber nicht nur theoretisch einlösbar sein, bedarf es eines in der täglichen Praxis handhabbaren Maßstabs, der den „vernünftigen Durchschnittsrichter" vom „unvernünftigen" unterscheidet. Wie ein vernünftiger Richter entscheiden würde, wird aber jeder Richter im Einzelfall wiederum anders sehen[526], da es sich beim Prädikat „vernünftig" selbst um eine subjektive Wertung handelt – ein Konsens hierüber wird kaum zu erzielen sein[527]. Auch ein Demoskop, der ja in jedem Fall vom Gericht zu jeder einzelnen Tatsachenfrage beigezogen werden müsste, könnte dem Richter diese Aufgabe nicht abnehmen. Abgesehen davon, dass unklar ist, in welchem Richterkreis die Umfrage erfolgen müsste (Alle Richter in Deutschland oder nur jene im konkreten Gerichtsbezirk? Nur die Strafrichter?)[528] und das Ergebnis statt eines optimalen Richters mit besten Erkenntnismitteln nur das Ergebnis eines Richters mit lediglich „durchschnittlichen Fähigkeiten" wäre[529], müsste der Demoskop dem jeweils befragten Richter sämtliche Eindrücke der Hauptverhandlung vermitteln, wozu er jedoch nicht in der Lage ist. Nur die vollständige *eigene* Wahrnehmung des Ablaufs der Hauptverhandlung ermöglicht aber eine Beweiswürdigungsentscheidung, die nach § 261 StPO „aus dem Inbegriff der Verhandlung" geschöpft wird.[530] Scheitert damit der Vergleichsmaßstab an der Unmöglichkeit durchführbarer Massenbefragungen[531], muss der Richter selbst eine

---

[520] *Ellen Schlüchter*, FS Spendel, S. 740f.; zustimmend *Duttge*, ZStW 115 (2003), 554.

[521] *Carl Schmitt*, Gesetz, S. 79.

[522] Von *Joachim Schulz*, Sachverhaltsfeststellung, S. 90ff. als Maßstab des Drittkontrollmodells genannt, wenn von ihm selbst auch abgelehnt; ähnlich *Andrea Schmidt*, Grundsätze, S. 115, die selbst dies auch nicht vertritt.

[523] *Joachim Schulz*, Sachverhaltsfeststellung, S. 91.

[524] Beweiswürdigung, S. 166.

[525] Vgl. zur positiven Beweistheorie oben Erster Hauptteil, Erstes Kapitel, A, V.

[526] So bereits *Rupert Schreiber*, Theorie, S. 6 Fn. 6.

[527] Ebenso *Käßer*, Wahrheitserforschung, S. 58 und *Joachim Schulz*, Sachverhaltsfeststellung, S. 91.

[528] Auf diese Unklarheit weist bereits *Käßer*, Wahrheitserforschung, S. 61 hin.

[529] Vgl. zu diesem Argument *Käßer*, Wahrheitserforschung, S. 61, *Andrea Schmidt*, Grundsätze, S. 116 und *Joachim Schulz*, Sachverhaltsfeststellung, S. 92.

[530] Nicht umsonst ordnet § 226 StPO an, dass die zur Urteilsfindung berufenen Personen die Hauptverhandlung in ununterbrochener Gegenwart begleiten müssen; auch ein Ergänzungsrichter für den Fall der Verhinderung eines berufenen Richters (§ 192 Abs. 2 GVG) muss daher von Anfang an an der Hauptverhandlung teilgenommen haben: vgl. nur BGH, NJW 2001, 3062 und *Meyer-Goßner*, § 226 Rn. 5.

[531] In diese Richtung bereits *Binding*, Normen IV, S. 519, wenngleich zur Bestimmung fahrlässigkeitsrelevanter Sorgfaltsmaßstäbe.

„fiktive Beweiswürdigung“[532] eines fiktiven Durchschnittsrichters nach seinen eigenen subjektiven Vorstellungen und seinem Rechtsgefühl vom „vernünftigen Richter“ vornehmen und damit letztlich wieder nach seiner innersubjektiven Anschauung entscheiden – das Drittkontrollmodell wird zum Zirkel und selbst gegenstandslos.[533]

Es bliebe einzig, den Durchschnittsrichter nicht als Entscheidungsmaßstab anzusehen, bei deren Erreichen erst eine positive Sachverhaltsfeststellung getroffen werden kann, sondern lediglich als negatives Kontrollkonstrukt in der Art einer „neo-negativen Beweistheorie“[534], wie sie erstmals von *Peters*[535] (der sie inzwischen aber wieder aufgegeben hat[536]) und später auch von *Roxin*[537] und *Rüping*[538] vertreten wurde: Die subjektive richterliche Überzeugung genüge für die Sachverhaltsfeststellung nur, wenn diese zusätzlich von anderen Richtern (gemeint: den Revisionsrichtern) nachvollziehbar sei. Aber wie *Gerhard Walter* zutreffend aufwarf: „Worauf soll sich eigentlich der Optimismus gründen, dass die fernab vom Geschehen sitzenden Revisionsrichter eher zur Erkenntnis der Wahrheit gelangen als zwei von drei Tatrichtern (§ 263 StPO)?“ Es wird schließlich nur der tatrichterliche Subjektivismus durch den revisionsrichterlichen Subjektivismus ersetzt.[539] An die Stelle der Überzeugung des Tatgerichts kann aber schwerlich vollständig jene des Revisionsgerichts treten, das gerade nicht entsprechend § 261 StPO aus dem Inbegriff der nach dem Mündlichkeits- und Unmittelbarkeitsprinzip ablaufenden Hauptverhandlung „seine“ (und nicht jener anderer Personen und sei es auch nur „ein Geschöpf seiner Phantasie“[540])[541] Überzeugung schöpfen kann[542] – die Beweiswürdigung des Revisionsgerichts kann jene des Tatgerichts daher nicht ersetzen.[543]

---

532 So eindeutig *Heescher*, Untersuchungen, S. 65.

533 Vgl. *Maassen*, Beweismaßprobleme, S. 38, *Greger*, Beweis, S. 116, *Ulrike Unger*, Kausalität, S. 138 sowie im Ergebnis auch *Ling*, JZ 1999, 341. Hieran ändert sich entgegen *Heescher*, Untersuchungen, S. 66 auch dadurch nichts, dass der Richter bei Generalklauseln wie der „Sittenwidrigkeit“ (vgl. § 138 BGB) oder einem Handelsbrauch auf die Sicht eines vernünftigen Menschen abzustellen hat. Dies könnte durch die Einschaltung eines Demoskopen notfalls geklärt werden. Anders als bei bloßer Gesetzesauslegung genügt dies bei der Sachverhaltsfeststellung (kategorial etwas anderes) gerade nicht.

534 Der Begriff stammt von *Gerhard Walter*, Beweiswürdigung, S. 137.

535 *Karl Peters*, Strafprozeß (2. Aufl., Karlsruhe 1966), S. 257 und *ders.*, JR 1977, 84.

536 *Karl Peters*, Strafprozeß, S. 299 f.

537 Strafverfahrensrecht, § 15 Rn. 13.

538 Strafverfahren, Rn. 460.

539 *Karl Peters*, ZStW 94 (1982), 1005, *ders.*, Strafprozeß, S. 299 und *Hanack*, JuS 1977, 729.

540 *Ehrenzweig*, JW 1929, 87.

541 So hieß es bereits in den römischen Digesten (22, 5, 3, § 2 [am Ende]): „[…] ex sententia animi tui te aestimare oportere, quid aut credas aut parum probatum tibi opinaris.“ In der deutschen Übersetzung von *Otto/Schilling/Sintenis*, Corpus Iuris Civilis II, S. 634: „[…] dass du nach deiner inneren Ueberzeugung abwägen musst, was du entweder glauben, oder für zu wenig bewiesen halten sollst.“

542 Vgl. hierzu *Rieß*, GA 1978, 266 und *Greger*, Beweis, S. 116.

543 Vgl. zu diesem unumstrittenen Grundsatz nur BGHSt. 2, 248 (249), BGHSt. 10, 208 (209 f.), BGHSt. 17, 351 (352 f.), BGHSt. 21, 149 (151), BGHSt. 29, 18 (20), BGHSt. 38, 14 (15),

Bedeutung hat die Intersubjektivität zwar durchaus bei den Kollegialgerichten, bei denen das Abstimmungsergebnis (vgl. § 263 StPO) entscheidet und es so während der Beratung zumeist zu einem Gedankenaustausch der für und wider sprechenden Argumente kommt.[544] Ansonsten bleibt dem Drittkontrollmodell statt eines positiven wie negativen Maßstabes aber nur die Funktion eines Leitbildes[545] und Appells[546], das den Richter anspornen soll, sich nicht allzu leicht auf sein Gefühl zu verlassen und die Rationalität nicht aus seinen Entscheidungen zu ignorieren. Dafür, dass dann tatsächlich auch ein „vernünftiger, die Lebensverhältnisse klar überschauender Mann“ mit der nötigen Entschlusskraft entscheidet, haben bereits die Richterausbildung und die Richterauswahl zu sorgen.[547]

d) Eine überzeugungsergänzende Wahrscheinlichkeit

Vermag weder ein rein objektives noch ein rein subjektives Beweismaßkonzept zu überzeugen, so kann das ideale Regelbeweismaß nur in der Kombination beider Elemente liegen, in einer „tragfähigen, verstandesmäßig einsichtigen Tatsachengrundlage“[548], einem „objektiv-rationalen Fundament“[549], das durch die subjektive Wertung erst „überhöht“ wird[550] und ohne das die persönliche Gewissheit „in der Luft hängen“ würde[551]. Hierbei bietet sich zunächst an, *neben* (und gerade nicht *statt* wie bei der objektiven Beweismaßtheorie) der subjektiven Überzeugung eine objektiv hohe Wahrscheinlichkeit zu verlangen, so die subjektive Komponente richterlicher Überzeugung und die objektive Wahrscheinlichkeitskomponente miteinander zu harmonisieren[552] und damit letztlich die Wahrscheinlichkeits-Rechtsprechung des Reichsgerichts mit der Überzeugungsrechtsprechung in den frühen Urteilen des Bundesgerichtshofs zu verbinden[553].

BGH, NStZ-RR 1998, 15, BGH, NStZ 1999, 423, *Meyer-Goßner*, § 337 Rn. 26, *Dahs/Dahs*, Revision, Rn. 342 und *Dietmar Krause*, Revision, Rn. 7.

544 Vgl. *Eisenberg*, Beweisrecht, Rn. 94 („soziale Interaktion zwischen den Mitgliedern“) und *Ulrike Unger*, Kausalität, S. 139.

545 *Greger*, Beweis, S. 116 und *Ulrike Unger*, Kausalität, S. 138; ähnlich *Joachim Schulz*, Sachverhaltsfeststellung, S. 94: Leitlinie.

546 *Käßer*, Wahrheitserforschung, S. 55.

547 *Ehrenzweig*, JW 1929, 87.

548 BGH, NStZ 1982, 478. Ähnlich *Meyer-Goßner*, § 261 Rn. 2 („tragfähige Beweisgrundlage“) und *Kindhäuser*, Strafprozessrecht, § 23 Rn. 63 („eine objektiv gesicherte Grundlage“).

549 *Fezer*, StV 1995, 99; ähnlich *Volk*, Grundkurs, § 29 Rn. 4, *Herdegen*, FS Kleinknecht, S. 178 und KMR/*Stuckenberg*, § 261 Rn. 19; ähnlich auch *Karl Peters*, Strafprozeß, S. 298: „Unterbau der objektiven Maßstäblichkeit“.

550 *Karl Peters*, Strafprozeß, S. 298.

551 *Fezer*, StV 1995, 99.

552 *Ellen Schlüchter*, Strafverfahren, Rn. 567.

553 *Herdegen*, FS Kleinknecht, S. 179.

So wird es heutzutage in der Rechtsprechung[554] vertreten, wie es insbesondere im zweiten Urteil des Bundesgerichtshofs zum oben dargelegten[555] Pistazieneis-Fall besonders deutlich zum Ausdruck kommt:

> „Bei dieser Sachlage fehlt endgültig eine objektive hohe Wahrscheinlichkeit der Tatbegehung durch die Angekl., die aber nach der Rechtsprechung des BGH Voraussetzung für eine Verurteilung wäre [...] und nicht allein durch die, für die Verurteilung freilich zusätzlich erforderliche, subjektive richterliche Überzeugung ersetzt werden kann. Deshalb kann von Rechts wegen eine sichere Überzeugung von der Täterschaft der Angekl. nicht gewonnen werden."[556]

Oder auf eine Formel zusammengefasst, die *Hamm*[557] bereits als eine Art „Textbaustein" in Urteilen bezeichnete:

> „Die zur richterlichen Überzeugung erforderliche persönliche Gewissheit setzt objektive Grundlagen voraus. Diese müssen aus rationalen Gründen den Schluss erlauben, dass das festgestellte Geschehen mit hoher Wahrscheinlichkeit mit der Wirklichkeit übereinstimmt."[558]

Diese verobjektivierte subjektive Beweismaßtheorie hat im Schrifttum[559] großen Anklang gefunden: So meint etwa *Roxin*[560], es müsse „eine mindestens hohe objektive Wahrscheinlichkeit der Sachverhaltsannahmen des Tatgerichts mit der subjektiven Überzeugung der Richter einhergehen". *Herdegen*[561] verlangt neben der persönlichen Gewißheit als „notwendige Bedingung des Schuldspruchs", dass die Sachverhaltsverhaltsannahmen des verurteilenden tatrichterlichen Erkenntnisses in hohem Maße wahrscheinlich sei. *Kühne*[562] bezeichnet demgegenüber eine an Sicherheit grenzende Wahrscheinlichkeit als notwendige Bedingung an, zu der der rein persönliche und nicht ersetzbare Akt der Überzeugungsbildung hinzutreten müsse. Nach *Ellen Schlüchter*[563] müsse „der Richter von der objektiven hohen Wahrscheinlichkeit pflichtgemäß zu seiner Überzeugung von der Täterschaft des Angeklagten" gelangen. Und *Albrecht*[564] verlangt schließlich zum einen „die ob-

---

554 Vgl. nur BVerfG, NJW 2003, 2444 (2445) mit krit. Anm. *Böse*, JR 2004, 40ff., BGH, StV 1988, 190, BGH, NStZ 1988, 236 (237), BGH, NStZ 1990, 402 und 603, BGH, StV 1990, 439 und 534, BGH, NJW 1992, 921 (923), BGH, StV 1993, 510 (511), BGH, StV 1995, 453, BGH, NJW 1999, 1562 (1564) und BGHR StPO § 261 Identifizierung 6 sowie aus dem Bereich des Zivilprozesses jüngst KG, VRS 114 (2008), 5 (7).

555 Siehe oben Zweiter Hauptteil, Drittes Kapitel, B, II, 3, c).

556 BGH, NJW 1999, 1562 (1564).

557 StV 1997, 160.

558 So etwa BGH, StV 1993, 510.

559 Neben den beispielhaft aufgeführten Autoren wird diese Ansicht noch vertreten von *Volk*, Grundkurs, § 29 Rn. 4, LR/*Gollwitzer* (25. Aufl., Berlin 2001), § 261 Rn. 13, *Meurer*, FS Tröndle, S. 540, *Joecks*, StPO, § 261 Rn. 2f., *Rieß*, GA 1978, 271f., KMR/*Stuckenberg*, § 261 Rn. 19, *Fincke*, GA 1973, 272 und *Foth*, NStZ 1992, 445f.

560 Strafverfahrensrecht, § 15 Rn. 13.

561 *Herdegen*, NStZ 1987, 197f.

562 Strafprozessrecht, Rn. 947f.

563 SK-StPO/*Ellen Schlüchter* (3. Aufl., 64. Lieferung: Stand November 2009, Köln 2009), § 261 Rn. 53; vgl. auch *dies.*, GA 1994, 433.

564 NStZ 1983, 488.

jektive Komponente der Wahrscheinlichkeitsebene, wo es allein auf den empirischen Charakter der Tatsachenfeststellung" ankomme, und zum anderen „die subjektive Komponente, das personale oder autoritative Element, kurz die persönliche Gewissheit".

Nimmt man als objektives Fundament den Wahrscheinlichkeitsbegriff, so spricht hiergegen, was auch gegen ein rein objektives Beweismaßmodell sprechen würde: Aus welchem Material baut man dann eigentlich das Fundament, damit es eine Gewähr objektiver Nachvollziehbarkeit bietet? Nach dem *klassischen Wahrscheinlichkeitsbegriffs* ist die Wahrscheinlichkeit das Verhältnis der Anzahl der günstigen Ereignisse zu der Anzahl aller möglichen Ereignisse.[565] Dies verlangt jedoch, dass der Eintritt der als endlich vorausgesetzten möglichen Ergebnisse gleichmöglich und damit exakt gleichwahrscheinlich[566] wären, bei einem Würfelspiel also etwa ein idealer, schwerpunktmäßig exakt austarierter Würfel vorläge. Derartige Bedingungen sind aber im tatsächlichen Leben niemals gegeben. Verschiedene Umwelteinflüsse oder auch Handlungen Dritter können im Einzelfall Ergebnisse verfälschen und so zu fehlerhaften Ergebnissen führen. Zur Beschreibung von Wahrscheinlichkeiten bestimmter (auch physikalischer) Phänomene des täglichen Lebens ist der klassische Wahrscheinlichkeitsbegriff daher untauglich. Zudem würde eine Beweismaßwahrscheinlichkeit von 90% bedeuten, dass die Wahrscheinlichkeit, dass der Angeklagte schuldig und nicht unschuldig (die beiden möglichen Ereignisse!) sei, 0,9 sei. Weitere Ereignisklassen, die eine Beurteilung der einzelnen Verdachtshypothesen als wahr oder unwahr erlauben würden, bestünden dagegen nicht[567]. Und der *empirische Wahrscheinlichkeitsbegriff* in Form des Grenzwertes, dem die relative Häufigkeit des Ereignisses in einer großen Zahl von Versuchen in einem Experiment entgegenstrebt[568], trifft unabhängig von der generellen Unwiederholbarkeit eines konkret zu entscheidenden Falles Aussagen nur über das Kollektiv der durchgeführten Versuche und nicht über den betreffenden Einzelfall selbst.[569]

---

[565] Vgl. *Gottwald/Kästner/Rudolph*, Enzyklopädie Mathematik, S. 622 („Können im Ergebnis eines Versuchs n gleichmögliche Ereignisse auftreten und zieht das Eintreten eines jeden von m dieser n Ereignisse, die als günstige Ereignisse bezeichnet werden, das Eintreten eines Ereignisses E nach sich, so ist die Wahrscheinlichkeit für dessen Eintreten P(E)=m/n, d. h. das Verhältnis der Anzahl m der günstigen Ereignisse zu der Anzahl n der möglichen"), *Weltner*, Mathematik 1, S. 239 („Als Wahrscheinlichkeit p_A für das Eintreten des Ereignisses A bei der Durchführung des Zufallsexperiments bezeichnet man $p_A = N_A/N$ = Zahl der Elementarereignisse des Ereignisses A/Gesamtzahl der Elementarereignisse") und *Wichmann*, NJW 1963, 383 ff.

[566] *Weltner*, Mathematik 1, S. 239.

[567] Ebenso *Kindhäuser*, Jura 1988, 292.

[568] Vgl. *Mises*, Wahrscheinlichkeit, S. 12 ff., *Reichenbach*, Wahrscheinlichkeitslehre, S. 376 f. und *Evers*, Begriff, S. 48 f. Über die Unterschiede zwischen den Lehren von *Mises* und *Reichenbach* berichtet *Essler*, Logik, S. 62 ff.

[569] Selbst der teilweise in der modernen Logik vorgebrachte logische Wahrscheinlichkeitsbegriff (so etwa vertreten von *Carnap*, Logik, S. 26 f. und 39 ff. sowie *Essler*, Logik, S. 68 ff.), wonach die Wahrscheinlichkeit eine logische Relation zwischen Aussagen sei, ein Grad der Bestätigung einer Hypothese durch eine Erfahrungsaussage würde nicht weiterhelfen: Die hiermit verbundene Ablösung von der Kollektivbeziehung (hin zur Wahrscheinlichkeit einer

Außerdem kann ein Täter niemals objektiv mit 99% Wahrscheinlichkeit der Täter sein (genauso wie man nicht zu 99% schwanger sein kann) – entweder er ist der Täter oder er ist es nicht.[570] Auf einer objektiven Skala der materiellen Wahrheit – nach § 261 iVm § 244 Abs. 2 StPO der Maßstab der Tatsachenfeststellung[571] – gibt es nur eine 1 für „wahr" und eine 0 für „unwahr", aber keine Zwischenwerte. Die Wahrheit selbst kann (objektiv) niemals wahrscheinlich sein.[572] Der Richter kann höchstens mit gewisser Wahrscheinlichkeit sicher sein, dass eine Hypothese wahr oder unwahr ist. Die Wahrscheinlichkeit kann also allenfalls einen rein subjektiven Überzeugungsgrad kennzeichnen: Da eine absolute (sprich: 100%-ige) Gewissheit angesichts des begrenzten menschlichen Erkenntnisvermögens niemals bestehen kann, besteht auch eine Überzeugung niemals zu 100%, sondern allenfalls in einem darunter liegenden „für das praktische Leben brauchbaren Grad von Gewissheit"[573]. Dafür, ob dieser rein subjektiv erfüllt ist, können generelle objektive empirische Wahrscheinlichkeiten typischer Fallgestaltungen einzig Hilfestellung geben.

Dies hat die Rechtsprechung längst erkannt und hält ihr „objektiv-subjektives" Beweismaßverständnis selbst nicht durch, indem sie es ausreichen lässt, wenn „die Schlüsse des Tatrichters nur möglich, aber keineswegs zwingend" seien[574]; andere Schlüsse von Indizien auf das historische Geschehen könnten ohne Beweiswürdigungsfehler sogar näher gelegen haben[575], ja könnten objektiv sogar wahrscheinlicher gewesen sein.[576] Entscheidend sei lediglich, ob das Tatgericht überspannte Anforderungen an die subjektive Gewissheit gestellt habe.[577] Diese ist und bleibt das entscheidende Kriterium. Und hier muss man auch direkt ansetzen, möchte man die Überzeugung verobjektivieren.

e) Eine normative Beschränkung der Nichtbezweifelbarkeit

Das unergründliche Zusammenspiel aus rationalen wie emotionalen Aspekten im menschlichen Geist kann – wie die obige Analyse menschlicher Entscheidungsfindung gezeigt hat – eine subjektive Wahrscheinlichkeit zur Überzeugung ver-

---

einzelnen Aussage) wird nämlich erkauft durch eine Ablösung vom Wahrheitsbegriff der Korrespondenztheorie: Bezugspunkt der Bestätigung ist das Erfahrungswissen des Beurteilers, nicht der tatsächliche Ablauf der Außenwelt. Über die Wahrscheinlichkeit der Wahrheit einer Aussage über das historisches Geschehen lässt sich damit mit dem logischen Wahrscheinlichkeitsbegriff eine Aussage erst bei vollständiger Kenntnis der übrigen Umstände des Geschehens als Erfahrungs-Vergleichsmaßstab treffen, die dem Richter aber niemals zur Verfügung stehen wird; ebenso *Kindhäuser*, Jura 1988, 294 und *Käßer*, Wahrheitserforschung, S. 49.

570 Vgl. *Bender/Nack/Treuer*, Tatsachenfeststellung, Rn. 569.

571 Siehe oben Zweiter Hauptteil, Drittes Kapitel, B, I, 2.

572 So ausdrücklich auch *Andrea Schmidt*, Grundsätze, S. 128.

573 *Bender/Nack/Treuer*, Tatsachenfeststellung, Rn. 571.

574 BGHSt. 26, 56 (63). Vgl. auch BGH, VRS 33 (1967), 431 f. und BGH, NStZ 2001, 492.

575 BGH, Urt. v. 23. 8. 2006 – 5 StR 139/06, juris.

576 Vgl. nur BGHSt. 26, 56 (63) sowie die Wertung von KMR/*Paulus*, § 244 Rn. 151 mwN.

577 So etwa BGH, NStZ 2004, 35 (36) und BGH, NStZ-RR 2005, 147.

dichten lassen, sobald der Richter mögliche Zweifel überwunden hat und seine Schlussfolgerung daher (dem Prozessziel der materiellen Wahrheit nach § 261 iVm § 244 Abs. 2 StPO entsprechend) für wahr erachtet.[578] Das irrationale Element dieser Entscheidungsfindung lässt sich normativ begrenzen und wird durch § 261 StPO (wie im anglo-amerikanischen Rechtskreis[579]) tatsächlich dadurch begrenzt[580], dass dem Richter vorgegeben wird, wann er zweifeln darf und wann nicht:

---

[578] Siehe zu diesem Erfordernis als Zwischenergebnis einer rein normtextorientierten Auslegung bereits oben Zweiter Hauptteil, Drittes Kapitel, B, I, 6.

[579] In *England* hat sich eine derartige Einschränkung bereits seit den Hochverratsurteilen in Dublin von 1798 durchgesetzt: die Schuld des Angeklagten müsse (für die entscheidenden Geschworenen) „beyond a reasonable doubt" feststehen, also ohne begründeten Zweifel; umfassend hierzu *Schwering*, System, S. 82f. Seit den 1950er Jahren wandelte sich in England die Jury-Instruktion: vgl. insbesondere Court of Criminal Appeal (Regina v. Summers), 1 All E.R. (1952), 1059 (1060): „I have never yet heard any court give a real definition of what is a ‚reasonable doubt', and it would be very much better if that expression was not used. Whenever a court attempts to explain what is meant by it, the explanation tends to result in confusion rather than clarity. It is far better, instead of using the words ‚reasonable doubt' and then trying to say what is a reasonable doubt, to say to a jury: ‚You must not convict unless you are satisfied by the evidence given by the prosecution that the offence has been committed'. The jury should be told that it is not for the prisoner to prove his innocence, but for the prosecution to prove his guild, and that it is their duty to regard the4 evidence and see if it satisfies them so that they can feel sure, when they give their verdict, that it is a right one." In den *USA* gilt dies seit einem Urteil des Supreme Courts of Massachussetts (Commonwealth v. Webster), 59 Mass. (1850), 295 (319f.) von 1850 (und damit bereits vor der Einführung unserer Strafprozessordnung von 1877 mit dem Prinzip der freien Beweiswürdigung): „Another rule is, that the circumstances taken together should be of a conclusive nature and tendency, leading on the whole to a satisfactory conclusion, and producing in effect a reasonable and moral certainty, that the accused, and no one else, committed the offence charged. [...] This is to be proved beyond reasonable doubt. Then, what is reasonable doubt? It is a term often used, probably pretty well understood, but not easily defined. It is not mere possible doubt; because every thing relating to human affairs, and depending on moral evidence, is open to some possible or imaginary doubt. It is that state of the case, which, after the entire comparison and consideration of all the evidence, leaves the minds of jurors in that condition that they cannot say they feel an abiding conviction, to a moral certainty, of the truth of the charge. The burden of proof is upon the prosecutor. All the presumptions of law independent of evidence are in favour of innocence; and every person is presumed to innocent until he is proved guilty. If upon such proof there is reasonable doubt remaining, the accused is entitled to the benefit of it by an acquittal. For it is not sufficient to establish a probability, though a strong one arising from the doctrine of chances, that the fact charged is more likely to be true than the contrary, but the certainty that convinces and directs the understanding, and satisfies the reason and judgement, of those who are bound to act conscientiously upon it. This is we take to be proof beyond reasonable doubt; because if the law, which mostly depends upon considerations of a moral nature, should go further than this, and require absolute certainty, it would exclude circumstantial evidence altogether." Ausführlich hierzu *McBaine*, 32 Calif. L. Rev. (1944), 255ff.

[580] Unzutreffend ist es daher, wenn *Frister*, FS Grünwald, S. 184f. Fn. 60 diese Unterscheidung als bloßen „Kunstgriff" bezeichnet, um eine Beweiswürdigung als rechtsfehlerhaft etikettieren und damit als Revisionsgericht überprüfen zu können.

aa) Philosophische Zweifel, nichts zu wissen

Einzig einer absoluten, 100%-igen Gewissheit von der absoluten Wahrheit steht jener Zweifel entgegen, „den jeder philosophisch geschulte Mensch resigniert vor jedes seiner Erkenntnisse und Werturteile setzen wird, jene allgemeine Skepsis des uralten Ignorabismus, an der schließlich alle unsere Überlegungen ewig kranken“[581] (sprich: „Ich weiß, dass ich nichts weiß“[582] – sog. skeptizistische bzw. philosophische Zweifel). Würde dieser Zweifel, der bei jeder menschlichen (und damit nach dem begrenzten menschlichen Wissensstand gefällten) Entscheidung mitschwingt, einer „Überzeugung“ iSd § 261 StPO entgegenstehen, wäre das Beweismaß des § 261 StPO unerfüllbar und „jede richterliche Wahrheitsfindung unmöglich“[583]. Am gesetzlich gegenüber einer absoluten Gewissheit begrenzten Maß menschlicher Überzeugung vermag der rein philosophische Zweifel daher nichts zu ändern[584] – „er liegt auf einer anderen Ebene“[585]

bb) Abstrakt-theoretische Zweifel

Nach dem eindeutigen Wortlaut des § 261 StPO hat der Richter seine Überzeugung zudem „aus dem Inbegriff der Verhandlung“ zu schöpfen, also *vollständig* aus jenem Material, das „Gegenstand der Verhandlung“[586] gewesen ist.[587] Rein „abstrakt-theoretische Zweifel“, dass sich das Geschehen auch anders hätte abspielen können, ohne dass hierfür eine „reale“[588] Grundlage in der Verhandlung bestanden hat, beruhen jedoch auf unabhängig von der Beweisaufnahme und ihrem Ergebnis bestehende Überlegungen und sind daher für die richterliche Überzeugung unbeachtlich.[589] Hierunter fallen maßgeblich Zweifel an den Regeln der Informations-

---

581 *Scanzoni*, JW 1928, 2182.

582 *Freund*, Probleme, S. 72; ähnlich LR/*Gollwitzer* (25. Aufl., Berlin 2001), § 261 Rn. 8: „Ich sehe, dass wir nichts wissen können.“ Vgl. auch die Formulierung von RGZ 15, 338 (339): „Wer die Schranken des menschlichen Erkennens erfasst hat, wird nie annehmen, dass er in dem Sinn zweifellos von der Existenz eines Vorganges überzeugt sein dürfe, dass ein Irrtum absolut ausgeschlossen wäre.“

583 BGH, NJW 1951, 122.

584 Ebenso RGSt. 61, 202 (206), RGSt. 66, 163 (164), BGHSt. 10, 208 (210), BGHSt. 41, 206 (214 f.), BGH, NJW 1951, 83 und 122, BGH, GA 1969, 181, BGH, MDR 1989, 371, BGH, StV 1994, 580 (581), BGH, NStZ-RR 1998, 275, *Scanzoni*, JW 1928, 2182, *Alsberg*, JW 1930, 761, *Hartung*, SJZ 1948, 582 f., *Freund*, Probleme, S. 71 ff., LR/*Gollwitzer* (25. Aufl., Berlin 2001), § 261 Rn. 8, KMR/*Stuckenberg*, § 261 Rn. 23, *Kasper*, Beweiswürdigung, S. 22, *Toepel*, Grundstrukturen, S. 163, *Ulrike Unger*, Kausalität, S. 186 und *Frauke Stamp*, Wahrheit, S. 184 f.

585 *Alsberg*, JW 1930, 761.

586 *Meyer-Goßner*, § 261 Rn. 5.

587 Ansatzpunkte für diese Einschränkung finden sich bereits bei *Scanzoni*, JW 1928, 2182.

588 BGH, NJW 2009, 2834 (2836).

589 Vgl. BGHSt. 5, 34 (36), BGHSt. 10, 208 (210 f.), BGHSt. 41, 206 (214 f.), BGH, NJW 1951, 83 und 122, BGH, VRS 39 (1970), 103 (105), BGH, StV 1988, 190, BGH, NStZ 1990, 28, BGH, StV 1994, 580 (581), BGH, NStZ-RR 1998, 275, BGH, NJW 2009, 2834 (2836), *Stree*, In dubio pro reo, S. 38, LR/*Gollwitzer* (25. Aufl., Berlin 2001), § 261 Rn. 8, *Kindhäuser*, Strafprozess-

verarbeitung selbst[590], sei es, dass der Richter ohne Anlass die Existenz eines Denk- oder Naturgesetzes anzweifelt, weil es nicht auszuschließen sei, dass die Wissenschaft in der Zukunft derzeit feststehende Erkenntnisse (von *Freund*[591] als „fortschrittsbedingte Zweifel“ bezeichnet), sei es, dass er sich unabhängig vom Ergebnis der Beweisaufnahme und trotz der Ausschöpfung aller denkbaren Beweismittel eine weitere Sachverhaltsvariante gedanklich vorstellt, deren Grundlage allein nicht existierende Denk- oder Erfahrungssätze sind. Sprechen etwa die Beweismittelaussagen für die Täterschaft einer angeklagten Frau, so kann der Richter nicht dennoch zweifeln aufgrund „nicht konsensfähiger Besserwisserei“[592], nur weil er ohne Anlass den Auskunftspersonen misstraut[593], ohne Anlass meint, die Geschädigte könne den Angeklagten zu Unrecht belasten und damit den wahren Angreifer vor Verfolgung schützen wollen[594] oder wegen der generellen Verbundenheit von Mutter und Kind würde eine Mutter nie ihr eigenes Kind umbringen.[595] Von einem anschaulichen Beispiel berichtet auch *Niemöller*[596]:

> „Folgender Fall: erpresserischer Menschenraub. Ein Türke wird in eine Falle gelockt, entführt und ermordet. Nachmittags war er noch auf seiner Arbeitsstelle, wurde dort angerufen, ging daraufhin fort und wurde lebend dann nicht mehr gesehn. Seine Arbeitskollegen bezeugen: es gab nur zwei Anrufe für ihn, und zwar zwischen 15 und 17 Uhr. Dazu der Angeklagte: ja, er habe zweimal telefoniert, aber später, das erste Mal gegen 18.30, das zweite Mal gegen 19 Uhr. Damit wäre er ‚aus dem Schneider‘. Was macht das Gericht? Es führt die Vermutung ein, das Opfer könne außer den Anrufen des Angeklagten noch weitere Telefonate entgegengenommen haben und diese stammten dann möglicherweise aus dem Entführerkreis. Dafür bestand aber nicht der mindeste Anhaltspunkt: ein Schluss ‚aus dem Nichts‘!“

cc) Konkrete Zweifel

Anders ist es, wenn sich aus einer oder mehreren Beweismittelaussagen und damit entsprechend des § 261 StPO aus dem Inbegriff der Verhandlung Zweifel ergeben, „die aus dem Falle selbst warnend ihre Hand erheben“[597] (so genannte konkrete[598], vernünftige[599] oder fallbezogene[600] Zweifel) und als greifbarer tatsächlicher An-

---

recht, § 23 Rn. 53, *Hellmann*, Strafprozessrecht, Rn. 799, KMR/*Stuckenberg*, § 261 Rn. 23, *Andrea Schmidt*, Grundsätze, S. 130 und *Ulrike Unger*, Kausalität, S. 186 f.

[590] Ebenso *Kindhäuser*, Jura 1988, 296.

[591] *Freund*, Probleme, S. 75 ff.

[592] *Kindhäuser*, Jura 1988, 296; zuvor bereits *Maiwald*, Kausalität, S. 104 ff.

[593] Ebenso *Toepel*, Grundstrukturen, S. 151 und *Andrea Schmidt*, Grundsätze, S. 130.

[594] BGH, NStZ 2007, 15 (116).

[595] So die Ansicht des Landgerichts Heilbronn im berühmten Pistazieneis-Fall: siehe hierzu oben Zweiter Hauptteil, Drittes Kapitel, B, II, 3, c).

[596] StV 1984, 433.

[597] *Scanzoni*, JW 1928, 2182.

[598] *Kasper*, Beweiswürdigung, S. 25. Enger *Andrea Schmidt*, Grundsätze, S. 132, die einen konkreten, „nahe liegenden Zweifel“ verlangt, sich dann aber fragen lassen muss, wie im Einzelfall ein nahe liegender von einem fern liegenden eindeutig abgegrenzt werden könne, was im Einzelfall schwierig wäre.

[599] *Herdegen*, FS AG Strafrecht, S. 566.

[600] *Kindhäuser*, Jura 1988, 296.

haltspunkt auf eine abweichende Tatsachenalternative hindeuten.[601] So spricht beispielsweise eine abwechselnde Belastung, Entlastung und Belastung des Angeklagten durch einen tatbeteiligten Zeugen für die konkrete Möglichkeit einer Falschbelastung in der Hoffnung auf Strafmilderung wegen Aufklärungshilfe. Oder können Zeugen beispielsweise nur angeben, dass der Angeklagte oder sein Bruder der Täter gewesen sein könne, so bestehen konkrete Zweifel daran, dass der Angeklagte (und nicht sein Bruder) die Tat begangen Derartigen Zweifeln hat der Tatrichter im Rahmen der Beweisaufnahme nachzugehen – was erneut die Verschmelzung von Beweisermittlungs- und Beweiswürdigungsvorgang zeigt[602] – und auszuräumen oder zu bestätigen. Bleiben in der Psyche des Richters nach der Ausschöpfung aller möglichen Beweismittel derartige „plausible Gegengründe“[603] gegen eine Sachverhaltshypothese jedenfalls subjektiv (Nochmals: Da der Entscheidungsprozess ein innersubjektiver ist, kann es auch für eine Nichtbezweifelung nur auf subjektiv bestehende konkrete Zweifel ankommen!) bestehen und mögen es auch nur geringe sein[604], so ist kein Platz für eine Wahrheitsüberzeugung.

f) Kontrolle durch objektive Nachvollziehbarkeit

Da der Richter als Mensch aber nur innersubjektiv entscheiden kann, würde diese Differenzierung leer laufen, wenn es möglich wäre, dass der Richter etwa aufgrund der Reize der Angeklagten lediglich abstrakte Zweifel hat, sich selbst aber einredet, es bestünden sogar konkrete Zweifel und er daher mangels Überzeugung von der Täterschaft der Angeklagten diese freispricht. Auch ist innersubjektiv aufgrund einheitlicher Beweiswürdigung die Grenze zwischen abstrakten und konkreten Zweifeln im Einzelfall durchaus fließend und eine Abgrenzung daher nicht immer einfach.[605] Die damit angesprochene Kontrolle der subjektiven Entscheidung, dass die Zweifel tatsächlich fallbezogen sind und ihren Ursprung in einer Beweismittelaussage haben, kann wie dargelegt nicht bereits während des Beweiswürdigungsvorgangs durch das zusätzliche oder ersetzende Kriterium eines objektiven Wahrscheinlichkeitswertes[606] erfolgen, ist der Würdigungsvorgang doch ein inner-

---

[601] Vgl. nur BGHSt. 25, 365 (367), BGH, StV 1981, 221 (222), BGH, StV 1983, 444, BGH, NStZ 2007, 115 („konkrete Gründe“), *Ehrenzweig*, JW 1929, 85, LR/*Gollwitzer* (25. Aufl., Berlin 2001), § 261 Rn. 57, KMR/*Stuckenberg*, § 261 Rn. 36, *Bertram Schmitt*, Beweiswürdigung, S. 387, *Käßer*, Wahrheitserforschung, S. 43 und *Zillmer*, NJW 1961, 721.

[602] Siehe hierzu oben Zweiter Hauptteil, Drittes Kapitel, B, I, 2, a).

[603] So der zutreffende Ausdruck von *Ehrenzweig*, JW 1929, 85; ähnlich *Käßer*, Wahrheitserforschung, S. 43: „konkrete Gegentatsachen“.

[604] Vgl. zu letzterem *Kindhäuser*, Strafprozessrecht, § 23 Rn. 53.

[605] Dies kritisieren an dieser Unterscheidung abstrakter und konkreter Zweifel auch *Käßer*, Wahrheitserforschung, S. 43 und *Toepel*, Grundstrukturen, S. 151. Vgl. auch *Maassen*, Beweismaßprobleme, S. 36, der den Gegensatzpaaren wie „abstrakt-konkret, theoretisch-praktisch, gedanklich-wirklich usw.“ und den metaphorischen Bildern vom „völlig fern liegenden“ oder „auf einsamer Höhe“ stehenden Zweifel eine „enttäuschende Ungenauigkeit“ zuspricht.

[606] Auch wenn subjektive Nichtbezweifelung etwas mit (subjektiver) Wahrscheinlichkeit durchaus zu tun hat: Stehen einer Geschehensvariante nämlich nur abstrakte (aber trotz Ausschöp-

subjektiver und damit das Beweismaß zwingend logisch auch rein subjektiv. Eine Objektivierung kann vielmehr erst *danach* in der Darlegung und Begründung der Entscheidung erfolgen. Erst die ausgesprochene Urteilsbegründung sowie die schriftlichen Urteilsgründe können von anderen (wie vor allem den Prozessbeteiligten) dahingehend überprüft werden, ob der Richter tatsächlich lediglich abstrakte Zweifel hatte und daher zu Recht überzeugt war – so wird die objektiv dargelegte richterliche Entscheidung nachvollziehbar gemacht. Diese Notwendigkeit einer entsprechend den in der deutschen Rechtstradition verankerten Bestrebungen[607] nach Nachvollziehbarkeit bzw. Vermittelbarkeit richterlicher Entscheidungen[608] zur Einschränkung von Willkürentscheidungen ist es, die sämtliche objektive wie gemischt objektiv-subjektive Beweismaßbestrebungen getrieben hat, ohne dass die eigentliche Dimension des sich bereits im Wortlaut der *Nach*vollziehbarkeit versteckten Sinns erkannt wurde, also das Folgen des Urteilsspruchs, nachdem er vollständig ergangen ist. Und hierzu gehört die mündliche Urteilsbegründung (§ 268 Abs. 2 S. 2 StPO) sowie die ausführliche Darlegung innerhalb der Urteilsgründe nach § 267 StPO.

Die richterliche Begründung erfolgt zwar erst *nach* dem Urteilsspruch (§ 268 Abs. 2 StPO) und damit nach der Urteilsberatung (§ 260 Abs. 1 StPO), in der der Richter für sich innersubjektiv das Ergebnis der Beweisaufnahme bewertet. Dies erfolgt aber geheim (§§ 43 und 45 Abs. 1 S. 2 DriG sowie § 193 GVG), so dass erst die Urteilsbegründung– wie oben bereits dargelegt[609] – als Fortsetzung der Dialektik der Hauptverhandlung (mit Argumenten und Gegenargumenten) und zugleich rechtliche Begrenzung der richterlichen Informationsbewertung (zum Schutze höherrangiger Allgemeininteressen wie Individualinteressen der Prozessbeteiligten) die Informationslücke der Prozessbeteiligten schließt und den strafrechtlichen Konflikt befrieden kann, scheint das Gesetz dieser notwendigen Informationsfunktion der Begründung auch nur begrenzt Rechnung zu tragen: Nach § 267 Abs. 1 S. 1 StPO „*müssen* die Urteilsgründe die für erwiesen erachteten Tatsachen angeben, in denen die gesetzlichen Merkmale der Straftat gefunden werden". Gemäß § 267 Abs. 1 S. 2 StPO *sollen* jedoch nur auch jene Tatsachen angegeben werden, aus denen der Beweis gefolgert wurde; ein zwingendes Erfordernis zur Angabe der Indizientatsachen, aus denen der Schluss auf das historische Ge-

---

fung aller Beweismittel nicht bestätigte oder ausgeschlossene) Zweifel entgegen, so ist diese für die rationale Komponente menschlicher Entscheidungen wahrscheinlicher als jene mit den aktuellen (weil mit konkreten Belegen aufgrund des Beweisergebnisses belasteten) Zweifeln und der Richter wird sich eher hierfür entscheiden.

607 *Rieß*, GA 1978, 265.

608 So BVerfG, StV 1994, 3, *Roxin/Schünemann*, Strafverfahrensrecht, § 45 Rn. 43, *Karl Peters*, Strafprozeß, S. 299, *ders.*, JR 1977, 84, *ders.*, ZStW 94 (1982), 1005, *ders.*, Kriminologische Aktualität VIII (1974), 32, *Herdegen*, FS Kleinknecht, S. 174, *ders.*, NJW 2003, 3516, *Kindhäuser*, Strafprozessrecht, § 23 Rn. 58, *Fezer*, StV 1995, 100, *Rieß*, GA 1978, 265 und 271, *Rüping*, Strafverfahren, Rn. 460; aA *Hans-Joachim Schneider*, JuS 1970, 271: Überzeugungsbildung sei „wegen seiner psychischen Komplexität jeder Nachvollziehbarkeit im konkreten Fall entzogen".

609 Siehe hierzu oben Zweiter Hauptteil, Drittes Kapitel, B, II, 3, a), bb).

schehen gezogen wurde, von dem das Gericht sich so überzeugt hat, scheint sich aus § 267 StPO somit nicht zu ergeben.[610] Hinsichtlich der Bedeutung des Wortes „sollen“ hilft die Gesetzgebungsgeschichte dieser seit Erlass der Strafprozessordnung am 1. Februar 1877 unverändert gebliebenen[611] Vorschrift nur Ansatzweise weiter:

§ 225 Abs. 1 des Entwurfs einer Strafprozessordnung von 1874 sah eine entsprechende Vorschrift noch nicht vor.[612] Der Gesetzgeber meinte, dass unter der Geltung von gesetzlichen Beweisregeln die Indizien als Anknüpfungspunkte dieser Regeln zwar noch Teil der objektiven Entscheidungsgründe gewesen seien; mit der Einführung der freien Beweiswürdigung müsse aber darauf verzichtet werden, dass das Gericht die Gründe der Überzeugung angebe. Denn vor allem bei Kollegialgerichten, bei denen alle Richter von der Schuld des Angeklagten überzeugt sein könnten, jeder aber aus anderen Gründen, sei eine Angabe „der Gründe“ „geradezu unerfüllbar“ und durch das Absetzen des Urteils erst Tage später durch nur einen dieser Richter – der sich kaum noch an alle Umstände seiner eigenen Überzeugung erinnern werde, geschweige denn, der die Gründe der anderen Richter kenne – auch praktisch kaum einlösbar.[613] Die Angabe dieses „Warum“ sei daher eh nur eine „Scheinangabe“[614], so dass hierauf als zwingende Voraussetzung verzichtet werden könne. Führte die Reichstagskommission dennoch mit knapper Mehrheit als zweiten Satz „Zu den für erwiesen erachteten Thatsachen gehören auch diejenigen, aus welchen andere Thatsachen gefolgert werden“ ein und damit eine zwingende Vorschrift[615] als notwendige Voraussetzung für den Fall, dass „die Berufung eingeführt werden sollte und wenigstens wünschenswerth für den Fall einer Wiederaufnahme“, so änderte erst die Redaktionskommission den Charakter der Vorschrift in eine „Soll“-Vorschrift, nach Ansichten des Schrifttums wohl wegen der Beibehaltung der Übertragung der Entscheidung in der Mehrzahl der Verfahren auf Geschworene, die allein aufgrund ihres Gefühls, ihrer „orakelhaften moralischen Überzeugung“ entscheiden sollten.[616] Nur bei Vergehen bis zu einer Straferwartung von drei Monaten Gefängnis und einigen ausgewählten kleineren Delikten sollten Schöffengerichte (und keine Geschwore-

[610] § 34 StPO ändert hieran nichts, da diese Norm nur generell eine Begründung anfechtbarer Entscheidungen verlangt – nicht ausdrücklich auch eine bezüglich der Beweiswürdigung (ebenso *Meurer*, FS Hildebert Kirchner, S. 249f.)! Und nur beim gänzlichen Fehlen von Urteilsgründen ist § 338 Nr. 7 StPO einschlägig, vgl. BGH bei *Dallinger*, MDR 1971, 548 und *Meyer-Goßner*, § 338 Rn. 52.

[611] Nur die Paragraphennummerierung hat sich geändert: § 266 Abs. 1 S. 2 RStGB, RGBl. 1877, S. 301.

[612] Vgl. *Hahn*, Materialien StPO 1, S. 31.

[613] Motive zu § 225 [der heutige § 267 StPO] des Gesetzesentwurfs einer Strafprozessordnung von 1874, abgedruckt bei *Hahn*, Materialien StPO 1, S. 211.

[614] So Abgeordnete Dr. Gneist in der ersten Lesung, wiedergegeben bei *Hahn*, Materialien StPO 1, S. 881.

[615] Dieser Antrag wurde nach kontroverser Diskussion mit 12:10 Stimmen angenommen; vgl. *Hahn*, Materialien StPO 1, S. 881f.

[616] Vgl. nur *Glaser*, Beiträge, S. 17f.

nen) entscheiden[617] und ausschließlich für jene Fälle sah § 354 RStPO die Berufung vor[618]. Nur in diesen wenigen Fällen brauchte das Tatgericht also dem Rechtsmittelgericht die Gründe seiner richterlichen Überzeugung überprüfbar mitteilen. Wenn dies aber der Grund der bloßen „Sollens"-Vorschrift sei – wie es etwa *Fezer*[619] und *Schledorn*[620] annehmen –, so hätte es doch näher gelegen, die Unterscheidung des Anwendungsbereichs dieser Norm in den verschiedenen Prozessen deutlicher ins Gesetz zu schreiben (z.B. „In Geschworenenprozessen gehören zu den erwiesenen Tatsachen auch diejenigen, aus welchen andere Tatsachen gefolgert werden"). Das bloße „Sollen" galt ansonsten ja auch für die Schöffengerichtsprozesse, in denen der Gesetzgeber gerade eine Angabe der Gründe wollte. Zudem lässt sich nicht erklären, wieso nach der Abschaffung der Geschworenen durch die Emmingersche Reform von 1924[621] § 266 Abs. 1 S. 2 RStPO (= § 267 Abs. 1 S. 2 StPO) unverändert blieb. Der bloße Hinweis auf die „wegen der dramatischen Finanznot der Länder heillos überlasteten Gerichte"[622] mag nicht zu überzeugen, da dem Gesetzgeber nicht unterstellt werden kann, aus bloßen Kostengesichtspunkten sein eigenes Rechtsmittelsystem ad absurdum zu führen. Denn wie sollte ohne eine Begründung der richterlichen Überzeugung das Revisionsgericht die Beweiswürdigung überprüfen, die es nicht nachholen kann und deren Ergebnisse sich nicht im Urteil befinden müssen?

---

617 § 27 GVG idF vom 27. Januar 1877 (RGBl. 1877, S. 41 (46)) lautete: „Die Schöffengerichte sind zuständig:
1. für alle Uebertretungen;
2. für diejenigen Vergehen, welche nur mit Gefängniß von höchstens drei Monaten oder Geldstrafe von höchstens sechshundert Mark, allein oder neben Haft oder in Verbindung mit einander oder in Verbindung mit Einziehung bedroht sind, mit Ausnahme der in § 320 des Strafgesetzbuchs und der in § 74 dieses Gesetzes bezeichneten Vergehen;
3. für die nur auf Antrag zu verfolgenden Beleidigungen und Körperverletzungen, wenn die Verfolgung im Wege der Privatklage geschieht;
4. für das Vergehen des Diebstahls im Falle des § 242 des Strafgesetzbuchs, wenn der Werth des gestohlenen fünfundzwanzig Mark nicht übersteigt;
5. für das Vergehen der Unterschlagung im Falle des § 246 des Strafgesetzbuchs, wenn der Werth des Unterschlagenen fünfundzwanzig Mark nicht übersteigt;
6. für das Vergehen des Betruges im Falle des § 263 des Strafgesetzbuchs, wenn der Schaden fünfundzwanzig Mark nicht übersteigt;
7. für das Vergehen der Sachbeschädigung im Falle des § 303 des Strafgesetzbuchs, wenn der Schaden fünfundzwanzig Mark nicht übersteigt;
8. für das Vergehen der Begünstigung und für das Vergehen der Hehlerei in den Fällen des § 258 Nr. 1 und des § 259 des Strafgesetzbuchs, wenn die Handlung, auf welche sich die Begünstigung oder die Hehlerei bezieht, zur Zuständigkeit der Schöffengerichte gehört."

618 § 354 RStPO idF vom 1. Februar 1877 (RGBl. 1877, S. 253 [316]): „Die Berufung findet statt gegen die Urtheile der Schöffengerichte."

619 StV 1995, 96.

620 Darlegungspflicht, S. 96 und 106.

621 Verordnung über Gerichtsverfassung und Strafrechtspflege vom 4. Januar 1924 – RGBl. 1924 I, S. 15ff.

622 So *Schledorn*, Darlegungspflicht, S. 96.

Ansatzpunkt sollte vielmehr sein, dass zwar auch ein „Sollen“ im Rahmen eines Gesetzes eine generelle Pflicht des Adressaten bedeutet, der Adressat jedoch (anders als beim ausnahmslosen „müssen“) in atypischen Einzelfällen hiervon abweichen kann.[623] Der mit dem „Sollen“ verbundene, nicht so scharfe Gesetzesbefehl ändert also an der grundsätzlich zwingenden Begründungspflicht nichts. Das zugleich eingeräumte gerichtliche Ermessen im Einzelfall wird durch das verfassungsrechtlich verbürgte Rechtsstaatsprinzip (Art. 20 Abs. 3 GG) eingeschränkt: Aus diesem folgt, „dass der Staatsbürger, in dessen Rechte eingegriffen wird, einen Anspruch darauf hat, die Gründe dafür zu erfahren; denn nur dann kann er seine Rechte sachgemäß verteidigen“[624]. Dies muss gerade für den Bereich des Strafprozesses gelten, wo eine Verurteilung für den Beschuldigten mit einer erheblichen Einbuße seines hochrangigen Freiheitsrechts oder seines Eigentums verbunden ist. Die bloße richterliche Behauptung, der Angeklagte habe eine Straftat begangen, vermag die Prozessbeteiligten wie die Gesellschaft insgesamt kaum von der Schuld des Angeklagten zu überzeugen, kann die subjektive Überzeugung doch ihre Grundlage auf bloßen – angesichts der Unschuldsvermutung (Art. 6 Abs. 1 MRK) nicht ausreichenden – Vermutungen haben.[625] Erst die bewiesene Schuld des Angeklagten und damit die richterliche Vermittlung, aus welchen Gründen er die Schuld für erwiesen halte, vermag daher die Unschuldsvermutung zu widerlegen und die verhängte Sanktion zu rechtfertigen.[626] Vergleichen kann man dies mit der Zeugenvernahme: Behauptet der Zeuge etwas, wird der Richter ihm auch nicht sofort glauben, sondern er wird nachfragen, wie es *Grasnick*[627] (in anderem Zusammenhang) veranschaulicht: „‚Wieso können Sie das überhaupt wissen‘? Und was tut der Zeuge dann? Er rechtfertigt sich. Er bringt Argumente für seine Behauptungen vor. Zumindest versucht er es. Die nimmt man ihm ab oder weist sie zurück“ und glaubt ihm so oder nicht.[628] Und genauso wird die Gesellschaft dem Richter nicht bereits aufgrund seiner Autorität glauben, sondern erst seinem begründeten Richterspruch, in dem dieser nachvollziehbar dargelegt, wieso er die Schuld für erwiesen hält. Erst die Urteilsbegründung legitimiert den Richterspruch. Zugleich dient sie der Selbstkontrolle des Richters vor einer zu schnellen eigenen Willkürentscheidung[629] (und dient so

---

[623] Vgl. hierzu bereits *Walter Jellinek*, Gesetz, S. 113f.

[624] BVerfGE 6, 32 (44); vgl. auch BVerfGE 49, 24 (66) und BVerfGE 55, 205 (206).

[625] Vgl. nur BGH, NStZ 1981, 33, BGH, StV 1982, 256, BGH, NStZ 1986, 373, BGH, StV 1992, 261 (262), BGH, StV 1995, 453, BGH, StV 1997, 120, *Pfeiffer*, StPO, § 261 Rn. 2 sowie HK-StPO/*Julius*, § 261 Rn. 22.

[626] Ebenso HK-StPO/*Julius*, § 261 Rn. 2, *Kindhäuser*, Jura 1988, 296 und *Heinz Wagner*, ZStW 106 (1994), 274 sowie 278; in diese Richtung auch *Fezer*, StV 1995, 100 und *Wenzel*, NJW 1966, 578.

[627] *Grasnick*, FS 140 Jahre GA, S. 69.

[628] Vgl. ähnlich bereits *Jarke*, NACr 8 (1826), 100: „Welche Garantie hat der Mensch für die Richtigkeit seines Urtheils, oder dafür, dass sein Fürwahrhalten mit der Wahrheit übereinstimme? Und hierauf muss nach unserer Ansicht geantwortet werden: Die einzige Garantie dafür kann nur in den Gründen liegen […].“

[629] Ebenso *Heinz Wagner*, ZStW 106 (1994), 279 und *Döhring*, Erforschung, S. 475: „ein heilsamer Zwang zur Selbstkontrolle“.

dem Schutz des Angeklagten[630]) und versetzt – was teilweise[631] als Hauptgrund der Begründungspflicht angesehen wird[632] – das Revisionsgericht, das mangels eigener Beweisaufnahme die Beweismittelaussagen unmittelbar gar nicht zur Kenntnis bekommt (vgl. § 351 StPO)[633], erst in die Lage, die Beweiswürdigung des Tatgerichts überhaupt überprüfen zu können.

Auf der anderen Seite wird man vom Richter nicht verlangen können, dass er den gesamten Verlauf der Hauptverhandlung nachzeichnet und so einen „Spiegel der Verhandlung“[634] bildet, so dass jeder Sachverhaltsschluss in allen Einzelheiten nachgezeichnet wird[635] – dies ist gerade die Aufgabe des Verhandlungsprotokolls (§ 274 StPO). In einfach gelagerten Fällen reicht teilweise sogar eine mündliche Begründung[636] und kann sich die schriftliche Begründung mit wenigen Worten begnügen. Die Begründungspflicht des § 267 Abs. 1 S. 2 StPO als Urteilslegitimation reicht also nur so weit, wie die Rechtfertigung der Beweiswürdigung nach den Umständen des Falles und damit ihre Nachprüfbarkeit geboten erscheint. Dies bedingt eine Bewertung im Einzelfall, die dem Tatrichter anvertraut werden muss.[637] Diesen Spielraum wollte der Gesetzgeber dem Tatrichter einräumen, als er die Vorschrift als bloße Sollensnorm schuf.[638]

---

630 So bereits *Rumpf*, Strafrichter I, S. 192.

631 So *Karl Peters*, JR 1977, 84, *ders.*, FS Olivecrona, S. 536 und *Cuypers*, Revisibilität, S. 308.

632 Vgl. hierzu mit tragenden Argumenten *Heinz Wagner*, ZStW 106 (1994), 275 ff.

633 Allenfalls im Freibeweis kann das Revisionsgericht Beweise aller Art erheben (vgl. BGH, NStZ 1993, 349 f.), jedoch sind ihm Zeugen entzogen, die bereits im Strengbeweisverfahren vernommen wurden, so BayObLG, JR 2001, 256 ff. und *Meyer-Goßner*, § 351 Rn. 3.

634 So bereits die Befürchtung des Abgeordneten *Dr. Gneist* bei *Hahn*, Materialien StPO 1, S. 1355.

635 Ebenso BGH, NStZ 1985, 184, BGH, NStZ 1998, 475 f., BGH bei *Kusch*, NStZ-RR 2000, 293, BGH, wistra 2004, 150, BGH, NStZ-RR 2009, 183 („Das Abfassen unangemessen breiter Urteilsgründe ist weder durch § 267 StPO noch sachlich-rechtlich geboten, da es, unabhängig von der vermeidbaren Bindung personeller Ressourcen beim Tatgericht, dazu geeignet sein kann, den Blick auf das Wesentliche zu verstellen und den Bestand des Urteils damit zu gefährden“), BGH, NStZ 2009, 403, BGH, StraFo 2010, 386 (387: „Eine solche exzessive Erörterung würde die Möglichkeiten und Ressourcen der Gerichte übersteigen, ohne doch jemald zu absoluter Vollständigkeit gelangen zu können“), KMR/*Stuckenberg*, § 261 Rn. 36, *Meyer-Goßner*, § 267 Rn. 12 und *Maul*, FS Pfeiffer, S. 415.

636 BVerfGE 40, 276 (286).

637 *Baldus*, Ehrengabe Heusinger, S. 389; vgl. auch BGH, NStZ 2009, 403: „Die Darstellungsweise richtet sich dabei nach den Erfordernissen im Einzelfall.“

638 Einer verfassungskonformen Auslegung des „Sollens“ in ein „Müssen“ (so aber *Schledorn*, Darlegungspflicht, S. 98 ff.) bedarf es daher ebenso wenig wie eines Verweises auf eine richterliche Rechtsfortbildung (so *Heescher*, Untersuchungen, S. 160), eine „gewohnheitsrechtlich“ umfassende Begründungspflicht (so etwa *Rieß*, GA 1978, 264) oder des von der anfänglichen Rechtsprechung beschrittenen Umweges, dass trotz einer Begründungspflicht die Darlegung der Beweiswürdigung im Urteil einer „althergebrachten Übung der Gerichte“ entspreche, „die für die Entscheidung wesentlichen Beweismittel und ihre Wertung in den Urteilsgründen anzuführen“ und die dann vom Revisionsgericht überprüfbar seien (BGH, GA 1965, 208 f.; ebenso BGHSt. 12, 311 [314 ff.]. Bei einem Fehlen der Gründe sei nicht auszuschließen, dass die Beweiswürdigung willkürlich erfolgt sei, das Urteil also auf die Sachrüge aufgehoben würde: vgl. BGH, VRS 27 [1964], 445, BGH, NJW 1960, 1397, BGH, NJW 1961, 2069 und BGH, GA

Die (entsprechend § 267 Abs. 3 S. 1 StPO) aus Sicht des Tatgerichts „bestimmenden Umstände“[639] seiner Beweiswürdigung hat dieses also im Urteil darzulegen. So werden die Gründe – wenngleich eingebunden in einen formalen Urteilsstil – zu einem sprachlichen Abbild der Beweiswürdigung. Wenn bei einer Entscheidung tatsächlich auch andere Gründe subjektiv maßgeblich gewesen sind, so bleibt einem Dritten mangels Möglichkeit, in den Kopf des Richters hineinzuschauen, nur die Urteilsbegründung als Inhalt dessen, welche Überlegungen sich der Richter gemacht hat. Man kann dies mit einer Diskussionsrunde vergleichen: Nur durch die Worte eines Teilnehmers kann man sagen, er sei dieser oder jener Meinung, obwohl er sich innersubjektiv etwas ganz anderes gedacht haben kann, es aber bloß nicht ausgesprochen hat. Seine eigenen Gedanken kann man weder nachvollziehen noch bewerten, solange er sie nicht mitgeteilt hat. Das gleiche gilt für den Richter: Das Urteil (inklusive Sachverhaltsfeststellung) wird erst „zu etwas Seiendem [...] durch den ausgewiesenen, zugestellten und vollständigen Grund“[640]. Auch wenn die in der ausführlichen schriftlichen Urteilsbegründung (§ 267 StPO) nach dem bösen Spruch der drei Gründe (den mündlichen, den schriftlichen und den wahren[641]) psychologisch nicht mit den tatsächlich gemachten übereinstimmen werden, kann man aus Gründen des intersubjektiven Verstehens nur diese heranziehen. Dies bedingt die Fiktion, dass der Richter (bei Kollegialgerichten: der ganze Spruchkörper mehrheitlich[642]) sich innersubjektiv bei der Beweiswürdigung jene Gedanken gemacht hat, die er in den schriftlichen Urteilsgründen niedergelegt hat.

Diese müssen dem Grundsatz der Nachvollziehbarkeit entsprechend eine objektiv-rationale Begründung[643] enthalten, d.h. eine ausschließlich mit für alle Beurteilenden maßgeblichen Denkoperationen[644]. So müssen die Urteilsgründe „erkennen

---

1965, 109; vgl. hierzu mit weiteren Nachweisen *Wenzel*, NJW 1966, 577 ff.). Logische Folge der hier vertretenen Auslegung des § 267 Abs. 1 S. 2 StPO ist, dass das Fehlen auch aus Sicht des Tatgerichts bestimmender Umstände für die Beweiswürdigung entgegen der Rechtsprechung (vgl. nur RGSt. 47, 100 [109] und BGHSt. 12, 311 [314 ff.]) doch eine Gesetzesverletzung im Sinne des § 337 StPO darstellt.

639 Ebenso *Rieß*, GA 1978, 264.

640 *Brüggemann*, Begründungspflicht, S. 61

641 Vgl. nur *Blunck*, MDR 1970, 471; ähnlich *Herdegen*, FS AG Strafrecht, S. 553: „Damit ist das Dilemma der strafprozessualen Beweiswürdigung erfast: Richter mit individuellen ‚Gewohnheiten und Fähigkeiten‘, mit ‚eigener (eigentümlicher) Beschaffenheit‘, sollen ihre Überzeugung mit Gründen rechtfertigen, die ‚allgemeingültig‘ sind [...].“

642 *Eschelbach*, FS Widmaier, S. 130.

643 BGH, StV 1993, 510 (511), *Ehrenzweig*, JW 1929, 85, *Herdegen*, NStZ 1987, 198, *ders.*, NJW 2003, 3516 („hohen Grad argumentativer Stärke“), *ders.*, FS Kleinknecht, S. 175 („Ohne rechtfertigende Argumentation hat das Fürwahrhalten keine Grundlage, ist es nur eine im Subjektiven verharrende Annahme, nicht diskutierbar, aber damit auch ohne Aussagekraft“), *Paulus*, FS Fezer, S. 250 f. (eine „zureichende Begründung“ sei notwendig, denn „Urteilswahrheit meint Begründungsrichtigkeit“), KMR/*Stuckenberg*, § 261 Rn. 28, *Pfeiffer*, StPO, § 261 Rn. 2, *Hellmann*, Strafprozessrecht, Rn. 800 („aus einer von einem Dritten nachvollziehbaren lückenlosen Argumenta-tion erwächst“) und *Käßer*, Wahrheitserforschung, S. 76 („argumentativ untermauern“).

644 *Karl Peters*, Strafprozeß, S. 300, wo es zudem heißt: Die Überzeugung „ist auch mehr als ein nur Fürwahrscheinlich-halten. Dieses Mehr muß sachliche Gründe für sich haben.“

lassen, dass die Beweiswürdigung auf einer tragfähigen, verstandesmäßig einsehbaren Tatsachengrundlage beruht und dass die vom Gericht gezogene Schlussfolgerung nicht etwa nur eine Annahme ist oder sich als bloß Vermutung erweist, die letztlich nicht mehr als einen Verdacht zu begründen vermag"[645]. Hieraus folgt umgekehrt, dass man – wie es bemerkenswerterweise bereits *Mittermaier* 1834 feststellte[646] – nur einen solchen „Zustand, in welchem unser Fürwahrhalten auf völlig befriedigenden Gründen beruht, deren wir uns bewusst sind, [...] *Überzeugung*" (ergänze: im Sinne des § 261 StPO) nennen können. *Strafprozessuales Beweismaß ist also die subjektive*[647] *Nichtbezweifelung von der materiellen Wahrheit, sofern sie objektiv rational und damit nachvollziehbar begründet werden kann.*

Der Richter kann daher aufgrund seines subjektiven Gesamteindrucks von der Richtigkeit einer Tatsache auch bei konkreten Zweifeln durchaus subjektiv durchdrungen sein, er darf aber erst „überzeugt" im Sinne des § 261 StPO sein, wenn er diese Zweifel rational begründbar[648] in den Urteilsgründen auszuräumen vermag. Sowohl die Überzeugung als auch die sie hindernden konkreten Zweifel müssen ihre Verankerung in „rationaler Argumention" haben[649], also „auf nachvollziehbaren, rational vermittelbaren Gründen"[650] ruhen. Erst die so mitgeteilte Beweiswürdigung zeigt, ob der Richter seine „Überzeugung" nicht nur hatte, sondern auch haben durfte.[651] Der Richter darf also nicht sagen „Es ist so, weil ich überzeugt bin", sondern: „Es ist so aus den und den Gründen, welche mich auch persönlich überzeugt haben."[652]

g) Richterliche Begründungspflichten nach dem Bundesverfassungsgericht

Diese Betonung einer umfassenden Begründung als maßgebliches Kriterium einer objektiven Nachvollziehbarkeit der tatrichterlichen Beweiswürdigung deckt sich mit den Anforderungen, die das Bundesverfassungsgericht aus seiner (gegenüber einer revisionsrechtlichen Überprüfung tatrichterlicher Urteile) analogen Sicht heraus hieran stellt: Das Bundesverfassungsgericht hat unter Betonung seiner besonderen Funktion und Stellung im Verhältnis zu anderen Trägern der rechtsprechenden Gewalt zwar von jeher Wert darauf gelegt, dass es die fachgerichtliche Auslegung und Anwendung des einfachen Rechts grundsätzlich nicht nachprüfen könne.[653] Überprüft werden könne im Rahmen einer Verfassungsbeschwerde ledig-

---

645 BGH, StV 2007, 347; so zuvor bereits BGH, wistra 2003, 299.

646 Lehre, S. 70, Hervorhebung bereits im Original.

647 Dieser reine Subjektivismus wird (erst) durch die nachvollziehbare Begründbarkeit zu einer intersubjektiven!

648 KMR/*Stuckenberg*, § 261 Rn. 23 spricht von rational begründbaren Zweifeln; vgl. auch BGHR StPO § 261 Beweiswürdigung 8, LR/*Gollwitzer* (25. Aufl., Berlin 2001), § 261 Rn. 8 und *Fezer*, StV 1995, 100.

649 *Putzke/Scheinfeld*, Strafprozessrecht, Rn. 650.

650 BGHR § 261 StPO Beweiswürdigung 8.

651 Vgl. KMR/*Stuckenberg*, § 261 Rn. 22.

652 *Fezer*, StV 1995, 99.

653 Vgl. BVerfGE 18, 85 (92f.), BVerfGE 22, 93 (99f.), BVerfGE 30, 173 (187f. und 196f.), BVerfGE 32, 311 (316), BVerfGE 42, 143 (148), BVerfGE 76, 143 (161), BVerfGE 82, 6

lich ein Verstoß gegen objektives Verfassungsrecht, also ob die fachgerichtliche Entscheidung Fehler aufweise, „die auf einer grundsätzlich unrichtigen Anschauung von der Bedeutung und Tragweite des Grundrechts, insbesondere vom Umfang seines Schutzbereichs", beruhe[654]. Obwohl Art. 2 Abs. 2 S. 2 iVm Art. 20 Abs. 3 GG bestimme, dass „die Freiheit der Person nur aus besonders gewichtigen Gründen und unter strengen formellen Gewährleistungen eingeschränkt werden"[655] könne und daher zur Widerlegung der Unschuldsvermutung die Einhaltung strenger Anforderungen an die tatrichterliche Beweiswürdigung stelle[656], im Einzelfall die Aussagekraft der zulässigerweise erhobenen (oder trotz einer rechtsfehlerhaften Beweiserhebung nach einer Abwägung der freiheitssichernden Funktion der verletzten Grundrechte mit den unabweisbaren Bedürfnissen einer wirksamen Strafverfolgung und Verbrechensbekämpfung und dem rechtsstaatlichen Gebot, durch eine möglichst umfassende Aufklärung aller erheblichen Umstände die Grundlage für ein gerechtes Urteil zu schaffen, verwertbaren[657]) Beweise und der zu ihrer Würdigung erforderlichen Umstände sorgfältig zu überprüfen und zu würdigen[658] und sie erst festzustellen, wenn sie zur „vollen Gewissheit des Tatrichters" im Sinne eines „nach der Lebenserfahrung ausreichendes Maßes an Sicherheit" vorlägen, „demgegenüber vernünftige Zweifel nicht mehr aufkommen"[659], rechtfertige daher nicht jeder Verstoß gegen die §§ 244 Abs. 2 und 261 StPO ein Eingreifen des Bundesverfassungsgerichts[660]. Das Bundesverfassungsgericht greife erst ein, wenn sich das Tat- und gegebenenfalls das Revisionsgericht in willkürlicher Weise so weit von den Grundsätzen der Beweiserhebung und Beweiswürdigung und damit

> „von der Verpflichtung entfernt haben, in Wahrung der Unschuldsvermutung bei jeder als Täter in Betracht kommenden Person auch die Gründe, die gegen die mögliche Täterschaft sprechen, wahrzunehmen, aufzuklären und zu erwägen, dass der rationale Charakter der Entscheidung verloren gegangen scheint und sie keine tragfähige Grundlage mehr für die mit einem Schuldspruch einhergehende Freiheitsentziehung sein kann."[661]

Dies könne die Bundesverfassungsgerichtsrichter mangels eigener Erlebnis des Inbegriffs der Hauptverhandlung und damit wegen der „Einmaligkeit des Gesamt-

---

(11), BVerfGE 89, 276 (285f.), BVerfGE 93, 266 (313f.: abweichende Meinung der Richterin Dr. Haas) und BVerfGE 96, 189 (200).

654 BVerfGE 86, 122 (129).

655 BVerfG, NJW 2008, 3346 (3347).

656 BVerfG, EuGRZ 2007, 730 (731).

657 Vgl. zu dieser Abwägung aus verfassungsrechtlicher Sicht nur BVerfGE 34, 238 (248f.), BVerfGE 80, 367 (375f.) und BVerfG, NStZ 2006, 46: „Dabei besteht kein Rechtssatz des Inhalts, dass im Fall einer rechtsfehlerhaften Beweiserhebung die Verwertung der gewonnenen Beweise stets unzulässig sei."

658 Vgl. nur BVerfGE 57, 250 (277) und BVerfG, NJW 2003, 2444 (2445).

659 BVerfG, EuGRZ 2007, 730 (731).

660 Vgl. nur BVerfGK 10, 125 (129), BVerfG, NJW 2003, 2444 (2446), BVerfG, EuGRZ 2007, 730 (731), BVerfG, NJW 2008, 3346 (3348) und BVerfG, wistra 2009, 269 (270).

661 BVerfG, NJW 2003, 2444 (2446); ebenso BVerfGK 1, 145 (152), BVerfGK 10, 125 (127), BVerfG, NJW 2008, 3346 (3348), BVerfG, wistra 2009, 269 (270) und BVerfG, Kammerbeschl. v. 23. 10. 2007 – 2 BvR 2090/05, juris.

eindrucks der mündlichen Verhandlung“[662] nur anhand der gegebenen Urteilsbegründung dahingehend überprüfen, ob diese in hinreichendem Maße „mit lückenlosen, nachvollziehbaren und logischen Argumenten geführt“ werde[663]: „Verfassungsrechtlich zu beanstanden ist eine fachgerichtliche Bewertung nur dann, wenn sie anhand der gegebenen Begründung nicht mehr nachvollziehbar ist oder nicht auf einer verlässlichen Grundlage beruht“[664]. Erst dann erfülle die Entscheidungsbegründung iSd § 267 StPO als „einfachrechtliche Ausprägung des Grundrechts auf rechtliches Gehör“[665] nicht mehr seine Informationsfunktion gegenüber den mit der Überlegung einer möglichen Rechtsmitteleinlegung konfrontierten Verfahrensbeteiligten (diese können auf die Informationsfunktion verzichten, wenn alle Verfahrensbeteiligte keine Rechtsmittel einlegen wollen oder nicht fristgemäß einlegen: § 267 Abs. 4 StPO) und lege den Schluss nahe, dass die Begründung (zugleich unter Verstoß von Art. 3 Abs. 1 GG in seiner Bedeutung als Willkürverbot) „auf sachfremden und damit willkürlichen Erwägungen“ beruht[666]. Dies sei insbesondere der Fall, wenn die Begründung unvollständig sei oder Widersprüche enthalte[667] oder das Gericht sich (jedenfalls im Bereich der Beleidigungsdelikte, wo wegen nachhaltiger Grundrechtsrelevanz [Art. 5 Abs. 1 GG] eine weitreichendere verfassungsrechtliche Nachprüfung möglich sei) unter mehreren möglichen Deutungen einer Beweismittelaussage „für die zur Verurteilung führende entscheidet, ohne die anderen unter Angabe überzeugender Gründe auszuscheiden“[668].

---

662 BVerfGE 93, 266 (296).

663 BVerfG, EuGRZ 2007, 730 (731).

664 BVerfG, InfAuslR 1991, 85 (88); ähnlich BVerfG, InfAuslR 1992, 231 (233), BVerfG, InfAuslR 1996, 355 (357) und BVerfG, DVBl. 2000, 1048f.

665 BVerfG, NJW 2004, 209 (210).

666 Vgl. zur Aufhebung willkürlicher Rechtsanwendungen durch das Bundesverfassungsgericht nur BVerfGE 4, 1 (7), BVerfGE 80, 48 (51), BVerfGE 83, 82 (84), BVerfGE 86, 59 (62f.), BVerfGE 96, 189 (203), BVerfG, NJW 2004, 209 (210) und BVerfG, NJW 2008, 570.

667 So BVerfG, NJW 2004, 209 (210).

668 BVerfGE 82, 272 (280f.) und BVerfGE 86, 122 (129). Kritisch zu dieser erweiterten verfassungsrechtlichen Überprüfung der tatrichterlichen Beweiswürdigung: BVerfGE 93, 266 (313f.: abweichende Meinung der Richterin Dr. Haas), *Ossenbühl*, JZ 1995, 640, *Hillgruber/Schemmer*, JZ 1992, 949f. und *Kiesel*, NVwZ 1992, 1131. Vgl. auch BVerfGE 42, 143 (149) zur Nachprüfung der zivilgerichtlichen Beweiswürdigung: „Je nachhaltiger ferner ein zivilgerichtliches Urteil im Ergebnis die Grundrechtssphäre des Unterlegenen trifft, desto strengere Anforderungen sind an die Begründung dieses Eingriffs zu stellen und desto weitreichend sind folglich die Nachprüfungsmöglichkeiten des Bundesverfassungsgerichts; in Fällen höchster Eingriffsintensität ist es durchaus befugt, die von den Zivilgerichten vorgenommene Wertung durch seine eigene zu ersetzen.“ Da es sich bei verurteilenden Strafurteilen stets um intensive Grundrechtseingriffe handelt (so ausdrücklich BVerfGE 93, 266 [296]), erscheint es fraglich, ob diese umfassendere verfassungsgerichtliche Nachprüfung nicht auf sämtliche Strafurteile ausgeweitet werden müsste.

h) Richterliche Begründungspflichten nach dem Europäischen Gerichtshof für Menschenrechte

Parallel hierzu erklärt auch der Europäische Gerichtshof für Menschenrechte, dass die Unschuldsvermutung des Art. 6 Abs. 2 MRK[669], zu deren Widerlegung ein geführter Schuldnachweis in einem gesetzlich geregelten Verfahren erforderlich sei[670], keine umfassende Gewähr für die sachliche Richtigkeit eines jeden Urteils bieten wolle, so dass sie nicht zu einer allgemeinen Richtigkeitskontrolle durch den Gerichtshof führen könne. Der Gerichtshof sei daher nicht zuständig, rechtliche oder tatsächliche Irrtümer der nationalen Gerichte zu überprüfen, wenn es sich dabei nicht um eine konkrete Verletzung der Rechte der Konvention handele[671]. Unabhängig davon, dass der vom französischen Rechtsverständnis geprägte Gerichtshof für sich den Beweismaßstab des („bei eigener Gewissensverantwortung"[672]) „über berechtigte Zweifel erhabenen" Beweises (proof „beyond reasonable doubt")[673] übernimmt (hinzufügend, „dass sich ein derartiger Beweis aus dem Bündel hinreichend überzeugender, klarer und übereinstimmender Indizien oder aus ähnlichen, unwiderlegten Tatsachenvermutungen ergeben kann")[674], sei die Beweiswürdigung „primarily a matter for regulation by national law, and, as a general rule"[675], obliege „es den nationalen Gerichten die ihnen vorliegenden Beweise zu würdigen und die Relevanz der Beweise, die die Angeklagten vorbringen wollen, zu beurteilen"[676]. „Accordingly, the Court's task under the Convention is to ascertain whether the proceedings considered as a whole, including the way in which evidence was taken, were fair"[677] im Sinne des Art. 6 Abs. 1 MRK. Dieser enthält einen aus vielen Einzelrechten[678] be-

---

[669] Dieser lautet: „Jede Person, die einer Straftat angeklagt ist, gilt bis zum gesetzlichen Beweis ihrer Schuld als unschuldig."

[670] Vgl. zu diesem Inhalt der Unschuldsvermutung aus nationaler Sichtweise auch *Kristian Kühl*, Unschuldsvermutung, S. 9ff., *Pfeiffer*, FS Geiß, S. 147 sowie *Karlheinz Meyer*, FS Tröndle, S. 64 und 69.

[671] Vgl. nur EGMR (Storck gegen Deutschland), NJW-RR 2006, 308 (311) mwN.

[672] So die Interpretation von IntKomm-MRK/*Kühne*, Art. 6 Rn. 444.

[673] Ständige Rechtsprechung seit EGMR (Irland gegen Vereinigtes Königreich), EGMR-E I, 232 (249).

[674] EGMR (Irland gegen Vereinigtes Königreich), EGMR-E I, 232 (249f.).

[675] EGMR (Delta gegen Frankreich), Urt. v. 19. 12. 1990 – 11444/85, Z. 35.

[676] EGMR (Vidal gegen Belgien), EuGRZ 1992, 440 (441); ähnlich EGMR (Hadjianastassiou gegen Griechenland), EuGRZ 1993, 70: erheblicher Spielraum.

[677] EGMR (Delta gegen Frankreich), Urt. v. 19. 12. 1990 – 11444/85, Z. 35; ebenso EGMR (Vidal gegen Belgien), EuGRZ 1992, 440 (441).

[678] Eine gute Zusammenfassung findet sich bei IntKomm-MRK/*Kühne*, Art. 6 Rn. 357: „Das Gericht muss unabhängig, unparteiisch und nach treu und Glauben sowie auf der Basis einer gesetzlichen Verfahrensregelung handeln. Parteien müssen von allen schriftlichen Verfahrensteilen Kenntnis nehmen können. In einer Verhandlung vor Gericht müssen Parteien ihre Sache und ihre Ansicht über sie unter im Wesentlichen gleichen Bedingungen vortragen können. Eine Verhandlung muss grundsätzlich öffentlich sein, das Beweisverfahren ist in ihr und in Anwesenheit des Beschuldigten sowie – so vorhanden bzw. erforderlich – seines Verteidigers durchzuführen. Rechtliches Gehör muss gewährt werden. Eine Entscheidung in der Sache muss auf den Gegenständen der Verhandlung beruhen und die Gründe enthalten, die

stehenden Mindeststandard an Rechten[679] (teils in Art. 6 Abs. 3 MRK näher konkretisiert)[680], der zum „Fair-trial"-Grundsatz[681] zusammengefasst ist. Ausweislich der zur Auslegung des unbestimmten Rechtsbegriffs „fair" herangezogenen Präambel („gemeinsames Erbe an politischen Überlieferungen, Idealen, Achtung der Freiheit und Rechtsstaatlichkeit") umfasst er auch den Grundsatz der Rechtsstaatlichkeit[682] und damit einen Schutz gegen gerichtliche Willkür, so dass nationale Beweiswürdigungen vom Gerichtshof als Grenze des umfassenden nationalen Spielraums dahingehend nachgeprüft werden könnten, ob die tatrichterlichen Schlüsse „are sufficient to exclude the assumptions that the evaluation of the evidence had been arbitrary"[683]. Ermöglicht wird diese Nachprüfung durch die aus dem Anspruch auf rechtliches Gehör als weiterem Teilelement des „Fair-trial"-Grundsatzes folgende[684] richterliche Pflicht, „mit ausreichender Deutlichkeit die Gründe anführen, auf welche sie ihre Entscheidung stützen. Unter anderem gerade dadurch wird dem Angeklagten ermöglicht, von dem ihm eingeräumten Berufungsrecht sinnvollen Gebrauch zu machen"[685]. Diese Vorschrift dürfe zwar „nicht so verstanden werden kann, als verlange sie eine eingehende Auseinandersetzung mit jedem Argument"[686]. Eine Konventionsverletzung könne aber etwa gegeben sein, wenn das Gericht auf Hauptargumente nicht eingehe.[687] Letztlich variiere der Begründungsumfang nach der Art der Entscheidung, der konkreten Verfahrenssituation und dem zugrunde liegenden nationalen Rechtssystem (ausgenommen von der Begründungspflicht sind daher etwa Jury-Entscheidungen[688]), so dass der Gerichtshof lediglich prüfen könne, „ob die diesbezüglich angewandte Methode im Einzelfall zu einem mit der Konvention vereinbarem Ergebnis geführt hat"[689].

---

für das Ergebnis maßgeblich waren. In aller Regel muss die instanzielle Überprüfung einer Entscheidung verlangt werden."

679 So *Dieter Dörr*, Verfahren, S. 71ff., *Heubel*, Fair trial, S. 30ff. und *Meyer-Goßner*, Art. 6 MRK Rn. 4.

680 So EGMR (Krombach gegen Frankreich), NJW 2001, 2387 (2390) und EGMR (Vidal gegen Frankreich), EuGRZ 1992, 440 (441).

681 Der ursprüngliche Wortlaut „fair hearing" wurde vom Europäischen Gerichtshof für Menschenrechte nach und nach durch den Ausdruck „fair trial" ersetzt (vgl. hierzu umfassend IntKomm-MRK/*Kühne*, Art. 6 Rn. 356).

682 Vgl. hierzu *Meyer-Ladewig*, MRK, Art. 6 Rn. 35.

683 EGMR (Gesellschaft X. gegen Österreich), D&R 18, 31 (46); ebenso im Ergebnis EGMR (X. gegen Belgien), D&R 9, 169 (174).

684 Vgl. zu dieser dogmatischen Herleitung der Begründungspflicht nur *Grabenwarter*, Menschenrechtskonvention, § 24 Rn. 66.

685 EGMR (Hadjianastassiou vs. Griechenland), EuGRZ 1993, 70.

686 EGMR (Buchheit und Meinberg gegen Deutschland), NVwZ 2006, 1274 (1276); ebenso ebenso EGMR (Balani gegen Spanien), Série A 303-B, Z. 27 und EGMR (Garcia Ruiz gegen Spanien), NJW 1999, 2429.

687 So EGMR (Buzescu gegen Rumänien), Urt. v. 24. 5. 2005 – 61302/00, Z. 67.

688 Vgl. hierzu IntKomm-MRK/*Kühne*, Art. 6 Rn. 444. Siehe zur Unvereinbarkeit von Jury-Entscheidungen und der Begründungspflicht aus historischer Sicht bereits oben Erster Hauptteil, Erstes Kapitel, A, VI.

689 EGMR (Hadjianastassiou gegen Griechenland), EuGRZ 1993, 70; ebenso EGMR (Balani gegen Spanien), Série A 303-B, Z. 27.

C. Ergebnis

Indem der Gesetzgeber im Einklang mit dem Schuldprinzip am Ziel der materiellen Wahrheit (§ 244 Abs. 2 StPO) festhält und damit mehr als das Ergebnis eines prozessualen „Verhandlungsspiels“ für eine Sachverhaltsfeststellung und damit einen Schuldspruch verlangt, ist dogmatisch die Subjektivität des strafprozessualen Beweismaßes besiegelt. Denn Wahrheit ist im Sinne der Korrespondenztheorie, von der die Rechtswissenschaft bereits stillschweigend ausgeht[690], als Übereinstimmung zwischen Tatsachenaussage und Realität zu verstehen, oder, da eine externe Realität von Menschen nur subjektiv verglichen werden können: die Übereinstimmung selbst angenommener oder von anderen wahrgenommener Tatsachenaussagen mit der eigenen Vorstellung historisch erfolgter Umstände; der Korrespondenzvergleich ist also ein innersubjektiver. Nur jeder Richter kann für sich selbst sagen, ob er innersubjektiv eine Aussage für wahr oder falsch hält. Hinsichtlich der Wahrheit kann sich nur jeder Mensch selbst wissend machen. Dieser neuropsychologischen Notwendigkeit trägt das Gesetz mit dem Begriff der Überzeugung Rechnung, die ein Mensch besitzt, wenn er eine (Beweismittel-) Aussage selbst nicht mehr bezweifelt. Sind mehrere Beweiswürdigungsergebnisse möglich, gibt ausschließlich die subjektive Entscheidung des Richters den Ausschlag. Anders als bei einem zumindest wahrscheinlichkeitsmitdominierten Beweismaß *zwingt* somit selbst ein statistischer Erfahrungssatz, der wie bei einer DNA-Analyse eine Wahrscheinlichkeit von 99,9% vermittelt, nicht dazu, den nahe liegenden Umstand festzustellen.[691] Vielmehr muss der Richter innersubjektiv den abweichenden Geschehensablauf ausschließen und kann so im Einzelfall dennoch zu konkreten Zweifeln kommen, also nicht überzeugt sein.

Dies hat der Gesetzgeber mit der Einführung der freien Beweiswürdigung in Kauf genommen; „dieser Preis schien ihm das System der freien Beweiswürdigung wert zu sein“[692]. Möglich wurde der Wechsel von der legalen Beweistheorie als einer Art „Vertretung des Richters bei der Beweiswürdigung durch das Gesetz“[693] hin zu einer nur zum Teil beschränkten subjektiven Entscheidungsmacht des Richters mit einem Vertrauen in die Richterschaft, von ihrer Macht über Freiheit und Eigentum (sowie zu Beginn der Strafprozessordnung gar über das Leben des Beschuldigten) „im Namen des Volkes“ verantwortungsbewusst umzugehen. Jedem Richterspruch kommt so neben seinem eigenen Inhalt auch die richterliche Erklärung hinzu: „Die Parteien sind gehört, ihre Vorträge erwogen, die Beweis-

---

690 Siehe oben Zweiter Hauptteil, Drittes Kapitel, B, II, 2.

691 Vgl. aber jüngst BGH, StV 2010, 175, der für ein statistisches Ergebnis im Millionenbereich (im konkreten Fall: 1:256 Billiarden) gerichtliche Zweifel für nicht angebracht hält, wenn die Berechnungsgrundlage den von der Rechtsprechung aufgestellten Anforderungen entspreche. Gemeint ist mit letzterem wohl insbesondere eine korrekte Vorgehensweise bei Datenbankabfragen in großen nationalen DNA-Datenbanken sowie eine Vorsichtsmahnung einer Überinterpretation von „weichen“ Ergebnissen aus schlecht analysierbarem Spurenmaterial (so *Baur/Fimmers/Schneider*, StV 2010, 177).

692 *Gerhard Walter*, Beweiswürdigung, S. 168.

693 *Gerhard Walter*, Beweiswürdigung, S. 168.

mittel erschöpft; als Richter übernehme ich nun die Verantwortung zur Tatsachenfeststellung und spreche aus, dass der streitige Sachverhalt von mir in bestimmter Weise beurteilt wird."[694] Diese Verantwortung[695] schließt zugleich die Lücke[696] zwischen der richterlichen Tatsachenfeststellung und der objektiven Unmöglichkeit, das historische Geschehen in einer sich mit jeder Sekunde ändernden Welt trotz Postulats absoluter Wahrheitssuche zu rekonstruieren, sprich: die Lücke, dass „kaum ein Urteil [...] auf der ‚wahren Wirklichkeit'" beruht[697].

Auf der anderen Seite begründet die freie (subjektive) Beweiswürdigung aber auch das hohe Fehlverurteilungsrisiko, das „im Einzelfall durch nichts zu rechtfertigende Versagen der Rechtsordnung"[698], dass der Richter sich geirrt und zu Unrecht das für den Verurteilten verhängnisvolle Wort „schuldig" gesprochen hat. Derartige Irrtümer werden vom Recht gar einkalkuliert, wie das Revisionsverfahren (§§ 333 ff. StPO) und das Wiederaufnahmeverfahren (§§ 359 ff. StPO) zeigen.[699] Diese gesetzlichen Kontroll- und Korrekturmechanismen können aber nur eingreifen, wenn den Kontrollinstanzen – Revisionsgericht (§§ 121 Abs. 1 und 135 Abs. 1 GVG) und Wiederaufnahmegericht (§ 140a GVG) – die Möglichkeit der Kontrolle der richterlichen Überzeugungsbildung vom Tatrichter auch eingeräumt wird, was nur durch den Zwang (bei richtigem Verständnis des „sollen" im Sinne des § 267 Abs. 1 S. 2 StPO als grundsätzlich zwingend und alleine hinsichtlich dem Umfang dem Tatrichter überlassend) einer Angabe von Gründen erfolgen kann. Erst diese kann die Kontrollinstanz auf ihre Rationalität überprüfen und damit, ob das Tatgericht überzeugt sein durfte oder ob es den Schuldspruch auf bloße Vermutungen gestützt hat. Strafprozessuales Beweismaß ist also die subjektive Nichtbezweifelung von der Wahrheit, sofern sie objektiv rational und damit nachvollziehbar begründet werden kann.

---

694 *Michael Huber*, Beweismaß, S. 95.

695 Auf diese stellen ebenfalls ab: *Herdegen*, NStZ 1987, 197, *Gerhard Walter*, Beweiswürdigung, S. 168, *Hanack*, JuS 1977, 729, *Küper*, Richteridee, S. 197, *Ling*, JZ 1999, 341, *Andrea Schmidt*, Grundsätze, S. 123, *Ulrike Unger*, Kausalität, S. 118 und *Frauke Stamp*, Wahrheit, S. 169.

696 Vgl. zu dieser *Fincke*, GA 1973, 271.

697 *Volk*, Wahrheit, S. 10.

698 *Erb*, FS Rieß, S. 92.

699 Ebenso *Schatz*, Beweisantragsrecht, S. 200.

Viertes Kapitel Ein eigenes Modell der tatrichterlichen Sachverhaltsfeststellung: Ein prozessuales Ausgangshypothese-Ausnahme-Modell

Erst bei einer rationalen Begründbarkeit wird das subjektiv-emotionale „Es war so"-Erlebnis des Tatrichters mit intersubjekiv-rational hinreichenden Gründen untermauert und wird im Sinne *Kants*[1] aus einem bloßen „Meinen" ein „Wissen" – erst dann hat sich der Richter „wissend gemacht", ist er „überzeugt" im Sinne des § 261 StPO und erst auf dieser sicheren Basis kann ein eigenes, in der Praxis längst überfälliges Modell der tatrichterlichen Tatsachenfeststellung (insbesondere mittels Erfahrungssätzen) errichtet werden, um die Tatsachenfeststellungen transparenter und für die Prozessbeteiligten nachvollziehbarer zu gestalten:

A. Indizien als Schlussbasis

Die „heutigen Tatsachen" ermöglichen als bloße Beweisanzeichen, die nicht selbst unter den Gesetzestatbestand subsumiert werden können, nur in Form eines mittelbaren Beweises[2] (nochmals: ein direkter Beweis liegt nur vor, wenn der Tatrichter den tatbestandsrelevanten Umstand selbst wahrnimmt, z.B. das Bestehen von Tatfolgen) den Schluss auf die „historische Tatsachen"; man bezeichnet derartige Beweisanzeichen als Indizien bzw. Indiztatsachen.[3]

I. Der Indizienbeweis als Regelbeweis

In der Umgangssprache wird mit einem „Indizienprozess" ein besonders schwierig zu führender Prozess verstanden, bei dem das Tatgeschehen nicht unmittelbar von Zeugen beobachtet wurde. Rechtlich bezieht sich die Mittelbarkeit auf die Wahr-

---

[1] *Kant*, Kants Werke III (Kritik der reinen Vernunft, 2. Aufl.), A 822 (= S. 516) und 848 ff. (= S. 531 ff.).

[2] Vgl. zu dieser Begrifflichkeit *Bender/Nack/Treuer*, Tatsachenfeststellung, Rn. 580.

[3] Vgl. nur *Nack*, MDR 1986, 366, *Kindhäuser*, Strafprozessrecht, § 20 Rn. 9, *Meyer-Goßner*, § 261 Rn. 25, KMR/*Stuckenberg*, § 261 Rn. 71 und *Pfeiffer*, StPO, § 261 Rn. 15.

nehmung des Tatrichters, der das Geschehen nicht selbst beobachten konnte und es sich erst mühsam über die einzelnen Beweismittelaussagen erschließen muss.[4] Insoweit ist der Indizienbeweis nicht nur die Grundform des Beweises[5], der „Regelbeweis"[6], sondern sogar die einzige Form des Beweises: Jeder Beweis erfolgt mittelbar als Indizienbeweis. „Die ‚Beweismittel' im üblichen Sinne sind nur die Träger und Produzenten der Indizien"[7]:

So gibt die *Einlassung des Beschuldigten*[8] zwar deren angebliche unmittelbare Wahrnehmungen zum Tatzeitpunkt wider, jedoch erhält der Tatrichter so nur mittelbar mit den Worten eines anderen deren Eindrücke von der Tat, die er aufgrund seiner in der Kindheit beigebrachten Begriffsverständnisse innersubjektiv interpretiert und so versteht, „wobei er annimmt, dass er die Worte so wie gesprochen gehört und ihren Sinn so wie gemeint verstanden habe"[9]. Die im Amtsermittlungsgrundsatz dem Richter auferlegte Pflicht „zur Erforschung der Wahrheit" (§ 244 Abs. 2 StPO) verlangt jedoch eine umfassende Wahrheitsprüfung aller Tatsachen- und Beweismittelaussagen bzw. deren eigenem Verständnis, so dass der Richter ein Geständnis nicht einfach ohne weiteres als „wahr" bezeichnen kann, ohne es geprüft zu haben.[10] Dies kann er entsprechend der Korrespondenztheorie aber nicht durch

---

[4] Auf diese Differenzierung im Verständnis des Indizienbegriffes weisen zutreffend *Arzt*, FS Volk, S. 26, *Bender/Nack/Treuer*, Tatsachenfeststellung, Rn. 577 und *Nack*, Kriminalistik 1995, 466 hin.

[5] Ebenso *Engisch*, Studien, S. 60ff., *Arzt*, FS Volk, S. 26, *Dencker*, ZStW 102 (1990), 69, *Grünwald*, Beweisrecht, S. 87, *Frister*, FS Grünwald, S. 169, *Bender/Nack/Treuer*, Tatsachenfeststellung, Rn. 580, *Nack*, Kriminalistik 1999, 36, *Bohne*, Psychologie, S. 9f., *Moser*, In dubio pro reo, S. 40 und *Sabine Gleß*, Beweisrechtsgrundsätze, S. 383.

[6] *Bender/Nack/Treuer*, Tatsachenfeststellung, Rn. 577.

[7] *Engisch*, Studien, S. 66.

[8] Der Beschuldigte und seine Einlassung werden – obgleich die „Beweisaufnahme" nach dem eindeutigen Wortlaut des § 244 Abs. 1 StPO erst der Vernehmung des Angeklagten" folgt – zumindest als ein „Beweismittel eigener Art" (*Friedrich-Wilhelm Krause*, Jura 1982, 226), ein „Beweismittel" (BGHSt. 2, 269 [270], *Peters*, Strafprozeß, S. 203 und *Krey*, Strafverfahrensrecht 2, Rn. 758) „im materiellen Sinne" (*Rogall*, Beschuldigte, S. 32f.; ähnlich *Beulke*, Strafprozessrecht, Rn. 179 und *Hellmann*, Strafprozessrecht, Rn. 709) angesehen. Der Unterschied zu einem Beweismittel im Sinne des § 244 Abs. 2 StPO ist rein terminologischer Art und erklärt sich aus der „Doppelrolle" (so *Müller-Dietz*, ZStW 93 [1981], 1217; ähnlich SK-StPO/*Rogall*, Vor § 133ff. Rn. 123 [„Doppelstellung"]) des Beschuldigten mit seiner Subjekts- wie Objektsstellung, derzufolge die Vernehmung vor der eigentlichen („formellen") Beweisaufnahme dem Angeklagten die Möglichkeit geben soll, „seine Verteidigung vorweg zusammenhängend zu führen und das Gericht zu veranlassen, dass bei der nachfolgenden Beweisaufnahme die von ihm geltend gemachten Gesichtspunkte berücksichtigt werden" (BGHSt. 19, 93 [97]; ebenso BGH, NStZ 1981, 111, BGH, NStZ 1986, 370 [371], LR/*Gollwitzer* [25. Aufl., Berlin 2001], § 244 Rn. 36, KK-StPO/*Fischer*, § 244 Rn. 2, *Kindhäuser*, Strafprozessrecht, § 21 Rn. 2 und *Gössel*, Strafverfahrensrecht, S. 179. De lege lata sollte es in § 244 Abs. 1 StPO also heißen (so bereits *Friedrich-Wilhelm Krause*, Jura 1982, 226 und SK-StPO/*Rogall*, Vor § 133 Rn. 126): „Nach der Vernehmung des Angeklagten folgt die *weitere* Beweisaufnahme."

[9] *Grünwald*, Beweisrecht, S. 87.

[10] Vgl. nur BGHSt. 50, 40 (49), BGH, Urt. v. 17. 9. 1992 – 2 StR 249/92, zitiert nach *Bender/Nack/Treuer*, Tatsachenfeststellung, Rn. 1016, BGH, NStZ-RR 2007, 307 (309), BGH, NStZ

einen Vergleich mit eigenen Wahrnehmungen von der Tat (die er nicht besitzt) beurteilen, sondern er bedarf hierfür gesonderter Glaubhaftigkeitskriterien, um ein Geständnis nach seiner Überzeugung als „wahr" bewerten zu können und so von deren Inhalt auf das Geschehen selbst schließen zu können.[11]

Gleiches gilt für die *Zeugenaussage*: Bekundet ein Zeuge etwa, dass der Angeklagte das Tatopfer erschossen habe, so hat er zwar seine (angeblichen) eigenen unmittelbaren Beobachtungen des Tatgeschehens dem Richter mitgeteilt.[12] Der Richter nimmt nur die Worte der Zeugenaussage auf, denen er aufgrund eigener Begriffsverständnisse subjektiv einen Sinn beilegt. Von diesem Wortsinn schließt er darauf, dass der Zeuge ein entsprechendes Erinnerungsbild vom Tatgeschehen habe, sofern er sowohl einen Irrtum des Zeugen als auch eine Lüge ausschließen kann. Hierbei helfen ihm Hilfstatsachen als Unterfall der Indiztatsachen, die lediglich einen Anhaltspunkt für den Beweiswert eines Beweismittels bieten (z.B. persönlichen Glaubwürdigkeit, Motivlage und Körpersprache bei der Aussage[13]) und so dem Richter den Schluss darauf ermöglichen, dass der Zeuge tatsächlich ein den Worten entsprechendes Erinnerungsvermögen vom Tatgeschehen hat. Erst hiervon kann er dann (wiederum mittels Hilfstatsachen wie z.B. der Aufmerksamkeit des Zeugen zum Tatzeitpunkt, seine Beobachtungsposition oder den Lichtverhältnissen während den Zeugenwahrnehmungen[14]) auf entsprechende unmittelbare Wahrnehmungen des Zeugen vom Geschehen zur Tatzeit schließen und hiervon darauf, dass sich das Geschehen tatsächlich so abgespielt hat.[15]

Ebenso verhält es sich bei den Bekundungen des *Sachverständigen*, von deren Wortverständnis der Richter auf die Befundtatsachen und die Richtigkeit der vermittelten wissenschaftlichen Kenntnisse sowie in Kombination beider auf das Tatgeschehen schließt. Bekundet ein Sachverständiger etwa, dass die gefundenen DNA-Spuren am Tatort aufgrund des dargelegten Analyseverfahrens mit einer Wahrscheinlichkeit von 99,9% mit dem DNA-Vergleichsmaterial des Angeklagten übereinstimme, so schließt der Richter von dieser Aussage auf die Existenz der gefundenen Spuren sowie mittels der wissenschaftlichen Fachkenntnisse der DNA-Analyse darauf, dass die DNA-Spuren am Tatort vom Angeklagten stammen und damit darauf, dass der Angeklagte am Tatort war.

Beim Inhalt von *Urkunden* schließt der Richter mittels der Begleitumstände der Urkundenerstellung auf ihre Echtheit. Selbst bei *Augenscheinsobjekten* wie Foto-,

---

2009, 401, BGH, NStZ 2009, 467, BayObLG, NStZ-RR 1998, 328 und *Meyer-Goßner*, § 261 Rn. 6.

[11] Auf den Indizcharakter eines Geständnis weisen auch *Nack*, MDR 1986, 367 und *Bender/Nack/Treuer*, Tatsachenfeststellung, Rn. 584f. hin.

[12] Aus diesem Grunde fälschlich für einen unmittelbaren Beweis *Wundt*, Logik II, S. 66. Gegen ihn zu Recht *Moser*, In dubio pro reo, S. 40 Fn. 1. Vgl. zum bloßen Indizcharakter der Zeugenaussage auch *Grünwald*, Beweisrecht, S. 87, *Frister*, FS Grünwald, S. 169, *Nack*, MDR 1986, 367, *Bender/Nack/Treuer*, Tatsachenfeststellung, Rn. 582, *Bender/Nack*, DRiZ 1980, 122 sowie *Bohne*, Psychologie, S. 9.

[13] Vgl. hierzu *Bender/Nack/Treuer*, Tatsachenfeststellung, Rn. 583.

[14] Vgl. hierzu *Bender/Nack/Treuer*, Tatsachenfeststellung, Rn. 583.

[15] So bereits *Grünwald*, Beweisrecht, S. 87.

Film- oder Fernsehaufnahmen, die während des Tatgeschehens oder danach angefertigt wurden, muss der Richter zunächst mittels der Begleitumstände auf ihre Echtheit schließen, können die Aufnahmen doch nachgestellt oder verfälscht sein – ihre Beweiskraft hängt daher jeweils entscheidend von ihrer Herkunft ab[16]. Erst so kann über die Echtheitskriterien vom Inhalt der Urkunde bzw. des Augenscheinsobjekts auf das Tatgeschehen geschlossen werden.

II. Prozessordnungsgemäße Feststellung

Als Basis des richterlichen Schließens müssen die Inhalte der Beweismittelaussagen genauso wie die Hilfstatsachen prozessordnungsgemäß in die Hauptverhandlung eingeführt worden sein, damit der Richter sie hieraus selbst gemäß § 261 StPO „schöpfen" und verwenden kann:

> „Grundlage der richterlichen Überzeugungsbildung darf nur sein, was innerhalb der Hauptverhandlung zur Erörterung gekommen ist. Das bedeutet, dass das Gericht bei seiner Entscheidung nur das verwerten darf, aber auch verwerten muss, was Gegenstand der Hauptverhandlung war und in ordnungsgemäßer Weise in sie eingeführt worden ist."[17]

Die Hilfstatsachen müssen konkret sein und nach den Vorschriften der Strafprozessordnung verwertbar für den Richter feststehen, um auf dieser „festen Basis" aufbauend einen Schluss auf das Tatgeschehen gründen zu können[18]: Der Richter muss also die Aussagen nicht nur audio-visuell während der Beweisaufnahme wahrnehmen, er muss auch entscheiden, welche Aussage er vernommen sowie – um ihre spätere Bewertung ermöglichen zu können – wie er sie vernommen hat; er muss also Inhalt und Kontext feststellen. Da es vor allem bei längeren Aussagen eines Zeugen schwierig ist, alle Details mitzubekommen, wird er sich bei der Wahrnehmung auf jene Punkte konzentrieren (sog. Selektionsprinzip), die er aufgrund des bisherigen Aktenstudiums und der darauf aufbauenden Vorwürdigung als wesentlich erachtet.[19] Möchte er hierauf subjektiv seine rationalen Schlüsse auf das Tatgeschehen stützen, so müssen die entsprechenden Aussageinhalte oder Kontextbedingungen (z. B. Erröten des Zeugen während des Sprechens oder eine besonders krakelige Unterschrift auf der angeblich echten Urkunde) für ihn derart feststehen, dass er sie im Rahmen der Urteilsbegründung so detailliert angeben kann, dass der Schluss hiervon auf das Geschehen nachvollziehbar wird. Obwohl die Urteilsbegründung nicht den Inhalt der Beweisaufnahme umfassend darzulegen (nochmals:

---

[16] Vgl. *Frister*, FS Grünwald, S. 170 Fn. 3.

[17] BGH bei *Miebach*, NStZ 198, 212.

[18] Ebenso BGHSt. 36, 286 (290), BGH, JR 1954, 468, BGH, NJW 1974, 654 (655), BGH, NStZ-RR 2007, 86, BGH, StraFo 2010, 385 (386), LR/*Gollwitzer* (25. Aufl., Berlin 2005), § 261 Rn. 61, *Meyer-Goßner*, § 261 Rn. 25, *Bender/Nack*, DRiZ 1980, 123, *Nack*, Krimialistik 1999, 35, KMR/*Paulus*, § 244 Rn. 167, KMR/*Stuckenberg*, § 261 Rn. 71, KK-StPO/*Schoreit*, § 261 Rn. 64, *Foth/Karcher*, NStZ 1989, 171, *Niemöller*, StV 1984, 433 und *Hansen*, JuS 1992, 328.

[19] Dies verdeutlicht einmal mehr die Verschlungenheit von Beweisaufnahme und Beweiswürdigung, siehe hierzu oben Zweiter Hauptteil, Drittes Kapitel, B, I, 2, a).

dies ist ausschließlich die Funktion des Verhandlungsprotokolls nach § 274 StPO), sondern nur das Ergebnis der geheimen Urteilsberatung mitzuteilen und die Urteilsfindung so nachvollziehbar zu machen hat, ist die jeweilige Basis der richterlichen Schlüsse in den Gründen anzugeben. Fehlt sie dort, erscheint der Schluss nicht mehr verständlich und es besteht die aufgrund der bloßen Urteilslektüre nicht ausräumbare Befürchtung (der Prozessbeteiligten wie des Revisionsgerichts), dass eine sichere Schlussbasis nicht vorhanden war und das Urteil mehr auf bloßen willkürlichen Vermutungen des Richters als rationalen Schlüssen vom Ergebnis der Beweisaufnahme als Inbegriff der Verhandlung (§ 261 StPO) her beruht.

Ein anschauliches Beispiel hierfür liefert eine kürzlich ergangene Entscheidung des Bundesgerichtshofs[20]:

Der wegen Einfuhr von Heroin aus fernöstlichen Ländern erheblich vorbestrafte Angeklagte verschickte aus Islamabad/Pakistan an eine niederländische Deckadresse ein Paket, in dem sich ein Teppich sowie ein Backgammon-Spiel befanden. Die pakistanischen Sicherheitsbehörden beschlagnahmten den Inhalt des Pakets (eine Sicherstellungs- oder Asservatennummer wurde nicht vergeben), da es angeblich 1 kg Heroin enthalten hätte. Pakistanische Polizeibeamte zeigten drei Beamten des BKA ein Paket mit in einem Backgammon-Spiel versteckten 8 Beuteln einer weißlichen Substanz – die Beamten machten Fotografien. Einen Teil der Substanz schickten sie an das kriminaltechnische Institut des BKA, auf dem Weg dahin wurde sie aber möglicherweise vertauscht. Die schließlich untersuchte braune Substanz wies einen Heroinhydrochlorid-Gehalt von 70% auf. In der Wohnung der Mutter des Angeklagten wurden später 35 g Streckmittel gefunden. Der Angeklagte räumte zwar die Versendung des Pakets ein, bestritt jedoch, Heroin in dem Paket versteckt und versandt zu haben.

Das Landgericht sah diese Einlassung des Angeklagten als widerlegt an. Seine Überzeugung von der Täterschaft stützte es darauf, dass der Wert des legalen Pakets (ein Teppich und ein Backgammon-Spiel) zu den Frachtkosten „in auffälligem Missverhältnis" gestanden hätten, zumal das Backgammon-Spiel und der Teppich aufgrund einer Augenscheinnahme der Fotos sowie der Zeugenaussage der BKA-Beamten „minderwertig" gewesen seien. Das Landgericht verurteilte den Angeklagten daher wegen Handeltreibens mit Betäubungsmitteln in nicht geringer Menge zu einer Freiheitsstrafe von vier Jahren. In der Urteilsbegründung wird zu den Frachtkosten nur ausgeführt, der Angeklagte habe sie um 20 bis 30 US-$ herunterhandeln können; auch eine nähere Beschreibung des Backgammon-Spiels fehlt.

Die Richter des Landgerichts zogen folgende Schlüsse: Das Backgammon-Spiel im Paket habe nur einen Wert von x €, der Teppich lediglich von y €. Im Verhältnis zu den zum Verschicken des Pakets aufzuwendenden Frachtkosten von z € ergebe sich ein „auffälliges Missverhältnis". Hiervon schlossen sie darauf, dass der Angeklagte einen gewichtigen Grund zum Verschicken des Pakets gehabt haben müsste. Verbunden mit den Aussagen pakistanischer Sicherheitsbeamter über den möglichen Heroinfund im Paket sowie der Zeugenaussagen der BKA-Beamten, ein weißliches Pulver gesehen zu haben, und den einschlägigen Vorstrafen des Angeklagten ergab sich für die Tatrichter in einer Gesamtschau, dass sich Heroin in nicht geringer Menge im Paket des Angeklagten befunden hätte und dieser es in die Niederlande schicken wollte.

Um derartige Schlüsse ziehen zu können, mussten die Grundbedingungen aber feststehen, also der Wert des Backgammon-Spiels und des Teppichs sowie die

---

[20] BGH, NStZ-RR 2007, 86.

Höhe der Frachtkosten. Da die Urteilsgründe (fiktiv) die Beweiswürdigung abbilden und hierin diese Summen nicht auftauchten, waren sie nicht Teil der Beweiswürdigung (ansonsten hätte sich das Gericht nicht die Mühe gemacht, mittelbar eine Minderwertigkeit des Backgammon-Spiels über den Augenschein von Fotos zu begründen!). Die Wertung „auffälliges Missverhältnis" hing ohne die Werte in der Luft und stellte eine bloße Vermutung dar, ohne entsprechend der Regelung des § 261 StGB „aus dem Inbegriff der Verhandlung" geschöpft zu sein – eine gesetzeswidrige Beweiswürdigung. Zu Recht hat der Bundesgerichtshof das Urteil wegen fehlerhafter „Darlegung der Beweiswürdigung" und damit (aufgrund der Fiktion, dass die schriftlichen Urteilsgründe den Gründen der Urteilsberatung entsprechen) wegen fehlerhafter Beweiswürdigung aufgehoben:

> „Bei der Würdigung indizieller Beweisergebnisse ist es in der Regel erforderlich, in den Urteilsgründen die tatsächlichen Anknüpfungspunkte der Würdigung so mitzuteilen, dass dem RevGer. eine Überprüfung möglich ist. Den Angekl. belastende Schlussfolgerungen dürfen nicht auf Vermutungen oder bloße Möglichkeiten gestützt werden. [...] Die Beweiswürdigung weist die Besonderheit auf, dass die Feststellung aller wesentlichen Umstände der Tat auf Schlussfolgerungen beruht, deren Grundlage ihrerseits teilweise unsicher ist. Selbst wenn man annimmt, dass die in dem Paket in Pakistan sichergestellten Gegenstände, deren weiterer Verbleib offenbar insgesamt fraglich ist, mit den Gegenständen identisch waren, welche den deutschen Polizeibeamten ‚präsentiert' wurden, und wenn man die Annahme akzeptiert, die Polizeibeamten hätten die ihnen gezeigte, später wieder verschwundene Substanz durch bloßen Augenschein zuverlässig als Heroingemisch erkannt, so konnte doch jedenfalls die Feststellung der ‚Minderwertigkeit' eines Teppichs in Pakistan nicht allein auf einen bloßen ‚Eindruck' von Zeugen gestützt werden, deren Sachkunde das Urteil nicht darlegt."[21]

B. Verständnis der Beweismittelaussagen

Die in der Hauptverhandlung aufgrund des Mündlichkeitsprinzips und der „Unmittelbarkeit" der Beweisaufnahme vom Beschuldigten, Zeugen oder Sachverständigen artikulierten Aussagen muss der Richter zunächst audio-visuell verarbeiten. Er muss den auf der Retina abgebildeten Formen der sprechenden Person (Schweißausbrüche? Errötung?) sowie den von seinen Ohren aufgenommenen Worten der Aussage jeweils einen bestimmten Bedeutungsinhalt zuordnen, um diese Informationen bewerten zu können – er muss die Worte zunächst „verstehen". Bereits dieses „Übersetzen" von Worten und Formen erfolgt über während des ganzen Lebens gesammelte Erfahrungen.

I. Sprachregeln

Sagt man etwa „Das ist in Glas Wasser", so kann man diesen Satz nur verstehen, wenn man weiß, was ein „Glas" und was „Wasser" ist.[22] Das Verständnis von diesen

---

[21] BGH, NStZ-RR 2007, 86.

[22] Beispiel nach *Popper*, Logik, S. 70 f.

Begriffen „Glas“ und „Wasser“ wurde dem Menschen in seiner Kindheit anhand der Anschauung eines Glases und des Elements Wasser beigebracht und später immer weiter durch eigene Erfahrungen mit Gläsern und Wasser in unterschiedlichen Formen vertieft und bildhaft im Gedächtnis gespeichert – jeder Mensch weiß so, was ein „Glas“ ist.

Selbst so banale Aussagen wie „Der Angeklagte hat das Opfer O mit einem Messerstich getötet“ im Rahmen eines Verfahrens wegen Totschlags verlangt nach dem eigenen Verständnis von einem „Messer“ und dem medizinischen Verständnis vom Gehirntod (als vorherrschender rechtlicher Interpretation vom Merkmal „Tod“[23]) als „irreversible Erloschensein der Gesamtfunktion des Großhirns, des Kleinhirns und des Hirnstammes [selbst] bei einer durch kontrollierte Beatmung noch aufrechterhaltenen Herz- und Kreislauffunktion“[24]. Derartige Sprachregeln ermöglichen erst die Wahrnehmung von Objekten als Tatsachen durch das Subjekt[25] und prägen deren Verständnis. Die Kenntnis allgemeiner (Bedeutungs-) Erfahrungen bildet so quasi das Fundament der Tatsachenbehauptung – ein logisches Phänomen, das *Karl Popper*[26] als „Transzendenz der Darstellung“ bezeichnet: „Wir können [...] nicht über das, was wir ‚auf Grund unmittelbarer Erlebnisse‘ sicher wissen können, weit [hinausgehen] (‚Transzendenz der Darstellung‘); jede Darstellung verwendet allgemeine Zeichen, Universalien, jeder Satz hat den Charakter einer Theorie, einer Hypothese.“[27]

Jeder Tatsachenbehauptung durch den Beschuldigten oder einen Zeugen liegen so Sprachregeln zum reinen Verständnis der Wörter und Formen zugrunde, die beim Behauptungsempfänger – dem Gericht – vom Sprecher vorausgesetzt werden. Doch hat sich jeder Mensch andere Bilder einzelner Begriffe während seines Lebens gebildet. So ist etwa ein Wasserglas für einen klein und schmal, für einen anderen größer und breiter. Diese Subjektivität des Verstehens führt dazu, dass Sprachregeln bei jedem Menschen unterschiedlich sind und so nicht in Form von Erfahrungssätzen generalisiert werden können. Bereits der erste erfahrungsabhängige Beweiswürdigungsschritt des „Verstehens“ mittels individuellen Sprachregeln führt so zwangsweise zu Verfälschungen, indem die Erinnerungsbilder des Beschuldigten oder Zeugen nicht zu 100% weiter in das Vorstellungsbild des Richters mittels Sprache transportiert werden können. Die Abweichungen werden im Einzelfall zumeist nur minimal sein. Die Richter müssen sich aber klar sein, dass hier eine erste mögliche Fehlerquelle liegt und sind so gezwungen, das Aussehen eines Ge-

---

[23] Vgl. nur *Fischer*, Vor § 211 Rn. 13ff. mit weiteren Nachweisen zum früheren Streit zwischen Herz- und Gehirntod als maßgeblichem Todeszeitpunkt.

[24] So die Richtlinien der Bundesärztekammer, DÄBl. 1982, Heft 14, S. 45, DÄBl. 1986, 2940, DÄBl. 1991, 2855 (2856), DÄBl. 1993, 2177; hierzu *Ingelfinger*, Grundlagen, S. 146ff.

[25] Vgl. nur *Schweling*, ZStW 83 (1971), 465f. und *Rainer Keller*, ZStW 101 (1989), 410.

[26] Logik, S. 70.

[27] Vom logischen und weniger vom sprachlichen Hintergrund her spricht *Toepel*, Grundstrukturen, S. 112f. von „Hintergrundannahmen (Backing)“, die die konkreten Schlussregeln (wie „wenn p, dann q“) stützten. Mittelbar gehe es um die Tatsachenfeststellung, nur werde der Beweis mal durch empirische Untersuchungen geführt, mal etwa durch das Vertrauen des Gerichts in die Wahrnehmungen eines Zeugen.

genstandes oder die Bedeutung eines Wortes in der Vorstellung eines Zeugen genau zu klären, wenn es für die Entscheidung hierfür ankommt. Spricht der Zeuge etwa von einem bei der Tat verwendeten Messer, so muss der Richter sich dieses genau beschreiben lassen und sich nicht mit dem Begriff „Messer“ zufrieden geben. Sollte der Gegenstand sogar beschlagnahmt worden sein, ist er vom Gericht zur Vorsicht selbst in Augenschein zu nehmen und möglichen Zeugen zum Vergleich zu zeigen, um sicherzustellen, dass man vom gleichen Gegenstand spricht und dass der Richter in der innersubjektiven Rekonstruktion des Tatgeschehens sich den richtigen Gegenstand vorstellt.

Bei einigen heiklen Begriffen ist der Gesetzgeber sogar mit Legaldefinitionen eingeschritten und hat bestimmte Begriffsverständnisse wie des „Angehörigen“ (§ 11 Abs. 1 Nr. 1 StGB), des „Entgelts“ (§ 11 Abs. 1 Nr. 9 StGB), des „Staatsgeheimnisses“ (§ 93 Abs. 1 StGB), des „Unfallbeteiligten“ (§ 142 Abs. 5 StGB), einer „Zahlungskarte“ (§ 152a Abs. 4 StGB), der „Vergewaltigung“ (§ 177 Abs. 2 S. 2 Nr. 1 StGB), der „Daten“ (§ 202a Abs. 2 StGB), der „Subvention“ (§ 264 Abs. 7 StGB), eines „Kredits“ (§ 265b Abs. 3 Nr. 2 StGB), der „technischen Aufzeichnung“ (§ 268 Abs. 2 StGB), von „Schadstoffen“ (§ 325 Abs. 4 StGB) oder des „Gewässers“ (§ 330d Nr. 1 StGB) für alle Richter vereinheitlicht. Da derartige aber nicht für alle Begriffe existent sind und eine Inaugenscheinnahme nicht mit allen Gegenständen erfolgen kann, die für das Tatgeschehen eine (wenn auch nur untergeordnete) Rolle spielen, wird wegen des von Mensch zu Mensch unterschiedlichen Vorstellungsbildes jede Sachverhaltsfeststellung eine subjektive Schöpfung des Tatrichters sein und nie zu 100% dem historisch erfolgten Geschehen entsprechen.

II. „Erklärende Erfahrungssätze“

Den Sprachregeln verwandt sind jene generalisierbaren Erfahrungen, die die Verwendmöglichkeiten der einzelnen Gegenstände (wissenschaftlich wie im Alltag) und so das Verständnis ganzer Sätze vermitteln. So gehört zum Verständnis des gehörten Satzes „Der Angeklagte hat das Opfer mit einem Messerstich in die Brust getötet“ neben den Sprachregeln zu den einzelnen Begriffen „Angeklagter“, „Opfer“, „Messerstich“, „Brust“ und „töten“ auch die Erfahrung, wie ein Messerstich in den Brustbereich medizinisch dazu führen kann, dass die Gehirngesamtfunktion im Sinne des (medizinischen wie juristischen) Begriffes des Todes erlischt, um im konkreten Verfahren subsumieren zu können, ob der Angeklagte das Opfer tatsächlich durch den Messerstich getötet hat. Zugleich konkretisieren derartige „erklärende Erfahrungssätze“ den sprachlichen Gesetzestext, geben so die Anforderungen für den Beweis einer gesetzlich sanktionierten Verhaltensweise und leiten damit die Beweisaufnahme zur Feststellung von Indizien als Grundlage der notwendigen rationalen Schlüsse. Wird etwa darüber Beweis erhoben, ob A dem B ein beleidigendes (§ 185 StGB) Fax geschickt hat, so gehört hierzu das Grundverständnis, was ein „Fax“ ist und dass und wie es generell von einem Gerät zu einem anderen Gerät übertragen wird sowie der Vergleich, ob dieser Erfahrungssatz („Wenn jemand ein Blatt Papier in sein Faxgerät steckt, die richtige Faxnummer des Adressaten wählt und dann den ‚Start'-Knopf drückt, werden die Daten des Papiers an das Faxgerät des Adressaten übermittelt und von deren Faxgerät auf ein anderes Stück Papier ausgedruckt") vorliegend einschlägig ist, ob also der Angeklagte das Stück Papier in ein Faxgerät gelegt, die richtige Faxnummer des Zeugen B gewählt und den „Start"-Knopf gedrückt hat und der Text des Papiers dann auch tatsächlich bei B herauskam, so dass dieser Kenntnis vom beleidigenden Inhalt nehmen konnte. Beim Subsumieren unter das rechtliche Verständnis von „beleidigen" als „Kundgabe der Missachtung oder Nichtachtung"[28] wird also für den Fall des Faxens dieses Merkmal weiter konkretisiert durch den dargelegten Erfahrungssatz vom Verschicken eines Faxes und unter diesen Erfahrungssatz wird letztlich subsumiert. Stellt sich etwa heraus, dass das Faxgerät von B defekt war und das ankommende Fax sogleich löschte ohne es auszudrucken, so ist es nicht zu einer Kundgabe gekommen, weil die Merkmale des Erfahrungssatzes zur Kundgabe mittels Faxes nicht erfüllt sind.

Ein weiteres gutes Anschauungsbeispiel liefert eine Entscheidung des Reichsgerichts aus dem Jahre 1908[29], das auch verdeutlicht, wie Sprachregeln und „erklärende Erfahrungssätze" ineinander greifen und zumeist nicht voneinander zu trennen sind:

> Der Angeklagte hatte in der Absicht, seine „Honigernte" zu vergrößern und das so gewonnene Erzeugnis durch Verkauf und Tausch in Verkehr zu bringen, seine Bienenvölker fortgesetzt mit Zuckerlösung gefüttert. Auf diese Weise erzielte er eine auffallend große Ernte, die er unter Verschweigung der Zuckerfütterung verkaufte und als „Honig Prima Qualität" und „reinen Honig" feilhielt. Hierin sah das Landgericht bloß die Tatbestandsmerkmale des (teilweise nur versuchten) Betrugs erfüllt, nicht aber die des § 10 Nr. 1 oder 2 des Gesetzes betreffend den Verkehr mit Nahrungsmitteln, Genußmitteln und Gebrauchsgegenständen vom 14. Mai 1879[30].

Nach dieser Norm machte sich strafbar, „wer zum Zwecke der Täuschung im Handel und Verkehr Nahrungs- oder Genußmittel nachmacht oder verfälscht" (Nr. 1) oder „wer wissentlich Nahrungs- oder Genußmittel, welche verdorben oder nachgemacht oder verfälscht sind, unter Verschweigen dieses Umstandes verkauft oder unter einer zur Täuschung geeigneten Bezeichnung feilhält" (Nr. 2). Es kam hierfür darauf an, ob der Angeklagte das Nahrungsmittel „Honig" nachgemacht hatte, der von ihm hergestellte Stoff also nicht selbst „Honig" war. Dies verlangte eine Klärung der sprachlichen Bezeichnung „Honig" sowie (angesichts der Fütterung der Bienen mit einer Zuckerlösung) ein Verständnis von deren Herstellung:

> „Jedenfalls begreift der gemeine Sprachgebrauch unter ‚Honig' ohne jede Rücksicht auf die Herkunft den süßen Saft, welchen die Bienen als Ergebnis einer eigenartigen, innerhalb ihres Körpers vor sich gehenden Verarbeitung ausscheiden. Dass die Bienen bei der Nahrungsaufnahme sich nicht auf den Besuch von Blüten beschränken, sondern auch an reifem Obst und überhaupt an allem naschen, was süß oder duftig ist, lehrt die jedem zugängliche

---

[28] Vgl. nur *Fischer*, § 185 Rn. 6.

[29] RGSt. 41, 205ff.

[30] RGBl. 1879, S. 145.

Beobachtung. In der Nähe von Zuckerfabriken und Läuterungswerken (Raffinerien) suchen sie mit Vorliebe den dort befindlichen Zucker auf, und einzelne Bienenzüchter lehren, dass zu gewissen Jahreszeiten oder unter gewissen Umständen den Bienen Zuckerlösung als Futter nützlich oder sogar unentbehrlich sei. Da die Gewohnheit der Bienen, an allen möglichen Stoffen Nahrung zu suchen, allgemein bekannt ist, erwartet niemand, dass der ‚Honig' immer und ausschließlich aus Blüten gesammelt sein müsse."[31]

Nach diesen (aus der Sicht des Reichsgerichts allgemeinkundigen[32]) Sprach- und Erfahrungssätzen folgte, dass der Angeklagte trotz der Fütterung mit Zuckerlösung „Honig" herstellte und § 10 des Gesetzes betreffend den Verkehr mit Nahrungsmitteln, Genußmitteln und Gebrauchsgegenständen nicht einschlägig war.[33]

In diesen Bereich der Mittel zum Verständnis von Beweismittelaussagen gehören auch Erfahrungssätze bezüglich des abgewandelten Interpretationsschemas einzelner Wörter und ihrer Verwendungen durch bestimmte Sprecher. Wird etwa Beweis darüber erhoben, ob der Angeklagte dem Opfer an Silvester den vergifteten Pfannkuchen reichte durch Vernehmung des Berliner Zeugen Z, so wird dieser – dem Verständnis in Berlin entsprechend – statt von einem „Pfannkuchen" von einem „Berliner" sprechen; ein „Pfannkuchen" entspricht vielmehr im Berliner Sprachraum dem „Eierkuchen" im übrigen Sprachbereich. Oder wenn ein Magdeburger Zeuge davon spricht, auf der „Tangente" gefahren zu sein, so ist damit weniger das mathematische Verständnis einer Geraden gemeint, die eine gekrümmte Linie in einem Punkt berührt, als vielmehr die Magdeburger Stadtautobahn. In der Praxis spielen hierbei weniger die dargelegten regionalen Sprachunterschiede eine Rolle als vielmehr das Sprachverständnis von kindlichen Zeugen, das wesentlich geprägt ist von den jeweils eigenen bisherigen Erfahrungen. Allgemeine Grundsätze zur zutreffenden Erfassung von Situation, Erinnerungs- und Darstellungsvermögen eines bestimmten Zeugen (z.B. eines fünfjährigen Kindes[34]) oder zur konkreten Darstellungsweise durch bestimmte Zeugen spielen damit gleichfalls bereits auf der Ebene des Verständnisses einer Beweismittelaussage eine Rolle. Ist etwa Beweis zu erheben über die Tatsachenaussage, ob der Angeklagte seine fünfjährige Tochter ver-

---

[31] RGSt. 41, 205 (208). Vgl. hierzu aus heutiger Sicht die Definition von „Honig" in Abschnitt I der Anlage 1 zur Honigverordnung vom 16. Januar 2004 (BGBl. 2004 I, S. 92): „Honig ist der natursüße Stoff, der von Honigbienen erzeugt wird, indem die Bienen Nektar von Pflanzen oder Sekrete lebender Pflanzenteile oder sich auf den lebenden Pflanzenteilen befindende Exkrete von an Pflanzen saugenden Insekten aufnehmen, durch Kombination mit eigenen spezifischen Stoffen umwandeln, einlagern, dehydratisieren und in Waben des Bienenstocks speichern und reifen lassen." Vgl. zu ähnlichen Fällen RG, JW 1908, 599f. („alkoholfreier Naturwein") und RG, JW 1908, 600f. („Kognak" nach Zugabe von Borsäure).

[32] Zur Allgemeinkundigkeit von erklärenden Erfahrungssätzen siehe unten Zweiter Hauptteil, Viertes Kapitel, D, II, 1, b).

[33] Zum Vergleich: Nach heutiger Gesetzeslage macht sich gemäß §§ 4 Nr. 1, 6 Abs. 1 Honigverordnung iVm § 59 Abs. 1 Nr. 21 a des Lebensmittel-, Bedarfsgegenstände- und Futtermittelgesetzbuchs vom 26. April 2006 (BGBl. 2006 I, S. 945 [974]) strafbar, wer gewerbsmäßig Lebensmittel mit der Bezeichnung „Honig" in den Verkehr bringt, wenn andere oder mehr als die in der Anlage 2 zur Honigerordnung aufgeführten Inhaltsstoffe mit Mengenangaben (genaue Konzentrationen der einzelnen Zuckerarten!) enthalten sind.

[34] Vgl. nur BGH, StV 1994, 173.

gewaltigt hat und steht hierfür als Beweismittel nur das Opfer selbst als Zeugin zur Verfügung (so der Regelfall in derartigen Missbrauchsfällen), so wird die Beweisaufnahme zugleich mitbestimmt durch das Verständnis und die Aussagequalität der Zeugin – das Gericht kann das Geschehen nur „durch ihre Augen" betrachten.

Jeder Tatsachenbehauptung durch den Beschuldigten oder einen Zeugen liegen so neben Sprachregeln zum reinen Verständnis der Wörter und Formen „erklärende Erfahrungssätze" zur Funktionsweise einzelner Gegenstände zugrunde, die beim Behauptungsempfänger – dem Gericht – vorausgesetzt werden.

C. Mittel der Bewertung von Beweismittelaussagen

Hat der Richter die wahrgenommenen Wörter und Formen für sich mittels individueller Sprachregeln und genereller „erklärender Erfahrungssätze" interpretiert und so die Bedeutung der Beweismittelaussagen verstanden, kann er diese bewerten. Hierzu hat er von den in ihrem Sinn verstandenen Aussagen (Worten) Schlüsse auf das vom Täter und den Zeugen erlebte Geschehen zu ziehen und so im Idealfall (insbesondere bei einem glaubhaften Geständnis) auf ein Tatgeschehen, das alle objektiven Handlungen wie subjektiven Vorstellungen der Parteien umfasst und so ohne weiteres die Subsumtion unter die gesetzlichen Merkmale der Straftat erlaubt. Wie der historische Überblick im ersten Kapitel[35] aufgezeigt hat und wie es *Ortloff*[36] bereits vor 150 Jahren festgestellt hat, kann immer nur vom Allgemeinen auf das Besondere geschlossen werden mit Sätzen, in denen die Beobachtungen einer Vielzahl vergleichbarer Fälle generalisiert sind, sprich: mit Erfahrungssätzen, seien sie im Gesetzestext verankert als bindende Beweisregeln, seien sie ungeschriebene Erfahrungssätze, „deren Werte jedesmal mit Rücksicht auf die Umstände des einzelnen Falles zu prüfen" sind[37].

I. Gesetzliche Beweisregeln

Trotz der generellen Ersetzung der historisch lange Zeit vorherrschenden[38] „gesetzlichen Beweistheorie" mit ihren „principiell der Vergangenheit" angehörenden starren Beweisregeln durch eine „wissenschaftliche Beweistheorie"[39] ist der Richter aufgrund seiner Bindung an Recht und Gesetz (Art. 20 Abs. 3 und 97 GG, § 1 GVG) weiterhin an vorhandene Beweis*maß*bestimmungen gebunden, die gesetzlich auf gleicher Stufe stehen wie die ansonsten geltende Bestimmung des § 261 StPO.[40]

---

35 Siehe oben Erster Hauptteil, Erstes Kapitel, A.

36 GA 1860, 472f.

37 So bereits *Planck*, KritV 4 (1862), 251.

38 Siehe oben Erster Hauptteil, Erstes Kapitel, A, III.

39 *Radbruch*, Einführung, S. 203f.; ebenso *Spendel*, JuS 1964, 473 und *Paulus*, FS Ulrich Weber, S. 486.

40 Zutreffend *Meurer*, FS Oehler, S. 360f.

Gegenstand der Überzeugungsbildung sind dann nicht das einem Beweisthemaverbot unterliegende „Sein des Vermuteten", sondern ihre tatsächlichen Voraussetzungen[41], sprich: die Indizien, auf deren Basis die Vermutungen ruhen.

Von alters her werden hierbei zwei Gruppen von Beweisregeln unterschieden, die sich teilweise noch immer im Recht finden und den Tatrichter für den Beweis ganz bestimmter Tatbestandsmerkmale unterschiedlich binden: praesumtiones juris et de jure (Beweisvermutungen ohne Möglichkeit der Widerlegung durch einen Gegenbeweis) und praesumtiones juris (Beweisvermutungen, deren Wirkungen durch einen Gegenbeweis aufgehoben werden können)[42]:

1. Praesumtiones iuris et de iure

Zu den einzigen heute noch im Strafprozess anwendbaren praesumtiones iuris et de iure, die bereits für sich den Schluss von einem Indiz auf einen historischen Umstand ohne Berücksichtigung weiterer Indizien ermöglichen, zählen § 190 StGB (Wahrheitsbeweis durch Strafurteil) und § 274 StPO (Beweiskraft des Hauptverhandlungsprotokolls für die Revision):

a) § 190 StGB

Behauptet der Täter bewusst[43] Dritten gegenüber, das Opfer habe eine bestimmte[44] Straftat begangen, so verletzt der Täter die verdiente Wertschätzung des Opfers in den Augen des Dritten bzw. den „guten Ruf" des Opfers (sog. „äußere Ehre" als Teil des dualistischen Ehrbegriffs[45]). Hierfür ist der Täter nach § 186 StGB (üble Nachrede) strafbar, „wenn nicht diese Tatsache [die Straftatbegehung] erweislich wahr ist". Ist die Tatsache gar „unwahr" und bezieht sich der Vorsatz (in den Worten des Gesetzes: „wider besseres Wissen" als dolus directus zweiten Grades[46]) des Täters auch auf diese Unwahrheit, so macht er sich sogar wegen des unselbststän-

---

[41] Vgl. KMR/*Paulus*, § 244 Rn. 280.

[42] Vgl. hierzu oben Erster Hauptteil, Erstes Kapitel, A, III.

[43] Ist die Behauptung nur gegenüber dem Opfer gemeint und hört ohne Wissen des Täters ein Dritter zu (z. B. die Sekretärin lässt ohne Wissen des Täters die Tür einen Spalt offen, um ein Vier-Augen-Gespräch des Chefs mithören zu können), so fehlt dem Täter der für § 186 StGB und § 187 StGB erforderliche Vorsatz, dass die beleidigende Äußerung nach außen zur Kenntnis (jedenfalls auch) einer anderen Person als derjenigen des beleidigten Opfers gelangt ist, vgl. *Geppert*, Jura 2002, 824.

[44] Nach RGSt. 68,120 (122) ist die Äußerung „A ist ein Dieb" eine bloße Tatsachenbehauptung (und kein Werturteil, bei dem nur § 185 StGB Anwendung findet), wenn er damit „erkennbar auf den bestimmten Diebstahl hinweist".

[45] Vgl. hierzu sowie den anderen Ehrtheorien *Geppert*, Jura 1983, 532, SK-StGB/*Rudolphi/Rogall*, Vor § 185 Rn. 2 ff., LK/*Hilgendorf*, Vor § 185 Rn. 1 ff., *Gössel*, GedS Schlüchter, S. 295 ff., *Spinellis*, FS Hans Joachim Hirsch, S. 739 ff. sowie *Fischer*, Vor § 185 Rn. 2 ff. So auch grundsätzlich BGHSt. 11, 67 (70 f.): „Angriffsobjekt der Beleidigung ist die dem Menschen als Träger geistiger und sittlicher Werte zukommende innere Ehre, außerdem seine darauf beruhende Geltung, sein guter Ruf innerhalb der mitmenschlichen Gesellschaft."

[46] Vgl. nur *Geppert*, Jura 1983, 543.

digen Qualifikationstatbestandes des § 187 StGB (Verleumdung) strafbar. Diese Strafbarkeitseinschränkung für die Fälle der Wahrheit der behaupteten Tatsachenaussage – und nicht wie nach dem strengen Gesetzeswortlaut der Tatsache selbst! – ergibt sich daraus, dass bei wahrer Behauptung einer begangenen Straftat der *verdiente* Geltungsanspruch nicht tangiert ist.[47] Der stadtbekannte Schwerverbrecher mag sich zwar etwa über die Bekanntgabe seiner letzten Raubtat angegriffen fühlen, sein „Ruf" in den Augen der Bevölkerung wird nicht verletzt. Die Wahrheit schließt daher das Unrecht der Tat aus, sei es mangels Vorliegens eines Tatbestandsmerkmals[48], mangels Vorliegens einer objektiven Bedingung der Strafbarkeit[49], wegen dem Vorliegen des Strafausschließungsgrundes der Wahrheit[50] oder mangels sorgfaltspflichtwidriger Verbreitung einer Unwahrheit[51].

Das Gericht hat daher im Rahmen seiner umfassenden Amtsaufklärungspflicht nach § 244 Abs. 2 StPO neben dem Nachweis der Äußerung gegenüber einem Dritten als solchen und deren Inhalt auch die Wahrheit oder Unwahrheit der Tatsachenaussage zu ermitteln (sog. Wahrheitsbeweis[52]).[53] Nach § 261 StPO hat der Richter auch bezüglich der hierzu ermittelten Indizien nach seiner subjektiven Überzeugung zu entscheiden, sofern sie auf rationalen Schlüssen beruht, zu entscheiden. In Fällen früherer Gerichtsverhandlungen bezüglich der behaupteten Straftat dient der vom Richter wahrgenommene Inhalt des nach § 249 Abs. 1 S. 1 StPO[54] verlesenen schuldig- wie freisprechenden Urteils als Ausgangspunkt seines Schlusses. Hierbei wäre der Richter jedoch allein nach den allgemeinen Grundsätzen nicht an dieses Urteil gebunden: Die Rechtskraft des Tenors des früheren Ur-

---

[47] Vgl. hierzu MüKo-StGB/*Regge*, § 190 Rn. 1.

[48] So etwa *Bemmann*, MDR 1956, 387 ff.

[49] So die h.M. wegen der schweren Nachweisbarkeit der Unwahrheit, die den Ehrschutz ansonsten erheblich einschränken würde: vgl. RGSt. 62, 83 (95), BGHSt. 11, 273 (274), *Geppert*, Jura 1983, 542 f., *ders.*, Jura 2002, 822, *Hilgendorf* in Arzt/Weber/Heinrich/Hilgendorf, BT, § 7 Rn. 18, *Rengier*, BT II, § 29 Rn. 9, *Satzger*, Jura 2006, 110 f. und *Tenckhoff*, JuS 1988, 622.

[50] LK/*Hilgendorf*, § 190 Rn. 1, der auch betont, dass zur h.M. nur ein terminologischer Unterschied bestehe.

[51] So eine verbreitete Ansicht im Schrifttum: *Hans Joachim Hirsch*, Ehre, S. 168 ff., *ders.*, FS E. A. Wolff, S. 145 ff., *Roxin*, AT I, § 23 Rn. 18 ff., SK-StGB/*Rudolphi/Rogall*, § 186 Rn. 20, *Wessels/Hettinger*, BT 1, Rn. 501, MüKo-StGB/*Regge*, § 186 Rn. 28 und *Eppner/Hahn*, JA 2006, 862 f.

[52] Vgl. zu seiner geschichtlichen Entwicklung ausführlich *Rogall*, FS Hans Joachim Hirsch (1999), S. 672 ff.

[53] Dieser Wahrheitsbeweis darf wegen der Grundrechtsbindung des Gerichtes aber nicht dazu führen, neben dem Inhalt der eigentlichen Tatsachenbehauptung sämtliche mögliche Verfehlungen des Beleidigten umfassend (und nach § 169 S. 1 GVG öffentlich!) zu erörtern: „Es wäre eine gröbliche Verkennung des Verfahrenszwecks, wenn Versuche zugelassen würden, ganz allgemein die angeblich schmutzige Wäsche der Beleidigten zu waschen" (BGH bei *Dallinger*, MDR 1955, 269). Die hieraus vom Bundesgerichtshof gezogene Konsequenz, der Wahrheitsbeweis diene nicht der Belastung des Beleidigten, sondern der Entlastung des Beleidigers (so auch BGH, VersR 1963, 943 (945), *Geppert*, Jura 1983, 584 und SK-StGB/*Rudolphi/Rogall*, § 190 Rn. 1) ist jedoch nicht zwingend (abweichend etwa LK/*Hilgendorf*, § 190 Rn. 2 und MüKo-StGB/*Regge*, § 190 Rn. 2: der Wahrheitsbeweis diene auch dem Interesse des Verletzten, seinen guten Ruf wiederherzustellen und Genugtuung zu erfahren).

[54] Vgl. BGHSt. 1, 337 (341) und umfassend *Meyer-Goßner*, § 249 Rn. 9.

teils als lediglich prozessualer Akt kann nämlich nicht das aburteilende historische Geschehen nachträglich ändern[55] und etwa „rückwirkend die Hand des Angeklagten zur fremden Sache“ ausstrecken[56] und ihn so doch zum Dieb machen. Die rechtskräftige Entscheidung versetzt den Beschuldigten vielmehr rein prozessual „in die rechtliche Stellung des Schuldiggesprochenen und Verurteilten“[57] (sog. prozessrechtliche Rechtskrafttheorie[58]) mit lediglich tatsächlichen Nebenfolgen wie der Duldung der Vollstreckung des Urteils[59]. Kommt es bei der Beurteilung der Wahrheit der vom Beleidiger behaupteten Tatsachenaussage damit weiterhin darauf an, ob das Opfer die ihm vom Beleidiger vorgeworfene Tat tatsächlich begangen hat, so hat sich an diesem historischen Geschehen durch das hierüber ergangene frühere Urteil nichts verändert.

Wer von dem früheren verurteilenden rechtskräftigen Urteil Kenntnis hat, darf aber darauf vertrauen, dass das Gericht den Schuldspruch zu Recht gefällt hat und er sich nicht der Gefahr einer Strafbarkeit nach § 186 StGB aussetzt, wenn er den Vorwurf der früheren Straftat anderen gegenüber wiederholt – ansonsten wäre eine Berichterstattung in Presse, Rundfunk und Fernsehen über abgeschlossene Strafverfahren genauso wenig möglich wie eine öffentliche (Gesellschafts-)Diskussion hierüber. Auf der anderen Seite muss der vom Vorwurf einer Straftat Freigesprochene davor geschützt werden, dass er trotz staatlicher Freisprechung weiterhin den Vorwürfen einer Straftatbegehung ausgesetzt wird und er in jedem Strafprozess bezüglich § 186 StGB damit rechnen muss, dass ein Gericht ihn doch nachträglich für schuldig hält – mit Folgen nicht nur für den Beleidiger (Freispruch), sondern auch einer Beschädigung des guten Rufs des Beleidigten. Aus diesen Gründen sowie zur Vermeidung sich widersprechender Strafurteile[60] hat der Gesetzgeber in § 190 StGB entsprechende, an sich zum Strafprozessrecht gehörende[61] bindende Beweisregeln getroffen, die den zwingenden Schluss von der Wahrnehmung des früheren Urteils auf das frühere Geschehen und damit die Wahrheit oder Unwahrheit der behaupteten Tatsachenaussage bedingen:

aa) § 190 S. 1 StGB

Nach der positiven Beweisregel des § 190 S. 1 StGB „ist der Beweis der Wahrheit [der Tatsachenbehauptung] als erbracht anzusehen, wenn der Beleidigte wegen die-

---

55 So aber die sog. materiell-rechtliche Rechtskrafttheorie, die etwa vertreten wurde von *Birkmeyer*, Strafprozeßrecht, S. 680.

56 *Zaczyk*, GA 1988, 367.

57 *Roxin/Schünemann*, Strafverfahrensrecht, § 52 Rn. 9.

58 Siehe hierzu nur *Roxin/Schünemann*, Strafverfahrensrecht, § 52 Rn. 9 und *Beulke*, Strafprozessrecht, Rn. 504.

59 Aus diesem Grund geht *Zaczyk*, GA 1988, 367 ff. von einer grundsätzlichen Präjudizwirkung eines jeden Urteils aus, mit Folgen auch für die Anschlussdelikte der §§ 257 ff. StGB. Die Folge wäre jedoch eine Bindung des künftigen Richters an die Geschehensfiktionen der früheren und damit eine rein prozessuale Wahrheit, die bereits oben abgelehnt wurde, vgl. oben Zweiter Hauptteil, Drittes Kapitel, B, II, 3, a), bb).

60 Vgl. zu diesem Zweck des § 190 StGB: KMR/*Paulus*, § 244 Rn. 280.

61 Ebenso LK/*Hilgendorf*, § 190 Rn. 6 und MüKo-StGB/*Regge*, § 190 Rn. 6.

ser Tat rechtskräftig verurteilt worden ist". Die materielle Rechtskraft[62] der verurteilenden[63] früheren[64] deutschen wie ausländischen[65] Entscheidung[66] erstreckt sich so ausnahmsweise auch auf die in den Entscheidungsgründen enthaltenen Feststellungen und bindet mit diesen den Strafrichter im Verfahren nach §§ 185 ff. StGB[67]: Dieser hat im Rahmen der Beweiswürdigung von der Wahrnehmung der prozessordnungsgemäß verlesenen früheren verurteilenden Entscheidung gegen den Beleidigten darauf zu schließen, dass der Beleidigte diese Tat historisch tatsächlich begangen hat, unabhängig von eventuell seit der Entscheidung aufgetauchten weiteren Beweismitteln: Für jede rechtskräftige Verurteilung und damit auch für die Verurteilung des Beleidigten gilt, dass die Tatbegehung durch den Beleidigten wie in der Verurteilung festgestellt erfolgt ist.

---

[62] Durchbrochen wird die Rechtskraft erst durch einen Wiederaufnahmebeschluss nach § 370 Abs. 2 StPO (vgl. SK-StGB/*Rudolphi/Rogall*, § 190 Rn. 5 und MüKo-StGB/*Regge*, § 190 Rn. 11) oder eine Wiedereinsetzung in den vorherigen Stand (vgl. *Gössel/Dölling*, BT 1, § 33 Rn. 11 und SK-StGB/*Rudolphi/Rogall*, § 190 Rn. 5), wegen § 51 Abs. 2 BZRG sowie den Schutzzweck des § 190 StGB aber nicht bereits durch eine Tilgung der Eintragung über die Verurteilung im Bundeszentralregister bzw. die Tilgungsreife (ebenso *Geppert*, Jura 1983, 584 Fn. 110, SK-StGB/*Rudolphi/Rogall*, § 190 Rn. 5, LK/*Hilgendorf*, § 190 Rn. 7, Sch/Schr/*Lenckner/Eisele*, § 190 Rn. 3, *Fischer*, § 190 Rn. 3, *Lackner/Kühl*, § 190 Rn. 2, NK-StGB/*Zaczyk*, § 190 Rn. 2, *Stadie*, DRiZ 1972, 349 und MüKo-StGB/*Regge*, § 190 Rn. 14; aA mit Hinweis auf § 51 Abs. 1 BZRG *Dähn*, JZ 1973, 51 ff.

[63] Da eine „Verurteilung" nur einen Schuldspruch unabhängig vom Rechtsfolgenausspruch verlangt (vgl. § 267 Abs. 1 und 3 S. 4 StPO, aus dem folgt, dass wenn der Angeklagte „verurteilt" wird, die Urteilsgründe angeben müssen, wieso auf eine Verwarnung mit Strafvorbehalt oder ein Absehen von Strafe entschieden wurde), erfasst auch § 190 S. 1 StPO die Fälle, dass der Beleidigte der früheren Tat für schuldig gesprochen wurde, dann aber nach § 199 StGB auf Straffreiheit, nach § 59 StGB auf eine Verwarnung mit Strafvorbehalt oder nach § 60 StGB auf ein Absehen von Strafe erkannt wurde, vgl. *Geppert*, Jura 1983, 584 Fn. 110, LK/*Hilgendorf*, § 190 Rn. 7, SK-StGB/*Rudolphi/Rogall*, § 190 Rn. 5 und NK-StGB/*Zaczyk*, § 190 Rn. 2.

[64] Da die objektive Wahrheit der behaupteten Tatsachenaussage (unabhängig von ihrer Kenntnis durch den Beleidiger) das Erfolgsunrecht der Tat ausschließt und ein Versuch der §§ 185 ff. StGB mangels Verbrechenscharakter nicht strafbar ist (§ 23 Abs. 1 StGB), ist es egal, ob die frühere Verurteilung vor oder sogar erst nach der beleidigenden Äußerung ergangen ist, solange sie nur vor dem Beleidigungsprozess erfolgt ist, vgl. LK/*Hilgendorf*, § 190 Rn. 7, SK-StGB/*Rudolphi/Rogall*, § 190 Rn. 5 und NK-StGB/*Zaczyk*, § 190 Rn. 2.

[65] Frühere Verurteilungen im Beitrittsgebiet (frühere DDR) sind nur dann nicht ausreichend, wenn die Unzulässigkeit der Vollstreckung wegen Verstoßes gegen rechtsstaatliche Grundsätze gemäß § 15 des Gesetzes über die innerdeutsche Rechts- und Amtshilfe in Strafsachen vom 2. 5. 1953 (BGBl. 1953 I, S. 161 [163]) (vgl. BGHZ 95, 212 [217]) bzw. nach den Maßgaben der BGH-Rechtsprechung (vgl. BGHSt. 40, 30 ff. und BGHSt. 40, 169 ff.) festgestellt worden ist. Bei Urteilen ausländischer Gerichte ist Art. 6 EGBGB (ordre public) zu beachten.

[66] Die Verurteilung kann mittels Urteil, wegen § 410 Abs. 3 StPO („Soweit gegen einen Strafbefehl nicht rechtzeitig Einspruch erhoben worden ist, steht er einem rechtskräftigen Urteil gleich") aber auch mittels Strafbefehl erfolgt sein, vgl. *Geppert*, Jura 1983, 584 Fn. 110, LK/*Hilgendorf*, § 190 Rn. 7, MüKo-StGB/*Regge*, § 190 Rn. 13 und NK-StGB/*Zaczyk*, § 190 Rn. 2.

[67] Vgl. nur SK-StGB/*Rudolphi/Rogall*, § 190 Rn. 5 und NK-StGB/*Zaczyk*, § 190 Rn. 2.

Da der Beweis der Wahrheit durch diesen Schluss als erbracht anzusehen „ist" (mit der Folge einer grundsätzlichen Straflosigkeit nach §§ 185 ff. StGB[68]) ohne eine gesetzlich eingeräumte Möglichkeit des Gegenbeweises für den Beleidigten, ist jede Beweiserhebung zur Widerlegung dieses Schlusses gemäß § 244 Abs. 3 S. 1 StPO wegen eines Beweisthemaverbotes[69] unzulässig[70]; der aufgezeigte Schluss ist zwingend. Es genügt somit für eine rationale Begründung der Tatsachenfeststellung, dass der Beleidigte die behauptete Straftat tatsächlich ausgeführt hat, der Hinweis auf die bereits erfolgte frühere Verurteilung sowie (wenn auch nicht zwingend) auf § 190 S. 1 StGB.

bb) § 190 S. 2 StGB

Nach der ebenfalls positiven Beweisregel des § 190 S. 2 StGB ist „der Beweis der Wahrheit [...] dagegen ausgeschlossen, wenn der Beleidigte vor der Behauptung oder Verbreitung rechtskräftig freigesprochen worden ist". Ist der Beleidigte in diesem Sinne zeitlich vor[71] der beleidigenden Tatsachenaussage rechtskräftig[72] und damit grundsätzlich endgültig (freilich durchbrechbar durch eine Wiederaufnahme) durch eine Sachentscheidung (sprich: wegen erwiesener Unschuld oder aus Mangeln an Beweisen[73]) entlastet worden[74], so durfte der Beleidigte darauf

---

68 Anders ist es nur, wenn bereits die Form oder die Umstände der (erwiesenerweise wahren) Tatsachenbehauptung erfüllten bereits für sich allein die Erfordernisse eines beleidigenden Werturteils (sog. Formal-Beleidigung – § 192 StGB, vgl. nur *Geppert*, Jura 1983, 585.

69 Vgl. allgemein zum Beweisthemaverbot *Alsberg/Nüse/Meyer*, Beweisantrag, S. 433 ff.

70 In diesem Sinne einer Verbindung von Beweisregel und Beweisverbot bereits *Beling*, Beweisverbote, S. 4 Anm. 1, *Spendel*, NJW 1966, 1104 und MüKo-StGB/*Regge*, § 190 Rn. 7; andere sehen hierin nur isoliert entweder eine Beweisregel (so BayObLGSt. 1960, 229 [230], *Geppert*, Jura 2004, 107, LK/*Hilgendorf*, § 190 Rn. 6, SK-StGB/*Rudolphi/Rogall*, § 190 Rn. 4, *Lackner/Kühl*, § 190 Rn. 1 und *Dähn*, JZ 1973, 51) oder ein Beweisverbot (*Eberhard Schmidt*, LK II, § 244 Rn. 35, *Alsberg/Nüse/Meyer*, Beweisantrag, S. 436 f., *Otto*, GA 1970, 293 und *Gutmann*, JuS 1962, 371).

71 Erfolgt dagegen die Beleidigung vor dem Freispruch, so war die Wahrheitsfrage zum Tatzeitpunkt offen und greift § 190 S. 2 StPO nach dem klaren Gesetzeswortlaut nicht ein – der spätere Richter hat daher selbst die frühere Tatbegehung durch den Beleidigten zu prüfen mit der möglichen Folge sich widersprechender Urteile, vgl. LK/*Hilgendorf*, § 190 Rn. 8 und MüKo-StGB/*Regge*, § 190 Rn. 15. Läuft das frühere Strafverfahren gar noch, so ist nach § 154 e StPO deren Ausgang vor der Entscheidung über die Beleidigung abzuwarten (mit der Konsequenz, dass dem späteren Richter das frühere Urteil auf jeden Fall als Indiz vorliegt und die Gefahr sich widersprechender Urteile vermindert wird).

72 Die Rechtskraft entfällt auch hier erst nach einem Wiederaufnahmebeschluss gemäß § 370 S. 2 StPO.

73 Sch/Schr/*Lenckner/Eisele*, § 190 Rn. 4, SK-StGB/*Rudolphi/Rogall*, § 190 Rn. 6 und MüKo-StGB/*Regge*, § 190 Rn. 16.

74 Wegen dem bloßen Erfordernis einer entlastenden Sachentscheidung genügt auch ein Freispruch wegen eines erfolgten Rücktritts (§§ 24, 31 StGB) oder aufgrund eines Strafausschließungsgrundes (ebenso MüKo-StGB/*Regge*, § 190 Rn. 17 und NK-StGB/*Zaczyk*, § 190 Rn. 3; aA LK/*Hilgendorf*, § 190 Rn. 8), nicht dagegen bei bloß prozessualer Einstellung durch die Staatsanwaltschaft nach § 170 Abs. 2 StPO (*Geppert*, Jura 2002, 824) oder durch das Gericht nach § 204 Abs. 1 StPO, §§ 174, 211 StPO (OLG München, NJW 1957, 793 [794] und MüKo-

vertrauen, mit diesem Vorwurf nicht mehr ehrverletzend konfrontiert zu werden – die materiell rechtskräftige frühere Entscheidung bindet daher unabhängig von ihrer Kenntnis durch den Beleidiger[75] auch in diesem Fall das später entscheidende Gericht, das wegen eines Beweisthemaverbotes über die Wahrheit der Tatsachenbehauptung keinen Beweis erheben darf (§ 244 Abs. 3 S. 1 StPO) und vielmehr deren Unwahrheit zwingend festzustellen hat[76]: In jedem Fall ergibt sich aus der Wahrnehmung des prozessordnungsgemäß eingeführten Inhalts des unverfälschten freisprechenden früheren Urteils die fehlende Tatbegehung hinsichtlich der behaupteten Tat und somit auch im Fall des konkreten Beleidigungsopfers.

Der Richter hat somit in seiner rationalen Begründung für die angenommene Nichtbegehung der früheren Tat durch den Beleidigten im Falle des § 190 S. 2 StGB nur darzulegen, wann der Beleidigte weswegen nicht wegen der früheren Tat verurteilt worden ist und wann die beleidigende Äußerung gefallen ist. Hieraus ergibt sich dann zwingend der aufgezeigte Schluss, so dass für diesen dann der Hinweis auf § 190 S. 2 StGB genügt.

b) § 274 StPO

Eine vergleichbare Beweisregel scheint auf den ersten Blick § 274 S. 1 StPO zu sein, wonach „die Beobachtung der für die Hauptverhandlung vorgeschriebenen Förmlichkeiten [...] nur durch das Protokoll bewiesen werden“ kann. Man könnte daher auf die Idee kommen, in einem Verfahren wegen Meineids (§ 154 StGB) von der audio-visuellen Wahrnehmung des prozessordnungsgemäß verlesenen früheren Hauptverhandlungsprotokoll mittels dieser gesetzlichen Regelung auf die im früheren Verfahren erfolgte Vereidigung des nun Angeklagten zu schließen. Hierbei würde jedoch verkannt, dass selbst das unverfälschte Protokoll (genauso wie ein früheres rechtskräftiges Urteil) nicht nachträglich ein bereits erfolgtes tatsächliches Geschehen verändern kann, sondern mittels derartiger Beweisregel lediglich eine rein prozessuale Wahrheit geschaffen würde, d.h. ein „Sachverhalt, der kraft gesetzlicher Vorschrift als Tatsache zu behandeln sei ohne Rücksicht darauf, wie der wirkliche Sachverhalt sein möge“[77]. Eine derartige Einschränkung der nach § 244 Abs. 2 StPO umfassenden Erforschung der materiellen Wahrheit aus Gründen der Gerechtigkeit bedarf der Rechtfertigung, zumal § 274 S. 2 StPO dem Angeklagten einen Gegenbeweis etwa mittels Zeugen abschneiden würde. Diese Rechtfertigung

StGB/*Regge*, § 190 Rn. 18) oder § 260 Abs. 3 StPO z.B. wegen Verjährung. Gleiches gilt für die Ablehnung des Erlasses eines Strafbefehls (ebenso LK/*Hilgendorf*, § 190 Rn. 8, Sch/Schr/*Lenckner/Eisele*, § 190 Rn. 4 und MüKo-StGB/*Regge*, § 190 Rn. 16 und 18), der nach § 408 Abs. 2 S. 2 StPO dem Nichteröffnungsbeschluss nach § 204 StPO gleichsteht.

[75] Vgl. nur LK/*Hilgendorf*, § 190 Rn. 8. Das fehlende Wissen um den Freispruch kann einzig eine Rechtfertigung nach § 193 StGB begünstigen (so Sch/Schr/*Lenckner/Eisele*, § 190 Rn. 4; aA *Helle*, GA 1961, 167 f.: genereller Ausschluss des § 193 StGB in den Fällen des § 190 StGB) bzw. einen entsprechenden Erlaubnistatbestandsirrtum.

[76] Vgl. zu dieser Bedeutung des § 190 S. 2 StGB: *Spendel*, NJW 1966, 1104 und MüKo-StGB/*Regge*, § 190 Rn. 7; aA SK-StGB/*Rudolphi/Rogall*, § 190 Rn. 6. *Joachim Bock*, Begriff, S. 117 bezeichet diese Wirkung des § 190 S. 2 StGB als „unechte Beweislastumkehr“.

[77] BGH, NJW 2007, 2419 (2421); zuvor bereits RGSt. 43, 1 (6).

liegt nur in der Vereinfachung des Revisionsverfahrens zur erleichterten Prüfung von Verfahrensrügen – das Revisionsgericht soll nicht selbst nochmals die Nichteinhaltung der vom Revisionsführer gerügten Verfahrensverletzung umfassend mittels eigener Beweiserhebungen erforschen müssen[78]. Die von § 274 StPO statuierte positive (hinsichtlich der im Protokoll beurkundeten wesentlichen Förmlichkeiten) wie negative (hinsichtlich der nicht beurkundeten Förmlichkeiten) Beweiskraft gilt daher nur im anhängigen Verfahren für das Revisionsgericht, das die Einhaltung von Verfahrensvorschriften im Freibeweis[79] zu prüfen hat[80] und daher nicht bei der dem Strengbeweis unterliegenden *tatrichterlichen* Sachverhaltsfeststellung wie im obigen Meineidsbeispiel. Für diese vermag die Vorschrift des § 274 StPO somit keinen tauglichen generalisierten Schlusssatz zu bilden.

2. Praesumtiones iuris

Beweisvermutungen, die wie bei der Systematik des Anscheinsbeweises durch einen Gegenbeweis entkräftet werden können, finden sich noch häufiger im Recht:

a) Regelbeispiele

Im *strafrechtsinternen Bereich* sind sie jedoch ausschließlich auf der rechtlichen Bewertungsebene des bereits festgelegten Sachverhalts anzutreffen, maßgebend im Bereich der Strafzumessung:

Nach der Sachverhaltsfeststellung und der rechtlichen Subsumtion nach obigem deduktiven Modell hat der Richter der „Wenn-dann"-Struktur der strafrechtlichen Deliktsnormen entsprechend Art und Höhe der Strafe (einschließlich etwaiger Nebenstrafen) festzulegen, die dem Täter wegen der schuldhaften Verletzung der Strafvorschrift auferlegt wird[81]. Hierbei wird dem Richter durch den jeweiligen gesetzlichen Strafrahmen eine „Strafenstaffelung"[82] vom denkbar geringsten bis zum denkbar höchsten Schuld- und Unrechtsgehalt vorgegeben, aus der der Richter nach den jeweils relevanten Strafzumessungstatsachen (vgl. § 46 Abs. 2 StGB) eine für den konkreten Einzelfall tat- und schuldangemessene Strafe festzusetzen hat. Für atypische Fälle, in denen „das gesamte Tatbild nach einer Gesamtwertung aller ob-

---

78 Vgl. nur BGH, NJW 1976, 977 (978) und *Meyer-Goßner*, § 274 Rn. 2. Aus dem bloßen Zweckmäßigkeitsgrund trotz grundsätzlich materieller Wahrheitssuche hat der Grosse Senat in Strafsachen (BGH, NJW 2007, 2419 ff. mit zust. Anm. *Satzger*, JK 2/08, StPO § 27/4 und *Fahl*, JR 2007, 345 ff., kritisch dagegen *Kay H. Schumann*, JZ 2007, 927 ff.) kürzlich zu Recht klargestellt, dass § 274 StPO in seinem Anwendungsbereich keine prozessuale Wahrheit schaffe, sondern nur die Nichteinhaltung der dort nicht genannten wesentlichen Förmlichkeiten vermutet, widerlegbar durch eine nachträgliche Protokollberichtigung in einem bestimmten Verfahren (zugunsten der tatsächlich erfolgten Umstände), selbst wenn hierdurch einer bereits eingelegten Revision der Boden entzogen würde.

79 Vgl. nur *Meyer-Goßner*, § 337 Rn. 11.

80 Vgl. nur BGHSt. 26, 281 f.

81 Vgl. zu dieser Definition des Strafzumessungsbegriffs nur LK/*Theune*, Vor §§ 46–50 Rn. 4.

82 LK/*Theune*, Vor §§ 46–50 Rn. 7.

jektiven, subjektiven und die Persönlichkeit des Täters betreffenden Umstände, die der Tat selbst innewohnen oder die sonst im Zusammenhang mit ihr stehen, vom Durchschnitt der erfahrungsgemäß vorkommenden Fälle in einem Maße abweichen, dass die Anwendung des höheren Strafrahmens geboten erscheint“[83], hat der Gesetzgeber vermehrt Strafrahmenerhöhungen (sog. „besonders schwerer Fall“) vorgesehen, denen er im steigenden Maße wegen ihrer ansonsten zweifelhaften hinreichenden Bestimmtheit (Art. 103 Abs. 2 GG)[84] Beispiele als gesetzliche Leitlinien[85] beigefügt hat. Derartige Regelbeispiele (z.B. §§ 94 Abs. 2 S. 2, 99 Abs. 2 S. 2, 100 Abs. 2 S. 2, 113 Abs. 2 S. 2, 125a S. 2, 177 Abs. 2 S. 218 Abs. 2 S. 2, 240 Abs. 4 S. 2, 243 Abs. 1 S. 2, 261 Abs. 4 S. 2, 263 Abs. 3 S. 2, 267 Abs. 3 S. 2, 283a S. 2, 291 Abs. 2 S. 2, 292 Abs. 2 S. 2, 316b Abs. 3 und 335 Abs. 2 StGB), die seit der Einführung des § 243 StGB durch das Erste Gesetz zur Reform des Strafrechts vom 25. 6. 1969[86] ihren „Siegeszug“[87] im Strafzumessungsrecht angetreten haben und vom Gesetzgeber[88] selbst zum Element einer „in der modernen Strafgesetzgebung bevorzugten [Regelungs-]Technik“ gezählt werden, indizieren mit ihren tat- oder täterbezogenen Umständen jeweils als „gesetzliche Vermutung“[89] das Vorliegen eines besonders hohen Unrechtsgehalts, ohne dem Richter deren Annahme zwingend vorzuschreiben – ein typischer Fall erhöhten Unrechts liegt dem Gesetzeswortlaut entsprechend eben nur „in der Regel“ vor. Schließlich ist im Einzelfall das Vorliegen anderer Strafzumessungsfaktoren denkbar, die diese indizielle Bedeutung eines Regelbeispiels entkräften: Beispielsweise indiziert die Wegnahme einer Sache, die durch ein verschlossenes Behältnis gesichert war, vom Wortlaut her einen besonders schweren Fall des Diebstahls (§ 243 Abs. 1 S. 2 Nr. 2 StGB). Von einem erhöhten Unrecht kann aber keine Rede sein, wenn der Täter den Schlüssel für das Behältnis rechtmäßig besitzt, unabhängig davon, ob er berechtigt ist, das Schloss auch tatsächlich zu öffnen[90] – in diesem Fall fehlt es dann trotz der Indizwirkung an einem besonders schweren Fall. Die Regelvermutung ist also im Rahmen einer richterlichen Strafzumessungs-Gesamtwürdigung[91] *widerlegbar*

---

[83] BGHSt. 28, 318 (319); ähnlich BGHSt. 29, 319 (322).

[84] Vgl. zur Regelbeispielstechnik zur Vermeidung eines Verstoßes gegen Art. 103 Abs. 2 GG grundlegend BVerfGE 45, 363 (373).

[85] Vgl. auch *Streng*, Sanktionen, Rn. 411, der von einer „Wertung des Gesetzgebers mit Leitfunktion“ spricht.

[86] BGBl. 1969 I, S. 645 (655).

[87] *Zipf*, Strafzumessung, S. 14.

[88] BT-Ds. 13/7164, S. 36.

[89] BT-Ds. 13/7164, S. 42. Mit der Folge, dass es keiner zusätzlichen Prüfung bedarf, ob die Anwendung des erhöhten Strafrahmens im Vergleich zu jenem der dem Durchschnitt der erfahrungsgemäß vorkommenden Fälle geboten erscheint, vg. nur BGH, wistra 2004, 339 (340).

[90] Vgl. BGH, NJW 2010, 3175f.; OLG Hamm, JR 1982, 118, *Wessels/Hillenkamp*, BT 2, Rn. 225 und MüKo-StGB/*Schmitz*, § 243 Rn. 35; aA NK-StGB/*Kindhäuser*, § 243 Rn. 23, der verlangt, dass der Täter sogar die Befugnis zum Öffnen haben müsse.

[91] Diese bedingt, dass die Regelbeispiele entgegen einer modernen Literaturmeinung keine Tatbestandsmerkmale sind (so aber *Calliess*, JZ 1975, 112ff., *ders.*, NJW 1998, 933ff., *Jakobs*, AT, 6/99, *Kindhäuser*, BT II, § 3 Rn. 4 und *Eisele*, JA 2006, 311f.; dagegen *Zipf*, Strafzumessung, S. 15 und *Streng*, Sanktionen, Rn. 415 mit der überzeugenden Begründung, dass die Regelbei-

mit der Folge, dass trotz Vorliegens des Regelbeispiels ein besonders schwerer Fall verneint und auf den normalen Strafrahmen zurückgegriffen werden kann.[92] Der Richter hat dies dann aber nach § 267 Abs. 3 S. 3 StPO besonders zu begründen.

b) § 69 Abs. 2 StGB

Vergleichbares gilt für die Verhängung der Maßregel der Entziehung der Fahrerlaubnis (§ 69 StGB): Wird der Täter wegen einer rechtswidrigen Tat im Zusammenhang mit dem Führen eines Kraftfahrzeugs verurteilt oder lediglich mangels Schuldfähigkeit nicht verurteilt, so entzieht ihm das Gericht die Fahrerlaubnis, wenn sich aus der Tat ergibt, dass der Täter „zum Führen von Kraftfahrzeugen ungeeignet ist". Diese Ungeeignetheit aufgrund der straßenverkehrsbezogenen[93] Anlasstat hat der Richter an sich im Wege einer Gesamtwürdigung der Tat sowie der körperlichen, geistigen und charakterlichen Voraussetzungen des Täters zu beurteilen.[94] In § 69 Abs. 2 StGB hat der Gesetzgeber bestimmte rechtswidrige Taten aufgeführt, bei deren Begehung der Täter „in der Regel als ungeeignet zum Führen von Kraftfahrzeugen anzusehen" ist. Der Gesetzgeber hat hier also im Wege einer „Regelvermutung"[95] aufgrund der Erfahrung einer Vielzahl früherer Taten[96] die sich aus den dort genannten Anlasstaten ergebenden Prognosen für

---

spiele dann entgegen ihres klaren Wortlaut [*nur* „in der Regel" liegt ein schwerer Fall vor] ihre relative Unverbindlichkeit verlieren und zu zwingenden Tatbestandsmerkmalen würden), sondern bloße Strafzumessungsgründe darstellen (ebenso BGHSt. 23, 254 [256 f.], BGHSt. 33, 370 [373], *Wessels*, FS Maurach, S. 305, *Arzt*, JuS 1972, 518, *Bernd Heinrich* in Arzt/Weber/Heinrich/Hilgendorf, BT, § 14 Rn. 32, Sch/Schr/*Stree/Kinzig*, Vorbem. §§ 38 ff. Rn. 47, *Lackner/Kühl*, § 46 Rn. 11, *Zipf*, Strafzumessung, S. 15 und LK/*Theune*, Vor §§ 46–50 Rn. 18; für eine Mischform als Tatbestands- und Strafzumessungsregel *Maurach/Schroeder/Maiwald*, BT 1, § 33 Rn. 71), die keine tatbestandlichen Änderungen begründen: Es genügt weder das unmittelbare Ansetzen zum Regelbeispiel statt zur Tatbestandshandlung (ebenso *Roxin*, AT II, § 29 Rn. 170, *Arzt*, JuS 1972, 518, *Wessels/Beulke*, AT, Rn. 607, *Kristian Kühl*, JuS 1980, 509 f. und Sch/Schr/*Eser*, § 22 Rn. 58; anders noch RGSt. 38, 177 [178 f.] und RGSt. 54, 42 [43]), noch kann der Teilnehmer im Rahmen der §§ 26, 27 StGB akzessorisch zum Regelbeispiel haften, sondern nur akzesorisch zum Grundtatbestand – es ist daher (ohne, dass es § 28 SGB bei täterbezogenen Regelbeispielen bedarf!) für jeden Teilnehmer getrennt „auf Grund einer Gesamtwürdigung aller schuldrelevanten Umstände zu beantworten", ob „die Teilnahmehandlung als solche (nicht die Haupttat) als besonders schwerer Fall zu werten" ist (BGH, wistra 2007, 183; ebenso BGH, NStZ 1981, 394 und BGH, NStZ 1983, 217).

[92] Vgl. hierzu nur BGHSt. 23, 254 (257), BGHSt. 24, 248 (249), BGH, NJW 1987, 2450, BGH, wistra 2004, 339 (340), *Schäfer/Sander/Gemmeren*, Strafzumessung, Rn. 604 ff., *Maiwald*, NStZ 1984, 438 und LK/*Theune*, Vor §§ 46–50 Rn. 19.

[93] Nach der Entscheidung des Grossen Senats (BGHSt. 50, 93 ff.) müssen sich aus der Anlasstat tragfähige Rückschlüsse ergeben, dass der Täter bereit ist, die Sicherheit des Straßenverkehrs seinen kriminellen Interessen unterzuordnen.

[94] Vgl. hierzu nur LK/*Geppert*, § 69 Rn. 68 ff. sowie *Fischer*, § 69 Rn. 14 ff.

[95] *Fischer*, § 69 Rn. 21; ähnlich LK/*Geppert*, § 69 Rn. 78 und MüKo-StGB/*Athing*, § 69 Rn. 65: „gesetzliche Vermutung der Ungeeignetheit".

[96] Die Regelbeispiele der § 69 Abs. 2 StGB als Erfahrungssätze bezeichnend: *Dagmar Bandemer*, NZV 1988, 172 ff.

die Ungeeignetheit zum Führen von Kraftfahrzeugen vorweggenommen[97]: Für den deduktiven Schluss „A hat eine der in § 69 Abs. 2 StGB benannten Taten als Kraftfahrzeugführer begangen (Tatsache): Obersatz: Generell ist jemand, der seine solche Tat begeht, als zum Führen von Kraftfahrzeugen ungeeignet anzusehen ([ergänze: gesetzlich fixierter] Erfahrungssatz): Schluss: A ist zum Führen von Kraftfahrzeugen ungeeignet“[98] kann der Richter sich mit summarischen Ausführungen zum Vorliegen der dort genannten Anlasstat begnügen[99], eine umfassende Würdigung der Gesamtpersönlichkeit ist also entbehrlich[100].

Da diese Vermutung jedoch nur „in der Regel“ die Ungeeignetheit indiziert, können besondere Umstände des Einzelfalles die Regelvermutung *widerlegen.* Stößt der Richter im Wege der umfassenden Aufklärungspflicht nach § 244 Abs. 2 StPO auf derartige Umstände, so muss er sie positiv feststellen[101] und dann doch im Wege einer umfassenden Gesamtwürdigung entscheiden, ob er den Täter aufgrund der Anlasstat für ungeeignet zum Führen eines Kraftfahrzeugs hält.

c) §§ 1592 Nr. 1 und 1600c Abs. 1 BGB

Für den hier relevanten Aspekt der Sachverhaltsfeststellung werden immer wieder *strafrechtsfremde* widerlegbare Beweisvermutungen wie §§ 1592 Nr. 1 und 1600c Abs. 1 BGB genannt, die auch im Strafrecht mit seiner umfassenden gesellschaftlichen Schutzfunktion als (in den Worten *Bindings*[102]) „akzessorischer Rechtsteil“ mit Abhängigkeiten in sämtlichen Rechtsgebieten gelten[103]. Bedeutsam seien sie im Rahmen des § 170 Abs. 1 StGB, wonach sich strafbar macht, wer „sich einer gesetzlichen Unterhaltspflicht entzieht, so dass der Lebensbedarf des Unterhaltsberechtigten gefährdet ist oder ohne die Hilfe anderer gefährdet wäre“. Geschützt wird so (vorrangig) der gesetzlich Unterhaltsberechtigte vor wirtschaftlicher Gefährdung seines materiellen Lebensbedarfs[104] und damit die Realisierung des ihm nach dem bürgerlichen Recht zustehenden Unterhaltsanspruchs (§§ 1360ff., 1569ff., 1601 ff., 1615 a ff. und 1751 Abs. 4 BGB sowie §§ 5 und 12 LPartG).

---

97 MüKo-StGB/*Athing*, § 69 Rn. 65.

98 *Dagmar Bendemer*, NZV 1988, 174.

99 OLG Zweibrücken, VRS 54 (1978), 113 (115).

100 Vgl. nur BGH, NStZ 2000, 26f., LK/*Geppert*, § 69 Rn. 78, MüKo-StGB/*Athing*, § 69 Rn. 65 und *Fischer*, § 69 Rn. 22.

101 *Fischer*, § 69 Rn. 22.

102 *Binding*, Handbuch I, S. 9.

103 Weitere Beispiele für die Akzessorietät sind die Steuerhinterziehung des § 370 Abs. 1 AO, die die Verkürzung von Steuern (vgl. die Legaldefinition in § 370 Abs. 4 AO) und damit einen konkreten steuerrechtlichen Anspruch voraussetzt (siehe hierzu *Lüke*, GedS Dietrich Schultz, S. 239 und *Heuer*, DStZ 1985, 299), oder der Diebstahl (§ 242 StGB), der sich als Wegnahme einer fremden Sache auf bestehendes zivilrechtliches Eigentum bezieht (vgl. nur BGHSt. 6, 377 [378 f.], BGH, NStZ-RR 2000, 234, *Otto*, Jura 1989, 139 f. und *Fischer*, § 242 Rn. 5).

104 Erst sekundär wird daneben auch die Allgemeinheit vor ungerechtfertigter Inanspruchnahme öffentlicher Mittel geschützt, vgl. nur BVerfGE 50, 142 153, BGHSt. 12, 166 (173) und BGHSt. 29, 85 (87) sowie aus dem Zivilrecht BGHZ 28, 359 (365 ff.) und BGH, NJW 1974, 1868; kritisch *Seebode*, JZ 1972, 392 f.

So schuldet der Vater dem ehelichen Kind nach § 1601 BGB bzw. dem unehelichen Kind nach §§ 1615a und 1615l Abs. 3 S. 1 iVm § 1601 BGB Unterhalt. Obwohl der Vater eines Kindes grundsätzlich der biologische Erzeuger ist, statuiert § 1592 Nr. 1 BGB die auf allgemeiner Lebenserfahrung beruhende[105], in der deutschen Rechtstradition verankerte gesetzliche Vermutung[106], dass „Vater eines Kindes" der Mann sei, „der zum Zeitpunkt der Geburt mit der Mutter des Kindes verheiratet ist". Dies gilt nach § 1599 Abs. 1 BGB erst dann nicht, wenn auf Grund einer Anfechtungsklage (wo nach § 1600c Abs. 1 BGB gleichfalls die Vaterschaftsvermtung gilt) gestützt auf einen begründeten Anfangsverdacht[107] „rechtskräftig festgestellt ist, dass der Mann nicht der [ergänze: biologische] Vater des Kindes ist". Dies hat das Gericht nach seiner umfassenden Amtsaufklärungspflicht (§§ 621 Abs. 1 Nr. 4 und 621a Abs. 1 S. 1 ZPO iVm § 12 FGG) und der ihm zur Verfügung stehenden Beweismöglichkeiten (insbesondere: Abstammungsgutachten) zu klären. Erst, wenn hiernach die biologische Abstammung nicht zu klären ist, bleibt es bei der Vermutung.[108] Bis der Ehemann so seine gesetzlich vermutete Vaterschaft nicht erfolgreich[109] rechtskräftig angefochten hat, gilt diese nach dem eindeutigen Gesetzeswortlaut (also selbst, wenn der vermeintliche Vater zeugungsunfähig ist[110] oder „alle Beteiligten wissen, dass der Ehemann nicht der biologische Vater des Kindes ist"[111]) mit der Folge, dass der Richter den Ehemann als biologischen Vater des Kindes im Sachverhalt festzustellen hat – die §§ 1592 Nr. 1 und 1600c Abs. 1 BGB stellen also (genauso wie 1600d Abs. 2 BGB: Vaterschaftsvermutung im gerichtlichen Feststellungsverfahren bei nichtehelichen Kindern hinsichtlich des Mannes, der der Mutter während der Empfängniszeit beigewohnt hat) widerlegbare Sachverhalts-Vermutungen dar, die die Vaterschaft und damit die „gesetzliche Unterhaltspflicht" konstituieren. Da es für eine Strafbarkeit nach § 170 Abs. 1 StGB auf deren Verletzung (und damit deren Bestehen bezüglich des Angeklagten) ankommt und das Gericht daher auch die tatsächlichen Umstände der Unterhaltspflicht festzustellen hat, bezieht sich die Akzessorietät des Strafrechts auch auf diese bürgerlich-rechtlichen Beweisvermutungen[112]. Der Strafrichter kann also folgenden Schluss ziehen:

---

[105] *Gaul*, FamRZ 1997, 1446.

[106] Vgl. nur Staudinger/*Rauscher*, § 1592 Rn. 15 und *Gaul*, FamRZ 1997, 1446.

[107] Hierzu Palandt/*Brudermüller*, BGB, § 1599 Rn. 6.

[108] Vgl. hierzu Staudinger/*Rauscher*, § 1600c Rn. 10.

[109] Eine erfolglose Anfechtungsklage genügt nach § 1599 Abs. 1 BGB nicht – vgl. BayObLGSt. 1961, 110ff.

[110] Vgl. BGHSt. 12, 166ff.

[111] MüKo-StGB/*Ritscher*, § 170 Rn. 33.

[112] Vgl. nur BGHSt. 12, 166ff., BayObLGSt. 1961, 110ff. mit zust. Anm. *Dünnebier*, JZ 1961, 672f., OLG Celle, NJW 1962, 600, OLG Braunschweig, NJW 1964, 214f., OLG Hamm, NStZ-RR 2009, 236, *Horst Schröder*, JZ 1959, 347, LK/*Dippel*, § 170 Rn. 26, Sch/Schr/*Lenckner/Bosch*, § 170 Rn. 8, *Lackner/Kühl*, § 170 Rn. 3, MüKo-StGB/*Ritscher*, § 170 Rn. 33, *Fischer*, § 170 Rn. 5 und *Mattmer*, NJW 1967, 1593; anders noch OLG Celle, NJW 1955, 563f. (wegen der rechtsstaatlich abgesicherten umfassenden gerichtlichen Wahrheitsforschungspflicht) und *Oehler*, FamRZ 1959, 489f. An zivilrechtliche *Urteile* ist der Strafrichter dagegen

(1) Für alle Männer gilt: Der Mann, der mit der Mutter zum Zeitpunkt der Geburt verheiratet ist, also ihr Ehemann ist, ist Vater des Kindes (gesetzliche Beweisregel als Obersatz).

(2) Der Angeklagte war aufgrund der Beweismittelaussagen (z. B. Urkunde über die Eheschließung sowie über die Geburt des Kindes) zum Zeitpunkt der Geburt mit der Mutter verheiratet (Untersatz).

(3) Folglich ergibt sich für die Sachverhaltsfeststellung folgende Konklusion: Der Angeklagte ist der (biologische) Vater des Kindes.

Aus dieser Sachverhaltsfeststellung ergibt sich dann im Rahmen der rechtlichen Bewertung, dass der Angeklagte A dem Kind Unterhalt nach § 1601 StGB schuldete und, wenn er nicht zahlte, diese Unterhaltspflicht mit der Folge einer Strafbarkeit nach § 170 Abs. 1 StGB verletzte. Da der Richter mit Hilfe der aufgezeigten Beweisvermutung zu einem klaren Schluss von der Vaterschaft kommt, greift hier der Grundsatz „in dubio pro reo" (mangels rechtlich relevanter Zweifel an der Vaterschaft) nicht Platz.[113] Gleiches gilt bei Zweifeln hinsichtlich der Existenz eines die Vermutung widerlegenden familiengerichtlichen Urteils trotz Ausschöpfung aller zugänglichen Beweismittel, da nur der zur innersubjektiven Überzeugung des Richters (§ 261 StPO) erfolgreich geführte Gegenbeweis (mittels des familiengerichtlichen Urteils) die Vermutung zu widerlegen vermag.[114] Hinsichtlich eines Gegenbeweises, den im Strafprozess der Richter wegen seiner umfassenden Amtsaufklärungspflicht selbst zu führen hätte, ist er beschränkt auf ein einziges Beweisthema: die Existenz jenes familiengerichtlichen (Anfechtungs-) Urteils, in dem festgestellt wurde, dass der Angeklagte nicht der Vater des Kindes ist. Andere Beweismittel hinsichtlich der biologischen Abstammung wie DNA-Gutachten sind demgegenüber nach § 244 Abs. 3 S. 1 StPO wegen eines mit der Beweisvermutung zugleich verbundenen Beweisthemaverbotes unzulässig.

II. Erfahrungssätze

Existieren nur noch wenige gesetzliche Beweisregeln, so hat der Tatrichter von mehreren früheren Einzelbeobachtungen (dem Besonderen) auf einen allgemeinen (in der Vergangenheit liegenden oder in der Zukunft erwarteten[115]) Sachverhalt zu

---

nach § 262 Abs. 1 StPO nicht gebunden, vgl. hierzu OLG Bremen, NJW 1964, 1286f. mit Anm. *Norbert Willms*, JuS 1964, 411 f.

[113] Ebenso *Horst Schröder*, JZ 1959, 347, LK/*Dippel*, § 170 Rn. 26, Sch/Schr/*Lenckner/Bosch*, § 170 Rn. 9 und MüKo-StGB/*Ritscher*, § 170 Rn. 33.

[114] Nur bei einem gleichzeitig laufenden Familiengerichtsverfahren sollte der Strafrichter das Strafverfahren im Hinblick auf dieses aussetzen (§ 262 Abs. 2 StPO). Vgl. zur Aussetzung bereits des Ermittlungsverfahrens durch die Staatsanwaltschaft § 154d StPO.

[115] Neben der Verwendung bei der rückblickenden Betrachtung von Sachverhalten sind Erfahrungssätze auch unentbehrlich für die Prognose zukünftiger Ereignisse (z. B. bei der Sozialprognose im Rahmen der Strafaussetzung zur Bewährung nach § 56 StGB oder – außerstrafrechtlich – bei der Schaffung einer neuen Rechtsnorm und der Prognose, inwieweit hierdurch das menschliche Verhalten gelenkt werden kann). Dies leuchtet ein, kann ein Erfahrungssatz wie „Alle Magneten ziehen Eisen an" doch sowohl zur Erklärung dienen, wieso in der Vergangenheit ein Stück Eisen von einem Magneten angezogen wurde, als auch zur Prognose

schließen (sog. Induktion[116] von lat. inductio = „Hineinführen") und erlangt so durch die Erweiterung auf weitere, auch erst in der Zukunft liegende Fälle zu einem Erkenntnisgewinn.[117] Dieser besteht in „empirisch aus der Beobachtung und Verallgemeinerung von Einzelfällen und nicht durch reines Denken gewonnenen Einsichten"[118], „die angeben, wie es sich erfahrungsgemäß mit Tatsachen verhält"[119], oder kurz: in Erfahrungssätzen. Sie bilden, wie bereits *Friedrich Stein*[120] in seinem wegweisenden Werk „Das private Wissen des Richters" 1893 in Ansätzen herausgearbeitet hat, beim Fehlen von gesetzlichen Beweisregeln die Obersätze zum Schluss auf den Sachverhalt.

1. Abgrenzung zu anderen Rechtskonstrukten

In dieser Gestalt als „empirische Allgemeinurteile"[121] unterscheiden sich Erfahrungssätze von anderen Rechtskonstrukten wie insbesondere von einer Tatsache, einem Denkgesetz oder von einer Rechtsnorm, wenn die jeweiligen Strukturunterschiede auch häufig ignoriert und von „Erfahrungstatsachen"[122] gleichermaßen gesprochen wird wie von Erfahrungssätzen als „Normen des ungeschriebenen Gesetzes"[123]. Nur eine begriffliche Klarheit kann aber Missverständnisse vermeiden und das Erschließen von Tatsachen mit Hilfe von Erfahrungssätzen und deren erkennt-

vor einem Experiment, dass auch hier das Stück Eisen vom Magneten angezogen werden wird (Beispiel nach *Herberger/Simon*, Wissenschaftstheorie, S. 342). Vgl. zu dieser strukturellen Differenzierung ferner *Joachim Schulz*, FS Lackner, S. 42ff. und *Ulrike Unger*, Kausalität, S. 147f.; dagegen für eine Strukturgleichheit *Kühne*, Strafprozessrecht, Rn. 327, *ders.*, NJW 1979, 619, *Koch/Rüßmann*, Begründungslehre, S. 284 und *Nack*, JA 1995, 320f. Häufig finden sich von diesem (doppelten) Sinn her zu sehr verkürzte Definitionen des Begriffs „Erfahrungssatz", so etwa bei *Kindhäuser*, Strafprozessrecht, § 20 Rn. 13 („Erfahrungssätze sind allgemeine Regeln, die auf Tatsachen schließen lassen.").

116 Hierbei wird teilweise auch von *unvollständiger Induktion* gesprochen, um das Verfahren von der *vollständigen Induktion* der Mathematik abzugrenzen: Dort meint es ein Beweisverfahren für Aussagen A (n), die für alle natürlichen Zahlen n oder für alle natürlichen Zahlen n ab einer bestimmten natürlichen Zahl b gelten sollen. Vgl. zu allem Brockhaus Enzyklopädie, Band 13: HURS-JEM, 21. Aufl., Leipzig 2006, S. 250.

117 Ebenso *Stegmüller*, Probleme IV/1, S. 77f., *Rödig*, Theorie, S. 121, *Koch/Rüßmann*, Begründungslehre, S. 327 und *Rommé*, Anscheinsbeweis, S. 8.

118 KK-StPO/*Schoreit*, § 261 Rn. 48, LR/*Gollwitzer* (25. Aufl., Berlin 2001), § 261 Rn. 45, *Schweling*, ZStW 83 (1971), 436ff., *Bertram Schmitt*, Beweiswürdigung, S. 229, *Kasper*, Beweiswürdigung, S. 33 und *Ulrike Unger*, Kausalität, S. 147.

119 *Volk*, Grundkurs, § 23 Rn. 6.

120 *Friedrich Stein*, Wissen, S. 13; hierzu ausführlich sowie kritisch *Rebmann*, Revisibilität, S. 33ff.

121 *Eisenberg*, Beweisrecht, Rn. 7.

122 So etwa BVerfGE 10, 177 (183), RG, JW 1927, 3051 (3052), BGH, NJW 1954, 392, BGH, NJW 1956, 1485 (1486), BGH, NJW 1965, 827 (828), BGH, NJW 1990, 1859, OLG Hamm, VRS 39 (1970), 196 (197), KG, NJW 1965, 1390ff., *Dahs*, NStZ 2001, 298 und *Himmelreich*, NZV 1992, 172.

123 So BGHSt. 6, 70 (72).

nistheoretische Schwierigkeiten aus der täglichen Grauzone ins dogmatische Licht setzen.

a) Abgrenzung zu den Tatsachen

Mit Hilfe von Erfahrungssätzen werden einzelne konkrete Tatsachen des Tatgeschehens (z.B. im obigen Nichtschwimmer-Beispiel: S. ist in den Schwimmerbereich geraten, weil er keine Absperrung sehen konnte) aus Tatsachen der Hauptverhandlung (z.B. die Beweismittelaussage eines Zeugen: Die Leiche wurde im tiefen Schwimmerbereich gefunden) erschlossen. Erfahrungssätze bilden also nur die Brücke zwischen den Tatsachen der Gegenwart und den Tatsachen der Vergangenheit, ohne selbst Tatsachen zu sein. Die Begriffe „Tatsache" und „Erfahrungssatz" sind daher strikt zu trennen, um nicht die falsche Vorstellung einer durchlaufenden feststehenden Tatsachenverbindung zu gewinnen, die es nur zu entdecken gelte.

aa) Der Begriff der „Tatsache"

Das von *Lessing*[124] noch als „Wörtlein" bezeichnete Wort „Tatsache" wurde erstmals 1756 vom Berliner Prediger *J. J. Spalding* bei der Übersetzung des Wortes „fact" in *Joseph Butlers* „The Analogy of Religion Natural and Revealed to the Constitution an Course of Nature" verwendet und hierbei zum besseren Verständnis einmal mit dem Zusatz „(res facti)" versehen (einem philosophischen Terminus, von dem er bei seinen theologisch geschulten Lesern annahm, dass sie ihn kannten[125]) und einmal mit dem Zusatz „eine wirkliche Erfahrung"[126], so die von ihm dem Wort zugedachte Bedeutung aufzeigend: *Butler* habe der englische Begriff „matter of fact" im antideistischen Kampf dem apologetischen Bemühen gedient, die biblischen Weissagungen und Wunder als tatsächlich erfüllt und gewirkt hinzustellen.[127] Diese seien nur dann Wahrheiten einer geoffenbarten Religion, wenn sie

---

[124] So in seinem undatierten (wohl in seiner späten Wolfenbüttler Zeit zwischen 1775 und 1780 verfassten: so *Hilgendorf*, Tatsachenaussagen, S. 43 und *Walz*, ZDW 14 [1912/13], 9) von *Fülleborn* herausgegebenem sprachlich-literarischen Nachlass: „Mit Recht sage ich: Wörtlein; denn es ist noch so jung. Ich weiß mich der Zeit ganz wohl zu erinnern, dass es noch in niemands Munde war. Aber aus wessen Munde oder Feder es zuerst gekommen, das weiß ich nicht. Noch weniger weiß ich, wie es gekommen sein mag, dass dieses neue Wörtlein ganz wider das gewöhnliche Schicksal neuer Wörter in kurzer Zeit ein so gewaltiges Glück gemacht; noch, wodurch es eine so allgemeine Aufnahme verdient hat, da man in gewissen Schriften kein Blatt umschlagen kann, ohne auf eine Thatsache zu stoßen" (*Lessing*, Werke 14, S. 451).

[125] *Spalding* übersetzte das englische Wort „matter of fact" – ob dieses seinerseits auf das lateinische „res facti" zurückgeht (wie teilweise behauptet – so etwa *Kluge*, Etymologisches Wörterbuch der deutschen Sprache [24. Aufl., Berlin 2002], S. 727 und *Duden*, Das Herkunftswörterbuch [4. Aufl., Mannheim 2007], S. 838), mit dem er es lediglich erklärte, ist nicht hinreichend geklärt (*Walz*, ZDW 14 [1912/13], 12 bezweifelt es, da der Ausdruck „matter of fact" sich bereits im 16. Jahrhundert findet und es schon damals entsprechende Redensarten gegeben habe).

[126] *Butler*, Bestätigung, S. 169.

[127] Vgl. *Staats*, AB 1973, 145.

als feststehend in gegenwärtiger Erfahrung (vom Menschen) wahrnehmbar seien. In diesem Sinne sollte auch der schnell zu einem „Modewort"[128] avancierende und in der der Strafprozessordnung auch heute noch immer inflationär[129] verwendet deutsche Begriff „Tatsache"[130] verstanden werden und wird so noch immer verstanden: als tatsächlich erfüllter Umstand, der vom Menschen (und damit auch dem Richter) wahrnehmbar ist und erkannt werden kann[131] und der damit einem Beweis zugänglich ist und standhalten würde. Dies beinhaltet auch bloß innersubjektive Vorgänge wie den Vorsatz oder Absichten, die zwar für einen Beobachter nicht unmittelbar wahrnehmbar sind, die aber in der Welt durch die entsprechenden Nervensignale im Gehirn genauso real verlaufen wie Lavaströme in der Erdkruste und mittelbar durch ein Befragen oder ein Erschließen über die Auswirkungen des subjektiven Entschlusses (die Muskelbewegung) erschlossen werden können.[132] Zum anderen schließt dieses sprachliche Verständnis bloße Vorgänge der Zukunft aus, die noch nicht sind und daher auch (noch) nicht bewiesen werden können.[133] Als Definition

---

[128] So *Walz*, ZDW 14 (1912/13), 14, der als Beleg Beispiele aus Gullivers Reisen von *Jonathan Swift* (1761) und anderen Werken bringt. Der rasante Aufstieg dieses Wortes liegt mit darin begründet, dass das lateinische Wort „Factum" bis dahin recht umständlich im Deutschen erklärt werden musste, vgl. etwa *Zedler*, Universal-Lexikon Band 9, Sp. 65 f. (1735): „eine That, das geschehene Ding, oder eine Geschichte, das Werck, die Verrichtung, der Verlauff eines ergangenen Handels, die annoch währende, oder bevorstehende Handlung; Also sagt man Res facti, eine würcklich geschehene That; Und obwohl Factum die That, und Gestum der Verlauff, und Actum eigentlich von einander unterschieden, [...] so werden sie doch abusive, vor ein Ding genommen."

[129] Vgl. nur §§ 186, 187, 263 Abs. 1, 264 Abs. 1 Nr. 1 und 3, 264 a Abs. 1, 268 Abs. 2, 271 Abs. 1, 348 Abs. 1 StGB sowie §§ 33 Abs. 3, 45 Abs. 2, 68 a Abs. 1, 81 a Abs. 1, 81 h Abs. 1, 85, 100 a Abs. 1, 100 c Abs. 1 Nr. 1, 100 f Abs. 2, 100 g Abs. 1 S. 1, 103 Abs. 1 S. 1, 112 Abs. 2, 211, 219 Abs. 1 S. 1, 244 Abs. 2 und 3, 245 Abs. 2, 246 Abs. 1, 250 S. 1, 253 Abs. 1, 267 Abs. 1 S. 1 und 2, Abs. 4, 311 Abs. 3 und 359 Nr. 5 StPO.

[130] Dass hierfür gerade das juristisch angehauchte Wort Tat-„sache" für eine wirklich geschehene Tat verwendet wurde, ist aus juristischer Sicht bemerkenswert: Das Wort „Sache" stammt aus der germanischen Rechtssprache und bezeichnete ursprünglich die Rechtssache, den Rechtsstreit vor Gericht (*Duden*, Das Herkunftswörterbuch [4. Aufl., Mannheim 2007], S. 691), der gerichtlich geklärt wurde und deren Umstände danach in den Augen der Menschen quasi feststanden.

[131] Entsprechend beschrieb bereits 1801 *Feuerbach*, Lehrbuch des peinlichen Rechts (1. Aufl., 1801), § 571 (= 456) das Problem richterlicher Sachverhaltsfeststellung trefflich: „Die richterlichen Handlungen hängen von Thatsachen ab, aber diese Thatsachen sind für den Richter nur in so ferne vorhanden, als er sie erkennt."

[132] Im Ergebnis ebenso RGSt. 1, 305, RGSt. 24, 216 f., RGSt. 66, 56 ff., BGHSt. 12, 287 (290), BGHSt. 15, 24 (26), OLG Stuttgart, NJW 1958, 1833, OLG Braunschweig, NJW 1959, 2175 (2176), LK/*Tiedemann* (11. Aufl., Berlin 2005), § 263 Rn. 12, *Lackner/Kühl*, § 263 Rn. 4, SK-StGB/*Hoyer*, § 263 Rn. 13, *Peters*, Strafprozeß, S. 293 und KK-StPO/*Herdegen*, § 244 Rn. 3; aA (wenn auch speziell zum Betrug) *Naucke*, Lehre, S. 111, 214 f. und *Bitzilekis*, FS H.J. Hirsch, S. 40 f. – für aber speziell für den Betrug; kritisch auch *Kargl*, FS Lüderssen, S. 623 ff. und Sch/Schr/*Cramer/Perron*, § 263 Rn. 8: Die Einbeziehung innerer Tatsachen lasse die Abgrenzung zwischen Werturteilen und Zukunftsprognosen verschwimmen.

[133] Ebenso RGSt. 56, 227 (232) und *Blei*, Strafrecht II, S. 222. Es mag zwar stimmen, dass die Zukunftsprognose „Morgen geht die Sonne auf" größere Gewißheit hat als die auf die Ver-

lässt sich damit festhalten: Tatsachen sind in der Innen- (gemeint: innersubjektiv wie beim Vorsatz) wie Außenwelt bestehende konkrete Umstände (Fakten) der Gegenwart oder Vergangenheit, die einem Beweis standhalten.[134]

bb) Die Strukturverschiedenheit zu den Erfahrungssätzen

Dies unterscheidet sich strukturell wesentlich von den Erfahrungssätzen, die aufgrund menschlicher Erfahrungen abstrahierte Zusammenhänge in der Innen- oder Außenwelt bezeichnen: Für jeden Fall x, bei dem das Merkmal F anzutreffen ist, liegt auch das Merkmal G vor. Nehmen wir zur Anschauung ein Beispiel von *Alsberg/Nüse/Meyer*[135]: „Unter dem NS-Regime" wurden die Juden „unterdrückt, verfolgt und in Konzentrationslager verbracht". Hier wurde aus der Vielzahl wahrnehmbarer jüdischer Einzelschicksale die allgemeine Aussage, dass alle Juden, die unter dem NS-Regime lebten, verfolgt wurden. Während Tatsachenaussagen *konkrete* Behauptungen feststehender Umstände der Welt sind, die einem Wahrheitsbeweis zugänglich sind und standhalten, sind Erfahrungssatz-Behauptungen also *abstrakt* formulierte Behauptungen feststehender Umstände der Welt, die einem nur empirischen (und nicht konkreten) Wahrheitsbeweis standhalten.[136] Ersetzt man im obigen Beispiel die Variable „Jude" durch eine konkrete Angabe wie „Anne Frank", so wird aus dem obigen Erfahrungssatz die Tatsachenbehauptung „Anne Frank wurde unter dem NS-Regime verfolgt und ins Konzentrationslager ver-

---

gangenheit bezogene Hypothese „Der Palast von Knossos auf Kreta wurde durch den Vulkanausbruch in Santorini zerstört" (Beispiele nach *Bitzilekis*, FS H.J. Hirsch, S. 37, der hiermit die generelle Aussonderung des Zukünftigen aus dem Tatsachenbegriff kritisiert). Die Ursache der Palastzerstörung lässt sich jedoch nachprüfen, während für den morgigen Sonnenaufgang mangels Eintritts noch keine Daten für einen unwiderleglichen physikalischen Beweis vorhanden sind.

[134] Ebenso (wenngleich jeweils mit anderen Worten) RGSt. 41, 193 (194), RGSt. 55, 129 (131), *Geppert*, Jura 1983, 541, *Mezger*, Sachverständige, S. 30, LK/*Hilgendorf*, § 185 Rn. 4, LK/*Tiedemann* (11. Aufl., Berlin 2005), § 263 Rn. 10, *Kindhäuser*, Strafprozessrecht, § 20 Rn. 6, *Wessels/Hillenkamp*, BT 2, Rn. 494, *Mitsch*, BT II/1, § 7 Rn. 18, Sch/Schr/*Lenckner/Eisele*, § 186 Rn. 3, SK-StGB/*Hoyer*, § 263 Rn. 12 und *Eva Graul*, Offenkundigkeit, S. 2.

[135] Beweisantrag, S. 541.

[136] Vgl. zu dieser dogmatischen Unterscheidung *Eberhard Schmidt*, LK II, § 261 Rn. 21 ff., *Mezger*, Sachverständige, S. 41, *Dohna*, Strafprozeßrecht, S. 92, *Döhring*, Erforschung, S. 340, *ders.*, JZ 1968, 641, *Friedrich Stein*, Wissen, S. 21 f., *Alsberg/Nüse/Meyer*, Beweisantrag, S. 552, *Friedrich-Wilhelm Krause*, Urkundenbeweis, S. 27 f., *Eva Graul*, Offenkundigkeit, S. 137 ff., *Kattrin Korte*, Gerichtskundigkeit, S. 30 ff., *Cuypers*, Revisibilität, S. 69 ff. sowie *Schwinge*, Grundlagen, S. 187. Soweit von *Dohna*, Strafprozeßrecht, S. 92, *Alsberg/Nüse/Meyer*, Beweisantrag, S. 552 und *Friedrich-Wilhelm Krause*, Urkundenbeweis, S. 27 f. zudem als wesentlicher Unterschied angesehen wird, dass Erfahrungssätze im Gegensatz zu Tatsachen selbst nicht wahrnehmbar seien, so kann dem nicht zugestimmt werden. Denn die unmittelbare Wahrnehmung ist gerade kein Wesensmerkmal der Tatsache, wie die inneren Tatsachen wie Vorsatz und Absichten zeigen, die auch nur mittelbar (mithilfe von Erfahrungssätzen) erschlossen werden können, was an ihrer Existenz in der Welt und ihrer Beweisbarkeit nichts ändert. Kritisch zu diesem Charakterunterschied auch *Eva Graul*, Offenkundigkeit, S. 137 Fn. 1.

bracht". Oder wenn in einem Unfall-Prozess behauptet wurde, „der Zeuge Müller habe von seinem Standort aus die Ampelanlage der Kreuzung S-Straße/X-Straße nicht sehen können", ist dies eine Tatsachenbehauptung; wenn das Gericht dies mit der Begründung „Jeder durchschnittliche Mensch konnte vom Standort des Zeugen Müller aus die Ampelanlage der Kreuzung S-Straße/X-Straße sehen" – und damit wegen Offenkundigkeit (§ 244 Abs. 3 S. 2 StPO) – ablehnte, so beinhaltet dies statt der konkreten Angabe (Zeuge Müller) eine Variable („jeder durchschnittliche Mensch") und stellt daher einen Erfahrungssatz dar.[137]

Trotz dieser dogmatisch deutlichen Abgrenzung zwischen Tatsachen (*konkrete* Umstände der Welt) und Erfahrungssätzen (*abstrakt formulierte* Umstände der Welt[138]) wird diese Unterscheidung nur selten konsequent beachtet: So wurde unser obiges Beispiel „Unter dem Regime der Nationalsozialisten wurden die Juden unterdrückt, verfolgt und in Konzentrationslager verbracht" von *Alsberg/Nüse/Meyer*[139] als allgemeinkundige „Tatsache" bezeichnet. Auch galt es teilweise als „Tatsache, dass das Wasser abwärts fließt"[140] (obwohl dies abstrakt [Wasser an jedem Ort!] und damit als Erfahrungssatz formuliert ist[141]), „dass bei der Ausfüllung von Formularen leicht Versehen unterlaufen"[142] (obwohl durch die Passivformulierung abstrakt auf alle Menschen bezogen und daher Erfahrungssatz), „dass sich Nichtraucher durch das Rauchen in geschlossenen Räumen belästigt fühlen können"[143] (trotz der Variablen „Nichtraucher" und deswegen vielmehr Erfahrungssatz[144]) oder dass „der auffällige Geruch von Brennspiritus [...] vor dessen brandbeschleunigender Wirkung" verfliegt[145]. Ein „besonders hübsches Beispiel für die synonyme Verwendung"[146] der Begrifflichkeiten „Tatsache" und „Erfahrungssatz" findet sich bereits in einer Entscheidung des Reichsgerichts aus dem Jahre 1907[147]:

> „Wenn das Gericht annimmt, es sei gerichtsbekannt, dass in Restaurants mit Damenbedienung das Weinzimmer, in dem Wein zu außergewöhnlich hohen Preisen verkauft wird, zu unzüchtigen Zwecken diene, so bringt es damit zum Ausdruck, dass es sich hierbei um all-

---

[137] Beispiel nach OLG Düsseldorf, VRS 73 (1987), 210. Soweit *Kattrin Korte*, Gerichtskundigkeit, S. 34 dies bezweifelt, weil ein Erfahrungssatz „aus *mehreren* Wahrnehmungen eine allgemeine Erkenntnis" abstrahiere und daher nicht nur auf *einer* Beobachtung beruhen könne, verkennt sie, dass nur über sprachlich formulierte Behauptungen von Tatsachen und damit auch nur über Erfahrungssatz-Behauptungen Beweis erhoben werden kann.

[138] *Ingeborg Puppe*, JZ 1994, 1150 spricht missverständlich von Erfahrungssätzen als „allgemeine Tatsachen" im Gegensatz zu den „singulären Tatsachen" (was dem hier vertretenen Tatsachen-Begriff entspricht).

[139] Beweisantrag, S. 541.

[140] So etwa *Kohler*, Beiträge, S. 68.

[141] Ebenso *Friedrich Stein*, Wissen, S. 13 Fn. 43, *Alsberg/Nüse/Meyer*, Beweisantrag, S. 570, *Grave/Mühle*, MDR 1975, 277 sowie *Eva Graul*, JZ 1995, 598.

[142] RGZ 84, 163 (166).

[143] OVG Münster, NVwZ 1983, 485 (486).

[144] Ebenso *Eva Graul*, Offenkundigkeit, S. 145 f. und *dies.*, JZ 1995, 598 mit weiteren Beispielen.

[145] BGH, NStZ 1992, 507.

[146] *Eva Graul*, JZ 1995, 598.

[147] RG, Recht 1907, 1084 (Nr. 2656), Hervorhebung durch den Verf.

gemein bekannte *Tatsachen* handle, die des Beweises nicht bedürfen. Derartige *Erfahrungstatsachen*, die als allgemeine aus der Lebenserfahrung gewonnene Wahrheiten anzusehen sind, können vom Gericht, wenn ihm die erforderliche Sachkunde beiwohnt, ohne weiteres angewendet werden. Um den Beweis konkreter Einzeltatsachen, die als gerichtskundig festgestellt und verwertet werden sollen, handelt es sich bei derartigen *Erfahrungssätzen* überhaupt nicht."

Der Grund für diese immer wieder zu beobachtende begriffliche Vermischung liegt im sprachlichen Bereich: „Der [ergänze: allgemeine[148]] Sprachgebrauch pflegt [nämlich] Etwas sehr Sicheres als Thatsache zu bezeichnen, um die Wirklichkeit gegen das blos Vermuthete oder Erlogene scharf abzuheben."[149] Dann liegt es nahe, allgemeine Erfahrungssätze, die auch derart sicher im Wissen der Menschen verankert sind, etwa wenn sie auf feststehenden Naturgesetzen wie den Fallgesetzen beruhen, gleichfalls als „Tatsachen" zu bezeichnen, um ihre jeweilige Sicherheit sprachlich nach außen zu tragen.

b) Abgrenzung zu den Denkgesetzen

Denkgesetze und Erfahrungssätze werden häufig in einem Atemzug genannt, so wenn der Bundesgerichtshof inzwischen schon formelhaft eine Beweiswürdigung als rechtsfehlerhaft (und damit revisibel) bezeichnet, wenn sie „widersprüchlich, unklar oder lückenhaft ist oder gegen Denkgesetze oder gesicherte Erfahrungssätze verstößt"[150] oder wenn im Schrifttum „Denkgesetze, Erfahrungssätze und wissenschaftliche Erkenntnisse" als „Grenzen der richterlichen Beweiswürdigung" bezeichnet werden[151]. *Hainmüller* bezeichnet die Denkgesetze gar selbst als Erfahrungssätze.[152]

Unter Denkgesetzen werden die „Regeln der Logik"[153] als derjenige Teil einer allgemeinen Wissenschaftslehre verstanden, „der die zum Aufbau irgendeiner Wissenschaft erforderlichen Schlussregeln formuliert und zugleich alles das liefert, was für eine exakte Formulierung dieser Regeln erforderlich ist"[154], oder kurz: die Regeln von der „Technik wissenschaftlichen Beweisens"[155]. Sie ermöglichen erst einen geordneten Denkablauf und so sinnvolle Beweisergebnisse. Zu den obersten Denkgesetzen zählen hierbei der Satz von der Identität (Jeder Gegenstand ist mit sich selbst identisch – A ist A und bleibt es auch), der Satz vom Widerspruch (Zwei einander widersprechende Aussagen können nicht beide wahr sein – A ist nicht

---

[148] Nicht auch der „Sprachgebrauch der StPO" (so *Friedrich-Wilhelm Krause*, BA 4 [1967], 343), sofern man von einem derartigen sprechen kann, indem das Wort Erfahrungssatz (in der gesamten Strafprozessordnung) überhaupt nicht vorkommt.

[149] Wissen, S. 15.

[150] BGH, NStZ-RR 2003, 240, BGH, NStZ-RR 2005, 147 (149) und BGH, wistra 2008, 107 (108); ähnlich BGH, NJW 2002, 2188 (2189).

[151] So etwa *Eisenberg*, Beweisrecht, Rn. 102.

[152] *Hainmüller*, Anscheinsbeweis, S. 27 Fn. 117. Nach seiner Terminologie sind Denkgesetze wegen ihrer ausnahmslosen Geltung wie die Naturgesetze „Erfahrungsgesetze".

[153] *Eisenberg*, Beweisrecht, Rn. 102.

[154] *Klug*, Logik, S. 1.

[155] *Klug*, Logik, S. 2.

non-A), der Satz vom ausgeschlossenen Dritten (Von zwei kontradiktorisch entgegengesetzten Urteilen ist eines notwendig wahr, ein Drittes scheidet aus – entweder A oder non-A und nicht B) und der Satz vom zureichenden Grund (Jedes Urteil bedarf, um wahr zu sein, notwendig eines zureichenden Grundes – A ist A, weil [...]).[156] Wie die Erfahrungssätze bilden sie Maßstäbe „richtigen Schließens" im Rahmen der neurologischen richterlichen Entscheidungsbildung und können wie allgemeingültige Erfahrungssätze in Form der Naturgesetze (z.B. wie die physikalischen Fallgesetze) als gesichertes menschliches Wissen mit einer absoluten Geltung angesehen werden, gegen die nicht verstoßen werden darf. Anders als Erfahrungssätze sind sie aber nicht der Empirie entnommen und beruhen nicht auf menschlichen Wahrnehmungen, sondern auf aus der Vernunft abgeleiteten[157] menschlichen Festsetzungen, regeln sie doch nur die „syntaktischen Beziehungen zwischen Zeichen"[158] unabhängig vom jeweiligen Inhalt. Sie tragen so keine neuen Informationen in die Schlüsse. Denkgesetze sagen nur, *wie* geschlossen werden kann, nicht *womit*. Nur Erfahrungssätze können dem Richter inhaltlich neue Daten liefern, mit deren Hilfe er formal nach den Denkgesetzen neuen Erkenntnisgewinn für die Rekonstruktion des Tatgeschehens ziehen kann.

c) Abgrenzung zu den Rechtsnormen

Erfahrungssätze wie der oben vom Bundesgerichtshof im Nichtschwimmer-Fall[159] gebildete Satz „Alle Nichtschwimmer, die tot in einem tiefen Schwimmerbereich gefunden werden, sind infolge der Tiefe ertrunken" gelten aufgrund ihrer Abstrahierung von einzelnen Beobachtungen für alle Fälle, die die genannten Voraussetzungen erfüllen (im obigen Beispiel: „Nichtschwimmer" und „tot im tiefen Bereich des Schwimmbads gefunden"), und zeigen an, dass aus diesen sich eine bestimmte Folge (ertrunken aufgrund der Tiefe) ergibt. Sie entsprechen daher äußerlich der konditionalen Struktur[160] von Rechtssätzen („wenn x, dann y"), der sprachlichen Form abstrakter Rechtsnormen[161], die die Rechtsnormen nach außen erst erkennbar und wahrnehmbar machen. Diese formelle Strukturverwandtschaft zwischen Normen und Erfahrungssätzen mag dazu geführt haben, dass bereits das Reichsgericht in Zivilsachen Erfahrungssätzen die „Natur von Normen" zugestanden hat, „die als Maßstab für die Beurteilung [von] Tatsachen dienen"[162], ja sie sogar teils ausdrücklich selbst als „Rechtsnormen"[163] bezeichnet hat. Der Bundesgerichtshof

---

[156] Vgl. ausführlich hierzu *Schneider/Schnapp*, Logik, S. 87 ff.

[157] Hierzu *Husserl*, Untersuchungen I, S. 62.

[158] *Wagner/Haag*, Logik, S. 8.

[159] Siehe oben Erster Hauptteil, Erstes Kapitel, C, II, 1, d), aa).

[160] Vgl. zu dieser nur *Vesting*, Rechtstheorie, Rn. 34.

[161] Vgl. zu dieser Unterscheidung von Rechtsnorm und Rechtssatz nur *Larenz/Canaris*, Methodenlehre, S. 71, *Friedrich Müller*, FS Universität Heidelberg, S. 69 sowie *Schneider/Schnapp*, Logik, S. 83: „Der Inhalt eines Rechtssatzes ist also die Rechtsnorm, der Rechtssatz die äußere Erscheinungsform." Unzutreffend ist es daher, wenn *Vesting*, Rechtstheorie, Rn. 30 beide Begriffe synonym verwenden will.

[162] RGZ 99, 70 (71) und RG, JW 1932, 3618; ebenso BGH, NJW-RR 1993, 653.

[163] RGZ 105, 417 (419).

in Strafsachen hat in seiner Grundsatzentscheidung zur revisionsgerichtlichen Überprüfung vom Tatgericht angenommener Erfahrungssätze[164] diese Auffassung geteilt:

> „Der Grundsatz der freien Beweiswürdigung, wie ihn § 261 StPO […] aufstellt, bedeutet nicht, dass der Richter nunmehr von jeder Bindung losgelöst ist. Er ist unter die Gesetze des Denkens und der Erfahrung gestellt und hat diese Gesetze bei der Feststellung von Tatsachen zu beachten. Diese Gesetze sind Normen des ungeschriebenen Gesetzes im Sinne des § 337 StPO und können die Revision begründen."

Unabhängig von der Frage, ob Erfahrungssätze wie Rechtsnormen von einer anerkannten äußeren Autorität[165] („Kein Imperativ ohne Imperator!"[166]) mit bedingtem Befolgungsanspruch gesetzt werden[167], scheitert eine Rechtsnormqualität der Erfahrungssätze am „unauflösbaren Dualismus von Sein und Sollen"[168]: Rechtsnor-

---

[164] BGHSt. 6, 70 (72); zustimmend *Hartung*, SJZ 1948, 579 und *Schwinge*, Grundlagen, S. 162 ff., nach dem die den Richter bei der Beweiswürdigung leitenden Regeln der Logik und Erfahrung durch die Blankettnorm des § 261 StPO „zum mittelbaren Gesetzesinhalt und damit zur bindenden Rechtsregel erhoben" würden.

[165] So *Tammelo*, Untersuchungen, S. 70 f.

[166] *Kelsen*, Theorie, S. 23 und *Röhl/Röhl*, Rechtslehre, S. 202.

[167] Ob die klassische „Zweiquellentheorie" (vgl. hierzu nur *Enneccerus/Nipperdey*, BGB AT I, S. 206 ff. und *Röhl/Röhl*, Rechtslehre, S. 202 sowie zum Begriff auch *Hainmüller*, Anscheinsbeweis, S. 50) durch die richterliche Rechtsfortbildung als dritte „Rechtsquelle" (von Normen) zu ergänzen ist, ist noch immer die„theoretisch am heftigsten umstrittene Frage der Rechtsquellenlehre" (*Röhl/Röhl*, Rechtslehre, S. 571): Sie wird zwar von einem Teil des Schrifttums (so etwa *Hainmüller*, Anscheinsbeweis, S. 55 sowie *Raiser*, NJW 1964, 1208 Fn. 32: „sekundäre, ergänzende Rechtsquelle") allein wegen der Notwendigkeit richterlicher Lückenschließung bejaht. Die Rechtsprechung (vgl. nur BAG EzA Art. 9 GG Arbeitskampf Nr. 36–38) und das überwiegende Schrifttum (*Larenz*, Methodenlehre, S. 429 ff., *Fikentscher*, Methoden III, S. 703 ff. und 713 ff., *Röhl/Röhl*, Rechtslehre, S. 572, *Rüthers/Fischer*, Rechtstheorie, Rn. 236 ff., *Meyer-Goßner*, § 132 GVG Rn. 20 sowie *Friedrich Müller*, FS Universität Heidelberg, S. 82) lehnen dagegen das „Richterrecht" als eigene Rechtsquelle mit Verweis auf die Gewaltenteilung und die fehlende gesetzliche präjudizielle Wirkung von Gerichtsentscheidungen für ähnlich gelagerte Fälle deutlich ab (BAG EzA Art. 9 GG Arbeitskampf Nr. 36: „Auch die Bezeichnung als ‚Richterrecht' darf nicht zu dem Trugschluss verführen, als könnten die Gerichte Normen setzen"). Besonders pointiert plädiert gegen eine Rechtsnormqualität von Erfahrungssätzen *Sarstedt*, FS Ernst E. Hirsch, S. 178: „Das wären doch seltsame Rechtssätze, die nicht von den gesetzgebenden Körperschaften beschlossen werden, nicht im Bundesgesetzblatt stehen, nicht in den Studierstuben der Rechtsgelehrten herausgearbeitet, sondern in den Retorten der Naturwissenschaftler entdeckt werden, und bei deren gerichtlicher Anwendung die Gerichte nur als ein nervis alienis mobile lignum tätig werden; Rechtssätze, die man auch nicht als Gewohnheitsrecht auffassen kann, weil die Zeitdauer ihrer bisherigen Anwendung gar keine Rolle spielt, eine Art von ‚opinio necessitatis' vielmehr nur aus der Überzeugungskraft naturwissenschaftlicher Methoden abgeleitet wird; Rechtssätze, die dadurch Geltung erlangen, dass die ‚maßgebenden Fachkreise' des betreffenden Zweiges der Naturwissenschaft über die einig werden – die dabei nicht im Traume daran denken, dass es Rechtssätze sein sollen, über die sie sich da einig werden."

[168] *Kelsen*, Theorie, S. 44. Dieser wird bereits *Kant*, Kants Werke IV: Kritik der reinen Vernunft, 1. Aufl., S. 203 zugeschrieben und ist weithin anerkannt, vgl. nur *Kelsen*, Theorie, S. 44 ff., *Larenz/Canaris*, Methodenlehre, S. 72, *Zippelius*, Methodenlehre, S. 2, SK-StPO/

men (vermittelt über ihre in Sprache gefassten Rechtssätze) verpflichten den Normadressaten zwecks einer Steuerung des menschlichen Verhaltens zu einem bestimmten Tun oder Unterlassen; sie fordern also als „präskriptive Aussagen“[169], dass etwas sein soll – sie sind „Sollensnormen“. Ihre Aussagen beruhen nicht auf Wahrnehmungen und in Experimenten zu erhärtenden Fakten, sondern einem rein formellen und politisch geprägten Normsetzungsverfahren. Sie können daher auch niemals wahr oder falsch sein, sie können nur rechtlich gültig oder ungültig (bei Verstoß gegen höherrangiges Recht) sowie politisch geboten oder überflüssig sein. Demgegenüber beschreiben Erfahrungssätze aufgrund von Wahrnehmungen und deren Verallgemeinerung deskriptiv die Beziehungen zwischen Dingen und Vorgängen – sie sagen, was sei. Es sind „Seinsnormen“. Erfahrungssätze können (anders als Rechtsnormen) weder übertreten noch erzwungen werden. Sie liegen außerhalb der menschlichen Kontrolle und können einzig beschrieben werden. Die mit ihnen verbundenen Behauptungen von der Welt unterliegen dafür dem Wahrheitskriterium, je nachdem, ob sich in einem Experiment die angegebene Regelmäßigkeit bestätigt. Autoritative „Sollensnormen“ und damit *Rechts*normen können Erfahrungssätze wegen ihrer Herkunft daher niemals sein.[170]

2. Die Arten von Erfahrungssätzen

In Erfahrungssätzen kommt das in allen Bereichen menschlichen Forschens und Erlebens erlangte empirische Wissen der Menschheit zum Ausdruck, sei es aus dem Bereich der Naturwissenschaften, der Human- und Geisteswissenschaften oder schlicht der Alltagserfahrung. Genauso unterschiedlich wie in all diesen Bereichen empirisch Erfahrung von unterschiedlicher Qualität erlangt wird, weisen auch die hiermit korrespondierenden Naturgesetze, gesicherten wissenschaftliche

---

Frisch (3. Aufl., 64. Lieferung: Stand November 2009, Köln 2009), § 337 Rn. 32, *Rüthers/Fischer*, Rechtstheorie, Rn. 94 ff. und *Schneider/Schnapp*, Logik, S. 85.

169 *Zippelius*, Methodenlehre, S. 2.

170 Dies ist heutzutage dann auch allgemein anerkannt: Vgl. OLG Braunschweig, NJW 1955, 1201 (1202): „Solche Erfahrungssätze sind zwar keine Rechtsnormen, sie sind aber für das Revisionsverfahren den Rechtsnormen gleichgestellt“, *Roxin/Schünemann*, Strafverfahrensrecht, § 55 Rn. 15, *Eberhard Schmidt*, LK II, § 337 Rn. 20, *Sarstedt*, FS Erst E. Hirsch, S. 178 f., *Hamm*, Revision, Rn. 984 („Die Menschheit besaß zweifellos schon sehr viele Erfahrungen auf zahlreichen Gebieten des Lebens, ehe sie begann, Rechtsordnungen zu schaffen. Auch die Erfahrung geht dem Recht zeitlich und logisch voraus“), LR/*Hanack* (25. Aufl., Berlin 2001), § 337 Rn. 11, *Ingeborg Puppe*, JZ 1994, 1150, SK-StPO/*Frisch* (3. Aufl., 64. Lieferung: Stand November 2009, Köln 2009), § 337 Rn. 32, *Meyer-Goßner*, § 337 Rn. 3, AK-StPO/*Maiwald*, § 337 Rn. 8, KMR/*Momsen*, § 337 Rn. 13, *Heinz Wagner*, ZStW 106 (1994), 290 und *Rebmann*, Revisibilität, S. 122 sowie aus dem zivilprozessualen Schrifttum Thomas/Putzo/*Reichold*, ZPO, § 546 Rn. 12, Stein/Jonas/*Leipold*, ZPO, § 286 Rn. 141, Stein/Jonas/*Grunsky*, ZPO (21. Aufl., Tübingen 1994), §§ 549, 550 Rn. 25, und MüKo-ZPO/*Wenzel*, § 546 Rn. 5 („keine revisiblen Rechtsnormen, werden aber als solche behandelt“); anders dort nur weiterhin *Baumbach/Lauterbach/Albers/Hartmann*, ZPO, § 546 Rn. 12 („Natur einer solchen Norm [Rechtsnorm]“).

Erfahrungssätze sowie bloße Sätze der allgemeinen Lebenserfahrung[171] im Hinblick auf ihre Eigenschaft als Obersätze (zum Erschließen des Tatgeschehens) und den Grad ihrer Bestätigung unterschiedliche Qualitäten auf:

a) Zwingende Erfahrungssätze

Am aussagekräftigsten ist hierbei der Schluss mittels deterministischen Erfahrungssätzen[172], „modernen Beweisregeln"[173], die sprachlich in der Form „Immer wenn a ist, tritt b ein" bzw. „Immer wenn a, dann b"[174] „nach dem Stand des [derzeitigen] Wissens ausnahmslos gelten"[175]. Tritt zu der bloßen beständigen Beobachtung dieser Phänomene eine wissenschaftlich begründete einwandfrei feststehende und exakt niedergelegte Erkenntnis zugrunde, so erstarken diese „absoluten Erfahrungssätze" gar zu „Naturgesetzen" (als Unterklasse der zwingenden Erfahrungssätze)[176], wie etwa bei den physikalischen Erkenntnissen, dass alle Magneten Eisen anziehen, dass – dem klassischen Alibi-Beweis[177] zugrunde liegend – kein Mensch sich an zwei Orten gleichzeitig befinden kann oder dass Reibung Wärme erzeugt. „Ihre relative [wegen der Abhängigkeit vom derzeitigen Wissensstand!] Sicherheit gewinnen solche Erfahrungssätze dadurch, dass sie auf sorgfältige Beobachtung, Berichtigung und schließlich fortgesetzter Bestätigung beruhen und ihre Formulierung sorgfältig präzisiert ist"[178], so dass sie „nach menschlichem Ermessen optimale Erkenntnis"[179] vermitteln.

b) Statistische Erfahrungssätze

Straftaten erfolgen jedoch leider nicht in abgeschlossenen Reagenzgläsern oder auch nur in abgeschlossenen Laboren, sondern im sozialen Leben, so dass es wegen der unüberschaubar großen Anzahl von vernetzten Variablen nur selten

---

171 In diesem Sinne unterscheidet *Kuchinke*, Grenzen, S. 174 ff. zwischen Erfahrungswissen, gesichertem Erfahrungswissen und Naturgesetzen, *Meyer-Goßner*, § 337 Rn. 31 und *Fezer*, Möglichkeiten, S. 119 ff. dagegen nur zwischen Erfahrungssätzen auf Grund allgemeiner Lebenserfahrung und aus wissenschaftlichen Erkenntnissen.

172 Ebenso der Begriff von so *Eisenberg*, Beweisrecht, Rn. 7, AK-StPO/*Schöch*, § 244 Rn. 19 und *Kindhäuser*, Strafprozessrecht, § 20 Rn. 13 ; andere Begriffe sind „zwingende Erfahrungssätze" (vgl. nur LR/*Gollwitzer* [25. Aufl., Berlin 2001], § 261 Rn. 47 und *Rebmann*, Revisibilität, S. 19, 22 ff.), „Erfahrungsgesetze" (so etwa *Hainmüller*, Anscheinsbeweis, S. 28 und KK-StPO/*Fischer*, § 244 Rn. 7) oder „allgemeingültige Erfahrungssätze" (vgl. etwa BGHSt. 33, 133 [135] und *Beulke*, Strafprozessrecht, Rn. 492).

173 So *Hamm*, Revision, Rn. 992.

174 Vgl. *Ulrike Unger*, Kausalität, S. 149.

175 KK-StPO/*Fischer*, § 244 Rn. 7.

176 Vgl. hierzu *Helmut Weber*, Kausalitätsbeweis, S. 175 Fn. 182 und *Hainmüller*, Anscheinsbeweis, S. 27 (bei allen zwingenden Erfahrungssätzen gleich von „Erfahrungsgesetzen" sprechend).

177 Vgl. hierzu nur BGHSt. 41, 153 mit Anm. *Geppert*, JK 96, StPO § 261/10 und BGH, StV 1982, 158 f. mit Anm. *Geppert*, JK, StPO § 261/2.

178 *August Wimmer*, DRZ 1950, 393.

179 *Rommé*, Anscheinsbeweis, S. 14.

zu so eindeutig geschlossenen Systemen kommt, in denen alle unabhängigen Variablen kontrolliert und Messungen vorgenommen werden können, die an Genauigkeit denen gleichen, die in den Experimenten der klassischen Physik oder Chemie gemacht werden.[180] Erfahrungen in diesem weiten Bereich legen nur eine gewisse (typische) Ursache nahe, ohne (anders als bei den zwingenden Erfahrungssätzen) andere mögliche Ursachen gänzlich auszuschließen. Sie können so selbst keine 100%-ige Sicherheit vermitteln, sondern enthalten nur bloße Wahrscheinlichkeitsaussagen mit Sätzen wie „Wenn a, dann tritt b mit einer Wahrscheinlichkeit von x Prozent auf" (bei feststehenden Zahlenwerten) oder „Wenn a, dann tritt b ‚wahrscheinlich' ein" (andere Modaloperatoren bei fehlendem Zahlenmaterial sind etwa „sehr wahrscheinlich", „vermutlich" oder „möglicherweise")[181].

3. Die Bewährung von Erfahrungssätzen

Die Ableitung von zwingenden wie statistischen Erfahrungssätzen aus einer Vielzahl von Beobachtungen unterscheidet sie von anderen vergleichbaren Rechtsinstituten und ermöglicht über die damit verbundene induktive Generalisierung einen den Beweisregeln vergleichbaren Brückenschlag zwischen Hauptverhandlung und Tatgeschehen. Doch diese Induktion begründet zugleich auch ihr Hauptmanko (sog. „Induktionsproblem" oder „*Hume's* Herausforderung"[182]), berechtigen uns doch beispielsweise – nach *Popper*[183] – „noch soviele Beobachtungen von weißen Schwänen nicht zu dem Satz, dass alle Schwäne weiß sind"[184]. Verallgemeinert: Wie beweist man die Gültigkeit eines Erfahrungssatzes, der über die Summe in der Vergangenheit erfolgter Beobachtungen (diese ließen sich als Tatsachen beweisen) Geltungsanspruch auch für die Zukunft beansprucht? Erfahrung bezieht sich stets nur auf Vergangenes. Wahrheitskonservierende Schlüsse von einer endlichen Anzahl von Beobachtungen in der Vergangenheit auf einen allgemeingültigen Satz, der auch in der Zukunft (mit möglicherweise veränderten, nicht vorher-

---

180 Vgl. hierzu *Rolinski*, FS Miyazawa, S. 490.

181 Vgl. *Stegmüller*, Probleme I, S. 803, *Koch/Rüßmann*, Begründungslehre, S. 288, *Rommé*, Anscheinsbeweis, S. 17, KK-StPO/*Herdegen* (5. Aufl., München 2003), § 244 Rn. 5 sowie das schwedische Modell oben Zweiter Hauptteil, Drittes Kapitel, B, II, 4, b), aa).

182 *Stegmüller*, Induktion, S. 1 und *Koch/Rüßmann*, Begründungslehre, S. 327.

183 *Popper*, Wahrheitstheorien, S. 109.

184 Schwarze Schwäne existieren durchaus, sie sind bloß selten: Der schwarze Trauerschwan (Cygnus atratus), der auf der Liste der gefährdeten Arten der International Union for Conservation of Nature and Natural Resources steht, kommt in Europa nur sehr selten vor. Seine Heimat ist Australien. *Nell*, Wahrscheinlichkeitsurteile, S. 27 Fn. 2 meint zwar, dem Juristen komme es auch nicht so sehr darauf an, „ob alle Schwäne weiß sind, sondern darauf, wie viel dafür spricht, dass der nächste Schwan weiß ist". Dies mag zutreffen, verdeutlicht aber zugleich das Problem: Gerade beim abzuurteilenden Fall kann nämlich der bislang noch unentdeckt gebliebene Ausnahmefall vorgelegen haben, ohne dass es dem Tatrichter bewusst ist. In diesem Fall hätte die falsche Ausgangsprämisse (der Erfahrungssatz) zu einer falschen conclusio geführt und damit zu einer falschen Sachverhaltsfeststellung.

sehbaren Umgebungsvariablen) stets Bestand haben wird, gibt es nicht[185] – „wirklich beweisbar sind nur singuläre Tatsachen“[186].

a) Zwingende Erfahrungssätze

Bei zwingenden Erfahrungssätzen ist einzig eine auf die Antecedensbedingungen (Ausgangsprämissen) bezogene Falsifikation (Widerlegung) möglich: Bereits ein Fall, in dem nachweislich das vom deterministischen Erfahrungssatz vermittelte Geschehen nicht stattgefunden hat, widerlegt die Ausnahmslosigkeit des als „All-Satz“ formulierten zwingenden Erfahrungssatzes. Um dies wissenschaftlich zu überprüfen, genügen zwar keine rein zufälligen Beobachtungen bei abweichenden Umgebungsvariablen. Dies muss mittels kontrollierter Experimente als „exakte Methode zur Ermittlung von Gesetzen“[187] erfolgen, indem vom Erfahrungssatz verschiedene deduktive Ableitungen vorgenommen und diese jeweils experimentell nachgeprüft werden[188]. Da eine unendliche Anzahl an Falsifikationsexperimenten aber genauso wie eine unendliche Anzahl an Verifikationsexperimenten unmöglich ist, kann nie absolut sicher ausgeschlossen werden, dass es keinen Fall gibt, für den der deterministische Erfahrungssatz nicht gilt.

Selbst bei Schlüssen mit deterministischen Erfahrungssätzen kann sich der Richter daher nicht zu 100% sicher sein, dass die scheinbar sich zwingend bedingenden Umstände nicht tatsächlich beide auf einer (bislang wissenschaftlich noch nicht belegten) gemeinsamen Ursache beruhen, ohne dass beide Merkmale – wie man meinen könnte – selbst ursächlich zusammenhängen; plastisch veranschaulicht an einem Beispiel von *Ingeborg Puppe*[189]:

> „Immer wenn in den Abendnachrichten Regen angesagt wird, regnet es am folgenden Tag. Dieser Satz ist zwar annähernd richtig, aber die Wettervorhersage ist nicht die Ursache des Regens. Die gesetzmäßige Aufeinanderfolge beider Ereignisse ist vielmehr damit zu erklären, dass sowohl die Vorhersage des Regens als auch der Regen selbst mitverursacht ist durch die Wetterlage kurz vor Abgabe der Vorhersage.“

Genauso können die sich scheinbar zwingend bedingenden Umstände nur zufällig hintereinander aufgetreten: Beispielsweise wurde in den 50er-Jahren statistisch belegt, dass immer wenn die Störche im Frühjahr einflogen, die Zahl der Geburten in diesem Jahr anstieg. Dies kann viele Ursachen gehabt haben. Etwa: „Wenn viele

---

185 Vgl. nur *Rödig*, Theorie, S. 121, *Stegmüller*, Probleme I, S. 804, *ders.*, Probleme IV/1, S. 77, *Koch/Rüßmann*, Begründungslehre, S. 327, *Ulrike Unger*, Kausalität, S. 151 sowie *Rommé*, Anscheinsbeweis,. 9f.

186 *Ingeborg Puppe*, JZ 1994, 1150.

187 *Engisch*, Kausalität, S. 24; ebenso für die Notwendigkeit einer experimentellen Überprüfung *Roxin*, AT I, § 11 Rn. 16 („forensischer Beweis“), *Hoyer*, Eignungsdelikte, S. 112ff., *ders.*, GA 1996, 164, *Horn*, Gefährdungsdelikte, S. 132f. und *Sybil Denicke*, Kausalitätsfeststellungen, S. 98.

188 Vgl. hierzu *Herberger/Simon*, Wissenschaftstheorie, S. 347, *Koch/Rüßmann*, Begründungslehre, S. 330f., *Elisabeth Ströker*, Wissenschaftstheorie, S. 101 sowie *Mummenhoff*, Erfahrungssätze, S. 39f. und 42.

189 JZ 1994, 1149.

Störche kommen, werden mehr Mäuse gefressen; wenn es weniger Mäuse gibt, gibt es mehr Getreide; wenn es mehr Getreide gibt, ist das Brot billig und den Leuten geht es gut; geht es ihnen aber gut, dann ...“[190] Dennoch wird man nicht ernsthaft wissenschaftlich behaupten können, dass dem europäischen Volksglauben entsprechend die Störche die Babys bringen. Angesichts unseres begrenzten Wissens können derartige „Nonsens-Korrelationen“[191] aber in noch wenig erforschten Wissenschaftsbereichen durchaus vorkommen und dann zu Fehlurteilen führen. Ein gutes Beispiel hierfür bietet „Blutgruppenmerkmals“-Fall aus dem Jahre 1954:

> „Die Angeklagte hat im Unterhaltsstreit ihrer [...] Tochter als Zeugin vor dem Amtsgericht in T. beschworen, sie habe während der gesetzlichen Empfängniszeit nur einmal [...] mit dem Beklagten Mt., sonst aber mit keinem anderen Manne Geschlechtsverkehr gehabt. Die Blutgruppenuntersuchungen durch Professor D. als Gutachter und Dr. L. als Obergutachter kamen übereinstimmend zu dem Ergebnis, dass das Kind das Blutmerkmal N, die Angeklagte MN und Mt. M habe, und dass deshalb, weil ein N-Kind nicht von einem M-Elter abstammen könne, Mt. als Erzeuger des Kindes ausgeschlossen sei. Die Unterhaltsklage wurde in beiden Rechtszügen abgewiesen. Der Angeklagten wurde zur Last gelegt, sie habe sich eines Meineides schuldig gemacht.“[192]

Sachverständig beraten stützte sich der Bundesgerichshof auf den damaligen Stand der Serologie, wonach entsprechend des sog. MNSs-Systems[193] ein Kind mit einem Blutgruppenmerkmal, das die angeblichen Erzeuger nicht hätten, nicht von diesen abstammen könne, zumal sich in 100.000 Fällen keinerlei Mutation gezeigt habe. Ausgehend also vom Erfahrungssatz „Eine Frau x hatte im gesetzlichen Empfängniszeitraum (nach § 159 BGB: 300 Tage vor der Geburt) Geschlechtsverkehr mit einem anderen Mann, wenn ihr Kind ein Blutgruppenmerkmal aufweist, das weder bei ihr noch bei dem von ihr benannten angeblichen Vater vorhanden ist“ sowie, dass die Tochter das Blutgruppenmerkmal N aufwies, das weder sie noch der von ihr benannte Vater besaß, hob der Bundesgerichtshof das freisprechende Urteil auf.[194] Demgegenüber ist die Serelogie inzwischen weiter: Bis zum Ablauf des zweiten Lebensjahres unterliegen die Blutgruppenmerkmale nämlich Wandlungen und sind daher vorher nicht exakt nachweisbar.[195] Zudem wird aufgrund neuerer Untersuchungen der Ablauf einer Mutation nicht mehr gänzlich ausgeschlossen, sondern gar auf eine Häufigkeit von 1:100.000 geschätzt.[196] Im Fall der Spalterbig-

---

[190] *Rolinski*, FS Miyazawa, S. 491, zitiert nach einer angeblichen Aussage *Welleks* in seinem eigenen Vorlesungsmanuskript. Das Storchenbeispiel wird auch von *Armin Kaufmann*, JZ 1971, 575 zur Veranschaulichung vorgebracht.

[191] *Rolinski*, FS Miyazawa, S. 491.

[192] BGHSt. 6, 70 (71).

[193] Bei diesem werden die am Erythrozyten membrangebundenen, gekoppelt vorhandenen wie gekoppelt vererbten Faktoren M oder N und S oder s durch Seren mit Anti-M, -N oder -S sichtbar gemacht, vgl. hierzu die Richtlinien des [früheren] Bundesgesundheitsamts für die Erstattung von Blutgruppengutachten, Bundesgesundheitsblatt 1970, S. 149ff., *Berthold Mueller*, Medizin II, S. 1233ff. und *Wilhelm Zimmermann*, Blutgruppenkunde, S. 28ff.

[194] BGHSt. 6, 7 (75).

[195] Vgl. *Wilhelm Zimmermann*, Blutgruppenkunde, S. 25f.

[196] So *Wilhelm Zimmermann*, Blutgruppenkunde, S. 26 Fn. 11.

keit sind Vaterschaftsausschlüsse daher nun nur noch zwingend, „wenn das Vorliegen von Varianten als ausgeschlossen gelten kann"[197]. Solange dies nicht erfolgt – und im obigen Fall ist es nicht erfolgt –, kann nicht mit Sicherheit darauf geschlossen werden, dass die Angeklagte im Zeitraum der gesetzlichen Empfängniszeit Geschlechtsverkehr mit einem weiteren Mann als dem von ihr benannten angeblichen Vater ihrer Tochter hatte. Nach heutiger Erkenntnis war das Urteil des Bundesgerichtshofs daher ein Fehlurteil.

Jeder Schluss (nochmals: selbst ein Schluss mit zwingendem Erfahrungssatz) ist daher wegen des Induktionsproblems notwendigerweise nur ein Wahrscheinlichkeitsschluss, jedes tagtäglich gefällte richterliche Urteil ein Wahrscheinlichkeitsurteil! Aber solange Menschen mit ihrer begrenzten Erkenntnis von der Welt und nicht ein allwissender Gott zur Urteilsfällung berufen sind, kann die Fehlerquelle falscher wissenschaftlicher Grundlagen für einen richterlichen Schluss niemals gänzlich ausgeschlossen werden, sie ist wesensimmanent. Mehr (aber auch nicht weniger) als dass ein Richter nach dem jeweiligen Stand der Wissenschaft entscheidet, kann man nicht verlangen. Es ist daher erforderlich (genügt aber auch), dass Erfahrungssätze der Tatsachenfeststellung zugrunde gelegt werden, die sich hinreichenden Anzahl an Falsifikationsexperimenten *bewährt*[198] haben. Die Bewährungsprüfung obliegt zwar der jeweils zuständigen Fachwissenschaft. „Vom Juristen dürfen und müssen wir jedoch [...] verlangen, [...] dass er nicht an den von den zuständigen Fachwissenschaften entwickelten und akzeptierten Hypothesen vorbeigeht und allein den notwendig [sehr] beschränkten Schatz seiner eigenen Erfahrung zum Maßstab aller Dinge erhebt." Vielmehr muss der Richter im Rahmen seiner Amtsaufklärungspflicht „mit den verschiedensten Fachwissenschaftlern in ein interdisziplinäres Gespräch [eintreten] und Fragen [stellen], die ihm eine Antwort zur Bewährung und Güte der ihm offerierten Hypothesen versprechen"[199]. Entscheidend ist daher die Frage, ab wie vielen Falsifikationsexperimenten ein derart hinreichender fachwissenschaftlicher „Bewährungsgrad"[200] (er ist umso höher, je mehr bestätigende Falsifikationsexperimente durchgeführt wurden) erreicht ist,

---

[197] Richtlinien des (früheren) Bundesgesundheitsamts für die Erstattung von Blutgruppengutachten, Bundesgesundheitsblatt 1970, S. 149 (153); vgl. hierzu auch *Koch/Rüßmann*, Begründungslehre, S. 341.

[198] Auf eine „empirische Bewährung" als ausreichenden Maßstab stellen auch ab Vgl. nur *Koch/Rüßmann*, Begründungslehre, S. 327 ff., *Freund*, Probleme, S. 14 ff., *Herberger/Simon*, Wissenschaftstheorie, S. 347 f., *Helmut Weber*, Kausalitätsbeweis, S. 168 (Erfahrungssätze seien dann „zwar nicht bewiesenermaßen richtig, aber bisher unwiderlegt" und hätten sich „als in hohem Maße brauchbar erwiesen"), 169 und 174, *Mummenhoff*, Erfahrungssätze, S. 39 ff., *Rommé*, Anscheinsbeweis, S. 11 sowie – auf anerkannte Kausalgesetze beschränkt – *Armin Kaufmann*, JZ 1971, 574, *Hans-Jürgen Bruns*, FS Maurach, S. 479 ff. und *Ingeborg Puppe*, JZ 1994, 1151 (wenn auch fälschlich formuliert: „nach den allgemeinen gültigen Standards empirischer Wissenschaft bewiesen", ist ein Beweis von Erfahrungssätzen doch gerade nicht möglich).

[199] *Koch/Rüßmann*, Begründungslehre, S. 329.

[200] Ein Verfahren, den jeweiligen Bestätigungsgrad genau quantifizieren zu können, ist bislang noch nicht entwickelt worden und gilt auch als nicht möglich, vgl. nur *Popper*, Logik, S. 255 und *Mummenhoff*, Erfahrungssätze, S. 42.

dass man die begrenzte empirische Bewährung für die Annahme eines deterministischen Erfahrungssatzes ausreichen lässt, ihn ungeprüft in jedem Verfahren anwenden kann und das mit dem Rest an Unsicherheit verbundene Fehlverurteilungsrisiko hinnimmt[201], um nicht gänzlich auf deterministische Erfahrungssätze zu verzichten (und damit auf jeden rationalen richterlichen Schluss zugunsten einer rein subjektiv-willkürlichen richterlichen Entscheidung)[202]:

aa) Einheitliche Anerkennung in der Fachwissenschaft

Ist ein Erfahrungssatz ein Naturgesetz (sprich: ausnahmslos und wissenschaftlich voll erklärt wie etwa die physikalischen Fallgesetze) oder auch ohne endgültige fundierte Erklärung (z.B. der Wellen- und Teilchencharakter des Lichts) in der jeweiligen Fachwissenschaft einheitlich anerkannt, so bedeutet dies angesichts der unübersehbar großen Zahl an Experimenten verschiedenster Wissenschaftler in Vergangenheit und Gegenwart hierzu eine ständige Bewährung[203], die den deterministischen Erfahrungssatz als nach dem derzeitigen menschlichen Wissen anerkannt und ausnahmslos gültig ausweist. Weiß es die Menschheit aber nicht besser, so kann auch von einem Richter subjektiv bei seinem Wahrheitsvergleich die Anwendung nur dieses Erfahrungswissens verlangt werden[204] und darf er sich zu diesem nicht in einen logischen Widerspruch setzen[205]. Derartige zwingende Erfahrungssätze sind als Mittel des richterlichen Schließens zwingend in jedem Verfahren (unter Nennung in den Urteilsgründen!) anzuwenden, ohne dass der Richter hierüber noch nach seiner Überzeugung zu urteilen hätte – „zur Minderung seiner Bürde wie zur Wahrung seiner Würde“[206]!

---

201 Vgl. *Mummenhoff*, Erfahrungssätze, S. 42ff. mit dem Vorschlag, die Anzahl der Experimente vom jeweils betroffenen Schutzgut und damit einer Wertentscheidung der Rechtsordnung abhängig zu machen, wobei die Kompetenz für diese Festlegung dem Rechtsanwender überantwortet werden soll. Im Strafrecht müsste man hiernach neben dem jeweils betroffenen Rechtsgut auch die möglichen Rechtseinbußen auf Seiten des Straftäters in die Abwägung einbeziehen. Faktisch würde dies zum zweifelhaften Ergebnis führen, dass die Wahrheit beim einfachen Diebstahl weit weniger relevant sei als bei einem Mord. Auch wenn die Amtsgerichte wegen geringer personeller wie sachlicher Ausstattung im „Massengeschäft“ der Kleinkriminalität so verfahren mögen, für eine Rechtsordnung, die die Erforschung der Wahrheit als eine der obersten Prozessziele aufstellt (siehe oben Zweiter Hauptteil, Drittes Kapitel, B, II, 1), ist eine derartige Einschränkung der Wahrheitssuche (und Gerechtigkeit) nicht hinnehmbar.

202 Da statistische Erfahrungssätze ihrem Wesen nach noch unsicherer sind (siehe hierzu bereits Erster Hauptteil, Erstes Kapitel, C, IV, 3, b), cc)), müssten diese erst recht unberücksichtigt bleiben.

203 Ebenso *Helmut Weber*, Kausalitätsbeweis, S. 168.

204 Ebenso *Mummenhoff*, Erfahrungssätze, S. 40: „Solange eine Hypothese eingehenden und strengen deduktiven Nachprüfungen standhält und durch die fortschreitende Entwicklung der Wissenschaft nicht überholt wird, besteht kein Anlass, sie zu verwerfen.“

205 So auch *Hainmüller*, Anscheinsbeweis, S. 160.

206 *Armin Kaufmann*, JZ 1971, 575.

bb) Fehlende einheitliche Anerkennung in der Fachwissenschaft

Anders sieht es aus, wenn Erfahrungssätze selbst in der jeweiligen Fachwissenschaft (noch) nicht als anerkannt gelten. Als Maßstab kann die experimentell begründete Darlegung in einschlägigen verschiedenen Fachzeitschriften und Fachbüchern herangezogen werden. Ist ein Erfahrungssatz nämlich noch neu und noch nicht von hinreichend vielen Wissenschaftlern überprüft und für ausnahmslos bewährt befunden worden oder gar in der einschlägigen Fachwissenschaft fachlich argumentativ umstritten (nicht genügen unfachliche Leugnungen an sich feststehender Grundsätze), so kann der Richter als Außenstehender der betroffenen Fachwissenschaft vom deterministischen Erfahrungssatz nicht als feststehendem Teil des menschlichen Wissens sprechen. Derartigen deterministischen Erfahrungssätzen haftet nämlich eine Unsicherheit an, die denen rein statistischer Erfahrungssätze gleichkommt und in ihrer sprachlichen „All-Form" („Für alle x gilt: ...") so eine falsche Sicherheit vorspiegelt, die zu falschen (zwingenden!) deduktiven Schlüssen auf das Tatgeschehen führen kann. Derartige Erfahrungssätze dürfen daher nicht als ausnahmslos vom Gericht verwendet werden. Kommt es für die Einteilung in „deterministisch" (sprich: nach derzeitigem Wissen zwingend) und „statistisch" damit also nicht auf die rein sprachliche Form an (Jeder Erfahrungssatz kann schließlich sprachlich als zwingend formuliert werden: „Wilddiebe [sagen] nie die Wahrheit"[207] oder „Alle in der gleichen Sache bereits rechtskräftig Verurteilten haben keinen Grund, einen anderen Tatbeteiligten zu Unrecht zu belasten"[208]) sondern auf die tatsächliche wissenschaftliche Bewährung (nochmals: fester Bestandteil des menschlichen Wissens aufgrund ständiger Bewährung oder nicht), so sind nicht bewährte und nur sprachlich als „All-Sätze" formulierte Erfahrungssätze als statistische umzuformulieren und nach deren Prüfkriterien neu zu bewerten[209].

b) Statistische Erfahrungssätze

Da man bei dem dem statistischen Erfahrungssatz zugrunde liegenden empirischen Wahrscheinlichkeitsbegriff[210] mit der relativen (weil auf die Anzahl der Beobachtungen bezogen) Häufigkeit des Auftretens eines bestimmten Merkmals in bestimmten Situationen arbeitet[211], steigt die Genauigkeit der Ergebnisse mit der Zahl der Wahrnehmungen, so dass ab einer gewissen Wahrnehmungszahl der Wahr-

---

[207] RG, HRR 1934, Nr. 615.

[208] Vgl. BGH, Urt. v. 4. 11. 1952 – 1 StR 377/52, zitiert nach KK-StPO/*Schoreit*, § 261 Rn. 48.

[209] Ebenso *Mummenhoff*, Erfahrungssätze, S. 75.

[210] Vgl. zu diesem Wahrscheinlichkeitsbegriff sowie zum klassischen Wahrscheinlichkeitsbegriff bereits oben Zweiter Hauptteil, Drittes Kapitel, B, II, 4, d).

[211] Zeige sich in n Experimenten unter den gleichen Bedingungen in n_i-Fällen das Ereignis A_i, so bestehe für das Auftreten dieses Ereignisses eine *relative* [weil auf die Anzahl der Versuche bezogene] *Häufigkeit* von $h_i = n_i/n$, Vgl. nur *Weltner*, Mathematik 1, S. 240. Lassen sich bestimmte Situationen auch nicht wie Versuche im Labor exakt häufig wiederholen, so eignet sich der empirische Wahrscheinlichkeitsbegriff doch zur halbwegs genauen Beschreibung bestimmter Wahrscheinlichkeitszusammenhänge.

scheinlichkeitswert kaum noch variiert.[212] Bei den wenigen wissenschaftlichen Phänomenen mit einer bloßen Wahrscheinlichkeitsaussage (wie dem Vaterschaftstest oder dem DNA-Vergleich), die inzwischen derart sicher untersucht wurden, dass bislang eine erhebliche (nahe unendlich liegende) Anzahl an Versuchen unternommen wurden (beinahe unendlich), lässt sich daher trotz nur statistischem Erfahrungssatz zwar eine zahlenmäßig hinreichend sichere Wahrscheinlichkeitsaussage treffen. Um dies deutlich zu machen, wird bei diesen Erfahrungssätzen im Schrifttum[213] teilweise von „besonders verläßlichen Erfahrungssätzen" oder „Erfahrungsgrundsätzen" gesprochen im Gegensatz zu den „einfachen" (statistischen) Erfahrungssätzen, wenn die Grenze auch fließend ist[214]. Den genauen Wahrscheinlichkeitswert eines tatsächlich vorhandenen Zusammenhangs im Sinne einer Verifizierbarkeit erhält man bereits rein definitorisch aber erst bei einer unendlichen Anzahl an Versuchen, die nie durchführbar sind. Alle endlichen Versuchsergebnisse oder beobachtete Einzelfälle des abzuurteilenden Geschehens (bei „Erfahrungsgrundsätzen" wie „einfachen" statistischen Erfahrungssätzen) bilden so bloße (unterschiedlich große) Stichproben, die zwar einen gewissen Schluss auf die unendliche Grundgesamtheit erlauben, diese Zahl selbst aber nie mit absoluter Sicherheit erreichen. Eine *Verifizierbarkeit* statistischer Erfahrungssätze, die im Rahmen des richterlichen Schlusses einen Geltungsanspruch über die bloße Richtigkeit der reinen durchgeführten Häufigkeitszählung hinaus beanspruchen, ist somit logisch undenkbar.[215]

Die Angabe eines genauen Wahrscheinlichkeitsgrades ist – anders als bei deterministischen Erfahrungssätzen – aber auch noch nicht einmal einer experimentellen *Falsifikation* zugänglich[216]: Selbst mehreren Ausnahmefällen, die experimentell beobachtet werden, kommt keine aussagekräftige Bedeutung zu, müssten rein numerisch beim Erfahrungssatz „Wenn a, dann b in 70% aller Fälle"[217] bei 1000 Falsifikationsexperimenten doch eh 300 Ausnahmefälle auftreten. Eine echten Falsifikation erhielte man auf den ersten Blick in diesen Fällen erst dann, wenn sich in einer beliebigen, ausreichend groß gewählten Anzahl an Zufallsexperimenten – diese sollen eine gleichmäßige Verteilung bestätigender Fälle wie Ausnahmefälle in der untersuchten Experimentanzahl garantieren – eine zahlenmäßig andere Verteilung zwischen Bestätigung und Widerlegung der statistischen Hypothese zeigen

---

[212] Mathematisch spricht man davon, dass man beim statistischen Erfahrungssatz auf den Grenzwert abstellt, dem die relative Häufigkeit bei einer annähernd unendlichen Zahl von Versuchen entgegenstrebe, vgl. nur *Mises*, Wahrscheinlichkeit, S. 12ff., *Reichenbach*, Wahrscheinlichkeitslehre, S. 376f. und *Evers*, Begriff, S. 48f.

[213] So etwa *Hainmüller*, Anscheinsbeweis, S. 26ff., *Herdegen*, FS AG Strafrecht, S. 563f., KK-StPO/*Fischer*, § 244 Rn. 7, SK-StPO/*Ellen Schlüchter* (3. Aufl., 64. Lieferung: Stand November 2009, Köln 2009), § 261 Rn. 60 und MüKo-ZPO/*Prütting*, § 286 Rn. 58.

[214] Aus diesem Grunde kritisch zu dieser Differenzierung *Evers*, Begriff, S. 158 f: „Eine wirkliche Trennungslinie [...] ist daher praktisch nicht möglich."

[215] So in der Logik unbestritten: vgl. nur *Koch/Rüßmann*, Begründungslehre, S. 332f.

[216] Vgl. *Mummenhoff*, Erfahrungssätze, S. 49.

[217] Diese Formulierungsweise ist wegen der Verwendung des empirischen Wahrscheinlichkeitsbegriffs gleichbedeutend mit „Wenn a, dann b mit einer Wahrscheinlichkeit von 70%".

würde[218], wenn sich also beispielsweise in 1000 Zufallsexperimenten bezogen auf obigen statistischen Erfahrungssatz 500 Ausnahmefälle zeigen und sich so eine Wahrscheinlichkeit von nur 50% statt den ursprünglich angenommenen 70% ergibt. Aber auch dies bedeutet keine endgültige Widerlegung des ursprünglich angenommenen statistischen Zusammenhangs, kann doch niemand sagen, wie etwa die nächsten 2000 Versuche ausgehen und wie sich dann das Verhältnis von „Eintritt des Merkmals b" zu „Eintritt des Merkmals non-b" verhält.[219] Am klassischen Würfelspiel verdeutlicht: Nimmt man den statistischen Erfahrungssatz, dass die Wahrscheinlichkeit für den Wurf einer Sechs mit einem bestimmten Würfel 1/6 betrage, und ergibt die Auswertung von zwanzig Würfen sogar zwölf Sechser-Würfe, könnte man die ursprüngliche Hypothese (Wahrscheinlichkeit von 1/6 wie bei jedem normalen Würfel) verwerfen und annehmen, der Würfel sei manipuliert. Treten dann bei weiteren 300 Würfen 50 Sechser-Würfe auf, wird man zur ursprünglichen Hypothese zurückkehren.[220] Ohne dass frühere Daten angefochten werden, kann sich die Bestätigung statistischer Erfahrungssätze so verändern – sie bleibt immer nur vorläufig. Möglich ist immer nur die Durchführung einer Stichprobe der Grundgesamtheit unendlicher Zufalls-Überprüfungsversuche bzw. die Verwertung des im Einzelfall aufgetretenen neuen statistischen Zusammenhangs bezogen auf die Gesamtzahl der beobachteten Fälle dieses Zusammenhangs bzw. der Anzahl bezogen auf eine bestimmte endliche Anzahl an Verifikationsexperimenten, so dass diese vom Sachverständigen und dann vom Gericht in den Urteilsgründen zur Bewertung eines Wahrscheinlichkeitswertes mit angegeben werden sollten.

Lassen sich statistische Erfahrungssätze weder verifizieren noch absolut experimentell falsifizieren, muss wegen der inzwischen wissenschaftlich anerkannten Undeterminiertheit der Welt[221] aber täglich vor allem mit ihnen in deutschen Gerichtssälen gearbeitet werden, so sind (wie bei den zwingenden Erfahrungssätzen) ausgehend vom Erfordernis rationaler Begründbarkeit der subjektiv getroffenen tatrichterlichen Entscheidung jene Anforderungen aufzustellen, unter denen ein statistischer Erfahrungssatz zum Ausgangspunkt der Beweiswürdigung gemacht werden kann und muss (sog. „Bewährungsgrad"):

aa) Einheitlicher Fachkonsens

Besteht in der Fachwissenschaft über einen statistischen Erfahrungssatz insoweit Einigkeit, als sein empirischer Zusammenhang entweder durch eine Vielzahl an Experimenten und damit fast unendlicher Versuche weitgehend geklärt oder zumindest durch eine Vielzahl an Beobachtungen hinreichend gesichert sprachlich beschrieben werden kann, so gehört die generelle Möglichkeit eines Zusammenhangs zwischen Ausgangs- und Endprämisse zum gesicherten aktuellen Wissen der westlich ausgerichteten Menschheit. Von diesen „wissenschaftlichen Standards" kann

---

[218] So *Herberger/Simon*, Wissenschaftstheorie, S. 351.

[219] Vgl. *Rommé*, Anscheinsbeweis, S. 14f.

[220] Beispiel nach *Stegmüller*, Probleme IV/2, S. 50f.

[221] Vgl. hierzu *Ingeborg Puppe*, ZStW 95 (1983), 293ff., *dies.*, FS Roxin, S. 302f. und NK-StGB/*dies.*, Vor § 13 Rn. 138.

sich der Tatrichter rational nicht lösen[222], so dass er diesen statistischen Erfahrungssatz als mögliche Ausgangsprämisse mit bestimmtem anerkanntem Wahrscheinlichkeitsgrad in seine Herleitung des Sachverhalts mit einzubeziehen hat. Inwieweit der beschriebene Zusammenhang als bloß statistisch dargelegte Möglichkeit sich dann im konkreten Einzelfall auch tatsächlich zugetragen hat, ergibt sich erst aus der konkreten Anwendung des statistischen Erfahrungssatzes als praemissa maior auf die Indizien des Einzelfalles.

bb) Umstrittener empirischer Zusammenhang

Besteht demgegenüber unter Fachvertretern keine Einigkeit darüber, ob zwischen zwei Merkmalen tatsächlich ein zumindest empirischer Zusammenhang besteht oder ob ihr nacheinander erfolgendes Auftreten in bestimmten Fallkonstellationen nicht bloßer Zufall (z.B. „Immer wenn besonders viel Störche im Frühjahr nach England einflogen, stieg die Anzahl der Geburten in diesem Jahr"[223]) oder Folge einer Ausgangs- und Endprämisse bewirkenden anderen Ursache ist (z.B. „Immer wenn in den Abendnachrichten Regen angesagt wird, regnet es am folgenden Tag"[224] oder aufgrund von Beobachtungen im Krieg: „Immer wenn sich Menschen auf den Boden werfen, erfolgt der Einschlag von Granaten"[225]), so existiert kein gesichertes menschliches Erfahrungswissen. Der auf ihm aufbauende statistische Erfahrungssatz kann zutreffen, er muss es aber nicht. Zum Schutz des Angeklagten könnte man sich daher mit einem beachtlichen Teil der Lehre[226] (gegen die insoweit einschlägige Rechtsprechung[227]) auf den Standpunkt zurückziehen, ein Richter könne niemals über wissenschaftliche Streitfragen entscheiden, die selbst die einschlägige Wissenschaft für sich nicht lösen könne, und dürfe daher nur dann einen Erfahrungssatz annehmen, wenn an diesem „kein wissenschaftlich

---

[222] BGH, NStZ 1995, 590 (591); ebenso (bezogen jedoch zumeist auf zwingende Erfahrungssätze) BGH, NJW 1957, 1038f., BGH, NJW 1967, 116 (117), *Rudolphi*, NStZ 1984, 250 und *Wohlers*, JuS 1995, 1023.

[223] Siehe hierzu oben Zweiter Hauteil, Viertes Kapitel, C, II, 3, a).

[224] *Ingeborg Puppe*, JZ 1994, 1149.

[225] *Engisch*, Kausalität, S. 23.

[226] *Roxin*, AT I, § 11 Rn. 16 und *ders.*, Strafverfahrensrecht, § 15 Rn. 23, *Maiwald*, Kausalität, S. 106, *Karl Peters*, Strafprozeß, S. 364f. (mit der Ausnahme, wenn der Richter über eigene Sachkenntnisse verfüge und daher befugt sei, über den Streit zu entscheiden), *Maurach/Zipf*, AT 1, § 18 Rn. 39, *Kühne*, NJW 1997, 1953, *Jakobs*, AT, 7/12 Fn. 14, *Hoyer*, Eignungsdelikte, S. 130f., *ders.*, GA 1996, 167, *Horn*, Gefährdungsdelikte, S. 140ff., Sch/Schr/*Lenckner/Eisele*, Vorbem. §§ 13ff. Rn. 75, *Hamm*, StV 1997, 159ff. und *Braum*, KritV 1994, 182ff.; hierzu tendierend auch *Brammsen*, Jura 1991, 535, der den Weg der Rechtsprechung als „höchst bedenkliche Lösung" bezeichnet.

[227] BGHSt. 37, 106 (111ff.), BGHSt. 41, 206 (214ff.), BGH, StV 1994, 227f. und LG Aachen, JZ 1971, 507 (510ff.); zustimmend NK-StGB/*Ingeborg Puppe*, Vor §§ 13ff. Rn. 89, SK-StGB/*Rudolphi*, Vor § 1 Rn. 42 c, *Kuhlen*, Fragen, S. 66ff., *ders.*, NStZ 1990, 567, *ders.*, JZ 1994, 1145, *Hassemer*, Produktverantwortung, S. 46f., KMR/*Stuckenberg*, § 261 Rn. 32, *Beulke/Bachmann*, JuS 1992, 739, LK/*Tonio Walter*, Vor § 13 Rn. 80, *Deutscher/Körner*, wistra 1996, 297f., *Hirte*, JZ 1992, 257f., *Andrea Schmidt*, Grundsätze, S. 161, *Barbara Bock*, Produktkriminalität, S. 68f. und 71f.

ernst zu nehmender Zweifel“ mehr besteht[228] („Gesetzmäßigkeiten lassen sich nicht auf ungesichertes Erfahrungswissen gründen!“[229]); ansonsten müsse „in dubio pro reo“ davon ausgegangen werden, dass ein entsprechender empirischer Zusammenhang nicht bestehe: „Bestehen Meinungsverschiedenheiten unter den Fachwissenschaftlern über das Bestehen von bestimmten Gesetzmäßigkeiten in der Natur, so muss der Richter für sein Urteil diejenige Ansicht zugrunde legen, die für den Beschuldigten am günstigsten ist“[230].

Hierbei würde jedoch zum einen die Leistungsfähigkeit empirischer Wissenschaften derart verkannt, dass eine völlige Einigkeit in einer Wissenschaft nur in wenigen Fällen zu erreichen sein wird (wie die vielen Streitigkeiten in der Rechtswissenschaft verdeutlichen) und so der Bereich vom Tatrichter verwendbarer statistischer Erfahrungssätze (etwa hinsichtlich der Bewertung von Zeugenaussagen und Geständnissen auf ihren Wahrheitsgehalt nach psychologischen Maßstäben) in einen Bereich absinken würde, der eine Feststellung des gesamten Tatgeschehens in fast allen Fällen unmöglich machen würde.[231] Zum anderen würde dies die Reichweite des „in dubio pro reo“-Grundsatzes überspannen, wenn man eine derartige Rechtsfigur anerkennen würde[232]: Dieser greift als „Entscheidungsregel“ erst dann ein, wenn der Tatrichter trotz Ausschöpfung aller Beweismittel weder für das Vorliegen einer Tatsache noch für das Vorliegen einer alternierenden Tatsache das richterliche Beweismaß erreicht. Dies macht Art. 103 Abs. 2 GG als seine normentheoretische Grundlage – auf die sich allein *Montenbruck*[233] in seinem normentheoretischen Modell unter Verzicht auf eine eigenständige Rechtsfigur ohne weiteren Erkenntnisgewinn stützt – deutlich: Erst wenn der Tatrichter nach der Beweiswürdigung verbliebene Zweifel hinsichtlich einer tatbestandsrelevanten Tatsache hat und daher mangels Erreichens des Beweismaßes des § 261 StPO nur feststellen kann, dass der Angeklagte möglicherweise die Tat begangen hat, greift Art. 103 Abs. 2 GG ein und verbietet einen Schuldspruch, da der Angeklagte nach dem gesetzlichen Tatbestand die Tat tatsächlich begangen haben muss (z.B. tatsächlich das Opfer getötet haben muss und nicht nur möglicherweise). Gelangt der Richter also nach der Vermittlung der für und gegen einen statistischen Erfahrungssatz sprechenden Umstände durch Sachverständige zur Überzeugung (sprich: subjektive Nichtbezweifelung), dass der statistische Erfahrungssatz vorliegt, so kann er dies feststellen. Mangels Zweifeln ist der Grundsatz „in dubio pro reo“ dann noch nicht anwendbar. Alles andere würde in Erweiterung des bisherigen „In dubio pro reo“-Grundsatzes dahin, dass er nicht nur bei Zweifeln des Tatrichters anwendbar wäre[234], sondern dem Tatrichter vorschreiben könne, wann dieser zu zweifeln ha-

---

228 So konkret *Roxin*, AT I, § 11 Rn. 16.

229 *Brammsen*, Jura 1991, 535.

230 *Maiwald*, Kausalität, S. 109.

231 In diese Richtung bereits NK-StGB/*Ingeborg Puppe*, Vor §§ 13ff. Rn. 89.

232 Siehe hierzu sowie zum weiteren bereits oben Erster Hauptteil, Zweites Kapitel, B, II, 2, a), bb).

233 *Montenbruck*, In dubio pro reo, S. 51 und 62.

234 Vgl. nur BVerfG, NJW 1988, 477 sowie umfassend oben Erster Hauptteil, Zweites Kapitel, B, II, 2, a), bb).

be[235], eine neue Einschränkung der doch „freien" Beweiswürdigung in Form eines Verbots bedeuten, einen statistischen Erfahrungssatz trotz fehlenden erfahrungswissenschaftlichen Konsenses anzunehmen[236], für das sich im Gesetz keine Stütze findet.

Dem Gutdünken des Tatrichters werden die Freiheitsrechte des Angeklagten so auch nicht überlassen, verlangt doch die erforderliche Objektivierung der richterlichen Überzeugungsbildung in Form einer notwendigen rationalen Begründbarkeit, dass der Tatrichter neben der verbliebenen Bindung an mögliche unstreitige Teilbereiche eines umfassenden Streits, die einzelnen Ansichten (inklusive abweichender Sachverständigenaussagen[237]) – zu deren Darstellung der Richter den Sachverständigen während seiner Aussage daher anzuhalten hat![238] – in den Urteilsgründen umfassend (zur Kontrolle des Revisionsgericht) darzustellen[239] und sich hierin mit den einzelnen Argumenten für und wider eines empirischen Zusammenhangs geistig wie fachlich argumentativ derart auseinanderzusetzen hat[240], dass er einen „rationalen Argumenten zugänglich gedachten Diskussionspartner dazu zwingt, diese Schlussfolgerungen als plausibel zu akzeptieren"[241]. Ein Abweichen von einer sich bereis klar herausgebildeten überwiegenden Ansicht wird hierbei nur unter einer erhöhten fachlichen Argumentationslast[242] (zumeist unter Bezug auf neuere wissenschaftliche Erkenntnisse, die die althergebrachte Ansicht erschüttert) möglich sein.

cc) Fachlich noch unbehandelter Zusammenhang

Besonders heikel ist die Konstellation, dass sich durch einen oder mehrere eingetretene Erfolge im konkreten Einzelfall erstmals ein Zusammenhang aufdrängt, der bislang noch nicht einmal Gegenstand wissenschaftlicher Untersuchungen war, so namentlich, wenn sich beim Gebrauch bestimmter Produkte (Lebensmittel, Arzneimittel, auf chemischen Stoffen basierende Gebrauchsstoffe) oder beim Einatmen von Großbetrieben emittierter Gase bei mehreren Personen ähnliche gesundheitliche Schäden einstellen (so etwa im Contergan-Fall [Auftreten epidemieartiger Nervenschäden und Missbildungen bei Neubildungen nach Einnahme des Beruhigungs- und Schlafmittels Contergan durch die Mütter während der Schwanger-

---

235 Ebenso die Kritik von *Volk*, NStZ 1996, 105, *Hassemer*, Produktverantwortung, S. 46, *Kuhlen*, Fragen, S. 68.

236 Vgl. *Kuhlen*, Fragen, S. 68, wenngleich auf die Feststellung der generellen Kausalität begrenzt.

237 Vgl. zur Pflicht, sich mit diesen in den Urteilsgründen auseinanderzusetzen: BGH, NStZ 1983, 377, BGH, NStZ 1994, 503, BGH, NStZ 2006, 511 und BGH, NStZ 2007, 114.

238 Ebenso *Hellmut Wagner*, NJW 1980, 668 und *Mummenhoff*, Erfahrungssätze, S. 47.

239 Vgl. nur BGHSt. 12, 311 (314f.), BGHSt. 34, 29 (31), BGH, NStZ 1991, 596, BGH, NStZ 1994, 250, OLG Hamm, StraFo 2002, 58, OLG Hamm, VRS 107 (2005), 371 (373), KK-StPO/*Engelhardt*, § 267 Rn. 16 sowie *Meyer-Goßner*, § 267 Rn. 13.

240 Vgl. nur BGHSt. 41, 206 (214ff.), BGH, NJW 1987, 442, BGH, NStZ 1994, 250, BGH, NStZ-RR 1997, 172 und BGH, NStZ 2000, 106 (107).

241 *Wohlers*, JuS 1995, 1024.

242 Ebenso *Ulrike Unger*, Kausalität, S. 200.

schaft][243], im Lederspray-Fall[244] [Auftreten von Lungenödemen nach jeweiliger Verwendung eines Ledersprays des gleichen Unternehmens] oder im Holzschutzmittel-Fall[245] [Auftreten verschiedener körperlicher Schäden nach Verwendung eines bestimmten Holzschutzmittels in einem Innenraum]) oder wenn die Auswirkungen besonderer körperlicher Defekte auf die Schuldfähigkeit noch nicht untersucht wurden. Hier ergeben sich jeweils nur Erkenntnisse aus den Beobachtungen der zu entscheidenden Fälle, so dass auch nur eine Einzelfallanalyse dieser Fälle zur Grundlage eines generellen Zusammenhangs erhoben werden kann. Ob dieses empirische Material für den Nachweis eines Erfahrungssatzes ausreicht, wird der Richter bei fehlender eigener Sachkompetenz kompetenten Fachwissenschaften für Persönlichkeitsentwicklungen, Geisteskrankheiten, Glaubwürdigkeit von Aussagen, Abstammung, Unfallursachen, chemische Zusammenhänge oder medizinische Fragen überlassen müssen[246]. Keineswegs kann er sich anmaßen, auf diesen Bereichen ohne Fachkenntnisse beliebige empirische Zusammenhänge zu „erfinden" oder einen empirischen Zusammenhang alleine aufgrund des Geständnisses des Angeklagten anzunehmen, wenn dieser auf diesem Gebiet auch kein Fachmann ist[247]. Derart gebildete Erfahrungssätze würden jeder rationalen Grundlage entbehren und könnten einen Indizienschluss auf eine Tatsache des Tatgeschehens somit nicht tragen. Gibt der Richter jedoch wissenschaftliche Forschungen in Auftrag und hört er mehrere Wissenschaftler „bei der Arbeit" der Aufarbeitung der Beobachtungen mit ihren Fachkenntnissen an, so kann er sich diesen unter ausführlicher argumentativer Auseinandersetzung der jeweils für und gegen einen empirischen Zusammenhang sprechenden Umstände nach eigener Überzeugung anschließen[248] und den Zusammenhang als Ausgangshypothese für den Schluss feststellen. Der empirische Erfahrungssatz ist dann durch das Erreichen des Beweismaßes juristisch (nicht fachwissenschaftlich!) „bewiesen"[249], so dass die teils zu findende Kritik seltsam anmutet, der Nachweis des statistischen Erfahrungssatzes werde „im Wege der frei-

---

243 LG Aachen, JZ 1971, 507ff.

244 BGHSt. 37, 106ff. – siehe zum Sachverhalt bereits oben Erster Hauptteil, Zweites Kapitel, A, II, 4, c).

245 BGHSt. 41, 206ff.

246 Siehe zur Notwendigkeit der Beiziehung eines Sachverständigen ausführlich Zweiter Hauptteil, Viertes Kapitel, D, II, 4 und Zweiter Hauptteil, Viertes Kapitel, D, III.

247 Ebenso *Wohlers*, JuS 1995, 1023, der zu Recht betont, dass ein glaubhaftes Geständnis etwa zum Nachweis des Vorsatzes trotz fehlenden statistischen Erfahrungssatz für den Zusammenhang zwischen objektivem Täterverhalten und subjektivem Willen ausreicht, wenn der Täter zugibt, welchen Deliktserfolg er konkret angestrebt oder in Kauf genommen hat. Dann kann unmittelbar vom Geständnis auf den Vorsatz geschlossen werden und der Umweg über das Erschließen des objektiven Geschehens mittels Zeugenaussagen sowie das Erschließen vom objektiven Geschehen auf subjektive Tatsachen mittels Erfahrungssätzen erübrigt sich.

248 So bereits *Hilgendorf*, Produzentenhaftung, S. 120f.

249 Der Unterschied zwischen einem fachwissenschaftlichen und einem juristischen Beweis liegt in den jeweils hierfür geforderten Standards, die beim juristischen Beweis mit der subjektiven Überzeugung deutlich niedriger verortet sind: vgl. *Kuhlen*, Fragen, S. 69 und *Andrea Schmidt*, Grundsätze, S. 162.

en Beweiswürdigung durch eine subjektive Überzeugung des Richters ersetzt“[250]. Die richterliche Überzeugung ersetzt den Nachweis nicht, sie begründet ihn!

Die hierbei notwendige argumentative Auseinandersetzung mit den konkreten Einzelfällen als Grundlage einer Generalisierung der Fälle zu einem Erfahrungssatz, der dann auf genau jene Fälle wieder angewendet wird, von denen er generalisiert wurde, deckt sich (wenn keine weitere Erfahrungen bei der Bildung des Erfahrungssatzes einbezogen werden) zwangsläufig mit der Darstellung des folgenden Schlusses vom generalisierten Erfahrungssatz auf die konkreten Einzelfälle und wird daher in den Urteilsgründen zusammenfallen. Dies ändert jedoch nichts an der Struktur der Sachverhaltsrekonstruktion mittels statistischem (generalisiertem) Erfahrungssatz auch in diesen Fällen.

D. Erfahrungssätze in der Beweisaufnahme

Ermöglichen erst Schlüsse von Indizien mit deterministischen oder statistischen Erfahrungssätzen eine § 261 StPO erfüllende rationale Beweiswürdigung, so muss der Richter aber erst einmal über das notwendige Erfahrungswissen verfügen, um den Schluss im Einzelfall durchführen zu können. „Selbst der gebildetste Richter kann nicht alle Erfahrungssätze beherrschen, auf die es im Einzelfall zur Würdigung eines bestimmten Geschehens ankommen kann, man denke beispielsweise an Spezialfragen auf dem Gebiet der Medizin, ja der Naturwissenschaften überhaupt.“[251] Er hat sie als Teil der richterlichen Beweiswürdigung selbst „aus dem Inbegriff der Verhandlung“ zu schöpfen und sich so grundsätzlich – solange er nicht bereits über das notwendige Sachwissen verfügt – in der Beweisaufnahme der Hauptverhandlung über die Existenz bestimmter statistischer Erfahrungssätze mit Relevanz für die richterlichen Schlüsse im Einzelfall zu informieren.

I. Beweisfähigkeit

Nach § 244 Abs. 2 StPO hat das Gericht die Beweisaufnahme zwar nur auf „alle *Tatsachen* und Beweismittel zu erstrecken, die für die Entscheidung von Bedeutung sind“. Tatsachen sind in der Innen- (gemeint: innersubjektiv wie beim Vorsatz) wie Außenwelt bestehende Umstände der Gegenwart oder Vergangenheit, die einem Beweis standhalten.[252] Im Rahmen der Beweisaufnahme bekommt der Richter jedoch nie historische Tatsachen zu Gesicht, er erhält lediglich vom Angeklagten, Zeugen, Sachverständigen mündliche bzw. beim Urkundenbeweis schriftlich fixierte Aussagen über Tatsachen. Der Gesetzgeber irrt also, wenn er in § 244 Abs. 3 S. 2 StPO von „Tatsachen, die bewiesen werden sollen“ spricht oder wenn er die

---

[250] *Roxin*, AT I, § 11 Rn. 16 zum Kausalzusammenhang; ebenso *Armin Kaufmann*, JZ 1971, 573.

[251] *Friedrich-Wilhelm Krause*, Jura 1982, 229.

[252] Siehe zum Tatsachenbegriff ausführlich oben Zweiter Hauptteil, Viertes Kapitel, C, II, 1, a), aa).

Beweisaufnahme in § 244 Abs. 2 StPO auf „Tatsachen" erstreckt. Auf diese bezieht sich die Beweisaufnahme tatsächlich nur mittelbar über die von den Beweismitteln nahe gelegten Tatsachenbehauptungen: Der Richter nimmt in der Hauptverhandlung die Tatsachenbehauptungen der einzelnen Beweismittel wahr, interpretiert diese und schließt von ihnen etwa auf das historische subjektive Erlebnis eines Beschuldigten oder Zeugen und von dort auf das objektive Geschehen, also die Tatsachen. Die Beweisaufnahme erstreckt sich also nicht auf Tatsachen, sondern zur Erforschung der Wahrheit und Ermittlung der Tatsachen auf Aussagen, die sich auf Tatsachen beziehen, von denen ausgehend der Richter sich die Tatsachen erst zu erschließen hat, um diese dann rechtlich zu bewerten.

Tatsachen als Bezugspunkt von Aussagen, über die Beweis zu erheben sind, müssen „für die Entscheidung von Bedeutung" sein (§ 244 Abs. 2 StPO) und damit für den Verfahrensgegenstand. Die richterliche Untersuchung, deren Teil die Beweisaufnahme ist, erstreckt sich nach § 155 Abs. 1 StPO „*nur* auf die in der Klage bezeichnete Tat und auf die durch die Klage beschuldigten Personen" und Gegenstand der Urteilsfindung ist daher nach § 264 Abs. 1 StPO auch nur (diese) „die in der Anklage bezeichnete Tat" (vgl. auch §§ 200 Abs. 1 S. 1 StPO), wenngleich in der Gestalt, die sie durch den Eröffnungsbeschluss (§§ 203 und 207 StPO) erfahren hat. Bildet diese dem Beschuldigten im Anklagesatz zur Last gelegte „Tat" den Gegenstand des gesamten Verfahrens, so bildet sie quasi den „Rahmen"[253] der Aufklärungspflicht – „jegliches Hinausgehen jeglicher [ergänze: sachlicher oder persönlicher] Art über den Rahmen der Klage fällt ins Leere"[254]. Nach überwiegender Rechtsprechung[255] und Literatur[256] liegt eine „Tat" im prozessualen Sinne bei einem einheitlichen, geschichtlichen Lebenssachverhalt vor, welcher zwischen den einzelnen zur Frage stehenden Verhaltensweisen des Täters eine solche innere Verknüpfung erkennen lässt, dass ihre getrennte Würdigung und Aburteilung als unnatürliche Aufspaltung eines einheitlichen Lebensvorgangs empfunden würde. Insoweit sich mit dieser Definition alleine das Vorliegen einer prozessualen Tat nicht in jedem Grenzfall zweifelsfrei feststellen lässt[257], kann das Vorliegen einer Handlung im konkurrenzrechtlichen Sinne ein Indiz[258] für auch eine Tat im prozessualen Sin-

---

[253] KK-StPO/*Herdegen* (5. Aufl., München 2003), § 244 Rn. 19.

[254] *Rosenfeld*, Strafprozessrecht I, S. 24.

[255] Vgl. nur RGSt. 72, 339 (340), BGHSt. 13, 21 (26), BGHSt. 25, 388 (389f.), BGHSt. 32, 215 (216), BGHSt. 41, 385 (388) sowie BGHSt. 45, 211 (212).

[256] Vgl. statt vieler *Geppert*, Jura 2003, 257, *Roxin*, Strfverfahrensrecht, § 20 Rn. 5, *Beulke*, Strafprozessrecht, Rn. 513 sowie KK-StPO/*Engelhardt*, § 264 Rn. 3. Vgl. gegen die teilweisen Bemühungen einer Normativierung dieses Tatbegriffs nur *Kraatz*, Jura 2007, 856f.

[257] Dies räumen selbst Reichsgericht (RGSt. 12, 187 [189]) und Bundesgerichtshof (BGH, NStZ 1984, 469) ein.

[258] Von der früher (vgl. nur *Dohna*, Strafprozeßrecht, S. 218; in diese Richtung zuletzt noch *Bindokat*, GA 1967, 362ff. und *Herzberg*, JuS 1972, 117ff.) noch vertretenen generellen Anknüpfung (und nicht nur bloße Indizfunktion, wie es nun vertreten wird!) des „Tat"-Begriffs des § 264 StPO an den Handlungsbegriff der materiell-rechtlichen Konkurrenzlehre (§§ 52ff. StPO; vgl. hierzu ausführlich *Geppert*, Jura 2000, 599ff. und 651ff.) hat sich bereits das Reichsgericht (RGSt. 12, 187 [188f.]) zu Recht gelöst, zum einen, um nicht die schwierigen,

ne dienen, genauso wie das Vorliegen mehrerer konkurrenzrechtlicher Handlungen für mehrere prozessuale Taten.[259] Eine Tatsache ist hiernach für die Entscheidung des Gerichts „von Bedeutung", wenn sie, allein oder in Verbindung mit anderen Tatsachen, den gesetzlichen Tatbestand zur rechtlichen Bewertung des angeklagten einheitlichen Lebenssachverhalts erfüllt, seiner Erfüllung den Boden entzieht, die Strafbarkeit ausschließt, vermindert oder erhöht oder den Schluss auf eine Tatsache begründet, der eine dieser Wirkungen zukommt.[260] Demnach erstreckt sich die Beweisaufnahme nicht nur auf Aussagen, die unmittelbar das Tatgeschehen oder ein abweichendes Geschehen behaupten (z. B. Der Angeklagte habe auf das Opfer eingestochen) (sog. unmittelbare beweiserhebliche Tatsachenaussage), sondern auch auf solche Tatsachenaussagen, „die den positiven oder negativen Schluss auf eine unmittelbar erhebliche Tatsache zwingend gebieten, nahe legen oder wenigstens ermöglichen oder die bestimmt sind, den geboten erscheinenden Schluss aus einer anderen mittelbar erheblichen Tatsache als ungerechtfertigt zu erweisen"[261]. Sowohl Aussagen über festgestellte historische Indizien (z. B. Blutspuren an der Jacke des Täters) wie auch Aussagen über Hilfstatsachen[262], die den Wert oder Unwert eines bestimmten Beweismittels betreffen (z. B. die Glaubwürdigkeit eines Zeugen), sind somit Gegenstand der Beweisaufnahme.

---

weitgehend umstrittenen Fragen der Konkurrenzlehre in den Prozess zu tragen (So *Karl Peters*, Strafprozeß, S. 507 und *Achenbach*, ZStW 87 [1975], 89), zum anderen wegen der unterschiedlichen Zwecke vom konkurrenzrechtlichen Handlungsbegriff (gerechtes Verhältnis der Strafe zum Verschulden des Täters, selbst wenn dies mit ausgedehnten Handlungszusammenfassungen verbunden ist) und „Tat"-Begriff der §§ 155, 264 StPO (Sicherung der materiellen Rechtskraft selbst bei erst später bekannt werdender schwerer Straftat im Rahmen des milde abgeurteilten Sachverhalts); vgl. hierzu grundlegend BVerfGE 56, 22 (30 ff.) sowie ausführlich *Kraatz*, Jura 2007, 855 f.

259 Ebenso BVerfGE 56, 22 (32 f.), BGHSt. 13, 21 (25 f.), BGHSt. 29, 288 (293) und KK-StPO/*Engelhardt*, § 264 Rn. 3. Sofern teilweise darüber hinaus in Rechtsprechung (vgl. BGHSt. 6, 92 (97), BGHSt. 26, 284 (285) und BGH, VRS 60 (1981), 292 [293]) und Literatur (so etwa *Bohnert*, GA 1994, 99, *Grünwald*, StV 1981, 326 f. und *Ellen Schlüchter*, JZ 1991, 1059) vertreten wird, wenigstens bei einer Handlung im konkurrenzrechtlichen Sinne sei zwingend auf eine prozessuale Tat zu schließen (nicht aber bei mehreren Handlungen auf mehrere prozessuale Taten), da das Gericht nach § 155 Abs. 2 StPO sämtliche idealkonkurrierende Handlungen rechtlich vollumfassend zu würdigen habe, kann dem nicht gefolgt werden. Der Zweck der Konkurrenzlehre erlaubt auch weitgehende Zusammenfassungen einzelner (zeitlich getrennter) Handlungen wie der Bildung einer kriminellen Vereinigung oder der zu ihrer Ausführung erfolgenden Taten Jahre später zu einer Handlung im Sinne des § 52 StPO (vgl. zu diesem Beispiel nur BGHSt. 29, 288 [295 f.], BGH, NStZ 1982, 517 [518] und BGH, StV 1999, 352 [353]). Mit der materiellen Gerechtigkeit (der der prozessuale Tatbegriff dient) wäre es nicht in Einklang zu bringen, wenn die zeitlich späteren Ausführungstaten wegen des Strafklageverbrauchs des Art. 103 Abs. 3 GG nicht mehr abgeurteilt werden könnten, wenn bereits die Bildung der terroristischen Vereinigung als solche abgeurteilt wurde, vgl. zu diesem Beispiel BGHSt. 29, 288 (292 f.) und OLG Düsseldorf, NStZ-RR 1999, 176 (177).

260 So bereits RGSt. 65, 322 (330).

261 *Alsberg/Nüse/Meyer*, Beweisantrag, S. 577 f.

262 Vgl. hierzu *Eisenberg*, Beweisrecht, Rn. 10, KK-StPO/*Fischer*, § 244 Rn. 3 und *Alsberg/Nüse/Meyer*, Beweisantrag, S. 579.

Auf das angeklagte einheitliche historische Geschehen bezogen sind aber nicht nur Behauptungen einer Tatsache, sondern auch Erfahrungssätze, die erst den Schluss auf eine Tatsache des Tatgeschehens ermöglichen, von Bedeutung. Für Sprachregeln und erklärende Erfahrungssätze, die allein dem Verständnis von Beweismittelaussagen dienen, ist dies unmittelbar einleuchtend: Mit ihrer Hilfe wurde etwa im obigen Honig-Beispiel[263] aus der unmittelbaren Tatsachenbehauptung „Der Angeklagte hat Honig nachgemacht und verkauft" so „Der Angeklagte hat einen Stoff als Honig verkauft, der nicht das Ausscheidungsprodukt von Bienen unabhängig vom zuvor zugeführten Futtermittel ist"; der erklärende Erfahrungssatz zur Bedeutung von Honig wurde zum konludent mitbehaupteten Teil[264] der Tatsachenbehauptung und damit selbst zum Beweisgegenstand.

Aber auch Erfahrungssätze, mit deren Hilfe der Richter erst von einer Beweismittelaussage auf das Tatgeschehen schließen kann, sind als Brücke zwischen der Aussage in der Hauptverhandlung und dem historischen Geschehen mittelbar auf die historische Tatsache bezogen, die sie erst erschließen, indem sie entweder die Beweismittel qualifizieren oder allgemeine wissenschaftliche Zusammenhänge aufzeigen und so erst mögliche Tatabläufe aufzeigen wie unmögliche Tatabläufe negieren. Soll etwa Beweis darüber erhoben werden, dass der Angeklagte das Opfer erstochen hat und sind Blutspuren an der Kleidung des Beschuldigten gefunden worden (nochmals: Aussagen hierüber sind zum Gegenstand der Beweisaufnahme zu machen), so müssen wissenschaftliche Erfahrungssätze über die Identifizierung von Blut nach Blutgruppen herangezogen werden, damit aus der Tatsachenaussage „Nach der Tat hatte der Angeklagte Blut am Hemdsärmel" die Aussage über die weitere entscheidungserhebliche Tatsache „Der Hemdsärmel des Beschuldigten hat das Opfer noch berührt, als es schon blutete" folgen kann.[265] Nur mittels Erfahrungssätzen bezieht sich die Aussage über die historische Indiztatsache „Blut am Ärmel" überhaupt auf eine Tatsache der angeklagten prozessualen Tat. Alle Tatsachenkomplexe, aus denen Erfahrungssätze aufgrund ihrer Generalisierung folgen und damit letztlich die Erfahrungssätze selbst beziehen sich somit auf Tatsachen des angeklagte Tatgeschehen (über das sie generelle Aussagen treffen und so konkrete ermöglichen), so dass trotz ihrer Wesensverschiedenheit von Tatsachen die Beweisaufnahme auf sie zu erstrecken ist.[266] Nur so erlangen auch die Prozessbetei-

---

[263] Siehe oben Zweiter Hauptteil, Viertes Kapitel, B, II.

[264] Hierdurch werden die Erfahrungssätze aber nicht gleich selbst zu Tatsachenbehauptungen, wie es die missverständlichen Formulierungen von *Rosenfeld*, Reichs-Strafprozeß, S. 159 („Erfahrungssätze, d.h. allgemeine Tatsachen des Lebens"), *Hilgendorf*, Tatsachenaussagen, S. 117 („Erfahrungssätze sind generell formulierte Tatsachenaussagen.") oder auch des Bundesgerichtshofs in BGHSt. 6, 292 (295) (spricht von Erfahrungssätzen als den „gleichbleibenden tatsächlichen Ereignissen oder Zuständen") nahe legen.

[265] Beispiel nach *Kühne*, Strafprozessrecht, Rn. 754.

[266] So ausdrücklich auch *Eisenberg*, Beweisrecht, Rn. 22, LR/*Jörg-Peter Becker*, § 244 Rn. 6, KK-StPO/*Fischer*, § 244 Rn. 3, *Kühne*, Strafprozessrecht, Rn. 754, *Pfeiffer*, StPO, § 244 Rn. 2, AK-StPO/*Schöch*, § 244 Rn. 14, *Alsberg/Nüse/Meyer*, Beweisantrag, S. 579 und AnwKomm-StPO/*Sommer*, § 244 Rn. 9; aA *Mezger*, Sachverständige, S. 12 Fn. 20 sowie NK-StGB/*Ingeborg Puppe*, Vor §§ 13 ff. Rn. 88, *dies.*, JZ 1994, 1150 und *dies.*, JZ 1996, 320, die von ei-

ligten die Möglichkeit, ihre verfahrensrechtlichen Mitwirkungsrechte in allen entscheidungsrelevanten tatsächlichen Fragen (Beweisantragsrecht: § 244 StPO, Fragerecht: § 240 StPO, Recht zur Stellungnahme: § 257 StPO) auszuüben.[267]

Folgerichtig wird zu den Aufgaben eines gerichtlichen Sachverständigen (im Rahmen einer Beweiserhebung) nicht nur die Anwendung von Erfahrungswissen im konkreten Einzelfall gehören, sondern bereits vorgelagert die Vermittlung der zu deren Verständnis notwendigen „Erfahrungssätze, Forschungsergebnisse, Erkenntnisse oder praktische[n] Regeln aus seinem Wissensgebiet [...], ohne dass er daraus selbst irgendwelche Schlussfolgerungen auf die Beweisfrage zieht, die der Richter zu entscheiden hat“[268]. Derartige Vermittlungen eigenen abstrakten Sachkundewissens (in Form von wissenschaftlichen erklärenden Erfahrungssätzen), die der Richter selbst nicht kennt, werden von *Mezger*[269] und *Toepel*[270] als „Sachverständigenaussagen der ersten Kategorie“ bezeichnet[271], vom Bundesgerichtshof[272] gar als „vornehmliche“ Aufgabe des gerichtlichen Sachverständigen.

II. Beweisbedürftigkeit

Nicht über jede Tatsachenbehauptung oder jeden Erfahrungssatz, der sich auf eine Tatsache des Tatgeschehens bezieht, ist aber auch tatsächlich Beweis zu erheben. Aus Gründen der Prozessökonomie und damit des in Art. 6 Abs. 1 MRK verbürgten Rechts auf ein Strafverfahren „innerhalb angemessener Frist“ aber auch der Wahrung der Rechte des Angeklagten hat das Gesetz weitere Filter für die gerichtliche Aufklärungspflicht des § 244 Abs. 2 StPO eingebaut, wozu neben grundgesetzlichen[273] wie in der Strafprozessordnung ausdrücklich vorgesehenen Beweiserhe-

---

ner Einführung in den Prozess spricht, ohne mit prozessualen Mitteln bewiesen zu werden, also „prozessual gesprochen, eine offenkundige Tatsache“. Beachte auch, dass selbst im vom Verhandlungsgrundsatz beherrschten Zivilprozess der Richter zu seiner notwendigen Information vom Erfahrungswissen nach § 144 Abs. 1 S. 1 ZPO von Amts wegen ein Sachverständigengutachten einholen kann, ungeachtet des Widerspruchs einer Partei (vgl. hierzu RG, JW 1931, 1477 und *Egon Schneider*, Beweis, Rn. 339).

267 AnwKomm-StPO/*Sommer*, § 244 Rn. 9.

268 *Alsberg/Nüse/Meyer*, Beweisantrag, S. 211; vgl. auch *Eberhard Schmidt*, LK II, Vor § 72 Rn. 7, *Roxin/Schünemann*, Strafverfahrensrecht, § 27 Rn. 1, *Meyer-Goßner*, Vor § 72 Rn. 1 und 3, KK-StPO/*Senge*, Vor § 72 Rn. 2 und *Jessnitzer*, StV 1982, 177.

269 Sachverständige, S. 10 ff.

270 Grundstrukturen, S. 109.

271 Gegenüber Schlussfolgerungen aus Tatsachen des konkreten Verfahrens als „Sachverständigenaussagen der ersten Kategorie“.

272 BGH, NJW 1978, 1207; vgl. zur Aufgabe eines Sachevrständigen auch BGHSt. 3, 27 (28) und BGHSt. 9, 292 (293).

273 Vgl. etwa zur Verwertbarkeit von Tagebuchaufzeichnungen des Angeklagten BGHSt. 19, 325 ff. und BGHSt. 34, 397 ff. oder zur Verwertbarkeit eines im Krankenzimmer des Angeklagten heimlich aufgenommenen Selbstgesprächs BGH, NStZ 2005, 700 mit Anm. *Geppert*, JK 3/06, StPO § 100 c/6.

bungsverboten[274] (z.B. § 252 StPO[275]: keine Verlesung des Protokolls eines in der Hauptverhandlung vernommenen Zeugen, der erst in der Hauptverhandlung von seinem Zeugnisverweigerungsrecht Gebrauch macht) maßgeblich § 244 Abs. 3 S. 2 StPO zählt, wonach ein Beweisantrag abgelehnt werden, wenn die Tatsachenbehauptung nicht mehr „beweisbedürftig" ist, weil die behauptete Tatsache „schon erwiesen ist" (z.B. durch ein glaubhaftes Geständnis) oder „eine Beweiserhebung wegen Offenkundigkeit überflüssig ist" („notori non egent probatione"). „Offenkundig" sind Tatsachen oder Erfahrungssätze, wenn sie entweder „allgemeinkundig" oder „gerichtskundig" sind.

1. Allgemeinkundigkeit

a) bei Tatsachen

Als „allgemeinkundig" gilt eine Tatsache auf „Gebieten, die im Hintergrund des Geschehens stehen" (sprich: eine Hilfs- und Indiztatsache)[276], von der ein verstän-

---

[274] Vgl. hierzu nur LR/*Jörg-Peter Becker*, § 244 Rn. 187ff. und *Günter Blau*, Jura 1993, 513ff.

[275] Hierzu sowie die weite Auslegung dieser Vorschrift über ihren Wortlaut hinaus ausführlich *Geppert*, Jura 1988, 305ff. und 363ff.; kritisch zu diesem weiten Verständnis *Rogall*, FS Otto, S. 973ff.

[276] Die unmittelbar beweiserheblichen Tatsachen, die ganz oder zum Teil die Tatbestandsmerkmale der angeklagten Straftat ausmachen, sind dagegen stets „in der Hauptverhandlung" mittels förmlicher Beweisaufnahme aufzuklären: ebenso BGHSt. 6, 292 (295), BGHSt. 45, 354 (359), BGHSt. 47, 270 (274), BGH, StV 1982, 55 (56), KG, JR 1956, 387f., *Geppert*, Unmittelbarkeit, S. 157, *Eisenberg*, Beweisrecht, Rn. 18, LR/*Gollwitzer* (25. Aufl., Berlin 2001), § 244 Rn. 231, KMR/*Paulus*, § 244 Rn. 209, *Nüse*, GA 1955, 72, *Rainer Keller*, ZStW 101 (1989), 403ff., *Friedrich Stein*, Wissen, S. 148 und *Friedrich-Wilhelm Krause*, Urkundenbeweis, S. 40f. Dies ergibt sich aus folgender Argumentation: Ermordet etwa A den B bei einer großen Samstagabendshow live im Fernsehen vor Millionen von Fernsehzuschauern, so liegt es wegen der Millionen an Beobachtern der Tat zwar nahe, die Tatsache „A hat auf B geschossen" als allgemeinkundig anzusehen und darüber keinen Beweis zu erheben. Einem Verstoß gegen die Grundsätze der Mündlichkeit (§ 261 StPO), Öffentlichkeit (§ 169 GVG) und des rechtlichen Gehörs (Art. 103 Abs. 1 GG) kann man hierbei zwar entgehen, indem – wie allgemein anerkannt (vgl. nur BGHSt. 6, 292 [296], BGH, NStZ 1995, 246 [247], BGH, NStZ 1998, 98 [99], OLG Koblenz, NStZ 2004, 396 [397], *Roxin/Schünemann*, Strafverfahrensrecht, § 24 Rn. 11, *Geppert*, Unmittelbarkeit, S. 154, *Eisenberg*, Beweisrecht, Rn. 25, KK-StPO/*Fischer*, § 244 Rn. 139 und *Hamm/Hassemer/Pauly*, Beweisantragsrecht, Rn. 341) – als verfahrensrechtliches Korrektiv zur Offenkundigkeit verlangt wird, dass die offenkundigen Tatsachen durch den richterlichen Hinweis zum Gegenstand der Hauptverhandlung gemacht wird mit der Möglichkeit einer Stellungnahme der Prozessbeteiligten („notoria egent prolatione"). Statt aus dem „Inbegriff der Hauptverhandlung" als Erkenntnisquelle des Tatrichters würde so aber quasi auch ein „mit den Vorschriften der StPO unvereinbares schriftliches Verfahren treten" (BGHSt. 6, 292 [294]), welches den Prozessbeteiligten nur mitgeteilt wird. Es würde also etwa nicht zur Einvernahme bei der Tat anwesender Zeugen kommen, die mit ihren individuellen Wahrnehmungen detailreichere Beobachtungen gemacht haben können als jene grundsätzlichen Wahrnehmungen, die die gesamte Personengruppe gemacht hat (nur dann „allgemeinkundig"); denn jeder Mensch konzentriert sich bei einer Wahrnehmung auf einen bestimmten, für ihn wichtigen Aspekt (sog. Selektionsprinzip:

diger und erfahrener Mensch in aller Regel sichere Kenntnis hat oder sich jedenfalls aus allgemein zugänglichen Quellen (z.B. Lexika, Stadtpläne, Atlanten, Fahrpläne, Telefonbücher etc.) eine zuverlässige Kenntnis verschaffen kann.[277] Hierzu zählen neben Naturvorgängen wie dem genauen Zeitpunkt der letzten Mondfinsternis oder historischen Ereignissen wie z.B. die Reliquieneigenschaft des „heiligen Rocks zu Trier“ oder die Massenmorde an Juden in Konzentrationslagern während des Zweiten Weltkriegs[278] auch die Existenz innerstaatlicher Gesetze (abgedruckt in allgemein zugänglichen Gesetzesbänden)[279], die konkrete Entfernung zweier Städte[280] oder bestimmte lokale Zustände in einer Stadt, selbst wenn diese nur einer bestimmten Personengruppe „allgemeinbekannt“ sind[281]. Innere Tatsachen wie „die innere Einstellung eines Angeklagten, seine Motivation und seine Absichten“ sind von der Allgemeinheit zwar aufgrund äußerer Umstände erschließbar, im Gegensatz zu diesen äußeren Indizien selbst aber kaum sicher erkennbar und damit direkt nicht der Allgemeinkundigkeit unterfallend.[282]

---

siehe oben Zweiter Hauptteil, Drittes Kapitel, B, I, 2, a). Um nicht den Kern des in den §§ 244 Abs. 2 und 250 S. 1 StPO geregelten Prinzips materieller Unmittelbarkeit (gesetzliche Forderung nach dem „bestmöglichen Beweis“ zur Wahrheitsforschung, möglichst „aus der Quelle selbst“) aufzugeben und sich bei offenkundigen Tatsachen stattdessen mit der „mittelbaren Quelle“ der von der Personengruppe einheitlich wahrgenommenen Tatsache („dem kleinsten gemeinsamen Nenner“) zufrieden zu geben, kann das den Gegenstand der Anklage bildende Geschehen als solches niemals „offenkundig“ sein und ist vielmehr justizförmig zu verifizieren. Selbst bei Indizientatsachen zur Vorsicht mit der Annahme einer „Offenkundigkeit“ mahnend *Geppert*, Unmittelbarkeit, S. 157 und *Eisenberg*, Beweisrecht, Rn. 27. Bei komplexen Sachverhalten hat BGH, JR 2001, 122 auch bloß mittelbar relevante Tatsachen nicht als gerichtskundig behandelt.

277 Vgl. BVerfGE 10, 177 (183), BGHSt. 6, 292 (293f.), BGHSt. 26, 56 (59), BGHSt. 48, 28 (30)(zur Offenkundigkeit iSd § 203 StGB), KG, NJW 1972, 1909, *Roxin/Schünemann*, Strafverfahrensrecht, § 24 Rn. 9, *Geppert*, Unmittelbarkeit, S. 154, *Geppert*, Jura 2003, 257, *Eisenberg*, Beweisrecht, Rn. 19, LR/*Jörg-Peter Becker*, § 244 Rn. 204, *Kühne*, Strafprozessrecht, Rn. 772, *Hamm/Hassemer/Pauly*, Beweisantragsrecht, Rn. 330 sowie *Kindhäuser*, Strafprozessrecht, § 20 Rn. 18.

278 BGH, NStZ 1994, 140.

279 Eine Beweiserhebung über inländisches Recht wird daher (im Einklang mit § 5 DRiG: Befähigung zum Richter durch die juristischen Staatsprüfungen, die dem Richter die notwendigen Kenntnisse vermitteln) als unzulässig betrachtet: BGH, NJW 1968, 1293, LG Celle, JR 1980, 256f., LR/*Jörg-Peter Becker*, § 244 Rn. 8 und KK-StPO/*Fischer*, § 244 Rn. 37, *Alsberg/Nüse/Meyer*, Beweisantrag, S. 137. Anders sieht es dagegen aus bei ausländischem Recht oder bei gewohnheitsrechtlichen Gepflogenheiten oder Handelsbräuchen, die bestimmtes Fachwissen voraussetzen. Dass hierüber eine Beweisaufnahme möglich ist (etwa durch Einholen eines Rechtsgutachtens), ist daher weitgehend unstreitig: BGHSt. 35, 216 (223), *Alsberg/Nüse/Meyer*, Beweisantrag, S. 138 und KK-StPO/*Fischer*, § 244 Rn. 3.

280 BGH bei *Martin*, DAR 1971, 122.

281 Vgl. BGHSt. 6, 292 (293), *Roxin/Schünemann*, Strafverfahrensrecht, § 24 Rn. 9, *Geppert*, Unmittelbarkeit, S. 154 Fn. 98 und *Nüse*, GA 1955, 72ff.

282 Ebenso *Feuerpeil*, Offenkundigkeit, S. 42f. und *Eva Graul*, Offenkundigkeit, S. 5; aA *Meurer*, JR 1993, 95 zur Ausreiseabsicht Honeckers.

b) bei Erfahrungssätzen

Hiervon ausgehend sind Erfahrungssätze allgemeinkundig, von denen ein verständiger und erfahrener Mensch in aller Regel sichere Kenntnis hat oder sich jedenfalls aus allgemein zugänglichen Quellen (z.B. Lexika, etc.) eine zuverlässige Kenntnis verschaffen kann. Neben Erfahrungssätzen der Lebenserfahrung können auch wissenschaftliche Erfahrungssätze allgemeinkundig sein, wenn sie entweder zum Allgemeinwissen zählen oder ohne Schwierigkeiten feststellbar sind. Hierzu zählt etwa aus dem Bereich der zwingenden Erfahrungssätze, dass der Mensch nicht 300 Jahre alt wird, dass „die Sonne hierzulande mittags im Süden steht“[283], dass Kochschinken ein leicht verderbliches Erzeugnis ist[284] oder dass der Bremsweg bei einer nassen Fahrbahn länger ist als auf einer trockenen[285] sowie aus dem Bereich der statistischen Erfahrungssätze, „dass sich Nichtraucher durch das Rauchen in geschlossenen Räumen belästigt fühlen können“[286], „dass bei der Ausfüllung von Formularen leicht Versehen unterlaufen“[287] oder dass die Verweigerung verbrecherischer Befehle unter dem nationalsozialistischen Regime nicht notwendig eine Leibes- oder Lebensgefahr mit sich brachte[288].[289]

Erfordert die Kenntnis eine besondere Sachkunde, ist der Kreis der Kundigen auf Fachkreise beschränkt, so dass nicht mehr von einer *Allgemein*kundigkeit gesprochen werden kann.[290] Dies gilt etwa für die genaue Wirkweise eines Geräts zur Geschwindigkeitsmessung mittels Radar[291], für den Erfahrungssatz der Vererbungs-

---

[283] *Grave/Mühle*, MDR 1975, 277.

[284] KG, Beschl. v. 16. 5. 2001 – (5) 1 Ss 40/01 (14/01), juris, dort allerdings zu Unrecht als „Tatsache“ bezeichnet.

[285] Vgl. nur BGH, VRS 23 (1962), 269 (272).

[286] OVG Münster, DVBl. 1983, 53 (55).

[287] RGZ 84, 163 (166).

[288] LG Hamburg, MDR 1968, 344.

[289] Strittig ist, ob die Nichtexistenz übersinnlicher Kräfte ein (negativer) allgemeinkundiger Erfahrungssatz ist (so etwa RGSt. 8, 351 [353][„notorische Nichtexistenz“], RGSt. 33, 321ff., LG Kassel, NJW 1985, 1642, LG Kassel, NJW-RR 1988, 1517f., LG Mannheim, NJW 1993, 1488, *Alsberg/Nüse/Meyer*, Beweisantrag, S. 557 und *Wolf Wimmer*, NJW 1976, 1132f.) oder nicht, da es an einer allgemeinen Anerkennung als richtig fehle und Professor Bender in Freiburg sogar einen Lehrstuhl für Parapsychologie gehabt hätte (so *Eva Graul*, Offenkundigkeit, S. 156ff.; ähnlich *Gerhard Walter*, Beweiswürdigung, S. 278, der von „Einzelfällen“ spricht). Umgehen kann man diesen Streit, indem man mit dem Bundesgerichtshof (BGH, NJW 1978, 1207) magische Kräfte als wissenschaftlich nicht beweisbar ansieht (dies hat auch *Bender*, NJW 1977, 1091 eingestanden) und ein parapsychologisches Gutachten etwa als „völlig ungeeignetes Beweismittel“ iSd § 244 Abs. 3 S. 2 StPO ansieht. Bemerkenswert ist in diesem Zusammenhang, dass das LG Eichstätt noch am 17. November 1892 in der Beleidigungssache gegen den Kapuzinerpater Aurelian Beweis darüber erhoben hat, ob Backwerk ein Kind verhexen kann und die angehörten Sachverständigen dies sogar bejaht haben (so mitgeteilt von *Friedrich Stein*, Wissen, S. 83 mit Fn. 36).

[290] Ebenso *Eisenberg*, Beweisrecht, Rn. 22.

[291] Ebenso *Eva Graul*, Offenkundigkeit, S. 150; anders BayObLG, VRS 30 (1966), 310f., OLG Celle, VRS 45 (1973), 462 (463) und OLG Hamm, DAR 1974, 77f., die die Hinzuziehung eines Sachverständigen für nicht erforderlich halten.

lehre, dass ein Mann mit der Blutuntergruppe A2 nicht der Erzeuger eines Kindes mit der Blutuntergruppe A1 sein kann[292] oder dass Heizöl einen Flammpunkt von über 55 °C hat[293]. Dass diese Erfahrungssätze dennoch Gültigkeit haben, also „allgemeingültig" sind, ändert hieran nichts. Denn allgemein*gültig* bedeutet nicht zwingend auch, dass der Erfahrungssatz auch allgemein*bekannt* und damit allgemein*kundig* ist.[294]

Gleiches gilt, wenn sich nur Fachkundige die Kenntnis verschaffen können, die Erfahrungssätze also nur in Fachbüchern niedergelegt sind.[295] Dies betrifft in der Praxis maßgeblich medizinische Fragen: So hat etwa der Bundesgerichtshof[296] zu Recht wegen Fachkundewissens einen Sachverständigen zum Beweis des medizinischen Erfahrungssatzes vernommen (und sich nicht bloß in der medizinischen Fachliteratur eingelesen), dass ein Kraftfahrer, bevor er am Steuer seines Fahrzeugs während der Fahrt einschläft, stets deutliche Zeichen der Ermüdung an sich wahrnimmt oder wahrnehmen kann. Ebenso ein nur fachkundiger Erfahrungssatz ist, dass bei einer Bauchoperation die Anwendung von Penicillin die Entstehung einer Bauchfellentzündung verhindern kann.[297]

Die Abgrenzung zwischen einem Laien noch bekannten Allgemein- und dem fachlichem (Sonder-)Wissen mag im Einzelfall zwar schwierig sein und man baut sich so zugleich als Abgrenzungsfigur das Bild eines „Normalmenschen" mit Allgemeinwissen, den es so nicht gibt.[298] Dennoch ist es gerade die (primäre) Aufgabe eines Sachverständigen, besonderes fachliches Wissen zu vermitteln, die der Richter nicht kennt, so dass die Abgrenzung zwischen *Allgemein-* und *Fachwissen* nicht nur sprachlich in der *Allgemein*kundigkeit und seinem Verständnis als Wissen eines jeden vernünftigen Menschen (quasi der *Allgemein*heit) angelegt ist. Es ist schon von der Wissensqualität her ein nicht zu unterschätzender Unterschied, „ob ein Laie versucht, sich selbst aus dem Schrifttum über Fachfragen zu unterrichten, oder ob ihm das notwendige Wissen von einem Fachmann vermittelt wird"[299].

---

[292] BGH LM § 261 StPO Nr. 24.

[293] BGHR StPO § 261 Erfahrungssatz 4.

[294] Vgl. *Eva Graul*, Offenkundigkeit, S. 150ff. Zumindest missverständlich daher *Alsberg/Nüse/Meyer*, Beweisantrag, S. 555: „Die aufgrund der allgemeinen Lebenserfahrung gesicherten Erfahrungssätze sind demnach *immer* allgemeinkundig" (Hervorhebung durch Verf.).

[295] *Alsberg/Nüse/Meyer*, Beweisantrag, S. 555.

[296] BGHSt. 23, 156.

[297] OLG Braunschweig, NJW 1955, 1201 (1202).

[298] So die Kritik von *Friedrich Stein*, Wissen, S. 26 und 83. Das Gegenargument von *Alsberg/Nüse/Meyer*, Beweisantrag, S. 555, das Gesetz verlange auch bei der Anwendung des § 244 Abs. 4 S. 1 StPO die Unterscheidung zwischen Allgemein- und Fachwissen, geht fehl. Denn das Gesetz spricht nur von der „erforderlichen Sachkunde", die sowohl in einem Allgemeinwissen (z. B. von den physikalischen Fallgesetzen) als auch in einem besonderen Fachwissen liegen kann.

[299] *Alsberg/Nüse/Meyer*, Beweisantrag, S. 556.

2. Gerichtskundigkeit

a) bei Tatsachen

Als „gerichtskundig“ werden demgegenüber von Rechtsprechung und überwiegendem Schrifttum jene Tatsachen bezeichnet, die das erkennende Gericht in Zusammenhang mit seiner (derzeitigen oder aus einem früheren Verfahren stammenden) amtlichen Tätigkeit zuverlässig in Erfahrung gebracht hat[300], wie etwa das Wissen des Gerichts aus einem anderen Verfahren[301]. Hat ein Richter selbst die zu bewertende Tatsache wahrgenommen und sagt er hierüber als Zeuge aus, ist er zwar nach § 22 Nr. 5 StPO von Gesetzes wegen von der weiteren Ausübung seines Richteramtes in diesem Verfahren ausgeschlossen. Dieses grundsätzliche Konzept wird durch die Einschränkung der Amtsaufklärungspflicht bei offenkundigen Tatsachen jedoch durchbrochen, indem es dem Gericht zugestanden wird, Wahrnehmungen als „offenkundig“ der Entscheidung (im Rahmen der Beweiswürdigung nach § 261 StPO) zugrunde zu legen, ohne selbst vernommen zu werden. Liest man wegen der psychologischen Einheit von Beweisaufnahme und Beweiswürdigung jedoch das Erfordernis einer Überzeugungsschöpfung „aus dem Inbegriff der Verhandlung“ (§ 261 StPO) in § 244 Abs. 2 StPO hinein, so müsste sowohl der Grundsatz der Unmittelbarkeit gewahrt bleiben als auch die Möglichkeit einer Einschränkung der Amtsaufklärungspflicht aus Gründen der Offenkundigkeit der zu beweisenden Tatsache bestehen. Diese Gratwanderung mahnt zunächst zur Vorsicht bei der Gerichtskundigkeit, die dem Richter es ansonsten beispielsweise ermöglichen würde, außerhalb der Hauptverhandlung sich einen Tatort anzuschauen und einen Antrag auf Augenscheinnahme des Tatorts dann wegen Offenkundigkeit abzulehnen, wesentliche Beweisaufnahmen also aus der Hauptverhandlung auszulagern, ohne den Prozessbeteiligten eine Möglichkeit auf Beeinflussung und Kontrolle zu nehmen. Dieser Gefahr meint die überwiegende Ansicht mit der Betonung der „amtlichen Tätigkeit“ als Grund der Wahrnehmung zu begegnen. Dies schließt zwar das eben dargelegte Beispiel einer privaten Ortskenntnis[302] genauso aus wie die Einholung einer formlosen privaten Auskunft von Außenstehenden[303]. „Die erfahrungsmäßige Unvollkommenheit der menschlichen Sinneswahrnehmung, die verhindert, dass jemals das Ergebnis der Wahrnehmung des Einzelnen unbedingten Glaube verdien-

---

[300] BVerfGE 10, 177 (183), RGSt. 16, 327 (330f.), RGSt. 28, 171 (172), RG, JW 1929, 1051, RG, JW 1930, 715, BGHSt. 6, 292 (293), OLG Frankfurt a. M., StV 1983, 192f., OLG Köln, VRS 65 (1983), 450 (451), *Roxin/Schünemann*, Strafverfahrensrecht, § 24 Rn. 10, *Geppert*, Jura 2003, 257, *Eisenberg*, Beweisrecht, Rn. 24 sowie LR/*Jörg-Peter Becker*, § 244 Rn. 208; weitergehender jede berufsbezogene Kenntniserlangung ausreichend lassend *Hiegert*, Offenkundigkeit, S. 169.

[301] Vgl. BGHSt. 26, 56 (59), BGH, NStZ 1998, 98, LR/*Jörg-Peter Becker*, § 244 Rn. 209 und *Kindhäuser*, Strafprozessrecht, § 20 Rn. 19.

[302] Vgl. OLG Köln, VRS 44 (1973), 211, OLG Frankfurt a. M., StV 1983, 192 (193), *Eisenberg*, Beweisrecht, Rn. 24 und *Hamm/Hassemer/Pauly*, Beweisantragsrecht, Rn. 336; aA *Gerhard Walter*, Beweiswürdigung, S. 262ff. und 283f.

[303] Vgl. nur OLG Karlsruhe, MDR 1976, 247, *Eisenberg*, Beweisrecht, Rn. 24 und *Hamm/Hassemer/Pauly*, Beweisantragsrecht, Rn. 336.

te"[304], gilt für eine richterliche Wahrnehmung aber genauso wie für die eines anderen Menschen; sie kann daher nicht allein ausschlaggebend sein für einen dem Urteil zugrunde zu legenden Umstand. Es geht zwar zu weit, aus diesem Grunde das richterliche Wissen gänzlich dem privaten Wissen zuzuordnen.[305] Vielmehr spricht mehr für das vor allem früher vorherrschende einschränkende Verständnis, dass gerichtskundig nur all jene Tatsachen sind, die „der Richter weiß, weil er Richter ist"[306]. Konkretisiert man diesen bloßen „Leitsatz" weiter, so ist mit *Geppert*[307] zu Recht auf den „Grund der Gerichtskundigkeit" abzustellen und damit darauf, „dass bei gerichtskundigen Tatsachen eben jedes (örtlich und sachlich zuständige) Gericht die betreffende (Hintergrund-)Tatsache kennt". Denn: „Wenn jeder Richter die betreffende Tatsache kennt oder aus sicherer Quelle leicht erfahren kann, ist keine persönliche Identifizierung dieses Richters mit seinem Wissen [ergänze: sowie die Maßgeblichkeit einer einzigen, möglicherweise getrübten (richterlichen) Wahrnehmung] zu befürchten." So wird die Gerichtskundigkeit quasi zu einem Unterfall der Allgemeinkundigkeit, begrenzt auf die Richter eines bestimmten Gerichts als maßgebliche Personengruppe.[308]

b) bei Erfahrungssätzen

Gerichtskundig ist ein Erfahrungssatz hiernach, wenn jeder der Richter des Gerichts ihn kennt, weil er Richter dort ist. Dies gilt insbesondere für typische und häufig wiederkehrende Sachfragen des Gerichts wie etwa für die Kenntnis aufgrund verschiedener gleich gelagerter Fälle zum Ursachenzusammenhang zwischen der NS-Verfolgung und Gesundheitsfolgeschäden[309], für die Kenntnis eines Kartellsenats aufgrund zahlreicher anderer Verfahren davon, dass viele Hersteller ihre individuelle Preis- und Rabattgestaltung als Geschäftsgeheimnis betrachten[310], für die Kenntnis eines Hamburger Strafgerichts von der Hamburger Metho-

304 *Friedrich Stein*, Wissen, S. 2.

305 So aber *Rosenfeld*, Reichs-Strafprozeß, S. 161 und *Arzt*, Strafrichter, S. 90ff.

306 *Friedrich-Wilhelm Krause*, Urkundenbeweis, S. 46; ebenso *Beling*, Reichsstrafprozeßrecht, S. 287, *Alsberg/Nüse/Meyer*, Beweisantrag, S. 545, *Alsberg*, JW 1918, 792, *Eberhard Schmidt*, LK I, Rn. 383 und *Rieker*, Ablehnung, S. 63.

307 Unmittelbarkeit, S. 157.

308 So im Ergebnis bereits *Geppert*, Unmittelbarkeit, S. 158 und *Karl Peters*, Strafprozeß, S. 309. Konsequente Folge dieser Sichtweise ist, dass es bei Kollegialgerichten auf die Kenntnis aller Richter ankommen muss (so bereits RG, JW 1925, 2136f., RG, JW 1929, 1051, RG, JW 1930, 715, *Eberhard Schmidt*, LK I, Rn. 383, *Geppert*, Unmittelbarkeit, S. 156, KMR/*Paulus*, § 244 Rn. 208 und 216, *Nüse*, GA 1955, 74f., *Goldschmidt*, JW 1929, 49 sowie *Schlosky*, DRiZ 1933, 104f.) und es nicht genügt – wie die überwiegende Ansicht es aber annimmt (RG, JW 1929, 48, BGHSt. 34, 209 [210], *Roxin/Schünemann*, Strafverfahrensrecht, § 24 Rn. 10, LR/*Gollwitzer* [25. Aufl., Berlin 2001], § 261 Rn. 28, *Meyer-Goßner*, FS Tröndle, S. 558, *ders.*, § 244 Rn. 53, KK-StPO/*Fischer*, § 244 Rn. 140, *Rainer Keller*, ZStW 101 [1989], 414f. sowie *Eva Graul*, Offenkundigkeit, S. 122ff. und 136) –, wenn die Kenntnis nur bei einem Richter vorliegt, der sie den anderen dann vermittelt.

309 BGH, JZ 1968, 670.

310 BGHSt. 26, 56 (59); *Geppert*, Jura 2003, 259 spricht hier fälschlich von einer „Tatsache", obwohl die Aussage allgemein und nicht konkret formuliert ist.

de des Funkstoppmessverfahrens zur Geschwindigkeitsermittlung[311] aufgrund früherer Fälle oder für die Kenntnis erfahrener Jugendrichter von den allgemeinen Grundsätzen zur Glaubwürdigkeitsbeurteilung von Jugendlichen[312].

3. Prozessuale Bedeutungslosigkeit der Offenkundigkeit von Erfahrungssätzen

Obwohl hiernach nur bestimmte Erfahrungssätze allgemeinkundig oder gerichtskundig sind und damit wegen Offenkundigkeit keiner Beweisaufnahme bedürfen, wird seit der grundlegenden Arbeit von *Stein* über „Das private Wissen des Richters" im Schrifttum vertreten[313],

> „dass die Quelle seines [scil. des Richters] Wissen unerheblich und es folgeweise gleichgiltig ist, ob er [scil. der Richter] den Erfahrungssatz schon früher als Richter gebraucht oder als Privatmann kenne gelernt hat, oder ob er ihn erst im Augenblicke durch Erinnerung an früher erlebte oder gehörte Beobachtungsfälle bildet. Das Letztere ist die ihm frei stehende Bethätigung des sog. gesunden Menschenverstandes. Allein entscheidend für das Beweisbefürfniss ist sonach, ob der Richter den Satz weiss oder nicht, nicht aber, woher er ihn weiss."[314]

Diese These von der prozessualen Bedeutungslosigkeit der Offenkundigkeit von Erfahrungssätzen beruht auf dem verbreiteten Verständnis, dass die Beweiserhebung über einen Erfahrungssatz ausschließlich über eine Sachverständigenvernehmung möglich sei.[315] Und nach § 244 Abs. 4 S. 1 StPO kann ein Beweisantrag auf Vernehmung eines Sachverständigen abgelehnt werden, wenn der Richter[316]

---

[311] Vgl. hierzu OLG Hamburg, VRS 55 (1978), 373 (374).

[312] Vgl. nur BGHSt. 3, 52 (53f.), BGH, NJW 1961, 1636 und BGH, NStZ 1981, 400.

[313] *Mezger*, Sachverständige, S. 154f., *Dohna*, Strafprozeßrecht, S. 95, *Alsberg/Nüse/Meyer* Beweisantrag, S. 695, *Hellmuth Mayer*, FS Mezger, S. 461 und 468, LR/*Gollwitzer* (25. Aufl., Berlin 2001), § 244 Rn. 300, *Döhring*, JZ 1968, 641 ff. sowie *Eva Graul*, Offenkundigkeit, S. 164 ff. und 275 f.

[314] *Friedrich Stein*, Wissen, S. 85 f.

[315] So etwa *Hellmuth Mayer*, FS Mezger, S. 461 mit Fn. 2, *Rainer Keller*, ZStW 101 (1989), 408 und *Eva Graul*, Offenkundigkeit, S. 143.

[316] Bei Kollegialgerichten erübrigt sich ebenso wie bei der Gerichtskundigkeit (siehe oben Zweiter Hauptteil, Viertes Kapitel, D, II, 2, a)) eine Beweiserhebung über eine Sachverständigenvernehmung nur, wenn jeder der Richter die notwendige Sachkunde besitzt. Ansonsten ist Teilen der zu entscheidenden Richter das notwendige Allgemein- oder Fachwissen nicht vorhanden, um die Beweisfrage beurteilen und sachgerecht entscheiden zu können (i.E. ebenso *Karl Peters*, Strafprozeß, S. 308 f., *Gössel*, Strafverfahrensrecht, S. 257, *Hanack*, JZ 1972, 116 und KMR/*Paulus*, § 244 Rn. 466). Soweit die überwiegende Ansicht es ausreichen lässt, dass jedenfalls einer der Richter über die notwendige Sachkunde verfügt und diese den anderen Richtern vermittelt (so BGHSt. 12, 18, BGH, NStZ 1983, 325, OLG Hamburg, NJW 1964, 559 [560] und OLG Stuttgart, DAR 1976, 23, LR/*Jörg-Peter Becker*, § 244 Rn. 72, KK-StPO/*Fischer*, § 244 Rn. 27, *Pfeiffer*, StPO, § 244 Rn. 41, SK-StPO/*Frister*, § 244 Rn. 36 und *Jessnitzer*, BA 15 [1978], 320 f.), besteht die Gefahr, dass dies erst unkontrolliert während der Urteilsberatung erfolgt. Zudem bedeutet die Kenntnis vom entscheidungserheblichen Wissen nicht notwendig auch, dass der entsprechende Richter über die Fähigkeit verfügt, dieses even-

bereits selbst die „erforderliche Sachkunde" besitzt. Hierbei schreibt das Gesetz weder bestimmte Quellen der richterlichen Kenntnis vor, noch schließt es bestimmte aus. Das Wissen kann also sowohl erst während der Hauptverhandlung[317] aufgrund der Aussage eines sachverständigen Zeugen oder eines Sachverständigen[318] erworben worden sein als auch bereits zuvor aufgrund früherer ähnlich gelagerter Verfahren oder eigener privater wissenschaftlicher Studien[319], unabhängig davon, ob es die strengeren Maßstäbe der Allgemein- oder Gerichtskundigkeit erfüllt.

Dogmatisch stimmt die These von der „Allmacht" der eigenen Sachkunde des Gerichts bei offenkundigen Erfahrungssätzen zwar nicht, da diese dem Gericht neben der Vernehmung eines Sachverständigen auch durch die Vernehmung eines sachverständigen Zeugen – für den der Ablehnungsgrund der eigenen Sachkunde nach § 244 Abs. 4 S. 1 StPO nicht gilt[320] – oder der Verlesung eines Sachverständigengutachtens vermittelt werden kann. Nach § 244 Abs. 3 S. 2 StPO kann jedoch ein hierauf abzielender Beweisantrag abgelehnt werden kann, „wenn die Tatsache, die bewiesen werden soll, [...] schon erwiesen ist". Versteht man § 244 Abs. 2 StPO im obigen Sinne, dass er auch erklärende und beweismittelqualifizierende Erfahrungssätze erfasst[321], so muss man dies wegen der Systematik des § 244 StPO (Absatz 2 nennt den grundsätzlichen Gegenstand der Beweisaufnahme, Absatz 3 den Teil dieses Gegenstandes, der ausnahmsweise doch keiner Beweisaufnahme bedarf) auch § 244 Abs. 3 S. 2 StPO beimessen: Sind Erfahrungssätze für das Gericht bereits erwiesen, bedarf es keiner weiteren Beweisaufnahme, ob sie nun offenkundig sind oder nicht. Anders sieht es nur aus, wenn eine Pro-

---

tuell komplizierte fachliche Sonderwissen den anderen Richtern verständlich zu erläutern – so kann bei den anderen Richtern ein gefährliches Halbwissen entstehen, auf deren Basis sie dann entscheiden.

[317] Vgl. BGH bei *Spiegel*, DAR 1977, 175, BGH, NStZ 1983, 325 und OLG Hamm, NJW 1978, 1210. Dies ist insbesondere für die Frage relevant, ob es der Anhörung eines weiteren Sachverständigen bedarf (vgl. § 83 StPO).

[318] Vgl. nur BGH bei *Spiegel*, DAR 1983, 205 und BGH, NStZ 1984, 467. Unzulässig ist jedoch die Befragung eines Sachverständigen *außerhalb* der Hauptverhandlung, um dann einen Beweisantrag auf Vernehmung eines Sachverständigen in der Hauptverhandlung mit der Begründung der „eigenen Sachkunde" (§ 244 Abs. 4 S. 1 StPO) abzulehnen (so die überwiegende Ansicht: BGH, StV 1995, 339, LR/*Jörg-Peter Becker*, § 244 Rn. 68, *Alsberg/Nüse/Meyer*, Beweisantrag, S. 699, *Meyer-Goßner*, § 244 Rn. 73 und *Junker*, Beweisantragsrecht, Rn. 189). Denn dies würde unter Umgehung der prozessualen Vorschriften zum Sachverständigenbeweis erfolgen, den Strengbeweis also durch den Freibeweis ersetzen, und dem Mündlichkeitsprinzip zuwider laufen, indem die erforderliche Sachkunde gleichsam in einem Geheimverfahren erfragt würde.

[319] Vgl. zu letzterem BGH, StV 1995, 339, BGH, StV 1998, 248f., BGH, NStZ 2000, 156 (157), *Mezger*, Sachverständige, S. 154f., *Alsberg/Nüse/Meyer*, Beweisantrag, S. 695, *Mösl*, DRiZ 1970, 111, *Meyer-Goßner*, § 244 Rn. 73 und *Kattrin Korte*, Gerichtskundigkeit, S. 45; aA *Bockelmann*, GA 1955, 324f. Fn. 15, nach dem das Spezialwissen des Richters mittels förmlicher Beweisaufnahme in den Prozess eingeführt werden müsse, um es verwerten zu können.

[320] BGH, StV 1982, 102 (103), BGH, StV 1985, 314 und LR/*Jörg-Peter Becker*, § 244 Rn. 321.

[321] Siehe oben Zweiter Hauptteil, Viertes Kapitel, D, I.

zesspartei das Gegenteil eines Erfahrungssatzes beweisen will, den das Gericht für bereits bewiesen hält. Dieser Beweisantrag kann nicht mit der Begründung abgelehnt werden, das Gegenteil sei bereits erwiesen, da dies eine unzulässige Vorwegnahme der endgültigen Beweiswürdigung (Verbot der Beweisantizipation) darstellen würde.[322] Hier würde sich die einzige Möglichkeit bieten, bei Erfahrungssätzen auf den Ablehnungsgrund der Offenkundigkeit zu rekurrieren.

Dies würde jedoch voraussetzen, dass ein Beweisantrag nach § 244 Abs. 3 S. 2 StPO auch dann abgelehnt werden kann, wenn nicht der zu beweisende Erfahrungssatz selbst, sondern sein Gegenteil für das Gericht offenkundig ist. So verstehen in der Tat Rechtsprechung[323] und Teile des Schrifttums[324] diesen Ablehnungsgrund. Begründet wird dies damit, dass es ansonsten für den Gesetzgeber näher gelegen hätte, den Ablehnungsgrund statt „wenn eine Beweiserhebung wegen Offenkundigkeit überflüssig ist" zu formulieren als „wenn die Tatsache, die bewiesen werden soll, [...] schon erwiesen oder offenkundig ist".[325] Ratio der Vorschrift sei es zudem, überflüssige Beweiserhebungen zu unterbinden; um derartige würde es sich aber gleichfalls handeln, wenn das Gegenteil offenkundig sei.[326]

Dem ist jedoch mit einer im Vordingen befindlichen Ansicht in der Literatur[327] nicht zu folgen. Dies würde ansonsten der oben bereits angedeuteten Entstehungsgeschichte des § 244 Abs. 3 StPO[328] als Ergebnis der Rechtsprechungsgrundsätze zur Unzulässigkeit einer Beweisantizipation widersprechen: „Es läßt sich nicht gut sagen: Wegen der Wahrheitserforschungspflicht sind zwar einerseits das Beweisantizipationsverbot und daher die Enumeration der Gründe des § 244 Abs. 3 [StPO] beachtlich, eben diese Gründe legen wir aber andererseits so aus, dass sie doch nicht das genannte Verbot sichern und Beweisantizipationen ermöglichen."[329] Zudem muss ein offenkundiger Erfahrungssatz nicht notwendig auch wahr sein[330]: Im

---

322 Dies ist einhellig anerkannt: vgl. nur BGH, StV 1986, 418 (419), BGH, StV 1997, 567 (568), BGH, StraFo 2010, 152, *Alsberg/Nüse/Meyer*, Beweisantrag, S. 413f. und *Meyer-Goßner*, § 244 Rn. 46. Siehe zum Beweisantizipationsrecht bereits oben Zweiter Hauptteil, Drittes Kapitel, B, I, 2, b).

323 RG, HRR 1936, Nr. 1476, BGHSt. 6, 292 (296), OLG Celle, NJW 1967, 588 und OLG Hamburg, NJW 1968, 2303 (2304).

324 *Eisenberg*, Beweisrecht, Rn. 16, LR/*Gollwitzer* (25. Aufl., Berlin 2001), § 244 Rn. 227, *Hamm*, Revision, Rn. 688, KMR/*Paulus*, § 244 Rn. 440, *Meyer-Goßner*, § 244 Rn. 50 und *Rainer Keller*, ZStW 101 (1989), 392f.

325 *Hamm*, Revision, Rn. 688.

326 *Friedrich-Wilhelm Krause*, Urkundenbeweis, S. 43f.

327 So *Geppert*, Unmittelbarkeit, S. 154, *Grünwald*, Beweisrecht, S. 93f., *Eva Graul*, Offenkundigkeit, S. 190ff., *Dieter Engels*, GA 1981, 29f., *Birgit Born*, Wahrunterstellung, S. 113f. und *Feuerpeil*, Offenkundigkeit, S. 106f. und 132ff.

328 Hierzu ausführlich *Eva Graul*, Offenkundigkeit, S. 190ff.; siehe hierzu bereits oben Zweiter Hauptteil, Drittes Kapitel, B, I, 2, b).

329 *Dieter Engels*, GA 1981, 26.

330 *Friedrich Stein*, Wissen, S. 38 und 147, *Dieter Engels*, GA 1981, 30 und *Kattrin Korte*, Gerichtskundigkeit, S. 50 sowie *Eisenberg*, Beweisrecht, Rn. 16, der dies jedoch als Argument für eine Ablehnung wegen Offenkundigkeit des Gegenteils verwendet: Denn der als offenkundig angenommene Erfahrungssatz sei lediglich ein Indiz für deren Wahrheit.

Zuge des technischen Fortschritts muss gesichertes Wissen ständig überdacht und eventuell sogar aufgegeben werden. So galt es beispielsweise früher als offenkundig, dass die Erde eine Scheibe ist und wurde auf dieser Grundlage Gallileo Gallilei verurteilt. Oder im Bereich der Straßenverkehrsdelikte galt es lange Zeit als wissenschaftlich anerkannt, dass bei einer Blutalkoholkonzentration von 1,3‰ eine absolute Fahruntüchtigkeit im Sinne der §§ 315c Abs. 1 Nr. 1a und 316 StGB bestand[331], bis exaktere Messverfahren eine Reduzierung auf 1,1‰ erforderten.[332] Besteht diese Gefahr verbesserter wissenschaftlicher Erkenntnisse ständig, so ist eine Beweiserhebung hierüber nicht generell überflüssig, der Sinn des § 244 Abs. 3 S. 2 StPO als gerade nicht erfüllt. Vielmehr sollte auch und gerade zum Schutz des Beschuldigten vor Fehlurteilen auf falscher wissenschaftlicher Basis der Gegenbeweis stets zugelassen werden. Der Ablehnungsgrund der Offenkundigkeit gilt also auch in dieser Konstellation nicht. Das Gericht muss dem Beweisantrag nachgeben.

Die oben vorgenommene, im Einzelfall problematische Unterscheidung von offenkundigen und nicht offenkundigen Erfahrungssätzen legt es demnach nahe, statt seiner bezüglich der Vernehmung eines Sachverständigen (Regelfall) auf die Ablehnungsgründe der eigenen Sachkunde des Gerichts (§ 244 Abs. 4 S. 1 StPO) bzw. im übrigen auf den Ablehnungsgrund der bereits vorliegenden Erwiesenheit des Erfahrungssatzes (§ 244 Abs. 3 S. 2 StPO) abzustellen. Insgesamt folgerichtig plädiert daher *Eva Graul*[333] aus Gründen der dogmatischen Vereinfachung dafür, „die Erfahrungssätze von vornherein aus dem Anwendungsbereich des § 244 Abs. 3 S. 2 Var. 1 StPO herauszunehmen".

Gefährlich wird dies für die Rechtsstellung des Beschuldigten erst, wenn man entsprechend der früheren reichsgerichtlichen Judikatur[334] die Beurteilung, ob das Gericht über die erforderliche Sachkunde verfügt, in das freie Ermessen des Gerichts selbst stellen würde. Dann könnte das Gericht sich nach eigener Entscheidung einer Beweiserhebung und damit der Möglichkeit begeben, Tatsachen festzu-

---

331 Vgl. nur BGHSt. 21, 157.

332 BGHSt. 37, 89; vgl. zu diesem Erfahrungssatz auch ausführlich unten Zweiter Hauptteil, Viertes Kapitel, F, IV.

333 Offenkundigkeit, S. 176.

334 Vgl. RGSt. 3, 176f., RGSt. 14, 276 (278), RGSt. 25, 326 (328), RGSt. 47, 100 (108), RGSt. 51, 42, RGSt. 52, 61 (62), RG, JW 1891, 53 und RG, JW 1903, 93; dem folgend *Mezger*, Sachverständige, S. 154ff. sowie von *Kries*, Strafprozeßrecht, S. 387. Begründet wurde die Annahme einer Ermessensentscheidung mit §§ 73 (Auswahl der zuzuziehenden Sachverständigen durch das Gericht), 83 StPO (neue Begutachtung, wenn der Richter das Gutachten für ungenügend erachtet) sowie dem Verständnis, der Sachverständige sei bloßer „Gehilfe des Richters" (vgl. RGSt. 3, 27 [28], RGSt. 14, 276 [278], RGSt. 25, 326 [327], RGSt. 47, 100 [108] und RG, JW 1891, 53). § 73 StPO besagt seinem Wortlaut entsprechend jedoch nur, dass wenn ein Sachverständiger zuzuziehen ist, deren Auswahl dem Richter obliegt. Und aus § 83 StPO folgt lediglich, dass das Gericht einen weiteren Sachverständiger beauftragen kann, wenn ein Sachverständiger zuzuziehen ist und zugezogen wurde, deren Gutachten dem Gericht aber nicht die notwendige Sachkunde vermittelt. Zur Frage, ob das Gericht die eigene Sachkunde unüberprüfbar (also seinem Ermessen) selbst beurteilen kann, sagen diese Normen nichts. Gegen diese Argumentation der früheren Rechtsprechung daher bereits *Lobe*, LZ 1914, 978, *Alsberg*, JW 1924, 1760 und *Mannheim*, JW 1928, 1308.

stellen, die auf einen anderen (für den Angeklagten günstigeren) Geschehensablauf hätten schließen lassen können. Nach dem eindeutigen Gesetzeswortlaut hat der Sachverständige als „Gehilfe des Richters" diesem jedoch die erforderliche Sachkunde zu vermitteln, solange das Gericht *objektiv* nicht die „erforderliche Sachkunde *besitzt*"; ob das Gericht nur *subjektiv* meint, die erforderliche Sachkunde zu besitzen, genügt gerade nicht. Einer objektiv zur Erforschung der Wahrheit im Sinne des § 244 Abs. 2 StPO erfolgende Beweisaufnahme wird § 244 Abs. 4 S. 1 StPO daher nur gerecht, wenn sichergestellt wird, dass das Tatgericht auch objektiv die erforderliche Sachkunde besitzt. Über eine Beweisaufnahme über die eigene Sachkunde lässt sich die Kontrolle nicht herstellen, da über deren Ergebnis entsprechend § 261 StPO das Gericht ja selbst zu entscheiden hätte.[335] Vielmehr muss – wie es seit RGSt. 61, 273[336] allgemein anerkannt ist – das Gericht in den Fällen des § 244 Abs. 4 S. 1 StPO in den Urteilsgründen (und nicht bereits im Ablehnungsbeschluss[337], zu dem die abschließende Beweiswürdigung noch nicht stattgefunden hat) in für das Revisionsgericht „nachprüfbarer Weise darlegen"[338], wieso es selbst die erforderliche Sachkunde besitzt.[339]

Der Umfang der Darlegung richtet sich hierbei nach der Schwierigkeit der beanspruchten Sachkunde: Bei allgemeinkundigen Erfahrungssätzen, die jedermann ohne einer Einlesung in die Materie bekannt sind (wie z.B. „Nachts scheint in unseren Breitengraden nicht die Sonne") erhöht eine Begründung nicht die Transparenz der Entscheidung und erübrigt sich daher[340], so dass die Angabe des Ergebnisses ausreicht[341]. Bei allgemeinkundigen Erfahrungssätzen, die zumindest die

---

[335] Vgl. hierzu BGH, NStZ 2000, 156 (157).

[336] Vgl. zur Bedeutung dieser Entscheidung *Alsberg/Nüse/Meyer*, Beweisantrag, S. 691 f., die davon ausgehen, das Gericht habe eigentlich etwas anderes aussagen wollen, nämlich: Bei einer Allgemeinkundigkeit bedarf es keiner besonderen Rechtfertigung, dass das Gericht über die erforderliche Sachkunde bezüglich der entsprechenden Tatsache bzw. den entsprechenden Erfahrungssatz verfügt.

[337] Ebenso im Ergebnis BGHSt. 12, 18 (20), BGH bei *Spiegel*, DAR 1978, 157, OLG Zweibrücken, VRS 61 (1981), 434 (435), LR/*Gollwitzer* (25. Aufl., Berlin 2001), § 244 Rn. 302, *Meyer-Goßner*, § 244 Rn. 73, AK-StPO/*Schöch*, § 244 Rn. 125, *Mösl*, DRiZ 1970, 112 und *Schorn*, GA 1965, 305; aA *Eisenberg*, Beweisrecht, Rn. 255 (aus Gründen der Transparenz), HK-StPO/*Julius*, § 244 Rn. 46, KMR/*Paulus*, § 244 Rn. 468 und *Conen/Tsambikakis*, GA 2000, 379.

[338] BGH, NStZ 2006, 511.

[339] Vgl. nur BGHSt. 2, 163 (165), BGHSt. 12, 18 (20), BGH, VRS 35 (1968), 132 (133), BGH, NStZ 1983, 325, BGH, NStZ 1994, 503, BGH, NStZ-RR 1997, 171 f., BGH, StV 1998, 248 (249), BGH, NStZ 2000, 550 f., BGH, NStZ 2006, 511, OLG Düsseldorf, VRS 65 (1983), 385, OLG Düsseldorf, NZV 1996, 503 (505), OLG Jena, VRS 108 (2005), 371 (372), *Eisenberg*, Beweisrecht, Rn. 255, *Geppert*, Jura 1993, 251, *Alsberg/Nüse/Meyer*, Beweisantrag, S. 696, 715 und 718, *Tröndle*, JZ 1969, 374, *Hanack*, JZ 1972, 116, LR/*Gollwitzer* (25. Aufl., Berlin 2001), § 244 Rn. 303, KK-StPO/*Fischer*, § 244 Rn. 28, *Pfeiffer*, StPO, § 244 Rn. 41, AK-StPO/*Schöch*, § 244 Rn. 125 und *Jessnitzer*, BA 15 (1978), 321.

[340] BGHSt. 12, 18 (20), BGH, StV 1991, 553 (554), OLG Düsseldorf, VRS 65 (1983), 375, LR/*Gollwitzer* (25. Aufl., Berlin 2001), § 244 Rn. 302, *Alsberg/Nüse/Meyer*, Beweisantrag, S. 715 und KK-StPO/*Fischer*, § 244 Rn. 28.

[341] Dieses ist aber in jedem Fall anzugeben: BGH bei *Spiegel*, DAR 1982, 206.

Beschäftigung mit einer Materie erfordern (z.B. die Entfernung zweier Städte und damit, dass man die Strecke nicht innerhalb einer bestimmten Zeit mit einem bestimmten Transportmittel zurücklegen kann oder bestimmte physikalische Gesetze), sollten diese im Urteil angegeben werden.[342] Erfordert die erforderliche Sachkunde ein Spezialwissen, so muss das Gericht bei privater Kenntniserlangung sowie bei einer Gerichtskundigkeit diese sowie ihre Quelle (z.B. langjährige Befassung mit Verkehrsunfall-Fällen) bezeichnen, um den Umfang der Vertrautheit mit der Sachmaterie aufzuzeigen.[343] Lediglich für den Umfang der Darlegungspflicht eigener Sachkunde behält somit die Offenkundigkeit von Erfahrungssätzen noch eine gewisse Bedeutung.

4. Eigene Sachkunde

Soweit das Gesetz nicht ausdrücklich die Hinzuziehung eines Sachverständigen zur Aufklärung (und Feststellung) einer bestimmten historischen Tatsache verlangt (so nach §§ 80a und 246a StPO für die Umstände, die die Unterbringung des Beschuldigten in einem psychiatrischen Krankenhaus, einer Entziehungsanstalt oder in der Sicherungsverwahrung rechtfertigen, nach § 81a Abs. 1 StPO für Tatsachen infolge des Schlusses mit dem Ergebnis einer Blutprobenentziehung oder anderer körperlicher Eingriffe, nach § 87 Abs. 1 StPO für die Todesursache, nach § 91 Abs. 1 StPO für chemische Substanzen in einer Leiche und nach § 92 StPO für die Unechtheit von Geld- und Wertzeichen[344])[345], kommt es für die Notwendigkeit einer Vermittlung des Wissens einschlägiger Erfahrungssätze somit maßgeblich darauf an, ob das Gericht bereits selbst die „erforderliche Sachkunde" besitzt (§ 244 Abs. 4 S. 1 StPO).

Dies ist in der Regel nur der Fall, wenn es um gesicherte, einfach strukturierte und bei Anwendung im Einzelfall leicht zu handhabende Erfahrungssätze geht, sprich: um allgemeinkundiges Alltagswissen, „die in ihrem Ablauf auch von einem Laien ohne weiteres richtig beurteilt werden können"[346].[347] So besitzt der (berufserfahre-

---

[342] Anders OLG Düsseldorf, NZV 1996, 503 (505) für „einfache technische Fragen" bei der Auswertung von Diagrammscheiben, die nicht jedem Bundesbürger bekannt sind.

[343] Demgegenüber verlangen *Alsberg/Nüse/Meyer*, Beweisantrag, S. 716 und LR/*Gollwitzer* (25. Aufl., Berlin 2001), § 244 Rn. 304 eine Angabe der Quelle nur für den Fall, wenn ein Berufen auf die Sachkunde sonst nicht verständlich erscheine. KMR/*Paulus*, § 244 Rn. 468 möchte sogar in Fällen der Gerichtskundigkeit ganz auf eine Darlegung in den Gründen verzichten.

[344] Sofern die Fälschung ihrer Art nach nicht schon durch Augenschein festgestellt werden kann, vgl. *Eisenberg*, Beweisrecht, Rn. 1518 Fn. 25, LR/*Daniel Krause*, § 92 Rn. 2 sowie KK-StPO/*Senge*, § 92 Rn. 1.

[345] Zudem ist der Sachverständige für rein prozessuale Tatsachen heranzuziehen: für die Verhandlungsunfähigkeit nach § 231a Abs. 3 S. 1 StPO im normalen Verfahren und nach § 415 Abs. 2 S. 1 StPO im Sicherungsverfahren sowie zur Vorbereitung eines Gutachtens über den Entwicklungszustand eines Jugendlichen gemäß § 73 Abs. 1 S. 1 StPO.

[346] HK-StPO/*Julius*, § 244 Rn. 46.

[347] KG, VRS 67 (1984), 258 (259), LR/*Gollwitzer* (25. Aufl., Berlin 2001), § 244 Rn. 72 und *Tröndle*, JZ 1969, 374.

ne) Tatrichter grundsätzlich das erforderliche Sachwissen der allgemeinen Glaubwürdigkeitskriterien und deren Anwendung in Form der Glaubwürdigkeitsbeurteilung von (kindlichen, jugendlichen, heranwachsenden[348] wie erwachsenen) Zeugen[349] als seine „ureigene Aufgabe"[350], das medizinische Allgemeinwissen zur Beurteilung der Schuldfähigkeit des Angeklagten (insbesondere bei einer Alkoholisierung zur Tatzeit) aufgrund der Kenntnis von dessen Lebensgeschichte sowie seiner eigenen Beobachtungen in der Hauptverhandlung[351], für die Übersetzung eines einfachen fremdsprachigen Textes, wenn der Tatrichter dieser Sprache mächtig ist[352], für die Bestimmung des Reifegrades bei Jugendlichen und Heranwachsenden (§§ 3 S. 1 und 105 Abs. 1 Nr. 1 JGG)[353], für die Bestimmung der Blutalkoholkonzentration zum Tatzeitpunkt[354], für die Beurteilung der Fahrtüchtigkeit (insbesondere bei Einfluss durch Alkohol)[355], für die Eignung zum Führen von Kraftfahrzeugen (§ 69 Abs. 1 StGB)[356], für die Auswertung einer Diagrammscheibe eines Lastkraftwagens[357], für den Ablauf einer Erektion[358], für die Nasenform von Menschen[359] oder für einfache physikalische Zusammenhänge, wie dass der Bremsweg bei einer

---

348 Vgl. zu den Vorgenannten nur RGSt. 76, 349 (350), BGHSt. 3, 52 (54), BGHSt. 8, 130 (131), BGHSt. 13, 298 (300), BGH, NStZ 1997, 355 (356), BGH, NStZ 2001, 105, BGH, NStZ-RR 2006, 241, BGH, NStZ 2010, 51, *Bockelmann*, GA 1955, 327, *Alsberg/Nüse/Meyer*, Beweisantrag, S. 701, LR/*Gollwitzer* (25. Aufl., Berlin 2001), § 244 Rn. 84 und SK-StPO/*Frister*, § 244 Rn. 42.

349 Vgl. nur BVerfG, NJW 2004, 209 (211), RGSt. 40, 48 (50f.), BGHSt. 3, 52 (53), BGHSt. 8, 130 (131), BGHSt. 23, 8 (12), BGH, NStZ 1985, 420f., BGH, StV 1991, 405 (406), BGH, NStZ 2000, 214f., BGH, NStZ 2001, 105, BGH, NStZ 2010, 51, *Eisenberg*, Beweisrecht, Rn. 1860ff., *Bockelmann*, GA 1955, 327 und 330, LR/*Gollwitzer* (25. Aufl., Berlin 2001), § 244 Rn. 82 und 305, *Alsberg/Nüse/Meyer*, Beweisantrag, S. 699ff., SK-StPO/*Frister*, § 244 Rn. 41, *Meyer-Goßner*, § 244 Rn. 74 sowie *Schmuck/Steinbach*, StraFo 2010, 17ff.

350 BGH, NStZ 2000, 214.

351 Vgl. RG, HRR 1940, Nr. 1369, BGH, StV 1982, 54, *Alsberg/Nüse/Meyer*, Beweisantrag, S. 705f., LR/*Gollwitzer* (25. Aufl., Berlin 2001), § 244 Rn. 76 und *Meyer-Goßner*, § 244 Rn. 74b.

352 Vgl. *Eisenberg*, Beweisrecht, Rn. 2020.

353 Vgl. *Alsberg/Nüse/Meyer*, Beweisantrag, S. 708f., LR/*Gollwitzer* (25. Aufl., Berlin 2001), § 244 Rn. 90 und *Hellmer*, NJW 1964, 179.

354 Ebenso BGH, VRS 21 (1961), 54 (55), OLG Hamm, VRS 36 (1969), 290 (291), OLG Koblenz, VRS 45 (1973), 173 (175), OLG Koblenz, VRS 55 (1978), 130 (131), OLG Stuttgart, VRS 61 (1981), 379 (380), LR/*Gollwitzer* (25. Aufl., Berlin 2001), § 244 Rn. 91, KMR/*Paulus*, § 244 Rn. 468, *Alsberg/Nüse/Meyer*, Beweisantrag, S. 709f., *Detter*, NStZ 1998, 58 und *Jessnitzer*, BA 15 (1978), 321f. (wenn „Normalfall"); aA *Martin*, BA 7 (1970), 89 (95) und *Mayr*, DAR 1974, 64, die eine generelle Beiziehung des Sachverständigen verlangen.

355 Vgl. BGH, VRS 6 (1954), 148 (149), OLG Hamm, DAR 1973, 23 und *Alsberg/Nüse/Meyer*, Beweisantrag, S. 711.

356 Vgl. BGHSt. 50, 93 (105).

357 Vgl. OLG Düsseldorf, NZV 1996, 503 (505); es sei denn, es sind auffällige Geschwindigkeitsveränderungen auf der Diagrammscheibe verzeichnet: vgl. BGH, VRS 28 (1965), 460 (461) und OLG Köln, NZV 1990, 201.

358 BGH, Urt. v. 20. 11. 1992 – 2 StR 392/92, zitiert nach AnwKomm/*Sommer*, § 244 Rn. 11.

359 BGH, NStZ 2000, 156.

nassen Fahrbahn länger ist als bei einer trockenen[360], wie weit der Beschlag auf der Windschutzscheibe die Sicht des Kraftfahrers vermindert[361], dass niemand mit einem Auge so gut sieht wie mit zweien[362] oder dass die Augen eines Kraftfahrers beim Fahren aus dem Dunkel in einen hell beleuchteten Straßenabschnitt sich erst anpassen müssen und daher eine 60 Meter entfernte Fußgängerin nicht rechtzeitig erkennen können[363].

Eigene Sachkunde fehlt dem Tatrichter dagegen grundsätzlich in Fällen, bei denen die Kenntnis von Erfahrungssätzen und (bei statistischen Erfahrungssätzen) ihrer Ausnahmen ein Spezialwissen erfordert, das nicht allein durch das Selbststudium der Fachliteratur erschließbar ist, sondern das maßgeblich erst durch eine dauernde oder ausschließliche praktische Ausbildung und Betätigung erworben werden muss (sog. Anwendungs- und Auswertungswissen).[364] Dies betrifft maßgeblich die Wissenschaftsbereiche der Psychiatrie, Gerichtsmedizin, Chemie[365], der Gerichtstechnik[366] sowie große Teile der komplexeren Physik:

So muss der Richter grundsätzlich bei der Glaubwürdigkeitsbeurteilung (oder bei der Beurteilung der Schuldfähigkeit) einen *Psychiater* als „selbstständigen Helfer bei der Wahrheitsfindung“[367] beiziehen, wenn tatsächliche „Hinweise darauf vorliegen, dass die Zeugentüchtigkeit [oder die Schuldfähigkeit] durch aktuelle psychopathologische Ursachen beeinträchtigt sein kann“[368], etwa bei einem Schädel-Hirn-Trauma[369] des Zeugen, bei einer schweren Schädelverletzung[370], bei einer Borderline-Störung[371], bei retrograder Amnesie[372], bei einer Gehirnerschütterung[373], bei langjährigem Alkohol- und Drogenmissbrauch[374] oder bei sonst eingeschränktem Erinnerungsvermögen[375], bei einer Persönlichkeitsstörung[376], bei einer

---

360 Vgl. nur BGH, VRS 23 (1962), 270 (272).

361 BGH, VRS 28 (1965), 362 (363).

362 BGH, VRS 9 (1955), 296 (297).

363 KG, VRS 23 (1962), 115 (116).

364 Ebenso BGH, NJW 1959, 2315 (2316), BGH, MDR 1978, 42, *Alsberg/Nüse/Meyer*, Beweisantrag, S. 697, LR/*Gollwitzer* (25. Aufl., Berlin 2001), § 244 Rn. 72 und 300 und AK-StPO/*Schöch*, § 244 Rn. 123.

365 So *Alsberg/Nüse/Meyer*, Beweisantrag, S. 697.

366 Vgl. hierzu *Detter*, NStZ 1998, 58.

367 *Hans-Ludwig Schreiber*, FS Wassermann, S. 1008.

368 BGH, NJW 2002, 1813; zustimmend *Schmuck/Steinbach*, StraFo 2010, 17 (18); vgl. auch BGH, NJW 2005, 1519 (1521).

369 Vgl. BGH, StV 1994, 634f.

370 Vgl. BGH, NStZ-RR 2006, 243 und OLG Stuttgart, NStZ-RR 2003, 51.

371 BGH, NStZ 1998, 366 (367).

372 Vgl. BGH, VRS 15 (1954), 432 (435), OLG Saarbrücken, VRS 46 (1974), 46, LR/*Gollwitzer* (25. Aufl., Berlin 2001), § 244 Rn. 82 und *Schmuck/Steinbach*, StraFo 2010, 17 (18).

373 LR/*Gollwitzer* (25. Aufl., Berlin 2001), § 244 Rn. 82.

374 Vgl. BGH, StV 1983, 359, BGH, StV 1991, 405 (406), BGH, NStZ-RR 2000, 332, OLG München, StV 2006, 465 (466) und *Pfeiffer*, StPO, § 244 Rn. 41; aA noch BGH, NStZ 1982, 42.

375 Vgl. OLG Köln, NJW 1967, 313.

376 BGH, NStZ-RR 2009, 115.

Psychose[377], bei Schwachsinn[378], bei geistiger Verwirrtheit[379] oder sonstiger geistigen Behinderung[380], bei Depressionen[381], bei Epilepsie[382], bei psychosomatische Störungen[383], bei Triebanomalien[384], bei Hysterie[385], bei altersbedingtem psychischem Abbau[386] oder bei einer Spielleidenschaft[387]. Eines *Psychologen* zur Vermittlung des Erfahrungswissens bestimmter Wahrnehmungs-, Gedächtnis- und Denkprozesse mit Auswirkungen auf die Glaubwürdigkeit bedarf es etwa grundsätzlich bei Aussagen über affektgeladene Tatumstände[388], bei Aussagen von Kindern unter 4 Jahren[389], bei kindlichen Zeugen, die ihrem Verhalten nach vom „gewöhnlichen Erscheinungsbild" Gleichaltriger abweichen[390] oder bei Aussagen pubertierender Mädchen[391], insbesondere mit Aussagen über Sexualtaten[392] oder bei Hinweisen auf eine „Klassensuggestion"[393].[394] Der Hinzuziehung eines *medizinischen Sachverständigen* bedarf es bei der Bestimmung des Reifegrades eines Jugendlichen oder Heranwachsen (nur), wenn psychisch bedingte Entwicklungsstörungen zu vermuten sind[395], bei der Blutalkoholkonzentration zur Tatzeit (nur) dann, wenn die Feststellung infolge eines Nach- oder Sturztrunk oder wegen eines zusätzlichen Einflusses von Medikamenten ein besonderes medizinisches Fachwissen erfor-

---

377 Vgl. BGH, StV 1990, 8.
378 Vgl. BGH, StV 1981, 113f.
379 Vgl. BGH, NStZ 1991, 47.
380 *Hetzer/Pfeiffer*, NJW 1964, 442.
381 Vgl. BGH, StV 1986, 466.
382 Vgl. BGH, StV 1991, 245, BGH, StV 1992, 503 sowie OLG Hamm, NJW 1970, 907 (908).
383 Vgl. BGH, StV 1993, 567 und BGH, StV 1997, 60 (61).
384 Vgl. BGH, NStZ 1989, 190f. und *Pfeiffer*, StPO, § 244 Rn. 41.
385 Vgl. RG, HRR 1938, Nr. 1380.
386 Vgl. RG, HRR 1939 Nr. 56, BGH, NJW 1964, 2213, BGH, NStZ 1983, 34, BGH, NStZ 1991, 80, BGH, StV 1993, 186 und LR/*Jörg-Peter Becker*, § 244 Rn. 79.
387 BGHSt. 49, 365 (369f.), BGH, NStZ 1994, 501 sowie OLG Hamm, NStZ-RR 1998, 241; aA *Meyer-Goßner*, § 244 Rn. 74c.
388 Vgl. BGH bei *Holtz*, MDR 1980, 274.
389 Vgl. OLG Zweibrücken, StV 1995, 293.
390 Vgl. BGHSt. 3, 52 (54), BGHSt. 8, 130 (131), BGH, NStZ 1981, 400, BGH, NStZ-RR 1997, 171 und AK-StPO/*Schöch*, § 244 Rn. 128); kritisch BGHSt. 7, 82 (85): das Abweichen sei zumeist selbst erst mit Hilfe eines Sachverständigen festzustellen.
391 Vgl. BGHSt. 2, 163 (165f.) und BGHSt. 3, 27 (29).
392 Wegen der möglichen Vermischung von Phantasie und Erlebnis: vgl. RG, JW 1935, 3467, RG, JW 1937, 1360, BGHSt. 2, 163 (166), *Alsberg/Nüse/Meyer*, Beweisantrag, S. 703, *Bockelmann*, GA 1955, 327 und *Marmann*, GA 1953, 140.
393 Vgl. RG, HRR 1939, Nr. 603.
394 Wenn demgegenüber vertreten wird, generell bei „schwieriger Beweislage" einen Sachverständigen zur Glaubwürdigkeitsbeurteilung beizuziehen (so BGH, StV 1982, 205, BGH, NStZ 1992, 450f., LR/*Gollwitzer* [25. Aufl., Berlin 2001], § 244 Rn. 83 und HK-StPO/*Julius*, § 244 Rn. 47), so geht dies über das Ziel hinaus, insoweit auch bei Aussagen ohne psychologische oder psychia-trische Besonderheiten es leicht zum Fall von „Aussage gegen Aussage" kommen und der Richter hier nach seiner allgemeinen Lebenserfahrung ohne Notwendigkeit von Spezialwissen entscheiden kann.
395 Vgl. *Alsberg/Nüse/Meyer*, Beweisantrag, S. 708.

dert[396]. In der Regel bedarf es der Beiziehung eines Sachverständigen auch für die Ermittlung von Brandursachen[397], für graphologische (nicht auf den ersten Blick entscheidbare) Schriftvergleiche[398], für die Bewertung von Textil- und Faserspuren[399], für die Beurteilung von DNA-Spuren[400], für die Beurteilung der Gefährlichkeit von elektrischen Selbstschussanlagen[401] oder von „Warntastern" im Straßenverkehr[402], zur Rekonstruktion eines Verkehrsunfalls[403], zur Bewertung des Einflusses der Übermüdung auf die geistigen und körperlichen Kräfte eines Menschen[404] oder zur Beurteilung schwieriger aerodynamischer Fragen (z.B. zum Einfluß von Windböen am Straßenrand auf Kraftwagen)[405].

Anders ist es hier jeweils nur, wenn der Richter ausnahmsweise neben bloß theoretischen Kenntnissen durch ein Einlesen in die jeweilige Materie auch das notwendige Anwendungswissen für die konkret zu entscheidende Beweisfrage (und damit die anzuwendenden Erfahrungssätze) in einem Maße verfügt[406] (bei Kollegialgerichten: grundsätzlich die 2/3-Mehrheit der Kollegialrichter[407]), das dem ei-

---

396 Nur in diesen Fällen bedarf es dann in der Regel der Hinzuziehung eines Sachverständigen: Vgl. BGHSt. 25, 246 (250), OLG Hamm, VRS 43 (1972), 110 (111 f.), LR/*Gollwitzer* (25. Aufl., Berlin 2001), § 244 Rn. 91 sowie *Alsberg/Nüse/Meyer*, Beweisantrag, S. 710 mit weiteren Ausnahmefällen und Nachweisen.

397 Vgl. BGH, StV 1981, 394f.

398 Vgl. BGHSt. 10, 116 (118f.), OLG Celle, StV 1981, 608f. und *Detter*, NStZ 1998, 58.

399 Vgl. BGH, NStZ 1993, 395 (396); vgl. zu den komplizierten wissenschaftlichen Grundsätzen und Methoden hierbei nur *Adolf*, NStZ 1990, 66ff.

400 Vgl. *Detter*, NStZ 1998, 58.

401 Vgl. OLG Braunschweig, MDR 1947, 205f.

402 Vgl. OLG Düsseldorf, DAR 1954, 191f.

403 Vgl. nur BGH, VRS 3 (1951), 258 (259), BGH, VRS 28 (1965), 460 (461), KG, VRS 5 (1953), 364 (366), KG, VRS 8 (1955), 298 (302), KG, VRS 11 (1956), 217 (218), KG, VRS 14 (1958), 37 (42f.), OLG Celle, DAR 1957, 161 und OLG Düsseldorf, MDR 1961, 954.

404 Vgl. RG, DR 1939, 1519.

405 Vgl. BGH, VRS 35 (1968), 132 (133).

406 Der Richter muss die erforderliche Sachkunde tatsächlich besitzen und sich die Sachkunde nicht lediglich – wie es teilweise zu lesen ist (so etwa KMR/*Paulus*, § 244 Rn. 467) – zutrauen, ebenso *Alsberg/Nüse/Meyer*, Beweisantrag, S. 695f. und LR/*Gollwitzer* (25. Aufl., Berlin 2001), § 244 Rn. 300.

407 Die überwiegende Ansicht lässt es zwar ausreichen, wenn nur einer der Kollegialrichter über die erforderliche Sachkunde verfügt (z. B. ein Schöffe, der beruflich auf dem fraglichen Wissensgebiet arbeitet) und er dieses den anderen Richtern in der Beratung vermittelt: so RG, Recht 1925, Nr. 812, BGHSt. 12, 18 (20), BGH, NStZ 1983, 325, OLG Hamburg, NJW 1964, 559 (560), *Kühne*, Strafprozessrecht, Rn. 786.2, *Alsberg/Nüse/Meyer*, Beweisantrag, S. 714, LR/*Jörg-Peter Becker*, § 244 Rn. 72, KK-StPO/*Fischer*, § 244 Rn. 27, SK-StPO/*Frister*, § 244 Rn. 36 und *Pfeiffer*, StPO, § 244 Rn. 41. Dies mag bei einfachen Fragen möglich sein, für die eine bloße Kenntnis der theoretischen Grundsätze ausreicht und die daher als allgemeinkundig (ein Blick in ein Standardwerk genügt) zu gelten hat. Notwendiges Anwendungswissen (!), das für wissenschaftliche Spezialbereiche erforderlich ist (z. B. über schwierige medizinische Fragen), wird ein Richter den anderen in so kurzer Zeit nicht vermitteln können: ebenso *Kohlhaas*, NJW 1962, 1330 sowie an der herrschenden Meinung zweifelnd auch *Geppert*, Jura 1993, 251. Da ein entsprechender Beweisantrag wegen eigener Sachkunde nach § 196 Abs. 1 GVG mit der Mehrheit der Stimmen abgelehnt wird, scheint eine einfache Mehrheit an Richtern zu ge-

nes Fachmanns zumindest ebenbürtig ist. Dieses Spezialwissen kann der Richter zum einen privat durch eine intensive Beschäftigung mit einer Materie in seiner Freizeit erlangt haben[408], etwa die hobbymäßige ständige Jagd dem Richter das notwendige Schusswaffenwissen vermittelt haben[409]. Die Wissenserlangung kann auch durch intensive Beschäftigung der Thematik in früheren Verfahren erworben worden sein (sog. gerichtskundige Erfahrungssätze[410]), z.B. die Erfahrung vom Verhalten geschlechtlich heranreifender Menschen und ihrer Eigentümlichkeiten aufgrund langer Tätigkeit bei Jugendgerichten[411] oder technische Kenntnis auf dem Gebiet des Verkehrsunfallwesens aufgrund langjähriger Tätigkeit als Verkehrsrichter[412]. Der Tatrichter kann sich die erforderliche Sachkunde aber auch erst während des anhängigen Verfahrens ad hoc verschaffen, z. B. durch die Aussage eines Sachverständigen zu einer parallelen Beweisfrage[413] oder durch die Aussage eines (oder mehrerer[414]) Sachverständigen, dem das Gericht im Übrigen nicht folgt (nach der Einräumung einer Stellungnahme zur abweichenden Ansicht des Gerichts[415])[416], nicht jedoch unter Umgehung des Unmittelbarkeitsprinzips[417]

---

nügen, die die erforderliche Sachkenntnis haben. Insoweit der Erfahrungssatz in seiner Anwendung aber zur Tatsachenfeststellung führt, die Teil der Schuldfrage ist, müssen mindestens 2/3 des Kollegiums aufgrund ihrer jeweils eigenen Sachkunde eine Tatsache feststellen und dann hierauf – einheitlich – ihren Schuldspruch fußen. Die anderen Richter können dagegen mangels eigenem Sachwissen nicht von der entsprechenden Tatsache überzeugt sein (sofern sie es nicht aus anderen Gründen sind) und müssten die Schuldfrage daher für sich (eigene, rational begründbare Überzeugung) abweichend entscheiden.

[408] Vgl. hierzu *Alsberg/Nüse/Meyer*, Beweisantrag, S. 698, LR/*Gollwitzer* (25. Aufl., Berlin 2001), § 244 Rn. 300, SK-StPO/*Frister*, § 244 Rn. 32 und AK-StPO/*Schöch*, § 244 Rn. 124.

[409] Beispiel nach AnwKomm-StPO/*Sommer*, § 244 Rn. 121.

[410] Siehe hierzu oben Zweiter Hauptteil, Viertes Kapitel, D, II, 2, b).

[411] Vgl. RG, JW 1938, 3161, BGHSt. 3, 52 (53f.), BGH, NJW 1961, 1636, BGH, NStZ 1981, 400, *Alsberg/Nüse/Meyer*, Beweisantrag, S. 697 und 703 sowie *Bockelmann*, GA 1955, 327.

[412] Vgl. OLG Hamm, VRS 45 (1973), 285 (286) und *Alsberg/Nüse/Meyer*, Beweisantrag, S. 697. Alleine ein eigener Führerschein macht demgegenüber einen Richter noch nicht zum Kfz-Sachverständigen.

[413] So etwa BGH, NStZ 1998, 366ff.: Sachverständigenaussage zur Glaubwürdigkeit eines Zeugen, die dem Gericht die erforderliche Sachkunde zur Beurteilung der Schuldfähigkeit verschaffte.

[414] So kann das Gericht die Sachkunde auch den Aussagen mehrerer Sachverständiger entnehmen, selbst wenn diese sich widersprechen: RG, HRR 1939, 603, BGH, NStZ-RR 2006, 48 (49) und *Eisenberg*, Beweisrecht, Rn. 254.

[415] Vgl. BGH, NStZ 1995, 201, OLG Zweibrücken, NStZ-RR 2000, 47 und *Eisenberg*, Beweisrecht, Rn. 254.

[416] Vgl. BGHSt. 21, 62 (63), BGH, VRS 67 (1984), 264, BGH, NStZ 1984, 467, BGH, NStZ 1985, 84, BGH, NStZ 1985, 421, KK-StPO/*Fischer*, § 244 Rn. 27 und *Meyer-Goßner*, § 244 Rn. 73; zweifelnd BGH, NStZ 2000, 437. In dieser Konstellation muss das Gericht jedoch in der Regel dem Antrag auf Zuziehung eines weiteren Sachverständigen stattgeben, vgl. BGH, MDR 1955, 369 und *Eisenberg*, Beweisrecht, Rn. 254.

[417] An dieses Prinzip (§ 250 StPO) des Strengbeweises ist das Tatgericht bei der Aufklärung der für die sachliche Entscheidung (Schuld- und Rechtsfolgenfrage) notwendigen Tatsachen gebunden, vgl. nur *Geppert*, Jura 2004, 106, *Eisenberg*, Beweisrecht, Rn. 35 und LR/*Jörg-Peter Becker*, § 244 Rn. 17ff.

durch freibeweisliche Befragung eines Sachverständigen außerhalb der Hauptverhandlung (z. B. durch Anruf in der Sitzungspause)[418].

III. Wissensvermittlung durch den Sachverständigen

Ist der Tatrichter nicht von einer eigenen Sachkunde in rational darlegbarer Weise überzeugt, ist er durch § 244 Abs. 2 StPO von Amts wegen gehalten, über den zur Entscheidung notwendigen Erfahrungssatz sowie (bei statistischen Erfahrungssätzen) deren Anwendbarkeit im anhängigen Fall Beweis durch die Vernehmung eines Sachverständigen zu erheben. Dieser, der entgegen der ausdrücklichen Regelung des § 73 Abs. 1 S. 1 StPO in der Praxis zumeist bereits im Ermittlungsverfahren durch die Staatsanwaltschaft als „Herrin des Vorverfahrens" bestellt worden ist (Nr. 70 der Richtlinien für das Strafverfahren und das Bußgeldverfahren – RiStBV[419])[420], wird grundsätzlich[421] wegen des Unmittelbarkeitsgrundsatzes des

---

[418] Ebenso BGH, StV 1995, 339, *Eisenberg*, Beweisrecht, Rn. 253, *Alsberg/Nüse/Meyer*, Beweisantrag, S. 699, LR/*Gollwitzer* (25. Aufl., Berlin 2001), § 244 Rn. 300, *Meyer-Goßner*, § 244 Rn. 73, *Pfeiffer*, StPO, § 244 Rn. 41 und AnwKomm-StPO/*Sommer*, § 244 Rn. 120; aA OLG Hamm, NJW 1978, 1210.

[419] Dieser lautet (Bekanntmachung vom 8. November 2007, BAnz. 2007, S. 7950):
„Nr. 70 – Auswahl des Sachverständigen und Belehrung
Während des Ermittlugnsverfahrens gibt der Staatsanwalt dem Verteidiger Gelegenheit, vor Auswahl eines Sachverständigen Stellung zu nehmen, es sei denn, dass der Gegenstand der Untersuchung ein häufig wiederkehrender, tatsächlich gleichartiger Sachverhalt (z. B. Blutalkoholgutachten) ist oder eine Gefährdung des Untersuchungszwecks (vgl. § 147 Abs. 2 StPO) oder eine Verzögerung des Verfahrens zu besorgen ist.
Ist dem Staatsanwalt kein geeigneter Sachverständiger bekannt, so ersucht er die Berufsorganisation oder die Behörde um Vorschläge, in deren Geschäftsbereich die zu begutachtende Frage fällt.
Es empfiehlt sich, für die wichtigsten Gebiete Verzeichnisse bewährter Sachverständiger zu führen, damit das Verfahren nicht durch die Auswahl von Sachverständigen verzögert wird.
[...]"
Boetticher, FS Gerhard Schäfer, S. 14 schlägt zur Sicherung der besonderen Sachunde de lege ferenda vor, die Staatsanwaltschaft nach dem Vorbild des § 41 Abs. 3 und 4 StPO (Pflichtverteidigerbestellung) gesetzlich zu verpflichten, „die Verteidigung zur Auswahl des Sachverständigen anzuhören und die Bestellung des Sachverständigen beim Vorsitzenden des Gerichts, das für das Hauptverfahren zuständig oder bei dem das Verfahren anhängig ist zu beantragen".

[420] So auch die Einschätzung von *Sarstedt*, NJW 1968, 177 f., *Geppert*, Jura 1993, 252, *Streng*, NStZ 1995, 15 f. sowie *Detter*, NStZ 1998, 58. Das Gericht kann für die Hauptverhandlung zwar einen anderen Sachverständigen beauftragen (vgl. BGHSt. 44, 26 [31 f.]), wird dies in der Regel aber entsprechend § 73 Abs. 2 StPO nur beim Vorliegen besonderer Umstände tun. Unter den Voraussetzungen der §§ 220, 245 Abs. 2 StPO kann neben der Staatsanwaltschaft auch der Angeklagte einen Sachverständigen unmittelbar zum Termin laden und seine Vernehmung als präsentes Beweismittel durch einen Beweisantrag erzwingen, wenngleich der Sachverständige dann darauf beschränkt ist, sein Gutachten aufgrund des Wissens zu erstatten, das er zum Zeitpunkt seiner Vernehmung bereits erworben hat (BGH, NStZ 1998, 93 [94]).

[421] Wenn kein Ausnahmefall der §§ 251, 256 StPO vorliegt: Letzteres ist insbesondere bei Gutachten über die Analyse gefundener Betäubungsmittel-Substanzen sowie allgemeiner Erläu-

§ 250 StPO sowie des Mündlichkeitsprinzips (§ 261 StPO) unmittelbar mündlich sein Wissen vortragen. Dies hat er ausweislich eines Umkehrschlusses aus § 244 Abs. 4 S. 1 StPO in einer Ausführlichkeit zu tun, dass er den Tatrichter in die Lage versetzt, aufgrund der vermittelten Sachkunde (das „wissenschaftliche Rüstzeug“[422]) selbstverantwortlich einen Erfahrungssatz für die festgestellten Indizien aufzustellen, anzuwenden und hieraus die rechtlich gebotenen Folgerungen zu ziehen[423]. *Eigene* Sachkunde durch die Sachverständigenvernehmung erlangt und gemäß § 261 StPO selbst auf Grund *eigenen* Wissen innersubjektiv über das Ergebnis der Beweisaufnahme – und damit auch der Aussage des Sachverständigen – entschieden hat das Gericht hierbei erst, wenn es den Inhalt des Gutachtens geprüft[424], übernommen und sich so von der Existenz des Erfahrungssatzes selbst überzeugt hat. Doch wie soll der Tatrichter nach bloßer Erstattung des Gutachtens und damit der Vermittlung theoretischen Wissens und Wiedergabe des eigenen Erfahrungswissens des Sachverständigen sogar schwierige Fachfragen selbst erarbeiten und ihre Begründung selbst durchdenken[425] und so kritisch und frei (ohne Willkür und Selbstüberschätzung) über Äußerungen des Sachverständigen urteilen, die gerade seinen eigenen mangelnden Sachverstand ausgleichen sollen?[426] Hierzu müsste er schon über mehr Fachverständnis verfügen als der Sachverständige selbst und dann hätte es wegen eigener Sachkunde keiner Beiziehung des Sachverständigen bedurft. Die vom Sachverständigen dargelegten Fachfragen kann der Richter daher mangels Kompetenz nicht als richtig oder falsch beurteilen.[427] Er ist zwangsläufig begrenzt auf eine „bloße Plausibilitätsprüfung“[428] bezüglich der generellen persönlichen und fachlichen Eignung des Sachverständigen[429] (sprich: fachliche Kompetenz, Neutralität, sachliche Distanz, Nüchternheit im Umgang mit den Sachfragen und Fähigkeit zur Selbstkritik[430]) sowie einer „logisch einwandfreien Darstellung von Argumentation und Schlussfolgerung“[431], insbesondere einer inneren Widerspruchsfreiheit bzw. zu früheren Gutachten[432],

---

terung über die Wirkung bestimmter Wirkstoffkonzentrationen auf den menschlichen Organismus in der Vielzahl der Betäubungsmittelfälle zur Regel geworden.

422 Vgl. BGHSt. 7, 238 (239).

423 Vgl. *Geppert*, Jura 1993, 250.

424 Vgl. zu diesem Erfordernis BGHSt. 7, 238 (239), BGHSt. 8, 113 (118ff.), BGHSt. 12, 311 (314), BGH, NStZ-RR 1997, 166 (167), *Geppert*, Jura 1993, 254, *Fischer*, FS Widmaier, S. 222 und LR/*Jörg-Peter Becker*, § 244 Rn. 75.

425 So die Forderung von BGHSt. 8, 113 (118).

426 So auch die berechtigte Kritik von *Kühne*, Strafprozessrecht, Rn. 872.

427 *Kühne*, Strafprozessrecht, Rn. 872 Fn. 264 bezeichnet folgerichtig entsprechende Forderungen von BGHSt. 8, 113 (118) als „sachlich unvertretbare Schwärmereien über ein nicht existentes Richterbild“.

428 AK-StPO/*Hans-Ludwig Schreiber*, Vor § 72 Rn. 8.

429 Vgl. BGHSt. 7, 238 (239), BGHSt. 8, 113 (118), BGHSt. 10, 116 (118), BayObLGSt. 1972, 96 (97), LR/*Jörg-Peter Becker*, § 244 Rn. 77 und *Hainmüller*, Anscheinsbeweis, S. 34.

430 Vgl. *Deckers*, FS AG Strafrecht, S. 419f.

431 *Kühne*, Strafprozessrecht, Rn. 872.

432 Vgl. nur BGH, NStZ 1991, 448f., *Eisenberg*, Beweisrecht, Rn. 260, LR/*Gollwitzer* (25. Aufl., Berlin 2001), § 244 Rn. 73 sowie KK-StPO/*Fischer*, § 244 Rn. 33.

eines Verstoßes gegen Allgemeinwissen sowie logischer Fehler und Argumentationslücken[433].

Folgt der Tatrichter dem Sachverständigen, hat er deren Ansicht wiederzugeben[434] – wobei bei einfachen, standardisierten Verfahren die Nennung des reinen Ergebnisses ausreicht[435] – sowie darzutun, aus welchen Gründen[436] (!) er von dieser überzeugt ist. Zweifelt das Tatgericht dagegen an der Sachkunde des angehörten Sachverständigen (§ 244 Abs. 4 S. 2 Hs. 2 Var. 1 StPO), weil dieser nach seinem beruflichem Werdegang, seiner Tätigkeit[437] oder seiner Fachrichtung[438] nicht die erforderliche fachliche Qualifikation besitzt, er sich mit den Ergebnissen früherer Untersuchungen nicht auseinandersetzt[439], seine Meinung wechselt, ohne dafür eine einleuchtende Erklärung zu geben (sog. „totale Kehrtwende“[440])[441], seine Ansicht als „sicher“ bezeichnet, obwohl er über nur unzureichende Quellen verfügte[442], von wissenschaftlichen Kriterien oder Sorgfaltsregeln, die (nach Kenntnis des Tatgerichts) in der Fachwissenschaft anerkannt sind oder die Billigung in der Rechtsprechung gefunden haben, abweicht[443] oder weil er seine Untersuchungsmethoden nicht offen legt[444] und es so dem Gericht nicht ermöglicht, „im einzelnen nachzuvollziehen, auf welchem Wege der Sachverständige seine Ergebnisse ge-

---

433 Ebenso zu letzterem *Ulrike Unger*, Kausalität, S. 195.

434 Vgl. nur BGHSt. 12, 311 (314), BGHSt. 34, 29 (31), BGH, NStZ 1991, 596, OLG Hamm, StraFo 2002, 58f., OLG Hamm, VRS 107 (2005), 371 (373), OLG Hamm, StV 2008, 240, KK-StPO/*Engelhardt*, § 267 Rn. 16 sowie *Meyer-Goßner*, § 267 Rn. 13.

435 Vgl. etwa BGH, NStZ 1993, 95: Daktyloskopie. Bei morphologischen (vgl. OLG Karlsruhe, Die Justiz 2000, 41 f.) oder anthropologischen Gutachten (vgl. OLG Braunschweig, StV 2000, 546 und OLG Jena, VRS 110 [2006], 115 [116]) soll dies wegen der Schwierigkeit der Sachmaterie nicht gelten.

436 Der rein unbegründete Hinweis, dass er von der Sachverständigenaussage überzeugt sei, kann einzig bei einfachen Fragen (nahe der Allgemeinkundigkeit) genügen: KK-StPO/*Schoreit*, § 261 Rn. 32.

437 Vgl. BGHSt. 23, 311 (312) und LR/*Gollwitzer* (25. Aufl., Berlin 2001), § 244 Rn. 311.

438 So ist etwa als weiterer Sachverständiger ein Psychiater zu hören, wenn es um die Auswirkungen einer Krankheit auf die Aussagetüchtigkeit geht, ein Psychologe kann hierzu keine fachlich verläßlichen Aussagen treffen: BGH, StV 1997, 60f., BGH, NStZ 1997, 199, OLG Karlsruhe, MDR 1972, 800, *Alsberg/Nüse/Meyer*, Beweisantrag, S. 729 und *Meyer-Goßner*, § 244 Rn. 76.

439 Vgl. nur BGH bei *Holtz*, MDR 1978, 109.

440 EGMR, StraFo 2002, 81 (82).

441 Vgl. BGHSt. 8, 113 (116), BGHSt. 49, 347 (357) und BGH, NStZ 1999, 630 (631). Hierzu zählt auch, wenn seine mündliche Aussage von zentralen Aussagen im vorbereitenden Gutachten abweicht, vgl. *Eisenberg*, Beweisrecht, Rn. 260; enger BGH, NStZ 1990, 244f., BGH, NStZ 1991, 448 (449), OLG Karlsruhe, StV 2004, 477 (478) und *Meyer-Goßner*, § 244 Rn. 76: „im entscheidenden Punkt“.

442 So *Eisenberg*, Beweisrecht, Rn. 258.

443 Vgl. BGHSt. 49, 347 (356f.), BGH, NStZ 1999, 630 (631), BGH, NStZ 2000, 100 (101), OLG Celle, StV 1981, 608, *Eisenberg*, Beweisrecht, Rn. 257, LR/*Jörg-Peter Becker*, § 244 Rn. 77 und KK-StPO/*Fischer*, § 244 Rn. 58.

444 Vgl. BGH, NStZ 1999, 630 (631), BGH, NStZ 2000, 100, *Eisenberg*, Beweisrecht, Rn. 257, KK-StPO/*Fischer*, § 244 Rn. 58 und *Pfeiffer*, StPO, § 244 Rn. 44.

wonnen hat und inwiefern diese zutreffen"[445], so hat der Richter – wenn er nicht trotzdem die notwendige Sachkunde durch das Gutachten erlangt hat[446] – bereits von Amts wegen einen „weiteren Sachverständigen"[447] zu hören, um die notwendige Sachkunde zu erlangen. Gleiches gilt, wenn das mündlich erstattete Gutachten in sich Widersprüche enthält (§ 244 Abs. 4 S. 2 Hs. 2 Var. 3 StPO).[448]

E. Anwendung der Erfahrungssätze im Einzelfall

Hat der Tatrichter im Rahmen der Beweiswürdigung einen Erfahrungssatz vermittelt bekommen oder verfügt er über deren Kenntnis aufgrund eigener Sachkunde, so muss er diesen in einem zweiten Schritt auf die konkreten Beweismittelaussagen und die Umstände ihres Zustandekommens anwenden.

I. Schlüsse mit zwingenden Erfahrungssätzen

Wegen ihrer ausnahmslosen Geltung lässt sich mit Hilfe zwingender Erfahrungssätze aus *festgestellten* Beweismittelaussagen (Indizien) „deduktiv-nomologisch"[449]

---

445 BGH, StV 1989, 331 (332).

446 Dies wird selten vorkommen, kann aber etwa der Fall sein, wenn das Gericht dem ersten Sachverständigen nur zum Teil nicht folgt und sich aus dessen Gutachten etwa zwingend ergibt, dass ein pathologischer Zustand eh keinen Einfluss auf die Zeugenfähigkeit haben kann (vgl. BGHSt. 21, 62f., BGH, NStZ 1984, 467, BGH, NStZ 1998, 366 [367] und *Meyer-Goßner*, § 244 Rn. 75). Es ist in jedem Fall ein „strenger Maßstab" an den Nachweis der eigenen Sachkunde durch das Gericht in den Urteilsgründen anzulegen.

447 Teilweise wird dieser als „Obergutachter" bzw. sein Gutachten als „Obergutachten" bezeichnet: so RGSt. 64, 113, RG, JW 1932, 3095, BGHSt. 3, 169 (174), BGHSt. 6, 70 (71 und 75), BGHSt. 8, 113 (115), BGH, GA 1962, 371, *Eberhard Schmidt*, LK II, § 244 Rn. 73, LR/*Gollwitzer* (25. Aufl., Berlin 2001), § 244 Rn. 307 und KK-StPO/*Schoreit*, § 261 Rn. 33). Die Strafprozessordnung kennt diesen Begriff aber nicht. Er kann den falschen Schluss nahe legen, der weitere Sachverständige hätte generell eine bessere Fachkunde als der erste Sachverständige mit der Folge, dass dem weiteren Sachverständigen im Zweifel zu folgen sei. Auf den Begriff sollte daher besser verzichtet werden, ebenso *Alsberg/Nüse/Meyer*, Beweisantrag, S. 720 Fn. 2 und *Friedrichs*, DRiZ 1971, 312f. Der weitere Gutachter kann auch einer anderen Fachrichtung angehören, also etwa Psychiater gegenüber einem Psychologen als ersten Gutachter sein (BGHSt. 34, 355 [356]), Psychoanalytiker gegenüber einem Psychiater (BGH, NStZ 1999, 630 [631]), Sexualwissenschaftler gegenüber einem Psychiater (BGH, NJW 1990, 2944 [2945]) oder Blutgruppen- gegenüber einem DNA-Sachverständigen (BGHSt. 39, 49 [52]).

448 Auf Widersprüche zum vorbereitenden schriftlichen Gutachten kann es hierbei nicht ankommen, da das Gericht dieses wegen der Pflicht, seine Überzeugung aus dem „Inbegriff der Verhandlung" zu schöpfen, nicht verwenden kann. Widersprüche zwischen schriftlichem Gutachten und mündlicher Gutachtenerstattung können daher allenfalls eine fehlende Sachkunde (§ 244 Abs. 4 S. 2 Hs. 2 Var. 1 StPO) begründen.

449 *Stegmüller*, Probleme I, S. 121 und *Mummenhoff*, Erfahrungssätze, S. 13.

zwingend auf die Tatsachen des Tatgeschehens schließen[450] – die Wahrheit des zwingenden Erfahrungssatzes als Obersatz und der Beweismittelaussage als Untersatz (alleine hier können daher noch Unsicherheiten liegen![451]) schlägt auf die Konklusion durch, der so eine unbedingte, „jeden Gegenbeweis mit anderen Mitteln ausschließende Beweiskraft“[452] zukommt, so dass sie vom Schluss abgetrennt und als wahr in weiteren Schlüssen vorausgesetzt werden kann[453]. Weitere Indizien können diesen Schluss weder abschwächen noch verstärken[454]: Ob ein Umstand einmal oder n-mal zu 100% sicher erschlossen wird, ist einerlei, ein 100%-iger Schluss kann in seiner Sicherheit nicht verstärkt werden. Rational begründbar ist nur dieses *eine* Beweiswürdigungsergebnis, nur dieses kann das Beweismaß erreichen. Platz für subjektive Zweifel von Seiten des Richters bleibt dann nicht.[455]
Dies sei an einem kleinen Beispielsfall[456] verdeutlicht:

Im Bereich der Tür zur Wohnküche, in der die Mutter des Beschuldigten schlief, entstand ein Feuer. Der Mutter des Beschuldigten gelang es, das Feuer zu löschen; in diesem Zeitpunkt brannten die Tür und der Türrahmen ohne das Fortwirken des Zündstoffs selbstständig. Im Sicherungsverfahren gegen den unter einem „massiven eindrucksvollen hirnorganischen Psychosyndrom“ leidenden Beschuldigten sagte ein Brandsachverständiger aus, der Brand sei durch „Inbrandsetzen von Heizöl“ entstanden – vom Tränken eines Lappens oder der Beimischung von Benzin im entzündeten Heizöl sagte er bei seiner Brandrekonstruktion nichts. Hinsichtlich der beiden sonst als Täter in Frage kommenden, die Tat leugnenden Personen sagte ein medizinischer Sachverständige aus, dass diese aufgrund ihrer geistigen Verfassung in der Hauptverhandlung nicht in der Lage gewesen wären, eine Aussage zu machen, die nicht der Wahrheit entsprochen hätte. Das Landgericht schloss hieraus: Der Beschuldigte schüttete im Bereich der Tür zur Wohnküche „Heizöl auf den Boden und setzte es anschließend in Brand, indem er es mit den Streichhölzern, die er bei sich trug, anzündete“. Durch das brennende Öl gerieten „zunächst die Tür und dann auch der Türrahmen in Brand“. Der Beschuldigte habe daher den Tatbestand der schweren Brandstiftung (§ 306a Abs. 1 Nr. 1 StGB)[457] erfüllt und das Landgericht ordnete an, den Beschuldigten in einem psychiatrischen Krankenhaus unterzubringen; die Vollstreckung der Unterbringung setzte es zur Bewährung aus.

---

[450] Vgl. hierzu *Stegmüller*, FS Kraft, S. 179, *Koch/Rüßmann*, Begründungslehre, S. 285f., *Kindhäuser*, Strafprozessrecht, § 20 Rn. 13 sowie *Mummenhoff*, Erfahrungssätze, S. 13.

[451] Dies ist der Grund dafür, wieso der Bundesgerichtshof im obigen Blutmerkmalsfall bei angenommenem zwingenden Erfahrungssatz (obwohl er sich heutzutage als falsch herausgestellt hat) betont hat, dass die Feststellung der Blutmerkmale von Mutter, Tochter und vermeintlichem Vater darauf zu untersuchen seien, ob sie zutreffend erfolgten, siehe oben Zweiter Hauptteil, Viertes Kapitel, C, II, 3, a).

[452] BGH, NJW 1979, 2318 (2319) und HK-StPO/*Julius*, § 261 Rn. 9.

[453] Vgl. und *Mummenhoff*, Erfahrungssätze, S. 78.

[454] Vgl. hierzu nur *Koch/Rüßmann*, Begründungslehre, S. 286.

[455] Ebenso BGHSt. 5, 34 (37), BGHSt. 6, 70, BGHSt. 10, 208 (211), BGHSt. 21, 157 (159), BGHSt. 25, 246 (248), BGHSt. 29, 18 (20f.), KK-StPO/*Schoreit*, § 261 Rn. 46 und KMR/*Stuckenberg*, § 261 Rn. 32.

[456] BGH, Urt. v. 24. 11. 1988 – 4 StR 476/88, juris, nur auszugsweise in BGHR StPO § 261 Erfahrungssatz 4 abgedruckt.

[457] Ein erstes im Sicherungsverfahren ergangenes Urteil sogar wegen versuchten Totschlags hatte der Bundesgerichtshof bereits zuvor aufgehoben.

Das Landgericht Saarbrücken hat in der Hauptverhandlung vom Brandsachverständigen gehört, dass das Heizöl entzündet worden und so der Brand in der Wohnung ausgelöst worden sei. Ohne weitere Anzeichen ging es davon aus, dass dies mittels eines mitgeführten Streichholzes erfolgt sein müsste. Hierbei hat das Landgericht aber übersehen, dass es für das Entzünden von Heizöl in der Chemie den gesicherten zwingenden Erfahrungssatz gibt, dass dieses – wie Dieselöl –, wenn es weder mit Benzin getränkt noch seine Oberfläche vergrößert (z.B. durch das Tränken eines Lappens) einen Flammpunkt von über 55°C hat[458] und bei Raumtemperatur nicht mittels der Flamme eines normalen Streichholzes entzündet werden kann[459], so dass als Obersatz gilt: Immer wenn reines Heizöl bei Raumtemperatur angezündet wird, ohne dass hierbei Vergrößerungen der Oberfläche erfolgen, so kann dies nicht durch die Flamme eines Streichholz erfolgen. Das Landgericht hatte entsprechende Oberflächenvergrößerungen mittels des Brandsachverständigen im Fall des Beschuldigten B nicht nachweisen können, so dass nur festgestellt wurde, dass nur reines Heizöl angezündet wurde. Hieraus ergibt sich zwingend, dass das Heizöl nicht mit einem Streichholz angezündet worden sein kann. Unter der Voraussetzung, dass das Landgericht zutreffend ermittelt hat, dass eine Oberflächenvergrößerung beim Heizöl nicht erfolgt ist, ist es aufgrund zwingender Erfahrungssätze der Chemie nicht möglich, dass der Angeklagte das Heizöl mit einem Streichholz entzündet hat. Auch wenn die Erfahrungssätze nicht den Schluss ermöglichen, wie das Tatgeschehen im Einzelfall abgelaufen ist, so schließen sie doch eine ansonsten mögliche Tathandlung logisch zwingend aus und versperren dem Tatrichter so die Annahme dieses Sachverhalts. Zu Recht hat der Bundesgerichtshof[460] das landgerichtliche Urteil daher wegen Verstoßes gegen „wissenschaftlich gesicherte Erfahrungswerte" aufgehoben und genauere wissenschaftliche Ermittlungen gefordert, auf welche Art und Weise das Heizöl angezündet worden sei.

II. Schlüsse mit statistischen Erfahrungssätzen

Sobald aber auch mittels statistischen Erfahrungssätzen Schlüsse zu ziehen sind – wie im Regelfall –, so erhält man nur eine „probabilistische Erklärung"[461], die nicht zutreffen muss. Mag beispielsweise eine Wahrscheinlichkeit von 98% auch als viel klingen und der hierauf basierende Schluss als relativ sicher, diese Sicherheit kann täuschen. Dies verdeutlicht vortrefflich das (in der Logik) klassische „Schweden-

---

458 Vgl. hierzu nur *Holzmann*, Brandermittlung, S. 57 und *Klingemann*, Brandkriminalistik 2, S. 114.

459 *Klingemann*, Brandkriminalistik 2, S. 113.

460 BGHR StPO § 261 Erfahrungssatz 4.

461 *Stegmüller*, Probleme I, S. 255 und *Mummenhoff*, Erfahrungssätze, S. 14. Vgl. dazu, dass der Schluss mittels statistischem Erfahrungssatz selbst nur eine Wahrscheinlichkeit vermittelt, auch *Koch/Rüßmann*, Begründungslehre, S. 287 ff. und *Herberger/Simon*, Wissenschaftstheorie, S. 349 ff.

Beispiel“[462]: Der Schwede Petersen pilgert nach Lourdes. Gefragt sei nach der Konfession von Petersen, wobei uns zwei Erfahrungssätze (als Obersätze) helfen:

(1 a) 98% aller Schweden sind nicht römisch-katholisch.
(1 b) 98% der Menschen, die nach Lourdes pilgern, sind römisch-katholisch.

Hieraus lässt sich schließen:

(1 a) 98% aller Schweden sind nicht römisch-katholisch.
(2 a) Petersen ist Schwede.
(3 a) Petersen ist zu 98% nicht römisch-katholisch.

(1 b) 98% der Menschen, die nach Lourdes pilgern, sind römisch-katholisch.
(2 b) Petersen ist nach Lourdes gepilgert.
(3 b) Petersen ist zu 98% römisch-katholisch.

Mit 98%-iger Wahrscheinlich ist Petersen also römisch-katholisch, mit 98%-iger Wahrscheinlichkeit aber auch nicht römisch-katholisch. Selbst hohe Wahrscheinlichkeit dürfen daher nicht darüber hinwegtäuschen, dass jeder Schluss mittels statistischem Erfahrungssatz nur einen Schluss mit einer bestimmten Wahrscheinlichkeit bei bestimmter Datenbasis vermittelt, deren Wahrscheinlichkeit durch die Kenntnis weiterer Umstände verändert oder sogar neutralisiert werden kann. Selbst bei einer hohen Wahrscheinlichkeit kann die conclusio daher nicht als „wahr“ vom kompletten Schluss abgetrennt werden (wie beim Schluss mittels deterministischen Erfahrungssätzen), sie besteht stets in Abhängigkeit zum kompletten Schluss, der mit seinem Wahrscheinlichkeitsgrad anzeigt, in welchem Maß die hypothetische Annahme einer historischen Tatsache durch verfügbares Wissen gestützt wird[463]. Mittels des statistischen Erfahrungssatzes wird (selbst wenn er gültig sein mag) lediglich eine von vielen möglichen Tatgeschehen, die zu einer bestimmten Beweismittelaussage in der Hauptverhandlung geführt haben können, dem Richter als nach dem bisherigen Wissen „rational“ nahe gelegt, ohne dass es so gewesen sein muss und ohne dass alternierende Schlüsse ausgeschlossen werden. Dieses Mehrdeutigkeitsproblem zwingt den Tatrichter zu einem gestuften Vorgehen:

1. Beachtung einer konkreteren Teilklasse

Statistische Erfahrungssätze beziehen sich stets auf eine bestimmte Klasse von Indizien. Bezieht sich der abzuurteilende Fall aber nur auf eine Teilmenge dieser Indizien, so kann für diese Teilmenge ein abweichender Wahrscheinlichkeitsgrad gelten.[464] Für diesen ist dann notfalls sachverständig der statistische Zusammenhang neu zu bestimmen. Hierzu ein kleines Beispiel[465]:

---

[462] Vgl. zu diesem nur *Stegmüller*, Probleme I, S. 784 (mit weiterem Beispiel auf S. 785), *Rüßmann*, ZZP 103 (1990), 70, *Hans-Udo Bender*, Merkmalskombinationen, S. 123 und *Rommé*, Anscheinsbeweis, S. 17 f.

[463] Vgl. *Stegmüller*, Probleme I, S. 803 und *Rommé*, Anscheinsbeweis, S. 18.

[464] Vgl. hierzu *Stegmüller*, Probleme I, S. 815 f., *Mummenhoff*, Erfahrungssätze, S. 96, *Koch/Rüßmann*, Begründungslehre, S. 306 und *Musielak*, Grundlagen, S. 93.

[465] Nach BGH, NJW 1994, 3012 ff., dort allerdings zivilrechtlich im Rahmen einer Schadensersatzklage.

A, der nicht gegen Poliomyelitis (Kinderlähmung) geimpft ist, kam in Kontakt mit dem Säugling seiner Freunde, mit denen er häufigen Kontakt pflegte. Der Säugling war kurz zuvor von der Ärztin Dr. K mit abgeschwächten Lebendviren gegen Kinderlähmung geimpft worden. Dr. K hatte die Eltern des Säuglings nicht über das Ansteckungsrisiko möglicher Kontaktpersonen aufgeklärt. Kurze Zeit später traten bei A Glieder-, Kopf- und Rückenschmerzen sowie Mattigkeit und Fieber auf und die linke Hand blieb gelähmt. Bei ihm wurde eine Poliomyelitis diagnostiziert. Er ist seither auf den Rollstuhl angewiesen. Seine Erwerbsminderung wurde mit 100% bewertet. In der Hauptverhandlung wegen schwerer Körperverletzung durch Unterlassen (§§ 226 Abs. 1 Nr. 3, 13 Abs. 1 StGB) sagt ein Sachverständiger aus, das Ansteckungsrisiko für eine Kontaktperson eines Polio-Impflings betrage 1:15,5 Millionen.

Zu Recht betont der Bundesgerichtshof, dass dieses allgemeine Ansteckungsrisiko zwischen Mensch und Polio-Impfling sich im Einzelfall dadurch verändern muss, dass A wegen seiner fehlenden Impfung und seinem häufigen Kontakt über seine Freundschaft mit den Eltern besonders anfällig war und es sich beim Impfling um einen ständig zu wickelnden Säugling handelt:

„Wie die Revision zu Recht rügt, geht es hier nicht um das Risiko für sämtliche Personen, die mit dem Kind in Berührung kommen können, sondern um das Risiko für einen bestimmten, besonders gefährdeten Personenkreis. Diese Gruppe setzt sich aus Personen zusammen, die aufgrund ihrer körperlichen Verfassung besonders anfällig sind und daher einer erhöhten Ansteckungsgefahr unterliegen. Für diese Gruppe, die sich von dem allgemeinen Kreis der Kontaktpersonen eines Geimpften abhebt und zu der auch [A] als nicht geimpfter Erwachsener gehört, vergrößert sich das Risiko entscheidend, das, auf sämtliche Kontaktpersonen des Impflings bezogen, statistisch nur als äußerst gering einzustufen ist. Gerade der notwendigerweise engere körperliche Kontakt zu einem Säugling, der regelmäßig gewickelt und auf dem Arm gehalten wird, birgt für die besonders gefährdete Personengruppe eine weit höhere Gefahr der Ansteckung mit den Viren, die der Impfling mehrere Wochen lang ausscheiden kann.“[466]

Im Rahmen der Feststellung der Kausalität müsste daher ein anderer statistischer Erfahrungssatz (mit höherem Wahrscheinlichkeitswert) zugrunde gelegt werden, der diese Besonderheiten berücksichtigt. Gleiches gilt für einen ähnlichen Beispielsfall von *Nack*[467]: „Der Erpresser spricht, wie auch der Beschuldigte, niederbayerischen Dialekt und der Beschuldigte wohnt in München. Dann darf man nicht fragen, wie viele Männer in der Bundesrepublik niederbayerischen Dialekt sprechen, entscheidend ist die Häufigkeit in München.“

2. Bildung eines Gesamterfahrungssatzes beim Beweisring

Hat der Tatrichter einzelne statistische Erfahrungssätze[468] in der Beweiswürdigung ermittelt, deren Schlüsse mit unterschiedlichen (durch die festgestellten Indizien) bedingten Wahrscheinlichkeiten auf einen historischen Umstand hinweisen oder diesen widerlegen, so legen sich diese wie ein Ring um den historischen Umstand

466 BGH, NJW 1994, 3012 (3013).
467 Kriminalistik 1995, 467.
468 Nochmals: deterministische Erfahrungssätze sind zwingend und daher nicht verstärkbar.

und beeinflussen sich gegenseitig. Im anglo-amerikanischen Rechtskreis wird dieses Phänomen als „circumstantial issue" bezeichnet[469], im deutschen Beweisrecht spricht man von einem „Beweisring"[470]. Die einzelnen Schlüsse mit statistischen Erfahrungssätzen alleine würden dann zu verfehlten Schlüssen führen, wie das klassische „Schweden-Beispiel" oben[471] bereits aufgezeigt hat. Dort ist trotz einer Wahrscheinlichkeit von jeweils 98% keiner der beiden „sehr wahrscheinlichen" Schlüsse sicher. Denn keine der beiden zugrunde liegenden Erfahrungssätze berücksichtigt beide festgestellten Indizien (Schwede und das Pilgern nach Lourdes), sondern setzt eine Beziehung nur zu jeweils einem Indiz. Nur in Bezug auf dieses trifft der Erfahrungssatz eine Aussage, er beschreibt lediglich das Verhältnis vom jeweils verwendeten Indiz zum Geschehen. Erst wenn ein Erfahrungssatz sämtliche Indizien, von denen aus mit Erfahrungssätzen auf den gleichen Umstand oder seine Negierung geschlossen werden kann, erfasst, sind mit ihm verläßlichere (wenngleich noch immer) Wahrscheinlichkeitsaussagen zu tätigen. So bedarf es im Schweden-Beispiel eines Erfahrungssatzes über die Religionszugehörigkeit nach Lourdes pilgernder Schweden[472].[473]

Für die Kombination einzelner Wahrscheinlichkeitsaussagen zu einer Gesamtwahrscheinlichkeitsaussage stellt die Wahrscheinlichkeitsmathematik verschiedene Verwendungsregeln zur Verfügung, denen sich Naturwissenschaftler zur Verarbeitung ihrer empirischen Daten bedienen und auf die daher auch der Tatrichter selbst zurückgreifen kann. Verfügt er im Einzelfall über eine hinreichend sichere Datenbasis (numerische Wahrscheinlichkeitswerte), weil es sich um wissenschaftlich geklärte, wiederholbare willensunabhängige Geschehensabläufe geht – bei willensabhängigen Merkmalen kann der Tatrichter niemals mit Sicherheit sagen, ob sich der konkrete Täter auch „typisch" verhalten hat –, dann stellen Mathematikregeln taugliche wie sinnvolle Erkenntnisregeln dar.[474] Sie können es (richtig angewandt)

---

[469] Vgl. *Neuhaus*, StraFo 2001, 116.

[470] Vgl. nur *Bender/Nack/Treuer*, Tatsachenfeststellung, Rn. 622 ff., *Nack*, MDR 1986, 368 f., *Rüßmann*, FS Nagel, S. 335 ff., *Mummenhoff*, Erfahrungssätze, S. 92 und *Hansen*, JuS 1992, 329. Anerkannt ist diese Verstärkung einzelner Beweiswerte auch in der Rechtsprechung, wenn diese hier statt von einem „Beweisring" von einer „Gesamtschau aller be- und entlastenden Umstände" (BGH, NJW 2009, 2834 [2835]) bzw. davon spricht, dass eine überzeugungsbildender Beweiswert auch erst mehreren Indizien in ihrer „Gesamtheit" zukommen könne (BGH, NJW 2008, 2792 [2794][insoweit in BGHSt. 52, 314 ff. nicht abgedruckt]).

[471] Siehe bereits oben Zweiter Hauptteil, Viertes Kapitel, E, II.

[472] Ebenso *Mummenhoff*, Erfahrungssätze, S. 98.

[473] Vergleichbar können etwa eine hohe Dioxinbelastung (so der Vorwurf) und ein übermäßiger Zigarettenkonsum (so die Verteidigung) nicht getrennt als Ursachen einer Lungenkrebserkrankung gesehen werden, sondern es bedarf eines Erfahrungssatzes für das Lungenkrebsrisiko eines dioxinexponierten Zigarettenrauchers: ebenso LSG Rheinland-Pfalz, Urt. v. 25. 11. 1992 – L 3 U 189/88, juris, das eine Verstärkung des Lungenkrebsrisikos eines Zigarettenrauchers durch Dioxin angenommen hat; zustimmend *Mummenhoff*, Erfahrungssätze, S. 98.

[474] Vgl. zur generellen Zulässigkeit der Nutzung mathematischer Verwendungsregeln *Hagenloch*, DRiZ 1990, 393 ff., *Helmut Weber*, Kausalitätsbeweis, S. 169 und *Mummenhoff*, Erfahrungssätze, S. 92 f. („Hilfstatsachen verhalten sich nämlich beim induktiv-statistischen Argument wie Stichproben aus einer Grundgesamtheit, aus einer Klasse bestimmter voneinander unter-

dem Tatrichter ermöglichen, bei vorhandenem einzelnen Statistikmaterial einen einheitlichen statistischen Erfahrungssatz mit verstärkter oder abgeschwächter Wahrscheinlichkeit mathematisch zu bilden oder durch einen mathematischen Sachverständigen bilden zu lassen, ohne die Merkmalshäufung selbst erst durch umfangreiche Experimente bestimmen zu lassen.

a) Die Produktregel

Zu den wohl am meisten einleuchtenden Verwendungsregeln der Wahrscheinlichkeitsmathematik zählt die Produktregel: Die Wahrscheinlichkeit für das Verbundereignis „A und B“ ist bei statistisch unabhängigen Ereignissen A und B gleich dem Produkt der Wahrscheinlichkeiten für die Einzelereignisse.[475] Die Wahrscheinlichkeit beispielsweise, mit einem Würfel eine Sechs und zugleich mit einer Münze die Zahlseite zu werfen, beträgt 1/6 (sechs mögliche Würfelausgänge) × 1/2 (zwei mögliche Münzseiten) = 1/12. Dies wird nicht nur teilweise in Beweistheorien des Schrifttums vertreten[476], sondern vor allem in der US-amerikanischen Beweisrechtsprechung, wie insbesondere[477] die wohl bekannteste US-amerikanische Beweis-

---

schiedener Dinge“). Eine zu starke „Mathematisierung der Beweiswürdigung“ (so etwa *Ulrike Unger*, Kausalität, S. 164, *Joachim Schulz*, Sachvershaltsfeststellung, S. 308, *Toepel*, Grundstrukturen, S. 149 und *Hansen*, JuS 1992, 329) braucht man hierbei erst zu fürchten, wenn man mit den Anhängern des objektiven Beweismaßes einer hohen Wahrscheinlichkeit bzw. eines bestimmten Wahrscheinlichkeitsgrades durch die Berechnung des Wahrscheinlichkeitsgrades eines Schlusses mittels einheitlichem statistischem Erfahrungssatz zugleich die Berechnung des Gesamtbeweiswerts (so ausdrücklich *Ekelöf*, FS Baur, S. 355) vornimmt mit der Folge, dass je nach Erreichen des notwendigen Wahrscheinlichkeitsgrades zur Sachverhaltsfeststellung (Beweismaß) ein historischer Umstand bzw. sein Gegenteil vom Tatrichter zwingend festzustellen ist (siehe zu diesen objektiven Beweismaßtheorien sowie der Kritik hieran oben Zweiter Hauptteil, Drittes Kapitel, B, II, 4, b)). Nur deren Anhänger müssen sich zwingend mit dem Vorwurf manipulationsanfälliger Berechnungen zur Erlangung von (teilweise nur Schein-)Gewissheiten und dem damit verbundenen erheblichen Fehlverurteilungsrisiko auseinandersetzen. Solange man stattdessen der hier vertretenen Ansicht eines subjektiven Beweismaßes, gestützt auf einer objektiv-rationalen Begründung, folgt, zwingt alleine ein Schluss mittels statistischen Erfahrungssatzes selbst bei hoher vermittelter Wahrscheinlichkeit den Richter alleine nicht, sich subjektiv seine Überzeugung zu bilden.

475 Vgl. nur *Weltner*, Mathematik 1, S. 245, *Bronstein/Semendjajew/Musiol/Mühlig*, Mathematik, S. 815 und *Gottwald/Kästner/Rudolph*, Enzyklopädie Mathematik, S. 625.

476 In diesem Sinne etwa *Rupert Schreiber*, Theorie, S. 26.

477 Weitere „trials by mathematics“ (so das Schlagwort vom Supreme Court of California [The People vs. Malcolm Ricardo Collins], 68 Cal. 2d 319 [332]) aus der US-amerikanischen Beweisrechtsprechung sind etwa der “Howland will case” des United States Circuit Courtin Boston, Massachussets (auszugsweise abgedruckt bei *Sylvia Ann Howland*, 38 Am. Law Reg. [1890], 562ff.; eine Besprechung der Entscheidung aus wahrscheinlichkeitsmathematischer Sicht findet sich bei *Meier/Zabell*, 75 JASA [1980], 497ff.) zur Frage, ob ein Testament mit drei identischen Unterschriften dennoch echt sei (nach Professor *Benjamin Peirce*, dem wohl berühmtesten Mathematiker seiner Zeit, betrage die Wahrscheinlichkeit hierfür 1:2.666.000.000.000.000.000.000 – „practically an impossibility“), die Entscheidung des Court of Appeals of New York vom 5. Februar 1915 (The People of the State of New York vs. Edwin H. Risley), 214 N.Y. 75 zur Frage, ob die Worte „the same” in einem Text von einer an-

rechts-Entscheidung zeigt: die Entscheidung des Supreme Courts of California in der Sache „The People vs. Malcolm Ricardo Collins"[478]:

Am 18. Juni 1964 gegen 11.30 Uhr lief Mrs. Juanita Brooks vom Einkaufen mit einem Spazierstock nach Hause entlang einer Gasse im Gebiet San Pedro von Los Angeles. Hinter sich zog sie eine Korb-Tasche mit Lebensmitteln. Ihre Geldbörse lag oben auf. Als sie sich bückte, um einen leeren Karton aufzuheben, wurde sie plötzlich zu Boden gedrückt von einer Person, die sie weder ankommen sah noch hörte. Durch den Sturz verletzte sie sich leicht. Sie schaffte es aufzublicken und erkannte eine junge Frau weglaufen, die nach der Aussage von Mrs. Brooks um die 145 Pfund wog, „etwas Dunkles" anhatte und dunkelblonde bis hellblonde Haare hatte. Direkt nach dem Vorfall bemerkte Mrs. Brooks, dass ihre Geldbörse mit $ 35–40 fehlte.

Zur Zeit des Überfalls sprengte John Bass, der am Ende der Gasse wohnte, den Rasen vor seinem Haus. Aufgrund von Geschrei blickte er auf und sah – seiner Aussage nach – eine Frau „weißer Rasse", etwas über 5 Fuß groß, mit normalem Körperbau. Sie hatte ihre dunkelblonden Haare zu einem Pferdeschwanz gebunden und trug dunkle Kleidung. Sie rannte aus der Gasse und bestieg einen gelben Wagen – andere Zeugen sprachen von einem gelbweißen Wagen –, der auf der gegenüberliegenden Straßenseite parkte. Die Marke des Wagens konnte er nicht angeben. Der Wagen wurde sofort gestartet und fuhr einen großen Bogen um ein anderes geparktes Fahrzeug, so dass es in einer Entfernung von 6 Fuß an Mr. Bass vorbeifuhr. Dieser konnte daher erkennen, dass der Wagen von einem Mann dunkler Hautfarbe gelenkt wurde, der einen Bart und einen Schnurrbart trug.

Ein Polizeibeamter, der den Überfall untersuchte, entdeckte am 22. Juni den gelben Wagen der späteren Angeklagten Malcolm Ricardo Collins und seiner Frau Janet Louise Collins und redete mit ihnen. Dabei bemerkte er, dass sie dunkelblonde Haare in einem Pferdeschwanz trug, Malcolm jedoch keinen Bart trug. Nach einer ersten Verhaftung fand er bei ihnen zwei Bußgeld-Quittungen für Geschwindigkeitsübertretungen über insgesamt $ 35, gezahlt am 19. Juni. Die Angeklagte verdiente zu dieser Zeit $ 12 als Hausmädchen in San Pedro, ihr Mann war arbeitslos. Die Herkunft des Geldes erklärte der Angeklagte mit einem Wettgewinn, seine Frau mit ihrem Einkommen. Während mehrerer Verhöre fragte die Angeklagte mit Blick auf das Vorstrafenregister ihres Mannes mehrfach an, was hypothetisch herauskäme, wenn sie alleine die Tat begangen hätte ohne Wissen ihres Mannes. Letztlich

---

deren Schreibmaschine als der des angeklagten Rechtsanwalts stamme (die Wahrscheinlichkeit betrage nach einem Mathematikprofessor für jeden Buchstaben 1:64, nach der Produktregel also 1:4 Milliarden), die Entscheidung des Green Circuit Court (Miller vs. State), aus dem Jahre 1965 dazu, ob der Matsch vom Tatort neben dem Matsch an der Kleidung des Angeklagten noch mit einer anderen Matschprobe übereistimmen könne (die Wahrscheinlichkeit sei „one in one million" – aufgehoben durch den Supreme Court of Arkansas, 240 Ark. 340 ff.) oder ein Mordprozess aus dem Jahre 1966 vor dem District Court of Dona Ana County (State of New Mexico vs. Joe Sneed), insbesondere zur Frage, wie hoch die Wahrscheinlichkeit sei, dass noch eine andere Person neben dem Täter die Anforderungen der Indizien (Aussehen, Schließfach mit gleicher Postfachnummer etc.) erfülle (die Wahrscheinlichkeit sei nach der Produktregel 1:240 Milliarden – aufgehoben durch den Supreme Court of New Mexico, 76 N.M. 349 ff.).

478 Supreme Court of California (The People vs. Malcolm Ricardo Collins), 68 Cal. 2d 319 ff. = 438 P.2d 33 ff., Sachverhalt gekürzt. Vgl. zu dieser Entscheidung *Tribe*, 84 Harv. L. Rev. (1971), 1334 ff., *Finkelstein/Fairley*, 83 Harv. L. Rev. (1970), 489 ff., *Koch/Rüßmann*, Begründungslehre, S. 317 f., *Eleonora Bourmistrov-Jüttner*, Wahrscheinlichkeitstheorie, S. 112 ff. (wenngleich mit fehlerhafter Wiedergabe der Entscheidung in mehreren Punkten), *Toepel*, Grundstrukturen, S. 149 Fn. 388, *Musielak*, FS Kegel, S. 468 ff. und *Helmut Weber*, Kausalitätsbeweis, S. 144 Fn. 31.

machten aber beide Angeklagten kein Geständnis. Sie wurden vor dem Superior Court of Los Angeles County des Raubes (second-degree robbery) angeklagt.

Während des sieben Verhandlungstage dauernden Prozesses hatte die Anklage Schwierigkeiten mit der Identifizierung der Angeklagten als Täter: Das Opfer konnte Janet nicht wieder erkennen und hatte auch ihren Mann nie gesehen. Mr. Bass identifizierte zwar in der Hauptverhandlung den Angeklagten als Fahrer des gelben Wagens, hatte ihn ohne Bart bei einer Gegenüberstellung kurz nach dem Überfall auf dem Polizeirevier aber nicht erkannt. Auch Janet erkannte er nur begrenzt wieder. Die Angeklagten bestritten die Tat. Zur Tatzeit seien sie bei einer Freundin gewesen, die sich zwar an einen Besuch „Mitte Juni" erinnerte, aber nicht an das genaue Datum. Die Verteidigung legte zudem Beweise vor, wonach Janet am Tattag helle Kleidung getragen habe.

Zur Unterstützung der Identifizierung vernahm der Staatsanwalt schließlich einen Mathematiklehrer eines staatlichen Colleges. Dieser erläuterte die Produktregel der Wahrscheinlichkeitsrechnung. Ohne statistisches Datenmaterial vorzulegen, forderte der Staatsanwalt den Zeugen dann zur Illustration zur Schätzung der Häufigkeitswahrscheinlichkeiten für verschiedene Merkmale auf, die nach Ansicht des Staatsanwalts ein Paar erfülle müsse, das die Tat begangen habe. Der Zeuge kam dem wie folgt nach, dabei betonend, vorsichtig geschätzt zu haben:

	Merkmal	Individuelle Wahrscheinlichkeit
A.	Mindestens teilweise gelbes Fahrzeug	1/10
B.	Mann mit Schnurrbart	1/4
C.	Frau mit Pferdeschwanz	1/10
D.	Frau mit blondem Haar	1/3
E.	Schwarzer Mann mit Bart	1/10
F.	Gemischtrassiges Paar in einem Auto	1/1000

Ausweislich der Produktregel gelangte der Staatsanwalt zur Erkenntnis, dass die Wahrscheinlichkeit für ein Paar, all diese Merkmale aufzuweisen, 1 zu 12 Millionen betrage. Es bestünde daher nur eine Chance von 1 zu 12 Millionen, dass die Angeklagten unschuldig seien und ein anderes Paar die Tat begangen habe. Da die Werte vorsichtig geschätzt seien, betrage die Wahrscheinlichkeit seiner Meinung nach sogar nur 1 zu 1 Milliarde. Dieses Fehlverurteilungsrisiko müsse nach Meinung des Staatsanwalts hingenommen werden: „Without taking that risk, life would be intolerable [...] because [...] there would be immunity for the Collinses, for people who chose not to be employed to go down and push old ladies down and take their money and be immune because how could we ever be sure they are the ones who did it?" Dies überzeugte die Jury-Mitglieder und sie befanden die Angeklagten des Raubes für schuldig.

Abgesehen davon, dass die Produktregel zu ihrer exakten Anwendung des notwendigen (empirischen) Zahlenmaterials bedarf, um mit ihrem Rechenwerk nicht „in der Luft"[479] zu hängen und vorliegend nur bloße Schätzungen (sogar ohne Angabe der jeweiligen Bezugsgröße: Hat jeder vierte Mann von San Pedro, von Los Angeles, von den Vereinigten Staaten oder von der Welt einen Schnurrbart?[480]) er-

---

479 *Hagenloch*, DRiZ 1990, 397.

480 Insbesondere dies bemängelte der Supreme Court of California (The People vs. Malcolm Ricardo Collins), 68 Cal. 2d 319 (327): „[...] the prosecution produced no evidence whatsoever showing, or from which it could be in any way inferred, that only one out of every ten cars which might have been at the scene of the robbery was partly yellow, that only one out of every four men who might have been there wore a mustache, that only one out of every ten girls who might have been there wore a ponytail, or that any of the other individual probabi-

folgten[481], ist die Verwendung der Produktregel für den Tatrichter mit zwei Problemkreisen belastet, denen er sich bewusst sein muss:

aa) Unabhängigkeit der Indizien

Die Produktregel gilt ihrer Definition nach nur für die Gesamtwahrscheinlichkeit von *statistisch unabhängigen* Ereignissen. Bilden zwei Merkmalsmengen eine Schnittmenge, so verändern sie ihre jeweiligen Wahrscheinlichkeitswerte. Am Beispiel: Haben etwa alle Frauen mit blondem Haar auch einen Pferdeschwanz, dann beträgt die Wahrscheinlichkeit für diese Kombination nicht mehr $1/3 \cdot 1/10 = 1/30$, sondern nur 1/3. Hat jede zweite Frau mit blonden Haaren auch einen Pferdeschwanz, so beträgt die Gesamtwahrscheinlichkeit $1/3 \cdot 1/2 = 1/6$. Eine Gesamtwahrscheinlichkeit in Höhe des Produktes der Einzelwahrscheinlichkeiten ergibt sich also nur bei einer statistischen Unabhängigkeit, die vor der Anwendung der Produktregel sichergestellt[482] und in den Urteilsgründen dargelegt werden muss. Hierauf ist vom Tatgericht zu achten und sich bestenfalls bereits bei der Darlegung der Einzelwahrscheinlichkeiten über mögliche Interferenzen mit anderen Indizien zu versichern.[483]

Dies hat in einem Fall aus dem Jahre 1992 auch der Bundesgerichtshof betont[484]:

> Dem Angeklagten Y wird vorgeworfen, am 30. 11. 1990 maskiert mit einer Strumpfhose des Sohnes des Angeklagten N. eine Postbotin überfallen und die Herausgabe von ca. 7.500 DM erzwungen zu haben. Zum Nachweis der Täterschaft des Angeklagten Y. wurden von einem Sachverständigen in der Strumpfhose gefundene Haare (Spurenhaare) mit solchen des Angeklagten und zweier weiterer Tatverdächtiger (Vergleichshaare) verglichen. Nach Aussage des Sachverständigen habe die mikromorphologische Untersuchung eine Übereinstimmung der Spurenhaare mit zahlreichen Vergleichshaaren des Angeklagten in den Pigmentierungs-

---

lity factors listed were even roughly accurate." Und ergänzend in einer Fußnote: "We seriously doubt that such evidence could ever be compiled since no statistician could possibly determine after the fact which cars, or which individuals, ‚might' have been present at the scene of the robbery; certainly there is no reason to suppose that the human and automotive population of San Pedro, California, include all potential culprits – or, conversely, that all members of these populations are proper candidates for inclusion."

[481] Dies bemängelten zu Recht die jeweiligen Obergerichte in den „trials by mathematics": Court of Appeals f New Mexico (The People of the State of New York vs. Edwin H. Risley), 214 N.Y. 75 (91 f.), Supreme Court of Arkansas (Miller vs. State), 240 Ark. 340 (343 f.) und Supreme Court of New Mexico (State of New Mexico vs. Joe E. Sneed), 76 N.M. 349 (353 f.).

[482] Letzteres mahnen auch juristisch *Baur/Fimmers/Schneider*, StV 2010, 176 sowie mathematisch *Weltner*, Mathematik 1, S. 245 an.

[483] Dies ist im Fall „The People vs. Collins" noch nicht einmal geprüft worden, so dass die Produktregel nicht angewendet werden durfte. Da dies dennoch geschah und die Jury-Mitglieder so erheblich beeinflusst wurden, hat der Supreme Court of California, 68 Cal 2d 319 (333) das erstinstanzliche Urteil auf das Rechtsmittel des Angeklagten Malcolm Ricardo Collins (die Angeklagte Janet Collins hat kein Rechtsmittel eingelegt) zurecht aufgehoben und zurückverwiesen.

[484] BGH, StV 1992, 312 f.; ebenso BGHSt. 38, 320 (322 ff.), *Kimmich/Spyra/Steinke*, NStZ 1990, 319 ff., *Nack*, Kriminalistik 1995, 468 f. und *der.*, Kriminalistik 1999, 34.

merkmalen B und K 1 ergeben. Bei der Pigmentierungsuntersuchung sei zwar theoretisch eine Fehlerquelle von 5% denkbar; die Wahrscheinlichkeit des Fehlers vermindere sich aber mit der Vielzahl von Haaren, die jeweils Übereinstimmungen mit einem Spurenhaar zeigen. Bei der mitteleuropäischen Bevölkerung trete das Merkmal B bei 10,6%, das Merkmal K 1 bei 75% auf; bei der türkischen Bevölkerung – der Angeklagte ist türkischer Abstammung – trete das Merkmal B mit einer Häufigkeit von 17,9% auf. Die Kombination der Merkmale ergebe nach der Produktregel eine „Wahrscheinlichkeit für einen anderen Täter" als den Angeklagten von 5% × 10,6% × 75% = 0,3975%. Damit spreche das Untersuchungsergebnis mit „außerordentlich hoher Wahrscheinlichkeit" für die Spurenverursachung durch den Angeklagten Y. Dem folgte das Landgericht und verurteilte den Angeklagten unter anderem wegen schwerer räuberischer Erpressung.

Auch hier lässt das Urteil des Landgerichts Angaben zu möglichen Abhängigkeiten vermissen, ist es doch denkbar, „dass die Häufigkeit des Auftretens der Merkmale von der Pigmentierung abhängig oder dass die beiden Merkmale ihrerseits voneinander abhängig sind, dass also Korrelationen im Sinne von bedingten Wahrscheinlichkeiten vorliegen"[485].

bb) Ableitung einer Belastungswahrscheinlichkeit?

Selbst wenn man im Collins-Fall aber unterstellen würde, dass die (nochmals: unterstellt zutreffenden) Einzelwahrscheinlichkeiten nachweislich untereinander keine Interferenzen besäßen, dann würde die Produktregel lediglich aussagen, dass das Vorkommen der Merkmalskombination in der Gruppe, auf deren Zahl sich die Einzelwahrscheinlichkeiten beziehen, bei einem Zufallsexperiment entsprechend gering ist, also 1:12.000.000. Über die Identität der Täter und damit den historischen Umstand, dass es gerade die Angeklagten waren, die die Tat begangen haben, sagt diese Wahrscheinlichkeit für sich noch nichts aus. Insbesondere darf man nicht den Fehler machen – wie dies im Collins-Fall geschah[486] –, die Belastungswahrscheinlichkeit mit 100% abzüglich des errechneten Wertes anzugeben. Bei 12 Millionen Menschen lässt sich eine Vielzahl an möglichen Paaren (ob nun zusammen, Freunde, Arbeitskollegen) bilden. Zur Anschauung gehe man nur von 50 Millionen möglichen Paaren aus: Denkbare Täterpaare wären dann 1/12 Millionen × 50 Millionen = 4 Paare, die Täterwahrscheinlichkeit wäre dann für jedes Paar 25% statt (1-1/12.000.000 =) 0,9999999167 = 99,99999167%.[487]

---

[485] BGH, StV 1992, 312 (313); ähnlich jüngst zu den Untersuchungsergebnissen einer Kern-DNA: BGH, NJW 2009, 2834 (2836).

[486] Aus diesem Grunde hat der Supreme Court of California (The People vs. Malcolm Ricardo Collins), 68 Cal. 2d 319 (333 ff.) im Appendix der Entscheidung eine eigene wahrscheinlichkeitsmathematische Formel zur Errechnung der Wahrscheinlichkeit der Täterschaft einer anderen Person hergeleitet und angewandt; dieser Formel zustimmend *Cullison*, 6 Hous. L. Rev. (1968–69), 496 f., dagegen zu Recht kritisch *Finkelstein/Fairley*, 83 Harv. L. Rev. (1970), 493 f.

[487] Vgl. hierzu BGHSt. 38, 320 (323) bezogen auf eine DNA-Merkmalshäufigkeit von 0,014% und einer vom Sachverständigen daher angegebenen Täterwahrscheinlichkeit von 99,986%: „Zu einem Wert von 99,986% kommt man nur dann, wenn die Anfangswahrscheinlichkeit mit 50% angesetzt wird. Damit ist gemeint: Bei einer ‚a priori' – vor Berücksichtigung der DNA-Analyse – vorgenommenen Einschätzung liegt die Annahme, dass die Spermien von

b) Das Bayes-Theorem

Als das „einzige Modell“[488], das die Wahrscheinlichkeitsinformationen mehrerer Indizien zu einem juristisch verwertbaren Gesamtbeweiswert auswerten könne[489], wird daher das 1763[490] von der Royal Society of London unter dem Titel „Essay Toward Solving a Problem in the Doctrine of Chances“[491] veröffentlichte Theorem des anglikanischen Priesters und Hobbymathematikers Reverend *Thomas Bayes* (1702–1761) gefeiert (sog. „Bayes-Theorem“[492]), das als „mathematische Triviali-

---

dem Angeklagten herrühren, ebenso nahe wie das Gegenteil.“ Dem Wert von 99,986% „entspricht in der Bevölkerung ein Anteil von 0,014%, bei dem die DNA-Analyse dieselben Merkmale ergeben würde wie beim Angeklagten. Bei ungefähr 250.000 männlichen Einwohnern der Stadt Hannover würde dies immerhin einer Zahl von 35 männlichen Personen aus Hannover entsprechen.“ Ausführlich hierzu *Nack*, Kriminalistik 1995, 468f. und *ders.*, Kriminalistik 1999, 34f.

488 *Steinke*, FS Geerds, S. 392. Daneben werden noch andere wahrscheinlichkeitsmathematische Modelle für die Beweiswert- und damit letztlich zur Tatsachenfeststellung angewandt, etwa das Dempster-Shafer-Modell durch *Rüßmann*, ZZP 103 (1990), 71 ff. Letztlich kranken aber all diese ähnlichen Modelle (auch das Dempster-Shafer-Modell arbeitet mit Auftretungswahrscheinlichkeiten, gewichtet die Restwahrscheinlichkeit aber nicht gegen die Haupttatsache, sondern weist sie als Unsicherheitsintervall aus, was bei Indizien mit geringem abstrakten Beweiswert zu großen Wahrscheinlichkeitsintervallen führen kann) an den gleichen Problemen wie das Bayes-Theorem als weithin prominentester Vertreter der Wahrscheinlichkeitsmodelle. Hinzu kommt, dass die anderen Modelle zumeist mehr Rechenaufwand benötigen (so ausdrücklich *Rüßmann*, ZZP 103 [1990], 72 Fn. 24: von Hand nicht mehr sinnvoll zu bewältigen) und daher ohne Mathematiksachverständigem in jeder Verhandlung mit komplexerem Sachverhalt nicht zu lösen wären, vgl. zu dieser Kritik *Hansen*, JuS 1992, 329. Ziel soll aber gerade eine einfach zu handhabende Formel sein, die der Tatrichter auch alleine anwenden kann.

489 Für eine Anwendung des Bayes-Theorems bei der juristischen Sachverhaltsfeststellung plädieren im US-amerikanischen Rechtskreis etwa *Kaplan*, 20 Stan. L. Rev. (1968), 1083ff. und *Finkelstein/Fairley*, 83 Harv. L. Rev. (1970), 498ff. (wenngleich eingeschränkt auf Identifizierungsprobleme), kritisch dagegen *Tribe*, 84 Harv. L. Rev. (1971), 1329ff. („dehumanization of justice") und *Brilmayer/Kornhauser*, 46 U. Chi. L. Rev. (1978), 116ff. Im deutschen Schrifttum wird eine Anwendung vertreten von *Bender/Nack*, DRiZ 1980, 125, *dies.*, FS Richterakademie, S. 268f., *Bender/Nack/Treuer*, Tatsachenfeststellung, Rn. 671ff., *Nack*, MDR 1986, 368, *ders.*, Kriminalistik 1995, 468, *ders.*, Kriminalistik 1999, 37 und 39, AK-ZPO/*Rüßmann*, § 286 Rn. 10ff., *Nell*, Wahrscheinlichkeitsurteile, S. 51 ff., *Haller/Klein*, ArchKrim 177 (1986), 13ff., *Hagenloch*, DRiZ 1990, 392, *Hellmiß*, NStZ 1992, 24ff., *Grüner*, FS Geerds, S. 448, *Hans-Udo Bender*, Merkmalskombinationen, S. 128f., *Geipel*, Notwendigkeit, S. 193ff. und 218ff. sowie *Neuhaus*, StraFo 2001, 116f.; einschränkend vertreten auch von *Steinke*, NStZ 1994, 17f. und *ders.*, FS Geerds, S. 393f.

490 Man fand die Abhandlung nach dem Tode von *Bayes* in einer Nachttischschublade. Sein Freund, der Mathematiker *Reverend Price*, erkannte die Bedeutung der Ausführung und trug sie der Royal Society of London vor, vgl. hierzu *Bender/Nack/Treuer*, Tatsachenfeststellung, Rn. 667.

491 Vgl. hierzu allgemein *Bender/Nack/Treuer*, Tatsachenfeststellung, Rn. 667 und *Koch/Rüßmann*, Begründungslehre, S. 318.

492 So etwa die Bezeichnung von The New Encyclopaedia Britannica, Volume 26, Macropedia (15. Aufl., Chicago 2003), S. 138.

tät“[493] nur die Veränderung einer bestimmten Vorstellung über die Wahrscheinlichkeit eines Ereignisses (sog. Anfangs- oder apriori-Wahrscheinlichkeit: z.B. das Ergebnis des Aktenstudiums) durch zusätzliche Informationen (z.B. eine neue Zeugenaussage in der Hauptverhandlung) zur End- oder aposteriori-Wahrscheinlichkeit beschreibt und diese prozentual beziffert.[494] Sprachlich[495] ausgedrückt lautet es:

Anfangswahrscheinlichkeit, dass die Hauptttatsache vorliegt X Wahrscheinlichkeit, dass das Indiz bei der Haupttatsache vorliegt

Endwahrscheinlichkeit = --

Anfangswahrscheinlichkeit, dass die Haupttatsache vorliegt X Wahrscheinlichkeit, dass das Indiz bei der Haupttatsache vorliegt + Anfangswahrscheinlichkeit, dass die Haupttatsache nicht vorliegt X Wahrscheinlichkeit, dass das Indiz bei der Nicht-Haupttatsache vorliegt.

Deinet hat die Anwendbarkeit dieses Bayes-Theorems für die deutsche strafrechtliche Tatsachenfeststellung erstmals an einem plastischen Beispiel verdeutlicht[496]:

Drei Männer brechen gemeinsam in eine Wohnung ein und werden dabei von dem Hausbesitzer überrascht. Es kommt zu einem Handgemenge, bei dem einer der Einbrecher den Hausbesitzer erschlägt. Dieser Einbrecher wurde beim Kampf leicht verletzt und hinterläßt Blutspuren der Blutgruppe B, die jedoch so gering sind, dass sie für eine DNA-Analyse nicht ausreichen. Einer der Einbrecher wird auf der Flucht gefasst. Er hat die Blutgruppe B. Es sei wissenschaftlich erwiesen, dass 13% der Bevölkerung die Blutgruppe B haben.

Errechnet man nun die Wahrscheinlichkeit, dass der Gefasste auch den Hausbesitzer erschlagen hat, so ist von einer Anfangswahrscheinlichkeit von 1/3 (er ist einer der drei Einbrecher, von denen einer die Tat begangen hat) auszugehen. Die Wahrscheinlichkeit, dass der Täter auch tatsächlich die Blutgruppe B hat, ist (da dies nach den Laboruntersuchungen feststehen soll) 1. Die Anfangswahrscheinlichkeit, dass der Gefasste nicht den Hausbesitzer erschlagen hat, beträgt 2/3. Die Wahrscheinlichkeit, dass das Indiz auftritt, obwohl der Gefasste die Tat nicht begangen hat, beträgt wegen der Verbreitung der Blutgruppe B in 13% der Bevölke-

---

[493] *Nell*, Wahrscheinlichkeitsurteile, S. 51.

[494] Vgl. zu dieser Bedeutung *Kaplan*, 20 Stan. L. Rev. (1968), 1083, *Bender/Nack/Treuer*, Tatsachenfeststellung, Rn. 668f., *Nack*, Kriminalistik 1999, 37 und *Nell*, Wahrscheinlichkeitsurteile, S. 52.

[495] Vgl. zur wahrscheinlichkeitsmathematischen Herleitung dieser Formel *Finkelstein/Fairley*, 83 Harv. L. Rev. (1970), 498f., *Koch/Rüßmann*, Begründungslehre, S. 319f. und *Nell*, Wahrscheinlichkeitsurteile, S. 51.

[496] *Deinet*, Die Bewertung kriminaltechnischer Untersuchungsverfahren und -ergebnisse vom 12.12. 1986 im Bundeskriminalamt, Tagungsband, S. 9ff. (nicht frei zugänglich veröffentlicht), zitiert nach *Neuhaus*, StraFo 2001, 117 (dort allerdings ohne Verweis auf *Deinet*), *Steinke*, NStZ 1994, 17f. und *ders.*, FS Geerds, S. 393f.

rung 0,13. In das Bayes-Theorem eingesetzt ergibt sich hieraus eine Wahrscheinlichkeit für die Täterschaft des Gefassten von

$$\text{Endwahrscheinlichkeit} = \frac{1/3 \cdot 1}{1/3 \cdot 1 + 2/3 \cdot 0{,}13} \approx 0{,}794 \approx 79{,}4\%.$$

Weil beim Gefassten wie beim gesuchten Täter die Blutgruppe B vorliegt, hat sich die Anfangswahrscheinlichkeit für deren Täterschaft von 33,3% auf 79,4% erhöht.

Durch die mathematische Abhängigkeit des Bayes-Theorems von bezifferbaren Anfangsdaten ist es – so sehr es auch die Vorgehensweise des Tatrichters im Laufe der Verhandlung zu beschreiben scheint – „kaum ‚sauber' durchführbar“[497] und ist daher nicht mehr als ein „Denkmodell“[498], „um rationaler argumentieren zu können”[499]. Dies bedeutet aber keineswegs, dass der Tatrichter – wie *Rolf Bender* und *Armin Nack* es als Hauptvertreter für die Anwendung des Bayes-Theorems in Deutschland in einem (zivilrechtlichen) Indizienprozess aufgezeigt haben, als sie noch gemeinsam beim 6. Zivilsenat des Oberlandesgerichts Stuttgart tätig waren[500] – zur Überprüfung der eigenen intuitiven Gewissheit stets für die Häufigkeitswahrscheinlichkeit der festgestellten Indizien Wahrscheinlichkeiten abzuschätzen und hierauf das Bayes-Theorem anzuwenden habe. Denn alleine durch diese subjektiven Wahrscheinlichkeitsschätzungen bestünde die Gefahr, dass die „rationale“ Urteilsbegründung in – wie der Bundesgerichtshof ohne Not[501] in der Revisionsinstanz[502] ausführte – „manipulierbare Scheingewissheiten“[503] bestünde.[504]

---

[497] *Dagmar Neubert-Kirfel*, Kriminalistik 2000, 400.

[498] *Ulrike Unger*, Kausalität, S. 165; ebenso *Nell*, Wahrscheinlichkeitsurteile, S. 53.

[499] *Bender/Nack/Treuer*, Tatsachenfeststellung, Rn. 670; ebenso *Nack*, Kriminalistik 1999, 37; ähnlich bereits *Bender/Nack*, DRiZ 1980, 121. Weitergehender dagegen *Geipel*, Notwendigkeit, S. 223: „Nach der hier vertretenen Aufassung ist die Anwendung des Theorems von Bayes mit konkreten Werten und Berechnungen offen zu legen, statt nur als Denkmodell.“

[500] Vgl. hierzu die Wiedergabe der Entscheidung bei BGH, NJW 1989, 3161 mit Anm. *Rüßmann*, ZZP 103 (1990), 65 ff.; dem OLG Stuttgart zustimmend *Rommé*, NZV 1989, 470.

[501] Das Urteil wies bereits „handwerkliche Fehler“ auf, insbesondere Daten der Ermittlungsakten verwendet, die nicht Gegenstand der Hauptverhandlung waren und war daher bereits aus diesem Grund aufzuheben: BGH, NJW 1989, 3161 (3162).

[502] Das OLG Stuttgart (mit Bender und Nack) bezeichnete die Anwendung des Bayes-Theorems zur Überprüfung der richterlichen Überzeugung als Rechtsfrage und ließen die Revision zu (vgl. hierzu die Wiedergabe bei BGH, NJW 1989, 3161 [3162]), um den Bundesgerichtshof so zu einer Stellungnahme zum Bayes-Theorem zu bewegen.

[503] BGH, NJW 1989, 3161 (3162).

[504] Darüber hinaus wird das Bayes-Theorem bei der Verwendung mehrerer, voneinander unabhängiger Indizien zumeist mit einer Ergänzung angewendet (vgl. *Bender/Nack/Treuer*, Tatsachenfeststellung, Rn. 674, *Bender/Nack*, DRiZ 1980, 126 Fn. 4 und *Geipel*, Notwendigkeit, S. 209 f., jeweils verdeutlicht anhand der Entscheidung des OLG Düsseldorf, VerkMitt 1977, 29 f., um darzutun, dass ein Beweisring mit drei schwachen Indizien durchaus für eine Verurteilung ausreiche und nicht die vom Landgericht zitierte Erkenntnis des Lehrers Welsch aus

c) Zwischenergebnis

Man kommt also zur Vermeidung gefährlicher mathematischer Operationen (Abhängigkeit der Merkmale? Reine Schätzwerte von Anfangswahrscheinlichkeiten und Häufigkeiten?) nicht umhin, den Gesamterfahrungssatz bei mehreren Indizien, die mit statistischen Erfahrungssätzen auf das Vorliegen oder Nichtvorlegen der gleichen Haupttatsache hindeuten, auf weiteres empirisches Material zu stützen. Hiefür bedarf es der Beiziehung eines Sachverständigen, mag dieser seine Ergebnisse auch auf empirische Schätzungen stützen. Dies erfolgt dann aber wissenschaftlich auf der Grundlage fachwissenschaftlicher Methodik, die wie die Grundlagen der Schätzung dem Richter ausführlich darzulegen und von diesem zur Stützung der Schätzwerte (nach derzeitigem menschlichen Wissen) für eine Nachvollziehbarkeit in den Urteilsgründen zu benennen sind.[505] Alleine „ausrechnen" kann der Tatrichter ohne das ihm erst experimentell zu beschaffende empirische Material den Wahrscheinlichkeitswert des Gesamterfahrungssatzes selbst bei willensunabhängigen Vorgängen mit ansonsten vorhandenem statistischem Material (wie etwa über Faserspuren[506] oder DNA-Analysen[507]) nicht. Einen rein „mathematical proof of guilt"[508] gibt es nicht.

3. Auswirkungen einer Beweiskette

Beim richterlichen Schluss weist ein Indiz (z.B. die verstandene Aussage eines Zeugen) mittels Erfahrungssätzen nur auf ein weiteres (Zwischen-)Indiz (z.B.: der Zeuge erinnert sich an diese Wahrnehmung), dieses auf ein anderes (Zwischen-) Indiz (z.B. der Zeuge hat das Geschehen tatsächlich so wahrgenommen) usw. und erst am Ende steht der Schluss auf das Tatgeschehen. Eine derart zwingende Stufenfolge von Indizienschlüssen beim Personal- wie Sachbeweis wird als Beweiskette bezeichnet.[509] Beruht jeder einzelne Schluss auf ausnahmslosen Beweisregeln oder deterministischen Erfahrungssätzen, so ist der Schluss von jedem „Kettenglied" zum nächsten und schlißlich auf das „Endglied" Tatgeschehen deduktiv-logisch zwingend.

---

dem volkstümlichen Lied von der „Scholl en d'r Kaijaß" gelte: „Driemoal null es null, bleev null"), hierbei jedoch zumeist nicht beachtet, dass die Daten aus unterschiedlichen Beobachtungen bzw. Experimenten stammen und so ihre Bezugsklassen iteinander konkurrieren: vgl. zu dieser Kritik *Koch/Rüßmann*, Begründungslehre, S. 325 (mit richtiger Modifikation auf S. 326) und *Mummenhoff*, Erfahrungssätze, S. 101.

505 In diese Richtung bereits BGHSt. 38, 320 (322f.).

506 Vgl. hierzu grundlegend BGH, StV 1994, 114 und BGH, StV 1996, 251.

507 Vgl. dazu, dass auch bei mehreren DNA-Merkmalen die Anwendung der Produktregel nicht unproblematisch ist: BGHSt. 38, 320 (323f.).

508 So von der Staatsanwaltschaft behauptet im Fall des Supreme Court of California (The People vs. Malcolm Ricardo Collins), 68 Cal. 2d 319 (331).

509 Vgl. nur *Nack*, MDR 1986, 369, *Bender/Nack/Treuer*, Tatsachenfeststellung, Rn. 637, *Koch/Rüßmann*, Begründungslehre, S. 293, *Rüßmann*, FS Nagel, S. 337, *Geipel*, Notwendigkeit, S. 225, *Neuhaus*, StraFo 2001, 117, *Ulrike Unger*, Kausalität, S. 163 und *Hansen*, JuS 1992, 329.

Jedoch erfolgen die meisten Schlüsse von einem „Kettenglied“ zum anderen in der Praxis mittels statistischen (Gesamt-)Erfahrungssätzen, die jeweils nur eine Wahrscheinlichkeit vermitteln. Es bleibt bei jedem Einzelschluss eine Mehrdeutigkeit, eine Unsicherheit, die sich durch die unsicheren Folgeschritte nur noch verstärkt.

Dies sei verdeutlicht an einem einfachen Würfelbeispiel: Die Wahrscheinlichkeit, mit einem normalen (nicht manipulierten) Würfel in einem Wurf eine Sechs zu würfeln, beträgt wegen der sechs möglichen Wurfausgänge 1/6. Auch in einem zweiten Wurf beträgt isoliert betrachtet die Wahrscheinlichkeit, eine Sechs zu werfen, wieder 1/6. Betrachten wir die Wahrscheinlichkeit, bei zwei Würfen hintereinander genau zwei Sechsen zu würfeln, so gibt es 36 mögliche Ausgänge (1-1, 1-2, 1-3, 1-4, 1-5, 1-6, 2-1, 2-2, 2-3, 2-4, 2-5, 2-6, 3-1, 3-2, 3-3, 3-4, 3-5, 3-6, 4-1, 4-2, 4-3, 4-4, 4-5, 4-6, 5-1, 5-2, 5-3, 5-4, 5-5, 5-6, 6-1, 6-2, 6-3, 6-4, 6-5 und eben 6-6), von der eine zutrifft, sprich: die Wahrscheinlichkeit beträgt 1/36. Es gilt bei einer Wahrscheinlichkeitskette wie einer Beweiskette mit statistischen Erfahrungssätzen also die Produktregel[510] (1/6 1/6 = 1/36) – „a chain means a multiplied uncertainty“[511]. Jedes weitere nur statistische (und damit unsichere) Beweisglied schwächt ihren Zusammenhalt. „Je länger eine Beweiskette ist, desto schwächer ist der daraus resultierende Bestätigungsgrad, wenn nicht der Beweiswert jedes Gliedes der Kette 1 (sprich: deterministischer Schluss) ist.“[512]

Dies gilt selbstverständlich auch für die Vielzahl der Fälle, dass es dem Richter an einem genauen statistischen Zahlenmaterial fehlt, so dass er intuitiv nur gewisse Wahrscheinlichkeitsgrade („wenig wahrscheinlich“, „überwiegend wahrscheinlich“, „sehr wahrscheinlich“, „fast sicher“) formulieren kann, nur wird der Tatrichter mangels klarer mathematischer Aufdeckung dazu neigen, diese Abschwächung des Beweiswerts zu verdrängen.

4. Das Alternativenausschlussverfahren

Mit jedem der statistischen Erfahrungssätze lässt sich nur mit einer relativen Wahrscheinlichkeit ein Schluss vom Indiz auf das Tatgeschehen ziehen, wird der Schluss auch mit dem Erfahrungssatz der höchsten Wahrscheinlichkeit getroffen. Steht etwa im obigen Haarvergleichsfall[513] aufgrund einer Haarvergleichsprobe fest, dass die Haare des Angeklagten mit den Spurenhaaren am Tatort in bestimmten Merkmalen übereinstimmen und gibt es einen Erfahrungssatz, wonach die Wahrscheinlichkeit,

---

[510] Vgl. zur Berechnung des Beweiswerts bei Beweisketten nur *Stening*, Bevisvärde, S. 65f. und 158, *Bender/Nack/Treuer*, Tatsachenfeststellung, Rn. 640, *Nack*, Kriminalistik 1995, 468, *ders.*, Kriminalistik 1999, 39, *Grüner*, FS Geerds, S. 452, *Geipel*, Notwendigkeit, S. 227 und *Ulrike Unger*, Kausalität, S. 163.

[511] *Stening*, Bevisvärde, S. 158.

[512] *Ekelöf*, FS Baur, S. 353 mit dem ergänzenden Hinweis, dass dies ein Argument für das angloamerikanische Verbot des Hörensagenbeweises (Unsicherheit einer Zeugenaussage verstärkt sich durch die Unsicherheit der Zeugenaussage, die von der ersten berichtet) sei. Vgl. zu einem anschaulichen Beispielsfall hierzuauch *Neuhaus*, StraFo 2001, 117f.

[513] Siehe oben Zweiter Hauptteil, Viertes Kapitel, E, II, 2, a), aa).

dass diese Merkmalskombination beim Haar eines anderen Menschen zutrifft, 95% beträgt, so besitzen bezogen auf eine Erdbevölkerung von 6 Milliarden Menschen 0,05 × 6.000.000.000 = 300.000.000 Menschen diese Merkmalskombination. Ist der Angeklagte einer von ihnen, so beträgt die Wahrscheinlichkeit, dass er auch tatsächlich der Täter war, 1:300.000.000 ≈ 0,00000000333, also 0,000000333%. Die Fehlverurteilungswahrscheinlichkeit beträgt also trotz des hohen Wahrscheinlichkeitssatzes ≈ 99,99999967%! Sprich: Fast jede Verurteilung ist falsch! Selbst auf die Einwohnerzahl der Bundesrepublik Deutschland von 60 Millionen Staatsbürgern bezogen besitzen 0,05 × 60.000.000 = 3.000.000 Bundesbürger diese Merkmalskombination[514] und beträgt die Fehlverurteilungswahrscheinlichkeit ≈ 99,999967%! Während der Schluss mittels deterministischem Erfahrungssatz aussagt, „wie es war" (vorausgesetzt, das Indiz als Basis wurde zutreffend festgestellt), legt der Schluss mittels statistischem Erfahrungssatz alleine dem Richter ein bestimmtes Ergebnis nahe, ohne ihm rational zwingend eines vorzuschreiben – er liefert eine bloße, zumeist sehr unzuverlässige Entscheidungshilfe.

Einen sicheren Schluss vermittelt ein statistischer Erfahrungssatz erst dann, wenn alle anderen möglichen Schlüsse mit den alternierenden statistischen Erfahrungssätzen (sprich: alle anderen möglichen Geschehensalternativen) ausgeschlossen werden können. Hiernach kann die Seltenheit einer Merkmalskombination erst dann einen verläßlichen Identitätsnachweis liefern, wenn bekannt wäre, dass lediglich ein einziges Element des möglichen Täterkreises als Träger dieser Merkmalskombination in Betracht kommt.[515] Würde etwa aufgrund anderer Indizien feststehen, dass nur der Angeklagte oder zwei weitere Tatverdächtige eine Gelegenheit zur Tatbegehung hatten und tritt die Übereinstimmung der Haarmerkmale zu den Spurenhaaren nur beim Vergleich mit den Haaren des Angeklagten auf, dann schließt der an sich statistische Erfahrungssatz die beiden anderen Verdächtigen aus und lässt den Angeklagten als einzigen möglichen Täter übrig – er müsste logisch der Täter sein. Nur in dieser Konstellation ist der Bundesgerichtshof im Haarvergleichsfall dann auch bereit, aus der hohen Wahrscheinlichkeit aufgrund des Haarvergleichs auf die Täterschaft des Angeklagten zu schließen[516]:

> „Die Annahme des LG, die Übereinstimmung der Merkmale beim Vergleich der Haare entspreche einer ‚außerordentlich hohen Wahrscheinlichkeit für die Spurenverursachung durch den Angekl.', wäre dennoch hinzunehmen, wenn das LG damit nur zum Ausdruck gebracht hätte, dass der Haarvergleich den Angekl. belaste und die ebenfalls Verdächtigen H. und S. dagegen entlaste. Das hätte aber zur Voraussetzung gehabt, dass sich das LG aufgrund anderer Indizien rechtsfehlerfrei überzeugt hätte, dass eine vierte Person als Täter ausscheidet. Von letzteren geht das LG zwar aus. Der Senat kann aber nicht ausschließen, dass sich der Tatrichter durch die Annahme eines hohen Wahrscheinlichkeitswertes für die Täterschaft des Angekl. den Blick dafür verstellt hat, dass auch eine andere Person als der Angekl. und die beiden Zeugen H. und S. in Betracht kommen kann."

---

514 Vgl. auch das Beispiel bei *Joachim Schulz*, Sachverhaltsfeststellung, S. 301.
515 *Koch/Rüßmann*, Begründungslehre, S. 318.
516 BGH, StV 1992, 312 (313).

Allgemein gesprochen ist es in Rechtsprechung beim Kausalitätsnachweis[517] sowie allgemein in der Literatur[518] daher inzwischen geklärt, dass eine Beweisführung nicht etwa dadurch erfolgt, „dass man im Wege der Anhäufung von Indizien zu immer höheren Wahrscheinlichkeiten zu gelangen sucht – so sehr es richtig ist, dass derartige Indizien den Blick zunächst auf die zu stützende Hypothese lenken und diese plausibel erscheinen lassen. Sie vollzieht sich vielmehr dadurch, dass die denkbaren Alternativen als widerlegt ausgeschieden werden"[519] (sog. Alternativenausschlussverfahren oder Eliminationsbeweis[520]). Der Tatrichter hat daher einen der mit alternativen statistischen Erfahrungssätzen möglichen Schlüsse auf eine (angebliche) historische Tatsache als Ausgangshypothese festzusetzen (z.B. im obigen Beispiel: Aufgrund der Haarvergleichsübereinstimmung hat der Angeklagte die Postbotin überfallen) und dann zu untersuchen, ob er deren Alternativen (sprich: die Ausnahmefälle des statistischen Erfahrungssatzes angewandt auf den konkreten Fall) ausschließen kann.

a) Verdachtshypothese als Ausgangspunkt

Aufgrund der Aktenkenntnis bildet sich der Tatrichter im Rahmen einer Vorwürdigung – wie oben dargelegt[521] – bereits bei der Entscheidung über die Eröffnung der Hauptverhandlung nach § 199 Abs. 1 StPO im Rahmen einer Beweis-Prognoseneinschätzung ein Bild davon, ob der Angeschuldigte der in der Anklage bezeichneten Tat hinreichend tatverdächtig erscheint. Auf der Grundlage dieser Verdachtshypothese[522] als Ausgangshypothese, die wegen inzwischen neu erlangten Datenmaterials zur Verhandlung noch einmal modifiziert worden sein kann, bereitet der Vorsitzende die Hauptverhandlung vor, lädt beweiserhebliche Zeugen und schafft sonstige Beweismittel zur Stützung der Verdachtshypothese herbei.

aa) Likelihood-Vergleich

Rein intuitiv gehen Tatrichter bei der Bildung der Verdachtshypothese nach folgender – auf der wahrscheinlichkeitsmathemtischen „Maximum-Likelihood-Me-

---

517 Vgl. nur BGHSt. 37, 106 (112), BGHSt. 41, 206 (216) und BGH, NStZ 2008, 150.

518 Vgl. nur *Ehrenzweig*, JW 1929, 85, LR/*Gollwitzer* (25. Aufl., Berlin 2001), § 261 Rn. 57, KMR/*Stuckenberg*, § 261 Rn. 34ff., KMR/*Paulus*, § 244 Rn. 176f., *Pfeiffer*, StPO, § 261 Rn. 13, *Frisch*, GedS Karlheinz Meyer, S. 555 und 561, *Bertram Schmitt*, Freie Beweiswürdigung, S. 386f., *Käßer*, Wahrheitserforschung, S. 43, *Johanna Schulenburg*, Verbot, S. 69 und *Ulrike Unger*, Kausalität, S. 220ff. Nach *Rüßmann*, ZZP 103 (1990), 76 stellt auch das objektive Wahrscheinlichkeitsmodell (als Beweismaß) ein Alternativhypothesenausschlussmodell dar, der Ausschluss von Ausnahmen die Wahrscheinlichkeitswerte verändere; in diese Richtung auch *Ekelöf*, FS Baur, S. 356 und *ders.*, Scandinavia Studies in Law 8 (1964), 59 ("Only an investigation which shows that other hypotheses are incorrect can furnish any support for the assumption that the accused is guilty").

519 *Frisch*, GedS Karlheinz Meyer, S. 555.

520 Dieser Begriff stammt von *Ekelöf*, FS Baur, S. 356.

521 Siehe oben Zweiter Hauptteil, Drittes Kapitel, B, I, 2, a).

522 In diese Richtung heißt es auch bei *Eberhard Schmidt*, LK I, Rn. 368, dass dem Gericht im Strafprozess mit der Klage lediglich „der Verdacht einer strafbaren Handlung" unterbreitet werde.

thode"[523] beruhenden – allgemeinen Entscheidungsregel vor: „Im Hinblick auf eine erschöpfende Menge sich gegenseitig ausschließender Ereignisse […] erwarte das Ereignis, welches die höchste Wahrscheinlichkeit besitzt und handle so, als wüsstest du, dass dieses Ereignis gewiss sei"[524] (sog. „best guess"-Regel[525] oder „Likelihood-Vergleich"[526]). Die genauen Wahrscheinlichkeitswerte brauchen hierfür nicht bekannt zu sein, es genügt eine grobe Abschätzung mit Worten durch den Richter[527], ob der einzelne statistische Erfahrungssatz eine größere Einzelwahrscheinlichkeit vermittelt als die anderen denkbaren alternativen statistischen Erfahrungssätze. Jeder Mensch neigt in diesem Sinne intuitiv dazu, einer zu 95% gestützten Hypothese mehr Glauben zu schenken als einer nur zu 5% gestützten Hypothese, sofern die bereits bekannten Umstände des konkreten Falles, die in die Bewertung des Wahrscheinlichkeitswertes im Einzelfall einzubeziehen sind, nicht hiergegen sprechen[528]: „Denn nach Lage der Sache (‚unter den ermittelten Umständen') kann das Unwahrscheinliche das Wahrscheinlichste sein, weil alles andere noch unwahrscheinlicher ist."[529]

Je geringer der Abstand zwischen den Einzelwahrscheinlichkeiten ist (sprich: wenn beide Thesen ähnlich gut empirisch gestützt werden), um so geringer wird jedoch die Neigung, mit dem einen statistischen Erfahrungssatz einen Schluss als Ausgangsthese zu bilden und nicht mit einem anderen, und um so größer wird der Einfluss der an der Entscheidung betroffenen Interessen. In der Pharmaindustrie wird man beispielsweise bei der Entwicklung eines neuen Medikaments zur Heilung einer nicht tödlichen Krankheit auf der Grundlage mehrerer Untersuchungen der These, das Medikament habe langfristig tödliche Nebenfolgen, gegenüber der These von der Ungefährlichkeit selbst bei ganz geringem Abstand Glauben schenken; auf der anderen Seite wird man der These von der Ungefährlichkeit so lange nicht folgen, wie ihre statistische Stützung nicht ein erdrückendes Ausmaß angenommen hat.[530] Für den maßgeblichen Wahrscheinlichkeitsabstand zwischen den alternierenden statistischen Erfahrungssätzen, die nach derzeitigem gesicherten menschlichen Wissen möglich sind[531], ist daher eine Berücksichtigung der Folgen

---

523 Vgl. dazu Schülerduden Mathematik II (5. Aufl., Mannheim 2004), S. 270, *Meschkowski*, Handbuch Mathematik, S. 514, *Gottwald/Kästner/Rudolph*, Enzyklopädie Mathematik, S. 645 und *Hans-Udo Bender*, Merkmalskombinationen, S. 125 f.

524 *Carnap*, Logik, S. 108.

525 So etwa *Nell*, Wahrscheinlichkeitsurteile, S. 128 ff.

526 So *Stegmüller*, Probleme I, S. 853, *Koch/Rüßmann*, Begründungslehre, S. 335 und *Mummenhoff*, Erfahrungssätze, S. 52.

527 Insoweit stimmt das generelle Vorgehen mit dem Anscheinsbeweis überein, bei dem ebenfalls der Richter subjektiv den Wahrscheinlichkeitswert des statistischen Erfahrungssatzes nach den Umständen des Einzelfalles zu schätzen hat.

528 Für die Vertreter eines objektiven Beweismaßes (überwiegende oder hohe Wahrscheinlichkeit) stellt dieser Vergleich generell die richtige Entscheidungsmaxime dar.

529 *Kegel*, FG Kronstein, S. 328.

530 Beispiel nach *Mummenhoff*, Erfahrungssätze, S. 59.

531 Diese zwingende Einschränkung wegen der Unmöglichkeit absoluten menschlichen Wissens nimmt auch *Hilgendorf*, Produzentenhaftung, S. 124 für auszuschließende Alternativhypothesen bei der Schadensverursachung durch die Verwendung bestimmter Produkte an.

für die betroffenen Rechtsgüter maßgeblich, welche eine fehlerhafte Verwerfung der beim Likelihood-Vergleich unterlegenen statistischen Hypothese nach sich ziehen würden.[532]

Bei der strafrechtlichen[533] Tatsachenfeststellung sind hierbei (nochmals: wenn auch nicht streng wahrscheinlichkeitsmathematisch) die Folgen einer Feststellung

---

[532] Vgl. nur *Mummenhoff*, Erfahrungssätze, S. 59. Hierhinter steht die im 18. Jahrhundert von *Daniel Bernoulli*, einem Neffe des großen *Jacob Bernoulli*, in seiner Schrift „Specimen Theoriae Novae de Mensura Sortis“ (1738) (diese lateinische Abhandlung ist in englischer Sprache erschienen unter dem Titel „Exposition of a new theory on the measurement of risk“ in 22 Econometrica [1954], 23 ff.) und *Thomas Bayes* in seiner maßgeblichen Schrift „An Essay Towards Solving a Problem in the Doctrine of Chance“ (1763/1764) (auf Deutsch veröffentlicht unter dem Titel „Versuch zur Lösung eines Problems der Wahrscheinlichkeitsrechnung“, Leipzig 1908) entwickelte Regel von der „Maximierung der Nutzungserwartung“ – auch als Bernoulli-Prinzip (so etwa *Hax*, Entscheidungsmodelle, S. 58 ff.) oder Bayes-Prinzip (so etwa VG Hamburg, Urt. v. 25. 9. 2003 – 16 A 20/2003, juris, *Kirsch*, Einführung, S. 41 und *Kilian*, Entscheidung, S. 223 f.) bezeichnet: Ein Subjekt wähle jene Alternative, bei welcher der Erwartungswert des Nutzens – Summe des Nutzens multipliziert mit der Wahrscheinlichkeit für seinen Eintritt – maximiert ist, vgl. Vgl. *Kirsch*, Einführung, S. 41, *Nell*, Wahrscheinlichkeitsurteile, S. 130 und *Carnap*, Logik, S. 118: „Wähle die Handlung, für welche die Schätzung des resultierenden Nutzens ein Maximum ist.“ Zur mathematischen Fundierung dieses Prinzips vgl. nur *Hax*, Entscheidungsmodelle, S. 58 und *Kirsch*, Einführung, S. 41. *Maassen*, Beweismaßprobleme, S. 8 und *Motsch*, GedS Rödig, S. 335 f. bauen auf diesem Prinzip sogar ihr Beweismaß auf, wobei sie zu leicht abweichenden Formeln gelangen.

[533] Vgl. zum Parallelproblem von Prognoseentscheidungen im Verwaltungs- und Sozialrecht die Formulierungen des Verwaltungsgerichts Hamburg, Urt. v. 25. 9. 2003 – 16 A 20/2003, juris, Rn. 34 (zum Nachfluchttatbestand des § 51 Abs. 1 AuslG 1990: keine Abschiebung in ein Land, in dem das Leben oder die Freiheit der Person bedroht wäre) und des Landessozialgerichts Hamburg, Beschl. v. 7. 9. 2007 – L 4 B 355/07, juris, Rn. 5 (in einem Verfahren auf Prozesskostenhilfe nach § 73 a SGG iVm § 114 Abs. 1 ZPO: zu gewähren bei wirtschaftlicher Not und hinreichender Aussicht auf Erfolg der beabsichtigten Rechtsverfolgung): Es soll das Gewicht des zu schützenden/gefährdeten Rechtsguts sein, welches den erforderlichen Wahrscheinlichkeitsmaßstab beeinflusst. Damit kommt das Prinzip einer „wahrscheinlichkeitsgewichteten Abwägung“ zum Tragen, „welches mit dem in der Spiel- und Entscheidungstheorie so genannten Prinzip der Maximierung der Nutzungserwartung (Bayes- oder Bernoulli-Prinzip) übereinstimmt und sich als grundsätzlich geeignetes Modell auch der juristischen Entscheidung unter Ungewissheit erwiesen hat, indem es [hier fügt das VG Hamburg, Urt. v. 25. 9. 2003 – 16 A 20/2003, juris, Rn. 34 ein: „im Sinne eines – zunächst wertneutralen – deskriptiven Utilitarismus“] von der allgemeinen (anthropologischen) Voraussetzung ausgeht, dass die im Rahmen menschlichen Handelns gebildeten Präferenzen eine Optimierung des Handlungsergebnisses zum Ziel haben“. Vgl. auch die ständige Rechtsprechungspraxis des Bundesverfassungsgerichts, das im Rahmen der Entscheidung über einen Antrag auf Erlass einer einstweiligen Anordnung (§ 32 BVerfGG) im Wege einer Doppelhypothese grundsätzlich nur die Folgen einer jeweiligen Fehlentscheidung abwägt („Abwägungsmodell“): „Das Bundesverfassungsgericht hat die Folgen abzuwägen, die eintreten würden, wenn die einstweilige Anordnung nicht ergeht, die angegriffenen Maßnahmen in dem späteren Verfahren jedoch für verfassungswidrig erklärt werden, gegen die Nachteile, die entstehen würden, wenn die angegriffene Regelung vorläufig außer Anwendung gesetzt würde“ (so die Formel von BVerfGE 12, 276 [279], BVerfGE 18, 34 [36], BVerfGE 81, 53 [54], BVerfGE 91, 70 [75], BVerfGE 99, 57 [66] und BVerfGE 106, 51 [60 f.]).

zugunsten des Täters (sprich: Freisprechung) mit den Folgen einer Feststellung zu Lasten des Täters abzuwägen (im Extremfall: Schuldspruch). So kommt es im Einzelfall zu einer Gewichtung der durch das Rechtsstaatsprinzip (Art. 20 Abs. 3 GG) gewährten Funktionsfähigkeit der Strafrechtspflege zum Schutz des Gemeinwesens[534] und der Nichtverwirklichung der Strafzwecke (allgemeine und spezielle Generalprävention, negative und positive Spezialprävention, Vergeltung, Resozialisierung)[535] auf der einen Seite und den dem Angeklagten für die konkrete Tat drohenden Einbußen in seinen grundgesetzlich geschützten Rechten Freiheit (Art. 2 Abs. 2 S. 2 GG), Eigentum (Art. 14 Abs. 1 S. 1 GG) und allgemeine Handlungsfreiheit (Art. 2 Abs. 1 GG) auf der anderen Seite, wobei letzteres auch mit seinen Folgewirkungen auf den Lebensablauf des Angeklagten bei Bagatelldelikten ganz erheblich höher bewertet werden muss. Entsprechend dem obigen Medikamenten-Beispiel wird der Tatrichter daher für die Annahme eines statistischen Erfahrungssatzes als Ausgangshypothese, der eine Tatsache zu Lasten des Angeklagten feststellen würde, einen gewissen Abstand der Wahrscheinlichkeitswerte verlangen, der je nach dem konkreten Tatvorwurf in erheblichem Maße (z.B. bei Kapitaldelikten) oder auch nur geringfügig (so bei Bagatelldelikten) die überwiegende Wahrscheinlichkeit übersteigen muss. Überwiegt demgegenüber der Wahrscheinlichkeitswert des statistischen Erfahrungssatzes, der eine Tatsache zugunsten des Angeklagten erschließen würde, so wird er diesen angesichts der hohen Bedeutung der individualrechtlichen Freiheit und des Eigentums als Ausgangsthese auch bei nur kleinstem Überwiegen annehmen müssen; Gleiches gilt bei gleichen Wahrscheinlichkeitswerten (z.B. 50%–50%).

bb) Die Nullhypothese bei der Glaubhaftigkeitsbeurteilung

Bezogen auf die Beurteilung der Glaubhaftigkeit einer Zeugenaussage (dem „Star des Beweisrechts“[536]) weiß man spätestens seit den grundlegenden Arbeiten von *William Stern*[537] und *Alfred Binet*[538] von 1900 bzw. 1902, „dass kaum eine Aussage – wissenschaftlich gesehen – verwertbar sei, zumindest würden sie große Fehler beinhalten“[539]. Denn Lügen sind immer denkbar und „irren ist menschlich“. Selbst bei denkbar optimalen Wahrnehmungs- und Reproduktionsbedingungen können Menschen in der Interpretation des Wahrgenommenen aufgrund früherer Erkenntnisse und Gefühle individuelle Fehler und strukturelle Verzerrungen unterlaufen.[540] „Als Zeuge ist der Mensch eine ‚Fehlkonstruktion‘.“[541] Es ist daher „fürwahr eine

---

[534] Vgl. hierzu BVerfGE 33, 367 (383), BVerfGE 46, 214 (222f.), BVerfGE 80, 367 (375) und LR/*Kühne*, Einl. Abschn. H Rn. 13.

[535] Vgl. zur Berücksichtigung der Strafzecke für die Tatsachenfeststellung *Ulrike Unger*, Kausalität, S. 173ff.

[536] *Barton*, Redlich, S. 23.

[537] *Stern*, Über Psychologie der individuellen Differenzen (Leipzig 1900) und *ders.*, ZStW 22 (1902), 315ff.

[538] *Binet*, La suggestibilité (Paris 1900).

[539] So die Zusammenfassung von *Szewczyk*, Kriminalität II, S. 171.

[540] So auch *Barton*, Einführung, § 14 Rn. 23f.

[541] *Bender/Nack/Treuer*, Tatsachenfeststellung, Rn. 17 und *Barton*, Einführung, § 14 Rn. 23.

schwankende Brücke, die der Richter betritt, wenn er auf einen Zeugenbeweis hin zu einer Verurteilung gelangt“[542]. Vom Wahrscheinlichkeitswert her überwiegt daher selbst bei Verfahren mit Bagatelldelikten grundsätzlich die Unwahrheit einer jeden Zeugenaussage (sog. Nullhypothese), so dass deren Unwahrheit gedanklich (als „gegenwärtiger wissenschaftlicher Standard“[543]) als Ausgangshypothese festzulegen ist. Dies wird so seit der Grundsatzentscheidung BGHSt. 45, 164ff. vom Bundesgerichtshof[544] für die Glaubwürdigkeitsbeurteilung, „ob auf ein bestimmtes Geschehen bezogene Angaben zutreffen, d.h. einem tatsächlichen Erleben der untersuchten Person entsprechen“, verlangt[545]:

> „Das methodische Grundprinzip besteht darin, einen zu überprüfenden Sachverhalt (hier: Glaubhaftigkeit der spezifischen Aussage) so lange zu negieren, bis diese Negation mit den gesammelten Fakten nicht mehr vereinbar ist. Der Sachverständige nimmt daher bei der Begutachtung zunächst an, die Aussage sei unwahr (sog. Nullhypothese). Zur Prüfung hat er weitere Hypothesen zu bilden. Ergibt seine Prüfstrategie, dass die Unwahrhypothese mit den erhobenen Fakten nicht mehr in Übereinstimmung stehen kann, so wird sie verworfen, und es gilt dann die Alternativhypothese, dass es sich um eine wahre Aussage handelt.“[546]

cc) Berücksichtigung gesetzlicher Wertungen

Teilweise enthält bereits das Gesetz ein klares Regel-Ausnahme-Modell, dessen Wertung bei der Wahrscheinlichkeitsbetrachtung alternierender Erfahrungssätze und damit bei der Zugrundelegung eines bestimmten Erfahrungssatzes und damit einer bestimmten Sachverhaltsvariante als Ausgangshypothese zu beachten ist: So sind beispielsweise im Straftatbestand diejenigen Verhaltensnormen vertypt, die der Gesetzgeber im Interesse des Rechtsfriedens der Gemeinschaft als so wesentlich betrachtet, daß er sie mit der schärfsten Sanktion versehen hat, über die er ver-

---

542 *Alsberg*, Schriften, S. 87.

543 *Boetticher*, FS Gerhard Schäfer, S. 8.

544 Vgl. für das teilweise Selbstverständnis im Umgang mit dieser Ausgangshypothese nur BGH, NStZ 2009, 106, einschränkend dagegen BGH, NStZ 2001, 45f.: Die Nullhypothese sei nur ein „gedanklicherArbeitsschritt“, der nicht schematisch angewendet werden dürfe; zustimmend zur hypothesengeleiteten Aussageanalyse mit der Nullhypothese als Ausgangspunkt *Bender/Nack/Treuer*, Tatsachenfeststellung, Rn. 307ff. und 495ff., *Deckers*, FS AG Strafrecht, S. 415, *Steller*, FS Gerhard Schäfer, S. 72 und *Gabriele Jansen*, FS AG Strafrecht, S. 571ff., kritisch dagegen *Fischer*, FS Widmaier, S. 212f., der die Nullhypothese als bloße „methodische Konstruktion aus der Statistik“ bezeichnet, der einen „Fremdkörper“ in der richterlichen Beweiswürdigung darstelle. Hierbei übersieht er, dass die Nullhypothese kein „Sondermodell“ zur Bewertung von Zeugenaussagen darstellt, wie es viele Juristen ansehen, sondern die stringente Anwendung erfahrungssatzbasierter Beweiswürdigung.

545 Vgl. zum praktischen Umgang mit dem Zeugenbeweis auch *Geipel*, AnwBl. 2006, 784 und *ders.*, StV 2008, 271f., der von einer „geheimen contra legem Regel“ spricht, „einem Zeugen grundsätzlich zu glauben“ (im Ergebnis ebenso *Reinecke*, MDR 1986, 630f.).

546 BGHSt. 45, 164 (167f.) mit zust. Anm. *Ziegert*, NStZ 2000, 105f. („verdienstvoll“) und *Offe*, NJW 2000, 929f. Die Festlegung dieses Grundsatzes erfolgte ohne Not, da der Bundesgerichtshof bereits wegen fehlerhafter Anwendung anerkannter wissenschaftlicher Methoden sowie der „strafprozessual bedenklichen“ Verwertung der Ergebnisse einer gynäkologischen Untersuchung durch den Sachverständigen das landgerichtliche Urteil hätte aufheben können.

fügt.[547] Die hierunter fallenden Handlungen eines Täters sind daher „typischerweise"[548] auch rechtswidrig; an anderer Stelle geregelte Erlaubnissätze (Rechtfertigungsgründe), die für einzelne Sonderfälle die im Unrechtstatbestand enthaltene Verhaltensnorm als Rechtspflicht für den Einzelnen für nicht anwendbar erklären, sind von der gesetzlichen Systematik her Ausnahmen vom Regelfall des Achtungsanspruchs des Normbefehls[549]: Grundsätzlich indiziert die Tatbestandsmäßigkeit einer Handlung die Rechtswidrigkeit[550], solange nicht ausnahmsweise ein – vom Richter im Rahmen seiner Amtsaufklärungspflicht (§ 244 Abs. 2 StPO) mit zu erforschender möglicher (Das Bestehen eines Rechtfertigungsgrundes ist anders als im anglo-amerikanischen Rechtskreis keine bloße Verteidigungseinrede!)[551] – Rechtfertigungsgrund eingreift. Nach der gesetzlichen Systematik ist die Wahrscheinlichkeit des Erfahrungssatzes, der von der Aussage eines Zeugen in der Hauptverhandlung, der ein Tatgeschehen ohne Notwehrsituation schildert, also weitaus höher als der Erfahrungssatz, die Zeugenaussage sei diesbezüglich (keine Notwehrsituation) falsch – die fehlende Notwehrsituation ist hier – wie es *Marxen*[552] ausführlich dargelegt hat – als „unvermeidliche Regelannahme"[553] und damit als Ausgangsthese festzustellen.

Vergleichbares gibt es auf der Schuldebene: § 20 StGB regelt für Erwachsene – anders als § 3 JGG für Jugendliche – keine positiven Anforderungen für ein schuldhaftes Verhalten, sondern lediglich die Voraussetzungen dafür, wann der Täter ausnahmsweise „ohne Schuld handelt" (Schuldunfähigkeit). Bereits der Gesetzgeber hat also für die Schuldfähigkeit die Ausgangshypothese („Regelvermutung"[554]) festgelegt, dass grundsätzlich jeder Erwachsene „bei Begehung der Tat" neben einer Unrechtseinsicht (dies wird gesetzlich vermutet, solange die Voraussetzungen des § 17 S. 1 StGB nicht gegeben sind) auch „die Fähigkeit zu normgemäßer Steuerung"[555] besaß. Die Schuldfähigkeit ist daher als Ausgangsthese festzustellen, selbst wenn aufgrund von Zeugenaussagen oder des Verhaltens des Beschuldigten Schlüsse von Erfahrungssätzen auf eine Schuldunfähigkeit möglich sind.[556] Ebenso erfolgt aus vorhandener Schuldfähigkeit und Unrechtseinsicht grundsätzlich der „sozialethische Tadel"[557] individueller Vorwerfbarkeit der Tat wegen des Vor-

---

547 Vgl. nur *Jescheck/Weigend*, AT, S. 322f.

548 *Kühl*, AT, § 6 Rn. 2.

549 Jescheck/Weigend, AT, S. 324.

550 So im Anschluss an *Max Ernst Mayer*, AT, S. 10 Fn. 21 und S. 52: *Welzel*, Strafrecht, S. 80, *Roxin*, AT I, § 7 Rn. 7, *Jescheck/Weigend*, AT, S. 324, *Wessels/Beulke*, AT, Rn. 121, *Kühl*, AT, § 6 Rn. 2 und *Otto*, AT, § 8 Rn. 3; kritisch dagegen *Schmidhäuser*, FS Lackner, S. 80f.

551 Vgl. nur BGH, NStZ 2001, 591 (592), LK/*Rönnau/Hohn*, § 32 Rn. 289, MüKo-StGB/*Erb*, § 32 Rn. 226, SSW-StGB/*Rosenau*, § 32 Rn. 50.

552 *Marxen*, Straftatsystem, S. 347ff.

553 *Marxen*, Straftatsystem, S. 425.

554 MüKo-StGB/*Streng*, § 20 Rn. 2.

555 LK/*Schöch*, § 20 Rn. 3.

556 Ausführlich hierzu unten Zweiter Hauptteil, Viertes Kapitel, F, III.

557 Vgl. hierzu *Kristian Kühl*, AT, § 10 Rn. 2; ähnlich *Wessels/Beulke*, AT, Rn. 403: „rechtlicher Tadel".

wurfs, dass der Täter „sich nicht rechtmäßig verhalten, dass er sich für das Unrecht entschieden hat, obwohl er sich rechtmäßig verhalten, sich für das Recht hätte entscheiden können“[558]. Dieser Tadel wird nur ausnahmsweise durch Entschuldigungsgründe – je nach deren dogmatischer Klassifizierung als Regelung der Unzumutbarkeit normgemäßen Verhaltens[559], Zuschreibung einer Schuldunfähigkeit[560], Beseitigung des Andershandelnkönnens[561], Verminderung der Fähigkeit, sich rechtmäßig zu motivieren[562] oder als Milderung des personalen Handlungsunrechts (und bei entschuldigendem Notstand und Notwhrüebrschreitung auch des Erfolgsunrechts)[563] – beseitigt oder zumindest so abgeschwächt, dass die Rechtsordnung von Strafe absieht. Das Fehlen von Entschuldigungsgründen (und damit die Vorwerfbarkeit der Willensbildung) ist also der Regelfall[564], so dass der statistische Erfahrungssatz mit diesem Schlussergebnis als Ausgangshypothese zugrunde zu legen ist.

dd) Darstellung in den Urteilsgründen

Die Festlegung der jeweiligen Anfangshypothese ist als wesentlicher Ausgangspunkt unter Darlegung des zugrunde liegenden statistischen Erfahrungssatzes grundsätzlich in den Urteilsgründen darzulegen. Einzig in Fällen alltäglicher, selbstverständlicher statistischer Erfahrungssätzen als Grundlag kann hierauf verzichtet werden.

b) Gesamtwürdigung

Rein logisch als zutreffend festgestellt werden kann die Ausgangshypothese und damit die entsprechend erschlossene historische Tatsache jedoch erst, wenn der Tatrichter alle anderen Alternativhypothesen auf der Grundlage alternierender statistischer Erfahrungssätze ausschließen kann. So wird beispielsweise die Nullhypothese bestätigt, wenn sich in einer Aussageanalyse keine hinreichend inhaltlichen Qualitäten im Sinne der Realkennzeichen für eine wahre Aussage (als Alternativhypothese) feststellen lassen oder zumindest eine der „im konkreten Fall nach dem Stand der Ermittlungen realistisch erscheinenden Erklärungsmöglichkeiten“[565] für die konkrete Aussage. Hierfür sind jeweils Hypothesen zu bilden und vom psychologischen Sachverständigen bzw. in einfacheren Fällen unmittelbar durch den Tatrichter selbst[566] zu widerlegen oder zu verifizieren.[567] Der Tat-

---

558 BGHSt. 2, 194 (200).

559 So etwa *Jakobs*, AT, 17/53 und *Lackner/Kühl*, Vor § 32 Rn. 30.

560 So beispielsweise *Henkel*, FS Mezger, S. 291 f.

561 So vor allem *Maurach*, Schuld, S. 42 f.

562 So LK/*Zieschang*, § 35 Rn. 3; ähnlich LK/*Rönnau*, Vor § 32 Rn. 330.

563 So *Jescheck/Weigend*, AT, S. 478.

564 So ausdrücklich *Perron*, Rechtfertigung, S. 71.

565 BGHSt. 45, 164 (168).

566 Vgl. *Eschelbach*, FS Widmaier, S. 142.

567 Zu den häufigsten Quellen einer wahren Aussage neben der eigenen Erlebnisgrundlage zählen: die Aussage wurde vollständig ausgedacht (Konfabulationshypothese), sie wurde mit ei-

richter hat daher grundsätzlich bei jedem Schluss mittels statistischen Erfahrungssätzen die Ausnahmen von der Ausgangshypothese, deren Gegenausnahmen, die Ausnahmen von den Gegenausnahmen usw. zu untersuchen.

Bevor der Tatrichter die Beweisaufnahme auf all diese Ausnahmen und Gegenausnahmen erweitert, hat er jedoch zu prüfen, ob einzelne Ausnahmehypothesen möglicher historischer Tatsachen nicht bereits deswegen ausscheiden, weil sie sich nicht wie ein „Puzzleteil" in die anderen vielen Einzelteile des Gesamt-Tatgeschehens einpassen, in dem dann erst (und nicht in den Einzeltatsachen) gemäß § 267 Abs. 1 StPO „die gesetzlichen Merkmale der Straftat gefunden werden". Genauso wie § 244 Abs. 2 StPO das Gericht verpflichtet, alle bekannten Beweismittel (in den rechtlichen Grenzen wie Beweisverboten) vollständig zu erheben, erfordert § 261 StPO (als notwendige Ergänzung des mit ihm vielfach verschränkten[568] § 244 Abs. 2 StPO) neben der jeweils deduktiven Einzelableitung eine „Gesamtschau" aller „aus dem Inbegriff der Verhandlung geschöpften" Beweismittelaussagen (und der Umstände ihrer Entstehung) und den deduktiv-möglichen Schlüssen, die sie auf das Tatgeschehen erlauben.[569] Nur so lässt sich die Feststellung einer Tatsache nicht nur bezogen auf den Einzelschluss als solchen, sondern auch im Hinblick auf das festzustellende Gesamtgeschehen unter Beachtung der Denkgesetze (nochmals: wie es das Beweismaß des § 261 StPO fordert) rational begründen.

aa) Widerspruchslosigkeit

Die Regeln formaler Logik, deren Beachtung bereits bei den römischen Juristen beobachtet werden konnte[570], verlangen bei der Bildung des Gesamtgeschehens eine klare, folgerichtige und von Lücken und Widersprüchen freie Denkweise.[571] Das klassische logische Gesetz vom Widerspruch („Ex contradivtione quodlibet") besagt, dass von zwei einander widersprechenden Aussagen nicht beide wahr sein

---

ner anderen Person als Täter erlebt (Übertragungshypothese), sie wurde durch suggestive Befragung suggeriert (Hypothese einer nichtintentionalen Suggestion), sie ist das Resultat einer gezielten Instruk-tion durch Dritte (Instruktionshypothese) oder sie wurde in anderen Quellen (z.B. den Medien) wahrgenommen (Wahrnehmungsübertragungshypothese); vgl. zum Ganzen nur *Köhnken* in AnwaltsHandbuch, § 62 Rn. 30.

568 Siehe hierzu oben Zweiter Hauptteil, Drittes Kapitel, B, I, 2, a).

569 Vgl. BVerfG, NJW 2008, 3346 (3347f.), BGHSt. 20, 333 (341f.), BGHSt. 35, 308 (316), BGH bei *Dallinger*, MDR 1974, 548, BGH, NJW 1980, 2423, BGH, NStZ 1985, 184, BGH, StV 1990, 439, BGH, StV 1993, 360, BGH, StV 1996, 367, BGH, NStZ 1999, 153, BGH, NStZ 2002, 494 (495), BGH, NStZ-RR 2002, 174, BGH, NStZ-RR 2009, 210, BGH, NJW 2009, 2834, BayObLG, NJW 1994, 3177 (3178), LR/*Gollwitzer* (25. Aufl., Berlin 2001), § 261 Rn. 56, SK-StPO/*Ellen Schlüchter* (3. Aufl., 64. Lieferung: Stand November 2009, Köln 2009), § 261 Rn. 63, *Pfeiffer*, StPO, § 261 Rn. 14, KMR/*Stuckenberg*, § 261 Rn. 36 und KK-StPO/*Schoreit*, § 261 Rn. 49.

570 Vgl. hierzu *Miquel*, ZRG – Rom. Abt. 87 (1970), 85ff.

571 Vgl. zu diesen allgemeinen Anforderungen nur *Eisenberg*, Beweisrecht, Rn. 102, LR/*Gollwitzer* (25. Aufl., Berlin 2001), § 261 Rn. 44 und KK-StPO/*Schoreit*, § 261 Rn. 47, die diese Anforderungen wie selbstverständlich auf die Beweiswürdigung übertragen. Diese Übertragung bestätigt zugleich stillschweigend die Einschränkung der subjektiven Nichtbezweifelung als Beweismaß durch eine rationale Begründbarkeit.

können, a ist nicht gleich non-a.[572] Genauso wie aus einem Indiz nicht gleichzeitig mit alternierenden Erfahrungssätzen einander widersprechende Schlüsse gezogen werden können (so darf z.B. das Tatgericht nicht einerseits den Einlassungen der Angeklagten keinen Glauben schenken, andererseits aber die Urteilsfeststellungen hierauf stützen[573]), darf ein gezogener deduktiver Schluss mittels statistischem Erfahrungssatz nicht feststehenden Aussagen des menschlichen Wissens oder Aussagen eines anderen Indizienschlusses widersprechen.[574] Eine der Aussagen muss dann zwingend falsch sein. Der Tatrichter kann nicht beide Aussagen als wahr feststellen[575]. Dies führt zu einer praktisch bedeutsamen[576], von Tatgerichten dennoch teilweise (mit tragischen Konsequenzen[577]) missachteten Kontrollfunktion des Grundsatzes der Widerspruchslosigkeit für die Annahme deduktiv möglich ableitbarer Indizienschlüsse, bei der der Tatrichter alle mit statistischen Erfahrungssätzen deduktiv-möglichen Schlüsse auf das Tatgeschehen zum Faktenwissen der Menschheit wie den übrigen möglichen Schlüssen von anderen Beweismittelaussagen aus in Beziehung zu setzen hat[578]:

bb) Verstoß gegen Faktenwissen

Über den Aufbau der Welt und ihre Geschichte besitzt die Menschheit neben Erfahrungen auch ein großes historisches wie wissenschaftliches Faktenwissen. Dieses

---

[572] Vgl. *Klug*, Logik, S. 160 und *Schneider/Schnapp*, Logik, S. 90f.

[573] Vgl. BGH, StV 1985, 356f., OLG Köln, NJW 1954, 1298 und OLG Köln, StV 1986, 192f.

[574] Auf einen Widerspruch zwischen den die Beweiswürdigung wiedergebenden Urteilsgründen und dem Inhalt des Sitzungsprotokolls, das im Zeitpunkt der Verkündung des Urteils noch gar nicht fertig gestellt ist, könne nach der Rechtsprechung nicht abgestellt werden (BGH, VRS 38 [1970], 278 [279]; zustimmend SK-StPO/*Ellen Schlüchter* [3. Aufl., 64. Lieferung: Stand November 2009, Köln 2009], § 261 Rn. 58). Dies ist insoweit richtig, als das Sitzungsprotokoll selbst keine Indizienschlüsse enthält, sondern allenfalls auf Antrag den Wortlaut einer Beweismittelaussage (§ 273 Abs. 3 S. 1 StPO), also die Indizien selbst, deren Inhalt erst zu würdigen ist. Das Sitzungsprotokoll kann daher lediglich die Feststellung einer Beweismittelaussage in den Urteilsgründen zweifelhaft machen – dies wäre aber ein Verstoß gegen eine ordnungsgemäße Indizienfeststellung und nicht (zugleich) ein Verstoß gegen ein Denkgesetz.

[575] Ebenso OGHSt. 1, 117 (Verstoß gegen Denkgesetze, „wenn sich innerhalb der Schlussfeststellungen miteinander nicht zu vereinbarende Widersprüche finden"), BGHSt. 3, 213 (214f.), BGHSt. 19, 33 (35)(„Insbesondere kann ein Geschehensablauf, der zum Teil den vom Gericht für erwiesen erachteten Tatsachen widerspricht, nicht als möglich erachtet werden"), BGH, StV 1982, 343f., BayObLG, NStZ-RR 1998, 299f., LR/*Gollwitzer* (25. Aufl., Berlin 2001), § 261 Rn. 44, SK-StPO/*Ellen Schlüchter* (3. Aufl., 64. Lieferung: Stand November 2009, Köln 2009), § 261 Rn. 58, KK-StPO/*Schoreit*, § 261 Rn. 47 und KMR/*Stuckenberg*, § 261 Rn. 31.

[576] Ebenso *Bertram Schmitt*, Beweiswürdigung, S. 219.

[577] Dies hat nicht zuletzt das von *Karl Peters* bearbeitete umfangreiche Material zum Wideraufnahmeverfahren gezeigt: vgl. zu deren Auswertung *Karl Peters*, Fehlerquellen im Strafprozess. Eine Untersuchung der Wiederaufnahmeverfahren in der Bundesrepublik Deutschland, 2. Band: Systematische Untersuchungen und Folgerungen (Karlsruhe 1972).

[578] Vgl. zu diesem Erfordernis BGHSt. 10, 208 (212), BGHSt. 12, 311 (315), BGHSt. 25, 365 (367), BGH, StV 1994, 360f., BGH, NStZ 2000, 48, BGH, StV 2002, 350 (352), SK-StPO/*Ellen Schlüchter* (3. Aufl., 64. Lieferung: Stand November 2009, Köln 2009), § 261 Rn. 63 und *Hansen*, JuS 1992, 329.

bildet mit seinen festen Umgebungsvariablen ein stets unveränderliches Gerüst, in dem sich das Tatgeschehen abspielt. Gezogene Schlüsse mittels statistischen Erfahrungssätzen, die sich hierzu in Widerspruch setzen würden, würden Tatsachen feststellen, die sich nicht in der uns bekannten Welt und damit nicht zum Tatzeitpunkt abgespielt haben können und die daher nicht rational begründbar sind. Dies gilt etwa, wenn einzelnen Schlüssen feststehende Daten entgegenstehen: So hatte beispielsweise im „Südtirol-Prozess" einer der Angeklagten behauptet, er könne an den Sprengstoffanschlägen in Oberitalien nicht beteiligt gewesen sein, weil er am Tattag – einem Samstag – den Geburtstag seines Bruders gefeiert habe. Das Gericht glaubte ihm und den dies bestätigenden Zeugen nicht, da das angegebene Datum ein Freitag gewesen sei; tatsächlich war es wirklich ein Samstag.[579] Der gezogene Schluss auf die fehlende Glaubhaftigkeit der Beschuldigteneinlassung verstieß also gegen Faktenwissen. Vergleichbares gilt für einen tatrichterlichen Schluss, die Erinnerungslücken einer Belastungszeugin erklärten sich daraus, dass die Tat mehr als ein Jahr zurückliege, wenn zwischen Tat und Zeugenaussage tatsächlich nur drei Monate lagen.[580] Oder hat der Tatrichter festgestellt, dass die Uhr eines Zeugen noch Sommerzeit angezeigt habe, so ist auch ein Schluss denkfehlerhaft, der voraussetzt, die Uhr sei nicht eine Stunde vor-, sondern eine Stunde nachgegangen.[581] Teilweise treten auch Widersprüche zu mathematischen Grundsätzen auf, etwa wenn mit richtiger Formel und richtigen Daten die Rückrechnung der Blutalkoholkonzentration fehlerhaft erfolgt[582], wenn ein Zeitraum von 1,3 Jahren als 1 Jahr drei Monate bezeichnet und berücksichtigt wird (statt 1 Jahr und vier Monaten, weil ein Jahr 12 Monate hat) oder wenn das Tatgericht sich bei der Berechnung des durchschnittlichen Gasverbrauchs verrechnet und den Angeklagten daher wegen eines mit Leuchtgas begangenen Mordes für schuldig hält.[583]

Ein Verstoß gegen sonstiges Faktenwissen wäre etwa gegeben, wenn ein Tatgericht den Angeklagten wegen der glaubhaften „detaillierten Täterbeschreibung" des Opfers für überführt hält, obwohl der Angeklagte nachweislich über die von der Zeugin benannten wesentlichen Merkmale (Nasenform, Körpergröße, Sprache) gar nicht verfügt[584], er also etwa nicht 1,90m sondern nur 1,65m groß ist. Genauso wenig ist der Schluss von historischen Luftaufnahmen von Auschwitz oder von Sachverständigenaussagen eines Chemikers zum Fehlen von Zyanid-Rückständen im Mauerwerk der Lagergebäude von Auschwitz dahingend möglich, dass in Auschwitz keine Massenvernichtung von Juden erfolgt sei (und eine entsprechende Äußerung keine Volksverhetzung iSd § 130 Abs. 3 StGB sei), da die Judenvergasung in Auschwitz eine (offenkundige) historische Tatsache ist.[585] Ein faktisch un-

---

579 BGH, Urt. v. 3. 2. 1982 – 2 StR 374/81, juris, insoweit in NStZ 1982, 291 nicht abgedruckt.
580 BGH, Beschl. v. 14. 11. 1983 – 3 StR 482/83, juris.
581 BGH, Urt. v. 14. 2. 1985 – 1 StR 43/85, zitiert nach *Dietmar Krause*, Revision, S. 63.
582 Vgl. OLG Bremen, VRS 54 (1978), 65 (68).
583 BGH, Urt. v. 1. 6. 1954 – 5 StR 174/54, zitiert nach *Klug*, Logik, S. 166.
584 Vgl. BGH, StV 1982, 343.
585 Vgl. BGHSt. 47, 278ff.; ebenso zuvor BVerfGE 90, 241 (249), BGHSt. 40, 97 (99) und BGHSt. 46, 36 (46f.). Ein entsprechender Beweisantrag ist daher wegen Offenkundigkeit des Gegenteils unzulässig: BGHSt. 40, 97 (99) und BGH, JR 2003, 72ff.

möglicher Schluss liegt auch darin, wenn der Tatrichter den Angeklagten B alleine deshalb für überführt erachtet, weil der bereits als Täter festgestellte A die Tat nicht allein begangen haben könnte.[586] Hierin liegt ein Verstoß gegen das Faktum, dass es mehr als zwei Menschen auf diesem Planeten gibt. Erst wenn das Gericht nachgewiesen hätte, dass nur zwei Menschen die Gelegenheit zur Tat hätten, wäre ein derartiger Schluss denkgesetzlich möglich. Ansonsten darf er nicht gezogen werden, muss also ein alternierender Erfahrungssatz (bzw. ein umformulierter Erfahrungssatz unter Berücksichtigung des Faktenwissens[587]) herangezogen werden.

cc) Verstoß gegen als wahr unterstellte Tatsachen

Hat das Tatgericht einen Beweisantrag nach § 244 Abs. 3 S. 2 Var. 7 StPO abgelehnt, indem es eine erhebliche behauptete (unmittelbar beweiserhebliche oder Indiz-[588])Tatsache, die zur Entlastung des Angeklagten bewiesen werden sollte, als wahr unterstellt hat, so gilt diese Tatsache als sicher festgestellt. Die Urteilsfeststellungen und die Beweiswürdigung dürfen von ihr nicht mehr abweichen, selbst wenn der abgelehnte Beweisantrag unzulässig gewesen wäre oder aus anderen Gründen hätte abgelehnt werden können[589]. Von dieser (fingiert) feststehenden Tatsache des festzustellenden Gesamtgeschehens dürfen Schlüsse mit statistischen Erfahrungssätzen genauso wenig abweichen wie von feststehendem Faktenwissen.[590] So darf das Tatgericht beispielsweise nicht die Verurteilung des Angeklagten wegen vollendeter und versuchter sexueller Nötigung zweier Prostituierter nur darauf stützen, dass die beiden Tatopfer ihn in der Hauptverhandlung zweifelsfrei wieder erkannt hätten, wenn das Tatgericht es als wahr unterstellt hat, dass der Täter nach der Tat in einem Pkw an den Zeuginnen vorbeigefahren sei, dessen Halter den Angeklagten nicht kennt und ihm das Fahrzeug auch nie überlassen hat.[591] Hat der Täter nämlich nach der Tat ein Fahrzeug gefahren, auf das der Angeklagte nach der Wahrunterstellung keinen Zugriff hatte, so kann dieser nicht der Täter sein, behaupten die Zeuginnen auch, ihn als Täter wieder erkannt zu haben. Hinsichtlich der Identität des Angeklagten mit dem Täter hätte das Tatgericht vielmehr alternierende statistische Erfahrungssätze zum Wiedererkennen anwenden müssen.

---

[586] Beispiel nach *Dahs/Dahs*, Revision, Rn. 413.

[587] So *Mummenhoff*, Erfahrungssätze, S. 102.

[588] Ebenso *Herdegen*, NStZ 1984, 341, KK-StPO/*Fischer*, § 244 Rn. 88, *Bringewat*, MDR 1986, 356 und *Meyer-Goßner*, § 244 Rn. 70; aA *Grünwald*, FS Honig, S. 57ff. und *Engels*, GA 1981, 30, zumindest einschränkend *Schweckendieck*, NStZ 1997, 259 (Beeinflussbarkeit der Beweiswürdigung).

[589] Vgl. BGH, NStZ-RR 1998, 13f. und OLG Stuttgart, StraFo 2005, 204.

[590] Vgl. dazu, dass die Beweiswürdigung der Wahrunterstellung nicht widersprechen darf: BGHSt. 28, 310 (311f.), BGHSt. 32, 44 (47), BGHR StPO § 261 In dubio pro reo 5, BGH, StV 1983, 441, BGH, StV 1988, 91 und BGH, NStZ 2003, 101f.

[591] BGHSt. 28, 310ff.

dd) Verstoß gegen einen Schluss mit zwingendem Erfahrungssatz

Zu untersuchen sind Schlussergebnisse auch auf mögliche Widersprüche zu anderen Schlüssen mittels deterministischen Erfahrungssätzen, ausgehend von anderen Indizien. Tritt ein derartiger Widerspruch *zwischen zwei deterministischen Schlüssen* auf, so muss – da jeder der deterministischen Erfahrungssätze bislang fehlender Widerlegung einen wahrheitskonservierenden Schluss vermittelt – eines der beiden Indizien falsch festgestellt worden sein, ist die zwingende Konklusion doch nur relativ in Bezug auf ihre Ausgangsprämissen „wahr"[592]. Es gilt dann, die Indizienfeststellungen zu überprüfen. Tritt der Widerspruch dagegen *bei einem Schluss mittels eines statistischen Erfahrungssatzes* und einem anderen Schluss mittels zwingendem Erfahrungssatz auf, so kann der statistische Erfahrungssatz (auch hier: solange das Indiz, auf dem der deterministische Erfahrungssatz aufbaut, richtig festgestellt wurde) im konkreten Fall nicht anwendbar sein. Hierzu zwei plastische Beispiele:

In einem Fall hatte das Gericht (im Hinblick auf eine mögliche psychische Ausnahmesituation) festgestellt, die Angeklagte sei zur Tatzeit im dritten Monat schwanger gewesen. Zur Zeit der acht Monate später stattfindenden Verhandlung war das Kind nachweislich aber bereits ein halbes Jahr alt. Da es zu den deterministischen Erfahrungssätzen zählt, dass eine normale Schwangerschaft neun Monaten (nach alter Zählung) bzw. zehn Monaten (nach neuer Zählung[593]) dauert und zuvor geborene Kinder erst ab der 32. Schwangerschaftswoche (bei neuer Zählung) lebensfähig sind, muss die Angeklagte zur Tatzeit bereits im siebten Monat (nach alter Zählung: der Fall spielte 1979) schwanger gewesen sein.[594]

In einem anderen Fall fanden sich am Tatort in der Türfüllung Fußspuren einer Gummisohle, die nach dem Gutachten des Sachverständigen höchstwahrscheinlich von den Schuhen des Angeklagten stammten. Das Karomuster der Schuhsohlen und das Muster der Tatortspuren hätten etwa die gleiche Größe und Form. Den Größenunterschied von 0,1 mm erklärte die Strafkammer als zu vernachlässigen, weil Gummisohlen sich bei einem Druck etwas weiten würden. Dieser Erfahrungssatz ist zwar zutreffend. Das Gericht hat aber übersehen, dass bei einem Zutreten der Fußabdruck bereits unter Druck entstanden ist (deterministischer Erfahrungssatz) und das Karomuster der Sohle daher noch kürzer hätte sein müssen.[595]

ee) Verstoß gegen einen Schluss mit statistischem Erfahrungssatz

Am problematischsten ist demgegenüber die praktisch häufigste Konstellation, dass zwei verschiedene Schlüsse mittels statistischen Erfahrungssätzen insgesamt zu einem widersprüchlichen Geschehen führen würden – beide Schlüsse darf der Richter dann nicht feststellen. Dies liegt dem klassischen Alibi-Beweis zugrunde: Ein un-

---

[592] *Mummenhoff*, Erfahrungssätze, S. 78 und *Ulrike Unger*, Kausalität, S. 157.

[593] Während früher ab der vermuteten Befruchtung gerechnet wird, wird heutzutage ab der letzten Periode – die einen Monat davor liegt – gerechnet.

[594] OLG Köln, VRS 58 (1980), 23.

[595] BGH, Urt. v. 12. 3. 1954 – 2 StR 91/54, zitiert nach *Hamm*, Revision, Rn. 974.

mittelbarer Täter einer Straftat kann sich nicht gleichzeitig am Tatort und anderswo (lat. „alibi") aufgehalten haben[596], etwa in einer entfernten Gastwirtschaft[597], mit Fieber im Bett[598] oder gar in Haft[599]. Weitere Beispiele für Widersprüche sind etwa, wenn das Tatgericht einer Zeugenaussage in vollem Umfange[600] Glauben schenken will (sie sei „mit den objektiven Beweismitteln in Übereinstimmung zu bringen"), die Aussage aber den ebenfalls vom Gericht für glaubhaft gehaltenen Ausführungen eines Sachverständigen[601] oder der für glaubhaft gehaltenen Aussage eines anderen Zeugen[602] hinsichtlich der festzustellenden Tatsache widerspricht. Zur Anschauung einige Beispiele aus der vielfältigen Rechtsprechung:

Ein Kraftfahrzeug kann beim Zurücklegen einer bestimmten Strecke einen anderen Wagen gemäß einer vom Gericht für glaubhaft gehaltenen Zeugenaussage nicht insgesamt achtmal überholt haben, während der andere Kraftfahrer nach seiner vom Gericht ebenfalls für glaubhaft gehaltenen Aussage das erste Fahrzeug seinerseits nur viermal überholt hat.[603] Vorausgesetzt, beide Fahrzeuge fuhren ohne Pause auf der gleichen Straße, sind beide Feststellungen miteinander unvereinbar. Gleiches gilt für die tatrichterlichen Feststellungen, der Fahrer eines Lastzuges sei auf einer Strecke von neun Kilometern mit einem Abstand von zwanzig Metern hinter einem anderen Lastzug hergefahren, auf der ganzen Strecke habe der vordere Lastzug eine Geschwindigkeit von 35 km/h, der hintere von 50 km/h eingehalten[604] – bei diesen Geschwindigkeiten hätte der hintere Lastzug den vorderen aber überholen oder auf ihn auffahren müssen. Genauso wenig können mehrere Kraftfahrzeuge in einem Abstand von jeweils höchsten 3 Metern in einer Autoschlange gefahren sein, ein Zeuge aber seiner Aussage entsprechend mit einem 5 Meter langen Fahrzeug in eine Lücke hereingefahren sein[605]. Auch kann der Täter bei einem Brandanschlag mit Brandflaschen nicht einerseits nicht daran gedacht haben, dass er einen Menschen habe töten können, er andererseits aber zugleich gewusst habe, dass beim Einsatz von Brandflaschen mannshohe Stichflammen entstünden und sich im beleuchteten Raum, in den die Flaschen geworfen wurden, Menschen aufhielten und diese vom Feuer direkt getroffen werden könnten[606]. Die

596 Vgl. hierzu allgemein *Geppert*, JK, StPO § 261/2 und *ders.*, JK 96, StPO § 261/10, zugleich zu den Folgen eines gescheiterten Alibi-Beweises.

597 BGH bei *Fezer*, Revision, S. 68.

598 Beispiel nach *Schneider/Schnapp*, Logik, S. 91.

599 BGH, 30. 5. 1972 – 4 StR 185/72, zitiert nach KK-StPO/*Schoreit*, § 261 Rn. 47.

600 Das Gericht kann aber einer Aussage teilweise (also beim Schluss hinsichtlich einer Tatsache) Glauben schenken und teilweise (hinsichtlich einer anderen Tatsache) nicht, muss dies dann in den Urteilsgründen aber ausdrücklich mit Gründen darlegen – vgl. nur BGH, NStZ-RR 2003, 240 und *Dahs/Dahs*, Revision, Rn. 416.

601 Vgl. OLG Köln, VRS 30 (1966), 313.

602 Vgl. BGHSt. 3, 213 (215) und BGH bei *Fezer*, Revision, S. 61.

603 Beispiel nach *Klug*, Logik, S. 161.

604 Beispiel nach *Schneider/Schnapp*, Logik, S. 198.

605 Beispiel nach *Dahs/Dahs*, Revision, Rn. 416.

606 Vgl. zu einem derartigen Fall BGH, NStZ 1994, 584, der dies für nur ausnahmsweise möglich hält.

Spitze des Hammers, mit der der Täter auf das Opfer einschlug, kann auch nicht zugleich 2 cm tief in das Opfer eingedrungen und zugleich möglicherweise vom Schädel abgerutscht und diesen nicht verletzt haben.[607]

Die Unvereinbarkeit der jeweiligen Schlüsse kann verschiedene Ursachen haben. So können die jeweils zugrunde liegenden Indizien fehlerhaft festgestellt worden sein. Näher liegt es aber zumeist, dass zumindest einer der verwendeten statistischen Erfahrungssätze im abzuurteilenden Fall keine Anwendung fand. Um herauszufinden, welcher Erfahrungssatz im Einzelfall nicht zutraf, wird das Tatgericht das Gesamtgeschehen mit jeweils ausgetauschtem statistischen Erfahrungssatz bilden und dann in einer Gesamtschau untersuchen müssen, in welcher Erfahrungssatz-Kombination die Schlüsse untereinander wie in Bezug auf alle weiteren Schlüsse wie das sonstige Faktenwissen vereinbar sind. Wie sonst auch bei der Verwendung statistischer Erfahrungssätzen können hierbei durchaus mehrere Schlussergebnisse deduktiv wie widerspruchsfrei möglich sein.

ff) Darstellung in den Urteilsgründen

Dieser notwendige „Gegencheck“ im Rahmen einer umfassenden Gesamtwürdigung, ob die einzelnen, für sich möglichen Schlüsse auch widerspruchslos ineinander greifen und so insgesamt zu einem logischen Gesamtgeschehen zusammengesetzt werden können, muss in den Urteilsgründen zum Ausdruck kommen, um den subjektiven Denkprozess der Beweiswürdigung nach außen hin (insbesondere für die Prozessparteien und das Revisionsgericht) nachvollziehbar zu gestalten. Hierbei kann zwar nicht verlangt werden, dass jede einzelne Schlusskombination des Haupt- und Randgeschehens auf ihre gegenseitige Vereinbarkeit im Urteil einzeln dargelegt wird[608], da dies bei einem komplexeren Sachverhalt zu einer schier unübersichtlichen Anzahl an Kombinationsmöglichkeiten und damit einem kaum zu bewältigenden Schreibaufwand führen würde. Hinsichtlich der Schlüsse auf das schließlich festzustellende Tatgeschehen muss der Tatrichter aber nicht nur die Beweismittelaussagen selbst detailliert im Urteil darlegen, sondern er muss sie auch lückenlos zusammenfügen und darlegen, wieso er bestimmte mögliche (insbesondere „wesentliche“[609]) Schlüsse in der Weise und nicht anders getroffen hat und darf er die Vereinbarkeit mit in der Hauptverhandlung eingeführten Beweismittelaussagen, die dieses festgestellte Tatgeschehen widersprechen können, nicht vermissen lassen (sog. „Ausschöpfungsgebot“[610] oder „modale Vollständigkeit“ der Darstellung[611]).[612] Die in den Urteilsgründen dargelegte Beweiswürdigung muss daher

---

[607] BGH bei *Fezer*, Revision, S. 69.

[608] Vgl. nur BGH, NJW 1951, 325, BGHR StPO § 267 Absatz 1 Satz 2 Beweisergebnis 3, *Meyer-Goßner*, § 267 Rn. 12 und KK-StPO/*Engelhardt*, § 267 Rn. 13.

[609] So die Einschränkung von LR/*Gollwitzer* (25. Aufl., Berlin 2001), § 261 Rn. 58 und SK-StPO/*Ellen Schlüchter* (3. Aufl., 64. Lieferung: Stand November 2009, Köln 2009), § 267 Rn. 29.

[610] LR/*Gollwitzer* (25. Aufl., Berlin 2001), § 261 Rn. 59.

[611] *Niemöller*, StV 1984, 437.

[612] Vgl. nur RGSt. 77, 157 (161), BGHSt. 14, 162 (164f.), BGHSt. 20, 315 (331), BGH, GA 1974, 61, BGH, NJW 1980, 2423, BGH, NStE StPO § 261 Nr. 30, BGH, NStE StPO § 261 Nr. 31,

„in sich logisch, geschlossen, klar und insbesondere lückenfrei sein. Sie muss wenigstens die Grundzüge der Überlegungen des Tatrichters und die Möglichkeit des gefundenen Ergebnisses sowie der Vertretbarkeit des Unterlassens einer weiteren [weil für die Feststellung des Tatgeschehens nicht erforderlichen] Würdigung aufzeigen. Es müssen alle aus dem Urteil ersichtlichen Tatsachen und Umstände, die Schlüsse zugunsten oder zu Ungunsten des [Angeklagten] zulassen, ausdrücklich erörtert werden.“[613]

Eine bloße (teilweise zu) detaillierte Zusammenstellung der Beweismittelaussagen[614] reicht genauso wenig wie die bloßen Standardfloskeln „nach alledem“[615] oder „Diese Feststellungen beruhen auf [...]“[616], wenn es jeweils an näheren Ausführungen über den Denkweg der Beweiswürdigung fehlt. Vielmehr muss stets die Einlassung des Angeklagten mitgeteilt[617] und unter Berücksichtigung ihres Entstehens[618], der anderen Beweismittelaussagen und der Schlüsse mit ihnen abschließend gewürdigt werden.[619] Bei Aussage gegen Aussage muss dargelegt werden, wieso der einen Beweismittelaussage geglaubt wird, der anderen aber nicht oder warum den Aussagen jeweils teilweise Glauben geschenkt wird.[620]

gg) Zwischenergebnis

Die Beachtung der Regeln formaler Logik kann allein die Richtigkeit des Denk*weges* verbürgen, nicht auch die des Denk*inhalts*.[621] Während bei der Verwendung ausschließlich deterministischer Erfahrungssätze durch deren ausnahmslose, zwingende Natur bei zutreffend festgestellten Beweismittelaussagen und eingehaltener logisch-deduktiver Schlusstechnik das Schlussergebnis für den Tatrichter ohne Möglichkeit eigener subjektiver Zweifel feststeht, kann die Einhaltung der

---

BGH, NStZ 2001, 86, BGH, NStZ 2002, 48, BGH, JR 2007, 127 mit zust. Anm. *Deckers*, JR 2007, 128f., OLG Bremen, VRS 48 (1975), 276 (277), OLG Hamm, Beschl. v. 17. 1. 2008 – 5 Ss 565/07, juris, LR/*Gollwitzer* (25. Aufl., Berlin 2001), § 261 Rn. 59, *Meyer-Goßner*, § 267 Rn. 12, KK-StPO/*Schoreit*, § 261 Rn. 50, KK-StPO/*Engelhardt*, § 267 Rn. 13 und *Detter*, FS BGH, S. 681 ff. Für einen Verzicht hierauf in einfach gelagerten Fällen BGH, NStZ 1985, 323 (bezüglich der Auseinandersetzung mit der Einlassung) und SK-StPO/*Ellen Schlüchter* (3. Aufl., 64. Lieferung: Stand November 2009, Köln 2009), § 267 Rn. 28.

613 OLG Hamm, Beschl. v. 4. 2. 2008 – 3 Ss OWi 28/08, juris.

614 Solche zu Recht für nicht ausreichend haltend BGH, NStZ 1985, 184, BGH, NStZ 1998, 475f., BGH bei *Kusch*, NStZ-RR 2000, 293, BGH, wistra 2004, 150, BGH, NStZ-RR 2009, 183, BGH, NStZ 2009, 403, KMR/*Stuckenberg*, § 261 Rn. 36, *Meyer-Goßner*, § 267 Rn. 12 („Beweisdokumentation, aber keine Beweiswürdigung“) und *Maul*, FS Pfeiffer, S. 415 (Eine „Beweiszusammenstellung ist noch keine Beweiswürdigung“).

615 Vgl. BGH bei *Pfeiffer/Miebach*, NStZ 1985, 495 und *Bertram Schmitt*, Beweiswürdigung, S. 385.

616 Vgl. OLG Hamm, Beschl.v. 10. 1. 2008 – 3 Ss OWi 824/07, juris.

617 Vgl. BGH, NStZ-RR 1997, 172 und OLG Hamm, StraFo 2003, 133 und OLG Köln, StraFo 2003, 313.

618 Vgl. hierzu nur BGH, StV 1995, 341.

619 Vgl. BGH, NStZ 2002, 48, OLG Düsseldorf, NStZ 1985, 323 und *Schledorn*, Darlegungspflicht, S. 158; einschränkend KK-StPO/*Engelhardt*, § 267 Rn. 14.

620 Vgl. BGH, StV 1994, 6, BGH, StV 1995, 5f., BGH, StV 1995, 62 und OLG Düsseldorf, VRS 66 (1984), 36.

621 Vgl. in diese Richtung KMR/*Paulus*, § 244 Rn. 158.

logischen Schlussregeln wie des Grundsatzes der Widerspruchslosigkeit grundsätzlich nur zu mehreren, verschiedenen möglichen Schlüssen führen (je nach Wahl des Erfahrungssatzes), sofern nicht alle jeweils alternierenden Erfahrungssätze wegen Widersprüchen zu den anderen Schlüssen oder feststehenden Fakten verworfen werden mussten. Das Beweismaßerfordernis einer rationalen Begründbarkeit kann mehr als den Ausschluss für sich wie im Verbund mit anderen Schlüssen im Rahmen einer umfassenden Gesamtwürdigung denkwidriger und das Zulassen aller mit Denkregeln möglicher Indizienschlüsse nicht leisten. Denkgesetzlich brauchen Folgerungen des Tatgerichts daher „nur möglich, nicht zwingend zu sein“[622]. Dies kann auch nicht anders sein. Aus Wahrscheinlichkeitsprämissen lassen sich logisch (grundsätzlich) nur Wahrscheinlichkeitsfolgen herleiten, mag der vermutete Grad der Wahrscheinlichkeiten der Prämissen auch noch so hoch sein[623]. Eine Beweiswürdigung ist eben – wie bei der Ermittlung des Wahrscheinlichkeitswerts eines Gesamterfahrungssatzes im Beweisring aufgezeigt[624] – keine Mathematik, die es etwa erlauben würde, den Richter bei der Urteilsfällung durch Computerprogramme zu ersetzen[625]. Es bleiben bei der Verwendung statistischer Erfahrungssätze bei der Tatsachenfeststellung in der Regel mehrere statistische Erfahrungssätze, deren Schlüsse sich in das „logische Korsett für den richtigen [Denk-]Weg“[626] einpassen. Jede Wahl für einen der denkgesetzlich möglichen statistischen Schlüsse würde zu einer rational begründbaren Entscheidung führen.

c) Subjektive Nichtbezweifelbarkeit

Eine Auswahl unter allen rational (sprich: deduktiv herleitbar sowie widerspruchslos in die Ergebnisse der anderen Schlüssen und das menschliche Faktenwissen einpassend) begründbaren Hypothesen des Geschehens kann logisch nur durch Ausschluss aller denkbaren Ausnahmen, Gegenausnahmen, Gegen-Gegenausnahmen usw. erfolgen. Die Beweisaufnahme wäre dann nach § 244 Abs. 2 StPO auf alle erdenklichen theoretischen (rational begründbaren) Möglichkeiten zu erstrecken und damit wegen deren unendlicher Vielzahl (z.B. Nicht der Angeklagte hat das Opfer erschossen, dies war Herr A oder Herr B oder Herr C oder ...) „quasi ins Unendliche“ auszudehnen. Kein Prozess könnte so – schon gar nicht entsprechend Art. 6 Abs. 1 MRK „in angemessener Zeit“[627] – beendet werden. Die Strafverfol-

---

622 BGH, Beschl. v. 22. 4. 1980 – 1 StR 190/80, juris (näher erläutert durch BGH, Urt. v. 16. 12. 1980 – 1 StR 572/80, juris); ebenso BVerfG, NJW 2008, 3346 (3347), BGHSt. 25, 365 (367), BGHSt. 26, 56 (63), BGH bei *Dallinger*, MDR 1970, 198, BGH, StV 1981, 221, BGH bei *Spiegel*, DAR 1983, 206, BGH, NStZ-RR 1997, 42 (43), BGH, StV 1998, 116, BGH, NStZ 1998, 366 (368) und LR/*Gollwitzer* (25. Aufl., Berlin 2001), § 261 Rn. 62.

623 So ausdrücklich *Klug*, Logik, S. 167.

624 Siehe oben Zweiter Hauptteil, Viertes Kapitel, E, II, 2.

625 Vgl. hierzu die grundsätzliche „methodenorientierte Vorstudie“ von *Kilian*, Juristische Entscheidung und elektronische Datenverarbeitung (Frankfurt a. M. 1974).

626 *Hansen*, JuS 1992, 330.

627 Auf den Beschleunigungsgrundsatz als Einschränkung der Amtsaufklärungspflicht verweist auch BGH, NStZ 2005, 44 (45). Vgl. zu diesem Komplex auch die umfassende Arbeit von *Veen*, Beweisumfang, S. 35 ff.

gung und damit der Rechtsgüterschutz des von ihm durchgesetzten Strafrechts würde leer laufen. Eine absolute Gewissheit des Tatrichters aufgrund bis ins kleinste Detail ausermittelter sämtlicher Alternativen wird als Beweismaß von § 261 StPO daher auch gar nicht verlangt. Hierfür genügt vielmehr – wie oben ausführlich hergeleitet[628] – unter den rational und damit nachvollziehbar begründbaren Tatsachenfeststellungen eine solche, die auf einer subjektiven Nichtbezweifelung von der materiellen Wahrheit durch den Tatrichter beruht. § 261 StPO verlangt hierbei, dass der Tatrichter seine subjektive Überzeugung von der materiellen Wahrheit einer Tatsachenhypothese „aus dem Inbegriff der Verhandlung" zu schöpfen hat, also vollständig aus jenem Material, das „Gegenstand der Verhandlung"[629] (und nicht etwa eines parallelen Zivilverfahrens, das während der Hauptverhandlung niemals zur Sprache kam[630]) gewesen ist.[631] Da der Richter seine Überzeugung aus jenem Material „schöpfen" muss, müssen für Zweifel an seiner Ausgangshypothese und damit für einen Schluss mit einem abweichenden statistischen Erfahrungssatz Anhaltspunkte während der Beweisaufnahme entstanden sein.[632]

aa) Abstrakt-theoretische Zweifel

Auf der Grundlage lediglich „abstrakt-theoretischer Zweifel" (wie philosophischer Zweifel), dass sich das Geschehen auch anders hätte abspielen können, ohne dass hierfür reale Anknüpfungspunkte während des Verfahrens ersichtlich wurden, darf der Tatrichter – wie oben ausführlich dargelegt[633] – daher alleine nicht zweifeln. Denn derartige abstrakte Zweifel „in nebelhafter Ferne" liegender Möglichkeiten anderer Geschehensabläufe beruhen auf unabhängig von der Beweisaufnahme und ihrem Ergebnis bestehenden gedanklichen Überlegungen. Daher braucht der Tatrichter im Rahmen der Beweisaufnahme nicht auch allen rein gedanklichen Möglichkeiten nachgehen[634], also etwa das Alibi des ungeliebten Nachbarn des Richters überprüfen, der bislang weder in der Akte noch in der Verhandlung benannt wurde, nur weil es ja eine dem Gericht noch unbekannte Zeugenaussage geben könnte, die den Nachbarn der Tat bezichtigt.[635] Es bedarf vielmehr stets aus den Akten, durch Beweisanträge (als Aktualisierung der Aufklärungspflicht[636]) oder sonst durch den

---

[628] Siehe oben Zweiter Hauptteil, Drittes Kapitel, B, II, 4, f).

[629] *Meyer-Goßner*, § 261 Rn. 5.

[630] Vgl. OLG Hamm, Beschl. v. 17. 1. 2008 – 5 Ss 565/07, juris.

[631] Ansatzpunkte für diese Einschränkung finden sich bereits bei *Scanzoni*, JW 1928, 2182.

[632] Siehe zur Abgrenzung abstrakter und konkreter Zweifel bereits oben Zweiter Hauptteil, Drittes Kapitel, B, II, 4, e).

[633] Siehe oben Zweiter Hauptteil, Drittes Kapitel, B, II, 4, e), aa) und bb).

[634] In diese Richtung deuten aber noch BGHSt. 10, 116 (118) und BGHSt. 23, 176 (188); zweifelnd BGH, NStZ 1994, 247 (248) in einem obiter dictum.

[635] Vgl. auch die Kritik von *Herdegen*, NStZ 1984, 98, *Gössel*, JR 2005, 392 und *Widmaier*, NStZ 1994, 250.

[636] KK-StPO/*Fischer*, § 244 Rn. 34f. In der fehlerhaften Ablehnung eines Beweisantrages liegt daher zugleich eine Verletzung von § 244 Abs. 2 StPO: vgl. nur RGSt. 74, 147 (153), BGH, NStZ 1985, 420f., *Alsberg/Nüse/Meyer*, Beweisantrag, S. 868 und KK-StPO/*Fischer*, § 244 Rn. 23.

bisherigen Verfahrensablauf bekannt gewordener konkreter Umstände oder möglicher alternativer Geschehensabläufe, „die bei verständiger Würdigung der Sachlage [notwendige Beweisantizipation[637]] begründeten Zweifel an der Richtigkeit dieser [aufgrund der vollzogenen Beweisaufnahme erlangten] Beweiswürdigung wecken müssen“[638], die also abweichende Sachverhaltshypothesen konkret für möglich erscheinen lassen, ja sie nahe legen.[639] Ansonsten kann sich der Tatrichter mit der Annahme begnügen, dass der vom statistischen Erfahrungssatz der Ausgangshypothese nahe gelegte „typische Fall“ auch im abzuurteilenden Fall vorliegt. Er kann dann (und muss!) die Ausgangshypothese als für ihn „wahr“ feststellen.

bb) Konkrete Zweifel

Anders ist es, wenn sich aus einer oder mehreren Beweismittelaussagen und damit entsprechend des § 261 StPO aus dem Inbegriff der Verhandlung Zweifel ergeben, die an der Feststellung der Ausgangshypothese „aus dem Falle selbst warnend ihre Hand erheben“[640] (so genannte konkrete[641], vernünftige[642] oder fallbezogene[643] Zweifel) und als greifbarer tatsächlicher Anhaltspunkt auf eine abweichende Tatsachenalternative hindeuten.[644] All diesen Ausnahmen von der Ausgangshypothese hat der Tatrichter mit allen Beweismitteln in der Beweisaufnahme erschöpfend nachzugehen und muss sich nach der umfassenden Amtsermittlung in den Urteilsgründen mit ihnen auseinandersetzen (insbesondere sie im Einzelnen darlegen)[645] und, wenn er sie schließlich doch subjektiv bezweifelt, hierfür „plausible Gegengründe“[646] angeben[647]. Bleibt in der Psyche des Richters dagegen auch nach der

---

[637] Siehe hierzu *Herdegen*, NStZ 1984, 98 („Mit der ‚verständigen Würdigung‘ der Sach- und Beweislage ist die Beweisprognose des lebenserfahrenen und sorgfältig abwägenden Richters gemeint“) und *Gössel*, JR 2005, 392.

[638] BGH, NJW 1951, 283.

[639] Vgl. nur BGHSt. 30, 131 (140), BGH, NJW 1978, 113 (114), BGH bei *Holtz*, MDR 1981, 455, BGH bei *Pfeiffer/Miebach*, NStZ 1983, 210, BGH, NStZ-RR 1996, 299, BGH, NStZ 1998, 50 (51), BGH, NStZ 2005, 45, *Frisch*, GedS Karlheinz Meyer, S. 561, KK-StPO/*Schoreit*, § 261 Rn. 48 („ernsthafte andere Möglichkeiten“), *Pfeiffer*, StPO, § 261 Rn. 13, *Meyer-Goßner*, § 244 Rn. 12 und *Johanna Schulenburg*, Verbot, S. 73.

[640] *Scanzoni*, JW 1928, 2182.

[641] *Kasper*, Beweiswürdigung, S. 25. Enger *Andrea Schmidt*, Grundsätze, S. 132, die einen konkreten, „nahe liegenden Zweifel“ verlangt, sich dann aber fragen lassen muss, wie im Einzelfall ein nahe liegender von einem fern liegenden eindeutig abgegrenzt werden könne.

[642] So etwa *Herdegen*, FS AG Strafrecht, S. 566.

[643] *Kindhäuser*, Jura 1988, 296.

[644] Siehe hierzu oben Zweiter Hauptteil, Drittes Kapitel, B, II, 4, e), cc).

[645] Vgl. nur BGHSt. 10, 208 (212), BGHSt. 12, 311 (316), BGHSt. 25, 365 (367), BGH bei *Holtz*, MDR 1977, 284, BGH, StV 1981, 114, BGH, StV 1981, 221 (222), BGH, StV 1981, 508, OLG Frankfurt a. M., VRS 64 (1983), 34 (35), OLG Düsseldorf, NStZ 1998, 359, OLG Brandenburg, DAR 2008, 392 (einseitige Deutung des letzten Wortes als Geständnis), OLG Hamm, Beschl. v. 17. 1. 2008 – 5 Ss 565/07, juris und KK-StPO/*Schoreit*, § 261 Rn. 49.

[646] So der zutreffende Ausdruck von *Ehrenzweig*, JW 1929, 85; ähnlich *Käßer*, Wahrheitserforschung, S. 43: „konkrete Gegentatsachen“.

[647] Vgl. hierzu BGH, StV 1982, 59 (60).

Ausschöpfung aller möglichen Beweismittel die konkrete Möglichkeit eines von der Ausgangshypothese abweichenden Sachverhalts jedenfalls subjektiv bestehen, so ist kein Platz für eine Wahrheitsüberzeugung. Die Ausgangshypothese darf er dann nicht als „wahr" feststellen. Führen die Anzeichen eines abweichenden Geschehensverlaufs sogar dazu, dass er nunmehr die Ausgangshypothese subjektiv konkret bezweifelt und für „unwahr" hält, so muss er die abweichende Sachverhaltsvariante (die die konkreten Zweifel begründete) feststellen. Zweifelt der Richter nun sogar konkret an allen aus seiner Sicht denkbaren (für den Angeklagten günstigen wie ungünstigen) Sachverhaltshypothesen und kann er weder die Ausgangshypothese noch abweichende Geschehensvarianten für sich als „wahr" feststellen, so hat der Richter ein non liquet auszusprechen und nach dem Grundsatz in dubio pro reo zu entscheiden[648].

cc) Verteilung des Fehlverurteilungsrisikos und Verteidigungsvorbringen

Ergeben sich nicht bereits aus der Akte oder dem bisherigen Verlauf der Hauptverhandlung einschließlich der erfolgten Beweisanträge konkrete Anhaltspunkte für eine abweichende Tatsachenhypothese, so kann sich der Tatrichter mit der Feststellung des „typischen Normalfalles" begnügen und die Ausgangshypothese – gestützt auf dem statistischen Erfahrungssatz, der von den rational in Frage kommenden mit gewissem Abstand am wahrscheinlichsten ist – feststellen. Dies garantiert aber nicht, dass auch in jedem Einzelfall das wahre historische Geschehen festgestellt wird, können dem Richter die entscheidenden Beweismittel, die die bisherigen Schlüsse in einem anderen Licht erblicken würden, doch schlichtweg nicht bekannt sein. Es verbleibt daher durch das hier vertretene Feststellungsmodell ein gewisses Fehlverurteilungsrisiko, das von der Strafprozessordnung jedoch als systemimmanent hingenommen wird:

Nur der Angeklagte könnte in den Fällen der fehlerhaften oder unvollständigen Datenbasis zur Korrektur der Datenbasis beitragen. Nur er hat die Tat unmittelbar wahrgenommen, sowohl hinsichtlich der äußeren Umständen als auch bezogen auf seine eigenen Wünsche, Vorstellungen und Absichten. Nur er weiß, wie genau ein Kampf verlaufen ist, dass er über einen bestimmten Aspekt geirrt hat und einen bestimmten Erfolg so gar nicht wollte oder wo er tatsächlich sich zur Tatzeit aufgehalten und was er dort gemacht hat, dass er die Tat also selbst gar nicht oder nicht so begangen hat. Um mit diesem Wissen zu seinen Gunsten die fehlerhafte oder unvollständige Datenbasis als Urteilsgrundlage zu verändern, stehen ihm im modernen Strafprozess (als Ausprägung des Rechts auf das rechtliche Gehör nach Art. 103 Abs. 1 GG sowie des fairen Verfahrens nach Art. 6 Abs. 1 MRK[649] und Art. 47 Abs. 2 der Charta der Grundrechte der Europäischen Union[650]) das Recht zur Äußerung zu seiner Person und vor allem zur Sache (§ 243 Abs. 2 S. 3 und Abs. 4 StPO), das Fragerecht gegenüber Zeugen und Sachverständigen (§§ 239

---

648 Im Ergebnis ebenso *Johanna Schulenburg*, Verbot, S. 73.

649 Vgl. zum rechtlichen Gehör (bzw. „adversarial proceedings") als Teil des fairen Verfahrens iSd Art. 6 MRK nur *Meyer-Ladewig*, MRK, Art. 6 Rn. 38 mwN.

650 Abl. EG 2007, C 303/12.

Abs. 1 und 240 Abs. 2 S. 1 StPO), das Beweisantragsrecht (§§ 220, 244 Abs. 3–6 sowie 245 StPO), das Recht zur Stellungnahme nach jeder einzelnen Beweiserhebung (§ 257 Abs. 1 StPO), das Recht auf einen Schlussvortrag (§ 258 Abs. 1 und 3 StPO) und das Recht auf das letzte Wort (§ 258 Abs. 2 StPO) zu. Mit diesen Mitteln kann er Schlüsse aufgrund statistischer Erfahrungssätze als Ausgangshypothese auf drei Arten angreifen:

(1) Er kann über einen Beweisantrag die Feststellung neuer Indizien herbeiführen, die mittels eines Erfahrungssatzes selbst einen Schluss auf die jeweilige historische Tatsache erlauben und damit zur Bildung eines Gesamterfahrungssatzes zwingen, dessen Wahrscheinlichkeitswert absinken kann bis hin zu einem so geringen Wahrscheinlichkeitswert, dass ein anderer – für den Beschuldigten günstiger – statistischer Erfahrungssatz als Ausgangshypothese anzunehmen ist. Auf der anderen Seite kann der Schluss ausgehend vom neuen Indiz auch auf eine andere historische Tatsache hindeuten und so im Rahmen der Gesamtwürdigung die Ausgangshypothese als denkgesetzlich hiermit nicht in Einklang bringend zu Fall bringen.

(2) Der Angeklagte kann auch zum Statistikmaterial des der Ausgangshypothese zugrunde liegenden statistischen Erfahrungssatzes aktuelle Daten hinzufügen, die zu einer Veränderung des Wahrscheinlichkeitsgrades des Erfahrungssatzes führen können bis hin wieder zu einem Absinken unter jenen Wahrscheinlichkeitsmaßstab, der die Annahme eines alternierenden, für den Angeklagten günstigeren Erfahrungssatzes bewirkt. Zugleich kann er die Bezugsklasse des statistischen Erfahrungssatzes angreifen und darlegen, dass der abzuurteilende Fall nur eine Teilklasse enthält, für den ein anderer – zu seinen Gunsten geringerer – Wahrscheinlichkeitswert gilt, auch hier wieder bis zur Reduzierung des Wahrscheinlichkeitsmaßes um einen Grad, der zur Annahme eines alternierenden Erfahrungssatzes und damit einer für ihn günstigen Sachverhaltshypothese führt.

(3) Schließlich kann der Angeklagte konkrete Anhaltspunkte zur Sprache bringen, die einen abweichenden Tatgeschehensverlauf dem Gericht nahe legen, die das Gericht zwingen, diese Ausnahme von der Ausgangshypothese umfassend auszuermitteln, sich mit ihr in den Urteilsgründen auseinanderzusetzen und bei fehlenden subjektiven Zweifeln ihr zu folgen.[651]

Hiermit hat es der Beschuldigte bei fehlerhafter oder unvollständiger Datenbasis in der Hand, diesen Fehler zu korrigieren und das Gericht „auf die richtige Bahn“ zu lenken, die seiner Wahrnehmung von der Tat entspricht. Er hat die Freiheit dies zu tun. Er kann die Wahl, ob und wie er es tut, aber auch zu seinen Lasten treffen und die Datenbasis nicht verändern. Auch diese Freiheit hat er als Prozesssubjekt. Ändert er die Datenbasis nicht, so nimmt er in Kauf, dass der Tatrichter, der es nicht besser wissen kann, einen fehlerhaften Sachverhalt feststellt und darauf seine rechtliche Wertung stützt. Der Angeklagte nimmt dann als Ausdruck seiner Freiheit („Keine Freiheit ist kostenlos, risikofrei. Das gilt auch für die Freiheit der Verteidigung“[652]) ein Fehlurteil hin.[653] Oder in den Worten des Bundesgerichtshofs[654]:

---

[651] Vgl. hierzu *Dencker*, ZStW 102 (1990), 73.

[652] *Dencker*, ZStW 102 (1990), 77.

„Macht der Angeklagte von all diesen Möglichkeiten keinen Gebrauch, etwa dadurch, dass er – wie hier – einen Teil seines Verteidigungsvorbringens im ersten Rechtszuge vorsätzlich zurückhält, so tut er das auf seine Gefahr […]"

Diese manifestiert sich darin, dass er die möglichen nachteiligen Folgen einer falschen Tatsachenfeststellung zu tragen hat und er dem Tatgericht auch nicht in der Revision mit der Aufklärungsrüge vorwerfen kann, es habe eine bestimmte Ausnahme von der Ausgangshypothese nicht vollumfänglich ausermittelt, hat hierfür für das Gericht mangels konkretem Anhaltspunkt doch kein Grund bestanden.[655]

In diesem Verlangen eigenen Verteidigungsvorbringens liegt auch keine unzulässige Beweislastumkehr[656], muss er doch nicht das Vorliegen einer Tatsache zur Überzeugung des Gerichts darlegen, sondern kann er lediglich einen konkreten Zweifel „sähen". Der Richter muss dann vielmehr seinesfalls als objektiv wie subjektiv beweisbelastetes Prozesssubjekt alle möglichen Beweismittel ausschöpfen, um dem nur angedeuteten alternativen Geschehensablauf nachzugehen. Die (objektive wie subjektive[657]) Beweisführungslast ist stets auf seiner Seite und nicht verteilt.[658] Die Teilnahme an der Rekonstruktion des Tatgeschehens zu einer von ihm gewollten Veränderung der fehlerhaften oder unvollständigen Datenbasis ist schlichtweg eine „praktische Notwendigkeit"[659], eine „Obliegenheit, im eigenen Interesse Chancen der Beweisführung zu nutzen"[660] – gezwungen unter Verstoß gegen sein Schweigerecht (§§ 136 Abs. 1 S. 2 und 243 Abs. 4 S. 1 StPO) und den Grundsatz „nemo tenetur se ipsum accusare" (sich nicht selbst einer Straftat zu überführen) wird er hierzu grundsätzlich nicht.

Relevant wird der nemo tenetur-Grundsatz erst, wenn nur der Angeklagte den genauen Tathergang kennt, er für eine Darlegung dieses Verlaufs aber andere Teile der Straftat oder einer anderen Tat einräumen müsste, so dass man ihn durch die Preisgabe eines „konkreten Denkanstoßes" faktisch dazu zwingen würde, in Teilen an seiner eigenen Strafverfolgung beizutragen. Zur Veranschauung möge folgender Fall dienen[661]:

---

653 Insoweit zutreffend *Freund*, Probleme, S. 86 und 88, *ders.*, JuS 1995, 398, *ders.*, JR 1988, 118 und *Dencker*, ZStW 102 (1990), 77.

654 BGHSt. 16, 390 (391).

655 Vgl. BGHSt. 16, 390 (391) (über den Verlust der Aufklärungsrüge dürfe er sich dann „nicht beschweren"), BGH bei *Herlan*, MDR 1955, 529, *Wessels*, JuS 1969, 8 und SK-StPO/*Frister*, § 244 Rn. 249. Zu weitgehend ist demgegenüber die Praxis (vgl. nur BGHR § 244 Abs. 2 Wahrunterstellung 4, BGH bei *Holtz*, MDR 1985, 629 und BGH, NStZ 1992, 599 [600]), auch bei nahe liegenden Alternativen, denen das Gericht von Amts wegen nicht nachgeht, eine Aufklärungsrüge zu versagen, wenn eine Beweiserhebung nicht beantragt wurde (Rechtsgedanke der Verwirkung); ebenso SK-StPO/*Frister*, § 244 Rn. 249.

656 So aber *Ingeborg Puppe*, JZ 1994, 1149f. und *dies.*, JZ 1996, 319 für statistische Kausalhypothesen in den Produkthaftungsfällen.

657 Siehe zu dieser Unterscheidung bereits oben Erster Hauptteil, Zweites Kapitel, B, II, 2, a), ee) und ff).

658 *Volk*, NStZ 1996, 106.

659 *Dencker*, ZStW 102 (1990), 77 und *Ulrike Unger*, Kausalität, S. 222.

660 *Volk*, NStZ 1996, 107.

661 In Abwandlung von BGH, wistra 1982, 232f.

A erwarb billig von seinem Freund F 20 gestohlene 50 g „Goldbarren", wie F ihm versicherte. Diese verkaufte der Angeklagte an seine Bekannte M für insgesamt 6.000 €. Der bankübliche Verkaufspreis betrug pro 50g-Goldbarren 1.000 €, also 20.000 € für alle 20. Die Preisdifferenz erklärte er bewusst unwahr damit, dass er die Barren von seinem Geschäftspartner F erlangt habe, der sie seinerseits „schwarz" gekauft habe. Tatsächlich bestanden die Barren – wie A nicht wusste – aus Messing, das nur goldfarben angestrichen war. A wurde wegen Betruges angeklagt, da er angesichts der Preisdifferenz gewusst habe, dass die Barren nicht aus Gold gewesen seien.

Möchte sich der Angeklagte gegenüber dieser falschen Tatsachenhypothese (A wusste, dass es sich nicht um Goldbarren handelte) mit dem konkreten Anhaltspunkt wehren, die Preisdifferenz habe ihn nicht stutzig gemacht und er ging dennoch von Goldbarren aus, weil er geklaute Barren gekauft habe, so würde er sich damit zugleich der Hehlerei bezichtigen.

Dieses Dilemma wird man nicht – wie *Freund*[662] es fordert – zum Anlass nehmen müssen, bei einem Schweigen des Angeklagten die Beweisaufnahme von Amts wegen auf alle erdenklichen Alternativen auszubreiten und diese nachvollziehbar auszuschließen, nach denen der Angeklagte sich bei einer Aufklärung eines alternativen Tatsachenverlaufs strafbar gemacht hätte: z. B. könnte er die Barren gestohlen haben, er könnte sie unterschlagen haben, er könnte sie durch einen Betrug billig erlangt haben, er könnte mit ihnen bestochen worden sein etc.[663] Dies würde die Beweisaufnahme wieder ins Unermeßliche ausdehnen, sind abstrakt-theoretische Möglichkeiten eines abweichenden strafbaren Verhaltens doch schier unendlich vorhanden – eine Verurteilung wäre nicht möglich. Die Problematik löst sich auch nicht mit dem Hinweis *Freunds*[664] darauf, die Problematik beschränke sich auf jene Fälle, bei denen die objektiven Tatsachen für die anderweitige Tat, derer der Angeklagte sich bezichtigen müsste, noch nicht völlig geklärt seien. Im Goldbarren-Fall etwa war es dem Tatgericht noch nicht bekannt, dass die Goldbarren Diebesware waren und dass der Angeklagte sie vom Dieb erworben hatte. Nach der Ansicht *Freunds* wäre der Angeklagte hier vom Vorwurf des Betruges freizusprechen[665]; würde er dagegen schweigen, weil es ihm peinlich wäre, dass er sich selbst etwa als Bankmitarbeiter über den Preis von Goldbarren geirrt habe und er so von einem angemessenen Preis ausgegangen sei[666], wäre er zu verurteilen, weil er ihm zumutbare Verteidigungsmöglichkeiten nicht genutzt habe. Dies mag normativ schön und gut sein, die Praxis kann sich hieran aber nicht ausrichten. Sind konkrete Anzeichen für eine Diebesware genauso wenig erkennbar wie für eine Schussligkeit des Angeklagten, käme das Tatgericht noch nicht einmal auf die Idee, die Beweisaufnahme zu erweitern, geschweige denn, dass ihm konkrete Beweismittel bekannt wären, die es überhaupt nutzen könnte. Die Praxis würde aus praktischer Notwendigkeit daher den

---

662 Probleme, S. 87, 92, 94, 105 und 128 ff.

663 In diese Richtung aber wohl BGH, wistra 1982, 233, der eine Hehlerei der vermeintlichen Goldbarren ohne konkreten Anhaltspunkt als nahe liegende Möglichkeit bezeichnet, mit der das Tatgericht sich hätte auseinandersetzen müssen.

664 Probleme, S. 130 ff.

665 Probleme, S. 94 und 133.

666 Vgl. hierzu *Freund*, Probleme, S. 128 ff.

Angeklagten in beiden Fällen wegen Betruges mangels konkreter Anhaltspunkte eines abweichenden Tatgeschehens verurteilen und damit verallgemeinert auch in jenen wenigen Fällen, in denen dem Angeklagten wegen Einräumens eines objektiv noch nicht bekannten anderen Geschehens, in dem er sich strafbar gemacht hätte, die Korrektur einer verfälschten oder unvollständigen Datenbasis an sich nicht zugemutet werden kann.

Gerade dieses Fehlverurteilungsrisiko nimmt die Strafprozessordnung aber als systemimmanent in Kauf, wie die Vorschriften über eine Wiederaufnahme des Verfahrens nach rechtskräftigem Abschluss der Tatsachenfeststellung zeigen[667]: Fehlte es zwar während der Hauptverhandlung an tatsächlichen Anknüpfungspunkten für einen alternativen Geschehensablauf, treten solche aber nachträglich bezüglich einer fehlerhaften Datenbasis (z.B. beweisrechtlich verwendete Urkunden waren unecht oder gefälscht oder Zeugen oder Sachverständige haben iSd §§ 153–155 sowie 163 StGB die Unwahrheit ausgesagt) oder einer unvollständigen Datenbasis (neue Tatsachen werden erkennbar, die die Annahme einer anderen Sachverhaltshypothese ermöglichen) zutage, so erlaubt § 359 Nr. 1–5 StPO eine Wiederaufnahme des Verfahrens zugunsten des auf dieser falschen oder unvollständigen Datenbasis Verurteilten, wenn die Datenbasis als Grundlage der Beweiswürdigung[668] zu seinen Ungunsten[669] verschoben wurde. Kann der Angeklagte selbst keinen konkreten Hinweis auf eine abweichende Sachverhaltsalternative wegen des nemo tenetur-Satzes liefern, so kann er dies noch nachträglich über die Wiederaufnahme tun[670], wenn für das abweichende objektive Geschehen konkrete Anhaltspunkte zutage getreten sind, etwa weil die Ermittlungsbehörden die andere Tat nun objektiv ermittelt haben und für eine Selbstbelastung kein Raum mehr bleibt. Der Angeklagte behält also als Ausdruck seiner Freiheit als Prozesssubjekt auch nach einer falschen Verurteilung weiterhin die Wahl, diesen Fehler durch Korrektur der Datenbasis über einen Wiederaufnahmeantrag zu korrigieren und sich stattdessen der Strafbarkeit wegen des abweichenden Verhaltens auszusetzen. Das verbliebene, nicht legitimierbare Rest-Fehlverurteilungsrisiko, das systemimmanent nicht ausgeschlossen werden kann, wird so zumindest abgefedert.

F. Der Umgang mit Beweislücken: Die Situation des „Anscheinsbeweises“

Mit diesem generellen Modell zur Tatsachenfeststellung lässt sich jedoch nur im idealtypischen Fall eines glaubhaften Geständnisses das gesamte äußere wie innere

---

[667] Ebenso *Eisenberg*, Beweisrecht, Rn. 431.

[668] Vgl. BGHSt. 31, 365 (371).

[669] Hierfür soll es bereits ausreichen, wenn nicht auszuschließen sei, dass die Urkunde das Urteil zum Nachteil des Angeklagten beeinflusst habe, vgl. *Meyer-Goßner*, § 359 Rn. 8. Für die falsche Aussage wird dies gesetzlich vermutet, vgl. BGHSt. 19, 365.

[670] Ob der Angeklagte Kenntnis von Tatsachen hatte, steht ihrer Annahme als „neue Tatsachen“ nämlich nicht im Wege: vgl. OLG Frankfurt a.M., JR 1984, 40, LG Hof, MDR 1973, 517, LR/*Gössel* (25. Aufl., Berlin 2003), § 359 Rn. 96 und *Meyer-Goßner*, § 359 Rn. 30.

Geschehen unmittelbar aus den Beweismittelaussagen erschließen. In den übrigen – deutlich häufiger vorkommenden – Fällen kann das Gericht demgegenüber ausschließlich bestimmte äußere Tatsachen unmittelbar feststellen. Für Zeugen nicht erkennbare Umstände bleiben außen vor, so vor allem Kausalzusammenhänge zwischen zwei festgestellten Tatsachen oder subjektiv-interne Tatsachen wie Vorstellungen (und damit Vorsatz oder Vorhersehbarkeit) und Absichten des Täters, seine persönlichen Fähigkeiten (z.B. Fahrtauglichkeit) und sein körperinnerer Zustand (z.B. fehlende Unrechtseinsicht wegen krankhafter seelischer Störung). Diese Tatsachen muss sich das Tatgericht vielmehr erst mittelbar erschließen, indem die mittels Erfahrungssätzen von den Beweismittelaussagen erschlossenen (wahrnehmbaren) historischen Tatsachen zu neuen Indizien werden, von denen mittels neuer Erfahrungssätze auf die für ein einheitliches Geschehen zur Subsumtion unter den Gesetzestatbestand notwendigen nicht wahrnehmbaren Tatsachen geschlossen und Beweislücken so geschlossen werden: So wird etwa idealtypisch von der Aussage eines Zeugen mittels Erfahrungssätzen bezüglich seines Aussageverhaltens wie seines Verhältnisses zu Täter und Opfer darauf geschlossen, dass der Zeuge das geschilderte Geschehen (z.B. der Täter schießt mit einer scharfen Pistole auf das Opfer, das blutend zusammenbricht) tatsächlich subjektiv so wahrgenommen hat. Von diesen Wahrnehmungen muss dann in einem zweiten Schritt versucht werden, mittels Erfahrungssätzen auf die nicht durch Dritte wahrnehmbare innere Tatsache zu schließen, ob der Täter z.B. bei Begehung der Tat den Tod des Opfers wollte oder nicht und letztlich bei rechtlicher Bewertung vorsätzlich (oder lediglich fahrlässig) handelte. Dies betrifft die eigentlichen Schlusskategorien, für die in den übrigen Rechtsgebieten ein Anscheinsbeweis vertreten wird, wie er in seiner an den Amtsermittlungsgrundsatz angepassten Form auch im Strafprozess zulässig wäre[671].

Dennoch weicht das Sachverhaltsfeststellungsmodell hier nicht von jenem geschilderten der „ersten Schlussstufe“ (von der vom Richter wahrgenommenen Beweismittelaussage auf das für Dritte wahrnehmbare oder durch bestimmte Dritte wahrgenommene Tatgeschehen) ab und kann es auch nicht, ändert sich doch bis auf den Ausgangspunkt des tatrichterlichen Schlusses (festgestellte Tatsachenaussage gegenüber einer Beweismittelaussage beim direkten Schluss) nichts: Der Richter muss für die bereits festgestellten historischen Tatsachen Erfahrungssätze über eigenes Sachwissen von hieran anknüpfende deterministische wie statistische Erfahrungssätze verfügen oder sich dieses Wissen in der Beweisaufnahme durch die Vernehmung eines Sachverständigen besorgen[672], wobei in Fällen des Beweisrings, bei dem mehrere unterschiedliche Indizien mit eigenen statistischen Erfahrungssätzen auf das Vorliegen oder Nichtvorliegen einer Tatsache hinweisen, ein Gesamterfahrungssatz (Wahrscheinlichkeit, dass die zu erschließende Tatsache stattgefunden hat, wenn sich all die gezeigten Indizien zeigen) zu bilden ist[673]. Anders als beim

---

[671] Siehe hierzu ausführlich oben Erster Hauptteil, Zweites Kapitel, B, II, 2 sowie Erster Hauptteil, Zweites Kapitel, C.

[672] Siehe oben Zweiter Hauptteil, Viertes Kapitel, D, II, 4 und III.

[673] Siehe hierzu ausführlich oben Zweiter Hauptteil, Viertes Kapitel, E, II, 2.

zivilprozessualen Anscheinsbeweis mit seiner „Irgendwie"-Feststellung muss im Strafprozess wegen der Bestrafung individuellen Erfolgs- wie Handlungsunrechts ein statistischer (Gesamt-)Erfahrungssatz als Ausgangshypothese festgelegt werden, und zwar derjenige von mehreren alternierenden Erfahrungssätzen, der von den denklogisch möglichen Schlüssen (sprich: jenen Schlüssen, die deduktiv ableitbar sind und sich widerspruchslos im Rahmen der Gesamtwürdigung in das übrige Geschehen einpasst) unter Berücksichtigung der festgestellten Umstände des Einzelfalles sowie gesetzlicher Regel-Ausnahme-Vorwertungen am wahrscheinlichsten ist, sofern der im Einzelfall durch Abwägung der betroffenen Interessen des Angeklagten und des staatlichen Verfolgungsinteresses an einer funktionsfähigen Strafrechtspflege notwendige Abstand der Wahrscheinlichkeitswerte erreicht wird.[674] Als Ausgangspunkt der rationalen Argumentation und so der Nachvollziehbarkeit des Urteils ist dieser (Gesamt-)Erfahrungssatz in den Urteilsgründen detailliert darzulegen.

Während Schlüsse mit deterministischen Erfahrungssätzen in einer bestimmten, zwingenden Weise die Beweislücke schließen würden, hat der Tatrichter ausgehend von der statistischen Ausgangshypothese mögliche Ausnahmen vollumfänglich zu ermitteln, wenn sich für diese aus der Akte oder dem bisherigen Verlauf der Verhandlung einschließlich gestellter Beweisanträge konkrete Anhaltspunkte ergeben; ansonsten kann er die Ausgangshypothese als „Regelfall" feststellen. Sind konkrete Ausnahmen nach dem bisherigen Ergebnis der Beweisaufnahme offensichtlich möglich oder hat der Beschuldigte in seinem Verteidigungsverhalten derartige vorgebracht, so hat der Tatrichter diesen durch eine „Vertiefung der Beweisaufnahme"[675] nachzugehen, sich nach einer vollständigen Ausermittlung dieser Sachverhaltsmöglichkeit mit ihr auseinanderzusetzen und zu überprüfen, ob er an ihr subjektiv aus triftigen Gründen zweifelt. Ist dies der Fall, bleibt es bei der Feststellung der Ausgangshypothese. Ansonsten kann er eine Ausnahme von der Ausgangshypothese nicht ausschließen, so dass der Tatrichter die Ausgangshypothese nicht zu seiner subjektiven Überzeugung annehmen und eine entsprechende Tatsachenfeststellung treffen kann. Vermag die Ausgangshypothese unter Berücksichtigung der ermittelten Umstände des Einzelfalles noch nicht einmal den ausermittelten alternierenden Sachverhaltsverlauf seinerseits vernünftig in Zweifel zu ziehen, ist die Sachverhaltsalternative festzustellen. Verbleiben an beiden Möglichkeiten vernünftige Zweifel, ist nach dem Grundsatz in dubio pro reo von der für den Angeklagten günstigsten Sachverhaltsalternative auszugehen, sofern sich aus den inzwischen weithin anerkannten Regelungen über die Wahlfeststellung nichts anderes ergibt.

Dieses einheitliche Sachverhaltsfeststellungsmodell sei anhand typischer Fallgruppen dieser Beweislücke (nochmals: Hierunter fallen nur Umstände, die nicht bereits auf der ersten Stufe von Beweismittelaussagen aus auf das Tatgeschehen erschlossen werden können, also nicht etwa die äußeren Umstände eines Rechtfer-

---

[674] Siehe oben Zweiter Hauptteil, Viertes Kapitel, E, II, 4, a).
[675] Ähnlich *Dencker*, StV 1994, 504.

tigungs- oder Entschuldigungsgrundes[676]) verdeutlicht und hierbei zugleich bislang in der Rechtsprechung anerkannte Erfahrungssätze aufgezeigt:

I. Fallgruppe „Kausalität“

Bei Erfolgsdelikten, bei denen der Erfolg in einer von der Täterhandlung räumlich und zeitlich getrennten Verletzungs- oder Gefährdungswirkung besteht[677] (z.B. § 212 StGB: Tötungshandlung des Täters und Tod des Opfers, § 263 StGB: Täuschung des Täters und Vermögensschaden des Opfers oder § 315c StGB: Verkehrsverstoß des Täters und konkrete Gefährdung des Opfers), muss gerade die Täterhandlung diesen tatbestandlichen Erfolg in einer lückenlose Kausalkette (die ebenfalls Teil des objektiven Tatbestandes ist) verursacht haben. Ohne Kausalität des rechtsgutsgefährdenden/-verletzenden Täterverhaltens gibt es keine strafrechtliche Verantwortlichkeit für den eingetretenen Erfolg! Wurde dieser Wirkzusammenhang anfangs noch als Kraft (Agens) verstanden[678], so hat sich inzwischen wissenschaftlich durchgesetzt, dass eine derartige Kraft weder wahrnehmbar noch nachweisbar ist[679] und es vielmehr naturwissenschaftliche Gesetzmäßigkeiten sind, die hinter einer Kausalität als Folge von Zuständen vom

---

[676] Dass hier zwar jeweils gesetzlich ein Regel-Ausnahme-Verhältnis besteht, ist bereits bei der Festlegung der Ausgangshypothese auf der ersten Schlussstufe zu berücksichtigen, siehe oben Zweiter Hauptteil, Viertes Kapitel, E, II, 4, a), cc). Eine Beweislücke kann einzig auftreten bezüglich des von der Rechtsprechung (RGSt. 67, 324 [327], BGHSt. 2, 111 [114], BGH, NStZ 1996, 29 [30], BGH, NStZ 2000, 365 [366]) und des überwiegenden Schrifttums (*Geppert*, Jura 1995, 104, *Rengier*, AT, § 18 Rn. 103ff., *Zielinski*, Handlungsunwert, S. 230ff., NK-StGB/*Paeffgen*, Vor §§ 32ff. Rn. 91, *Fischer*, § 32 Rn. 23ff., LK/*Rönnau*, Vor § 32 Rn. 82ff., *Heuchemer*, Erlaubnistatbestandsirrtum, S. 282ff. und MüKo-StGB/*Erb*, § 32 Rn. 213ff.; aA *Spendel*, FS Bockelmann, S. 245ff., *ders.*, FS Oehler, S. 197ff. und *Rudolf Schmitt*, JuS 1963, 65) wegen der Notwendigkeit der Beseitigung des Handlungsunrechts geforderten subjektiven Rechtfertigungselements: Dieses muss auf der zweiten Schlussebene mittels Erfahrungssätzen erschlossen werden, wobei zumeist der Erfahrungssatz als Ausgangshypothese zugrunde zu legen sein wird, dass wenn die objektive Gefahrenlage für den Täter deutlich erkennbar war, er diese auch wahrgenommen (Kenntnis) und seine objektive Verteidiugnshandlung zur Verteidigung (Wille) erfolgte. Gleiches gilt für das Erfordernis eines subjektiven Elements der Entschuldigungsgründe (vgl. nur BGHSt. 3, 271 [275], BGHSt. 35, 347 [350], *Bernsmann*, Notstand, S. 105, LK/*Zieschang*, § 35 Rn. 38, NK-StGB/*Neumann*, § 35 Rn. 19f. und MüKo-StGB/*Müssig*, § 35 Rn. 37): War die objektiv Lage des Entschuldigungsgrundes für den Täter erkennbar, so hat er dieses in der Regel auch wahrgenommen und hat er – vor allem bei Gefahr für ein hochrangiges Rechtsgut – seine Handlung vorgenommen, um die Gefahr abzuwenden. Wurde die Gefahrabwendungsabsicht so erschlossen, so wird vom Gesetz die Kausalität der Not für den Handlungsentschluss unwiderleglich präsumiert (LK/*Zieschang*, § 35 Rn. 39).

[677] Vgl. zu dieser Definition der Erfolgsdelikte nur *Roxin*, AT I, § 10 Rn. 102; gegen eine Unterscheidung zwischen Erfolgs- und Tätigkeitsdelikten und dafür, dass alle Delikte Erfolgsdelikte sind und daher auch eine Kausalität erfordern LK/*Tonio Walter*, Vor § 13 Rn. 63.

[678] So heute wieder *Kahlo*, Problem, S. 282 und *Pérez-Barberá*, ZStW 114 (2002), 603.

[679] *Engisch*, Kausalität, S. 19f., *Roxin*, AT I, § 11 Rn. 4 und NK-StGB/*Ingeborg Puppe*, Vor §§ 13ff. Rn. 81.

Augenblick der Handlung (Anfangszustand) zum Eintritt des Erfolges (Endzustand) stehen[680].

Juristisch wird dies seit nunmehr über 200 Jahren nach der von *Stübel*[681] begründeten, vom englischen Philosophen *Mill*[682] unterstützten und dem Reichsgerichtsrat *Maximilian von Buri*[683] in Deutschland ausgebauten Äquivalenz- oder Bedingungstheorie dahingehend gefasst, dass eine Bedingung dann Ursache eines Erfolges sei, wenn sie nicht hinweggedacht werden könne, ohne dass der Erfolg entfiele, die Bedingung (Täterhandlung) also conditio sine qua non sei.[684] Seit langem steht aber auch fest, dass diese wegen ihrer „Attraktivität"[685] von der Rechtsprechung[686] noch immer verwendete Äquivalenztheorie (alle Bedingungen werden gleich, also äquivalent behandelt) nicht mehr als ein „methodisches Hilfsmittel" darstellt[687], das keinen unmittelbaren Erkenntniswert für das Bestehen der Verknüpfung von Handlung und Erfolg liefert[688]: Ihr „Eliminationsverfahren" setzt voraus, dass man bereits aufgrund nicht angegebener wissenschaftlicher Erfahrungen einen Zusammenhang zwischen dem Erfolg und einer Bedingung ermittelt hat und nun diesen einzig zu überprüfen versucht. Wenn man z. B. wissen möchte, ob die Einnahme eines bestimmten Medikaments die körperlichen Schäden verursacht hat und nicht andere, unbekannte Vorerkrankungen oder Umweltfaktoren, so nützt es nicht, die Einnah-

---

680 So *Roxin*, AT I, § 11 Rn. 4, NK-StGB/*Ingeborg Puppe*, Vor §§ 13ff. Rn. 84ff., *Struensee*, FS Stree/Wessels, S. 141 und *Röckrath*, NStZ 2003, 642.

681 *Stübel*, Tatbestand, §§ 137 (= S. 184) und 153 (= S. 210ff.). Er hat mit seiner Kritik an der damaligen Praxis, nur denjenigen als Urheber einer Tat anzusehen, der eine den Erfolg notwendig herbeiführende unmittelbare Ursache gesetzt hatte, die Lehre von der Gleichwertigkeit aller Ursachen begründet (so auch *Otto*, Jura 1992, 92 und *Haas*, Kausalität, S. 144). Soweit in der Literatur weitgehend *Glaser*, Abhandlungen, S. 298 als Begründer angesehen wird (so z. B. von *Roxin*, AT I, § 11 Rn. 8, *Jescheck/Weigend*, AT, S. 279, Sch/Schr/*Lenckner/Eisele*, Vorbem. §§ 13ff. Rn. 73 und *Hoyer*, GA 1996, 162), so beruht diese Verwechselung darauf, dass *Glaser* die Theorie *Stübels* lediglich ausformuliert hat.

682 Vgl. nur *Mill*, System I, S. 406 ff; zu seiner Bedeutung für die Äquivalenztheorie vgl. auch *Bar*, Kausalzusammenhang, 6f. und *Haas*, Kausalität, S. 149ff.

683 *Buri*, Kausalität, S. 1.

684 Vgl. aus der Literatur etwa *Welzel*, Strafrecht, S. 43, *Ulrich Weber* in Baumann/Weber/Mitsch, AT, § 14 Rn. 19, *Michael Köhler*, AT, S. 140, *Gropp*, AT, § 5 Rn. 15ff. und *Freund*, AT, § 2 Rn. 63. Auch im anglo-amerikanischen Raum gilt die conditio-Lehre, die dort als „but-for test" bezeichnet wird (wonach „the defendant's fault is a cause of the plaintiff's harm if such harm would not have occured without [but for] it"), als primäre Kausalitätsprüfung und genießt gar eine generelle Akzeptanz, vgl. *Fleming*, Law, S. 219.

685 *Samson*, FS Grünwald, S. 605.

686 Vgl. nur BGHSt. 1, 332 (333), BGHSt. 2, 20 (24), BGHSt. 39, 195 (197), BGHSt. 45, 270 (294f.), BGHSt. 49, 1 (3), BGH, NJW 2002, 1643 (1644), BGH, NJW 2004, 237 (238), BayObLG, NJW 2003, 371 (373) und LG Kleve, NStZ-RR 2003, 235 (236).

687 *Lackner/Kühl*, Vor § 13 Rn. 10.

688 Vgl. zur Kritik an der Äquivalenztheorie nur *Engisch*, Kausalität, S. 13ff., *Roxin*, AT I, § 11 Rn. 12ff., *Jescheck/Weigend*, AT, S. 280ff., *Otto*, AT, § 6 Rn. 16ff., *ders.*, Jura 2001, 275f., *Hoyer*, FS Rudolphi, S. 101, *Frisch*, FS Gössel, S. 51ff., *Erb*, JuS 1994, 450, *Lackner/Kühl*, Vor § 13 Rn. 10 und *Fischer*, Vor § 13 Rn. 22; demgegenüber wird die Theorie verteidigt von *Frister*, AT, 9. Kap. Rn. 8 und LK/*Tonio Walter*, Vor § 13 Rn. 74.

me des Medikaments hinweg zu denken. Eine Ursächlichkeit lässt sich erst bejahen, wenn man wissenschaftlich nachweisen kann, dass ein im Medikament vorhandener Stoff überhaupt in der Lage ist, entsprechende körperliche Schäden zu verursachen und beim Opfer keine sonstigen Einflussfaktoren vorhanden waren, die dies ebenfalls vermögen. Hat man dies wissenschaftlich ermittelt, erübrigt sich die Anwendung der conditio-Formel. „Die Formel vom Hinwegdenken setzt [also] bereits voraus, was durch sie erst ermittelt werden soll“[689] und ist daher zirkelschlüssig. Zugleich gerät die conditio-Formel aufgrund der mit ihr verbundenen ex post-Betrachtung und der Forderung, die Ursache müsse eine notwendige Bedingung sein[690], in die Irre, wenn beim Ausbleiben der rechtswidrigen Handlung des Täters eine andere bereitstehende Ersatzursache zum gleichen Ergebnis geführt hätte.[691] Die weit verbreitete „Variante der Bedingungstheorie“[692], dass beim Wegedenken der Bedingung der „Erfolg in seiner konkreten Gestalt“ nicht entfallen dürfe[693], mag zwar letzteres durchaus lösen, kann der conditio-Formel ihren „Tunnelblick“ aber nicht nehmen, der auf den (konkreten) Erfolg fixiert ist, vergleichbar einem „Zug, der in einen Tunnel hereinfährt und am anderen Ende wieder herauskommt“ und den dazwischen liegenden Kausalverlauf (welche der vielen Gleise im Tunnel wurde benutzt?) gerade ausblendet[694].

Diese vorprogrammierte Schwierigkeit in der Kausalitätsbeurteilung lässt sich nur dann umgehen, wenn man den Zug auf seiner gesamten Fahrt begleitet. Diese Intention steckt hinter der von *Engisch*[695] in seiner Kritik an der conditio-Formel entwickelten, im Schrifttum weithin herrschenden Lehre von der gesetzmäßigen Bedingung[696], wonach eine Täterhandlung sich dann als ursächlich für einen Er-

---

689 *Roxin*, AT I, § 11 Rn. 12; ebenso *Engisch*, Kausalität, S. 16, MüKo-StGB/*Freund*, Vor §§ 13ff. Rn. 306, *Wessels/Beulke*, AT, Rn. 156, SK-StGB/*Rudolphi*, Vor § 1 Rn. 40, Sch/Schr/*Lenckner/Eisele*, Vorbem. §§ 13ff. Rn. 74 sowie *Wohlers*, JuS 1995, 1019.

690 Vgl. *Toepel*, JuS 1994, 1010. *Richard W. Wright*, 73 Iowa L. Rev. 73 (1988), 1021 bezeichnet die conditio-Lehre daher zu Recht als „the strong-necessity test”, kann eine Bedingung doch nur dann nicht hinweggedacht werden, wenn sie rückblickend notwendig für den Erfolg ist, also eine post factum notwendige Bedingung (zu diesem Begriff *Mackie*, 2 American Philosophical Quaterly [1965], 248 und *Quentin*, Kausalität, S. 91).

691 Vgl. *Jescheck/Weigend*, AT, S. 281f., *Ingeborg Puppe*, GA 2004, 137, Sch/Schr/*Lenckner/Eisele*, Vorbem. §§ 13ff. Rn. 74, *Kristian Kühl*, AT, § 4 Rn. 11 und *Kraatz*, Fahrlässige Mittäterschaft, S. 323f.

692 Teresa Rodriguez Montanés, FS Roxin, S. 312.

693 So *Welzel*, Strafrecht, S. 43, *Ulrich Weber* in Baumann/Weber/Mitsch, AT, § 14 Rn. 10ff., *Blei*, Strafrecht I, S. 100f., *Maurach/Zipf*, AT 1, § 18 Rn.54, *Schmidhäuser*, Lb AT, 8/56, *Spendel*, JZ 1973, 140, *Hilgendorf*, GA 1995, 515ff. und *Toepel*, JuS 1994, 1010; ebenso der österreichische OGH, JBl. 1987, 191f. zur Lösung der Fälle der Doppelkausalität.

694 Der plastische Tunnelvergleich wurde von MüKo-StGB/*Freund*, Vor §§ 13ff. Rn. 313 ersonnen.

695 *Engisch*, Kausalität, S. 21ff.

696 Zu den Vertretern gehören *Roxin*, AT I, § 11 Rn. 14, *Jakobs*, AT, 7/12, LK/*Jescheck* (11. Aufl., Berlin 2003), Vor § 13 Rn. 56, *Jescheck/Weigend*, AT, S. 283, SK-StGB/*Rudolphi*, Vor § 1 Rn. 41, *Kristian Kühl*, AT, § 4 Rn. 22ff., *Maurach/Zipf*, AT 1, § 18 Rn. 37ff., *Wessels/Beulke*, AT, Rn. 168a, *Otto*, AT, § 6 Rn. 31, MüKo-StGB/*Freund*, Vor § 13 Rn. 313, *Hilgendorf*, Jura 1995, 514f., *Volk*, NStZ 1996, 108, *Samson*, Kausalverläufe, S. 31ff., Sch/Schr/*Lenckner/*

folg erweist, wenn „sich an eine Handlung zeitlich nachfolgend Veränderungen in der Außenwelt angeschlossen haben, die mit der Handlung nach den uns bekannten Naturgesetzen notwendig verbunden waren und sich als tatbestandsmäßiger Erfolg darstellen“[697]. Diese Theorie bringt zwar auch keinen viel größeren Erkenntnisgewinn, sie verdeutlicht aber das Zentralproblem des Kausalnachweises: Begleitet man den Zug „Kausalität“ von der Täterhandlung zum tatbestandsmäßigen Erfolg, so läuft vor dem menschlichen Auge ein Film ab, bestehend aus einer Vielzahl aufeinander folgender Momentaufnahmen der Realität[698], deren Beweis jeder einzelnen Tatsache eines jeden „Bildes“ den Rahmen einer jeden Gerichtsverhandlung sprengen würde. Jeder Kausalitätsbeweis ist daher notwendigerweise „lückenhaft“. Der Tatrichter ist stets darauf angewiesen, von wenigen bewiesenen Einzelzuständen (die zumindest den Anfangs- und Endzustand umfassen müssen) auf die fehlenden Glieder der Kausalitätskette mittels wissenschaftlicher Erkenntnisse und Erfahrungen zu schließen und so die bestehenden Beweislücken zu überbrücken[699]:

Eisele, Vorbem. §§ 13 ff. Rn. 75, *Stratenwerth/Kuhlen*, AT I, § 8 Rn. 19, *Erb*, Alternativverhalten, S. 53 und *Brammsen*, Jura 1991, 534. Teilweise wurde diese Lehre zu Recht weiterentwickelt zur Lehre von der INUS-Bedingung (Kurzform für „an *i*nsufficient but *n*ecssary part of a condition which is itself *u*nnecessary but *s*ufficient for the result“, vgl. nur *Mackie*, 2 American Philosophical Quaterly [1965], 245), in Deutschland maßgeblich vertreten von *Ingeborg Puppe* (NK-StGB/*Ingeborg Puppe*, Vor §§ 13 ff. Rn. 103, *dies.*, FS Spendel, S. 457, *dies.*, Jura 1997, 415 und *dies.*, GA 2004, 138): „Die Einzelursache ist ein notwendiger [und wahrer] Bestandteil einer nach allgemeinen empirischen Gesetzen hinreichenden und wahren Mindestbedingung“, zustimmend *Hilgendorf*, Jura 1995, 516, *Kindhäuser*, GA 1982, 485 ff., *ders.*, AT, § 10 Rn. 12 ff., *Joachim Vogel*, Norm, S. 150, *Altenhain*, GA 1996, 21, *Osnabrügge*, Beihilfe, S. 81 f., *Teresa Rodriguez Montanés*, FS Roxin, S. 313 f., *Sofos*, Mehrfachkausalität, S. 109 und *Kraatz*, Fahrlässige Mittäterschaft, S. 334 ff., bezogen auf das Problem der Kausalität bei Kollegialentscheidungen.

697 Jescheck/Weigend, AT, S. 283.

698 Diesen plastischen Vergleich bringt auch *Helmut Weber*, Kausalitätsbeweis, S. 178 f.

699 So ebenfalls *Helmut Weber*, Kauslitätsbeweis, S. 179 f. Soweit *Armin Kaufmann*, JZ 1971, 572 ff. (zustimmend *Hans-Jürgen Bruns*, FS Maurach, S. 479 ff.) auf dieser Grundlage den rechtlichen Kausalitätsbegriff der gesetzmäßigen Bedingung als Blankettbegriff versteht, der der Ausfüllung durch die jeweiligen Erfahrungssätze bedürfe und damit als rechtlichen (notwendigerweise gesicherten!) „Obersatz“, „unter den der Sachverhalt – Merkmal für Merkmal – zu subsumieren“ sei (574), so hätte dies zur Folge, dass der Tatrichter sich bei der Ermittlung der häufig nicht einfach zu beantwortenden (nach *Armin Kaufmanns* Ansicht) Rechtsfrage (!), ob ein Erfahrungssatz „wissenschaftlich gesichert“ sei, nach dem iura novit curia-Grundsatz nicht einmal eines Sachverständigen bedienen könnte[699] und so als Laie aktuelle wissenschaftliche Erkenntnisstände selbst in schwierigen Bereichen kennen müsste; Fehlurteile wären vorprogrammiert; ebenso die Kritik von *Maiwald*, Kausalität, S. 108, *Lorenz Schulz*, ZUR 1994, 30 und *Barbara Bock*, Produktkriminalität, S. 67. Dies verdeutlicht, dass die Existenz von Erfahrungssätzen eine bloße Tatfrage bleibt, wie es überwiegend zu Recht angenommen wird: vgl. nur BGHSt. 37, 106 (111 ff.), BGHSt. 41, 206 (214 ff.), NK-StGB/*Ingeborg Puppe*, Vor §§ 13 ff. Rn. 88 f., *Kuhlen*, Fragen, S. 66 ff., *ders.*, NStZ 1990, 567, *Hassemer*, Produktverantwortung, S. 46 f., *Beulke/Bachmann*, JuS 1992, 739, LK/*Tonio Walter*, Vor § 13 Rn. 80, *Deutscher/Körner*, wistra 1996, 297 und *Hirte*, JZ 1992, 257 f.; offen lassend mit Verweis darauf, dass die Annahme einer Rechtsfrage wegen der „freien Beurtei-

Kennt der Tatrichter aus eigener Sachkunde einen einschlägigen *zwingenden* (Gesamt-) *Erfahrungssatz*, der allgemein-abstrakt einen Tatsachenzustand mit einem nachfolgenden gesetzmäßig determiniert verbindet (sog. „generelle Kausalität"[700]), so braucht der Richter „lediglich noch die konkreten Umstände des Einzelfalls unter das ihm von den Naturwissenschaftlern angegebene generelle Kausalgesetz zu subsumieren; entsprechen generelles Kausalgesetz und konkrete Einzelfallumstände einander, so lässt sich das Tatbestandsmerkmal ‚Kausalität' bejahen"[701]. Zumeist sind beschriebene allgemeine Kausalzusammenhänge jedoch rein empirischer Natur mit einer bloßen Wahrscheinlichkeitsaussage (sprich: *statistische Erfahrungssätze*), die erst in ihrer Anwendung auf den konkreten Fall zu einem für diesen endgültigen Kausalitätsurteil führen[702] (Fälle „statistischer Kausalität"[703] finden sich vor allem in den Bereichen psychisch vermittelter Kausalität wie zwischen einer Anstiftung (§ 26 StGB) und der daraufhin vom Haupttäter ausgeführten Tat, zwischen der Täuschung des Täters beim Betrug (§ 263 StGB) und dem Irrtum des Opfers oder zwischen einer Beleidigung (§ 185 StGB) und der Ehrverletzung des Opfers)[704]. Von den hierdurch vermittelten typischen (und damit wahrscheinlichsten) menschlichen Verhaltensweisen in bestimmten Situationen[705] muss der Tatrichter als Ausgangshypothese für den Schluss auf ein entsprechendes Verhalten auch im konkreten Einzelfall ausgehen („konkrete Kausalität"[706]).

Dogmatisch schwieriger, weil faktisch auf der Grenze zwischen zwingendem und statistischem Erfahrungssatz liegend, ist die im Bereich der strafrechtlichen Produktkriminalität angesiedelte Problematik, dass sich der an sich mögliche zwingende Erfahrungssatz „Wenn der chemische Wirkstoff X zusammen mit dem chemischen Wirkstoff Y auf einen Menschen mit der Vorschädigung Z wirkt, kommt es zum körperlichen Schaden S" wissenschaftlich nicht eindeutig nachweisen lässt, insbesondere, weil der oder die schadensverursachenen Substanzen nicht ermittelt werden können. Bekannt ist zumeist nur der oberflächliche statistische Zusammenhang, dass bei einer gewissen Prozentzahl der Verbraucher eines bestimmten Pro-

---

lung" durch den Richter bei der Auslegung zu keinen anderen Ergebnissen führen würde: *Andrea Schmidt*, Grundsätze, S. 159 ff.

[700] *Armin Kaufmann*, JZ 1971, 572, NK-StGB/*Ingeborg Puppe*, Vor § 13 ff. Rn. 83 ff., *Hilgendorf*, Jura 1995, 514 f., *ders.*, GA 1995, 144 und *Sybil Denicke*, Kausalitätsfeststellungen, S. 26.

[701] *Hoyer*, GA 1996, 163.

[702] Ebenso *Hilgendorf*, NStZ 1994, 564 f., *ders.*, Jura 1995, 520 f. und *Rolinski*, FS Miyazawa, S. 488 ff.; für den Zivilprozess etwa *Helmut Weber*, Kausalitätsbeweis, S. 180.

[703] *Tiedemann*, Wirtschaftsstrafrecht AT, Rn. 167, *Rolinski*, FS Miyazawa, S. 483 ff. und *Lackner/Kühl*, Vor § 13 Rn. 11.

[704] Entgegen einem unter Strafrechtlern teils verbreitetem Irrglauben (vgl. nur *Engisch*, Kausalität, S. 28 und *Ulrich Stein*, Beteiligungsformenlehre, S. 146) bestehen hier wegen den „Launen menschlicher Willens- und Gefühlsbildung" (LK/*Tonio Walter*, Vor § 13 Rn. 74) nach derzeitigem Stand der Motivationspsychologie gerade keine zwingenden Erfahrungssätze.

[705] Vgl. hierzu *Hilgendorf*, Jura 1995, 521 mit Fn. 82, *Ingeborg Puppe*, ZStW 95 (1983), 297 ff., *dies.*, GA 1984, 105, NK-StGB/*dies.*, Vor §§ 13 ff. Rn. 125, Sch/Schr/*Lenckner/Eisele*, Vorbem. §§ 13 ff. Rn. 75, *Hoyer*, FS Rudolphi, S. 97 f., *Ranft*, ZStW 97 (1985), 281 f., LK/*Tonio Walter*, Vor § 13 Rn. 74 und *Edda Weßlau*, ZStW 104 (1992), 122.

[706] *Armin Kaufmann*, JZ 1971, 572 und *Sybil Denicke*, Kausalitätsfeststellungen, S. 26.

dukts oder einer Produktgruppe mit gleichen Wirkstoffen es zu bestimmten oder ähnlichen Körperschäden gekommen ist. Dies legt zumindest eine „generelle Kausalität" in Form einer Eignung des Produkts zur Verursachung von Körperschäden der zu beklagenden Art nahe, ohne noch unbekannt gebliebene andere Ursachen jedoch auszuschließen. Verdeutlicht sei dies im oben bereits dargelegten[707] berühmen „Lederspray-Urteil" des Bundesgerichtshofs[708], dem „leading case"[709] auf diesem Gebiet, der zu einem „konzeptionellen Quantensprung"[710] in der Dogmatik der strafrechtlichen Produkthaftung geführt hat, die sich erst seit diesem Fall zu einem eigenen Institut des Strafrechts entwickelt hat[711]. Dieser Fall warf eine Vielzahl dogmatischer Probleme auf, wie die Verantwortlichkeit von Mitgliedern kollegial organisierter Entscheidungsgremien[712], die Garantenstellung der Geschäftsführung für einen rechtzeitig zu erfolgenden Rückruf[713] und eben den Nachweis der Kausalität. Naturwissenschaftlich anerkannte Erfahrungssätze, unter die die konkreten Schadensfälle nur hätten subsumiert zu werden brauchten, standen nicht zur Verfügung. Bekannt waren lediglich Messergebnisse von Versuchsreihen bei Tieren[714] sowie dass die aufgetretenen Krankheitssymptome sowie der weitere Krankheitsverlauf bei verschiedenen Verbrauchern der Ledersprays des gleichen Herstellers ähnlich bis gleich waren („Das Krankheitsbild begann immer mit verstärktem Hustenreiz, Atembeschwerden und Übelkeit und steigerte sich binnen kurzer Zeit bei den meisten Zeugen zu ausgesprochenen Hustenkrämpfen und starker Atemnot bis hin zu Erstickungsanfällen, Erbrechen, Schüttelfrost und Fieber"[715]).

Nach der hier vertretenen Ansicht[716] ist in derartigen Konstellationen von den Grundsätzen eines statistischen Erfahrungssatzes auszugehen: Der durch die Schadensfälle aufgetretene empirische Zusammenhang zwischen der Produktverwendung und den Gesundheitsschädigungen ist von seinem Wahrscheinlichkeitsgrad (zumindest in Worten geschätzt) her zu vergleichen mit den Wahrscheinlichkeitsgraden alternierender statistischer Erfahrungssätze, die einen gesetzmäßigen Zusammenhang zwischen anderen Ursachen und den Schäden der aufgetretenen Art beschreiben und für deren Vorliegen aus Sicht des Tatrichters aufgrund eigener medizinischer Kenntnisse oder der Aussagen medizinischer Sachverständiger Anhaltspunkte bestanden.[717] So gab es in einigen Schadensfällen infektiöse Lungen-

---

[707] Siehe hierzu oben Erster Hauptteil, Zweites Kapitel, A, II, 4, c).

[708] BGHSt. 37, 106 ff.

[709] *Hassemer*, JuS 1991, 253; ähnlich *Hirte*, JZ 1992, 257: „landmark case des deutschen Produkthaftungsrechts".

[710] *Schmidt-Salzer*, Entscheidungssammlung Produkthaftung, S. IV.1.17 (28).

[711] *Hassemer*, Produktverantwortung, S. 26.

[712] Umfassend zu dieser Problematik *Kraatz*, Fahrlässige Mittäterschaft, S. 299 ff.

[713] Vgl. hierzu nur BGHSt. 37, 106 (117) und *Kuhlen*, NStZ 1990, 567.

[714] Vgl. zu letzterem BGHSt. 37, 106 (112 f.).

[715] Nachzulesen im erstinstanzlichen Urteil des LG Mainz, abgedruckt bei *Schmidt-Salzer*, Entscheidungssammlung Produkthaftung, IV.3.22, S. 18.

[716] Siehe oben Zweiter Hauptteil, Viertes Kapitel, C, II, 3, b), bb).

[717] *Samson*, StV 1991, 183 (zustimmend *Sybil Denicke*, Kausalitätsfeststellungen, S. 81 f.) fordert darüber hinaus sogar, alle Möglichkeiten einzubeziehen, die zu den aufgetretenen Schä-

entzündungen oder astmatische Vorerkrankungen. Dass aber auch in diesen Fällen die gleichen Krankheitssymptome 30 Minuten nach dem Gebrauch des Ledersprays eintraten wie in allen anderen Fällen mit Opfern ohne bekannte Vorerkrankungen, lässt diese alternierenden statistischen Erfahrungssätze (die Vorerkrankungen hätten die Schäden verursacht) gegenüber dem statistischen Erfahrungssatz von einer Ursächlichkeit des Ledersprays nur eine geringere Wahrscheinlichkeit zukommen. Die (wahrscheinliche) Ursächlichkeit der Lederspray-Substanzen für die eingetretenen Schäden ist daher als Ausgangshypothese der „generellen Kausalität“ der Beweiswürdigung im Einzelfall zugrunde zu legen (diese Zwischenüberlegung hat der Bundesgerichtshof ausgespart und sich sogleich um die Feststellung der konkreten Kausalität gekümmert[718]).

Für jeden Einzelfall musste der Tatrichter dann offenkundige oder nach konkreten Anzeichen ermittelte Alternativkausalverläufe in der Beweisaufnahme dahingehend untersuchen, ob diese den Schluss von der aufgestellten „generellen Kausalitätshypothese“ auf einen „konkreten Kausalzusammenhang“ vernünftig in Zweifel zu ziehen vermochten. Nachdem Asthma und infektiöse Lungenentzündungen wegen der zeitlichen Nähe der Lederspraybenutzung zum Beginn des Krankheitsbildes auch in den 42 einzelnen Fällen als konkrete Gegenhypothese die Ausgangshypothese nicht in Zweifeln zu ziehen vermochte, mögliche Allergien nur in Zusammenhang mit der Verwendung des Ledersprays zu den Schädigungen geführt hätten (die Substanzen in den Ledersprays also tatsächliche Bedingungen der Schäden geblieben wären und rechtlich die Hersteller auch so haften würden, da das Produkt auch bei diesem Zusammenwirken so beschaffen sein müsste, dass es auch von diesen Personengruppen „ohne gesundheitliche Beeinträchtigungen bestimmungsgemäß benutzt werden kann“[719]) und für weitere Ursachen keine konkreten Anhaltspunkte bestanden, konnte in allen angeklagten Fällen entsprechend der Ausgangshypothese ein Kausalzusammenhang vom Gericht festgestellt werden. Im Ergebnis ist so dem Landgericht Mainz[720] als Tatgericht wie dem Bundesgerichtshof darin zuzustimmen, dass „in allen Schadensfällen, die der Verurteilung zugrunde liegen, die gesundheitlichen Beeinträchtigungen der betroffenen Verbraucher durch die jeweils benutzten Ledersprays (insbesondere ‚S. 3-fach‘, ‚E. Nässeschutz‘, aber auch ande-

---

den hätten führen können, selbst wenn sie der Fachwelt noch nicht bekannt seien. Das gesicherte empirische Wissen der Menschheit ist jedoch beschränkt und wird durch ständig neue wissenschaftliche Erkenntnisse fortentwickelt – ein absolutes Wissen wird die Menschheit nie erreichen können. Dennoch einen Ausschluss aller Möglichkeit des absoluten Wissens zu fordern, würde einen Kausalitätsbeweis und damit eine Verurteilung bei Erfolgsdelikten schlicht unmöglich machen. Mehr als einen Ausschluss der nach Fachwissenschaftlern vermittelten denkbaren Alternativhypothesen nach derzeitigem Fachwissen kann daher nicht gefordert werden, ebenso *Hilgendorf*, Produzentenhaftung, S. 124.

[718] Vgl. BGHSt. 37, 106 (112). Dies führt dazu, dass behauptet wird, der Bundesgerichtshof habe sich bereits bei der Bestimmung der generellen Kausalität mit dem Ausschluss lediglich plausibler Alternativen begnügt: so etwa *Sybil Denicke*, Kausalitätsfeststellungen, S. 81.

[719] BGHSt. 37, 106 (112f.).

[720] LG Mainz in *Schmidt-Salzer*, Entscheidungssammlung Produkthaftung, IV.3.22.

re Sprays mit gleicher Rezeptur) ausgelöst worden sind"[721].[722] Dies ist eine zwingende Folge eines notwendig mit bloßen statistischen Erfahrungssätzen und damit bestimmten Wahrscheinlichkeitswerten zu führenden prozessualen Beweises einer vollen Kausalität und weder eine Übernahme eines materiell-rechtlichen Risikoerhöhungsprinzips in das Prozessrecht[723] noch der volle prozessuale Beweis einer materiell-rechtlich nur wahrscheinlichen[724] oder (weil nur nach derzeitigem Wissen bekannte Alternativen ausgeschlossen wurden) „plausiblen"[725] Kausalität.

II. Fallgruppe „Innere Tatseite"

Beim Nachweis des Vorsatzes ist der Tatrichter wegen der Individualität eines jeden Menschen sowie seiner Vorstellungen, Ängste, Motive und Absichten zwingend auf statistische Erfahrungssätze mit dem mit ihnen verbundenen Mehrdeutigkeitsproblem angewiesen. Nicht umsonst hat bereits *Geyer*[726] vor 130 Jahren insbesondere den prozessualen Vorsatznachweis als die „Achillesferse [...] des auf Grundlage eigener Wahrnehmung beruhenden Urtheils" [und damit letztlich des gesamten Beweisrechts] bezeichnet, die als „zentrales Problem der Strafrechtsanwendung"[727] noch heute „dem Praktiker in der Alltagsarbeit auf den Nägeln brennt"[728]. Das Mehrdeutigkeitsproblem lässt sich mit dem vorgestellten generellen Alternativausschlussmodell jedoch hier genauso abmildern wie das parallele Nachweisproblem einer Vorhersehbarkeit im Rahmen bloßer Fahrlässigkeit[729]:

---

[721] BGHSt. 37, 106 (111).

[722] Zustimmend im Ergebnis auch *Kuhlen*, NStZ 1990, 567, *Hirte*, JZ 1992, 257f.; zweifelnd *Beulke/Bachmann*, JuS 1992, 739 („Wenn der BGH sich [...] zugunsten der Kausalität entschieden hat, so ist dies rechtspolitisch ein begrüßenswerter Schritt, es verblieben aber Zweifel, ob dem Sachverhalt damit nicht Gewalt angetan wurde. Jedenfalls zeigt der Fall, dass zwischen den beiden Alternativen der bloß theoretischen Denkmöglichkeit und der erntshaften Möglichkeit eine genaue Grenzziehung schwierig ist").

[723] So aber *Brammsen*, Jura 1991, 536.

[724] Die Kausalität kann in einem deterministischen wie statistischen Zusammenhang zwischen Täterhandlung und tatbestandlichem Erfolg liegen. Selbst wenn also nur ein statistisches „Kausalgesetz" vorliegt, ist definitionsgemäß nach der Lehre von der gesetzmäßigen Bedingung eine Kausalität gegeben und nicht nur eine „wahrscheinliche Kausalität". Autoren, die dies anders sehen und deterministische Kausalgesetze verlangen, sehen sich daher gezwungen, den herkömmlichen Kausalbegriff durch einen neuen probabilistischen Kausalitätsbegriff auf Grundlage der hier abgelehnten Risikoerhöhungstheorie (*Knauer*, Kollegialentscheidung, S. 117: „Radikalisierung der Roxinschen Risikoerhöhungstheorie") zu ergänzen: so etwa *Hoyer*, GA 1996, 166ff., SK-StGB/*ders.*, Anh. zu § 16 Rn. 73ff., *Rolinski*, FS Miyazawa, S. 488ff., *Knauer*, Kollegialentscheidung, S. 113ff., *Pérez-Barberá*, ZStW 114 (2002), 620ff.

[725] So der Vorwurf von *Volk*, NStZ 1996, 108.

[726] *Geyer*, Handbuch I, S. 191; zustimmend *Henkel*, FS Eberhard Schmidt, S. 578.

[727] *Freund*, JR 1988, 116.

[728] *Loos*, Rechtswissenschaft, S. 262.

[729] Aus Platzgründen beschränkt sich die Arbeit auf den Vorsatz und bezieht nicht auch den Nachweis der verschiedenen, zusätzlich gesetzlich geforderten Absichten wie Zueignungsab-

1. Der Vorsatznachweis

§ 15 StGB setzt bei allen Delikten ein „vorsätzliches Handeln“ des Täters „bei Begehung der Tat“ (§ 16 Abs. 1 S. 1 StGB) voraus, soweit nicht fahrlässiges Handeln ausdrücklich gesetzlich mit Strafe bedroht ist. Die Begriffsbestimmung des Wortes „Vorsatz“ hat der Gesetzgeber dabei bewusst Rechtsprechung und Lehre vorbehalten[730]: Der Täter plant und führt die den Tatbestand eines Strafgesetzes erfüllende Handlung aus, indem er Sinneseindrücke durch seinen visuellen wie primären Cortex verarbeitet, unter Berücksichtigung von Einflüssen, Vorerfahrungen, Wissen und Motivation bewertet, sich im limbischen System (eingebunden sind das Ventrale Tegmentale Areal als Zentrum des emotionalen Gedächtnisses, der Hippocampus als Zentrum für das episodische Gedächtnis, das basale Vorderhirn als Zentrum für die Aufmerksamkeitssteuerung und der präfrontale Cortex als Teil des kognitiv-rationalen Denkens) für konkrete Handlungsziele entscheidet, unter Berücksichtigung früherer (auch emotionaler) Erfahrungen in den Basalganglien eine konkrete Handlungsausgestaltung plant und durch Befehle an die entsprechenden Muskeln ausführt[731], obwohl die gewollte Kausalkette zu einer Rechtsgutsverletzung führt. Dementsprechend wird von jeher für den Vorsatz nach der Kurzformel vom „Wissen und Wollen der Tatbestandsverwirklichung“[732] ein Wissens-Element als „Voraussicht oder Vorstellung des Erfolgseintritts“[733] und ein gleichrangiges Wollenselement zu Verwirklichung des Straftatbestandes verlangt, jeweils abgestuft nach den Vorsatzformen der Absicht oder dolus directus ersten Grades (zielgerichtetes Wollen mit abgeschwächtem Wissenselement), der Wissentlichkeit oder dolus directus zweiten Grades (mit abgeschwächtem Wollenselement) oder dem dolus eventualis (mit abgeschwächtem Wissen- und nach richtiger überwiegender Ansicht abgeschwächtem Wollenselement[734]).[735]

---

sicht oder Beutesicherungsabsicht mit ein, die ebenfalls mittels Erfahrungssätzen erschlossen werden müssen (z. B. Beutesicherungsabsicht, wenn der Täter große Beutegegenstände nach der Gewalthandlung auf der Flucht mitnimmt, obwohl er die Möglichkeit gehabt hätte, sich ihrer zu entledigen, vgl.nur OLG Köln, NStZ 2005, 448).

[730] BT-Ds. V/4095, S. 8f.

[731] Umfassend zu diesem Handlungsablauf *Kraatz*, Fahrlässige Mittäterschaft, S. 180ff. und 274.

[732] Vgl. nur BGHSt. 36, 1 (9f.), *Roxin*, AT I, § 12 Rn. 4, *Otto*, AT, § 7 Rn. 3 und *Fischer*, § 15 Rn. 3; krit. zu dieser Formel *Lesch*, JA 1997, 808 und *Herzberg*, FG BGH IV, S. 66ff.

[733] *Kristian Kühl*, AT, § 5 Rn. 7.

[734] Jene Stimmen im Schrifttum, die auf ein voluntatives Vorsatzelement verzichtend darauf abstellten, dass sich der Täter die Tatbestandserfüllung als „wahrscheinlich“ („mehr als möglich und weniger als überwiegend wahrscheinlich“) vorstelle (sog. „Wahrscheinlichkeitstheorie“: *Hellmuth Mayer*, AT, S. 120f. sowie *Wilhelm Sauer*, Strafrechtslehre, S. 177) haben sich zu Recht genauso wenig durchsetzen können (Wann ist etwas „wahrscheinlich“, wann „nur möglich“?) wie jene, die nur verlangten, dass der Täter den künftigen Geschehensablauf „wenigstens für konkret möglich hält, also wenigstens unsicheres Tatbewusstsein hat“ (*Schmidhäuser*, StuB AT, 7/100)(sog. „Möglichkeitstheorie“: *Grünwald*, FS Hellmuth Mayer, S. 288f., *Horst Schröder*, FS Sauer, S. 232ff., *Jakobs*, AT, 8/21ff., *Schmidhäuser*, StuB AT, 7/100 sowie *ders.*, JuS 1980, 241ff.), verlangt doch auch eine bewusste Fahrlässigkeit, dass der Täter die Mög-

Stets muss der Täter innersubjektiv etwas gewusst und gewollt, sich also Gedanken gemacht haben, die visuell nicht sichtbar und so selbst dem Blick eines unmittelbaren Tatzeugen „entzogen" sind und „nicht betrachtend beschrieben werden" können[736]. Der Angeklagte kann zwar in seinem Geständnis entsprechende Motive, Wünsche und Vorstellungen zum Tatzeitpunkt beschreiben. Abgesehen von einer erforderlichen Glaubhaftigkeitsprüfung des Geständnisses (vor allem in Fällen der Urteilsabsprachen)[737] sind spätere Äußerungen des Angeklagten subjektiv geprägte Eigeninterpretationen, bei denen Gedächtnisinhalte hinsichtlich teilweise Jahre zurück liegender Geschehnisse mit nachträglichen Schuldgefühlen und anderen Emotionen zu einer verfälschten Rückbesinnung geführt haben können, so dass Geständnisinhalte trotz eigener Überzeugung des Angeklagten objektiv nicht der Wahrheit entsprechen müssen[738]. Die „Aufklärung der Nacht des Inneren"[739] kann daher „nur durch Rückschlüsse aus dem äußeren Tatgeschehen festgestellt werden"[740].

Wurde anfangs noch versucht, dies auf der materiell-rechtlichen Ebene durch ein Absenken der zu beweisenden Erfordernisse des Eventualvorsatzes zu lösen[741] und teilweise gar die gesamte Rechtsfigur des dolus eventualis „als Konsequenz typischer Beweisnot" und damit quasi als im materiellen Recht versteckte Beweis-

---

lichkeit der Tatbestandsverwirklichung erkennt, er aber auf den Nichteintritt vertraut. Wie bei den übrigen Vorsatzformen kann auch eine Bestimmung des dolus eventualis so sinnvoll nur in einem Zusammenspiel aus intellektuellem und voluntativem Vorsatzelement gefunden werden. Durchgesetzt hat sich hierbei im Schrifttum die sog. „Ernstnahmetheorie": Der Täter muss die Gefahr der Tatbestandsverwirklichung erkannt, ernst genommen, sich mit diesem Risiko abgefunden und dennoch gehandelt haben (vgl. nur *Roxin*, AT I, § 12 Rn. 21ff., *ders.*, JuS 1964, 61, *Jescheck/Weigend*, AT, S. 299, *Wessels/Beulke*, AT, Rn. 216 und 226 und *Haft*, AT, S. 159) –, in der Rechtsprechung dagegen die hiermit verwandte „Billigungstheorie", wonach mit bedingtem Vorsatz handele, der den Erfolg „billigend in Kauf" nehme (vgl. RGSt. 33, 4 [5 f.], BGHSt. 7, 363 [368 f.), BGHSt. 19, 101 [105], BGHSt. 21, 283 [285], BGHSt. 36, 1 [9], BGH, NStZ 1998, 615 [616] und BGH, NStZ 2007, 700 [701]). Vgl. zu diesen wie den übrigen Theorie des Eventualvorsatzes nur *Roxin*, AT I, § 12 Rn. 21 ff., *Geppert*, Jura 1986, 610 ff. und *ders.*, Jura 2001, 56 f., jeweils mwN.

735 Vgl. zu den einzelnen Vorsatzformen nur *Roxin*, AT I, § 12 Rn. 7 ff., *Geppert*, Jura 1986, 611 ff., *ders.*, Jura 2001, 55 ff. sowie *Kristian Kühl*, AT, § 5 Rn. 28 ff.

736 *Hassemer*, GedS Armin Kaufmann, S. 303.

737 Vgl. zum Geständnis als Mittel des Vorsatznachweises nur LK/*Vogel*, § 15 Rn. 64.

738 Hierauf verweist bereits *Schroth*, FS Widmaier, S. 780.

739 *Michael Köhler*, AT, S. 166.

740 BGH, NStZ 1991, 400, dort aber ausdrücklich beschränkt auf den Fall eines „leugnenden Angeklagten, der auch kein außergerichtlich Geständnis abgelegt hat"; ähnlich BGHSt. 35, 21 (26): „Der Schluss von den äußeren Umständen auf den bedingten Vorsatz wird zwar häufig angebracht sein." Vgl. aus dem Schrifttum nur *Volk*, Wahrheit, S. 20, *Hassemer*, GedS Armin Kaufmann, S. 303 ff., *Ingeborg Puppe*, GA 2006, 65 f., *Hruschka*, FS Kleinknecht, S. 194 ff., *Prittwitz*, JA 1988, 497, *Philipps*, FS Roxin, S. 365 ff., *Scheffler*, StV 1993, 471 f., *ders.*, Jura 1995, 355 f. sowie *Schaper*, GA 1866, 184: „Sehen, wahrnehmen, erkennen lässt sich mur einerseits das Äußere der verletzenden Handlung", „Vorsatz kann zwar eingestanden, nicht aber im eigentlichen Sinne bewiesen, es kann auf ihn nur geschlossen werden."

741 Vgl. hierzu mit weiteren Nachweisen *Ingeborg Puppe*, GA 2006, 66.

regel für den direkten Vorsatz angesehen wird[742], ist, nachdem diese materiellen Versuche die Beweisnöte nicht zu beseitigen vermochten, der Blick inzwischen wieder auf den Strafprozess gewandert. Hier wird versucht, den prozessualen Vorsatznachweis durch eine „strafprozessual orientierte Indizientheorie“[743] zu lösen, die in Rechtsprechung[744] und Schrifttum[745] unterschiedlich ausgestaltet wird. Grundlage ist jedoch stets, wenn dies auch nie deutlich herausgestellt wird, die menschliche Erfahrung vom Verhalten eines Menschen. Da sich jeder Mensch entsprechend seiner eigenen Vorerfahrungen und emotionalen Situation aber individuell verhält und nicht zwingend genauso wie jeder andere („typische“) Mensch in entsprechender Situation, können sein Wissen und seine Motive allenfalls durch statistische medizinische oder kriminologische Erfahrungssätze unter Berücksichtigung der jeweiligen Umstände des Einzelfalles bestimmt werden, niemals durch zwingende Erfahrungssätze.[746] Ein absolut sicherer Vorsatznachweis ist so unmöglich[747], der Vorsatznachweis faktisch fast eine bloße Vorsatzzuschreibung durch den Richter[748], bei dem dieser – nach dem hier vertretenen Modell – für alle Indizien, von denen aus mit statistischen Erfahrungssätzen auf die Existenz oder Nichtexistenz eines bestimmten Vorsatzes geschlossen werden kann, jeweils Gesamterfahrungssätze (zumeist sachverständig beraten) zu bilden hat. Von diesen hat er dann denjenigen als Ausgangshypothese festzulegen und als solchen in den Urteilsgründen zu verankern, der unter Berücksichtigung der festgestellten Umstände des Einzelfalles am wahrscheinlichsten ist, und sodann anhand der Umstände des Einzelfalles (Vorsatzindikatoren) in Verbindung mit an sie anknüpfende Erfahrungssätzen zu überprüfen, ob er mögliche konkrete Gegenhypothesen (bezogen auf einen fehlenden Vorsatz nicht nur die „globale Gegenhypothese“[749], der Täter habe auf einen guten Ausgang des Geschehens vertraut, sondern alle speziellen Einzelhypothesen[750], die „jeweils bestimmte Sachverhalte des Vertrauens auf den

742 So *Vest*, ZStW 103 (1991), 609f.

743 *Prittwitz*, JA 1988, 497.

744 Vgl. hierzu etwa die Darstellung bei LK/*Vogel*, § 15 Rn. 65 sowie die systematische Aufbereitung der Indizien für einen Tötungsvorsatz anhand von Fallgruppen bei MüKo-StGB/*Hartmut Schneider*, § 212 Rn. 12ff.

745 Vgl. nur *Roxin*, FS Rudolphi, S. 248ff., *Hassemer*, GedS Armin Kaufmann, S. 303ff., *Hruschka*, FS Kleinknecht, S. 200ff., *Frisch*, GedS Karlheinz Meyer, S. 555ff., *Prittwitz*, JA 1988, 497ff., *Philipps*, FS Roxin, S. 365ff. und *Canestrari*, GA 2004, 221ff.

746 So ausdrücklich BGH, Urt. v. 14. 11. 2001 – 3 StR 276/01, UA S. 8.

747 Ebenso *Freund*, JR 1988, 116, *ders.*, StV 1991, 23; ähnlich *Gabriele Kleb-Braun*, JA 1986, 313, nach dem eine Beweisschwierigkeit bei rechtlich unterschiedlichen subjektiven Befindlichkeiten, die sich nicht in klar abgrenzbaren äußerlichen Indizien manifestieren, zur Unmöglichkeit werde.

748 Die Gefahr bloßer Vorsatzunterstellungen schwingt stets mit, vgl. *Michael Köhler*, Fahrlässigkeit, S. 98ff. und *Kristian Kühl*, AT, § 5 Rn. 88; ähnlich *Michael Köhler*, JZ 1981, 36. Für eine bloße Zuschreibung des Vorsatzes: *Hassemer*, GedS Armin Kaufmann, S. 303ff., *ders.*, Einführung, S. 214ff., *Schroth*, FS Widmaier, S. 781 und *Hruschka*, FS Kleinknecht, S. 200ff.

749 *Frisch*, GedS Karlheinz Meyer, S. 556.

750 Siehe hierzu oben Zweiter Hauptteil, Viertes Kapitel, E, II, 1.

guten Ausgang formulieren"[751]) subjektiv auszuschließen vermag oder nicht. Zu derartigen Indikatoren („Einzelzüge des Vorsatztypus"[752]) zählen insbesondere[753] die spezifische Gestalt der vorgenommenen bzw. geplanten Handlungen, die Art des mit der Handlung verbundenen Risikos für das von der Strafrechtsnorm geschützte Rechtsgut, die Art und Qualität des Wissens und der Erkennbarkeit der gerade mit der Handlung verursachten Risiken durch den Täter nach seiner psychischen Verfassung gerade zur Tatzeit, die Motivation des Täters sowie die von ihm vorgenommenen spezifischen Vermeidemaßnahmen gegen die Gefahrrealisierung.[754]

Die einzelnen Gesamterfahrungssätze als Ausgangshypothesen wie mögliche Einzelgegenhypothesen richten sich zwar stets nach den festgestellten Indizien des Einzelfalles, sind in einigen Bereichen des Strafrechts wie insbesondere bei den Tötungsdelikten in einer Vielzahl an Entscheidungen bereits derart ausdifferenziert behandelt worden, dass sich Tatrichter hieran bei der Bewertung im Einzelfall orientieren können:

a) Tötungsvorsatz

Nimmt der Täter eine für das Leben anderer Menschen sehr gefährliche Handlung (die faktisch nur zum Tod des Opfers führen kann[755] und bei dem das Ausbleiben des Todeserfolges nur als „glücklicher Zufall" erscheinen kann[756]) vor und konnte er dieses hohe Risiko bei Begehung der Tat auch erkennen – wovon grundsätzlich bei einem Menschen ohne erkennbare geistige Behinderung ausgegangen werden kann –, so spricht (weil er die gefährliche Handlung dennoch vornimmt) eine derart hohe Wahrscheinlichkeit[757] dafür, dass er den tödlichen Aus-

---

751 *Frisch*, GedS Karlheinz Meyer, S. 556.

752 *Schünemann*, FS Hans Joachim Hirsch, S. 374.

753 Vgl. zu diesen Kriterien nur *Frisch*, GedS Karlheinz Meyer, S. 556f., NK-StGB/*Ulfrid Neumann*, § 212 Rn. 7 und 12f. und *Fischer*, § 212 Rn. 7; eine abschließend schematische Katalogisierung, wie sie etwa *Philipps*, FS Roxin, S. 365ff. mit seinem „Kriterienbaum" zur computergestützten Vorsatzerrechnung versucht, ist freilich nicht möglich: ebenso *Hassemer*, GedS Armin Kaufmann, S. 307f. und *Ingeborg Puppe*, GA 2006, 69.

754 Vgl. hierzu BGHSt. 36, 1 (11), *Geppert*, Jura 2001, 58 und *Schroth*, NStZ 1990, 325. *Herzberg*, JuS 1986, 254 und *ders.*, JZ 1988, 642 hat dieses Vorsatzindiz mit seiner Vorsatztheorie der „abgeschirmten Gefahr" (Vorsätzlich handelt derjenige, der eine Gefahr schaffe, ohne diese wirksam abzuschirmen) zur einzig maßgeblichen verabsolutiert, obgleich es lediglich ein Indiz von mehreren ist.

755 *Wessels/Hettinger*, BT 1, Rn. 81.

756 BGH, NStZ 2009, 629 (630) und *Fischer*, § 212 Rn. 8.

757 An einer derartigen fehlt es demgegenüber in den Fällen des Sexualkontaktes ohne Aufklärung des anderen über die eigene HIV-Infizierung, da das Infektionsrisiko gerade einmal 1% beträgt und daher ein Vertrauen des Täters auf einen guten Ausgangs der Wahrscheinlichkeit nach überwiegt und somit als Ausgangshypothese festzulegen und von ihrer bei der Beweiswürdigung auszugehen ist, solange nicht für diese widersprechende Gegenhypothesen konkrete Anhaltspunkte vorhanden sind; ebenso im Ergebnis BGHSt. 36, 1 (15), BGHSt. 36, 262 (267), *Schünemann*, JR 1989, 93 und *Frisch*, GedS Karlheinz Meyer, S. 563f.; aA LG München, MedR 1987, 288 und *Bernd-Dieter Meier*, GA 1989, 227.

gang[758] des Geschehens für einen anderen Menschen in seine Handlungsplanung mit einbezogen und sich mit diesem abgefunden, ihn also billigend in Kauf genommen und damit zumindest mit Eventualvorsatz gehandelt hat, dass Gegenhypothesen bezüglich des Vertrauens auf einen guten Ausgang zunächst vernachlässigt und ein entsprechender Vorsatz als Ausgangshypothese[759] festgelegt werden kann.[760] Dies ist regelmäßig etwa der Fall bei der Abgabe von Schüssen auf den menschlichen Kopf oder Oberkörper[761], bei gezielten Stichen mit einem Messer in die Herzgegend, in den Hals[762] oder in den Bauch[763], beim Schlagen mit einem schweren Gegenstand auf den Kopf[764] (und nicht nur auf den Rumpf[765]) bzw. beim Stoßen des Kopfes gegen eine Wand oder einen harten Gegenstand[766],

---

758 Und nicht nur eine lebensgefährdende Behandlung, wie § 224 Abs. 1 Nr. 5 StGB im Gegensatz zu § 212 Abs. 1 StGB verdeutlicht: vgl. nur BGH, NJW 1983, 2268, BGH, NStZ 1984, 19, BGH, StV 1986, 197 (198), BGH, StV 1993, 641, BGH, NStZ 1994, 585, BGH, StV 2001, 572 und BGH, NStZ-RR 2004, 140.

759 Ebenso klar BGH, NStZ 2009, 629 (630): Es sei dann „in der Regel ein Vertrauen des Täters auf das Ausbleiben des tödlichen Erfolges [...] zu verneinen".

760 Vgl. zum Schluss von einer äußerst gefährlichen Handlung auf den Tötungserfolg: BGHSt. 39, 180f., BGHSt. 48, 119 (120), BGHR StGB § 212 Abs. 1 Vorsatz, bedingter 3, 27, 33, 35, 40 und 57, BGH, NStZ 1984, 19, BGH, NStZ 1986, 549 (550), BGH, NStZ 1987, 424, BGH, NJW 1992, 583f., BGH, NStZ 1994, 484, BGH, NStZ 1994, 584, BGH, NStZ 1994, 585, BGH, NStZ-RR 1996, 97, BGH, NStZ-RR 1997, 199, BGH, NStZ-RR 1997, 233, BGH, NStZ 1997, 434 (435), BGH, NStZ-RR 2000, 165, BGH, NStZ 2001, 86, BGH, NStZ 2001, 475 (476), BGH, NStZ 2002, 314 (315), BGH, NStZ 2002, 315 (316), BGH, NStZ 2002, 541f., BGH, NStZ-RR 2003, 8, BGH, StV 2003, 213 (214), BGH, NStZ 2003, 431, BGH, StV 2004, 74, BGH, StV 2004, 75, BGH, NStZ 2004, 329, BGH, NStZ 2004, 330, BGH, StV 2004, 598 (599), BGH, NStZ 2005, 90, BGH, NStZ 2006, 98 (99), BGH, NStZ 2006, 169f., BGH, NStZ-RR 2007, 43 (44), BGH, NStZ-RR 2007, 45, BGH, NStZ 2007, 639 (640), BGH, Beschl. v. 7. 2. 2008 – 5 StR 453/07, juris, BGH, NStZ 2009, 91, BGH, NStZ 2009, 210 (211), BGH, NStZ-RR 2009, 372, BGH, NStZ 2009, 629 (630), BGH, NStZ-RR 2010, 178 (179), BGH, NStZ-RR 2010, 214, BGH, StraFo 2010, 385f., BGH, NStZ-RR 2011, 42, LK/*Jähnke* (11. Aufl., Berlin 2005), § 212 Rn. 22, *Kristian Kühl*, AT, § 5 Rn. 87, *Schroth*, NStZ 1990, 325, *ders.*, FS Widmaier, S. 792f., *Hartmut Schneider*, FS Dahs, S. 189ff., NK-StGB/*Ulfrid Neumann*, § 212 Rn. 12ff., Sch/Schr/*Eser*, § 212 Rn. 5 und *Fischer*, § 212 Rn. 8.

761 BGHSt. 39, 168 (181), BGH, NStZ 2005, 92, BGH, Beschl. v. 7. 2. 2008 – 5 StR 453/07, juris und BGH, StraFo 2009, 162 (163) (mit der nachdrücklichen Betonung, dass dies kein zwingender Erfahrungssatz ist); nicht ausreichend: Schuss auf die Beine oder Füße, BGH, StV 2003, 213 (214), BGH, NStZ 2003, 536f. oder auf die Reifen eines vorbeifahrenden Kraftfahrzeugs, BGH, NZV 2006, 270.

762 BGH, NStZ 1987, 424, BGH, NStZ 2002, 541f., BGH, NStZ-RR 2003, 8f., BGH, NStZ-RR 2006, 11 (12), BGH, NStZ 2006, 98 (99), BGH, NStZ-RR 2006, 101f., BGH, NStZ 2006, 169f., BGH, 11. 7. 2006 – 1 StR 188/06, juris, BGH, NStZ-RR 2007, 43f. und BGH, Urt. v. 16. 4. 2008 – 2 StR 95/08, juris.

763 BGH, NStZ 2011, 90.

764 BGH, NStZ 1986, 549 (550), BGH, NStZ 1994, 585, BGH, NStZ 1997, 434 (435), BGH, StV 2004, 598 (599), BGH, NStZ-RR 2007, 45, BGH, NStZ 2007, 150 (151), BGH, NStZ 2009, 210f., BGH, NStZ-RR 2009, 372 und LG Rostock, NStZ 1997, 391.

765 BGH, StraFo 2008, 387f. mit Anm. *Satzger*, JK 3/09, StGB § 15/8.

766 BGH, NStZ 1997, 434f. und BGH, NJW 2006, 386.

beim Würgen und Drosseln des Opfers[767], beim Überfahren eines Menschen[768] (nicht aber beim bloßen Zufahren auf einen Halt gebietenden Polizeibeamten, wenn diesem durch eine längere Zeitspanne die Gelegenheit gegeben wird, noch rechtzeitig zur Seite zu springen[769]), beim Drücken des Kopfes für längere Zeit unter Wasser[770], bei Tritten mit festem Schuhwerk gegen den Kopf oder in die Bauchgegend[771], beim Verhungern- oder Verdurstenlassen eines Kindes[772], beim Schütteln eines Säuglings derart heftig in „sagittaler Richtung", dass der Kopf nach vorne und hinten schlägt und wegen der noch schwachen Nackenmuskulatur erst in der Extremposition, also Brust und Nacken, abgebremst wird (bewirkt Hirnblutungen)[773], bei Brandanschlägen auf bewohnte Wohnhäuser[774], beim Übergießen einer (entkleideten und gefesselten) Person mit mehreren Litern Benzin und deren Entzünden[775], bei Steinwürfen von der Autobahnbrücke[776], bei der Manipulation von Steckdosen derart, dass beim Anschließen von Geräten auf dem Gehäuse eine Stromstärke von über 100 Milliampere (dies genügen für ein Herzkammerflimmern und einen Herzstillstand) sitzt[777] oder beim Nichtanleinen eines Hundes mit enormer Beißkraft, der die Neigung hat, bei Angriffen gleich in den Hals- und Kopfbereich des Opfers zu beißen[778].

Mögliche Gegenhypothesen, für die konkrete Anhaltspunkte vorhanden sein müssen, können bereits das Risikowissen oder -bewusstsein des Täters zur Tatzeit

---

[767] BGH, NStZ 1994, 584, BGH, NStZ-RR 1997, 199, BGH, NStZ 2001, 86, BGH, NStZ 2004, 329 (330), BGH, NStZ 2004, 330 (331) und BGH, NStZ 2005, 90 (91); vgl. auch BGH, StraFo 2010, 385f.: beim „Verschließen der Atemwege".

[768] BGH, DAR 1996, 169.

[769] Vgl. BGH, StV 1982, 509 und BGH, VRS 91 (1997), 27 (28).

[770] BGH, Urt. v. 14. 11. 2001 – 3 StR 276/01, UA S. 6ff.

[771] BGH, NStZ 2003, 431f., BGH, StV 2004, 74, BGH, NStZ 2005, 384 (386) und BGH, NStZ 2007, 639f. Dass es sich hierbei nur um einen statistischen Erfahrungssatz handelt, betonte bereits BGHR StPO § 261 Erfahrungssatz 1: „Einen allgemeinen [gemeint: zwingenden] Erfahrungssatz des Inhalts, dass derjenige, der mehrfach und mit großer Wucht nach einem dreimonatigen Kleinkind tritt und dabei einen Tritt mit großer Wucht von oben auf den Kopf des Kindes ausführt, […] angesichts der ihm bekannten massiven Gewalteinwirkung und des noch zarten Knochenbaus des Kindes zwangsläufig mit der Todesfolge seines Tuns rehnen und dies zumindest auch billigend in Kauf nehmen müsse, gibt es […] nicht."

[772] BGH, NStZ-RR 2007, 304 (305f.) und BGH, NStZ-RR 2009, 173 (175).

[773] BGH, NStZ 2009, 264 (265).

[774] BGH, NStZ 1994, 483 (484), BGH, NStZ 1994, 584, BGH, NStZ-RR 1996, 35, BGH, NStZ-RR 2000, 165 (166) sowie BGH, NStZ 2002, 314 (315), BGHR StGB § 212 I Vorsatz, bedingter 35 und 38; einschränkend BGH, NStZ-RR 2010, 178 (179): im Rahmen einer Gesamtwürdigung seien die Beschaffenheit des Gebäudes, die Angriffszeit, die konkrete Angriffsweise sowie die psychische Verfassung des Täters und seine Motivation bei Tatbegehung zu berücksichtigen.

[775] BGH, Urt. v. 19. 5. 2010 – 2 StR 278/09, juris (insoweit in NStZ 2010, 690 nicht abgedruckt).

[776] BGHSt. 48, 119 (120) und BGH, VRS 63 (1982), 119.

[777] BGH, NStZ 2001, 475 (476).

[778] BGH, NStZ 2002, 315 (316), im Ergebnis aber wegen fehlendem Risikobewusstsein der jugendlichen Täter verneint.

betreffen (intellektuelles Vorsatzelement), so dass der Täter bei seiner Handlungsplanung gerade nicht bewusst den Tod eines anderen Menschen mit einplante: Dies ist der Fall, wenn das Todesrisiko durch eine Handlung nur bestimmten Personen bekannt ist und der Angeklagte nicht hierzu zählt (z. B. bezüglich der Gefährlichkeit des „Schüttelns“ von Säuglingen[779] oder des Verabreichens großer Mengen Salz an ein Kleinkind[780]) oder wenn der Täter sich der allgemein bekannten Lebensgefährlichkeit seiner Handlung wegen eines niedrigem Intelligenzquotienten, wegen einer affektiven Erregung (sog. „Affekttunnel“[781]), wegen nervlicher Überlastung, wegen anderer psychischer Beeinträchtigung (die zu unvernünftigen Überlegungen und Einsichten beim Täter führten)[782] oder wegen einer Berauschung durch Alkohol oder anderer Rauschmittel zum Tatzeitpunkt[783] nicht bewusst war. Gleiches wird angenommen bei der Denkweise eines jugendlichen Täters, die von „Unwissenheit und Unverstand, Verleugnung und Verdrängung als erlernter Problembewältigungsstrategie, Nachlässigkeit, Acht- und Sorglosigkeit und in hohem Maße auch von Egoismus und Rücksichtslosigkeit geprägt“ ist[784]. Verfügt der Täter dagegen über das notwendige Risikobewusstsein und damit das intellektuelle Vorsatzelement, so verneint die Rechtsprechung dennoch häufig wegen der bei der Tötung eines Menschen bestehenden „Hemmschwelle“ (selbst bei Unterlassungsdelikten[785]) den Schluss von der Gefährlichkeit auf eine „Entscheidung [des Täters] gegen das Leben des Opfers“[786] und damit auf das voluntative Vorsatzelement. Wenn diese „Hemmschwellentheorie“[787] auch zu keinem Zeitpunkt ausdrücklich mit den wis-

---

779 Diese Kenntnis ist dem Täter daher vom Gericht individuell anhand von Indizien nachzuweisen, etwa indem Freunde dem Angeklagten hiervon vor der Tat berichtet haben: vgl. BGH, NStZ 2009, 264 (265) mit Anm. *Satzger*, JK 2/09, StGB § 24/38.

780 BGHSt. 51, 18 (21).

781 *Schroth*, FS Widmaier, S. 790; aA BGH, NStZ-RR 2010, 214 (215).

782 BGH, NStZ 1986, 549 (550), BGH, StV 1987, 92, BGH, NStZ 1988, 175, BGH, NStZ 1988, 360 (361), BGH, StV 1992, 574f., BGH, NStZ 1994, 584, BGH, NStZ-RR 1998, 101, BGH, NStZ 1999, 454 (Zorn), BGH, NStZ-RR 2000, 165 (166), BGH, StV 2004, 75, BGH, NStZ 2004, 330 (331) und BGH, NStZ 2006, 169.

783 BGH, NStZ 1983, 365, BGH, StV 1986, 421, BGH, NStZ-RR 2000, 165 (166), BGH, StV 2003, 150, BGH, NStZ 2004, 51f., BGH, NStZ 2004, 330 (331), BGH, NStZ-RR 2004, 204 (205), BGH, NStZ 2006, 98 (100), BGH, NStZ 2006, 169 (170), BGH, NStZ-RR 2007, 307, BGH, NStZ 2009, 629 (630) und BGH, Beschl. v. 1. 9. 2010 – 2 StR 179/10, juris; aA BGH, NStZ-RR 2010, 214 (215): eine erhebliche Alkoholisierung spreche nicht gegen einen bedingten Tötungsvorsatz, sondern sei „nach sicherer Erfahrung gerade besonders geeignet, die Hemmschwelle auch für besonders gravierende Gewalthandlungen herabzusetzen“.

784 BGH, NStZ 2002, 315 (317).

785 Vgl. nur BGH, NStZ-RR 1998, 101 und LK/*Vogel*, § 15 Rn. 111.

786 *Schroth*, FS Widmaier, S. 791.

787 Vgl. BGHSt. 36, 1 (15), BGHSt. 36, 262 (267), BGH, StV 1982, 509, BGH, NStZ 1984, 19, BGH, NStZ 1988, 175, BGH, NZV 1992, 370, BGH, NStZ 1992, 384, BGH, NStZ 1992, 587 (588), BGH, NZV 1993, 237, BGH, NStZ 1994, 483 (484), BGH, NStZ 1994, 585, BGH, StV 1997, 7, BGH, StV 1997, 7 (8), BGH, NJW 1999, 2533, BGH, NStZ-RR 2001, 369, BGH, NStZ 2002, 314 (315), BGH, NStZ 2003, 431, BGH, NStZ 2003, 603, BGH, StV 2004, 75, BGH, NStZ 2005, 629, BGH, NStZ 2006, 98 (99), BGH, StraFo 2008, 387 und BGH, NStZ-RR 2010, 178 (179). Kritisch zur Hemmschwelle SK-StGB/*Sinn*, § 212 Rn. 35, NK-

senschaftlichen Erkenntnisse der Psychologie oder forensischen Psychiatrie begründet wird, so beruht sie wohl auf der „fundamentalen Entkulturierung des Tötungstabus und der auch im Tierreich anzutreffenden instinktiven Tötungshemmung“[788], wenngleich etwa das Milgram-Experiment[789] verdeutlicht hat, dass in spezifischen Drucksituationen selbst „Normalbürger“ ihre Tötungshemmungen verlieren können und die Behauptung einer generellen Tötungshemmung in dieser Allgemeinheit nicht zutrifft[790]. Sie verdeutlicht somit lediglich, dass es durchaus spezielle Situationen geben kann, bei denen der Täter trotz des Ausführens einer gefährlichen Handlung in Kenntnis der hiermit verbundenen Todesgefahr für andere Menschen den Todeserfolg nicht in seine Handlungsplanung einbezogen hat. Für diese müssen, damit sie berücksichtigt werden können, konkrete Anhaltspunkte vorhanden sein.[791] Eine derartige Gegenhypothese kann etwa darin bestehen, dass der Täter einen anderen Grund für seine (gefährliche) Handlung hat, auf den er sich derart fixiert, dass die grundsätzlich erkannte mögliche Tötung bei der Handlungsplanung ausgeblendet wird[792] (etwa wenn er mit der auch für andere Personen gefährlichen Handlung ausschließlich sich selbst töten[793] oder er zielgerichtet einer anderen Person schaden möchte, ohne dass es hierfür der Tötung eines Menschen bedarf[794]), oder dass er zusätzlich zur Ausführung der Handlung Vermeidungsstrategien zum Eintritt des Todeserfolges entwickelt und daher auf den Nichteintritt des Erfolges vertrauen kann und vertraut, etwa indem der Täter bewusst Ort und Zeit der Tat so wählt, dass das Opfer schnelle medizinische Hilfe erlangen könne[795] (z.B. in der Nähe eines Krankenhauses[796]). Indizien für derartige Gegenhypothesen können eine Freundschaft des Täters mit dem Opfer (ohne Streit als Tatanlass) sein[797], dass

---

StGB/*Ingeborg Puppe*, § 15 Rn. 92ff., MüKo-StGB/*Hartmut Schneider*, § 212 Rn. 51 („überzogene Psychologisierung des Strafrechts“), *Brammsen*, JZ 1989, 78, *Verrel*, NStZ 2004, 309ff., *Trück*, NStZ 2005, 234f. und *Mühlbauer*, Rechtsprechung, S. 163f. und 184.

788 LK/*Vogel*, § 15 Rn. 111. Vgl. zum Tötungstabu aus empirischer Sicht *Mühlbauer*, Rechtsprechung, S. 21ff.

789 Vgl. zu diesem *Milgram*, Milgram-Experiment, insbesondere S. 34ff. (Versuchsaufbau und -ablauf) und 145ff. (Erklärung des Gehorsams).

790 Ebenso *Schroth*, FS Widmaier, S. 790 und *Trück*, NStZ 2005, 235.

791 Unzutreffend ist es daher, wenn der Bundesgerichtshof verlangt, dass der Tatrichter sich auch ohne Anhaltspunkte immer mit einer möglichen Hemmschwelle auseinander zu setzen hat, soll seine Beweiswürdigung nicht lückenhaft sein: so BGH, StV 2004, 74 (75). Zutreffend ist es vielmehr, wenn es gelegentlich in der Rechtsprechung heißt, dass der Schluss auf einen bedingten Tötungsvorsatz nicht alleine durch einen pauschalen (sprich: ohne Bezug auf eine konkrete Situation) Hinweis auf die „Hemmschwellentheorie“ in Frage gestellt werden kann: BGHR StGB § 212 Abs. 1 Vorsatz, bedingter 35, BGH, NStZ 2000, 583 (584) und BGH, NStZ 2002, 541 (542).

792 Vgl. BGH, NStZ 1984, 19, BGH, NStZ 1992, 125 und BGH, NStZ 1994, 585.

793 BGH, NStZ 2002, 314 (315) und BGH, NStZ 2003, 28.

794 BGH, NStZ 2001, 475 (476).

795 *Schroth*, FS Widmaier, S. 794.

796 BGH, 16. 4. 2008 – 2 StR 95/08, juris, wenn im dortigen Fall wegen einer Spontantat auch abgelehnt.

797 BGHR StGB § 212 Abs. 1 Vorsatz, bedingter 1 und BGH, NStZ 2002, 314 (315).

der Täter durch den Tod selbst überrascht wird[798] oder dass er nach der Tat Wiederbelebungsversuche unternimmt[799]. Erst wenn derartige konkrete Gegenhypothesen zur subjektiven Überzeugung des Tatrichters (in den Urteilsgründen dokumentiert) ausgeschlossen werden können, ist ein Schluss von der hohen Gefährlichkeit der Handlung auf einen (zumindest bedingten) Tötungsvorsatz tragfähig[800].

Diese Grundsätze seien anhand eines Urteils des Bundesgerichtshofs aus dem Jahre 2003[801] zum Tötungsvorsatz bei einem ärztlichen Behandlungsfehler verdeutlicht:

Der angeklagte Chefarzt, dem bei seiner früheren Anstellung in der St. Elisabeth Klinik in S. gekündigt worden war, hatte „in seiner Klinik – gegen den Rat seines Assistenzarztes – bei Frau Sp. eine medizinisch nicht indizierte Ballonerweiterung (PTCA) der rechten Herzkranzarterie vorgenommen. Hätte Frau Sp. gewusst, dass ihr der Eingriff keinesfalls helfen könne, hätte sie ihm nicht zugestimmt. Bei dem Eingriff wurde ihre Nierenarterie verletzt. [...] Wegen heftiger innerer Blutungen wölbte sich etwa zwei bis drei Stunden nach der Operation der Bauch von Frau Sp. nach vorne. Spätestens um 13 Uhr diagnostizierte der Angeklagte eine Ruptur der Bauchaorta. In den nachfolgenden Stunden beschränkte sich der Angeklagte auf – von ihm auch nicht ordnungsgemäß dokumentierte – Versuche, den Kreislauf mit Medikamenten zu stabilisieren. Dies war aus medizinischer Sicht unvertretbar: Beruht die Instabilität des Kreislaufs darauf, dass der Patient intraabdominell blutet, so kann nur die Beseitigung der Blutungsquelle im Bauchraum durch chirurgische Sanierung der Blutungsquelle zur Stabilisierung führen. Kann, wie hier, dies nicht vor Ort erfolgen, so ist nichts dringlicher als der Transport in die nächstliegende Klinik, in der eine entsprechende operative Intervention erfolgen kann. Demgegenüber kümmerte sich der Angeklagte erst nach einigen Stunden darum, dass Frau Sp. im Krankenhaus der Barmherzigen Brüder in – dem etwa 50 km von S. entfernten – R. weiter behandelt wurde. Ein Transportfahrzeug zur Verlegung von Frau Sp. bestellte der Angeklagte erst um 17.50 Uhr, ebenfalls nicht in S., sondern in R. Dass es sich um einen Notfall handelte, teilte er dabei nicht mit. Deshalb war der Wagen erst um 18.40 Uhr in S. Die Sanitäter aus R. erkannten auf den ersten Blick, dass ein Notfall vorlag. Sie weigerten sich, den Transport ohne ärztliche Begleitung durchzuführen; dies war vom Angeklagten zunächst nicht vorgesehen gewesen, am Ende fuhr aber der Assistenzarzt mit. Ein Arztbrief wurde nicht mitgegeben. Bei einer ersten Notoperation von Frau Sp. in R. ergossen sich aus ihrem Bauchraum schwallartig drei bis vier Liter Blut. Trotz dieser und einer ebenfalls sachgerecht durchgeführten weiteren Notoperation konnte das Leben von Frau Sp. nicht mehr gerettet werden; sie verstarb [...].

Wäre Frau Sp. gegen 13 Uhr in die gefäßchirurgische Abteilung der St. Elisabeth Klinik in S. gebracht worden, hätte sie überlebt oder jedenfalls länger gelebt. Der Transport wäre mit einem Rettungswagen der Rettungsleitstelle S. innerhalb weniger Minuten problemlos möglich gewesen. In diesem Rettungswagen hätten auch alle erforderlichen Stabilisierungsmaßnahmen ebensogut wie im Krankenhaus des Angeklagten durchgeführt werden können.“ Der Angeklagte hat sich dahingehend eingelassen, die Ballonerweiterung sei medizinisch indiziert gewesen und die St. Elisabeth Klinik sei für solche Fälle nicht ausgerüstet gewesen. „Die Rettungsleitstelle S. hätte er nicht herangezogen, da dann die Patientin doch in die St. Elisabeth Klink ‚verschleppt‘ worden wäre. Die Patientin hätte durch eine Frischbluttransfusion gerettet werden können, die ihm jedoch die Bezirksregierung verboten habe.“

---

[798] BGH, NStZ 2006, 444 (446) und BGH, NStZ-RR 2007, 199f.
[799] BGH, NStZ 1988, 175 und BGH, NStZ 2006, 169 (170).
[800] Vgl. auch BGH, NStZ 2001, 475 (476).
[801] BGH, NStZ 2004, 35f.

Haben die Verletzung der Nierenarterie und der nicht sofortige Transport in die St. Elisabeth Klinik nach Angaben von Sachverständigen den Tod der Frau Sp. verursacht, so stellt sich die Frage, ob der Angeklagte hierbei den Tod der Frau Sp. sogar willentlich in Kauf genommen hat (mit der Folge einer vorsätzlichen Tötung durch Unterlassen). Dazu, dass die innere Tatseite einzig aufgrund der äußeren Umstände erschlossen (und nicht unmittelbar wahrnehmbar erkannt) werden kann, führt der Bundesgerichtshof zutreffend aus[802]:

> „Hätte der Angeklagte die nachteiligen Konsequenzen vorausgesehen, die sein Verhalten für Frau Sp. hatten und hätte er sie (im Rechtssinne) gebilligt, hätte er vorsätzlich gehandelt. Hätte er diese Konsequenzen dagegen wegen unzulänglicher Anspannung seines Gewissens nicht vorausgesehen, hätte er fahrlässig gehandelt. Entscheidend ist also, was im Innern des Angeklagten vorgegangen ist. Grundlage von Feststellungen zu solchen ‚inneren Tatsachen' können zunächst Angaben des Angeklagten selbst sein. Hier hat der Angeklagte – wozu ein Angeklagter stets berechtigt ist – jedes Fehlverhalten bestritten. Es ist auch nicht ersichtlich, daß er etwa außerhalb des Verfahrens anderes erklärt habe. Daher kann sich die Beantwortung der Frage, was der Angeklagte erkannt oder nicht erkannt hat, weder unmittelbar noch mittelbar auf seine Angaben stützen. Möglich sind nur Rückschlüsse. Neben dem äußeren Tatgeschehen als solchem können je nach den Umständen des Falles auch Erkenntnisse zur Interessenlage des Angeklagten ein wichtiger Anhaltspunkt sein, also zur Frage, was er mit seinem Tun bezweckte."

Für diesen „Rückschluss" auf den Vorsatz ist von der Grundhypothese auszugehen, dass die Art und Weise der Behandlung eines Patienten durch einen Arzt entsprechend des Hippokratischen Eides am Wohle des Patienten orientiert ist. Diagnostiziert ein Arzt jedoch wie der Angeklagte infolge einer Operation heftige innere Blutungen infolge einer Ruptur der Bauchaorta, so kann nur eine Beseitigung der starken Blutungsquelle im Bauchraum durch chirurgische Sanierung der Blutungsquelle zu einer Stabilisierung führen und stellt ein stundenlanges Abwarten ohne dieses Vorgehen bei entsprechendem Risikobewusstsein ein derart hohes Todesrisiko dar, dass das dennoch erfolgende Unterlassen geeigneter Rettungsmaßnahmen den Schluss auf einen Tötungsvorsatz zulässt. Von einem derartigen Vorsatz ist angesichts der hohen Wahrscheinlichkeit gegenüber einem Verfolgen des Patientenwohles durch noch nicht einmal dokumentierte Versuche der Kreislaufstabilisierung mittels Medikamenten als Ausgangshypothese auszugehen. An fehlendem Risikobewusstsein ist beim Angeklagten als Chefarzt mit entsprechend langer Berufserfahrung nicht zu zweifeln. Das Landgericht hatte jedoch die Einzelgegenhypothese aufgestellt, dass der Angeklagte „nach Erkennen der lebensgefährlichen Situation [...] in einer erhöhten stressbedingten Entscheidungssituation" gestanden und deshalb trotz allem auf einen guten Ausgang der weiteren Behandlung gehofft habe. Diese nahe liegende Belastung könnte psychologisch jedoch allenfalls erste Fehlbehandlungen erklären, nicht jedoch über viele Stunden hinweg, bei denen sich die Sinnlosigkeit der unternommenen Medikamentenbehandlung und so die nahe Todesgefahr auch in das Bewusstsein des zunächst erregungsbedingt die Gefahr

[802] BGH, NStZ 2004, 35 (36), Hervorhebungen durch Verf. Vgl. hierzu bereits BGH, NJW 1991, 2094.

verdrängenden Angeklagten gebracht haben müsste, so dass dieser die Gefahr nunmehr in seiner weiteren Handlungsplanung mit berücksichtigte.

Aus dem Ergebnis der Beweisaufnahme ergab sich ferner, dass der Angeklagte keinen Rettungswagen aus der Leitstelle S. anforderte, weil er nicht wollte, dass das Opfer in das St. Elisabeth Krankenhaus „verschleppt" würde, mit deren Ärzten eine „jahrelange Auseinandersetzung" bestanden habe. Er wollte also vermeiden, dass deren Ärzte erfuhren, dass wegen einer seiner Operationen eine Patientin erheblich innerlich verletzt war. Diese sachfremden Motive könnten im Vordergrund gestanden und die Todesgefahr für die Patienten vollständig verdrängt haben (konkrete Gegenhypothese). Auf der anderen Seite könnte dies aber auch das eigensüchtige Motiv des Angeklagten gewesen sein, gerade bewusst einer in Lebensgefahr schwebenden Patientin nicht zu helfen, mag diese auch sterben. So ist anerkannt, dass das typische Selbstschutzmotiv eines Ingerenzgaranten das psychologisch gegenläufige Moment einer erhöhten Hemmschwelle verdrängt[803], also mögliche Selbstschutzmotivationen grundsätzlich handlungsbestimmend sind. Anstatt sich lediglich kurz auf eine Gegenhypothese („stressbedingte Entscheidungssituation") zu berufen, hätte das Tatgericht also in den Urteilsgründen von der Ausgangshypothese eines Tötungsvorsatzes aufgrund des äußerst gefährlichen Unterlassens ausgehen und hiervon die aufgezeigten Gegenhypothesen in Betracht ziehen und erörtern müssen, inwieweit diese mit dem übrigen Faktenwissen in Einklang zu bringen sind und subjektiv bezweifelt oder nicht bezweifelt werden können. Insoweit entsprechende Erörterungen ausblieben, hat der Bundesgerichtshof das tatrichterliche Urteil zu Recht aufgehoben.

b) Zu weiteren Deliktsvorsätzen

Aus den unzähligen Beispielen weiterer Schlüsse mit Hilfe von statistischen Erfahrungssätzen auf einen Deliktsvorsatz seien aus der Rechtsprechung einige weitere plastische Beispiele zur Verdeutlichung herausgegriffen:

aa) Der Vorsatz eines erfolgten Unfalls (§ 142 StGB)

Beim unerlaubten Entfernen vom Unfallort (§ 142 StGB), bei dem sich der (zumindest bedingte) Vorsatz unter anderem darauf beziehen muss, dass ein Unfall stattgefunden hat, für welchen der Täter als Unfallbeteiligter (iSd § 142 Abs. 5 StGB) jedenfalls möglicherweise mitursächlich war[804], gibt es zwar keinen „allgemeinen" (also zwingenden) Erfahrungssatz, „dass ein Kraftfahrer Bremsgeräusche oder Geräusche quietschender Reifen im Straßenverkehr auch im geschlossenen Fahrzeug wahrnimmt und als Geräusche eines Unfalls sofort identifiziert, selbst wenn diese Geräusche noch hinter dem Fahrzeug [des betreffenden Kraftfahrers] in einer größeren Entfernung auftreten"[805]. In der Regel kann aus derartigen objektiv aufgetre-

---

[803] Vgl. nur BGH, NStZ 1992, 125.

[804] Vgl. nur BGHSt. 15, 1, OLG Koblenz, NZV 1989, 200, BayObLG, NStZ-RR 2000, 140 (141) und LK/*Geppert*, § 142 Rn. 35.

[805] OLG Karlsruhe, StV 1995, 13.

tenen Geräuschen aber auf ihre Kenntnis durch den Fahrer (oder Beifahrer) geschlossen werden (Ausgangshypothese), wenngleich sich aus der Individualität des Täters (z.B. persönliche Mängel) oder den Umständen des Einzelfalles (z.B. für eine irrige Annahme, es sei nur ein belangloser Kratzer entstanden[806] oder der Unfall sei nur vorgetäuscht[807]) Anhaltspunkte für Gegenhypothesen ergeben können.

bb) Der Wegnahmevorsatz (§ 242 StGB) im Kaufhaus

Beim Diebstahl kann alleine aus der Tatsache, dass jemand die jeweilige Abteilung eines Kaufhauses mit einer dort entnommenen Sache verlässt, ohne zuvor die Kasse der Abteilung passiert zu haben, er aber noch im Kaufhaus verbleibt, nicht zwingend auf einen Wegnahme- und damit Diebstahlsvorsatz geschlossen werden, sind die Gründe für ein solches Verhalten doch „zu vielgestaltig" und kann der Täter etwa in einer anderen Abteilung noch etwas kaufen und beide Waren zusammen bezahlen wollen[808], wovon auch in der Regel (Ausgangshypothese) auszugehen ist.

cc) Der Vorsatz auf die Rechtswidrigkeit der beabsichtigten Zueignung (§ 249 StGB)

Beim Raub muss sich der Vorsatz des Täters auch auf die Rechtswidrigkeit der vom Täter beabsichtigten Zueignung der mit Gewalt oder Drohung weggenommenen Sache beziehen, so dass es am notwendigen Raubvorsatz fehlt, wenn der Täter irrtümlich ein Recht zur Zueignung annimmt[809]. Bei Geldschulden (§ 245 BGB) meint die Rechtsprechung, verbleibe beim Schuldner das Leistungsbestimmungsrecht, so dass die erzwungene Bezahlung von Geldschulden hinsichtlich der konkreten Geldscheine objektiv rechtswidrig bleibe.[810] Auf einen Vorsatz könne hieraus zwingend nicht geschlossen werden, gebe es doch keinen allgemeinen „Erfahrungssatz, wonach bei Geldschulden jedermann weiß, dass insoweit kein Anspruch auf das entwendete bzw. zu entwendende Geld besteht"[811], wenngleich dies als Ausgangshypothese wegen der hohen Wahrscheinlichkeit eines derartigen Schlusses festgelegt werden muss. Für den Ausnahmefall eines Irrtums bedarf es konkreter Umstände in der Hauptverhandlung, aus denen sich ergibt, der Täter nahm an, er sei „berechtigter Inhaber" eines Anspruchs, der „auch von der Rechtsordnung anerkannt wird und [...] demgemäß mit gerichtlicher Hilfe in einem Zivilprozess" durchgesetzt werden könnte[812].

---

806 Dies wäre ein vorsatzausschließender Irrtum nach § 16 Abs. 1 StGB: vgl. BGH, NStZ-RR 1997, 90f. und OLG Düsseldorf, StV 1998, 489.

807 Vgl. BayObLG, DAR 1979, 237.

808 OLG Köln, StV 1989, 156f. mit Anm. *Freund*, StV 1991, 23ff.

809 Vgl. BGHSt. 17, 87 (91), BGHSt. 48, 322 (328f.), BGH, NStZ 2008, 626 und BGH, NStZ 2009, 37.

810 Vgl. nur BGHSt. 17, 87ff., BGHSt. 48, 322 (328f.) und BGH, NStZ 2008, 626; aA die Anhänger der sog. Geldsummentheorie (so z.B. SK-StGB/*Hoyer*, § 242 Rn. 103 mwN), nach denen Geld austauschbar sei und seine Funktion als Träger einer Wertsumme im Vordergrund stehe.

811 BGH, StV 1991, 515.

812 BGHSt. 48, 322 (328f.) und BGH, NStZ 2008, 626.

dd) Der Vorsatz einer erfolgten rechtswidrigen Vortat (§ 259 StGB) bei eBay-Versteigerungen

Bei der Hehlerei (§ 259 StGB) muss nach dem Wegfall der früheren Beweisregel[813] der Vorsatz des Täters, der sich unter anderem darauf zu beziehen hat, dass das Hehlereigut durch eine gegen fremdes Vermögen gerichtete rechtswidrige Tat (welche dies rechtlich konkret ist, braucht der Täter nicht zu wissen!) erlangt worden ist[814], nunmehr aus den äußeren Umständen erschlossen werden. Nach einer grundlegenden Entscheidung des Landgerichts Karlsruhe[815] ist bei der eBay-Ersteigerung eines gestohlenen Gutes gegen Vorkasse von einem Verkäufer mit 99% positiven Bewertungen als Ausgangshypothese davon auszugehen, dass der Käufer auf eine legale Herkunft der Ware vertraut habe, hätte er doch sonst einem Kriminellen nicht in Vorkasse Geld überwiesen. Weder ein Startpreis von 1 €, der auf taktischen Überlegungen des Verkäufers beruhen könne, noch ein unter dem Ladenpreis liegender Ersteigerungspreis, der von einem „Schnäppchen“ oder von einer B-Ware zeugen können, vermögen diese Ausgangshypothese in Zweifel zu ziehen.

ee) Der Vorsatz einer Inbrandsetzung (§§ 306ff. StGB)

Der Brandstiftungsvorsatz muss sich darauf beziehen, dass der Täter ein taugliches Tatobjekt in Brand setzt oder durch Brandlegung teilweise zerstört. Hierbei gibt es einen zwingenden „Erfahrungssatz des Inhalts, nahezu jedermann wisse, dass nach dem Ausgießen großer Mengen Benzin bereits ein Funke zu einer Explosion führen könne“[816], zwar nicht, ein derartiger Schluss von einer objektiv tauglichen gefährlichen Inbrandsetzungshandlung auf einen Vorsatz liegt aber derart mit hoher Wahrscheinlichkeit nahe, dass hiervon beim Fehlen von Anhaltspunkten für eine Gegenhypothese in der Regel ausgegangen werden kann.

ff) Der Vorsatz einer Fahruntüchtigkeit (§ 316 StGB)

Der Vorsatz einer Trunkenheit im Verkehr (§ 316 Abs. 1 StGB) setzt voraus, dass der Täter sich der Tatsache oder zumindest der Möglichkeit seiner Fahruntüchtigkeit bewusst ist und sich dennoch zum Fahren entschließt. Aus einer hohen Blutalkoholkonzentration zur Tatzeit kann alleine nicht darauf geschlossen werden, dass der Täter bei Antritt der Fahrt seine Fahruntüchtigkeit erkannte, da es aus medizinischer Sicht gerade keinen zwingenden Erfahrungssatz gibt, der einen allgemeingültigen Rückschluss von der Höhe der Blutalkoholkonzentration auf das Bewusstsein der Fahruntüchtigkeit zulässt[817]. „Die Erkenntnis- und Kritikfähigkeit

---

813 Siehe oben Erster Hauptteil, Zweites Kapitel, A, II, 4, a), bb), (1).

814 Vgl. zu den rechtlichen Anforderungen nur BGH, NStZ-RR 2000, 106, LK/*Tonio Walter*, § 259 Rn. 71.

815 StV 2008, 362ff.

816 BGHR StPO § 261 in dubio pro reo 9.

817 Vgl. BGH, VRS 65 (1983), 359 (360f.), OLG Celle, StV 1990, 400, OLG Celle, NZV 1992, 247, OLG Köln, DAR 1997, 499, OLG Köln, DAR 1999, 88, OLG Köln, VRS 98 (2000), 140 (145), OLG Saarbrücken, BA 38 (2001), 458, OLG Koblenz, VRS 102 (2002), 282 und OLG Hamm, NZV 2005, 161 (162).

kann sich nämlich mit steigernder Alkoholisierung verringern. Das hat zur Folge, dass die Fähigkeit beeinträchtigt wird, die eigene Fahruntüchtigkeit zu erkennen, was zwar den Vorwurf der Fahrlässigkeit begründen, den Vorsatz aber ausschließen kann"[818], so dass von der Rechtsprechung „auffallend selten"[819] Vorsatz angenommen wird, für den das Hinzutreten weiterer Umstände verlangt wird[820]. Auf medizinischer Grundlage wird so eine Fahrlässigkeit (§ 316 Abs. 2 StGB) aufgrund der objektiv hohen Blutalkoholkonzentration zum Regelfall (Ausgangshypothese), der aber z.B. bei nachweisbarer, trotz der Trunkenheit verbliebener Selbstkritik des Täters (Es gibt keinen zwingenden Erfahrungssatz, „ein Kraftfahrer sei stets zu gehöriger Selbstprüfung" in der Lage[821]!) widerlegt werden kann.

Fordert jemand einen anderen zu einer Fahrt auf oder unterstützt ihn dabei, obwohl der Fahrer fahruntüchtig ist, so bedarf eine Bestrafung wegen Anstiftung oder Beihilfe des Vorsatzes auf die Fahruntüchtigkeit des Haupttäters. Einen zwingenden Erfahrungssatz „des Inhalts, dass die Person mit einer Blutalkoholkonzentration von 2,37‰ eine andere Person als alkoholisiert erkennt, deren Blutalkoholkonzentration etwa um 0,7‰ niedriger ist als die eigene" existiert hierbei nicht[822], so dass die Annahme eines Teilnahmevorsatzes nur vom objektiv erkennbaren, alkoholbedingten Handeln des Täters und deren Wahrnehmung durch den Teilnehmer erschlossen werden kann. Hierfür sind neben der Blutalkoholkonzentration des Täters weitere Umstände erforderlich.

gg) Der Vorsatz einer Rauschtat (§ 323 a StGB)

Wenn man beim Vollrausch (§ 323a StGB) das Vorliegen einer Rauschtat zwar als objektive Bedingung der Strafbarkeit ansieht, aus Gründen des Schuldprinzips aber eine subjektive Beziehung zur Rauschtat verlangt[823], bei der man es ausreichen lässt, dass der Rauschtäter Straftaten irgendwelcher Art hätte voraussehen können[824], so ergebe sich dies nach Ansicht des Bundesgerichtshofs[825] grundsätzlich von sich aus (Ausgangshypothese: Vorsatz), so dass nur bei konkreten Umständen diese subjektive Beziehung zu verneinen sei:

> „Auch Menschen von geringerer Lebenserfahrung pflegen in aller Regel zu wissen, dass ein Rausch sie zu irgendwelchen Ausschreitungen strafbarer Art führen kann. Es mag zwar Menschen geben, bei denen es ausgeschlossen erscheint, dass ein Rausch solche Folgen hat. Ohne besondere Anhaltspunkte, die hier nicht vorliegen, darf sich aber niemand darauf

---

[818] OLG Celle, StV 1990, 400.

[819] BGHSt. 22, 192 (200).

[820] Vgl. nur OLG Frakfurt a.M., NJW 1996, 1358 (1359), OLG Karlsruhe, NZV 1999, 301, OLG Köln, DAR 1999, 88, OLG Köln, VRS 98 (2000), 140 (145), OLG Saarbrücken, BA 38 (2001), 458, OLG Hamm, NZV 2003, 47 (48) und OLG Hamm, NZV 2005, 161 (162).

[821] BayObLGSt. 1996, 5 (6).

[822] LG Aurich, StraFo 2003, 10.

[823] Anders BGHSt. 1, 124 (126), BGHSt. 16, 124 (125f.) und BGHSt. 20, 284 (285).

[824] So BGHSt. 10, 247 (251), BGH, VRS 17 (1959), 340, OLG Hamm, NStZ 2009, 40, LK/*Spendel* (11. Aufl., Berlin 2005), § 323a Rn. 230 und *Hilgendorf* in Arzt/Weber/Heinrich/Hilgendorf, BT, § 40 Rn. 12.

[825] BGHSt. 10, 247 (251).

verlassen, dass er zu diesen Menschen gehört. Besonderer Urteilsfeststellungen bedarf es daher nur in Ausnahmefällen. Besitzt ein Täter jene Lebenserfahrung ausnahmsweise nicht, etwa weil er sehr jung und unerfahren ist, und richtet ein solcher Täter gleich in seinem ersten Rausch irgendetwas Strafbares an, so kann es einmal besonderer Feststellungen über die Voraussicht oder Voraussehbarkeit bedürfen.“

Demgemgenüber müssen diejenigen, die sogar die Voraussicht von rechtsethisch und psychologisch zumindest vergleichen Straftaten (entsprechend den Anforderungen bei der Wahlfeststellung) verlangen[826], grundsätzlich davon ausgehen, dass dem Täter eine entsprechende subjektive Beziehung fehlt, solange nicht konkrete Anhaltspunkte hierfür vorhanden sind, etwa die Begehung entsprechender Taten in früheren Rauschzuständen.

hh) Der Vorsatz eines Betäubungsmitteltransports

Alleine aus einem ausgesetzten Kurierlohn von 8.000 € kann nicht geschlossen werden, der Drogenkurier habe (entgegen seiner Einlassung: die zweite Tasche sei persönliches Gepäck seiner Begleiterin) gewusst, dass er eine erheblich größere Menge als 3 kg Kokain transportiere, da ein zwingender Erfahrungssatz „des Inhalts, dass Kuriere für den Transport von 3 kg Kokain nicht mehr als 3.000 US-$ erhalten und dass diese Übung in den in Betracht kommenden südamerikanischen Ländern allgemein bekannt ist“, nicht existiert[827]. Mag ein objektiver Drogentransport auch einen Vorsatz bezüglich der transportierten Menge nahe legen (Ausgangshypothese), so kann dies durch die Umstände des Einzelfalles widerlegt werden, wie etwa besondere Umstände, die es nachvollziehbar erscheinen lassen, der Kurier sei beispielhaft nur von einer transportierten Tasche und nicht von zwei Taschen ausgegangen.

ii) Der Vorsatz einer Verkehrsordnungswidrigkeit

Im Ordnungswidrigkeitenrecht, für deren Tatsachenfeststellung die gleichen Grundsätze gelten, existiert kein allgemeiner „Erfahrungssatz, dass ein sonst rechtstreuer Verkehrsteilnehmer stets vorsätzlich handele, wenn er ausnahmsweise den Verkehrsvorschriften zuwider handelt; denn auch einem ansonsten rechtstreuen Fahrer kann aufgrund einer momentanen Unaufmerksamkeit ein Verkehrsverstoß unterlaufen“[828]. Letzteres wird in vielen Fällen sogar die Regel sein. So gibt es bei der Überschreitung der Höchstgeschwindigkeit auch „keinen allgemeinen Erfahrungssatz dahin, dass ein Kraftfahrer, der nicht regelmäßig oder überhaupt nicht auf seinen Tachometer sieht, eine Geschwindigkeitsüberschreitung zumindest billigend in Kauf nimmt“[829]. Jeweils müssen für einen Vorsatz besondere Umstände vorlie-

---

[826] So *Geppert*, Jura 2009, 41 und 43, *Wolter*, NStZ 1982, 58 und Sch/Schr/*Sternberg-Lieben/Hecker*, § 323 a Rn. 1.

[827] BGH, StV 1993, 116, der jedoch trotz der klaren Formulierung als zwingend von einem „allgemeinen Erfahrungssatz mit Wahrscheinlichkeitsaussage“ spricht.

[828] KG, VRS 107 (2004), 214 (215).

[829] OLG Hamm, zfs 1994, 268.

gen, so dass ansonsten nur Fahrlässigkeit (Ausgangshypothese) angenommen werden kann.

2. Der Nachweis der Vorhersehbarkeit bei der Fahrlässigkeit

Lässt sich ein Vorsatz nicht nachweisen, kann der Täter jedenfalls fahrlässig gehandelt haben, wenn „das Gesetz fahrlässiges Handeln ausdrücklich mit Strafe bedroht" (§ 15 StGB), wie dies vor allem bei der Verletzung von Leib und Leben (§§ 222 und 229 StGB), bei gemeingefährlichen Straftaten, bei den Insolvenzstraftaten, im Umweltstrafrecht und in zahlreichen Bestimmungen des Nebenstrafrechts festgelegt ist. Der Begriff der Fahrlässigkeit ist hierbei im Strafgesetzbuch nicht normiert[830], sondern ergibt sich erst bei einem Blick in die Historie[831], insbesondere in die Digesten (9, 2, 31): „culpam autem esse, quod cum a diligenti provideri poterit non est provisum"[832] – Fahrlässigkeit ist „die pflichtwidrige Fehleinschätzung einer möglichen Tatbestandsverwirklichung"[833]. Diese manifestiert sich bereits bei der Handlungsplanung unter Missachtung der Möglichkeit eines Erfolgseintritts infolge einer (ungewollten) Nebenkausalkette der geplanten Handlung: Hat sich der Täter trotz wahrgenommener Sinneseindrücke, die ihm die mögliche Rechtsgutsverletzung „vor Augen stellten"[834] (sog. „Warnsignale"[835]), diesen Signalen verschlossen und daher in Unkenntnis der Verletzungsgeeignetheit seiner geplanten Handlung dennoch gehandelt (unbewusste Fahrlässigkeit) oder die Möglichkeit der Rechtsgutsverletzung sogar erkannt, die Möglichkeit des Eintritts der Rechtsgutsverletzung aber falsch bewertet und so unter Vernachlässigung oder Verdrängung dieser ungewollten Gefahr – etwa weil vom Täter vorgesehene Vermeidestrategien (z.B. Wahl von Ort und Zeit der Tat, aber auch das Treffen von konkreten Vorsorgemaßnahmen, sog. „Zurüstungen"[836]) den Erfolg tatsächlich nicht verhindern konnten – doch

[830] Aus § 15 StGB ergibt sich lediglich, dass Fahrlässigkeit eine Eigenschaft der Täterhandlung ist („fahrlässiges Handeln"), sowie aus § 16 Abs. 1 S. 2 StGB, wonach bei einem fehlenden Vorsatz wegen eines Tatbestandsirrtums eine Strafbarkeit wegen fahrlässiger Begehung unberührt bleibt, dass ein fehlender Vorsatz nicht zwingend eine Fahrlässigkeit bedeutet, sondern diese vielmehr eigene Kriterien aufweist.

[831] Vgl.hierzu bereits *Kraatz*, Fahrlässige Mittäterschaft, S. 251 f.

[832] „[...] denn Verschuldung bestehe darin, wenn eine Vorsicht nicht getroffen worden ist, die ein Aufmerksamer hätte treffen können [...]" (zitiert nach *Karl Eduard Otto/Bruno Schilling/Karl Friedrich Sintenis*, Corpus Iuris Civilis I, S. 806).

[833] So zutreffend *Kindhäuser*, LPK-StGB (3. Aufl., Baden-Baden 2006), § 15 Rn. 37.

[834] BGHSt. 6, 282 (286).

[835] Vgl. zu diesem Begriff nur *Duttge*, Bestimmtheit, S. 410 f.; andere Beschreibungen sind „Anlass" (*Engisch*, Untersuchungen, S. 371 und *Jakobs*, AT, 9/5), „Anlassfaktoren" (*Dirk Sauer*, wistra 2004, 91 f.), „Hinweise" (*Nowakowski*, JZ 1958, 339), „äußere Anzeichen" (BGHSt. 19, 152 [155]) oder „konkrete Anhaltspunkte" als „Assoziationsmaterial" (*Schmidhäuser*, StuB AT, 7/106 ff.).

[836] Vgl. zu diesen nur *Geppert*, Jura 2009, 43, *Ranft*, Jura 1988, 138, LK/*Spendel* (11. Aufl., Berlin 2005), § 323 a Rn. 240 ff., Sch/Schr/*Sternberg-Lieben/Hecker*, § 323 a Rn. 10 und MüKo-StGB/*Geisler*, § 323 a Rn. 53 – wenn auch jeweils nur auf die Vermeidung einer Trunkenheitsfahrt bezogen.

gehandelt (bewusste Fahrlässigkeit)[837], so wird dieses Verhalten als Fahrlässigkeit sanktioniert, verlässt sich die Rechtsgemeinschaft doch darauf, dass fremde Rechtsgutsverletzungen wirksam vermieden werden.[838] Jede subjektiv-individuelle Vorhersehbarkeit[839] einer Gefahr für ein fremdes Rechtsgut zu sanktionieren würde jedoch zu einem Erliegen des Soziallebens führen, so dass die Rechtsordnung in „Beförderung der Handlungsfreiheit auf Kosten des Rechtsgüterschutzes"[840] ein „erlaubtes Risiko" aus der Fahrlässigkeitsstrafbarkeit herausnimmt[841], das ansatzweise[842] als „normativer Konsens"[843] in einzelnen Sorgfaltsnormen geregelt ist. Liegt das maßgebliche Wesen fahrlässigen Handelns somit in der Vorhersehbarkeit der Rechtsgutsverletzung im Rahmen der individuellen Handlungsplanung, so steht man für eine Annahme fahrlässigen Verhaltens vor dem gleichen Nachweisproblem wie beim Vorsatznachweis, indem aufgrund des äußeren Tatverhaltens auf ein Risikobewusstsein oder ein mögliches Risikobewusstsein infolge von Gefahrensignalen beim Täter zum Tatzeitpunkt geschlossen werden muss[844].

Nachdem die gesetzliche Präsumtion des § 26 I 6 des Allgemeinen Landrechts für die Preußischen Staaten von 1794[845] (es hafte derjenige, „welcher ein auf Schadensverhütungen abzielendes Polizeygesetz vernachläßigt, für allen Schaden, welcher durch die Beobachtung des Gesetzes hätte vermieden werden können")[846]

---

[837] Vgl. hierzu bereits *Kraatz*, Fahrlässige Mittäterschaft, S. 277f.

[838] Ein derartiges Fahrlässigkeitsverständnis wie das hier vertretene, das den normativen Kern der Fahrlässigkeit nicht auf die Pflichtwidrigkeit sondern die Vorhersehbarkeit legt, wird von LK/*Vogel*, § 15 Rn. 169 als „kognitive Fahrlässigkeit" bezeichnet.

[839] Auf diese ist mit einer sich im Vordringen befindlichen Ansicht bereits auf der Tatbestandsebene abzustellen (ebenso BGH, NStZ 2005, 446 [447], BayObLG, NJW 1998, 3580, *Gössel*, FS Bengl, S. 35f., *Jakobs*, AT, 9/8ff., SK-StGB/*Hoyer*, Anh. zu § 16 Rn. 16ff., MüKo-StGB/*Duttge*, § 15 Rn. 94ff. und *Freund*, AT, § 5 Rn. 22ff.) und nicht wie die überwiegende Ansicht (so etwa *Roxin*, AT I, § 24 Rn. 50f., *Herzberg*, Jura 1984, 409f., *Jescheck/Weigend*, AT, S. 564f., LK/*Friedrich-Christian Schroeder*, § 16 Rn. 146, *Wessels/Beulke*, AT, Rn. 664 und 692 sowie *Kretschmer*, Jura 2000, 272) auf eine Zweiteilung zwischen objektiver (auf Tatbestandsebene) und subjektiver (auf Schuldebene) Pflichtwidrigkeit und Vorhersehbarkeit.

[840] MüKo-StGB/*Duttge*, § 15 Rn 134; ähnlich zuvor bereits *Jakobs*, AT, 7/36 Fn. 63.

[841] So bereits *Binding*, Normen IV, S. 446.

[842] Nur ansatzweise, weil ein flächendeckendes Erfassen des sozialen Lebens mit Verhaltensnormen als eine „Planwirtschaft des Sozialverhaltens" „in den Bereich dogmatischer Utopie" (*Hans-Joachim Hirsch*, ZStW 83 [1971], 164) gehört und die einzelnen Sorgfaltsnormen wegen ihres „Vorbehalts des Regelfalls" (*Landau*, wistra 1999, 51) wie aufgrund der ständigen Änderung der Technik nur Momentaufnahmen zum Zeitpunkt ihres Erlasses bilden können; sie bilden lediglich einzelne Beweisanzeichen für eine Pflichtwidrigkeit; ebenso BGHSt. 4, 182 (185), BGHSt. 12, 75 (77), BGHSt. 49, 1 (6), BGH, NStZ 2003, 657 (658), *Freund*, AT, § 5 Rn. 57, *Schünemann*, FS Lackner, S. 389, MüKo-StGB/*Duttge*, § 15 Rn. 137 und *Fischer*, § 15 Rn. 16a. Selbst eine Einhaltung derartiger Normen bedeutet daher nicht zwingend eine Einhaltung des erlaubten Risikos: ebenso BGHSt. 4, 182 (185), BGHSt. 5, 271 (273ff.), OLG Köln, NJW 1986, 1947 (1948) und *Fischer*, § 15 Rn. 16a.

[843] *Michael Köhler*, AT, S. 186.

[844] Vgl. zum Problem der Fahrlässigkeit als Tatfrage bereits LK/*Vogel*, § 15 Rn. 69ff.

[845] *Hattenhauer/Bernert*, Landrecht, S. 90.

[846] Siehe hierzu umfassend oben Erster Hauptteil, Erstes Kapitel, B, IV.

nicht in die entsprechende Vorschrift des § 823 Abs. 2 BGB übernommen wurde, behalf sich das *Zivilrecht* mit seinem auf die allgemeinen Verkehrsbedürfnisse ausgerichteten rein objektiv-abstrakten Sorgfaltsmaßstab[847], indem diese Beweislücke durch einen Anscheinsbeweis nach gleichem Muster geschlossen wurde: Wenn es in einer bestimmten Situation zu einer bestimmten Schadenssituation kommt, die typischerweise durch die Verletzung einer entsprechenden Schutzvorschrift herbeigeführt worden ist, die das dem Bürger abverlangte normgerechte Verhalten hinreichend konkretisiert, so kann alleine aus dem Erfolgseintritt prima facie auf die zumindest fahrlässige Verursachung des tatsächlichen Schadens geschlossen werden, den die verletzte Schutzvorschrift zu vermeiden sucht.[848]

Im *Strafrecht*, in dem es maßgeblich auf eine subjektiv-individuelle Vorhersehbarkeit der schließlich eingetretenen Rechtsgutverletzung zum Tatzeitpunkt im Rahmen der Handlungsplanung des Täters ankommt, ist ein derartiger Schluss von einem äußerlich erkennbaren Schutznormverstoß auf die intellektuelle Fahrlässigkeitskomponente gleichfalls möglich, muss hier aber mehrstufig ablaufen:

In Fällen der *bewussten Fahrlässigkeit* wird hinsichtlich der subjektiv-individuellen Kenntnis des Täters von der Möglichkeit der Rechtsgutsverletzung grundsätzlich folgende Ausgangsthese angenommen: Das, was allgemein nach der Lebenserfahrung eines durchschnittlichen Menschen voraussehbar ist (sog. objektive Vorhersehbarkeit), war grundsätzlich auch für den konkreten Täter voraussehbar.[849] Dies gelte namentlich für jene Folgen einer Handlung, die nach der allgemeinen Lebenserfahrung zwar nicht unbedingt als regelmäßige, so aber doch als nicht ungewöhnliche Folgen anzusehen sind und nicht derart außerhalb der Lebenserfahrung liegen, dass selbst nach sorgfältiger Überlegung hiermit nicht gerechnet zu werden brauchte[850]. Verstoße der Täter mit seiner Handlung bewusst gegen eine allgemeine Sorgfaltsnorm, so sei hiervon nicht nur grundsätzlich auf ein für den Fahrlässigkeitsvorwurf notwendiges Überschreiten der Schwelle zum unerlaubten Risiko (sprich: eine Pflichtwidrigkeit) zu schließen.[851] Zugleich könne dann auch der Schluss auf die allgemeine Vorhersehbarkeit des bei Übertretung der Norm verursachten Erfolges gezogen werden, weil solche Vorschriften „schon durch ihr Dasein bezeugen, dass bei ihrer Verletzung die Gefahr" einer Rechtsgutsverletzung, vor der sie gerade zu schützen suchen, „im Bereich des Möglichen liegt"[852].[853] Als Aus-

---

[847] Siehe hierzu oben Erster Hauptteil, Erstes Kapitel, C, II, 1, b).

[848] Siehe hierzu umfassend oben Erster Hauptteil, Erstes Kapitel, C, II, 1, b).

[849] So RGSt. 29, 218 (220), RGSt. 65, 135 (136), BGHSt. 3, 62 (63f.), BGHSt. 4, 182 (185), BGHSt. 12, 75 (78), BGH, VRS 37 (1969), 271 (273f.), BayObLG, VRS 13 (1957), 285, OLG Oldenburg, NJW 1951, 575 und OLG Celle, NJW 1958, 271; *Jescheck/Weigend*, AT, S. 595f. bezeichnen dieses Vorgehen als „Anscheinsbeweis".

[850] Vgl. nur BGH, VRS 15 (1958), 424 (427), OLG Neustadt, VRS 21 (1961), 350 (351), *Lackner/Kühl*, § 15 Rn. 46 und Sch/Schr/*Sternberg-Lieben*, § 15 Rn. 201.

[851] Vgl. hierzu bereits oben Erster Hauptteil, Erstes Kapitel, B, IV, 4, b), bb).

[852] OLG Stuttgart, NJW 1959, 1550.

[853] Vgl. RGSt. 67, 12 (20f.), RGSt. 73, 370 (373), BGHSt. 4, 182 (185), BGHSt. 12, 75 (78), BGH, VRS 10 (1956), 282 (285), BGH, NJW 1957, 1526 (1527), BGH, VRS 19 (1960), 348 (352), BGH, GA 1966, 374 (375), BGH bei *Dallinger*, MDR 1969, 194, OLG Hamm, VRS

gangshypothese kann somit formuliert werden: *Verstößt der Täter mit seiner Handlung objektiv gegen eine Norm und kommt es zu einer Rechtsgutsverletzung, vor der diese Norm ihrem Regelungszweck nach schützt, so hat der Täter in der Regel*[854] *trotz subjektiver Vorhersehbarkeit gerade dieses Erfolges (doppelt-gestufter Schluss mit statistischen Erfahrungssätzen) pflichtwidrig (grundsätzliche rechtliche Bewertung, die im Einzelfall allerdings auch anders ausfallen kann), also bewusst fahrlässig gehandelt.* Erst wenn konkrete Anhaltspunkte dafür offensichtlich sind oder vorgebracht werden, dass der eingetretene Erfolg auf anderen, konkret von niemandem oder nur von bestimmten Personen, zu denen der Täter nicht zählt, vorhersehbaren Umständen beruhte, muss der Tatrichter diesen durch eine Erweiterung der Beweisaufnahme nachgehen sowie anschließend im Rahmen der Beweiswürdigung entscheiden, ob diese Gegenhypothesen zur richterlichen Überzeugung ausgeschlossen werden können. Gleiches gilt, wenn der Täter – wie beim Vorsatznachweis, stimmen doch bewusste Fahrlässigkeit und Eventualvorsatz im intellektuellen Element überein![855] – wegen eines niedrigen Intelligenzquotienten, wegen einer affektiven Erregung, wegen einer Alkoholisierung oder wegen sonstigen individuellen Beeinträchtigungen nicht in der Lage war, wie ein „normaler Mensch“ die Gefahrenzeichen entsprechend zu interpretieren und hieraus den Schluss auf die Möglichkeit einer Rechtsgutsverletzung zu ziehen.

Bei der *unbewussten Fahrlässigkeit* wird der doppelt-gestufte Schluss mit statistischen Erfahrungssätzen auf die subjektive Vorhersehbarkeit noch um eine weitere, vorgelagerte Stufe erweitert: Der unbewusst fahrlässig handelnde Täter hat nämlich noch nicht einmal die sinnlich wahrnehmbaren Warnsignale als solche erkannt, so dass er hieraus auch gar nicht den Schluss auf die Möglichkeit einer mit der Ausführung seiner Handlung verbundenen Rechtsgutsverletzung ziehen konnte[856]. Hätte er dennoch nach seinen individuellen Fähigkeiten („Intelligenz, körperliche Leistungsfähigkeit, Vorbildung, Erfahrungswissen usw.“[857]) die Warnsignale als solche erkennen können, so liegt in diesem „Beobachtungsfehler“[858] das Handlungsunrecht des Täters, da der Rechtsverkehr auch in diesen Fällen vom Einzelnen verlangt, zur Vermeidung von Rechtsgutsverletzungen anderer „mit offenen Augen“ durch das soziale Zusammenleben zu gehen und Warnhinweise ernst zu nehmen. Ob auch und gerade aber der Täter diese Warnsignale individuell wahrnehmen konnte, kann nur danach erschlossen werden, dass sich angesichts der äußeren Umstände objektiv „jedem“[859] die Bedeutung eines Umstandes als Warnsignal hätte aufdrängen müssen, so dass grundsätzlich (Ausgangshypothese) auch der Täter die Signale als Warnsignale wahrnehmen konnte.

---

15 (1958), 266, OLG Neustadt, VRS 21 (1961), 350 (351), BayObLG, NZV 1989, 201, *Volk*, GA 1973, 168, *Bohnert*, JR 1982, 7, Sch/Schr/*Sternberg-Lieben*, § 15 Rn. 183 (mit Beispielen aus der Rechtsprechung) und *Fischer*, § 222 Rn. 26.

854 RGSt. 73, 370 (373), bezogen auf die Vorhersehbarkeit.

855 Ebenso LK/*Vogel*, § 15 Rn. 289.

856 Siehe hierzu ausführlich *Kraatz*, Fahrlässige Mittäterschaft, S. 275 ff.

857 Sch/Schr/*Sternberg-Lieben*, § 15 Rn. 203.

858 *Hoyos*, Unfallforschung, S. 109.

859 MüKo-StGB/*Duttge*, § 15 Rn. 121.

Hierbei gilt nach kognitionspsychologischen Erkenntnissen das allgemeine „komparative Gesetz“[860]:

> „Die Erkennbarkeit einer Gefahr fällt umso leichter, je deutlicher sich das jeweilige Warnsignal der situativ gebundenen Person gezeigt hat, oder konkret: Je anschaulicher und zugänglicher das Gefahrensignal gewesen ist, umso unverschlüsselter und dauerhafter bzw. wegen seiner Regelhaftigkeit erwartbarer es sich ihr gezeigt hat, umso eindeutiger und unmissverständlicher es auf eine hohe Gefahr hingewiesen und dieser Person gleichwohl noch hinreichend Gelegenheit zum Ausweichen gegeben hat, desto leichter konnte sie das konkrete Gefährdungspotential erkennen und sein Freiwerden vermeiden.“[861]

So sind beispielsweise „durchbiegende Federn, Änderung des Lenkverhaltens des Fahrzeugs und geringere Wendigkeit, verlangsamtes Anzugs- und Steigerungsvermögen des Kraftfahrzeugs oder geminderte Bremsverzögerung“ grundsätzlich jedermann ersichtliche Umstände für eine Überladung des Kraftfahrzeugs[862], so dass in der Regel auch der Täter eine Überladung hätte erkennen können. Erst wenn konkrete Anhaltspunkte für eine fehlende subjektive Erkennbarkeit gegeben sind wie Beeinträchtigungen in der Sinneswahrnehmung (z.B. der Täter ist blind oder er bedarf zum Hören eines Hörgeräts, das zur Tatzeit nicht funktionierte, ohne dass dies für den Täter erkennbar gewesen ist[863]), ohne dass der Täter sich selbst – wie im Beispiel des zu schnellen Fahrers – in den Zustand fehlender Wahrnehmungsfähigkeit versetzt hat (dann kann der Fahrlässigkeitsvorwurf bereits an diese Handlung anknüpfen), hat der Tatrichter diesen durch die Erweiterung der Beweisaufnahme nachzugehen. Erst nach der Ausschöpfung aller zulässigen wie zugänglichen Beweismittel kann er dann subjektiv entscheiden, ob er das Vorliegen einer derartigen Ausnahme im konkreten Fall bezweifelt oder nicht. Fehlt es an derartigen Umständen, kann der Tatrichter davon ausgehen, dass das Warnsignal dem Täter erkennbar war und er wie jeder andere durch die Verarbeitung dieses Signals die (infolge eines Normverstoßes allgemein erkennbare) Möglichkeit der Rechtsgutsverletzung hätte erkennen können und so letztlich fahrlässig gehandelt hat. Die Nähe zum entsprechenden zivilprozessualen Anscheinsbeweis ist beim strafprozessualen Nachweis der bewussten wie unbewussten Fahrlässigkeit unverkennbar.

Diese Grundsätze seien veranschaulicht anhand des oben bereits ausführlich geschilderten verkehrsrechtlichen Falles[864] der Tötung eines ohne Hinweis abbiegenden Radfahrers durch einen überholenden Kraftfahrer, obwohl nach § 10 Abs. 1 S. 3 StVO 1937 ein Überholen an Kreuzungen verboten war. Bei einem objektiven Verstoß gegen eine Verkehrsnorm kann zwar grundsätzlich die Ausgangsyhypothese aufgestellt werden, dass der Täter solche Gefahren auch subjektiv voraussehen konnte, vor denen gerade die verletzte Norm zu schützen sucht (bewusste Fahrläs-

---

860 *Ingeborg Puppe*, GedS Armin Kaufmann, S. 29.

861 MüKo-StGB/*Duttge*, § 15 Rn. 125.

862 OLG Düsseldorf, VRS 85 (1994), 145.

863 Vgl. zu dieser Einschränkung der Erkennbarkeit ausgefallener technischer Hilfsmittel zur Wahrnehmung: BGH, VRS 8 (1955), 211 (213)(Mängel an den Scheinwerfern) und LK/*Vogel*, § 15 Rn. 265.

864 Siehe oben Erster Hauptteil, Zweites Kapitel, A, II, 3, a), aa).

sigkeit). Der damalige § 10 Abs. 1 S. 3 StVO 1937 diente mit seinem Verbot jedoch der Hauptaufgabe, „in einem Raum, der wegen der Kreuzung oder Einmündung von Straßen vermehrte Gefahren birgt, für möglichst übersichtlichen rechtsgeordneten Verkehr zu sorgen“[865] (dies verdeutlicht auch § 315c Abs. 1 Nr. 2d und e StGB). Das Überholen an einer völlig übersichtlichen Kreuzung begründete dagegen nicht die Gefahr der Verletzung eines anderen Kraftfahrers, müsste doch ansonsten in einer Großstadt, wo ständig Kreuzungen folgen, das Überholen gänzlich verboten sein. Ein Schluss auf eine Vorhersehbarkeit der Tötung des Radfahrers bei einem Überholen vor der Kreuzung hätte sich daher einzig im Sinne der unbewussten Fahrlässigkeit ergeben können, wenn es im Moment des Ansetzens des Angeklagten zum Überholen erkennbare Warnhinweise für ein baldiges Abbiegen des Radfahrers gegeben hätte. Hieran fehlte es aber gerade. Daraus, dass der Abbiegevorgang trotz Überholens von Seiten des Radfahrers vielmehr „in hohem Maße leichtfertig und unvernünftig war“[866], so dass man grundsätzlich nicht hiermit zu rechnen brauchte, folgt vielmehr die Ausgangshypothese, dass der tödliche Ausgang des Überholens für den Angeklagten nicht vorhersehbar war. Konkrete Anhaltspunkte (insbesondere Sonderfähigkeiten) dafür, wieso ausnahmsweise doch gerade der Angeklagte den Erfolg hätte vorhersehen können, sind nicht ersichtlich. Der Bundesgerichtshof[867] hat also zu Recht eine fahrlässige Tötung abgelehnt.

III. Fallgruppe „Schuld“

Bei Erfüllung des Tatbestandes ohne Vorliegen eines Rechtfertigungsgrundes[868] hat der Täter gegen die Rechtsordnung verstoßen und können Maßregeln der Sicherung und Besserung (§§ 61 ff. StGB) gegen ihn verhängt werden. Für einen Schuldspruch mit Geld- oder Freiheitsstrafe muss zum Rechtsverstoß ein „sozialethischer Tadel“[869] hinzukommen, eine individuelle Vorwerfbarkeit der Tat, die Schuld: „Andernfalls wäre die Strafe eine mit dem Rechtsstaatsprinzip unvereinbare Vergeltung für einen Vorgang, den der Betroffene nicht zu verantworten hat.“[870] Dieser Schuldgrundsatz, der überwiegend auf das Rechtsstaatsprinzip (Art. 20 Abs. 3 GG)[871] und das allgemeine Persönlichkeitsrecht des Beschuldigten (Art. 1 Abs. 1, 2

---

865 BGHSt. 4, 182 (186).

866 BGHSt. 4, 182 (187).

867 Siehe zu seiner Begründung bereits oben Erster Hauptteil, Zweites Kapitel, A, II, 3, a), aa).

868 Bei den sog. „offenen Tatbeständen“, bei denen der Gesetzgeber wegen des Gewaltbegriffs nicht geschafft hat, das Unrecht abschließend in den Wortlaut des Tatbestandes zu gießen, muss zusätzlich die Rechtswidrigkeit noch ausdrücklich festgestellt werden, wie es die §§ 240 Abs. 2, 253 Abs. 2 StGB vorsehen.

869 Vgl. hierzu *Kristian Kühl*, AT, § 10 Rn. 2; ähnlich *Wessels/Beulke*, AT, Rn. 403: „rechtlicher Tadel“.

870 BVerfGE 20, 323 (331).

871 Vgl. nur BVerfGE 20, 323 (331), BVerfGE 45, 187 (259f.), BVerfGE 80, 244 (255) und BVerfGE 86, 288 (313).

Abs. 1 GG)[872] gestützt wird und inzwischen längst „Verfassungsgewohnheitsrecht“[873] geworden ist, verlangt den Vorwurf an den Täter, „dass er sich nicht rechtmäßig verhalten, dass er sich für das Unrecht entschieden hat, obwohl er sich rechtmäßig verhalten, sich für das Recht hätte entscheiden können“[874]. § 20 StGB regelt hierbei für Erwachsene – anders als § 3 JGG für Jugendliche – keine positiven Anforderungen für ein schuldhaftes Verhalten, sondern lediglich die Voraussetzungen dafür, wann der Täter ausnahmsweise „ohne Schuld handelt“ (Schuldunfähigkeit). Bereits der Gesetzgeber hat also für die Schuldfähigkeit die Ausgangshypothese („Regelvermutung“[875]) festgelegt, dass grundsätzlich jeder Erwachsene „bei Begehung der Tat“ (nach § 8 StGB: zum Zeitpunkt der Tathandlung[876]) neben einer Unrechtseinsicht (dies wird gesetzlich vermutet, solange die Voraussetzungen des § 17 S. 1 StGB nicht gegeben sind) auch „die Fähigkeit zu normgemäßer Steuerung“[877] besaß, sich also normalpsychologisch[878] durch Rechtsnormen motivieren zu lassen und der Unrechtseinsicht entsprechend unter vollem Einsatz seiner Steuerungskräfte[879] zu handeln.[880] Erst wenn konkrete An-

---

[872] Vgl. nur BVerfGE 45, 187 (259f.), BVerfGE 57, 250 (275), BVerfGE 80, 244 (255) und BVerfGE 86, 288 (313).

[873] *Roxin*, AT I, § 3 Rn. 52 und *Heinrich A. Wolff*, AöR 124 (1999), 84.

[874] BGHSt. 2, 194 (200).

[875] MüKo-StGB/*Streng*, § 20 Rn. 2.

[876] Bei länger andauerndem Tatgeschehen ist die Prüfung auf den gesamten Zeitraum der strafrechtlich relevanten Handlungen zu erstrecken: vgl. BGH, NStZ 1994, 481 und *Lackner/Kühl*, § 20 Rn. 16. Der Eintritt der Schuldunfähigkeit *nach* Eintritt des Täters in das Versuchsstadium steht einer Verurteilung wegen vollendeter Straftat daher nicht entgegen: BGH, NStZ 2003, 535, *Kristian Kühl*, AT, § 11 Rn. 25 und *Lackner/Kühl*, § 20 Rn. 16.

[877] LK/*Schöch*, § 20 Rn. 3.

[878] Diese Formulierung verdeutlicht, dass die neueren Erkenntnisse der Hirnforschung, die eine Willensfreiheit des Menschen in Frage stellen, an der gesetzlichen Schuldzuschreibung nichts ändert (ebenso *Wessels/Beulke*, AT, Rn. 397, *Hillenkamp*, JZ 2005, 318ff., *Streng*, FS Jakobs, S. 684ff., LK/*Schöch*, § 20 Rn. 27ff., *Fischer*, § 20 Rn. 3, *Krauß*, FS Jung, S. 429ff., *Alwart*, FS Hruschka, S. 374f. und *Kraatz*, Fahrlässige Mittäterschaft, S. 185 Fn. 208; aA *Gerhard Roth*, FS Lampe, S. 56f. und *Spilgies*, ZIS 2007, 161): § 20 StGB setzt mit seiner Legalfiktion der Schuld diese als „staatsnotwendige Fiktion“ (*Kohlrausch*, FS Güterbock, S. 26, *Gallas*, Beiträge, S. 99, *Haft*, AT, S. 118 und *Woesner*, NJW 1965, 1252) bzw. „praktisches Postulat“ (LK/*Schöch*, § 20 Rn. 30) voraus und damit, dass selbst bei einem deterministischen Weltbild derjenige, der nicht psychisch krank ist, die Freiheit besitze, sein Handeln zu bestimmen, mag er auch Abhängigkeiten unterworfen sein, „angefangen beim Elternhaus, seiner Erziehung bis hin zu seiner wirtschaftlichen und sozialen Stellung“ (*Ostendorf*, NJW 1978, 1347). Dies hat man unabhängig von den Erkenntnissen der Neurobiologie als eine „unumstößliche Realität unserer sozialen Existenz“ (*Wessels/Beulke*, AT, Rn. 397) und notwendige Voraussetzung für die Regelung des menschlichen Zusammenlebens hinzunehmen.

[879] Dies verlangt § 20 StGB jedermann ab: vgl. nur BGHSt. 14, 30 (32), BGH bei *Holtz*, MDR 1987, 444 und LK/*Schöch*, § 20 Rn. 31.

[880] Ebenso *Roxin*, AT I, § 20 Rn. 1, *Ostendorf*, NJW 1978, 1347, *Wessels/Beulke*, AT, Rn. 412, SK-StGB/*Rudolphi*, § 20 Rn. 1, LK/*Schöch*, § 20 Rn. 1 und 31, MüKo-StGB/*Streng*, § 20 Rn. 2, Sch/Schr/*Perron*, § 20 Rn. 1 und NK-StGB/*Schild*, § 20 Rn. 30.

haltspunkte dafür vorliegen oder vorgebracht werden[881] (die Begehung der Straftat alleine genügt nach der gesetzlichen Systematik freilich nicht![882]), dass der Täter unter einer krankhaften seelischen Störung (z. B. hirnorganisch bedingte Zustände, Vollrausch[883], endogene Psychosen), unter einer tiefgreifenden Bewusstseinsstörung (z. B. Ermüdung, Erschöpfung, hochgradiger Affekt), unter Schwachsinn oder unter einer anderen schweren seelischen Abartigkeit (z. B. Psychopathien, Triebstörungen)[884] bei Begehung der Tat litt (sog. „biologisches Stockwerk", „psychisch-biologische Faktoren"[885] oder „empirisch-psychologische Grundlage"[886]) und der Täter nach einer rechtlichen Bewertung[887] gerade „wegen" dieser Beeinträchtigung unfähig war, „das Unrecht der Tat einzusehen [Einsichtsfähigkeit] oder nach dieser Einsicht zu handeln [Steuerungsfähigkeit]" (§ 20 StGB) (sog. „psychologisches Stockwerk" oder „psychologisch-normative Aspekte"[888])[889], muss der Tatrichter sich mit diesen Anhaltspunkten durch eine Erweiterung der Beweisaufnahme befassen. Nach der hierzu zumeist erforderlichen Anhörung eines Sachverständigen[890] muss der Tatrichter im Rahmen der Beweiswürdigung nach einer vollständigen Erörterung in den Urteilsgründen[891] entscheiden, ob er diese Gegenhypothesen sub-

---

881 Zu diesem Erfordernis der Prüfung einer Schuldunfähigkeit auch BGH, NStZ 2003, 363 (364), BGH, NStZ 2007, 518 (519), BGH, NStE StGB § 20 Nr. 20, OLG Düsseldorf, NStZ-RR 1996, 134, *Wessels/Beulke*, AT, Rn. 412, LK/*Schöch*, § 20 Rn. 234, MüKo-StGB/*Streng*, § 20 Rn. 29, *Fischer*, § 20 Rn. 39 a, *Lackner/Kühl*, § 20 Rn. 19 und *Schewe*, FS Geerds, S. 562 ff.

882 Ebenso *Fischer*, § 20 Rn. 39 a.

883 Der Alkoholrausch ist bereits eine krankhafte seelische Störung und nicht erst eine tiefgreifende Bewusstseinsstörung (so aber *Wessels/Beulke*, AT, Rn. 410), weil mit ihm eine toxische Beeinträchtigung der Hirntätigkeit (medizinisch: Intoxikationspsychose) verbunden ist: vgl. BGHSt. 43, 66 (69), BGH, NStZ-RR 1998, 138, *Roxin*, AT I, § 20 Rn. 10, SK-StGB/*Rudolphi*, § 20 Rn. 7, *Lackner/Kühl*, § 20 Rn. 4 und *Fischer*, § 20 Rn. 11 ff.

884 Vgl. zu den einzelnen Fällen der aufgeführten psychischen Beeinträchtigungen nur *Fischer*, § 20 Rn. 8 ff. sowie *Lackner/Kühl*, § 20 Rn. 3 ff.

885 *Wessels/Beulke*, AT, Rn. 410.

886 *Roxin*, AT I, § 20 Rn. 2.

887 Der Maßstab ist zwingend ein normativer, da eine verläßliche wissenschaftlich nachprüfbare Aussage darüber ausgeschlossen ist, ob ein bestimmter Mensch in einer bestimmten Situation fähig war, eine bestimmte Handlung zu vermeiden, vgl. *Lackner/Kühl*, § 20 Rn. 13 und SK-StGB/*Rudolphi*, § 20 Rn. 23; aA *Schünemann*, GA 1986, 294.

888 *Wessels/Beulke*, AT, Rn. 410.

889 Vgl. zur herkömmlichen Begrifflichkeit einer biologisch-psychologischen Methode nur *Jescheck/Weigend*, AT, S. 437, LK/*Schöch*, § 20 Rn. 1 und MüKo-StGB/*Streng*, § 20 Rn. 12. Teilweise wird auch von einer psychologisch-normativen oder biologisch-normativen Methode gesprochen (so *Roxin*, FS Spann, S. 458, *Jakobs*, AT, 18/3 und *Rasch*, StV 1984, 265), da der Gesetzgeber sich vom biologisch orientierten Krankheitsbegriff der psychiatrischen Schule *Kurt Schneiders* befreit und einen juristischen (also normativen!) Krankheitsbegriff geschaffen hat, vgl. BGHSt. 11, 20 ff., BGHSt. 14, 30 ff., Sch/Schr/*Perron*, § 20 Rn. 20 und MüKo-StGB/*Streng*, § 20 Rn. 13.

890 Vgl. zum Erfordernis einer Wissensvermittlung durch Sachverständige bereits oben Zweiter Hauptteil, Viertes Kapitel, D, II, 4 sowie III.

891 Fehlt es hieran, liegt ein revisibler sachlich-rechtlicher Fehler des Urteils vor: vgl. nur OLG Köln, MDR 1975, 858 f. und OLG Düsseldorf, VRS 88 (1992), 444 (446).

jektiv bezweifelt oder ob er subjektive Zweifel an ihnen nicht vollständig auszuräumen vermag und in dubio pro reo von dem Vorliegen der Tatsachen, die bei rechtlicher Bewertung eine fehlende Schuldfähigkeit ergeben[892], auszugehen hat (mit der Folge eines Freispruchs und gegebenenfalls der Anordnung von Maßregeln nach den §§ 61 ff. StGB[893]).

Anhaltspunkte für die Gegenthese eines bestimmten, in § 20 StGB aufgeführten Defekts zur Tatzeit können sich aus der Tatvorgeschichte (z. B. ansteigende chronische Affektspannung[894]), aus den konkreten Umständen der Tatbegehung sowie aufgrund des Nachtatverhaltens (z. B. Erinnerungsstörungen[895]) in Verbindung mit statistischen Erfahrungssätzen ergeben, kann doch selbst eine psychologische Begutachtung im Ermittlungsverfahren nicht mehr aufklären, in welchem psychischen Zustand sich der Angeklagte lange vorher bei Begehung der Tat befunden hat. Einen zwingenden Erfahrungssatz etwa des Inhalts, dass der Täter beim Vorliegen von bewiesenen Erinnerungslücken nach der Tat eine tiefgreifende Bewusstseinsstörung des Täters während der Tatbegehung hatte[896], kann es wegen der körperlichen Individualität eines jeden Menschen nicht geben. Gleiches gilt für die sich anschließende Bewertung, wann der „Defekt" derart intensiv ist, dass er eine Aufhebung der Einsichts- oder Steuerungsfähigkeit zur Folge hat. Die Einordnung bestimmter Krankheits- und Symptombilder in eines der anerkannten Klassifikationssysteme, insbesondere in ICD-10 (*I*nternational *C*lassification of *D*iseases) und DSM-IV (*D*iagnostisches und *S*tatistisches *M*anual)[897] ist für die tatrichterliche Bewertung weder bindend[898] noch sagt sie etwas über den Ausmaß der psychischen Störung aus[899], sind sie doch „nichts anderes als eine ergleichbare Beschreibung der törungsbilder zum Zweck der Verständigung unter psychiatrischen Fachleuten"[900]. In der Rechtsprechung wird zwar angenommen, dass ein nach ICD-10 aufgenomme-

---

892 Vgl. RGSt. 70, 127 f., BGHSt. 3, 169 (173 f.), BGHSt. 8, 113 (124) und BGH, StV 1983, 278. Für die rechtliche Bewertung, ob sich aus diesen tatsächlichen Umständen eine Schuldunfähigkeit im Rechtssinne ergibt, gilt der „in dubio pro reo"-Grundsatz selbstverständlich nicht: ebenso BGHSt. 8, 113 (124) und BGH, NJW 1959, 2315 (2317).

893 Stellt sich aus den untersuchten Gründen einer Schuldunfähigkeit bereits während der laufenden Verhandlung eine Verhandlungsunfähigkeit des Angeklagten heraus, so ist das Verfahren nach § 260 Abs. 3 StPO einzustellen und ein selbstständiges Sicherungsverfahren nach §§ 71 StGB, 413 ff. StPO durchzuführen: vgl. LK/*Schöch*, § 20 Rn. 233. Ein nahtloser Übergang ins Sicherungsverfahren analog § 416 StPO wird dagegen für unzulässig gehalten, vgl. BGHSt. 46, 345 (347), BGHR StPO § 396 Anschlussbefugnis 1 und *Meyer-Goßner*, § 416 Rn. 1.

894 Vgl. BGH, NStZ 2006, 511.

895 Vgl. BGH, NStZ 1997, 296 und BGH, NStZ-RR 2003, 8 (9).

896 Vgl. *Lackner/Kühl*, § 20 Rn. 7 mwN.

897 Vgl. zu diesen *Kröber/Faller/Wulf*, MschrKrim 1994, 339 ff. und *Kröber/Dannhorn*, NStZ 1998, 80 ff.

898 Vgl. BGHSt. 37, 397 (401), BGHSt. 49, 347 (352), BGH, NStZ 1995, 176 (177), BGH, NStZ 1997, 383, BGH, StV 2001, 564 und BGH, StV 2001, 565 und BGH, Beschl. v. 7. 2. 2008 – 5 StR 609/07, juris.

899 Vgl. BGH, NStZ-RR 2004, 70, BGH, NStZ 2007, 29, BGH, StraFo 2008, 123 f. und *Fischer*, § 20 Rn. 7.

900 *Boetticher*, FS Gerhard Schäfer, S. 10.

ner Befund in der Regel auf eine nicht ganz geringfügige Beeinträchtigung hinweise[901] (sprich: statistischer Erfahrungssatz). Dem ist jedoch im Grundsatz zu widersprechen, erfassen die Klassifikationssysteme doch ausdrücklich auch lediglich „geringfügige" Störungen.[902] Es verbleiben daher lediglich aufgrund von Untersuchungen entwickelte Merkmalskataloge[903], die mit unterschiedlichen Wahrscheinlichkeitsgraden dem Tatrichter eine Aufhebung der Einsichts- oder Steuerungsfähigkeit beim Auftreten eines oder mehrerer bestimmter Krankheitssymptome nahe legen.[904]

Bei der praktisch wichtigsten Fallgruppe einer krankhaften seelischen Störung in Form eines Trunkenheitszustandes nach Alkoholkonsum hat sich in der Rechtsprechung aufgrund medizinischer Erfahrungen für die Rückrechnung der Blutalkoholkonzentration zum Tatzeitpunkt aufgrund einer nach der Tat entnommenen Blutprobe der Grundsatz eines stündlichen Abbauwertes (auch innerhalb der ersten beiden Stunden nach Trinkende[905]) von 0,2‰ und eines einmaligen Sicherheitszuschlags von 0,2‰ herausgebildet[906]; bei fehlender Blutprobe ist eine Tatzeit-Blutalkoholkonzentration aufgrund der konsumierten Alkoholmenge nach der Widmark-Formel zu errechnen[907]. Nach einem wegen der unterschiedlichen Wirkung von Alkohol auf die verschiedenen menschlichen Organismen nicht zwingenden, sondern nur statistischen Erfahrungssatz[908] ergibt sich für das „psychologische Stockwerk", dass in der Regel ab einer Blutalkoholkonzentration von 3,0‰ (bei schweren Gewaltdelikten wie Tötungsdelikten wegen der erhöhten Hemmschwelle zuzüglich 10%: also 3,3‰[909]) eine Schuldunfähigkeit gegeben ist[910], so dass bei einer errechneten Blutalkoholkonzentration von diesem Wert grundsätzlich statt von

---

901 So BGHSt. 37, 397 (400f.), BGHSt. 49, 45 (52), BGH, NStZ-RR 1998, 188ff. und OLG Karlsruhe, StV 2008, 83.

902 Ebenso *Fischer*, § 20 Rn. 7.

903 Vgl. hierzu nur *Schünemann*, GA 1986, 297ff. und *Schöch*, MschrKrim 1983, 340ff.

904 Als allgemeine Richtschnur für andere seelische Abartigkeiten kann hierbei – ohne dass es sich um einen zwingenden Erfahrungssatz handelt – etwa formuliert werden, dass eine Entschuldigung umso ferner liegt, je „normaler" ein Tatantrieb ist, vgl. BGH, NStZ 1991, 31 (32), BGH bei *Holtz*, MDR 1984, 980 und LK/*Schöch*, § 20 Rn. 48.

905 BGH, NStZ-RR 1998, 103.

906 Vgl. nur BGHSt. 35, 308 (314), BGHSt. 37, 231 (237), BGH, VRS 71 (1986), 176f. und BGH, StV 1991, 18.

907 Vgl. hierzu BGHSt. 37, 231 (238), BGH, NStZ 1988, 404, BGH, StV 1991, 17 und *Fischer*, § 20 Rn. 14: Getrunkene Alkoholmenge in ml x 0,81 geteilt durch das Körpergewicht x Reduktionsfaktor (bei Männern: 0,7; bei Frauen: 0,6) abzüglich einem Resorptionsdefizit von 10%, sowie einem Abbauwert von stündlich 0,1‰ für die Zeit zwischen dem Alkoholkonsum und der Tatzeit. Vgl. hierzu auch die Tabelle der verschiedenen alkoholischen Getränke mit ihrer jeweiligen Alkoholmenge in Gramm pro Liter bei *Grohmann*, BA 33 (1996), 190.

908 Vgl. BGH, NStZ 1997, 591, BGH, NStZ-RR 2003, 71, BGH, NStZ 2005, 329 und OLG Düsseldorf, NZV 1998, 418 (419).

909 Vgl. nur BGH, NStZ 1991, 126 (127); nach BGH, BA 38 (2001), 186 auch bei schwersten Körperverletzungsdelikten.

910 Vgl. nur BGH, StV 1987, 385, BGH, GA 1988, 271, BGH, NStZ 1991, 126 (127) und OLG Düsseldorf, NStZ-RR 1998, 86 (87).

der von § 20 StGB vermuteten Schuldfähigkeit von einer Schuldunfähigkeit als Ausgangshypothese auszugehen ist. Diese kann aber widerlegt werden, wenn der Tatrichter subjektiv Zweifel an der Gegenhypothese nicht überwinden kann, der Täter sei aufgrund besonderer persönlicher Umstände auch trotz des hohen Alkoholkonsums noch schuldfähig gewesen. Zu derartigen besonderen Umständen zählt insbesondere eine Alkoholgewöhnung des Täters[911] oder ein planvolles und situationsgerechtes Vorgehen[912]. Auf der anderen Seite spricht bei einer Tatblutalkoholkonzentration von unter diesem Wert in der Regel eine höhere Wahrscheinlichkeit dafür, dass der Täter entsprechend der „Regelvermutung" des § 20 StGB schuldfähig war, so dass von dieser Ausgangshypothese auszugehen ist, solange nicht aus besonderen Umständen des Einzelfalles bereits bei geringerer Blutalkoholkonzentration von einer Schuldunfähigkeit auszugehen ist, namentlich nach erstmaligem Alkoholkonsum[913] oder beim Zusammenwirken von Alkohol mit Medikamenten[914] oder mit anderen Rauschmitteln[915].

Diese Grundsätze seien anhand eines aktuellen Beschlusses des OLG Hamm[916] verdeutlicht:

> Der Angeklagte trinkt seit mehr als 20 Jahren regelmäßig Alkohol in erheblichen Mengen. Eine Alkoholtherapie hat er bisher nicht absolviert. Um seinen dreijährigen Sohn kümmert er sich regelmäßig, so auch eines Abends, als er „um 17:25 Uhr mit einem fahrerlaubnispflichtigen PKW unter anderem die V-Straße in H ohne eine Fahrerlaubnis zu haben [entlang fuhr]. Zweck der Fahrt war, seinem Sohn zu zeigen, dass auch er Auto fahren könne. Außerdem wollte er ihm das Auto vorführen. Der Angeklagte hatte die Nacht vorher hindurch Alkohol getrunken. Eine um 17:55 Uhr entnommene Blutprobe ergab einen BAK-Wert von 2,78‰." Das Amtsgericht verurteilte den Angeklagten wegen vorsätzlicher Trunkenheit im Straßenverkehr in Tateinheit mit vorsätzlichem Fahren ohne Fahrerlaubnis zu einer Freiheitsstrafe von 5 Monaten und verhängte eine Sperre für die Erteilung einer neuen Fahrerlaubnis von 24 Monaten.

Aufgrund der Feststellungen des Amtsgerichts lenkte der Angeklagte ein Kraftfahrzeug mit einer Blutalkoholkonzentration (BAK) von 2,78‰ (und damit unabhängig von einer BAK-Wert-erhöhenden Rückrechnung für die Fahruntüchtigkeit: dann sogar 2,83‰[917]) zur Tatzeit mit mehr als in dem von der Rechtsprechung aufgrund

---

911 Vgl. BGHSt. 35, 308 (311), BGH, NStZ 1997, 591 und OLG Düsseldorf, NZV 1998, 418 (419). Vgl. aber BGH, NJW 1999, 69 (72)(insoweit in BGHSt. 44, 196 ff. nicht abgedruckt): „Ein wissenschaftlich gesicherter Erfahrungssatz, dass wegen der ‚Alkoholgewöhnung' bei dem Angeklagten von dem Ergebnis der Blutprobe mit einem höheren als dem bislang in der Rechtsprechung zugrundegelegten Abbauwert von 0,2 Promille/h auf den Tatzeitpunkt zurückzurechnen sei, ist in der Rechtsprechung bislang nicht anerkannt."

912 Vgl. BGHSt. 35, 308 (311), BGH, NJW 1988, 779 f., BGH, NStZ 1992, 78 und BGH, NStZ-RR 1996, 289.

913 Vgl. OLG Düsseldorf, NZV 1994, 324 (325).

914 Vgl. OLG Karlsruhe, BA 28 (1991), 190.

915 Vgl. BGH, StV 1992, 569 und BGH, StV 2000, 612 f.

916 OLG Hamm, BA 45 (2008), 262 ff.

917 Es wird zu Gunsten des Täters trotz schwankenden Abbauwerten von einem minimalen stündlichen Abbauwert von 0,1‰ ausgegangen, wobei wegen der unterschiedlichen Resorptionsdauer von Mensch zu Mensch die ersten zwei Stunden nach Trinkende (lag hier ja be-

medizinischer Erkenntnisse stets zugrunde zu legenden deterministischen (und damit ausnahmslos geltenden!) Erfahrungssatz, dass ab einer Blutalkoholkonzentration von 1,1‰ niemand mehr in der Lage ist, sein Fahrzeug sicher zu führen. Für eine vorsätzliche Trunkenheit im Verkehr (§ 316 Abs. 1 StGB) müsste der Angeklagte aber zum einen beim Führen des Kraftfahrzeugs seine Fahruntüchtigkeit gekannt oder sie zumindest für möglich gehalten haben und dennoch gefahren sein, eine Fahruntüchtigkeit also im Sinne eines dolus eventualis billigend in Kauf genommen haben. Zwar liegt es nahe, dass man bei einer hohen Blutalkoholkonzentration wegen des Konsums erheblicher Mengen Alkohol weiß[918] (z.B. man sieht vor sich lauter leere Bier- und Schnapsgläser und fühlt sich schwindelig und bereits unsicher beim Gang und Aufschließen des Fahrzeugs), dass man nicht mehr fahrtüchtig ist, ein deterministischer „Erfahrungssatz, dass bei hohen BAK-Werten von vorsätzlichem Handeln ausgegangen werden kann, besteht jedoch nicht“[919]. Bei fortschreitender Trunkenheit nimmt vielmehr die eigene Kritik- und Erkenntnisfähigkeit ab, so dass bei hohen Blutalkoholkonzentrationen sogar eine Fahrlässigkeit näher liegt[920]. Letztlich muss daher aufgrund statistischer Erfahrungen vom Verhalten eines vorsätzlich handelnden Täters vor (z.B. Trinkverlauf, Trinkgewöhnung), bei (Zusammenhang des Trinkverhaltens mit dem Fahrtantritt, Intelligenz und verbleibende Selbstkritik) und nach der Tat auf die innere Tatseite geschlossen werden[921], wofür es an ausreichenden Feststellungen des Tatgerichts fehlt.

Eine vergleichbare Situation stellt sich für die Frage der Schuldfähigkeit: Nach den Grundsätzen der Rückrechnung für die Schuldfähigkeit ist aufgrund der um 17.55 Uhr entnommenen Blutprobe mit einer Blutalkoholkonzentration von 2,78‰ zur Tatzeit um 17.25 Uhr von 2,78‰ + 0,5 h × 0,2‰ + 0,2‰ (Sicherheitszuschlag) = 3,08‰ auszugehen.[922] Nach der „Faustregel“[923], dass grundsätzlich (bei Fehlen weiterer entgegenstehender Umstände) jemand ab einer Tatblutalkoholkonzentration von 3,0‰ nicht mehr einsichts- und steuerungsfähig ist, ist entgegen der gesetzlichen Vermutung des § 20 StGB von der Ausgangshypothese auszugehen, dass der Angeklagte schuldunfähig war. Konkrete Anhaltspunkte sind jedoch für die Gegenhypothesen vorhanden, dass der Angeklagte wegen seiner Alkoholgewöhnung (er konsumiert Alkohol seit mehr als 20 Jahren) beim Führen des Kraftfahr-

---

reits in der Nacht davor!) außer Betracht bleiben, vgl. nur BGHSt. 25, 246 (250) und *Fischer*, § 316 Rn. 19. Danach ergab sich vorliegend: 2,78‰ + 0,5 (h) × 0,1‰ = 2,83‰.

[918] Ebenso OLG Hamm, NJW 1975, 660 (661), OLG Koblenz, NZV 2001, 357ff. und AG Rheine, NStZ-RR 1997, 87 (mit unterhaltsamen Nachweisen aus der Weltliteratur zum Thema Alkoholkonsum).

[919] OLG Hamm, BA 45 (2008), 262 (264); ebenso OLG Frankfurt a.M., NJW 1996, 1358 (1359) und OLG Hamm, NStZ-RR 1996, 297.

[920] So BGH, NZV 1991, 117, OLG Celle, NZV 1998, 123 und OLG Zweibrücken, DAR 1999, 132f.

[921] Ebenso OLG Hamm, NStZ-RR 1996, 297, OLG Frankfurt a.M., NJW 1996, 1358 (1359) und OLG Hamm, BA 45 (2008), 262 (264).

[922] Vgl. zur Rückrechnung nur BGHSt. 35, 308 (314), BGHSt. 37, 231 (237) und *Fischer*, § 20 Rn. 13.

[923] *Fischer*, § 20 Rn. 19.

zeugs „noch wusste, was er tat" (so das Landgericht Essen als Vorinstanz[924]). Um diese Gegenhypothese auszuschließen oder zu stützen, hätte das Tatgericht nicht nur berücksichtigen müssen, dass der Angeklagte aus einer Alkohollaune heraus seinem Sohn den Wagen und sein Fahrvermögen zeigen wollte, sondern die Beweisaufnahme auch auf eine Ermittlung der Fahrweise bei der Tat (Schlangenlinien?) sowie die Verhaltensweisen des Angeklagten vor und während der Tat ausdehnen müssen. Da derartiges nicht erfolgt ist, das Tatgericht also nicht ersichtlich alle möglichen Beweismittel zur Erlangung einer Faktenlage ausgeschöpft hat, auf deren Grundlage erst eine subjektive Nichtbezweifelung oder subjektive Zweifel an der Gegenhypothese hätten gebildet werden können, hat das Oberlandesgericht Hamm das Urteil zu Recht aufgehoben.

IV. Fallgruppe „Täterfähigkeiten"

Vergleichbares gilt für den Nachweis bestimmter Täterfähigkeiten, die nicht wahrnehmbar sind und erst anhand äußerer Indizien mittels statistischen (wegen der Individualität des Körpers eines jeden Menschen: nicht zwingenden) Erfahrungssätzen erschlossen werden müssen:

Eine Strafbarkeit nach *§ 109 StGB* (Wehrpflichtentziehung durch Verstümmelung) setzt beispielsweise voraus, dass sich der Täter wehruntauglich iSd § 9 WPflG[925] macht, wozu neben äußerlich feststellbaren körperlichen Mängeln auch geistige Mängel zählen. Dies muss der Tatrichter sich dies anhand des äußeren Verhaltens des Täters erschließen, wozu die vom Bundesministerium für Verteidigung festgesetzten Richtlinien für die Feststetzung der einzelnen Tauglichkeitsgrade (§ 8a Abs. 1 S. 2 WPflG) für den Tatrichter zwar (wie die Festsetzung durch die zuständige Wehrbehörde[926]) nicht bindend sind. Sie bestimmen jedoch den Regelfall, ob eine Wehrtauglichkeit oder Wehruntauglichkeit als Ausgangshypothese festzulegen ist.[927]

Das Vorliegen eines *Vollrauschzustandes* beim Täter im Rahmen des *§ 323a StGB* verlangt die Ermittlung eines körperlichen Zustandes, „der infolge des Rausch- oder Betäubungsmittels zu Bewusstseinsstörungen führt, die einerseits die intellektuellen Fähigkeiten (Denk-, Wahrnehmungs- oder Sprechvermögen) hemmt und die voluntativ-emotionalen Willens- und Gefühlskräfte, Triebe usw. enthemmt"[928]. Dies kann zwingend angenommen werden, wenn sich der Täter nach obigen Maßstäben (mit den dortigen Grenzwerten als Grundlage für die Bildung der Ausgangshypothese) aufgrund des Rauschzustandes im Zustand der Schuldunfähigkeit des § 20 StGB oder zumindest einer erheblichen verminderten Schuldfähig-

---

[924] Wiedergegeben bei OLG Hamm, BA 45 (2008), 262 (263).
[925] Dieser lautet: „Zum Wehrdienst wird nicht herangezogen, wer nicht wehrdienstfähig ist."
[926] Ebenso LK/*Friedrich-Christian Schroeder*, § 109 Rn. 7, Sch/Schr/*Eser*, § 109 Rn. 8 und SK-StGB/*Rudolphi*, § 109 Rn. 9; aA RGSt. 44, 264 (269).
[927] Ebenso LK/Friedrich-Christian Schroeder, § 109 Rn. 7.
[928] *Geppert*, Jura 2009, 42.

keit befindet[929]. Erkennt man die Möglichkeit an, dass ein Rauschzustand auch unterhalb des sicheren Bereiches des § 21 StGB möglich ist[930], so wird man hierfür auch konkrete Anhaltspunkte fordern müssen, so dass in diesem Bereich von der Ausgangshypothese eines fehlenden Vollrausches auszugehen ist. Für eine Fahruntüchtigkeit iSd §§ 315c Abs. 1 Nr. 1 und 316 StGB besteht zwar für den Bereich einer Tatblutalkoholkonzentration von 1,1‰ ein zwingender Erfahrungssatz, dass ab diesem Bereich eine Fahruntüchtigkeit vorlag (sog. absolute Fahruntüchtigkeit)[931]. Darunter soll eine Fahruntüchtigkeit zwar bereits ab einer Blutakoholkonzentration von 0,3‰ zuzüglich eines alkoholbedingten Fahrfehlers möglich sein (sog. relative Fahruntüchtigkeit).[932] Für diesen Bereich sind neben dem Blutalkoholkonzentrationswert damit aber zusätzliche konkrete Anhaltspunkte dafür erforderlich, dass sich der geringen Alkoholspiegel auf die Fahrtüchtigkeit negativ ausgewirkt hat, so dass hier von der Ausgangshypothese auszugehen ist, dass ein Täter bei einer Tatblutalkoholkonzentration von unter 1,1‰[933] (und damit beispielsweise bei einem Wert von über 0,6‰[934]) in der Regel fahrtüchtig ist.

Mangels hinreichender Grenzwerte bei Drogenkonsum[935] setzt das Vorliegen einer drogenbedingten Fahruntüchtigkeit mindestens einen Fahrfehler voraus[936], der diese fehlende Täterfähigkeit nach außen hin sichtbar macht, so dass hier wie bei der relativen Fahruntüchtigkeit vom Grundsatz auszugehen ist, dass der Täter fahrtüchtig ist, bis entsprechende konkrete Anhaltspunkte für eine bestimmte Einzelgegenhypothese vorgebracht werden oder ersichtlich sind.

---

929 Vgl. nur BGHSt. 32, 48 (49) und MüKo-StGB/*Geisler*, § 323 a Rn. 26.

930 So sowie zum Streitstand mit umfassenden Nachweisen: *Geppert*, Jura 2009, 42 f.

931 So allgemein anerkannt seit BGHSt. 37, 89 ff.

932 Vgl. hierzu nur BGHSt. 13, 83 (90), BGHSt. 31, 42 (44), BGH, VRS 33 (1967), 118 (119), OLG Köln, VRS 37 (1969), 200, OLG Saarbrücken, NStZ-RR 2000, 12 sowie *Geppert*, Jura 2001, 562.

933 Vgl. zur Entwicklung dieses Grenzwertes nur mit umfassenden Nachweisen *Bönke*, BA 41 (2004), Supp. I-5 f.

934 Anders LG Essen, NJW 1975, 2257 mit krit. Anm. *Sieg*, NJW 1976, 1163, der dem Landgericht die Vornahme eines unzulässigen strafprozessualen Anscheinsbeweises vorwirft.

935 Insbesondere können die zu § 24 a Abs. 2 StVG entwickelten Grenzwerte nicht auf §§ 315 c, 316 StGB übertragen werden: OLG Zweibrücken, NStZ 2002, 95.

936 Vgl. BGHSt. 44, 219 (225 f.) mit Anm. *Geppert*, JK 99, StGB § 316/6 und BayObLG, NJW 1997, 1381 (1382); aA *Fischer*, § 316 Rn. 40: ein auffälliger Zustand oder ein auffälliges Verhalten bei einer Polizeikontrolle genüge.

Gesamtergebnis

Eine richtige Feststellung des Sachverhalts ist die Voraussetzung für ein sachangemessenes, gerechtes Urteil. Verfehlt sie die geschehene Wirklichkeit, so mag der Subsumtionsakt dieser festgestellten Tatsachen unter die Worte des Gesetzes noch so vollendet gelingen, das Urteil bleibt unausweichlich ein Fehlurteil.[1] Dieses Damoklesschwert hängt wesensimmanent über jeder Feststellung des in der Vergangenheit liegenden Tatgeschehens, bei der der Tatrichter selbst nicht zugegen war. Er kennt das Geschehen nicht aus eigener Wahrnehmung, sondern muss sich dieses erst mittelbar im Rahmen der Beweisaufnahme durch akustisch-visuelle Wahrnehmung der Einlassung des Angeklagten, der Aussage von Zeugen und Sachverständigen, dem Verlesen von Urkunden oder der Augenscheinseinnahme erschließen.

A. Die Erfahrung als Grundlage menschlicher Entscheidungsfindung

Wie bei jedem Menschen interpretiert das Gehirn des Tatrichters diese Wahrnehmungen aufgrund während seines Lebens erworbener und im Gedächtnis durch neue Neuronenverschaltungen gespeicherter Kenntnisse der unterschiedlichen Formen, Bilder, Worte und Geräusche und erkennt so etwa die Bedeutung einer Zeugenaussage.[2] So erhält er durch verschiedene Beweismittel einzelne Puzzleteile geliefert, die er auf ihre Richtigkeit zu überprüfen und zu einem einheitlichen Ganzen (Tatgeschehen) zusammenzusetzen hat. Mangels eigener Kenntnisse vom konkreten Geschehensabläufe bleibt als Vergleichsmaßstab dieser Wertungsakte nur das Wissen des Richters von früheren eigenen Wahrnehmungen in bestimmten Lebenssituationen, sei es von früheren Zeugenaussagen mit ähnlichen Auffälligkeiten oder sei es vom Ablauf bestimmter menschlicher Handlungen, mag dieses Wissen jeweils auch mit früheren Empfindungen wie Schmerz, Liebe und Hass beim eigenen Erleben der Situationen vermischt sein. Tatsächliche Feststellungen beruhen so niemals nur auf dem, was sich in der Hauptverhandlung sichtbar oder hörbar abspielt. In jedem Falle fügt der Richter dem

[1] So deutlich *Käßer*, Wahrheitserforschung, S. 1.

[2] Siehe zu entsprechenden Sprachregeln und erklärenden Erfahrungssätzen ausführlich oben Zweiter Hauptteil, Viertes Kapitel, B.

etwas Wesentliches aus seinem persönlichen und beruflichen Vertrautsein mit bestimmten Handlungs- und Sachzusammenhängen aufgrund unmittelbar selbst erlebter Ereignisse[3] hinzu, kurz: aus seiner (Lebens-)Erfahrung. Erst diese „gibt ihm das ‚Organ', mit dem er die Beweise würdigen kann“[4]. Sie ist die „Essenz“ jeder Beweiswürdigung[5]. Eine Bindung des Tatrichters an die Erfahrung bei seiner Beweiswürdigung ist daher ein Pleonasmus und keinesfalls eine Einschränkung des in § 261 StPO festgelegten Grundsatzes freier Beweiswürdigung.

Diese Bedeutung hatte die Erfahrung im Prozess schon immer, wenn auch ihr Urheber in der Strafrechtsgeschichte gewechselt hat: Nach dem absolutistischen Selbstverständnis war es noch der Gesetzgeber selbst, der sämtliche Wertungen vorzunehmen hatte und so den Richter an immer detailliertere Beweiswertregeln (mit halben, viertel und achtel Beweisen) als generalisierte „grobe Durchschnittswerte der Erfahrung“[6] band, die der Richter rein formal festzustellen und zu addieren hatte[7]. Nach der Abschaffung der Folter als „Kronjuwel“ der gesetzlichen Beweisregelung[8] durch *Friedrich den Großen* und nachdem ein rein freiwilliges Geständnis diese „empfindliche Lücke im Beweisrecht“[9] nicht zu schließen vermochte, wurde nicht nur eine bloße Verdachtsstrafe eingeführt (sog. „poena extraordinaria“), sondern auch und gerade – noch immer durch den Gesetzgeber, da man ansonsten richterliche Willkür befürchtete – auf Erfahrungen beruhende gesetzliche Vermutungen schwer beweisbarer Umstände wie des Vorsatzes (praesumtio doli)[10]. Als sich dann aber die Erkenntnis durchsetzte, dass diese zumeist starren Vermutungen häufig zu einer Abweichung von der angestrebten materiellen Wahrheit führte, da die Regeln zwar auf empirischer menschlicher Erfahrung beruhten, einzelne Geschehen aber zumeist anders abliefen, als es erfahrungsgemäß normalerweise der Fall war[11], wurden sie mit Erlass der Reichsstrafprozessordnung abgeschafft und in § 260 RStPO (heute § 261 StPO) der Grundsatz freier Beweiswürdigung für Geschworene wie Berufsrichter eingeführt.[12] Seither sind die Richter von den zusätzlichen gesetzlich festgelegten Erfahrungen befreit und auf ihre eigenen, persönlichen Lebenserfahrungen beschränkt – das „fact finding“ ist zum „common sense“-Problem[13] geworden. Die Richtigkeit der aufgrund seiner persönlichen Erfahrungen gefundenen Beweisergebnisse hat der Richter vor sich wie vor den Prozessparteien und der Öffentlichkeit zu verantwor-

---

[3] So die Definition der Erfahrung bei *Sandkühler*, Enzyklopädie I, S. 766.
[4] *Hamm*, Revision, Rn. 983.
[5] *Maassen*, Beweismaßprobleme, S. 22.
[6] *Maassen*, Beweismaßprobleme, S. 21.
[7] Vgl. nur *Kunert*, GA 1979, 403, *Andrea Schmidt*, Grundsätze, S. 46 sowie oben Erster Hauptteil, Erstes Kapitel, A, III.
[8] *Gerhard Walter*, Beweiswürdigung, S. 61.
[9] *Nothdurft*, Entwicklung, S. 8.
[10] Siehe hierzu umfassend oben Erster Hauptteil, Erstes Kapitel, A, VI.
[11] *Karl Peters*, FS Gmür, S. 313.
[12] Siehe zu dieser historischen Entwicklung oben Erster Hauptteil, Erstes Kapitel, A, VI.
[13] *Bolding*, Scandinavian Studies in Law 4 (1960), 11.

ten[14], quasi in einer stillschweigenden Erklärung mit jedem Richterspruch: „Die Parteien sind gehört, ihre Vorträge erwogen, die Beweismittel erschöpft; als Richter übernehme ich nun die Verantwortung zur Tatsachenfeststellung und spreche aus, dass der streitige Sachverhalt von mir in bestimmter Weise beurteilt wird."[15]

B. Das strafprozessuale Beweismaß

Diese Stützung auf eigene, persönliche Erfahrungen ist der Grund dafür, wieso der Maßstab, ab dem der Richter eine Tatsache feststellen darf (das sog. Beweismaß als „Angelpunkt eines jeden Beweisrechtssystems"[16]), zwingend (auch) ein notwendiges innersubjektives Element enthalten muss. Das Gesetz enthält hierzu in § 261 StPO den bloßen Hinweis, das Gericht habe über das Ergebnis der Beweisaufnahme „nach seiner freien, aus dem Inbegriff der Verhandlung geschöpften Überzeugung" zu entscheiden. Den Gegenstand der Überzeugung nennt das Gesetz nicht. Dieser ergibt sich erst systematisch durch den Verweis auf das „Ergebnis der Beweisaufnahme", die nach § 244 Abs. 2 StPO vom Richter selbst „zur Erforschung der Wahrheit" „auf alle Tatsachen und Beweismittel zu erstrecken ist". Anders als im Zivilverfahren führt der Richter im Strafprozess die Beweise gegen den Angeklagten also selbst, würdigt sie und legt dann in den Urteilsgründen „die für erwiesen erachteten Tatsachen" dar (§ 267 Abs. 1 S. 1 StPO). Das Gericht ist damit Beweisführer und Beweisadressat in einer Person (Form eines „intransitiven Beweisbegriffs"[17]) – „das Gericht muss sich [zur Erforschung der Wahrheit] selbst wissend machen"[18], sich also unter Berücksichtigung seiner eigenen Erfahrung von der Wahrheit der einzelnen entscheidungserheblichen Tatsachenbehauptungen so überzeugen, dass bei ihm keine Zweifel verbleiben.[19]

Bliebe man jedoch bei dieser rein subjektiven Wahrheitsüberzeugung als Ausgangspunkt der verschiedenen subjektiven Beweismaßströmungen (sog. „Wahrheitsüberzeugungstheorie"[20]) stehen, so wären alleine die geistigen Bedingtheiten des konkret entscheidenden Richters maßgeblich, sein subjektives Meinen und Glauben, seine Moralvorstellungen, sein Mitgefühl mit dem vermeintlichen Opfer und seine Vorurteile. „Einfalt hätte dabei gleiches Gewicht wie Intelligenz und empfähle sich darüber hinaus durch die Geschwindigkeit der Überzeugungs-

---

[14] Vgl. nur *Volk*, Wahrheit, S. 12, *Herdegen*, NStZ 1987, 197, *Scanzoni*, JW 1928, 2183, *Hanack*, JuS 1977, 729, *Küper*, Richteridee, S. 197, *Gerhard Walter*, Beweiswürdigung, S. 168, *Ling*, JZ 1999, 341, *Andrea Schmidt*, Grundsätze, S. 123, *Ulrike Unger*, Kausalität, S. 118 und *Frauke Stamp*, Wahrheit, S. 169.

[15] *Michael Huber*, Beweismaß, S. 95.

[16] *Maassen*, Beweismaßprobleme, S. 11.

[17] Vgl. zu dieser Bezeichnung *Joachim Schulz*, Sachverhaltsfeststellung, S. 101.

[18] *Gössel*, Strafverfahrensrecht, S. 178.

[19] Siehe hierzu sowie dazu, wieso der Gesetzgeber dies anders als bei § 286 ZPO nicht klarer ins Gesetz geschrieben hat, ausführlich oben Zweiter Hauptteil, Drittes Kapitel, B, I, 6.

[20] Siehe hierzu umfassend oben Zweiter Hauptteil, Drittes Kapitel, B, II, 3, c).

bildung."[21] Zugleich würde der den Angeklagten schützende „rechtsstaatliche Fundamentalsatz"[22] „in dubio pro reo" als „Kehrseite des materiell-rechtlichen Schuldprinzips"[23] bzw. (wenn man mit *Montenbruck*[24] und *Paulus*[25] auf eine eigenständige Rechtsfigur verzichtet) deren verfassungsrechtlicher Anker Art. 103 Abs. 2 GG[26] leer laufen[27], verlangt beides doch eine Tatsachenfeststellung zugunsten des Angeklagten erst, wenn der Richter nach Ausschöpfung aller Beweismittel und umfangreicher Beweiswürdigung weiterhin an einer bestimmten Tatsachenaussage zweifelt, sich also weder von seiner Wahrheit noch seiner Unwahrheit überzeugen kann und wäre daher nicht einschlägig, wenn der Tatrichter – aus welchen emotionalen Gründen auch immer – zu einer „Überzeugung" davon käme, der Angeklagte habe die Tat wie angeklagt begangen, hätte der Richter auch objektiv zweifeln müssen.[28] Der subjektive Ansatz bedarf daher zur Vermeidung willkürlicher und damit rechtsstaatswidriger Entscheidungen der objektiven Einschränkung durch das Kriterium der Nachvollziehbarkeit, wodurch die strenge Subjektivität der Entscheidung eine intersubjektive Komponente erhält: Hat jeder Staatsbürger, in dessen Rechte mittels einer Verurteilung eingegriffen wird, aufgrund des Rechtsstaatsprinzips (Art. 20 Abs. 3 GG) einen Anspruch darauf, die Gründe hierfür zu erfahren, um sich sachgemäß verteidigen zu können, so wird erst über diese schriftlich niederzulegenden Urteilsgründe (§ 267 StPO) die subjektive Beweiswürdigung des Richters „zu etwas Seiendem". Erst sie versetzen die Prozessparteien wie das Revisionsgericht in die Lage, die Beweiswürdigung des Tatgerichts überprüfen und nachvollziehen zu können. Mögen nach dem bösen Spruch der drei Gründe (den mündlichen, den schriftlichen und den wahren[29]) diese schriftlichen Gründe auch nicht mit den psychologisch vom Richter tatsächlich getätigten Gedanken übereinstimmen und wird man nie sicher wissen, wie der Prozess der Tatsachenfindung wirklich vor sich gegangen ist[30], so erklärt der Richter mit seinen Urteilsgründen doch, sich diese Gedanken gemacht zu haben. Es wird also mangels unmittelbarer

---

[21] *Rudolf Bruns*, ZZP 91 (1978), 64 (66).

[22] So die einprägsame Formulierung von *Eisenberg*, Beweisrecht, Rn. 116, LR/*Gollwitzer* (25. Aufl., Berlin 2005), § 261 Rn. 103 und KK-StPO/*Schoreit*, § 261 Rn. 56.

[23] LR/*Gollwitzer* (25. Aufl., Berlin 2005), § 261 Rn. 103 und *Rüping*, Strafverfahren, Rn. 513; ebenso die Herleitung von *Montenbruck*, In dubio pro reo, S. 43 ff. *Roxin*, Strafverfahrensrecht (25. Aufl., München 1998), § 15 Rn 31, *Eisenberg*, Beweisrecht, Rn. 116 f., *Beulke*, Strafprozessrecht, Rn. 25, *Hellmann*, Strafprozessrecht, Rn. 808, *Noack*, Jura 2004, 539 und *Löffeler*, JA 1987, 77.

[24] *Montenbruck*, In dubio pro reo, S. 51 und 62.

[25] KMR/*Paulus*, § 244 Rn. 290.

[26] Siehe zur zweifelhaften Notwendigkeit einer eigenständigen Rechtsfigur „in dubio pro reo" oben Erster Hauptteil, Zweites Kapitel, B, II, 2, a), bb).

[27] So ausdrücklich *Roxin*, Strafverfahrensrecht (25. Aufl., München 1998), § 15 Rn. 15.

[28] Vgl. BVerfG, NJW 1988, 477, *Beulke*, Strafprozessrecht, Rn. 25, LR/*Gollwitzer* (25. Aufl., Berlin 2005), § 261 Rn. 103, *Meyer-Goßner*, § 261 Rn. 26 und *Brehmer-Metz* in Dölling/Duttge/Rössner, Gesamtes Strafrecht, § 261 StPO Rn. 10.

[29] Vgl. nur *Blunck*, MDR 1970, 471.

[30] Vgl. *Weitnauer*, KF 1966, S. 10 f., der eine Aufdeckung der zugrunde liegenden psychologischen Grundsätze für nahezu unmöglich hält.

Erkennbarkeit menschlicher Gedanken fingiert, dass der Richter sich innersubjektiv bei der Beweiswürdigung jene Gedanken gemacht hat, die er in den schriftlichen Urteilsgründen niedergelegt hat.[31] Der Umfang der Begründungspflicht hängt zwar davon ab, inwieweit sie nach den Umständen des Einzelfalles zum Verständnis der Beweiswürdigung geboten erscheint. Das Verbot einer willkürlichen Entscheidung bedingt als Mindestvoraussetzung aber, dass die Begründung eine geschlossene objektiv-rationale Begründung[32] enthalten muss, d.h. aus sich heraus verständlich sein und erkennen lassen muss, „dass die Beweiswürdigung auf einer tragfähigen, verstandesmäßig einsehbaren Tatsachengrundlage beruht und dass die vom Gericht gezogene Schlussfolgerung nicht etwa nur eine Annahme ist oder sich als bloß Vermutung erweist, die letztlich nicht mehr als einen Verdacht zu begründen vermag“[33]. Diese Einzelfallentscheidung ist grundsätzlich dem Tatrichter anzuvertrauen.[34]

„Ohne [diese – je nach der Komplexität des Falles – gestraffte wie ausführliche] rechtfertigende Argumentation hat das Fürwahrhalten keine Grundlage, ist es nur eine im Subjektiven verharrende Annahme, nicht diskutierbar, aber damit auch ohne Aussagekraft.“[35] Erst mit nachvollziehbaren Schlüssen auf „objektiver“ (wenngleich selbst subjektiv festgestellt) Indizbasis wird das subjektiv-emotionale „Es war so“-Erlebnis so mit einem „objektiven Fundament“ untermauert, dass im Sinne *Kants*[36] aus einem bloßen „Meinen“ ein „Wissen“ wird – erst dann hat sich der Richter wirklich „wissend gemacht“, ist er „überzeugt“ im Sinne des § 261 StPO. Das aus objektiven, subjektiven wie intersubjektiven Grundpfeilern bestehende *strafprozessuales Beweismaß ist die subjektive Nichtbezweifelung von der materiellen Wahrheit einer Tatsachenbehauptung, sofern die Nichtbezweifelung objektiv rational und damit nachvollziehbar begründet werden kann.*[37]

C. Schlüsse mit Erfahrungssätzen

Aufgrund der Art und Weise des Zustandekommens einer Beweismittelaussage sowie ihren Inhalt, den der Tatrichter als Ausgangsindiz festzustellen hat, hat er zunächst deduktiv auf den Wahrheitsgehalt der einzelnen Aussagen zu schließen und dies in den Urteilsgründen nachvollziehbar darzulegen:

Am einfachsten ist dieser Schluss mittels *gesetzlichen Beweisregeln*, wie etwa § 190 StGB, der aus einem rechtskräftigen Urteil den zwingenden Schluss auf die Wahrheit der darin abgeurteilten Tatbegehung zulässt[38]. Fehlen dagegen gesetz-

---

[31] Vgl. hierzu oben Zweiter Hauptteil, Drittes Kapitel, B, II, 4, f).

[32] BGH, NStZ 1990, 603, BGH, StV 1993, 510 (511), *Ehrenzweig*, JW 1929, 85, *Herdegen*, NStZ 1987, 198 und *ders.*, NJW 2003, 3516 („hohen Grad argumentativer Stärke“).

[33] BGH, StV 2007, 347.

[34] *Baldus*, Ehrengabe Heusinger, S. 389.

[35] *Herdegen*, FS Kleinknecht, S. 175.

[36] Siehe oben Zweiter Hauptteil, Drittes Kapitel, B, I, 4, a).

[37] Siehe oben Zweiter Hauptteil, Drittes Kapitel, B, II, 4, f).

[38] Siehe zu § 190 StGB ausführlich oben Zweiter Hauptteil, Viertes Kapitel, C, I, 1, a).

liche Beweisregeln, ist der Tatrichter auf Erfahrungssätze „als unentbehrliche Grundlage“[39] neuen Erkenntnisgewinns angewiesen: Stets hat der Tatrichter für die prozessordnungsgemäß festgestellten Indizien einen (Gesamt-) Erfahrungssatz[40] (zumeist vermittelt über Sachverständige[41]) zu bilden. Ist dies ein *zwingender (deterministischer) Erfahrungssatz*, der beim Vorliegen eines bestimmten Ausgangsindizes nur einen zwingenden Schluss auf die Wahrheit oder Unwahrheit der zugehörigen Tatsachenbehauptung zulässt, so schlägt die Wahrheit des festgestellten Ausgangsindizes auf die Konklusion durch – nur diese kann rational nachvollziehbar „deduktiv-nomologisch“ mit einer unbedingten, „jeden Gegenbeweis mit anderen Mitteln ausschließenden Beweiskraft“[42] erschlossen werden; weitere Indizien können diesen Schluss weder abschwächen noch verstärken.[43]

Die meisten Erfahrungssätze lassen jedoch nur mit einer gewissen Wahrscheinlichkeit den Schluss auf die Wahrheit oder Unwahrheit der Tatsachenbehauptung zu (sog. statistische Erfahrungssätze). Mit ihrer Mehrdeutigkeit bringen sie eine Unsicherheit in die Sachverhaltsfeststellung, die jedes Urteil zum bloßen Wahrscheinlichkeitsurteil verkommen lässt – möglich ist stets nur die Einschätzung, dass es *wahrscheinlich* so gewesen sein wird. In anderen Wissenschaftsdisziplinen hat man sich längst mit der Undeterminiertheit der Welt abgefunden und gelernt, „mit dem Zufall [und damit der Unsicherheit] zu rechnen“[44], wie etwa die Quantenphysik es verdeutlicht. In der rechtswissenschaftlichen Praxis fehlt dagegen bislang noch immer das längst überfällige Modell einer rationalen Tatsachenfeststellung mittels statistischen Erfahrungssätzen. Im Schrifttum finden sich bisher nur Ansätze wie *Denckers* Modell[45] von Schlussergebnissen bestimmter statistischer Erfahrungssätze als „Normallfallannahmen“ und damit „Vor-Urteilen genereller Art“, von denen bei der Abstinenz konkreter Umstände, die sie im Einzelfall in Zweifel ziehen, ausgegangen werden könne. Wie „Normalfallannahmen“ sich aber von einfachen Schlüssen mittels statistischen Erfahrungssätzen unterscheiden und was für letztere gilt, sagen weder *Dencker* noch *Christoph Markus Müller*, der *Denckers* Modell im Ansatz übernimmt und lediglich für die Relevanz von Zweifeln an den (er nennt sie) „Regelannahmen“ eine Abwägung nach Fehlverurteilungsrisiken vornehmen möchte.[46] Und auch die Grundsätze des Anscheinsbeweises im Zivilprozess wie in anderen Rechtsgebieten[47] (unter besonderer Berücksichtigung des praktischen Umgangs mit Erfahrungssätzen) liefern einen Lösungsansatz nur für den engen Teilbereich, dass der statistische Erfahrungssatz mit hoher Wahrscheinlichkeit einen sog.

---

39 *Kasper*, Beweiswürdigung, S. 32.
40 Siehe hierzu ausführlich oben Zweiter Hauptteil, Viertes Kapitel, E, II, 2.
41 Siehe zur Kenntnisverschaffung von Erfahrungssätzen in der Beweisaufnahme oben Zweiter Hauptteil, Viertes Kapitel, D, III.
42 BGH, NJW 1979, 2318 (2319) und HK-StPO/*Julius*, § 261 Rn. 9.
43 Siehe hierzu oben Zweiter Hauptteil, Viertes Kapitel, E, I.
44 *Volk*, FS Schüler-Springorum, S. 511 f.
45 Siehe hierzu oben Erster Hauptteil, Zweites Kapitel, B, II, 2, c), cc).
46 Siehe zu seinem Modell ausführlich oben Erster Hauptteil, Zweites Kapitel, B, II, 2, c), dd).
47 Siehe hierzu oben Erster Hauptteil, Erstes Kapitel, C und D.

typischen Geschehensablauf vermittelt.[48] Berücksichtigt man den Amtsermittlungsgrundsatz (§ 244 StPO), ließen sich diese Grundsätze auch auf den Strafprozess übertragen.[49] Einer eigenständigen Rechtsfigur bedarf es hier jedoch nicht, lässt sie sich doch in ein allgemeineres Feststellungsmodell (faktisch ein „erweiterter strafprozessualer Anscheinsbeweis") integrieren, deren Grundpfeiler in den dargelegten Modellen im Schrifttum wie bei der von der Rechtsprechung vertretenen Gesamtwürdigungslehre durchschimmern und bislang nur noch nicht abschließend zusammengesetzt, sondern mit dem Stichwort „Gesamtwürdigung" überdeckt wurden: Logisch steckt hinter jeder „Gesamtwürdigung"[50] der Abgleich einzelner Schlüsse zur Vermeidung von Widersprüchen untereinander wie zum übrigen Faktenwissen und damit letztlich die denkgesetzliche Ausschaltung bestimmter Schlussmöglichkeiten. Denn nur unter den im Rahmen einer Gesamtwürdigung in Einklang stehenden Schlussmöglichkeiten kann der Tatrichter überhaupt eine Entscheidung treffen. Hierbei hat er bei der Würdigung von Zeugenaussagen seit der Grundsatzentscheidung BGHSt. 45, 164ff.[51] für die Glaubwürdigkeitsbeurteilung stets von der sog. Nullhypothese auszugehen, also von der Unwahrheit der Aussage.[52] Zwischen den logisch denkbaren Schlüssen hat er also verallgemeinert unter Berücksichtigung gesetzlicher Regel-Ausnahme-Vorwertungen[53] den wahrscheinlichsten der vom Erfahrungssatz vermittelten möglichen Schlüsse (in den Urteilsgründen) als Ausgangshypothese festzulegen, sofern der im Einzelfall durch Abwägung der betroffenen Interessen des Angeklagten und des staatlichen Verfolgungsinteresses an einer funktionsfähigen Strafrechtspflege erlangte Abstand der Wahrscheinlichkeitswerte erreicht wird (der wahrscheinlichste statistische Erfahrungssatz vermittelt so einen „ersten Anschein").[54] Als gewiss kann die Ausgangshypothese als auch im abzuurteilenden Fall so erfolgt aber erst festgestellt werden, wenn der Tatrichter alle denkgesetzlich abweichenden Schlüsse auf das Tatgeschehen zu seiner Überzeugung nach Ausschöpfung aller hierzu verfügbaren wie zulässigen Beweismittel ausgeschlossen hat. Dies würde an sich denkgesetzlich verlangen, dass er von sämtlichen möglichen Gegenhypothesen deren sämtlichen Ausnahmen wieder nach Ausschöpfung aller hierzu zugänglichen und zulässigen Beweismittel ausschließen müsste usw. – eine derartige Pflicht zur Überprüfung aller theoretischen Alternativschlüsse würde die Beweisaufnahme „quasi ins Unendliche" ausdehnen[55] und kein Prozess könnte – schon gar nicht entsprechend Art. 6 Abs. 1 MRK „in angemessener Zeit" – beendet werden. Der denkgesetzlich notwendige Alternativausschluss ist daher zu beschränken. Normative Vorgaben im

[48] Siehe zu dieser Voraussetzung oben Erster Hauptteil, Erstes Kapitel, C, II, 1.

[49] Siehe ausführlich hierzu oben Erster Hauptteil, Zweites Kapitel, B, II, 2 und C.

[50] Umfassend hierzu oben Zweiter Hauptteil, Viertes Kapitel, E, II, 4, b).

[51] Vgl. für das teilweise Selbstverständnis im Umgang mit dieser Ausgangshypothese nur BGH, NStZ 2009, 106, einschränkend dagegen BGH, NStZ 2001, 45f.: Die Nullhypothese sei nur ein „gedanklicherArbeitsschritt", der nicht schematisch angewendet werden dürfe.

[52] Siehe hierzu oben Zweiter Hauptteil, Viertes Kapitel, E, II, 4, a), bb).

[53] Siehe oben Zweiter Hauptteil, Viertes Kapitel, E, II, 4, a), cc).

[54] Siehe oben Zweiter Hauptteil, Viertes Kapitel, E, II, 4, a), aa).

[55] Vgl. *Johanna Schulenburg*, Verbot, S. 70.

Sinne eines umfassenden Normensystems, das für jeden uneindeutigem Beweisergebnis nach dem Maßstab der Tragung des Fehlverurteilungsrisikos dem Tatrichter eine Entscheidung für oder gegen eine Tatsachenfeststellung vorgibt, existiert entgegen der Forderung *Freunds*[56] hierfür genauso wenig wie ein „flächendeckendes Entscheidungsnormensystem" nach der Forderung *Steins*[57]; beides wäre angesichts der Vielgestaltigkeit des gesellschaftlichen Lebens auch kaum realisierbar. Der Richter muss vielmehr in jedem Einzelfall selbst und damit subjektiv nach eigener Nichtbezweifelung entscheiden. Er darf hierbei nach § 261 StPO aber nur „aus dem Inbegriff der Verhandlung" sich ergebende Zweifel haben, „die aus dem Falle selbst warnend ihre Hand erheben"[58] (so genannte konkrete oder fallbezogene Zweifel) und als „greifbarer tatsächlicher Anhaltspunkt"[59] auf eine abweichende Tatsachenalternative hindeuten; rein theoretisch-abstrakte Zweifel stehen einer Überzeugung nicht im Wege. Es bedarf vielmehr aus den Akten, durch Beweisanträge (als Aktualisierung der Aufklärungspflicht) oder sonst durch den bisherigen Verfahrensablauf bekannt gewordener konkreter Umstände oder möglicher alternativer Geschehensabläufe, „die bei verständiger Würdigung der Sachlage [notwendige Beweisantizipation[60]] begründeten Zweifel an der Richtigkeit dieser [aufgrund der vollzogenen Beweisaufnahme erlangten bisherigen] Überzeugung [...] wecken müssen"[61], die also abweichende Sachverhaltshypothesen konkret für möglich erscheinen lassen, ja sie nahe legen.[62] Liegen dagegen konkrete Anhaltspunkte für einen abweichenden Geschehensablauf vor, hat der Tatrichter die Beweisaufnahme auf eine umfassende Ermittlung dieser Möglichkeit unter Ausschöpfung aller verfügbaren wie zulässigen Beweismittel zu erweitern und dann auf der Grundlage des gewachsenen Faktenwissens zu entscheiden, ob die Gegenhypothese weiterhin denklogisch möglich ist und – wenn ja – ob er sie dennoch subjektiv bezweifelt. Kann er subjektive Zweifel nicht überwinden und bezweifelt er nunmehr die Ausgangshypothese, ist die Gegenhypothese festzustellen. Bezweifelt er subjektiv nun beide, ist in dubio pro reo von der für den Angeklagten möglichsten Sachverhaltsvariante auszugehen, sofern sich aus den inzwischen weithin anerkannten Regelungen über die Wahlfeststellung nichts anderes ergibt.[63]

Über dieses erfahrungsbasierte Feststellungsmodell lassen sich unmittelbar nur derartige Umstände erschließen, die für Zeugen wahrnehmbar waren, wie das äußere Verhalten des Täters bei der Tat. Subjektiv-interne Umstände wie Vorsatz, subjektive Vorhersehbarkeit der Fahrlässigkeit, Schuld oder Täterfähigkeiten lassen sich so genauso wenig erschließen wie Kausalzusammenhänge. Hier muss der

---

56 *Freund*, Probleme, S. 152; siehe zu seiner Ansicht und der Kritik hierzu oben Zweiter Hauptteil, Drittes Kapitel, B, II, 4, a), aa) und cc).

57 *Ulrich Stein*, Theorie, S. 244f.; siehe umfassend zu seinem Ansatz oben Zweiter Hauptteil, Drittes Kapitel, B, II, 4, a), bb) und cc).

58 *Scanzoni*, JW 1928, 2182.

59 *Mattil*, GA 1954, 340.

60 Siehe hierzu oben Zweiter Hauptteil, Drittes Kapitel, B, I, 2, b).

61 BGH, NJW 1951, 283.

62 Siehe hierzu oben Zweiter Hauptteil, Drittes Kapitel, B, I, 2, b).

63 Siehe hierzu oben Zweiter Hauptteil, Viertes Kapitel, E, II, 4, c), bb).

Tatrichter die erschlossenen objektiven Umstände des Tatgeschehens als neue Ausgangsindizien annehmen und das geschilderte Feststellungsmodell ein zweites Mal anwenden, d.h. bezogen auf diese Ausgangsindizien mit Hilfe von Beweisregeln oder zwingenden oder statistischen (Gesamt-)Erfahrungssätzen auf die erforderlichen subjektiven Täterbefindlichkeiten zur Tatzeit schließen. Bei Verwendung statistischer Erfahrungssätze hat er hierbei wie beim ersten Schlussschritt ausgehend vom wahrscheinlichsten Schluss beim notwendigen Abstand der Wahrscheinlichkeitswerte als in den Urteilsgründen festzulegende Ausgangshypothese bei konkreten Zweifeln denkgesetzlich mögliche alternative Schlüsse nach einer Erweiterung der Beweisaufnahme zu seiner Überzeugung auszuschließen.

Mit einem derartigen allgemeinen Feststellungsmodell wird die Beweiswürdigung als Weichenstellung für eine Verurteilung oder einen Freispruch für die Prozessparteien wie die Bürger endlich transparenter und nachvollziehbarer gestaltet und so die Herbeiführung von Rechtsfrieden befördert. Indem in den Entscheidungsgründen klar offenbart wird, worauf jetzt schon fast jede Tatsachenfeststellung basiert: auf bestimmten Erfahrungssätzen. Denn wie sagte bereits *Einstein*[64] zutreffend: „All knowledge about reality begins with experience and terminates in it.“

---

[64] *Einstein*, 1 Philosophy of Science (1934), 164. Dem entspricht die klassische Redewendung: „Ein Mensch ist nur so gut wie seine [deterministische wie statistische] Erfahrung”.

Literaturverzeichnis

Achenbach, Hans: Strafprozessuale Ergänzungsklage und materielle Rechtskraft; in: ZStW 87 (1975), 74–102.

– Das Zweite Gesetz zur Bekämpfung der Wirtschaftskriminalität; in: NJW 1986, 1835–1841.

Adolf, Franz-Peter: Kriminaltechnische Textilkunde – Inhalt, Arbeitsweisen, Aussagen –; in: NStZ 1990, 65–71.

Adomeit, Klaus: Zur Einführung: Rechtswissenschaft und Wahrheitsbegriff; in: JuS 1972, 628–634.

Albrecht, Peter-Alexis: Das Strafrecht auf dem Weg vom liberalen Rechtsstaat zum sozialen Interventionsstaat – Entwicklungstendenzen des materiellen Strafrechts –; in: KritV 1988, 182–209.

– Überzeugungsbildung und Sachverständigenbeweis in der neueren strafrechtlichen Judikatur zur freien Beweiswürdigung (§ 261 StPO); in: NStZ 1983, 486–493.

Alexy, Robert: Recht, Vernunft, Diskurs. Studien zur Rechtsphilosophie, Frankfurt a.M. 1995 (zit.: *Alexy*, Recht).

Alsberg, Max: Anmerkung zu RG, Urt. v. 6. 5. 1924 – 4 D 365/24, JW 1924, 1760; in: JW 1924, 1760.

– Anmerkung zu RG, Urt. v. 23. 10. 1928 – 1 D 769/28, JW 1929, 862; in: JW 1929, 862–865.

– Anmerkung zu RG, Urt. v. 22. 11. 1929 – 1 D 1061/29, JW 1930, 761; in: JW 1930, 761–762.

– Gerichtskundigkeit; in: JW 1918, 792–795.

– Gutachten über die Frage: Mit welchen Hauptzielen wird die Reform des Strafverfahrens in Aussicht zu nehmen sein? in: Verhandlungen des fünfunddreißigsten Deutschen Juristentages (Salzburg), herausgegeben von dem Schriftführer-Amt der ständigen Deputation, Erster Band: (Gutachten) I. Lieferung, Berlin 1928, S. 440–488 (zit.: *Alsberg*, 35. DJT I).

– Justizirrtum und Wiederaufnahme (1913); in: Max Alsberg – Ausgewählte Schriften, herausgegeben von Jürgen Taschke, Baden-Baden 1992, S. 58–180 (zit.: *Alsberg*, Schriften).

– Das Verbot der Beweisantezipation; in: JW 1922, 258–260.

Alsberg, Max/Nüse, Karl-Heinz/Meyer, Karlheinz: Der Beweisantrag im Strafprozess, 5. Aufl., Köln 1983 (zit.: *Alsberg/Nüse/Meyer*, Beweisantrag).

Altenhain, Karsten: Der Zusammenhang zwischen Grunddelikt und schwerer Folge bei den erfolgsqualifizierten Delikten; in: GA 1996, 19–35.

Alternativ-Kommentar zur Strafprozeßordnung, herausgegeben von Rudolf Wassermann Neuwied 1996 (zit.: AK-StPO/*Bearbeiter*).

Alternativ-Kommentar zur Zivilprozessordnung, herausgegeben von Rudolf Wassermann, Neuwied 1987 (zit.: AK-ZPO/*Bearbeiter*).

Alwart, Heiner: Darf ein Angeklagter aus Mangel an Beweisen verurteilt werden? Eine Studie zur Überzeugungsbildung des Strafrichters (§ 261 StPO); in: GA 1992, 545–568.

– Der Begriff der Freiheit – ein hermeneutischer Vorschlag im strafrechtlichen Kontext; in: Jahrbuch für Recht und Ethik, Band 13: Philosophia Practica Universalis, Festschrift für Joachim Hruschka zum 70. Geburtstag, herausgegeben von B. Sharon Byrd und Jan C. Joerden, Berlin 2005, S. 357–375 (zit.: *Alwart*, FS Hruschka).

Amelung, Knut: Erweitern allgemeine Rechtfertigungsgründe, insbesondere § 34 StGB, hoheitliche Eingriffsbefugnisse des Staates? in: NJW 1977, 833–840.

Anders, Ralf Peter: Beweiserhebungskontrollen des Tatgerichts und Autonomie der Verteidigung durch Präsentation von Entlastungsbeweisen in der Hauptverhandlung des Strafprozesses, Berlin 1998 (zit.: *Anders*, Beweiserhebungskontrollen).

Anwaltskommentar StPO – Strafprozessordnung, herausgegeben von Wilhelm Krekeler, Markus Löffelmann und Ulrich Sommer, 2. Aufl., Bonn 2010 (zit.: AnwKomm-StPO/*Bearbeiter*).

Anzenbacher, Arno: Einführung in die Philosophie, 4. Aufl., Freiburg im Breisgau 2002 (zit.: *Anzenbacher*, Einführung).

Anzinger, Heribert M.: Anscheinsbeweis und tatsächliche Vermutung im Ertragssteuerrecht. Anwendungsgrundsätze am Beispiel der Rechtsprechung des Bundesfinanzhofs zu Liebhaberei und gewerblichem Grundstückshandel, Baden-Baden 2006 (zit.: *Anzinger*, Anscheinsbeweis).

Arens, Peter: Dogmatik und Praxis der Schadensschätzung. Ein Diskussionsbeitrag zur Auslegung des § 287 ZPO; in: ZZP 88 (1975), 1–48.

Aristoteles: Metaphysik, übersetzt und eingeleitet von Thomas Alexander Szlezák, Berlin 2003 (zit.: *Aristoteles*, Metaphysik).

Arzt, Gunther: Der Einfluß von Beweisschwierigkeiten auf das materielle Strafrecht; in: Strafrechtliche Probleme der Gegenwart, Referate des 8., von der Vereinigung österreichischer Richter veranstalteten Forschungsseminars aus Strafrecht und Kriminologie Ottenstein 1980, herausgegeben vom Bundesministerium für Justiz, Wien 1981, S. 77–104 (zit.: *Arzt*, Probleme).

– Die Neufassung der Diebstahlsbestimmungen. Gleichzeitig ein Beitrag zur Technik der Regelbeispiele; in: JuS 1972, 385–390 und 515–520.

– Der befangene Strafrichter. Zugleich eine Kritik an der Beschränkung der Befangenheit auf die Parteilichkeit, Tübingen 1969 (zit.: *Arzt*, Strafrichter).

– Zum Verhältnis von Strengbeweis und freier Beweiswürdigung; in: Einheit und Vielfalt des Strafrechts, Festschrift für Karl Peters zum 70. Geburtstag, herausgegeben von Jürgen Baumann und Klaus Tiedemann, Tübingen 1974, S. 223–237 (zit.: *Arzt*, FS Peters).

– Salomonische Wahrheit – heute; in: In dubio pro libertate, Festschrift für Klaus Volk zum 65. Geburtstag, herausgegeben von Winfried Hassemer, Eberhard Kempf und Sergio Moccia, München 2009, S. 19–32 (zit.: *Arzt*, FS Volk).

Arzt, Gunther/Weber, Ulrich/Heinrich, Bernd/Hilgendorf, Eric: Strafrecht Besonderer Teil, 2. Aufl., Bielefeld 2009 (zit.: *Bearbeiter* in Arzt/Weber/Heinrich/Hilgendorf, BT).

Austin, John L.: Gesammelte philosophische Aufsätze, übersetzt und herausgegeben von Joachim Schulte, Stuttgart 1986 (zit.: *Austin*, Aufsätze).

Ayer, Alfred J.: Wahrheit; in: Wahrheitstheorien. Eine Auswahl aus den Diskussionen über Wahrheit im 20. Jahrhundert, herausgegeben und eingeleitet von Gunnar Skirbekk, Frankfurt a. M. 1977, S. 276–299 (zit.: *Ayer*, Wahrheitstheorien).

Bach, Gregor: Wider Vermutungen im Strafverfahren; in: MDR 1976, 19–20.

Badura, Peter: Erkenntniskritik und Positivismus in der Auslegung des Meineidstatbestandes; in: GA 1957, 397–405.

Baldus, Paulheinz: Versäumte Gelegenheiten; zur Auslegung des § 338 Nr. 8 und des § 267 Abs. 1 Satz 2 StPO; in: Ehrengabe für Bruno Heusinger, gewidmet von den Mitgliedern des Bundesgerichtshofes, der Bundesanwaltschaft und der Rechtsanwaltschaft beim Bundesgerichtshof, herausgegeben von Roderich Glanzmann, München 1968, S. 373–391 (zit.: *Baldus*, Ehrengabe Heusinger).

Ball, V. C.: The Moment of Truth: Probability Theory and Standards of Proof; in: 14 Vand. L. Rev. (1961), 807–830.

Bandemer, Dagmar: Die Regelbeispiele des § 69 II StGB als Erfahrungssätze – nicht nur aus Erfahrung klug, sondern auch aus Erfahrung gut; in: NZV 1988, 172–174.

Bandilla, Wolfgang/Hassemer, Raimund: Zur Abhängigkeit strafrichterlicher Beweiswürdigung vom Zeitpunkt der Zeugenvernehmung im Hauptverfahren; in: StV 1989, 551–554.

Bar, Carl Ludwig von: Gutachten über die Gesetzgebungsfrage: „Soll die Civiljury in den deutschen Civilprozeß eingeführt werden?“ in: Verhandlungen des Neunten deutschen Juristentages, Zweiter Band, herausgegeben von dem Schriftführer-Amt der ständigen Deputation, Berlin 1870, S. 317–333 (zit.: *Bar*, 9. DJT II).

– Die Lehre vom Causalzusammenhange im Recht, besonders im Strafrechte, Leipzig 1871 (zit.: *Bar*, Kausalzusammenhang).

– Recht und Beweis im Cicilprocesse. Ein Beitrag zur Kritik und Reform des deutschen Civilprocesses, Nachdruck der Ausgabe Leipzig 1867, Leipzig 1968 (zit.: *Bar*, Recht).

Barton, Stephan: Einführung in die Strafverteidigung, München 2007 (zit.: *Barton*, Einführung).

– Fragwürdigkeiten des Zeugenbeweises – Aussagepsychologische Erkenntnisse und strafverfahrensrechtliche Konsequenzen –; in: Redlich aber falsch. Die Fragwürdigkeit des Zeugenbeweises, herausgegeben von Stephan Barton, Baden-Baden 1995, S. 23–63 (zit.: *Barton*, Redlich).

– Die Revisionsrechtsprechung des BGH in Strafsachen. Eine empirische Untersuchung der Rechtspraxis, Neuwied 1999 (zit.: *Barton*, Revisionsrechtsprechung).

Bauer: Ueber gesetzliche Beweistheorie, mit besonderer Rücksicht auf die vorherrschende Richtung des deutschen Strafverfahrens; in: Zeitschrift für deutsches Strafverfahren N.F. 2 (1844), 105–134.

Baum, Gerhard: Das Wesen der freien Beweiswürdigung und die Entwicklung dieses Prinzips seit der Carolina, Hamburg 1949 (zit.: *Baum*, Wesen).

Baumann, Jürgen: Grundbegriffe und Verfahrensprinzipien des Strafprozeßrechts. Eine Einführung an Hand von Fällen, 3. Aufl., Stuttgart 1979 (zit.: *Jürgen Baumann*, Grundbegriffe).

– Schuldvermutung im Verkehrsstrafrecht? in: NJW 1959, 2293–2294.

Baumann, Jürgen/Weber, Ulrich/Mitsch, Wolfgang: Strafrecht Allgemeiner Teil, Lehrbuch, 11. Aufl., Bielefeld 2003 (zit.: *Bearbeiter* in: Baumann/Weber/Mitsch, AT).

Baumbach, Adolf/Lauterbach, Wolfgang/Albers, Jan/Hartmann, Peter: Zivilprozessordnung mit FamFG, GVG und anderen Nebengesetzen, 69. Aufl., München 2011 (zit.: *Baumbach/Lauterbach/Albers/Hartmann*, ZPO) .

Baumgärtel, Gottfried: Beweislastpraxis im Privatrecht. Die Schwierigkeiten der Beweislastverteilung und die Möglichkeiten ihrer Überwindung, Köln 1996 (zit.: *Baumgärtel*, Beweislastpraxis).

– Beweisrechtliche Studien. Beweiswürdigung – Abgrenzung zur Beweislast – Beweismaß; in: Festschrift der Rechtswissenschaftlichen Fakultät zur 600-Jahr-Feier der Universität zu Köln, Köln 1988, S. 165–181 (zit.: *Baumgärtel*, FS Universität Köln).

Baur, Max P./Fimmers, Rolf/Schneider, Peter M.: Anmerkung zu BGH, Beschl. v. 21. 1. 2009 – 1 StR 722/08, StV 2010, 175; in: StV 2010, 175–177.

Bayerlein, Walter: Praxishandbuch Sachverständigenrecht, 4. Aufl., München 2008 (zit.: *Bayerlein*, Praxishandbuch).

Bayes, Thomas: Versuch zur Lösung eines Problems der Wahrscheinlichkeitsrechnung, Leipzig 1908 (zit.: *Bayes*, Versuch).

Behnke, Heinrich/Bertram, Gottfried/Sauer, Robert: Grundzüge der Mathematik für Lehrer an Gymnasien sowie für Mathematiker in Industrie und Wirtschaft, Band IV: Praktische Methoden und Anwendungen der Mathematik (Geometrie und Statistik), Göttingen 1966 (zit.: *Behnke/Bertram/Sauer*, Mathematik IV).

Beling, Ernst: Anmerkung zu RG, Urt. v. 9. 2. 1931 – 2 D 37/31, JW 1931, 1078; in: JW 1931, 1579.

– Die Beweisverbote als Grenzen der Wahrheitserforschung im Strafprozess, 2. Aufl., Darmstadt 1968 (zit.: *Beling*, Beweisverbote).

– Rechtswissenschaft und Rechtsphilosophie, Augsburg 1923 (zit.: *Beling*, Rechtswissenschaft).

– Deutsches Reichsstrafprozeßrecht mit Einschluß des Strafgerichtsverfassungsrechts, Berlin 1928 (zit.: *Beling*, Reichsstrafprozeßrecht).

Belke, Rolf: Die vertikalen Wettbewerbsbeschränkungsverbote nach der Kartellgesetznovelle 1973. Teil 5 – Die Beweisproblematik zu § 25 I und Schluß; in: ZHR 139 (1975), 129–156.

Bemmann, Günter: Was bedeutet die Bestimmung „wenn nicht diese Tatsache erweislich wahr ist“ im § 186 StGB? in: MDR 1956, 387–390.
Bender, Bernd: Parapsychologie und Rechtsordnung; in: NJW 1977, 1089–1091.
Bender, Hans-Udo: Merkmalskombinationen in Aussagen, Tübingen 1987 (zit.: *Hans-Udo Bender*, Merkmalskombinationen).
Bender, Rolf: Das Beweismaß; in: Festschrift für Fritz Baur, herausgegeben von Wolfgang Grunsky, Rolf Stürner, Gerhard Walter und Manfred Wolf, Tübingen 1981, S. 247–271 (zit.: *Rolf Bender*, FS Baur).
Bender, Rolf/Nack, Armin: Grundzüge einer Allgemeinen Beweislehre; in: DRiZ 1980, 121–127.
– Vom Umgang der Juristen mit der Wahrscheinlichkeit; in: Justiz und Recht, Festschrift aus Anlass des 10jährigen Bestehens der Deutschen Richterakademie in Trier, herausgegeben von Werner Schmidt-Hieber und Rudolf Wassermann, Heidelberg 1983, S. 264–275 (zit.: *Bender/Nack*, FS Richterakademie).
Bender, Rolf/Nack, Armin/Treuer, Wolf-Dieter: Tatsachenfeststellung vor Gericht, 3. Aufl., München 2007 (zit.: *Bender/Nack/Treuer*, Tatsachenfeststellung).
Bender, Rolf/Schumacher, Rolf: Erfolgsbarrieren vor Gericht. Eine empirische Untersuchung zur Chancengleichheit im Zivilprozeß des Instituts für Rechtstatsachenforschung Stuttgart, Tübingen 1980 (zit.: *Bender/Schumacher*, Erfolgsbarrieren).
Bendix, Ludwig: Anmerkung zu RG, Urt. V. 14. 3. 1932 – gB III 52/32, JW 1932, 3627; in: JW 1932, 3627–3628.
– Die tatsächliche Feststellung im Strafurteil – eine Fiktion; in: Recht und Wirtschaft 1918, 184–189.
– Zur Psychologie der Urteilstätigkeit des Berufsrichters, herausgegeben von Heinz Maus und Friedrich Fürstenberg, Neuwied 1968 (zit.: *Bendix*, Psychologie).
Benkard, Georg: Patentgesetz, Gebrauchsmustergesetz, 10. Aufl., München 2006 (zit.: Benkard/ *Bearbeiter*, PatG).
Bennecke, Hans/Beling, Ernst: Lehrbuch des Deutschen Reichs-Strafprozessrechts, Breslau 1900 (zit.: *Bennecke/Beling*, Reichs-Strafprozessrecht).
Berg, Wilfried: Die verwaltungsrechtliche Entscheidung bei ungewissem Sachverhalt, Berlin 1980 (zit.: *Berg*, Entscheidung).
Berg-Winters, Ina: Der Anscheinsbeweis im Arzthaftungsrecht, Frankfurt a. M. 2005 (*Ina Berg-Winters*, Anscheinsbeweis).
Berger, Bernhard/Güngerich, Andreas: Zivilprozessrecht, Berlin 2008 (zit.: *Berger/Güngerich*, Zivilprozessrecht).
Berkemann, Jörg: Die richterliche Entscheidung in psychologischer Sicht; in: JZ 1971, 537–540.
Bernoulli, Daniel: Exposition of a New Theory on the Measurement of Risk; in: 22 Econometrica (1954), 23–36.
Bernsmann, Klaus: „Entschuldigung" durch Notstand. Studien zu § 35 StGB, Köln 1989 (zit.: *Bernsmann*, Notstand).
Bertrams, Michael: Die Rechtsprechung des Bundesverwaltungsgerichts zu den Beweisgrundsätzen und Wahrscheinlichkeitsmaßstäben im Asylverfahren vor dem Hintergrund der allgemeinen Asylproblematik; in: DVBl. 1987, 1181–1189.
Berz, Ulrich: Das Erste Gesetz zur Bekämpfung der Wirtschaftskriminalität; in: BB 1976, 1435–1441.
Bethmann-Hollweg, Moritz August von: Der Civilprozeß des gemeinen Rechts in geschichtlicher Entwicklung, Erster Band: Der römische Civilprozeß, Bonn 1864 (zit.: *Bethmann-Hollweg*, Civilprozeß I).
– Der Civilprozeß des gemeinen Rechts in geschichtlicher Entwicklung, Zweiter Band: Formulae, Bonn 1865 (zit.: *Bethmann-Hollweg*, Civilprozeß II).
– Der Civilprozeß des gemeinen Rechts in geschichtlicher Entwicklung, Fünfter Band: Der germanisch-romanische Civilprozeß im Mittelalter. 2. Vom achten bis elften Jahrhundert, Bonn 1873 (zit.: *Bethmann-Hollweg*, Civilprozeß V).

Beulke, Werner: Beweiserhebungs- und Beweisverwertungsverbote im Spannungsfeld zwischen den Garantien des Rechtsstaates und der effektiven Bekämpfung von Kriminalität und Terrorismus; in: Jura 2008, 653–666.
– Strafprozessrecht, 11. Aufl., Heidelberg 2010 (zit.: *Beulke*, Strafprozessrecht).
Beulke, Werner/Bachmann, Gregor: Die „Lederspray-Entscheidung" – BGHSt 37, 106; in: JuS 1992, 737–744.
Bienert, Claus-Peter: Anscheinsbeweis, Amtsermittlungsgrundsatz und Krankenhausfälle; in: SGb 2004, 160–165.
Binding, Karl: Grundriss des Deutschen Strafprocessrechts, 2. Aufl., Leipzig 1886 (zit.: *Binding*, Grundriss).
– Handbuch des Strafrechts, Erster Band, Leipzig 1885 (zit.: *Binding*, Handbuch I).
– Lehrbuch des Gemeinen Deutschen Strafrechts Besonderer Teil, Erster Band, 2. Aufl., Leipzig 1902 (zit.: *Binding*, BT 1).
– Die Normen und ihre Übertretung. Eine Untersuchung über die rechtsmässige Handlung und die Arten des Delikts, Zweiter Band: Schuld und Vorsatz, Zweite Hälfte: Der rechtswidrige Vorsatz, 2. Aufl., Leipzig 1916 (zit.: *Binding*, Normen II/2).
– Die Normen und ihre Übertretung. Eine Untersuchung über die rechtsmässige Handlung und die Arten des Delikts, Vierter Band: Die Fahrlässigkeit, Neudruck der Ausgabe Leipzig 1919, Aalen 1965 (zit.: *Binding*, Normen IV).
Bindokat, Heinz: Zur Frage des prozessualen Tatbegriffs; in: GA 1967, 362–370.
Binet, Alfred: La suggestibilité, Paris 1900 (zit.: *Binet*, Suggestibilité).
Birkmeyer, Karl: Deutsches Strafprozeßrecht mit eingehender Bezugnahme auf die preußischen und bayerischen Ausführungsbestimmungen und unter Berücksichtigung des österreichischen Strafprozeßrechtes, Berlin 1898 (zit.: *Birkmeyer*, Strafprozeßrecht).
Bitzilekis, Nikolaos: Der Tatsachenbegriff im Strafrecht; in: Festschrift für Hans Joachim Hirsch zum 70. Geburtstag am 11. April 1999, herausgegeben von Thomas Weigend und Georg Küpper, Berlin 1999, S. 29–43 (zit.: *Bitzilekis*, FS Hans Joachim Hirsch).
Blau, Günter: Beweisverbote als rechtsstaatliche Begrenzung der Aufklärungspflicht im Strafprozeß; in: Jura 1993, 513–521.
Blau, Ulrich: Wahrheit von innen und aussen; in: Der Wahrheitsbegriff. Neue Erklärungsversuche, herausgegeben und eingeleitet von Lorenz Bruno Puntel, Darmstadt 1987, S. 298–329 (zit.: *Ulrich Blau*, Wahrheitsbegriff).
Blei, Hermann: Strafrecht, I. Allgemeiner Teil, 18. Aufl., München 1983 (zit.: *Blei*, Strafrecht I).
– Strafrecht II. Besonderer Teil, 12. Aufl., München 1983 (zit.: *Blei*, Strafrecht II).
Blomeyer, Arwed: Beweislast und Beweiswürdigung im Zivil- und Verwaltungsprozeß. Empfiehlt es sich, das Recht der Beweislast und der Beweiswürdigung durch gesetzliche Vorschriften fortzubilden und in welchem Sinne? Gutachten für den 46. Deutschen Juristentag; in: Verhandlungen des sechsundvierzigsten Deutschen Juristentages Essen 1966, Band I (Gutachten) Teil 2A, herausgegeben von der Ständigen Deputation des Deutschen Juristentages, München 1966, S. 1–54 (zit.: *Blomeyer*, 46. DJT).
– Zivilprozessrecht – Erkenntnisverfahren, 2. Aufl., Berlin 1985 (zit.: *Blomeyer*, Zivilprozessrecht – Erkenntnisverfahren).
Bloy, René: Die dogmatische Bedeutung der Strafausschließungs- und Strafaufhebungsgründe, Berlin 1976 (zit.: *Bloy*, Bedeutung).
Blunck, Detlev: Beweiswürdigung und rechtliche Würdigung im Strafurteil; in: MDR 1970, 470–473.
Bock, Barbara: Produktkriminalität und Unterlassen. Zur strafrechtlichen Haftung des Herstellers fehlerhafter Waren unter besonderer Berücksichtigung seiner Handlungspflichten, Aachen 1997 (zit.: *Barbara Bock*, Produktkriminalität).
Bock, Joachim: Begriff, Inhalt und Zulässigkeit der Beweislastumkehr im materiellen Strafrecht, Frankfurt a. M. 2001 (zit.: *Joachim Bock*, Begriff).

Bockelmann, Paul: Literaturbericht Strafprozeß und Gerichtsverfassung; in: ZStW 60 (1940), 601–656.
– Der Nachweis des Hehlereivorsatzes; in: NJW 1954, 1745–1749.
– Das strafrechtliche Risiko des Verkehrsteilnehmers; in: NJW 1960, 1277–1284.
– Strafrichter und psychologischer Sachverständiger; in: GA 1955, 321–335.
Böhm, Ulrike: Amerikanisches Zivilprozessrecht, Köln 2005 (zit.: *Ulrike Böhm*, Zivilprozessrecht).
Böhme, Albrecht: Zum Begriff der Überzeugung beim Urteil; in: DRiZ 1960, 20.
Bönke, Detlef Otto: Die Sehnsucht nach Grenzwerten – nicht erfüllbar? in: BA 41 (2004), Supp. I – 4–8.
Böse, Martin: Anmerkung zu BVerfG, Beschl. V. 30. 4. 2003 – 2 BvR 2045/02, JR 2004, 37; in: JR 2004, 40–43.
Boetticher, Axel: Das Urteil über die Einführung von Mindeststandards in aussagepsychologischen Gutachten und seine Wirkungen; in: Sonderheft für Gerhard Schäfer zum 65. Geburtstag am 18. Oktober 2002, herausgegeben von Axel Boetticher, Martin W. Huff, Herbert Landau und Gunther Widmaier, München 2002, S. 8–18 (zit.: *Boetticher*, FS Gerhard Schäfer).
Bohne, Gotthold: Zur Psychologie der richterlichen Überzeugungsbildung, Köln 1948 (zit.: *Bohne*, Psychologie).
– „Mit einer an Sicherheit grenzenden Wahrscheinlichkeit"; in: NJW 1953, 1377–1379.
Bohnert, Joachim: Die Abschlußentscheidung des Staatsanwalts, Berlin 1992 (zit.: *Bohnert*, Abschlußentscheidung).
– Fahrlässigkeitsvorwurf und Sondernorm; in: JR 1982, 6–11.
– Ordnungswidrigkeitenrecht, 4. Aufl., München 2010 (zit.: *Bohnert*, Ordnungswidrigkeitenrecht).
– Tatmehrheit, Verfahrensmehrheit und nachträgliche Gesamtstrafenbildung; in: GA 1994, 97–111.
Bolding, Per Olof: Aspects of the burden of proof; in: Scandinavian Studies in Law 4 (1960), 9–27.
– Sachaufklärung und Überzeugungsbildung im schwedischen Zivilprozeß; in: Freiheit und Bindung des Zivilrichters in der Sachaufklärung, Verhandlungen der Fachgruppe für Grundlagenforschung anläßlich der Tagung für Rechtsvergleichung in Kiel vom 8. bis 11. September 1965, herausgegeben von Ernst von Caemmerer, Frankfurt a. M. 1966, S. 57–64 (zit.: *Bolding*, Freiheit).
Booß, Helmuth: Keine Schuldvermutung im Verkehrsstrafrecht! in: NJW 1960, 373.
Born, Birgit: Wahrunterstellung zwischen Aufklärungspflicht und Beweisablehnung wegen Unerheblichkeit, Spardorf 1984 (zit.: *Birgit Born*, Wahrunterstellung).
Bosch, Friedrich Wilhelm: Grundsatzfragen des Beweisrechts. Ein Beitrag zur allgemeinen Prozeßrechtslehre, Bielefeld 1963 (zit.: *Bosch*, Grundsatzfragen).
Bossi, Rolf: Halbgötter in Schwarz. Deutschlands Justiz am Pranger, Frankfurt a. M. 2005 (zit.: *Bossi*, Halbgötter).
– Hier stehe ich: Späte Bekenntnisse zu Glaube, Wahrheit und Gerechtigkeit, Gütersloh 2008 (zit.: *Bossi*, Hier stehe ich).
Bottke, Wilfried: Anfertigung und Verwertung heimlicher Wort- und Stimmaufzeichnungen auf Tonträger außerhalb des Fernmeldeverkehrs – BGH v. 9. 4. 86 – 3 StR 551/85 –; in: Jura 1987, 356–367.
Bourmistrov-Jüttner, Eleonora: Subjektive Wahrscheinlichkeitstheorie und rationale Entscheidungstheorie in Anwendung auf die Rechtspraxis, München 1987 (zit.: *Eleonora Bourmistrov-Jüttner*, Wahrscheinlichkeitstheorie).
Brammsen, Joerg: Inhalt und Elemente des Eventualvorsatzes – Neue Wege in der Vorsatzdogmatik? in: JZ 1989, 71–82.
– Kausalitäts- und Täterschaftsfragen bei Produktfehlern – BGH – Urt. v. 6. 7. 1990 – 2 StR 549/89 –; in: Jura 1991, 533–538.

Braum, Stefan: Strafrechtliche Produkthaftung. Anmerkung zum Urteil im sogenannten Holzschutzmittelverfahren; in: KritV 1994, 179–186.

Brilmayer, Lea/Kornhauser, Lewis: Quantitative Methods and legal Decisions; in: 46 U. Chi. L. Rev. (1978), 116–153.

Bringewat, Peter: Grundfragen der Wahrunterstellung im Strafprozeß; in: MDR 1986, 353–358.

Bronstein, Il'ja. N./Semendjajew, Konstantin A./Musiol, Gerhard/Mühlig, Heiner: Taschenbuch der Mathematik, 7. Aufl., Frankfurt a. M. 2008 (zit.: *Bronstein/Semendjajew/Musiol/Mühlig*, Mathematik).

Brüggemann, Jürgen: Die richterliche Begründungspflicht. Verfassungsrechtliche Mindestanforderungen an die Begründung gerichtlicher Entscheidungen, Berlin 1971 (zit.: *Brüggemann*, Begründungspflicht).

Brunner, Heinrich: Deutsche Rechtsgeschichte, Erster Band, 3. Aufl., Berlin 1961 (zit.: *Brunner*, Rechtsgeschichte I).

Brunner, Heinrich/Schwerin, Claudius Freiherr von: Grundzüge der deutschen Rechtsgeschichte, 8. Aufl., München 1930 (zit.: *Brunner/Schwerin*, Grundzüge).

– Deutsche Rechtsgeschichte, Zweiter Band, 2. Aufl., Berlin 1958 (zit.: *Brunner/Schwerin*, Rechtsgeschichte II).

Bruns, Hans-Jürgen: Ungeklärte verfahrensrechtliche Fragen des Contergan-Prozesses; in: Festschrift für Reinhart Maurach zum 70. Geburtstag, herausgegeben von Friedrich-Christian Schroeder und Heinz Zipf, Karlsruhe 1972, S. 469–486 (zit.: *Hans-Jürgen Bruns*, FS Maurach).

– Strafzumessungsrecht, 2. Aufl., Köln 1974 (zit.: *Hans-Jürgen Bruns*, Strafzumessungsrecht).

Bruns, Rudolf: Beweiswert; in: ZZP 91 (1978), 64–71.

– Zur Systematik der gesetzlichen Beweisarten im Zivilprozeß; in: JZ 1957, 489–494.

– Zivilprozessrecht. Eine systematische Darstellung, 2. Aufl., München 1979 (zit.: *Rudolf Bruns*, Zivilprozessrecht).

Buchwald, Delf: Der Begriff der rationalen juristischen Begründung. Zur Theorie der juridischen Vernunft, Baden-Baden 1990 (zit.: *Buchwald*, Begriff).

Buciek, Klaus D.: Beweislast und Anscheinsbeweis im internationalen Recht. Eine Untersuchung zum Grundsatz des „Verfahrens nach eigenem Recht“, Bonn 1984 (zit.: *Buciek*, Beweislast).

Burckhard, Hugo: Die civilistischen Präsumtionen, Weimar 1866 (zit.: *Burckhard*, Präsumtionen).

Burgstaller, Manfred: Das Fahrlässigkeitsdelikt im Strafrecht unter besonderer Berücksichtigung der Praxis in Verkehrssachen, Wien 1974 (zit.: *Burgstaller*, Fahrlässigkeitsdelikt).

Buri, Maximilian von: Ueber Causalität und deren Verantwortung, Leipzig 1873 (zit.: *Buri*, Kausalität).

Burmann, Michael/Heß, Rainer/Jahnke, Jürgen/Janker, Helmut: Straßenverkehrsrecht – Kommentar, 21. Aufl., München 2010 (zit.: *Bearbeiter* in Burmann/Heß/Jahnke/Janker, Straßenverkehrsrecht).

Busch, J. B.: Beiträge zur Lehre vom damnum injuria datum; in: AcP 45 (1862), 139–152.

Busse, Rudolf: Patentgesetz unter Berücksichtigung des Europäischen Patentübereinkommens und des Patentzusammenarbeitsvertrags mit Patentkostengesetz, Gebrauchsmustergesetz und Gesetz über den Schutz der Topographien von Halbleitererzeugnissen, Gesetz über Arbeitnehmererfindungen und Gesetz über internationale Patentübereinkommen – Kommentar, 6. Aufl., Berlin 2003 (zit.: *Busse*, PatG).

Butler, Joseph: Bestätigung der natürlichen und geoffenbarten Religion aus ihrer Gleichförmigkeit mit der Einrichtung und den ordentlichen Lauten der Natur, aus dem Englischen übersetzt von J. J. Spalding, Leipzig 1756 (zit.: *Joseph Butler*, Bestätigung).

– The Works, Vol. 1: Analogy, etc., edited by W. E. Gladstone, Oxford 1896 (zit.: *Joseph Butler*, Analogy).

Bydlinski, Franz: Juristische Methodenlehre und Rechtsbegriff, 2. Aufl., Wien 1991 (zit.: *Bydlinski*, Methodenlehre).

– Probleme der Schadensverursachung nach deutschem und österreichischem Recht, Stuttgart 1964 (zit.: *Bydlinski*, Schadensverursachung).

Calliess, Rolf-Peter: Der Rechtscharakter der Regelbeispiele im Strafrecht. Zum Problem von Tatbestand und Rechtsfolge im 6. Strafrechtsreformgesetz; in: NJW 1998, 929–935.

– Die Rechtsnatur der „besonders schweren Fälle“ und Regelbeispiele im Strafrecht. Dargestellt am besonders schweren Fall des Diebstahls gem. § 243 StGB; in: JZ 1975, 112–118.

Canestrari, Stefano: Die Struktur des dolus eventualis. Die Unterscheidung zwischen bedingtem Vorsatz und bewusster Fahrlässigkeit und die neuen Risikophänomenologien; in: GA 2004, 210–227.

Carnap, Rudolf: Der logische Aufbau der Welt, 4. Aufl., Hamburg 1974 (zit.: *Carnap*, Aufbau).

– Induktive Logik und Wahrscheinlichkeit, bearbeitet von Wolfgang Stegmüller, Wien 1959 (zit.: *Carnap*, Logik).

– Wahrheit und Bewährung; in: Wahrheitstheorien. Eine Auswahl aus den Diskussionen über Wahrheit im 20. Jahrhundert, herausgegeben und eingeleitet von Gunnar Skirbekk, Frankfurt a. M. 1977, S. 89–95 (zit.: *Carnap*, Wahrheitstheorien).

Casper, Jonathan D.: Having Their Day in Court: Defendant Evaluations of the Fairness of Their Treatment; in: 12 Law & Society Review (1978), 237–251.

Casper, Jonathan D./Tyler, Tom/Fisher, Bonnie: Procedural Justice in Felony Cases; in: 22 Law & Society Review (1988), 483–507.

Cicero: Staatstheoretische Schriften, Lateinisch und Deutsch von Konrad Ziegler, 3. Aufl., Darmstadt 1984 (zit.: *Cicero*, Schriften).

Cohen, Sharon/Hastings, Deborah: For 110 inmates freed by DNA tests, true freedom remains elusive, www.deathpenaltyinfo.org/node/529.

Conen, Stefan/Tsambikakis, Michael: Strafprozessuale Wahrheitsfindung mittels Sachverständiger im Spannungsfeld zwischen Aufklärungspflicht und Beweisantragsrecht; in: GA 2000, 372–380.

Conrad, Hermann: Deutsche Rechtsgeschichte, Band I: Frühzeit und Mittelalter, 2. Aufl., Karlsruhe 1962 (zit.: *Conrad*, Rechtsgeschichte I).

Coreth, Emerich: Metaphysik. Eine methodisch-systematische Grundlegung, 2. Aufl., Innsbruck 1964 (zit.: *Coreth*, Metaphysik).

Corpus Juris Secundum. A contemporary statement of American law as derived from reported cases ans legislation, Vol. 65 A, St. Paul (Minnessota) 2000 (zit.: Corpus Juris Secundum, Vol. 65 A).

Cosack, Konrad: Die Eidhelfer des Beklagten nach ältestem deutschem Recht, Stuttgart 1885 (zit.: *Cosack*, Eidhelfer).

Cramer, Steffen/Bürgle, Michaela: Die strafprozessualen Beweisverwertungsverbote. Systematische Darstellung für die Praxis anhand von höchstrichterlicher Rechtsprechung, 2. Aufl., Stuttgart 2004 (zit.: *Cramer/Bürgle*, Beweisverwertungsverbote).

Cube, Felix von: Was ist Kybernetik? Grundbegriffe, Methoden und Anwendungen, Bremen 1967 (zit.: *Cube*, Kybernetik).

Cullison, Alan D.: Identification by Probabilities and Trial by Arithmetic (A Lesson for Beginners in How To Be Wrong With Greater Precision); in: 6 Hous. L. Rev. (1968–69), 471–518.

Curzon, Leslie B./Richards, Paul: Longman. Dictionary of Law, seventh edition, Harlow (England) 2007 (zit.: *Curzon/Richards*, Dictionary).

Cuypers, Manfred: Die Revisibilität der strafrichterlichen Beweiswürdigung, Bochum 1975 (zit.: *Cuypers*, Revisibilität).

Dähn, Gerd: Strafurteil als Wahrheitsbeweis bei getilgter Eintragung? in: JZ 1973, 51–54.

Dänzer, Otto August: Die tatsächliche Vermutung. Ein Beitrag zur Lehre vom Beweis im Zivilprozeß, Mannheim 1914 (zit.: *Dänzer*, Vermutung).

Dahm, Georg: Deutsches Recht, Hamburg 1944 (zit.: *Dahm*, Recht).

Dahs, Hans: „Schriftliches Verfahren“ statt „offensichtlich unbegründet“ (§ 349 II StPO); in: NStZ 2001, 298–299.

Dahs, Hans/Dahs, Hans: Die Revision im Strafprozess. Bedeutung für die Praxis der Tatsacheninstanz, 7. Aufl., München 2008 (zit.: *Dahs/Dahs*, Revision).

Deckers, Rüdiger: Anmerkung zu BGH, Beschl. v. 21. 9. 2005 – 2 StR 311/05, JR 2007, 127; in: JR 2007, 128–129.

– Vom Nutzen und zur Qualität aussagepsychologischer Gutachten im Strafprozess; in: Strafverteidigung im Rechtsstaat, 25 Jahre Arbeitsgemeinschaft Strafrecht des Deutschen Anwaltvereins, herausgegeben von der Arbeitsgemeinschaft Strafrecht des Deutschen Anwaltvereins, Baden-Baden 2009, S. 411–427 (zit.: *Deckers*, FS AG Strafrecht).

Dedes, Christos: Beweisverfahren und Beweisrecht, Berlin 1992 (zit.: *Dedes*, Beweisverfahren).

– Grundprobleme des Beweisverfahrens; in: Gedächtnisschrift für Hilde Kaufmann, herausgegeben von Hans Joachim Hirsch, Günther Kaiser und Helmut Marquardt, Berlin 1986, S. 929–946 (zit.: *Dedes*, GedS Hilde Kaufmann).

Dencker, Friedrich: Beschleunigung des Strafprozesses. Vereinfachte Feststellung von Sachverhalten, die von den Verfahrensbeteiligten als „unstreitig" bezeichnet werden; in: StV 1994, 503–507.

– Zum Geständnis im Straf- und Strafprozeßrecht; in: ZStW 102 (1990), 51–79.

Denicke, Sybil: Kausalitätsfeststellungen im Strafprozeß, Baden-Baden 1997 (zit.: *Sybil Denicke*, Kausalitätsfeststellungen).

Detter, Klaus: Ausbau der Rechtskontrolle tatrichterlicher Beweiswürdigung und Strafzumessung; in: Festschrift aus Anlaß des fünfzigjährigen Bestehens von Bundesgerichtshof, Bundesanwaltschaft und Rechtsanwaltschaft beim Bundesgerichtshof, herausgegeben von Karlmann Geiß, Kay Nehm, Hans Erich Brandner und Horst Hagen, Köln 2000, S. 679–706 (zit.: *Detter*, FS BGH).

– Der Sachverständige im Strafverfahren – eine Bestandsaufnahme –; in: NStZ 1998, 57–61.

Detzner, Madeleine: Rückkehr zum „klassischen Strafrecht" und die Einführung einer Beweislastumkehr. Eine Untersuchung zur Entwicklung des Wirtschaftsstrafrechts am Beispiel des Subventionsbetrugs gem. §§ 264, 263 StGB, Frankfurt a. M. 1998 (zit.: *Madeleine Detzner*, Rückkehr).

Deubner, Karl G.: Anmerkung zu BGH, Urt. v. 22. 5. 1968 – 4 StR 36/68, NJW 1968, 1888; in: NJW 1969, 147.

Deutsch, Erwin: Beweis und Beweiserleichterungen des Kausalzusammenhangs im deutschen Recht; in: Festschrift für Hermann Lange zum 70. Geburtstag am 24. Januar 1992, herausgegeben von Dieter Medicus, Hans-Joachim Mertens, Knut Wolfgang Nörr und Wolfgang Zöllner, Stuttgart 1992, S. 433–445 (zit.: *Deutsch*, FS Hermann Lange).

Deutscher, Jörg/Körner, Peter: Die strafrechtliche Produktverantwortung von Mitgliedern kollegialer Geschäftsleitungsorgane – Eine Einführung unter besonderer Berücksichtigung der Rechtsprechung des BGH –; in: wistra 1996, 292–302.

Diederichsen, Uwe: Zur Rechtsnatur und systematischen Stellung von Beweislast und Anscheinsbeweis; in: VersR 1966, 211–222.

– Schlussworte; in: KF 1966, 46–47.

Dilcher, Gerhard: Das mittelalterliche Stadtrecht als Forschungsproblem; in: JuS 1989, 875–879.

Ditzen, Wilhelm: Dreierlei Beweis im Strafverfahren, Leipzig 1926 (zit.: *Ditzen*, Beweis).

Döhmer, Tronje: Freie Beweiswürdigung oder Begründungsmangel?! www.kanzlei-doehmer.de/Beweis16.htm.

Döhring, Erich: Die Erforschung des Sachverhalts im Prozess, Berlin 1964 (zit.: *Döhring*, Erforschung).

– Fachliche Kenntnisse des Richters und ihre Verwertung im Prozeß. Zugleich eine Besprechung des BGH-Urteils vom 22. 3. 1967; in: JZ 1968, 641–647.

Dölling, Dieter/Duttge, Gunnar/Rössner, Dieter: Gesamtes Strafrecht – Handkommentar, Baden-Baden 2008 (zit.: *Bearbeiter* in Dölling/Duttge/Rössner, Gesamtes Strafrecht).

Dörr, Dieter: Faires Verfahren. Gewährleistung im Grundgesetz der Bundesrepublik Deutschland, Kehl am Rhein 1984 (zit.: *Dörr*, Verfahren).

Dörr, Karl-Werner: Der Anscheinsbeweis im Verkehrsunfallprozess; in: MDR 2010, 1163–1167.
Dolinar, Hans: Bemerkungen zum Prima-facie-Beweis; in: ÖJZ 1968, 431–434.
Dreher, Eduard: Im Irrgarten der Wahlfeststellung; in: MDR 1970, 369–371.
– Das Dritte Strafrechtsänderungsgesetz; in: JZ 1953, 421–428.
Dreier, Ralf: Was ist Gerechtigkeit? in: JuS 1996, 580–584.
Dudel, Josef/Menzel, Randolf/Schmidt, Robert F.: Neurowissenschaft. Vom Molekül zur Kognition, 2. Aufl., Berlin 2001 (zit.: *Dudel/Menzel/Schmidt*, Neurowissenschaft).
Dünnebier, Hanns: Anmerkung zu BayObLG, Urt. v. 26. 4. 1961 – Rreg 1 St 584/60, JZ 1961, 671; in: JZ 1961, 672–673.
Düwell, Franz Josef/Lipke, Gert-Albert: ArbGG – Arbeitsgerichtsgesetz. Kommentar für die Praxis, 2. Aufl., Frankfurt a. M. 2005 (zit.: Düwell/Lipke/*Bearbeiter*, ArbGG).
Duttge, Gunnar: Zur Bestimmtheit des Handlungsunwerts von Fahrlässigkeitsdelikten, Tübingen 2001 (zit.: *Duttge*, Bestimmtheit).
– Möglichkeiten eines Konsensualprozesses nach deutschem Strafprozeßrecht; in: ZStW 115 (2003), 539–569.
Ebert, Udo/Kühl, Kristian: Kausalität und objektive Zurechnung; in: Jura 1979, 561–576.
Edwards, Paul: The Encyclopedia of Philosophy, Volume two: Cabala – Entropy, New York 1967 (zit.: *Bearbeiter* in Edwards, Encyclopedia II).
Effer-Uhe, Daniel: Die Entwicklung der Lehre von den Beweisverboten; in: Jura 208, 335–340.
Ehrenzweig, Albert: Die „freie Überzeugung" des Richters; in: JW 1929, 85–88.
– Quer durch das Versicherungsvertragsrecht; in: VersR 1954, 335–338.
Ehrlicher, Ernst: Der Prima-facie-Beweis. Die Berücksichtigung prozessualer Billigkeit bei Bildung der richterlichen Ueberzeugung, Hildesheim 1927 (zit.: *Ehrlicher*, Prima-facie-Beweis).
Einstein, Albert: On the Method of Theoretical Physics; in: 1 Philosophy of Science (1934), 163–169.
Eisele, Jörg: Die Regelbeispielsmethode: Tatbestands- oder Strafzumessungslösung; in: JA 2006, 309–316.
Eisenberg, Ulrich: Beweisrecht der StPO-Spezialkommentar, 7. Aufl., München 2011 (zit.: *Eisenberg*, Beweisrecht).
– Vernehmung und Aussage (insbesondere) im Strafverfahren aus empirischer Sicht – Teil 2; in: JZ 1984, 961–966.
Eisler, Rudolf: Wörterbuch der philosophischen Begriffe, 3. Aufl., Berlin 1910 (zit.: *Eisler*, Wörterbuch).
Ekelöf, Per Olof: Beweiswert; in: Festschrift für Fritz Bauer, herausgegeben von Wolfgang Grunsky, Rolf Stürner, Gerhard Walter und Manfred Wolf, Tübingen 1981, S. 343–363 (zit.: *Ekelöf*, FS Baur).
– Beweiswürdigung, Beweislast und Beweis des ersten Anscheins; in: ZZP 75 (1962), 289–301.
– Free Evaluation of Evidence; in: Scandinavian Studies in Law 8 (1964), 45–66.
– La libera valutazione delle prove; in: Studi in onore di Antonio Segni, herausgegeben von der Juristischen Fakultät der Universität Rom, Mailand 1967, S. 91–113 (zit.: *Ekelöf*, FS Segni).
– Das schwedische Untergerichtsverfahren in Zivil- und Strafsachen, Vortrag gehalten vor der juristischen Studiengesellschaft in Karlsruhe am 29. Juni 1967, Karlsruhe 1968 (zit.: *Ekelöf*, Untergerichtsverfahren).
Ekelöf, Per Olof/Borman, Robert: Rättegång, Vierter Band, 6. Aufl., Stockholm 1992 (zit.: *Ekelöf/Borman*, Rättegång IV).
Endemann, Wilhelm: Die Beweislehre des Civilprozesses, Heidelberg 1860 (zit.: *Endemann*, Beweislehre).
Endruweit, Günter: Die Wahlfeststellung und die Problematik der Überzeugungsbildung, der Identitätsbestimmung, der Urteilssyllogistik sowie der sozialen und personalen Gleichwertigkeit von Straftaten, Köln 1973 (zit.: *Endruweit*, Wahlfeststellung).
Engels, Dieter: Beweisantizipationsrecht und Beweiserhebungsumfang im Strafprozeß; in: GA 1981, 21–36.

Engels, Gudrun: Der Anscheinsbeweis der Kausalität unter besonderer Berücksichtigung der neueren Rechtsprechung, Frankfurt a.M. 1994 (zit.: *Gudrun Engels*, Anscheinsbeweis).

Engisch, Karl: Einführung in das juristische Denken, 9. Aufl., Stuttgart 1997 (zit.: *Engisch*, Einführung).

– Die Einheit der Rechtsordnung, Neudruck der Ausgabe Heidelberg 1935, Darmstadt 1987 (zit.: *Engisch*, Einheit).

– Die Kausalität als Merkmal der strafrechtlichen Tatbestände, Tübingen 1931 (zit.: *Engisch*, Kausalität).

– Logische Studien zur Gesetzesanwendung, 3. Aufl., Heidelberg 1963 (zit.: *Engisch*, Studien).

– Untersuchungen über Vorsatz und Fahrlässigkeit im Strafrecht, Neudruck der Ausgabe Berlin 1930, Aalen 1964 (zit.: *Engisch*, Untersuchungen).

– Wahrheit und Richtigkeit im juristischen Denken, München 1963 (zit.: *Engisch*, Wahrheit).

Enneccerus, Ludwig/Nipperdey, Hans Carl: Allgemeiner Teil des Bürgerlichen Rechts, Erster Halbband: Allgemeine Lehren, Personen, Rechtsobjekte, 15. Aufl., Tübingen 1959 (zit.: *Enneccerus/Nipperdey*, BGB AT I).

Eppner, Dirk/Hahn, Antje: Die Tatbestände der Beleidigungsdelikte; in: JA 2006, 860–863.

Erb, Volker: Rechtmäßiges Alternativverhalten und seine Auswirkungen auf die Erfolgszurechnung im Strafrecht. Eine systematische Darstellung unter Berücksichtigung der entsprechenden zivilrechtlichen Fragestellung, Berlin 1991 (zit.: *Erb*, Alternativverhalten).

– Zur „Legitimation" von Fehlverurteilungsrisiken; in: Festschrift für Peter Rieß zum 70. Geburtstag am 4. Juni 2002, herausgegeben von Ernst-Walter Hanack, Hans Hilger, Volkmer Mehle und Gunter Widmaier, Berlin 2002, S. 77–92 (zit.: *Erb*, FS Rieß).

– Strafrechtswissenschaft, höchstrichterliche Rechtsprechung und tatrichterliche Praxis des Strafrechts; in: ZStW 113 (2001), 1–39.

– Die Zurechnung von Erfolgen im Strafrecht; in: JuS 1994, 449–456.

Eschelbach, Ralf: Feststellungen; in: Strafverteidigung, Revision und die gesamten Strafrechtswissenschaften, Festschrift für Gunter Widmaier zum 70. Geburtstag, herausgegeben von Heinz Schöch, Helmut Satzger, Gerhard Schäfer, Alexander Ignor und Christoph Knauer, Köln 2008, S. 127–146 (zit.: *Eschelbach*, FS Widmaier).

Eser, Albin: Funktionswandel strafrechtlicher Prozeßmaximen: Auf dem Weg zur „Reprivatisierung" des Strafverfahrens? in: ZStW 104 (1992), 361–397.

Essler, Wilhelm K.: Induktive Logik. Grundlagen und Voraussetzungen, Freiburg 1970 (zit.: *Essler*, Logik).

Evers, Andreas: Begriff und Bedeutung der Wahrscheinlichkeit für die richterliche Beweiswürdigung, Freiburg (Breisgau) 1979 (zit.: *Evers*, Begriff).

Eyermann, Erich: Verwaltungsgerichtsordnung-Kommentar, 13. Aufl., München 2010 (zit.: Eyermann/*Bearbeiter*, VwGO).

Fahl, Christian: Anmerkung zu BGH, Beschl. v. 23. 4. 2007 – GSSt 1/06, JR 2007, 340; in: JR 2007, 345–349.

Feine, Hans Erich: Kirchliche Rechtsgeschichte: Die katholische Kirche, 4. Aufl., Köln 1964 (zit.: *Feine*, Rechtsgeschichte).

Festinger, Leon: Theorie der kognitiven Dissonanz, herausgegeben von Martin Irle und Volker Möntmann, Bern 1978 (zit.: *Festinger*, Theorie).

Fetzer, Rhona: Beweiserhebung und Beweiswürdigung im Verkehrsunfallprozess; in: MDR 2009, 602–607.

Feuerbach, Anselm Ritter von: Betrachtungen über das Geschwornen-Gericht, Landshut 1813 (zit.: *Feuerbach*, Geschworenengericht).

– Lehrbuch des gemeinen in Deutschland gültigen Peinlichen Rechts, 14. Aufl., Giessen 1847 (zit.: *Feuerbach*, Lehrbuch).

Feuerpeil, Lothar: Der Beweisablehnungsgrund der Offenkundigkeit gemäß § 244 Abs. 3 Satz 2, 1. Var. StPO, Pfaffenweiler 1987 (zit.: *Feuerpeil*, Offenkundigkeit).

Fezer, Gerhard: Amtsaufklärungsgrundsatz und Beweisantragsrecht; in: 50 Jahre Bundesgerichtshof, Festgabe aus der Wissenschaft, Band IV: Strafrecht und Strafprozeßrecht, herausgegeben von Claus Roxin und Gunter Widmaier, München 2000, S. 847–881 (zit.: *Fezer*, FG BGH IV).

– Tatrichterlicher Erkenntnisprozeß – „Freiheit" der Beweiswürdigung –; in: StV 1995, 95–101.

– Möglichkeiten einer Reform der Revision in Strafsachen. Eine Untersuchung unter besonderer Berücksichtigung der gegenwärtigen Vorschläge zur Rechtsmittelreform, Tübingen 1975 (zit.: *Fezer*, Möglichkeiten).

– Die erweiterte Revision – Legitimierung der Rechtswirklichkeit? Inhaltsanalyse eines Jahrgangs unveröffentlichter Entscheidungen des Bundesgerichtshofs in Strafsachen, Tübingen 1974 (zit.: *Fezer*, Revision).

– Strafprozessrecht, 2. Aufl., München 1995 (zit.: *Fezer*, Strafprozessrecht).

Figge: Anmerkung zu AG Hamburg, Urt. v. 27. 2. 1948 – 142 DS 124/47, MDR 949, 574; in: MDR 1949, 575.

Fikentscher, Wolfgang: Methoden des Rechts in vergleichender Darstellung, Band III: Mitteleuropäischer Rechtskreis, Tübingen 1976 (zit.: *Fikentscher*, Methoden III).

– Methoden des Rechts in vergleichender Darstellung, Band IV: Dogmatischer Teil, Tübingen 1977 (zit.: *Fikentscher*, Methoden IV).

Fincke, Martin: Die Gewißheit als hochgradige Wahrscheinlichkeit; in: GA 1973, 266–272.

Finkelstein, Michael O./Fairley, William B.: A Bayesian Approach to Identification Evidence; in: 83 Harv. L. Rev. (1970), 489–517.

Fischer, Thomas: Zur Abgrenzung von Zirkelschluß und erlaubter Beweiswürdigung; in: StV 1993, 670–672.

– Aussagewahrheit und Glaubhaftigkeitsbegutachtung. Anmerkungen zum Beweiswert von Glaubhaftigkeitsgutachten im Strafverfahren; in: Strafverteidigung, Revision und die gesamten Strafrechtswissenschaften, Festschrift für Gunter Widmaier zum 70. Geburtstag, herausgegeben von Heinz Schöch, Helmut Satzger, Gerhard Schäfer, Alexander Ignor und Christoph Knauer, Köln 2008, S. 191–222 (zit.: *Fischer*, FS Widmaier).

– Glaubwürdigkeitsbeurteilung und Beweiswürdigung – Von der Last der „ureigenen Aufgabe" –; in: NStZ 1994, 1–5.

– Strafgesetzbuch und Nebengesetze, 58. Aufl., München 2011 (zit.: *Fischer*).

Fleck, Hans-Joachim: Der Beweis des ersten Anscheins in der Rechtsprechung des BGH; in: VersR 1956, 329–332.

Fleming, John G.: The Law of Torts, 9. Aufl., Sydney 1998 (zit.: *Fleming*, Law).

Foth, Eberhard: Anmerkung zu BVerfG, Beschl. v. 8. 5. 1991 – 2 BvR 1380/90, NStZ 1991, 499; in: NStZ 1992, 444–447.

– Bemerkungen zum Zweifelssatz (in dubio pro reo); in: NStZ 1996, 423–424.

– Die Entwicklung des Beweisantragsrechts. Bemerkungen – Überlegungen; in: Strafverteidigung, Revision und die gesamten Strafrechtswissenschaften, Festschrift für Gunter Widmaier zum 70. Geburtstag, herausgegeben von Heinz Schöch, Helmut Satzger, Gerhard Schäfer, Alexander Ignor und Christoph Knauer, Köln 2008, S. 223–238 (zit.: *Foth*, FS Widmaier).

Foth, Eberhard/Karcher, Walter: Überlegungen zur Behandlung des Sachbeweises im Strafverfahren; in: NStZ 1989, 166–173.

Francke, Fritz: Umstrittene richterliche Überzeugung; in: DRiZ 1960, 434–435.

Franzen, Winfried: Die Bedeutung von „wahr" und „Wahrheit". Analysen zum Wahrheitsbegriff und zu einigen neueren Wahrheitstheorien, München 1982 (zit.: *Franzen*, Bedeutung).

Frege, Gottlob: Funktion, Begriff, Bedeutung. Fünf logische Studien, herausgegeben und eingeleitet von Günther Patzig, 6. Aufl., Göttingen 1986 (zit.: *Frege*, Funktion).

Freund, Georg: Anmerkung zu BGH, Urt. v. 20. 11. 1986 – 4 StR 633/86, JR 1988, 115; in: JR 1988, 116–118.

– Anmerkung zu OLG Köln, Beschl. v. 14. 12. 1988 – Ss 685/88, StV 1989, 156; in: StV 1991, 23–26.

- Normative Probleme der „Tatsachenfeststellung“. Eine Untersuchung zum tolerierten Risiko einer Fehlverurteilung im Bereich subjektiver Deliktsmerkmale, Heidelberg 1987 (zit.: *Freund*, Probleme).
- Strafrecht Allgemeiner Teil. Personale Straftatlehre, 2. Aufl., Berlin 2009 (zit.: *Freund*, AT).
- Die Tatfrage als Rechtsfrage. „Persönliche Gewißheit“, „objektive Schuldwahrscheinlichkeit“ und rechtsgenügender Beweis; in: Strafverfahrensrecht in Theorie und Praxis, Festschrift für Lutz Meyer-Goßner zum 65. Geburtstag, herausgegeben von Albin Eser, Jürgen Goydke, Kurt Rüdiger Maatz und Dieter Meurer, München 2001, S. 409–429 (zit.: *Freund*, FS Meyer-Goßner).
- Zulässigkeit, Verwertbarkeit und Beweiswert eines heimlichen Stimmenvergleichs – BGHSt 40, 66; in: JuS 1995, 394–398.
- Der Zweckgedanke im Strafrecht? in: GA 1995, 4–22.

Friederichs, Helmut: Persönliche Gutachterpflicht in Kliniken und Obergutachten; in: DRiZ 1971, 312–313.

Frisch, Wolfgang: Die Conditio-Formel: Anweisung zur Tatsachenfeststellung oder normative Aussage? in: Festschrift für Karl Heinz Gössel zum 70. Geburtstag am 16. Oktober 2002, herausgegeben von Dieter Dölling und Volker Erb, Heidelberg 2002, S. 51–71 (zit.: *Frisch*, FS Gössel).
- Gegenwartsprobleme des Vorsatzbegriffs und der Vorsatzfeststellung am Beispiel der AIDS-Diskussion; in: Gedächtnisschrift für Karlheinz Meyer, herausgegeben von Klaus Geppert und Diether Dehnicke, Berlin 1990, S. 533–566 (zit.: *Frisch*, GedS Karlheinz Meyer).
- An den Grenzen des Strafrechts; in: Beiträge zur Rechtswissenschaft, Festschrift für Walter Stree und Johannes Wessels zum 70. Geburtstag, herausgegeben von Wilfried Küper und Jürgen Welp, Heidelberg 1993, S. 69–106 (zit.: *Frisch*, FS Stree/Wessels).
- Zum Wesen des Grundsatzes „in dubio pro reo“; in: Grundfragen der gesamten Strafrechtswissenschaft, Festschrift für Heinrich Henkel zum 70. Geburtstag am 12. September 1973, herausgegeben von Claus Roxin, Berlin 1974, S. 273–286 (zit.: *Frisch*, FS Henkel).

Frister, Helmut: Zur Bedeutung der Unschuldsvermutung (Art. 6 II MRK) und zum Problem „gerichtskundiger Tatsachen“ – BGH, Urt. v. 30. 10. 1986 – 4 StR 499/86 –; in: Jura 1988, 356–363.
- Die persönliche Gewißheit als Verurteilungsvoraussetzung im Strafprozeß; in: Festschrift für Gerald Grünwald zum siebzigsten Geburtstag, herausgegeben von Erich Samson, Friedrich Dencker, Peter Frisch, Helmut Frister und Wolfram Reiß, Baden-Baden 1999 S. 169–196 (zit.: *Frister*, FS Grünwald).
- Strafrecht Allgemeiner Teil, 4. Aufl., München 2009 (zit.: *Frister*, AT).
- Das Verhältnis von Beweisantragsrecht und gerichtlicher Aufklärungspflicht im Strafprozeß; in: ZStW 105 (1993), 340–363.

Gallas, Wilhelm: Zum Begriff der „Falschheit“ der eidlichen und uneidlichen Aussage; in: GA 1957, 315–323.
- Beiträge zur Verbrechenslehre, Berlin 1968 (zit.: *Gallas*, Beiträge).
- Verleitung zum Falscheid; in: Festschrift für Karl Engisch zum 70. Geburtstag, herausgegeben von Paul Bockelmann, Arthur Kaufmann und Ulrich Klug, Frankfurt a. M. 1969, S. 600–620 (zit.: *Gallas*, FS Engisch).

Gallwas, Hans-Ullrich: Verfassungsrechtliche Aspekte der Halterhaftung bei Parkverstößen; in: 19. Deutscher Verkehrsgerichtstag 1981, herausgegeben von der Deutschen Akademie für Verkehrswissenschaft, Hamburg 1981, S. 152–160 (zit.: *Gallwas*, 19. VGT).

Gaul, Hans Friedhelm: Die Neuregelung des Abstammungsrechts durch das Kindschaftsrechtsreformgesetz; in: FamRZ 1997, 1441–1466.

Geerds, Friedrich: Revision bei Verstoß gegen Denkgesetze oder Erfahrungssätze? Ein Beitrag zum Umfang und zur Arbeit richterlicher Kontrolle; in: Einheit und Vielfalt des Strafrechts, Festschrift für Karl Peters zum 70. Geburtstag, herausgegeben von Jürgen Baumann und Klaus Tiedemann, Tübingen 1974, S. 266–283 (zit.: *Geerds*, FS Peters).

Geib, Karl Gustav: Geschichte des römischen Kriminalprozesses bis zum Tode Justinians, Neudruck der Ausgabe Leipzig 1842, Aalen 1969 (zit.: *Geib*, Geschichte).
Geiger, Harald: Amtsermittlung und Beweiserhebung im Verwaltungsprozeß; in: BayVBl. 1999, 321–331.
Geipel, Andreas: Handbuch der Beweiswürdigung, Münster 2008 (zit.: *Geipel*, Handbuch).
– Die Notwendigkeit der Objektivierung der Beweiswürdigung und Vorschläge zu ihrer Durchführung, Münster 2008 (zit.: *Geipel*, Notwendigkeit).
– Die geheimen contra legem Regeln im ordentlichen Prozess. Ein kritischer Bericht aus der Praxis zur Existenz geheimer contra legem Regeln; in: AnwBl. 2006, 784–787.
– Die Verteidigung bei Straftaten gegen die sexuelle Selbstbestimmung; in: StV 2008, 271–276.
Geisler, Claudius: Objektive Strafbarkeitsbedingungen und „Abzugsthese" – Methodologische Vorüberlegungen zur Vereinbarkeit objektiver Strafbarkeitsbedingungen mit dem Schuldprinzip –; in: GA 2000, 166–179.
– Zur Vereinbarkeit objektiver Bedingungen der Strafbarkeit mit dem Schuldprinzip. Zugleich ein Beitrag zum Freiheitsbegriff des modernen Schuldstrafrechts, Berlin 1998 (zit.: *Geisler*, Vereinbarkeit).
Geiß, Karlmann: Geleitwort; in: Festschrift aus Anlaß des fünfzigjährigen Bestehens von Bundesgerichtshof, Bundesanwaltschaft und Rechtsanwaltschaft beim Bundesgerichtshof, herausgegeben von Karlmann Geiß, Kay Nehm, Hans Erich Brandner und Horst Hagen, Köln 2000, S. V–VI (zit.: *Geiß*, FS BGH).
Geppert, Klaus: Zur Abgrenzung von bedingtem Vorsatz und bewußter Fahrlässigkeit; in: Jura 1986, 610–613.
– Zur Abgrenzung von Vorsatz und Fahrlässigkeit, insbesondere bei Tötungsdelikten; in: Jura 2001, 55–59.
– Die Akzessorietät der Teilnahme (§ 28 StGB) und die Mordmerkmale; in: Jura 2008, 34–40.
– Amtsaufklärungspflicht (§ 244 Abs. 2 StPO) und Aufklärungsrüge im Strafprozess; in: Jura 2003, 255–262.
– Auskunftsverweigerung des Betroffenen und freie richterliche Beweiswürdigung bei sog. „Kennzeichenanzeigen"; in: JK, StPO § 261/1.
– Zur straf- und strafverfahrensrechtlichen Bewältigung von Serienstraftaten nach Wegfall der Rechtsfigur der „fortgesetzten Handlung" – 1. Teil; in: NStZ 1996, 57–63.
– Das Beweisverbot des § 252 StPO; in: Jura 1988, 305–314 und 363–371.
– Zum Beweiswert eines gescheiterten Alibi-Beweises. – „In dubio pro reo" und Alibi-Beweis; in: JK, StPO § 261/2.
– Zur Beweiswürdigung bei fehlendem Alibi-Beweis; in: JK 96, StPO § 261/10.
– Schriftliche und mündliche Erklärungen des Verteidigers als Einlassung des Angeklagten selbst? in: Festschrift für Hans-Joachim Rudolphi zum 70. Geburtstag, herausgegeben von Klaus Rogall, Ingeborg Puppe, Ulrich Stein und Jürgen Wolter, Neuwied 2004, S. 643–659 (zit.: *Geppert*, FS Rudolphi).
– Zur Feststellung der Fahruntüchtigkeit nach Drogenkonsum; in: JK 99, StGB § 316/6.
– Gefährdung des Straßenverkehrs (§ 315 c StGB) und Trunkenheit im Verkehr (§ 316 StGB); in: Jura 2001, 559–567.
– Zu den Grenzen der Telefonüberwachung von Strafverteidigern; in: JK 2/08, StPO § 100 a/12.
– Grundfragen der Aussagedelikte (§§ 153 ff. StGB); in: Jura 2002, 173–181.
– Grundlegendes und Aktuelles zur Unschuldsvermutung des Art. 6 Abs. 2 der Europ. Menschenrechtskonvention; in: Jura 1993, 160–165.
– Der Grundsatz der freien Beweiswürdigung (§ 261 StPO); in: Jura 2004, 105–113.
– Der Grundsatz der Unmittelbarkeit im deutschen Strafverfahren, Berlin 1979 (zit.: *Geppert*, Unmittelbarkeit).
– Grundzüge der Konkurrenzlehre (§§ 52–55 StGB); in: Jura 1982, 358–371 und 418–429.
– Grundzüge der Konkurrenzlehre (§§ 52–55 StGB). Erster Teil: Allgemeine Grundlagen; in: Jura 2000, 598–603.

– Grundzüge der Konkurrenzlehre (§§ 52–55 StGB). Zweiter und letzter Teil: Ideal-, Real- und Gesetzeskonkurrenz; in: Jura 2000, 651–657.
– Die subjektiven Rechtfertigungselemente; in: Jura 1995, 103–107.
– Der Sachverständigenbeweis; in: Jura 1993, 249–256.
– Straftaten gegen die Ehre (§§ 185 ff. StGB); in: Jura 1983, 530–544 und 580–592.
– Zur Systematik der Beleidigungsdelikte und zur Bedeutung des Wahrheitsbeweises im Rahmen der §§ 185 ff. StGB; in: Jura 2002, 820–825.
– Zum sog. „Unmittelbarkeitserfordernis" bei erfolgsqualifizierten Delikten, hier: bei § 226 StGB; in: JK, StGB § 226 a. F./2.
– Zur Unzulässigkeit von heimlichen Online-Durchsuchungen eines Personalcomputers/Laptops; in: JK 7/07, StPO § 102/3.
– Zur Verwertbarkeit eines im Krankenzimmer heimlich aufgezeichneten Selbstgesprächs; in: JK 3/06, StPO § 100 c/6.
– Die Volltrunkenheit (§ 323 a StGB); in: Jura 2009, 40–49.
– Wechselwirkungen zwischen materiellem Strafrecht und Strafprozeßrecht; in: Gedächtnisschrift für Ellen Schlüchter, herausgegeben von Gunnar Duttge, Gerd Geilen, Lutz Meyer-Goßner und Günter Warda, Köln 2002, S. 43–64 (zit.: *Geppert*, GedS Schlüchter).
Germelmann, Claas-Hinrich/Matthes, Hans-Christoph/Müller-Gloge, Rudi/Prütting, Hanns: Arbeitsgerichtsgesetz – Kommentar, 6. Aufl., München 2008 (zit.: *Bearbeiter* in Germelmann/ Matthes/Müller-Gloge/Prütting, ArbGG).
Geyer, August: Lehrbuch des gemeinen deutschen Strafproceßrechts, Leipzig 1880 (zit.: *Geyer*, Strafproceßrecht).
– Der Beweis im Strafprozeß (insbesondere der Beweis durch Augenschein, Sachverständige und Zeugen); in: Handbuch des deutschen Strafprozeßrechts, Erster Band, herausgegeben von Franz von Holtzendorff, Berlin 1879, S. 185–304 (zit.: *Geyer*, Handbuch I).
Gilles, Peter: Zum Bedeutungszuwachs und Funktionswandel des Prozeßrechts. Ein Überblick über interdisziplinäre Entwicklungen im Zivilprozeßrecht; in: JuS 1981, 402–409.
Glaser, Julius: Abhandlungen aus dem österreichischen Strafrecht, Neudruck der Ausgabe Wien 1858, Aalen 1978 (zit.: *Glaser*, Abhandlungen).
– Beiträge zur Lehre vom Beweis im Strafprozess, Neudruck der Ausgabe Leipzig 1883, Aalen 1978 (zit.: *Glaser*, Beiträge).
– Handbuch des Strafprozesses, Erster Band, Leipzig 1883 (zit.: *Glaser*, Handbuch I).
Gleß, Sabine: Beweisrechtsgrundsätze einer grenzüberschreitenden Strafverfolgung, Baden-Baden 2006 (zit.: *Sabine Gleß*, Beweisrechtsgrundsätze).
Gmür, Rudolf/Roth, Andreas: Grundriss der deutschen Rechtsgeschichte, 12. Aufl., Köln 2008 (zit.: *Gmür/Roth*, Grundriss).
Gössel, Karl Heinz: Anmerkung zu BGH, Beschl. v. 23. 11. 2004 – KRB 23/04, JR 2005, 389; in: JR 2005, 391–393.
– Ermittlung oder Herstellung von Wahrheit im Strafprozeß? Vortrag gehalten vor der Juristischen Gesellschaft zu Berlin am 2. Juni 1999, Berlin 2000 (zit.: *Gössel*, Ermittlung).
– Über die Pflicht zur Ermittlung der materiell-objektiven Wahrheit und die Zuständigkeiten zur Eröffnung eines Strafverfahrens und zu dessen Durchführung; in: Strafverfahrensrecht in Theorie und Praxis, Festschrift für Lutz Meyer-Goßner zum 65. Geburtstag, herausgegeben von Albin Eser, Jürgen Goydke, Kurt Rüdiger Maatz und Dieter Meurer, München 2001, S. 187–206 (zit.: *Gössel*, FS Meyer-Goßner).
– Der Schutz der Ehre; in: Gedächtnisschrift für Ellen Schlüchter, herausgegeben von Gunnar Duttge, Gerd Geilen, Lutz Meyer-Goßner und Günter Warda, Köln 2002, S. 295–315 (zit.: *Gössel*, GedS Schlüchter).
– Strafverfahrensrecht, Stuttgart 1977 (zit.: *Gössel*, Strafverfahrensrecht).
– Alte und neue Wege der Fahrlässigkeitslehre; in: Festschrift für Karl Bengl, herausgegeben von August R. Lang, München 1984, S. 23–40 (zit.: *Gössel*, FS Bengl).

Gössel, Karl Heinz/Dölling, Dieter: Strafrecht Besonderer Teil 1, 2. Aufl., Heidelberg 2004 (zit.: *Gössel/Dölling*, BT 1).

Goethe, Johann Wolfgang von: Goethes Werke, Weimarer Ausgabe, 42. Band: Zweite Abtheilung, Cambridge 1995 (zit.: *Goethe,* Goethes Werke 42. Band – Zweite Abtheilung).

– Faust, Der Tragödie erster Teil, Husum/Nordsee 2007 (zit.: *Goethe*, Faust 1).

Goldschmidt, James: Anmerkung zu RG, Urt. v. 23. 1. 1928 – 2 D 953/27, JW 1929, 48; in: JW 1929, 48–49.

– Der Prozess als Rechtslage. Eine Kritik des prozessualen Denkens, Neudruck der Ausgabe Berlin 1925, Aalen 1962 (zit.: *Goldschmidt*, Prozess).

Gollwitzer, Walter: Anmerkung zu BGH, Beschl. v. 29. 8. 1974 – 4 StR 171/74, JR 1975, 381; in: JR 1975, 382–383.

Gottwald, Peter: Die Revisionsinstanz als Tatsacheninstanz, Berlin 1975 (zit.: *Gottwald*, Revisionsinstanz).

– Schadenszurechnung und Schadensschätzung. Zum Ermessen des Richters im Schadensrecht und im Schadensersatzprozeß, München 1979 (zit.: *Gottwald*, Schadenszurechnung).

– Sonderregeln der Beweislastverteilung; in: Jura 1980, 303–313.

Gottwald, Siegfried/Kästner, Herbert/Rudolph, Helmut: Meyers Kleine Enzyklopädie Mathematik, 14. Aufl., Mannheim 1995 (zit.: *Gottwald/Kästner/Rudolph*, Enzyklopädie Mathematik).

Grabenwarter, Christoph: Europäische Menschenrechtskonvention, 4. Aufl., München 2009 (zit.: *Grabenwarter*, Menschenrechtskonvention).

Gräber, Fritz: Finanzgerichtsordnung mit Nebengesetzen, 7. Aufl., München 2010 (zit.: Gräber/*Bearbeiter*, FGO).

Grasnick, Walter: Wahres über die Wahrheit – auch im Strafprozeß; in: 140 Jahre Goltdammer's Archiv für Strafrecht. Eine Würdigung zum 70. Geburtstag von Paul-Günter Pötz, herausgegeben von Jürgen Wolter, Heidelberg 1993, S. 55–75 (zit.: *Grasnick*, 140 Jahre GA).

Graßberger, Roland: Psychologie des Strafverfahrens, 2. Aufl., Wien 1968 (zit.: *Graßberger*, Psychologie).

Graul, Eva: Können auch Erfahrungssätze und Rechtssätze Tatsachen i. S. des § 263 StGB sein? Insbesondere zur Tatsachenqualität des Marktpreises beim sog. Preisgestaltungsbetrug; in: JZ 1995, 595–603.

– Systematische Untersuchungen zur Offenkundigkeit im Strafprozess, Marburg 1996 (zit.: *Eva Graul*, Offenkundigkeit).

Grave, Helmut/Mühle, Hans-Jochen: Denkgesetze und Erfahrungssätze als Prüfungsmaßstab im Revisionsverfahren; in: MDR 1975, 274–29.

Greger, Reinhard: Beweis und Wahrscheinlichkeit. Das Beweiskriterium im allgemeinen und bei den sogenannten Beweiserleichterungen, Köln 1978 (zit.: *Greger*, Beweis).

– Praxis und Dogmatik des Anscheinsbeweises; in: VersR 1980, 1091–1104.

Grimm, Jacob: Deutsche Rechtsalterthümer, Band II, 4. Aufl., Leipzig 1899 (zit.: *Grimm*, Rechtsalterthümer II).

Grohmann, Peter: Deutsches Promillerecht – Überblick und Leitfaden für die verkehrsgerichtliche Praxis –; in: BA 33 (1996), 177–200.

Gropp, Walter: Strafrecht Allgemeiner Teil, 3. Aufl., Berlin 2005 (zit.: *Gropp*, AT).

Gross, Hans: Kriminal-Psychologie, 2. Aufl., Leipzig 1905 (zit.: *Hans Gross*, Kriminal-Psychologie).

Grüner, Oskar: Die rechtsmedizinische Begutachtung – Beweiswert und Grenzen; in: Kriminalistik und Strafrecht, Festschrift für Friedrich Geerds zum 70. Geburtstag, herausgegeben von Ellen Schlüchter, Lübeck 1995, S. 441–454 (zit.: *Grüner*, FS Geerds).

Grünwald, Gerald: Anmerkung zu BVerfG, Beschl. v. 21. 1. 1976 – 2 BvR 941/75, JZ 1976, 766; in: JZ 1976, 767–773.

– Anmerkung zu BVerfG, Beschl. v. 8. 1. 1981 – 2 BvR 873/80, StV 1981, 323; in: StV 1981, 326–329.

– Das Beweisrecht der Strafprozessordnung, Baden-Baden 1993 (zit.: *Grünwald*, Beweisrecht).

– Der Vorsatz des Unterlassungsdelikts; in: Beiträge zur gesamten Strafrechtswissenschaft, Festschrift für Hellmuth Mayer zum 70. Geburtstag am 1. Mai 1965, herausgegeben von Friedrich Geerds und Wolfgang Naucke, Berlin 1966 (zit.: *Grünwald*, FS Hellmuth Mayer).

– Die Wahrunterstellung im Strafverfahren; in: Festschrift für Richard M. Honig zum 80. Geburtstag 3. Januar 1970, dargebracht von Freunden und Kollegen, Göttingen 1970, S. 53–68 (zit.: *Grünwald*, FS Honig).

Grunsky, Wolfgang: Arbeitsgerichtsgesetz – Kommentar, 7. Aufl., München 1995 (zit.: *Grunsky*, ArbGG).

– Grundlagen des Verfahrensrechts. Eine vergleichende Darstellung von ZPO, FGG, VwGO, FGO und SGG, 2. Aufl., Bielefeld 1974 (zit.: *Grunsky*, Grundlagen).

– Zivilprozessrecht, 13. Aufl., München 2008 (zit.: *Grunsky*, Zivilprozessrecht).

Günther, Hans-Ludwig: Systematische Grundlagen der Strafzumessung – eine Bestandsaufnahme –; in: JZ 1989, 1025–1030.

Gusy, Christoph: Verfassungsfragen des Strafprozeßrechts; in: StV 2002, 153–160.

Gutmann, Alexander: Die Aufklärungspflicht des Gerichts und der Beweiserhebungsanspruch der „Parteien" im Strafprozeß; in: JuS 1962, 369–378.

Haas, Volker: Kausalität und Rechtsverletzung, Tübingen 2002 (zit.: *Haas*, Kausalität).

Habermas, Jürgen: Vorbereitende Bemerkungen zu einer Theorie der kommunikativen Kompetenz (Vorlage für Zwecke einer Seminardiskussion); in: Theorie-Diskussion Jürgen Habermas/Niklas Luhmann: Theorie der Gesellschaft oder Sozialtechnologie – Was leistet die Systemforschung? Frankfurt a. M. 1974, S. 101–141 (zit.: *Habermas*, Theorie).

– Theorie der Gesellschaft oder Sozialtechnologie? Eine Auseinandersetzung mit Niklas Luhmann; in: Theorie-Diskussion Jürgen Habermas/Niklas Luhmann: Theorie der Gesellschaft oder Sozialtechnologie – Was leistet die Systemforschung? Frankfurt a. M. 1974, S. 142–290 (zit.: *Habermas*, Theorie-Diskussion).

– Vorstudien und Ergänzungen zur Theorie des kommunikativen Handelns, Frankfurt a. M. 1995 (zit.: *Habermas*, Vorstudien).

– Wahrheit und Rechtfertigung. Philosophische Aufsätze, Frankfurt a. M. 1999 (zit.: *Habermas*, Wahrheit).

– Wahrheitstheorien; in: Wirklichkeit und Reflexion, Festschrift für Walter Schulz zum 60. Geburtstag, Pfullingen 1973, S. 211–256 (zit.: *Habermas*, FS Walter Schulz).

Haekel, G.: Schadensersatzpflicht des Rheders beim Zusammenstoß von Schiffen; in: ZHR 52 (1902), 171–221.

Hälschner, Hugo: Das gemeine deutsche Strafrecht, Band 2, Abtheilung 2: Der besondere Theil des Systems, Bonn 1887 (zit.: *Hälschner*, Strafrecht II/2).

– Das preußische Strafrecht, Teil 1: Geschichte des brandenburgisch-preussischen Strafrechts, Neudruck der Ausgabe Bonn 1855, Aalen 1975 (zit.: *Hälschner*, Strafrecht 1).

Haft, Fritjof: Strafrecht Allgemeiner Teil, 9.Aufl., München 2004 (zit.: *Haft*, AT).

Hagenloch, Ulrich: Wahrscheinlichkeitsermittlung beim Indizienbeweis aus revisionsrechtlicher Sicht; in: DRiZ 1990, 392–396.

Hahn, Carl: Die gesammten Materialien zu den Reichs-Justizgesetzen, Zweiter Band: Die gesammten Materialien zur Civilprozeßordnung und dem Einführungsgesetz zu derselben vom 30. Januar 1877, Erste Abtheilung, Berlin 1880 (zit.: *Hahn*, Materialien ZPO 1).

– Die gesammten Materialien zu den Reichs-Justizgesetzen, Zweiter Band: Die gesammten Materialien zur Civilprozeßordnung und dem Einführungsgesetz zu derselben vom 30. Januar 1877, Zweite Abtheilung, Berlin 1880 (zit.: *Hahn*, Materialien ZPO 2).

– Die gesammten Materialien zu den Reichs-Justizgesetzen, Dritter Band: Die gesammten Materialien zur Strafprozeßordnung und dem Einführungsgesetz zu derselben vom 1. Februar 1877, Erste Abtheilung, Berlin 1880 (zit.: *Hahn*, Materialien StPO 1).

– Die gesammten Materialien zu den Reichs-Justizgesetzen, Dritter Band: Die gesammten Materialien zur Strafprozeßordnung und dem Einführungsgesetz zu derselben vom 1. Februar 1877, Zweite Abtheilung, Berlin 1881 (zit.: *Hahn*, Materialien StPO 2).

– Die gesammten Materialien zu den Reichs-Justizgesetzen, Sechster Band: Materialien zum Handelsgesetzbuch, Berlin 1897 (zit.: *Hahn*, Materialien HGB).

Hainmüller, Dietmar: Der Anscheinsbeweis und die Fahrlässigkeitstat im heutigen deutschen Schadensersatzprozeß, Tübingen 1966 (zit.: *Hainmüller*, Anscheinsbeweis).

– Buchbesprechung von Bernhard M. Maassen, Beweismaßprobleme im Schadensersatzprozeß, Köln 1975; in: ZZP 90 (1977), 326–337.

Haisch, Jochen: Informationsbewertung und Strafurteil durch Juristen und Laien. Zum technologischen Gebrauch sozialwissenschaftlicher Theorien, Mannheim 1973 (zit.: *Haisch*, Informationsbewertung).

Haller, Berthold/Klein, Hartmut: Überlegungen zum kriminaltechnischen Sachbeweis und den Möglichkeiten seiner wahrscheinlichkeitstheoretischen Bewertung; in: ArchKrim 177 (1986), 9–18.

Haller, Klaus/Conzen, Klaus: Das Strafverfahren. Eine systematische Darstellung mit Originalakte und Fallbeispielen, 5. Aufl., Heidelberg 2008 (zit.: *Haller/Conzen*, Strafverfahren).

Halsbury's laws of England, Volume 17, by Lord Hailsham of St. Marylebone, 4. Edition, London 1976 (zit.: Halsbury's laws of England, Vol. 17).

– Volume 34, by Lord Hailsham of St. Marylebone, 4. Edition, London 1980 (zit.: Halsbury's laws of England, Vol. 34).

Hamm, Rainer: Der strafprozessuale Beweis der Kausalität und seine revisionsrechtliche Überprüfung. Neuer Kausalitätsbegriff oder neue Anforderungen an die richterliche Überzeugungsbildung in der „Holzschutzmittel-Entscheidung" des BGH? in: StV 1997, 159–165.

– Beweis als Rechtsbegriff und seine revisionsrechtliche Kontrolle; in: Festschrift für Gerhard Fezer zum 70. Geburtstag am 29. Oktober 2008, herausgegeben von Edda Weßlau und Wolfgang Wohlers, Berlin 2008, S. 393–412 (zit.: *Hamm*, FS Fezer).

– Die Revision in Strafsachen, 7. Aufl., Berlin 2010 (zit.: *Hamm*, Revision).

– Wert und Möglichkeiten der „Früherkennung" richterlicher Beweiswürdigung durch den Strafverteidiger; in: Wahrheit und Gerechtigkeit im Strafverfahren, Festgabe für Karl Peters aus Anlaß seines 80. Geburtstages, herausgegeben von Klaus Wasserburg und Wilhelm Haddenhorst, Heidelberg 1984, S. 169–178 (zit.: *Hamm*, FG Peters).

Hamm, Rainer/Hassemer, Winfried/Pauly, Jürgen: Beweisantragsrecht, 2. Aufl., Heidelberg 2007 (zit.: *Hamm/Hassemer/Pauly*, Beweisantragsrecht).

Hanack, Ernst Walter: Maßstäbe und Grenzen richterlicher Überzeugungsbildung im Strafprozeß – OLG Celle, NJW 1976, 2030; in: JuS 1977, 727–732.

– Die Rechtsprechung des Bundesgerichtshofs zum Strafverfahrensrecht (Bd. 11–22 der Amtlichen Sammlung); in: JZ 1972, 114–116.

Handbuch der Psychologie, 1. Band: Allgemeine Psychologie, I. Der Aufbau des Erkennens, 1. Halbband: Wahrnehmung und Bewusstsein, herausgegeben von W. Metzger, 2. Aufl., Göttingen 1966 (zit.: *Bearbeiter* in Handbuch der Psychologie I/1).

– 1. Band: Allgemeine Psychologie, I. Der Aufbau des Erkennens, 2. Halbband: Lernen und Denken, herausgegeben von R. Bergius, Göttingen 1964 (zit.: *Bearbeiter* in Handbuch der Psychologie I/2).

– 2. Band: Allgemeine Psychologie, II. Motivation, herausgegeben von H. Thomae, 2. Aufl., Göttingen 1965 (zit.: *Bearbeiter* in Handbuch der Psychologie II).

Hansen, Udo: Der Indizienbeweis; in: JuS 1992, 417–419.

Hartmann, Nicolai: Grundzüge einer Metaphysik der Erkenntnis, 5. Aufl., Berlin 1965 (zit.: *Nicolai Hartmann*, Metaphysik).

Hartung, Fritz: Zur Frage der Revisibilität der Beweiswürdigung; in: SJZ 1948, 579–584.

Hassemer, Winfried: Anmerkung zu BGH, Urt. v. 6. 7. 1990 – 2 StR 549/89, NJW 1990, 2560; in: JuS 1991, 253–255.

– Einführung in die Grundlagen des Strafrechts, 2. Aufl., München 1990 (zit.: *Hassemer*, Einführung).

– Die „Funktionstüchtigkeit der Strafrechtspflege“ – ein neuer Rechtsbegriff? in: StV 1982, 275–280.
– Gesetzesbindung und Methodenlehre; in: ZRP 2007, 213–219.
– Kennzeichen des Vorsatzes; in: Gedächtnisschrift für Armin Kaufmann, herausgegeben von Gerhard Dornseifer, Eckhard Horn, Georg Schilling, Wolfgang Schöne, Eberhard Struensee und Diethart Zielinski, Köln 1989, S. 289–309 (zit.: *Hassemer*, GedS Armin Kaufmann).
– Konsens im Strafprozeß; in: Festschrift für Rainer Hamm zum 65. Geburtstag am 24. Februar 2008, herausgegeben von Regina Michalke, Wolfgang Köberer, Jürgen Pauly und Stefan Kirsch, Berlin 2008, S. 171–189 (zit.: *Hassemer*, FS Hamm).
– Produktverantwortung im modernen Strafrecht, 2. Aufl., Heidelberg 1996 (zit.: *Hassemer*, Produktverantwortung).
– Symbolisches Strafrecht und Rechtsgüterschutz; in: NStZ 1989, 553–559.

Hattenhauer, Hans/Bernert, Günther: Allgemeines Landrecht für die preußischen Staaten, 3. Aufl, Neuwied 1996 (zit.: *Hattenhauer/Bernert*, Landrecht).

Hauck, Friedrich: Arbeitsgerichtsgesetz, 3. Aufl., München 2006 (zit.: Hauck/*Bearbeiter*, ArbGG).

Hauser, Josef: Verfolgung von Parkverstößen aus polizeilicher Sicht; in: 19. Deutscher Verkehrsgerichtstag 1981, herausgegeben von der Deutschen Akademie für Verkehrswissenschaft, Hamburg 1981, S. 127–137 (zit.: *Hauser*, 19. VGT).

Hauss, Fritz: Buchbesprechung von Jürgen Prölss, Beweiserleichterungen im Schadensersatzprozeß, Karlsruhe 1966; in: NJW 1967, 969–970.

Haverkate, Görg: Normtext – Begriff – Telos. Zu den drei Grundtypen des juristischen Argumentierens, Heidelberg 1996 (zit.: *Haverkate*, Normtext).

Hax, Herbert: Entscheidungsmodelle in der Unternehmung. Einführung in Operations Research, Reinbek bei Hamburg 1974 (zit.: *Hax*, Entscheidungsmodelle).

Heck, Philipp: Gesetzesauslegung und Interessenjurisprudenz; in: AcP 112 (1914), 1–318.

Hedemann, Justus Wilhelm: Die Vermutung nach dem Recht des Deutschen Reiches, Jena 1904 (zit.: *Hedemann*, Vermutung).

Hees, Anne van/Braitmayer, Sven-Erik: Verfahrensrecht in Patentsachen, 3. Aufl., Köln 2007 (zit.: *Hees/Braitmayer*, Verfahrensrecht).

Heescher, Heinz-Dieter: Untersuchungen zum Merkmal der freien Überzeugung in § 286 ZPO und § 261 StPO – Versuch einer Neubestimmung –, Münster 1974 (zit.: *Heescher*, Untersuchungen).

Hegenbarth, Rainer: Juristische Hermeneutik und linguistische Pragmatik dargestellt am Beispiel der Lehre vom Wortlaut als Grenze der Auslegung, Königstein/Ts. 1982 (zit.: *Hegenbarth*, Hermeneutik).

Heidegger, Martin: Dasein, Erschlossenheit und Wahrheit; in: Wahrheitstheorien. Eine Auswahl aus den Diskussionen über Wahrheit im 20. Jahrhundert, herausgegeben und eingeleitet von Gunnar Skirbekk, Frankfurt a. M. 1977, S. 413–430 (zit.: *Heidegger*, Wahrheitstheorien).
– Sein und Zeit, 16. Aufl., Tübingen 1986 (zit.: *Heidegger*, Sein).

Heidelberger Kommentar zur Strafprozessordnung, bearbeitet von Karl-Peter Julius, Björn Gercke, Hans-Joachim Kurth, Michael Lemke, Helmut Pollähne, Erardo Christoforo Rautenberg, Dieter Temming, Ines Woyner und Mark A. Zöller, 4. Aufl., Heidelberg 2009 (zit.: HK-StPO/*Bearbeiter*).

Heidemann, Justus Wilhelm: Die Vermutung nach dem Recht des Deutschen Reiches, Jena 1904 (zit.: *Heidemann*, Vermutung).

Heilbron, Brigitte: Freies pflichtgemäßes Ermessen des Richters, Breslau 1929 (zit.: *Brigitte Heilbron*, Ermessen).

Heimann-Trosien: Der vermutete Vorsatz in § 259 StGB; in: NJW 1952, 366–367.

Heine, Günter: Beweislastumkehr im Strafverfahren? in: JZ 1995, 651–657.

Heinecke, Horst-Eberhard: Individualität und Anscheinsbeweis; in: JR 1961, 48–52.

Heinrich, Bernd: Strafrecht – Allgemeiner Teil II. Besondere Erscheinungsformen der Straftat, Unterlassungs- und Fahrlässigkeitsdelikt, Irrtums-, Beteiligungs- und Konkurrenzlehre, 2. Aufl., Stuttgart 2010 (zit.: *Bernd Heinrich*, AT II).

Heinrich, Christian: Die Beweislast bei Rechtsgeschäften, Köln 1996 (zit.: *Christian Heinrich*, Beweislast).

Heinsheimer, Karl: Anmerkung zu RG, Urt. v. 10. 4. 1919 – 31/19 VI, JW 1919, 572; in: JW 1919, 572.

– Anmerkung zu RG, Urt. v. 11. 10. 1921 – 239/21 III, JW 1922, 485; in: JW 1922, 485.

– Anmerkung zu RG, Urt. v. 3. 3. 1928 – 187/27 I, JW 1928, 1747; in: JW 1928, 1747.

– Die Freiheit der richterlichen Überzeugung und die Aufgaben der Revisionsinstanz; in: Festschrift für Franz Klein zu seinem 60. Geburtstage, Wien 1914, S. 133–146 (zit.: *Heinsheimer*, FS Franz Klein).

– Der Prima-facie-Beweis und die Beweislast bei Schadensansprüchen; in: Rhein. Zeitschr. 1924, 1–10.

Helle, Ernst: Der Ehrenschutz des Freigesprochenen; in: GA 1961, 166–171.

Hellmann, Uwe: Strafprozessrecht, 2. Aufl., Berlin 2006 (zit.: *Hellmann*, Strafprozessrecht).

Hellmer, Joachim: Bewährung und Nichtbewährung des Jugendstrafrechts; in: NJW 1964, 177–181.

Hellmiß, Günter: Interpretation und Einbeziehung von kriminaltechnischen Gutachten in die Urteilsfindung – Gedanken über ein grundsätzliches Problem und Vorschläge für eine Vorgehensweise –; in: NStZ 1992, 24–27.

Hellwig, Albert: Zur Psychologie der richterlichen Urteilsfindung; in: GS 82 (1914), 403–462.

– Wahrheit und Wahrscheinlichkeit im Strafverfahren; in: GS 88 (1922), 417–454.

Hempel, Carl G.: Zur Wahrheitstheorie des logischen Positivismus; in: Wahrheitstheorien. Eine Auswahl aus den Diskussionen über Wahrheit im 20. Jahrhundert, herausgegeben und eingeleitet von Gunnar Skirbekk, Frankfurt a. M. 1977, S. 96–108 (zit.: *Hempel*, Wahrheitstheorien).

Hengesch, Georges: Das Dilemma der Glaubwürdigkeitsbeurteilung; in: ZStW 101 (1989), 611–626.

Henke, Horst-Eberhard: Individualität und Anscheinsbeweis. Gedanken zum BGH-Urteil vom 10. 11. 59; in: JR 1961, 48–51.

Henkel, Heinrich: Die „praesumtio doli" im Strafrecht; in: Festschrift für Eberhard Schmidt zum 70. Geburtstag, herausgegeben von Paul Bockelmann und Wilhelm Gallas, Neudruck der Ausgabe Göttingen 1961, Aalen 1961, S. 578–601 (zit.: *Henkel*, FS Eberhard Schmidt).

– Strafverfahrensrecht. Ein Lehrbuch, 2. Aufl., Stuttgart 1968 (zit.: *Henkel*, Strafverfahrensrecht).

– Zumutbarkeit und Unzumutbarkeit als regulatives Rechtsprinzip; in: Festschrift für Edmund Mezger zum 70. Geburtstag 15. 10. 1953, herausgegeben von Karl Engisch und Reinhart Maurach, München 1954, S. 249–309 (zit.: *Henkel*, FS Mezger).

Herberger, Maximilian/Simon, Dieter: Wissenschaftstheorie für Juristen, Frankfurt a. M. 1980 (zit.: *Herberger/Simon*, Wissenschaftstheorie).

Herdegen, Gerhard: Anmerkung zu BGH, Beschl. v. 3. 9. 1997 – 5 StR 537/97, JZ 1998, 53; in: JZ 1998, 54–56.

– Aufklärungspflicht – Beweisantragsrecht – Beweisantrag – Beweisermittlungsantrag; in: Gedächtnisschrift für Karlheinz Meyer, herausgegeben von Klaus Geppert und Diether Dehnicke, Berlin 1990, S. 187–207 (zit.: *Herdegen*, GedS Karlheinz Meyer).

– Strafrichterliche Aufklärungspflicht und Beweiswürdigung; in: NJW 2003, 3513–3516.

– Bemerkungen zum Beweisantragsrecht – 1. Teil – Zugleich Besprechung von BGH –GSSt 1/83; in: NStZ 1984, 97–103.

– Bemerkungen zum Beweisantragsrecht – 3. Teil –; in: NStZ 1984, 337–343.

– Bemerkungen zur Beweiswürdigung; in: NStZ 1987, 193–199.

– Die strafprozessualen Beweiswürdigungstheorien des Bundesgerichtshofs; in: Festschrift für Ernst-Walter Harnack zum 70. Geburtstag am 30. August 1999, herausgegeben von Udo Ebert, Claus Roxin, Peter Rieß und Eberhard Wahle, Berlin 1999, S. 311–329 (zit.: *Herdegen*, FS Hanack).

– Grundfragen der Beweiswürdigung. Referat zum 1. Strafverteidiger-Frühjahrssymposium des Deutschen Anwaltvereins am 18. April 1986 in Karlsruhe; in: Die revisionsgerichtliche Rechtsprechung der Strafsenate des Bundesgerichtshofes, herausgegeben vom Deutschen Anwaltsverein, Essen 1986, S. 106–116 (zit.: *Herdegen*, Rechtsprechung).
– Da liegt der Hase im Pfeffer: Bemerkungen zur Reform des Beweisantragsrechts; in: NJW 1996, 26–29.
– Die Revisibilität der Beweiswürdigung; in: Strafverteidigung im Rechtsstaat, 25 Jahre Arbeitsgemeinschaft Strafrecht des Deutschen Anwaltvereins, herausgegeben von der Arbeitsgemeinschaft Strafrecht des Deutschen Anwaltvereins, Baden-Baden 2009, S. 553–570 (zit.: *Herdegen*, FS AG Strafrecht).
– Tatgericht und Revisionsgericht – insbesondere die Kontrolle verfahrensrechtlicher „Ermessensentscheidungen"; in: Strafverfahren im Rechtsstaat, Festschrift für Theodor Kleinknecht zum 75. Geburtstag am 18. August 1985, herausgegeben von Karl Heinz Gössel und Hans Kauffmann, München 1985, S. 173–190 (zit.: *Herdegen*, FS Kleinknecht).
– Die Überprüfung der tatsächlichen Feststellungen durch das Revisionsgericht auf Grund der Sachrüge; in: StV 1992, 527–534.
– Das Verbot der Beweisantizipation im Strafprozeßrecht; in: Festschrift für Karlheinz Boujong zum 65. Geburtstag, herausgegeben von Carsten Thomas Ebenroth, Dieter Hesselberger und Manfred Eberhard Rinne, München 1996, S. 777–790 (zit.: *Herdegen*, FS Boujong).
Herlan, Wilhelm: Vorsicht bei daktyloskopischen Gutachten; in: JR 1952, 469–470.
Herlitz, Georg Nils: Comment: The meaning of the term „prima facie"; in: 55 Louisiana Law Review (1994), 391–408.
Hermanns, Oliver: Die Rechtsprechung des Reichsgerichts zum Schiffszusammenstoß in der Zeit von 1897 bis 1945, Köln 1996 (zit.: *Hermanns*, Schiffszusammenstoß).
Herzberg, Rolf Dietrich: Die Abgrenzung von Vorsatz und bewusster Fahrlässigkeit – ein Problem des objektiven Tatbestandes; in: JuS 1986, 249–262.
– Die Kausalität beim unechten Unterlassungsdelikt; in: MDR 1971, 881–883.
– Ne bis in idem – Zur Sperrwirkung des rechtskräftigen Strafurteils; in: JuS 1972, 113–120.
– Die Schuld beim Fahrlässigkeitsdelikt; in: Jura 1984, 402–414.
– Die Strafdrohung als Waffe im Kampf gegen Aids? in: NJW 1987, 1461–1466.
– Der Vorsatz als „Schuldform", als „aliud" zur Fahrlässigkeit und als „Wissen und Wollen"? in: 50 Jahre Bundesgerichtshof, Festgabe an der Wissenschaft, Band IV: Strafrecht, Strafprozeßrecht, herausgegeben von Claus Roxin und Gunter Widmaier, München 2000 (zit.: *Herzberg*, FG BGH IV).
– Das Wollen beim Vorsatzdelikt und dessen Unterscheidung vom bewusst fahrlässigen Verhalten – Teil 2; in: JZ 1988, 635–643.
Hetzer, Hildegard/Pfeiffer, Horst: Glaubwürdigkeit geistig behinderter Tatzeugen; in: NJW 1964, 441–442.
Hetzer, Wolfgang: Wahrheitsfindung im Strafprozeß, Berlin 1982 (zit.: *Wolfgang Hetzer*, Wahrheitsfindung).
Heubel, Horst: Der „fair trial" – ein Grundsatz des Strafverfahrens? Zugleich ein Beitrag zum Problem der „verfassungskonformen" Rechtsfortbildung im Strafprozeß, Berlin 1981 (zit.: *Heubel*, Fair trial).
Heuchemer, Michael: Der Erlaubnistatbestandsirrtum, Berlin 2005 (zit.: *Heuchemer*, Erlaubnistatbestandsirrtum).
Heuer, Carl-Heinz: Die Rechtspflicht zur Aussetzung des Steuerstrafverfahrens bei divergenzgeneigten Vorfragen – § 396 AO im System der Rechtsordnung; in: DStZ 1985, 291–303.
Hiegert, Egon: Die Sphäre der Offenkundigkeit in der Strafprozessordnung. Die Offenkundigkeit als Beweisablehnungsgrund, als von Amts wegen zu beachtender Umstand und als Prüfungskriterium bei der Überzeugungsbildung, Frankfurt a. M. 1989 (zit.: *Hiegert*, Offenkundigkeit).

Hilgendorf, Eric: Argumentation in der Jurisprudenz. Zur Rezeption von analytischer Philosophie und kritischer Theorie in der Grundlagenforschung der Jurisprudenz, 2. Aufl., Berlin 2000 (zit.: *Hilgendorf*, Argumentation).
– Besprechung von Winfried Hassemer, Produktverantwortung im modernen Strafrecht, Heidelberg 1994; in: GA 1995, 143–145.
– Fragen der Kausalität bei Gremienentscheidungen am Beispiel des Lederspray-Urteils; in: NStZ 1994, 561–566.
– Strafrechtliche Produzentenhaftung in der „Risikogesellschaft", Berlin 1993 (zit.: *Hilgendorf*, Produzentenhaftung).
– Tatsachenaussagen und Werturteile im Strafrecht entwickelt am Beispiel des Betruges und der Beleidigung, Berlin 1998 (zit.: *Hilgendorf*, Tatsachenaussagen).
– Der Wahrheitsbegriff im Strafrecht am Beispiel der strafrechtlichen Aussagetheorien (§§ 153ff. StGB); in: GA 1993, 547–559.
– Der „gesetzmäßige Zusammenhang" im Sinne der modernen Kausallehre; in: Jura 1995, 514–522.
Hilgruber, Christian/Schemmer, Franz: Darf Satire wirklich alles? – Zum Beschluß des Ersten Senats des BVerfG v. 25. 3. 1992 – 1 BvR 514/90; in: JZ 1992, 946–951.
Hillenkamp, Thomas: Beweisnot und materielles Recht; in: Festschrift für Rudolf Wassermann zum sechzigsten Geburtstag, herausgegeben von Christian Broda, Erwin Deutsch, Hans-Ludwig Schreiber und Hans-Joachim Vogel, Neuwied 1985, S. 861–874 (zit.: *Hillenkamp*, FS Wassermann).
– Beweisprobleme im Wirtschaftsstrafrecht; in: Recht und Wirtschaft, Ringvorlesung im Fachbereich Rechtswissenschaften der Universität Osnabrück 1984/85, herausgegeben von den Professoren des Fachbereichs Rechtswissenschaften der Universität Osnabrück, Köln 1985, S. 221–248 (zit.: *Hillenkamp*, Recht und Wirtschaft).
– Strafrecht ohne Willensfreiheit? Eine Antwort auf die Hirnforschung; in: JZ 2005, 313–320.
Himmelreich, Klaus: Probleme älterer Kraftfahrer – besonders im Hinblick auf Verkehrsunfallflucht; in: NZV 1992, 169–172.
Hippel, Robert von: Der deutsche Strafprozess, Marburg 1941 (zit.: *Hippel*, Strafprozess).
Hirsch, Hans Joachim: Ehre und Beleidigung. Grundfragen des strafrechtlichen Ehrenschutzes, Karlsruhe 1967 (zit.: *Hans Joachim Hirsch*, Ehre).
– Grundfragen von Ehre und Beleidigung; in: Festschrift für E. A. Wolff zum 70. Geburtstag am 1. 10. 1998, herausgegeben von Rainer Zaczyk, Michal Köhler und Michael Kahlo, Berlin 1998, S. 125–151 (zit.: *Hans Joachim Hirsch*, FS E. A. Wolff).
– Hauptprobleme einer Reform der Delikte gegen die körperliche Unversehrtheit; in: ZStW 83 (1971), 140–176.
– Zum Unrecht des fahrlässigen Delikts; in: Jus humanum, Grundlagen des Rechts und Strafrecht, Festschrift für Ernst-Joachim Lampe zum 70. Geburtstag, herausgegeben von Dieter Dölling, Berlin 2003, S. 515–536 (zit.: *Hans Joachim Hirsch*, FS Lampe).
Hirte, Heribert: Anmerkung zu BGH, Urt. v. 6. 7. 1990 – 2 StR 549/89, JZ 1992, 253; in: JZ 1992, 257–259.
Höcherl, Hermann: Die richterliche Überzeugung; in: Wahrheit und Gerechtigkeit im Strafverfahren, Festgabe für Karl Peters aus Anlaß seines 80. Geburtstages, herausgegeben von Klaus Wasserburg und Wilhelm Haddenhorst, Heidelberg 1984, S. 17–22 (zit.: *Höcherl*, FG Peters).
Höfer, Gerhard: Der Prima-facie-Beweis in der reichsgerichtlichen Rechtsprechung, Berlin 1926 (zit.: *Höfer*, Prima-facie-Beweis).
Hoffmann, Frank: Der Anscheinsbeweis und die Lehre von der res ipsa loquitur, Göttingen 1985 (zit.: *Hoffmann*, Anscheinsbeweis).
Hole, Gerhard: Der prima facie-Beweis und seine Übertragbarkeit in das Strafverfahrensrecht Tübingen 1963 (zit.: *Hole*, Prima facie-Beweis).
Holländer, Pavel: Rechtsnorm, Logik und Wahrheitswerte. Versuch einer kritischen Lösung des Jörgensenschen Dilemmas, Baden-Baden 1993 (zit.: *Holländer*, Rechtsnorm).

Holtappels, Peter: Die Entwicklungsgeschichte des Grundsatzes „in dubio pro reo", Hamburg 1965 (zit.: *Holtappels*, Entwicklungsgeschichte).

Holzmann, Wolfgang: Die Polizeiliche Brandermittlung; in: Lehr- und Studienbriefe Kriminalistik Nr. 11: Brandermittlung, herausgegeben von Waldemar Burghard und Hans-Werner Hamacher, Hilden/Rhld. 1992, S. 3–91 (zit.: *Holzmann*, Brandermittlung).

Horn, Eckhard: Konkrete Gefährdungsdelikte, Köln 1973 (zit.: *Horn*, Gefährdungsdelikte).

Howland, Sylvia Ann: The Howland Will Case; in: 38 Am. Law Reg. (1890), 562–581.

Hoyer, Andreas: Die Eignungsdelikte, Berlin 1987 (zit.: *Hoyer*, Eignungsdelikte).

– Kausalität und/oder Risikoerhöhung; in: Festschrift für Hans-Joachim Rudolphi zum 70. Geburtstag, herausgegeben von Klaus Rogall, Ingeborg Puppe, Ulrich Stein und Jürgen Wolter, Neuwied 2004, S. 95–105 (zit.: *Hoyer*, FS Rudolphi).

– Der Konflikt zwischen richterlicher Beweiswürdigungsfreiheit und dem Prinzip „in dubio pro reo"; in: ZStW 105 (1993), 523–556.

– Die traditionelle Strafrechtsdogmatik vor neuen Herausforderungen: Probleme der strafrechtlichen Produkthaftung; in: GA 1996, 160–178.

Hoyos, Carl: Psychologische Unfall- und Sicherheitsforschung, Stuttgart 1980 (zit.: *Hoyos*, Unfallforschung).

Hruschka, Joachim: Über Schwierigkeiten mit dem Beweis des Vorsatzes; in: Strafverfahren im Rechtsstaat, Festschrift für Theodor Kleinknecht zum 75. Geburtstag am 18. August 1985, herausgegeben von Karl Heinz Gössel und Hans Kauffmann, München 1985, S. 191–202 (zit.: *Hruschka*, FS Kleinknecht).

Huber, Michael: Das Beweismaß im Zivilprozeß, Köln 1983 (zit.: *Michael Huber*, Beweismaß).

– Strukturen richterlicher Überzeugungsbildung im Zivilprozeß – dargestellt am Beweis des Zugangs einer Willenserklärung; in: JR 1985, 177–181.

Hume, David: Eine Untersuchung über den menschlichen Verstand, übersetzt und mit einer Einleitung und Anmerkungen versehen von Rudolf Eisler, Leipzig 1912 (zit.: *Hume*, Untersuchung).

Husserl, Edmund: Logische Untersuchungen, Erster Band: Prolegomena zur reinen Logik, 2. Aufl., Halle a. d. S. 1913 (zit.: *Husserl*, Untersuchungen I).

Immenga, Ulrich/Mestmäcker, Ernst-Joachim: Wettbewerbsrecht, Band 2: GWB – Kommentar zum Europäischen Kartellrecht, 4. Aufl., München (zit.: *Bearbeiter* in Immenga/Mestmäcker, GWB).

Ingelfinger, Ralph: Grundlagen und Grenzbereiche des Tötungsverbots. Das Menschenleben als Schutzobjekt des Strafrechts, Köln 2004 (zit.: *Ingelfinger*, Grundlagen).

Internationaler Kommentar zur Europäischen Menschenrechtskonvention mit einschlägigen Texten und Dokumenten, herausgegeben von Wolfram Karl, Stand: 11. Lieferung, Köln 2009 (zit.: IntKomm-MRK/*Bearbeiter*).

Irle, Martin: Lehrbuch der Sozialpsychologie, Göttingen 1975 (zit.: *Irle*, Sozialpsychologie).

– Macht und Entscheidungen in Organisationen, Studie gegen das Linie-Stab-Prinzip, Frankfurt a. M. 1971 (zit.: *Irle*, Macht).

Jacobi, Erwin: Der Prozeß im Decretum Gratiani und bei den ältesten Dekretisten; in: ZRG 34 (1913) – Kan. Abt., 223–343.

Jäger, Christian: Grund und Grenzen des Gesetzlichkeitsprinzips im Strafprozeßrecht; in: GA 2006, 615–628.

Jähnke, Burkhard: Über die Befugnis des Revisionsgerichts zur Nachprüfung der tatrichterlichen Beweiswürdigung; in: Festschrift für Ernst-Walter Hanack zum 70. Geburtstag am 30. August 1999, herausgegeben von Udo Ebert, Peter Rieß, Claus Roxin und Eberhard Wahle, Berlin 1999, S. 355–367 (zit.: *Jähnke*, FS Hanack).

– Grundlagen der strafrechtlichen Haftung für fahrlässiges Verhalten. Zugleich Bemerkungen zu Ellen Schlüchters Grenzen strafbarer Fahrlässigkeit; in: Gedächtnisschrift für Ellen Schlüchter, herausgegeben von Gunnar Duttge, Gerd Geilen, Lutz Meyer-Goßner und Günter Warda, Köln 2002, S. 99–106 (zit.: *Jähnke*, GedS Schlüchter).

Jahn, Bruno: Biographische Enzyklopädie deutschsprachiger Philosophen, München 2001 (zit.: *Bruno Jahn*, Enzyklopädie).

Jahn, Matthias: Die Konsensmaxime in der Hauptverhandlung. Zur Rekonstruktion des Amtsermittlungsgrundsatzes in § 244 Abs. 2 StPO unter Berücksichtigung der aktuellen Gesetzesentwürfe zur Verständigung im Strafverfahren; in: ZStW 118 (2006), 427–461.

Jahn, Matthias/Müller, Martin: Das Gesetz zur Regelung der Verändigung im Strafverfahren – Legitimation und Reglementierung der Absprachenpraxis; in: NJW 2009, 2625–2631.

Jakobs, Günther: Probleme der Wahlfeststellung; in: GA 1971, 257–272.

– Strafrecht Allgemeiner Teil. Die Grundlagen und die Zurechnungslehre, 2. Aufl., Berlin 1991 (zit.: *Jakobs*, AT).

James, William: Der Wahrheitsbegriff des Pragmatismus; in: Wahrheitstheorien. Eine Auswahl aus den Diskussionen über Wahrheit im 20. Jahrhundert, herausgegeben und eingeleitet von Gunnar Skirbekk, Frankfurt a. M. 1977, S. 35–58 (zit.: *William James*, Wahrheitstheorien).

Janetzke, Gerhard: Die Überprüfung der richterlichen Überzeugung durch die Revisionsinstanz; in: DRiZ 1951, 160–161.

Janiszewski, Horst: Zur Kosten-Halterhaftung nach sog. Kennzeichenanzeigen und anderen verkehrsstrafrechtlich bedeutsamen Neuregelungen; in: DAR 1986, 256–263.

– Die Problematik der sogenannten Kennzeichen-Anzeigen; in: AnwBl. 1981, 350–353.

– Verkehrsstrafrecht, 5. Aufl., München 2004 (zit.: *Janiszewski*, Verkehrsstrafrecht).

Jansen, Gabriele: Hypothesengeleitete Aussagenbeurteilung; in: Strafverteidigung im Rechtsstaat, 25 Jahre Arbeitsgemeinschaft Strafrecht des Deutschen Anwaltvereins, herausgegeben von der Arbeitsgemeinschaft Strafrecht des Deutschen Anwaltvereins, Baden-Baden 2009, S. 571–578 (zit.: *Gabriele Jansen*, FS AG Strafrecht).

Jansen, Johannes: Sozialgerichtsgesetz: Kommentar zum SGG mit Schriftsatz- und Klagemustern für die Rechtspraxis, 3. Aufl., Freiburg im Breisgau 2009 (zit.: Jansen/*Bearbeiter*, SGG).

Jarke: Bemerkungen über die Lehre vom unvollständigen Beweise, vornehmlich in Bezug auf die außerordentlichen Strafen; in: NaCr 8 (1826), 97–144.

Jauernig, Othmar: Materielles Recht und Prozessrecht; in: JuS 1971, 329–334.

– Zivilprozessrecht, 29. Aufl., München 2007 (zit.: *Jauernig*, Zivilprozessrecht).

Jellinek, Walter: Gesetz, Gesetzesanwendung und Zweckmäßigkeitserwägung. Zugleich ein System der Ungültigkeitsgründe von Polizeiverordnungen und -verfügungen. Eine staats- und verwaltungsrechtliche Untersuchung, Neudruck der Ausgabe Tübingen 1913, Aalen 1964 (zit.: *Walter Jellinek*, Gesetz).

Jescheck, Hans-Heinrich: Beweisverbote im Strafprozeß, Rechtsvergleichendes Generalgutachten für den 46. Deutschen Juristentag; in: Verhandlungen des sechsundvierzigsten Deutschen Juristentages (Essen 1966), herausgegeben von dem Schriftführer-Amt der ständigen Deputation, Band I: (Gutachten) Teil 3 B, München 1966, S. 1–54 (zit.: *Jescheck*, 46. DJT I).

– Grundsätze der Kriminalpolitik in rechtsvergleichender Sicht; in: Festschrift für Koichi Miyazawa. Dem Wegbereiter des japanisch-deutschen Strafrechtsdiskurses, herausgegeben von Hans-Heiner Kühne, Baden-Baden 1995, S. 363–382 (zit.: *Jescheck*, FS Miyazawa).

Jescheck, Hans-Heinrich/Weigend, Thomas: Lehrbuch des Strafrechts: Allgemeiner Teil, 5. Aufl., Berlin 1996 (zit.: *Jescheck/Weigend*, AT).

Jessnitzer, Kurt: Eigene Sachkunde des Richters bei der Rückrechnung; in: BA 15 (1978), 315–322.

– Strafverteidiger und Sachverständiger; in: StV 1982, 177–181.

Joecks, Wolfgang: Strafprozessordnung – Studienkommentar, 2. Aufl., München 2008 (zit.: *Joecks*, StPO).

Julius, Karl-Peter: Zum Verhältnis von Aufklärungspflicht und Beweisantragsrecht im Strafprozeß; in: NStZ 1986, 61–64.

Jungfer, Gerhard: Laudatio; in: Rechtssicherheit versus Einzelfallgerechtigkeit, Kolloquium anläßlich des 65. Geburtstages von Herrn VRiBGH Gerhard Herdegen, herausgegeben vom Deutschen Anwaltsverein, Bonn 1992, S. 86–91 (zit.: *Jungfer*, Rechtssicherheit).

Junker, Thorsten: Beweisantragsrecht im Strafprozess, Münster 2007 (zit.: *Junker*, Beweisantragsrecht).

Kade, Carl: Der deutsche Richter, 2. Aufl., Berlin 1910 (zit.: *Kade*, Richter).

Käßer, Wolfgang: Wahrheitserforschung im Strafprozess, Berlin 1974 (zit.: *Käßer*, Wahrheitserforschung).

Kahlo, Michael: Der Begriff der Prozeßsubjektivität und seine Bedeutung im reformierten Strafverfahren, besonders für die Rechtsstellung der Beschuldigten; in: KritV 1997, 183–210.

– Das Bewirken durch Unterlassen bei drittvermittelten Rettungsgeschehen – Zur notwendigen Modifikation der Risikoerhöhungslehre bei den unechten Unterlassungsdelikten –; in: GA 1987, 66–79.

– Das Problem des Pflichtwidrigkeitszusammenhanges bei den unechten Unterlassungsdelikten. Eine strafrechtlich-rechtsphilosophische Untersuchung zur Kausalität menschlichen Handelns und deren strafrechtlichen Begriff, Berlin 1990 (zit.: *Kahlo*, Problem).

Kamlah, Wilhelm/Lorenzen, Paul: Wahrheit und Wirklichkeit; in: Wahrheitstheorien. Eine Auswahl aus den Diskussionen über Wahrheit im 20. Jahrhundert, herausgegeben und eingeleitet von Gunnar Skirbekk, Frankfurt a. M. 1977, S. 483–495 (zit.: *Kamlah/Lorenzen*, Wahrheitstheorien).

Kandel, Eric R./Schwartz, Janes H./Jessell, Thomas M.: Neurowissenschaften. Eine Einführung, Heidelberg 1996 (zit.: *Kandel/Schwartz/Jessell*, Neurowissenschaften).

Kann, Richard: Anmerkung zu RG, Urt. v. 9. 12. 1918 – 229/18 VI, JW 1919, 505; in: JW 1919, 505–506.

Kant, Immanuel: Kant's gesammelte Schriften, Erste Abteilung: Werke, Dritter Band: Kritik der reinen Vernunft (Zweite Auflage 1787), herausgegeben von der Königlich Preußischen Akademie der Wissenschaften, Berlin 1904 (zit.: *Kant*, Kants Werke III).

– Kant's gesammelte Schriften, Erste Abteilung: Werke, Vierter Band: Kritik der reinen Vernunft (1. Aufl.), Prolegomena, Grundlegung der Metaphysik der Sitten, Metaphysische Anfangsgründe der Naturwissenschaft, herausgegeben von der Königlich Preußischen Akademie der Wissenschaften, Berlin 1904 (zit.: *Kant*, Kants Werke IV).

Kaplan, John: Decision Theory and the Factfinding Process; in: 20 Stan. L. Rev. (1968), 1065–1092.

Kargl, Walter: Die Tathandlung beim Betrug; in: Festschrift für Klaus Lüderssen zum 70. Geburtstag am 2. Mai 2002, herausgegeben von Cornelius Prittwitz, Michael Baurmann, Klaus Günther, Lothar Kuhlen, Reinhard Merkel, Cornelius Nestler und Lorenz Schulz, Baden-Baden 2002, S. 613–633 (zit.: *Kargl*, FS Lüderssen).

– Wahrheit und Wirklichkeit im Begriff der „falschen Aussage“ (§§ 153 ff. StGB); in: GA 2003, 791–806.

Karlsruher Kommentar zur Strafprozessordnung mit GVG, EGGVG und EMRK, herausgegeben von Rolf Hannich, 6. Aufl., München 2008 (zit.: KK-StPO/*Bearbeiter*).

Kaser, Max: Römische Rechtsgeschichte, 2. Aufl., Göttingen 1967 (zit.: *Kaser*, Rechtsgeschichte).

Kaser, Max/Hackl, Karl: Das römische Zivilprozessrecht, in: Handbuch der Altertumswissenschaft, begründet von Iwan von Müller, erweitert von Walter Otto und fortgeführt von Hermann Bengtson, Zehnte Abteilung, Dritter Teil, Vierter Band, 2. Aufl., München 1996 (zit.: *Kaser/Hackl*, Zivilprozessrecht).

Kasper, Siegfried G.: Freie Beweiswürdigung und moderne Kriminaltechnik, Hamburg 1975 (zit.: *Kasper*, Beweiswürdigung).

Katzenmeier, Christian: Beweismaßreduzierung und probabilistische Proportionalhaftung; in: ZZP 11 (1004), 187–216.

Kaufmann, Armin: Tatbestandsmäßigkeit und Verursachung im Contergan-Verfahren. Folgerungen für das geltende Recht und für die Gesetzgebung; in: JZ 1971, 569–576.

Kaufmann, Arthur: Die Bedeutung hypothetischer Erfolgsursachen im Strafrecht; in: Festschrift für Eberhard Schmidt zum 70. Geburtstag, herausgegeben von Paul Bockelmann und Wilhelm Gallas, Neudruck der Ausgabe Göttingen 1961, Aalen 1971, S. 200–231 (zit.: *Arthur Kaufmann*, FS Eberhard Schmidt).

– Das Problem der Abhängigkeit des Strafrichters vom medizinischen Sachverständigen; in: JZ 1985, 1065–1072.

– Das Schuldprinzip. Eine strafrechtlich-rechtsphilosophische Untersuchung, 2. Aufl., Heidelberg 1976 (zit.: *Arthur Kaufmann*, Schuldprinzip).

Kegel, Gerhard: Der Individualanscheinsbeweis und die Verteilung der Beweislast nach überwiegender Wahrscheinlichkeit; in: Das Unternehmen in der Rechtsordnung, Festgabe für Heinrich Kronstein aus Anlass seines 70. Geburtstages am 12. September 1967, herausgegeben von Kurt H. Biedenkopf, Helmut Coing und Ernst-Joachim Mestmäcker, Karlsruhe 1967, S. 321–344 (zit.: *Kegel*, FG Kronstein).

Keller, Rainer: Offenkundigkeit und Beweisbedürftigkeit im Strafprozeß; in: ZStW 101 (1989), 381–418.

Keller, Wolfgang: Zur Umkehr der Beweislast im sozialgerichtlichen Verfahren bei Beweisvereitelung; in: SGb 195, 474–477.

Kelsen, Hans: Reine Rechtslehre, 2. Aufl., Nachdruck der Ausgabe Wien 1960, Wien 1967 (zit.: *Kelsen*, Rechtslehre).

– Allgemeine Theorie der Normen, herausgegeben von Kurt Ringhofer und Robert Walter, Wien 1979 (zit.: *Kelsen*, Theorie).

Kiefner, Hans: Semel malus semper praesumitur esse malus, Bemerkungen zur Bildung von Präsumtionen im Recht des Mittelalters, insbesondere in der Glossa ordinaria des Accursius; in: ZRG 78 (1961) – Rom. Abt., 308–354.

Kiesel, Manfred: Die Liquidierung des Ehrenschutzes durch das BVerfG; in: NVwZ 1992, 1129–1137.

Kiethe, Kurt: Die zivil- und strafrechtliche Haftung von Vorstandsmitgliedern eines Kreditinstituts für riskante Kreditgeschäfte; in: WM 2003, 861–869.

Kilian, Wolfgang: Juristische Entscheidung und elektronische Datenverarbeitung. Methodenorientierte Vorstudie, Frankfurt a. M. 1974 (zit.: *Kilian*, Entscheidung).

Kimmich, H./Spyra, W./Steinke, W.: Das DNA-Profiling in der Kriminaltechnik und der juristischen Diskussion; in: NStZ 1990, 318–323.

Kind, Michael/Werner, Dennis: Rechte und Pflichten im Umgang mit PIN und TAN; in: CR 2006, 353–360.

Kindhäuser, Urs: Das Beweismaß des Strafverfahrens – Zur Auslegung von § 261 StPO –; in: Jura 1988, 290–296.

– Kausalanalyse und Handlungszuschreibung; in: GA 1982, 477–498.

– Strafgesetzbuch, Lehr- und Praxiskommentar, 4. Aufl., Baden-Baden 2010 (zit.: *Kindhäuser*, LPK-StGB).

– Strafprozessrecht, 2. Aufl., Baden-Baden 2010 (zit.: *Kindhäuser*, Strafprozessrecht).

– Strafrecht Allgemeiner Teil, 4. Aufl., Baden-Baden 2009 (zit.: *Kindhäuser*, AT).

– Strafrecht Besonderer Teil II: Straftaten gegen Vermögensrechte, 6. Aufl., Baden-Baden 2011 (zit.: *Kindhäuser*, BT II).

Kirsch, Werner: Einführung in die Theorie der Entscheidungsprozesse, 2. Aufl., Wiesbaden 1977 (zit.: *Kirsch*, Einführung).

Kirwan, Christopher: Aristotle Metaphysics, translated with Notes, second edition, Oxford 1993 (zit.: *Kirwan*, Aristotle).

Kleb-Braun, Gabriele: Codekartenmißbrauch und Sparbuchfälle aus „Volljuristischer" Sicht – 2. Teil: Die Anwendbarkeit des Betrugstatbestandes und die „Krise des Innern" im Strafrecht –; in: JA 1986, 310–321.

Kleine-Cosack, Eva: Kausalitätsprobleme im Umweltstrafrecht. Die strafrechtliche Relevanz der Schwierigkeiten naturwissenschaftlicher Kausalfeststellung im Umweltbereich, Berlin 1988 (zit.: *Eva Kleine-Cosack*, Kausalitätsprobleme).

Kleinknecht, Theodor: Die Beweisverbote im Strafprozeß. Gedanken zu einer Theorie des 46. Deutschen Juristentages; in: NJW 1966, 1537–1545.

– Das Fehlurteil im Strafprozeß; in: GA 1961, 45–54.

Kleinknecht, Theodor/Müller, Hermann/Reitberger, Leonhard: Kommentar zur Strafprozessordnung, herausgegeben von Bernd von Heintschel-Heinegg und Heinz Stöckel, Stand: 59. Lieferung: November 2010, München 2010 (zit.: KMR/*Bearbeiter*).

Klimke, Manfred: Anscheinsbeweis, Beweiserleichterungen und Beweiswürdigung; in: ZfV 1990, 126–130.

Klingemann, Detlef: Gefahren durch brennbare Gase, Dämpfe und Stäube; in: Kriminalistische Studien, Band 2 (2): Brandkriminalistik – Brände und Betriebsunfälle –, Schriftleitung und Redaktion: Herbert Schäfer, Bremen 1986, S. 109–118 (zit.: *Klingemann*, Brandkriminalistik 2).

Klug, Ulrich: Juristische Logik, 4. Aufl., Berlin 1982 (zit.: *Klug*, Logik).

Knauer, Christoph: Die Kollegialentscheidung im Strafrecht. Zugleich ein Beitrag zum Verhältnis von Kausalität und Mittäterschaft, München 2001 (zit.: *Knauer*, Kollegialentscheidung).

Koch, Hans-Joachim/Rüßmann, Helmut: Juristische Begründungslehre. Eine Einführung in Grundprobleme der Rechtswissenschaft, München 1982 (zit.: *Koch/Rüßmann*, Begründungslehre).

Köhler, Michael: Anmerkung zu BGH, Urt. v. 16. 7. 1980 – 2 StR 127/80, JZ 1981, 35; in: JZ 1981, 35–37.

– Die bewußte Fahrlässigkeit. Eine strafrechtlich-rechtsphilosophische Untersuchung, Heidelberg 1982 (zit.: *Michael Köhler*, Fahrlässigkeit).

– Strafrecht Allgemeiner Teil, Berlin 1997 (zit.: *Michael Köhler*, AT).

Köstlin, Christian Reinhold: Wendepunkt des deutschen Strafverfahrens im 19. Jahrhundert, Nachdruck der Ausgabe Tübingen 1849, Goldbach 1996 (zit.: *Köstlin*, Wendepunkt).

Kohler, Josef: Gesammelte Beiträge zum Zivilprozess, Neudruck der Ausgabe Berlin 1894, Aalen 1969 (zit.: *Kohler*, Beiträge).

Kohlhaas, Max: Änderung des Sachverständigenbeweises im Strafprozeß? in: NJW 1962, 1329–1333.

Kohlrausch, Eduard: Sollen und Können als Grundlagen der strafrechtlichen Zurechnung; in: Festgabe für Karl Güterbock zur achtzigsten Wiederkehr seines Geburtstages, Neudruck der Ausgabe Berlin 1910, Aalen 1981, S. 1–34 (zit.: *Kohlrausch*, FS Güterbock).

Kohlrausch, Eduard/Lange, Richard: Strafgesetzbuch mit Erläuterungen und Nebengesetzen, 43. Aufl., Berlin 1943 (zit.: *Kohlrausch/Lange*, StGB).

Kollhosser, Helmut: Anscheinsbeweis und freie richterliche Beweiswürdigung; in: AcP 165 (1965), 47–83.

– Der Anscheinsbeweis in der höchstrichterlichen Rechtsprechung – Entwicklung und aktuelle Bedeutung –, Mainz 1963 (zit.: *Kollhosser*, Anscheinsbeweis).

– Das Beweisantragsrecht, ein allgemeines Prozessrecht (auch in der freiwilligen Gerichtsbarkeit?); in: Beiträge zur Rechtswissenschaft, Festschrift für Walter Stree und Johannes Wessels zum 70. Geburtstag, herausgegeben von Wilfried Küper und Jürgen Welp, Heidelberg 1993, S. 1029–1044 (zit.: *Kollhosser*, FS Stree/Wessels).

– Buchbesprechung von Rupert Schreiber, Theorie des Beweiswertes für Beweismittel im Zivilprozeß, Berlin 1968; in: ZZP 83 (1970), 240–243.

Kopp, Ferdinand O./Schenke, Wolf-Rüdiger: Verwaltungsgerichtsordnung – Kommentar, 16. Aufl., München 2009 (zit.: *Kopp/Schenke*, VwGO).

Korte, Kattrin: Gerichtskundigkeit im Strafprozess, Baden-Baden 2007 (zit.: *Kattrin Korte*, Gerichtskundigkeit).

Koussoulis, Stelios: Beweismaßprobleme im Zivilprozeßrecht; in: Festschrift für Karl Heinz Schwab zum 70. Geburtstag, herausgegeben von Peter Gottwald und Hanns Prütting, München 1990, S. 277–288 (zit.: *Koussoulis*, FS Karl Heinz Schwab).

Kraatz, Erik: Gedanken zur Strafzumessungslösung bei rechtsstaatswidriger Verfahrensverzögerung; in: JR 2006, 403–409.

– Die fahrlässige Mittäterschaft. Ein Beitrag zur strafrechtlichen Zurechnungslehre auf der Grundlage eines finalen Handlungsbegriffs, Berlin 2006 (zit.: *Kraatz*, Fahrlässige Mittäterschaft).

– Strafklageverbrauch beim Unterlassungsdauerdelikt; in: Jura 2007, 854–859.
– Die Systematik der Tötungsdelikte und ihre Auswirkungen auf die Akzessorietät der Teilnahme (§ 28 StGB); in: Jura 2006, 613–621.
– Die neue „Vollstreckungslösung" und ihre Auswirkungen; in: JR 2008, 189–195.
Krack, Ralf: Rehabilitierung des Beschuldigten im Strafverfahren, Tübingen 2002 (zit.: *Krack*, Rehabilitierung).
Krause, Dietmar: Die Revision im Strafverfahren, 5. Aufl, Köln 2001 (zit.: *Dietmar Krause*, Revision).
Krause, Friedrich-Wilhelm: Zur prozessualen Bedeutung des Grenzwerts der absoluten Fahruntüchtigkeit; in: BA 4 (1967), 340–345.
– Die objektiven Bedingungen der Strafbarkeit; in: Jura 1980, 449–455.
– Dreierlei Beweis im Strafverfahren; in: Jura 1982, 225–232.
– Grenzen richterlicher Beweiswürdigung im Strafprozess; in: Einheit und Vielfalt des Strafrechts, Festschrift für Karl Peters zum 70. Geburtstag, herausgegeben von Jürgen Baumann und Klaus Tiedemann, Tübingen 1974, S. 323–332 (zit.: *Friedrich-Wilhelm Krause*, FS Peters).
– Zum Urkundenbeweis im Strafprozeß, Hamburg 1966 (zit.: *Friedrich-Wilhelm Krause*, Urkundenbeweis).
Krauß, Detlef: Der Grundsatz der Unschuldsvermutung im Strafverfahren; in: Strafrechtsdogmatik und Kriminalpolitik, herausgegeben von Heinz Müller-Dietz, Köln 1971, S. 153–178 (zit.: *Krauß*, Strafrechtsdogmatik).
– Neue Hirnforschung – Neues Strafrecht? in: Festschrift für Heike Jung zum 65. Geburtstag am 23. April 2007, herausgegeben von Heinz Müller-Dietz, Egon Müller, Karl-Ludwig Kunz, Henning Radtke, Guido Britz, Carsten Momsen und Heinz Koriath, Baden-Baden 2007, S. 411–431 (zit.: *Krauß*, FS Jung).
– Das Prinzip der materiellen Wahrheit im Strafprozeß; in: Festschrift für Friedrich Schaffstein zum 70. Geburtstag am 28. Juli 1975, herausgegeben von Gerald Grünwald, Olaf Miehe, Hans-Joachim Rudolphi und Hans-Ludwig Schreiber, Göttingen 1975, S. 411–431 (zit.: *Krauß*, FS Schaffstein).
– Richter und Sachverständiger im Strafverfahren; in: ZStW 85 (1973), 320–359.
Krekeler, Wilhelm: Der Beweiserhebungsanspruch des Beschuldigten im Ermittlungsverfahren, Bonn 1991 (zit.: *Krekeler*, Beweiserhebungsanspruch).
Kretschmer, Joachim: Das Fahrlässigkeitsdelikt; in: Jura 2000, 267–276.
Krey, Volker: Deutsches Strafverfahrensrecht. Studienbuch in systematisch-induktiver Darstellung, Band 2: Hauptverhandlung, Beweisrecht, Gerichtliche Entscheidungen, Tatbegriff, Rechtskraft, Rechtsmittel und Rechtsbehelfe, Stuttgart 2007 (zit.: *Krey*, Strafverfahrensrecht 2).
Kries, August von: Der Beweis im Strafprocess des Mittelalters, Weimar 1878 (zit.: *Kries*, Beweis).
– Lehrbuch des Deutschen Strafprozeßrechts, Freiburg i.B. 1892 (zit.: *Kries*, Strafprozeßrecht).
Krieter, Hugo: Historische Entwicklung des „Prinzips der freien Beweiswürdigung im Strafprozeß", Hildesheim 1926 (zit.: *Krieter*, Entwicklung).
Krings, Hermann/Baumgartner, Michael/Wild, Christoph: Handbuch philosophischer Grundbegriffe, Studienausgabe, München 1973–1974 (zit.: *Bearbeiter* in Krings/Baumgartner/Wild, Handbuch).
Kröber, Hans-Ludwig/Dannhorn, R.: Anmerkung zu BGH, Beschl. v. 6. 2. 1997 – 4 StR 672/96, NStZ 1997, 278; in: NStZ 1998, 80–82.
Kröber, Hans-Ludwig/Faller, Ute/Wulf, Jörn: Nutzen und Grenzen standardisierter Schuldfähigkeitsbegutachtung. Eine Überprüfung des Forensisch-Psychiatrischen Dokumentationssystems; in: MschrKrim 1994, 339–357.
Kroeschell, Karl: Deutsche Rechtsgeschichte, Band 1: Bis 1250, 13. Aufl., Köln 2008 (zit.: *Kroeschell*, Rechtsgeschichte I).

Kroeschell, Karl/Cordes, Albrecht/Nehlsen-von Stryk, Karin: Deutsche Rechtsgeschichte, Band 2: 1250–1650, 9. Aufl., Köln 2008 (zit.: *Kroeschell/Cordes/Nehlsen-von Stryk*, Rechtsgeschichte II).

Kube, Edwin: Zur Geschichte des Beweisverfahrens und der Kriminalistik in Deutschland, Mainz 1963 (zit.: *Kube*, Geschichte).

Kuchinke, Kurt: Grenzen der Nachprüfbarkeit tatrichterlicher Würdigung und Feststellungen in der Revisionsinstanz. Ein Beitrag zum Problem von Rechts- und Tatfrage, Bielefeld 1964 (zit.: *Kuchinke*, Grenzen).

Kübler, Bernhard: Geschichte des Römischen Rechts, Ein Lehrbuch, Leipzig 1925 (zit.: *Kübler*, Geschichte).

Kühl, Jörn: Prozeßgegenstand und Beweisthema im Strafverfahren, Baden-Baden 1987 (zit.: *Jörn Kühl*, Prozeßgegenstand).

Kühl, Kristian: Grundfälle zu Vorbereitung, Versuch, Vollendung und Beendigung. 3. Teil: Der Versuch; in: JuS 1980, 120–126.

– Strafrecht Allgemeiner Teil, 6. Aufl., München 2008 (zit.: *Kristian Kühl*, AT).

– Unschuldsvermutung, Freispruch und Einstellung, Köln 1983 (zit.: *Kristian Kühl*, Unschuldsvermutung).

Kühne, Hans-Heiner: Der Beweiswert von Zeugenaussagen; in: NStZ 1985, 252–255.

– Die Definition des Verdachts als Voraussetzung strafprozessualer Zwangsmaßnahmen; in: NJW 1979, 617–622.

– Die Instrumentalisierung der Wahrheitsfindung im Strafverfahren; in: GA 2008, 361–374.

– Strafrechtliche Produkthaftung in Deutschland; in: NJW 1997, 195–1954.

– Strafprozessrecht. Eine systematische Darstellung des deutschen und europäischen Strafverfahrensrechts, 8. Aufl., Heidelberg 2010 (zit.: *Kühne*, Strafprozessrecht).

– Strafverfahrensrecht als Kommunikationsproblem. Prolegomena einer strafverfahrensrechtlichen Kommunikationstheorie, Heidelberg 1978 (zit.: *Kühne*, Kommunikationsproblem).

Küper, Wilfried: Historische Bemerkungen zur „freien Beweiswürdigung" im Strafprozeß; in: Wahrheit und Gerechtigkeit im Strafverfahren, Festgabe für Karl Peters aus Anlaß seines 80. Geburtstages, herausgegeben von Klaus Wasserburg und Wilhelm Haddenhorst, Heidelberg 1984, S. 23–46 (zit.: *Küper*, FG Peters).

– Die Richteridee der Strafprozessordnung und ihre geschichtlichen Grundlagen, Berlin 1967 (zit.: *Küper*, Richteridee).

– Überlegungen zum sog. Pflichtwidrigkeitszusammenhang beim Fahrlässigkeitsdelikt; in: Festschrift für Karl Lackner zum 70. Geburtstag am 18. Februar 1987, herausgegeben von Wilfried Küper, Berlin 1987, S. 247–288 (zit.: *Küper*, FS Lackner).

Kuhlen, Lothar: Fragen einer strafrechtlichen Produkthaftung, Heidelberg 1989 (zit.: *Kuhlen*, Fragen).

– Grundfragen der strafrechtlichen Produkthaftung; in: JZ 1994, 1142–1147.

– Strafhaftung bei unterlassenem Rückruf gesundheitsgefährdender Produkte – Zugleich Anmerkung zum Urteil des BGH vom 6. 7. 1990 – 2 StR 549/89 (NStZ 1990, 588) –; in: NStZ 1990, 566–570.

Kunert, Karl Heinz: Strafprozessuale Beweisprinzipien im Wechselspiel; in: GA 1979, 401–413.

Kunkel, Wolfgang: Kleine Schriften. Zum römischen Strafverfahren und zur römischen Verfassungsgeschichte, Weimar 1974 (zit.: *Kunkel*, Kleine Schriften).

– Untersuchungen zur Entwicklung des römischen Kriminalverfahrens in vorsullanischer Zeit, München 1962 (zit.: *Kunkel*, Untersuchungen).

Kunkel, Wolfgang/Schermaier, Martin: Römische Rechtsgeschichte, 14. Aufl., Köln 2005 (zit.: *Kunkel/Schermaier*, Rechtsgeschichte).

Lackner, Karl: Verkehrsrecht und Strafrechtsreform; in: DAR 1958, 286–296.

Lackner, Karl/Kühl, Kristian: Strafgesetzbuch – Kommentar, 27. Aufl., München 2011 (zit.: *Lackner/Kühl*).

Lampe, Ernst-Joachim: Rechtsanthropologie. Eine Strukturanalyse des Menschen im Recht, Erster Band: Individualstrukturen in der Rechtsordnung, Berlin 1970 (zit.: *Lampe*, Rechtsanthropologie I).
– Richterliche Überzeugung; in: Strafrecht, Unternehmensrecht, Anwaltsrecht, Festschrift für Gerd Pfeiffer zum Abschied aus dem Amt als Präsident des Bundesgerichtshofes, herausgegeben von Otto Friedrich Freiherr von Gamm, Peter Raisch und Klaus Tiedemann, Köln 1988, S. 353–377 (zit.: *Lampe*, FS Pfeiffer).
Landau, Herbert: Das strafrechtliche Risiko der am Bau Beteiligten; in: wistra 1999, 47–52.
Landis, Jean M./Goodstein, Lynne: When Is Justice Fair? An Integrated Approach to the Outcome versus Procedure Debate; in: 11 American Bar Foundation Research Journal (1986), 675–707.
Larenz, Karl: Methodenlehre der Rechtswissenschaft, 6. Aufl., Berlin 1991 (zit.: *Larenz*, Methodenlehre).
Larenz, Karl/Canaris, Claus-Wilhelm: Methodenlehre der Rechtswissenschaft, 3. Aufl., Berlin 1995 (zit.: *Larenz/Canaris*, Methodenlehre).
Lautmann, Rüdiger: Justiz – die stille Gewalt, Frankfurt a. M. 1972 (zit.: *Lautmann*, Justiz).
– Soziologie vor den Toren der Jurisprudenz. Zur Kooperation der beiden Disziplinen, Stuttgart 1971 (zit.: *Lautmann*, Soziologie).
Lechner, Hans/Zuck, Rüdiger: Bundesverfassungsgerichtsgesetz – Kommentar, 6. Aufl., München 2011 (zit.: *Lechner/Zuck*, BVerfGG).
Ledig: Zur Frage des Kausalzusammenhangs beim Verkehrsunfall; in: DJZ 1934, 978.
Lehmen, Alfons: Lehrbuch der Philosophie auf aristotelisch-scholastischer Grundlage, Erster Band: Logik, Kritik und Ontologie, 3. Aufl., Freiburg im Breisgau 1909 (zit.: *Lehmen*, Lehrbuch I).
Leipold, Dieter: Beweislastregeln und gesetzliche Vermutungen insbesondere bei Verweisungen zwischen verschiedenen Rechtsgebieten, Berlin 1966 (zit.: *Leipold*, Beweislastregeln).
– Beweismaß und Beweislast im Zivilprozeß, Berlin 1985 (zit.: *Leipold*, Beweismaß).
– Wahrheit und Beweis im Zivilprozeß; in: Festschrift für Hideo Nakamura zum 70. Geburtstag am 2. März 1996, herausgegeben von Andreas Heldrich und Takeyoshi Uchida, Tokyo 1996 (zit.: *Leipold*, FS Nakamura).
Leipziger Kommentar zum Strafgesetzbuch, Großkommentar, herausgegeben von Heinrich Wilhelm Laufhütte, Ruth Rissing-van Saan und Klaus Tiedemann, 12. Aufl., Berlin 2006 (zit.: LK/*Bearbeiter*).
Leonhard, Franz: Die Beweislast, 2. Aufl., Berlin 1926 (zit.: *Leonhard*, Beweislast).
Lepa, Manfred: Der Anscheinsbeweis in der Rechtsprechung des Bundesgerichtshofes; in: Festschrift für Franz Merz zum 65. Geburtstag am 3. Februar 1992, herausgegeben von Walter Gerhardt, Wolfram Henckel, Joachim Kilger und Gerhart Kreft, Köln 1992, S. 387 –399 (zit.: *Lepa*, FS Merz).
– Beweiserleichterungen im Haftpflichtrecht; in: NZV 1992, 129–136.
– Die Beweiswürdigung – ihr Verhältnis zur Beweislastverteilung und ihre Regeln; in: DRiZ 1966, 112–114.
– Die Verteilung der Beweislast im Privatrecht und ihre rationelle Begründung, Köln 1963 (zit.: *Lepa*, Verteilung).
Lesch, Heiko H.: Dolus directus, indirectus und eventualis; in: JA 1997, 802–809.
Lessing, Gotthold Ephraim: Werke, Vierzehnter Band, herausgegeben von Albert Hirsch, Hildesheim 1970 (zit.: *Lessing*, Werke 14).
Leverenz, Bernhard: Der Prima-facie-Beweis, Rostock 1934 (zit.: *Leverenz*, Prima-facie-Beweis).
Levis, Otto: Anmerkung zu RG, Urt. v. 16. 11. 1930 – 277/30 IX, JW 1932, 107; in: JW 1932, 107–108.
Liebehentze, August: Opportunitätsprinzip und Legalitätsprinzip in England, Marburg 1971 (zit.: *Liebehentze*, Opportunitätsprinzip).

Lienen, Richard Th.: Strafrechtsreform und Entziehung der Fahrerlaubnis; in: NJW 1958, 981–982,

Ling, Andreas: An den Grenzen rationaler Aufhellbarkeit. Überzeugung und richterliche Verantwortung am Beispiel des Vorsatznachweises bei atypischen Sachverhalten; in: JZ 1999, 335–342.

Liszt, Franz von/Schmidt, Eberhard: Lehrbuch des Deutschen Strafrechts, 25. Aufl., Berlin 1927 (zit.: *Liszt/Schmidt*, Lehrbuch).

Lobe, Adolf: Die Ablehnung von Beweisanträgen im Strafprozeß; in: LZ 1914, 977–985.

Löffeler, Peter: „In dubio pro reo" – einheitliche Antwort auf alle Zweifelsfragen? in: JA 1987, 77–84.

Löffelmann, Markus: Die normativen Grenzen der Wahrheitserforschung im Strafverfahren, Ideen zu einer Kritik der Funktionsfähigkeit der Strafrechtspflege, Berlin 2008 (zit.: *Löffelmann*, Grenzen).

Löwe, Ewald/Rosenberg, Werner: Die Strafprozeßordnung und das Gerichtsverfassungsgericht – Großkommentar, herausgegeben von Volker Erb, Robert Esser, Ulrich Franke, Kirsten Graalmann-Scheerer, Hans Hilger und Alexander Ignor, 26. Aufl., Berlin 2006 (zit.: LR/*Bearbeiter*).

Loos, Fritz: Grenzen der Umsetzung der Strafrechtsdogmatik in der Praxis; in: Rechtswissenschaft und Rechtsentwicklung. Ringvorlesung von Professoren der Juristischen Fakultät der Georg-August-Universität Göttingen, in deren Auftrag herausgegeben von Ulrich Immenga, Göttingen 1980, S. 261–279 (zit.: *Loos*, Rechtswissenschaft).

Louven, Klaus: Prima-facie-Beweis im Strafprozeß? in: MDR 1970, 295–296.

Lübbert, Hans-Dieter: Das Verbot abgestimmten Verhaltens im deutschen und europäischen Kartellrecht, Heidelberg 1975 (zit.: *Lübbert*, Verbot).

Lüderssen, Klaus: Die strafrechtsgestaltende Kraft des Beweisrechts; in: ZStW 85 (1973), 288–319.

Lüdtke, Peter-Bernd: Sozialgerichtsgesetz – Handkommentar, 3. Aufl., Baden-Baden 2009 (zit.: Lüdtke/*Bearbeiter*, SGG).

Lüke, Gerhard: Das Nebeneinander verschiedener Rechtswege anhand aktueller Probleme insbesondere der Straf- und der Arbeitsgerichtsbarkeit; in: Gedächtnisschrift für Dietrich Schultz, herausgegeben von Günther Jahr, Köln 1987, S. 235–251 (zit.: *Lüke*, GedS Dietrich Schultz).

Luhmann, Niklas: Legitimation durch Verfahren 3. Aufl., Darmstadt 1978 (zit.: *Luhmann*, Legitimation).

– The Legal Profession: Comments on the situation in the Federal Republic of Germany; in: 20 Juridical Review (1975), 116–132.

Maassen, Bernhard M.: Beweismaßprobleme im Schadensersatzprozeß. Eine rechtsvergleichende Untersuchung zum Problem des Beweismaßes im deutschen und anglo-amerikanischen Prozeßrecht unter besonderer Berücksichtigung des Schadensersatzprozesses, Köln 1975 (zit.: *Maassen*, Beweismaßprobleme).

Mackie, John Leslie: Causes and Conditions; in: 2 American Philosophical Quaterly (1965), 245–264.

– Truth, Probability and paradox. Studies in Philosophical Logic, Oxford 1973 (zit.: *Mackie*, Truth).

Maiwald, Manfred: Kausalität und Strafrecht. Studien zum Verhältnis von Naturwissenschaft und Jurisprudenz, Göttingen 1980 (zit.: *Maiwald*, Kausalität).

– Zur Problematik der „besonders schweren Fälle" im Strafrecht; in: NStZ 1984, 433–440.

Mankowski, Peter: Zum Nachweis des Zugangs bei elektronischen Erklärungen; in: NJW 2004, 1901–1907.

Mannheim, Hermann: Anmerkung zu RG, Urt. v. 20. 12. 1927 – 1 D 995/27, JW 1928, 1308; in: JW 1928, 1308–1309.

Manthe, Ulrich: Geschichte des römischen Rechts, München 2000 (zit.: *Manthe*, Geschichte).

Marmann, Hans: Aufklärungspflicht durch Sachverständigengutachten und freie Beweiswürdigung; in: GA 1953, 136–149.

Martin, Ludwig: „Richter und Rückrechnung?" in: BA 7 (1970), 89–102.

Martis, Rüdiger/Enslin, Jochen: Aktuelle Entwicklungen im Verkehrszivilrecht – Typische Verkehrssituationen; in: MDR 2009, 489–494.

Marum, Clara: Der prima-facie-Beweis in Schadensersatzprozessen wegen Röntgenschädigungen, Köln 1935 (zit.: *Clara Marum*, Prima-facie-Beweis).

Marxen, Klaus: Straftatsystem und Strafprozeß, Berlin 1984 (zit.: *Marxen*, Straftatsystem).

Mattil, Friedrich: Überzeugung; in: GA 1954, 334–342.

Mattmer, Josef: Der Straftatbestand der Unterhaltspflichtverletzung; in: NJW 1967, 1593–1595.

Maul, Heinrich: Die gerichtliche Aufklärungspflicht in der Sicht der Rechtsprechung des Bundesgerichtshofs; in: Wahrheit und Gerechtigkeit im Strafverfahren, Festgabe für Karl Peters aus Anlaß seines 80. Geburtstages, herausgegeben von Klaus Wasserburg und Wilhelm Haddenhorst, Heidelberg 1984, S. 47–60 (zit.: *Maul*, FG Peters).

– Die Überprüfung der tatsächlichen Feststellungen durch das Revisionsgericht in der neueren Rechtsprechung des Bundesgerichtshofs; in: Strafrecht, Unternehmensrecht, Anwaltsrecht, Festschrift für Gerd Pfeiffer zum Abschied aus dem Amt als Präsident des Bundesgerichtshofes, herausgegeben von Otto Friedrich Freiherr von Gamm, Peter Raisch und Klaus Tiedemann, Köln 1988, S. 409–424 (zit.: *Maul*, FS Pfeiffer).

Maunz, Theodor/Schmidt-Bleibtreu, Bruno/Klein, Franz/Bethge, Herbert: Bundesverfassungsgerichtsgesetz-Kommentar, Stand: 33. Lieferung: August 2010, München 2010 (zit.: *Bearbeiter* in Maunz/Schmidt-Bleibtreu/Klein/Bethge, BVerfGG).

Maurach, Reinhart: Schuld und Verantwortung im Strafrecht, Wolfenbüttel 1948 (zit.: *Maurach*, Schuld).

– Deutsches Strafrecht Besonderer Teil, 5. Aufl., Karlsruhe 1969 (zit.: *Maurach*, BT).

Maurach, Reinhart/Gössel, Karl Heinz/Zipf, Heinz: Strafrecht Allgemeiner Teil, Teilband 2, 7. Aufl., Heidelberg 1989 (zit.: *Maurach/Gössel/Zipf*, AT 2).

Maurach, Reinhart/Schroeder, Friedrich-Christian/Maiwald, Manfred: Strafrecht Besonderer Teil, Teilband 1: Straftaten gegen Persönlichkeits- und Vermögenswerte, 10. Aufl., Heidelberg 2009 (zit.: *Maurach/Schroeder/Maiwald*, BT 1).

– Strafrecht Besonderer Teil, Teilband 2: Straftaten gegen Gesellschaftswerte, 9. Aufl., Heidelberg 2005 (zit.: *Maurach/Schroeder/Maiwald*, BT 2).

Maurach, Reinhart/Zipf, Heinz: Strafrecht Allgemeiner Teil, Teilband 1: Grundlehren des Strafrechts und Aufbau der Straftat, 8. Aufl., Heidelberg 1992 (zit.: *Maurach/Zipf*, AT 1).

Mayer, Albrecht: Anmerkung zu BGH, Urt. v. 22. 11. 1990 – 4 StR 117/90, NStZ 1991, 481; in: NStZ 1991, 526–527.

Mayer, Hellmuth: Der Sachverständige im Strafprozeß; in: Festschrift für Edmund Mezger zum 70. Geburtstag 15. 10. 1953, herausgegeben von Karl Engisch und Reinhart Maurach, München 1954, S. 455–476 (zit.: *Hellmuth Mayer*, FS Mezger).

– Strafrecht Allgemeiner Teil, Stuttgart 1967 (zit.: *Hellmuth Mayer*, AT).

Mayer, Max Ernst: Der allgemeine Teil des deutschen Strafrechts, 2. Aufl., Heidelberg 1923 (zit.: *Max Ernst Mayer, AT*).

Mayr, Christian: Die „Rückrechnung" in der Rechtsprechung des BGH; in: DAR 1974, 6465.

McBaine, James Patterson: Burden of Proof: Degrees of Belief; in: 32 Cal. L. Rev. (1944), 242–268.

McGoldrick, Kirstin: Die Geschworenengerichtsbarkeit in ihrem Ursprungsland England; in: ÖJZ 2006, 526–533.

Meier, Bernd-Dieter: Strafrechtliche Aspekte der Aids-Übertragung; in: GA 1989, 207–230.

Meier, Paul/Zabell, Sandy: Benjamin Peirce and the Howland Will; in: 75 JASA (1980), 497–506.

Meißner, Johannes: Zum Prinzip der freien Beweiswürdigung; in: Festschrift für Franz von Liszt zum 60. Geburtstag dargebracht von Schülern und früheren Mitgliedern des Berliner kriminalistischen Seminars, Berlin 1911, S. 168–187 (zit.: *Meißner*, FS Liszt).

Mes, Peter: Patentgesetz, Gebrauchsmustergesetz – Kommentar, 2. Aufl., München 2005 (zit.: *Mes*, PatG).

Meschkowski, Herbert: Meyers Handbuch über die Mathematik, 2. Aufl., Mannheim 1972 (zit.: *Meschowski*, Handbuch Mathematik).
Metz, Jochen: Der Anscheinsbeweis im Straßenverkehrsrecht; in: NJW 2008, 2806–2812.
Meurer, Dieter: Beweis und Beweisregel im deutschen Strafprozeß; in: Festschrift für Dietrich Oehler zum 70. Geburtstag, herausgegeben von Rolf Dietrich Herzberg, Köln 1985, S. 357–377 (zit.: *Meurer*, FS Oehler).
– Beweis und Diagnose; in: Medizinrecht – Psychopathologie – Rechtsmedizin. Diesseits und jenseits der Grenzen von Recht und Medizin, Festschrift für Günter Schewe, herausgegeben von Harald Schütz, Hans-Jürgen Kaatsch und Holger Thomsen, Berlin 1991, S. 110–119 (zit.: *Meurer*, FS Schewe).
– Beweiserhebung und Beweiswürdigung; in: Gedächtnisschrift für Hilde Kaufmann, herausgegeben von Hans Joachim Hirsch, Günther Kaiser und Helmut Marquardt, Berlin 1986, S. 947–960 (zit.: *Meurer*, GedS Hilde Kaufmann).
– Beweiswürdigung und Strafurteil; in: Festschrift für Hildebert Kirchner zum 65. Geburtstag, herausgegeben von Wolfgang Dietz und Dietrich Pannier, München 1985, S. 249–263 (zit.: *Meurer*, FS Hildebert Kirchner).
– Beweiswürdigung, Überzeugung und Wahrscheinlichkeit; in: Festschrift für Herbert Tröndle zum 70. Geburtstag am 24. August 1989, herausgegeben von Hans-Heinrich Jescheck und Theo Vogler, Berlin 1989, S. 533–549 (zit.: *Meurer*, FS Tröndle).
– Fiktion und Strafurteil. Untersuchungen einer Denk- und Sprachform in der Rechtsanwendung, Berlin 1973 (zit.: *Meurer*, Fiktion).
– Der Verfassungsgerichtshof und das Strafverfahren – Zehn bemerkungen zu der Kassationsentscheidung des Berliner Verfassungsgerichtshofes vom 12. 1. 1993 und zu dem Beschluß des Kammergerichts vom 13. 1. 1993 –; in: JR 1993, 89–95.
Meyer, Karlheinz: Grenzen der Unschuldsvermutung; in: Festschrift für Herbert Tröndle zum 70. Geburtstag am 24. August 1989, herausgegeben von Hans-Heinrich Jescheck und Theo Vogler, Berlin 1989, S. 61–75 (zit.: *Karlheinz Meyer*, FS Tröndle).
Meyer-Goßner, Lutz: Über die „Gerichtskundigkeit"; in: Festschrift für Herbert Tröndle zum 70. Geburtstag am 24. August 1989, herausgegeben von Hans-Heinrich Jescheck und Theo Vogler, Berlin 1989, S. 551–565 (zit.: *Meyer-Goßner*, FS Tröndle).
– Was nicht Gesetz werden sollte! Einige Bemerkungen zum Gesetzentwurf der Bundesregierung zur Verständigung im Strafverfahren; in: ZRP 2009, 107–109.
– Strafprozessordnung, 53. Aufl., München 2010 (zit.: *Meyer-Goßner*).
– Zweifelssatz und Verschlechterungsverbot bei Verfahrenshindernissen; in: Festschrift für Heike Jung zum 65. Geburtstag am 23. April 2007, herausgeben von Heinz Müller-Dietz, Egon Müller, Karl-Ludwig Kunz, Henning Guido Britz, Carsten Mommsen und Heinz Koriath, Baden-Baden 2007, S. 543–557 (zit.: *Meyer-Goßner*, FS Jung).
Meyer-Ladewig, Jens: Europäische Menschenrechtskonvention – Handkommentar, 2. Aufl., Baden-Baden 2006 (zit.: *Meyer-Ladewig*, MRK).
– Sozialgerichtsgesetz – Kommentar, 9. Aufl., München 2008 (zit.: Meyer-Ladewig/*Bearbeiter*, SGG).
Meyer-Mews, Hans: Die „in dubio contra reo"-Rechtsprechungspraxis bei Aussage-gegen-Aussage-Delikten; in: NJW 2000, 916–919.
Mezger, Edmund: Der psychiatrische Sachverständige im Prozeß, Beilageheft zu AcP 117 (1919), Tübingen 1918 (zit.: *Mezger*, Sachverständige).
Michel, Lothar: Schriftvergleiche. Bedeutung und Methodik der forensischen Schriftuntersuchung in der Kriminalistik; in: Kriminalistik 1992, 473–479.
Milgram, Stanley: Das Milgram-Experiment. Zur Gehorsamsbereitschaft gegenüber Autorietät, Reinbek bei Hamburg 1986 (zit.: *Milgram*, Milgram-Experiment).
Mill, John Stuart: System der deductiven und inductiven Logik, Erster Theil, 3. deutsche Aufl. nach der 5. des Originals, Braunschweig 1868 (zit.: *Mill*, System I).
Miquel, Juan: Stoische Logik und römische Jurisprudenz; in: ZRG – Rom. Abt. 87 (1970), 85–122.

Mises, Richard von: Wahrscheinlichkeit, Statistik und Wahrheit, 4. Aufl., Wien 1972 (zit.: *Mises*, Wahrscheinlichkeit).
Mitsch, Wolfgang: Strafprozessuale Beweisverbote im Spannungsfeld zwischen Jurisprudenz und realer Gefahr; in: NJW 2008, 2295–2301.
– Strafrecht Besonderer Teil 2. Vermögensdelikte (Kernbereich)/Teilband 1, 2. Aufl., Berlin 2003 (zit.: *Mitsch*, BT II/1).
Mitteis, Heinrich/Lieberich, Heinz: Deutsche Rechtsgeschichte, 19. Aufl., München 1992 (zit.: *Mitteis/Lieberich*, Rechtsgeschichte).
Mittenzwei, Ingo: Teleologisches Rechtsverständnis, Berlin 1988 (zit.: *Mittenzwei*, Rechtsverständnis).
Mittermaier, Carl Josef Anton: Beiträge zur richtigen Würdigung des sogenannten circunstantiellen Beweises in Strafsachen; in: GA 1866, 313–325.
– Die Lehre vom Beweise im deutschen Strafprozesses nach der Fortbildung durch Gerichtsgebrauch und deutsche Gesetzbücher in Vergleichung mit den Ansichten des englischen und französischen Strafverfahrens, Darmstadt 1834 (zit.: *Mittermaier*, Lehre).
– Das deutsche Strafverfahren in der Fortbildung durch Gerichts-Gebrauch und Landes-Gesetzbücher und in genauer Vergleichung mit dem englischen und französischen Straf-Verfahren, Erster Theil, 4. Aufl., Heidelberg 1845 (zit.: *Mittermaier*, Strafverfahren I).
Möhl: Ueber das Urtheilen rechtsgelehrter Richter ohne gesetzliche Beweistheorie; in: Zeitschrift für deutsches Strafverfahren 1842, 277–309.
Möser, Justus: Patriotische Phantasien, Vierter Band, herausgegeben von seiner Tochter J. W. v. Voigt, geb. Möser, Berlin 1786 (zit.: *Möser*, Phantasien IV).
Mösl, Albert: Sachverständigengutachten und freie Beweiswürdigung im Strafprozeß; in: DRiZ 1970, 110–114.
Mößinger, Rainer: Neue Wege zur Ahndung von Parkverstößen? in: DAR 1985, 267–273.
Mommsen, Theodor: Römisches Strafrecht, Neudruck der Ausgabe Leipzig 1899, Graz 1955 (zit.: *Mommsen*, Strafrecht).
Montenbruck, Axel: In dubio pro reo aus normtheoretischer, straf- und strafverfahrensrechtlicher Sicht, Berlin 1985 (zit.: *Montenbruck*, In dubio pro reo).
– Wahlfeststellung und Werttypus in Strafrecht und Strafprozeßrecht. Entwicklung und Erprobung eines neuen Erklärungsmodells, Kiel 1976 (zit.: *Montenbruck*, Wahlfeststellung).
Moore, George Edward: Eine Verteidigung des Common Sense. Fünf Aufsätze aus den Jahren 1903–1941, Frankfurt a. M. 1969 (zit.: *George Edward Moore*, Verteidigung).
Mosbacher, Kurt: Die Beweislastlehre nach dem Bürgerlichen Gesetzbuch unter besonderer Berücksichtigung der §§ 929–936, Beiheft zur „Rheinischen Zeitschrift für Zivil- und Prozessrecht“ 6 (1913/14), Mannheim 1914 (zit.: *Mosbacher*, Beweislastlehre).
Moser, Konrad: „In dubio pro reo“. Die geschichtliche Entwicklung dieses Satzes und seine Bedeutung im heutigen deutschen Strafrecht, München 1933 (zit.: *Moser*, In dubio pro reo).
Motsch, Richard: Vom rechtsgenügenden Beweis. Zur Entscheidung von Zivilsachen nach Wahrscheinlichkeit unter besonderer Berücksichtigung der Abstammungsfeststellung, Berlin 1983 (zit.: *Motsch*, Beweis).
– Buchbesprechung von Bernhard M. Maassen, Beweismaßprobleme im Schadensersatzprozeß. Eine rechtsvergleichende Untersuchung zum Problem des Beweismaßes im deutschen und anglo-amerikanischen Prozessrecht unter besonderer Berücksichtigung des Schadensersatzprozesses, Köln 1976; in: NJW 1976, 1389.
– Vom Prozeß als Beweis zum Überwiegensprinzip; in: Gesetzgebungstheorie, Juristische Logik, Zivil- und Prozessrecht, Gedächtnisschrift für Jürgen Rödig, herausgegeben von Ulrich Klug, Thilo Ramm, Fritz Rittner und Burkhard Schmiedel, Berlin 1978, S. 334–348 (zit.: *Motsch*, GedS Rödig).
Muckle, J. T.: Isaac Israeli's definition of truth; in: Archives d'histoire doctrinale et littéraire du Moyen age 8 (1933), 5–8.

Mühlbauer, Stefan: Die Rechtsprechung des Bundesgerichtshofs zur Tötungshemmschwelle, Münster 1999 (zit.: *Mühlbauer*, Rechtsprechung).

Mueller, Berthold: Gerichtliche Medizin, Teil 2: Toxikologie – Sexualpathologie – Forensische Gynäkologie – Vaterschaft, 2. Aufl., Heidelberg 1975 (zit.: *Berthold Mueller*, Medizin II).

Müller, Christoph Markus: Anscheinsbeweis im Strafprozess am Beispiel der Feststellung von Kausalität und von Dispositionsprädikaten, Berlin 1998 (zit.: *Christoph Markus Müller*, Anscheinsbeweis).

Müller, Friedrich: Richterrecht – rechtstheoretisch formuliert; in: Richterliche Rechtsfortbildung. Erscheinungsformen, Auftrag und Grenzen, Festschrift der Juristischen Fakultät zur 600-Jahr-Feier der Ruprecht-Karls-Universität Heidelberg, herausgegeben von den Hochschullehrern der Juristischen Fakultät der Universität Heidelberg, Heidelberg 1986, S. 65–84 (zit.: *Friedrich Müller*, FS Universität Heidelberg).

Müller, Henning Ernst: Falsche Zeugenaussage und Beteiligungslehre, Tübingen 2000 (zit.: *Henning Ernst Müller*, Zeugenaussage).

Müller, Jürg: Der Grundsatz der freien Beweiswürdigung im Strafprozess (nach den Strafprozessordnungen des Bundes und des Kantons Zürich), Zürich 1992 (zit.: *Jürg Müller*, Grundsatz).

Müller-Dietz, Heinz: Die Stellung des Beschuldigten im Strafprozeß; in: ZStW 93 (1981), 1177–1270.

– Der Wahrheitsbegriff im Strafverfahren; in: ZEvEthik 15 (1971), 257–272.

Müller-Emmert, Adolf/Maier, Bernhard: Das Erste Gesetz zur Bekämpfung der Wirtschaftskriminalität; in: NJW 1976, 1657–1664.

Münchener AnwaltsHandbuch Strafverteidigung, herausgegeben von Gunter Widmaier, München 2006 (zit.: *Bearbeiter* in AnwaltsHandbuch).

Münchener Kommentar zum Bürgerlichen Gesetzbuch, herausgegeben von Franz Jürgen Säcker und Roland Rixecker, 5. Aufl., München 2009 (zit.: MüKo-BGB/*Bearbeiter*).

Münchener Kommentar zum Strafgesetzbuch, herausgegeben von Wolfgang Joecks und Klaus Miebach, München 2003 (zit.: MüKo-StGB/*Bearbeiter*).

Münchener Kommentar zur Zivilprozessordnung, herausgegeben von Thomas Rauscher, Peter Wax und Joachim Wenzel, 3. Aufl., München 2007/2008 (zit.: MüKo-ZPO/*Bearbeiter*).

Mummenhoff, Winfried: Zum Beweismaß im Berufskrankheitenrecht; in: ZZP 100 (1987), 129–146.

– Erfahrungssätze im Beweis der Kausalität, Köln 1997 (zit.: *Mummenhoff*, Erfahrungssätze).

Murmann, Uwe: Über den Zweck des Strafprozesses; in: GA 2004, 65–86.

Murphy, Peter: Murphy on Evidence, 10. Edition, Oxford 2007 (zit.: *Murphy*, Evidence).

Musielak, Hans-Joachim: Grundkurs ZPO, 10. Aufl., München 2010 (zit.: *Musielak*, Grundkurs ZPO).

– Die Grundlagen der Beweislast im Zivilprozeß, Berlin 1975 (zit.: *Musielak*, Grundlagen).

– Kommentar zur Zivilprozessordnung mit Gerichtsverfassungsgesetz, 7. Aufl., München 2009 (zit.: Musielak/*Bearbeiter*, ZPO).

– Das Överviktsprincip. Zum Verhältnis von richterlicher Überzeugung und Wahrscheinlichkeit; in: Internationales Privatrecht und Rechtsvergleichung im Ausgang des 20. Jahrhunderts. Bewahrung oder Wende? Festschrift für Gerhard Kegel, herausgegeben von Alexander Lüderitz und Jochen Schröder, Frankfurt a. M. 1977, S. 451–471 (zit.: *Musielak*, FS Kegel).

– Zur Sachverhaltsaufklärung im Zivilprozess unter besonderer Berücksichtigung der in jüngerer Zeit geschaffenen gesetzlichen Regelungen; in: Neue Wege zum Recht, Festgabe für Max Vollkommer zum 75. Geburtstag, herausgegeben von Reinhard Greger, Irmgard Gleussner und Jörn Heimann, Köln 2006, S. 237–255 (zit.: *Musielak*, FG Vollkommer).

Musielak, Hans-Joachim/Stadler, Max: Grundfragen des Beweisrechts, 2. Teil: Beweiswürdigung; in: JuS 1980, 279–281, 427–430, 583–588 und 739–742.

Nack, Armin: Aussagebeurteilung und Beweiswürdigung; in: Grundlagen der Strafverteidigung. Handbuch für die Aus- und Fortbildung des Fachanwalts, herausgegeben von Ulrich Ziegert, Stuttgart 2000, S. 219–298 (zit.: *Nack*, Grundlagen).

– Strafprozessuale Beweislehre; in: JA 1995, 320–327.
– Beweislehre. Beweiswürdigung beim Indizienbeweis; in: Kriminalistik 1995, 466–470.
– Beweisrecht. Zum Beweiswert kriminaltechnischer Untersuchungsergebnisse; in: Kriminalistik 1999, 32–39.
– Der Indizienbeweis; in: MDR 1986, 366–371.
– Verteidigung bei der Glaubwürdigkeitsbeurteilung von Aussagen; in: StV 1994, 555–564.

Nagel, Heinrich/Bajons, Ena-Marlis: Beweis – Preuve – Evidence. Grundzüge des zivilprozessualen Beweisrechts in Europa, Baden-Baden 2003 (zit.: *Bearbeiter* in Nagel/Bajons, Beweis).

Naucke, Wolfgang: Zur Lehre vom strafbaren Betrug. Ein Beitrag zum Verhältnis von Strafrechtsdogmatik und Kriminologie, Berlin 1964 (zit.: *Naucke*, Lehre).
– Der Nutzen der subjektiven Auslegung im Strafrecht; in: Festschrift für Karl Engisch zum 70. Geburtstag, herausgegeben von Paul Bockelmann, Arthur Kaufmann und Ulrich Klug, Frankfurt a. M. 1969, S. 274–286 (zit.: *Naucke*, FS Engisch).

Nell, Ernst Ludwig: Wahrscheinlichkeitsurteile in juristischen Entscheidungen, Berlin 1983 (zit.: *Nell*, Wahrscheinlichkeitsurteile).

Neubert-Kirfel, Dagmar: Das Leitspurenkonzept. Der Dialog mit den stummen Zeugen der Tat; in: Kriminalistik 2000, 398–404.

Neuhaus, Ralf: Kriminaltechnik für den Strafverteidiger – Eine Einführung in die Grundlagen. 2. Teil: Befundbewertung; in: StraFo 2001, 115–119.

Neumann, Ulfrid: Materiale und prozedurale Gerechtigkeit im Strafverfahren; in: ZStW 101 (1989), 52–74.

Neurath, Otto: Soziologie im Physikalismus; in: Erkenntnis 2 (1931), 393–431.

Niemöller, Martin: Die strafrichterliche Beweiswürdigung in der neueren Rechtsprechung des Bundesgerichtshofs; in: StV 1984, 431–442.

Nierhaus, Michael: Beweismaß und Beweislast. Untersuchungsgrundsatz und Beteiligtenmitwirkung im Verwaltprozeß, München 1989 (zit.: *Nierhaus*, Beweismaß).

Nierwetberg, Rüdiger: Die Unterscheidung von Tatfrage und Rechtsfrage; in: JZ 1983, 237–241.

Niese, Werner: Zur Frage der freien richterlichen Überzeugung (zum Urteil des BGH vom 21. Mai 1953 – 3 StR 9/53 –); in: GA 1954, 148–151.
– Die allgemeine Prozeßrechtslehre und der Rechtskrafteintritt bei zurückgenommenen und unzulässigen Rechtsmitteln; in: JZ 1957, 73–78.

Niethammer, Emil: Der Kampf um die Wahrheit im Strafverfahren; in: Festschrift für Wilhelm Sauer zu seinem 70. Geburtstag am 24. Juni 1949, Berlin 1949, S. 26–43 (zit.: *Niethammer*, FS Sauer).
– Die richterliche Überzeugung als Unterlage des Strafurteils; in: DRiZ 1934, 6–8.

Nikisch, Arthur: Zivilprozeßrecht, 2. Aufl., Tübingen 1952 (zit.: *Nikisch*, Zivilprozeßrecht).

Noack, Torsten: Tatsächlich unklare Sachverhalte im Strafrecht: Zu „in dubio pro reo" sowie eindeutigen und wahldeutigen Straffeststellungen; in: Jura 2004, 539–545.

Nörr, Knut Wolfgang: Zur Stellung des Richters im gelehrten Prozeß der Frühzeit: Iudex secundum allegata non secundum conscientiam iudicat, München 1967 (zit.: *Nörr*, Stellung).

Nomos Kommentar zum Strafgesetzbuch, herausgegeben von Urs Kindhäuser, Ulfrid Neumann und Hans-Ullrich Paeffgen, 3. Aufl., Baden-Baden 2010 (zit.: NK-StGB/*Bearbeiter*).

Norouzi, Ali B.: Grundfälle zur Wahlfeststellung, Präpendenz und Postpendenz; in: JuS 2008, 17–21.

Nothdurft, Günter: Die Entwicklung der freien Beweiswürdigung im französisch-deutschen Strafprozess, Rostock 1941 (zit.: *Nothdurft*, Entwicklung).

Nowakowski, Friedrich: Zu Welzels Lehre von der Fahrlässigkeit; in: JZ 1958, 335–341.

Nüse, Karl-Heinz: Zur Ablehnung von Beweisanträgen wegen Offenkundigkeit; in: GA 1955, 72–75.

Nugel, Michael: Die Quotenbildung beim Verkehrsunfall und der Anscheinsbeweis; in: DAR 2008, 548–553.

Oehler, Dietrich: Umgrenzung der gesetzlichen Unterhaltspflicht in § 170 b StGB; in: FamRZ 1959, 489–490.
Oellrich, W.: Zur Revisibilität der Beweiswürdigung; in: NJW 1954, 533–535.
Oetker: Anmerkung zu OLG Dresden, Urt. v. 16. 10. 1928 – 2 Ost 196/28, JW 1930, 1105; in: JW 1930, 1105–1108.
Offe, Heinz: Anforderungen an die Begutachtung der Glaubhaftigkeit von Zeugenaussagen; in: NJW 2000, 929–930.
Olshausen, Justus: Kommentar zum Strafgesetzbuch für das Deutsche Reich, 8. Aufl., Berlin 1909–1910 (zit.: *Olshausen*, StGB).
Opp, Karl Dieter: Soziologie im Recht, Hamburg 1973 (zit.: *Opp*, Soziologie).
Oran, Daniel: Oran's Dictionary of the law, 3rd edition, Albany (NY) 2000 (zit.: *Oran*, Dictionary).
Ortloff, Hermann: Beweisregeln und Entscheidungsgründe im Strafprozesse; in: GA 1860, 461–474.
Osnabrügge, Stephan A.: Die Beihilfe und ihr Erfolg, Berlin 2002 (zit.: *Osnabrügge*, Beihilfe).
Ossenbühl, Fritz: Medien zwischen Macht und Recht; in: JZ 1995, 633–643.
Ostendorf, Heribert: Strafvereitelung durch Strafverteidigung. Zur Diskussion um Gründe und Leitbild berufsmäßiger Strafverteidigung; in: NJW 1978, 1345–1350.
Ostwald, Wilhelm: Betrachtungen zu Kant's „Metaphysischen Anfangsgründen der Naturwissenschaft"; in: Annalen der Naturphilosophie 1 (1902), 50–61.
Otto, Harro: Strafrechtliche Aspekte des Eigentumsschutzes (I) – Diebstahl, Unterschlagung und Sachbeschädigung in der neueren Lehre und Rechtsprechung –; in: Jura 1989, 137–145.
– Die falsche Aussage i. S. der §§ 153 ff. StGB; in: Jura 1985, 389–390.
– Grenzen und Tragweite der Beweisverbote im Strafverfahren; in: GA 1970, 289–305.
– Grundkurs Strafrecht. Allgemeine Strafrechtslehre, 7. Aufl., Berlin 2004 (zit.: *Otto*, AT).
– Kausaldiagnose und Erfolgszurechnung im Strafrecht; in: Festschrift für Reinhart Maurach zum 70. Geburtstag, herausgegeben von Friedrich-Christian Schroeder und Heinz Zipf, Karlsruhe 1972, S. 91–105 (zit.: *Otto*, FS Maurach).
– Möglichkeiten und Grenzen der Revision in Strafsachen; in: NJW 1978, 1–11.
– Wahrscheinlichkeitsgrad des Erfolgseintritts und Erfolgszurechnung; in: Jura 2001, 275–277.
– Die objektive Zurechnung eines Erfolges im Strafrecht; in: Jura 1992, 90–99.
Otto, Karl Eduard/Schilling, Bruno/Sintenis, Karl Friedrich Ferdinand: Das Corpus Iuris Civilis (Romani), Band 1, Institutionen, Pandekten Buch 1–11, 2. Aufl., Leipzig 1839 (zit.: *Otto/Schilling/Sintenis*, Corpus Iuris Civilis I).
– Das Corpus Iuris Civilis ins Deutsche übersetzt von einem Verein Rechtsgelehrter, Band 2: Pandekten Buch 12–27, Neudruck der Ausgabe Leipzig 1831, Aalen 1984 (zit.: *Otto/Schilling/Sintenis*, Corpus Iuris Civilis II).
– Das Corpus Iuris Civilis ins Deutsche übersetzt von einem Verein Rechtsgelehrter, Band 4: Pandekten Buch 39–50, Neudruck der Ausgabe Leipzig 1832, Aalen 1984 (zit.: *Otto/Schilling/Sintenis*, Corpus Iuris Civilis IV).
– Das Corpus Iuris Civilis ins Deutsche übersetzt von einem Verein Rechtsgelehrter, Band 5: Codex Buch 1–6, Neudruck der Ausgabe Leipzig 1832, Aalen 1984 (zit.: *Otto/Schilling/Sintenis*, Corpus Iuris Civilis V).
Paeffgen, Hans-Ulrich: Wozu dient der Strafprozeß und inwieweit darf ein Landesverfassungsgericht in ihn intervenieren? Überlegungen aus Anlaß des Verfahrens gegen Honecker u.a. und der Entscheidung des VerfGH Berlin vom 12. 1. 1993; in: NJ 1993, 152–161.
– Vorüberlegungen zu einer Dogmatik des Untersuchungshaft-Rechts, Köln 1986 (zit.: *Paeffgen*, Vorüberlegungen).
Palandt, Otto: Bürgerliches Gesetzbuch mit Nebengesetzen, 70. Aufl., München 2011 (zit.: Palandt/*Bearbeiter*, BGB).
Pappenheim, Max: Anmerkung zu RG, Urt. v. 25. 1. 1928 – 159/27 I, JW 1928, 1732; in: JW 1928, 1732–1733.

Paulus, Rainer: Abstraktion und Konkretisierung in der „gesetzlichen Beweistheorie“ des Strafverfahrens; in: Festschrift für Ulrich Weber zum 70. Geburtstag 18. September 2004, herausgegeben von Bernd Heinrich, Eric Hilgendorf, Wolfgang Mitsch und Detlev Sternberg-Lieben, Bielefeld 2004, S. 484–504 (zit.: *Paulus*, FS Ulrich Weber).
- Gerichtsüberzeugung als Prozesshandlungsvoraussetzung; in: Festschrift für Manfred Seebode zum 70. Geburtstag am 15. September 2008, herausgegeben von Hendrik Schneider, Michael Kahlo, Diethelm Klesczewski und Heribert Schumann, Berlin 2008, S. 277–295 (zit.: *Paulus*, FS Seebode).
- Strafprozessuale Beisstrukturen; in: Festschrift für Gerhard Fezer zum 70. Geburtstag am 29. Oktober 2008, herausgegeben von Edda Weßlau und Wolfgang Wohlers, Berlin 2008, S. 243–265 (zit.: *Paulus*, FS Fezer).

Pawlik, Michael: Der disqualifizierte Staatsanwalt; in: NStZ 1995, 309–315.

Pawlowski, Enka: Der prima-facie-Beweis bei Schadensersatzansprüchen aus Delikt und Vertrag, Göttingen 1966 (zit.: *Enka Pawlowski*, Prima-facie-Beweis).

Pawlowski, Hans-Martin: Aufgabe des Zivilprozesses; in: ZZP 80 (1967), 345–351.
- Methodenlehre für Juristen. Theorie der Norm und des Gesetzes, 3. Aufl., Heidelberg 1999 (zit.: *Hans-Martin Pawlowski*, Methodenlehre).

Peczenik, Aleksander: Grundlagen der juristischen Argumentation, Wien 1983 (zit.: *Peczenik*, Grundlagen).

Peirce, Charles S.: Naturordnung und Zeichenprozess. Schriften über Semiotek und Naturphilosophie, herausgegeben und eingeleitet von Helmut Pape, übersetzt von Bertram Kienzle, Aachen 1988 (zit.: *Peirce*, Naturordnung).

Peres, Holger: Strafprozessuale Beweisverbote und Beweisverwertungsverbote und ihre Grundlagen in Gesetz, Verfassung und Rechtsfortbildung, München 1991 (zit.: *Peres*, Beweisverbote).

Pérez-Barberá, Gabriel: Kausalität und Determiniertheit. Das Problem der ontologischen Voraussetzung bei Erfolgsdelikten in nicht kausal determinierten Bereichen; in: ZStW 114 (2002), 600–635.

Perron, Walter: Das Beweisantragsrecht des Beschuldigten im deutschen Strafprozeß. Eine Untersuchung des verfassungsrechtlichen und verfahrensstrukturellen Grundlagen, gesetzlichen Regelungen und rechtstatsächlichen Auswirkungen sowie eine Erörterung der Reformperspektiven unter rechtsvergleichender Berücksichtigung des adversatorischen Prozeßmodells, Berlin 1995 (zit.: *Perron*, Beweisantragsrecht).
- Rechtsvergleichender Querschnitt und rechtspolitische Bewertung; in: Die Beweisaufnahme im Strafverfahrensrecht des Auslands. Rechtsvergleichendes Gutachten im Auftrag des Bundesministeriums der Justiz, herausgegeben von Walter Perron, Freiburg im Breisgau 1995, S. 549–608 (zit.: *Perron*, Beweisaufnahme).
- Rechtfertigung und Entschuldigung im deutschen und spanischen Recht. Ein Strukturvergleich strafrechtlicher Zurechnungssysteme, Baden-Baden 1988 (zit.: *Perron*, Rechtfertigung).
- Vermögensstrafe und Erweiterter Verfall. Im Spannungsfeld zwischen öffentlichen Strafverfolgungsinteressen und privaten Eigentumsrechten; in: JZ 1993, 918–925.

Peters, Casjen: Die Beweislast; in: MDR 1949, 66–70.

Peters, Karl: Anmerkung zu BayObLG, Urt. v. 14. 7. 1971 – 8 St 51/71, JR 1972, 30; in: JR 1972, 31–32.
- Anmerkung zu BGH, Urt. v. 2. 7. 1980 – 3 StR 204/80, JR 181, 304; in: JR 1981, 305–306.
- Anmerkung zu OLG Celle, Urt. v. 23. 3. 1976 – 1 Ss 1/76 –, JR 1977, 82; in: JR 1977, 83–84.
- Freie Beweiswürdigung und Justizirrtum; in: Festskrift tillägnad Professor Juris Doktor Karl Olivecrona vid Hans Argång, Från Professorsämbetet den 30. Juni 1964 au Kolleger, Lärjungar och vänne, Redaktionskommitte: Fritjof Lejman, Håkan Strömberg, Per-Edwin Wallén, Lars Norbeck, Stockholm 1964, S. 532–551 (zit.: *Karl Peters*, FS Olivecrona).

– Fehlerquellen im Strafprozeß. Eine Untersuchung der Wiederaufnahmeverfahren in der Bundesrepublik Deutschland, 2. Band: Systematische Untersuchungen und Folgerungen, Karlsruhe 1972 (zit.: *Karl Peters*, Fehlerquellen Bd. 2).
– Literaturbericht Gerichtswesen und Kriminalistik; in: ZStW 94 (1982), 1001–1043.
– Zur Problematik der freien Beweiswürdigung; in: Kriminologische Aktualität VIII (1974), 29–34.
– Strafprozeß, 4. Aufl., Heidelberg 1985 (zit.: *Karl Peters*, Strafprozeß).
– „Übergänge" im Strafprozess, dargestellt am Grundsatz der freien Beweiswürdigung; in: Festschrift für Rudolf Gmür zum 70. Geburtstag 28. Juli 1983, herausgegeben von Arno Buschmann, Franz-Ludwig Knemeyer, Gerhard Otte und Werner Schubert, Bielefeld 1983, S. 311–322 (zit.: *Karl Peters*, FS Gmür).
Pfeiffer, Gerd: Strafprozessordnung – Kommentar, 5. Aufl., München 2005 (zit.: *Pfeiffer*, StPO).
– Die Unschuldsvermutung im Strafprozeß; in: Festschrift für Karlmann Geiß zum 65. Geburtstag, herausgegeben von Hans Erich Brandner, Horst Hagen und Rolf Stürner, Köln 2000, S. 147–153 (zit.: *Pfeiffer*, FS Geiß).
Philipps, Lothar: An der Grenze von Vorsatz und Fahrlässigkeit – Ein Modell multikriterieller computergestützter Entscheidungen –; in: Festschrift für Claus Roxin zum 70. Geburtstag am 15. Mai 2001, herausgegeben von Bernd Schünemann, Hans Achenbach, Wilfrid Bottke, Bernhard Haffke und Hans-Joachim Rudolphi, Berlin 2001, S. 365–378 (zit.: *Philipps*, FS Roxin).
Phipson on Evidence, by M. N. Howard, Peter Crane and Daniel A. Hochberg, 14. Edition, London 1990 (zit.: Phipson on Evidence).
Planck, Julius Wilhelm: Bemerkungen über den Entwurf einer Prozeßordnung in bürgerlichen Rechtsstreitigkeiten für das Königreich Bayern; in: KritV 4 (1862), 232–291.
– Systematische Darstellung des deutschen Strafverfahrens auf Grundlage der neueren Strafprozeßordnungen seit 1848, Göttingen 1857 (zit.: *Planck*, Darstellung).
– Das deutsche Gerichtsverfahren im Mittelalter, Erster Band zweite Hälfte, Braunschweig 1879 (zit.: *Planck*, Gerichtsverfahren I/2).
– Das deutsche Gerichtsverfahren im Mittelalter, Zweiter Band, Braunschweig 1879 (zit.: *Planck*, Gerichtsverfahren II).
Platon: Sämtliche Dialoge, Band II: Menon – Kratylos – Phaidon – Phaidros, herausgegeben von Otto Apelt, Hamburg 1988 (zit.: *Platon*, Dialoge II).
Popp, Andreas: Verfahrenstheoretische Grundlagen der Fehlerkorrektur im Strafverfahren. Eine Darstellung am Beispiel der Eingriffsmaßnahmen im Ermittlungsverfahren, Berlin 2005 (zit.: *Popp*, Grundlagen).
Popper, Karl R.: Objektive Erkenntnis. Ein evolutionärer Entwurf, Hamburg 1973 (zit.: *Popper*, Erkenntnis).
– Grundprobleme der Erkenntnislogik; in: Wahrheitstheorien. Eine Auswahl aus den Diskussionen über Wahrheit im 20. Jahrhundert, herausgegeben und eingeleitet von Gunnar Skirbekk, Frankfurt a.M. 1977, S. 109–139 (zit.: *Popper*, Wahrheitstheorien).
– Gesammelte Werke in deutscher Sprache, Band 3: Logik der Forschung, herausgegeben von Herbert Keuth, 11. Aufl., Tübingen 2005 (zit.: *Popper*, Logik).
Prittwitz, Cornelius: Die Ansteckungsgefahr bei AIDS. Ein Beitrag zur objektiven und subjektiven Zurechnung von Risiken – (Teil II); in: JA 1988, 486–502.
Prölss, Jürgen: Anmerkung zu BGH, Urt. v. 17. 12. 1968 – VI ZR 212/67, ZZP 82 (1969), 466; in: ZZP 82 (1969), 468–475.
– Beweiserleichterungen im Schadensersatzprozeß, Karlsruhe 1966 (zit.: *Prölss*, Beweiserleichterungen).
Prütting, Hanns: Gegenwartsprobleme der Beweislast. Eine Untersuchung moderner Beweislasttheorien und ihrer Anwendung insbesondere im Arbeitsrecht, München 1983 (zit.: *Prütting*, Gegenwartsprobleme).

Puntel, Lorenz Bruno: Grundlagen einer Theorie der Wahrheit, Berlin 1990 (zit.: *Puntel*, Grundlagen).
- Der Wahrheitsbegriff. Neue Erklärungsversuche, Darmstadt 1987 (zit.: *Puntel*, Wahrheitsbegriff).
- Wahrheitstheorien in der neueren Philosophie. Eine kritisch-systematische Darstellung, 3. Aufl., Darmstadt 1993 (zit.: *Puntel*, Wahrheitstheorien).

Puppe, Ingeborg: Anmerkung zu BGH, Urt. v. 2. 8. 1995 – 2 StR 221/94, JZ 1996, 315; in: JZ 1996, 318–320.
- Begriffskonzeptionen des dolus eventualis; in: GA 2006, 65–79.
- Die verschuldeten Folgen der Tat als Strafzumessungsgründe; in: Festschrift für Günter Spendel zum 70.geburtstag am 11. Juli 1992, herausgegeben von Manfred Seebode, Berlin 1992, S. 451–468 (zit.: *Ingeborg Puppe*, FS Spendel).
- Die Lehre von der objektiven Zurechnung dargestellt an Beispielsfällen aus der höchstrichterlichen Rechtsprechung. I. Die Kausalität; in: Jura 1997, 408–416.
- Wider die fahrlässige Mittäterschaft; in: GA 2004, 129–147.
- „Naturgesetze" vor Gericht. Die sogenannte generelle Kausalität und ihr Beweis, dargestellt an Fällen strafrechtlicher Produkthaftung; in: JZ 1994, 1147–1151.
- Brauchen wir eine Risikoerhöhungslehre? in: Festschrift für Claus Roxin zum 70. Geburtstag am 15. Mai 2001, herausgegeben von Bernd Schünemann, Hans Achenbach, Wilfried Bottke, Bernhard Haffke und Hans-Joachim Rudolphi, Berlin 2001, S. 287–306 (zit.: *Ingeborg Puppe*, FS Roxin).
- Der objektive Tatbestand der Anstiftung; in: GA 1984, 101–123.
- Vom Umgang mit Definitionen in der Jurisprudenz. Kreative Definitionen oder warum sich Juristen über Begriffe streiten; in: Gedächtnisschrift für Armin Kaufmann, herausgegeben von Gerhard Dornseifer, Eckhard Horn, Georg Schilling, Wolfgang Schöne, Eberhard Struensee und Diethart Zielinski, Köln 1989, S. 15–34 (zit.: *Ingeborg Puppe*, GedS Armin Kaufmann).
- Zurechnung und Wahrscheinlichkeit. Zur Analyse des Risikoerhöhungsprinzips; in: ZStW 95 (1983), 287–315.

Putnam, Hilary: Vernunft, Wahrheit und Geschichte, übersetzt von Joachim Schulte, Frankfurt a. M. 1990 (zit.: *Hilary Putnam*, Vernunft).

Puttfarken, Hans-Jürgen: Gegenwartsprobleme der deutschen Zivilprozeßrechtswissenschaft; in: JuS 1977, 493–499.

Putz, Alexander: Beweisfragen bei Einschreibesendungen; in: NJW 2007, 2450–2452.

Putzke, Holm/Scheinfeld, Jörg: Strafprozessrecht, 3. Aufl., München 2011 (zit.: *Putzke/Scheinfeld*, Strafprozessrecht).

Quentin, Andreas: Kausalität und deliktische Haftungsbegründung, Berlin 1994 (zit.: *Quentin*, Kausalität).

Rabe, Dieter: Seehandelsrecht, 4. Aufl., München 2000 (zit.: *Rabe*, Seehandelsrecht).

Rabel, Ernst: Umstellung der Beweislast, insbesondere der prima facie Beweis; in: Rhein. Zeitschr. 1923, 428–442.

Radbruch, Gustav: Einführung in die Rechtswissenschaft, 13. Aufl., Stuttgart 1980 (zit.: *Radbruch*, Einführung).
- Rechtsphilosophie, 5. Aufl., Stuttgart 1956 (zit.: *Radbruch*, Rechtsphilosophie).

Raiser, Ludwig: Rechtswissenschaft und Rechtspraxis; in: NJW 1964, 1201–1208.

Ramsey, Frank P.: Tatsachen und Propositionen; in: Wahrheitstheorien. Eine Auswahl aus den Diskussionen über Wahrheit im 20. Jahrhundert, herausgegeben und eingeleitet von Gunnar Skirbekk, Frankfurt a. M. 1977, S. 224–225 (zit.: *Ramsey*, Wahrheitstheorien).

Ranft, Otfried: Strafprozeßrecht. Systematische Lehrdarstellung für Studium und Praxis, 3. Aufl., Stuttgart 2005 (*Ranft*, Strafprozeßrecht).
- Das garantiepflichtige Unterlassen der Taterschwerung. Zugleich ein Beitrag zur Lehre von der Zurechnung im Strafrecht; in: ZStW 97 (1985), 268–302.
- Die rauschmittelbedingte Verkehrsdelinquenz; in: Jura 1988, 133–139.

Rasch, Wilfried: Die Zuordnung der psychiatrisch-psychologischen Diagnosen zu den vier psychischen Merkmalen der §§ 20, 21 StGB; in: StV 1984, 264–269.

Rawls, John: Theorie der Gerechtigkeit, übersetzt von Hermann Vetter, Frankfurt a. M. 1979 (zit.: *Rawls*, Theorie).

Rebmann, Richard: Die Revisibilität der Erfahrung im Strafprozeß, Gießen 1993 (zit.: *Rebmann*, Revisibilität).

Rechberger, Walter H.: Kommentar zur ZPO, 3. Aufl., Wien 2006 (zit.: *Rechberger*, ZPO).

Redeker, Konrad/Oertzen, Hans-Joachim von: Verwaltungsgerichtsordnung – Kommentar, 15. Aufl., Stuttgart 2010 (zit.: *Redeker/Oertzen*, VwGO).

Reichenbach, Hans: Wahrscheinlichkeitslehre. Eine Untersuchung über die logischen und mathematischen Grundlagen der Wahrscheinlichkeitsrechnung, Leiden 1935 (zit.: *Reichenbach*, Wahrscheinlichkeitslehre).

Reichert, Winfried: Der Zugangsnachweis beim Einwurf-Einschreiben; in: NJW 2001, 2523–2524.

Reimann, Horst: Kommunikations-Systeme. Umrisse einer Soziologie der Vermittlungs- und Mitteilungsprozesse, 2. Aufl., Tübingen 1974 (zit.: *Reimann*, Kommunikations-Systeme).

Reinecke, Gerhard: Die Beweislastverurteilung im Bürgerlichen Recht und im Arbeitsrecht als rechtspolitische Regelungsaufgabe, Berlin 1976 (zit.: *Reinecke*, Beweislastverteilung).

– Die Krise der freien Beweiswürdigung im Zivilprozeß oder Über die Schwierigkeit, einem Zeugen nicht zu glauben; in: MDR 1986, 630–637.

Reinelt, Ekkehart: Haftung aus Prospekt und Anlageberatung bei Kapitalanlagefonds; in: NJW 2009, 1–8.

Reinhardt, Michael: Die Umkehr der Beweislast aus verfassungsrechtlicher Sicht; in: NJW 1994, 93–99.

Reinicke, Dietrich: Anmerkung zu BGH, Urt. v. 21. 12. 1948 – StS 139/48, NJW 1949, 556; in: NJW 1949, 556–557.

Reiwald, Paul: Die Gesellschaft und ihre Verbrecher, Frankfurt a. M. 1973 (zit.: *Reiwald*, Gesellschaft).

Rengier, Rudolf: Strafrecht Allgemeiner Teil, 2. Aufl., München 2010 (zit.: *Rengier*, AT).

– Strafrecht Besonderer Teil II: Delikte gegen die Person und die Allgemeinheit, 11. Aufl., München 2010 (zit.: *Rengier*, BT II).

Renning, Christoph: Zur Analyse von Urteilsberatungen im Schöffengericht: Wahrnehmung und Verarbeitung unterschiedlicher Fallauffassungen; in: Brennpunkte der Rechtspsychologie, Polizei – Justiz – Drogen, herausgegeben von Rudolf Egg, Bonn 1991, S. 311–328 (zit.: *Renning*, Brennpunkte).

Rescher, Nicholas: Die Kriterien der Wahrheit; in: Wahrheitstheorien. Eine Auswahl aus den Diskussionen über Wahrheit im 20. Jahrhundert, herausgegeben und eingeleitet von Gunnar Skirbekk, Frankfurt a. M. 1977, S. 337–390 (zit.: *Rescher*, Wahrheitstheorien).

– Wahrheit als ideale Kohärenz; in: Der Wahrheitsbegriff. Neue Erklärungsversuche, herausgegeben und eingeleitet von Lorenz Bruno Puntel, Darmstadt 1987, S. 284–297 (zit.: *Rescher*, Wahrheitsbegriff).

Rickert, Heinrich: Der Gegenstand der Erkenntnis. Einführung in die Transzendentalphilosophie, 6. Aufl., Tübingen 1928 (zit.: *Rickert*, Gegenstand).

Rieker, Robert: Die Ablehnung von Beweisanträgen in der Hauptverhandlung, Tübingen 1935 (zit.: *Rieker*, Ablehnung).

Riesenkampff, Philipp: Beweisbarkeit der form- und fristgemäßem Übermittlung durch Telefaxgeräte; in: NJW 2004, 3296–3299.

Rieß, Peter: Über die Aufgaben des Strafverfahrens; in: JR 2006, 269–277.

– Prolegomena zu einer Gesamtreform des Strafverfahrensrechts; in: Festschrift für Karl Schäfer zum 80. Geburtstag am 11. Dezember 1979, herausgegeben von Hellwig Hassenpflug, Berlin 1980, S. 155–221 (zit.: *Rieß*, FS Karl Schäfer).

– Zur Revisibilität der freien tatrichterlichen Überzeugung; in: GA 1978, 257–277.

– Sicherung einer effektiven Strafrechtspflege – ein Verfassungsgebot? in: StraFo 2000, 364–369.

Ritter, Joachim: Historisches Wörterbuch der Philosophie, Band 2: D–F, Basel 1972 (zit.: *Ritter*, Wörterbuch II).

– Historisches Wörterbuch der Philosophie, Band 3: G–H, Basel 1974 (zit.: *Ritter*, Wörterbuch III).

Rodriguez Montanés, Teresa: Einige Bemerkungen über das Kausalitätsproblem und die Täterschaft im Falle rechtswidriger Kollegialentscheidungen; in: Festschrift für Claus Roxin zum 70. Geburtstag, herausgegeben von Bernd Schünemann, Wilfried Bottke, Hans Achenbach, Bernhard Haffke und Hans-Joachim Rudolphi, Berlin 2001, S. 307–330 (zit.: *Teresa Rodriguez Montanés*, FS Roxin).

Röckrath, Luidger: Kollegialentscheidung und Kausalitätsdogmatik. Zurechnung überbestimmter Erfolge in Straf- und Haftungsrecht; in: NStZ 2003, 641–646.

Rödig, Jürgen: Die Theorie des gerichtlichen Erkenntnisverfahrens. Die Grundlinien des zivil-, straf- und verwaltungsgerichtlichen Prozess, Berlin 1973 (zit.: *Rödig*, Theorie).

Röhl, Klaus Friedrich: Rechtssoziologie, Köln 1987 (zit.: *Röhl*, Rechtssoziologie).

Röhl, Klaus Friedrich/Röhl, Hans Christian: Allgemeine Rechtslehre. Ein Lehrbuch, 3. Aufl., München 2008 (zit.: *Röhl/Röhl*, Rechtslehre).

Rogall, Klaus: Beleidigung und Indiskretion; in: Festschrift für Hans Joachim Hirsch zum 70. Geburtstag am 11. April 1999, herausgegeben von Thomas Weigend und Georg Küpper, Berlin 1999, S. 665–692 (zit.: *Rogall*, FS Hans Joachim Hirsch).

– Der Beschuldigte als Beweismittel gegen sich selbst. Ein Beitrag zur Geltung des Satzes „Nemo tenetur seipsum prodere“ im Strafprozeß, Berlin 1977 (zit.: *Rogall*, Beschuldigte).

– Das Beweisverbot des § 252 StPO; in: Festschrift für Harro Otto zum 70. Geburtstag am 1. April 2007, herausgegeben von Gerhard Dannecker, Winrich Langer, Otfried Ranft, Roland Schmitz und Joerg Brammsen, Köln 2007, S. 973–998 (zit.: *Rogall*, FS Otto).

Rogge, Karl August: Ueber das Gerichtswesen der Germanen, Halle 1820 (zit.: *Rogge*, Gerichtswesen).

Rolinski, Klaus: Statistische Kausalität im Strafrecht? in: Festschrift für Koichi Miyazawa, herausgegeben von Hans-Heiner Kühne, Baden-Baden 1995, S. 483–500 (zit.: *Rolinski*, FS Miyazawa).

Rommé, Oliver: Anmerkung zu BGH, Urt. v. 28. 3. 1989 – VI ZR 232/88, NZV 1989, 468; in: NZV 1989, 469–470.

– Der Anscheinsbeweis im Gefüge von Beweiswürdigung, Beweismaß und Beweislast, Köln 1989 (zit.: *Rommé*, Anscheinsbeweis).

Rosenberg, Leo: Die Beweislast auf der Grundlage des bürgerlichen Gesetzbuchs und der Zivilprozessordnung, 5. Aufl., München 1965 (zit.: *Rosenberg*, Beweislast).

– Buchbesprechung von Heinz Wassermeyer, Der prima facie Beweis und die benachbarten Erscheinungen. Studie über die rechtliche Bedeutung der Erfahrungssätze, Münster 1954; in: ZZP 67 (1954), 478–480.

Rosenberg, Leo/Schwab, Karl Heinz/Gottwald, Peter: Zivilprozessrecht, 16. Aufl., München 2004 (zit.: *Rosenberg/Schwab/Gottwald*, Zivilprozessrecht).

Rosenfeld, Ernst Heinrich: Der Reichs-Strafprozeß, 5. Aufl., Berlin 1912 (zit.: *Rosenfeld*, Reichs-Strafprozeß).

– Deutsches Strafprozeßrecht, Band I: Gegenstand und Personen des Strafprozesses, Berlin 1926 (zit.: *Rosenfeld*, Strafprozeßrecht I).

Roth, Andreas: Kollektive Gewalt und Strafrecht. Die Geschichte der Massendelikte in Deutschland, Berlin 1989 (zit.: *Andreas Roth*, Gewalt).

Roth, Gerhard: Fühlen, Denken, Handeln. Wie das Gehirn unser Verhalten steuert, Frankfurt a. M. 2001 (zit.: *Gerhard Roth*, Fühlen).

– Willensfreiheit, Verantwortlichkeit und Verhaltensautonomie des Menschen aus Sicht der Hirnforschung; in: Jus humanum, Grundlagen des Rechts und Strafrecht, Festschrift für Ernst-

Joachim Lampe zum 70. Geburtstag, herausgegeben von Dieter Dölling, Berlin 2003, S. 43–63 (zit.: *Gerhard Roth*, FS Lampe).

Rottleuthner, Hubert: Zur Soziologie richterlichen Handelns (II); in: KritJ 1971, 60–88.

Roxin, Claus: Zur Abgrenzung von bedingtem Vorsatz und bewußter Fahrlässigkeit – BGHSt. 7, 363; in: JuS 1964, 53–61.

– Fragen der Hauptverhandlungsreform im Strafprozess; in: Festschrift für Erich Schmidt-Leichner zum 65. Geburtstag, herausgegeben von Rainer Hamm und Walter Matzke, München 1977, S. 145–158 (zit.: *Roxin*, FS Schmidt-Leichner).

– Zur Normativierung des dolus eventualis und zur Lehre von der Vorsatzgefahr; in: Festschrift für Hans-Joachim Rudolphi, herausgegeben von Klaus Rogall, Ingeborg Puppe, Ulrich Stein und Jürgen Wolter, Neuwied 2004, S. 243–257 (zit.: *Roxin*, FS Rudolphi).

– Schuldfähigkeit Erwachsener im Urteil des Strafrechts; in: Medizin und Recht, Festschrift für Wolfgang Spann, herausgegeben von Wolfgang Eisenmenger, Erich Liebhardt und Manfred Schuck, Berlin 1986, S. 457–471 (zit.: *Roxin*, FS Spann).

– Strafrecht Allgemeiner Teil, Band II: Besondere Erscheinungsformen der Straftat, München 2003 (zit.: *Roxin*, AT II).

– Strafrecht Allgemeiner Teil, Band I: Grundlagen – Der Aufbau der Verbrechenslehre, 4. Aufl., München 2005 (zit.: *Roxin*, AT I).

Roxin, Claus/Schünemann, Bernd: Strafverfahrensrecht. Ein Studienbuch, 26. Aufl., München 2009 (*Roxin/Schünemann*, Strafverfahrensrecht).

Rudolf, Beate: Beweisprobleme in Verfahren wegen Verletzung von Art. 3 EMRK; in: EuGRZ 1996, 497–503.

Rudolphi, Hans-Joachim: Primat des Strafrechts im Umweltschutz; in: NStZ 1984, 193–199 und 248–254.

Rümelin, Max: Die Verwendung der Causalbegriffe in Straf- und Civilrecht; in: AcP 90 (1900), 171–344.

Rüping, Hinrich: Zur Mitwirkungspflicht des Beschuldigten und Angeklagten; in: JR 1974, 135–140.

– Das Strafverfahren, 3. Aufl., München 1997 (zit.: *Rüping*, Strafverfahren).

Rüßmann, Helmut: Anmerkung zu BGH, Urt. v. 28. 3. 1989 – VI ZR 232/88, ZZP 103 (1990), 62; in: ZZP 103 (1990), 65–76.

– Zur Mathematik des Zeugenbeweises; in: Beiträge zum Internationalen Verfahrensrecht und zur Schiedsgerichtsbarkeit, Festschrift für Heinrich Nagel zum 75. Geburtstag, herausgegeben von Walther J. Habscheid und Karl Heinz Schwab, Münster 1987, S. 329–351 (zit.: *Rüßmann*, FS Nagel).

Rüthers, Bernd/Fischer, Christian: Rechtstheorie. Begriff, Geltung und Anwendung des Rechts, 5. Aufl, München 2010 (zit.: *Rüthers/Fischer*, Rechtstheorie).

Rumpf, Max: Der Strafrichter, Band I: Die tatsächlichen Feststellungen und die Strafrechtstheorie, Berlin 1912 (zit.: *Rumpf*, Strafrichter I).

Rupp, Erwin: Der Beweis im Strafverfahren. Ein Beitrag zur wissenschaftlichen Darstellung des deutschen Prozessrechts, Freiburg i.B. 1884 (zit.: *Rupp*, Beweis).

Russell, Bertrand: Philosophische und politische Aufsätze, herausgegeben von Ulrich Steinvorth, Stuttgart 1980 (zit.: *Russell*, Aufsätze).

– Probleme der Philosophie, 4. Aufl., Frankfurt a. M. 1970 (zit.: *Russell*, Probleme).

– William James; in: Wahrheitstheorien. Eine Auswahl aus den Diskussionen über Wahrheit im 20. Jahrhundert, herausgegeben und eingeleitet von Gunnar Skirbekk, Frankfurt a. M. 1977, S. 59–62 (zit.: *Russell*, Wahrheitstheorien).

– Unser Wissen von der Außenwelt, auf der Grundlage der Übersetzung von Walther Rothstock bearbeitet von Michael Otte, Hamburg 2004 (zit.: *Russell*, Wissen).

Salditt, Franz: Anmerkung zu BGH, Urt. v. 19. 1. 1999 – 1 StR 171/98, StraFo 1999, 158; in: StraFo 1999, 160–162.

– Anmerkung zu BGH, Urt. v. 19.1.1999 – 1 StR 171/98, NJW 1999, 1562; in: NStZ 1999, 420–423.

Samson, Erich: Hypothetische Kausalverläufe im Strafrecht, Frankfurt a. M. 1972 (zit.: *Samson*, Kausalverläufe).

– Probleme strafrechtlicher Produkthaftung; in: StV 1991, 182–186.

– Das Verhältnis von Erfolgsunwert und Handlungsunwert im Strafrecht; in: Festschrift für Gerald Grünwald zum siebzigsten Geburtstag, herausgegeben von Erich Samson, Friedrich Dencker, Peter Frisch, Helmut Frister und Wolfram Reiß, Baden-Baden 1999, S. 585–605 (zit.: *Samson*, FS Grünwald).

Sander, Günther: Zur Beweiswürdigung, vor allem bei Aussage gegen Aussage; in: StV 2000, 45–48.

Sandkühler, Hans Jörg: Europäische Enzyklopädie zu Philosophie und Wissenschaften, Band 1: A–E, Hamburg 1990 (zit.: *Sandkühler*, Enzyklopädie I).

– Europäische Enzyklopädie zu Philosophie und Wissenschaften, Band 4: R–Z, Hamburg 1990 (zit.: *Sandkühler*, Enzyklopädie IV).

Sarstedt, Werner: Auswahl und Leitung des Sachverständigen im Strafprozeß (§§ 73, 78 StPO); in: NJW 1968, 177–182.

– Der Beweisantrag im Strafprozeß; in: DAR 1964, 307–314.

– Beweisregeln im Strafprozeß; in: Berliner Festschrift für Ernst E. Hirsch, dargebracht von Mitgliedern der Juristischen Fakultät zum 65. Geburtstag, Berlin 1968, S. 171–186 (zit.: *Sarstedt*, FS Ernst E. Hirsch).

– Nochmals: Die verspätete Verfahrensrüge; in: NJW 1968, 925–927.

Satzger, Helmut: Die objektive Bedingung der Strafbarkeit; in: Jura 2006, 108–113.

– Zum Eventualvorsatz und Rücktritt bei den sogenannten „Schüttelfällen“; in: JK 2/09, StGB § 24/38.

– Zum Nachweis des bedingten Vorsatzes bei Tötungsdelikten (Hemmschwellentheorie); in: JK 3/09, StGB § 15/8.

– Rügeverkümmerung durch Protokollberichtigung; in: JK 2/08, StPO § 274/4.

Satzger, Helmut/Schmitt, Bertram/Widmaier, Gunter: Strafgesetzbuch-Kommentar, Köln 2009 (SSW-StGB/*Bearbeiter*).

Sauer, Dirk: Zur Leichtfertigkeit i.S.v. § 261 V StGB bei der Annahme von Mandantengeldern durch Strafverteidiger; in: wistra 2004, 89–94.

Sauer, Wilhelm: Grundlagen des Prozessrechts, 2. Aufl., Neudruck der Ausgabe Stuttgart 1929, Aalen 1970 (zit.: *Wilhelm Sauer*, Grundlagen).

– Juristische Methodenlehre. Zugleich eine Einleitung in die Methodik der Geisteswissenschaften, Stuttgart 1940 (zit.: *Wilhelm Sauer*, Methodenlehre).

– Allgemeine Prozessrechtslehre. Zugleich eine systematische Schulung der zivilistischen und der kriminalistischen Praxis, Berlin 1951 (zit.: *Wilhelm Sauer*, Prozessrechtslehre).

– Allgemeine Strafrechtslehre, 3. Aufl., Berlin 1955 (zit.: *Wilhelm Sauer*, Strafrechtslehre).

– System der Rechts- und Sozialphilosophie. Vorlesungen zugleich über Allgemeine Philosophie und Soziologie, 2. Aufl., Basel 1949 (zit.: *Wilhelm Sauer*, System).

Savigny, Friedrich Carl von: Ueber Schwurgerichte und Beweistheorie im Strafprozesse; in: GA 1858, 469–491.

Sax, Walter: Zur Anwendbarkeit des Satzes „In dubio pro reo“ im strafprozessualen Bereich. Eine historisch-dogmatische Untersuchung; in: Studien zur Strafrechtswissenschaft, Festschrift für Ulrich Stock zum 70. Geburtstag am 8. Mai 1966, herausgegeben von Günter Spendel, Würzburg 1966, S. 143–169 (zit.: *Sax*, FS Stock).

– Das unrichtige Sachurteil als Zentralproblem der allgemeinen Prozeßrechtslehre. Ein Beitrag zur allgemeinprozessualen Methodik; in: ZZP 67 (1954), 21–54.

Scanzoni, Gustav von: Darf der Strafrichter trotz Zweifel schuldig sprechen? (Der „Fall Maurizius“ und das Reichsgericht); in: JW 1928, 2181–2183.

– Richterliche Überzeugung; in: NJW 1951, 222.

Schäfer, Gerhard/Sander, Günther M./Gemmeren, Gerhard van: Praxis der Strafzumessung, 4. Aufl., München 2008 (zit.: *Schäfer/Sander/Gemmeren,* Strafzumessung).

Schaper: Grundzüge der gegenwärtig herrschenden Beweistheorie in Strafsachen; in: GA 1866, 180–195.

Schaps, Georg/Abraham, Hans Jürgen: Das Seerecht in der Bundesrepublik Deutschland – Kommentar und Materialsammlung, 4. Aufl., Berlin 1978 (zit.: *Schaps/Abraham,* Seerecht).

Schatz, Holger: Das Beweisantragsrecht in der Hauptverhandlung: Reformgeschichte und Reformproblematik. Eine rechtsdogmatische und rechtspolitische Analyse, Berlin 1999 (zit.: *Schatz,* Beweisantragsrecht).

Scheffler, Uwe: Anmerkung zu BGH, Urt. v. 1. 9. 1992 – 1 StR 281/92, StV 1992, 575; in: StV 1993, 470–472.

– „J. S. F. von Böhmer (1704–1772) und der dolus eventualis. – Kann der große Professor der alten Viadrina dem heutigen Strafrecht noch etwas geben?" in: Jura 1995, 349–356.

Schellhammer, Kurt: Zivilprozess. Gesetz – Praxis – Fälle, 13. Aufl., Heidelberg 2010 (zit.: *Schellhammer,* Zivilprozess).

Scheurer, Adolf: Neuerung im Seerecht. Schaden durch Zusammenstoß von Schiffen (Internationales Übereinkommen zur einheitlichen Feststellung von Regeln über den Zusammenstoß von Schiffen vom 28. September 1910 und: Abänderung des Handelsgesetzbuchs durch Gesetz vom 7. Januar 1913), Leipzig 1913 (zit.: *Scheurer,* Neuerung).

Schewe, Günter: „Anlässe", „Anhaltspunkte" und „Prüfungspflichten" im Straf- und Strafprozeßrecht; in: Kriminalistik und Strafrecht, Festschrift für Friedrich Geerds zum 70. Geburtstag, herausgegeben von Ellen Schlüchter, Lübeck 1995, S. 561–577 (zit.: *Schewe,* FS Geerds).

Schilken, Eberhard: Zivilprozessrecht, 6. Aufl., München 2010 (zit.: *Schilken,* Ziviprozessrecht).

Schledorn, Christof von: Die Darlegungs- und Beweiswürdigungspflicht des Tatrichters im Falle der Verurteilung, Regensburg 1997 (zit.: *Schledorn,* Darlegungspflicht).

Schlosky: Revision wegen Verletzung der Denkgesetze; in: DRiZ 1933, 103–106.

Schlosser, Hans: Spätmittelalterlicher Zivilprozeß nach bayerischen Quellen. Gerichtsverfassung und Rechtsgang, Köln 1971 (zit.: *Schlosser,* Zivilprozeß).

Schlothauer, Reinhold: Unvollständige und unzutreffende tatrichterliche Urteilsfeststellungen – Verteidigungsmöglichkeiten in der Revisions- und Tatsacheninstanz –; in: StV 1992, 134–141.

Schlüchter, Ellen: Weniger ist mehr. Aspekte zum Rechtspflegeentlastungsgesetz, Baden-Baden 1992 (zit.: *Ellen Schlüchter,* Aspekte).

– Beschleunigung des Strafprozesses und insbesondere der Hauptverhandlung ohne Rechtsstaatsverlust; in: GA 1994, 397–438.

– Grenzen strafbarer Fahrlässigkeit, Nürnberg 1996 (zit.: *Ellen Schlüchter,* Grenzen).

– Zur Relativierung der gerichtlichen Aufklärungspflicht durch Verständigung im Strafverfahren; in: Festschrift für Günther Spendel zum 70. Geburtstag am 11. Juli 1992, herausgegeben von Manfred Seebode, Berlin 1992, S. 737–756 (zit.: *Ellen Schlüchter,* FS Spendel).

– Das Strafverfahren, 2. Aufl., Köln 1983 (zit.: *Ellen Schlüchter,* Strafverfahren).

– Von der Unabhängigkeitsthese zu materiell-rechtlich begrenzter Tatidentität beim Dauerdelikt – Zugleich eine Besprechung von BayObLG, Urteil vom 22. 3. 1991, RReg 1 St 240/90 –; in: JZ 1991, 1057–1061.

Schmidhäuser, Eberhard: Zum Begriff der Rechtfertigung im Strafrecht; in: Festschrift für Karl Lackner zum 70. Geburtstag am 18. Februar 1987, herausgegeben von Wilfried Küper, Berlin 1987, S. 77–94 (zit.: *Schmidhäuser,* FS Lackner).

– Zur Frage nach dem Ziel des Strafprozesses; in: Festschrift für Eberhard Schmidt zum 70. Geburtstag, herausgegeben von Paul Bockelmann und Wilhelm Gallas, Göttingen 1961, S. 511–524 (zit.: *Schmidhäuser,* FS Eberhard Schmidt).

– Die Grenze zwischen vorsätzlicher und fahrlässiger Straftat („dolus eventualis" und „bewußte Fahrlässigkeit"); in: JuS 1980, 241–252.

– Strafrecht. Allgemeiner Teil, Lehrbuch, 2. Aufl., Tübingen 1975 (zit.: *Schmidhäuser*, Lb AT).
– Strafrecht Allgemeiner Teil. Studienbuch, 2. Aufl., Tübingen 1984 (zit.: *Schmidhäuser*, StuB AT).
Schmidt, Andrea: Grundsätze der freien richterlichen Beweiswürdigung im Strafprozeßrecht, Frankfurt a. M. 1994 (zit.: *Andrea Schmidt*, Grundsätze).
Schmidt, Eberhard: § 261 StPO in der neueren höchstrichterlichen Rechtsprechung; in: JZ 1970, 337–342.
– Die Carolina; in: ZRG 53 (1933) – Germ. Abt., 1–34.
– Einführung in die Geschichte der deutschen Strafrechtspflege, 3. Aufl., Göttingen 1965 (zit.: *Eberhard Schmidt*, Einführung).
– Inquisitionsprozess und Rezeption. Zur Geschichte des Strafverfahrens in Deutschland vom 13. bis 16. Jahrhundert; in: Festschrift der Leipziger Juristenfakultät für Heinrich Siber zum 10. April 1940, Band I, Nachdruck der Ausgabe Leipzig 1941, Frankfurt a. M. 1970, S. 97–182 (zit.: *Eberhard Schmidt*, FS Siber I).
– Lehrkommentar zur Strafprozeßordnung und zum Gerichtsverfassungsgesetz, Teil I: Die rechtstheoretischen und die rechtspolitischen Grundlagen des Strafverfahrensrechts, 2. Aufl., Göttingen 1964 (zit.: *Eberhard Schmidt*, LK I).
– Lehrkommentar zur Strafprozeßordnung und zum Gerichtsverfassungsgesetz, Teil II: Erläuterungen zur Strafprozeßordnung und zum Einführungsgesetz zur Strafprozeßordnung, Göttingen 1957 (zit.: *Eberhard Schmidt*, LK II).
– Von Sinn und Notwendigkeit wissenschaftlicher Behandlung des Strafprozeßrechts. Rede gehalten am 566. Jahrestage der Ruprecht-Karl-Universität (22. November 1952); in: ZStW 65 (1953), 161–177.
Schmidt, Joachim P.: Probleme der Beweislastumkehr – BGHZ 61, 118; in: JuS 1975, 430–435.
– Teilbarkeit und Unteilbarkeit des Geständnisses im Zivilprozeß. Eine rechtsvergleichende Studie zum Beweis durch Parteizeugnis im französischen, italienischen, deutschen und österreichischen Recht, Berlin 1972 (zit.: *Joachim Schmidt*, Teilbarkeit).
Schmidt, Jürgen: Noch einmal: Wahrheitsbegriff und Rechtswissenschaft; in: JuS 1973, 204–207.
Schmidt-Hieber, Werner: Verständigung im Strafverfahren. Möglichkeiten und Grenzen für die Beteiligten in den Verfahrensabschnitten, München 1986 (zit.: *Schmidt-Hieber*, Verständigung).
Schmidt-Leichner, Erich: Verkehrsstrafrecht ohne Schuldfeststellung!? in: NJW 1960, 996–997.
Schmidt-Salzer, Joachim: Entscheidungssammlung Produkthaftung: Strafrecht mit Urteilsanmerkungen und einer Einleitung, Neuwied 1990 (zit.: *Schmidt-Salzer*, Entscheidungssammlung Produkthaftung).
– Verschuldensprinzip, Verursachungsprinzip und Beweislastumkehr im Wandel der Zeitströmungen; in: Festschrift für Erich Steffen zum 65. Geburtstag am 28. Mai 1995, Der Schadensersatz und eine Deckung, herausgegeben von Erwin Deutsch, Ernst Klingmüller und Hans Josef Kullmann, Berlin 1995, S. 429–450 (zit.: *Schmidt-Salzer*, FS Steffen).
Schmitt, Bertram: Die richterliche Beweiswürdigung im Strafprozeß. Eine Studie zu Wesen und Funktion des strafprozessualen Grundsatzes der „freien Beweiswürdigung“ sowie zu den Möglichkeiten und Grenzen einer Revision in Strafsachen; zugleich ein Beitrag zum Verhältnis von Kriminalistik und staatlicher Strafrechtspflege, Lübeck 1992 (zit.: *Bertram Schmitt*, Beweiswürdigung).
Schmitt, Carl: Gesetz und Urteil. Eine Untersuchung zum Problem der Rechtspraxis, Berlin 1912 (zit.: *Carl Schmitt*, Gesetz).
Schmitt, Rudolf: Subjektive Rechtfertigungselemente bei Fahrlässigkeitsdelikten? – OLG Hamm, NJW 1962, 1169; in: JuS 1963, 64–68.
Schmitz, H. Walter: Tatgeschehen, Zeugen und Polizei. Zur Rekonstruktion und Beschreibung des Tathergangs in polizeilichen Zeugenvernehmungen, Wiesbaden 1978 (zit.: *Schmitz*, Tatgeschehen).

Schmuck, Markus/Steinbach, Christoph: Glaubwürdigkeitsgutachten und § 244 Abs. 4 StPO; in: StraFo 2010, 17–19.

Schneider, Egon: Beweis und Beweiswürdigung, 5. Aufl., München 1994 (zit.: *Egon Schneider*, Beweis).

– Beweislast und Beweiswürdigung im Zivilprozeß; in: DRiZ 1966, 281–286.

– Die neuere Beweisrechtsjudikatur in Haftpflichtprozessen (II). Anscheinsbeweis – Besonderes Beweisrecht; in: VersR 1977, 687–694.

– Die Beweiswürdigung im Zivilprozeß; in: MDR 1965, 879–882.

– Die Beweiswürdigung im Zivilprozeß; in: MDR 1966, 27–31.

– Praxis der neuen ZPO, Taktik-Praxis-Muster, 2. Aufl., Recklinghausen 2003 (zit.: *Egon Schneider*, Praxis).

– Problemfälle aus der Prozeßpraxis: „Der Zugang wird bestritten"; in: MDR 1984, 281–283.

Schneider, Egon/Schnapp, Friedrich E.: Logik für Juristen. Die Grundlagen der Denklehre und der Rechtsanwendung, 6. Aufl., München 2006 (zit.: *Schneider/Schnapp*, Logik).

Schneider, Egon/Thiel, Lotte: Zivilprozessuales Beweisrecht. Grundlagen und Fehlerquellen, Münster 2008 (zit.: *Schneider/Thiel*, Beweisrecht).

Schneider, Hans-Joachim: Beweisverwertungsverbot der Zeugnisverweigerung eines Angehörigen gegen den Angeklagten – BGHSt 22, 113; in: JuS 1970, 271–276.

Schneider, Hartmut: Zur Annahme von Tötungsvorsatz bei Abgabe von Schüssen auf Menschen; in: Festschrift für Hans Dahs, herausgegeben von Gunter Widmaier, Heiko Lesch, Bernd Müssig und Rochus Wallau, Köln 2005, S. 189–205 (zit.: *Hartmut Schneider*, FS Dahs).

Schneidewin, Karl: Die Rechtsprechung in Strafsachen; in: Fünfzig Jahre Reichsgericht am 1. Oktober 1929, herausgegeben von Adolf Lobe, Berlin 1929, S. 271–336 (zit.: *Schneidewin*, 50 Jahre Reichsgericht).

Schoch, Friedrich/Schmidt-Aßmann, Eberhard/Pietzner, Rainer: Verwaltungsgerichtsordnung – Kommentar, Stand: 20. Lieferung, Mai 2010, München 2010 (zit.: *Bearbeiter* in Schoch/ Schmidt-Aßmann/Pietzner, VwGO).

Schöch, Heinz: Die Beurteilung von Schweregraden schuldmindernder oder schuldausschließender Persönlichkeitsstörungen aus juristischer Sicht; in: MschrKrim 1983, 333–343.

Schöneborn, Christian: Strafprozessuale Wiederaufnahmeproblematik. Eine funktionalistisch angelegte Aktenanalyse gescheiterter Wiederaufnahmeverfahren, Tübingen 1980 (zit.: *Schöneborn*, Wiederaufnahmeproblematik).

Schönke, Adolf/Schröder, Horst: Strafgesetzbuch-Kommentar, 28. Aufl., München 2010 (zit.: Sch/Schr/*Bearbeiter*).

Scholz, O. Berndt: Die nicht glaubhafte Zeugenaussage; in: StV 2004, 104–110.

Schopenhauer, Arthur: Sämtliche Werke, Band 3: Die Welt als Wille und Vorstellung, Zweiter Band, herausgegeben von Arthur Hübscher, Leipzig 1938 (zit.: *Schopenhauer*, Die Welt als Wille und Vorstellung II).

Schorn, Hubert: Der gerichtliche Sachverständige und die richterliche Urteilsfindung im Strafverfahren; in: GA 1965, 299–307.

Schreiber, Hans-Ludwig: Zur Rolle des psychiatrisch-psychologischen Sachverständigen im Strafverfahren; in: Festschrift für Rudolf Wassermann zum sechzigsten Geburtstag, herausgegeben von Christian Broda, Erwin Deutsch, Hans-Ludwig Schreiber und Hans-Jochen Vogel, Neuwied 1985, S. 1007–1020 (zit.: *Hans-Ludwig Schreiber*, FS Wassermann).

– Verfahrensrecht und Verfahrenswirklichkeit; in: ZStW 88 (1976), 117–161.

Schreiber, Rupert: Theorie des Beweiswertes für Beweismittel im Zivilprozeß, Berlin 1968 (zit.: *Rupert Schreiber*, Theorie).

Schroeder, Friedrich-Christian: Strafprozessrecht, 4. Aufl., München 2007 (zit.: *Friedrich-Christian Schroeder*, Strafprozessrecht).

Schröder, Horst: Aufbau und Grenzen des Vorsatzbegriffs; in: Festschrift für Wilhelm Sauer zu seinem 70. Geburtstag am 24. Juni 1949, Berlin 1949, S. 207–248 zit.: *Horst Schröder*, FS Sauer).

– Der Begriff der „gesetzlichen Unterhaltspflicht“ in § 170 b StGB; in: JZ 1959, 346–347.
– Unwahrer und unwahrhaftiger Eid, Berlin 1939 (zit.: *Horst Schröder*, Eid).
– Zur Zulässigkeit gesetzlicher Beweisregeln im Strafrecht; in: NJW 1959, 1903–1905.

Schröder, Jochen: Buchbesprechung von Rudolf Bruns, Zivilprozeßrecht – Eine systematische Darstellung, Berlin 1968; in: FamRZ 1969, 348–352.

Schröder, Richard/Künßberg, Eberhard Freiherr von: Lehrbuch der deutschen Rechtsgeschichte, 7. Aufl., Berlin 1932 (zit.: *Schröder/Künßberg*, Rechtsgeschichte).

Schroth, Ulrich: Die Rechtsprechung des BGH zum Tötungsvorsatz in der Form des „dolus eventualis“; in: NStZ 1990, 324–326.
– Der bedingte Tötungsvorsatz im Spiegel der Rechtsprechung; in: Strafverteidigung, Revision und die gesamten Strafrechtswissenschaften, Festschrift für Gunter Widmaier zum 70. Geburtstag, herausgegeben von Heinz Schöch, Helmut Satzger, Gerhard Schäfer, Alexander Ignor und Christoph Knauer, Köln 2008, S. 779–799 (zit.: *Schroth*, FS Widmaier).

Schünemann, Bernd: Riskanter Geschlechtsverkehr eines HIV-Infizierten als Tötung, Körperverletzung oder Vergiftung? in: JR 1989, 89–95.
– Reflexionen über die Zukunft des deutschen Strafverfahrens; in: Strafrecht, Unternehmensrecht, Anwaltsrecht, Festschrift für Gerd Pfeiffer zum Abschied aus dem Amt als Präsident des Bundesgerichtshofes, herausgegeben von Otto Friedrich Freiherr von Gamm, Peter Raisch und Klaus Tiedemann, Köln 1988, S. 461–484 (zit.: *Schünemann*, FS Pfeiffer).
– Zur Reform der Hauptverhandlung im Strafprozeß; in: GA 1978, 161–185.
– Die Regeln der Technik im Strafrecht; in: Festschrift für Karl Lackner zum 70. Geburtstag am 18. februar 1987, herausgegeben von Wilfried Küper, Berlin 1987, S. 367–397 (zit.: *Schünemann*, FS Lackner).
– Ein deutsches Requiem auf den Strafprozess des liberalen Rechtsstaats; in: ZRP 2009, 104–107.
– Die deutschsprachige Strafrechtswissenschaft nach der Strafrechtsreform im Spiegel des Leipziger Kommentars und des Wiener Kommentars. 2. Teil: Schuld und Kriminalpolitik; in: GA 1986, 293–352.
– Der Richter im Strafverfahren als manipulierter Dritter? Zur empirischen Bestätigung von Perseveranz- und Schulterschlußeffekt; in: StV 2000, 159–165.
– Der deutsche Strafprozeß im Spannungsfeld von Zeugenschutz und materieller Wahrheit – Kritische Anmerkungen zum Thema des 62. Deutschen Juristentages 1998 –; in: StV 1998, 391–401.
– Unzulänglichkeiten des Fahrlässigkeitsdelikts in der modernen Industriegesellschaft – Eine Bestandsaufnahme –; in: Gedächtnisschrift für Dieter Meurer, herausgegeben von Eva Graul und Gerhard Wolf, Berlin 2002, S. 37–63 (zit.: *Schünemann*, GedS Meurer).
– Vom philosophischen und typologischen Vorsatzbegriff; in: Festschrift für Hans Joachim Hirsch zum 70. Geburtstag am 11. April 1999, herausgegeben von Thomas Weigend und Georg Küpper, Berlin 1999, S. 363–378 (zit.: *Schünemann*, FS Hans Joachim Hirsch).

Schulenburg, Johanna: Das Verbot der vorweggenommenen Beweiswürdigung im Strafprozeß, Berlin 2002 (zit.: *Johanna Schulenburg*, Verbot).

Schulz, Gudrun: Veritas est adaequatio intellectus et rei. Untersuchungen zur Wahrheitslehre des Thomas von Aquin und zur Kritik Kants an einem überlieferten Wahrheitsbegriff, Leiden 1993 (zit.: *Gudrun Schulz*, Veritas).

Schulz, Joachim: Gesetzmäßige Bedingung und kausale Erklärung. Zur Fassung der Theorie von der gesetzmäßigen Bedingung; in: Festschrift für Karl Lackner zum 70. Geburtstag am 18. Februar 1987, herausgegeben von Wilfried Küper in Verbindung mit Ingeborg Puppe und Jörg Tenckhoff, Berlin 1987, S. 39–51 (zit.: *Joachim Schulz*, FS Lackner).
– Die prozessuale Behandlung des Beweisermittlungsantrages; in: GA 1981, 301–320.
– Zur Entscheidungskompetenz über Beweisermittlungsanträge; in: AnwBl. 1983, 492–494.
– Sachverhaltsfeststellung und Beweistheorie, Köln 1992 (zit.: *Joachim Schulz*, Sachverhaltsfeststellung).

Schulz, Lorenz: Kausalität und strafrechtliche Produkthaftung. Materiell- und prozeßrechtliche Aspekte; in: Kausalität und Zurechnung. Über Verantwortung in komplexen kulturellen Prozessen, herausgegeben von Weyma Lübbe, Berlin 1994, S. 41–90 (zit.: *Lorenz Schulz*, Kausalität).

– Normiertes Misstrauen. Der Verdacht im Strafverfahren, Frankfurt a. M. 2001 (zit.: *Lorenz Schulz*, Misstrauen).

– Strafrechtliche Produkthaftung bei Holzschutzmitteln; in: ZUR 1994, 26–32.

Schumann, Kay H.: Protokollberichtigung, freie Beweiswürdigung und formelle Wahrheit im Strafverfahren; in: JZ 2007, 927–935.

Schwab, Karl Heinz: Literaturbesprechung von Heinz Wassermeyer, Der prima facie-Beweis und die benachbarten Erscheinungen. Eine Studie über die rechtliche Bedeutung der Erfahrungssätze, Münster 1954; in: JZ 1955, 255–256.

Schwab, Martin: Zivilprozessrecht, 3. Aufl., Heidelberg 2010 (zit.: *Martin Schwab*, Zivilprozessrecht).

Schwarze, Friedrich Oskar von: Die gesetzliche Beweistheorie, mit besonderer Rücksicht auf die Beweisregeln des Englischen Strafverfahrens; in: GA 1858, 721–737.

Schweckendieck, Helmut: Bedeutungslosigkeit und Wahrunterstellung – ein Gegensatz? in: NStZ 1997, 257–261.

Schweling, Otto: Die Revisibilität der Erfahrung; in: ZStW 83 (1971), 435–467.

Schwerin, Claudius Freiherr von: Germanische Rechtsgeschichte, Ein Grundriss, 2. Aufl., Berlin 1944 (zit.: *Schwerin*, Rechtsgeschichte).

Schwerin, Claudius Freiherr von/Thieme, Hans: Grundzüge der deutschen Rechtsgeschichte, 4. Aufl., Berlin 1950 (zit.: *Schwerin*, Rechtsgeschichte).

Schwering, Walter: System der Beweislast im englisch-amerikanischen Zivilprozeß, Karlsruhe 1969 (zit.: *Schwering*, System).

Schwinge, Erich: Grundlagen des Revisionsrechts, 2. Aufl., Bonn 1960 (zit.: *Schwinge*, Grundlagen).

Searle, John R.: The Construction of Social Reality, London 1995 (zit.: *Searle*, Construction).

Seebode, Manfred: Unterhaltspflichtverletzung als Straftat; in: JZ 1972, 389–394.

Seiffert, Helmut: Information über die Information. Verständigung im Alltag – Nachrichtentechnik, Wissenschaftliches Verstehen – Informationssoziologie, Das Wissen des Gelehrten, 3. Aufl., München 1971 (zit.: *Seiffert*, Information).

Sextus Empiricus: Grundriß der pyrrhonischen Skepsis, eingeleitet und übersetzt von Malte Hossenfelder, Frankfurt a. M. 1985 (zit.: *Sextus Empiricus*, Grundriß).

Sieber, Ulrich: Zivilrechtliche Beweisinteressen im Strafprozeß; in: Festschrift für Günter Spendel zum 70. Geburtstag am 11. Juli 1992, herausgegeben von Manfred Seebode, Berlin 1992, S. 757–776 (zit.: *Sieber*, FS Spendel).

Sieg, Hans O.: Anmerkung zu LG Essen, Beschl. v. 30. 6. 1975 – 24 Qs 97/75, NJW 1975, 2257; in: NJW 1976, 1163.

Simon, Gustav: Von der Wirkung des Criminalerkenntnisses auf die Entscheidung des Civilpunktes; in: AcP 39 (1856), 247–273.

Simson, Gerhard: Das neue schwedische Zivilprozessrecht; in: ZSR 63 (1944), 122–185.

– Das Zivil- und Strafprozeßgesetz Schwedens, Berlin 1953 (zit.: *Gerhard Simon*, Zivil- und Strafprozeßgesetz).

Skirbekk, Gunnar: Wahrheitstheorien. Eine Auswahl aus den Diskussionen über Wahrheit im 20. Jahrhundert, Frankfurt a. M. 1977 (zit.: *Skirbekk*, Wahrheitstheorien).

Smid, Menno: Der prima-facie Beweis, insbesondere bei Schadensersatzansprüchen, Berlin 1925 (zit.: *Smid*, Prima-facie Beweis).

Sodan, Helge/Ziekow, Jan: Verwaltungsgerichtsordnung – Großkommentar, 3. Aufl., Baden-Baden 2010 (zit.: Sodan/Ziekow/*Bearbeiter*, VwGO).

Söllner, Alfred: Einführung in die römische Rechtsgeschichte, München 1989 (zit.: *Söllner*, Einführung).

Sofos, Themistoklis I.: Mehrfachkausalität beim Tun und Unterlassen, Berlin 1999 (zit.: *Sofos*, Mehrfachkausalität).

Sohm, Rudolph: Der Proceß der Lex Salica, Weimar 1867 (zit.: *Sohm*, Lex Salica).

Sommer, Ulrich: Lebenserfahrung. Gedanken über ein Kriterium richterlicher Beweiswürdigung; in: Festschrift für Peter Rieß zum 70. Geburtstag am 4. Juni 2002, herausgegeben von Ernst-Walter Hanack, Hans Hilger, Volkmar Mehle und Gunter Widmaier, Berlin 2002, S. 585–610 (zit.: *Sommer*, FS Rieß).

Spendel, Günter: Beweisverbote im Strafprozeß; in: NJW 1966, 1102–1108.

– Zur Dogmatik der unechten Unterlassungsdelikte; in JZ 1973, 137–144.

– Notwehr und „Verteidigungswille", objektiver Zweck und subjektive Absicht; in: Festschrift für Dietrich Oehler zum 70. Geburtstag, herausgegeben von Rolf Dietrich Herzberg, Köln 1985 (zit.: *Spendel*, FS Oehler).

– Gegen den „Verteidigungswillen" als Notwhrerfordernis; in: Festschrift für Paul Bockelmann zum 70. Geburtstag am 7. Dezember 1978, herausgegeben von Arthur Kaufmann, Günter Bemmann, Detlef Krauss und Klaus Volk, München 1979, S. 245–260 (zit.: *Spendel*, FS Bockelmann).

– Wahrheitsfindung im Strafprozeß; in: JuS 1964, 465–473.

Spiekermann, Monika: Der Mißbrauch des Beweisantragsrechts, Berlin 2001 (zit.: *Monika Spiekermann*, Mißbrauch).

Spilgies, Gunnar: Zwischenruf: Die Debatte über „Hirnforschung und Willensfreiheit" im Strafrecht ist nicht falsch inszeniert! in: ZIS 2007, 155–161.

Spinellis, Dionysios: Das Rechtsgut der Ehre. Eine Zusammenfassung; in: Festschrift für Hans Joachim Hirsch zum 70. Geburtstag am 11. April 1999, herausgegeben von Thomas Weigend und Georg Küpper, Berlin 1999, S. 739–764 (zit.: *Spinellis*, FS Hans Joachim Hirsch).

Sporer, Siegfried L.: Experimentalpsychologische Grundlagen der Personenidentifizierung. Zur Bedeutung von Clifford und Bull's „The Psychology of Person Identification"; in: MschrKrim 1984, 339–348.

Staats, Reinhart: Selbstanzeige zu Reinhart Staats: Der theologiegeschichtliche Hintergrund des Begriffs „Tatsache", in: Zeitschrift für Theologie und Kirche 70 (1973), 316–345.

Stadie, Volkmar: Das neue Bundeszentralregistergesetz; in: DRiZ 1972, 347–349.

Stamp, Frauke: Die Wahrheit im Strafverfahren. Eine Untersuchung zur prozessualen Wahrheit unter besonderer Berücksichtigung der Perspektive des erkennenden Gerichts in der Hauptverhandlung, Baden-Baden 1998 (zit.: *Frauke Stamp*, Wahrheit).

Staudinger, Julius von: Kommentar zum Bürgerlichen Gesetzbuch mit Einführungsgesetz und Nebengesetzen, Zweites Buch – Recht der Schuldverhältnisse, §§ 255–304 (Leistungsrecht I), Neubearbeitung 2004, Berlin 2004 (zit.: Staudinger/*Bearbeiter*, BGB).

– Kommentar zum Bürgerlichen Gesetzbuch mit Einführungsgesetz und Nebengesetzen, Viertes Buch – Familienrecht, §§ 1589–1600e (Abstammung), Neubearbeitung 2004, Berlin 2004 (zit.: Staudinger/*Bearbeiter*, BGB).

Stegmüller, Wolfgang: Das Problem der Induktion: Humes Herausforderung und moderne Antworten/Der sogenannte Zirkel des Verstehens, Darmstadt 1975 (zit.: *Stegmüller*, Induktion).

– Das Problem der Kausalität; in: Probleme der Wissenschaftstheorie, Festschrift für Victor Kraft, herausgegeben von Ernst Topitsch, Wien 1960 (zit.: *Stegmüller*, FS Kraft).

– Probleme und Resultate der Wissenschaftstheorie und Analytischen Philosophie, Band I: Erklärung – Begründung – Kausalität, 2. Aufl., Berlin 1983 (zit.: *Stegmüller*, Probleme I).

– Probleme und Resultate der Wissenschaftstheorie und Analytischen Philosophie, Band IV: Personelle und Statistische Wahrscheinlichkeit, Erster Halbband: Personelle Wahrscheinlichkeit und Rationale Entscheidung, Berlin 1973 (zit.: *Stegmüller*, Probleme IV/1).

– Probleme und Resultat der Wissenschaftstheorie und Analytischen Philosophie, Band IV: Personelle und Statistische Wahrscheinlichkeit, Zweiter Halbband: Statistisches Schließen – Statistische Begründung – Statistische Analyse, Berlin 1973 (zit.: *Stegmüller*, Probleme IV/2).

Stein, Friedrich: Das private Wissen des Richters. Untersuchungen zum Beweisrecht beider Prozesse, Leipzig 1893 (zit.: *Friedrich Stein*, Wissen).

Stein, Friedrich/Jonas, Martin: Kommentar zur Zivilprozessordnung, 22. Aufl., Tübingen 2008 (zit.: Stein/Jonas/*Bearbeiter*, ZPO).

Stein, Ulrich: Die strafrechtliche Beteiligungsformenlehre, Berlin 1988 (zit.: *Ulrich Stein*, Beteiligungsformenlehre).

– „Gewissheit" und „Wahrscheinlichkeit" im Strafverfahren – Entscheidungsnormen als Teil des Verhaltensnormensystems –; in: Zur Theorie und Systematik des Strafprozeßrechts, herausgegeben von Jürgen Wolter, Neuwied 1995, S. 233–264 (zit.: *Ulrich Stein*, Theorie).

Steinbach, Robert: Zur Problematik der Lehre von den subjektiven Rechtfertigungselementen bei den vorsätzlichen Erfolgsdelikten. Studien zur Begründung der Lehre von den subjektiven Rechtfertigungselementen, deren Inhalt und Konsequenzen, Frankfurt a. M. 1987 (zit.: *Steinbach*, Problematik).

Steiner, Dirk: Das Fairneßprinzip im Strafprozeß, Frankfurt a. M. 1995 (zit.: *Steiner*, Fairneßprinzip).

Steinke, Wolfgang: Der Beweiswert forensischer Gutachten; in: NStZ 1994, 16–21.

– Der Beweiswert kriminalistischer Gutachten; in: Kriminalistik und Strafrecht, Festschrift für Friedrich Geerds zum 70. Geburtstag, herausgegeben von Ellen Schlüchter, Lübeck 1995, S. 385–406 (zit.: *Steinke*, FS Geerds).

Steinwenter, Artur: Rhetorik und römischer Zivilprozeß; in: ZRG 65 (1947) - Rom. Abt., 69–120.

Steller, Max: Aussagepsychologie und Strafjutiz: Kooperation ohne Trauma; in: Sonderheft für Gerhard Schäfer zum 65. Geburtstag am 18.Oktober 2002, herausgegeben von Axel Boetticher, Martin W. Huff, Herbert Landau und Gunter Widmaier, München 2002, S. 69–72 (zit.: *Steller*, FS Gerhard Schäfer).

Stening, Anders: Bevisvärde, Uppsala 1975 (zit.: *Stening*, Bevisvärde).

Stern, William: Zur Psychologie der Aussage (Experimentelle Untersuchungen über Erinnerungstreue); in: ZStW 22 (1902), 315–370.

– Über Psychologie der individuellen Differenzen, Leipzig 1900 (zit.: *Stern*, Psychologie).

Sternberg-Lieben, Detlev: Einstellungsurteil oder Freispruch. Überlegungen zur Rehabilitierung als zusätzlichem Zweck des Strafverfahrens; in: ZStW 108 (1996), 721–758.

Störmer, Rainer: Dogmatische Grundlagen der Verwertungsverbote – Eine Untersuchung über die Strukturen strafprozessualer Verwertungsverbote unter dem Einfluss der Verfassung und der Grundsätze des öffentlichen Rechts –, Marburg 1992 (zit.: *Störmer*, Grundlagen).

Stohanzl, Rudolf: Zivilprozessgesetze, 9. Aufl., Wien 2002 (zit.: *Stohanzl*, ZPO).

Stoll, Hans: Haftungsverlagerung durch beweisrechtliche Mittel; in: AcP 176 (1976), 145–196.

Strate, Gerhard: Anmerkung zu BGH, Urt. v. 8. 12. 1993 – 3 StR 446/93, StV 1994, 169; in: StV 1994, 171–172.

– Rechtshistorische Fragen der Beweisverbote; in: JZ 1989, 176–179.

Stratenwerth, Günter: Bemerkungen zum Prinzip der Risikoerhöhung; in: Festschrift für Wilhelm Gallas zum 70. Geburtstag am 22. Juli 1973, herausgegeben von Karl Lackner, Heinz Leferenz, Eberhard Schmidt, Jürgen Welp und Ernst Amadeus Wolff, Berlin 1973, S. 227–239 (zit.: *Stratenwerth*, FS Gallas).

– Tatschuld und Strafzumessung, Tübingen 1972 (zit.: *Stratenwerth*, Tatschuld).

Stratenwerth, Günter/Kuhlen, Lothar: Strafrecht Allgemeiner Teil I: Die Straftat, 5. Aufl., Köln 2004 (zit.: *Stratenwerth/Kuhlen*, AT I).

Strawson, Peter F.: Wahrheit; in: Wahrheitstheorien. Eine Auswahl aus den Diskussionen über Wahrheit im 20. Jahrhundert, herausgegeben und eingeleitet von Gunnar Skirbekk, Frankfurt a.M. 1977, S. 246–275 (zit.: *Strawson*, Wahrheitstheorien).

Stree, Walter: Anmerkung zu BGH, Urt. v. 13. 2. 1974 – 2 StR 552/73, JZ 1974, 298; in: JZ 1974, 299–300.

– In dubio pro reo, Tübingen 1962 (zit.: *Stree*, In dubio pro reo).

Streng, Franz: Psychowissenschaftler und Strafjuristen – 1. Teil – Verständigungsebenen und Kompetenzkonflikte bei der Schuldfähigkeitsentscheidung; in: NStZ 1995, 12–16.

– Schuldbegriff und Hirnforschung; in: Festschrift für Günther Jakobs zum 70. Geburtstag am 26. Juli 2007, herausgegeben von Michael Pawlik und Rainer Zaczyk, Köln 2007, S. 675–691 (zit.: *Streng*, FS Jakobs).

– Strafrechtliche Sanktionen – Die Strafzumessung und ihre Grundlagen –, 2. Aufl., Stuttgart 2002 (zit.: *Streng*, Sanktionen).

Ströker, Elisabeth: Einführung in die Wissenschaftstheorie, 4. Aufl., Darmstadt 1992 (zit.: *Elisabeth Ströker*, Wissenschaftstheorie).

Struensee, Eberhard: Handeln und Unterlassen, Begehungs- und Unterlassungsdelikt; in: Beiträge zur Rechtswissenschaft, Festschrift für Walter Stree und Johannes Wessels zum 70. Geburtstag, herausgegeben von Wilfried Küper und Jürgen Welp, Heidelberg 1993 (zit.: *Struensee*, FS Stree/Wessels).

Stuckenberg, Carl-Friedrich: Die normative Aussage der Unschuldsvermutung; in: ZStW 111 (1999), 422–460.

– Untersuchungen zur Unschuldsvermutung, Berlin 1998 (zit.: *Stuckenberg*, Unschuldsvermutung).

Stübel, Carl Christoph: Thatbestand der Verbrechen, die Urheber derselben und die zu einem verdammenden Endurtheile erforderliche Gewissheit des erstem, besonders in Rücksicht der Tödtung, nach gemeinen in Deutschland geltenden und Chursächsischen Rechten, Wittenberg 1805 (zit.: *Stübel*, Tatbestand).

Stück, Volker: Der Anscheinsbeweis; in: JuS 1996, 153–158.

Stümpfler, Hermann: Das Schweigen im Strafverfahren oder Bußgeldverfahren; in: DAR 1973, 1–10.

Stürner, Rolf: Die Aufklärungspflicht der Parteien des Zivilprozesses, Tübingen 1976 (zit.: *Stürner*, Aufklärungspflicht).

– „Fair trial" und öffentliche Meinung – Zugleich eine Besprechung der Sunday-Times-Entscheidung des EGMR –; in: JZ 1980, 1–7.

Sulzer, Johann Georg: Allgemeine Theorie der Schönen Künste in einzelnen, nach alphabetischer Ordnung der Kunstwörter aufeinander folgenden Artikeln abgehandelt, Vierter Theil, 2. Aufl., Leipzig 1794 (zit.: *Sulzer*, Theorie IV).

Systematischer Kommentar zum Strafgesetzbuch, von Hans-Joachim Rudolphi, Eckhard Horn, Erich Samson, Hans-Ludwig Günther, Klaus Rogall, Arndt Sinn, Jürgen Wolter, Adreas Hoyer, Hero Schall, Ulrich Stein und Gereon Wolters, Stand: 125. Lieferung: Oktober 2010, Köln 2009 (zit.: SK-StGB/*Bearbeiter*).

Systematischer Kommentar zur Strafprozeßordnung mit GVG und EMRK, herausgegeben von Jürgen Wolter, 4. Aufl., Köln 2010/2011 (zit.: SK-StPO/*Bearbeiter*).

Szewczyk, Hans: Psychologie der Aussage; in: Kriminalität und abweichendes Verhalten, Band 2, herausgegeben von Hans Joachim Schneider, Weinheim 1983, S. 171–186 (zit.: *Szewczyk*, Kriminalität II).

Tammelo, Ilmar: Untersuchungen zum Wesen der Rechtsnorm, Heidelberg 1947 (zit.: *Tammelo*, Untersuchungen).

Tarski, Alfred: Die semantische Konzeption der Wahrheit und die Grundlagen der Semantik; in: Wahrheitstheorien. Eine Auswahl aus den Diskussionen über Wahrheit im 20. Jahrhundert, herausgegeben und eingeleitet von Gunnar Skirbekk, Frankfurt a. M. 1977, S. 140–188 (zit.: *Tarski*, Wahrheitstheorien).

Taupitz, Jochen: Prozessuale Folgen der „vorzeitigen" Vernichtung von Krankenunterlagen; in: ZZP 100 (1987), 287–345.

Tenckhoff, Jörg: Grundfälle zum Beleidigungsrecht. 2. Teil. Die Beleidigungstatbestände; in: JuS 1988, 618–623.

– Die Wahrunterstellung im Strafprozeß, Berlin 1980 (zit.: *Tenckhoff*, Wahrunterstellung).

Tennant, Neil: Anti-Realism and logic. Truth as Eternal, Oxford 1987 (zit.: *Tennant*, Anti-Realism).

Thomas, Heinz/Putzo, Hans: Zivilprozessordnung – Kommentar, 31. Aufl., München 2010 (zit.: Thomas/Putzo/*Bearbeiter*, ZPO).

Thomas von Aquin: Untersuchungen über die Wahrheit (Quaestiones disputatae de veritate), in deutscher Übertragung von Edith Stein, Band I (Quaestio 1–13), Louvain 1952 (zit.: *Thomas von Aquin*, Untersuchungen I).

Tiedemann, Klaus: Buchbesprechung von Lothar Kuhlen, Fragen einer strafrechtlichen Produkthaftung, Heidelberg 1989; in: NJW 1990, 2051–2052.

– Der Entwurf eines Ersten Gesetzes zur Bekämpfung der Wirtschaftskriminalität; in: ZStW 87 (1975), 253–296.

– Welche strafrechtlichen Mittel empfehlen sich für eine wirksamere Bekämpfung der Wirtschaftskriminalität? Gutachten für den 49. Deutschen Juristentag; in: Verhandlungen des neunundvierzigsten Deutschen Juristentages Düsseldorf 1972, Band I (Gutachten), herausgegeben von der Ständigen Deputation des Deutschen Juristentages, München 1972, S. C1–C106 (zit.: *Tiedemann*, 49. DJT I).

– Wirtschaftsstrafrecht. Einführung und Allgemeiner Teil, 3. Aufl., Köln 2010 (zit.: *Tiedemann*, Wirtschaftsstrafrecht AT).

Tiedemann, Klaus und Inge: Zur strafrechtlichen Bedeutung des sogenannten kontrollierten Versuches bei der klinischen Arzneimittelprüfung. Zugleich ein Beitrag zur statistischen Kausalität und zur Opfer-Wahlfeststellung; in: Festschrift für Rudolf Schmitt zum 70. Geburtstag, herausgegeben von Klaus Geppert, Joachim Bohnert und Rudolf Rengier, Tübingen 1992, S. 139–157 (zit.: *Klaus und Inge Tiedemann*, FS Rudolf Schmitt).

Tiedemann, Klaus/Kindhäuser, Urs: Umweltstrafrecht – Bewährung oder Reform? in: NStZ 1988, 337–346.

Tietgen, Walter: Beweislast und Beweiswürdigung im Zivil- und Verwaltungsprozeß. Empfiehlt es sich, das Recht der Beweislast und der Beweiswürdigung durch gesetzliche Vorschriften fortzubilden und in welchem Sinne? Gutachten in Beziehung auf den Verwaltungsprozeß für den 46. Deutschen Juristentag; in: Verhandlungen des sechsundvierzigsten Deutschen Juristentages Essen 1966, Band I (Gutachten) Teil 2B, herausgegeben von der Ständigen Deputation des Deutschen Juristentages, München 1966, S. 1–96 (zit.: *Tietgen*, 46. DJT).

Toepel, Friedrich: Condicio sine qua non und alternative Kausalität – BGHSt 39, 195; in: JuS 1994, 1009–1014.

– Grundstrukturen des Sachverständigenbeweises im Strafprozeßrecht, Tübingen 2002 (zit.: *Toepel*, Grundstrukturen).

Tribe, Laurence H.: Trial by Mathematics: Precision and Ritual in the Legal Process; in: 84 Harv. L. Rev. (1971), 1329–1393.

Tröndle, Herbert: Der Sachverständigenbeweis. Eine Betrachtung aus der Praxis über die Mitwirkung und die Verantwortung des Juristen; in: JZ 1969, 374–378.

Trück, Thomas: Die Problematik der Rechtsprechung des BGH zum bedingten Tötungsvorsatz; in: NStZ 2005, 233–240.

Ude: Freie Beweiswürdigung und freies richterliches Ermessen (zu §§ 259 und 260 etc. der C.P.O.); in: ZZP 6 (1883), 419–463.

Uhlenbruck, Wilhelm: Beweisfragen im ärztlichen Haftungsprozeß; in: NJW 1965, 1057–1064.

Uhrmann, Johann: Das Geständnis im kanonistischen Prozess, Paderborn 1968 (zit.: *Uhrmann*, Geständnis).

Unger, Ulrike: Kausalität und Kausalitätsbeweis produktverursachter Gesundheitsschädigungen, Regensburg 2001 (zit.: *Ulrike Unger*, Kausalität).

Variable Verbalisties: The Measure of Persuasion in Tennessee; in: 11 Vand. L. Rev. (1958), 1413.

Veen, Heino ter: Beweisumfang und Verfahrensökonomie im Strafprozeß. Eine Analyse zur Interpretation des Beweisantragsrechts (§ 244 Abs. 3 Satz 2 StPO) und der Kontrolle seiner tatrichterlichen Anwendung in der revisionsgerichtlichen Rechtsprechung, Heidelberg 1995 (zit.: *Veen*, Beweisumfang).

Ven, Joseph J. M. van der: Beweisrecht als Frage nach Wahrheit und Gerechtigkeit; in: Einheit und Vielfalt des Strafrechts, Festschrift für Karl Peters zum 70. Geburtstag, herausgegeben von Jürgen Baumann und Klaus Tiedemann, Tübingen 1974, S. 223–237 (zit.: *Ven*, FS Peters).

Verrel, Torsten: (Noch kein) Ende der Hemmschwellentheorie? in: NStZ 2004, 309–312.

Vest, Hans: Zur Beweisfunktion des materiellen Strafrechts im Bereich des objektiven und subjektiven Tatbestandes; in: ZStW 103 (1991), 584–620.

Vesting, Thomas: Rechtstheorie, München 2007 (zit.: *Vesting*, Rechtstheorie).

Völlmeke, Monika: Überlegungen zur tatsächlichen Vermutung und zum Anscheinsbeweis im finanzgerichtlichen Verfahren; in: DStR 1996, 1070–1078.

Vogel, Joachim: Norm und Pflicht bei den unechten Unterlassungsdelikten, Berlin 1993 (zit.: *Joachim Vogel*, Norm).

Volk, Klaus: Anscheinsbeweis und Fahrlässigkeit im Strafpzeß; in: GA 1973, 161–177.

– Grundkurs StPO, 7. Aufl., München 2010 (zit.: *Volk*, Grundkurs).

– In dubio pro reo und Alibibeweis – BGHSt. 25. 285; in: JuS 1975, 25–29.

– Kausalität im Strafrecht. Zur Holzschutzmittel-Entscheidung des BGH vom 2. 8. 1995 – NStZ 1995, 590; in: NStZ 1996, 105–110.

– Die Prozeßprinzipien und das Chaos. Oder auch: Über Strafprozeßdogmatik für Menschen; in: Festschrift für Horst Schüler-Springorum zum 65. Geburtstag, herausgegeben von Peter-Alexis Albrecht, Alexander P. F. Ehlers, Franziska Lamott, Christian Pfeiffer, Hans-Dieter Schwind und Michael Walter, Köln 1993, S. 505–512 (zit.: *Volk*, FS Schüler-Springorum).

– Prozeßvoraussetzungen im Strafrecht. Zum Verhältnis von materiellem Recht und Prozeßrecht, Ebelsbach 1978 (zit.: *Volk*, Prozeßvoraussetzungen).

– Das Strafrecht des scheinheiligen Reiches deutscher Nation; in: NJW-Spezial 2009, 422.

– Strafrecht und Wirtschaftskriminalität – Kriminalpolitische Probleme und dogmatische Schwierigkeiten –; in: JZ 1982, 85–92.

– Wahrheit und materielles Recht im Strafprozeß, Konstanz 1980 (zit.: *Volk*, Wahrheit).

Waaben, Knud: Criminal Responsibility and the Quantum of Proof; in: Scandinavian Studies in Law 9 (1965), 243–279.

Wach, Adolf: Handbuch des Deutschen Civilprozessrechts, Erster Band, Leipzig 1885 (zit.: *Wach*, Handbuch 1).

Wacke, Andreas: Das Rechtssprichwort: Ein Zeuge ist kein Zeuge; in: JA 1982, 346–348.

Wächter, Karl Georg von: Beiträge zur deutschen Geschichte, insbesondere zur Geschichte des deutsche Strafrechts, Neudruck der Ausgabe Tübingen 1845, Aalen 1970 (zit.: *Wächter*, Beiträge).

Wagner, Heinz: Die Beweiswürdigungspflicht im tatrichterlichen Urteil im Falle der Verurteilung; in: ZStW 106 (1994), 259–302.

Wagner, Heinz/Haag, Karl: Die moderne Logik in der Rechtswissenschaft, Bad Homburg v.d.H. 1970 (zit.: *Wagner/Haag*, Logik).

Wagner, Hellmut: Die Risiken von Wissenschaft und Technik als Rechtsproblem; in: NJW 1980, 665–672.

Wagner, Otto: Die VO. gegen unbefugten Gebrauch von Kraftfahrzeugen und Fahrrädern v. 20. Oktober 1932 (RGBl. I S. 496); in: JR 1932, 253–256.

Wahrendorf, Volker: Die Prinzipien der Beweislast im Haftungsrecht, Köln 1976 (zit.: *Wahrendorf*, Prinzipien).

Waider, Heribert: Die Bedeutung der praesumtio doli für die Strafrechtsentwicklung in Deutschland; in: JuS 1972, 305–309.

Waldstein, Wolfgang/Rainer, J. Michael: Römische Rechtsgeschichte, 10. Aufl., München 2005 (zit.: *Waldstein/Rainer*, Rechtsgeschichte).

Walter, Gerhard: Der Anwendungsbereich des Anscheinsbeweises; in: ZZP 90 (1977), 270–284.

– Freie Beweiswürdigung, Tübingen 1979 (zit.: *Gerhard Walter*, Beweiswürdigung).

– Buchbesprechung von Reinhard Greger, Beweis und Wahrscheinlichkeit, Das Beweiskriterium im allgemeinen und bei den sogenannten Beweiserleichterungen, Köln 1978; in: ZZP 93 (1980), 97–101.

Walter, Tonio: Die Beweislast im Strafprozeß; in: JZ 2006, 340–349.

Walz, John Albrecht: Tatsache; in: ZDW 14 (1912/13), 9–16.

Wank, Rolf: Die juristische Begriffsbildung, München 1985 (zit.: *Wank*, Begriffsbildung).

Wasserburg, Klaus: Die Funktion des Grundsatzes „in dubio pro reo" im Additions- und Probationsverfahren. Zugleich ein Beitrag zu Kriterien der richterlichen Erkenntnisgewinnung im Wiederaufnahmeverfahren; in: ZStW 94 (1982), 914–968.

Wassermeyer, Heinz: Anmerkung zu BGH, Urt. v. 14. 12. 1953 – III ZR 183/52, NJW 1954, 718 und BGH, Urt. v. 3. 2. 1954 – VI ZR 332/52, NJW 1954, 1119; in: NJW 1954, 1119.

– Der prima facie Beweis und die benachbarten Erscheinungen. Eine Studie über die rechtliche Bedeutung der Erfahrungssätze, Münster/Westfalen 1954 (zit.: *Wassermeyer*, Prima facie Beweis).

Webb, G. Gregg: The law of falling objects: Byrne vs. Boadle and the birth of res ipsa loquitur; in: 59 Stanford Law Review (2007), 1065–1109.

Weber, Hellmuth von: Die peinliche Halsgerichtsordnung Kaiser Karls V.; in: ZRG 77 (1960) – Germ. Abt., 288–310.

Weber, Helmut: Der Kausalitätsbeweis im Zivilprozess, Tübingen 1997 (zit.: *Helmut Weber*, Kausalitätsbeweis).

Weichbrodt, Korinna: Das Konsensprinzip strafprozessualer Absprachen. Zugleich ein Beitrag zur Reformdiskussion unter besonderer Berücksichtigung der italienischen Regelung einvernehmlicher Verfahrensbeendigung, Berlin 2006 (zit.: *Korinna Weichbrodt*, Konsensprinzip).

Weigend, Thomas: Bewältigung von Beweisschwierigkeiten durch Ausdehnung des materiellen Strafrechts? in: Festschrift für Otto Triffterer zum 65. Geburtstag, herausgegeben von Kurt Schmoller, Wien 1996, S. 695–712 (zit.: *Weigend*, FS Triffterer).

– Deliktsopfer und Strafverfahren, Berlin 1989 (zit.: *Weigend*, Deliktsopfer).

Weinberger, Ota: Rechtslogik, 2. Aufl., Berlin 1989 (zit.: *Weinberger*, Rechtslogik).

Weitnauer, Hermann: Wahrscheinlichkeit und Tatsachenfeststellung; in: Karlsruher Forum 1966: Beweisfragen im Schadensersatzrecht, herausgegeben von Ernst Klingmüller, S. 3–20 (zit.: *Weitnauer*, KF 1966).

Weltner, Klaus: Mathematik für Physiker 1. Basiswissen für das Grundstudium der Experimentalphysik, 15. Aufl., Berlin 2008 (zit.: *Weltner*, Mathematik 1).

Welzel, Hans: Anmerkung zu BGH, Urt. v. 26. 2. 1953 – 5 StR 735/52, JR 1953, 186; in: JR 1953, 186–187.

– Das Deutsche Strafrecht, 11. Aufl., Berlin 1969 (zit.: *Welzel*, Strafrecht).

Wendt, Otto: Beweis und Beweismittel; in: AcP 63 (1880), 254–318.

Wenger, Leopold: Institutionen des römischen Zivilprozessrechts, München 1925 (zit.: *Wenger*, Institutionen).

Wenner, Gerd: Die Aufklärungspflicht gem. § 244 Abs. 2 StPO, Bochum 1982 (zit.: *Wenner*, Aufklärungspflicht).

Wenzel, Gerhard: Das Fehlen der Beweisgründe im Strafurteil als Revisionsgrund; in: NJW 1966, 577–581.

Wesel, Uwe: Geschichte des Rechts in Europa. Von den Griechen bis zum Vertrag von Lissabon, München 2010 (zit.: *Wesel*, Geschichte).

Wessels, Johannes: Die Aufklärungsrüge im Strafprozeß; in: JuS 1969, 1–10.

– Zur Problematik der Regelbeispiele für „schwere" und „besonders schwere Fälle"; in: Festschrift für Reinhart Maurach zum 70. Geburtstag, herausgegeben von Friedrich-Christian Schroeder und Heinz Zipf, Karlsruhe 1972, S. 295–310 (zit.: *Wessels*, FS Maurach).

Wessels, Johannes/Beulke, Werner: Strafrecht Allgemeiner Teil, 40. Aufl., Heidelberg 2010 (zit.: *Wessels/Beulke*, AT).

Wessels, Johannes/Hettinger, Michael: Strafrecht Besonderer Teil 1: Straftaten gegen Persönlichkeits- und Gemeinschaftswerte, 34. Aufl., Heidelberg 2010 (zit.: *Wessels/Hettinger*, BT 1).
Wessels, Johannes/Hillenkamp, Thomas: Strafrecht Besonderer Teil 2: Straftaten gegen Vermögenswerte, 33. Aufl., Heidelberg 2010 (zit.: *Wessels/Hillenkamp*, BT 2).
Weßlau, Edda: Der Exzeß des Angestifteten; in: ZStW 104 (1992), 105–131.
– Konsensprinzip als Leitidee des Strafverfahrens; in: StraFo 2007, 1–7.
Westhoff, Ursula: Über die Grundlagen des Strafprozesses mit besonderer Berücksichtigung des Beweisrechts, Berlin 1955 (zit.: *Ursula Westhoff*, Grundlagen).
Weth, Stephan: Der Grundsatz der Unmittelbarkeit der Beweisaufnahme; in: JuS 1991, 34–36.
Weyreuther, Felix: Die höchstrichterliche Rechtsprechung zum Anscheinsbeweis; in: DRiZ 1957, 55–60.
Wichmann, Dietrich: Über statistische Verfahren im erbbiologischen Vaterschaftsnachweis; in: NJW 1963, 383–385.
Widmaier, Gunter: Anmerkung zu BGH, Urt. v. 8. 12. 1993 – 3 StR 446/93, NStZ 1994, 247; in: NStZ 1994, 248–250.
Wiese, Göth Tobias: Wahrscheinlichkeitshaftung. Anmerkungen zu einem alternativen Haftungskonzept; in: ZRP 1998, 27–31.
Wilburg, Walter: Die Elemente des Schadensrechts, Marburg a. d. Lahn 1941 (zit.: *Wilburg*, Elemente).
Wildhagen: Der Gemeinschaftsgedanke und das Erkenntnisverfahren im bürgerlichen Rechtsstreite; in: ZZP 60 (1936/37), 159–241.
Willms, Günther: Wesen und Grenzen des Freibeweises; in: Ehrengabe für Bruno Heusinger, gewidmet von Mitgliedern des Bundesgerichtshofes, der Bundesanwaltschaft und der Rechtsanwaltschaft beim Bundesgerichtshof, herausgegeben von Roderich Glanzmann, München 1968, S. 393–412 (zit.: *Günther Willms*, Ehrengabe Heusinger).
Willms, Norbert: Anmerkung zu OLG Bremen, Beschl. v. 12. 12. 1963 – Ws 247/63, NJW 1964, 1286; in: JuS 1964, 411–412.
Wimmer, August: Das Annehmenmüssen im Hehlereitatbestand. Eine Untersuchung nach der „Methode der Realfaktoren"; in: NJW 1955, 1745–1749.
– Ueberzeugung, Wahrscheinlichkeit und Zweifel; in: DRZ 1950, 390–396.
– Vereinfachungen im allgemeinen Strafrecht bei der Übertretung von Verkehrsübertretungen; in: DAR 1960, 245–250.
– Über unzulässige Vertretung der Schuldfrage bei Fehlleistungen von Kraftfahrern; in: NJW 1959, 1753–1758.
Wimmer, Wolf: Parapsychologen als Sachverständige? in: NJW 1976, 1131–1133.
Wittgenstein, Ludwig: Tractatus logico-philosophicus – logisch-philosophische Abhandlung, Frankfurt a. M. 1964 (zit.: *Wittgenstein*, Tractatus).
Wittmaack, Hermann: Ueber die Haft des Rheders bei Schiffskollisionen nach Englischem Recht; in: ZHR 47 (1898), 294–351.
Wömpner, Hans-Bernd: Ergänzender Urkundenbeweis neben §§ 253, 254 StPO? Zur Bedeutung und zum wechselseitigen Verhältnis der §§ 250, 253, 254 StPO; in: NStZ 1983, 293–299.
Woesner, Horst: Das weltanschauliche Gesicht des Entwurfs eines StGB 1962; in: NJW 1965, 1249–1254.
Wohlers, Wolfgang: Generelle Kausalität als Problem richterlicher Überzeugungsbildung; in: JuS 1995, 1019–1024.
Wolff, Heinrich A.: Der Grundsatz „nulla poena sine culpa" als Verfassungsrechtssatz; in: AöR 124 (1999), 55–86.
Wolter, Jürgen: Strafverfahrensrecht und Strafprozeßreform; in: GA 1985, 49–92.
– Alternative und eindeutige Verurteilung auf mehrdeutiger Tatsachengrundlage im Strafrecht. Zugleich ein beitrag zur Abgrenzung von Vorsatz und Fahrlässigkeit, Berlin 1972 (zit.: *Wolter*, Verurteilung).
– Vollrausch mit Januskopf; in: NStZ 1982, 54–60.

– Wahlfeststellung und in dubio pro reo. Zugleich eine Dokumentation der höchstrichterlichen Rechtsprechung 1934–1986, Berlin 1987 (zit.: *Wolter*, Wahlfeststellung).

Wrede, Rabbe Axel: Das Zivilprozessrecht Schwedens und Finnlands, Mannheim 1924 (zit.: *Wrede*, Zivilprozessrecht).

Wright, Richard W.: Causation, Responsibility, Risk, Probability, Naked Statistics, and Proof: Pruning the Bramble Bush by Clarifying the Concepts; in: 73 Iowa L. Rev. (1988), 1001–1077.

Wundt, Wilhelm: Logik. Eine Untersuchung der Prinzipien der Erkenntnis und der Methoden wissenschaftlicher Forschung, II. Band: Logik der exakten Wissenschaften, 4. Aufl., Stuttgart 1920 (zit.: *Wundt*, Logik II).

Zachariae, Heinrich Albert: Die Gebrechen und die Reform des deutschen Strafverfahrens, dargestellt auf der Basis einer consequenten Entwicklung des inquisitorischen und des accusatorischen Prinzips, Göttingen 1846 (zit.: *Zachariae*, Gebrechen).

– Handbuch des deutschen Strafprocesses. Systematische Darstellung des auf den Quellen des gemeinen Rechts und der neuern deutschen Gesetzgebung beruhenden Criminal-Verfahrens, in wissenschaftlicher Begründung und Verbindung. Erster Band, welcher die Einleitung, die rationellen und historischen Grundlagen des deutschen Strafprocesses und die Lehre von der Strafgerichtsverfassung enthält, Göttingen 1861 (zit.: *Zachariae*, Handbuch I).

– Handbuch des deutschen Strafprocesses. Systematische Darstellung des auf den Quellen des gemeinen Rechts und der neuern deutschen Gesetzgebung beruhenden Criminal-Verfahrens, in wissenschaftlicher Begründung und Verbindung. Zweiter Band, welcher die das Strafverfahren selbst betreffenden Lehren enthält, Göttingen 1868 (zit.: *Zachariae*, Handbuch II).

Zaczyk, Rainer: Bindungswirkungen eines rechtskräftigen Strafurteils für das materielle Strafrecht; in: GA 1988, 356–372.

Zedler, Johann Heinrich: Grosses vollständiges Universal-Lexikon, Band 9: F, Nachdruck der Ausgabe Halle und Leipzig 1735, Graz 1961 (zit.: *Zedler*, Universal-Lexikon Band 9).

Zeiler, A.: Die richterliche Überzeugung; in: DRiZ 1929, 133–136.

– Was ist richterliche Überzeugung? in: LZ 1933, 273–283.

Ziegert, Ulrich: Anmerkung zu BGH, Urt. v. 30. 7. 1990 – 1 StR 618/98, NStZ 2000, 100; in: NStZ 2000, 105–106.

Zielinski, Diethart: Handlungs- und Erfolgsunrecht im Unrechtsbegriff. Untersuchungen zur Struktur von Unrechtsbegründung und Unrechtsausschluß, Berlin 1973 (zit.: *Zielinski*, Handlungsunwert).

Zillmer, Wolfgang: Lückenhafte Beweiswürdigung im Strafprozeß als Revisionsgrund; in: NJW 1961, 720–721.

Zimmermann, Wilhelm: Forensische Blutgruppenkunde. Einführung zum Verständnis von Vaterschaftsgutachten, Berlin 1975 (zit.: *Wilhelm Zimmermann*, Blutgruppenkunde).

Zipf, Heinz: Kriminalpolitik, 2. Aufl., Heidelberg 1980 (zit.: *Zipf*, Kriminalpolitik).

– Die Strafzumessung. Eine systematische Darstellung für Strafrechtspraxis und Ausbildung, Heidelberg 1977 (zit.: *Zipf*, Strafzumessung).

Zippelius, Reinhold: Juristische Methodenlehre, 10. Aufl., München 2006 (zit.: *Zippelius*, Methodenlehre).

Zoebe, Gerhard: Die Kunst, Ambivalenzen im Strafprozess zu vermeiden; in: Festschrift für Erich Schmidt-Leichner zum 65. Geburtstag, herausgegeben von Rainer Hamm und Walter Matzke, München 1977, S. 229–241 (zit.: *Zoebe*, FS Schmidt-Leichner).

Zöller, Richard: Zivilprozessordnung mit FamFG (§§ 1–185, 200–270, 433–484) und Gerichtsverfassungsgesetz, den Einführungsgesetzen, mit Internationalem Zivilprozessrecht, EG-Verordnungen, Kostenanmerkungen – Kommentar, 28. Aufl., Köln 2010 (zit.: Zöller/*Bearbeiter*, ZPO).

Zopfs, Jan: Die „schwere Folge" bei der Schlägerei (§ 231 StGB); in: Jura 1999, 172–181.

– Der Grundsatz „in dubio pro reo", Baden-Baden 1999 (zit.: *Zopfs*, Grundsatz).

Zumpt, August Wilhelm: Die Beamten- und Volksgerichte der Römischen Republik, Erste Abtheilung: Bis zur Gesetzgebung der Zwölf Tafeln, Berlin 1865 (zit.: *Zumpt*, Beamtengerichte I/1).

- Die Beamten- und Volksgerichte der Römischen Republik, Zweite Abtheilung: Seit der Gesetzgebung der Zwölf Tafeln, Berlin 1865 (zit.: *Zumpt*, Beamtengerichte II).
- Das Criminalrecht der Römischen Republik, Erster Band: Die Beamten- und Volksgerichte der Römischen Republik, Erste Abtheilung: Bis zur Gesetzgebung der zwölf Tafeln, Berlin 1865 (zit.: *Zumpt,* Criminalrecht I/1).

Sachverzeichnis

Kolibri 360 GmbH
Ferdinand-Jühlke-Straße 7
99095 Erfurt, Deutschland
produktsicherheit@kolibri360.de